번역·주해 전재영

□국어대학교 법학과를 졸업한 뒤
그 스쿨 성서-고대근동학과에서
석   명학과에서 박사학위를 받았다.
교수로 재직하면서 다수의 성서학
연구 프로젝트를 진행했고, 현재 콜레주 드 프랑스의 초빙연구원으로
연구를 지속하고 있다. 독일의 학술출판사 드 그루이터(De Gruyter)가
새롭게 펴내는 '성서학에서의 세계적 관점'(Global Perspectives
in Biblical Studies) 시리즈의 공동 편집장을 맡고 있다.
주요 저서로『홍해에서 가데스까지』(*From the Reed Sea to Kadesh*,
Mohr Siebeck, 2022),『모세의 소명과 출애굽 이야기』
(*The Call of Moses and the Exodus Story*, Mohr Siebeck, 2013)이 있고,
편저로는『역대기와 제사장문학』(*Chronicles and the Priestly
Literature of the Hebrew Bible*, De Gruyter, 2021),
『오경을 형성한 사회집단들』(*The Social Groups
behind the Pentateuch*, SBL Press, 2021) 등이 있다.
주요 논문으로는「페르시아 시대의 영토적 주장으로서의
정탐꾼 이야기(민수기 13장)」(The Scout Narrative(Numbers 13)
as a Territorial Claim in the Persian Period, *JBL* 139, 2020) 등
『구약성서』의 사회역사적 연구에 관한 수십 편의 논문을
유수의 국제저널에 발표했다.

HANGIL
GREAT BOOKS

인류의 위대한 지적유산

HANGIL
GREAT BOOKS
191

미쉬나

코다쉼
거룩한 것들

5

전재영
번역·주해

한길사

HANGIL
GREAT BOOKS
191

משנה
סדר קדשים

MISHNAH: Seder Kodashim
Translated & Commentary by Jeon Jae-Young

Published by Hangilsa Publishing Co., Ltd., Korea, 2024

유대 전통문헌『미쉬나』번역·주해서를 펴내며

 2017년 9월에 이 사업을 시작하여 2021년 여름까지 꼬박 만 4년의 세월이 흐르는 동안 연구에 참여한 아홉 명의 연구원들은 혼연일체가 되어 혼신의 노력 끝에 '유대 전통문헌『미쉬나』번역·주해서'를 탈고했다. 우리나라 최초의 일이자, 동아시아 전체에서도 처음 있는 일이다.

 『미쉬나』(משנה, *Mishnah*)는『구약성서』『탈무드』와 함께 히브리-유대학의 3대 고전으로 불린다. 고전학으로서 히브리-유대학의 범주는『히브리 성서』(*Hebrew Bible*)를 비롯하여 고전 랍비 문헌(ספרות ל"זח, Classical Rabbinic Literature)을 포함한다.『히브리 성서』가 대략 기원전 10세기부터 3세기까지 생산된 문헌이라면, 랍비 문헌은 기원전 3세기 초부터 6세기 말까지 생산된『미쉬나』와『탈무드』두 권을 주로 가리킨다. 특히『미쉬나』는 기원후 200년 랍비 예후다 한나씨(Rabbi Judah ha-Nassi)가 편집하여 집대성한 유대 랍비 전통의 문헌을 일컫는다.『미쉬나』는 성문토라(모세법)를 기초로 삼고 새 시대에 맞는 계율을 보충하여 더 명료하게 체계화한 구전토라(Oral Torah) 모음집이자『탈무드』의 모체(母體)다.

오래전부터 우리가 『미쉬나』를 번역해보자는 데 의기투합한 까닭은 '현실'과 '이상' 사이의 괴리 때문이었다. '현실'이란 우리나라에 소개된 수백 종의 『탈무드』 관련 서적들이 거의 예외 없이 흥미 위주의 번역서이고, 실제로는 방대한 『탈무드』 또는 그 뿌리인 『미쉬나』와 전혀 맥락을 같이하고 있지 않다는 것이다. '이상'이란 이스라엘에서 유학을 하거나 히브리-유대학을 전공한 사람들이 있으니 본격적으로 일을 벌여도 좋지 않을까 하는 막연한 희망을 말한다. 우리의 지식 시장이 이렇게 혼탁해진 이유가 어느 정도 전공자들의 수수방관 때문이라는 도의적 책임감도 느끼면서, 뜻을 함께하는 사람들이 모이게 되었다.

넘치는 의욕은 우리에게 엄청난 중압감으로 다가왔다. 나름 히브리어에 일가견이 있다는 연구자들로 팀을 구성했고, 사업 착수 초기부터 매주 모여(코로나-19 이후에는 영상으로) 각자 맡은 본문을 한 줄씩 읽어나가면서 토론하고 의견을 교환했다. 하지만 『미쉬나』가 매우 '불친절한' 텍스트인 것을 깨닫는 데는 그리 오랜 시간이 걸리지 않았다. 끊임없이 등장하는 생소한 어휘가 우리를 한 걸음도 앞으로 나아갈 수 없게 가로막았으며, 1,800년의 시간 간격 때문에 맥락을 알 수 없는 내용이 우리를 미궁으로 빠뜨렸다.

'번역 없이는 사상의 교류도 없다'는 우리의 신념은 맥을 추지 못했다. 원문의 뜻을 분명하게 파악한 후에 그것을 어법에 맞게 표현하는 것은 번역의 기본 원칙이다. 하지만 우리 스스로 뜻을 파악할 수 없다면 번역해놓아도 소용이 없는 일이다. 시행착오를 거쳐 조금씩 미로를 빠져나오는 데 오랜 시간이 걸렸다. 하지만 여전히 '원문을 읽는 번역자'와 '번역문을 읽는 독자' 사이에 이해의 간극을 없애기란 결코 쉬운 일이 아니다.

'유대 전통문헌『미쉬나』번역·주해서' 발간사업을 진행하면서 이미『히브리 성서』에 나오는 고유명사(인명과 지명)의 경우 독자들이 어느 정도 익숙해진 용어이므로 그대로 따랐다.『미쉬나』만의 개념을 담은 어휘는 우리말로 번역하는 대신 히브리어 음가를 그대로 차용했으며, 전문용어 색인에 따로 정리해서 덧붙였다. 각 마쎄켓에 등장하는 같은 낱말의 번역어 통일에도 힘썼다. 번역체는 역자의 주체성을 존중하여 직역이나 의역 모두 수용했다. 주해는 히브리어 뜻풀이를 충실히 하면서 본문의 이해를 돕는 데 역점을 두었고, 많은 주석가들의 해석 차이는 최소한으로 제한했다. 이는 후속 연구자들의 과제가 되어야 한다고 판단했기 때문이다.

아무쪼록 한국어로 최초 발간되는 '유대 전통문헌『미쉬나』번역·주해서'를 초역(抄譯)으로 여겨주기 바란다. 완역(完譯)으로 가기 위한 길라잡이랄까. 앞으로 후속 세대의 비판과 질정, 해석과 재해석이 교차하면서 명실공히 우리 사회에서 고전 랍비 문헌의 연구가 활발해지는 계기가 되기를 희망한다. 원문 대조본을 고집한 이유이기도 하다.

이 책이 나오기까지 지원해준 한국연구재단과 어려운 시기에 출판을 맡아준 한길사 김언호 대표님께 진심으로 감사드린다. 누구보다도 부족한 사람을 따라 끝까지 책임감 있게 참여해준 연구원 모두에게 사의(謝意)를 표한다.

최창모[*]
'유대 전통문헌『미쉬나』번역·주해서' 연구책임자

---

[*] 건국대학교 중동연구소 소장으로『미쉬나』번역·주해서' 출판 작업을 준비하던 최창모 교수는 2022년 초 갑작스러운 병환으로 타계했다.

미쉬나 ❺ 코다쉼(거룩한 것들)

미쉬나 ❶ 제라임(농경)

유대 전통문헌 『미쉬나』 번역·주해서를 펴내며 | 최창모
랍비 유대교 전통의 출발점이 된 고전 『미쉬나』 | 윤성덕

하나님의 복 주심과 한 해의 농사짓기 | 권성달

옮긴이의 말 | 이스라엘에서의 고난을 지나 『미쉬나』의 산을 넘다

미쉬나 ❷ 모에드(절기)

여러 절기법과 관련된 세부 규칙들 | 김성언

옮긴이의 말 | 랍비들의 생각과 주장을 이해하기까지

미쉬나 ❸ 나쉼(여성들)

억압과 보호의 시각이 공존하는 여성 관련법 | 이영길

옮긴이의 말 | 늦깎이 공부의 괴로움과 즐거움을 안겨준 『미쉬나』

미쉬나 ❹ 네지킨(손해)

유대 공동체의 정의를 실현하는 초석 | 최영철

옮긴이의 말 | 이 일은 하루아침에 이루어지지 않았다

미쉬나 ❻ 토호롯(정결한 것들)

'정결함'과 '부정함'으로 세상 이해하기 | 윤성덕

미쉬나 길라잡이

미쉬나의 세계로 독자들을 초대하며
미쉬나는 탈무드의 뿌리다 | 최중화

일러두기

1. 이 책을 번역하고 주해하는 데 다음과 같은 자료를 참고했다. 예루살렘 탈무드 (Jerusalem Talmud), 바벨 탈무드(The Babylonian Talmud, Soncino Press), 주석가들 인 라브(Rav)·라쉬(Rash)·람밤(Rambam) 등의 주석은 물론 하녹 알벡(Hanokh Albeck)의 비평판 주해서, 허버트 댄비(Herbert Danby), 필립 블랙먼(Philip Black-man), 제이콥 뉴스너(Jacob Neusner) 등의 미쉬나 번역서를 참고했으며, 야드 아브 라함(Yad Abraham), 옥스퍼드 미쉬나 주해(The Oxford Annotated Mishnah), 조슈아 컬프(Joshua Kulp)의 해설서도 보조자료로 사용했다. 번역에 사용한 본문은 하녹 알 벡판을 참조했다.

2. 기본적으로 본문을 직역하면서 주해로 보충설명하는 원칙을 따랐다. 하지만 미쉬 나 본문은 축약과 생략이 많아서 그대로 직역하면 비문이 되거나 뜻을 이해하기가 매우 어렵기 때문에 때로 의역이 불가피하다. 이에 문장의 흐름과 이해를 돕기 위해 본문에 생략되어 있다고 추정되는 내용을 대괄호〔〕에 넣었다. 소괄호( )는 본문 속 에서 문법적으로나 구문론적으로 꼭 필요하지는 않으나 주해자의 판단에 따라 도 움이 될 말을 첨가한 것이다.

3. 미쉬나 본문에는 시제가 불분명한 경우가 적지 않으며, 과거와 현재 시제를 하나의 미쉬나에서 혼용하기도 한다. 이에 가능한 한 우리말로 자연스럽게 읽히면서 원문 이 훼손되지 않게 번역했다. 히브리어 동사에는 성(性)과 수(數)가 이미 포함되어 있 기에 주어가 따로 표기되지 않는 일이 빈번하다. 역자는 가독성을 위해 이 생략된 주 어를 문맥에 따라 내용을 해치지 않는 선에서 집어넣기도 했다. 반면 경우에 따라 소 유격 인칭대명사는 굳이 번역하지 않고 생략했다. 유럽어 문법의 이식 과정에서 생 겨난 3인칭 대명사 '그녀'의 사용을 최대한 피하되, 필요하면 소괄호( )를 사용해 지 시대상을 보충설명했다. 미쉬나 문체에서 계속 등장하는 הרי(하레이: 영어 번역본에서 는 hereby로 번역되거나 생략됨)는 극히 일부 경우를 제외하고는 가독성을 위해 굳이 번역하지 않았다.

4. 미쉬나는 방대한 하나의 책으로 상위 범주인 '쎄데르'와 하위 범주인 '마쎄켓'으로 구성된다. 쎄데르(סדר, Seder)는 '질서' '절차'를 뜻하며 미쉬나의 6개 큰 주제(큰 책) 를 가리키고, 마쎄켓(מסכת, Masekhet)은 '묶음'을 뜻하며 미쉬나의 63개 작은 주제(작 은 책)를 가리킨다. 두 용어에 해당하는 정확한 우리말은 없지만 이번 번역·주해서 에서는 편집 체계상 일반 책과 같이 '권'(卷)과 '부'(部)의 개념을 적절히 사용했다.

5. 이 번역·주해서는 6개 '쎄데르'를 각 권으로 편집해 전 6권으로 구성했다. 1. 제라임(농경), 2. 모에드(절기), 3. 나쉼(여성들), 4. 네지킨(손해), 5. 코다쉼(거룩한 것들), 6. 토호롯(정결한 것들)이다. 각 쎄데르는 6~12개의 마쎄켓(부)으로, 그 아래 다시 '장'(페렉)과 '미쉬나'로 구성된다. 따라서 미쉬나는 하나의 책이며 동시에 가르침의 최소단위를 의미한다.

6. 미쉬나의 구성과 체계를 명확히 구분하고 드러내기 위해 쎄데르는 겹낫표『』, 마쎄켓은 홑낫표「」로 표시한다. 특히 미쉬나는 세부적인 주제인 마쎄켓 이름이 더 중요하고 그것으로 통용되므로 출처는 마쎄켓 이름에 장과 미쉬나의 숫자로 표시한다. 예를 들어「브라홋」1, 2는 "마쎄켓 브라홋 1장의 두 번째 미쉬나"라는 의미다. 많고 복잡한 마쎄켓들을 쉽게 파악할 수 있게 '『제라임』「브라홋」1, 2'처럼 쎄데르(권) 이름을 같이 제시하기도 했다.

7. 본문의 이해를 돕기 위해 각 마쎄켓(부), 장, 미쉬나에 들어가기에 앞서 다룰 내용과 주제를 간략하게 소개하는 개요문이나 짧은 요약문을 제시했다.

8. 미쉬나에 나오는 주요 화폐와 도량형 환산표(무게, 거리, 부피, 넓이), 성경과 미쉬나 관련 구절 찾아보기, 번역·주해서 전 6권에서 정리한 주제·용어 찾아보기는 『미쉬나 길라잡이』 부록에 수록했다.

9. 주해와 각주 설명에서 미쉬나, 성경, (예루살렘/바벨) 탈무드, 토쎕타, 랍비문학서, 주석(서) 등의 출처를 소괄호( )로 병기했다. 이는 관련된 내용과 구절, 주장으로 그 자료를 참조하라는 표시다. 특히, 탈무드(게마라)를 인용할 때 a는 앞면(오른쪽), b는 뒷면(왼쪽)을 나타낸다.

10. 미쉬나에 나오는 히브리어 낱말의 풀이는 주로 마르쿠스 야스트로(Marcus Jastrow) 사전을 참조했다.

11. 본문에서 미쉬나, 성경, (예루살렘/바벨) 탈무드, 토쎕타, 랍비문학서, 주석서 등은 별도의 책 표시를 하지 않았다.

12. 인명·용어 등 히브리어 표기는 다음 면에 실은 히브리어 한글음역 원칙에 따랐다.

히브리어 한글음역 원칙

1. 이 음역 원칙은 히브리어 문법을 설명하기 위한 것이 아니고, 미쉬나 본문을 한글로 번역하기 위한 방법이다. 히브리어 자모를 완벽하게 한글로 표기하는 것이 목적이 아니며, 미쉬나 히브리어 낱말을 가장 히브리어답게 모사하는 것이 목적이다.

2. 미쉬나 본문은 유대인들의 전통이므로 성서 히브리어를 표기하는 목적으로 고안된 영미권 학자들의 발음이 아니라 서아시아 문화권의 특징을 반영하는 유대인들의 발음을 기준으로 음역한다(바브나 셰바의 문제).

3. 문교부(1986.1.7)의 외래어 표기 원칙은 가능한 한 존중하되 히브리어 자음을 표기하는 데 꼭 필요한 된소리도 사용했다.

4. 음역법의 방향

   1) 일반론
   - 묵음이 아니더라도 발음이 되지 않는 경우 표기하지 않는다.
   - 음절 단위로 쓰는 한글의 특성을 살려서 히브리어의 음절 구분을 살린다.
   - 서로 다른 히브리어 자음은 음역도 달리한다.

   2) 모음
   - 모음의 장단은 따로 표시하지 않는다.
   - 유성 셰바는 'ㅔ'나 'ㅡ'로 표기한다.
   - 무성 셰바는 표기하지 않는 것을 원칙으로 하되, 종성의 자음가를 표기하기 위해 'ㅡ'를 붙여 적는 것을 허용한다.

   3) 자음
   - z은 'ㅈ', ṣ는 'ㅉ', k와 q는 'ㅋ', t와 ṭ는 'ㅌ', p는 'ㅍ'으로 음역하고, š은 '샤, 셰, 쉬, 쇼, 슈'로 음역한다.
   - 연강점이 없는 v, g, d, k, f, t는 구별하여 적지 않는다.
   - 자모의 위치에 따른 음역을 고려한다.

5. 그 외 세목은 박동현의 안을 따른다(박동현,「개역한글판 히브리어 고유명사 한글 음역 방식과 히브리어 한글 음역 시안」,『성경원문연구』(8), 2001, 106-157쪽).

히브리어	라틴음역	한글: 초성	한글: 음절 종성	한글: 낱말 종성
א	ʾ	ㅇ	-	-
ב	b/v	ㅂ	ㅂ/브	ㅂ
ג	g	ㄱ	ㄱ/그	ㄱ
ד	d	ㄷ	ㅅ/드	ㅅ
ה	h	ㅎ	흐	-
ו	w	ㅂ	브	브
ז	z	ㅈ	즈	즈
ח	ḥ	ㅎ	흐/크	흐/크
ט	ṭ	ㅌ	ㅅ/트	ㅅ/트
י	y	이(+모음)	-	이
כ	k	ㅋ	크/ㄱ	ㄱ
ל	l	ㄹ/ㄹ-ㄹ	ㄹ/ㄹ-르	ㄹ
מ	m	ㅁ	ㅁ/므	ㅁ
נ	n	ㄴ	ㄴ/느	ㄴ
ס	s	ㅆ	ㅅ/쓰	ㅅ/쓰
ע	ʿ	ㅇ	-	-
פ	p/f	ㅍ	프/ㅂ	ㅂ
צ	ṣ	ㅉ	쯔	쯔
ק	q	ㅋ	ㄱ/ㅋ	ㄱ
ר	r	ㄹ	르	르
שׁ	ś	ㅅ	스	스
שׁ	š	시(+ 모음)	쉬	쉬
ת	t	ㅌ	ㅅ/트	ㅅ/트

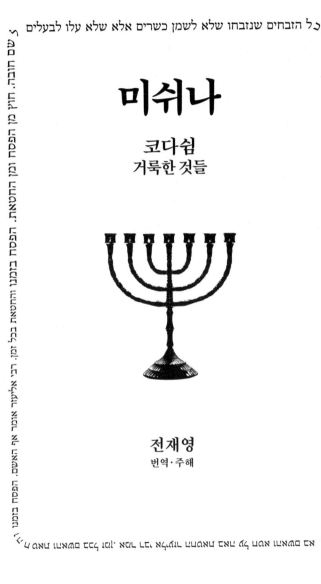

미쉬나

코다쉼
거룩한 것들

전재영
번역·주해

성전과 제의 중심의 이상적 세계관

• 들어가며

1. 랍비 유대교의 기원

랍비 유대교(Rabbinic Judaism)의 기원은 제2성전 시대 후기의 다양한 분파 중 하나였던 '프루쉼'에게서 찾을 수 있다.[1] 이들은 토라를 해석하고 일상에 적용하는 것을 중요시했으며, 성전 제의와 제사장에게 적용되던 토라의 규정들을 나름대로 해석해 모든 유대인들의 일상에 적용하고자 했다. 결과적으로 성전과 제사장에게 요구되던 높은 수준의 정결함과 거룩성이 보편화되는 한편, 보통의 유대인들에게는 더 엄격한 삶의 양식이 요구되었다. 프루쉼들이 여전히 성전 제의와 제사장들의 역할을 존중했으나, 이들의 활동은 당시 '쩨도킴'이라 불리던 제사장 그룹과의 미묘한 긴장을 유발하곤 했다.[2] 유대교의 초점을 성전으로부터 토라와 일상으로 옮기려 했던 프루쉼들과 성전 중심의 유대교에서 독점적 권위를 누리던 제사장들 사이의

---

1) 프루쉼(פרשים)은 '해석자들'이라는 의미로 개역성경은 헬라어를 따라 '바리새'파로 음역했다.
2) 쩨도킴(צדוקים)은 '짜독 가문의 사람들' 정도로 이해될 수 있다. 개역성경은 헬라어를 따라 '사두개'파로 음역했다.

갈등은 어쩌면 당연한 것이었다. 코헨(Shaye D. Cohen)은 당시의 상황을 이렇게 요약한다.

"매일 드리는 기도, 토라 연구, 회당예배, 그리고 성전 밖에서 요구되는 거룩한 삶에 대한 계명의 준수 등은 실제로 성전 제의와 경쟁적 관계였으며, 마찬가지로 이 새로운 지식인 계층(프루쉼)과 서기관들은 제사장들과 경쟁관계에 놓이게 되었다."[3]

로마에 의해 성전이 파괴되고 유대 공동체가 해체되면서 기존 유대교 분파들은 서서히 자취를 감추었다. 프루쉼들 역시 사료에 더 이상 언급되지 않았으나, 이들은 '랍비'라는 새로운 지식인 계층으로 변모해간 것으로 보인다. 성전의 제의규정을 일상에 적용하고자 했던 프루쉼의 이상은 성전이 파괴된 이후에도 여전히 유효한 것이었으며, 이는 다른 분파들이 힘을 잃어가는 동안에도 여전히 발전할 수 있는 내재적 동력이 되었다. 랍비들은 스스로를 프루쉼이 아닌 '현자들'로 지칭했으나 이 둘 사이에는 부인할 수 없는 역사적 관련성이 존재한다. 가장 대표적인 예는 성전이 파괴된 직후 랍비 그룹의 제1세대를 이끈 라반 감리엘 2세로 역사가 요세푸스에 따르면 그는 대표적인 프루쉼 가문 출신이다. 그는 랍비들의 '나씨'(נשיא, 우두머리라는 의미)가 되었으며, 그의 손자로 미쉬나를 최종적으로 편집한 예후다 한나씨(יהודה הנשיא) 역시 대를 이어 랍비들의 수장이 되었다. 이처럼 감리엘 가문은 기원후 1-2세기에 걸쳐 프루쉼들이 랍비로 변천하는 과정에서 중심 역할을 담당했다.

이렇듯 랍비들은 주로 프루쉼들을 계승하고 있으나, 이 둘을 동일한 집단으로 보기는 어렵다. 랍비들은 기존 제사장 집단의 기억과 전통을 흡수했으며, 이른바 '서기관들'로 불리던, 역시 토라 중심의 종

---

3) Cohen, *From the Maccabees to the Mishnah*, p. 216. 괄호는 필자가 넣은 것이다.

교관을 가진 분파의 전통도 일부 계승했다. 성전이 파괴된 이후 수세기에 걸쳐 랍비들은 유대 공동체의 지도층이던 제사장들을 서서히 대체했으며, 이들의 권위는 가문이 아닌 토라 지식에 기반했다.[4] 이렇게 형성된 랍비 유대교는 제2성전 당시의 유대교와는 근본적으로 다른 새로운 형식과 내용을 가지게 되었다.

2. 미쉬나를 형성한 랍비들: 타나임

유대교의 새로운 흐름을 형성한 랍비들, 특히 이후 미쉬나로 편집된 내용들을 전승·발전시킨 기원후 1-2세기의 랍비들을 '타나임'(תנאים)이라 칭한다. 이들은 일반 대중과는 다소 분리된 엘리트 집단을 이루었다. 미쉬나의 성격에서 볼 수 있듯, 이들은 유대인의 일상과 관련된 문제보다는 관념적 논의에 집중하곤 했다. 이들이 쓰던 언어는 당시 대중의 언어와 다른 학문적 언어인 '랍비 히브리어'(Rabbinic Hebrew)로서 미쉬나의 난해함은 상당 부분 이러한 언어적 특수성에 기인한다.

이들이 전승하고 발전시킨 율법은 방대한 분량에도 불구하고 대부분 기억과 반복적 낭송을 통해 구전으로 후대에 계승되었다. 미쉬나의 어원인 '샤나'(שנא)와 타나임의 어원인 '타나'(תנא)는 각각 히브리어와 아람어로 '반복하다'라는 뜻이다. 타나임들의 이러한 학습방식은 장기간의 전문적인 교육과 이를 가능케 하는 사회적 기반을 필요로 했다. 따라서 이 시대에 랍비들이 율법 전문가로서 독자적인 사회적 계층을 형성했다고 보기도 한다.[5] 이렇게 타나임들은 장기간의

---

4) Neusner, "historical and religious context," p. 86.
5) Lightstone, "Mishnah Study in the Early Rabbinic Group," p. 182.

교육과정과 문화, 언어, 가치관을 공유하는 집단으로 발전했다.[6] 미쉬나 텍스트에는 유난히 생략이 많고 때로는 복잡한 정황을 단어 하나로 암호처럼 표현하기도 하는데, 이는 화자나 청자(독자) 모두 그 내용을 숙지하고 있음을 전제로 한다. 이는 미쉬나가 대중이 아닌 이 랍비 집단을 대상으로 기록되었다는 또 다른 근거가 된다. 3세기 초 미쉬나가 성문화된 이후 약 200년간 미쉬나를 해석하고 설명하는 일이 랍비들의 주된 임무가 되었으며, 이 시기의 랍비들을 '아모라임' (אמוראים, '설명하는 사람들'이라는 뜻)이라 부른다. 타나임의 미쉬나와 이에 대한 아모라임의 방대한 주석인 '게마라'가 수집되고 편집되어 4-5세기에는 예루살렘과 바빌로니아에서 각각 탈무드가 탄생하게 된다. 한편, 랍비들의 사회적 영향력이 지속적으로 증가해 6세기에 들어서는 이들이 유대 공동체의 회당 예배를 주관하게 된다.

3. 미쉬나의 성격

미쉬나는 많은 부분 성서에 기록된 율법을 다루지만, 성서와 다른 나름의 독특한 세계를 창조했다. 따라서 그 성격을 단순히 성서에 대한 주석으로 정의하기는 어렵다. 위에서 본 바 미쉬나는 독자적인 발전과정을 거쳐 성서와 구별되는 독립적인 체계를 갖추었으며, 별개로 학습되고 사용되었다.[7] 한편, 미쉬나는 일상생활에 적용하기 위한 법전도 아니었다. 일부 소주제는 무척 세밀하게 다루면서도, 유대인들의 삶에 필요한 율법을 망라하거나 체계적으로 규정하려고 시도하지 않는다. 심지어 대립하는 랍비들의 의견을 결론 없이 나열하기도

---

6) Cohen, *From the Maccabees to the Mishnah*, p. 211.
7) Danby, *The Mishnah*, p. xix.

하고, 꼭 지켜야 할 일상의 중요한 율법들에 무관심하기도 하다.[8] 모두 실용적인 법전 성격과는 차이가 있다. 미쉬나는 사회적·문화적·종교적 원칙과 제도에 대해 다루지만, 이는 당시 실제로 존재하지 않았던 문화적 체계이며, 이후에도 실현된 바가 없다.[9] 미쉬나는 랍비들의 이상향, 즉 예루살렘과 이스라엘이 온전히 회복되고 토라가 완벽히 지켜지는 세계관을 전제로 한다. 그러면서도 보통의 유대문헌들과 달리 메시아에 대한 언급이 지극히 제한적이며, 묵시문학적 형식을 취하지도 않는다. 종말론적인 세계관도 철저히 배제한다.[10] 비록 법의 형태를 띠고 있음에도, 미쉬나는 당시의 철학적 관심과 특성을, 그리고 철학적 메시지와 방법론을 보여준다.[11]

4. 제사장적 세계관의 극복

타나임들은 예루살렘과 성전을 세계의 중심으로 보던 제사장 집단의 사상을 받아들였으며, 이는 여섯 개 쎄데르 가운데 『코다쉼』과 『토호롯』을 비롯해 상당한 분량의 미쉬나가 성전과 제사장 문제를 다룬다는 점에서 분명해진다. 제사장들의 엄격한 위계적 세계관에 따르면 성전과 제사장이 그 공간적·신분적 지위의 정점에 있으며 이는 미쉬나에도 일부 반영되어 있다.[12] 반면 미쉬나에서는 이러한 위계 질서가 미묘하게 변화한다. 랍비들은 토라의 가치를 더 중요하게 여겼으며, 따라서 이들의 새로운 세계관에서는 성전과 제사장이 아니라 토라 지식에 해박한 '현자들'이 보다 우월한 종교적 권위를 가지게

---

8) Kreamer, "The Mishnah," p. 312.

9) Lightstone, "Mishnah Study in the Early Rabbinic Group," p. 202.

10) Cohen, *From the Maccabees to the Mishnah*, p. 218.

11) Neusner, *Judaism as Philosophy*, pp. 5-10.

된 것이다. 미쉬나는 이렇게 말한다.

"만약 사생아가 현자이고 대제사장이 (토라에 관해) 무지한 사람이
었다면, 그 사생아인 현자가 무지한 대제사장에 우선한다"(「호라
욧」3,8).

사생아는 제2성전 시대의 유대교에서 가장 멸시받던 신분이었으
나, 이 미쉬나는 토라에 대한 지식이 이들을 대제사장보다 우월하게
만든다고 한다. 또한 공동체의 수장인 대제사장이라도 토라 지식이
없다면 사생아보다 못할 수 있다고 한다. 물론 여기서 그리는 상황은
랍비들의 상상에 따른 것이다. 그러나 이 미쉬나는 토라의 권위가 성
전을, 토라에 대한 지식이 제사장적 혈통을 넘어서게 되는 종교적 세
계관의 변화를 분명히 드러낸다. 또한 마쎄켓 「아봇」1장은 모세로부
터 시작된 토라의 종교적 권위가 여호수아·장로들·선지자들을 거쳐
현자들(랍비들)에게 계승되는 과정을 기록하고 있는데, 여기서 제사
장들은 아예 언급조차 되지 않는다. 성전이 사라진 시대, 랍비들은 성
전과 제사장을 대체할 새로운 종교적 권위를 토라와 그것을 연구하는
자신들에게서 찾았음을 알 수 있다.

---

12) 전재영, "이는 지극히 거룩하니," 153-161쪽.

5. 『코다쉼』의 내용과 특징

『코다쉼』(קדשים)은 다섯 번째 쎄데르(제5권)로 그 명칭이 '거룩한 것들'을 의미한다. 주로 성전과 제의, 제물, 제사장 등에 대한 내용을 다루고 있어 성서의 레위기·민수기·신명기에 기록된 제의 관련 규정들과 깊은 연관이 있다. 『코다쉼』은 11개의 마쎄켓(부)으로 나뉘는데, 제이콥 뉴스너(Jacob Neusner)는 이 마쎄켓들을 세 종류로 구분한다. 첫째, 제단과 이에 관련한 제의 절차를 다루는 「제바힘」「메나홋」「홀린」「크리톳」「타미드」「키님」, 둘째, 제단에서 바치는 가축들에 대해 다루는 「아라킨」「트무라」「메일라」, 셋째, 제단과 성전, 그 유지와 보수에 대해 다루는 「브코롯」「미돗」이 그것이다.[13] 각 마쎄켓(부)의 의미와 대략적 내용은 다음과 같다.

마쎄켓(부)	제목	의미	장 수	주요 내용
1	제바힘 (זבחים)	제사들	14	주로 성전의 번제단에서 드리는 가축 희생제사에 대해 다룬다. 이를 유효하게 하거나 무효하게 하는 다양한 경우들을 담고 있다.
2	메나홋 (מנחות)	소제들	13	성전 제의 가운데, 곡식으로 드리는 제사인 소제에 대해 다룬다. 레위기 2장의 내용이 주로 논의된다.
3	홀린 (חולין)	속된 것들	12	성전의 제사 절차 없이 고기를 먹을 수 있는 경우들에 대해 다룬다.
4	브코롯 (בכורות)	초태생들	9	초태생의 희생절차에 대해 다룬다. 동물의 초태생으로 제물로 드릴 수 있는 경우와 그렇지 않은 경우, 사람의 초태생을 대속하는 방식에 대해 주로 논의한다.

---

13) Neusner, "The Mishnah in Historical and Religious Context," p. 97.

마쎄켓(부)	제목	의미	장 수	주요 내용
5	아라킨 (ערכין)	가치 몸값	9	성전에 바치는 서원 예물에 대해 다룬다. 사람을 서원으로 바치는 경우 이를 환산하는 방식, 그리고 토지를 바치는 방식 등에 대해 자세히 규정한다.
6	트무라 (תמורה)	제물의 교환	7	성전에 바치는 제물을 교환하거나 환전하는 경우에 대해 다룬다. 개인을 위한 제물과 공동체를 위한 제물의 구분, 제단에 올릴 수 없는 제물의 교환 등에 관해 규정한다.
7	크리톳 (כריתות)	끊어짐	6	카렛의 처벌을 받게 되는 경우와, 이를 면하기 위한 속죄제사에 대해 자세히 다룬다.
8	메일라 (מעילה)	배임 배반	6	레위기 5:14-16에 근거, 성전의 제물이나 기물 등 성전에 속한 재산에 고의나 과실로 손해를 입힌 경우 이를 배상하는 절차에 대해 다룬다.
9	타미드 (תמיד)	상번제	7	매일 아침과 저녁에 성전에서 드리던 상번제에 대해 자세히 다룬다. 상번제의 절차와 형식을 자세히 묘사한다.
10	미돗 (מידות)	규격	5	제2성전(헤롯 성전)의 구조와 형태, 각종 규격에 대해 자세히 묘사한다.
11	키님 (קינים)	새들	3	소, 염소, 양 등의 가축 대신 집비둘기나 맷비둘기를 성전에 바치는 경우 대해 자세히 규정한다.

성전이 파괴된 이후 두 세기에 가까운 시차를 두고 미쉬나가 편집되었음을 고려한다면, 『코다쉼』은 여러 지역으로 흩어진 유대 공동체들로부터 성전과 제의에 대한 전승들을 수집함으로써 탄생했을 가능성이 높다. 여러 마쎄켓 가운데 특히 「미돗」 「키님」 「타미드」 등은 성전의 구조와 제의가 행해지던 당시 상황을 랍비들의 기억을 바탕으로 재구성하고 있다. 따라서 이들은 속죄일에 대해 다루는 두 번째 쎄

데르(제2권) 『모에드』의 「요마」와 더불어 미쉬나에서 가장 오래된 전승으로 분류된다. 허버트 댄비(Herbert Danby)는 「미돗」「요마」「타미드」가 성전이 존재하던 당시의 랍비들이었던 엘리에제르 벤 야아콥과 미쯔파의 쉼온으로부터 기원했다고 보기도 한다.[14]

  이처럼 오랜 전승들에 기반하는 반면, 『코다쉼』은 앞서 언급한 미쉬나의 이상적 성격 또한 잘 드러낸다. 당시로서 존재하지도, 실현 가능하지도 않은 성전과 제의제도를 자세히 다루고 있기 때문이다. 이렇듯 다소 비현실적인 논의에 방대한 분량을 할애하는 이유는 몇 가지로 설명할 수 있다. 첫째, 유대인들 사이에는 예루살렘이 회복되고 성전이 재건되리라는 기대가 있었으며, 성전과 제의에 대한 세세한 기록이 그런 기대를 반영한다는 설명이다. 장차 재건될 성전과 그 제도를 위한 준비의 성격을 띤다는 것이다.[15] 그러나 성전에 대한 『코다쉼』의 기록은 상당 부분 유토피아적이기도 하며, 실제 제의의 가이드라인을 제시하기보다 과거의 기억과 미래의 가상적 세계가 혼합된 관념적 논의들을 담고 있다.[16] 둘째, 동시대의 사람들에게 과거의 종교적 권위와 제의에 대해 알려주고, 현재의 상황이 과거와 어떻게 다른지 그 차이를 명확하게 드러내기 위함이라는 견해다. 이를 통해 새로운 종교적 권위의 필요성을 부각시켰다는 것이다.[17] 셋째, 성전에 대한 논의가 랍비들에게 현실적으로 유용했다고 볼 수 있다. 성전이 파괴된 이후, 세월이 흐름에 따라 과거의 성전과 그 제의에 관한 기억과 논쟁은 랍비 집단 내에서 비전(祕傳)되는 지식이 되었다. 성전은

---

14) Danby, *The Mishnah*, p. xxii.

15) 보다 자세한 내용은 전재영, 「이는 지극히 거룩하니」, 162쪽을 참고하라.

16) Danby, *The Mishnah*, p. xv; Goldscheider, "Religious Authority in the Mishnah," p. 145.

17) Goldscheider, "Religious Authority in the Mishnah," p. 140.

이제 현실이 아니라 오직 이들이 창조한 관념적 공간에 실재하며, 이에 대한 미쉬나를 암송하고 해석함으로써 이들은 성전과 그 제의를 관념적으로 경험하게 된다. 미쉬나가 그리는 '이상적 세계'를 이렇게나마 경험했던 것이다.

『코다쉼』에는 타나임들의 기억과 전승, 미래에 대한 기대, 그리고 이상적 세계관이 복합적으로 얽혀 있다. 또한 이를 통해 성전과 제의, 제사장의 역할이 여전히 타나임 세계관의 관념적 중심을 차지하지만, 이에 대한 지식을 보존하고 새로이 규율함으로써 그 역할과 중요성이 점차 토라와 현자들(랍비들)에게로 옮겨가는 모습 또한 볼 수 있다. 따라서 『코다쉼』은 미쉬나 내에서도 무척 독특한 지위를 차지한다고 볼 수 있다.

참고문헌

Albeck, Chanoch. 1959. *Mavo La-Mishnah*. Jerusalem: Mosad Byalik.

Cohen, Shaye. 2014. *From the Maccabees to the Mishnah*. Third Edition. Louisville: Westminster John Knox Press.

Danby, Herbert. 1933. *The Mishnah*. Oxford: Oxford University Press.

Goldscheider, Calvin. 2020. "Religious Authority in the Mishnah: Social Science Perspectives on the Emerging Role of Scholars." In *Exploring Mishnah's World(s): Social Scientific Approaches*. edited by Simcha Fishbane, Calvin Goldscheider and Jack N. Lightstone. Cham, Switzerland: Palgrave Macmillan.

Kraemer, David. 2006. "The Mishnah." In *The Cambridge History of Judaism Volume 4: The Late Roman-Rabbinic Period*. edited by Steven T. Katz. Cambridge: Cambridge University Press.

Lightstone, Jack N. 2020. "Study as a Socially Formative Activity: The Case of Mishnah Study in the Early Rabbinic Group." In *Exploring Mishnah's World(s): Social Scientific Approaches*. edited by Simcha Fishbane, Calvin Goldscheider and Jack N. Lightstone. Cham, Switzerland: Palgrave Macmillan.

Neusner, Jacob. 2016. "The Mishnah in Historical and Religious Context." In *The Mishnah in Contemporary Perspective* Volume 2. edited by Alan J. Avery-Peck and Jacob Neusner. Atlanta: SBL Press.

Neusner, Jacob. 2004. *Judaism as Philosophy: The Method and the Message of the Mishnah*. Eugene: Wipf and Stock.

전재영. 2019. 「미쉬나 제5권 코다쉼: 이는 지극히 거룩하니…」. 『기독교사상』 (726호). 대한기독교서회.

זבחים

1

제바힘
제사들

삼마이 학파는 이렇게 말한다. 외부 번제단에 바르는 희생의 피는 한 번만 바르면 속죄의 효과가 있다. 그러나 속죄제의 경우에는 두 번 발라야 한다. 힐렐 학파는 이렇게 말한다. 속 죄제의 경우라도 한 번만 바르면 속죄의 효과가 있다. 그러 므로 첫 번째는 규정대로 적절하게 바르고, 두 번째는 적법 한 시간 외에 바른다면 속죄의 효과가 있다. 그러나 첫 번째 에 적법한 시간 외에 바르고, 두 번째에 적법한 장소 외에 바 른다면 이 제사는 혐오스러운 것이 된다. _「제바힘」4, 1

개요

1. 동물 희생제사의 종류

마쎄켓 「제바힘」은 여러 종류의 제사와 제사의 각 절차에서 발생할 수 있는 문제점들, 그리고 그 해결 방안을 다룬다. 여러 제사들 가운데 동물 희생제사로는 다음 여덟 가지의 종류가 있다.

1) 속죄제(חטאת, 하타아트)

속죄제사는 율법을 위반한 죄와 관련하여 드리는 제사로, 의무적으로 드려야 하는 경우가 토라에 규정되어 있다. 자발적으로 드릴 수는 없다. 제사의 형식에 따라, 성소와 지성소에 피를 뿌리는 성소(내부) 속죄제와 성전 뜰의 번제단에 피를 뿌리는 (외부)번제단 속죄제로 나뉜다.

(1) 성소 속죄제(חטאת פנימית, 하타아트 프니밋): 직역하면 '내부 속죄제'이며, 제물의 피를 성소나 지성소 내에 뿌리고 성소의 분향단 뿔에 바르는 속죄제사를 가리킨다. 남은 피는 번제단 아래 쏟는다. 제물의 지방, 내장 등 소각부(에뮤린)는 바깥 번제단에서 태우고, 제물의 고기나 가죽 등 나머지 부분은 예루살렘 밖의 소각장에서 태운다. 이

제물은 먹을 수 없다. 속죄일의 속죄제(레 16)나 대제사장과 이스라엘 전체의 죄를 위한 공공의 속죄제(레 4:1-21)가 여기에 해당한다.

(2) 번제단 속죄제(חטאת חצונית, 하타아트 히쪼닛): 직역하면 '외부 속죄제'이며, 제물의 피를 손가락으로 찍어 성전 뜰 번제단의 네 뿔에 바르고, 남은 피는 번제단 아래 쏟는다. 소각부(에뮤린)를 번제단에서 태운 후 남은 제물을 제사장이 성전 뜰에서 먹는다. 성소 속죄제 이외의 모든 속죄제가 이에 해당한다.

속죄제의 본질은 개인이나 공동체가 율법을 위반함으로써 성소를 부정하게 하는 것을 방지하고 이를 정화하는 것이다. 따라서 나실인이나 악성피부병자의 경우처럼, 제의적 부정을 입을 때에도 속죄제를 드리게 되며, 제물의 피는 정화의 대상인 성소(지성소, 성소, 번제단)에 뿌려진다.

2) 번제(עלה, 올라)

번제는 제물 전체를 번제단 위에서 태우는 제사다. 그 피를 번제단 아래 두 모퉁이에 사면을 적시도록 뿌리고, 각을 뜨고 내장을 씻어 번제단 위에서 모두 태운다. 반드시 가축의 수컷으로 드려야 하며, 제물 전체를 태우므로 사람이 먹을 수 없다. 다만, 번제물의 가죽은 이를 집전하는 제사장에게 준다(레 7:8). 번제를 드려야 하는 경우가 토라에 규정되어 있지만, 자원하는 제사로도 드릴 수 있다.

번제는 고대의 제사 형태로 고기를 먹기 위한 화목제 외에 유일한 제사였던 것으로 보인다. 원래 속죄를 포함해 신의 노여움을 풀거나 기원하는 등 다양한 목적으로 드렸으나, 속죄제와 속건제가 성전의 제의로서 제도화되면서 속죄를 위한 제사의 기능은 이들에 흡수되었고, 그 흔적이 남아 있을 뿐이다(레 1:4).

3) 속건제(אשם, 아샴)

속건제는 토라가 정하는 몇 가지 죄를 위하여 드리고, 자원하는 제사로 드릴 수는 없다. 제물의 피는 번제단의 모퉁이들에 뿌리고, 소각부(에뮤린)는 번제단에서 태운다. 남은 고기는 제사장이 먹어야 한다. 속건제는 개인적 제물이며 속죄제와 달리 공동체를 위하여 드리지는 않는다. 속건제를 드려야 하는 경우는 성물을 잘못 사용하거나(레 5:15), 금지 율법을 부지중에 어겼거나(레 5:17), 맹세에 반하여 다른 사람의 물건을 부당하게 취한 경우(레 6:1-7〔히브리어 성서 5:20-26〕), 나실인이 서원을 지키지 못한 경우(민 6:12), 악성피부병자의 정결예식(레 14:12), 정혼한 여종과 동침한 경우(레 19:21)로 제한된다.

4) 화목제(שלמים, 슐레밈)

화목제는 죄나 율법의 위반과는 관련이 없으며, 보통 개인의 자원하는 제사로 드린다. 예외적으로 칠칠절에 드리는 화목제는 공동체를 위한 것이다. 제물의 피는 번제단의 모퉁이들에 뿌리고, 소각부(에뮤린)는 번제단 위에서 태운다. 제물의 가슴과 뒷다리는 제사장에게 주고, 남은 고기는 제물을 가져온 사람에게 돌아가며, 다른 사람들과 나누어 먹을 수 있다. 하루 밤낮 안에 먹어야 하는 다른 대부분의 제사와 달리, 화목제의 고기는 제사 때로부터 이틀 안에, 예루살렘 성 어디에서도 먹을 수 있다.

5) 감사제(תודה, 토다)

감사제는 위험한 상황에서 무사히 빠져나온 경우, 예를 들어 심각한 질병에서 회복되거나, 감옥에서 풀려나거나, 사막을 횡단하거나 항해에서 돌아온 경우 등에 자원하여 드린다. 자원하는 개인적 제사이며, 제사 형식과 남은 고기의 분배는 화목제와 같다. 다만, 감사제의 고기는 예루살렘 내에서 제사 때로부터 하루(밤낮) 안에 먹어야 한다. 또한 감사제와 함께 빵을 드리는데, 이는 제사장과 제물을 가져온 사람이 나누게 되어 있다.

6) 초태생 제사(בכור, 브코르)

소, 양, 염소 등 제물로 드릴 수 있는 가축의 첫 새끼를 구별하여 제사장에게 주고 제사장은 이를 제물로 바쳐야 한다. 당나귀의 초태생은 어린 양으로 바꾸어 드릴 수 있다. 초태생 제물의 피는 번제단 아래 기초석에 부으면 되고 사면을 적실 필요는 없다. 고기는 제사장과 그 가족들이 예루살렘 성내에서 이틀 안에 먹는다.

7) 십일조 제사(מעשר, 마아쎄르)

양, 염소, 소와 같이 제사로 드릴 수 있는 가축들 중 한해 동안 새로 태어난 새끼 열 마리 중 하나를 제사로 드려야 한다. 화목제에 준하는 절차로 드리고, 남은 고기의 분배 또한 그와 같다.

8) 유월절 제사(פסח, 페싹)

유월절 제사는 니싼월(정월) 14일 저녁에 어린 양이나 어린 염소를 잡아 드렸고, 맛짜(누룩 없는 빵)와 쓴나물과 함께 먹었다. 모든 이스라엘 사람은 이에 의무적으로 참여해야 하지만 미리 등록해야 했다. 예루살렘 성내에서 먹을 수 있지만 당일 자정까지만 먹는 것이 허용되었다.

2. 거룩함의 정도에 따른 제물의 구분

제의 절차의 핵심적 요소를 이루는 제물의 부분은 피, 제단에서 태워지는 내장 등의 일부, 그리고 나머지 부분으로 나뉜다. 제물에 부여되는 거룩함의 정도에 따라, 그 나머지 부분을 다루는 방식이 달라진다. 제물의 거룩성은 크게 두 단계로 나뉜다.

(1) 지성물(קדשי קדשים): 제물은 두 경우에 지성물이 되는데, 우선 ① 번제와 성소 속죄제처럼 제물의 나머지 부분을 먹지 않고 제물 전체를 태우는 경우, ② 번제단 속죄제, 속건제, 공동체를 위한 화목제처럼 제사 후, 그 나머지 부분을 성전 뜰에서 제사장이 먹어야 하는 경우다. 지성물은 반드시 성전의 북쪽 뜰에서 도살해야 한다. 이외에도 ③ 비둘기 제물이나 소제, 포도주나 물의 전제도 지성물이 될 수 있다.

(2) 일반 성물(קדשים קלים): 직역하면 '가벼운 성물'로, 제물의 나머지 부분을 제사장이 아닌 일반 백성이 먹게 되는 경우다. 이에 해당하는 제물은 개인적 화목제, 감사제, 초태생 제사, 십일조 제사, 유월절 제사에 바쳐진 제물들이다. 일반 성물은 성전 뜰 어느 곳에서나 도살할 수 있고, 나머지 부분은 성전 밖, 예루살렘 성내에서 먹을 수 있다.

3. 제의 절차

1) 동물 희생제사

가장 일반적인 형태의 제사로 아래와 같이 크게 네 단계의 절차로 이루어지며, '피의 제의'(עבודת הדם, 아보닷 하담)가 그 핵심을 이룬다.

(1) 제물을 바치는 사람의 안수(סמיכה, 스미카): 제의 절차의 예비 단계로 제물을 바치는 사람이 제물의 머리에 손을 얹고 자신의 죄를 고백하는 행위이다.

(2) 피의 제의(עבודת הדם): 제의 절차의 가장 핵심 단계로 제사장이 제물을 죽여 그 피를 제단에 묻히거나 붓는다. 이는 필수적 제의 절차이며, 완료되면 동물 희생제사가 유효하게 된다. 따라서 이를 '유효

하게 하는 것'(מתיר, 마티르)이라고 표현하기도 한다. 모든 제의 절차는 제사장이 제물의 피를 제단에 뿌리거나 붓는 순간 절정에 이른다. 이 절차는 다시 네 단계로 세분할 수 있다.

- **도살**(שחיטה, 스키타): 제물의 목젖 부위를 칼로 자른다.
- **취혈**(קבלה, 크발라): 제물에게서 나오는 피를 특별히 구별된 그릇에 담는다.
- **운반**(הולכה, 홀리카): 취혈한 제물의 피를 제단으로 가져간다.
- **뿌리기**(זריקה, 즈리카): 제물의 피를 제단에 붓거나 뿌린다. 남은 피는 제단 기초석에 쏟는다.

(3) 소각: 피의 제의가 완료되면 제사장이 제물의 일부를 분리하여 제단에서 태우게 된다. 이때 태우는 부분은 주로 내장에 덮여 있거나 붙어있는 지방과 콩팥 등이며, 제물이 양일 경우 그 꼬리도 포함된다 (레 3:3-4, 9). 이렇게 제단에서 소각하는 부분을 '에뮤린'(אמורים)이라고 하며 이하에서는 '소각부'로 번역한다.

(4) 먹기: 소각부를 제단에서 태운 후, 제사장이나 제물을 바치는 사람은 제물을 먹을 수 있다. 위에서 살펴본 바와 같이 지성물은 제사장만 먹을 수 있고, 일반 성물은 제물을 바치는 사람이 먹을 수 있다. 제물을 바치는 사람은 다른 사람들과 함께 나눌 수 있다. 제사장이 제물을 먹는 행위에는 속죄의 효과가 있다(바벨 탈무드 「페싸힘」 59b). 제사의 종류에 따라 하루나 이틀 안에 먹어야 하며 이 기한을 넘긴 고기는 '남겨진 것'(נותר, 노타르)이 되고, 이를 먹으면 '혐오스러운 것'(פיגול, 피굴)이 된다.

2) 새 희생제사

새 희생제사에는 보통 콜롬바리움(columbarium, 로마시대에 비둘기를 대규모로 키우던 시설)에서 키운 집비둘기나 야생 산비둘기를 쓰고, 제물을 바치는 사람의 경제력이 소나 양을 바치기 어려울 때 그 대용으로 자주 쓰인다. 제물은 멜리카(מליקה)라 부르는 독특한 방식으로 도살하는 데, 제사장이 오른손 엄지손가락으로 새의 뒷목을 눌러 기도나 식도를 끊는 방식이다. 이는 칼로 제물의 목 앞쪽을 끊는 가축 도살과 차이가 있다. 새 제사는 취혈 절차가 필요 없으며, 피를 따로 그릇에 담지 않고 제물을 직접 제단으로 가져가 베인 부위를 눌러 피를 제단 벽 위쪽이나 아래쪽에 묻힌다.

새 제사는 집비둘기 새끼나 산비둘기로 드린다. 새끼인가 성체인가의 판단은 목에 노란 깃털이 나는 생후 3개월 정도를 기준으로 한다. 토라는 여섯 가지 경우에 새 번제를 드리도록 명령하고 있는데(마쎄켓「키님」개요), 같은 종류의 비둘기로 한 쌍을 드려야 한다. 이 때 한 마리는 속죄제로, 다른 한마리는 번제로 드린다. 번제는 그 피를 번제단 위쪽에 바르는데 이는 피를 번제단 아래 뿌리는 가축의 번제와 다르다. 새 번제는 내장 등을 제거한 후 그 전체를 번제단에서 태운다. 새 속죄제는 그 피를 번제단 아래 발라야 한다. 제단 뿔에 피를 바르는 보통 속죄제와 다르다. 번제단에 태우는 부분 없이 그 전체를 제사장에게 준다. 항상 개인적 제물이며 공동체를 위하여 드리지 않는다. 의무적으로 가져오는 새 제물외에도 자발적으로 서원제나 낙헌제로 드릴 수 있다.

3) 소제(מנחה, 민하)

곡식으로 드리는 제사에 해당하며 크게 두 가지 절차로 나뉜다.

(1) 사전 절차: 소제는 제물을 바치는 사람이 곡식가루의 일부를 '성별되었다'고 선언한 후 이를 성별된 별도의 그릇에 담는 행위로부터 시작된다. 이 같은 성별 행위는 성전으로 제물을 가져오기 전에 행하며, 제사장이 아니어도 유효하게 시행할 수 있다. 성별된 그릇에 곡식

가루를 담은 후 보통 올리브기름을 섞어 반죽하고 그 위에 유향을 한 줌 뿌린다. 제사장은 이를 받아 번제단의 남서쪽 모서리로 가져간다.

(2) 필수 제의 절차: 소제도 희생제사의 예에 준하는 필수 제의 절차가 있다. 이 역시 네 단계로 세분된다.

- 움켜쥐기(קמיצה, 크미짜): 제사장이 손으로 가루를 한 줌 퍼서 다른 성별된 제의용 그릇에 옮겨 담는다.
- 유향 옮겨 담기(בכלי שרת, 비클레이 샤렛): 제사장이 제물을 바치는 사람이 가져온 그릇에서 유향을 조금 집어 곡식가루를 옮겨 담은 성별된 그릇에 담는다.
- 운반(הולכה, 홀리카): 따로 담은 곡식가루와 유향을 제단으로 가져간다.
- 소각(הקטרה, 하크타라): 곡식가루와 유향을 제단 위에서 불사른다.

제1장

1, 1

본래의 목적(이름)과 다르게 제사가 드려지는 경우의 유효성에 대해 다룬다.

כָּל הַזְּבָחִים שֶׁנִּזְבְּחוּ שֶׁלֹּא לִשְׁמָן, כְּשֵׁרִים, אֶלָּא שֶׁלֹּא עָלוּ לַבְּעָלִים לְשֵׁם חוֹבָה. חוּץ מִן הַפֶּסַח וּמִן הַחַטָּאת. הַפֶּסַח בִּזְמַנּוֹ, וְהַחַטָּאת, בְּכָל זְמָן. רַבִּי אֱלִיעֶזֶר אוֹמֵר, אַף הָאָשָׁם. הַפֶּסַח בִּזְמַנּוֹ, וְהַחַטָּאת וְהָאָשָׁם, בְּכָל זְמָן. אָמַר רַבִּי אֱלִיעֶזֶר, הַחַטָּאת בָּאָה עַל חֵטְא, וְהָאָשָׁם בָּא עַל חֵטְא. מַה חַטָּאת פְּסוּלָה שֶׁלֹּא לִשְׁמָהּ, אַף הָאָשָׁם פָּסוּל שֶׁלֹּא לִשְׁמוֹ:

본래의 목적(이름)과 다르게 드리는 모든 제사는 유효하나, 〔이것으로〕 제물을 바치는 사람이 의무를 이행할 수는 없다. 유월절 제사와 속죄제는 예외다. 제때에 드리는 유월절 제사와 모든 속죄제가 그러하다.

랍비 엘리에제르가 말하기를, 속건제도 〔여기 해당하며, 따라서〕 제때에 드리는 유월절 제사, 모든 속죄제와 속건제가 〔예외에 해당한다〕. 랍비 엘리에제르가 말하기를 속죄제도 죄를 〔속하고〕 속건제도 죄를 〔속한다. 따라서〕 속죄제의 본래 목적이 무효가 된다면, 속건제의 본래 목적도 무효가 된다.

- '본래의 목적과 다르게 드리는 제사'는 제의를 행하는 과정에 있어 제물을 바치는 사람의 본래 의도와 달리 제사장이 다른 목적의 제사로 생각하는 것을 말한다.[1] 예를 들어, 제물을 바치는 사람은 화목

---

1) 게마라(2b, 4ab)에 따르면 제사장이 제사의 본래 의도와 다른 종류의 제사에 대해 적극적으로 생각하는 경우가 아니라 제사의 종류에 대해 특별히 의식하지 않는 경우 원래 의도한 제사가 유효하게 진행될 수 있다.

제로 제물을 바쳤으나 제사장은 속죄제로 생각하고 제의 절차를 진행하는 경우 등이다. 이때는 제의 도중 제사장의 착오가 발견되더라도 원래 의도인 화목제는 유효하게 계속될 수 있다는 의미다.

- 그러나 제사는 유효하더라도 본래 제물을 바치는 사람의 의무를 이행하지는 못한다. 예를 들어, 특정한 죄에 대한 속건제나, 의무적으로 드리는 번제나, 기타 서원한 제물을 가져왔으나 제사장이 다른 이름으로 바쳤다면, 제사는 유효하나 의무를 이행한 것이 되지 않는다. 이 경우, 다시 제물을 가져와야 한다.
- 유월절 제사와 속죄제사는 예외가 되어 제사 자체가 무효가 된다. 따라서 이 제물들을 다른 이름으로 도살한 경우에는 그 피를 번제단에 부을 수 없고, 제물의 남은 부분을 먹을 수도 없다.
- 유월절 제사의 적법한 시간은 니싼월 14일 정오에서 해 질 때까지이다. 이 시간 외에 드리는 유월절 제사는 보통의 화목제로 간주되어 거기에 따른 일반 규정이 적용된다. 따라서 여기서는 '제때에 드리는 유월절 제사'로 그 규정 대상을 한정하고 있다. 즉, 유월절 제사를 다른 이름으로 드린 경우, 제때에 드렸다면 제사 자체가 무효가 되고, 정해진 시간 이외라면 일반 화목제로 취급한다는 것이다. 그러나 속죄제는 속죄하고자 하는 특정한 죄와 연결되고, 시간에 구속되지 않는다.
- 랍비 엘리에제르는 속건제에도 속죄제와 같이 죄를 속하는 효력이 있다는 점을 강조하여 속죄제와 같이 예외에 포함시키고 있다. 그러나 이 견해는 게마라 등 후대의 랍비들에게 지지를 받지 못한다.

1, 2

יוֹסֵי בֶן חוֹנִי אוֹמֵר, הַנִּשְׁחָטִים לְשֵׁם פֶּסַח וּלְשֵׁם חַטָּאת, פְּסוּלִים. שִׁמְעוֹן אֲחִי עֲזַרְיָה אוֹמֵר, שְׁחָטָן לְשֵׁם גָּבוֹהַּ מֵהֶם, כְּשֵׁרִין. לְשֵׁם נָמוּךְ מֵהֶם,

פְּסוּלִים. כֵּיצַד. קׇדְשֵׁי קׇדָשִׁים שֶׁשְּׁחָטָן לְשֵׁם קׇדָשִׁים קַלִּים, פְּסוּלִין. קׇדְשִׁים
קַלִּים שֶׁשְּׁחָטָן לְשֵׁם קׇדְשֵׁי קׇדָשִׁים, כְּשֵׁרִין. הַבְּכוֹר וְהַמַּעֲשֵׂר שֶׁשְּׁחָטָן לְשֵׁם
שְׁלָמִים, כְּשֵׁרִין. וּשְׁלָמִים שֶׁשְּׁחָטָן לְשֵׁם בְּכוֹר, לְשֵׁם מַעֲשֵׂר, פְּסוּלִין:

요쎄 벤 호니가 말하기를, [원래 의도와 달리] 유월절 제사와 속죄
제를 위하여 행한 도살 절차는 무효가 된다.

아자르야의 형제 쉼온이 말하기를, [원래 의도보다] 높은 목적의
제사를 위한 도살은 유효하고, 보다 낮은 목적을 위한 것은 무효하다.
말하자면, [원래] 지성물이 되도록 드린 제물을 일반 성물이 되도록
도살했을 때, [그 도살은] 무효다. [그러나 원래] 일반 성물로 드린 제
물을 지성물이 되도록 도살했을 때 [그 도살은 유효하다]. 초태생 제
물과 십일조 제물을 화목제로 도살했다면 유효하다. [그러나] 화목제
물을 초태생이나 십일조로 도살했다면 무효가 된다.

- 본래 제물을 바치는 사람이 의도한 제사의 종류와 달리 제사장이 유
  월절 제사나 속죄제를 위한 목적으로 제물을 도살한 경우에는 본래
  의 제사가 유효하게 성립되지 않는다는 의미다. 위 첫째 미쉬나(1, 1)
  의 규정에 따르면 제물을 바치는 사람의 본래 목적이 유월절 제사나
  속죄제일 경우 무효가 된다고 규정하는데, 이와 반대의 경우도 무효
  라고 규정하고 있다.
- 보다 높은 목적(이름)의 제사란 번제, 속죄제, 속건제, 공동체를 위한
  화목제 등 제사의 결과로 제물이 지성물(다 태워지거나 성전 뜰에서
  제사장이 먹어야 하는 제물)이 되는 제사의 종류를 말한다. 보다 낮
  은 목적(이름)의 제사란 화목제 등과 같이 그 제물이 성전 밖에서 제
  물을 바치는 사람이 먹을 수 있는 일반 성물이 되는 경우를 말한다.
  지성물과 일반 성물의 구분에 관해서는 개요를 참고하라.
- 초태생 제사, 십일조 제사, 화목제사는 모두 낮은 정도의 거룩성을 가

진다. 그러나 화목제사의 경우 비교적 엄격한 조건이 요구된다. 예를 들어, 제물을 바치는 사람의 안수, 포도주의 전제를 수반할 것, 그리고 피를 제단에 두 번 바를 것 등이다(「제바힘」 5, 6-7). 초태생 제사와 십일조 제사는 안수나 전제가 요구되지 않으며 제물의 피를 제단에 한 번만 바르도록 되어 있다(「제바힘」 5, 8; 야드 아브라함).

1, 3
유월절 제물을 다른 이름으로 도살한 경우를 다룬다.

הַפֶּסַח שֶׁשְּׁחָטוֹ בְּשַׁחֲרִית בְּאַרְבָּעָה עָשָׂר שֶׁלֹּא לִשְׁמוֹ, רַבִּי יְהוֹשֻׁעַ מַכְשִׁיר,
כְּאִלּוּ נִשְׁחַט בִּשְׁלֹשָׁה עָשָׂר. בֶּן בְּתֵירָא פּוֹסֵל, כְּאִלּוּ נִשְׁחַט בֵּין הָעַרְבָּיִם.
אָמַר שִׁמְעוֹן בֶּן עַזַּאי, מְקֻבָּל אֲנִי מִפִּי שִׁבְעִים וּשְׁנַיִם זָקֵן, בְּיוֹם שֶׁהוֹשִׁיבוּ רַבִּי
אֶלְעָזָר בֶּן עֲזַרְיָה בַּיְשִׁיבָה, שֶׁכָּל הַזְּבָחִים הַנֶּאֱכָלִים שֶׁנִּזְבְּחוּ שֶׁלֹּא לִשְׁמָן,
כְּשֵׁרִים, אֶלָּא שֶׁלֹּא עָלוּ לַבְּעָלִים מִשּׁוּם חוֹבָה, חוּץ מִן הַפֶּסַח וּמִן הַחַטָּאת.
וְלֹא הוֹסִיף בֶּן עַזַּאי אֶלָּא הָעוֹלָה, וְלֹא הוֹדוּ לוֹ חֲכָמִים:

〔니싼월〕 제14일 아침에 다른 목적(이름)으로 도살한 유월절 제물의 〔경우〕, 랍비 예호슈아에 의하면 제13일에 도살한 것과 마찬가지로 유효하다. 〔그러나〕 벤 베테라에 의하면 〔제14일〕 오후에 도살한 것과 마찬가지로 무효가 된다.

쉼온 벤 아자이는 말하기를, 72명의 장로들이 랍비 엘아자르 벤 아자리야를 예쉬바의 〔수장으로〕 임명하는 자리에서 내가 〔다음과 같은 해석을〕 받았다. 본래 의도와 다르게 바쳐진 제물을 먹었을 경우 이것은 유효하다. 그러나 제물을 바치는 사람이 의무를 이행하는 효과는 없다. (그러나) 유월절 제사와 속죄제사는 여기 해당하지 않는다.

벤 아자이는 〔여기에〕 번제를 추가했으나, 현인들은 그에게 동의하지 않았다.

- 첫째 미쉬나(1, 1)에서 본 것처럼, 제때에 바친 유월절 제물을 다른 목적(이름)으로 도살한 경우 그 제사는 완전히 무효가 된다.
- 유월절 제사는 니싼월 제14일 오후에 진행해야 한다. 이 때 다른 이름으로 도살된 제물은 제때에 드려진 것이므로 미쉬나 1, 1에서 본 바와 같이 완전히 무효가 된다. 그러나 제14일 오전에 도살한 것에 관하여는 견해가 나뉜다. 랍비 예호슈아에 의하면 13일과 마찬가지로 적법한 시간 외에 도살한 것으로 보아 유효하다. 벤 베테라는 14일 오후와 마찬가지로 제때에 도살한 것으로 보아 제사가 무효라고 한다.
- 여기서 유효하다는 의미는 유월절 제사가 아니라 일반 화목제사로서 유효하다는 뜻이다. 첫째 미쉬나(1, 1)의 해설을 참고하라.
- 72명의 장로들이 모인 회의는 산헤드린을 가리키는 것으로 보인다. 산헤드린은 보통 70명으로 구성되는 것으로 알려져 있으나 인원 계산의 방식에 따라 70명, 71명, 혹은 72명 등으로 다르게 나타나기도 한다.

1, 4

제사 절차의 각 단계가 다른 이름으로 드리는 제사의 유효성에 어떻게 영향을 미치는지를 다룬다.

הַפֶּסַח וְהַחַטָּאת שֶׁשְּׁחָטָן שֶׁלֹּא לִשְׁמָן, קִבֵּל, וְהִלֵּךְ, וְזָרַק, שֶׁלֹּא לִשְׁמָן,
אוֹ לִשְׁמָן וְשֶׁלֹּא לִשְׁמָן, אוֹ שֶׁלֹּא לִשְׁמָן וְלִשְׁמָן, פְּסוּלִים. כֵּיצַד לִשְׁמָן
וְשֶׁלֹּא לִשְׁמָן, לְשֵׁם פֶּסַח וּלְשֵׁם שְׁלָמִים. שֶׁלֹּא לִשְׁמָן וְלִשְׁמָן, לְשֵׁם שְׁלָמִים
וּלְשֵׁם הַפֶּסַח. שֶׁהַזֶּבַח נִפְסָל בְּאַרְבָּעָה דְבָרִים, בַּשְּׁחִיטָה וּבַקִּבּוּל וּבַהִלּוּךְ
וּבַזְּרִיקָה. רַבִּי שִׁמְעוֹן מַכְשִׁיר בַּהִלּוּךְ, שֶׁהָיָה רַבִּי שִׁמְעוֹן אוֹמֵר, אִי אֶפְשָׁר
שֶׁלֹּא בִשְׁחִיטָה וְשֶׁלֹּא בְקַבָּלָה וְשֶׁלֹּא בִזְרִיקָה, אֲבָל אֶפְשָׁר שֶׁלֹּא בַהִלּוּךְ,
שׁוֹחֵט בְּצַד הַמִּזְבֵּחַ וְזוֹרֵק. רַבִּי אֱלִיעֶזֶר אוֹמֵר, הַמְהַלֵּךְ בִּמְקוֹם שֶׁהוּא צָרִיךְ
לְהַלֵּךְ, הַמַּחֲשָׁבָה פוֹסֶלֶת. וּבִמְקוֹם שֶׁאֵין צָרִיךְ לְהַלֵּךְ, אֵין הַמַּחֲשָׁבָה פוֹסֶלֶת:

유월절 제물과 속죄제물을 본래와 다른 목적(이름)으로 도살한 경우, (그리고) 취혈, 운반, 뿌리기를 다른 목적으로 행한 경우, 혹은 본래 목적으로 [제의 절차를 진행하던 중] 다른 목적으로 [바꾸는 경우, 반대로] 다른 목적으로 [진행하던 절차를 다시] 본래 목적으로 [바꾸는 경우, 제사는] 무효가 된다.

본래 목적으로 [드리던 중에] 다른 목적으로 [바꾼다 함은] 무엇인가? [예를 들면], 유월절 제사로 [드리는 중에] 화목제사로 [바꾸는 것이다]. 본래 목적이 아닌 제물을 본래 목적으로 [바꾼다 함은, 예를 들어] 화목제사로 [잘못 드리던 중에 본래대로] 유월절 제사로 [바꾸는] 것이다.

희생제사는 네 가지 절차, 즉 도살, 취혈, 운반, 뿌리기 도중에 무효가 될 수 있다. (그러나) 랍비 쉼온은 '운반'을 여기에서 제외했는데, 그는 말하기를, 도살, 취혈, 뿌리기가 없으면 제사가 불가능해지지만 운반이 필요 없는 경우가 있다. 제단 바로 곁에서 도살하고 제단에 피를 뿌리는 [경우가 그것이다].

랍비 엘리에제르는 말하기를, [제의 도중] 반드시 이동해야 하는 경우라면, [잘못된 제사장의] 의도가 무효로 만든다. 반드시 이동해야 하지 않는 경우라면, 의도가 무효로 만들지 않는다.

- 앞선 미쉬나들은 제의 절차의 핵심이 되는 네 단계의 '피의 제의' 중, 가장 앞선 단계인 '도살'만을 규정했다. 이 미쉬나는 도살 이후 단계들, 즉 취혈, 운반, 뿌리기의 단계에서 제사장이 본래의 목적(이름)과 다른 목적(이름)으로 절차를 진행한 경우를 규정하고 있다. 피의 희생절차에 대해서는 개요를 참고하라.
- 피의 희생절차의 네 단계들 중 하나에서 제사장이 착오로 제물의 목적을 바꾸게 되는 경우를 규정하고 있다. 목적의 변경은 명시적으로

나타낼 필요가 없으며 제사장의 인식의 변화로 충분하다.

- 도살을 제단 바로 곁에서 행하여 '운반'의 절차가 필요 없는 경우, 랍비 쉼온은 이를 목적의 착오가 일어날 수 있는 단계에서 제외하고 있다. 지성물의 경우 성전 뜰의 북편에서 도살하였고, 일반 성물의 경우는 성전 뜰 어느 곳에서든 도살할 수 있었다. 따라서 제단 바로 옆에서 도살이 이루어지는 경우도 있었을 것이다. 랍비 쉼온은 이 경우에 대해 논하고 있다. 이 구절 후반에는 취혈단계가 명시되지 않았지만 묵시적으로 포함하고 있다고 보아야 한다.

- 도살하는 장소가 제단으로부터 떨어져 있으면, 제사장은 제의 절차를 완료하기 위해 제단 쪽으로 이동해야만 한다(피를 운반하기 위하여). 이렇게 제사장의 이동이 제의를 진행하기 위한 필수적인 부분이고, 이때 제사장에게 본래 제물의 목적에 대한 착오가 있다면, 이러한 이동 과정은 유월절 제사나 속죄제를 무효로 만들게 된다. 그러나 제사장이 운반 절차가 아닌 다른 이유로 이동할 경우는 이 때 다른 목적을 가지고 있더라도 제사가 무효가 되지 않는다는 의미다.

제2장

2, 1

제사장의 자격이나 필수 제의 절차에 문제가 있어 제사가 무효가 되는 경우를 다룬다.

כָּל הַזְּבָחִים שֶׁקִּבֵּל דָּמָן זָר, אוֹנֵן, טְבוּל יוֹם, מְחֻסַּר בְּגָדִים, מְחֻסַּר כִּפּוּרִים, שֶׁלֹּא רְחוּץ יָדַיִם וְרַגְלַיִם, עָרֵל, טָמֵא, יוֹשֵׁב, עוֹמֵד עַל גַּבֵּי כֵלִים, עַל גַּבֵּי בְהֵמָה, עַל גַּבֵּי רַגְלֵי חֲבֵרוֹ, פָּסַל. קִבֵּל בִּשְׂמֹאל, פָּסַל. רַבִּי שִׁמְעוֹן מַכְשִׁיר. נִשְׁפַּךְ הַדָּם עַל הָרִצְפָּה וַאֲסָפוֹ, פָּסוּל. נְתָנוֹ עַל גַּבֵּי הַכֶּבֶשׁ שֶׁלֹּא כְנֶגֶד הַיְסוֹד,

נָתַן אֶת הַנִּתָּנִין לְמַטָּן, לְמַעְלָן, וְאֶת הַנִּתָּנִין לְמַעְלָן, לְמַטָּן, אֶת הַנִּתָּנִים
בִּפְנִים, בַּחוּץ, וְאֶת הַנִּתָּנִין בַּחוּץ, בִּפְנִים, פָּסוּל וְאֵין בּוֹ כָרֵת:

모든 제사에서 취혈이 〔제사장의 자격이〕 없는 사람에 의해 이루어
진 경우, 즉, 상주이거나, 그날 씻은 자이거나, 〔제사장의〕 옷을 입지
않았거나, 속죄가 부족한 자이거나, 손과 발을 씻지 않았거나, 할례받
지 않았거나, 부정하거나, 〔성전에서〕 앉거나, 기구 위에 서거나, 동물
의 등이나 동료의 발 위에 서면 〔제사는〕 무효가 된다.

윈손으로 취혈하면 무효가 된다. 그러나 랍비 쉼온은 유효하다고
한다.

〔피가〕 바닥에 쏟아진 후 다시 담으면 〔그 제사는〕 무효가 된다. 〔피
를〕 제단 기초석이 아닌 오르막에 부었거나, 기초석 하단에 부어야
〔할 것을〕 상단에 부었거나, 상단에 부어야 〔할 것을〕 하단에 부었거
나, 외부 〔번제단〕에 〔부어야 할 것을 성소〕 내부 〔분향단〕에 〔드렸거
나〕, 내부 〔성소 분향단에 드려야 할 것을〕 외부 〔번제단에 부으면 그
제사는〕 무효가 된다. 그러나 이로 인해 〔제사장이〕 카렛 처벌을 받지
는 않는다.

- 원문에서는 외부인(זר, 자르)이라고 표현하고 있으나, 실제 의미는
  영구적이거나 일시적으로 제사장의 직무를 행할 자격이 없어진 사
  람을 말한다. 이 규정의 적용 대상은 주로 제사장직을 수행하는 사람
  들이었을 것이다.
- 각각의 예들을 구체적으로 살펴보면 다음과 같다.
  1) 상주(אונן, 오넨): 곡하는 사람이라는 뜻. 망자를 중심으로 일곱 종
     류의 가족구성원들(부친, 모친, 형제, 미혼 자매, 아들, 딸, 배우자)
     은 보통 망자의 사망 후 하루 동안을 곡하는 기간으로 지내게 되
     는데(אנינות, 아니누트), 제사장이 이에 해당하면 이 날은 제의를

집행할 수 없다(레 10:19; 신 26:14).

2) 낮에 씻은 자(טבול יום, 테불 욤): 제의적으로 부정해질 경우 옷을 빨거나 미크베(정결례장)에서 목욕을 함으로써 다시 깨끗해질 수 있으나 부정함은 그날 밤까지 남게 된다(예를 들어 레 11:40; 14: 47; 15). "부정한 날"은 물로 씻거나 옷을 빠는 행위를 마쳤으나 아직 밤이 되질 않아, 여전히 부정이 남아 있는 상태를 말한다. 이 상태로 제의를 집전하는 것은 허용되지 않는다(게마라 17a).

3) 속죄가 부족한 자(מחוסר כפורים, 메후사르 케푸림): 악성피부병 (레 14:8-32)이나 유출병(레 15:13-15)의 경우 세 단계에 걸쳐 부정을 씻고 정결을 회복한다. (1) 물로 씻고, (2) 밤이 지나고, (3) 다음 날, 속건제(레 14:21)나 번제와 속죄제를(레 15:15) 드려야 한다. 여기서는 물로 씻어 부정으로부터 일부 회복되었으나 아직 제사를 드리지 않은 상태를 말한다(게마라 19b).

4) 손과 발을 씻지 않은 자(출 30:19-20): 아론의 아들들이 회막에 들어갈 때 반드시 손과 발을 씻도록 규정하고 있다(게마라 17b-18a). 혹시 손과 발에 묻어 있을지 모르는 부정한 것들을 성전으로 옮기지 못하도록 하기 위함이다.

5) 할례받지 않은 자(겔 44:7, 9): 할례받지 않은 이방인이 성전에 출입하는 것을 금지하고 있다(게마라 22b).

6) 부정한 자(טמא, 타메): 제의적으로 부정해졌으나 이를 해결하지 못한 상태를 가리킨다.

7) 성전에서 앉아 있는 자: 예루살렘의 제2성전에서는 제사장들이 성전에서 앉는 것이 금지되었으며, 따라서 항상 서 있어야 했다. '야훼의 이름으로 서서 섬기도록' 레위 지파를 선택하셨다는 신명기 18:5의 내용을 문자적으로 해석하여 이 같은 규정을 발전시킨 것으로 보인다(게마라 23b).

8) 기구 위에 서거나, 동물의 등이나 동료의 발 위에 선 자: 제사장들은 성전에서 늘 맨발로 성전의 바닥을 디뎌야 했다. 성전 뜰은 거룩한 곳이어서 신발을 신는 것은 금지되었다. 이를 확대 적용하여, 기구, 동물, 동료의 발 등에 올라서는 것 또한 금지되었다.

- 제단의 '오르막'(כבש, 케베쉬)은 성전 뜰로부터 제단으로 오르는 길이며 성서의 규정에 의해 제단에 계단을 만들 수 없어(출 20:26) 직선의 경사로 형태를 띠고 있다. 대부분의 희생제사는 그 피를 성전 뜰 번제단의 기초석, 특히 그 하단에 부어야 한다. 다만 속죄제사와 새 번제의 두 경우에는 예외적으로 기초석의 상단에 피를 부었다. 제단 기초석에는 상하단을 구별하기 위해 붉은 줄로 표시되어 있었다(「미돗」 3, 1).

- 대부분의 희생제사의 피는 외부 번제단의 기초석에 부어야 하지만 세 가지 경우에 예외적으로 성소 내부에 드려야 한다. (1) 산헤드린의 잘못된 결정으로 인해 공동체가 범한 죄에 대한 속죄제사(레 4:13-27), (2) 공동체가 저지른 우상숭배(עבודה זרה, 아보다 자라)를 속죄하는 숫염소 제사, (3) 대제사장의 잘못에 대한 속죄제사(레 4:5-7)가 이 경우에 해당한다. 이 경우, 제물의 피를 성소로 가져가 성소의 휘장에 일곱 번 뿌리고, 금향단의 뿔에 바른다(레 4:5-7, 17-18). 한편, 속죄일의 경우, 수송아지와 숫염소의 피를 지성소에 뿌려야 한다(레 16).

- 제사장이 이 같은 실수로 제사를 무효로 만들 경우에도 그 제사장에게는 처벌이나 배상의 책임이 없다는 면책규정을 두고 있다.

2, 2

제의 절차를 잘못된 시간이나 장소에서 진행하려고 의도하는 경우에 대해 규정한다.

הַשׁוֹחֵט אֶת הַזֶּבַח לִזְרֹק דָּמוֹ בַחוּץ אוֹ מִקְצָת דָּמוֹ בַחוּץ, לְהַקְטִיר אֶת
אֵמוּרָיו בַחוּץ אוֹ מִקְצָת אֵמוּרָיו בַחוּץ, לֶאֱכֹל בְּשָׂרוֹ בַחוּץ אוֹ כַזַּיִת מִבְּשָׂרוֹ
בַחוּץ אוֹ לֶאֱכֹל כַזַּיִת מֵעוֹר הָאַלְיָה בַחוּץ, פָּסוּל וְאֵין בּוֹ כָרֵת. לִזְרֹק דָּמוֹ
לְמָחָר אוֹ מִקְצָת דָּמוֹ לְמָחָר, לְהַקְטִיר אֵמוּרָיו לְמָחָר אוֹ מִקְצָת אֵמוּרָיו
לְמָחָר, לֶאֱכֹל בְּשָׂרוֹ לְמָחָר אוֹ כַזַּיִת מִבְּשָׂרוֹ לְמָחָר אוֹ כַזַּיִת מֵעוֹר הָאַלְיָה
לְמָחָר, פִּגּוּל וְחַיָּבִין עָלָיו כָרֵת:

도살하는 사람이 제물의 피를 〔성전〕 밖에 뿌리려고 하거나, 그 일
부를 밖에 뿌리려고 하거나, 소각부를 〔성전〕 밖에서 태우려고 하거
나, 소각부의 일부를 밖에서 태우려고 하거나, 제물의 고기를 〔성전〕
밖에서 먹으려고 하거나, 그중 올리브 한 알만큼을 밖에서 먹으려고
하거나, 꼬리의 가죽에서 올리브 한 알만큼을 밖에서 먹으〔려고 의도
하면 그 제사는〕 무효가 된다. 하지만 이로 인해 카렛 처벌을 받지 않
는다.

〔제물의〕 피를 다음 날 〔제단에〕 뿌리려고 하거나, 그 일부를 다음
날 〔뿌리려고 하거나〕, 소각부를 다음 날 태우려고 하거나, 그 소각부
의 일부를 다음 날 〔태우려고 하거나〕, 그 고기를 다음 날 먹으려고 하
거나, 그 고기를 올리브 한 알만큼 다음 날 〔먹으려고 하거나〕, 꼬리
가죽을 올리브 한 알만큼 다음 날 먹으〔려고 의도하면〕 혐오스러운
것이다. 카렛 처벌을 받을 책임이 있다.

- 개요에서 살펴본 바와 같이 제사의식의 대상이 되는 핵심 부분은 크
  게 세 가지, 다시 말해 피, 내장의 껍질이나 기름 등 태워지는 소각부,
  그리고 태워지거나 혹은 제사장이나 제물을 바치는 사람이 먹을 수
  있는 나머지 고기 부분으로 구성된다. 여기서 소각부는 번제단에서
  태우는 내장의 기름 등을 가리킨다. 이 미쉬나는 이 세 부분에 관하
  여 제사장이 장소나 시간에 대해 잘못된 의도를 가지고 있을 경우를
  다룬다.

- 도살하는 사람이 피, 소각부, 남은 고기에 대한 제의 절차를 성전 밖에서 진행할 의도를 가진 경우에는 이 제사가 무효가 된다. 그러나 남은 고기는 혐오스러운 것(피굴)이 되지는 않으며 이를 먹더라도 카렛 처벌을 받지 않는다. 다만 채찍형에 처해야 한다는 견해도 있다(람밤).
- 그러나 시간에 대한 잘못된 의도가 있는 경우, 남은 고기는 혐오스러운 것(피굴)이 되고 이를 먹으면 카렛 처벌을 받는다.
- 다만 여기서 다음 날 먹으려는 의도가 문제되는 경우는 감사제와 같이 반드시 다음 날 동트기 전에 먹어야 하는 경우다(레 7:15). 서원제나 자원하는 예물과 같이 다음 날까지 먹어도 되는 경우에는(레 7:16-17) 제삼일에 먹으려는 의도가 남은 고기를 피굴로 만든다(게마라 56b).
- 올리브 한 알만큼의 분량은 제의적으로 먹거나 태우는 행위를 유효하게 하는 최소한의 분량이다. 예를 들어, 유월절에 먹어야 하는 무교병을 올리브 한 알만큼 먹으면 율법을 이행한 것이 되고, 이보다 적게 먹으면 율법을 이행하지 않은 것이 된다. 이러한 기준에 따라 이 미쉬나에서도 올리브 한 알만큼을 지정된 장소 외에서 먹으려고 의도하면 제의적으로 의미 있는 행위가 된다.
- 양 꼬리의 가죽은 부드러워 고기처럼 먹을 수 있었으며, 따라서 고기의 일부로 여겨졌다. 껍질을 벗긴 꼬리는 제단에서 태웠다.
- 혐오스러운 것(פגול, 피굴): 토라는 이틀 내에 먹어야 하는 화목제물을 셋째날에 먹으면 혐오스러운 것(피굴)이 되며, 이를 먹는 자는 백성 중에서 끊어지리라(카렛)고 규정한다(레 7:18; 19:7-8). 미쉬나는 이를 확대 해석하여 정해진 시간을 넘겨 진행하는 모든 제의 절차에 적용한다. 더욱이 레위기 7:18의 '열납되지 않을 것이라'(יחשב לא, 로 예하쉐브)를 랍비들은 '생각하지 말아라'로 해석하여 제사장이

잘못된 의도를 가진 경우에도 적용하고 있다. '생각하다'는 의미의 히브리어 단어 חשב(하샤브)를 수동형으로 이해하는 맛소라 전통과 달리 랍비들은 이를 능동형으로 이해한 결과라 볼 수 있다.

- 카렛 처벌(כרת): 문자적으로는 '잘려나감'을 뜻한다. 성서에서는 죽이거나 공동체로부터 축출하는 것을 의미한다(출 12:15; 레 18:29; 민 15:30-31). 카렛 처벌에 대해서는 「크리톳」에서 자세히 다룬다.

2, 3

2, 1 과 2, 2에서 다룬 내용을 토대로 대원칙을 제시한다.

זֶה הַכְּלָל, כָּל הַשּׁוֹחֵט וְהַמְקַבֵּל וְהַמְהַלֵּךְ וְהַזּוֹרֵק, לֶאֱכֹל דָּבָר שֶׁדַּרְכּוֹ לֶאֱכֹל,
לְהַקְטִיר דָּבָר שֶׁדַּרְכּוֹ לְהַקְטִיר, חוּץ לִמְקוֹמוֹ, פָּסוּל וְאֵין בּוֹ כָרֵת. חוּץ לִזְמַנּוֹ,
פִּגּוּל וְחַיָּבִין עָלָיו כָרֵת, וּבִלְבַד שֶׁיִּקְרַב הַמַּתִּיר כְּמִצְוָתוֹ:

대원칙은 다음과 같다. 도살, 취혈, 운반, 뿌리기를 하면서 정해진 장소 외에서 〔남은 고기를〕 원칙대로 먹거나 태우려 의도했다면 그 제사는 무효가 된다. 그러나 카렛 처벌은 받지 않는다.

〔그러나 이 행위들을〕 지정된 시간을 넘겨서 〔행하려고 의도하면〕 혐오스러운 것이 되고 카렛 처벌을 받는다. 〔이는 제사를〕 유효하게 하는 절차를 그 계명대로 시행했다는 〔전제를 안고〕 있다.

- 제의 도중 남은 고기에 대해 잘못된 의도를 가진 경우, 그 효력에 관한 대원칙을 제시한다.
- '피의 제의'의 네 단계 중 하나를 진행하면서 이후 남은 고기를 지정된 장소 외에서 원칙대로 먹거나 태우려고 의도할 경우, 제사는 무효가 되지만 카렛 처벌은 받지 않는다. 여기서 '원칙대로'란 규정상 먹게 되어 있는 것을 먹고 태우게 되어 있는 것을 태운다는 의미다. 예

를 들어, 화목제물을 먹고 번제를 태우는 것이다. 규정에 반하여 화목제물을 태우거나 번제를 먹는 것은 이 미쉬나의 논의대상이 되지 않는다.

- 그러나 잘못된 의도가 시간에 관한 것일 경우, 그 남은 고기는 혐오스러운 것(피굴)이 되며 이를 먹으면 카렛 처벌을 받는다.

- 이 미쉬나의 논의는 피의 제의 절차를 규정대로 진행하면서 잘못된 의도가 드러나지 않아, 남은 고기를 먹거나 태울 수 있게 된 경우를 전제로 함을 밝힌다. 여기서 잘못된 의도는 피의 제의 이후에 드러난다는 전제 또한 드러난다. 피의 제의 절차에 다른 문제가 있어 무효가 된다면 남은 고기를 먹거나 태울 수 없어, 원칙적으로 혐오스러운 것(피굴)의 문제가 발생하지 않는다(라브).

- 제사를 유효하게 하는 것(מתיר, 마티르): 마지막 문장에서 언급된 '유효하게 하는 절차'는 문자적으로 "허용하는 것"이라는 의미로 제사를 유효하게 하는 '피의 제의' 절차, 즉 도살·취혈·운반·뿌리기를 의미한다. 적법한 '피의 제의' 절차를 거쳐 피가 제단에 드려지면 제사는 유효한 것이 되고 남은 고기를 태우거나 먹는 것이 허용된다.

2, 4

2, 3 말미에 언급된 '유효하게 하는 절차'를 상세하게 다룬다.

כֵּיצַד קָרֵב הַמַּתִּיר כְּמִצְוָתוֹ. שָׁחַט בִּשְׁתִיקָה, קִבֵּל וְהִלֵּךְ וְזָרַק חוּץ לִזְמַנּוֹ. אוֹ שֶׁשָּׁחַט חוּץ לִזְמַנּוֹ, קִבֵּל וְהִלֵּךְ וְזָרַק בִּשְׁתִיקָה. אוֹ שֶׁשָּׁחַט, וְקִבֵּל וְהִלֵּךְ וְזָרַק חוּץ לִזְמַנּוֹ, זֶה הוּא שֶׁקָּרֵב הַמַּתִּיר כְּמִצְוָתוֹ. כֵּיצַד לֹא קָרֵב הַמַּתִּיר כְּמִצְוָתוֹ. שָׁחַט חוּץ לִמְקוֹמוֹ, קִבֵּל וְהִלֵּךְ וְזָרַק חוּץ לִזְמַנּוֹ. אוֹ שֶׁשָּׁחַט חוּץ לִזְמַנּוֹ, קִבֵּל וְהִלֵּךְ וְזָרַק חוּץ לִמְקוֹמוֹ. אוֹ שֶׁשָּׁחַט, קִבֵּל, וְהִלֵּךְ, וְזָרַק, חוּץ לִמְקוֹמוֹ. הַפֶּסַח וְהַחַטָּאת שֶׁשְּׁחָטָן שֶׁלֹּא לִשְׁמָן, קִבֵּל וְהִלֵּךְ וְזָרַק חוּץ לִזְמַנּוֹ. אוֹ שֶׁשָּׁחַט חוּץ לִזְמַנּוֹ, קִבֵּל וְהִלֵּךְ וְזָרַק שֶׁלֹּא לִשְׁמָן. אוֹ שֶׁשָּׁחַט, קִבֵּל, וְהִלֵּךְ, וְזָרַק, שֶׁלֹּא לִשְׁמָן. זֶה הוּא שֶׁלֹּא קָרֵב הַמַּתִּיר כְּמִצְוָתוֹ:

유효하게 하는 절차를 계명대로 〔시행한다는 것은〕 무엇을 말하는 가? 적절히 도살했으나 취혈·운반·뿌리기를 시간 외에 〔먹거나 태우려는 의도로〕 진행했을 때, 혹은 시간 외에 〔먹거나 태우려는 의도로〕 도살했으나 취혈, 운반, 뿌리기는 적절히 진행했을 때, 혹은 도살, 취혈, 운반, 뿌리기를 시간 외에 〔먹거나 태우려는 의도로〕 진행했을 때, 계명대로 유효하게 하는 행위가 된다.

유효하게 하는 절차를 계명대로 〔시행하지〕 않는 것은 무엇을 말하는가? 정해진 장소 외에서 〔먹거나 태우려는 의도로〕 도살하고 취혈, 운반, 뿌리기는 시간 외에 〔먹거나 태우려는 의도로〕 진행했을 때, 혹은 시간 외에 〔먹거나 태우려는 의도로〕 도살하고 취혈, 운반, 뿌리기는 정해진 장소 외에서 〔먹거나 태우려는 의도로〕 진행했을 때, 혹은 도살, 취혈, 운반, 뿌리기를 정해진 장소 외에서 〔먹거나 태우려는 의도로〕 진행했을 때다.

유월절 제사와 속죄제사의 경우, 다른 이름으로 도살되고, 취혈, 운반, 뿌리기는 정해진 시간 외에 〔먹거나 태울 의도로〕 행하여 졌을 때, 혹은 정해진 시간 외에 〔먹거나 태울 의도로〕 도살했고 취혈, 운반, 뿌리기가 다른 이름으로 행하여 졌을 때에도 유효하게 하는 절차를 계명대로 〔시행한 것이〕 될 수 없다.

- 율법대로 유효하게 하는 절차: 위 셋째 미쉬나(2, 3)에서 언급한 '유효하게 하는 절차'를 의미한다.
- 적절히(בשתיקה, 베쉬티카): 문자적으로는 '조용히'라는 의미이지만 제사를 무효로 만드는 잘못된 목적이 없는 것, 혹은 남은 고기를 적법하게 먹으려고 의도한 경우 등으로 해석된다.
- 정해진 시간 외에 먹거나 태우려는 의도로 도살하거나 그 외 절차를 진행했을 때, 혹은 모든 절차를 이러한 의도로 진행했고 이것이 나

중에 밝혀진 경우, 유효하게 하는 절차, 즉 '피의 제의'를 규정대로
유효하게 진행한 것으로 간주하여 남은 고기가 혐오스러운 것(피
굴)이 될 수 있다.

- 그러나 정해진 장소 외에서 먹거나 태우려는 의도로 도살하고 나머
  지 절차를 시간 외에 먹거나 태우려는 의도로 진행한 경우, 반대로
  도살을 시간 외, 나머지를 정해진 장소 외에 대한 의도로 행한 경우
  에는 혐오스러운 것(피굴)이 되게 하는 시간에 대한 의도와 피굴이
  되지 않는 장소에 대한 의도가 경합하게 된다. 이때에는 피의 제의
  절차를 무효로 만드는 장소에 대한 잘못된 의도가 우선하여 무효가
  된다.
- 네 절차를 모두 장소에 대한 잘못된 의도로 행한 경우에는 당연히
  유효하게 하는 절차를 계명대로 행하지 않은 것이 된다.
- 앞서 본 것처럼, 유월절 제사와 속죄제사를 다른 이름으로 도살하면
  이미 무효가 된다. 나머지 절차의 유무효 여부는 영향을 미치지 않
  는다. 마찬가지로 취혈, 운반, 뿌리기를 다른 이름으로 진행하더라
  도 무효가 된다.

2, 5

뿌리기 절차가 무효가 되어 제물이 혐오스러운 것이 되지 않는 경
우를 다룬다.

לֶאֱכֹל כַּזַּיִת בַּחוּץ וְכַזַּיִת לְמָחָר, כַּזַּיִת לְמָחָר וְכַזַּיִת בַּחוּץ, כַּחֲצִי זַיִת בַּחוּץ
וְכַחֲצִי זַיִת לְמָחָר, כַּחֲצִי זַיִת לְמָחָר וְכַחֲצִי זַיִת בַּחוּץ, פָּסוּל וְאֵין בּוֹ כָרֵת.
אָמַר רַבִּי יְהוּדָה, זֶה הַכְּלָל, אִם מַחֲשֶׁבֶת הַזְּמָן קָדְמָה לְמַחֲשֶׁבֶת הַמָּקוֹם,
פִּגּוּל וְחַיָּבִים עָלָיו כָּרֵת. וְאִם מַחֲשֶׁבֶת הַמָּקוֹם קָדְמָה לְמַחֲשֶׁבֶת הַזְּמָן, פָּסוּל
וְאֵין בּוֹ כָרֵת. וַחֲכָמִים אוֹמְרִים זֶה וָזֶה פָּסוּל וְאֵין בּוֹ כָרֵת. לֶאֱכֹל כַּחֲצִי זַיִת
וּלְהַקְטִיר כַּחֲצִי זַיִת, כָּשֵׁר, שֶׁאֵין אֲכִילָה וְהַקְטָרָה מִצְטָרְפִין:

올리브 한 알만큼[의 고기를] 밖에서 먹고 그만큼을 다음 날 먹거나, 올리브 한 알만큼[의 고기를] 다음 날 먹고 그만큼을 밖에서 먹거나, 올리브 반쪽만큼[의 고기를] 밖에서 먹고 그만큼을 다음 날 먹거나, 올리브 반쪽만큼[의 고기를] 다음 날 먹고 그만큼을 밖에서 [먹으려고 의도할 경우 제사는] 무효가 되지만, 카렛 처벌은 받지 않는다.

랍비 예후다가 말하기를, 이것이 대원칙이다. 만약 [잘못된] 시간에 대한 의도가 [잘못된] 장소에 대한 의도보다 [시간적으로] 앞서는 경우에는 혐오스러운 것이 되며 카렛 처벌을 받아야 한다. 그러나 [잘못된] 장소에 대한 의도가 [잘못된] 시간에 대한 의도를 앞설 경우에는 [제사가] 무효가 되지만 카렛 처벌을 받지 않는다.

현자들은 말했다. 이것저것 [모두] 무효이며, 카렛 처벌을 받지 않는다. 올리브 반쪽만큼[의 고기를] 먹고 [또] 그만큼을 [제단에서] 태우려 의도했다면 유효[한 제사가 된다]. 먹는 것과 태우는 것은 결합될 수 없기 때문이다.

- 올리브 한 알만큼은 제의를 유효하게 하는 최소한의 양이다. 남은 고기를 혐오스러운 것(피굴)으로 만드는 시간에 대한 잘못된 의도와, 제의가 무효가 되어 피굴이 되지 않는 장소에 대한 의도가 공존하는 경우, 2, 4의 예와 같이 제의는 무효가 되어 피굴이나 카렛에 해당하지 않는다.
- 올리브 반쪽만큼은 유효한 분량이 아니지만, 미쉬나는 이 둘이 결합될 수 있다고 본다. 따라서 제의는 무효가 된다.
- 랍비 예후다는 시간적으로 선행하는 의도에 따라 결정한다고 하지만 랍비들은 이에 반대한다.
- 먹는 것과 태우는 것은 서로 다른 행위이므로 이 둘은 결합되지 않는다. 따라서 각 행위에 올리브 반쪽만큼의 잘못된 의도를 가졌다

하더라도 제의적으로 무의미해 제사를 무효로 만들지 않는다.

제3장

3, 1

제의를 적법하게 집전할 자격이 없는 사람이 행한 도살 절차의 유효성에 대해 논하고 있다. 제물이 부정하게 되지 않는 이상 그 유효성을 인정하고 있는데, 사소한 절차적 흠결에 앞서 제사가 무효됨으로써 제물을 바치는 사람이 입게 될 재정적 손해를 고려하는 태도로 보인다.

כָּל הַפְּסוּלִין שֶׁשָּׁחֲטוּ, שְׁחִיטָתָן כְּשֵׁרָה. שֶׁהַשְּׁחִיטָה כְשֵׁרָה בְּזָרִים, בְּנָשִׁים,
וּבַעֲבָדִים, וּבִטְמֵאִים, אֲפִלּוּ בְקָדְשֵׁי קָדָשִׁים, וּבִלְבַד שֶׁלֹּא יִהְיוּ טְמֵאִים
נוֹגְעִים בַּבָּשָׂר. לְפִיכָךְ הֵם פּוֹסְלִים בְּמַחֲשָׁבָה. וְכֻלָּן שֶׁקִּבְּלוּ אֶת הַדָּם חוּץ
לִזְמַנּוֹ וְחוּץ לִמְקוֹמוֹ, אִם יֵשׁ דַּם הַנֶּפֶשׁ, יַחֲזֹר הַכָּשֵׁר וִיקַבֵּל:

〔제사장 자격이〕 무효가 된 사람이 도살하더라도 그 도살 절차는 유효하다. 제사장 아닌 사람, 여자, 노예, 부정한 사람이 심지어 지성물을 도살하더라도 유효하다. 단, 부정한 자들이 그 고기를 만져 〔고기가 부정하게 되지 않아야 한다〕.

그러므로 〔이들이 제사의 원래 목적을〕 착오한 경우, 제사는 무효가 된다.

이들이 지정된 시간과 장소 외에서 취혈한 경우, 만약 〔제물에〕 생명의 피가 남아 있다면 자격 있는 사람이 가서 취혈을 마쳐야 한다.

- 이 미쉬나는 자격 없는 사람이 행한 도살 절차의 효력을 사후적으로

승인하는 것일 뿐, 무자격자의 제의를 사전적으로 허용하는 것으로 해석할 수는 없다(게마라 32a).

- 부정한 사람의 상황에 따라 제물이 살아 있으면 부정이 전이되지 않는다. 그러나 도살되어 죽은 이후라면 더 쉽게 부정이 전이될 수 있다. 이 미쉬나는 후자의 경우를 규정하고 있다. 그러나 현실적으로는 도살에 쓰이는 칼에 도살 집전자의 부정이 전염되고 이를 통해 다시 제물이 부정해지는 문제가 발생할 수 있다. 이렇게 되면 도살단계에서 이미 부정이 전이되므로 본 미쉬나 규정은 의미가 없어진다. 그러나 두 가지 경우에는 이 미쉬나의 적용이 가능하다. (1) 도살 과정에 예리한 나무칼(reed)을 사용하는 경우, 나무로 만든 도구는 그릇 종류가 아니라면 부정이 전이되지 않으므로 집전자의 부정이 제물로 옮겨지지 않을 수 있다. (2) 집전자가 부정의 근원(אב הטומאה, 아브 하툼아)이 아니라 다른 부정의 원인과 접촉한 제1차 전이자 (ראשון לטומאה, 리숀 레툼아)인 경우에는 정도가 약한 부정이므로 집전자로부터 부정함이 제물로 옮겨지지 않는다(라브; 게마라 「훌린」 2b, 3a). 이 두 경우에는 본 미쉬나의 규정이 유효하게 적용될 수 있다(야드 아브라함).

- 「제바힘」 제2장에서 다루었던 바와 같이, 제사의 본래 목적을 착오하여 다른 목적(이름)으로 제의 절차가 진행되면 그 제사는 무효하다. 이러한 일반 원칙이 여기에도 적용되어, 무자격자에게 제사 목적의 착오가 있는 경우도 마찬가지로 그 제사는 무효가 된다.

- 여기서 말하는 '생명의 피'(דם הנפש, 담 하네페쉬)는 도살 직후 제물의 목에서 흘러나오는 피를 말한다.

3, 2
제사를 무효로 만들지 않는 경미한 절차적 흠결에 대해 규정한다.

קִבֵּל הַכָּשֵׁר וְנָתַן לַפָּסוּל, יַחֲזִיר לַכָּשֵׁר. קִבֵּל בִּימִינוֹ וְנָתַן לִשְׂמֹאלוֹ, יַחֲזִיר לִימִינוֹ. קִבֵּל בִּכְלִי קֹדֶשׁ וְנָתַן בִּכְלִי חֹל, יַחֲזִיר לִכְלִי קֹדֶשׁ. נִשְׁפַּךְ מִן הַכְּלִי עַל הָרִצְפָּה וַאֲסָפוֹ, כָּשֵׁר. נְתָנוֹ עַל גַּבֵּי הַכֶּבֶשׁ, שֶׁלֹּא כְנֶגֶד הַיְסוֹד, נָתַן אֶת הַנִּתָּנִין לְמַטָּה, לְמַעְלָה, וְאֶת הַנִּתָּנִים לְמַעְלָה, לְמַטָּה, אֶת הַנִּתָּנִים בִּפְנִים, בַּחוּץ, וְאֶת הַנִּתָּנִים בַּחוּץ, בִּפְנִים, אִם יֶשׁ דַּם הַנֶּפֶשׁ, יַחֲזֹר הַכָּשֵׁר וִיקַבֵּל:

〔제의를 집전할〕 자격 있는 사람이 취혈하여 무자격자에게 건네준 경우, 다시 자격 있는 사람에게 돌려주어야 한다. 오른손으로 취혈해 왼손에 건넨 경우, 다시 오른손으로 건네야 한다. 성별된 그릇으로 취혈했으나 속된 그릇에 〔피를〕 옮겨 담은 경우, 다시 성별된 그릇으로 옮겨야 한다. 그릇에서 〔성전〕 바닥으로 〔피가〕 쏟아진 경우, 〔다시 그릇에 담아야 하며, 그 제사는〕 유효하다.

〔제물의 피를〕 제단 기초석이 아닌 제단 오르막에 부었거나, 기초석 하단에 부어야 할 것을 상단에 부었거나, 상단에 부어야 할 것을 하단에 부었거나, 성소 내부에 뿌려야 할 것을 외부 제단에 부었거나, 외부 제단에 부어야 할 것을 성소 내부에 뿌린 경우, 〔제물의〕 생명의 피가 남아 있다면 자격 있는 사람이 다시 취혈할 수 있다.

- 앞 미쉬나 2, 1에 따르면 제물의 목에서 바닥으로 피가 쏟아지면 다시 그릇에 담더라도 그 취혈은 무효가 된다. 제물의 목에서 성별된 그릇으로 바로 취혈해야 유효한 취혈 절차가 된다. 그러나 일단 취혈이 유효하게 이루어진 이후라면 그릇에서 바닥으로 피가 쏟아지더라도 취혈이 다시 무효가 되지 않으며 다시 그릇에 담으면 된다. 마찬가지로 무자격자에게 건네지거나, 취혈자의 왼손에 건네지거나, 속된 그릇에 옮겨 담은 경우에도 본래의 적법한 상태를 회복하면 된다.
- 「제바힘」 2, 1에 따르면 '뿌리기' 절차를 잘못된 곳에 행한 경우 무효

가 된다. 그러나 제물의 도살 절차는 유효하며, 제물에 피가 남아 있어서 다시 취혈이 가능한 경우라면 이 절차부터 다시 진행해 제사를 유효하게 마칠 수 있다. 게마라(26b)는 이 미쉬나의 적용 범위를 무자격자에 의해 제의 절차가 진행된 경우로 한정하고 있다.

3, 3

제의 집전자가 잘못된 의도를 가졌다 하더라도 제사 자체는 유효가 되는 경우를 다룬다.

הַשּׁוֹחֵט אֶת הַזֶּבַח לֶאֱכֹל דָּבָר שֶׁאֵין דַּרְכּוֹ לֶאֱכֹל, וּלְהַקְטִיר דָּבָר שֶׁאֵין דַּרְכּוֹ לְהַקְטִיר, כָּשֵׁר. רַבִּי אֱלִיעֶזֶר פּוֹסֵל. לֶאֱכֹל דָּבָר שֶׁדַּרְכּוֹ לֶאֱכֹל וּלְהַקְטִיר דָּבָר שֶׁדַּרְכּוֹ לְהַקְטִיר, פָּחוֹת מִכַּזַּיִת, כָּשֵׁר. לֶאֱכֹל כַּחֲצִי זַיִת וּלְהַקְטִיר כַּחֲצִי זַיִת, כָּשֵׁר, שֶׁאֵין אֲכִילָה וְהַקְטָרָה מִצְטָרְפִין:

도살 절차의 집전자가 먹지 말아야 할 [부분을] 먹으려고 의도했거나, 태우지 말아야 할 [부분을] 태우려고 의도했더라도 [제사는] 유효하다. [그러나] 랍비 엘리에제르는 무효라고 한다.

먹어야 하는 [부분을] 먹으려고 의도하거나 태워야 하는 [부분을] 태우려고 의도할 경우, 올리브 한 알보다 적은 [양에 대해 이같이 의도했다면 제사는] 유효하다. 올리브 반쪽만큼의 양을 먹고 그만큼을 태우려고 [의도하더라도] 유효하다. 먹는 것과 태우는 것은 결합될 수 없기 때문이다.

- 먹을 수 없는 부분에 관해서는 아래 넷째 미쉬나(3, 4)에서 자세히 다룬다.
- 게마라(「메나홋」17a, b)는 랍비 엘리에제르의 견해에 대한 서로 다른 주장들을 소개하고 있다. 엘리에제르의 견해가 성서의 규정(레 7:

18)을 따른다는 주장과 단순히 랍비들의 전통일 뿐이라는 주장 등 이 그것이다.

- 위에서 살펴본 바와 같이 올리브 한 알만큼이란 먹거나 태우는 제의 절차를 유효하게 하는 최소한의 분량이다. 원칙대로 먹거나 태우려 하더라도 의도된 양이 올리브 한 알에 미치지 못하면 제의적으로 무효가 되고, 적절한 의도를 가지지 않은 채 제의를 집행한 셈이 된다. 그러나 미쉬나는 잘못된 의도가 제사에 영향을 끼치지 않는 경우와 같이 취급한다.

- 제의적으로 의미 있는 행위가 되려면 최소한 올리브 한 알만큼의 분량이 되어야 한다. 먹는 것과 태우는 것이 결합될 수 없다는 것은 각각 올리브 반쪽의 분량이 먹거나 태워진다는 것이 되고 따라서 제의적으로 무의미하다는 뜻이다.

3, 4

제사의 유효성과 관련 없는 제물의 부위를 잘못된 시간과 장소에서 먹으려고 의도하는 경우를 다룬다.

הַשּׁוֹחֵט אֶת הַזֶּבַח לֶאֱכֹל כַּזַּיִת מִן הָעוֹר, מִן הָרֹטֶב, מִן הַקִּיפָה, מִן הָאֱלָל,
מִן הָעֲצָמוֹת, מִן הַגִּידִים, מִן הַטְּלָפַיִם, מִן הַקַּרְנַיִם, חוּץ לִזְמַנּוֹ אוֹ חוּץ
לִמְקוֹמוֹ, כָּשֵׁר, וְאֵין חַיָּבִים עֲלֵיהֶם מִשּׁוּם פִּגּוּל וְנוֹתָר וְטָמֵא:

도살 절차의 집전자가 〔제물의 부분 중〕 올리브 한 알만큼의 가죽이나, 육즙(고기국물)이나, 찌꺼기나, 〔가죽에 붙은〕 고깃점이나, 뼈나, 혈관과 힘줄이나, 발굽이나, 뿔을 정해진 시간과 장소 외에서 먹으려고 의도한 경우에도 〔제사는〕 유효하다. 이 경우에는 혐오스러운 것이나 남은 것, 혹은 부정한 것이 되지 않는다.

- 찌꺼기(קיפה, 키파)란 고기를 삶을 때 위로 떠올라 뭉치는 고기 찌꺼기를 말한다.
- 가죽을 벗겨낼 때, 고깃점이 가죽에 붙은 채로 제물의 몸체에서 분리되는 경우가 종종 발생했다. 이때 가죽에 붙은 고깃점은 제사의 필수요소가 되는 제물의 한 부분이 아니다.
- 히브리어 낱말 '기딤'(גידים)은 혈관과 힘줄 모두를 포함한다.
- '남은 것'(נותר, 노타르)은 기술적 용어로, 제물로 바친 고기를 먹거나 태워야 하는 시간(보통 하루나 이틀)을 넘겨 남겨진 고기를 말한다. 이를 먹는 것은 '혐오스러운 것'(פיגול, 피굴)이 된다. 그러나 위에 언급된 부분들은 제사의 필수 부분들이 아니므로 이에 해당하지 않는다.

3, 5

집전자의 의도에 의해 혐오스러운 것이 되지 않는 제물의 부위를 다룬다.

הַשּׁוֹחֵט אֶת הַמֻּקְדָּשִׁין לֶאֱכֹל שָׁלִיל אוֹ שִׁלְיָא בַחוּץ, לֹא פִגֵּל. הַמּוֹלֵק תּוֹרִין
בִּפְנִים לֶאֱכֹל בֵּיצֵיהֶם בַּחוּץ, לֹא פִגֵּל. חֲלֵב הַמֻּקְדָּשִׁין וּבֵיצֵי תּוֹרִין, אֵין חַיָּבִין
עֲלֵיהֶן מִשּׁוּם פִּגּוּל וְנוֹתָר וְטָמֵא:

도살 집전자가 성별된 제물의 태아나 태반[성전 뜰]을 밖에서 먹으려 의도해도 혐오스러운 것이 되지 않는다. 안에서 비둘기의 목을 꺾는 자가 그 알을 성전 뜰 밖에서 먹으려고 의도해도 혐오스러운 것이 되지 않는다.

성별된 제물의 젖이나 비둘기의 알들은 혐오스러운 것, 남은 것, 혹은 부정한 것의 대상이 되지 않는다.

- 지금까지는 도살되는 제물을 제바흐(זבח)로 표현했으나 이 미쉬나
  는 '성별된 제물들'(מקדשין, 메쿠다쉰)로 표현하고 있다. 보통 이 성
  별된 제물들이라는 표현은 제물이 암컷일 때 쓰는 것으로 이해된다
  (라브; 라쉬).

3, 6

규정에 어긋난 행위를 의도해도 제사가 유효한 경우를 논의한다.

שְׁחָטוֹ עַל מְנָת לְהַנִּיחַ דָּמוֹ אוֹ אֶת אֵמוּרָיו לְמָחָר, אוֹ לְהוֹצִיאָן לַחוּץ, רַבִּי
יְהוּדָה פּוֹסֵל, וַחֲכָמִים מַכְשִׁירִין. שְׁחָטוֹ עַל מְנָת לִתְּנוֹ עַל גַּבֵּי הַכֶּבֶשׁ שֶׁלֹּא
כְנֶגֶד הַיְסוֹד, לָתֵן אֶת הַנִּתָּנִין לְמַטָּה, לְמַעְלָה, וְאֶת הַנִּתָּנִין לְמַעְלָה, לְמַטָּה,
אֶת הַנִּתָּנִין בִּפְנִים, בַּחוּץ, וְאֶת הַנִּתָּנִין בַּחוּץ, בִּפְנִים, שֶׁיֹּאכְלוּהוּ טְמֵאִים,
שֶׁיַּקְרִיבוּהוּ טְמֵאִים, שֶׁיֹּאכְלוּהוּ עֲרֵלִים, שֶׁיַּקְרִיבוּהוּ עֲרֵלִים, לְשַׁבֵּר עַצְמוֹת
הַפֶּסַח וְלֶאֱכֹל הֵימֶנּוּ נָא, לְעָרֵב דָּמוֹ בְדַם פְּסוּלִין, כָּשֵׁר, שֶׁאֵין הַמַּחֲשָׁבָה
פּוֹסֶלֶת אֶלָּא חוּץ לִזְמַנּוֹ וְחוּץ לִמְקוֹמוֹ, וְהַפֶּסַח וְהַחַטָּאת שֶׁלֹּא לִשְׁמָן:

〔제물의〕 피나 소각부를 다음 날까지 남겨두거나 〔성전〕 밖으로 내
어가려는 의도를 가지고 도살을 진행한 경우, 랍비 예후다는 〔도살
이〕 무효라고 하나 현자들은 유효하다고 한다.

〔제물의 피를〕 제단 기초석이 아닌 오르막에 붓거나, 기초석 하단
에 부어야 할 것을 상단에 붓거나, 상단에 부어야 할 것을 하단에 붓
거나, 〔성소〕 내부에 뿌려야 할 것을 외부 제단에 붓거나, 외부 제단
에 부어야 할 것을 〔성소〕 내부에 뿌리거나, 〔제물의 고기를〕 부정한
사람이 먹거나, 부정한 사람이 〔제단에 제물을〕 바치거나, 할례받지
않은 사람이 〔제물의 고기를〕 먹거나, 할례받지 않은 사람이 〔제물을
제단에〕 바치거나, 유월절 양의 뼈를 꺾거나, 이를 반만 익혀 먹거나,
〔제물의〕 피를 무효인 피와 섞으려는 등의 의도로 도살을 진행해도
〔제사는〕 유효하다.

〔왜냐하면〕 정해진 시간과 장소를 벗어나려는 의도나, 유월절 제사나 속죄제사를 다른 목적(이름)으로 드리는 것 외에는 〔제사가〕 무효가 되지 않기 때문이다.

- 미쉬나는 주로 토라의 규정을 확인하고 있다(출 12:45; 민 9:12).
- 토라의 규정에 의하면(출 12:8-9) 유월절의 양은 삶지 말고 불에 구워야 한다. 그러나 이 미쉬나는 반만 구울 것을 의도한 경우에도 유월절 제사는 유효하다고 규정한다.
- 마지막 단은 잘못된 의도로 인해 제사가 무효로 되는 경우는 시간, 장소, 목적(이름)에 대한 것으로 한정된다는 대원칙을 천명한다.

제4장

4, 1
번제단에 피를 바르는 절차의 유효성에 대해 규정한다.

בֵּית שַׁמַּאי אוֹמְרִים, כָּל הַנִּתָּנִין עַל מִזְבֵּחַ הַחִיצוֹן, שֶׁאִם נְתָנָן מַתָּנָה אַחַת,
כִּפֵּר. וּבְחַטָּאת, שְׁתֵּי מַתָּנוֹת. וּבֵית הִלֵּל אוֹמְרִים, אַף חַטָּאת שֶׁנְּתָנָהּ מַתָּנָה
אַחַת, כִּפֵּר. לְפִיכָךְ, אִם נָתַן אֶת הָרִאשׁוֹנָה כְתִקְנָהּ וְאֶת הַשְּׁנִיָּה חוּץ לִזְמַנָּהּ,
כִּפֵּר. נָתַן אֶת הָרִאשׁוֹנָה חוּץ לִזְמַנָּהּ וְאֶת הַשְּׁנִיָּה חוּץ לִמְקוֹמָהּ, פִּגּוּל, וְחַיָּבִין
עָלָיו כָּרֵת:

샴마이 학파는 〔이렇게〕 말한다. 외부 번제단에 〔바르는 희생의 피는〕 한 번만 바르면 속죄의 〔효과가 있다〕. 그러나 속죄제의 〔경우에는〕 두 번 발라야 한다. 힐렐 학파는 〔이렇게〕 말한다. 속죄제의 경우라도 한 번만 바르면 속죄의 〔효과가 있다〕. 그러므로 첫 번째는 〔규정대로〕 적절하게 바르고, 두 번째는 〔적법한〕 시간 외에 바른다면 속

죄의 〔효과가 있다〕. 그러나 첫 번째에 〔적법한〕 시간 외에 바르고, 두 번째에 〔적법한〕 장소 외에 바른다면 〔이 제사는〕 혐오스러운 것이 된다. 〔이를 행하면〕 카렛 처벌의 대상이 된다.

- 피를 한 번만 발라도 제사가 유효하다는 주장은 번제에 관해 규정하고 있는 신명기 12:27을 따른 것이다. 이 구절은 번제를 드릴 때, "피를 네 하나님 야훼의 제단 위에 부어라"라고 규정하고 있는데, 랍비들은 이 구절에서 피를 부으라는 동사(ישפך, 이샤페크)가 한 번만 나오기 때문에 한 번만 피를 부으면 충분하다고 해석하고 있다(라브; 게마라 36b).

- 여기서 샴마이 학파는 속죄제에 대한 이전 세대의 랍비들의 해석을 수정하고 있다. 속죄제에 대해 규정하고 있는 레위기 4:25, 30, 34에서 제단 뿔에 피를 바르는 행위를 세 번에 걸쳐 규정하고 있는데, 이전 세대의 랍비들은 이 세 차례의 언급을 피를 발라야 하는 제단의 뿔의 개수로 해석했다고 샴마이 학파는 이해했다. 이 해석에 의하면 세 개의 뿔에 두 번씩, 즉 여섯 차례 피를 발라야 하는 결과가 되어, 네 개의 뿔을 가진 성전의 제단에는 적용할 수 없게 된다. 따라서 샴마이 학파는 이를 수정하여 피를 바를 때 각 뿔에 한 번씩, 네 번 발라야 하며, 속죄제사의 경우, 처음 두 개의 뿔에 바르면 제사가 이미 유효하다고 주장하고 있다. 그러나 원칙적으로는 네 개의 뿔에 모두 발라야 한다(라브; 게마라 37b).

- 힐렐 학파는 샴마이 학파와 달리 제단의 뿔 중 하나에 피를 바르는 것으로 이미 유효하다고 주장하는데, 그 근거는 다음과 같다. 속죄제사를 규정하고 있는 레위기 4장에서 번제단의 뿔을 언급하는 부분은 18, 25, 30, 34절인데, 이 중 25, 30절은 뿔을 קרנת(카르놋)으로 기록하고 있어 이를 단수로 해석할 수 있고, 34절은 קרנות, 즉 명백

한 복수형태로 기록하고 있으므로 언급되고 있는 뿔은 모두 다섯 개
다. 이는 네 개의 뿔에 모두 피를 발라야 하지만 하나의 뿔만이 필수
적이라는 의미다. 그러나 힐렐 학파의 이러한 해석은 맛소라 학파에
의해 성서 텍스트에 모음이 첨가되기 이전의 상황에서만 가능했다.
현재 전해져 내려오는 맛소라 사본(MT)에는 34절 역시 קרנת으로
기록하고 있어, 힐렐 학파가 사용하던 성서 사본이 현재까지 전해져
내려오는 맛소라 텍스트와는 다른 계열일 가능성을 보여준다. 참고
로 사마리아 오경은 이 구절들 모두에서 קרנות으로 표기하고 있다.
힐렐 학파에 의하더라도 의무적으로 네 개의 뿔에 모두 피를 발라야
한다는 점에는 차이가 없다. 다만 이 가운데 하나의 뿔에만 발라도
제사가 유효하다고 주장하는 것이다. 그러나 두 차례 모두 시간에
대한 오류가 있을 경우에는 당연히 혐오스러운 것(피굴)이 된다.

4, 2
성소 내 분향단에 피를 바르는 절차에 대해 규정한다.

כָּל הַנִּתָּנִין עַל מִזְבֵּחַ הַפְּנִימִי, שֶׁאִם חִסַּר אַחַת מִן הַמַּתָּנוֹת, לֹא כִפֵּר. לְפִיכָךְ,
אִם נָתַן כֻּלָּן כְּתִקְנָן וְאַחַת שֶׁלֹּא כְתִקְנָה, פָּסוּל, וְאֵין בּוֹ כָרֵת:

〔성소〕 내부 분향단에 〔피를〕 발라야 하는 모든 〔경우에〕, 바르는
절차 중 하나만 모자라도 〔그 제사는〕 속죄하는 〔효력이〕 없다.

그러므로 〔제사장이 피를〕 바르는 모든 절차를 〔규정대로〕 적절하
게 행했다 하더라도, 그중 하나가 부적절하게 이루어졌다면 〔그 제사
는〕 무효가 된다. 그러나 카렛 처벌의 대상이 되지는 않는다.

- 여기서 성소의 내부 분향단은 원칙적으로는 지성소의 장막 앞에 위
  치한 금으로 도금한 분향단을 가리킨다. 이 분향단 역시 모서리에

네 개의 뿔이 있다(출 30:1-10).

- 분향단에 피를 바르는 경우는 크게 두 가지로 나뉜다. 첫째, 대제사장을 위한 속죄제사(레 4:6-7)와 이스라엘 백성 전체를 위한 속죄제사(레 4:17-18)의 경우다. 이때는 제물의 피를 먼저 지성소와 성소를 구분하는 휘장에 일곱 번 뿌리고, 이후에 분향단의 네 뿔에 제물의 피를 바른다. 두 번째 경우는 속죄일 제사다. 이때는 제물의 피를 우선 지성소의 언약궤 위에 여덟 번, 그리고 휘장에 다시 여덟 번 뿌린다(레 16:14-15). 그 후 분향단의 네 뿔에 피를 바르고 다시 그 위에 일곱 번 뿌린다(레 16:18-19).

- 첫째 미쉬나(4, 1)에서 바깥 번제단의 네 뿔 중 하나 혹은 두 개에 피를 바르면 이미 유효한 제사가 되는 경우들과 달리 본 미쉬나는 성소 분향단의 경우에 네 뿔 모두에 피를 발라야 유효한 절차가 된다고 규정하고 있다. 이 제사들이 대제사장이나 공동체 전체의 속죄를 위한 것이며, 따라서 보다 높은 수준의 절차적 엄밀성을 요구했기 때문이다.

4, 3

혐오스러운 것이 될 수 없는 제물의 부분을 다룬다.

אֵלּוּ דְבָרִים שֶׁאֵין חַיָּבִין עֲלֵיהֶם מִשּׁוּם פִּגּוּל. הַקֹּמֶץ, וְהַלְּבוֹנָה, וְהַקְּטֹרֶת,
וּמִנְחַת כֹּהֲנִים, וּמִנְחַת כֹּהֵן מָשִׁיחַ, (וּמִנְחַת נְסָכִים), וְהַדָּם, וְהַנְּסָכִים הַבָּאִים
בִּפְנֵי עַצְמָן, דִּבְרֵי רַבִּי מֵאִיר. וַחֲכָמִים אוֹמְרִים, אַף הַבָּאִים עִם הַבְּהֵמָה. לֹג
שֶׁמֶן שֶׁל מְצֹרָע, רַבִּי שִׁמְעוֹן אוֹמֵר, אֵין חַיָּבִין עָלָיו מִשּׁוּם פִּגּוּל. וְרַבִּי מֵאִיר
אוֹמֵר, חַיָּבִין עָלָיו מִשּׁוּם פִּגּוּל, שֶׁדַּם הָאָשָׁם מַתִּירוֹ. וְכֹל שֶׁיֶּשׁ לוֹ מַתִּירִים בֵּין
לָאָדָם בֵּין לַמִּזְבֵּחַ, חַיָּבִין עָלָיו מִשּׁוּם פִּגּוּל:

다음은 혐오스러운 것이 될 수 없는 [제물의 부분들이다]: [소제] 가루 한 움큼, [소제의] 유향, [사르는] 향, 제사장의 소제, 대제사장의

소제, 전제와 〔함께 드리는〕 소제, 피, 따로 드리는 전제. 이것은 랍비 메이르의 말이다. 하지만 현자들은 동물〔제물〕과 함께 가져오는 것들도 〔여기 해당한다고〕 한다.

랍비 쉼온이 말하기를, 악성피부병자가 〔가져오는〕 기름 1로그는 혐오스러운 것이 되지 않는다. 그러나 랍비 메이르는 말하기를, 속건제의 피가 유효하게 하는 것이 되므로 〔그 기름도〕 혐오스러운 것이 될 수 있다. 유효하게 하는 것이 있는 모든 경우에, 〔그것이〕 사람에 대하여 제단에 대하여 혐오스러운 것이 될 수 있다.

- 소제 역시 희생제사에 준하는 필수 제의 절차에 따라 유효한 제사가 된다(개요 참고). 소제에서는 제사장이 그릇의 곡식가루를 한 줌 움켜잡아 성별된 제의용 그릇에 옮겨 담는데 이를 '움켜쥐기'(קמיצה, 크미짜)라고 하며, 이는 희생제사의 취혈에 해당한다. 따라서 제사장이 움켜쥔 곡식가루는 희생제사의 피에 해당되어 혐오스러운 것이 될 수 없다.
- 소제의 유향을 '옮겨 담기'가 끝나면 소제의 '움켜쥔 가루'와 동일한 성격을 가지게 된다.
- 사르는 향은 성소에서 매일 아침저녁 이루어지는 분향(출 30:7-8)을 말하며, 완전히 불태워야 한다. 제사장이나 대제사장이 드리는 소제는 일반 소제와 달리 완전히 불에 태워야 한다. 이는 위임식의 소제를 규정하고 있는 레위기 6:19-24을 일반 제사장에게 확대 적용한 것으로 보인다.
- 따로 드리는 전제란 원래 동물 희생제사와 함께 드리는 전제를 이와 다른 날에 드리는 경우를 말한다. 그 이유는 소제나 전제는 동물 희생제사와 함께 드리더라도 그 유효성은 후자와는 별개로 판단하기 때문이다.

- 여기서 기름 1로그는 나병 환자가 병이 나았을 경우 속건제와 함께 성전으로 가져와야 하는 것을 말한다(레 14). 랍비 쉼온은 기름 1로 그를 속건제를 드린 며칠 후에 가져오는 것으로 해석하여, 속건제 의 효과가 이 기름에 미치지 않는 것으로 해석하고 있다. 그러나 랍 비 메이르는 기름 1로그를 속건제와 함께 가져오는 것으로 해석하 여 속건제의 유효하게 하는 부분이 기름에도 영향을 미친다고 해석 하고 있다. 로그(לג)는 고대 이스라엘에서 액체를 측정하던 단위로, 1로그는 약 0.3리터에 해당한다.
- 유효하게 하는 것(마티르), 즉 '피의 제의'가 적법하게 진행되면, 남 은 고기를 먹거나 태울 수 있게 된다. 앞서 본 바와 같이, 이를 시간 내에 행하지 않거나, 시간 외에 행하려고 의도한 것이 드러났을 때 남은 고기는 혐오스러운 것(피굴)이 된다.

4, 4

4, 3에서 언급한 '유효하게 하는 것'에 대한 원칙을 제시한다.

הָעוֹלָה, דָּמָהּ מַתִּיר אֶת בְּשָׂרָהּ לַמִּזְבֵּחַ וְעוֹרָהּ לַכֹּהֲנִים. עוֹלַת הָעוֹף, דָּמָהּ מַתִּיר אֶת בְּשָׂרָהּ לַמִּזְבֵּחַ. חַטַּאת הָעוֹף, דָּמָהּ מַתִּיר אֶת בְּשָׂרָהּ לַכֹּהֲנִים. פָּרִים הַנִּשְׂרָפִים וּשְׂעִירִים הַנִּשְׂרָפִים, דָּמָן מַתִּיר אֶת אֵמוּרֵיהֶן לִקְרֵב. רַבִּי שִׁמְעוֹן אוֹמֵר, כֹּל שֶׁאֵינוֹ עַל מִזְבֵּחַ הַחִיצוֹן כִּשְׁלָמִים, אֵין חַיָּבִין עָלָיו מִשּׁוּם פִּגּוּל:

번제의 경우, 〔제물의〕 피가 그 제물을 번제단에서 유효하게 하는 것이며, 그 가죽은 제사장에게 돌린다.

새 번제의 경우, 그 피가 제물을 번제단에서 유효하게 하는 것이다. 새 속죄제의 경우, 그 피가 유효하게 하는 것이며 〔이를 통해 그 제물 을〕 제사장에게 줄 수 있다.

〔번제단에서〕 태우는 소나 숫염소의 경우, 그 〔제물의〕 피가 제단에

서 태우는 부분을 유효하게 하는 것이다. 랍비 쉼온이 말하기를, "화목제처럼 바깥 번제단에서 〔피를 뿌리지〕 않는 경우라면 혐오스러운 것이 되지 않는다."

- 여러 종류의 희생제사에서 '피의 제의'가 제사를 유효하게 하며, 이를 통해 남은 부분을 태우거나 제사장에게 줄 수 있다.
- 소나 숫염소를 번제단에서 태우는 경우에는 '피의 제의' 절차를 성소 내부에서 행하므로, 랍비 쉼온에 의하면 혐오스러운 것이 될 수 있는 대상에 해당하지 않는다.

4, 5
이방인의 제물이 혐오스러운 것이 될 수 있는가에 대해 규정한다.

קָדְשֵׁי נָכְרִים, אֵין חַיָּבִין עֲלֵיהֶם מִשּׁוּם פִּגּוּל, נוֹתָר וְטָמֵא. וְהַשּׁוֹחֲטָן בַּחוּץ,
פָּטוּר, דִּבְרֵי רַבִּי מֵאִיר. רַבִּי יוֹסֵי מְחַיֵּב. דְּבָרִים שֶׁאֵין חַיָּבִין עֲלֵיהֶם מִשּׁוּם
פִּגּוּל, חַיָּבִים עֲלֵיהֶם מִשּׁוּם נוֹתָר, מִשּׁוּם טָמֵא, חוּץ מִן הַדָּם. רַבִּי שִׁמְעוֹן
אוֹמֵר, בְּדָבָר שֶׁדַּרְכּוֹ לְהֵאָכֵל. אֲבָל כְּגוֹן הָעֵצִים וְהַלְּבוֹנָה וְהַקְּטֹרֶת, אֵין חַיָּבִין
עֲלֵיהֶם מִשּׁוּם טֻמְאָה:

이방인의 제물은 혐오스러운 것이나 〔시간을 넘겨〕 남은 것, 혹은 부정한 것이 될 수 없다. 〔이방인이 성전〕 밖에서 〔제물을〕 도살한 경우에도 면책된다. 랍비 쉼온의 말이다. 그러나 랍비 요쎄는 〔책임질〕 의무가 있다고 한다.

혐오스러운 것이 될 수 없는 경우에도, 〔시간을 넘겨〕 남은 것이나 부정한 것이 될 수는 있다. 피는 여기서 제외된다.

랍비 쉼온이 말하기를, 먹게 되어 있는 것〔은 책임질 의무가 있다〕. 그러나 예를 들어, 나무, 향신료, 〔분향의〕 향은 부정한 것이 되어 〔책임질〕 의무가 없다.

- 이방인들도 성전에 제물을 바칠 수 있었다. 그러나 엄격한 제의 규정들은 유대인들에게만 적용되고 이방인들에게는 적용되지 않았다. 이 미쉬나는 그 한 단면을 보여주고 있다.

- 레위기 17:2의 규정에 따라 성전 밖에서 제물을 도살하는 것은 금지되어 있다. 그러나 이 성서구절은 아론, 아론의 자손들, 그리고 이스라엘 자손들에 대한 명령이라고 명시하고 있다. 랍비 쉼온은 이를 엄격하게 해석하여, 이방인이 성전 밖에서 제물을 도살하는 행위에 적용하지 않으나 랍비 요쎄는 이방인에게도 적용하고 있다.

- 타나임들에 의하면 사람이 부정한 상태로 혐오스러운 것이 될 수 없는 것을 먹으면 카렛 처벌의 대상이 된다. 랍비 쉼온은 이를 다소 수정하여 원래 먹을 수 있는 것들만 이에 해당하고, 나무, 향신료, 향 등 먹을 수 없는 것들을 부정한 상태로 먹는 것은 처벌의 대상이 아니라고 한다.

4, 6

집전자가 염두에 두어야 할 요소들에 대해 규정한다.

לְשֵׁם שִׁשָּׁה דְבָרִים הַזֶּבַח נִזְבָּח, לְשֵׁם זֶבַח, לְשֵׁם זוֹבֵחַ, לְשֵׁם הַשֵּׁם, לְשֵׁם אִשִּׁים, לְשֵׁם רֵיחַ, לְשֵׁם נִיחוֹחַ. וְהַחַטָּאת וְהָאָשָׁם, לְשֵׁם חֵטְא. אָמַר רַבִּי יוֹסֵי, אַף מִי שֶׁלֹּא הָיָה בְלִבּוֹ לְשֵׁם אַחַד מִכָּל אֵלּוּ, כָּשֵׁר, שֶׁהוּא תְנַאי בֵּית דִּין, שֶׁאֵין הַמַּחֲשָׁבָה הוֹלֶכֶת אֶלָּא אַחַר הָעוֹבֵד:

〔다음〕 여섯 가지 목적을 염두에 두고 제사를 드려야 한다. 제사의 〔정확한〕 목적, 제물을 바치는 사람, 〔하나님의〕 이름, 〔제단의〕 불, 향기, 기쁘시게 하는 것.

속죄제와 속건제는 그 죄를 염두에 〔두어야 한다〕. 랍비 요쎄는 말하기를, 그러나 이 가운데 한 가지를 염두에 두지 않고 〔제사를 드렸다 할지라도, 제사는〕 유효하다. 법정이 그렇게 결정했기 때문이며,

의도는 〔제의를〕 집전하는 사람에게 달려 있기 때문이다.

- 1-4장에서 잘못된 의도로 인해 제사가 무효가 되는 경우를 다루었다. 이 주제를 마무리하며 제사를 드릴 때 반드시 의식해야 하는 여섯 가지 사항을 나열하고 있다.
- 유대 전통에서는 하나님의 이름(야훼)을 부르지 않으며 '그 이름'(השם, 하쉠)이라고 표현한다.
- 향기(ריח, 레아흐)와 기쁘시게 하는 것(ניחוח, 니호아흐)은 제물을 태울 때 나는 냄새를 말하며 성서에서는 보통 '기쁘시게 하는 향기'(ריח ניחוח, 레아흐 니호아흐)로 함께 언급된다(레 1:9, 13; 2:9 등, 한글 개역개정은 보통 '향기로운 냄새'로 번역한다). 미쉬나는 이 둘을 분리하여 각각 독립적인 대상으로 여긴다.
- 속죄제와 속건제를 드릴 때는 당연히 속죄하고자 하는 죄를 염두에 두어야 한다.
- 랍비 요쎄는 산헤드린의 결정을 들어 이 중 한 가지를 결한 제사도 유효하다고 한다. 산헤드린은 제사장이 제사의 목적(이름)을 말하지 않도록 결정했다. 제사장의 실수로 제사가 무효가 되어 제물을 가져온 사람이 무고히 피해를 입는 경우를 방지하기 위함이다(게마라 2b).
- 제의 과정의 의도는 제물을 가져온 사람이 아닌 제사장을 기준으로 판단한다.

제5장

5, 1
도살이 이루어지는 장소에 대해 논한다.

אֵיזֶהוּ מְקוֹמָן שֶׁל זְבָחִים, קָדְשֵׁי קָדָשִׁים שְׁחִיטָתָן בַּצָּפוֹן, פַּר וְשָׂעִיר שֶׁל יוֹם
הַכִּפּוּרִים שְׁחִיטָתָן בַּצָּפוֹן, וְקִבּוּל דָּמָן בִּכְלִי שָׁרֵת בַּצָּפוֹן, וְדָמָן טָעוּן הַזָּיָה עַל
בֵּין הַבַּדִּים וְעַל הַפָּרֹכֶת וְעַל מִזְבַּח הַזָּהָב. מַתָּנָה אַחַת מֵהֶן מְעַכָּבֶת. שְׁיָרֵי
הַדָּם הָיָה שׁוֹפֵךְ עַל יְסוֹד מַעֲרָבִי שֶׁל מִזְבַּח הַחִיצוֹן. אִם לֹא נָתַן, לֹא עִכֵּב:

〔희생제사를 위한〕 도살은 어느 장소에서 이루어져야 하는가? 지
성물의 경우 〔번제단의〕 북쪽에서 이루어져야 한다. 속죄일의 수소와
숫염소는 〔번제단의〕 북쪽에서 도살해야 하며, 그 피도 북쪽에서 구
별된 그릇에 담아야 한다. 그 피는 〔언약궤의〕 두 막대 사이와 〔언약
궤 위의〕 속죄소와 〔성소의〕 금 분향단에 뿌려야 한다. 〔이 중〕 한 가
지만 〔실행하지 않아도〕 방해가 된다. 남은 피는 번제단의 서쪽 기초
에 쏟아야 한다. 이렇게 쏟지 않아도 방해되지 않는다.

- 여기서 지성물은 희생제사 중 가장 거룩한 것들로 이에는 속죄일의
  제물과 번제, 속건제, 속죄제, 공동체를 위한 화목제가 있다. 번제와
  속죄제를 제단 북쪽에서 잡으라는 토라의 규정(레 1:11; 4:29)을 따
  른다.
- 여기서 번제단의 북쪽은 성전 뜰에서 번제단의 북쪽에 해당하는 부
  분을 가리키는데, 동쪽으로 난 뜰의 입구에서 바라볼 때 제단의 오
  른쪽에 해당한다. 그 폭에 관하여는 랍비들에 따라 해석의 차이가
  있다. 랍비 요쎄 벤 예후다는 번제단의 폭에 해당하는 만큼의 북쪽
  뜰만 이에 해당한다고 보았으나, 랍비 엘리에제르 벤 쉼온은 이에
  더해 번제단에서 성소 입구까지의 폭도 포함시켰다. 랍비 압바 아리

카(탈무드에서 보통 '라브'로 표시)는 가장 넓게 번제단을 기준으로 성전 입구 쪽 '제사장의 뜰'과 '이스라엘의 뜰' 북쪽 부분도 이에 해당한다고 보았다(게마라 20a). 번제단 북쪽을 이들 제물의 도살의 장소로 특정한 것은(예를 들어 레 1:11) 실용적 이유 때문으로 보인다. 성서의 회막 구조에 의하면, 번제단 동쪽에는 재를 버리는 곳이 (레 1:16), 남쪽에는 제단에 오르는 오르막이(「미돗」 3:3), 그리고 서쪽에는 물두멍이 위치해 있다(출 40:30). 따라서 유일하게 번제단의 북쪽이 도살의 장소로 쓰기에 적합하게 된다.[2]

5, 2
수소와 숫염소가 소각되어야 하는 경우의 절차를 다룬다.

פָּרִים הַנִּשְׂרָפִים וּשְׂעִירִים הַנִּשְׂרָפִים שְׁחִיטָתָן בַּצָּפוֹן, וְקִבּוּל דָּמָן בִּכְלִי שָׁרֵת בַּצָּפוֹן, וְדָמָן טָעוּן הַזָּיָה עַל הַפָּרֹכֶת וְעַל מִזְבַּח הַזָּהָב. מַתָּנָה אַחַת מֵהֶן מְעַכָּבֶת. שְׁיָרֵי הַדָּם הָיָה שׁוֹפֵךְ עַל יְסוֹד מַעֲרָבִי שֶׁל מִזְבֵּחַ הַחִיצוֹן. אִם לֹא נָתַן, לֹא עִכֵּב. אֵלּוּ וָאֵלּוּ נִשְׂרָפִין בְּבֵית הַדֶּשֶׁן:

수소와 숫염소가 소각되어야 하는 경우에 〔이들은 제단〕 북쪽에서 도살되어야 한다. 그 피도 북쪽에서 구별된 그릇에 담아야 한다. 그 피는 〔성소의〕 휘장과 금 분향단에 뿌려야 한다. 이 가운데 한 가지만 실행하지 않아도 속죄되지 않는다. 남은 피는 번제단의 서쪽 기초에 쏟아야 한다. 〔그러나〕 이렇게 쏟지 않아도 〔속죄를〕 방해하지 않는다. 이것들은 재를 버리는 곳에서 소각되어야 한다.

- 수소와 숫염소가 소각되어야 하는 경우란 이 제물들이 번제단에서 태워지거나 제사장이 먹는 경우가 아닌, 예루살렘 밖에서 불태워져

---

2) Milgrom, *Leviticus 1-16*, AB, 164.

야 하는 경우를 말한다. 이에 해당하는 경우로는 대제사장을 위한 속
죄물(레 4:3-13), 이스라엘 백성 전체를 위한 속죄물(레 4:14-21),
속죄일의 수소와 야훼에게 드리는 숫염소(레 16:27)가 있다.

- 이같이 보다 큰 속죄의 효력을 가진 제사들은 절차적 요건을 보다 엄
  격히 준수할 것이 요구된다는 취지다.
- 재를 버리는 곳(בית הדשן, 베이트 하다샨, 재의 집)이란 번제단에서
  나오는 재를 정기적으로 버리는 장소로, 예루살렘 밖에 위치해 있었
  으며 부정하지 않은 곳이어야 했다(레 4:12; 6:11).

5, 3
속죄제사의 제의 절차에 대해 논한다.

חַטָּאות הַצִּבּוּר וְהַיָּחִיד. אֵלּוּ הֵן חַטָּאות הַצִּבּוּר, שְׂעִירֵי רָאשֵׁי חֳדָשִׁים וְשֶׁל
מוֹעֲדוֹת, שְׁחִיטָתָן בַּצָּפוֹן, וְקִבּוּל דָּמָן בִּכְלִי שָׁרֵת בַּצָּפוֹן, וְדָמָן טָעוּן אַרְבַּע
מַתָּנוֹת עַל אַרְבַּע קְרָנוֹת. כֵּיצַד. עָלָה בַכֶּבֶשׁ וּפָנָה לַסּוֹבֵב, וּבָא לוֹ לְקֶרֶן
דְּרוֹמִית מִזְרָחִית, מִזְרָחִית צְפוֹנִית, צְפוֹנִית מַעֲרָבִית, מַעֲרָבִית דְּרוֹמִית.
שְׁיָרֵי הַדָּם הָיָה שׁוֹפֵךְ עַל יְסוֹד דְּרוֹמִי. וְנֶאֱכָלִין לִפְנִים מִן הַקְּלָעִים לְזִכְרֵי
כְהֻנָּה בְּכָל מַאֲכָל לְיוֹם וָלַיְלָה עַד חֲצוֹת:

개인적 속죄제사와 공동체를 위한 속죄제사[를 위한 규정이다]. 공
동체를 위한 속죄제물이란 월삭과 절기의 숫염소를 말한다. [이들은
번제단의] 북쪽에서 도살하고, 그 피도 북쪽에서 구별된 그릇에 취혈
해야 한다. 그 피는 [번제단의] 네 뿔에 네 번 발라야 한다.

어떻게 하는가? 오르막으로 제단 위로 올라가 돌아가며 하는데,
[우선] 남동쪽 뿔에 [바르고, 다음은] 동북쪽, [다음은] 북서쪽, [다음
은] 남서쪽이다. 남은 피는 [번제단의] 남쪽 기초에 쏟는다. [제물의
고기는] 장막 안에서 제사장 [가문] 남성들이 먹어야 한다. 어떤 방식
으로든 낮, 밤, 자정까지 먹을 수 있다.

- 앞의 첫째·둘째 미쉬나(5, 1; 5, 2)는 모두 피를 성소 내부에 뿌리는 경우를 규정했다. 셋째 미쉬나(5, 3)는 피를 성소로 가지고 들어가지 않고 번제단의 뿔에 바르는 경우를 규정하고 있다.

- 개인적 속죄제는 토라의 금지 규정을 위반하여 카렛 처벌을 받게 되는 경우 가져온다. 이에 더해 레위기 5장(1-4절)은 속죄제를 바쳐야 하는 네 가지 경우를 열거한다.

- 공동체를 위한 속죄제 중 피를 번제단에 발라야 하는 경우로 월삭과 절기의 숫염소를 제시한다. 월삭에는 다른 제물들에 더해 숫염소를 속죄제로 드려야 한다(민 28:15). 토라에 기록된 모든 절기들에도 절기의 제물에 더해 숫염소를 속죄제로 드린다. 유월절, 칠칠절, 새해(로쉬 하샤나), 속죄일, 초막절이 이에 해당한다(민 28-29).

- "네 뿔에 네 번" 바르라는 것은 네 뿔에 각각 한 번씩, 총 네 번 바르라는 의미다. 번제단의 오르막은 남쪽에서 북쪽으로 나 있다. 따라서 제사장은 취혈한 피를 가지고 오르막을 올라 번제단의 남쪽에 서게 된다. 여기서 제사장의 오른쪽에 해당하는 남동쪽의 뿔에서 돌아가며 차례로 피를 발라야 한다.

- 여기서 장막(הקלעים, 하클라임)은 성서의 표현을 빌린 것이다. 레위기 6:26은 회막의 뜰에서 제사장이 속죄제를 먹어야 한다고 규정하고 있다. 회막은 나무 판과 장막으로 둘러싸여 있다. 성전은 석조 벽으로 둘러싸여 있으므로 이 미쉬나에서 장막은 사실 성전의 벽을 말한다. 따라서 "장막 안"은 성전 뜰을 뜻한다.

- 제사장은 당연히 남성이며, 여성은 제사장이 될 수 없다. 그러나 레위기 6:29, 민수기 18:10 등은 제사장 가문의 남성만 제물을 먹어야 하는 경우를 기록하고 있다. 이 미쉬나는 이 같은 성서의 표현들을 따르고 있다.

5, 4

번제의 절차를 다룬다.

הָעוֹלָה, קָדְשֵׁי קָדָשִׁים, שְׁחִיטָתָהּ בַּצָּפוֹן, וְקִבּוּל דָּמָהּ בִּכְלִי שָׁרֵת בַּצָּפוֹן,
וְדָמָהּ טָעוּן שְׁתֵּי מַתָּנוֹת שֶׁהֵן אַרְבַּע, וּטְעוּנָה הֶפְשֵׁט וְנִתּוּחַ וְכָלִיל לָאִשִּׁים:

번제[의 제물은] 지성물이다. [번제단의] 북쪽에서 도살해야 하고,
[제물의] 피도 [번제단의] 북쪽에서 구별된 그릇에 취혈해야 한다.

그 피는 [번제단 기초에] 두 번 부어서 [제단의] 네 [면을 적셔야 한
다]. [제물의] 가죽을 벗기고 토막내야 하며 [제물] 전체를 [번제단에
서] 불살라야 한다.

- 레위기 1:11에 의하면 번제의 피를 제단 주위에 돌아가며(סָבִיב, 사
  비브) 부어야 한다.[3] 그러나 이 미쉬나는 피를 두 번 부으라고 규정
  하고 있어 성서 본문과 모순이 되고, 이 점을 게마라가 지적하고 있
  다(53b). 게마라는 성서 본문과 미쉬나를 조화시켜, 마주보는 번제
  단의 두 모서리에 부어 제단 기초의 네 면을 적시는 것으로 해석하
  고 있다(53b). 게마라는 번제단의 남동쪽에는 경사로가 있어 기초석
  이 없다고 기록하고 있다(51a, 51b, 53b). 따라서 번제의 피는 번제단
  기초의 북동쪽 모서리와 이와 마주보는 남서쪽의 모서리에 부어야
  한다.
- 번제의 규정은 레위기 1:12-13에 따른 것이다.

5, 5

속건제와 공동체를 위한 화목제에 대해 논한다.

---

3) 개역개정은 해당 본문을 "제단 사방에 뿌릴 것이며"라고 의역하고 있으나 보다
   정확한 원문의 의미는 "돌아가며"에 가깝다.

זִבְחֵי שַׁלְמֵי צִבּוּר וַאֲשָׁמוֹת. אֵלּוּ הֵן אֲשָׁמוֹת, אֲשַׁם גְּזֵלוֹת, אֲשַׁם מְעִילוֹת,
אֲשַׁם שִׁפְחָה חֲרוּפָה, אֲשַׁם נָזִיר, אֲשַׁם מְצֹרָע, אֲשַׁם תָּלוּי, שְׁחִיטָתָן בַּצָּפוֹן,
וְקִבּוּל דָּמָן בִּכְלִי שָׁרֵת בַּצָּפוֹן, וְדָמָן טָעוּן שְׁתֵּי מַתָּנוֹת שֶׁהֵן אַרְבַּע, וְנֶאֱכָלִין
לִפְנִים מִן הַקְּלָעִים לְזִכְרֵי כְהֻנָּה בְּכָל מַאֲכָל לְיוֹם וְלַיְלָה עַד חֲצוֹת:

공동체를 위한 화목제와 속건제[를 위한 규정이다]. 여기서 속건제
란 절도의 속건제, [성물] 전용에 대한 속건제, 약혼한 여종[과의 간음
에 대한] 속건제, 나실인의 속건제, 악성피부병의 속건제, 의심의 속
건제 [등을 말한다. 번제단의] 북쪽에서 도살해야 하고, [제물의] 피
도 북쪽에서 구별된 그릇에 취혈해야 한다. 그 피는 [번제단 기초에]
두 번 부어서 [제단의] 네 [면을 적셔야 한다].

[제물의 고기는] 장막 안에서 제사장 [가문] 남성들이 먹어야 한다.
어떤 방식으로든 낮, 밤, 자정까지 먹을 수 있다.

- 절도의 속건제란 다른 사람의 재물을 정당하지 못한 방법으로 취득
  한 경우 드려야 하는 속건제사로, 레위기 6:1-7에 자세히 규정되어
  있다. 이 경우 부당 취득한 재물의 가치에 1/5을 더하여 배상함으로
  써 피해자에 대한 민사적 책임을 다하고, 속건제를 통해 야훼에 대
  한 죄를 갚아야 한다.

- 성전에서 쓰는 성물이나 야훼께 바치는 성물을 잘못 취급한 경우는
  성물을 전용한 죄에 대한 속건제를 드려야 한다. 레위기 5:14-16에
  서 규정하고 있다.

- 다소 특수한 경우로, 이방인 여인이 절반은 여종, 절반은 자유인인
  상태로 유대인인 종과 약혼한 경우, 이 여인과 간음한 남자는 속건
  제를 바쳐야 한다. 이 규정은 레위기 19:20의 규정을 구체화한 것으
  로 법리적 배경은 상당히 복잡하다. 유대인 여인의 경우, 한시적으
  로 삯을 받는 여종이 될 수 있으나 영속적인 소유권의 대상이 되지

않으므로 이 레위기 규정의 대상은 이방인 여인일 경우로 제한된다. 자유인인 유대인 남자의 경우 이방인 여인과 합법적으로 결혼할 수 없고, 주인이 유대인 남종에게 이방인 여인을 아내로 주는 것은 괜찮다. 여인의 신분이 절반은 여종이더라도 절반은 자유롭게 되면 유대교로 개종을 하고 적법한 약혼(키두쉰)을 할 수 있는데, 이 경우 개종과 약혼 효력은 그 신분의 절반에만 미치게 된다. 따라서 약혼자 이외의 남성이 이 여인과 간음하더라도 그 처벌 역시 절반만 받게 된다. 따라서 원래 약혼한 유대인 여인과 다른 남성이 간음하면 둘 다 사형에 처해져야 하지만, 이 경우는 속건제를 드리게 된다.

- 나실인의 서원을 한 사람이 부정해질 때 여러 제물을 가져와 속죄해야 하는데, 성서는 속죄제, 번제, 화목제, 소제, 전제를 규정하고 있으나(민 6:1-21) 속건제는 규정하고 있지 않아 이 미쉬나와 일치하지 않는다. 라쉬는 이 여러 제물 중 속건제물도 포함된다고 해석한다.

- 개역성경에서 '문둥병'으로 번역하는 것은 의학적으로 한센병이 아니라 보다 넓은 범위의 특수한 피부병으로 보아야 한다. 악성피부병의 속건제는 레위기 14:12에 규정되어 있다.

- 의심의 속건제는 자신의 죄가 '카렛'의 형벌에 해당하여 속죄제가 필요한 것인지 분명치 않은 경우 드리는 속건제사를 말한다.

5, 6
감사제와 나실인의 숫양에 대해 논한다.

הַתּוֹדָה וְאֵיל נָזִיר, קָדָשִׁים קַלִּים, שְׁחִיטָתָן בְּכָל מָקוֹם בָּעֲזָרָה, וְדָמָן טָעוּן שְׁתֵּי מַתָּנוֹת שֶׁהֵן אַרְבַּע, וְנֶאֱכָלִים בְּכָל הָעִיר לְכָל אָדָם, בְּכָל מַאֲכָל, לְיוֹם וָלַיְלָה עַד חֲצוֹת. הַמּוּרָם מֵהֶם כַּיּוֹצֵא בָהֶם, אֶלָּא שֶׁהַמּוּרָם נֶאֱכָל לַכֹּהֲנִים, לִנְשֵׁיהֶם וְלִבְנֵיהֶם וּלְעַבְדֵיהֶם:

감사제와 나실인의 숫양은 일반 성물이다. [이들은 성전 뜰의] 어느 곳에서도 도살할 수 있다. 그 피는 [번제단 기초에] 두 번 부어서 [제단의] 네 [면을 적셔야 한다].

[이 제물은 예루살렘] 성내에서 누구라도 어떤 방식으로도, 낮, 밤, 자정에도 먹을 수 있다. 제사장과 그 부인들, 자녀들, 종들이 먹을 수 있도록 구별된 부분을 제외하고는 이 규정을 따른다.

- 감사제사는 화목제사의 한 종류로 레위기 7:11-15에서 규정하고 있다.
- 화목제물의 가슴 부위와 오른쪽 뒷다리는 제사장의 몫이며(레 7:34), 나실인의 숫양에서는 오른쪽 앞다리를 제사장에게 주어야 한다(민 6:19-20). 제사장에게 주어진 부분은 그의 식솔들 모두가 먹을 수 있다.
- 토라는 감사제의 제물을 "그날에 먹을 것이요 조금이라도 이튿날 아침까지 두지 말지니라"(레 7:15)라고 명령한다. 미쉬나는 이를 제사를 드리는 날의 자정까지 먹을 수 있는 것으로 해석한다. 이 시간을 넘겨 남은 고기는 혐오스러운 것(피굴)이 되고 이를 먹으면 카렛 처벌을 받는다. 미쉬나는 이를 나실인의 숫양에도 적용한다.

5, 7
화목제물의 도살과 이를 먹을 자격에 대해 논한다.

שְׁלָמִים, קָדָשִׁים קַלִּים, שְׁחִיטָתָן בְּכָל מָקוֹם בָּעֲזָרָה, וְדָמָן טָעוּן שְׁתֵּי מַתָּנוֹת שֶׁהֵן אַרְבַּע, וְנֶאֱכָלִין בְּכָל הָעִיר לְכָל אָדָם, בְּכָל מַאֲכָל, לִשְׁנֵי יָמִים וְלַיְלָה אֶחָד. הַמּוּרָם מֵהֶם כַּיּוֹצֵא בָהֶן, אֶלָּא שֶׁהַמּוּרָם נֶאֱכָל לַכֹּהֲנִים, לִנְשֵׁיהֶם וְלִבְנֵיהֶם וּלְעַבְדֵּיהֶם:

화목제물은 일반 성물이다. 〔이들은 성전 뜰의〕 어느 곳에서도 도살
할 수 있다. 그 피는 〔번제단 기초에〕 두 번 부어서 〔제단의〕 네 〔면을
적셔야 한다〕.

〔이 제물은 예루살렘〕 성내에서 누구라도 어떤 방식으로도 먹을 수
있으나 한 밤과 두 낮 동안에 먹어야 한다. 제사장과 그 부인들, 자녀
들, 종들이 먹을 수 있도록 구별된 부분을 제외하고는 이 규정을 따
른다.

- 여섯째 미쉬나(5, 6)에서 규정한 감사제사를 제외한 다른 화목제물
  의 경우를 규정하고 있다(레 7:29-36).
- 감사제와의 차이는 남은 고기를 먹을 수 있는 시간이다. 토라는 서
  원이나 자원의 제물을 "드린 날에 먹을 것이요 그 남은 것은 이튿날
  에도 먹되 그 희생의 고기가 제삼일까지 남았으면 불사를지니"(레
  7:16-17)라고 명령한다. 미쉬나는 이를 제사를 드리는 때로부터 다
  음 날 해 질 때까지 먹을 수 있는 것으로 해석한다. 이 시간을 넘겨
  남은 고기는 혐오스러운 것(피굴)이 되고 이를 먹으면 카렛 처벌을
  받는다(레 7:18).

5, 8
초태생, 십일조, 유월절 제물을 도살하고 먹는 규정을 다룬다.

הַבְּכוֹר וְהַמַּעֲשֵׂר וְהַפֶּסַח, קָדָשִׁים קַלִּים, שְׁחִיטָתָן בְּכָל מָקוֹם בָּעֲזָרָה, וְדָמָן
טָעוּן מַתָּנָה אַחַת, וּבִלְבַד שֶׁיִּתֵּן כְּנֶגֶד הַיְסוֹד. שִׁנָּה בַאֲכִילָתָן, הַבְּכוֹר נֶאֱכָל
לַכֹּהֲנִים, וְהַמַּעֲשֵׂר לְכָל אָדָם, וְנֶאֱכָלִין בְּכָל הָעִיר, לְכָל אָדָם, בְּכָל מַאֲכָל,
לִשְׁנֵי יָמִים וְלַיְלָה אֶחָד. הַפֶּסַח אֵינוֹ נֶאֱכָל אֶלָּא בַלַּיְלָה, וְאֵינוֹ נֶאֱכָל אֶלָּא עַד
חֲצוֹת, וְאֵינוֹ נֶאֱכָל אֶלָּא לִמְנוּיָו, וְאֵינוֹ נֶאֱכָל אֶלָּא צָלִי:

초태생 제물, 십일조 제물, 유월절 제물은 일반 성물이다. 〔이들은 성전 뜰의〕 어디에서도 도살할 수 있다. 그 피는 한 번 부으면 되는데, 〔번제단〕 기초에 부어야 한다.

그러나 먹는 방법은 서로 다르다. 초태생 제물은 제사장에게 〔주고〕, 십일조 제물은 〔예루살렘〕 성내에서 누구라도 어떤 방식으로도 먹을 수 있으나 한 밤과 두 낮 동안에 먹어야 한다. 그러나 유월절 제물은 반드시 밤에 먹어야 하고, 자정까지 먹어야 하며, 등록된 사람만 먹을 수 있고, 반드시 구워서 먹어야 한다.

- 번제단의 남쪽과 동쪽에는 기초석이 없다. 따라서 이를 제외한 북쪽이나 서쪽의 기초석 위의 벽에 피를 부어야 한다(람밤; Maaseh Hakorbanoth 5:17). 민수기 18:17은 소, 양, 염소의 초태생 제사의 경우, "피는 단(위)에 뿌리고(תזרק, 티즈록)"라고 명령한다. 미쉬나는 이로부터 피를 한 번만 부어야(יתן, 이텐) 한다고 추론한다. 다만 제단 위가 아닌 기초석에 붓는 것으로 이해하고, 이를 유월절과 십일조 제물에 적용하고 있다.
- 유월절 의식을 시작하기 전 이를 먹을 사람을 미리 세어 등록해야 한다. 이는 출애굽기 12:4의 규정에 따른 것이다.

제6장

6, 1
지성물을 번제단 위에서 도살한 경우에 대한 논의다. 소제에 관한 규정이 추가된다.

קָדְשֵׁי קָדָשִׁים שֶׁשְׁחָטָן בְּרֹאשׁ הַמִּזְבֵּחַ, רַבִּי יוֹסֵי אוֹמֵר, כְּאִלּוּ נִשְׁחֲטוּ בַצָּפוֹן.
רַבִּי יוֹסֵי בַּר יְהוּדָה אוֹמֵר, מֵחֲצִי הַמִּזְבֵּחַ וְלַצָּפוֹן, כַּצָּפוֹן. מֵחֲצִי הַמִּזְבֵּחַ
וְלַדָּרוֹם, כַּדָּרוֹם. הַמְּנָחוֹת הָיוּ נִקְמָצוֹת בְּכָל מָקוֹם בָּעֲזָרָה, וְנֶאֱכָלִין לִפְנִים
מִן הַקְּלָעִים לְזִכְרֵי כְהֻנָּה, בְּכָל מַאֲכָל, לְיוֹם וָלַיְלָה עַד חֲצוֹת:

지성물을 번제단 위에서 도살한 경우에 관하여 랍비 요쎄는 말하기를, (성전 뜰) 북쪽에서 도살된 것과 같다. 랍비 요쎄 바르 예후다는 말하기를, 번제단 위 중앙으로부터 북쪽(에서 도살했으면 성전 뜰) 북쪽(에서 한 것과) 같고, 번제단 중앙으로부터 남쪽(에서 도살했으면 성전 뜰) 남쪽(에서 한 것과) 같다.

소제의 경우, 움켜쥐기는 성전 뜰 어느 곳에서도 할 수 있다. 장막 안에서 제사장 (가문) 남성들이 먹어야 하며, 어떤 방식으로든 낮, 밤, 자정에도 먹을 수 있다.

- 지성물은 성전의 북쪽 뜰에서 도살되어야 한다. 그러나 랍비 요쎄는 번제단 위에서 도살한 경우도 유효하다고 주장한다. 이는 "내게 토단을 쌓고 그 위에 너의 양과 소로 너의 번제와 화목제를 드리라"는 출애굽기 20:24의 명령에 의거한 것이다(라브; 게마라 58a).

- 그러나 랍비 요쎄 바르 예후다는 오직 번제단의 북쪽 절반만을 지성물 도살에 유효한 장소로 한정하는데, 이는 위에서 언급한 출애굽기 20:24의 명령을 달리 해석한 결과다. 즉, 출애굽기 20:24에서는 번제와 화목제를 언급하고 있는데, 번제는 지성물이지만 화목제는 일반 성물이므로, 번제단의 절반만이 지성물의 도살 장소로 인정된다는 것이다. 이 해석에 따르면 일반 성물의 경우 성전 뜰 어느 곳에서도 도살할 수 있으므로(「제바힘」5, 7), 일반 성물을 번제단 위의 남쪽에서 도살하면 유효하게 된다. 그러나 지성물은 번제단 위의 북쪽에서 도살해야만 유효하다.

- 소제의 경우 제사장이 소제의 곡식가루를 손으로 한 움큼 퍼서 제의 용기에 담는 '움켜쥐기'(크미짜)의 절차가 희생제사의 도살과 취혈에 해당하므로 여기서 이를 규정하고 있다.

6, 2
새 속죄제와 제단의 남서쪽 모서리의 기능에 대한 논의다.

חַטַּאת הָעוֹף הָיְתָה נַעֲשֵׂית עַל קֶרֶן דְּרוֹמִית מַעֲרָבִית. בְּכָל מָקוֹם הָיְתָה
כְּשֵׁרָה, אֶלָּא זֶה הָיָה מְקוֹמָהּ. וּשְׁלשָׁה דְבָרִים הָיְתָה אוֹתָהּ הַקֶּרֶן מְשַׁמֶּשֶׁת
מִלְמַטָּן, וּשְׁלשָׁה מִלְמַעְלָן. מִלְמַטָּן, חַטַּאת הָעוֹף וְהַהַגָּשׁוֹת וּשְׁיָרֵי הַדָּם.
מִלְמַעְלָן, נִסּוּדְ הַמַּיִם וְהַיַּיִן וְעוֹלַת הָעוֹף כְּשֶׁהִיא רַבָּה בַּמִּזְרָח:

새 속죄제사는 〔번제단의〕 서남쪽 모서리에서 드린다. 다른 장소에서 드려도 유효했지만 이곳이 올바른 장소다.

이 모서리는 세 가지 용도로 쓰인다. 즉, 〔번제단〕 아래쪽이 세 가지, 위쪽이 세 가지다. 아래쪽에서는 새 속죄제사, 〔제단으로〕 가져가기, 남은 피 〔바르기〕가 가능하다. 위쪽에서는 물 전제, 포도주 전제, 새 번제를 드릴 수 있다. 〔새 번제는 제단의〕 동쪽에 〔제물이〕 너무 많을 경우에 허용된다.

- 번제단 위쪽과 아래쪽에서 진행하는 절차를 각각 세 가지씩 예시한다. 번제단 벽을 돌아가며 지상 약 5아마 높이에 붉은 선이 그어져 있었는데, 이를 기준으로 제단의 위아래를 구분했다.
- 번제단 벽을 둘러 지상 6아마 높이에 폭 1아마의 길이 있었는데 이를 소베브(סובב)라고 불렀다. 제사장들은 오르막을 통해 이 길로 올라갔고 이 위로 다니며 제단 뿔에 피를 바르거나 태우기 위해 제물을 번제단 가장 위쪽 공간에(גג המזבח, 가그 하미즈베아흐) 올렸다. 번제단의 높이는 9아마, 1아마의 뿔을 포함하면 총 10아마였다. 제단

위에서 행하는 세 가지 절차 역시 이 길(소베브) 위에서 이루어졌다 (「미돗」).

- 제단 아래서 행하는 절차는 오르막을 오르지 않고 성전 뜰, 번제단 곁에서 이루어졌다.
- 새 속죄제는 제단의 남서쪽 모서리 곁에서 도살(멜리카)하고 제단 아래쪽에 피를 뿌린다. 여기서 '드려진다'(נעשית, 나아세트)는 말은 새 희생제사의 고유한 도살 방법인 멜리카(뒷목을 찌르는 것)와 제단에 피를 뿌리는 행위를 포함한다.
- 새 희생제사의 경우, 취혈한 피를 제단으로 운반하는 다른 희생제사와 달리 새를 직접 제단으로 가져가야 한다. '가져가기'(ההגשות, 하가쇼트)는 이 절차를 말한다.
- 원칙적으로 새 번제의 장소는 번제단의 동남쪽 모서리다. 그러나 그곳에서 드리는 제물이 너무 많을 때에는 제단의 서남쪽 모서리 위쪽에서 이러한 제의 행위들이 허용된다.

6, 3
번제단에 오르내리는 방법을 다룬다.

כָּל הָעוֹלִים לַמִּזְבֵּחַ, עוֹלִין דֶּרֶךְ יָמִין, וּמַקִּיפִין וְיוֹרְדִין דֶּרֶךְ שְׂמֹאל, חוּץ מִן
הָעוֹלֶה לִשְׁלֹשָׁה דְבָרִים אֵלּוּ, שֶׁהָיוּ עוֹלִים וְחוֹזְרִים לְעָקֵב:

번제단에 오르는 사람은 오른편으로 올라가 〔번제단을〕 돌아 왼편으로 내려온다. 위의 세 가지 경우는 예외인데, 〔번제단에〕 올라가는 사람은 올라간 길로 돌아 내려온다.

- 당시 헤롯성전의 번제단 위쪽은 한 변이 28아마(약 13미터)에 달하는 정방형의 형태로(「미돗」 3, 1) 면적이 대략 160평방미터에 달했

다. 제사장은 오르막을 통해 제단에 오르게 되는데, 이 오르막은 폭이 16아마(약 7미터)에 달했다. 제사장은 오르막을 올라 6아마 높이에 오른쪽(동쪽)으로 번제단 벽을 따라 난 길로 들어간다. 이 길을 통해 제단을 한 바퀴 돌아 오르막의 왼쪽(서쪽)으로 내려온다. 속죄제의 피를 번제단의 네 뿔에 부어야 하는 경우나 번제단 위에 땔감으로 쓸 나무를 벌여놓는 일 등이 이 규정이 적용되는 예에 해당한다.

• 위의 둘째 미쉬나(6, 2)에서 규정하는 세 경우, 즉 물과 포도주의 전제와 새 번제의 경우에는 번제단 위 서남쪽 모서리에서 드린다. 원칙적으로 제사장은 번제단 위 동남쪽 모서리로부터 자신의 오른편으로 번제단을 한 바퀴 돌아 마지막에 서남쪽 모서리에 이르게 되는데, 둘째 미쉬나(6, 2) 경우처럼 서남쪽 모서리에서 제의 절차가 이루어질 경우는 굳이 번제단 위를 한 바퀴 돌지 않고 오르막에서 왼쪽으로 접어들어 서남쪽 모서리로 가고, 제의를 마친 후 그대로 돌아 내려올 수 있다고 규정하고 있다. 이것은 제물을 가지고 번제단 위를 도는 동안 다른 제물로부터 나오는 연기를 흡수하여 제물이 무효가 되거나(게마라 64a), 혹은 새 번제의 경우 제단 위의 연기로 인해 새가 서남쪽 모서리에 이르기 전 질식사하는 것을(라브; 라쉬) 방지하기 위함이다.

6, 4
새 속죄제의 절차를 다룬다.

חַטַּאת הָעוֹף כֵּיצַד הָיְתָה נַעֲשֵׂית. הָיָה מוֹלֵק אֶת רֹאשָׁהּ מִמּוּל עָרְפָּהּ וְאֵינוֹ מַבְדִּיל, וּמַזֶּה מִדָּמָהּ עַל קִיר הַמִּזְבֵּחַ. שְׁיָרֵי הַדָּם, הָיָה מִתְמַצֶּה עַל הַיְסוֹד. אֵין לַמִּזְבֵּחַ אֶלָּא דָמָהּ, וְכֻלָּהּ לַכֹּהֲנִים:

새 속죄제는 어떻게 드려졌는가? 새의 뒷목을 찔러 [도살하고], 머리를 분리하지는 않았다. 여기서 나오는 피를 번제단의 벽에 뿌리고, 남는 피는 번제단 기초에 흘렸다. 번제단에는 피만 [뿌리고 흘렸고], 나머지는 모두 제사장의 것이다.

- 미쉬나 6, 2에 이어 새 속죄제의 절차를 다룬다. 번제단의 동남쪽 혹은 서남쪽 모서리로 제물을 가져가 도살한다. 번제단에 오르지 않고 번제단 곁 뜰 위에 서서 드린다.

- 새의 도살 절차인 '멜리카'(מליקה)는 다음과 같이 행한다. 왼손의 손등으로 새의 배가 향하게 하고, 목을 엄지와 검지로 잡아 뒷목이 드러나게 한다. 이때 약지와 새끼손가락으로 사이에 두 다리를, 검지와 중지에 날개를 끼워 붙잡는다. 다음 오른손 엄지의 손톱으로 새의 뒷목을 찌르는데, 목뼈, 기도와 식도를 끊어야 했고 목을 완전히 절단하지 않았다(람밤). 게마라(64b)는 멜리카를 실행하기 가장 까다로운 제의 절차로 묘사한다.

- 새를 쥐고 힘껏 털어 그 피를 번제단 벽에 뿌리거나, 피를 짜내어 발랐다. 번제단 아래에서 행하는 절차이므로 제단 벽의 붉은 줄 아래에 뿌려야 한다. 남은 피는 짜내어 번제단의 기초석에 흘린다. 레위기 5:9의 규정을 따른 것이다.

6, 5
새 번제의 절차를 다룬다.

עוֹלַת הָעוֹף כֵּיצַד הָיְתָה נַעֲשֵׂית. עָלָה בַכֶּבֶשׁ וּפָנָה לַסּוֹבֵב, בָּא לוֹ לְקֶרֶן דְּרוֹמִית מִזְרָחִית, הָיָה מוֹלֵק אֶת רֹאשָׁהּ מִמּוּל עָרְפָּהּ וּמַבְדִּיל, וּמְמַצֶּה אֶת דָּמָהּ עַל קִיר הַמִּזְבֵּחַ. נָטַל אֶת הָרֹאשׁ, וְהִקִּיף בֵּית מְלִיקָתוֹ לַמִּזְבֵּחַ, וּסְפָגוֹ בְמֶלַח, וּזְרָקוֹ עַל גַּבֵּי הָאִשִּׁים, בָּא לוֹ לַגּוּף וְהֵסִיר אֶת הַמֻּרְאָה וְאֶת הַנּוֹצָה

וְאֶת בְּנֵי מֵעַיִם הַיּוֹצְאִים עִמָּהּ, וְהִשְׁלִיכָן לְבֵית הַדָּשֶׁן. שָׁסַע וְלֹא הִבְדִּיל. וְאִם
הִבְדִּיל, כָּשֵׁר. וּסְפָגוֹ בְּמֶלַח, וּזְרָקוֹ עַל גַּבֵּי הָאִשִּׁים:

새 번제는 어떻게 드려졌는가? 오르막에 올라 〔번제단 벽에 난〕 길 (소베브)로 접어들고 동남쪽 모서리에 이르고, 〔제물의〕 뒷목을 찔러 〔도살하고〕 머리를 분리했다. 〔몸통으로부터〕 번제단 벽에 피를 짜 내어 흘리고, 〔분리된〕 머리를 도살한 곳으로 제단을 향해 들고, 이를 소금에 절이고, 제단의 불 위에 던졌다. 그리고 〔새의〕 몸통으로 와서 모이주머니와 깃털과 내장을 제거하여 재를 버리는 곳에 던졌다. 〔날 개를〕 절개하지만 분리하지는 않는다. 하지만 분리했더라도 유효하 다. 〔그다음 새의 몸통을〕 소금에 절여 번제단의 불 위에 던졌다.

- 새 번제를 드리는 장소와 절차는 새 속죄제와 차이가 있다. 우선 제 사장은 제물을 가지고 오르막을 통해 번제단 벽에 난 길(소베브)로 올라간다.
- 번제단의 동남쪽 모서리에 이르러 도살(멜리카)을 하는데, 새 속죄 제와 달리 머리를 분리한다.
- 몸통에서 피를 짜내어 번제단의 벽에 흘린다. 소베브는 번제단의 위 아래를 구분하는 붉은선보다 1아마 위에 있으므로 당연히 번제단 위쪽 벽에 흘린 것이 된다. 새 속죄제와 달리 피를 뿌리는 절차가 없 고 피를 한 번만 흘리면 된다.
- 분리된 머리를 도살한 위치로 들어올려 소금에 절인 후 번제단의 불 위로 던진다.
- 다시 몸통을 집어 모이주머니, 깃털, 내장을 제거하고 이것들을 재 버리는 곳에 던진다. 재 버리는 곳은 번제단에서 타고 남은 재를 모 아두는 곳으로 번제단의 동남쪽, 오르막 옆이다. 제사장은 제거한 내장 등을 이리로 던져야 했는데, 이는 자신이 서 있는 번제단 동남

쪽 모서리의 소베브로부터 약 20아마(약 10미터), 동북쪽 모서리일 경우에는 약 30아마(약 15미터)에 이르는 거리였다. 가벼운 것들을 멀리 던져야 했으므로, 게마라(64b)는 이것이 제사장들이 육체적으로 강인했음을 증명한다고 한다.

- 이 후 몸통을 소금에 절이고 번제단의 불 위에 던진다. 이때 날개를 분리하지 않으나 분리해도 제사는 유효하다. 이 절차는 레위기 1:15-17을 따른다.

6, 6

새 제물을 적절히 다루지 않았을 경우, 제사의 유효성에 대해 논의한다.

לֹא הֵסִיר לֹא אֶת הַמֻּרְאָה וְלֹא אֶת הַנּוֹצָה וְלֹא אֶת בְּנֵי מֵעַיִם הַיּוֹצְאִין עִמָּהּ
וְלֹא סְפָגוֹ בְּמֶלַח, כָּל שֶׁשִּׁנָּה בָּהּ מֵאַחַר שֶׁמִּצָּה אֶת דָּמָהּ, כְּשֵׁרָה. הִבְדִּיל
בַּחַטָּאת וְלֹא הִבְדִּיל בָּעוֹלָה, פָּסַל. מִצָּה דַם הָרֹאשׁ וְלֹא מִצָּה דַם הַגּוּף,
פְּסוּלָה. מִצָּה דַם הַגּוּף וְלֹא מִצָּה דַם הָרֹאשׁ, כְּשֵׁרָה:

만약 [새 제물의 몸에서] 이에 붙어 있는 모이주머니나 깃털이나 내장을 제거하지 않거나, 소금에 절이지 않았다고 해도, 피를 짜낸 후에 행한 [규정과] 다른 것들은 모두 유효하다.

[새] 속죄제물의 [머리를] 분리하거나 [새] 번제물의 [머리를] 분리하지 않았다면 무효가 된다. 몸이 아니라 머리에서 피를 짜낸 경우에는 무효가 된다. 그러나 머리가 아니라 몸에서 피를 [짜냈다면] 유효하다.

- 새 제사를 유효하게 하는 필수 제의 절차(마티르)인 피의 제의는 도살(멜리카)과 피 뿌리기/짜내기다. 따라서 피를 짜내어 흘린 후에는 이미 제사가 유효하게 된다. 여기 열거된 절차들은 그 후에 진행하

는 것으로 이들에 문제가 있어도 제사의 유효성에는 영향을 미치지 않는다.

- 그러나 규정과 달리 머리를 분리하거나 분리하지 않으면 도살(멜리카)을 잘못 실행한 것으로 제사가 무효가 된다. 머리에서 피를 짜내는 것 또한 피흘리기 규정의 위반으로 제사를 무효로 만든다.
- 몸통에서 피를 짜내는 것은 당연히 유효한 제의 행위다.

6, 7
새 제사에 잘못된 의도가 개입된 경우의 유효성에 대해 논의한다.

חַטַּאת הָעוֹף שֶׁמְּלָקָהּ שֶׁלֹּא לִשְׁמָהּ, מִצָּה דָמָהּ שֶׁלֹּא לִשְׁמָהּ, אוֹ לִשְׁמָהּ וְשֶׁלֹּא לִשְׁמָהּ, אוֹ שֶׁלֹּא לִשְׁמָהּ וְלִשְׁמָהּ, פְּסוּלָה. עוֹלַת הָעוֹף, כְּשֵׁרָה, וּבִלְבַד שֶׁלֹּא עָלְתָה לַבְּעָלִים. אֶחָד חַטַּאת הָעוֹף וְאֶחָד עוֹלַת הָעוֹף שֶׁמְּלָקָן וְשֶׁמִּצָּה דָמָן לֶאֱכֹל דָּבָר שֶׁדַּרְכּוֹ לֶאֱכֹל, לְהַקְטִיר דָּבָר שֶׁדַּרְכּוֹ לְהַקְטִיר, חוּץ לִמְקוֹמוֹ, פָּסוּל, וְאֵין בּוֹ כָרֵת. חוּץ לִזְמַנּוֹ, פִּגּוּל, וְחַיָּבִין עָלָיו כָּרֵת, וּבִלְבַד שֶׁיִּקְרַב הַמַּתִּיר כְּמִצְוָתוֹ. כֵּיצַד קָרַב הַמַּתִּיר כְּמִצְוָתוֹ. מָלַק בִּשְׁתִיקָה וּמִצָּה הַדָּם חוּץ לִזְמַנּוֹ, אוֹ שֶׁמָּלַק חוּץ לִזְמַנּוֹ וּמִצָּה הַדָּם בִּשְׁתִיקָה, אוֹ שֶׁמָּלַק וּמִצָּה הַדָּם חוּץ לִזְמַנּוֹ, זֶה הוּא שֶׁקָּרַב הַמַּתִּיר כְּמִצְוָתוֹ. כֵּיצַד לֹא קָרַב הַמַּתִּיר כְּמִצְוָתוֹ. מָלַק חוּץ לִמְקוֹמוֹ וּמִצָּה הַדָּם חוּץ לִזְמַנּוֹ, אוֹ שֶׁמָּלַק חוּץ לִזְמַנּוֹ וּמִצָּה הַדָּם חוּץ לִמְקוֹמוֹ, אוֹ שֶׁמָּלַק וּמִצָּה הַדָּם חוּץ לִמְקוֹמוֹ, חַטַּאת הָעוֹף שֶׁמְּלָקָהּ שֶׁלֹּא לִשְׁמָהּ וּמִצָּה דָמָהּ חוּץ לִזְמַנָּהּ, אוֹ שֶׁמְּלָקָהּ חוּץ לִזְמַנָּהּ וּמִצָּה דָמָהּ שֶׁלֹּא לִשְׁמָהּ, אוֹ שֶׁמְּלָקָהּ וּמִצָּה דָמָהּ שֶׁלֹּא לִשְׁמָהּ, זֶה הוּא שֶׁלֹּא קָרַב הַמַּתִּיר כְּמִצְוָתוֹ. לֶאֱכֹל כַּזַּיִת בַּחוּץ וְכַזַּיִת לְמָחָר, כַּזַּיִת לְמָחָר וְכַזַּיִת בַּחוּץ, כַּחֲצִי זַיִת בַּחוּץ וְכַחֲצִי זַיִת לְמָחָר, כַּחֲצִי זַיִת לְמָחָר וְכַחֲצִי זַיִת בַּחוּץ, פָּסוּל, וְאֵין בּוֹ כָרֵת. אָמַר רַבִּי יְהוּדָה, זֶה הַכְּלָל, אִם מַחֲשֶׁבֶת הַזְּמַן קָדְמָה לְמַחֲשֶׁבֶת הַמָּקוֹם, פִּגּוּל, וְחַיָּבִין עָלָיו כָּרֵת. וְאִם מַחֲשֶׁבֶת הַמָּקוֹם קָדְמָה לְמַחֲשֶׁבֶת הַזְּמַן, פָּסוּל, וְאֵין בּוֹ כָרֵת. וַחֲכָמִים אוֹמְרִים, זֶה וָזֶה פָּסוּל, וְאֵין בּוֹ כָרֵת. לֶאֱכֹל כַּחֲצִי זַיִת וּלְהַקְטִיר כַּחֲצִי זַיִת, כָּשֵׁר, שֶׁאֵין אֲכִילָה וְהַקְטָרָה מִצְטָרְפִין:

새 속죄제물이 〔속죄제 이외의〕 다른 이름으로 도살되었을 때, 다른 이름으로 피를 〔번제단에〕 짜내었을 때, 제 이름으로 드리다가 다른 이름으로 드렸을 때, 또는 다른 이름으로 드리다가 제 이름으로 드렸을 때 〔제사는〕 무효가 된다. 새 번제라면 〔이런 경우에도〕 유효하다. 단, 제물을 바치는 사람의 〔이름으로 바친 것으로〕 간주하지 않는다.

새 속죄제나 새 번제를 도살하고 피를 발랐으며, 본래의 취지대로 〔제물을〕 먹을 의도로 이를 행했거나, 본래의 취지대로 〔제물을〕 불사를 의도로 이를 행했다고 하더라도 정해진 장소 외에서 〔먹거나 태울 의도를 가졌다면〕 무효가 된다. 그러나 카렛 처벌은 받지 않는다. 적법한 시간 외에 〔먹거나 태우려고 의도했다면〕 혐오스러운 것이고 카렛 처벌을 〔받을〕 책임이 있다. 단, 제사를 유효하게 하는 절차가 율법대로 이루어진 경우에 그러하다.

제사를 유효하게 하는 절차가 율법대로 드려진 경우에는 어떤 것들이 있는가? 도살을 문제없이 했으나 피를 〔짜내며〕 정해진 시간 외에 〔제물을 먹거나 태우려 의도한〕 경우, 혹은 도살을 시간 외에 〔먹거나 태우려는 의도로〕 했으나 피를 문제없이 짜낸 경우, 혹은 도살과 피 짜내기를 〔적법한〕 시간 외에 〔먹거나 태우려는 의도로〕 행한 경우는 계명에 따라 이루어진 것이다.

제사를 유효하게 하는 것(마티르)이 계명에 따라 행해지지 않은 경우에는 어떤 것들이 있는가? 장소 외에서 〔먹거나 태우려는 의도로〕 도살하고 시간 외에 〔먹거나 태우려는 의도로〕 피를 짜내거나 혹은 시간 외에 〔먹거나 태우려고〕 도살하고 장소 외에서 〔먹거나 태우려고〕 피를 짜낸 경우, 혹은 장소 외에서 〔먹거나 태우려고〕 도살하고 피를 짜낸 경우, 새 속죄제를 다른 이름으로 드리고 시간 외에 〔먹거나 태우려고〕 피를 짜낸 경우, 혹은 〔적법한〕 시간 외에 〔먹거나 태우려고〕 도살하고 다른 이름으로 피를 짜낸 경우, 혹은 다른 이름으로 도살하고 피를 짜낸 경우, 이들은 제사를 유효하게 하는 것이 계명대로 이루어지지 않은 경우에 해당한다.

〔제물에서〕 올리브 열매만큼을 〔성전〕 밖에서 먹고 그만큼을 다음 날 먹으려고 〔의도〕하거나, 올리브 열매만큼을 다음 날 먹고 그만큼을 〔성전〕 밖에서 먹으려고 〔의도〕하거나, 올리브 반쪽만큼을 〔성전〕 밖에서 먹고 그만큼을 다음 날 먹으려고 〔의도〕하거나, 올리브 열매 반쪽만큼을 다음 날 먹거나 그만큼을 〔성전〕 밖에서 먹으려고 〔의도〕 한다면 〔제사는〕 무효가 되나 카렛 처벌은 받지 않는다.

랍비 예후다는 말하기를, 이것이 원칙이다. 만약 시간에 대한 〔잘못된〕 의도가 장소에 대한 〔잘못된〕 의도에 앞섰다면 혐오스러운 것이다. 카렛 처벌을 〔받을〕 책임이 있다. 그러나 만약 장소에 대한 〔잘못된〕 의도가 시간에 대한 〔잘못된〕 의도를 앞섰다면 〔제사는〕 무효가 되고 처벌은 받지 않는다. 그러나 현자들은 말하기를, 이것도 저것도 다 무효일 뿐이다. 카렛 처벌은 받지 않는다. 올리브 반쪽만큼을 먹고 또 그만큼을 제단에서 소각하는 것은 유효하다. 먹는 것과 소각하는 것은 서로 결합되지 않기 때문이다.

- 앞서 언급된 동물 희생제사에 관한 원칙(1, 1)이 새 제사에도 적용된다. 따라서 새 속죄제의 경우에는 잘못된 목적(이름)으로 주요 절차를 진행했을 때 무효가 된다.
- 그러나 새 번제의 경우, 제사 자체는 유효하나 제물을 가져온 사람의 제사로 여겨지지 않는다. 이 역시 속죄제와 유월절 제사를 제외한 모든 제사는 목적(이름)의 착오가 있더라도 유효하다는 1, 1의 대원칙을 따른 것이다.
- 새 속죄제나 번제를 도살하고 그 피를 짜낼 때, 적법하게 먹거나 태

우려 했지만 다른 장소에서 하려고 의도했다면 제사는 무효가 된다. 그러나 그 고기를 먹어도 카렛 처벌의 대상이 되지는 않는다. 여기서 먹는 것은 속죄제, 태우는 것은 번제의 경우다. 그러나 시간을 넘겨 먹거나 태우려고 의도했고, 피의 제의가 유효하게 이루어졌다면, 그 고기는 혐오스러운 것(피굴)이 되고 이를 먹으면 카렛 처벌을 받는다. 카렛 처벌은 제물을 먹는 경우에 해당하므로 새 속죄제가 이에 해당한다.

- 희생제사를 유효하게 하는 것(마티르)에 대하여는 앞서 2, 3-4에서 살펴보았다. 새 제사에서 마티르의 절차는 도살(멜리카)과 피 뿌리기/짜내기다. 이 두 절차 중 하나 또는 둘 모두를 실행하면서 제물을 시간 외에 먹거나 태우려는 의도가 표현되었다면 유효한 제사가 되어 피굴이 되고 카렛 처벌의 대상이 된다. 앞서 2, 4에서 본 바와 같다.

- 마티르가 유효하지 않은 경우는 제물을 정해진 장소 외에서 먹거나 태우려는 의도나 제물의 목적(이름)에 대한 착오가 두 절차 중 하나 또는 둘 모두를 진행하며 표현되었을 때다. 이때는 제사가 무효이므로 피굴이나 카렛 처벌과 무관하게 된다.

- 피의 제의 과정에서 올리브 한 알만큼씩 시간과 장소 모두에 대해 잘못된 의도를 표현했다면 장소에 대한 의도로 인해 제사는 이미 무효가 된다. 올리브 반쪽만큼이라도 양쪽에 먹는 것에 대한 잘못된 의도가 있다면 결합되어 제의적으로 의미를 가진다. 그리고 여기 장소에 대한 잘못된 의도가 개입되면 비록 올리브 반쪽에 대한 의도라도 제사는 무효가 된다. 따라서 남은 고기가 피굴이 되지 않고 카렛 처벌도 따르지 않는다. 이는 앞서 2, 5에서 본 바와 같다.

- 랍비 예후다의 견해와 이에 대한 반론은 앞서 2, 5에서 이미 언급된 것이다. 이를 다시 반복하고 있다.

제7장

7, 1

새 제사를 일반 가축의 제사방식이나 이름으로 번제단 아래에서 드린 경우를 다룬다.

חַטַאת הָעוֹף שֶׁעֲשָׂאָהּ לְמַטָּה, כְּמַעֲשֵׂה חַטָּאת לְשֵׁם חַטָּאת, כְּשֵׁרָה.
כְּמַעֲשֵׂה חַטָּאת לְשֵׁם עוֹלָה, כְּמַעֲשֵׂה עוֹלָה לְשֵׁם חַטָּאת, כְּמַעֲשֵׂה עוֹלָה
לְשֵׁם עוֹלָה, פְּסוּלָה. עֲשָׂאָהּ לְמַעְלָה כְּמַעֲשֵׂה כֻלָּם, פְּסוּלָה:

〔번제단〕 아래서 새 속죄제를 드렸으나 속죄제의 이름과 방식으로 〔절차가〕 이루어졌다면 유효하다. 〔그러나〕 번제의 이름과 속죄제의 방식으로 드려지거나, 〔혹은〕 속죄제의 이름과 번제의 방식으로 드려지거나, 〔혹은〕 번제의 이름과 번제의 방식으로 드려지면 무효가 된다. 위와 같은 방식으로 드려진 모든 〔새 희생제사는〕 무효다.

- 새 속죄제가 속죄제의 방식과 이름으로 드려졌다면, 즉 멜리카 방식으로 도살하고 피를 번제단의 붉은 줄 아래 뿌리고 남은 피를 기초석에 짜내었다면 당연히 유효한 속죄제가 된다. 이를 언급한 것은 아래 다른 경우들과 대조하기 위함이다.
- 번제의 목적(이름)으로 속죄제를 드리면 당연히 무효가 된다.
- 속죄제의 이름으로 드리더라도 번제의 방식으로 드리면 무효가 된다. 번제의 방식이라 함은 멜리카를 하면서 머리를 완전히 분리하거나 피를 뿌리지 않고 번제단 기초석에 쏟는 것이다(게마라 66b).

7, 2

앞 미쉬나와 같은 경우이지만 번제단 위에서 드린 경우를 다룬다.

עוֹלַת הָעוֹף שֶׁעֲשָׂאָהּ לְמַעְלָה, כְּמַעֲשֵׂה עוֹלָה לְשֵׁם עוֹלָה, כְּשֵׁרָה, כְּמַעֲשֵׂה
עוֹלָה לְשֵׁם חַטָּאת, כְּשֵׁרָה, וּבִלְבַד שֶׁלֹּא עֲלָתָה לַבְּעָלִים. כְּמַעֲשֵׂה חַטָּאת
לְשֵׁם עוֹלָה, כְּמַעֲשֵׂה חַטָּאת לְשֵׁם חַטָּאת, פְּסוּלָה. עֲשָׂאָהּ לְמַטָּה כְּמַעֲשֵׂה
כֻלָּן, פְּסוּלָה:

새 번제를 〔번제단〕 위에서 〔새〕 번제의 방식과 이름으로 드리면
유효하다. 〔또한〕 속죄제의 이름과 번제의 방식으로 드려도 유효하
다. 다만 〔제사가〕 제물을 바치는 사람의 것으로 여겨지지는 않는다.
〔그러나〕 번제의 이름과 속죄제의 방식으로 드리거나, 속죄제의 이
름과 속죄제의 방식으로 드리면 무효가 된다. 그것을 〔번제단〕 밑에
서 〔드리면〕, 어떤 방식으로 〔드렸건 새 희생제사는〕 무효다.

- 새 번제를 규정대로 번제단 붉은 줄 위에서 번제의 이름과 방식으로
  드리면 당연히 유효하다.
- 또한 속죄제의 이름으로 드렸으나 방식은 번제를 따른 경우에도 유
  효하다. 다만 제물을 바치는 사람의 것이 되지는 않는다. 이는 앞서
  6, 7에서 본 바와 같다.
- 그러나 속죄제의 방식을 따라 머리를 분리하진 않거나 피를 뿌렸다
  면 무효가 된다.
- 그러나 어떤 방식을 따랐건 제단 위쪽 소베브에 오르지 않고 뜰에
  서서 번제단의 붉은 줄 아래에서 진행했다면 무효가 된다. 새 번제
  는 제단 위에서 드려야 하기 때문이다.

7, 3
앞 미쉬나의 경우, 전용(메일라)의 대상이 되는가를 다룬다.

וְכֻלָּן אֵינָן מְטַמְּאוֹת בְּבֵית הַבְּלִיעָה, וּמוֹעֲלִין בָּהֶן, חוּץ מֵחַטַּאת הָעוֹף
שֶׁעֲשָׂאָהּ לְמַטָּה, כְּמַעֲשֵׂה חַטָּאת לְשֵׁם חַטָּאת:

이 모든 경우에 식도를 통해 부정함을 옮기지 않는다. 그러나 전용(메일라) [관련법 적용의] 대상이 된다. [단,] 속죄제의 방식과 이름으로 [번제단] 아래서 드린 새 속죄제의 경우는 제외한다.

- 접촉을 통해 부정함이 전이되는 동물들의 사체(죽은 채 발견된 것)와는 달리, 둘째 미쉬나(7, 2)에서 무효가 된 새의 사체는 찢겨 죽은 것(레 17:15; 22:8; 라쉬)과 같은 지위를 가지지만 먹는 행위를 통해서 부정함을 전이시키지 않는다(「자빔」 5, 9). 먹어서 부정이 전이되는 것을 '식도를 통한 부정의 전이'라고 한다. 이 미쉬나는 제의 행위가 일정 부분 부정함을 해소하는 효과를 가진다는 것을 전제로 한다(아래 7, 6).
- 메일라(מעילה)는 성물을 전용하는 죄를 범한 경우(מעל, 마알) 그에 1/5을 더해 성전에 배상해야 하는 것을 말하는데(레 5:14-16), 그 성물이 제사장만 먹을 수 있는 것이라면 메일라로부터 면제된다. 새 속죄제물은 제사장이 먹는 제물이므로 메일라의 책임으로부터 면제되지만, 위의 경우는 제사가 무효가 되었기 때문에 제사장이 먹을 수 없고, 따라서 다시 메일라의 대상이 된다. 자세한 내용은 마쎄켓 「메일라」의 개요를 참고하라.
- 새 속죄제가 유효하게 드려진 경우, 제사장이 먹게 되므로 메일라의 대상이 되지 않는다.

7, 4
새 제물의 전용에 관한 논의를 더 구체화한다.

עוֹלַת הָעוֹף שֶׁעֲשָׂאָהּ לְמַטָּה, כְּמַעֲשֵׂה חַטָּאת לְשֵׁם חַטָּאת, רַבִּי אֱלִיעֶזֶר אוֹמֵר, מוֹעֲלִין בָּהּ. רַבִּי יְהוֹשֻׁעַ אוֹמֵר, אֵין מוֹעֲלִין בָּהּ. אָמַר רַבִּי אֱלִיעֶזֶר, מָה אִם חַטָּאת, שֶׁאֵין מוֹעֲלִין בָּהּ לִשְׁמָהּ, כְּשֶׁשִּׁנָּה אֶת שְׁמָהּ, מוֹעֲלִין בָּהּ, עוֹלָה,

שֶׁמּוֹעֲלִין בָּהּ לִשְׁמָהּ, כְּשֶׁשִּׁנָּה אֶת שְׁמָהּ, אֵינוֹ דִין שֶׁיִּמְעֲלוּ בָהּ. אָמַר לוֹ רַבִּי
יְהוֹשֻׁעַ, לֹא, אִם אָמַרְתָּ בְחַטָּאת שֶׁשִּׁנָּה אֶת שְׁמָהּ לְשֵׁם עוֹלָה שֶׁכֵּן שִׁנָּה
אֶת שְׁמָהּ לְדָבָר שֶׁיֵּשׁ בּוֹ מְעִילָה, תֹּאמַר בְּעוֹלָה שֶׁשִּׁנָּה אֶת שְׁמָהּ לְשֵׁם
חַטָּאת, שֶׁכֵּן שִׁנָּה אֶת שְׁמָהּ לְדָבָר שֶׁאֵין בּוֹ מְעִילָה. אָמַר לוֹ רַבִּי אֱלִיעֶזֶר,
וַהֲרֵי קָדְשֵׁי קָדָשִׁים שֶׁשְּׁחָטָן בַּדָּרוֹם וּשְׁחָטָן לְשֵׁם קָדָשִׁים קַלִּים יוֹכִיחוּ, שֶׁכֵּן
שִׁנָּה אֶת שְׁמָן לְדָבָר שֶׁאֵין בּוֹ מְעִילָה, וּמוֹעֲלִין בָּהֶן, אַף אַתָּה אַל תִּתְמַהּ
עַל הָעוֹלָה, שֶׁאַף עַל פִּי שֶׁשִּׁנָּה אֶת שְׁמָהּ לְדָבָר שֶׁאֵין בּוֹ מְעִילָה, שֶׁיִּמְעֲלוּ
בָהּ. אָמַר לוֹ רַבִּי יְהוֹשֻׁעַ, לֹא, אִם אָמַרְתָּ בְקָדְשֵׁי קָדָשִׁים, שֶׁשְּׁחָטָן בַּדָּרוֹם
וּשְׁחָטָן לְשֵׁם קָדָשִׁים קַלִּים, שֶׁכֵּן שִׁנָּה אֶת שְׁמָן בְּדָבָר שֶׁיֵּשׁ בּוֹ אִסּוּר וְהֶתֵּר,
תֹּאמַר בְּעוֹלָה שֶׁשִּׁנָּה אֶת שְׁמָהּ בְּדָבָר שֶׁכֻּלּוֹ הֶתֵּר:

속죄제의 이름과 방식으로 [번제단] 아래서 드려진 새 번제에 관하여, 랍비 엘리에제르는 전용(메일라)의 [대상이] 된다고 말한다. 랍비 예호슈아는 전용의 [적용 대상이] 되지 않는다고 한다.

랍비 엘리에제르가 말하기를, [새] 속죄제는 [원래] 전용의 [대상이] 아니지만 [제의 도중] 그 이름을 바꾸는 경우에는 전용 대상이 된다. [새] 번제는 전용 대상이고 [제의 도중] 그 이름을 [속죄제로] 바꾼 경우, 당연히 전용의 대상이 된다. 랍비 예호슈아가 그에게 말하기를, 그렇지 않다. [새] 속죄제를 [제의 중에 새] 번제로 이름을 바꾸면 전용이 된다고 말한다면, [새] 번제의 이름을 속제제로 바꾼 경우는 더욱 그러하지 않겠는가?

랍비 엘리에제르가 말하기를, 자, 보라. 지성물이 [번제단] 남쪽에서 일반 성물의 이름으로 도살된 경우가 증명한다. [이 경우] 전용 대상이 되지 않도록 그 이름을 바꾸었다고 하지만 전용 대상이 된다. 번제에 대하여 의아해하지 말라. 전용 대상이 되지 않도록 그 이름을 바꾸었다고 하더라도 전용 대상이 된다.

랍비 예호슈아가 말하기를, 그렇지 않다. 지성물이 [번제단] 남쪽에서 일반 성물의 이름으로 도살된 경우는 금지된 부분과 허용된 부분이 있는 것으로 바뀌는 것이다. 당신은 새 번제가 [속죄제로] 이름이 바뀌어 모든 부분이 [먹도록] 허용되는 경우에도 [이같이] 말할 수 있는가?

- 새 번제를 번제단 아래서 새 속죄제의 이름과 방식으로 드린 경우 번제로서는 당연히 무효가 된다. 그러나 만약 속죄제였다면 완전히 유효한 제사가 된다. 이 점에서 메일라에 관한 랍비들의 견해가 갈린다.
- 랍비 엘리에제르의 견해는 번제의 경우 제사장의 몫이 아니며, 그렇다고 제사가 속죄제가 되어 제사장의 몫이 되는 것도 아니기 때문에 전용의 대상이 된다고 본다(라브; 라쉬).
- 랍비 예호슈아는 이 과정에서 새 속죄제로 바뀐다고 주장하는 것이다(라브; 라쉬). 그러나 이는 전용에 관한 것일 뿐이다(게마라 68a).
- 제의 도중 그 이름을 바꾸는 경우에 대한 랍비 엘리에제르의 견해다. 새 속죄제는 제사장의 몫이므로 전용의 대상이 아니나 제의 도중 이름을 바꾸어 무효가 되면 더 이상 제사장의 몫이 아니므로 전용의 대상이 된다. 번제는 당연히 전용의 대상이 되므로, 이름을 속죄제로 바꾸어도 당연히 전용의 대상이라는 것이다. 랍비 예호슈아는 이에 반대하여 논리가 일관적이지 않음을 지적한다.
- 랍비 엘리에제르는 다시 지성물의 예를 든다. 지성물은 번제단 북쪽에서 도살해야 하지만(5, 1-5), 이를 남쪽에서 도살하면 무효가 되고 전용의 대상이 된다(「메일라」 1, 1). 일반 성물은 전용의 대상이 아니지만, 무효가 된 일반 성물은 전용의 대상이 될 수 있다. 이는 전용 불가능한 이름으로 바꾸어도 전용이 되는 예이며, 새 번제 또한 이러한 논리로 이해할 수 있다는 것이다.
- 랍비 예호슈아는 이를 반박한다. 일반 성물의 경우, 소각부는 번제단에서 태워져야 하므로 전용 대상이 되고, 나머지는 제물을 가져온

사람이 먹게 되므로 전용 대상이 아니다(「메일라」 1, 4). 따라서 지성물을 일반 성물의 이름으로 도살하면 이 두 가지가 공존하는 상태로 바뀌게 된다. 하지만 새 속죄제로 바뀌는 경우에는 소각 없이 남은 제물을 제사장이 먹게 되므로 제물 전체가 전용의 대상이 되지 않는다. 따라서 일반 성물로 바뀌는 경우와는 다르다는 것이다.

7, 5
7, 3에서 언급된 식도를 통해 부정이 전이되는 경우를 다룬다.

מָלַק בִּשְׂמֹאל, אוֹ בַלַּיְלָה, שָׁחַט חֻלִּין בִּפְנִים, וְקָדָשִׁים בַּחוּץ, אֵינָן מְטַמְּאִין בְּבֵית הַבְּלִיעָה. מָלַק בְּסַכִּין, מָלַק חֻלִּין בִּפְנִים, וְקָדָשִׁים בַּחוּץ, תּוֹרִין שֶׁלֹא הִגִּיעַ זְמַנָּן, וּבְנֵי יוֹנָה שֶׁעָבַר זְמַנָּן, שֶׁיָּבֵשׁ גַּפָּהּ, וְשֶׁנִּסְמֵת עֵינָהּ, וְשֶׁנִּקְטְעָה רַגְלָהּ, מְטַמֵּא בְּבֵית הַבְּלִיעָה. זֶה הַכְּלָל, כֹּל שֶׁהָיָה פְסוּלָהּ בַּקֹּדֶשׁ, אֵינָהּ מְטַמְּאָה בְּבֵית הַבְּלִיעָה. לֹא הָיָה פְסוּלָהּ בַּקֹּדֶשׁ, מְטַמְּאָה בְּבֵית הַבְּלִיעָה. וְכָל הַפְּסוּלִים שֶׁמָּלְקוּ, מְלִיקָתָן פְּסוּלָה, וְאֵינָן מְטַמְּאוֹת בְּבֵית הַבְּלִיעָה:

왼손으로 혹은 밤에 도살(멜리카)하거나, [제물로 쓸 수 없는] 속된 [새를] 성전에서 혹은 [제물로 쓸] 거룩한 [새를] 성전 밖에서 도살(스키타) 하는 경우, 이를 먹어도 부정함이 옮겨지지 않는다.

칼로 도살(멜리카)하거나, 속된 [새를] 성전 안에서, 혹은 거룩한 [새를] 성전 밖에서 도살(멜리카)하는 경우, 때가 이르지 않은 산비둘기나 때가 지난 집비둘기, 날개가 마른 [새나], 눈이 먼 [새], 발이 잘린 [새를 도살하는 경우] 이를 먹을 때 부정이 옮겨진다.

이것이 원칙이다. 성전 안에서 무효가 되는 제물은 먹을 때 부정을 옮기지 않는다. 성전 안에서 무효가 되지 않는 제물은 먹을 때 부정을 옮긴다. 도살할 자격 없는 사람이 도살하면 무효가 되지만, 먹을 때 부정을 옮기지 않는다.

- 첫째 단에서 사례는 대부분 제사가 무효가 되지만 일단 제단에 올려 졌다면 내릴 수 없는, 즉 일정 부분 유효성을 가지는 경우다.
- 새를 도살할 때는 제사장이 오른손으로 목 뒤를 눌러 부러뜨려야 하 는데(멜리카), 이를 왼손으로 하거나, 일반 제물에 대해 하듯 칼로 도살(스키타)한 경우, 그 행위는 무효가 된다.
- 둘째 단의 사례들은 대부분 제물이 번제단에 올려졌어도 내려야 하 는 경우들로 완전히 무효가 되고 제물은 '찢겨 죽은 것'(네빌라)이 되어 이를 먹으면 부정해진다.
- 제물로 쓰려면 산비둘기는 다 자란 것이어야 하고, 집비둘기는 어린 것이라야 하므로 이 요건을 충족하지 못한다면 애당초 제물이 될 수 없다.
- 원칙적으로 유효한 제물이나 성전 뜰 안에서 제의 절차의 문제로 무 효가 된 것은 부정을 옮기지 않지만, 성전에 들어오기 전 이미 무효 인 것은 부정을 전이한다.
- 자격 없는 사람에 의한 도살은 유효한 제물이 성전 안에서 무효가 된 경우에 해당하여 부정을 전이시키지 않는다(라쉬).

7, 6

부정을 전이하는가의 여부에 관하여 새와 가축 제물의 도살과 그 효력을 비교하여 설명한다.

מָלַק וְנִמְצָא טְרֵפָה, רַבִּי מֵאִיר אוֹמֵר, אֵינָהּ מְטַמְּאָה בְּבֵית הַבְּלִיעָה. רַבִּי יְהוּדָה אוֹמֵר, מְטַמְּאָה בְּבֵית הַבְּלִיעָה. אָמַר רַבִּי מֵאִיר, מָה אִם נִבְלַת בְּהֵמָה, שֶׁהִיא מְטַמְּאָה בְּמַגָּע וּבְמַשָּׂא, שְׁחִיטָתָהּ מְטַהֶרֶת אֶת טְרֵפָתָהּ מִטֻּמְאָתָהּ, נִבְלַת הָעוֹף שֶׁאֵינָהּ מְטַמְּאָה בְּמַגָּע וּבְמַשָּׂא, אֵינוֹ דִין שֶׁתְּהֵא שְׁחִיטָתָהּ מְטַהֶרֶת אֶת טְרֵפָתָהּ מִטֻּמְאָתָהּ. מַה מָּצִינוּ בִשְׁחִיטָתָהּ, שֶׁהִיא מַכְשַׁרְתָּהּ בַּאֲכִילָה, וּמְטַהֶרֶת אֶת טְרֵפָתָהּ מִטֻּמְאָתָהּ, אַף מְלִיקָתָהּ, שֶׁהִיא

도살(멜리카)했는데 찢겨 죽은 것으로 밝혀진 경우, 랍비 메이르는 말하기를, 이를 먹을 때 부정을 옮기지 않는다. 랍비 예후다는 말하기를, 먹을 때 부정을 옮긴다. 랍비 메이르가 말하기를, 가축이 죽은 채 발견된 것을 만지거나 옮기면 부정해지지만 도살(스키타)하면 찢겨 죽은 것을 그 부정으로부터 정결하게 만든다. 새가 죽은 채 발견된 것을 만지거나 옮겨도 부정해지지 않으므로, 도살(스키타)하면 찢겨 죽은 것을 그 부정으로부터 정결하게 만든다는 결정을 적용해야 하지 않은가? 도살(스키타)이 찢겨 죽은 것의 부정함을 깨끗하게 하여 먹을 수 있게 하는 것처럼, 새의 도살(멜리카)은 〔새가〕 찢겨 죽은 것의 부정함을 깨끗하게 하여 먹을 수 있도록 한다.

랍비 요쎄는 말하기를, 가축의 경우 도살(스키타)이 깨끗하게 하지만, 〔새의〕 도살(멜리카)은 그렇지 않다.

- 이른바 '찢겨 죽은 동물의 사체'(תרפה, 트레파)는 접촉하면 부정함을 유발하게 된다(레 11:39). 그러나 절차에 따른 도살(스키타)이 비록 이미 죽은 짐승에 착오로 행해진 경우라도 부정한 사체를 정결케 하는 효과가 있다.
- 스키타의 경우처럼 새 제물의 멜리카에도 정결케 하는 효과가 있는지에 관한 랍비들의 논쟁을 소개한다. 랍비 메이르는 스키타의 예를 들어 멜리카에도 동일한 효력이 있다고 한다. 그러나 랍비 예후다와 랍비 요쎄는 이에 반대한다. 할라카는 랍비 요쎄의 견해를 지지한다 (라브; 람밤).

제8장

8, 1
희생제물이 제물이 될 수 없는 다른 가축들과 섞인 경우를 다룬다.

כָּל הַזְּבָחִים שֶׁנִּתְעָרְבוּ בְחַטָּאוֹת הַמֵּתוֹת, אוֹ בְשׁוֹר הַנִּסְקָל, אֲפִלּוּ אֶחָד
בְּרִבּוֹא, יָמוּתוּ כֻלָּם. נִתְעָרְבוּ בְשׁוֹר שֶׁנֶּעֶבְדָה בּוֹ עֲבֵרָה, אוֹ שֶׁהֵמִית אֶת
הָאָדָם עַל פִּי עֵד אֶחָד, אוֹ עַל פִּי הַבְּעָלִים, בְּרוֹבֵעַ, וּבְנִרְבָּע, וּבְמֻקְצֶה,
וּבְנֶעֱבָד, וּבְאֶתְנָן, וּבִמְחִיר, וּבְכִלְאַיִם, וּבִטְרֵפָה, וּבְיוֹצֵא דֹפֶן, יִרְעוּ עַד
שֶׁיִּסְתָּאֲבוּ, וְיִמָּכְרוּ וְיָבִיא בִדְמֵי הַיָּפֶה שֶׁבָּהֶן מֵאוֹתוֹ הַמִּין. נִתְעָרְב בְּחֻלִּין
תְּמִימִים, יִמָּכְרוּ הַחֻלִּין לִצְרִיכֵי אוֹתוֹ הַמִּין:

희생제물이 죽여야 할 속죄제물이나 돌로 쳐 죽일 소와 섞인 경우,
그것들이 1만 마리 중 하나라고 할지라도 모두 죽여야 한다.

[제물이] 범죄와 [관련된] 소들과 섞이는 경우, [예를 들어] 사람을
죽인 것이 한 사람의 증인이나 주인에 의해 증언되거나, 수간의 주체
나 대상이 되거나, 우상을 위해 성별된 것이거나, 우상으로 섬김받거
나, 창녀에게 화대로 [지급되거나, 개를 산] 값이거나, 이종교배로 태
어났거나, 찢겨 죽었거나, 절개 수술로 출생한 경우에 흠이 생길 때까
지 자라게 두었다가 팔아서 같은 종류의 가장 좋은 가축을 [대신 제
물로] 가져와야 한다.

흠이 없고 속된 가축들과 섞이는 경우, 이들을 같은 종류의 [제물
이] 필요한 사람에게 팔아야 한다. 필요한 사람에게 팔아야 한다.

- 죽여야 할 속죄제물이란 속죄제물로 성별했으나 실제로 도살이 되
  지 않아 다른 용도로 쓸 수 없고 결국 죽여야 할 제물을 말한다. 구
  전율법은 다섯 가지의 경우를 규정한다. (1) 암컷 속죄제물의 새끼,
  (2) 다른 속죄제물의 대체 제물로 지정된 가축, (3) 희생제사 전에

제물을 바치는 사람이 죽인 속죄제물, (4) 속죄제물의 제물을 바치는 사람이 다른 제물로 속죄제사를 치른 경우, (5) 속죄제물이 1년을 넘긴 경우 등이다. 개인의 속죄제물은 1년생 암양이나 암염소로 드려야 한다. 이 기간을 넘으면 제물로 드릴 수 없다.

- 소를 돌로 쳐 죽여야 하는 경우는 사람을 들이받아 죽게 한 때다. 예를 들어 출애굽기 21:28-32를 참고하라.

- 죽여야 할 속죄제물이 다른 소들과 섞여 구별할 수 없게 된 경우, 그 소들을 모두 죽여야 한다. 그러나 돌로 쳐 죽여야 하는 경우에 관하여는, 모두 돌로 쳐 죽여야 한다는 견해와(랍비 다비드 신쯔하임) 모두 돌로 쳐 죽일 수는 없다는 견해(랍비 요셉 카잔)로 나뉜다.

- 신명기 23:18에 의하여 성매매의 대가로 지불된 것은 제물이 될 수 없다.

- 제물이 범죄와 관련된 소들과 섞이는 경우, 그중 어느 것도 제물로 가져올 수 없다. 해법은 성별된 제물에 흠이 생기면 이를 팔아 같은 종류의 흠 없는 가축으로 바꾸어 제물로 바칠 수 있으므로, 흠이 생기기를 기다려 이들을 팔아 새 제물을 사는 것이다.

- 속되지만 흠이 없는 것들은 언제든지 제물로 바칠 수 있다. 따라서 흠이 생기기를 기다리지 않고 같은 종류의 제물이 필요한 사람들에게 팔 수 있다.

8, 2
제물이 다른 제물과 섞인 경우를 다룬다.

קָדָשִׁים בְּקָדָשִׁים מִין בְּמִינוֹ, זֶה יִקְרַב לְשֵׁם מִי שֶׁהוּא וְזֶה יִקְרַב לְשֵׁם מִי שֶׁהוּא. קָדָשִׁים בְּקָדָשִׁים, מִין בְּשֶׁאֵינוֹ מִינוֹ, יִרְעוּ עַד שֶׁיִּסְתָּאֲבוּ, וְיִמָּכְרוּ, וְיָבִיא בִדְמֵי הַיָּפֶה שֶׁבָּהֶן מִמִּין זֶה, וּבִדְמֵי הַיָּפֶה שֶׁבָּהֶן מִמִּין זֶה, וְיַפְסִיד הַמּוֹתָר מִבֵּיתוֹ. נִתְעָרְבוּ בִּבְכוֹר וּבְמַעֲשֵׂר, יִרְעוּ עַד שֶׁיִּסְתָּאֲבוּ, וְיֵאָכְלוּ כִּבְכוֹר

וּכְמַעֲשֵׂר. הַכֹּל יְכוֹלִין לְהִתְעָרֵב, חוּץ מִן הַחַטָּאת וּמִן הָאָשָׁם:

성별된 제물이 같은 종류의 성별된 제물과 섞였다면, 어떤 이의 제물로 바쳐도 무방하다. 성별되었으나 서로 다른 종류의 제물들이 섞였다면, 이들 모두를 흠이 생길 때까지 키우다가 팔아서 [제물들 중] 더 비싸게 팔린 가격으로 가져와야 한다. [이들 사이의] 차액은 스스로 부담해야 한다.

그들이 초태생 제물이나 십일조 제물과 섞였다면, 흠이 생길 때까지 키웠다가 초태생 제물과 십일조 제물과 같은 방법으로 먹는다. 속죄제와 속건제를 제외한 모든 제물들은 섞여도 무방하다.

- 서로 다른 제물을 바치는 사람의 제물들이 섞이는 경우를 규정하고 있으며, 이때는 구별 없이 누구의 제물로도 바칠 수 있다.
- 그러나 다른 종류의 제물끼리 섞였다면 이를 바칠 수 없다. 이 경우, 흠이 생길 때까지 두었다가 팔아 대속해야 한다. 흠이 생겨 대속하는 경우에 관해서는 「브코롯」 6장에서 자세히 다룬다.
- 제물들을 판 가격 중, 가장 높은 값을 다른 제물들에도 적용하여 성전으로 가져와야 하므로 차액이 발생하게 되는데, 이는 제물을 바치는 사람이 부담해야 한다.
- 초태생 제물과 십일조 제물은 다른 명목의 제물들과 달리 흠이 생겨도 대속하지 않으며(레 27:33; 민 18:17), 흠이 생기면 도살하여 먹을 수 있다(「브코롯」 2, 2; 5, 1). 다른 제물이 이들과 섞인 경우 이 방식을 따른다.
- 속죄제와 속건제의 제물들은 절대 서로 섞일 수 없다. 제물이 될 수 있는 가축의 종류가 서로 다르기 때문이다. 예를 들어, 속죄제에는 어린 암양이나 암염소가 쓰일 뿐, 숫양이 쓰일 수 없으나(레 4; 5:1-13; 14:10; 민 6:14; 15:22-28), 숫양은 가장 대표적인 속건제물이다

(레 5:14-16). 피부병자를 위한 속건제에는 숫양 둘과 어린 암양이
필요하나, 이 중 속건제물로 드려지는 것은 오직 숫양 한 마리다(레
14:10-14).

8, 3

이어서 속건제물이 화목제물과 섞인 경우를 다룬다.

אָשָׁם שֶׁנִּתְעָרֵב בִּשְׁלָמִים, יִרְעוּ עַד שֶׁיִּסְתָּאֲבוּ. רַבִּי שִׁמְעוֹן אוֹמֵר, שְׁנֵיהֶם
יִשָּׁחֲטוּ בַצָּפוֹן, וְיֵאָכְלוּ כֶחָמוּר שֶׁבָּהֶן. אָמְרוּ לוֹ, אֵין מְבִיאִין קָדָשִׁים לְבֵית
הַפְּסוּל. נִתְעָרְבוּ חֲתִיכוֹת בַּחֲתִיכוֹת, קָדְשֵׁי קָדָשִׁים בְּקָדָשִׁים קַלִּים, הַנֶּאֱכָלִין
לְיוֹם אֶחָד בַּנֶּאֱכָלִים לִשְׁנֵי יָמִים, יֵאָכְלוּ כֶחָמוּר שֶׁבָּהֶן:

속건제물이 화목제물과 섞이면, 랍비 쉼온이 말하기를, 두 제물 모
두 [성전 뜰] 북쪽에서 도살해야 하고, 더 엄격한 규정에 따라 먹어야
한다. [다른 사람들이 그에게] 말하기를, 제물을 무효가 되도록 하는
상황에 놓이게 해서는 안 된다.

[제물의] 조각조각이 섞인 경우, [예를 들어,] 지성물이 일반 성물
과, 하루에 먹어야 하는 제물이 이틀에 걸쳐 먹을 수 있는 제물과 섞
인 경우, 보다 더 엄격한 규정에 따라 먹는다.

- 속건제물은 성전 뜰의 북쪽에서 도살해야 하지만, 화목제물은 뜰 어
  디서라도 도살할 수 있다. 따라서 두 제물 모두 북쪽에서 도살하는
  것은 보다 엄격한 규정을 따르는 것이다.
- 랍비 쉼온에 대한 반대의견도 기록하고 있다. 화목제가 속건제의 엄
  격한 규정을 따를 경우, 먹는 것이 허용되는 사람, 시간, 장소가 제한
  되고, 이를 어길 경우 무효가 된다. 이렇게 제물이 무효가 될 위험을
  커지게 하면 안 된다는 취지다.
- 속건제물은 성전 뜰에서 성인 남성인 제사장이 당일에 먹어야 한다.

반면, 화목제물은 예루살렘 내에서 이틀에 걸쳐 누구라도 먹을 수 있다. 랍비 쉼온에 의하면 두 제물이 섞이면 화목제도 속건제의 예를 따라야 한다. 이 경우라도 화목제의 서원은 성취된 것으로 본다.

8, 4
속죄제물과 번제물의 사지가 섞인 경우를 다룬다.

אֵבְרֵי חַטָּאת שֶׁנִּתְעָרְבוּ בְּאֵבְרֵי עוֹלָה, רַבִּי אֱלִיעֶזֶר אוֹמֵר, יִתֵּן לְמַעְלָן, וְרוֹאֶה אֲנִי אֶת בְּשַׂר הַחַטָּאת מִלְמַעְלָן כְּאִלּוּ הוּא עֵצִים. וַחֲכָמִים אוֹמְרִים, תְּעֻבַּר צוּרָתָן וְיֵצֵא לְבֵית הַשְּׂרֵפָה:

속죄제물의 〔절단된〕 사지가 번제물의 사지와 섞였을 때, 랍비 엘리에제르가 말하기를, 〔이들을 번제단〕 위에 올려야 한다. 나는 〔번제단〕 위에 올려진 속죄제물의 살을 장작과 같다고 생각한다. 현자들이 말하기를, 〔이들의〕 형체가 상할 때까지 두었다가 재를 버리는 곳에 버려야 한다.

- 속죄제물의 절단된 부분과 이에 붙은 살은 제사장이 먹어야 하나, 번제물의 부분은 제단에서 소각해야 한다. 따라서 이들이 섞이면 먹을 수도 없고(번제는 소각해야 하므로), 소각할 수도 없게 된다(속죄제는 소각이 금지되므로). 이런 경우의 해결에 관해 논의하고 있다.
- 랍비 엘리에제르는 두 제물을 모두 번제단에 올려 모두를 유효하게 할 수 있다고 본다. 속죄제물의 사지를 장작과 같이 여길 수 있다는 것이다.
- 다른 랍비들은 엘리에제르의 견해에 반대하고, 번제단에서 소각될 수 없는 제물의 부위들에 대한 처리의 예(「페싸힘」 7, 9; 게마라 82b)를 따른다.

8, 5

번제물의 사지가 섞인 경우에 대한 논의다.

אֵבָרִין בְּאֵבָרֵי בַעֲלֵי מוּמִין, רַבִּי אֱלִיעֶזֶר אוֹמֵר, אִם קָרֵב רֹאשׁ אֶחָד מֵהֶן,
יַקְרִיבוּ כָל הָרָאשִׁין. כְּרָעוֹ שֶׁל אֶחָד מֵהֶן, יַקְרִיבוּ כָל הַכְּרָעַיִם. וַחֲכָמִים
אוֹמְרִים, אֲפִלּוּ קָרְבוּ כֻלָּם חוּץ מֵאֶחָד מֵהֶן, יֵצֵא לְבֵית הַשְּׂרֵפָה:

〔번제물의 절단된〕 사지가 다른 흠 있는 〔번제물의〕 사지와 섞인 경
우, 랍비 엘리에제르는 말하기를, 만약 〔섞인 제물들의〕 머리〔들 중〕
하나를 이미 바쳤다면 모든 〔제물들의〕 머리를 바쳐야 한다. 만약 〔섞
인 제물들의〕 다리〔들 중〕 하나를 이미 바쳤다면 모든 〔제물들의〕 다
리를 바쳐야 한다.

현자들이 말하기를, 모든 것을 이미 바치고 하나만 남았다고 하더
라도 그 부분은 재를 버리는 곳에 내버려야 한다.

- 흠 있는 번제물들과 섞인 경우, 랍비 엘리에제르는 이들 중 일부를
  이미 소각했다면 나머지도 소각하여 제사를 유효로 만들어야 한다
  고 주장한다. 이는 흠 있는 것으로 판명된 번제물이 다시 유효한 번
  제물이 될 수 있다는 취지다. 엘리에제르의 이러한 견해는 보다 많
  은 양의 유효한 번제물이 무효인 번제물의 흠결을 무효화할 수 있다
  고 보는 것으로 해석되어 이후 많은 논란을 낳았다(게마라 77b).
- 다른 랍비들은 엘리에제르의 견해에 반대한다. 한 부분을 제외한 다
  른 모든 부분이나 다리가 이미 번제단에 올려졌으면 흠 있는 제물이
  이미 바쳐졌을 가능성이 높다. 그렇더라도 그 남은 부분이 바쳐지면
  안 된다고 주장하고 있다. 엘리에제르에 비해 보다 엄격한 기준을 적
  용하고 있다.

8, 6

제물의 피가 물이나 포도주와 섞인 경우를 다룬다.

דָּם שֶׁנִּתְעָרֵב בְּמַיִם, אִם יֵשׁ בּוֹ מַרְאֵה דָם, כָּשֵׁר. נִתְעָרֵב בְּיַיִן, רוֹאִין אוֹתוֹ
כְּאִלּוּ הוּא מָיִם. נִתְעָרֵב בְּדַם בְּהֵמָה אוֹ בְדַם חַיָּה, רוֹאִין אוֹתוֹ כְּאִלּוּ הוּא
מָיִם. רַבִּי יְהוּדָה אוֹמֵר, אֵין דָּם מְבַטֵּל דָּם:

[제물의] 피가 물과 섞였을 때, 만약 피의 형상이 유지된다면 유효
하다. [제물의 피가] 포도주와 섞이면 [그 포도주를] 물과 같이 본다.
다른 가축이나 짐승의 피와 섞이면 물과 같이 본다. 랍비 예후다가 말
하기를, 피는 피를 무효화할 수 없다.

- 피가 물과 섞였지만 여전히 피의 색깔이 유지되는 경우를 말한다.
- 따라서 물과 섞인 피를 제단에 붓거나 뿌리는 것은 유효한 제의 행위
  가 된다.
- 포도주는 피와 색이 같아 구별하기 힘들지만 포도주에 비해 피의 양
  이 미미한 경우에는 제사에 쓰일 수 없다(라쉬; 라브).

  여기서 다른 짐승의 피는 다른 유효한 제물의 피를 말한다.

8, 7

제물의 피가 무효인 다른 제물의 피와 섞인 경우에 대한 논의다.

נִתְעָרֵב בְּדַם פְּסוּלִין, יִשָּׁפֵךְ לָאַמָּה. בְּדַם תַּמְצִית, יִשָּׁפֵךְ לָאַמָּה. רַבִּי אֱלִיעֶזֶר
מַכְשִׁיר. אִם לֹא נִמְלַךְ וְנָתַן, כָּשֵׁר:

[제물의 피가] 무효인 [다른 제물의] 피와 섞이면, 도랑에 부어 버
려야 한다. 흘러나오는 피와 섞여도 도랑에 부어 버려야 한다. [그러
나] 랍비 엘리에제르는 유효하다고 한다. 만약 [제사장이 이러한 피
를 랍비들의] 결정을 따르지 않고 제단에 부었다면 유효하다.

- 도랑(אמה, 아마)은 불필요한 액체들을 흘려버리기 위해 만들어진 것으로, 성전 뜰에서 예루살렘 서쪽의 기드론 골짜기로 연결되어 있었다. 폭이 1아마(אמה, 약 45 또는 48.5센티미터)에 해당하여 '아마'라고 불렀다.
- 무효인 제물의 피와 섞일 경우, 이를 제단에 붓거나 뿌리지 못하도록 랍비들은 규정하고 있다.
- 제물에서 나오는 피는 두 가지로 나뉜다. 도살(스키타) 직후, 제물이 살아 있는 상태에서 뿜어져 나오는 피를 생명의 피(דם הנפש, 담 하네페쉬)라 하고 이것이 피의 제의에 쓰인다. 이후에 흘러나오는 피(דם תמצית, 담 탐찌트)는 제의에 쓰일 수 없다. 이것과 섞이면 제의에 쓰지 못하고 흘려보내야 한다.
- 이 두 경우에 본 제물의 피가 무효화되는 것은 아니며 이를 제의에 사용하지 못하도록 랍비들이 구전율법으로 규정하고 있을 뿐이다. 따라서 제사장이 이를 강행했다면 유효하고 본다.

8, 8

앞 미쉬나에 이어서 제물의 피가 섞이는 경우에 대해 논의한다.

דָּם תְּמִימִים בְּדַם בַּעֲלֵי מוּמִים, יִשָּׁפֵךְ לָאַמָּה. כּוֹס בְּכוֹסוֹת, רַבִּי אֱלִיעֶזֶר אוֹמֵר, קָרֵב כּוֹס אֶחָד, יִקְרְבוּ כָּל הַכּוֹסוֹת. וַחֲכָמִים אוֹמְרִים, אֲפִלּוּ קָרְבוּ כֻּלָּם חוּץ מֵאַחַד מֵהֶן, יִשָּׁפֵךְ לָאַמָּה:

온전한 제물의 피가 흠 있는 제물의 피와 [섞였다면], 도랑에 부어 버려야 한다. [피를 담은] 잔이 [다른] 잔들과 섞였다면, 랍비 엘리에 제르는 말하기를, [이 중] 잔 하나를 바쳤다면, 다른 잔들도 바쳐야 한다. 그러나 현자들은 말하기를, 잔 하나를 제외한 모든 잔들을 바쳤다 해도 [그 남은 잔은] 도랑에 부어 버려야 한다.

- 여기서 피를 담은 잔은 피의 희생제사에 쓰이는 성전의 제구를 말한다. 앞의 미쉬나는 잔 하나에 흠 있는 제물의 피와 온전한 제물의 피가 섞인 경우를 규정했으나, 이 미쉬나는 흠 있는 제물의 피와 온전한 제물의 피가 각각 다른 잔에 담긴 경우를 규정하고 있다.
- 랍비 엘리에제르와 다른 랍비들의 의견 대립은 앞서 8, 5에서 본 것과 유사하다.

8, 9
유효한 제물의 피이지만 다른 절차를 따라야 하는 경우 이들이 섞인 경우를 다룬다.

הַנִּתָּנִין לְמַטָּה שֶׁנִּתְעָרְבוּ בַנִּתָּנִין לְמַעְלָה, רַבִּי אֱלִיעֶזֶר אוֹמֵר, יִתֵּן לְמַעְלָה,
וְרוֹאֶה אֲנִי אֶת הַתַּחְתּוֹנִים לְמַעְלָה כְּאִלּוּ הֵן מַיִם, וְיַחֲזֹר וְיִתֵּן לְמָטָּה. וַחֲכָמִים
אוֹמְרִים, יִשָּׁפְכוּ לָאַמָּה. וְאִם לֹא נִמְלַךְ וְנָתַן, כָּשֵׁר:

[번제단] 아래에 부어야 할 [제물의 피가 번제단] 위에 부어야 할 [피와] 섞였다면, 랍비 엘리에제르는 말하기를, "[번제단] 위에 부어야 한다. [번제단] 아래 부어야 하지만 [번제단] 위에 부어진 피를 나는 물과 같이 본다. 그리고 돌아와 [남은 피를 번제단] 아래 부어야 한다." 현자들이 말하기를, "[모든 피를] 도랑에 부어 버려야 한다. 그러나 [제사장이 랍비들의] 의견을 구하지 않고 [번제단에] 부었다면 유효하다."

- 속죄제를 제외한 모든 희생제물의 피는 번제단 아래에 부어야 한다. (새 제사의 경우는 반대이지만 여기서는 일반 희생제사를 다룬다). 번제단의 옆면의 중간에 붉은 선이 있어 이를 기준으로 번제단의 위아래를 구분했다. 번제단 위나 아래에 피를 붓는다는 것은 번제단

옆면 붉은 선 위나 아래에 붓는다는 의미다.
- 번제단 위에 붓는 피는 속죄제의 피를 말한다. 따라서 이 미쉬나는 속죄제의 피와 다른 희생제물의 피가 섞이게 되는 경우를 규정한다.
- 랍비 엘리에제르는 번제단 위쪽에 부어진 피 가운데 속죄제의 피가 아닌 것을 물과 같이 여겨 제사를 유효하게 여긴다. 다른 랍비들은 보다 엄격하게 그 피를 모두 버려야 한다고 한다.

8, 10
앞 미쉬나에 이어 논의를 구체화한다.

הַנִּתָּנִין מַתָּנָה אַחַת שֶׁנִּתְעָרְבוּ בַנִּתָּנִין בְּמַתָּנָה אַחַת, יִנָּתְנוּ מַתָּנָה אֶחָת.
מַתַּן אַרְבַּע בְּמַתַּן אַרְבַּע, יִנָּתְנוּ בְּמַתַּן אַרְבַּע. מַתַּן אַרְבַּע בְּמַתָּנָה אַחַת, רַבִּי
אֱלִיעֶזֶר אוֹמֵר, יִנָּתְנוּ בְּמַתַּן אַרְבַּע. רַבִּי יְהוֹשֻׁעַ אוֹמֵר, יִנָּתְנוּ בְּמַתָּנָה אֶחָת.
אָמַר לוֹ רַבִּי אֱלִיעֶזֶר, וַהֲרֵי הוּא עוֹבֵר עַל בַּל תִּגְרַע. אָמַר לוֹ רַבִּי יְהוֹשֻׁעַ,
וַהֲרֵי הוּא עוֹבֵר עַל בַּל תּוֹסִיף. אָמַר לוֹ רַבִּי אֱלִיעֶזֶר, לֹא נֶאֱמַר בַּל תּוֹסִיף
אֶלָּא כְּשֶׁהוּא בְעַצְמוֹ. אָמַר לוֹ רַבִּי יְהוֹשֻׁעַ, לֹא נֶאֱמַר בַּל תִּגְרַע אֶלָּא כְּשֶׁהוּא
בְעַצְמוֹ. וְעוֹד אָמַר רַבִּי יְהוֹשֻׁעַ, כְּשֶׁנָּתַתָּ, עָבַרְתָּ עַל בַּל תּוֹסִיף וְעָשִׂיתָ
מַעֲשֶׂה בְיָדֶךָ. וּכְשֶׁלֹּא נָתַתָּ, עָבַרְתָּ עַל בַּל תִּגְרַע וְלֹא עָשִׂיתָ מַעֲשֶׂה בְיָדֶךָ:

[제단에] 한 번 부어야 할 [제물의 피가 역시] 한 번 부어야 할 [다른 제물의 피와] 섞인다면 [제단에] 한 번 부어야 한다. 네 번 부어야 할 [피가] 네 번 부어야 할 [피와] 섞이면 네 번 부어야 한다. 네 번 부어야 할 [피가] 한 번 부어야 할 [피와] 섞이면, 랍비 엘리에제르가 말하기를, 네 번 부어야 한다. 랍비 예호슈아가 말하기를, 한 번 부어야 한다. 랍비 엘리에제르가 그에게 말하기를, 그러면 감하지 말라는 [계명을] 어기는 것이다. 랍비 예호슈아가 그에게 말하기를, 그러면 더하지 말라는 [계명을] 어기는 것이다. 랍비 엘리에제르가 그에게 말하기를, 더하지 말라는 [계명은] 그 자신일 때에만 적용된다. 랍비 예호슈아가

말하기를, 감하지 말라는 〔계명은〕 오직 그 자신일 때에만 적용된다. 랍비 예호슈아가 첨언하길, 만약 〔네 번〕 부어 더하지 말라는 〔계명을〕 어겼다 해도, 네 손의 일을 다한 것이다. 만약 〔네 번〕 붓지 않아서 감하지 말라는 〔계명을〕 어겼다면 네 손의 일을 다하지 못한 것이다.

- 초태생 제사, 십일조 제사, 유월절 제사의 경우 제물의 피를 번제단에 한 번 붓는다.
- 네 번 붓는 것은 번제단 기초의 마주보는 모서리에 두 번 부어 제단의 사면을 적셔 실질적으로 네 번 붓는 것과 같은 결과가 되는 경우로, 번제, 화목제, 속건제, 감사제가 이에 해당한다(「제바힘」 5, 4-6).
- 두 랍비는 신명기 4:2; 13:1을 인용하고 있다.
- "그 자신"은 같은 종류의 피를 의미하는 것으로 해석하는 것이 타당하다. 참고로 '행위 자체'로 해석하기도 한다(뉴스너, p. 717)

8, 11

הַנִּתָּנִין בִּפְנִים שֶׁנִּתְעָרְבוּ עִם הַנִּתָּנִין בַּחוּץ, יִשָּׁפְכוּ לָאַמָּה. נָתַן בַּחוּץ וְהֶחֱזַר
וְנָתַן בִּפְנִים, כָּשֵׁר. בִּפְנִים וְהֶחֱזַר וְנָתַן בַּחוּץ, רַבִּי עֲקִיבָא פוֹסֵל, וַחֲכָמִים
מַכְשִׁירִים. שֶׁהָיָה רַבִּי עֲקִיבָא אוֹמֵר, כָּל הַדָּמִים שֶׁנִּכְנְסוּ לְכַפֵּר בַּהֵיכָל,
פְּסוּלִין. וַחֲכָמִים אוֹמְרִים, חַטָּאת בִּלְבָד. רַבִּי אֱלִיעֶזֶר אוֹמֵר, אַף הָאָשָׁם,
שֶׁנֶּאֱמַר (ויקרא ז) כַּחַטָּאת כָּאָשָׁם:

〔성소〕 내부에 발라야 할 〔피가 성소〕 외부에 부어야 할 피와 섞이면, 도랑에 부어 버려야 한다. 외부〔번제단〕에 부은 〔피를 성소〕 내부로 가져와 바르면 유효하다. 〔성소〕 내부에서 바른 〔피를〕 다시 외부로 가지고 나와 외부〔번제단〕에 부은 경우, 랍비 아키바에 의하면 〔외부에 부어야 할 것은〕 무효가 된다. 그러나 현자들은 유효하다고 본다. 왜냐하면 랍비 아키바는 속죄를 위해 〔성소〕 내부로 들여간 모든

피를 무효로 보지만 현자들은 오직 속죄제의 경우만 무효로 보기 때문이다. 랍비 엘리에제르는 말하기를, 속건제도 마찬가지다. "속죄제나 속건제는 일례니"(레 7:7)라고 규정되었기 때문이다.

- 피를 성소 안으로 가져가 바르는 경우로는 대제사장을 위한 속죄제사(레 4:3-13), 공동체를 위한 속죄제사(레 4:14-21), 속죄일의 수소와 숫염소(레 16:14-15)가 있다. 이를 위한 제물의 피가 성전 뜰의 번제단에 발라야 할 다른 제물의 피와 섞이면 이를 버려야 한다.
- 그러나 제사장이 랍비들에게 묻지 않고 이 피를 먼저 번제단에 바르고 성소 내부에서 바른 경우, 이는 섞인 모든 제물들에 대해 유효하다고 본다.
- 그러나 먼저 성소 내부에 바르고 번제단으로 내어가 바른 경우에 대하여는 견해가 갈린다. 랍비 아키바는 외부에 드려야 하는 제사는 이로 인해 무효가 된다고 보고, 랍비들은 번제단에 피를 바르는 속죄제만 무효가 될 뿐 다른 것들은 유효하다고 본다. 이는 레위기 6:30(히브리어 성서 6:23)에 대한 해석의 차이로 볼 수 있는데, 이 구절은 속죄제의 피가 성소로 들어가면 그 고기를 모두 태워야 한다고 규정한다. 따라서 아키바는 섞인 피가 성소 안으로 들어가면 원래 번제단에 피를 바르거나 부어야 하는 제물의 고기도 태워야 하므로 무효가 된다고 한다. 그러나 랍비들은 토라의 규정을 엄격히 해석하여 이를 속죄제에 한하는 것으로 보고 다른 제물들에는 영향을 미치지 않는다고 한다.

8, 12

한 제물의 피를 두 그릇에 나누어 담고 이를 다르게 취급한 경우에 대한 논의다.

חַטָּאת שֶׁקִּבֵּל דָּמָהּ בִּשְׁנֵי כוֹסוֹת, יָצָא אֶחָד מֵהֶן לַחוּץ, הַפְּנִימִי כָּשֵׁר. נִכְנַס אֶחָד מֵהֶן לִפְנִים, רַבִּי יוֹסֵי הַגְּלִילִי מַכְשִׁיר בַּחִיצוֹן, וַחֲכָמִים פּוֹסְלִין. אָמַר רַבִּי יוֹסֵי הַגְּלִילִי, מָה אִם בְּמָקוֹם שֶׁהַמַּחֲשָׁבָה פּוֹסֶלֶת, בַּחוּץ, לֹא עָשָׂה אֶת הַמְשֻׁיָּר כַּיּוֹצֵא, מְקוֹם שֶׁאֵין הַמַּחֲשָׁבָה פּוֹסֶלֶת, בִּפְנִים, אֵינוֹ דִין שֶׁלֹּא נַעֲשֶׂה אֶת הַמְשֻׁיָּר כַּנִּכְנָס. נִכְנַס לְכַפֵּר, אַף עַל פִּי שֶׁלֹּא כִפֵּר, פָּסוּל, דִּבְרֵי רַבִּי אֱלִיעֶזֶר. רַבִּי שִׁמְעוֹן אוֹמֵר, עַד שֶׁיְּכַפֵּר. רַבִּי יְהוּדָה אוֹמֵר, אִם הִכְנִיס שׁוֹגֵג, כָּשֵׁר. כָּל הַדָּמִים הַפְּסוּלִין שֶׁנִּתְּנוּ עַל גַּבֵּי הַמִּזְבֵּחַ, לֹא הִרְצָה הַצִּיץ אֶלָּא עַל הַטָּמֵא, שֶׁהַצִּיץ מְרַצֶּה עַל הַטָּמֵא, וְאֵינוֹ מְרַצֶּה עַל הַיּוֹצֵא:

속죄제의 피를 두 개의 그릇에 담은 경우, 그중 하나가 〔성전 뜰〕 밖으로 나가면 〔성전 뜰〕 안에 남아 있는 것은 유효하다. 그중 하나가 〔성소〕 안으로 들어갔다면, 갈릴리 출신 랍비 요쎄는 〔성소〕 밖에 남아 있는 〔피도〕 유효하다고 한다. 그러나 현자들은 무효라고 한다.

갈릴리 출신 랍비 요쎄가 만약 의도가 무효로 만드는 곳 〔즉 성전 뜰〕 바깥에 〔나간 것이〕 남은 것을 나간 것처럼 만들지 않는다면, 의도가 무효로 만들지 않는 곳 〔즉 성소〕 안쪽에 〔들어간 것이〕 남은 것을 들어간 것처럼 만들지 않느냐고 말했다.

속죄하려고 〔그 피를 전부 성소 안으로〕 가지고 들어갔을 때, 그가 〔그것을 뿌려〕 속죄하지 않았다 하더라도 〔그 제사가〕 무효가 된다는 것이 랍비 엘리에제르의 주장이다. 랍비 쉼온은 그가 〔피를 뿌려〕 속죄할 때까지 〔무효가 아니라고〕 말한다. 랍비 예후다는 만약 그가 실수로 가지고 들어갔다면 그것이 유효하다고 말한다.

제단 위에 올려서 무효가 된 피는 〔아론의〕 패가 회복시킬 수 없으니, 부정한 것만 〔회복시킬 수 있다〕. 왜냐하면 〔아론의〕 패는 부정한 것을 회복시키지만, 〔바깥으로〕 나간 것을 회복시키지 않기 때문이다.

• 피를 성전 뜰 밖으로 내어가면 이는 제의에 쓸 수 없는 것이 된다.

그러나 남아 있는 다른 그릇의 피에는 영향을 미치지 않는다.

- 레위기 6:30(히브리어 성서 6:23)에 의해 속죄제의 피를 성소 내부로 들여갔다면 원래 성소 내에서 피를 발라야 하는 특수한 경우(8, 11 주해)를 제외하고는 제사 자체가 무효가 된다. 그러나 피를 두 개의 그릇에 나누어 담은 경우, 갈릴리 출신의 랍비 요쎄는 성전 뜰에 남아 있는 피를 통해 제사를 유효하게 할 수 있다는 의견이다. 다른 랍비들은 레위기의 규정을 보다 엄격히 해석하여 속죄제가 무효가 된다고 한다.

- 랍비 요쎄는 의도에 의해 무효가 되는 경우를 들어 그의 주장을 뒷받침한다. 피를 밖으로 내어가려는 의도는 제의를 무효로 만들지만(2, 2), 성소 안으로 들어가려는 의도는 제의를 무효로 만들지 않는다. 이를 적용하면 한 그릇의 피를 성소로 들여가는 경우에도 남아 있는 피는 유효라는 것이다.

- 레위기 6:30(히브리어 성서 6:23)의 원어는 "성소에서 속죄하기 위해"(לכפר בקדש, 레카페르 바코데쉬) 들여간 피라고 규정한다. 이에 대한 해석의 차이로, 랍비 엘리에제르는 피를 들여가기만 해도 무효로 보고, 쉼온은 실제로 피를 뿌리고 발라 속죄를 해야 무효가 된다고 본다. 랍비 예후다는 피를 뿌리고 발랐다 해도 제사에 대한 정확한 인식이 없는 경우에는 여전히 유효라고 한다.

- 출애굽기 28:38은 "이 패가 아론의 이마에 있어서 그로 이스라엘 자손의 거룩하게 드리는 성물의 죄책을 담당하게 하라"라고 규정한다. 이 미쉬나의 마지막 단은 아론의 패의 속죄 효력이 어디까지 미치는가에 대한 논의다.

제9장

9, 1

출애굽기 29:37 하단은 번제단에 접촉하는 것은 거룩해진다고 규정한다. 「제바힘」 제9장은 이같이 번제단이나 이의 부속물에 부적절한 제물이 접촉하는 경우 과연 이들을 거룩한 것으로 볼 수 있는가의 문제를 다룬다.

הַמִּזְבֵּחַ מְקַדֵּשׁ אֶת הָרָאוּי לוֹ. רַבִּי יְהוֹשֻׁעַ אוֹמֵר, כָּל הָרָאוּי לָאִשִּׁים, אִם עָלָה לֹא יֵרֵד, שֶׁנֶּאֱמַר (ויקרא ו), הוּא הָעֹלָה עַל מוֹקְדָה עַל הַמִּזְבֵּחַ. מָה עוֹלָה שֶׁהִיא רְאוּיָה לָאִשִּׁים, אִם עָלְתָה לֹא תֵרֵד, אַף כָּל דָּבָר שֶׁהוּא רָאוּי לָאִשִּׁים, אִם עָלָה לֹא יֵרֵד. רַבָּן גַּמְלִיאֵל אוֹמֵר, כָּל הָרָאוּי לַמִּזְבֵּחַ, אִם עָלָה לֹא יֵרֵד, שֶׁנֶּאֱמַר, הוּא הָעֹלָה עַל מוֹקְדָה עַל הַמִּזְבֵּחַ. מָה עוֹלָה שֶׁהִיא רְאוּיָה לַמִּזְבֵּחַ אִם עָלְתָה לֹא תֵרֵד, אַף כָּל שֶׁהוּא רָאוּי לַמִּזְבֵּחַ אִם עָלָה לֹא יֵרֵד. אֵין בֵּין דִּבְרֵי רַבָּן גַּמְלִיאֵל לְדִבְרֵי רַבִּי יְהוֹשֻׁעַ אֶלָּא הַדָּם וְהַנְּסָכִים, שֶׁרַבָּן גַּמְלִיאֵל אוֹמֵר לֹא יֵרְדוּ, וְרַבִּי יְהוֹשֻׁעַ אוֹמֵר יֵרֵדוּ. רַבִּי שִׁמְעוֹן אוֹמֵר, הַזֶּבַח כָּשֵׁר וְהַנְּסָכִים פְּסוּלִים, הַנְּסָכִים כְּשֵׁרִין וְהַזֶּבַח פָּסוּל, אֲפִלּוּ זֶה וָזֶה פְּסוּלִין, הַזֶּבַח לֹא יֵרֵד, וְהַנְּסָכִים יֵרֵדוּ:

번제단은 이에 적합한 〔제물을〕 거룩하게 한다. 랍비 예호슈아가 말하기를, 〔번제단의〕 불에 적합한 모든 것들은 일단 〔번제단 위에〕 올라갔다면 내리지 않는다. 기록된 대로 "그것은 석쇠 위의 번제물"이기 때문이다. 〔번제단의〕 불에 적합한 번제가 〔번제단 위에〕 올라갔다면 내리지 않는 것처럼, 〔번제단에서〕 태우기에 적합한 모든 것들도 〔번제단 위에〕 올라갔다면 내리면 안 된다. 라반 감리엘은 말하기를, 번제단에 적합한 모든 것은 〔번제단 위에〕 올라갔다면 내리면 안 된다. 기록된 대로 "그것은 번제단 석쇠 위의 번제물"이기 때문이다.

번제단에서 〔드리기에〕 적합한 번제물이 〔번제단 위에〕 올라갔다면 내리지 않는 것처럼 번제단에〔서 드리기에〕 적합한 모든 것들도

〔번제단 위에〕 올라갔다면 내리지 않는다.

라반 감리엘과 랍비 예호슈아 간의 차이는 피와 전제에 관한 것이다. 라반 감리엘은 〔이것들을 번제단에서〕 내리면 안 된다고 말하고, 랍비 예호슈아는 내릴 수 있다고 말하기 때문이다. 랍비 쉼온은 말하기를, 제물은 유효하고 전제가 무효이거나, 전제가 유효하고 제물이 무효이거나, 심지어 둘 다 무효일 때도, 제물은 내리지 않고 전제는 내려야 한다.

- 레위기 6:9(히브리어 성서 6:2)은 "번제물은 단 위 석쇠 위에 아침까지 두라"고 규정하고 있다. 여기서는 편집원칙에 따라 모케드(מוקד)를 '석쇠'로 번역하는 개역개정을 따랐으나, 사실 이는 특정한 제구가 아니라 장작을 쌓아놓고 제물을 태우는 번제단 위의 공간을 가리킨다. 랍비 예호슈아는 이 본문을 인용하고 있다.
- 랍비 예호슈아는 이 본문을 좁게 해석하여 제단의 불에 태우는 경우에만 적용하고, 라반 감리엘은 넓게 해석하여 번제단에 올릴 수 있는 모든 것을 포함시킨다.
- 두 견해는 피와 전제의 경우에 실질적 차이를 보이는데, 이들은 번제단 위에서 태우지 않기 때문이다.
- 랍비 쉼온은 전제를 수반한 희생제사에서 둘 중 하나 혹은 둘 다 무효인 경우에 태우는 제물은 내리지 않고 전제는 내려야 한다고 본다.
- 감리엘은 '라반'이라 불렸다. 랍비들 중에서 유대 공동체 지도자(나씨) 집안 출신이면 라반, 다시 말해 '우리 랍비'라고 부른다.

9, 2

번제단에 올린 제물 중 내릴 수 없는 경우와 내려야 하는 예외적인
경우를 다룬다.

וְאֵלּוּ אִם עָלוּ, לֹא יֵרְדוּ. הַלָּן, וְהַטָּמֵא, וְהַיּוֹצֵא, וְהַנִּשְׁחָט חוּץ לִזְמַנּוֹ, וְחוּץ
לִמְקוֹמוֹ, וְשֶׁקִּבְּלוּ פְסוּלִים, וְזָרְקוּ אֶת דָּמוֹ. רַבִּי יְהוּדָה אוֹמֵר, שֶׁנִּשְׁחֲטָה
בַלַּיְלָה, וְשֶׁנִּשְׁפַּךְ דָּמָהּ, וְשֶׁיָּצָא דָמָהּ חוּץ לַקְּלָעִים, אִם עָלְתָה, תֵּרֵד. רַבִּי
שִׁמְעוֹן אוֹמֵר, לֹא תֵרֵד, שֶׁהָיָה רַבִּי שִׁמְעוֹן אוֹמֵר, כֹּל שֶׁפְּסוּלוֹ בַקֹּדֶשׁ, הַקֹּדֶשׁ
מְקַבְּלוֹ. לֹא הָיָה פְסוּלוֹ בַקֹּדֶשׁ, אֵין הַקֹּדֶשׁ מְקַבְּלוֹ:

다음의 것들은 [번제단 위에] 올라갔다면 내리지 않는다: 밤을 새
운 것, [성전 뜰] 밖으로 나갔던 것, 부정한 것, 정해진 시간이나 장소
외에서 [바칠 의도로] 도살된 것, 부적격인 된 사람들이 피를 받아 뿌
린 [제물]. 랍비 예후다는 말하기를, 밤에 도살된 것이나, 그 피가 이미
쏟아진 것, 장막 뒤로 그 피가 나간 것은 [번제단 위에] 올라갔어도 내
려야 한다. 랍비 쉼온은 말하기를, [그것들은] 성소에서 무효가 된 것
이므로 내리지 말아야 한다. 왜냐하면, 랍비 쉼온은 말하기를, 성소 안
에서 무효하게 된 [제물은] 성소가 받아들이지만, 성소가 아닌 곳에서
무효하게 된 제물은 성소가 받아들이지 않기 때문이다.

- 일단 번제단에 올렸으면 제물에 흠이 있더라도 내리면 안 되는 경우
  를 열거한다. 랍비 예후다는 세가지 경우, 번제단에 올라간 것도 내
  려야 한다고 주장하지만, 랍비 쉼온은 이에 반대하여 성소 안에서 무
  효하게 된 제물은 성소가 받아들이기 때문에 내릴 수 없다고 한다.
  성소 밖에서 이미 무효가 된 제물에 관하여는 다음 미쉬나(9, 3)에서
  다룬다.

- 밤을 새운 것이란 성전 뜰 안, 번제단 이외의 장소에서 밤을 새운 제
  물을 말한다. 첫째 미쉬나(9, 1)에서 본 것처럼 번제단 위에서 밤을

새운 제물은 번제의 규정(레 6:9-13)에 따라 유효한 제물이 된다.

- 미쉬나에서 장막(קְלָעִים, 클라임)이라는 말은 성전의 뜰과 그 밖을 구분하는 경계의 의미로 쓴다. 따라서 여기서는 제물의 피를 취혈한 후, 이를 그릇에 담아 성전 뜰 밖으로 내어간 경우를 말한다. 이때 그 피는 무효가 되고, 제물에 더 이상 피가 남아 있지 않아 제단에 부을 수 없으므로 그 제물도 무효하게 된다는 취지다.

- 여기서 말하는 성소(הַקּוֹדֶשׁ, 하코데쉬)는 대부분의 제의 절차가 행해지는 성전 뜰을 말한다. 여기서 제물이 무효가 되면 성소의 거룩이 전이되어 제단 위에 올려질 경우 내릴 수 없다는 취지다.

9, 3
애당초 제물의 자격이 없어 성소 내에서 무효가 되지 않는 것들을 예시한다.

אֵלּוּ לֹא הָיָה פְסוּלָן בַּקֹּדֶשׁ, הָרוֹבֵעַ, וְהַנִּרְבָּע, וְהַמֻּקְצֶה, וְהַנֶּעֱבָד, וְהָאֶתְנָן, וְהַמְּחִיר, וְהַכִּלְאַיִם, וְהַטְּרֵפָה, וְהַיּוֹצֵא דֹפֶן, וּבַעֲלֵי מוּמִין. רַבִּי עֲקִיבָא מַכְשִׁיר בְּבַעֲלֵי מוּמִין. רַבִּי חֲנִינָא סְגַן הַכֹּהֲנִים אוֹמֵר, דּוֹחֶה הָיָה אַבָּא אֶת בַּעֲלֵי מוּמִין מֵעַל גַּבֵּי הַמִּזְבֵּחַ:

다음과 같은 〔동물들은〕 성소 내에서 무효가 되지 않은 것들이다: 수간을 범한 것, 수간의 대상이 된 것, 우상을 위해 구별된 것, 우상으로 숭배된 것, 〔성매매의〕 대가, 〔개를 산〕 대가, 이종교배한 것, 찢겨 죽은 것, 제왕절개 수술로 태어난 것, 흠 있는 것. 랍비 아키바는 흠 있는 것들도 유효하다고 본다. 부대제사장 랍비 하나냐는 말하기를, 아버지는 흠 있는 것들을 제단에 〔올리기를〕 거부했을 것이다.

- 열거된 경우는 애당초 제물의 자격이 없는 것이지 성소 내에서 무효하게 된 것이 아니므로 예시된 동물들이 제물로 번제단에 올랐다면

이를 끌어내려야 한다.

- 랍비 아키바가 말하는 흠은 백내장같이 가벼운 흠으로 몸의 일부가 절단되거나 하지 않은 것을 말한다(게마라 85b).
- 제사장들의 관료(סגן, 사간)는 일종의 '부대제사장'으로 대제사장 바로 아래의 직책이었다. 대제사장이 없을 때는 그 역할을 대행했다.
- 아버지의 의미는 명확하지 않으나 문맥상 이전 세대의 제사장들을 가리키는 것으로 보인다. 여기서 하나냐는 제사장들의 전통을 대변하고 있다.

9, 4

살아 있는 채로 번제단 위에 올려지거나 거기서 도살된 번제물에 대한 논의다.

כְּשֵׁם שֶׁאִם עָלוּ לֹא יֵרְדוּ, כָּךְ אִם יָרְדוּ לֹא יַעֲלוּ. וְכֻלָּן שֶׁעָלוּ חַיִּים לְרֹאשׁ הַמִּזְבֵּחַ, יֵרְדוּ. עוֹלָה שֶׁעָלְתָה חַיָּה לְרֹאשׁ הַמִּזְבֵּחַ, תֵּרֵד. שְׁחָטָהּ בְּרֹאשׁ הַמִּזְבֵּחַ, יַפְשִׁיט וִינַתַּח בִּמְקוֹמָהּ:

[이미 번제단에] 올려진 [제물을] 내리지 않는 것과 같이, [번제단에서] 내린 [제물은 다시] 올리지 않는다. 살아 있는 채로 번제단 위에 올려진 제물들은 내려야 한다. 번제물이 살아 있는 채로 번제단에 올려지면 내려야 한다. 번제단 위에서 도살된 [번제물은] 거기서 가죽을 벗기고 각을 떠야 한다.

- 9, 2에서 본 바와 같이 부적격인 제물을 번제단에서 내리지 않지만 일단 내렸으면 원래 부적격인 제물이므로 다시 번제단에 올릴 수 없다.
- 번제단에서 내릴 수 없는 제물이라도 살아 있으면 내려야 한다. 도

살한 이후에 번제단에 올릴 수 있기 때문이다.

- 번제물을 살아 있는 채로 번제단에 올리면 내려야 한다. 하지만 번
제단 위에서 도살했다면 거기서 가죽을 벗기고 각을 떠서 태워야 한
다. 번제단 위에서 도살하면 유효하기 때문이다(6, 1). 람밤은 도살
은 뜰에서 이루어지고 껍질을 벗기고 각을 뜨는 행위만 번제단 위에
서 이루어져도 유효한 것으로 본다(람밤; 게마라 85a).

9, 5
번제단에서 내려야 하는 것들과 그 예외를 다룬다.

וְאֵלּוּ אִם עָלוּ יֵרְדוּ, בְּשַׂר קָדְשֵׁי קָדָשִׁים, וּבְשַׂר קָדָשִׁים קַלִּים, וּמוֹתַר הָעֹמֶר,
וּשְׁתֵּי הַלֶּחֶם, וְלֶחֶם הַפָּנִים, וּשְׁיָרֵי מְנָחוֹת, וְהַקְטֹרֶת. הַצֶּמֶר שֶׁבְּרָאשֵׁי
כְבָשִׂים, וְהַשֵּׂעָר שֶׁבִּזְקַן תְּיָשִׁים, וְהָעֲצָמוֹת, וְהַגִּידִים, וְהַקַּרְנַיִם, וְהַטְּלָפַיִם,
בִּזְמַן שֶׁהֵן מְחֻבָּרִין, יַעֲלוּ, שֶׁנֶּאֱמַר (ויקרא א), וְהִקְטִיר הַכֹּהֵן אֶת הַכֹּל
הַמִּזְבֵּחָה. פֵּרְשׁוּ, לֹא יַעֲלוּ, שֶׁנֶּאֱמַר (דברים יב), וְעָשִׂיתָ עֹלֹתֶיךָ הַבָּשָׂר וְהַדָּם:

다음과 같은 것들을 [번제단에] 올렸다면 내려야 한다: 지성물인
고기, 일반 성물인 고기, 오메르 제물의 나머지, 두 개의 빵, 진설병,
소제물의 나머지, 향.

[그러나] 양 머리의 양털, 숫염소의 수염, 뼈, 힘줄, 뿔, 발굽 등이
[제물에] 붙어 있을 때에는 [번제단에] 올려야 한다. "제사장은 단 위
에서 그 전부를 불살라"(레 1:9)야 한다고 기록되어 있기 때문이다.
[그러나 그것들이 제물에서] 분리되었을 때에는 [번제단에] 올리지
않는다. "네가 번제를 드릴 때에는 그 고기와 피를 네 하나님 여호와
의 제단에 드릴 것이요"(신 12:27)라고 기록되어 있기 때문이다.

- 여기서 규정하는 것들은 모두 그 용도가 명확하게 정해져 있어 번제
단에서 태우면 율법에 위배되는 결과가 되는 것들이다.

- 오메르(העמר)는 유월절 기간의 둘째 날에 공동체를 위해 드리는 소제로, 소제의 일반규정에 따라 이 중 한 움큼을 번제단에 불살라야 하고 나머지는 제사장이 먹어야 한다(레 2:16). 따라서 오메르의 나머지는 번제단에서 태우면 안 된다.
- 두 개의 빵은 초막절 제사의 일부로 어린 양 두 마리와 함께 요제로서 번제단 앞에서 흔들어 바쳐야 한다. 이후, 그 빵들은 제사장들에게 나누어 주어야 한다(레 23:17-20).
- 진설병(לחם פנים, 레헴 파님)은 성소 안 탁자 위에 열두 개씩 안식일마다 진설하는 빵으로(레 24:5-9), 진설을 마친 후에는 제사장들이 먹어야 할 지성물이다.
- 향(הקטרת, 하크토렛)은 성소 안 분향단에서 사르는 향을 말한다(출 30:7-8; 34-36). 따라서 외부 번제단에서 태우면 안 된다.
- 번제물의 털, 수염, 뼈, 힘줄, 뿔, 발굽 등과 관련하여 두 모순되는 토라의 구절을 인용한다. 모두 태우라는 명령(레 1:9)과 고기와 피를 드리라는 명령(신 12:27)이다. 미쉬나는 이것들이 제물에서 분리되면 신명기의 명령을, 붙어 있으면 레위기의 명령을 따른다고 한다.

9, 6
번제단 위에서 다 타지 않고 남은 것들에 대한 논의다.

וְכֻלָּם שֶׁפָּקְעוּ מֵעַל גַּבֵּי הַמִּזְבֵּחַ, לֹא יַחֲזִיר. וְכֵן גַּחֶלֶת שֶׁפָּקְעָה מֵעַל גַּבֵּי הַמִּזְבֵּחַ. אֵבָרִים שֶׁפָּקְעוּ מֵעַל גַּבֵּי הַמִּזְבֵּחַ, קֹדֶם לַחֲצוֹת, יַחֲזִיר, וּמוֹעֲלִין בָּהֶן. לְאַחַר חֲצוֹת, לֹא יַחֲזִיר, וְאֵין מוֹעֲלִין בָּהֶן:

번제단 위에서 꺼낸 [다 타지 않은] 것은 다시 되돌려놓지 않아야 한다. 번제단 위에서 꺼낸 [다 타지 않은] 장작도 마찬가지다. 번제단 위에서 꺼낸 [다 타지 않은] 사지는 자정이 되기 전이라면 [번제단으

로] 다시 올려놓아야 한다. 〔아니면〕 전용죄가 성립된다. 자정이 지났다면 다시 올려놓지 않는다. 〔이 경우〕 성물에 대한 전용죄가 되지 않는다.

- 이 미쉬나는 둘째 미쉬나(9, 2)에서 규정한 번제단에서 불태울 수 없는 것들과 다섯째 미쉬나(9, 5)의 양털과 뿔 등에 대해 규정하고 있다. 유효한 제물의 경우, 제물이 다 타지 않은 채 제단 위에서 꺼냈다면 다시 올려놓아 다 태워야 하지만, 여기서 규정하고 있는 제물들은 원래 번제단에서 태울 수 없는 것들이다. 따라서 다 타지 않은 채 번제단에서 꺼냈더라도 다시 올려놓지 말아야 한다고 규정한다.
- 번제는 자정까지 소각을 마쳐야 하므로 자정 전이라면 타다 남은 사지를 다시 제단에 올려 완전히 소각해야 한다.
- 다시 번제단에 올려 소각하지 않으면 성물을 전용한 죄(מעילה, 메일라)가 된다. 이 경우 속건죄를 바쳐야 하고 죄를 범한 성물의 1/5을 더하여 성전에 바쳐야 한다(레 5:15-16; 「제바힘」 5, 5)

9, 7
번제단과 같이 닿는 것들을 거룩하게 하는 제구들에 대한 논의다.

כְּשֵׁם שֶׁהַמִּזְבֵּחַ מְקַדֵּשׁ אֶת הָרָאוּי לוֹ כָּךְ הַכֶּבֶשׁ מְקַדֵּשׁ. כְּשֵׁם שֶׁהַמִּזְבֵּחַ
וְהַכֶּבֶשׁ מְקַדְּשִׁין אֶת הָרָאוּי לָהֶן, כָּךְ הַכֵּלִים מְקַדְּשִׁים. כְּלֵי הַלַּח מְקַדְּשִׁין
אֶת הַלַּח, וּמִדּוֹת הַיָּבֵשׁ מְקַדְּשׁוֹת אֶת הַיָּבֵשׁ. אֵין כְּלֵי הַלַּח מְקַדְּשִׁים אֶת
הַיָּבֵשׁ, וְלֹא מִדּוֹת הַיָּבֵשׁ מְקַדְּשׁוֹת אֶת הַלַּח. כְּלֵי הַקֹּדֶשׁ שֶׁנִּקְּבוּ, אִם
עוֹשִׂים הֵם מֵעֵין מְלַאכְתָּן שֶׁהָיוּ עוֹשִׂין וְהֵם שְׁלֵמִים, מְקַדְּשִׁין. וְאִם לָאו, אֵין
מְקַדְּשִׁים. וְכֻלָּן אֵין מְקַדְּשִׁים אֶלָּא בַקֹּדֶשׁ:

번제단이 이에 적합한 것들을 거룩하게 하듯, 〔번제단의〕 오르막도 〔이것들을〕 거룩하게 한다. 번제단과 그 오르막이 이에 적합한 것들

을 거룩하게 하듯, 제구들도 〔이것들을〕 거룩하게 한다. 액체를 위한 제구들은 액체를 거룩하게 한다. 마른 것들을 위한 제구들은 마른 것들을 거룩하게 한다. 액체를 위한 제구가 마른 것들을 거룩하게 하지 못하고, 마른 것들을 위한 제구가 액체를 거룩하게 하지 못한다. 제구에 구멍이 난 경우, 온전할 때와 같이 기능할 수 있다면 거룩하게 한다. 그렇지 않다면 거룩하게 하지 못한다. 성소 밖에서는 거룩하게 하지 못한다.

- 번제단에 올리면 적합하지 않은 것들도 내릴 수 없듯이, 번제단의 오르막에 올린 것도 함부로 내릴 수 없고 번제단에 올려 불살라야 한다.
- 성소의 제구들 역시 거룩하게 하는 힘이 있다(출 30:29). 그러나 각 제구의 원래의 목적에 맞는 제물들만을 거룩하게 한다. 제구에 닿아 거룩하게 되면 속량할 수 없게 되고, 부정해지거나, 성전 뜰 밖으로 내어가거나, 밤을 넘기면 무효가 된다.
- 여기서 말하는 성소(קודש, 코데쉬)는 지성소(דביר, 드비르)와 구분되는 성소(היכל, 헤칼)가 아니라 보다 넓은 의미로 쓰여 번제단이 있는 성전 뜰을 가리킨다. 제구들이 성전 뜰 밖을 나가면 이에 닿는 것을 거룩하게 하지 못한다.

제10장

10, 1
제사의 우선순위에 대한 원칙을 천명한다.

כֹּל הַתָּדִיר מֵחֲבֵרוֹ, קוֹדֵם אֶת חֲבֵרוֹ. הַתְּמִידִים קוֹדְמִים לַמּוּסָפִין, מוּסְפֵי
שַׁבָּת קוֹדְמִין לְמוּסְפֵי רֹאשׁ חֹדֶשׁ, מוּסְפֵי רֹאשׁ חֹדֶשׁ קוֹדְמִין לְמוּסְפֵי רֹאשׁ
הַשָּׁנָה, שֶׁנֶּאֱמַר, מִלְּבַד עֹלַת הַבֹּקֶר אֲשֶׁר לְעֹלַת הַתָּמִיד תַּעֲשׂוּ אֶת אֵלֶּה:

보다 자주 드리는 제사가 다른 제사들에 우선한다. 상번제가 안식
일의 추가 제사에 우선하고, 안식일의 추가 제사가 월삭의 추가 제사
에 우선하며, 월삭의 추가 제사가 신년 추가 제사에 우선한다. "아침
의 번제 곧 상번제 외에 그것들을 드릴 것이니라"(민 28:23)라고 규정
하고 있기 때문이다.

- 여러 제사들을 동시에 드려야 할 때 어떤 제사를 먼저 드릴 것인지를
  규정하고 있다. 더 빈번히 드리는 제사가 우선된다.
- 매일 두 번씩 드리는 상번제(민 28:3-4)가 안식일에 드리는 추가 제
  사에, 안식일 추가 제사가 매월 첫째 날에 드리는 월삭의 추가 제사
  (민 28:11)에, 월삭의 추가 제사가 신년 추가 제사에 우선한다.
- 미쉬나는 안식일, 월삭, 신년의 번제를 '추가된 것들'(מוּסָפִין, 무사
  핀)로 표현하고 있다. 안식일이나 월삭의 아침에는 이날의 상번제
  에 추가해서 번제를 드리기 때문이다(민 28:10, 23). 칠월 첫날에 드
  리는 신년의 추가 제사는 상번제와 월삭의 번제에 추가해서 드리게
  된다(민 29:6). 이 미쉬나에 따르면 이 세 가지 번제는 상번제, 월삭
  의 번제, 신년의 번제의 순서로 드리게 된다.

제물의 우선순위에 대한 원칙이다.

וְכֹל הַמְקֻדָּשׁ מֵחֲבֵרוֹ, קוֹדֵם אֶת חֲבֵרוֹ. דַּם חַטָּאת קוֹדֵם לְדַם עוֹלָה, מִפְּנֵי
שֶׁהוּא מְרַצֶּה. אֵבְרֵי עוֹלָה קוֹדְמִין לְאֵמוּרֵי חַטָּאת, מִפְּנֵי שֶׁהֵן כָּלִיל לָאִשִּׁים.
חַטָּאת קוֹדֶמֶת לְאָשָׁם, מִפְּנֵי שֶׁדָּמָהּ נִתָּן עַל אַרְבַּע קְרָנוֹת וְעַל הַיְסוֹד. אָשָׁם
קוֹדֵם לְתוֹדָה וּלְאֵיל נָזִיר, מִפְּנֵי שֶׁהוּא קָדְשֵׁי קָדָשִׁים. הַתּוֹדָה וְאֵיל נָזִיר
קוֹדְמִין לִשְׁלָמִים, מִפְּנֵי שֶׁהֵן נֶאֱכָלִין לְיוֹם אֶחָד, וּטְעוּנִין לָחֶם. שְׁלָמִים קוֹדְמִין
לִבְכוֹר, מִפְּנֵי שֶׁהֵם טְעוּנִין מַתַּן אַרְבַּע, וּסְמִיכָה וּנְסָכִים וּתְנוּפַת חָזֶה וָשׁוֹק:

보다 거룩한 것이 다른 것들에 우선한다. 속죄제의 피가 번제의 피
에 우선한다. 〔그것이 속죄의 조건을〕 충족하기 때문이다. 번제물의
사지가 속죄제의 소각부에 우선한다. 〔그것을〕 불로 완전히 태우기
때문이다. 속죄제가 속건제에 우선한다. 그것의 피를 번제단의 네 뿔
과 기초석에 부어야 하기 때문이다. 속건제가 감사제와 나실인의 숫
양에 우선한다. 그것이 지성물이기 때문이다. 감사제와 나실인의 숫
양이 화목제에 우선한다. 그것들을 당일에 먹어야 하며 빵과 함께 드
려야 하기 때문이다. 화목제는 초태생 제사에 우선한다. 그것의 〔피
를 번제단 뿔에〕 네 번 발라야 하고 〔그 위에〕 손을 얹어야 하며, 전제
와 〔함께 드려야 하고〕, 가슴과 넓적다리 부분을 흔들어 〔요제를 삼아
야〕 하기 때문이다.

- 여러 제물을 동시에 드리게 될 때, 제물의 속죄의 효력에 따라 우선
  순위를 구별하고 있다. 번제도 경우에 따라 더 가벼운 죄들을 속죄
  하는 효력이 있으나, 속죄제의 경우, 카렛 처벌을 받게 되는 죄 등 보
  다 중한 죄들을 속죄하게 되므로 제사의 순위가 앞서게 된다.

- 속죄제라도 피가 아닌 소각부의 경우에는 속죄의 효력에 직접적인
  영향을 미치지 않는다. 따라서 소각 절차에서는 제물 전체를 태워야

하는 번제물이 제물 일부만을 태우는 속죄제의 소각부보다 우선하
게 된다.

10, 3

속죄제 다음으로는 속건제, 감사제와 나실인의 숫양, 화목제, 그리
고 초태생 제사의 순서로 우선하게 된다.

הַבְּכוֹר קוֹדֵם לַמַּעֲשֵׂר מִפְּנֵי שֶׁקְּדֻשָּׁתוֹ מֵרֶחֶם, וְנֶאֱכָל לַכֹּהֲנִים. הַמַּעֲשֵׂר קוֹדֵם
לְעוֹפוֹת, מִפְּנֵי שֶׁהוּא זֶבַח וְיֵשׁ בּוֹ קָדְשֵׁי קָדָשִׁים, דָּמוֹ וְאֵמוּרָיו:

초태생 제사가 십일조 제사에 우선한다. 〔그것이〕 태중에서부터 거
룩하고 제사장이 먹어야 하기 때문이다. 십일조 제사가 새 제사에 우
선한다. 그것이 〔도살되는〕 희생제사이고 그 피와 소각부 등 지성물
을 포함하고 있기 때문이다.

● 새 제사를 드리는 경우는 속죄제와 번제이며, 따라서 지성물의 범주
  에 포함된다. 그러나 이 미쉬나는 피를 번제단에 바르고 제물은 제
  사장이 먹는 새 제사보다 피에 더해 제물의 일부인 소각부를 번제
  단에서 태우는 십일조 제사가 더 거룩하다고 규율하고 있다. 그러나
  이 논리는 새 속죄제에 해당하며, 전체를 번제단에서 태우는 새 번
  제에는 해당하지 않는다(라브; 라쉬). 따라서 초태생 제물, 십일조
  제물, 새 (속죄) 제물의 순서로 바치게 된다.

10, 4

계속하여 제사의 우선순위를 다룬다.

הָעוֹפוֹת קוֹדְמִין לַמְּנָחוֹת, מִפְּנֵי שֶׁהֵן מִינֵי דָמִים. מִנְחַת חוֹטֵא קוֹדֶמֶת
לְמִנְחַת נְדָבָה, מִפְּנֵי שֶׁהִיא בָאָה עַל חֵטְא. חַטַּאת הָעוֹף קוֹדֶמֶת לְעוֹלַת

새 제사가 소제에 우선한다. 그것이 피를 [드리는] 종류의 [제사이기] 때문이다. 속죄제의 소제가 자원하여 드리는 소제에 우선한다. 그것이 [속]죄에 관련되어 있기 때문이다. 새로 [드리는] 속죄제가 새 번제에 우선한다. [제사를 위해] 성별하는 절차에 있어서도 마찬가지다.

- 피를 드리는 새 제사가 소제에 우선한다. 피에는 더욱 강한 속죄의 효력이 있기 때문이다.
- 소제 사이에도 속죄와 관련한 것이 우선한다.
- 새 제사들 사이에서도 속죄에 보다 직접적으로 관련되어 있는 속죄제가 더 우선한다는 원칙이 적용된다.

10, 5
악성피부병을 위한 제사들의 예외적 우선순위를 다룬다.

כָּל הַחַטָּאוֹת שֶׁבַּתּוֹרָה, קוֹדְמוֹת לָאֲשָׁמוֹת, חוּץ מֵאֲשַׁם מְצֹרָע, מִפְּנֵי שֶׁהוּא בָא עַל יְדֵי הֶכְשֵׁר. כָּל הָאֲשָׁמוֹת שֶׁבַּתּוֹרָה בָּאִין בְּנֵי שְׁתַּיִם וּבָאִין בְּכֶסֶף שְׁקָלִים, חוּץ מֵאֲשַׁם נָזִיר וַאֲשַׁם מְצֹרָע, שֶׁהֵן בָּאִין בְּנֵי שְׁנָתָן וְאֵינָן בָּאִין בְּכֶסֶף שְׁקָלִים:

토라에 [기록되어 있는] 속죄제들은 속건제에 우선하는데, 악성피부병의 속건제는 예외로 한다. 그것은 [그 환자가 다시 제사를 드릴 수 있도록] 유효하게 만들기 때문이다. 토라에 [기록되어 있는] 속건제물은 2년생 [숫양]이거나 은 [2]쉐켈의 가치가 있어야 한다. 그러나 나실인과 피부병의 속건제물은 예외로 하는데, 그것들은 일년생 [제물]을 필요로 하고 은 [2쉐켈]의 가치가 있어야 할 필요도 없기 때문

이다.

- 악성피부병이 완치된 경우, 환자는 속건제, 속죄제, 번제의 세 가지 제사를 드려야 한다(레 14:12, 19). 이 경우 속건제가 환자로 하여금 다른 제사를 드릴 수 있는 상태로 회복시키기 때문에 이를 먼저 드리도록 예외적으로 규정하고 있다.
- 토라는 대부분의 경우 속건제물을 최소 13개월 된 숫양으로 규정한다고 해석한다(『토호롯』「파라」1, 3). 한편, 레위기 5:15는 속건제의 숫양을 은으로 무를 수 있다고 규정하고 있다. 여기서 은의 계수 단위인 쉐켈(שקל)을 복수(שקלים, 슈칼림)로 표기하고 있어, 최소한 2쉐켈이 요구되는 것으로 미쉬나는 해석하고 있다.
- 토라는 피부병 환자가 완치된 경우(레 14:12)와 나실인이 서원기간 중 부정을 입은 경우(민 6:12)에 어린 숫양을 속건제로 가져오도록 명령하고 있다. 이는 은으로 무를 수 없다.

10, 6
제물을 먹는 경우에 대한 우선순위를 다룬다.

כְּשֵׁם שֶׁהֵן קוֹדְמִים בְּהַקְרָבָתָן, כָּךְ הֵן קוֹדְמִים בַּאֲכִילָתָן. שְׁלָמִים שֶׁל אֶמֶשׁ וּשְׁלָמִים שֶׁל הַיּוֹם, שֶׁל אֶמֶשׁ קוֹדְמִין. שְׁלָמִים שֶׁל אֶמֶשׁ וְחַטָּאת וְאָשָׁם שֶׁל הַיּוֹם, שְׁלָמִים שֶׁל אֶמֶשׁ קוֹדְמִין, דִּבְרֵי רַבִּי מֵאִיר. וַחֲכָמִים אוֹמְרִים, הַחַטָּאת קוֹדֶמֶת, מִפְּנֵי שֶׁהִיא קָדְשֵׁי קָדָשִׁים:

제사를 드리는 데에 우선순위가 있는 것처럼, 〔제물을〕 먹는 일에도 우선순위가 있다. 어제 드린 화목제물과 오늘 드린 화목제물이 있다면, 어제의 것을 먼저 〔먹어야〕 한다. 어제의 화목제물과 오늘의 속죄제물과 속건제물이 있다면, 어제의 화목제물을 먼저 〔먹어야〕 한다고 랍비 메이르는 말했다. 그러나 현자들은 말하기를, "속죄제물을 먼저

〔먹어야〕 한다. 그것이 지성물이기 때문이다."

- 화목제, 초태생, 십일조의 제물은 먹을 수 있는 기간이 가장 길어, 제
  물을 바치는 사람이 이틀 낮과 밤에 걸쳐 먹을 수 있다.
- 이 미쉬나의 취지는 오늘의 제물을 먹는 동안 어제의 제물이 먹을
  수 있는 기한을 넘어 먹지 못하고 버려지게 되는 경우를 방지하는
  것이다.
- 제물이 먹을 수 없게 되는 것을 방지하려는 랍비 메이르와는 달리
  다른 랍비들은 높은 단계의 거룩성을 우선적 기준으로 삼는다.

10, 7
제물을 먹는 방식에 대해 보충 설명을 한다.

וּבְכֻלָּם, הַכֹּהֲנִים רַשָּׁאִין לְשַׁנּוֹת בַּאֲכִילָתָן, לְאָכְלָן צְלוּיִים, שְׁלוּקִים,
וּמְבֻשָּׁלִים, וְלָתֵת לְתוֹכָן תִּבְלֵי חֻלִּין וְתִבְלֵי תְרוּמָה, דִּבְרֵי רַבִּי שִׁמְעוֹן. רַבִּי
מֵאִיר אוֹמֵר, לֹא יִתֵּן לְתוֹכָן תִּבְלֵי תְרוּמָה, שֶׁלֹּא יָבִיא אֶת הַתְּרוּמָה לִידֵי
פְסוּל:

〔위와 같은〕 모든 경우에, 제사장은 먹는 방법을 바꿀 수 있다. 즉,
굽거나 죽처럼 만들거나 삶는 등〔의 방법으로 먹을 수 있으며〕, 속된
양념이나, 거제로 〔드린〕 양념을 쳐서 〔먹을 수 있다고〕 랍비 쉼온은
말했다. 랍비 메이르는 말하기를, "거제의 양념을 칠 수 없다. 거제가
〔다른 제물들에 의해〕 무효가 되면 안 되기 때문이다."

- 거제는 제사장에게 주어지는 제물로서 초태생, 십일조, 화목제 등
  각종 희생제물의 일부가 이에 해당한다. 이 미쉬나에서는 경작한 곡
  물의 일부를 구별하여 제사장에게 준 거제물을 말한다. 곡식가루이
  기 때문에 양념으로 희생제물의 고기에 뿌려 먹을 수 있었다.

- 거제물의 양념을 제물에 뿌리면 제물의 육즙 등이 양념에 흡수된다. 이때, 제물이 먹어야 할 시간을 넘기는 등, 먹을 수 없는 것이 된다면 그 양념 또한 이의 영향을 받게 된다. 랍비 메이르는 이러한 위험을 방지하고자 했다.

10, 8

성전에 바친 올리브기름에 대한 논의다.

אָמַר רַבִּי שִׁמְעוֹן, אִם רָאִיתָ שֶׁמֶן שֶׁהוּא מִתְחַלֵּק בָּעֲזָרָה, אֵין אַתָּה צָרִיךְ
לִשְׁאוֹל מַה הוּא, אֶלָּא מוֹתַר רְקִיקֵי מְנָחוֹת יִשְׂרָאֵל, וְלֹג שֶׁמֶן שֶׁל מְצֹרָע.
אִם רָאִיתָ שֶׁמֶן שֶׁהוּא נָתוּן עַל גַּבֵּי הָאִשִּׁים, אֵין אַתָּה צָרִיךְ לִשְׁאוֹל
מַה הוּא, אֶלָּא מוֹתַר רְקִיקֵי מְנָחוֹת כֹּהֲנִים, וּמִנְחַת כֹּהֵן הַמָּשִׁיחַ. שֶׁאֵין
מִתְנַדְּבִים שָׁמֶן. רַבִּי טַרְפוֹן אוֹמֵר, מִתְנַדְּבִים שֶׁמֶן:

랍비 쉼온이 말했다. 만약 성전 뜰에서 〔제사장들 사이에〕 분배되는 〔올리브〕기름을 보았다면 그것이 무엇인지 물을 필요가 없다. 그것은 이스라엘 백성의 소제의 전병이나 악성피부병자의 기름 1로그의 남은 것이다. 만약 〔번제단의〕 불 위에 〔올리브〕기름을 붓는 것을 보았다면 그것이 무엇인지 물을 필요가 없다. 그것은 제사장의 소제의 전병이나 기름 부음 받은 제사장의 소제의 남은 것이다. 〔왜냐하면 올리브〕기름〔만〕을 〔따로〕 자원하는 제물로 바칠 수 없기 때문이다. 랍비 타르폰은 말하기를, "〔올리브〕기름〔만〕을 자원하는 제물로 바칠 〔수 있다〕."

- 레위기 2:4의 규정에 의하면 화덕에 구운 전병으로 소제의 예물을 드릴 때에는 고운 곡식가루에 기름을 섞어 굽거나 구운 전병 위에 기름을 발라야 한다. 이 미쉬나는 후자의 경우를 전제하고 있다. 전병으로 드리는 소제의 예물 중 일부는 제단 위에서 불사르고 그 남

은 것은 제사장에게 준다(레 2:10).

- 악성피부병이 완치되었을 때 환자는 다른 제물들과 함께 올리브기름 1로그를 바쳐야 한다. 이 역시 제사장에게 준다(레 14:24).
- 제사장이 바치는 소제의 기름은 다른 제사장에게 나누어주지 않고 번제단에 모두 부어 태워야 하므로(레 6:22〔히브리어 성서 6:16〕) 번제단에 부어지는 기름은 제사장의 제물로 보고 있다.
- 기름 부음 받은 제사장은 대제사장을 말한다. 대제사장은 매일 1/10 에파를 기름 3로그에 반죽하고 구워서 절반은 아침에, 나머지 절반은 저녁에 바쳐야 한다(레 6:20-21〔히브리어 성서 6:13-14〕; 게마라 「메나홋」 50b). 여기서 남은 기름 역시 다른 제사장들에게 나누어주지 않고 번제단에서 모두 불태운다.

제11장

11, 1

속죄제의 피가 옷에 묻었을 경우 이를 빨아야 한다는 규정을 다룬다.

דַּם חַטָּאת שֶׁנִּתַּז עַל הַבֶּגֶד, הֲרֵי זֶה טָעוּן כִּבּוּס. אַף עַל פִּי שֶׁאֵין הַכָּתוּב
מְדַבֵּר אֶלָּא בַנֶּאֱכָלוֹת, שֶׁנֶּאֱמַר, בְּמָקוֹם קָדֹשׁ תֵּאָכֵל, אֶחָד הַנֶּאֱכֶלֶת וְאֶחָד
הַפְּנִימִית טְעוּנוֹת כִּבּוּס, שֶׁנֶּאֱמַר (שם), תּוֹרַת הַחַטָּאת, תּוֹרָה אַחַת לְכָל
הַחַטָּאוֹת:

〔만약〕속죄제의 피가 옷에 묻었다면 빨아야 한다. 비록 "거룩한 곳에서 먹을 것이며"(레 6:26)라고 〔토라가〕 기록하여 〔옷을 빠는 규정이 제물을〕 먹는 〔속죄제에 한정하여 적용되는 것 같지만〕, 먹는 〔제사〕나 〔성소〕 내부에 〔피를〕 뿌려야 하는 〔제사나 모두〕 옷을 빨아야

한다. 〔이는〕 속죄제의 율법이며, 모든 속죄제에 하나의 율법이 적용되기 때문이다.

- 레위기 6:27의 규정에 의거한 미쉬나다. 이 성서 본문은 "그 피가 어떤 옷에든지 묻었으면 묻은 그것을 거룩한 곳에서 빨 것이요"라고 규정하고 있다.
- 속죄제의 경우 제사장들이 그 고기를 먹어야 하는 일반적인 경우와 속죄일의 제사나 제사장, 혹은 공동체를 위한 속죄제처럼 제물의 피를 지성소나 성소에 뿌려야 하는 특수한 경우로 나뉘는데, 피가 옷에 묻은 경우를 규정하는 레위기 6:27은 성서 본문의 형태로 보아 전자의 경우만을 규율하고 있는 것처럼 보일 수 있다. 이 미쉬나는 이러한 해석을 방지하고 두 경우 모두에 옷을 빨아야 하는 규정이 적용되어야 함을 명백히 하고 있다.

11, 2

속죄제가 무효가 되어 그 피가 묻은 옷을 빨지 않아도 되는 경우다.

חַטָּאת פְּסוּלָה אֵין דָּמָהּ טָעוּן כִּבּוּס, בֵּין שֶׁהָיָה לָהּ שְׁעַת הַכֹּשֶׁר, בֵּין שֶׁלֹּא הָיָה לָהּ שְׁעַת הַכֹּשֶׁר. אֵיזוֹ הִיא שֶׁהָיָה לָהּ שְׁעַת הַכֹּשֶׁר. שֶׁלָּנָה, שֶׁנִּטְמְאָה, וְשֶׁיָּצְאָה. וְאֵיזוֹ הִיא שֶׁלֹּא הָיָה לָהּ שְׁעַת הַכֹּשֶׁר. שֶׁנִּשְׁחֲטָה חוּץ לִזְמַנָּהּ וְחוּץ לִמְקוֹמָהּ, וְשֶׁקִּבְּלוּ פְסוּלִין וְזָרְקוּ אֶת דָּמָהּ:

속죄제가 무효라면 피가 옷에 묻어도 빨지 않는다. 〔그 피가〕 유효한 시간이 있었거나 없었거나를 〔가리지 않는다. 속죄제물의 피가〕 유효한 시간이 있었다는 것은 어떤 경우를 말하는가? 밤새 남겨졌거나, 부정을 입었거나, 〔성전 뜰〕 밖으로 옮겨진 경우다. 유효한 시간이 없었다는 것은 어떤 경우를 말하는가? 〔제물을〕 정해진 시간이나 장소 외에서 〔먹거나 바치려는 의도로〕 도살한 경우, 자격 없는 사람이

취혈하여 〔제단 등에〕 뿌린 경우다.

- 속죄제가 무효일 때에도 그 제물의 피가 일시적으로 유효인 경우와 처음부터 무효인 경우가 있다. 이 미쉬나는 이 두 경우 모두에 피 묻은 옷을 빨지 않아도 된다고 규정하고 있다.
- 제단 등에 뿌리거나 바르지 않은 채 제물의 피를 밤새 놓아두면 그 피는 무효가 된다. 그러나 이 경우, 밤이 지나기 전까지 그 피는 유효하다. 취혈 이후 제단에 뿌리기 전에 부정을 입은 경우, 부정을 입기 전까지 피는 유효하다. 또한, 제단에 뿌리기 이전에 피가 성전 뜰 밖으로 옮긴 경우에도 그 이전까지 피는 유효하다. 이렇게 피가 여전히 유효한 시간에 옷에 묻었더라도 이후에 이 피가 무효하게 된다면 그 옷을 빨 필요가 없다.
- 제물의 도살 절차가 이미 무효라면, 이후의 취혈 또한 무효가 되어 제물의 피는 처음부터 무효가 된다.
- 제사를 집전할 자격이 없는 사람들은 「제바힘」 2, 1에 자세히 기록되어 있다. 이런 사람들이 도살과 취혈을 하면 그 절차는 무효가 된다.

11, 3
제물의 피가 묻은 옷을 빨지 않아도 되는 경우를 예시한다.

נִתַּז מִן הַצַּוָּאר עַל הַבֶּגֶד, אֵינוֹ טָעוּן כִּבּוּס. מִן הַקֶּרֶן וּמִן הַיְסוֹד, אֵינוֹ טָעוּן
כִּבּוּס. נִשְׁפַּךְ עַל הָרִצְפָּה וַאֲסָפוֹ, אֵינוֹ טָעוּן כִּבּוּס. אֵין טָעוּן כִּבּוּס אֶלָּא הַדָּם
שֶׁנִּתְקַבֵּל בִּכְלִי וְרָאוּי לְהַזָּיָה. נִתַּז עַל הָעוֹר עַד שֶׁלֹּא הֻפְשַׁט, אֵינוֹ טָעוּן
כִּבּוּס. מִשֶּׁהֻפְשַׁט, טָעוּן כִּבּוּס, דִּבְרֵי רַבִּי יְהוּדָה. רַבִּי אֱלִיעֶזֶר אוֹמֵר, אַף
מִשֶּׁהֻפְשַׁט אֵינוֹ טָעוּן כִּבּוּס. אֵינוֹ טָעוּן כִּבּוּס אֶלָּא מְקוֹם הַדָּם, וְדָבָר שֶׁהוּא
רָאוּי לְקַבֵּל טֻמְאָה, וְרָאוּי לְכִבּוּס:

〔제물의〕 목으로부터 〔피가〕 옷에 튄 경우, 〔옷을〕 빨지 않는다. 〔제단의〕 뿔이나 기초로부터 〔피가 튄 경우에도 옷을〕 빨지 않는다. 피를 〔성전 뜰〕 바닥에 쏟고 이를 다시 담은 경우, 〔옷을〕 빨지 않는다. 〔제의용〕 그릇에 취혈하여 제단에 뿌리〔거나 바르기에〕 적합한 피가 아니라면 옷을 빨지 않는다.

〔제물의〕 가죽을 벗기기 전에 이에 피가 튄 경우, 이 〔가죽〕을 빨지 않는다. "가죽을 벗긴 후 〔이에 피가 튀었다면〕 빨아야 한다"고 랍비 예후다가 말했다. 랍비 엘리에제르는 말하기를, "가죽을 벗긴 후에 〔피가 튀어도〕 이를 빨지 않는다. 〔튄 피를〕 빨아야 하는 경우는 오직 피가 묻은 곳, 부정해질 수 있는 것, 빨기에 적합한 것뿐이다."

- '뿌리기' 절차에 유효한 피는 제물의 목으로부터 제구에 취혈한 피이므로, 직접 제물의 목에서 옷으로 튄 피는 빨아야 할 대상이 되지 않는다.
- 피가 튀어 옷을 빠는 문제에 관해 규정하고 있는 레위기 6:27(히브리어 6:20) 원문에 쓰이는 튀다(נזה, 나자)라는 표현은 대제사장이나 공동체를 위한 속죄제의 뿌리기(레 4:6, 17)와 같은 표현이다. 이로부터 미쉬나는 피의 제의 중, '뿌리기' 절차를 위한, 그러나 그 절차가 완료되기 이전의 피를 그 대상으로 한다고 해석할 수 있다. 따라서 뿌리기 절차가 이미 완료되어 제단 뿔에 발라지거나 기초석에 부어진 피는 옷에 묻어도 빨 필요가 없다.
- 옷에 관한 토라의 규정(레 6:27)을 확대하여 제물의 가죽에도 적용할 것인가의 여부 문제로, 랍비 예후다는 가죽은 완전히 벗겨져 제물과 분리된 상태라면 옷과 유사한 상태가 되므로 이에 피가 튀었을 경우 빨아야 한다고 본다.
- 반면 랍비 엘리에제르는 토라의 규정을 보다 엄격하게 해석하여 제

물의 가죽에는 옷을 빠는 규정을 적용하지 않는다.

- 랍비 엘리에제르는 피 묻은 옷 전체를 빨 필요가 없으며 피가 튄 부분만 빨면 된다고 한다. 그리고 물로 빨 수 있는 것만을 규정의 대상으로 보아 나무 재질의 물건 등은 이에서 제외된다.

11, 4

제의에 쓰인 옷을 빨거나 흙 그릇을 깨뜨리거나 놋 기구를 닦는 경우 그 원칙을 밝힌다.

אֶחָד הַבֶּגֶד וְאֶחָד הַשַּׂק וְאֶחָד הָעוֹר, טְעוּנִין כִּבּוּס בְּמָקוֹם קָדוֹשׁ. וּשְׁבִירַת
כְּלִי חֶרֶס, בְּמָקוֹם קָדוֹשׁ. וּמְרִיקָה וּשְׁטִיפָה בִּכְלִי נְחֹשֶׁת, בְּמָקוֹם קָדוֹשׁ. זֶה
חֹמֶר בַּחַטָּאת מִקָּדְשֵׁי קָדָשִׁים:

옷이나 〔천으로 만든〕 부대나 가죽은 거룩한 곳에서 빨아야 한다. 흙〔을 구워 만든〕 그릇은 거룩한 곳에서 깨뜨려야 한다. 놋 기구는 거룩한 곳에서 닦고 헹궈야 한다. 이것들은 속죄제가 지성물보다 더 엄격하게 〔다루어지는 예에 해당한다〕.

- 여기서 '거룩한 곳'은 제사가 이루어지는 성전의 뜰을 말한다(「제바힘」5, 1).
- 레위기 6:28(히브리어 성서 6:21)의 규정에 의하면 속죄물을 삶은 토기는 반드시 깨뜨려야 한다.
- 역시 레위기 6:28의 규정에 의해 놋그릇은 닦고 헹궈야 한다.

11, 5

이어서 옷이 성전 뜰 밖으로 나간 경우에 대한 논의다.

בֶּגֶד שֶׁיָּצָא חוּץ לַקְּלָעִים, נִכְנָס וּמְכַבְּסוֹ בְּמָקוֹם קָדוֹשׁ. נִטְמָא חוּץ לַקְּלָעִים,
קוֹרְעוֹ, וְנִכְנָס וּמְכַבְּסוֹ בְּמָקוֹם קָדוֹשׁ. כְּלִי חֶרֶס שֶׁיָּצָא חוּץ לַקְּלָעִים, נִכְנָס
וְשׁוֹבְרוֹ בְּמָקוֹם קָדוֹשׁ. נִטְמָא חוּץ לַקְּלָעִים, נוֹקְבוֹ, וְנִכְנָס וְשׁוֹבְרוֹ בְּמָקוֹם
קָדוֹשׁ:

옷이 장막 밖으로 나갔다면 다시 들여와 거룩한 곳에서 빨아야 한
다. 장막 밖에서 부정해졌다면 이를 찢고 안으로 들여와 거룩한 곳에
서 빨아야 한다. 흙〔을 구워 만든〕 그릇이 장막 밖으로 나갔다면, 안
으로 들여와 거룩한 곳에서 부수어야 한다. 장막 밖에서 부정해졌다
면 구멍을 뚫고, 안으로 들여와 거룩한 곳에서 부수어야 한다.

- 옷에 속죄제의 피가 튄 채로 성전 뜰(장막) 밖으로 나간 경우를 규율
  하고 있다.
- 속죄제의 제물을 요리한 그릇이 성전 뜰 밖으로 나간 경우를 규율하
  고 있다.

11, 6

놋그릇이 성전 뜰 밖으로 나간 경우다.

כְּלִי נְחֹשֶׁת שֶׁיָּצָא חוּץ לַקְּלָעִים, נִכְנָס וּמוֹרְקוֹ וְשׁוֹטְפוֹ בְּמָקוֹם קָדוֹשׁ. נִטְמָא
חוּץ לַקְּלָעִים, פּוֹחֲתוֹ, וְנִכְנָס וּמוֹרְקוֹ וְשׁוֹטְפוֹ בְּמָקוֹם קָדוֹשׁ:

놋그릇이 장막 밖으로 나갔을 경우, 이를 들여와 거룩한 곳에서 닦
고 씻어야 한다. 밖에서 부정해졌다면 구멍을 뚫고 안으로 들여와 닦
고 헹궈야 한다.

- 속죄제의 제물을 요리한 놋그릇이 성전 뜰 밖으로 나가게 된 경우를 규율하고 있다.
- 밖에서 부정해지면 우선 구멍을 뚫어 성구로서 용도 폐기되어야 하지만, 여전히 성구로서의 지위는 가지므로 다시 들어와 닦고 헹궈 부정을 제거해야 한다.

11, 7

제구를 씻고 닦는 경우와 방법에 대한 논의다.

אֶחָד שֶׁבִּשֵּׁל בּוֹ וְאֶחָד שֶׁעֵרָה לְתוֹכוֹ רוֹתֵחַ, אֶחָד קָדְשֵׁי קָדָשִׁים וְאֶחָד
קָדָשִׁים קַלִּים, טְעוּנִין מְרִיקָה וּשְׁטִיפָה. רַבִּי שִׁמְעוֹן אוֹמֵר, קָדָשִׁים קַלִּים
אֵינָן טְעוּנִין מְרִיקָה וּשְׁטִיפָה. רַבִּי טַרְפוֹן אוֹמֵר, אִם בִּשֵּׁל בּוֹ מִתְּחִלַּת הָרֶגֶל,
יְבַשֵּׁל בּוֹ אֶת כָּל הָרֶגֶל. וַחֲכָמִים אוֹמְרִים, עַד זְמַן אֲכִילָה. מְרִיקָה וּשְׁטִיפָה,
מְרִיקָה כִּמְרִיקַת הַכּוֹס, וּשְׁטִיפָה כִּשְׁטִיפַת הַכּוֹס. מְרִיקָה בְּחַמִּין וּשְׁטִיפָה
בְּצוֹנֵן. וְהַשַּׁפּוּד וְהָאַסְכְּלָה מַגְעִילָן בְּחַמִּין:

〔제물을〕 삶은 것이나 〔제물의〕 뜨거운 액체를 담은 것, 지성물을 담은 것이나 일반 성물을 담은 것 모두 닦고 물로 씻어야 한다. 랍비 쉼온은 말하기를, "일반 성물을 〔담은 것은〕 닦고 헹굴 필요가 없다." 랍비 타르폰은 말하기를, "만약 절기가 시작되는 시점에 삶기 시작했다면 절기 내내 삶아야 한다." 현자들은 말하기를, "〔그 제물을〕 먹는 때까지 〔삶아야 한다〕." 닦기와 헹구기는 잔을 닦는 것처럼 씻고 헹궈야 한다. 뜨거운 물에 닦아야 하고 찬물에 헹궈야 한다. 꼬챙이와 석쇠는 뜨거운 물에 담가야 한다.

11, 8

제물이 한 그릇에서 섞인 경우에 대한 논의다.

בִּשֵּׁל בּוֹ קָדָשִׁים וְחֻלִּין, אוֹ קָדְשֵׁי קָדָשִׁים וְקָדָשִׁים קַלִּים, אִם יֶשׁ בָּהֶן בְּנוֹתֵן
טַעַם, הֲרֵי הַקַּלִּים נֶאֱכָלִין כַּחֲמוּרִין, וְאֵינָן טְעוּנִין מְרִיקָה וּשְׁטִיפָה, וְאֵינָם
פוֹסְלִין בְּמַגָּע. רָקִיק שֶׁנָּגַע בְּרָקִיק, וַחֲתִיכָה בַּחֲתִיכָה, לֹא כָל הָרָקִיק וְלֹא
כָל הַחֲתִיכוֹת אֲסוּרִין. אֵינוֹ אָסוּר אֶלָּא מְקוֹם שֶׁבָּלַע:

〔만약 한 그릇에〕 거룩한 것과 속된 것, 또는 지성물과 일반 성물을
같이 삶은 경우 맛이 전이되었다면, 보다 엄격한 규칙이 적용되는 것
의 기준을 따라 먹어야 한다. 〔이 경우〕 닦거나 헹구지 않아도 되며,
접촉을 통해 〔제물이〕 무효가 되지 않는다.

전병이 〔다른〕 전병에 닿거나, 고기 조각이 〔다른〕 고기 조각에 닿
아도 〔그 제물〕 전체가 금지된 것이 되지는 않는다. 오직 닿은 부분만
금지된 것이 된다.

- 한 그릇에 거룩한 것과 속된 것, 지성물과 일반 성물을 같이 삶은 경
  우, 보다 거룩한 제물의 양이 많아, 그 맛이 덜 거룩한 제물에 퍼지게
  되는 경우, 보다 엄격한 규칙이 적용되는 것의 기준을 따라 먹어야
  한다. 레위기 6:27은 의하면 "속죄제의 제물에 접촉하는 것은 거룩
  해진다"고 규정하고 있는데, 이 미쉬나는 거룩을 전이시키는 접촉
  의 기준을 거룩한 제물의 맛이 덜 거룩한 제물이나 일반 음식에 퍼
  져 후자에서 전자의 맛이 나게 되는가 여부로 삼고 있다.
- 이 미쉬나는 보다 거룩한 제물과의 접촉을 통해 제물이 무효가 되지
  않는다고 규정한다. 레위기 6:27의 취지를 일관되게 적용한다면, 속
  죄제가 무효가 된 경우 이와 접촉하는 것들도 당연히 무효가 되어야
  하지만, 이 구절은 이러한 원칙에 반하고 있다. 이 구절은 또한 앞 구
  절과 모순된다. 거룩함이 전이되었다면 그릇을 닦고 헹구는 절차까

지 보다 거룩한 것의 예에 따라야 한다. 따라서 게마라(97a)는 이 미쉬나 본문이 손상되었으며, 원문은 맛이 전이되었다면 보다 거룩한 것의 예에 따라 닦고 헹궈야 하고, 이 제물이 무효가 되었다면 이와 접촉한 다른 제물도 무효가 된다고 규정했으리라 추정한다.

- 제물이 무효가 되어 먹는 것이 금지되는 경우, 다른 유효한 제물과 접촉했을 때의 경우를 규정하고 있다. 이때 유효한 제물 전체가 아니라 접촉한 부분만 금지된 것이 된다.

제12장

12, 1

제사장이 제의를 집전하거나 제물의 고기를 받을 수 있는 조건에 대한 논의다.

טְבוּל יוֹם וּמְחֻסַּר כִּפּוּרִים, אֵינָן חוֹלְקִים בַּקֳּדָשִׁים לֶאֱכֹל לָעֶרֶב. אוֹנֵן, נוֹגֵעַ וְאֵינוֹ מַקְרִיב, וְאֵינוֹ חוֹלֵק לֶאֱכֹל לָעֶרֶב. בַּעֲלֵי מוּמִין, בֵּין בַּעֲלֵי מוּמִין קְבוּעִין, בֵּין בַּעֲלֵי מוּמִין עוֹבְרִין, חוֹלְקִין וְאוֹכְלִין, אֲבָל לֹא מַקְרִיבִין. וְכֹל שֶׁאֵינוֹ רָאוּי לַעֲבוֹדָה, אֵינוֹ חוֹלֵק בַּבָּשָׂר. וְכֹל שֶׁאֵין לוֹ בַּבָּשָׂר, אֵין לוֹ בָעוֹרוֹת. אֲפִלּוּ טָמֵא בִּשְׁעַת זְרִיקַת דָּמִים וְטָהוֹר בִּשְׁעַת הֶקְטֵר חֲלָבִים, אֵינוֹ חוֹלֵק בַּבָּשָׂר, שֶׁנֶּאֱמַר, הַמַּקְרִיב אֶת דַּם הַשְּׁלָמִים וְאֶת הַחֵלֶב מִבְּנֵי אַהֲרֹן לוֹ תִהְיֶה שׁוֹק הַיָּמִין לְמָנָה:

[제사장으로서 부정해졌다가] 그날 씻은 자나 아직 [속죄하는] 제사를 드리지 않은 자는 성물을 나누어 받지 못하며 저녁까지 [먹지 못한다]. 친족이 죽은 [제사장은] 제물을 만질 수는 있으나 제사를 집전할 수 없고, 제물을 나누어 받아 먹지 못하니 저녁까지 [그러하다]. 흠 있는 사람(제사장)은, [그 흠이] 일시적이거나 영구적이거나, [제

물을] 나누어 받아 먹을 수 있다. 그러나 제사를 집전하지는 못한다. 〔성소의] 제의에 부적합한 모든 사람(제사장)은 〔제물의] 고기를 나누어 받지 못한다. 〔제물의] 고기를 나누어 받지 못하는 〔제사장은 제물의] 가죽도 받지 못한다. 〔어느 제사장이 제단에] 피를 뿌릴 때는 부정했으나 〔제물의] 기름을 〔번제단에서] 태울 때는 정결해졌다고 하더라도 〔제물의] 고기를 나누어 받지 못한다. 기록되기를, "아론의 자손 중 화목제 희생의 피와 기름을 드리는 자가 그 우편 뒷다리를 자기의 소득으로 삼을 것이라"(레 7:33)라고 했기 때문이다.

- 일반적인 부정의 경우 미크베(정결례장)에서 목욕하여 물로 씻는 것으로 해결이 된다. 그러나 몇 가지 부정은 이같이 물로 씻는 것 외에도 희생제물을 바쳐야 하는 경우가 있다. 이에 해당하는 경우로는 유출병(레 15:13-14), 악성피부병(레 14:1-9), 그리고 여인의 출산(레 12:1-8) 등이 있다(라브). 이 가운데 출산은 여인이 제사장의 딸이나 아내로서 제사장의 몫을 함께 나누어 먹는 경우가 전제된다.
- 가까운 친족이 죽은 경우, 하루 동안 곡을 해야 하는데, 이러한 의무를 지는 사람을 '오넨'(אונן)이라고 한다. 이 미쉬나는 제사장이 오넨이 되는 경우를 규정하고 있다(레 21:1-3). 신명기 26:14에 의하면 곡하는 기간에는 성물을 먹는 것이 적합치 않다. 이 미쉬나는 오넨이 된 제사장이 제물을 만져도 부정이 제물에 전이되지 않는다고 보고 있다.
- 레위기 21:18-21은 번제를 집전할 수 없는 제사장의 육체적 흠결에 대해 규정하고 있다. 보다 자세한 규정은 「브코롯」 6-7을 보라.
- 레위기 7:8은 번제를 집전하는 제사장이 그 가죽을 가지도록 규정하고 있다.

12, 2

제사장이 제물의 가죽을 가질 수 있는 조건을 다룬다.

כֹּל שֶׁלֹּא זָכָה הַמִּזְבֵּחַ בִּבְשָׂרָהּ, לֹא זָכוּ הַכֹּהֲנִים בְּעוֹרָהּ, שֶׁנֶּאֱמַר, עֹלַת אִישׁ, עוֹלָה שֶׁעָלְתָה לְאִישׁ. עוֹלָה שֶׁנִּשְׁחֲטָה שֶׁלֹּא לִשְׁמָהּ, אַף עַל פִּי שֶׁלֹּא עָלְתָה לַבְּעָלִים, עוֹרָהּ לַכֹּהֲנִים. אֶחָד עוֹלַת הָאִישׁ וְאֶחָד עוֹלַת הָאִשָּׁה, עוֹרוֹתֵיהֶן לַכֹּהֲנִים:

어느 희생제물이건 번제단에서 그 고기가 적합하게 드려지지 않았다면 제사장이 그 가죽을 가지지 못한다. "사람의 번제를 드리는 제사장"이라고 기록했으니(레 7:8), 번제가 그 제물을 바치는 사람의 것으로 간주되는 경우를 말하는데, 번제물이 다른 목적으로 도살되어 제물을 바치는 사람의 것이 되지 못한다고 해도 가죽은 제사장의 것이다. 남자의 번제이건 여자의 번제이건 가죽은 제사장의 것이다.

- 제물의 피를 제단 주변에 뿌려서 피의 희생절차가 완료되어야 고기를 제단 위에서 태울 수 있다. 제물의 피를 제단에 뿌리기 전에 부정하게 되는 등, 피의 희생절차가 적법하게 완료되지 않았다면 그 제물의 고기는 번제단에서 태울 수 없는데, 이 경우 제사장은 그 가죽을 가지지 못한다.
- 이 미쉬나는 제사장이 제물의 원래 목적과 다른 목적으로 도살하여 이 제물이 제물을 바치는 사람을 위한 것이 되지 못한 경우라도 제사 자체는 유효하므로 그 가죽은 제사장이 가진다고 규정한다.

12, 3

עוֹרוֹת קָדָשִׁים קַלִּים לַבְּעָלִים, וְעוֹרוֹת קָדְשֵׁי קָדָשִׁים לַכֹּהֲנִים. קַל וָחֹמֶר, מָה אִם עוֹלָה, שֶׁלֹּא זָכוּ בִּבְשָׂרָהּ, זָכוּ בְעוֹרָהּ, קָדְשֵׁי קָדָשִׁים, שֶׁזָּכוּ בִּבְשָׂרָהּ, אֵינוֹ דִין שֶׁיִּזְכּוּ בְעוֹרָהּ. אֵין מִזְבֵּחַ יוֹכִיחַ, שֶׁאֵין לוֹ עוֹר מִכָּל מָקוֹם:

〔가축 희생제사의 경우〕 일반 성물의 가죽은 제물을 바치는 사람의 것이다. 지성물의 가죽은 제사장의 것이다. 관용과 엄격함의 원칙〔에 따라, 제물의〕 고기를 얻을 수 없는 번제의 경우에도 가죽은 얻을 수 있고, 고기를 얻을 수 있는 지성물의 경우라면 가죽을 얻을 수 있어야 마땅하다. 제단이 이를 반대할 근거가 될 수는 없다. 어떤 경우라도 가죽이 제단에 속하는 일은 없기 때문이다.

- 관용과 엄격함의 원칙(קל וחמר, 칼 바호메르)이란 열세 가지 토라 해석 원칙의 하나로, 이 미쉬나에서는 보다 엄격한 조건에서도 허용 되는 원칙이 보다 관대한 조건에서도 당연히 적용된다는 의미로 쓰이고 있다.
- 번제의 경우처럼 모든 고기를 소각해야 하므로 제사장이 고기를 얻을 권리가 전혀 없는 경우에도 그에게 제물의 가죽을 주기 때문에, 이보다 덜 엄격한 경우, 즉 지성물의 경우처럼 제사장이 제물의 고기를 얻는 경우에 그가 그 가죽에 대한 권리도 가지는 것이 당연하다.
- 제단에 속한다는 것은 제단에서 소각한다는 의미다.

12, 4
무효인 제물의 가죽에 대한 논의다.

כָּל הַקֳּדָשִׁים שֶׁאֵרַע בָּהֶם פְּסוּל קֹדֶם לְהֶפְשֵׁטָן, אֵין עוֹרוֹתֵיהֶם לַכֹּהֲנִים. לְאַחַר הֶפְשֵׁטָן, עוֹרוֹתֵיהֶם לַכֹּהֲנִים. אָמַר רַבִּי חֲנִינָא סְגַן הַכֹּהֲנִים, מִימַי לֹא רָאִיתִי עוֹר יוֹצֵא לְבֵית הַשְּׂרֵפָה. אָמַר רַבִּי עֲקִיבָא, מִדְּבָרָיו לְמַדְנוּ, שֶׁהַמַּפְשִׁיט אֶת הַבְּכוֹר וְנִמְצָא טְרֵפָה, שֶׁיֵּאוֹתוּ הַכֹּהֲנִים בְּעוֹרוֹ. וַחֲכָמִים אוֹמְרִים, אֵין לֹא רָאִינוּ רְאָיָה, אֶלָּא יוֹצֵא לְבֵית הַשְּׂרֵפָה:

가죽을 벗기기 전에 무효가 된 모든 성물의 가죽은 제사장이 가질 수 없다. 가죽을 벗긴 후에 〔무효가 된 경우〕 제사장이 가진다. 부대제

사장 랍비 하나냐가 말하기를, "내가 〔성전에서 일할〕 때 가죽이 〔성전에서부터〕 소각장으로 나오는 것을 보지 못했다." 랍비 아키바는 말했다. "그의 말로부터 우리는 초태생 제물의 가죽을 벗겼는데 찢겨 죽은 것임을 발견한 경우에도 제사장이 그 가죽을 가진다는 것을 알 수 있다." 현자들은 말하기를, "보지 못했다는 것은 증거가 될 수 없다. 〔그 가죽은 성전에서〕 소각장으로 내보내야 한다."

- 가죽을 벗기기 전에는 고기의 일부로 취급하여 무효가 되면 소각장에서 불태운다(게마라 104a). 그러나 제물에서 분리된 후라면 제물이 무효가 되어도 영향을 받지 않는다.
- 랍비 하나냐는 성전 파괴 이전 제사장으로 일할 때 가죽을 불태우는 것을 보지 못했다고 증언한다. 랍비 아키바는 이로부터 초태생 제물이 찢겨 죽은 것(트레파)인 경우, 즉 제물이 원래 무효이고 따라서 그 고기를 먹지 못하는 경우라도 가죽은 제사장에게 준다고 한다.
- 아키바의 주장은 성전 파괴 이후의 상황을 배경으로 한다. 성전이 없어도 초태생은 여전히 구별했으며, 이를 제사장들에게 맡겨 키우게 하다가 흠이 생기면 도살하고 가죽을 제사장에게 주었다.
- 랍비들은 하나냐의 기억은 아키바의 주장을 충분히 뒷받침하지 못한다고 한다.

12, 5
제물을 소각하는 예에 대한 논의다.

פָּרִים הַנִּשְׂרָפִים וּשְׂעִירִים הַנִּשְׂרָפִים, בִּזְמַן שֶׁהֵם נִשְׂרָפִין כְּמִצְוָתָן, נִשְׂרָפִין בְּבֵית הַדֶּשֶׁן וּמְטַמְּאִין בְּגָדִים. וְאִם אֵינָן נִשְׂרָפִין כְּמִצְוָתָן, נִשְׂרָפִין בְּבֵית הַבִּירָה וְאֵינָם מְטַמְּאִין בְּגָדִים:

계명대로 소각할 때, 완전히 소각하는 수소나 완전히 소각하는 숫염소는 〔예루살렘 성 밖〕 재를 버리는 곳에서 소각해야 하고, 〔소각하는 사람의〕 옷은 부정해진다. 계명대로 소각하지 않았다면 성전산에서 소각하고 〔소각하는 사람의〕 옷은 부정해지지 않는다.

- 수소를 완전히 소각하는 경우는 대제사장과 공동체를 위한 속죄제(레 4:12, 21)와 속죄일에 바치는 대제사장을 위한 속죄제(레 16:27) 등이다. 숫염소를 소각하는 경우로는 족장을 위한 속죄제(레 4:23), 대속죄일의 속죄제(레 16:27), 회중이 부지중에 저지른 죄를 위한 속죄제(민 15:24) 등을 들 수 있다.
- 이들을 예루살렘 밖 재 버리는 곳에서 소각했고, 소각한 제사장의 옷은 부정해져 빨아야 했다(레 4:12; 16:28).
- 만약 이 제물들이 무효가 되면 율법대로 진 밖에서 소각할 수 없고, 성전산에서 소각한다.
- 성전산에는 무효가 된 제물을 소각하는 장소가 두 군데 있었던 것으로 알려져 있다. 첫째는 번제단 오르막 곁의 재 버리는 곳(앞 6, 5)이다. 둘째는 성전 뜰 밖이지만 여전히 성전산 위의 특정한 장소로, 성전 뜰을 이미 벗어나 무효가 되거나 무효인 것을 알았을 경우, 제물이 다시 성전 뜰로 들여가지 못하고 뜰 밖 이 장소에서 소각했다.

12, 6
제물을 소각하는 사람의 옷이 부정해지는 경우를 다룬다.

הָיוּ סוֹבְלִין אוֹתָם בְּמוֹטוֹת. יָצְאוּ הָרִאשׁוֹנִים חוּץ לְחוֹמַת הָעֲזָרָה וְהָאַחֲרוֹנִים לֹא יָצְאוּ, הָרִאשׁוֹנִים מְטַמְּאִין בְּגָדִים, וְהָאַחֲרוֹנִים אֵינָן מְטַמְּאִין בְּגָדִים, עַד שֶׁיֵּצֵאוּ. יָצְאוּ אֵלּוּ וָאֵלּוּ, אֵלּוּ וָאֵלּוּ מְטַמְּאִין בְּגָדִים. רַבִּי שִׁמְעוֹן אוֹמֵר, אֵלּוּ וְאֵלּוּ אֵינָן מְטַמְּאִין בְּגָדִים, עַד שֶׁיִּצַּת הָאוּר בְּרֻבָּן. נִתַּךְ הַבָּשָׂר, אֵין הַשּׂוֹרֵף

그 제물들을 막대에 〔꿰어〕 운반한다. 앞사람이 성전 뜰의 담장 밖
으로 나가고 뒷사람은 나가지 않은 경우, 앞사람의 옷은 부정해지지
만 뒷사람의 옷은 나가기 전까지 부정해지지 않는다. 이 사람과 저 사
람〔모두〕나갔다면, 이 사람과 저 사람의 옷이〔모두〕부정해진다. 랍
비 쉼온은 말했다. "불이〔제물의〕대부분을 태우기 전까지는 이 사람
과 저 사람의 옷이〔모두〕부정해지지 않는다.〔제물이 다 타서〕해체
되면, 〔그 후에〕소각하는 사람의 옷이 부정해지지 않는다."

- 위의 경우에 도살한 수소와 숫염소는 막대에 달아 두 사람이 들고
  내어간다.
- 이때 제물을 태운 사람의 옷이 언제부터 부정해지는가에 대한 논의
  로 미쉬나는 제물을 막대에 꿰어 성전 뜰을 나가는 순간 부정해진
  다고 한다. 성전 뜰의 공간이 부정을 억제한다는 생각이 반영되어
  있다.
- 그러나 랍비 쉼온은 불이 제물의 대부분을 태워야 비로소 옷이 부정
  해진다고 한다. 또한 제물이 불타서 해체되기 시작하면 그 후에 소
  각에 참여한 사람의 옷은 부정해지지 않는다고 한다. "불사른 자"
  (레 16:28)라는 토라의 구절을 엄격하게 해석한 결과다.

제13장

13, 1

제물을 도살하거나 바치는 행위가 성전 밖에서 이루어진 경우에
대한 논의다.

הַשּׁוֹחֵט וְהַמַּעֲלֶה בַחוּץ, חַיָּב עַל הַשְּׁחִיטָה וְחַיָּב עַל הָעֲלִיָּה. רַבִּי יוֹסֵי הַגְּלִילִי
אוֹמֵר, שָׁחַט בִּפְנִים וְהֶעֱלָה בַחוּץ, חַיָּב. שָׁחַט בַּחוּץ וְהֶעֱלָה בַחוּץ, פָּטוּר,
שֶׁלֹּא הֶעֱלָה בַחוּץ אֶלָּא דָבָר פָּסוּל. אָמְרוּ לוֹ, אַף הַשּׁוֹחֵט בִּפְנִים וּמַעֲלֶה
בַחוּץ, כֵּיוָן שֶׁהוֹצִיאוֹ, פְּסָלוֹ:

〔성전〕 밖에서 도살하고 제물을 바친 사람은 도살과 제물을 바치는
행위에 대해 각각 책임이 있다. 갈릴리의 랍비 요쎄는 말한다. "〔성
전〕 안에서 도살하고, 밖에서 제물을 바쳤다면 그는 책임이 있다. 밖
에서 도살하고 밖에서 제물을 드렸다면 〔책임으로부터〕 면제된다. 밖
에서 제물을 바치는 것은 〔유효하지〕 않으며, 〔그전에〕 이미 무효가
되었기 때문이다." 〔다른 이들은〕 그에게 말하기를, "〔성전〕 안에서
도살하고 밖에서 제물을 바쳤다 하더라도 마찬가지로 〔그는 책임을
지지 않는다〕. 밖으로 〔제물을〕 내어가면 〔이미 제사가〕 무효이기 때
문이다."

- 이 미쉬나는 성전 밖에서 도살이나 제물 바치는 행위를 고의 없이
  진행한 경우 몇 차례의 속죄제를 드려야 하는가에 대해 논의하고 있
  다. 여기서 '제물을 바치는 행위'는 도살 이후 제물을 제단에 올리고
  소각하는 행위를 포괄적으로 일컫는다는 견해와 소각하는 행위만
  을 특정하고 있다는 견해로 나뉜다(게마라 108b).
- 레위기 17장은 진 밖에서 도살하는 것(3절)과 바치는 것(8절)을 따
  로 금지하고 있는데, 미쉬나는 이 각각의 행위를 카렛 처벌의 대상
  으로 이해한다. 따라서 일부러 율법을 어기려는 의도 없이 도살과
  제사를 모두 성 밖에서 진행했다면 도살과 제물을 바치는 행위에 대
  해 각각 한 번씩 두 차례의 속죄제를 드려야 한다.
- 그러나 랍비 요쎄는 성전 안에서 도살이 적법하게 이루어진 경우에
  만 밖에서 드리는 것의 책임을 진다고 한다. 따라서 도살부터 밖에

서 이루어진 경우에는 이미 무효이므로 드리는 것은 책임을 지지 않는다는 것이다. 그러나 이 경우에도 도살을 밖에서 한 것에 대한 책임은 져야 한다(람밤).

- 그러나 랍비들은 성전에서 도살하고 밖으로 내어가면 이미 무효이므로 이를 바쳐도 책임이 없다고 한다.

13, 2
부정한 사람이 제물을 먹는 경우에 대해 논의한다.

טָמֵא שֶׁאָכַל, בֵּין קֹדֶשׁ טָמֵא וּבֵין קֹדֶשׁ טָהוֹר, חַיָּב. רַבִּי יוֹסֵי הַגְּלִילִי אוֹמֵר, טָמֵא שֶׁאָכַל טָהוֹר, חַיָּב. וְטָמֵא שֶׁאָכַל טָמֵא, פָּטוּר, שֶׁלֹּא אָכַל אֶלָּא דָבָר טָמֵא. אָמְרוּ לוֹ, אַף טָמֵא שֶׁאָכַל טָהוֹר, כֵּיוָן שֶׁנָּגַע בּוֹ, טִמְּאָהוּ. וְטָהוֹר שֶׁאָכַל טָמֵא, פָּטוּר, שֶׁאֵינוֹ חַיָּב אֶלָּא עַל טֻמְאַת הַגּוּף:

부정한 사람이 [제물을] 먹었다면, [그것이] 부정해진 성물이든 정결한 성물이든, 책임이 있다. 갈릴리의 랍비 요쎄는 말한다. "부정한 사람이 정결한 것을 먹으면 책임이 있다. 부정한 사람이 부정해진 것을 먹으면 [책임에서] 면제된다. [적법한 제물을] 먹은 것이 아니라 단지 부정한 것(음식)을 [먹었을] 뿐이기 때문이다." [현자들이] 그에게 말했다. "심지어 부정한 사람이 정결한 제물을 먹으면, 그가 제물을 만지는 순간 그것이 부정해진다. 정결한 사람이 부정한 제물을 먹어도 면제된다. 그에게 책임이 없고 자신의 몸이 부정하게 될 뿐이기 때문이다."

- 레위기 7:20은 사람이 스스로 부정한 것을 알면서도 제물을 먹으면 카렛의 처벌을 받는다("백성 중에서 끊어질지라")고 기록하고 있다. 이 미쉬나는 이 율법 규정의 구체적 적용을 둘러싼 랍비들의 논쟁을 다루고 있다.

- 갈릴리의 랍비 요쎄에 의하면 부정해진 제물은 이미 거룩한 제물이라는 지위를 상실하게 되므로 이를 먹더라도 부정한 음식을 먹는 것일 뿐, 카렛 처벌의 대상이 되지 않는다고 한다. 이 경우에는 부정해진 제물을 먹는 것을 금지하는 레위기 7:19 규정에 위배된다. 랍비들은 이를 고의로 어기면 태형에 처해야 한다고 주장한다(라브; 람밤).
- 다른 랍비들은 부정한 사람이 정결한 제물을 먹는 경우에도 책임이 없다고 말한다. 만지는 순간 제물은 부정하게 되고 결국 부정한 사람이 부정한 제물을 먹는 것과 같이 되기 때문이다.
- 정결한 사람이 부정한 제물을 먹는 경우 또한 책임이 없다. 부정한 제물은 이미 처벌규정의 대상이 되는 제물이 아니기 때문이다. 랍비들은 고의일 경우에는 태형에 처해야 한다고 주장한다.

13, 3

חֹמֶר בַּשְּׁחִיטָה מִבָּעֲלִיָּה, וּבָעֲלִיָּה מִבַּשְּׁחִיטָה. חֹמֶר בַּשְּׁחִיטָה, שֶׁהַשּׁוֹחֵט לְהֶדְיוֹט, חַיָּב, וְהַמַּעֲלֶה לְהֶדְיוֹט, פָּטוּר. חֹמֶר בָּעֲלִיָּה, שְׁנַיִם שֶׁאָחֲזוּ בְסַכִּין וְשָׁחֲטוּ, פְּטוּרִים. אָחֲזוּ בְאֵבֶר וְהֶעֱלוּהוּ, חַיָּבִין. הֶעֱלָה, וְחָזַר וְהֶעֱלָה, וְחָזַר וְהֶעֱלָה, חַיָּב עַל כָּל עֲלִיָּה וַעֲלִיָּה, דִּבְרֵי רַבִּי שִׁמְעוֹן. רַבִּי יוֹסֵי אוֹמֵר, אֵינוֹ חַיָּב אֶלָּא אַחַת, וְאֵינוֹ חַיָּב עַד שֶׁיַּעֲלֶה לְרֹאשׁ הַמִּזְבֵּחַ. רַבִּי שִׁמְעוֹן אוֹמֵר, אֲפִלּוּ הֶעֱלָה עַל הַסֶּלַע אוֹ עַל הָאָבֶן, חַיָּב:

〔성전 밖에서 이루어지는〕 도살을 〔성전 밖에서〕 제물을 바치는 것보다 더 엄격하게 혹은 제물을 바치는 것을 도살보다 더 엄격하게 〔취급한다〕.

도살을 〔더〕 엄격하게 〔취급하는 것은〕 일반인을 위해 도살하면 책임이 있으나 일반인에게 제물을 바치면 〔책임에서〕 면제되기 때문이다. 제물을 바치는 것을 〔더〕 엄격하게 〔취급하는 것은〕 두 사람이 함께 칼을 잡고 도살하면 면제되지만, 〔두 사람이 함께〕 사지를 붙들고

〔제단에〕 바치면 책임이 있기 때문이다.

"제물을 바치고, 다시 제물을 바치고, 또 다시 제물을 바치면 제물을 바친 〔각각의〕 행위에 대해 책임을 진다." 랍비 쉼온의 말이다. 랍비 요쎄는 말한다. "〔이 경우〕 오직 한 번만 책임을 진다."

제물을 제단 위에서 바칠(태울) 때까지는 책임을 지지 않는다. 랍비 쉼온은 말한다. "바위나 돌 위에서 제물을 바치더라도 책임을 진다."

- 제사를 드릴 목적이 아니라 사람에게 줄 목적으로 성전 밖에서 도살하면 책임이 있다(레 17:3-4).
- "번제나 제물을 드리되 회막 문으로 가져다가 여호와께 드리지 아니하면 그는 백성 중에서 끊어지리라"(레 17:8-9)는 율법을 미드라쉬적으로 해석하여, 여호와께 드리지 않고 사람에게 드리는 경우는 율법을 위반한 책임이 없다고 본다. 그러나 사람에게 바치는 것이 무의식적으로 우상숭배에 해당할 수 있어 속죄제를 바쳐야 한다는 주장과(라브; 라쉬), 그 사람을 신으로 섬기지 않는 이상 사람에게 고기를 바치는 행위는 우상숭배가 되지 않는다는 주장이 대립한다(토사포트).
- 칼로 도살하는 행위는 보통 한 사람이 시행하는 것이므로 이를 두 사람이 함께 하면 규정의 범위를 벗어나 두 사람 다 면제된다. 하지만 제단에 제물을 올리는 행위는 한 사람이 할 수 없는 경우가 많다. 따라서 다수가 이를 함께 하더라도 모두가 책임을 지게 된다.
- 한 제물의 부분들을 여러 차례에 걸쳐 바치는 경우에 대한 논의로, 랍비 쉼온은 각각의 행위에 대해 책임을 진다고 한다. 랍비 요쎄는 한 제물을 여러 차례 바칠 수는 없으므로 전체를 하나의 행위로 간주한다. 따라서 한 번의 속죄제사를 바치면 된다고 한다.
- 성전 밖에 세워진 번제단에서 제물을 바쳐야 책임을 진다. 제단이

없다면 적절한 제사라고 볼 수 없기 때문이다. 게마라는 노아가 제
단을 쌓고 제사를 드린 것을 예로 든다(창 8:20; 게마라 108b). 그러
나 랍비 쉼온은 금지 규정을 보다 폭넓게 해석하여 바위나 돌 위에
서 제물을 바쳐도 책임을 진다고 한다. 삼손의 아버지 마노아가 바
위 위에 제물을 바친 것을 예로 든다(게마라 108b).

13, 4

אֶחָד קָדָשִׁים כְּשֵׁרִין וְאֶחָד קָדָשִׁים פְּסוּלִין שֶׁהָיָה פְסוּלָן בַּקֹּדֶשׁ, וְהִקְרִיבָן
בַּחוּץ, חַיָּב. הַמַּעֲלֶה כַזַּיִת מִן הָעוֹלָה וּמִן הָאֵמוּרִין בַּחוּץ, חַיָּב. הַקֹּמֶץ,
וְהַלְּבוֹנָה, וְהַקְּטֹרֶת, וּמִנְחַת כֹּהֲנִים, וּמִנְחַת כֹּהֵן הַמָּשִׁיחַ, וּמִנְחַת נְסָכִין,
שֶׁהִקְרִיב מֵאֶחָד מֵהֶן כַּזַּיִת בַּחוּץ, חַיָּב. רַבִּי אֶלְעָזָר פּוֹטֵר, עַד שֶׁיַּקְרִיב אֶת
כֻּלּוֹ. וְכֻלָּם שֶׁהִקְרִיבָן בִּפְנִים וְשִׁיֵּר בָּהֶן כַּזַּיִת וְהִקְרִיבָן בַּחוּץ, חַיָּב. וְכֻלָּם
שֶׁחָסְרוּ כָל שֶׁהֵן, וְהִקְרִיבָן בַּחוּץ, פָּטוּר:

유효한 성물이나 성전 안에서 [이미] 무효가 된 제물을 [성전] 밖
에서 바치면 책임을 진다. 번제물이나 제물의 소각부 중 올리브 한 알
만큼을 밖에서 바치면 책임을 진다.

한 줌의 [곡식가루], 향료, [분향을 위한] 향, 제사장의 소제, 기름
부음 받은 제사장(대제사장)의 소제, 전제를 위한 소제 등에서 올리
브 한 알만큼을 밖에서 바치면 책임을 진다. 랍비 엘아자르는 [그 제
물들의] 전체를 [밖에서] 바치기 전에는 면제된다고 한다. 그러나 이
모든 경우에 제물을 [성전] 안에서 바치고, 이 중 올리브 한 알만큼을
남겨 밖에서 [바치면] 책임이 있다. 이 모든 경우에 부족한 것이 있다
면 밖에서 제물을 바쳐도 면제된다.

- 「제바힘」 9, 2는 번제단에 올린 제물이 무효인 제물임을 뒤늦게 알게
  되었다 하더라도 이를 번제단에서 내릴 수 없는 경우에 대해 규정하
  고 있다. 이 미쉬나에서 '성전 안에서 이미 무효가 된 제물'이란 이

경우를 가리킨다. 이때는 이미 제단 위에 올려졌으므로 유효한 제물에 준하게 되어 이를 밖에서 바치면 카렛 처벌이나 속죄제의 책임을 지게 된다.

- 소제의 절차 중, 제사장이 곡식가루를 한 줌 움켜쥐어 제단으로 가져가는 '움켜쥐기'(크미짜)가 있는데, 이는 소제의 필수 제의 절차에 해당하며, 가축 희생제물의 소각부에 해당한다. 여기서 한 줌의 곡식가루는 이를 위해 제사장이 움켜쥔 것을 말한다.

- 한 줌의 곡식가루, 향료, 분향을 위한 향 등 열거된 제물들은 모두 번제단 위에서 완전히 소각해야 하는 것들이다. 첫째 의견에 의하면 이들 중 일부를 밖에서 바치면 책임이 있다고 하나, 랍비 엘아자르는 이에 반대하여 전체를 바치도록 규정되어 있는 것들은 역시 그 전체를 성전 밖에서 바칠 때에만 책임이 있다고 한다.

- 이 제물들이 제단에서 소각되고 올리브 한 알만큼이 남은 경우라면 이를 밖에서 바치면 책임이 있다. 이것이 제사를 완성되게 하는 마지막 부분이기 때문이다.

- 마지막 문장은 성전 제의에 절차적 흠결이 있어 그 제물이 이미 무효가 된 경우를 규정하는 것으로, 이를 밖에서 바쳐도 처벌이나 속죄제의 책임을 지지 않는다.

13, 5
제물의 소각부와 소제물을 밖에서 바친 경우를 다룬다.

הַמַּקְרִיב קָדָשִׁים וְאֵמוּרֵיהֶם בַּחוּץ, חַיָּב. מִנְחָה שֶׁלֹּא נִקְמְצָה וְהִקְרִיבָהּ בַּחוּץ, פָּטוּר. קְמָצָהּ, וְהֶחֱזִיר קֻמְצָהּ לְתוֹכָהּ, וְהִקְרִיבָהּ בַּחוּץ, חַיָּב:

성물과 그 소각부를 함께 밖에서 바친 사람은 책임이 있다. 움켜쥐기를 하지 않은 소제물을 밖에서 바치면 면제된다. 움켜쥐기를 행한

이후, 다시 이를 소제물에 넣고 〔이 소제물을〕 밖에서 바치면 책임을
진다.

- 제물의 기타 부분은 상관이 없으나, 소각부는 성전의 번제단에서 바
  쳐야 하는 부분이므로 이것을 함께 밖에서 드리면 책임을 지게 된다.
- 소제의 움켜쥐기는 가축 희생제사의 도살과 취혈에 해당하는 필수
  제의 절차로 이를 진행하지 않은 소제물은 유효한 제물의 지위를 얻
  지 못한다. 따라서 이를 성전 밖에서 바치는 것은 카렛 처벌의 대상
  이 되지 않는다.
- 일단 움켜쥐기를 행했으면 소제물은 이미 제단에 속한 성물이 되므
  로 이를 다시 밖에서 바치면 책임을 진다.

13, 6

소제의 경우를 보다 자세히 다루고, 제물의 피와 초막절의 물을 성
전에 뿌리고 붓는 경우에 대해 논의한다.

הַקֹּמֶץ וְהַלְּבוֹנָה, שֶׁהִקְרִיב אֶת אַחַד מֵהֶן בַּחוּץ, חַיָּב. רַבִּי אֶלְעָזָר פּוֹטֵר
עַד שֶׁיַּקְרִיב אֶת הַשֵּׁנִי. אֶחָד בִּפְנִים וְאֶחָד בַּחוּץ, חַיָּב. שְׁנֵי בְזִיכֵי לְבוֹנָה,
שֶׁהִקְרִיב אֶת אַחַד מֵהֶן בַּחוּץ, חַיָּב. רַבִּי אֶלְעָזָר פּוֹטֵר, עַד שֶׁיַּקְרִיב אֶת
הַשֵּׁנִי. אֶחָד בִּפְנִים וְאֶחָד בַּחוּץ, חַיָּב. הַזּוֹרֵק מִקְצָת דָּמִים בַּחוּץ, חַיָּב. רַבִּי
אֶלְעָזָר אוֹמֵר, אַף הַמְנַסֵּךְ מֵי חַג בֶּחָג בַּחוּץ, חַיָּב. רַבִּי נְחֶמְיָה אוֹמֵר, שִׁירֵי
הַדָּם שֶׁהִקְרִיבָן בַּחוּץ, חַיָּב:

〔소제의〕 움켜쥔 한 줌과 유향 중 하나를 〔성전〕 밖에서 바쳤다면
책임을 진다. 랍비 엘아자르는 그 둘째까지 〔모두를〕 바치기 전까진
면책된다고 한다. 〔이 둘 중〕 하나는 〔성전〕 안에서, 하나는 밖에서
〔바쳤다면〕 책임을 진다. 두 접시의 유향 중 하나를 밖에서 바쳤다면
책임을 진다. 랍비 엘아자르는 두 번째 〔접시까지〕 바치기 전까지는

면책된다고 한다. 〔두 접시 중〕 하나는 〔성전〕 안에서, 다른 하나는 밖에서 〔바쳤다면〕 책임을 진다. 〔제물의〕 피의 일부를 〔성전〕 밖에 뿌리면 책임을 진다. 랍비 엘아자르는 말하기를 "〔초막절〕 명절의 물을 붓는 의식을 〔성전〕 밖에서 행하면 책임을 진다." 랍비 느헤미야는 말하기를, "〔제사를 드리고〕 남은 피를 〔성전〕 밖에서 바치면 책임을 진다."

- 소제에는 유향이 수반되며 곡식가루의 움켜쥔 한 줌과 함께 유향을 손가락으로 집어 함께 드려야 한다. 이 두 가지는 필수 제의 절차다 (「메나홋」 개요).
- 이 중 하나만 밖에서 바쳐도 번제단에서 바쳐야 할 제물의 일부를 밖에서 바친 것이 되어 책임을 진다. 이는 앞서 본 13, 4의 논리와 같다.
- 이에 반해 랍비 엘아자르는 이 둘 모두를 밖에서 바쳐야 책임이 있다고 한다. 둘 모두를 바쳐야 의미 있는 제의 행위가 된다는 논리이다. 둘 중 하나를 성전 안에서 다른 하나는 밖에서 바쳐도 둘 다 바쳐야 하는 요건을 충족한 것으로 보아 책임이 있다고 본다.
- 유향이 두 접시일 경우에도 마찬가지다. 하나만 밖에서 바쳐도 책임이 있다고 보아야 하지만, 랍비 엘아자르는 둘 다 바쳐야 제의가 완성되고 책임을 진다고 본다.
- 제물의 피의 일부나, 남은 피, 초막절에 제단에 붓는 물(「쑤카」 4, 9)을 성전 밖에 부어도 책임을 진다.
- 제사를 드리고 남은 피란 제물의 피를 이미 제단에 바르거나 붓고 남은 피를 말한다.

13, 7

새 제물을 위한 절차가 성전 안과 밖에서 행해진 경우를 다룬다.

הַמּוֹלֵק אֶת הָעוֹף בִּפְנִים וְהֶעֱלָה בַחוּץ, חַיָּב. מָלַק בַּחוּץ וְהֶעֱלָה בַחוּץ,
פָּטוּר. הַשּׁוֹחֵט אֶת הָעוֹף בִּפְנִים וְהֶעֱלָה בַחוּץ, פָּטוּר. שָׁחַט בַּחוּץ וְהֶעֱלָה
בַחוּץ, חַיָּב. נִמְצָא, דֶּרֶךְ הֶכְשֵׁרוֹ מִבִּפְנִים, פְּטוּרוֹ בַחוּץ. דֶּרֶךְ הֶכְשֵׁרוֹ בַחוּץ,
פְּטוּרוֹ בִפְנִים. רַבִּי שִׁמְעוֹן אוֹמֵר, כֹּל שֶׁחַיָּבִין עָלָיו בַחוּץ, חַיָּבִין עַל כַּיּוֹצֵא בּוֹ
בִפְנִים, שֶׁהֶעֱלָהוּ בַחוּץ, חוּץ מִן הַשּׁוֹחֵט בִּפְנִים וּמַעֲלֶה בַחוּץ:

새 제물을 [성전] 안에서 도살(멜리카)하고 [성전] 밖에서 바쳤다
면 책임을 진다. [성전] 밖에서 도살(멜리카)하고 밖에서 바쳤다면
[책임에서] 면제된다. 새를 [성전] 안에서 도살(쉬히타)하고 밖에서
바쳤다면 면제된다. 밖에서 도살(쉬히타)하고 밖에서 바쳤다면 책임
을 진다.

그러므로 [성전] 안에서 [시행해야] 유효한 절차는 밖에서 [발생
하는 책임에서] 면제하고, [성전] 밖에서 [시행해야] 유효한 절차는
안에서 [발생하는 책임을] 면제한다. 랍비 쉼온은 말하기를, "밖에서
[시행하면] 책임을 져야 하는 모든 것들은 그 상대편을 안에서 [시행
했을 때] 책임을 지게 만들고, [그 일부를] 바깥에서 바쳤을 때도 [그
러한데] 안에서 도살(쉬히타)하고 밖에서 바친 경우는 예외이다."

- 새 제물은 특수한 도살 절차(멜리카)를 적용한다. 이는 제사장이 엄
  지 손톱으로 새의 목 뒤를 눌러 죽이는 것이다.
- 도살(멜리카)은 성전의 제의 절차이므로 이를 성전 밖에서 행한다면
  이미 제물로서 자격을 얻지 못하므로 이를 성전 밖에서 바치더라도
  처벌의 대상이 되지 않는다.
- 가축 도살법(쉬히타)은 성전의 가축 희생제사에 적용하는 것이므로
  이 방식으로 성전에서 새를 도살하면 이미 제물로서 자격을 상실한

다. 따라서 이것을 밖에서 바치더라도 율법의 적용 대상 자체가 되지 않는다. 그러나 새를 성전 밖에서 쉬히타의 방식으로 도살하고 성전 밖에서 이를 바칠 경우 율법의 적용 대상이 되고 법적 책임을 지게 된다. 성전 밖에서 새를 사냥하여 죽이는 것은 허용된 행위(레 17:13)이므로 이를 밖에서 바치는 것은 제의적으로 의미있는 행위가 되기 때문이다.

13, 8
속죄제의 피를 성전 안과 밖에서 바르는 경우에 대해 논의한다.

הַחַטָּאת שֶׁקִּבֵּל דָּמָהּ בְּכוֹס אֶחָד, נָתַן בַּחוּץ וְחָזַר וְנָתַן בִּפְנִים, בִּפְנִים וְחָזַר
וְנָתַן בַּחוּץ, חַיָּב, שֶׁכֻּלּוֹ רָאוּי לָבֹא בִּפְנִים. קִבֵּל דָּמָהּ בִּשְׁנֵי כוֹסוֹת, נָתַן
שְׁנֵיהֶם בִּפְנִים, פָּטוּר. שְׁנֵיהֶן בַּחוּץ, חַיָּב. אֶחָד בִּפְנִים וְאֶחָד בַּחוּץ, פָּטוּר.
אֶחָד בַּחוּץ וְאֶחָד בִּפְנִים, חַיָּב עַל הַחִיצוֹן, וְהַפְּנִימִי מְכַפֵּר. לְמָה הַדָּבָר
דּוֹמֶה, לְמַפְרִישׁ חַטָּאתוֹ וְאָבְדָה וְהִפְרִישׁ אַחֶרֶת תַּחְתֶּיהָ וְאַחַר כָּךְ נִמְצֵאת
הָרִאשׁוֹנָה, וַהֲרֵי שְׁתֵּיהֶן עוֹמְדוֹת. שָׁחַט שְׁתֵּיהֶן בִּפְנִים, פָּטוּר. שָׁחַט שְׁתֵּיהֶן
בַּחוּץ, חַיָּב. אַחַת בִּפְנִים וְאַחַת בַּחוּץ, פָּטוּר. אַחַת בַּחוּץ וְאַחַת בִּפְנִים, חַיָּב
עַל הַחִיצוֹנָה, וְהַפְּנִימִית מְכַפֶּרֶת. כְּשֵׁם שֶׁדָּמָהּ פּוֹטֵר אֶת בְּשָׂרָהּ, כָּךְ הוּא
פּוֹטֵר אֶת בְּשַׂר חֲבֶרְתָּהּ:

속죄제의 피를 한 그릇에 담아서, 이를 〔성전〕 밖에 바르고 돌아와 〔성전〕 안 〔번제단에〕 바르거나, 혹은 성전 안에 바르고 돌아가 〔성전〕 밖에 발랐다면 책임이 있다. 그 모든 피를 〔성전〕 안 〔번제단에 발라야〕 하기 때문이다. 피를 두 그릇에 담아 이 모두를 〔성전〕 안에 〔발랐다면〕 면책된다. 둘 모두를 밖에 〔발랐다면〕 책임이 있다. 이 중 하나를 〔먼저 성전〕 안에, 〔그다음〕 다른 하나는 밖에 〔발랐다면 책임에서〕 면제된다. 하나를 밖에 다른 하나를 안에 〔발랐다면〕 밖에 바른 것에 대해 책임이 있고, 안에 바른 것에는 속죄의 효력이 있다.

이는 무엇과 유사한가? 속죄제를 위해 제물을 구별해놓고 이를 잃어버려 다시 다른 제물을 구별했으나 이후에 첫 번째 제물을 찾으면 두 제물이 모두 자격이 있는 경우다. 이 둘을 〔성전〕 안에서 도살할 경우 면책된다. 이 둘을 〔성전〕 밖에서 도살할 경우 책임을 진다. 이 가운데 하나를 먼저 안에서 〔도살하고〕 다른 하나를 밖에서 〔도살했다면〕 면책된다. 하나를 먼저 밖에서 다른 하나를 안에서 〔도살했다면〕 밖에서 도살한 〔것에 대해〕 책임을 지고, 안에서 도살된 것에는 속죄의 효력이 있다. 피가 그 〔제물의〕 살을 면제하는 것처럼, 그 〔피가〕 다른 〔제물의〕 살도 면제한다.

- 한 그릇(컵)에 취혈한 속죄제물의 피는 모두 성전 안에서 바르거나 부어야 한다. 이 중 일부를 성전 밖의 제단에 바르거나 부으면 책임이 있다.
- 그러나 두 그릇(컵)에 취혈한 경우, 한 그릇의 피를 먼저 성전 안 번제단에 바르고 기초석에 부었다면 그 속죄제는 이미 유효하게 된다. 따라서 두 번째 그릇을 성전 밖에서 바르거나 부었다 하더라도 상관이 없게 된다. 그러나 동시에 하나는 안에, 다른 하나는 밖에 바르고 부었다면 둘 모두 의미 있는 제의 행위가 되고, 안의 것에는 속죄의 효력 생기고, 밖의 것에 대해서는 책임을 진다.
- 위와 마찬가지로 속죄물을 성전 안에서 이미 도살하고 바쳤다면 속죄제가 이미 유효하게 성립하기 때문에 남은 하나를 밖에서 도살하는 것은 더 이상 율법이 상관하지 않는다. 일단 속죄가 되었으므로 남은 하나는 더 이상 속죄죄로 드릴 수가 없고, 또한 그 주인이 속죄를 위해 구별한 것이므로 죽게 놓아두어야 하기 때문이다. 따라서 이를 성전 밖에서 도살하는 것은 상관없다는 것이다(라브; 라쉬).
- 그러나 두 제물 모두에게 제물로서의 자격이 있을 때 이 중 하나를 밖에서 도살한 경우, 즉 이 중 하나를 먼저 밖에서 혹은 둘 모두를 밖

에서 도살한 경우에는 책임을 진다. 전자의 경우에도 나머지 하나를 성전안에서 도살하는 것은 유효하다.

제14장

14, 1
성전 밖에서 유효하게 이루어지는 제의 행위를 다룬다.

פָּרַת חַטָּאת שֶׁשְּׂרָפָהּ חוּץ מִגֻּמָּתָהּ, וְכֵן שָׂעִיר הַמִּשְׁתַּלֵּחַ שֶׁהִקְרִיבוֹ בַחוּץ,
פָּטוּר, שֶׁנֶּאֱמַר, וְאֶל פֶּתַח אֹהֶל מוֹעֵד לֹא הֱבִיאוֹ. כֹּל שֶׁאֵינוֹ רָאוּי לָבֹא אֶל
פֶּתַח אֹהֶל מוֹעֵד, אֵין חַיָּבִין עָלָיו:

속죄의 암소를 그 구덩이 밖에서 태웠거나, [아사셀에게] 보내는 [속죄일의] 염소를 [성전] 밖에서 [제사로] 바쳤다면 [책임에서] 면제된다. 기록되기를, [이것들을] "회막 문으로 가져오지 않았다"(레 17:4)고 했기 때문이다. 회막으로 가져오지 않는 것들에 대해서는 책임이 없다.

- 속죄의 암소(פרת חטאת, 파랏 하타아트)는 민수기 19장에 기록된 정결례를 위한 붉은 암소를 가리키는 미쉬나적 표현이다. 붉은 암소는 예루살렘 성전을 마주보고 있던 올리브산(감람산) 위에서 구덩이를 파고 그 안에 장작을 넣어 태웠는데, 이 미쉬나에서 말하는 구덩이는 바로 이 장소를 가리킨다.
- 속죄 암소나 아사셀 염소는 토라의 율법에 따라 성전 밖에서 치러지는 제의 행위의 대상이다. 따라서 이들에 대하여는 성전에서 드려야 하는 제사절차의 일부를 성전 밖에서 행하더라도 책임을 물을 수

없다.

14, 2

흠 있는 제물, 유효하지 않은 제물을 성전 밖에서 바치는 경우에 대한 논의다.

הָרוֹבֵעַ, וְהַנִּרְבָּע, וְהַמֻּקְצֶה, וְהַנֶּעֱבָד, וְהָאֶתְנַן, וְהַמְּחִיר, וְהַכִּלְאַיִם, וְהַטְּרֵפָה, וְיוֹצֵא דֹפֶן, שֶׁהִקְרִיבָן בַּחוּץ, פָּטוּר, שֶׁנֶּאֱמַר, לִפְנֵי מִשְׁכַּן ה', כֹּל שֶׁאֵינוֹ רָאוּי לָבֹא לִפְנֵי מִשְׁכַּן ה', אֵין חַיָּבִין עָלָיו. בַּעֲלֵי מוּמִין, בֵּין בַּעֲלֵי מוּמִין קְבוּעִים, בֵּין בַּעֲלֵי מוּמִין עוֹבְרִים, שֶׁהִקְרִיבָן בַּחוּץ, פָּטוּר. רַבִּי שִׁמְעוֹן אוֹמֵר, בַּעֲלֵי מוּמִין קְבוּעִים, פָּטוּר, וּבַעֲלֵי מוּמִין עוֹבְרִים, עוֹבְרִין בְּלֹא תַעֲשֶׂה. תּוֹרִים שֶׁלֹּא הִגִּיעַ זְמַנָּן וּבְנֵי יוֹנָה שֶׁעָבַר זְמַנָּן, שֶׁהִקְרִיבָן בַּחוּץ, פָּטוּר. רַבִּי שִׁמְעוֹן אוֹמֵר, בְּנֵי יוֹנָה שֶׁעָבַר זְמַנָּן, פָּטוּר. וְתוֹרִים שֶׁלֹּא הִגִּיעַ זְמַנָּן, בְּלֹא תַעֲשֶׂה. אוֹתוֹ וְאֶת בְּנוֹ וּמְחֻסַּר זְמָן, פָּטוּר. רַבִּי שִׁמְעוֹן אוֹמֵר, הֲרֵי זֶה בְּלֹא תַעֲשֶׂה. שֶׁהָיָה רַבִּי שִׁמְעוֹן אוֹמֵר, כֹּל שֶׁהוּא רָאוּי לָבֹא לְאַחַר זְמָן, הֲרֵי זֶה בְּלֹא תַעֲשֶׂה וְאֵין בּוֹ כָרֵת. וַחֲכָמִים אוֹמְרִים, כֹּל שֶׁאֵין בּוֹ כָרֵת, אֵין בּוֹ בְּלֹא תַעֲשֶׂה:

〔소가 여자와〕 교접했거나, 〔남자와〕 교접했거나, 〔우상에게 바치기 위해〕 구별되었거나, 〔우상처럼〕 예배를 받았거나, 〔성매매의〕 대가로 주어졌거나, 〔개를 판〕 값이거나, 잡종 교배한 것이거나, 〔짐승에게〕 찢겨 죽은 것이거나, 〔제왕절개〕 수술을 통해 출생한 것들을 〔성전〕 밖에서 바쳐도 책임이 없다. "야훼의 회막 앞에"(레 17:4)라고 기록되었기 때문이다. 야훼의 회막 앞에 가져올 수 없는 것들에 대해서는 책임을 지지 않는다.

흠이 있는 것들은, 그 흠이 영구적인 것이든 일시적인 것이든, 〔성전〕 밖에서 바쳐도 책임을 지지 않는다. 랍비 쉼온은 말하기를, "영구적인 흠이 있는 것들에 대해서는 책임이 없다. 그러나 일시적인 흠이 있는 것들에 대해서는 금지의 〔율법을〕 어긴 것이다."

〔바칠〕 때가 되지 않은 산비둘기나 〔제사드릴〕 때를 넘긴 집비둘기

를 [성전] 밖에서 바쳐도 책임이 없다. 랍비 쉼온은 말하기를, "시기를 넘긴 집비둘기의 경우 책임이 없다. 그러나 때가 되지 않은 산비둘기의 경우 금지 [율법을 어긴 것이다]."

제물을 그 새끼와 함께 [바치거나] 아직 [바칠] 때가 되지 않은 제물을 [바친 경우] 책임이 없다. 랍비 쉼온은 말하기를, "그것은 금지의 [율법을 어긴 것이다]." 랍비 쉼온은 아마도 이렇게 말할 것이기 때문이다. "때를 넘겨 가져오는 것들은 금지의 [율법을 어기는 것이다]. 그러나 처벌(카렛)의 대상이 되지는 않는다." 현자들은 말하기를, "처벌(카렛)의 대상이 아닌 것은 금지의 [율법을] 어긴 것에 해당하지 않는다."

- 제물이 될 자격이 없는 것에 대하여는 앞서 8, 1에서 보았다. 이들은 번제단에 올려진 경우라도 내려야 한다(9, 3). 이처럼 제물로 드릴 수 있는 가능성이 없는 것들에 대해서는 성전 밖에서 도살한 경우라도 책임을 묻지 않는다.

- 다만 흠이 일시적일 경우, 다른 랍비들과 달리 랍비 쉼온은 언젠가 다시 제물의 자격을 가질 수 있게 되므로 책임이 있다고 본다.

- 집비둘기는 새끼를, 산비둘기는 자란 것을 바쳐야 하는데(레 1:14, 5:7, 12:8 등), 이는 대략 3개월을 기준으로 한다(「훌린」 1, 5 주해). 쉼온이 때가 되지 않은 산비둘기에만 금지규정을 적용하는 것은 때가 아직 되지 않은 산비둘기는 때가 되면 결국 유요한 제물이 될 수 있기 때문이다.

- 레위기 22:28은 어미와 새끼를 한날에 바치지 못하도록 규정하고, 레위기 22:27은 태어난 지 8일이 되지 않은 새끼를 바치는 것을 금하고 있다.

- 마지막 단은 때를 넘긴 제물을 드릴 경우 카렛 처벌의 대상이 되는

지에 대해 대립하는 견해들을 소개하고 있다.

14, 3

때가 이르기 전이거나 필수 제의 절차가 아니어서 성전 밖에서 진행해도 책임이 없는 절차들을 예시한다.

מְחֻסַּר זְמָן, בֵּין בְּגוּפוֹ בֵּין בִּבְעָלָיו. אֵיזֶה הוּא מְחֻסַּר זְמָן בִּבְעָלָיו. הַזָּב,
וְהַזָּבָה, וְיוֹלֶדֶת, וּמְצֹרָע, שֶׁהִקְרִיבוּ חַטָּאתָם וַאֲשָׁמָם בַּחוּץ, פְּטוּרִין.
עוֹלוֹתֵיהֶן וְשַׁלְמֵיהֶן בַּחוּץ, חַיָּבִין. הַמַּעֲלֶה מִבְּשַׂר חַטָּאת, מִבְּשַׂר אָשָׁם,
מִבְּשַׂר קָדְשֵׁי קָדָשִׁים, מִבְּשַׂר קָדָשִׁים קַלִּים, וּמוֹתַר הָעֹמֶר, וּשְׁתֵּי הַלֶּחֶם,
וְלֶחֶם הַפָּנִים, וּשְׁיָרֵי מְנָחוֹת, הַיּוֹצֵק, הַבּוֹלֵל, הַפּוֹתֵת, הַמּוֹלֵחַ, הַמֵּנִיף,
הַמַּגִּישׁ, הַמְסַדֵּר אֶת הַשֻּׁלְחָן, וְהַמֵּטִיב אֶת הַנֵּרוֹת, וְהַקּוֹמֵץ, וְהַמְקַבֵּל דָּמִים
בַּחוּץ, פָּטוּר. אֵין חַיָּבִין עָלָיו לֹא מִשּׁוּם זָרוּת, וְלֹא מִשּׁוּם טֻמְאָה, וְלֹא מִשּׁוּם
מְחֻסַּר בְּגָדִים, וְלֹא מִשּׁוּם רְחוּץ יָדַיִם וְרַגְלַיִם:

"때가 이르기 전"이라는 [규칙은 희생제물] 자체와 제물을 바치는 사람에게 [모두 적용된다]. 제물을 바치는 사람에게 [적용된다는 것은] 무엇을 말하는가? 유출병자 남자나 여자, 산모, 악성피부병자가 속죄제나 속건제를 [정결해지는 기간을 채우기 전에] 성전 밖에서 바치면 [책임에서] 면제된다. [그러나] 번제나 화목제를 [성전] 밖에서 [바치면] 책임을 진다.

속죄제의 고기, 속건제의 고기, 지성물의 고기, 일반 성물의 고기, 오메르의 남은 것, 빵 두 덩이, 진설병, 소제의 남은 것을 바치거나, 혹은 [소제의] 기름을 붓거나 [곡식가루와] 섞거나, [소제의 구운 빵을] 부수거나, [소제에] 소금을 치거나, [소제를] 흔들거나 [제단에] 가까이 가져오거나, 혹은 [진설병의] 상을 차리거나, 초에 불을 붙이거나, [소제에서] 한 줌을 움켜쥐거나, [희생제물에서] 취혈하거나, 이것들을 [성전] 밖에서 행하면 [책임에서] 면제된다.

이와 같은 행위를 할 때 제사장이 아닌 사람이 〔집전하거나, 제사장이〕 부정하거나, 〔제사장의〕 의복을 갖추지 않았거나, 손이나 발을 씻지 않은 경우에도 책임이 없다.

- 유출병자 남자(זב, 자브)는 설정을 할 때, 정액의 색이나 질, 설정의 방법 등이 일반적이지 않은 경우다. 이에 관하여는 레위기 15:13에서 규정하고 있다.
- 유출병자 여자(זבה, 자바)는 월경이 시작되고 8-9일이 지난 뒤에도 3일간 계속되는 경우를 말한다. 이에 관하여는 레위기 15:25-30에서 규정하고 있다. 이처럼 일시적으로 부정한 이들은 기한이 차면 속죄제나 속건제를 드려 다시 정결함을 얻게 된다. 이 기한이 차기 전에는 이 제물들 드릴 자격이 없으므로 이를 밖에서 행하여도 율법이 관여하지 않는다. 그러나 화목제와 번제는 언제든 드릴 수 있으므로 이를 밖에서 드린다면 책임을 지게 된다.
- 레위기 23:10-11은 유월절 축제 기간의 둘째 날에 소제를 드리도록 규정하고 있는데, 이를 '오메르'라고 한다.
- 빵 두 덩이는 레위기 23:17에서 규정하고 있는, 칠칠절의 제사 때 드리는 두 개의 빵을 말한다. 둘째 단락에 열거된 고기들은 제사장이나 제주 등이 먹어야 하며 제단에서 바치는 부분이 아니므로 이들을 밖에서 바쳐도 책임을 지지 않는다. 또한 그 외 오메르나 빵 두 덩이, 소제를 준비하는 행위 등은 제사의 준비단계에 해당하여 그 자체로 제사를 유효하게 하지 않는다. 이를 밖에서 행하여도 책임을 지지 않는다. 진설병 상을 차리고, 메노라 촛대에 불을 붙이는 것 역시 명백한 금지의 대상이 아니다.
- 소제의 움켜쥐기나 희생제물의 취혈은 필수 제의 절차에 포함되지만 성전 밖에서 행하는 것을 금지하는 대상에 명시적으로 포함되지

않는다.

14, 4
성막이 세워진 후 산당이 금지된 것에 대한 기록이다.

עַד שֶׁלֹּא הוּקַם הַמִּשְׁכָּן, הָיוּ הַבָּמוֹת מֻתָּרוֹת, וַעֲבוֹדָה בַּבְּכוֹרוֹת. מִשֶּׁהוּקַם
הַמִּשְׁכָּן, נֶאֶסְרוּ הַבָּמוֹת, וַעֲבוֹדָה בַּכֹּהֲנִים. קָדְשֵׁי קָדָשִׁים, נֶאֱכָלִים לִפְנִים מִן
הַקְּלָעִים. קָדָשִׁים קַלִּים, בְּכָל מַחֲנֵה יִשְׂרָאֵל:

성막이 세워지기 전까지 산당이 허용되었다. [거기서] 첫 자식들이
제의를 시행했다. 성막이 세워진 후에는 산당이 금지되고 제사장을
통해 제사를 드렸다. 지성물은 장막 안에서 먹었고, 일반 성물은 이스
라엘 진영 모든 곳에서 먹었다.

- 이 넷째 미쉬나(14, 4)에서 여덟째 미쉬나(14, 8)까지는 예루살렘에
  성전이 세워지기 전에 성막과 산당에서 드린 제사의 적법성에 대해
  논하고 있다.

14, 5
길갈의 산당에 대한 논의다.

בָּאוּ לַגִּלְגָּל, וְהֻתְּרוּ הַבָּמוֹת. קָדְשֵׁי קָדָשִׁים, נֶאֱכָלִים לִפְנִים מִן הַקְּלָעִים.
קָדָשִׁים קַלִּים, בְּכָל מָקוֹם:

[이스라엘 백성이] 길갈에 왔을 때, 산당을 허용했다. 지성물은 [성
막의] 장막 안에서 먹었지만, 일반 성물은 모든 장소에서 [먹었다].

- 이스라엘은 요단강을 건너 길갈에 진을 치고(수 4:19), 여기서 유월
  절을 지켰다(수 5:10). 여기에 성막이 세워졌을 것이라고 유추하고

있다. 유대 전승에 의하면 길갈에서 14년을 머물렀다고 한다(게마라 118b).

- 제물로 적합한 가축은 반드시 회막에 가져와 예물로 드리라는 레위기 17:3은 이스라엘의 진영을 전제로 하고 있다. 길갈에서 머무는 동안 백성들은 온 땅으로 흩어졌고, 더 이상 광야의 진이 존재하지 않았으므로 산당이 허용된 것으로 해석한다(람밤; 라브).

14, 6
실로의 성막에 대한 논의다.

בָּאוּ לְשִׁילֹה, נֶאֶסְרוּ הַבָּמוֹת. לֹא הָיָה שָׁם תִּקְרָה, אֶלָּא בַּיִת שֶׁל אֲבָנִים מִלְמַטָּן וִירִיעוֹת מִלְמַעְלָן, וְהִיא הָיְתָה מְנוּחָה. קָדְשֵׁי קָדָשִׁים נֶאֱכָלִים לִפְנִים מִן הַקְּלָעִים, קָדָשִׁים קַלִּים וּמַעֲשֵׂר שֵׁנִי, בְּכָל הָרוֹאֶה:

〔이스라엘 백성이〕 실로에 왔을 때 산당이 금지되었다. 그곳〔성막에는〕 지붕이 없었다. 그 밑에 돌로〔기초를〕 닦았고, 위에는 장막을〔덮었다〕. 이곳을 '안식하는 곳'이라 불렀다. 지성물은 장막 안에서 먹었고, 일반 성물과 두 번째 십일조는〔실로가〕 보이는 모든 곳에서 먹었다.

- 여호수아 18:1은 실로에 성막을 세웠다고 기록한다.
- '안식하는 곳'(מנוחה, 메누하)은 신명기 12:9에서 따온 것으로 보이며, 이 미쉬나는 이를 실로로 해석하고 있다.
- 단일 성소를 명령하는, 즉 묵시적으로 산당을 금지하는 신명기 12장은 '안식에 이를 것'(9절)을 전제로 하고 있다. 미쉬나는 실로에서 이 안식이 이루어졌다고 해석하여 이때부터 산당이 금지되었다고 한다.

- 실로 성막의 구조를 돌로된 기초 위에 장막이 세워진 것으로 보는 것은 성서에서 실로의 성소를 '집'(בית, 바이트, 삼상 1:24) 또는 성막(משכן, 미쉬칸, 시 78:60)로 묘사하기 때문이다.

14, 7
놉과 기브온의 산당에 대한 논의다.

בָּאוּ לְנוֹב וּלְגִבְעוֹן, הֻתְּרוּ הַבָּמוֹת. קָדְשֵׁי קָדָשִׁים נֶאֱכָלִים לִפְנִים מִן
הַקְּלָעִים. קָדָשִׁים קַלִּים, בְּכָל עָרֵי יִשְׂרָאֵל:

[이스라엘 백성이] 놉 땅과 기브온에 왔을 때, 산당을 허용했다. 지성물은 장막 안에서 먹었고, 일반 성물은 이스라엘의 모든 성에서 먹었다.

- 놉은 사무엘상 21장, 기브온은 열왕기상 3장의 이야기를 근거로 한다. 실로 파괴 후, 이스라엘의 주된 성소가 놉으로, 이후 기브온으로 옮겨졌다는 것이 랍비전승이다.
- 다시 산당이 허용된 근거는 실로를 '안식하는 곳'으로 보아 여기에 성소가 있을 때 산당을 금지했으나, 성소가 실로에서 옮겨졌으므로 더 이상 산당을 금지하는 신명기 12:9의 명령이 적용되지 않았다는 것이다.

14, 8
예루살렘에 대한 논의다.

בָּאוּ לִירוּשָׁלַיִם, נֶאֶסְרוּ הַבָּמוֹת, וְלֹא הָיָה לָהֶם עוֹד הֶתֵּר, וְהִיא הָיְתָה נַחֲלָה.
קָדְשֵׁי קָדָשִׁים, נֶאֱכָלִים לִפְנִים מִן הַקְּלָעִים, קָדָשִׁים קַלִּים וּמַעֲשֵׂר שֵׁנִי,
לִפְנִים מִן הַחוֹמָה:

그들이 예루살렘에 왔을 때, 산당이 금지되었고 다시는 허용되지 않았다. 이곳은 기업이 되었다. 지성물은 장막 안에서 먹었고, 일반 성물과 두 번째 십일조는 성벽 안에서 먹었다.

- 신명기 12:9에는 '안식하는 곳'과 '기업'(נחלה, 나할라)에 이를 것을 명시한다. 미쉬나는 실로를 '안식하는 곳'으로 예루살렘을 '기업'으로 해석하여 예루살렘 성전이 세워진 이후에는 산당이 금지되었다고 한다.

14, 9

산당이 허용되거나 금지된 기간에 이루어진 제의 행위에 대한 논의다.

כָּל הַקֳּדָשִׁים שֶׁהִקְדִּישָׁן בִּשְׁעַת אִסּוּר בָּמוֹת, וְהִקְרִיבָן בִּשְׁעַת אִסּוּר בָּמוֹת בַּחוּץ, הֲרֵי אֵלּוּ בַעֲשֵׂה וְלֹא תַעֲשֶׂה, וְחַיָּבִין עֲלֵיהֶן כָּרֵת. הִקְדִּישָׁן בִּשְׁעַת הֶתֵּר בָּמוֹת, וְהִקְרִיבָן בִּשְׁעַת אִסּוּר בָּמוֹת, הֲרֵי אֵלּוּ בַעֲשֵׂה וְלֹא תַעֲשֶׂה, וְאֵין חַיָּבִין עֲלֵיהֶן כָּרֵת. הִקְדִּישָׁן בִּשְׁעַת אִסּוּר בָּמוֹת וְהִקְרִיבָן בִּשְׁעַת הֶתֵּר בָּמוֹת, הֲרֵי אֵלּוּ בַעֲשֵׂה וְאֵין בָּהֶם בְּלֹא תַעֲשֶׂה:

산당이 금지된 기간에 성별한 성물을 산당이 금지된 기간에 밖에서 〔제물로〕 바쳤다면 명령규정과 금지규정을 〔위반한 것이다〕. 카렛 처벌의 책임을 진다.

산당이 허용된 기간에 성별했고 산당이 금지된 기간에 〔제물로〕 바쳤다면 명령규정과 금지규정을 위반한 것이다. 그러나 카렛 처벌의 책임을 지지는 않는다.

산당이 금지된 기간에 성별하고 산당이 허용된 기간에 〔제물로〕 바쳤다면 명령규정을 위반한 것이나 금지규정을 위반한 것은 아니다.

- 이 미쉬나는 고대에 발생했을 법한 상황을 상상하여 논의하는 것으로 미쉬나의 이론적 성격을 잘 보여준다.
- 산당이 금지된 기간에는 실로나 예루살렘에 성소가 있었다. 이 성소들 밖에서 제물을 바치면 성막(성소)에서 제물을 바치라는 적극적 명령(레 17:5)과 정해진 성소 외에서 바치지 말라는 금지규정(신 12:13)을 위반한 것이다.
- 제물을 성별한 때에 밖에서 바치면 카렛 처벌을 받는다(라브; 람밤). 따라서 제물을 성별할 때 산당이 허용되었다면 토라를 규정을 위반했지만 카렛 처벌은 받지 않는다.
- 산당이 허용된 기간에 제물로 바쳤다면 지정된 성소에서 바치라는 명령규정은 위반했지만 그 외에서 바치지 말라는 규정을 위반한 것은 아니다.

14, 10
성막과 산당의 제의를 비교한다.

אֵלוּ קָדָשִׁים קְרֵבִים בַּמִּשְׁכָּן. קָדָשִׁים שֶׁהֻקְדְּשׁוּ לַמִּשְׁכָּן, קָרְבְּנוֹת הַצִּבּוּר,
קְרֵבִין בַּמִּשְׁכָּן. וְקָרְבְּנוֹת הַיָּחִיד, בְּבָמָה. קָרְבְּנוֹת הַיָּחִיד שֶׁהֻקְדְּשׁוּ לַמִּשְׁכָּן,
יִקְרְבוּ בַּמִּשְׁכָּן. וְאִם הִקְרִיבָן בְּבָמָה, פָּטוּר. מַה בֵּין בָּמַת יָחִיד לְבָמַת צִבּוּר,
סְמִיכָה, וּשְׁחִיטַת צָפוֹן, וּמַתַּן סָבִיב, וּתְנוּפָה, וְהַגָּשָׁה. רַבִּי יְהוּדָה אוֹמֵר, אֵין
מִנְחָה בְּבָמָה. וּכְהֻנָּה, וּבִגְדֵי שָׁרֵת, וּכְלֵי שָׁרֵת, וְרֵיחַ נִיחוֹחַ, וּמְחִצָּה בַדָּמִים,
וּרְחוּץ יָדַיִם וְרַגְלָיִם. אֲבָל הַזְּמָן, וְהַנּוֹתָר, וְהַטָּמֵא, שָׁוִים בָּזֶה וּבָזֶה:

다음은 성막에서 바쳐야 하는 성물들이다. 성막을 위해 성별한 성물들, 공동체를 위한 희생제물들, 성막에서 바치는 희생제물들. 개인이 드리는 희생제물들은 산당에서 [드린다]. 개인이 드리는 희생제물이 성막을 위해 성별되었다면 성막에서 드려야 한다. [이를] 산당에서 드려도 책임이 없다.

개인을 위한 산당과 공공의 산당은 어떻게 다른가? 안수, 〔제단〕 북쪽에서 도살, 〔제단〕 주위에 〔피를〕 뿌리기, 흔들기, 〔제단으로〕 가져가기가 〔다르다〕. 그러나 랍비 예후다는 말한다. "산당에서는 소제를 드리지 않는다". 제사장, 제사를 위한 의복, 제구, 향기로 〔드리는〕 제사, 피 〔뿌리기를〕 위한 경계선, 손발 씻기 〔등이 다르다〕. 그러나 〔제사와 관련된〕 시간, 남은 것, 부정한 상태에서 〔먹기에 관련된 규정은〕 이것이나 저것에서 동일하다.

- 산당이 허용되던 시기에도 성막에서 바쳐야 하는 성물들을 나열한다. 그러나 이들을 산당에서 바쳐도 카렛 처벌은 받지 않는다. 금지 규정을 위반한 것이 아니기 때문이다.
- 개인을 위한 작은 산당과 공공을 위한 번제단을 갖춘 큰 산당을 구분한다. 열거된 제의 행위들은 "야훼 앞에서"(לפני יה, 리프네이 아도나이) 행할 것이 토라에 명시되어 있어 공공의 산당에서만 허용된다고 보았다.
- 랍비 예후다는 산당에서 소제가 허용되지 않았다고 한다. 성막 외의 제사를 금지하는 레위기 17:5의 "들에서 잡던"이라는 표현을 산당을 허용하던 시기에 관한 것이라고 해석하는데(게마라 106b), 이 규정은 동물 희생제사에 대한 것이기 때문이다. 같은 논리로 게마라는 새 제사도 금지된다고 한다(게마라 119b).
- 제사장, 의복, 제구, 향 등등 역시 개인적 산당에는 적용되지 않는다. 그러나 시간 외에 먹을 의도로 혐오스러운 것이 되거나, 제물의 남은 것, 부정함 등에 관하여는 토라에서 개인적 산당을 명시적으로 제외하지 않는다. 따라서 둘 모두에 동일하게 적용된다.

מנחות

메나홋
소제들

1.오메르의 소제는 열세 번 체질했고, 빵 두 덩어리는 열두
번, 진설병은 열한 번 체질했다. 랍비 쉼온은 말한다. "규정
된 횟수는 없다. 고운 가루를 가져와 필요한 만큼 체질했다.
기록되기를, '고운 가루를 취하여… 굽되'(레 24:5)라고 했기
때문이다. 필요한 만큼 체질하기 전까지는 구울 수 없다."
_「메나홋」6, 7

개요

마쎄켓 「메나홋」은 곡식의 가루를 구워 드리는 소제에 대해 다룬다. 히브리어로 소제를 민하(מנחה)라고 하며 그 복수형이 메나홋(מנחת)으로 '소제들'이라는 뜻이다. 「메나홋」은 크게 두 부분으로 나뉜다. 제1-4장은 제의 절차를 주로 다루고, 제5-13장은 다양한 종류의 소제를 다룬다.

1. 소제의 내용물

소제는 곡식가루에 기름을 섞어 반죽하거나 구운 소제 위에 기름을 붓는다. 소제에는 유향을 첨가해 드려야 한다.

(1) **곡식가루**: 주로 보리나 밀의 가루를 드리며 기본 단위는 1/10 에파(1이싸르)다. 1에파는 약 22리터에 해당하며 1/10에파는 2.2리터다. 소제는 키질하여 걸러낸 가장 '고운 가루'를 드린다. 소제의 종류에 따라 2/10나 3/10에파를 드리기도 하며(민 15:4-9), 그 양이 규정되지 않은 자원하는 예물(낙헌제)의 경우에는 최대 6에파까지 드릴 수

있다.

(2) 기름: 소제에는 보통 1/10에파의 곡식가루에 1로그의 올리브기름을 섞거나 부어 드린다. 1로그는 약 0.3리터에 해당한다. 곡식가루의 양에 따라 2로그나 3로그의 기름을 드리기도 한다(민 15:4-9). 그러나 1/10에파를 넘는 자원하는 예물에 관하여는 랍비들의 견해가 갈린다(「메나홋」9, 3).

(3) 유향: 소제는 원칙적으로 유향과 함께 드린다. 이를 곡식가루와 섞지 않으며, 그 위에 올려놓는다. 유향의 양은 손으로 한 움큼을 쥐는 만큼이다(「메나홋」1, 2).

이 세 가지 외에 굽기 위한 반죽을 만들 때 물을 섞기도 한다. 예외적으로 의심의 소제와 죄인의 소제에는 기름과 유향을 함께 드리지 않는다.

2. 소제의 종류

소제는 자원하는 예물(낙헌제)로 드리는 것, 의무적으로 드리는 것, 그리고 그 외에 소제의 형식으로 드리는 것 등 세 종류로 구분할 수 있다.

1) 자원하는 예물로서의 소제

자원하는 예물은 먼저 소제를 바치겠다고 서원하고 이를 이행하는 방식으로 드린다. 여기에는 다시 다섯 가지 종류가 있다.

(1) 반죽하거나 굽지 않은 고운 가루의 소제다.

(2) 번철에 구워서 드리는 소제다.

(3) 팬에 구워서 드리는 소제다.

(4) 화덕에서 빵의 형태로 구운 소제다.

(5) 화덕에서 과자의 형태로 구운 소제다. 이 경우에는 먼저 기름과 반죽하지 않고 다 구운 후 그 위에 기름을 붓는다.

2) 의무적 소제

토라가 명령하는 공동체나 개인을 위한 소제들로 특정한 상황에서 의무적으로 드려야 한다. 여섯 가지로 구분할 수 있다.

(1) 죄인의 소제: 레위기 5:11에 규정된 것으로 원래 가축 희생제사로 속죄제를 드려야 할 사람이 가난하면 이를 소제로 대체하는 것이다. 모든 속죄제를 다 대체할 수는 없고, 레위기 5:1-14에 명시된 속죄제에 한정한다.

(2) 의심의 소제: '질투의 소제'라고도 하며 아내의 부정이 의심스러울 경우 드리는 소제다. 민수기 5장에서 규정한다.

(3) 대제사장의 소제: 레위기 6:12-15에서 규정하고 있으며 대제사장이 매일 드려야 하는 소제다. 고운 가루 1/10에파를 반죽하여 열두 개의 빵을 굽고 여섯은 아침에, 나머지 여섯은 저녁에 드린다.

(4) 위임식의 소제: 직무를 처음 시작하는 제사장이 드리는 소제로 그 형식과 절차는 대제사장의 소제와 같다. 다만 아침과 저녁으로 나누지 않고 한번에 드린다.

(5) 전제의 소제: 자원하거나 의무적인 번제, 또는 화목제와 함께 드리는 소제로 포도주의 전제에 수반하여 드린다. 이때 희생제물의 종류에 따라 소제의 양도 달리 드리는데, 예를 들어 수소의 경우 3/10에파의 고운 가루에 6로그의 기름을 섞어 드리고, 숫양에는 2/10에파에 4로그를 드린다.

(6) 오메르의 소제: 공동체를 위한 소제로 유월절의 둘째 날(니싼월 16일)에 처음 수확한 보리의 가루를 찧어 드린다. 이 오메르의 제사가

끝나고 나면 이스라엘에서 그해에 새로 난 곡식을 자유롭게 먹을 수 있다(레 2:14-17; 23:9-14).

3) 기타 소제 형식의 제물

위에 언급한 소제들은 모두 제사장이 그중 한 움큼을 떠 번제단에 서 소각하는 절차를 요구한다. 그러나 이러한 절차를 요하지 않으면 서도 여전히 토라가 규정하는 제사의 일부로 드려지는 네 가지의 곡식 제물이 있으며, 마쎄켓 「메나홋」은 이에 대해 논의한다.

(1) 진설병: 그중 대표적인 것은 성소에 차려놓는 열두 개의 빵인 진설병이다. 안식일에 유향 두 움큼과 함께 진설하고 다음 안식일에 새로운 것들로 바꾼다. 성소에서 내어온 후 유향은 번제단에 소각하고 진설병은 제사장들이 먹는다(레 23:10).

(2) 두 덩이의 빵: 칠칠절에 드리는 소제로 두 마리 어린 양의 화목제와 함께 흔들어 요제로 드린다. 어린 양의 제물에 수반하여 드리는 것으로 제물의 흠이나 부정이 두 덩이 빵에도 미치며, 소제에서 한 움큼을 떠내어 제단에서 소각하는 '크미짜'의 절차를 행하지 않는다.

(3) 감사제의 제물: 토라는 감사제와 함께 네 종류의 빵과 과자를 함께 드리도록 명령한다(레 11:13). 각 종류별로 열 개씩 구워야 하며, 이 가운데 한 개씩을 제사장에게 주고 나머지는 제물을 가져온 사람이 먹는다. 여기서도 크미짜를 실행할 필요가 없다.

(4) 나실인의 제물: 나실인의 서원한 기간을 보내고 나면 희생제사를 바쳐야 하는데, 이와 더불어 구운 빵과 과자를 드려야 한다. 이 가운데 하나씩을 요제로 흔들고 이는 제사장의 몫으로 돌아간다.

3. 소제의 절차

소제를 드리는 절차에 관하여 레위기 2:1-3에서 그 대원칙을 정하고 있다. "누구든지 소제의 예물을 여호와께 드리려거든 고운 가루로 예물을 삼아 그 위에 기름을 붓고 또 그 위에 유향을 놓아 아론의 자손 제사장들에게로 가져갈 것이요. 제사장은 그 고운 가루 한 움큼과 기름과 그 모든 유향을 가져다가 기념물로제단 위에서 불사를지니 이는 화제라 여호와께 향기로운 냄새니라. 그 소제물의 남은 것은아론과 그의 자손에게 돌릴지니 이는 여호와의 화제물 중에 지극히 거룩한 것이니라."

1) 사전 절차

소제는 제물을 가져온 사람이 곡식가루의 일부를 '성별되었다'고 선언한 후 이를 별도의 성별된 그릇에 담는 행위로부터 시작된다. 이 같은 행위는 성전으로 제물을 가져오기 전에 이루어지며, 제사장이 아니어도 유효하다. 성별된 그릇에 곡식가루를 담은 뒤 일반적으로 올리브기름을 섞어 반죽하고 그 위에 유향을 한 줌 뿌린다. 제사장은 이를 받아 번제단 남서쪽 모서리로 가져간다.

2) 필수 제의 절차

소제도 희생제사의 예에 준하는 필수 제의 절차가 있다. 이 역시 네 단계로 세분된다.

(1) 움켜쥐기(קמיצה, 크미짜): 제사장이 손으로 곡식가루를 한 움큼 떠내어 성별된 제의용 그릇에 옮겨 담는다.

(2) 유향 옮겨 담기(בכלי שרת, 비클레이 샤렛): 제사장이 제물로 가져온 유향을 한 줌 집어 성별된 곡식가루에 올린다.

(3) 운반(הוליכה, 홀리카): 따로 담긴 곡식가루와 유향을 제단으로 가져간다.

(4) 소각(הקטרה, 하크타라): 곡식가루와 유향을 제단 위에서 불사른다.

4. 포도주의 전제

「메나홋」은 포도주의 전제에 대해서도 함께 규정한다. 전제의 최소 단위는 3로그이며, 이를 성전의 제구에 담아 번제단으로 가져온 뒤, 번제단 남서쪽 꼭대기에 있는 두 개의 은 그릇 가운데 하나에 붓는다. 이 그릇에는 번제단 아래로 통하는 구멍이 뚫려 있어 거기를 통해 포도주가 흘러내린다.

포도주의 전제에는 번제나 화목제를 드릴 때 소제에 수반하여 의무적으로 드리는 것이 있고(민 15), 자원하여 드리는 것이 있다. 전자는 그 양이 정해져 있으나, 후자는 최소한 3로그 이상을 드린다.

5. 측량 단위

1) 구약시대

- 로그(log): 0.3리터 정도의 부피로, 액체 단위와 혼용해서 쓰였다 (레 14:10).
- 카브(kab): 1.2리터 정도의 부피였다(왕하 6:25).
- 오메르(omer): 2.2리터 정도의 부피였으며, 에파로 환산하면 1/10 에파였다. '이싸르'로 표시하기도 했다(출 16:36).
- 쎄아(seah): 7.33리터 정도의 부피였다. 오메르로 환산하면 3/10오 메르였다(창 18:6).

- 에파(ephah): 22리터 정도였으며, 호메르로 환산하면 1/10호메르였다(출 29:40; 룻 2:17). 이싸르로 환산하면 10이싸르였다.
- 반 호메르(homer): 110리터에 해당하는 상당한 분량이었다. 에파로 환산하면 5에파였다(호 3:2).
- 호메르(homer): 고체 부피를 측정하는 가장 큰 단위로 220리터 정도를 나타냈다. 에파로 환산하면 10에파였다(민 11:32).

2) 신약시대
- 코이닉스(choiniks): 1.2리터 정도의 분량이었다(계 6:6).
- 모디오스(modios): 8.7리터 정도의 분량이었다(마 5:15; 눅 11:33).
- 사톤(saton): 13.124리터 정도의 분량이었다(마 13:33; 눅 13:21).

제1장

1, 1
다른 이름으로 소제를 드린 경우에 관해 논의한다.

כָּל הַמְּנָחוֹת שֶׁנִּקְמְצוּ שֶׁלֹּא לִשְׁמָן, כְּשֵׁרוֹת, אֶלָּא שֶׁלֹּא עָלוּ לַבְּעָלִים מִשּׁוּם
חוֹבָה, חוּץ מִמִּנְחַת חוֹטֵא, וּמִנְחַת קְנָאוֹת. מִנְחַת חוֹטֵא וּמִנְחַת קְנָאוֹת
שֶׁקְּמָצָן שֶׁלֹּא לִשְׁמָן, נָתַן בַּכְּלִי, וְהִלֵּךְ, וְהִקְטִיר שֶׁלֹּא לִשְׁמָן, אוֹ לִשְׁמָן וְשֶׁלֹּא
לִשְׁמָן, אוֹ שֶׁלֹּא לִשְׁמָן וְלִשְׁמָן, פְּסוּלוֹת. כֵּיצַד לִשְׁמָן וְשֶׁלֹּא לִשְׁמָן, לְשֵׁם
מִנְחַת חוֹטֵא וּלְשֵׁם מִנְחַת נְדָבָה, אוֹ שֶׁלֹּא לִשְׁמָן וְלִשְׁמָן, לְשֵׁם מִנְחַת נְדָבָה
וּלְשֵׁם מִנְחַת חוֹטֵא:

다른 이름으로 한 움큼을 제한 모든 소제는 유효하다. 그러나 〔소제
를 바친〕이의 의무가 이행되었다고 보지는 않는다. 죄인의 소제, 의
심의 소제는 예외다.

죄인의 소제와 의심의 소제의 경우, 다른 이름으로 〔한 움큼을〕제
하고 그릇에 담거나, 다른 이름으로 태웠거나, 원래 이름으로 드리다
가 나중에 다른 이름으로 드리거나, 다른 이름으로 드리다가 나중에
원래 이름으로 드린다면, 이 소제들은 무효다.

〔소제의〕원래 이름으로 드리다가 나중에 다른 이름으로 드린다는
것은 어떤 경우를 말하는가? 〔예를 들어〕죄인의 소제로 드리다가 자
발적 소제로 드리는 것이다.

〔소제를〕다른 이름으로 드리다가 나중에 원래 이름으로 드린다는
것은 어떤 경우를 말하는가? 〔예를 들어〕자발적 소제로 드리다가 죄
인의 소제로 드리는 것이다.

- 「제바힘」1, 1이 희생제사를 다른 이름으로 드린 경우에 대해 논한
  것처럼 여기서는 소제를 다른 이름으로 드리는 경우에 대해 논의

한다.

- 제사장은 제단에서 태우기 위해 소제 한 움큼(한 줌)을 가져가도록 되어 있다(레 2:3).
- 의무를 이행하지 못하게 되는 경우, 이들은 다른 것을 다시 소제로 가져와야 한다.
- 죄인의 소제/속죄의 소제다(레 5:11-13).
- 의심의 소제란 질투의 소제. 부정이 의심되는 여인, 즉 쏘타(Sotah) 가 가져온 소제를 말한다(「쏘타」 2, 1).
- 속죄의 소제와 의심의 소제의 경우, 이를 집전하는 제사장이 다른 소제와 혼동했다면, 이 소제들은 무효가 되어 제단에 바칠 수 없으며, 그 〔한 움큼을 제하고〕 남은 부분도 먹어서는 안 된다.
- 제사장이 처음에는 소제의 종류를 제대로 인지했으나, 이후 다른 소제와 혼동했다면 그 소제는 무효가 된다. 반대의 경우도 마찬가지로, 처음에는 다른 소제와 혼동했다가 후에 제대로 인지하여 집전했으면 그 소제는 무효다.

1, 2

소제에서 한 움큼을 제하는 움켜쥐기(크미짜) 절차가 무효가 되는 경우를 예시한다.

אַחַת מִנְחַת חוֹטֵא וְאַחַת כָּל הַמְּנָחוֹת שֶׁקְּמָצָן זָר, אוֹנֵן, טְבוּל יוֹם, מְחֻסַּר
בְּגָדִים, מְחֻסַּר כִּפּוּרִים, שֶׁלֹּא רְחוּץ יָדַיִם וְרַגְלַיִם, עָרֵל, טָמֵא, יוֹשֵׁב, עוֹמֵד
עַל גַּבֵּי כֵלִים, עַל גַּבֵּי בְהֵמָה, עַל גַּבֵּי רַגְלֵי חֲבֵרוֹ, פָּסַל. קָמַץ בִּשְׂמֹאל, פָּסַל.
בֶּן בְּתֵירָא אוֹמֵר, יַחֲזִיר וְיַחֲזֹר וְיִקְמֹץ בְּיָמִין. קָמַץ וְעָלָה בְיָדוֹ צְרוֹר אוֹ גַרְגִּיר
מֶלַח אוֹ קֹרֶט שֶׁל לְבוֹנָה, פָּסַל, מִפְּנֵי שֶׁאָמְרוּ, הַקֹּמֶץ הַיָּתֵר וְהֶחָסֵר, פָּסוּל.
אֵיזֶה הוּא הַיָּתֵר, שֶׁקְּמָצוֹ מְבֹרָץ. וְחָסֵר, שֶׁקְּמָצוֹ בְרָאשֵׁי אֶצְבְּעוֹתָיו. כֵּיצַד
הוּא עוֹשֶׂה, פּוֹשֵׁט אֶת אֶצְבְּעוֹתָיו עַל פַּס יָדוֹ:

죄인의 소제나 기타 다른 〔종류의〕 소제에 있어, 〔제사장이 아닌〕 자, 오넨, 당일에 〔부정을〕 씻은 자, 〔제사장〕 예복을 입지 않은 자, 속죄가 아직 이뤄지지 않은 자, 수족을 씻지 않은 자, 할례를 받지 않았거나 부정한 자, 앉거나 혹은 도구 및 동물 내지 타인의 발 위에 선 채로 한 움큼을 제한 자는 〔소제를〕 무효로 만든다.

만일 〔제사장이〕 한 움큼을 왼손으로 제하면 이는 무효다. 벤 베테라는 이렇게 말한다. "그는 이를 도로 가져다 놓고 다시 오른손으로 취할 수 있다."

"한 움큼이 넘거나 모자라면 무효다"라고 말했기 때문에, 한 움큼을 제할 때 〔제사장의〕 손에 자잘한 돌이나 소금가루나 향 한 방울이라도 같이 따라오면 이는 무효다.

"한 움큼이 넘는다는 것"은 어떤 경우를 말하는가? 손에서 넘쳐흐르게 제하는 경우다. "모자란 것"은 어떤 경우를 말하는가? 손가락 끝으로만 〔집어〕 제하는 경우다.

그(제사장)는 어떻게 〔한 움큼을〕 제해야 하는가? 그는 손바닥에서 손가락을 쫙 펴야 한다.

- 「제바힘」 2, 1에서 자격 없는 사람에 의해 취혈이 이루어진 경우를 다룬 것과 같다.
- 오넨(אונן): 친족 중 한 명이 사망하면, 그날에는 곡을 해야 하는 의무를 진 '오넨'으로 간주된다.
- 테불 욤 (טבול יום): 직역하면 '낮에 씻은 자'다. 부정한 것에 접촉한 사람이 정결례장에 몸을 담가 깨끗하게 해야 하는데, 해 지기 전에 정결례를 시행했더라도 해가 진 후에야 정결해진다(레 11:32; 22: 7; 「테불 욤」).
- 부정한 시기가 끝날 때 희생제물을 바쳐야 하는 경우가 있는데, 제

사장이 이를 지키지 않으면 희생제의에 참여할 수 없다.

- 제사장들이 수족을 씻는 규정은 출애굽기 30:19을 참조하라.
- 희생제의는 성전 안뜰 '바닥'에 '서서' 행해야 한다. 앉거나 무엇을 밟고 서서 하는 제의 행위는 무효가 된다.

1, 3

소제가 무효가 되는 경우들을 열거한다.

רִבָּה שַׁמְנָה, וְחִסֵּר שַׁמְנָה, חִסֵּר לְבוֹנָתָה, פְּסוּלָה. הַקּוֹמֵץ אֶת הַמִּנְחָה
לֶאֱכֹל שְׁיָרֶיהָ בַחוּץ, אוֹ כַזַּיִת מִשְּׁיָרֶיהָ בַחוּץ, לְהַקְטִיר קֻמְצָהּ בַּחוּץ, אוֹ
כַזַּיִת מִקֻּמְצָהּ בַּחוּץ, אוֹ לְהַקְטִיר לְבוֹנָתָהּ בַּחוּץ, פָּסוּל וְאֵין בּוֹ כָרֵת. לֶאֱכֹל
שְׁיָרֶיהָ לְמָחָר, אוֹ כַזַּיִת מִשְּׁיָרֶיהָ לְמָחָר, לְהַקְטִיר קֻמְצָהּ לְמָחָר, אוֹ כַזַּיִת
מִקֻּמְצָהּ לְמָחָר, אוֹ לְהַקְטִיר לְבוֹנָתָהּ לְמָחָר, פִּגּוּל וְחַיָּבִין עָלָיו כָרֵת. זֶה
הַכְּלָל, כָּל הַקּוֹמֵץ, וְהַנּוֹתֵן בַּכְּלִי, וְהַמְהַלֵּךְ, וְהַמַּקְטִיר, לֶאֱכֹל דָּבָר שֶׁדַּרְכּוֹ
לֶאֱכֹל, וּלְהַקְטִיר דָּבָר שֶׁדַּרְכּוֹ לְהַקְטִיר, חוּץ לִמְקוֹמוֹ, פָּסוּל וְאֵין בּוֹ כָרֵת.
חוּץ לִזְמַנּוֹ, פִּגּוּל וְחַיָּבִין עָלָיו כָרֵת, וּבִלְבַד שֶׁיִּקְרַב הַמַּתִּיר כְּמִצְוָתוֹ. כֵּיצַד
קָרַב הַמַּתִּיר כְּמִצְוָתוֹ. קָמַץ בִּשְׁתִיקָה וְנָתַן בַּכְּלִי וְהִלֵּךְ וְהִקְטִיר חוּץ לִזְמַנּוֹ,
אוֹ שֶׁקָּמַץ חוּץ לִזְמַנּוֹ וְנָתַן בַּכְּלִי וְהִלֵּךְ וְהִקְטִיר בִּשְׁתִיקָה, אוֹ שֶׁקָּמַץ וְנָתַן
בַּכְּלִי וְהִלֵּךְ וְהִקְטִיר חוּץ לִזְמַנּוֹ, זֶה הוּא שֶׁיִּקְרַב הַמַּתִּיר כְּמִצְוָתוֹ:

기름이 〔너무〕 많거나 모자라거나 그 향이 너무 적을 때, 〔그 소제 는〕 무효가 된다.

소제를 한 움큼 제하는 사람이 그 나머지를 〔성전〕 밖에서 먹으려고 하거나, 올리브 한 알만큼이라도 밖에서 먹으려고 하거나, 그 한 움 큼 모두 혹은 올리브 한 알만큼이라도 밖에서 태우려고 하거나, 향을 밖에서 태우려고 의도하면, 〔그 소제는〕 무효가 된다. 그러나 카렛 처 벌을 받지는 않는다.

〔소제를 한 움큼 제하는 사람이〕 그 나머지를 다음 날 먹으려고 하 거나, 올리브 한 알만큼이라도 다음 날 먹으려고 하거나, 한 움큼을

다음 날 태우려고 하거나, 올리브 한 알만큼이라도 다음 날 태우려고 하거나, 향을 다음 날 태우려고 의도하면, 이는 혐오스러운 것이며, 카렛 처벌을 [받을] 의무가 있다.

대원칙은 다음과 같다. 누구든 [소제의] 한 움큼을 제하거나 그릇에 담거나 제단에 가져가거나 그것을 태울 때 규칙에 의거해 먹고자 의도하고, 적법한 절차로 태웠어도, 지정된 장소 외에서 태웠다면 [그 소제는] 무효가 되나 카렛 처벌을 받지는 않는다. 만일 율법에 따라 유효하게 하는 부분을 적법하게 드릴 때 정해진 시간을 넘겨 [먹거나 태우려고 의도하면] 이는 혐오스러운 것이며, 카렛 처벌을 [받을] 의무가 있다.

율법에 따라 유효하게 하는 부분을 적법하게 드리는 것은 어떤 경우인가? 한 움큼을 제하고 그릇에 담았는데 지정된 시간을 지나 [그것을 먹으려는 의도로] 운반하거나 태운 경우, 지정된 시간을 지나 [그것을 먹으려는 의도로] 한 움큼을 제하고, 그릇에 담고, 운반하고 태운 경우, 한 움큼을 제했는데, 지정된 시간[을 지나] 그릇에 담거나 운반하거나 태운 경우, 이것이 율법에 따른 유효하게 하는 부분을 적법하게 드린 것이다.

- 잘못된 의도를 가지고 진행한 소제의 절차가 무효가 되고 때로는 카렛 처벌을 받게 되는 경우를 제시한다. 「제바힘」2, 2-5의 규정을 함께 참고하라.

1, 4
이어서 소제가 무효가 되는 다른 경우들을 열거하고 랍비 예후다의 대원칙을 소개한다.

כֵּיצַד לֹא קָרַב הַמַּתִּיר כְּמִצְוָתוֹ. קָמַץ חוּץ לִמְקוֹמוֹ, וְנָתַן בַּכְּלִי וְהִלֵּךְ וְהִקְטִיר
חוּץ לִזְמַנּוֹ, אוֹ שֶׁקָּמַץ חוּץ לִזְמַנּוֹ וְנָתַן בַּכְּלִי וְהִלֵּךְ וְהִקְטִיר חוּץ לִמְקוֹמוֹ, אוֹ
שֶׁקָּמַץ וְנָתַן בַּכְּלִי וְהִלֵּךְ וְהִקְטִיר חוּץ לִמְקוֹמוֹ, מִנְחַת חוֹטֵא וּמִנְחַת קְנָאוֹת
שֶׁקְּמָצָן שֶׁלֹּא לִשְׁמָן וְנָתַן בַּכְּלִי וְהִלֵּךְ וְהִקְטִיר חוּץ לִזְמַנָּן, אוֹ שֶׁקָּמַץ חוּץ
לִזְמַנָּן, וְנָתַן בַּכְּלִי וְהִלֵּךְ וְהִקְטִיר שֶׁלֹּא לִשְׁמָן, אוֹ שֶׁקָּמַץ וְנָתַן וְהִלֵּךְ
וְהִקְטִיר שֶׁלֹּא לִשְׁמָן, זֶה הוּא שֶׁלֹּא קָרַב הַמַּתִּיר כְּמִצְוָתוֹ. לֶאֱכֹל כַּזַּיִת בַּחוּץ
וְכַזַּיִת לְמָחָר, כַּזַּיִת לְמָחָר וְכַזַּיִת בַּחוּץ, כַּחֲצִי זַיִת בַּחוּץ וְכַחֲצִי זַיִת לְמָחָר,
כַּחֲצִי זַיִת לְמָחָר וְכַחֲצִי זַיִת בַּחוּץ, פָּסוּל וְאֵין בּוֹ כָרֵת. אָמַר רַבִּי יְהוּדָה, זֶה
הַכְּלָל, אִם מַחֲשֶׁבֶת הַזְּמַן קָדְמָה לְמַחֲשֶׁבֶת הַמָּקוֹם, פִּגּוּל וְחַיָּבִים עָלָיו כָרֵת.
וְאִם מַחֲשֶׁבֶת הַמָּקוֹם קָדְמָה לְמַחֲשֶׁבֶת הַזְּמָן, פָּסוּל וְאֵין בּוֹ כָרֵת. וַחֲכָמִים
אוֹמְרִים, זֶה וָזֶה פָּסוּל וְאֵין בּוֹ כָרֵת. לֶאֱכֹל כַּחֲצִי זַיִת וּלְהַקְטִיר כַּחֲצִי זַיִת,
כָּשֵׁר, שֶׁאֵין אֲכִילָה וְהַקְטָרָה מִצְטָרְפִין:

율법에 따라 유효하게 하는 부분을 적법하게 드리지 않은 것은 어
떤 경우인가? 정해진 장소 밖에서 〔그것을 먹으려는 의도로〕 한 움큼
을 제한 다음 그릇에 담아 제단으로 옮기고 정해진 시간이 지나 〔그
것을 먹으려는 의도로〕 태운 경우, 또는 정해진 시간이 지나 〔그것을
먹으려는 의도로〕 한 움큼을 제한 다음 그릇에 담아 제단으로 운반하
고 정해진 장소 외에서 〔그것을 먹으려는 의도로〕 태운 경우, 또는 한
움큼을 제하고 그릇에 담아 제단으로 옮긴 다음 정해진 장소 밖에서
〔그것을 먹으려는 의도로〕 태운 경우, 죄인의 소제나 의심의 소제를
다른 이름으로 한 움큼을 제하고 그릇에 담아 제단에 옮긴 후 정해진
시간을 지나 〔그것들을 먹으려는 의도로〕 태운 경우, 또는 정해진 시
간이 지나 〔먹으려는 의도로 그것들(죄인의 소제, 의심의 소제)에서〕
한 움큼을 제하고 그릇에 담아 제단에 올리고 다른 이름으로 그것을
태운 경우, 또는 한 움큼을 제하고 그릇에 담아 제단에 옮기고 다른 이
름으로 태운 경우, 율법에 따라 유효하게 하는 절차를 적법하게 드리
지 않은 것이다.

올리브 한 알만큼의 〔소제를〕 정해진 장소 밖에서 먹고 그만큼을 다

음 날 먹으려고 〔의도하거나〕, 올리브 한 알만큼의 〔소제를〕 다음 날 먹고 그만큼을 정해진 장소 밖에서 〔먹으려고 의도한 경우〕, 올리브 반쪽만큼의 〔소제를〕 정해진 장소 밖에서 먹고, 그만큼을 다음 날 〔먹으려고 의도하거나〕, 올리브 반쪽만큼의 〔소제를〕 다음 날 먹고 그만큼을 정해진 장소 밖에서 〔먹으려고 의도한 경우〕, 이 소제는 무효이나 카렛 처벌을 받지는 않는다.

랍비 예후다는 이렇게 말한다. "대원칙은 다음과 같다. 시간에 관한 〔부적절한〕 의도가 장소에 관한 〔부적절한〕 의도를 선행했을 때, 〔그 제사는〕 혐오스러운 것이며 카렛 처벌을 〔받을〕 의무가 있다. 그러나 장소에 대한 〔부적절한〕 의도가 시간에 관한 〔부적절한〕 의도를 선행했을 때, 이는 무효이지만 카렛 처벌을 받지 않는다. 그러나 현인들은 이렇게 말한다. "두 경우 〔모두 제사는〕 무효이되 카렛 처벌을 받지는 않는다. 〔만일 정해진 시간이 지난 후 혹은 정해진 장소 밖에서〕 올리브 반쪽만큼을 먹고 그만큼을 태우려고 의도했다면 이는 유효하다. 먹는 것과 태우는 것이 연결되지는 않기 때문이다."

● 이 미쉬나 역시 「제바힘」 2, 4-5와 동일한 원칙을 소제에 적용한다.

제2장

2, 1
소제의 한 움큼과 향에 관한 잘못된 의도에 관한 논의다.

הַקּוֹמֵץ אֶת הַמִּנְחָה לֶאֱכֹל שְׁיָרֶיהָ אוֹ לְהַקְטִיר קֻמְצָהּ לְמָחָר, מוֹדֶה רַבִּי יוֹסֵי בָּזֶה, שֶׁהוּא פִגּוּל וְחַיָּבִין עָלָיו כָּרֵת. לְהַקְטִיר לְבוֹנָתָהּ לְמָחָר, רַבִּי יוֹסֵי אוֹמֵר, פָּסוּל וְאֵין בּוֹ כָרֵת, וַחֲכָמִים אוֹמְרִים, פִּגּוּל וְחַיָּבִין עָלָיו כָּרֵת. אָמְרוּ לוֹ, מַה

שָׁנָה זוֹ מִן הַזֶּבַח. אָמַר לָהֶם, שֶׁהַזֶּבַח דָּמוֹ וּבְשָׂרוֹ וְאֵמוּרָיו אֶחָד, וּלְבוֹנָה
אֵינָהּ מִן הַמִּנְחָה:

다음 날 나머지를 먹으려는 [의도로] 혹은 다음 날 태우려는 [의도로] 소제의 한 움큼을 뗀 경우, 랍비 요쎄는 그 [제물은] 혐오스러운 것이고 카렛 처벌을 [받을] 책임이 있다는 데 동의한다.

그 향을 다음 날 태우려고 [의도한] 경우 랍비 요쎄는 이렇게 말한다. "[그 제물은] 무효이지만 카렛 처벌을 받지는 않는다." 그러나 현인들은 "그 역시 혐오스러운 것이고 카렛 처벌을 받는다"고 말한다.

그들(현인들)은 그(랍비 요쎄)에게 말했다. "이것은 동물 희생제물과 어떻게 다른가?" 그(랍비 요쎄)는 그들(현인들)에게 말했다. "동물 희생제물은 그 피와 살과 소각부 부위가 하나이지만, 향은 소제에서 나온 것이 아니다."

- 소제에 동반되는 '향'에 잘못된 의도를 둔 경우, 랍비 요쎄와 다른 랍비들은 견해의 차이를 보인다.
- 다른 랍비들은 랍비 요쎄에게 소제의 경우 동물 희생제물과 다르게 적용하는 이유를 묻는다. 랍비 요쎄는 동물 희생제사를 드릴 때는 그 피, 살, 소각 부위가 원래 한 동물에서 나온 것이나, 소제의 향은 소제의 일부를 구성하던 것이 아니기 때문이라고 설명한다.

2, 2

שָׁחַט שְׁנֵי כְבָשִׂים לְאֵכֹל אַחַת מִן הַחַלּוֹת לְמָחָר, הִקְטִיר שְׁנֵי בְזִיכִין לְאֵכֹל
אֶחָד מִן הַסְּדָרִים לְמָחָר, רַבִּי יוֹסֵי אוֹמֵר, אוֹתָהּ הַחַלָּה וְאוֹתוֹ הַסֵּדֶר שֶׁחִשַּׁב
עָלָיו, פִּגּוּל וְחַיָּבִין עָלָיו כָּרֵת, וְהַשֵּׁנִי פָּסוּל וְאֵין בּוֹ כָּרֵת. וַחֲכָמִים אוֹמְרִים,
זֶה וָזֶה פִּגּוּל וְחַיָּבִין עָלָיו כָּרֵת. נִטְמֵאת אַחַת מִן הַחַלּוֹת אוֹ אֶחָד מִן
הַסְּדָרִים, רַבִּי יְהוּדָה אוֹמֵר, שְׁנֵיהֶם יֵצְאוּ לְבֵית הַשְּׂרֵפָה, שֶׁאֵין קָרְבַּן צִבּוּר
חָלוּק. וַחֲכָמִים אוֹמְרִים, הַטָּמֵא בְטֻמְאָתוֹ, וְהַטָּהוֹר יֵאָכֵל:

어린 숫양 두 마리를 도살하면서 빵 두 덩어리 중 하나를 다음 날에 먹으려고 [의도한 경우], 진설병 두 줄 가운데 하나를 다음 날에 먹으려는 [의도를 지닌 채] 두 접시의 [향을] 태운 경우, 랍비 요쎄는 이렇게 말한다. "[다음 날 먹으려고] 의도했던 바로 그 덩어리 또는 바로 그 [진설병] 줄은 혐오스러운 것이며 카렛 처벌을 받는다. 나머지 한쪽도 무효이지만 카렛 처벌을 받지는 않는다." 그러나 현인들은 "두 경우 [모두] 혐오스러운 것이며 카렛 처벌을 받는다"고 말한다.

[두] 덩어리 중 하나 또는 [진설병 두 줄 중] 한 줄이 부정해진 경우, 랍비 예후다는 이렇게 말한다. "양쪽 모두 소각장으로 내보내야 한다. [이스라엘] 회중의 제물은 나눌 수 없기 때문이다. 그러나 현인들은 '부정한 것은 부정하게 [취급하되], 정한 것은 먹을 수 있다'라고 말한다."

- 첫째 미쉬나(2, 1)의 연속선상에 있으며, 「메나홋」1, 3 과 비슷한 사례다. 논점은 희생제물을 드림에 있어 잘못된 의도가 있는 경우, 제물 전체가 혐오스러운 것이 되느냐, 아니면 잘못된 의도가 개입된 부분만 혐오스러운 것이 되느냐.
  - 칠칠절 때 이스라엘 회중의 이름으로 두 마리 어린 숫양을 화목제물로 드린다(레 23:16-21).
  - 진설병은 고운 가루로 열두 개의 빵을 구워 한 줄 여섯 개씩 두 줄을 진설하도록 되어 있다(출 25:30; 레 24:5-9).
  - 진설병 위에 제사장은 향 두 접시를 올려놓는다(레 24:7). 이 향을 사르면서 진설병 두 줄 가운데 한 줄을 정해진 기한을 넘겨 다음 날 먹으려고 의도한 경우다.
- 랍비 예후다는 동물 희생제물이든 진설병이든 어느 한쪽이 부정해져도 모두 소각해야 한다고 주장한다.

- 회중(צבור, 찌부르)이란 온 이스라엘 회중을 가리킨다.
- 랍비들은 부정해지지 않은 쪽은 먹을 수 있다고 본다.

2, 3
감사제와 함께 바친 빵의 사례에 대해 논의한다.

הַתּוֹדָה מְפַגֶּלֶת אֶת הַלֶּחֶם, וְהַלֶּחֶם אֵינוֹ מְפַגֵּל אֶת הַתּוֹדָה. כֵּיצַד. הַשּׁוֹחֵט
אֶת הַתּוֹדָה לֶאֱכֹל מִמֶּנָּה לְמָחָר, הִיא וְהַלֶּחֶם מְפֻגָּלִין. לֶאֱכֹל מִן הַלֶּחֶם
לְמָחָר, הַלֶּחֶם מְפֻגָּל וְהַתּוֹדָה אֵינָה מְפֻגֶּלֶת. הַכְּבָשִׂים מְפַגְּלִין אֶת הַלֶּחֶם,
וְהַלֶּחֶם אֵינוֹ מְפַגֵּל אֶת הַכְּבָשִׂים. כֵּיצַד. הַשּׁוֹחֵט אֶת הַכְּבָשִׂים לֶאֱכֹל מֵהֶם
לְמָחָר, הֵם וְהַלֶּחֶם מְפֻגָּלִים. לֶאֱכֹל מִן הַלֶּחֶם לְמָחָר, הַלֶּחֶם מְפֻגָּל, וְהַכְּבָשִׂים
אֵינָן מְפֻגָּלִין:

감사제물은 빵을 혐오스러운 것으로 만들 수 있으나, 빵은 감사제물을 혐오스러운 것으로 만들 수 없다. 어떠한 경우에 그러한가? 만일 감사제 일부를 다음 날 먹으려고 〔의도하면서〕도살했을 때, 그 〔감사제물과〕빵은 혐오스러운 것이다. 그러나 빵 일부를 다음 날 먹으려고 〔의도했다면〕, 빵은 혐오스러운 것이지만 감사제물은 혐오스러운 것이 아니다.

어린 숫양들은 빵을 혐오스러운 것으로 만들 수 있으나, 빵은 두 숫양을 혐오스러운 것으로 만들 수 없다. 어떠한 경우에 그러한가? 만일 그 일부를 다음 날 먹으려고 의도하면서 숫양들을 도살했다면, 양들과 빵 모두 혐오스러운 것이다. 그러나 빵 일부를 다음 날 먹으려고 의도했다면 빵은 혐오스러운 것이지만, 양들은 혐오스러운 것이 아니다.

- 레위기 7:12에 의하면, 화목제의 감사제물(동물)과 함께 누룩이 들어 있지 않은 무교병을 바치게 되어 있다. 감사제물이 중심이고 무

교병은 부차적이므로, 가장 중요한 감사제물이 혐오스러운 것이 되면 함께 드린 빵은 자연히 혐오스러운 것이 된다.

- 위 규정을 둘째 미쉬나(2, 2)에서 다룬 칠칠절의 두 숫양과 함께 바친 빵에 적용하고 있다. 화목제물인 숫양 두 마리가 가장 중심이 되고 빵은 부차적이므로, 두 양이 혐오스러운 것이 되면 빵도 따라서 혐오스러운 것이 된다. 그러나 화목제물에 부차적으로 따르는 빵만 혐오스러운 것이면 주를 차지하는 숫양은 혐오스러운 것이 아니다.

2, 4

הַזֶּבַח מְפַגֵּל אֶת הַנְּסָכִין מִשֶּׁקָּדְשׁוּ בִכְלִי, דִּבְרֵי רַבִּי מֵאִיר. וְהַנְּסָכִין אֵינָן מְפַגְּלִין אֶת הַזֶּבַח. כֵּיצַד. הַשּׁוֹחֵט אֶת הַזֶּבַח לֶאֱכֹל מִמֶּנּוּ לְמָחָר, הוּא וּנְסָכָיו מְפַגָּלִין. לְהַקְרִיב מִן הַנְּסָכִין לְמָחָר, הַנְּסָכִין מְפַגָּלִין, וְהַזֶּבַח אֵינוֹ מְפַגָּל:

이미 그릇에서 성별한 〔전제라면〕 희생제물은 전제를 혐오스러운 것으로 만든다. 이는 랍비 메이르의 말이다.

그러나 전제가 희생제물을 혐오스러운 것으로 만들지는 않는다. 어떠한 경우에 그러한가? 도살하는 자가 희생제물의 일부를 다음 날 먹으려는 〔의도를 지니고〕 있었을 때, 그 〔제물과〕 전제는 모두 혐오스러운 것이다. 그러나 전제를 다음 날에 드릴 〔의도였다면〕 전제는 혐오스러운 것이 되지만 희생제물은 혐오스러운 것이 되지 않는다.

- 동물 희생제물을 드릴 때 전제로 헌주가 동반된다(민 15; 게마라 44a). 랍비 메이르의 주장에 대한 현인들의 의견은 써 있지 않지만, 이미 「제바힘」 4, 3에서 현인들은 희생제물에 동반되는 헌주는 혐오스러운 것이 될 수 없다고 규정해놓았다. 따라서 그 헌주는 음복할 수 있다고 보아야 한다.[1]
- 셋째 미쉬나(2, 3)와 비슷한 원리다. 제의의 주가 되는 것은 동물 희

생제물이며 전제는 부차적인 것이기 때문에, 전제가 혐오스러운 것이 되어도 주된 희생제물은 혐오스러운 것이 되지 않는다.

2, 5

פִּגֵּל בַּקֹּמֶץ וְלֹא בַלְּבוֹנָה, בַּלְּבוֹנָה וְלֹא בַקֹּמֶץ, רַבִּי מֵאִיר אוֹמֵר, פִּגּוּל וְחַיָּבִין
עָלָיו כָּרֵת. וַחֲכָמִים אוֹמְרִים, אֵין בּוֹ כָרֵת, עַד שֶׁיְּפַגֵּל אֶת כָּל הַמַּתִּיר. מוֹדִים
חֲכָמִים לְרַבִּי מֵאִיר בְּמִנְחַת חוֹטֵא וּבְמִנְחַת קְנָאוֹת, שֶׁאִם פִּגֵּל בַּקֹּמֶץ,
שֶׁהוּא פִגּוּל וְחַיָּבִין עָלָיו כָּרֵת, שֶׁהַקֹּמֶץ הוּא הַמַּתִּיר. שָׁחַט אֶחָד מִן הַכְּבָשִׂים
לֶאֱכֹל שְׁתֵּי חַלּוֹת לְמָחָר, הִקְטִיר אֶחָד מִן הַבְּזִיכִים לֶאֱכֹל שְׁנֵי סְדָרִים לְמָחָר,
רַבִּי מֵאִיר אוֹמֵר, פִּגּוּל וְחַיָּבִים עָלָיו כָּרֵת. וַחֲכָמִים אוֹמְרִים, אֵין פִּגּוּל, עַד
שֶׁיְּפַגֵּל אֶת כָּל הַמַּתִּיר. שָׁחַט אֶחָד מִן הַכְּבָשִׂים לֶאֱכֹל מִמֶּנּוּ לְמָחָר, הוּא
פִגּוּל, וַחֲבֵרוֹ כָּשֵׁר. לֶאֱכֹל מֵחֲבֵרוֹ לְמָחָר, שְׁנֵיהֶם כְּשֵׁרִים:

만일 유향 말고 소제의 한 움큼을 또는 [소제] 한 움큼 말고 유향을 혐오스러운 것으로 만든 경우, 랍비 메이르는 이렇게 말한다. "[제물은] 혐오스러운 것이며 카렛 처벌을 받는다." 그러나 현인들은, "유효하게 하는 것을 모두 혐오스러운 것으로 만들지 않는 한 카렛 처벌을 받지 않는다"고 말한다.

현인들은 랍비 메이르의 의견에 동의하여, 죄인의 소제 혹은 의심의 소제의 경우 한 움큼을 [태우면서] 혐오스러운 것이 되도록 [의도했다면, 그 남은 소제는] 혐오스러운 것이며 카렛 처벌을 [받을] 의무가 있다고 말한다. [이 경우 오직] 한 움큼이 유효하게 하는 것이기 때문이다.

만일 숫양들 중 하나를 도살하면서 빵 두 덩이를 다음 날 먹으려고 [의도하거나, 유향] 한 그릇을 태우면서 [진설병] 두 줄을 그다음 날

---

1) 「제바힘」 4, 3에서 '전제' 또는 '따로 드리는 전제'로 번역함. 헌주/신주(נֶסֶךְ)라 고도 하며 보통 포도주를 사용한다(민 28:7).

먹으려고 한 경우, 랍비 메이르는 그 [양은] 혐오스러운 것이고 카렛 처벌을 [받을] 의무가 있다고 말한다. 그러나 현인들은 유효하게 하는 것을 전부 혐오스러운 것으로 만들기 전에는 혐오스러운 것이 아니라고 말한다.

만일 숫양들 중 하나를 도살하면서 다음 날 먹으려고 [의도했다면, 도살한] 그 [양은] 혐오스러운 것이지만, 다른 양들은 [제물로] 유효하다. 그러나 [두 양 중 하나를 도살하면서] 남은 [양을] 다음 날 먹으려고 의도했다면, 두 양 모두 [제물로] 유효하다.

- 소제로부터 한 움큼을 제해 제단에서 태우는 것, 유향을 사르는 것, 이 두 가지는 소제 의식을 유효하게 하는 것(מתיר, 마티르)이다. 랍비 메이르는 이 유효하게 하는 것 중 하나를 진행하면서 한 움큼을 제한 나머지 소제를 정해진 시간이 지나 먹으려고 의도했다면, 남은 소제는 혐오스러운 것이 되고 그것을 먹는 자는 카렛 처벌을 받는다고 주장한다.
- 다른 현인들은 이에 반대하여, 한 움큼을 제단에서 태우고 향을 사르는 모든 과정에서 부적절한 의도가 수반되어야 남은 소제도 혐오스러운 것이 된다고 말한다.
- 셋째 단락은 칠칠절에 드리는 숫양 두 마리와 진설병 위에 놓는 향 두 접시에 관한 내용이다. 두 양 중 한 마리를 도살하는 중이든, 향 두 접시를 사르는 중이든 상관없이, 칠칠절 빵을 정해진 시간이 지나 먹으려는 의도가 수반되면, 랍비 메이르는 그 빵이 혐오스러운 것이 된다고 주장한다.
- 현인들은 두 양을 도살하고 두 향 접시를 사르는 모든 과정에서 부적절한 의도가 수반되지 않는 한, 그 빵은 혐오스러운 것이 되지 않는다고 주장한다.

- 죄인의 소제와 의심의 소제에는 향을 사르는 절차가 없다(레 5:11, 민 5:15). 그러므로 '한 움큼을 제하여 태우는 것'이 유일한 유효하게 하는 것이다.
- 칠칠절 두 숫양 중, 부적절한 의도가 개입된 양이 혐오스러운 것이 되어도 다른 양에 영향을 끼치지는 않는다.
- 마지막 문장에서 예시하는 경우에는 도살하는 양에는 부적절한 의도가 개입되지 않았고, 부적절한 의도가 개입된 양은 아직 도살되지 않았다. 따라서 두 마리 양 모두 혐오스러운 것이 되지 않고, 제물로 유효하다.

제3장

3, 1
소제의 한 움큼에 대한 잘못된 의도에 대해 논의한다.

הַקּוֹמֵץ אֶת הַמִּנְחָה לֶאֱכֹל דָּבָר שֶׁאֵין דַּרְכּוֹ לֶאֱכֹל, לְהַקְטִיר דָּבָר שֶׁאֵין דַּרְכּוֹ
לְהַקְטִיר, כָּשֵׁר. רַבִּי אֱלִיעֶזֶר פּוֹסֵל. לֶאֱכֹל דָּבָר שֶׁדַּרְכּוֹ לֶאֱכֹל, לְהַקְטִיר דָּבָר
שֶׁדַּרְכּוֹ לְהַקְטִיר, פָּחוֹת מִכַּזַּיִת, כָּשֵׁר. לֶאֱכֹל כַּחֲצִי זַיִת וּלְהַקְטִיר כַּחֲצִי זַיִת,
כָּשֵׁר, שֶׁאֵין אֲכִילָה וְהַקְטָרָה מִצְטָרְפִין:

만약 그 〔제사장이〕 소제의 한 움큼을 떼면서 보통 먹지 않는 부분을 〔시간이나 장소 외에서〕 먹으려고 하거나 태우지 않는 부분을 〔시간이나 장소 외에서〕 태우려 했다면 〔그 제사는〕 유효하다. 그러나 랍비 엘리에제르는 무효라고 한다.

〔만약 그가〕 먹어야 하는 것을 〔잘못된 의도로〕 먹으려고, 또는 태워야 하는 것을 태우려고 〔소제의 한 움큼을 떼었으나〕 올리브 한 알보다 적은 〔양이었다면 그 제사는〕 유효하다.

〔만약 그가〕 올리브 반쪽만큼을 먹고, 반쪽만큼은 태우려고 〔한 움큼을 떼면 그 제사는〕 유효하다. 먹는 것과 태우는 것은 서로 연결되지 않기 때문이다.

- 제사를 무효로 만드는 의도를 가지고 한 행위일지라도 제사의 유효성에 영향을 미치지 않는 특수한 경우들을 논하고 있다.
- 통상적으로 먹지 않거나 태우지 않는 부분에 대해서는 시간을 넘어 혹은 정해진 장소 외에서 그 같은 행위를 하려는 의도를 가졌다 해도 제사에는 영향을 미치지 않는다.
- 제사를 무효로 만드는 의도를 가지고 한 행위일지라도 그 대상의 양이 올리브 한 알에 미치지 못하면 그 행위는 의미가 없다.

3, 2

לֹא יָצַק, לֹא בָלַל, לֹא פָתַת, לֹא מָלַח, לֹא הֵנִיף, לֹא הִגִּישׁ, אוֹ שֶׁפְּתָתָן
פְּתִים מְרֻבּוֹת, וְלֹא מְשָׁחָן, כְּשֵׁרוֹת. נִתְעָרֵב קֻמְצָהּ בְּקֹמֶץ חֲבֶרְתָּהּ, בְּמִנְחַת
כֹּהֲנִים, בְּמִנְחַת כֹּהֵן הַמָּשִׁיחַ, בְּמִנְחַת נְסָכִין, כְּשֵׁרָה. רַבִּי יְהוּדָה אוֹמֵר,
בְּמִנְחַת כֹּהֵן הַמָּשִׁיחַ וּבְמִנְחַת נְסָכִין, פְּסוּלָה, שֶׁזּוֹ בְלִילָתָהּ עָבָה, וְזוֹ
בְלִילָתָהּ רַכָּה, וְהֵן בּוֹלְעוֹת זוֹ מִזּוֹ:

그가 〔소제 위에 기름을〕 붓지 않거나, 〔기름과〕 섞지 않거나, 〔작은〕 조각들로 쪼개지 않거나, 소금을 치지 않거나, 흔들지 않거나, 〔제단에〕 가까이 가져오지 않거나, 큰 조각으로 쪼개거나, 〔기름을〕 바르지 않아도 〔제사는〕 유효하다.

만약 소제의 한 움큼이 다른 〔소제의〕 한 움큼과 섞이거나, 제사장의 소제나 기름부음 받은 〔대〕제사장의 소제나 전제와 함께 드린 소제와 섞여도 〔제사는〕 유효하다.

랍비 예후다가 말한다. 만약 기름부음 받은 〔대〕제사장의 소제나 전제와 함께 드린 소제와 [섞이면] 무효다. 하나는 밀도가 높고, 다른 하나는 밀도가 낮아 [섞이면] 서로를 변하게 하기 때문이다.

- 움켜쥐기(크미짜)를 하기 전 준비단계는 소제의 종류에 따라 다르다. 고운 가루의 소제는 먼저 기름을 섞어 반죽하고 남은 기름을 그 위에 부어야 한다. 구워야 하는 소제는 한 줌을 뜨기 위해 작은 조각으로 부숴야 한다. 요제로 드리는 것은 흔들고 제단으로 가까이 가져와야 한다(「메나홋」5, 5-9; 6, 3). 이들 준비단계가 완전히 이루어지지 않아도 제사는 유효하다.
- 예를 들어 대제사장의 소제나 전제와 함께 드리는 소제는 곡식가루 1/10에파에 기름은 3로그를 섞는다. 다른 소제들은 같은 양의 가루에 1로그만 섞게 된다. 따라서 이들은 서로 그 밀도가 달라지게 되고, 이것들이 섞이면 앞의 소제는 밀도가 높아지고 뒤의 것은 밀도가 낮아지게 된다. 이 둘 모두 원래의 밀도를 잃게 된다.

3, 3
다른 소제들이 섞이는 경우에 대해 논의한다.

שְׁתֵּי מְנָחוֹת שֶׁלֹּא נִקְמְצוּ, וְנִתְעָרְבוּ זוֹ בָזוֹ, אִם יָכוֹל לִקְמֹץ מִזוֹ בִּפְנֵי עַצְמָהּ
וּמִזוֹ בִּפְנֵי עַצְמָהּ, כְּשֵׁרוֹת. וְאִם לָאו, פְּסוּלוֹת. הַקֹּמֶץ שֶׁנִּתְעָרֵב בְּמִנְחָה
שֶׁלֹּא נִקְמְצָה, לֹא יַקְטִיר. וְאִם הִקְטִיר, זוֹ שֶׁנִּקְמְצָה, עָלְתָה לַבְּעָלִים, וְזוֹ
שֶׁלֹּא נִקְמְצָה, לֹא עָלְתָה לַבְּעָלִים. נִתְעָרֵב קֻמְצָהּ בִּשְׁיָרֶיהָ אוֹ בִשְׁיָרֶיהָ שֶׁל
חֲבֶרְתָּהּ, לֹא יַקְטִיר. וְאִם הִקְטִיר, עָלְתָה לַבְּעָלִים. נִטְמָא הַקֹּמֶץ וְהִקְרִיבוֹ,
הַצִּיץ מְרַצֶּה. יָצָא וְהִקְרִיבוֹ, אֵין הַצִּיץ מְרַצֶּה, שֶׁהַצִּיץ מְרַצֶּה עַל הַטָּמֵא,
וְאֵינוֹ מְרַצֶּה עַל הַיּוֹצֵא:

아직 한 움큼을 떼지 않은 두 소제가 서로 섞였다. 만약 여전히 각각으로부터 한 움큼을 뗄 수 있으면 그들은 유효하다. 만약 그렇지 않다

면 무효다.

만약〔소제의〕한 움큼이 아직 한 움큼을 떼지 않은 다른 소제와 섞이면, 이를 태우지 않는다. 만약 태웠다면, 한 움큼을 떼낸 소제는 제물을 바치는 사람의 의무를 이행한 것이 되지만, 그렇지 않은 소제는 의무를 이행하지 못하게 된다.

만약〔소제에서 떼낸〕한 움큼이〔다시〕그 나머지와 또는 다른 소제의 나머지와 섞이면, 그것은 태우지 않는다. 만약 태웠다면, 제물을 바치는 사람의 의무를 이행한 것이 된다.

만약 한 움큼이 부정하게 된 뒤〔제단에〕바쳤다면,〔대제사장의〕패가〔이를〕유효하게 한다. 그러나 그것이〔성전 뜰〕밖으로 나갔다가 다시 바치면, 패가 이를 유효하게 하지 않는다.〔아론의〕패는 부정하게 된 제물을 받아들여지게 하지만〔성전 뜰〕밖으로 나간 것에는 그러하지 않다.

- 소제의 한 움큼이 아직 한 움큼을 뜨지 않은 다른 소제와 섞일 경우, 이를 태우면 안 된다. 소제에서 태우는 부분은 제사장이 떠낸 한 움큼뿐이기 때문이다. 또한 여기서 두 움큼을 떠낼 수도 없다. 두 소제의 곡식가루가 이미 섞여 한 움큼을 떠낼 때 다른 소제의 가루도 같이 뜰 수 있기 때문이다.

- 그러나 이를 이미 태웠다면, 한 움큼을 떠낸 소제는 유효하게 하는 것(마티르)이 되어 제사는 유효하게 된다. 그러나 같이 태운 소제는 태우지 않아야 할 부분을 태웠으므로 무효가 되어 제물을 가져온 사람이 소제를 바칠 의무를 이행한 것이 되지 않는다.

- 아론의 패는 대제사장의 이마에 달도록 되어 있는 금으로 만든 패이며(출 28:36-38), 부정하게 된 성물을 제사에 적합한 것으로 만드는 효력이 있다.

• 정금 패의 효력은 성전을 벗어난 제물에까지는 미치지 않는다.

3, 4

소제가 무효가 되거나 여전히 유효한 경우를 다룬다.

נְטַמְאוּ שִׁירֶיהָ, נִשְׂרְפוּ שִׁירֶיהָ, אָבְדוּ שִׁירֶיהָ, כְּמִדַּת רַבִּי אֱלִיעֶזֶר, כְּשֵׁרָה.
וּכְמִדַּת רַבִּי יְהוֹשֻׁעַ, פְּסוּלָה. שֶׁלֹּא בִּכְלִי שָׁרֵת, פְּסוּלָה. רַבִּי שִׁמְעוֹן מַכְשִׁיר.
הִקְטִיר קֻמְצָהּ פַּעֲמַיִם, כְּשֵׁרָה:

〔소제의〕 남은 것이 부정해지거나 소각되거나 분실된 경우, 랍비 엘리에제르의 기준에 따르면 〔제사는〕 유효하다. 그러나 랍비 예호슈아의 기준에 따르면 무효가 된다.

〔만약 제사장이 한 움큼을〕 제사용 접시에 담지 않았다면, 이는 무효다. 그러나 랍비 쉼온은 유효하다고 선언한다. 만약 그가 한 움큼을 두 번 태웠다면, 이는 유효하다.

• 랍비 엘리에제르는 희생제물의 경우 남은 고기가 온전하지 않아도 그 피의 제의를 허용한다. 이 기준을 소제에 적용한다. 반면, 랍비 예호슈아는 남은 고기가 온전하지 않으면 피를 뿌릴 수 없다고 하는데, 역시 이를 소제에 적용한 것이다(라브).
• 소제의 한 움큼은 성전의 제의용 그릇에 담아 번제단으로 가져가야 한다. 만약 제의용 그릇에 담지 않고 번제단으로 가져간 경우 무효가 원칙이나 랍비 쉼온은 유효하다고 보았다.
• 제사장이 떠낸 한 움큼을 둘로 나누어 두 번에 걸쳐 소각하더라도 이는 유효하다.

הַקֹּמֶץ, מְעוּטוֹ מְעַכֵּב אֶת רֻבּוֹ. הָעִשָּׂרוֹן, מְעוּטוֹ מְעַכֵּב אֶת רֻבּוֹ. הַיַּיִן, מְעוּטוֹ
מְעַכֵּב אֶת רֻבּוֹ. הַשֶּׁמֶן, מְעוּטוֹ מְעַכֵּב אֶת רֻבּוֹ. הַסֹּלֶת וְהַשֶּׁמֶן מְעַכְּבִין זֶה
אֶת זֶה. הַקֹּמֶץ וְהַלְּבוֹנָה מְעַכְּבִין זֶה אֶת זֶה:

한 움큼에서 아주 작은 부분이라도 [결여되면 소제] 전체를 [바치지 못하도록] 방해한다. 1/10 [에파]에서 아주 작은 부분이라도 [결여되면 소제] 전체를 방해한다. [소제와 함께 드리는] 포도주에서 아주 작은 부분이라도 [결여되면 소제] 전체를 방해한다. [소제와 섞는] 기름에서 아주 작은 부분이라도 [결여되면 소제] 전체를 방해한다.

곡식가루와 기름 중 [한 가지가 결여되면] 서로를 방해한다. 한 움큼과 유향 중 어느 하나가 [결여되면] 서로를 방해한다.

- 토라의 명령 중 제의의 유효성과는 관련 없는 것을 '레미쯔바'(למצוה), 온전히 준수되지 않으면 제의가 무효가 되는 것을 '레아쿠바'(לעכובא)라고 한다. 토라에서 두 번 이상 반복해서 명령하거나 ככה(카하, 이렇게), חוקה(후카, 율법), זאת(조트, 이것은…) 등의 표현으로 반복되면 후자에 속하는 것으로 본다.
- 이 미쉬나는 '레아쿠바'에 해당하는 것들을 나열한다. 한 움큼은 מלא קמצו(말레 쿰쪼, 꽉찬 한 움큼)으로 반복 표현되므로(레 2:2; 5:12) 이에 해당하며, 1 이싸르(1/10 에파)에서 조금만 모자라도 소제는 무효가 된다. 포도주와 기름 역시 민수기 15장에서 제사의 종류에 따라 그 분량을 지정하고 특히 11절에서 ככה(이렇게)라는 표현을 사용하여 반복한다.
- 곡식가루와 기름은 같이 반죽하여 구워야 하는데, 이 중 하나가 없으면 이 절차를 진행할 수 없어 당연히 무효가 된다.
- 한 움큼과 향료를 번제단에서 사르는 것이 마티르의 절차이므로 이

것이 불가능하면 제사는 무효가 된다.

3, 6

여러 제물을 함께 드려야 하는 경우, 여기서 하나가 결여되면 무효
가 되는 경우다.

שְׁנֵי שְׂעִירֵי יוֹם הַכְּפּוּרִים מְעַכְּבִין זֶה אֶת זֶה. שְׁנֵי כְבְשֵׂי עֲצֶרֶת מְעַכְּבִין זֶה
אֶת זֶה. שְׁתֵּי חַלּוֹת מְעַכְּבוֹת זוֹ אֶת זוֹ. שְׁנֵי סְדָרִים מְעַכְּבִין זֶה אֶת זֶה. שְׁנֵי
בְזִיכִין מְעַכְּבִין זֶה אֶת זֶה. הַסְּדָרִים וְהַבְּזִיכִין מְעַכְּבִין זֶה אֶת זֶה. שְׁנֵי מִינִים
שֶׁבַּנָּזִיר, שְׁלֹשָׁה שֶׁבַּפָּרָה, אַרְבָּעָה שֶׁבַּתּוֹדָה, אַרְבָּעָה שֶׁבַּלּוּלָב, אַרְבָּעָה
שֶׁבַּמְּצֹרָע, מְעַכְּבִין זֶה אֶת זֶה. שֶׁבַע הַזָּיוֹת שֶׁבַּפָּרָה מְעַכְּבוֹת זוֹ אֶת זוֹ. שֶׁבַע
הַזָּיוֹת שֶׁל בֵּין הַבַּדִּים, וְשֶׁעַל הַפָּרֹכֶת, וְשֶׁעַל מִזְבַּח הַזָּהָב, מְעַכְּבוֹת זוֹ אֶת
זוֹ:

속죄일의 염소 두 마리 중 [어느 하나가 결여되면] 서로 [바치지 못
하도록] 방해한다. [칠칠절] 성회의 어린 양 두 마리 중 [어느 하나가
결여되면] 서로 방해한다. [어린 양과 함께 드리는] 빵 두 덩이 중 [어
느 하나가 결여되면] 서로 방해한다. 진설병 두 줄에서 [한 줄이 결여
되면] 서로 방해한다. [유향] 두 접시 중 [어느 하나가 결여되면] 서로
방해한다.

[진설병] 두 줄과 [유향] 두 접시 중 [어느 하나가 결여되면] 서로
방해한다. 나실인의 [제물인 소제] 두 종류, 붉은 암소와 [함께 드리
는] 세 가지, 감사제로 [드리는 빵] 네 종류, [칠칠절의] 네 종류의 가
지, 악성피부병의 [정결 예식에 쓰이는] 네 가지 중 [어느 하나가 결
여되면] 서로 방해한다.

붉은 암소의 [피를] 일곱 번 뿌리는 것 중 [한 번이 결여되면] 서로
방해한다. 성궤의 막대 사이와 [성소와 지성소 사이의] 휘장과 금 분
향단 위에 일곱 번 [피를] 뿌리는 것 중 [한 번이 결여되면] 서로 방

해한다.

- 소제 외의 다른 제사들에서 앞 미쉬나(3, 5)에서 다룬 '레아쿠바'에 해당하는 것들을 열거한다.
- 우선 같은 종류의 제물이 모자랄 경우다. 속죄일의 두 염소(레 16:34), 칠칠절의 두 어린 양(레 23:19-20), 이와 함께 드리는 빵 두 덩이, 두 줄의 진설병, 그 위에 놓는 유향 두 접시(레 24:9)는 모두 레아쿠바의 기준에 부합한다.
- 서로 다른 종류의 제물 중 하나가 모자랄 경우다. 나실인의 소제 두 종류인 구운 과자와 전병(민 6:15), 붉은 암소와 함께 태우는 백향목, 우슬초, 홍색실(민 19:6), 감사제와 함께 드리는 기름 섞은 무교병, 기름 바른 무교병, 고운 가루에 기름 섞어 구운 과자, 유교병(레 7:12-13), 칠칠절의 야자나무 가지, 도금양 가지, 버들가지, 에트로그 가지(레 23:40), 악성피부병자의 정결례에 필요한 산 새 두 마리, 백향목, 홍색실, 우슬초(레 14:4). 이들 중 하나가 모자라면 제사가 무효가 된다.
- 회막 앞에 뿌리는 붉은 암소의 피(민 19:4)와 속죄일에 성궤와 막대 사이, 휘장, 분향단에 뿌리는 피(레 16:14-15)는 일곱 번씩 뿌려야 하는데, 이 중 한 번만 모자라도 무효가 된다.

3, 7
3, 6에 이어서 부분이 전체를 방해하는 경우들이다.

שִׁבְעָה קְנֵי מְנוֹרָה מְעַכְּבִין זֶה אֶת זֶה. שִׁבְעָה נֵרוֹתֶיהָ מְעַכְּבִין זֶה אֶת זֶה. שְׁתֵּי פָרָשִׁיּוֹת שֶׁבַּמְּזוּזָה מְעַכְּבוֹת זוֹ אֶת זוֹ. וַאֲפִלּוּ כְּתָב אֶחָד מְעַכְּבָן. אַרְבַּע פָּרָשִׁיּוֹת שֶׁבַּתְּפִלִּין מְעַכְּבוֹת זוֹ אֶת זוֹ. וַאֲפִלּוּ כְּתָב אֶחָד מְעַכְּבָן. אַרְבַּע צִיצִיּוֹת מְעַכְּבוֹת זוֹ אֶת זוֹ, שֶׁאַרְבַּעְתָּן מִצְוָה אֶחָת. רַבִּי יִשְׁמָעֵאל אוֹמֵר,

등잔대(메노라)의 일곱 가지 중 〔하나가 결여되면, 사용하지 못하도록〕 서로 방해한다. 이 위의 일곱 등잔 중 〔하나가 결여되면〕 서로 방해한다. 성구함(메주자)에 들어 있는 성서 구절 두 부분 중 〔하나가 결여되면〕 서로 방해한다. 심지어 한 글자가 〔결여되어도〕 전부 방해한다. 성구함(테필린)에 들어 있는 성서 구절 네 개 중 〔하나가 결여되면〕 서로 방해한다. 심지어 한 글자가 〔결여되어도〕 전부 방해한다. 〔옷 끝에 다는〕 술 네 개 중 〔하나가 결여되어도〕 서로 방해한다. 〔술〕 네 개가 계명 하나이기 때문이다. 〔그러나〕 랍비 이쉬마엘은 말한다. "그 네 개는 네 개 〔별도의〕 계명이다."

- 이 미쉬나는 성전에서 쓰이는 제구들이 토라에서 정한 요건을 충족하지 못해 쓸 수 없게 되는 경우를 열거하고 있다. 메노라는 성소에 있는 일곱 가지가 달린 촛대로 모두 일곱 개의 촛대에 항상 불을 켜 놓아야 한다(출 25:32). 이 중 하나가 모자라도 율법을 제대로 이행한 것이 아니다.

- 메주자는 신명기 6:9의 명령에 따라 각 집의 문설주에 붙여두는 작은 상자로 이 안에 토라의 두 구절이 적혀 있다. 하나는 신명기 6:4-9의 '쉐마' 구절이고 다른 하나는 신명기 11:13-21의 '베하야 임 샤모아'(וְהָיָה אִם שָׁמֹעַ, 해당 본문의 첫 구절)라는 대표적인 축복의 본문이다.

- 테필린은 팔목과 이마에 다는 성구함이다(출 13:9; 신 6:8 등). 여기에는 토라의 네 본문이 적혀 있는데, 메주자에 들어가는 두 본문에 더해 출애굽기 13:1-10과 13:11-16이다.

- 네 개의 술을 옷 끝에 달도록 명령하고 있다(민 15:38; 신 22:12). 랍비 이쉬마엘은 다른 랍비들에 반대하여 네 개를 다 달지 않더라도

이미 달려 있는 것은 유효하다고 한다.

제4장

4, 1

제물이나 제구가 서로 방해하지 않는 경우들을 열거한다.

הַתְּכֵלֶת אֵינָהּ מְעַכֶּבֶת אֶת הַלָּבָן, וְהַלָּבָן אֵינוֹ מְעַכֵּב אֶת הַתְּכֵלֶת. תְּפִלָּה שֶׁל
יָד אֵינָהּ מְעַכֶּבֶת שֶׁל רֹאשׁ, וְשֶׁל רֹאשׁ אֵינָהּ מְעַכֶּבֶת שֶׁל יָד. הַסֹּלֶת וְהַשֶּׁמֶן
אֵינָם מְעַכְּבִין אֶת הַיַּיִן, וְלֹא הַיַּיִן מְעַכְּבָן. הַמַּתָּנוֹת שֶׁעַל מִזְבֵּחַ הַחִיצוֹן אֵינָן
מְעַכְּבוֹת זוֹ אֶת זוֹ:

〔옷에 달린 술에서〕 푸른색이 〔결여되었을 때〕 흰색을 〔사용하지 못
하도록〕 방해하지 않는다. 흰색이 〔없어도〕 푸른색을 방해하지 않는
다. 팔에 〔두르는〕 성구함(테필린)이 〔없어도〕 머리의 성구함을 방해하
지 않는다. 머리의 성구함이 〔없어도〕 팔의 성구함을 방해하지 않는다.

〔소제의〕 고운 가루와 기름이 〔없어도〕 포도주를 방해하지 않는다.
포도주가 〔없어도〕 그것들을 방해하지 않는다. 바깥 번제단에 〔피를〕
뿌리는 것 중 〔한 번이 결여되어도〕 나머지를 방해하지 않는다.

- 민수기 15:38은 "청색 끈을 그 귀의 술에 더하라"고 명한다. 랍비들
  은 이를 흰색과 푸른색을 섞어 네 개의 술을 만들어야 한다고 해석
  했다.
- 테필린 역시 팔과 머리에 두르는 것들이 각각 유효할 수 있다고 한다.
- 팔목과 이마의 테필린은 여러 성서구절에서 명령되고 있다(출 13:9,
  13:16; 신 6:8, 11:18). 유대교에서는 이 구절들을 문자적으로 해석하
  여 '테필라'라고 불리는 작은 상자를 끈으로 팔목과 이마에 달았다.

원칙적으로는 낮 동안 종일 달고 있어야 하며 밤이나 안식일, 그 외 토라가 정한 절기에는 착용하지 않았다. 이후에는 회당의 모임이나 기도할 때만 착용하게 되었다.

- 두 개의 테필라(복수로 테필린)에는 각각 이의 착용을 명하고 있는 네 개의 성구가 적힌 종이가 들어 있다(3, 7 주해).
- 포도주의 전제와 소제를 함께 드려야 하는 경우(2, 4), 이 둘은 서로에게 필수적이지 않다. 이 중 하나에 문제가 있어도 나머지는 유효이다.
- 예를 들어 속죄제의 경우 피를 제단의 네 뿔에 각각 발라야 한다. 그러나 네 번을 다 바르지 않아도 제사는 유효하다.

4, 2

희생제물이 서로 방해하지 않는 경우다.

הַפָּרִים וְהָאֵילִים וְהַכְּבָשִׂים אֵינָן מְעַכְּבִין זֶה אֶת זֶה. רַבִּי שִׁמְעוֹן אוֹמֵר, אִם הָיוּ לָהֶם פָּרִים מְרֻבִּים וְלֹא הָיוּ לָהֶם נְסָכִים, יָבִיאוּ פַר אֶחָד וּנְסָכָיו, וְלֹא יִקְרְבוּ כֻלָּן בְּלֹא נְסָכִין:

수송아지나 숫양이나 어린 양 중 [어느 하나가 결여되어도] 서로 [바치지 못하도록] 방해하지 않는다. 랍비 쉼온은 말한다. "만약 그들이 여러 마리의 수송아지를 [사기에 충분한 돈이 있지만] 전제를 위한 [충분한 돈이 없을 때], 그들은 한 마리의 수송아지와 이를 위한 전제를 가져와야 한다. [수송아지들] 모두를 전제 없이 드릴 수 없다."

- 월삭과 절기들에는 수송아지와 숫양 또는 어린 양을 함께 바쳐야 하는 경우가 있다(레 28:18; 민 28). 이 경우 어느 하나가 결여되어도 다른 제물은 유효하게 바칠 수 있다.

- 위 희생제물들과 함께 소제와 전제를 드려야 하는데, 랍비 쉼온은 수송아지 여러 마리를 드리기보다 한 마리의 수송아지와 전제를 함께 드려야 한다고 한다.

4, 3

희생제물과 빵이 서로 방해 하는지 여부를 다룬다.

הַפָּר וְהָאֵילִים וְהַכְּבָשִׂים וְהַשָּׂעִיר אֵינָן מְעַכְּבִין אֶת הַלֶּחֶם, וְלֹא הַלֶּחֶם מְעַכְּבָן. הַלֶּחֶם מְעַכֵּב אֶת הַכְּבָשִׂים, וְהַכְּבָשִׂים אֵינָן מְעַכְּבִין אֶת הַלֶּחֶם, דִּבְרֵי רַבִּי עֲקִיבָא. אָמַר שִׁמְעוֹן בֶּן נַנָּס, לֹא כִי, אֶלָּא הַכְּבָשִׂים מְעַכְּבִין אֶת הַלֶּחֶם, וְהַלֶּחֶם אֵינוֹ מְעַכֵּב אֶת הַכְּבָשִׂים, שֶׁכֵּן מָצִינוּ, כְּשֶׁהָיוּ יִשְׂרָאֵל בַּמִּדְבָּר אַרְבָּעִים שָׁנָה, קָרְבוּ כְבָשִׂים בְּלֹא לֶחֶם, אַף כָּאן יִקְרְבוּ כְבָשִׂים בְּלֹא לֶחֶם. אָמַר רַבִּי שִׁמְעוֹן, הֲלָכָה כְּדִבְרֵי בֶן נַנָּס, אֲבָל אֵין הַטַּעַם כִּדְבָרָיו, שֶׁכָּל הָאָמוּר בְּחֻמַּשׁ הַפְּקוּדִים, קָרַב בַּמִּדְבָּר. וְכָל הָאָמוּר בְּתוֹרַת כֹּהֲנִים, לֹא קָרַב בַּמִּדְבָּר. מִשֶּׁבָּאוּ לָאָרֶץ, קָרְבוּ אֵלּוּ וָאֵלּוּ. וּמִפְּנֵי מָה אֲנִי אוֹמֵר יִקְרְבוּ כְבָשִׂים בְּלֹא לֶחֶם, שֶׁהַכְּבָשִׂים מַתִּירִין אֶת עַצְמָן בְּלֹא לֶחֶם. לֶחֶם בְּלֹא כְבָשִׂים, אֵין לִי מִי יַתִּירֶנּוּ:

수소나 숫양들이나 어린 양들이나 염소 (중 하나가 결여되어도) 빵을 (바치지 못하도록) 방해하지 않는다. 빵이 (결여되어도) 그것들이 방해하지 않는다. "빵이 (결여되면) 어린 양들을 방해한다. 그러나 어린 양들이 (결여되어도) 빵을 방해하지 않는다." 랍비 아키바의 말이다. 쉼온 벤 난나스가 말했다. "그렇지 않다. 어린 양들이 (결여되면) 빵을 방해한다. 그러나 빵이 (결여되어도) 어린 양들을 방해하지 않는다. 이스라엘 백성이 40년 동안 광야에 있을 때, 그들은 어린 양들을 빵 없이 드린 것을 우리가 알고 있다. 따라서 지금도 빵 없이 어린 양들을 드릴 수 있다." 랍비 쉼온이 말했다. "법규정은 벤 난나스의 말에 따른다. 그러나 그가 말한 이유 때문은 아니다. 민수기에서 명령하는 모든 것은 광야에서 드렸다. 그러나 레위기에서 명령하는 모든 것

을 광야에서 드리지 않았다. 그들(이스라엘 백성)이 이스라엘 땅에 들어왔을 때 두 〔책에 나온〕 것들을 모두 드렸다. 그렇다면 나는 왜 어린 양들이 빵 없이도 드려질 수 있다고 하는가? 어린 양 〔제물〕들은 빵이 없어도 스스로 유효하게 하지만, 어린 양 없는 빵은 유효하게 만들 자가 없기 때문이다."

- 이 미쉬나는 칠칠절의 제사에 대한 것이다. 칠칠절에는 빵 두 덩이와 함께 어린 양 일곱, 수송아지 하나, 그리고 숫양 둘을 드려야 한다 (레 23:17-20). 미쉬나는 이들이 서로 방해하지 않으며 독립적이라고 한다. 하지만 이와 다른 견해들을 소개한다.
- 레위기 23:20에 의하면 두 어린 양과 빵을 함께 요제로 드려야 한다. 따라서 랍비 아키바는 어린 양을 빵 없이 드릴 수 없고, 빵은 18절에 따로 규정하므로 독립적으로 드릴 수 있다고 한다.
- 쉼온 벤 난나스는 반대의 의견이다. 광야 시절을 근거로 드는데, 17절에는 "너희 처소에서" 나는 작물로 빵을 만들라고 명령하지만 광야 시절에는 이것이 불가능했기 때문이다.
- 랍비 쉼온은 난나스의 의견에 동의하지만 그 근거는 다르다. 어린 양의 소각부를 번제단에서 태우면 제사장들은 그 양을 먹을 수 있다. 즉, 어린 양 자체로 이를 먹는 것을 허용하는 제사 제도가 있지만, 어린 양 없이 빵만으로 이를 먹는 것을 허용하는 제사의 종류는 존재하지 않는다. 따라서 랍비 쉼온은 어린 양을 빵 없이도 드릴 수 있다고 한다.

4, 4
짝을 이루거나 연관된 제사들이 서로 방해하지 않는 경우들이다.

הַתְּמִידִין אֵינָן מְעַכְּבִין אֶת הַמּוּסָפִים, וְלֹא הַמּוּסָפִים מְעַכְּבִין אֶת הַתְּמִידִים,
וְלֹא הַמּוּסָפִים מְעַכְּבִין זֶה אֶת זֶה. לֹא הִקְרִיבוּ כֶבֶשׂ בַּבֹּקֶר, יַקְרִיבוּ בֵּין
הָעַרְבָּיִם. אָמַר רַבִּי שִׁמְעוֹן, אֵימָתַי, בִּזְמַן שֶׁהָיוּ אֲנוּסִין אוֹ שׁוֹגְגִין. אֲבָל אִם
הָיוּ מְזִידִין וְלֹא הִקְרִיבוּ כֶבֶשׂ בַּבֹּקֶר, לֹא יַקְרִיבוּ בֵּין הָעַרְבָּיִם. לֹא הִקְטִירוּ
קְטֹרֶת בַּבֹּקֶר, יַקְטִירוּ בֵּין הָעַרְבָּיִם. אָמַר רַבִּי שִׁמְעוֹן, וְכֻלָּהּ הָיְתָה קְרֵבָה בֵּין
הָעַרְבָּיִם, שֶׁאֵין מְחַנְּכִין אֶת מִזְבַּח הַזָּהָב אֶלָּא בִקְטֹרֶת הַסַּמִּים, וְלֹא מִזְבַּח
הָעוֹלָה אֶלָּא בְתָמִיד שֶׁל שַׁחַר, וְלֹא אֶת הַשֻּׁלְחָן אֶלָּא בְלֶחֶם הַפָּנִים בְּשַׁבָּת,
וְלֹא אֶת הַמְּנוֹרָה אֶלָּא בְשִׁבְעָה נֵרוֹתֶיהָ בֵּין הָעַרְבָּיִם:

매일 드리는 제물이 [결여되어도] 추가로 드리는 제물들을 방해하지 않는다. 추가로 드리는 제물들이 [결여되어도] 매일 드리는 제물을 방해하지 않는다. 추가로 드리는 제물들 중 [하나가 결여되어도 다른 추가로 드리는 제물들을] 서로 방해하지 않는다.

아침에 매일 드리는 어린 양을 드리지 않았다 하더라도, 저녁에는 [어린 양을] 드려야 한다. 랍비 쉼온은 말했다. "그것은 어떤 경우인가? 오직 어쩔 수 없을 때나 실수로 아침에 어린 양을 드리지 않은 경우에 한한다. 그들이 일부러 아침에 어린 양을 드리지 않았다면 저녁에도 드릴 수 없다."

아침에 분향하지 않았어도, 저녁에 분향한다. 랍비 쉼온은 말했다. "저녁에 그 모든 [향을] 태웠다." 금 분향단은 오직 향의 분향을 통해서만 봉헌된다. 번제단은 아침에 매일 드리는 제사를 통해서만 [봉헌된다]. [진설병의] 상은 안식일의 진설병에 의해서만, 그리고 등잔대는 오직 저녁에 일곱 등잔에 [불을 붙여야만 봉헌된다].

- 성전에서는 매일 아침 저녁으로 어린 양을 한 마리씩 잡아 번제를 드렸다. 이를 상번제(타미드)라고 하며, 절기에는 이에 더하여 그 절기의 제물을 추가로 드렸다. 이들은 서로 독립적이므로 상번제나 절기 제사의 유효성이 서로에 영향을 미치지 않는다.

- 상번제도 아침과 저녁이 독립적이다. 그러나 랍비 쉼온은 일부러 아침에 상번제를 드리지 않았다면 이미 죄가 있게 되므로 저녁의 상번제를 드릴 자격을 잃게 되므로 이를 드릴 수 없다고 한다.

- 성소의 분향 또한 아침과 저녁에 하며(출 30:7-8), 랍비 쉼온은 아침에 분향하지 못한 경우 저녁에 남은 향 모두를 태웠다고 한다. 아침에 분향했어야 할 향을 태움으로써 분향단을 봉헌할 수 있기 때문이다.

- 번제단은 아침의 상번제를 통해서만 봉헌되어 다른 제사에 적합하게 된다고 한다. 하지만 이는 앞 단에서 아침 상번제를 거르더라도 저녁 상번제를 드려야 한다는 규정과 모순될 수 있어 게마라에서는 이를 해결하기 위한 해석들이 제시된다(게마라 50a).

4, 5

대제사장이 드리는 빵을 나누어드릴 수 있는가에 관해 논의한다.

חֲבִתֵּי כֹהֵן גָּדוֹל, לֹא הָיוּ בָאוֹת חֲצָיִים, אֶלָּא מֵבִיא עִשָּׂרוֹן שָׁלֵם, וְחוֹצֵהוּ, וּמַקְרִיב מֶחֱצָה בַבֹּקֶר, וּמֶחֱצָה בֵּין הָעַרְבָּיִם. וְכֹהֵן שֶׁהִקְרִיב מֶחֱצָה בְּשַׁחֲרִית וּמֵת וּמִנּוּ כֹהֵן אַחֵר תַּחְתָּיו, לֹא יָבִיא חֲצִי עִשָּׂרוֹן מִבֵּיתוֹ, וְלֹא חֲצִי עֶשָׂרוֹנוֹ שֶׁל רִאשׁוֹן, אֶלָּא מֵבִיא עִשָּׂרוֹן שָׁלֵם, וְחוֹצֵהוּ, וּמַקְרִיב מֶחֱצָה, וּמֶחֱצָה אָבֵד. נִמְצְאוּ שְׁנֵי חֲצָיִים קְרֵבִין, וּשְׁנֵי חֲצָיִים אוֹבְדִין. לֹא מִנּוּ כֹהֵן אַחֵר, מִשֶּׁל מִי הָיְתָה קְרֵבָה. רַבִּי שִׁמְעוֹן אוֹמֵר, מִשֶּׁל צִבּוּר. רַבִּי יְהוּדָה אוֹמֵר, מִשֶּׁל יוֹרְשִׁים. וּשְׁלֵמָה הָיְתָה קְרֵבָה:

대제사장이 드리는 번철에 구운 빵은 둘로 나누어 드릴 수 없다. 그는 1/10〔에파〕 전부를 가져와 이것을 나누고, 그중 절반은 아침에, 절반은 저녁에 드려야 한다.

만약 〔대〕제사장이 오전에 절반을 드리고 죽어서 다른 〔대〕제사장을 임명했다면, 〔후자는〕 자기 집에서 1/10의 절반을 가져올 수 없고,

이전 〔제사장의〕남은 1/10을 드릴 수도 없다. 그는 1/10 전체를 가져와 이를 나누고 그중 절반을 드리고, 절반은 버려야 한다. 결국 〔1/10의〕 절반을 두 번 드리고, 두 번 버리게 된다.

만약 그들이 새로운 〔대〕제사장을 그 자리에 임명하지 않았다면 누구의 부담으로 그것(1/10의 절반)을 드렸는가? 랍비 쉼온은 말한다. "공동체의 부담으로." 그러나 랍비 예후다는 말한다. "그의 상속자들의 부담으로." 그렇게 〔1/10〕 전체를 드렸다.

- 이 미쉬나는 대제사상의 예물에 관한 레위기 6:20-22의 규정에 관한 것이다. "아론과 그 자손이 기름 부음을 받는 날에 여호와께 드릴 예물은 이러하니라. 고운 가루 1/10에파를 항상 드리는 소제물로 삼아 그 절반은 아침에, 절반은 저녁에 드리되, 그것을 기름으로 반죽하여 번철에 굽고 기름에 적셔 썰어서 소제로 여호와께 드려 향기로운 냄새가 되게 하라. 이 소제는 아론의 자손 중 기름 부음을 받고 그를 이어 제사장 된 자가 드릴 것이요 영원한 규례로 여호와께 온전히 불사를 것이니"(레 6:20-22).
- 토라는 1/10에파를 드리라고 명시하고 있으므로 전 대제사장이 오전에 이를 드리고 죽더라도 저녁에 드리는 소제물 역시 1/10에파를 가져와 이의 반을 번제단에 올려야 한다.

제5장

5, 1

제물로 발효된 빵을 드리는 예외적인 경우다.

כָּל הַמְּנָחוֹת בָּאוֹת מַצָּה, חוּץ מֵחָמֵץ שֶׁבַּתּוֹדָה וּשְׁתֵּי הַלֶּחֶם, שֶׁהֵן בָּאוֹת
חָמֵץ. רַבִּי מֵאִיר אוֹמֵר, שְׂאֹר בּוֹדֶה לָהֶן מִתּוֹכָן וּמְחַמְּצָן. רַבִּי יְהוּדָה אוֹמֵר,
אַף הִיא אֵינָהּ מִן הַמֻּבְחָר, אֶלָּא מֵבִיא אֶת הַשְּׂאֹר, וְנוֹתֵן לְתוֹךְ הַמִּדָּה,
וּמְמַלֵּא אֶת הַמִּדָּה. אָמְרוּ לוֹ, אַף הִיא הָיְתָה חֲסֵרָה אוֹ יְתֵרָה:

모든 소제는 누룩 없이 드려야 한다. 감사제의 발효한 빵과 〔칠칠절
의〕 빵 두 덩이는 누룩을 넣어서 드린다. 랍비 메이르는 말한다. "그
누룩은 〔소제〕 자체로부터 취해야 하며, 이것으로 그 〔소제를〕 발효
시킨다." 랍비 예후다는 말한다. "그것은 가장 좋은 방법이 아니다. 우
선 누룩을 가져오고, 계량 용기에 넣는다. 그리고 그 계량 용기를 〔곡
식가루로〕 채운다." 그들이 그에게 말했다. "그 〔방법〕도 〔만족스럽지
않다〕. 때로는 너무 적고, 때로는 너무 많게 되기 때문이다.

- 원칙적으로 소제는 발효된 것을 드릴 수 없지만, 감사제의 구운 빵
  (레 7:13)과 칠칠절의 빵 두 덩이는(레 23:17) 누룩을 넣어 굽는다.
- 랍비들은 이 소제들에 넣는 누룩이 어디에서 난 것이어야 하는가에
  대한 논쟁을 벌인다. 랍비 메이르는 소제 자체로 부터 나와야 한다고
  말한다. 즉 그 소제의 곡식가루 일부를 덜어내어 이를 발효 시킨 후,
  이 누룩 덩이를 다시 원래의 소제와 섞어야 한다는 뜻이다. 그래야
  소제의 정확한 양이 보증되기 때문이다.
- 그러나 랍비 유다는 소제의 정확한 양을 측정하기 위하여 다른 방법
  을 제시한다. 그러나 다른 랍비 들은 랍비 유다의 견해에 반대한다.
  누룩의 발효된 정도에 따라 더 혹은 덜 부풀어 오를 수 있기 때문에

이다. 누룩이 더 부풀어 오르면 곡식가루의 양이 적어지고 덜 부풀어 오르면 가루의 양은 더 많아지게 된다.

5, 2
소제가 발효되면 안 된다는 원칙을 확인한다.

כָּל הַמְּנָחוֹת נִלּוֹשׁוֹת בְּפוֹשְׁרִין, וּמְשַׁמְּרָן שֶׁלֹּא יַחֲמִיצוּ. וְאִם הֶחֱמִיצוּ שְׁיָרֶיהָ,
עוֹבֵר בְּלֹא תַעֲשֶׂה, שֶׁנֶּאֱמַר, כָּל הַמִּנְחָה אֲשֶׁר תַּקְרִיבוּ לַה' לֹא תֵעָשֶׂה חָמֵץ.
וְחַיָּבִים עַל לִישָׁתָהּ, וְעַל עֲרִיכָתָהּ, וְעַל אֲפִיָּתָהּ:

모든 소제는 미지근한 물로 반죽하고 발효되지 않도록 지켜보아야 한다. 만약 사람이 그 남은 것을 발효되도록 놓아두었다면 그는 금지 계명을 어긴 것이다. "무릇 너희가 여호와께 드리는 소제물에는 모두 누룩을 넣지 말지니"(레 2:11)라고 기록되었기 때문이다. 이것을 반죽하거나, 둥글게 만들거나, 구우면, 그는 책임을 져야 한다.

- 움켜쥐기(קמיצה, 크미짜) 이전에 구워야 하는 소제에 대한 논의다. 먼저 미지근한 물로 반죽하여 덩어리를 만들어야 하는데, 이때 발효되지 않도록 해야 한다. 레위기 2:11의 명령 때문이다.
- 소제를 드리고 남은 것, 즉 제사장이 먹는 부분도 발효되면 안 된다. 레위기의 금지 규정 때문이다.
- 발효된 채로 반죽하거나 둥글게 만들거나 구우면 책임을 진다.

5, 3
소제에 수반되는 기름과 향에 대한 논의다.

יֵשׁ טְעוּנוֹת שֶׁמֶן וּלְבוֹנָה, שֶׁמֶן וְלֹא לְבוֹנָה, לְבוֹנָה וְלֹא שֶׁמֶן, לֹא שֶׁמֶן וְלֹא
לְבוֹנָה. וְאֵלּוּ טְעוּנוֹת שֶׁמֶן וּלְבוֹנָה, מִנְחַת הַסֹּלֶת, וְהַמַּחֲבַת, וְהַמַּרְחֶשֶׁת,

וְהַחַלּוֹת, וְהָרְקִיקִין, מִנְחַת כֹּהֲנִים, וּמִנְחַת כֹּהֵן מָשִׁיחַ, וּמִנְחַת גּוֹיִם, וּמִנְחַת
נָשִׁים, וּמִנְחַת הָעֹמֶר. מִנְחַת נְסָכִין טְעוּנָה שֶׁמֶן, וְאֵין טְעוּנָה לְבוֹנָה. לֶחֶם
הַפָּנִים טָעוּן לְבוֹנָה, וְאֵין טָעוּן שֶׁמֶן. שְׁתֵּי הַלֶּחֶם, מִנְחַת חוֹטֵא וּמִנְחַת
קְנָאוֹת, לֹא שֶׁמֶן וְלֹא לְבוֹנָה:

〔소제에는〕기름과 유향이 필요하다. 어떤 〔소제에는〕기름은 필요
하지만 유향은 필요치 않고, 〔어떤 소제에는〕유향은 〔필요하지만〕
기름은 〔필요치〕않고, 기름과 유향을 모두 필요로 하지 않는 〔것들도
있다〕.

이런 것들은 기름과 향이 〔모두〕필요하다. 고운 가루의 소제, 번철
에서 구운 〔소제〕, 냄비에서 부친 〔소제〕, 빵과 과자, 제사장의 소제,
기름부음 받은 대제사장의 소제, 이방인의 소제, 여인의 소제, 1오메
르의 소제다.

전제와 함께 드리는 소제에는 기름이 필요하지만, 유향은 필요하지
않다. 진설병에는 유향이 필요하나 기름은 필요하지 않다. 빵 두 덩어
리와, 죄인의 소제, 그리고 의심의 소제는 기름이나 유향을 필요로 하
지 않는다.

- 이 미쉬나는 소제에 기름과 유향을 첨가하거나, 첨가하지 않는 경우
  들을 열거하고 있다.
- 기름과 유향 둘 다 필요로 하는 것들과 토라의 관련 구절은 다음과
  같다.
  - 고운 가루의 소제, 번철에서 구운 소제, 솥에서 구운 소제(레 2:1).
  - 빵과 과자(레 2:4).
  - 일반 제사장의 자발적 소제, 기름부음 받은 대제사장의 의무적 소
    제(4, 5).
  - 위의 소제 중 하나를 자발적으로 드리는 이방인의 소제와 여인의

소제.

- 한 오메르의 소제(레 2:14-15).

● 전제와 함께 드리는 소제에는 기름을 섞어야 하지만, 향료는 필요하지 않다. 민수기 15:4 이하에서 이에 해당하는 제사를 규정하고 있다.

● 진설병에는 기름을 섞지 않는다(레 24:7).

● 칠칠절의 빵 두 덩이와 죄인의 소제(레 5:11), 의심의 소제(민 5:15)에는 기름이나 유향을 섞지 않는다.

5, 4

기름이나 유향이 불필요한 소제에 이를 첨가한 경우를 다룬다.

וְחַיָּב עַל הַשֶּׁמֶן בִּפְנֵי עַצְמוֹ, וְעַל הַלְּבוֹנָה בִּפְנֵי עַצְמָהּ. נָתַן עָלֶיהָ שֶׁמֶן,
פְּסָלָהּ. לְבוֹנָה, יִלְקְטֶנָּה. נָתַן שֶׁמֶן עַל שְׁיָרֶיהָ, אֵינוֹ עוֹבֵר בְּלֹא תַעֲשֶׂה. נָתַן
כְּלִי עַל גַּבֵּי כְּלִי, לֹא פְסָלָהּ:

기름이나 유향이 〔필요하지 않은 소제에〕 자의적으로 〔첨가한 경우〕, 그 사람은 〔처벌을 받을〕 책임이 있다. 만약 〔소제에 불필요한〕 기름을 넣었다면, 그는 이를 무효로 만든 것이다. 그러나 유향이라면 그는 이것을 제거할 수 있다.

만약 기름을 〔소제에서 한 움큼 떠내고〕 남은 것에 넣었다면, 금지 율법을 위반한 것이 아니다. 한 〔소제의〕 그릇을 다른 〔소제의〕 그릇 위에 포개어놓아도, 그것이 무효가 되지 않는다.

● 기름과 유향이 필요 없는 소제에 이들을 넣으면 두 가지 율법을 위반한 것이다. 기름과 향료는 독립된 것이기 때문이다.

● 소제에 기름을 부으면 곧 곡식가루와 섞여 분리해낼 수 없게 되므로 소제는 무효가 된다. 그러나 유향을 뿌렸다면 이는 다시 분리해

낼 수 있으므로 소제는 유효하다.

- 소제에서 이미 한 움큼을 떠낸 후라면 이 소제는 이미 유효하고 제사장이 먹는 남은 것에 기름을 넣어도 상관없다. 또한 각각의 그릇은 소제들을 분리하므로 이들을 포개어놓아도 상관없다.

5, 5
소제를 제단에 가까이 가져오거나 흔들어야 하는 경우에 대해 논의한다.

יֵשׁ טְעוּנוֹת הַגָּשָׁה וְאֵינָן טְעוּנוֹת תְּנוּפָה, תְּנוּפָה וְלֹא הַגָּשָׁה, הַגָּשָׁה וּתְנוּפָה,
לֹא תְנוּפָה וְלֹא הַגָּשָׁה. אֵלּוּ טְעוּנוֹת הַגָּשָׁה וְאֵינָן טְעוּנוֹת תְּנוּפָה, מִנְחַת
הַסֹּלֶת, וְהַמַּחֲבַת, וְהַמַּרְחֶשֶׁת, וְהַחַלּוֹת, וְהָרְקִיקִין, מִנְחַת כֹּהֲנִים, מִנְחַת
כֹּהֵן מָשִׁיחַ, מִנְחַת גּוֹיִם, מִנְחַת נָשִׁים, מִנְחַת חוֹטֵא. רַבִּי שִׁמְעוֹן אוֹמֵר,
מִנְחַת כֹּהֲנִים, מִנְחַת כֹּהֵן מָשִׁיחַ, אֵין בָּהֶן הַגָּשָׁה, מִפְּנֵי שֶׁאֵין בָּהֶן קְמִיצָה.
וְכֹל שֶׁאֵין בָּהֶן קְמִיצָה, אֵין בָּהֶן הַגָּשָׁה:

〔소제들은 번제단으로〕 가까이 가져와야 하지만 흔들 필요는 없다. 〔어떤 것들은〕 흔들고 가까이 가져올 〔필요가〕 없고, 〔어떤 것들은〕 가까이 가져오고 흔들어야 하고, 〔어떤 것들은〕 가까이 가져올 필요도 흔들 필요도 없다.

이것들은 가까이 가져와야 하지만 흔들 필요는 없다. 고운 가루의 전제, 번철에서 구운 〔소제〕, 냄비에서 부친 〔소제〕, 빵과 과자, 제사장의 소제, 기름부음 받은 대제사장의 소제, 이방인의 소제, 여인의 소제, 죄인의 소제다.

랍비 쉼온은 말한다. "제사장의 소제나 기름부음 받은 대제사장의 소제는 〔번제단으로〕 가까이 가져올 필요가 없다. 여기에서 한 움큼을 떼지 않기 때문이다. 그렇다면 한 움큼을 〔떼지〕 않는 것은 가까이 가져올 필요가 없다."

- 제의 절차의 일부로 제단에 가까이 가져오거나 흔들거나, 혹은 이 둘을 모두 행해야 하는 경우가 있다. 미쉬나 5, 5-7에서 각각의 경우에 대해 상세히 논하고 있다.
- 제단으로 '가져오기'(הגשה, 하가샤)는 움켜쥐기(크미짜)를 행하기 전, 소제 전체를 그릇에 담아 번제단의 서남쪽 모서리로 가져와 이에 닿게 하는 것이다. 레위기 2:8을 근거로 한다.
- 제사장이나 대제사장의 자발적 소제는 먹을 수 없으며, 그 전체를 모두 번제단에서 소각해야 한다. 따라서 이로부터 한 움큼을 뜨서 이를 소각하는 마티르의 절차도 불필요하다. 랍비 쉼온은 따라서 이를 가까이 가져올 필요가 없다고 한다. 그 전체를 제단 위에 올려 소각하면 되기 때문이다.

5, 6

앞 미쉬나에 이어 흔들어야 하지만 가까이 가져올 필요가 없는 것들을 설명한다.

אֵלּוּ טְעוּנִין תְּנוּפָה וְאֵין טְעוּנִין הַגָּשָׁה, לֹג שֶׁמֶן שֶׁל מְצֹרָע וַאֲשָׁמוֹ, וְהַבִּכּוּרִים כְּדִבְרֵי רַבִּי אֱלִיעֶזֶר בֶּן יַעֲקֹב, וְאֵמוּרֵי שַׁלְמֵי יָחִיד וְחָזֶה וְשׁוֹק שֶׁלָּהֶן, אֶחָד אֲנָשִׁים, וְאֶחָד נָשִׁים, בְּיִשְׂרָאֵל אֲבָל לֹא בָאֲחֵרִים, וּשְׁתֵּי הַלֶּחֶם, וּשְׁנֵי כִבְשֵׂי עֲצֶרֶת. כֵּיצַד הוּא עוֹשֶׂה, נוֹתֵן שְׁתֵּי הַלֶּחֶם עַל גַּבֵּי שְׁנֵי כְבָשִׂים, וּמַנִּיחַ שְׁתֵּי יָדָיו מִלְמַטָּן, מוֹלִיךְ וּמֵבִיא, מַעֲלֶה וּמוֹרִיד, שֶׁנֶּאֱמַר, אֲשֶׁר הוּנַף וַאֲשֶׁר הוּרָם. תְּנוּפָה הָיְתָה בַּמִּזְרָח, וְהַגָּשָׁה בַּמַּעֲרָב. וּתְנוּפוֹת קוֹדְמוֹת לְהַגָּשׁוֹת. מִנְחַת הָעֹמֶר וּמִנְחַת קְנָאוֹת, טְעוּנוֹת תְּנוּפָה וְהַגָּשָׁה. לֶחֶם הַפָּנִים וּמִנְחַת נְסָכִים, לֹא תְנוּפָה וְלֹא הַגָּשָׁה:

이것들은 흔들어야 하지만 가까이 가져올 필요가 없는 것들이다. 악성피부병자의 기름 1로그와 그의 속죄제, 랍비 엘리에제르 벤 야아콥에 의하면 처음 익은 열매, [바친 사람이] 남자나 여자나 이스라

엘 사람이면 상관없고 다른 〔민족〕 사람은 제외하고 개인의 화목제
물의 소각부, 가슴살, 넓적다리, 〔칠칠절〕 성회의 어린 양 두 마리와
빵 두 덩이가 그러하다.

어떻게 〔흔들어야〕 하는가? 그는 빵 두 덩이를 두 어린 양 위에 올
려놓고 그(제사장)의 두 손을 그 아래 받치고 이것들을 앞뒤로 그리
고 위아래로 흔든다. 기록되기를 "흔들고 들어올린"(출 29:27)이라고
했기 때문이다. 흔들기는 〔번제단의〕 동쪽에서, 가까이 가져오는 것은
서쪽에서 했다. 흔들기의 의식은 가까이 가져오기 전에 행한다.

1오메르의 소제와 의심의 소제는 가까이 가져오기와 흔들기 모두
를 필요로 한다.

진설병과 전제와 함께 드리는 소제는 가까이 가져오기나 흔들기를
필요로 하지 않는다.

- 이 미쉬나는 흔들기 절차에 대해 다루고 있다.
- 악성피부병자의 기름 한 로그와 그의 속죄제에 관하여는 레위기 14:
  12에서 규정한다.
- 첫 열매에 관하여는 미쉬나 「빅쿠림」 3, 6을 참고하라.
- 화목제에 관하여는 레위기 7:30, 10:15을 참고하라. 이방인은 화목제
  를 가져올 수 있으나 이를 흔들지는 않는다.
- 칠칠절의 두 덩어리 빵에 관해서는 레위기 23:20을 참고하라.

5, 7
5, 5-6에 이어서 흔들거나 손을 얹는 절차에 관해 논의한다.

רַבִּי שִׁמְעוֹן אוֹמֵר, שְׁלֹשָׁה מִינִים טְעוּנִים שָׁלֹשׁ מִצְוֹת, שְׁתַּיִם בְּכָל אַחַת
וְאַחַת, וְהַשְּׁלִישִׁית אֵין בָּהֶן. וְאֵלּוּ הֵן, זִבְחֵי שַׁלְמֵי יָחִיד, וְזִבְחֵי שַׁלְמֵי צִבּוּר,
וַאֲשַׁם מְצֹרָע. זִבְחֵי שַׁלְמֵי יָחִיד, טְעוּנִים סְמִיכָה חַיִּים, וּתְנוּפָה שְׁחוּטִים, וְאֵין

בָּהֶם תְּנוּפָה חַיִּים. זִבְחֵי שַׁלְמֵי צִבּוּר, טְעוּנִים תְּנוּפָה חַיִּים וּשְׁחוּטִים, וְאֵין בָּהֶן סְמִיכָה. וַאֲשַׁם מְצֹרָע, טְעוּן סְמִיכָה וּתְנוּפָה חַי, וְאֵין בּוֹ תְנוּפָה שָׁחוּט:

랍비 쉼온은 말한다. 세 가지 종류의 〔제사에〕 적용할 세 가지 계명이 있는데, 〔그중〕 두 가지는 모든 〔제사에 적용하나〕, 세 번째 것은 어떤 제사도 〔필요로〕 하지 않는다.

이들이 그것들이다. 개인이 드리는 화목제, 공동체의 화목제, 악성 피부병자의 속건제.

개인적 화목제는 제물이 살아 있을 때 그 위에 〔두〕 손을 올려놓고, 도살된 후에 흔들어야 한다. 〔제물이〕 살아 있을 때 흔들지 않는다. 공동체의 화목제는 살아 있는 동안 흔들어야 하며, 도살된 후에도 〔흔들어야 한다〕. 그러나 〔제물 위에〕 손을 얹을 필요는 없다. 악성피부병자의 속건제는 〔제물이 살아 있는 동안 두〕 손을 얹고 또 흔들어야 한다. 도살된 후에 흔들 필요는 없다.

- 랍비 쉼온은 유사한 절차를 공유하는 세 가지 제사에 관해 말한다. 세 가지 계명은 제물이 살아 있을 때 흔드는 것, 도살된 뒤 흔드는 것, 손을 얹는 것이다. 언급된 세 제사에는 이 중 두 가지씩만 적용된다.
- 개인적 화목제는 레위기 7:11 이하, 칠칠절에 드리는 공동체의 화목제에 관하여는 레위기 23:20, 그리고 악성피부병자의 속건제는 레위기 14:14에서 규정하고 있다.

5, 8
냄비와 번철에서 굽거나 부친 제물에 대해 논의한다.

הָאוֹמֵר הֲרֵי עָלַי בְּמַחֲבַת, לֹא יָבִיא בְמַרְחֶשֶׁת. בְּמַרְחֶשֶׁת, לֹא יָבִיא בְמַחֲבַת. וּמַה בֵּין מַחֲבַת לְמַרְחֶשֶׁת, אֶלָּא שֶׁהַמַּרְחֶשֶׁת יֵשׁ לָהּ כִּסּוּי,

וְהַמַּחֲבַת אֵין לָהּ כְּסוּי, דִּבְרֵי רַבִּי יוֹסֵי הַגְּלִילִי. רַבִּי חֲנַנְיָה בֶּן גַּמְלִיאֵל אוֹמֵר,
מַרְחֶשֶׁת עֲמֻקָּה וּמַעֲשֶׂיהָ רוֹחֲשִׁים, וּמַחֲבַת צָפָה וּמַעֲשֶׂיהָ קָשִׁים:

사람이 "번철에 구운 [소제를] 드리겠다"고 말하면, 그는 냄비에서
부친 것을 가져와서는 안 된다. 만약 "냄비에서 부친 [소제를] 드리겠
다"고 말하면, 그는 번철에 구운 것을 가져와서는 안 된다.

번철에 [구운] 것과 냄비에 [부친] 것 사이의 차이는 무엇인가? "냄
비에는 뚜껑이 있고, 번철에는 없다." 갈릴리 출신 랍비 요쎄의 말이
다. 랍비 하나냐 벤 감리엘이 말한다. "냄비는 깊고 여기서 부친 것은
부드럽다. 번철은 납작하고 여기서 구운 것은 단단하다."

- 레위기 7:9에서는 솥과 번철에서 구운 소제를 각각 명시하고 있다.
  이에 따라 이 미쉬나는 솥과 번철에서 구운 소제의 차이점에 대해
  논한다.

5, 9
화덕이나 화로에서 구운 제물에 대해 논의한다.

הָאוֹמֵר הֲרֵי עָלַי בַּתַּנּוּר, לֹא יָבִיא מַאֲפֵה כֻפָּח וּמַאֲפֵה רְעָפִים וּמַאֲפֵה יוֹרוֹת
הָעַרְבִיִּים. רַבִּי יְהוּדָה אוֹמֵר, אִם רָצָה, יָבִיא מַאֲפֵה כֻפָּח. הֲרֵי עָלַי מִנְחַת
מַאֲפֵה, לֹא יָבִיא מֶחֱצָה חַלּוֹת וּמֶחֱצָה רְקִיקִין. רַבִּי שִׁמְעוֹן מַתִּיר, מִפְּנֵי
שֶׁהוּא קָרְבָּן אֶחָד:

"화덕에서 구운 [소제를] 바치겠다"고 말했다면, 화로나 타일이나
아랍인들의 가마솥에서 구운 것을 가져오면 안 된다. 랍비 예후다가
말한다. "만약 원한다면 화로에서 구운 것을 가져와도 된다."

"화로에서 구운 [소제를] 바치겠다"고 [말했다면], 절반은 빵으로
절반은 구운 과자로 가져오면 안 된다." 랍비 쉼온은 이들이 제물 한
[종류이므로] 허용한다.

- 이 미쉬나는 소제가 준비되는 방식에 관해 논하고 있다. 소제를 화덕에 굽는 경우는 레위기 2:4에서 규정한다.
- 화덕에서 구운 소제란 화덕 안에서 구워진 것을 말한다. 현대에도 '피타' 빵을 화덕 옆에서 굽는데, 이 방식은 허용되지 않는다.
- 랍비 유다는 토라가 화덕 안에서 구운 것이라고 말할 때, 화로 위에서 구운 것도 포함된다고 본다.
- 레위기 2:4는 화덕에서 굽는 빵과 과자를 모두 언급한다. 따라서 미쉬나는 이 둘을 엄격히 구분하나 랍비 쉼온은 이들을 같은 종류로 보았다.

제6장

6, 1
남은 것을 제사장에게 주는 소제를 나열한다.

אֵלוּ מְנָחוֹת נִקְמְצוֹת וּשְׁיָרֵיהֶן לַכֹּהֲנִים, מִנְחַת סֹלֶת, וְהַמַּחֲבַת, וְהַמַּרְחֶשֶׁת,
וְהַחַלוֹת, וְהָרְקִיקִין, מִנְחַת גּוֹיִם, מִנְחַת נָשִׁים, מִנְחַת הָעֹמֶר, מִנְחַת חוֹטֵא,
וּמִנְחַת קְנָאוֹת. רַבִּי שִׁמְעוֹן אוֹמֵר, מִנְחַת חוֹטֵא שֶׁל כֹּהֲנִים נִקְמֶצֶת, וְהַקֹּמֶץ
קָרֵב לְעַצְמוֹ, וְהַשְּׁירַיִם קְרֵבִין לְעַצְמָן:

다음의 소제는 한 움큼을 떠낸 후 그 남은 것을 제사장에게 주는 것들이다. 고운 가루의 소제, 번철에서 구운 [소제], 냄비에서 부친 [소제], 빵과 구운 과자, 이방인의 소제, 여인의 소제, [1오메르]의 소제, 죄인의 소제, 의심의 소제.

랍비 쉼온은 말한다. 제사장이 [가져오는] 죄인의 소제는 한 움큼을 떠서 이를 [제단에서 소각]하여 드리고, 그 남은 것도 따로 [제단에서 소각]하여 드린다.

- 이 미쉬나는 소제에서 한 움큼을 떠 번제단에서 소각하여 마티르의 의식을 행한 후, 먹을 수 있게 된 소제의 나머지를 제사장에게 주는 경우를 열거하고 있다.
- 여기 열거된 소제들은 앞의 미쉬나 5, 3-5에서 다룬 바 있다.
- 제사장이 드리는 소제는 그 전체를 소각하여 드리므로(레 6:16) 한 움큼을 떼어 낼 필요가 없다. 그러나 랍비 쉼온은 제사장의 소제라도 죄인의 소제로 가져오는 경우에는 한 움큼을 떠야 한다고 한다.

6, 2

제사장에게 주지 않고 모두 태우는 제물, 태우지 않고 모두 제사장에게 주는 제물을 구분한다.

מִנְחַת כֹּהֲנִים וּמִנְחַת כֹּהֵן מָשִׁיחַ וּמִנְחַת נְסָכִים, לַמִּזְבֵּחַ, וְאֵין בָּהֶם לַכֹּהֲנִים. בָּזֶה יָפֶה כֹחַ הַמִּזְבֵּחַ מִכֹּחַ הַכֹּהֲנִים. שְׁתֵּי הַלֶּחֶם וְלֶחֶם הַפָּנִים, לַכֹּהֲנִים, וְאֵין בָּהֶם לַמִּזְבֵּחַ. וּבָזֶה יָפֶה כֹחַ הַכֹּהֲנִים מִכֹּחַ הַמִּזְבֵּחַ:

제사장의 소제, 기름부음 받은 대제사장의 소제, 그리고 전제와 함께 드리는 소제는 전부 번제단에 드리고 제사장에게 〔주는〕 몫이 없다. 이 경우 번제단이 제사장들 보다 더 귀중하다.

두 개의 빵 덩이와 진설병은 제사장에게 〔주고〕 번제단으로 〔가져가지〕 않는다. 이 경우 제사장들이 번제단보다 더 귀중하다.

- 제사장의 소제, 기름부음 받은 대제사장의 소제, 그리고 전제와 함께 드리는 소제는 예외 없이 그 전체를 번제단에서 소각해야 한다.
- 반대로 진설병은 성소에서 내어 온 후 제사장이 먹어야 하며 번제단으로 가지 않는다. 칠칠절의 빵 두 덩이도 그 전체를 제사장이 먹어야 한다.

6, 3

소제에 기름을 첨가하는 방식을 설명한다.

כָּל הַמְּנָחוֹת הַנַּעֲשׂוֹת בִּכְלִי טְעוּנוֹת שָׁלֹשׁ מַתְּנוֹת שֶׁמֶן, יְצִיקָה, וּבְלִילָה,
וּמַתַּן שֶׁמֶן בַּכְּלִי קֹדֶם לַעֲשִׂיָּתָן. וְהַחַלּוֹת בּוֹלְלָן, דִּבְרֵי רַבִּי. וַחֲכָמִים אוֹמְרִים,
סֹלֶת. הַחַלּוֹת טְעוּנוֹת בְּלִילָה, הָרְקִיקִים מְשׁוּחִין. כֵּיצַד מוֹשְׁחָן, כְּמִין כִי.
וּשְׁאָר הַשֶּׁמֶן נֶאֱכָל לַכֹּהֲנִים:

그릇에서 준비하는 소제에는 세 번 기름을 첨가한다. 〔준비가 끝난
반죽에〕 붓고, 섞을 때, 그리고 시작하기 전에 그릇에 〔미리 첨가해야〕
한다.

"구운 빵을 〔기름과〕 섞었다." 랍비 〔예후다 한나씨〕의 말이다. 그러
나 현자들은 말한다. "고운 가루를 〔기름과 섞었다〕."

빵들은 〔기름과〕 섞어야 하고, 구운 과자들 위에는 기름을 붓는다.
어떻게 〔기름을〕 부었는가? 〔헬라어의〕 카이(χ) 모양으로 〔부었다〕.
그 나머지 기름은 제사장이 먹었다.

- 소제를 번철이나 냄비에서 준비하는 경우를 말한다. 그 절차는 다음
과 같다. 먼저 그릇(번철이나 냄비)에 기름을 따르고 곡식가루를 넣
고 다시 기름을 넣어 섞는다. 그리고 미지근한 물을 넣어 반죽하여,
열 개의 덩어리를 만들고 이를 굽는다. 다 구운 후, 이를 잘게 부수고,
이 위에 다시 기름을 붓는 것으로 준비가 완료된다. 이 미쉬나는 기
름을 넣는 순서를 역순으로 기록하고 있다.
- 빵을 드리는 경우, 랍비 예후다 한나씨는 먼저 구운 후 기름을 섞는
다고 한다. 랍비들은 굽기 전 가루 상태에서 기름과 섞었다고 한다.
- 소제를 빵이나 과자 형태로 만들때 기름을 첨가하는 방식의 차이를
설명한다(레 2:4).

6, 4

소제를 조각으로 쪼개는 방법에 대해 논의한다.

כָּל הַמְּנָחוֹת הַנַּעֲשׂוֹת בִּכְלִי, טְעוּנוֹת פְּתִיתָה. מִנְחַת יִשְׂרָאֵל, כּוֹפֵל אֶחָד
לִשְׁנַיִם, וּשְׁנַיִם לְאַרְבָּעָה, וּמַבְדִּיל. מִנְחַת כֹּהֲנִים, כּוֹפֵל אֶחָד לִשְׁנַיִם, וּשְׁנַיִם
לְאַרְבָּעָה, וְאֵינוֹ מַבְדִּיל. מִנְחַת כֹּהֵן הַמָּשִׁיחַ, לֹא הָיָה מְכַפְּלָהּ. רַבִּי שִׁמְעוֹן
אוֹמֵר, מִנְחַת כֹּהֲנִים וּמִנְחַת כֹּהֵן מָשִׁיחַ, אֵין בָּהֶם פְּתִיתָה, מִפְּנֵי שֶׁאֵין בָּהֶם
קְמִיצָה, וְכֹל שֶׁאֵין בָּהֶם קְמִיצָה, אֵין בָּהֶן פְּתִיתָה. וְכֻלָּן כַּזֵּיתִים:

그릇으로 준비하는 소제는 조각으로 쪼개야 한다. 이스라엘 사람의 소제는 둘로 접고, 다시 넷으로 접고, 그 후 절단한다. 제사장의 소제는 둘로 접고, 다시 넷으로 접는다. 그러나 절단하지 않는다. 기름부음 받은 대제사장의 소제는 접지 않는다.

랍비 쉼온이 말한다. "제사장의 소제나 기름부음 받은 대제사장의 소제는 조각으로 절단하지 않았다. 여기서는 한 움큼을 떼내지 않기 때문이다. 한 움큼을 떼내지 않으면 조각으로 절단하지 않는다."〔절단한〕조각들은 각각 올리브〔한 알 크기와〕 같았다.

- 앞의 미쉬나에서 언급된 소제를 구운 후 작은 조각으로 부수는 절차에 관한 설명이다. 따라서 빵이나 구운 과자 형태의 소제가 모두 해당된다. 그러나 진설병과 칠칠절의 빵 두 덩이는 제외된다(라브).
- 대제사장의 소제에 관해 토라는 "조각 낸 소제"(레 6:21〔히브리어 성서 6:14〕)라고 명명하지만 잘게 부수라는 명령은 하지 않는다. 랍비들은 이에 따라 제사장의 소제는 부술 필요가 없을 뿐 아니라 접을 필요도 없다고 한다.

6, 5

소제를 준비하는 방법을 설명한다.

כָּל הַמְּנָחוֹת טְעוּנוֹת שְׁלֹשׁ מֵאוֹת שִׁיפָה וַחֲמֵשׁ מֵאוֹת בְּעִיטָה. וְהַשִּׁיפָה
וְהַבְּעִיטָה בַּחִטִּים. רַבִּי יוֹסֵי אוֹמֵר, אַף בַּבָּצֵק. כָּל הַמְּנָחוֹת בָּאוֹת עֶשֶׂר
עֶשֶׂר, חוּץ מִלֶּחֶם הַפָּנִים, וַחֲבִתֵּי כֹהֵן גָּדוֹל, שֶׁהֵם בָּאוֹת שְׁתֵּים עֶשְׂרֵה, דִּבְרֵי
רַבִּי יְהוּדָה. רַבִּי מֵאִיר אוֹמֵר, כֻּלָּן בָּאוֹת שְׁתֵּים עֶשְׂרֵה, חוּץ מֵחַלּוֹת תּוֹדָה
וְהַנְּזִירוּת, שֶׁהֵן בָּאוֹת עֶשֶׂר עֶשֶׂר:

모든 소제는 300회 문질러야 하고 500회 두들겨야 한다. 문지르기
와 두들기는 밀가루에 해야 한다. 랍비 요쎄는 말한다. "반죽 덩어리
에 〔해야 한다〕."

"모든 소제는 각각 열 개로 구성된다. 그러나 진설병과 대제사장의
번철에 구운 것은 열두 개로 되어 있다." 랍비 예후다의 말이다. 랍비
메이르는 말한다. "그들 모두 각각 열두 개로 구성된다. 다만 감사제
의 빵과 나실인의 소제는 각각 열 개다."

- 밀가루를 문지르고 두드리는 것은 그에 섞인 겨나 찌꺼기를 제거하
  기 위함이다. 그러나 랍비 요쎄는 이를 반죽덩어리에 하는 것이라고
  한다.
- 소제는 빵으로 만들거나 과자로 구울 수 있다. 랍비 예후다에 의하
  면 어느 경우에도 원칙은 열 덩이를 만드는 것이며, 진설병은 레위기
  24:5에 따라, 대제사장의 소제는 레위기 6:13, 15로부터 유추하여 열
  두 덩이를 드린다. 그러나 랍비 메이르는 원칙적으로 열두 개를 드리
  고 감사제의 빵이나 나실인의 소제만 예외적으로 열 개를 드린다고
  한다.

6, 6

다른 종류의 소제에 들어가는 곡식가루의 양에 대한 논의다.

הָעֹמֶר הָיָה בָא עִשָּׂרוֹן מִשָּׁלֹשׁ סְאִין. שְׁתֵּי הַלֶּחֶם, שְׁנֵי עֶשְׂרוֹנִים מִשָּׁלֹשׁ
סְאִין. לֶחֶם הַפָּנִים, עֶשְׂרִים וְאַרְבָּעָה עֶשְׂרוֹנִים מֵעֶשְׂרִים וְאַרְבַּע סְאִין:

---

[1]오메르의 [소제]는 3쎄아로부터 취한 [곡식가루 1에파의] 1/10
로 만든다.

[칠칠절의] 빵 두 덩이는 3쎄아로부터 취한 [곡식가루 1에파의] 2/10
로 만든다.

진설병은 24쎄아로부터 취한 24/10로 만든다.

- 1오메르의 소제는 유월절 첫날 저녁, 즉 니싼월 제16일 저녁에 드리
  는 소제를 말한다.
- 1오메르는 약 2.2리터로, 22리터 정도인 1에파의 1/10에 해당한다.
- 쎄아(סאה)는 부피의 단위로 7.3리터 정도이며 1/3오메르에 해당한
  다. 유월절 첫날이나 칠칠절의 소제는 3쎄아의 곡식가루를 체에 흔
  들어 나오는 1오메르로 만들었다. 특히 보릿가루의 경우 찌꺼기가
  많이 섞여 있어 체질하는 것이 중요했다.
- 밀가루의 보리에 비해 경우 찌꺼기가 적어 체질을 적게 했다. 따라서
  칠칠절의 빵 두 덩이는 3쎄아로부터 2/10오메르를, 즉 더 많은 양을
  추출해냈다.
- 진설병은 총 열두 개의 빵으로 각각 2/10에 바로 만든다(레 24:5).
  따라서 총량은 2/10×12=24/10에파에 해당한다.

6, 7

소제의 가루를 체질하는 규정에 대해 논의한다.

הָעֹמֶר הָיָה מְנֻפֶּה בִּשְׁלשׁ עֶשְׂרֵה נָפָה. וּשְׁתֵּי הַלֶּחֶם בִּשְׁתֵּים עֶשְׂרֵה. וְלֶחֶם
הַפָּנִים בְּאַחַת עֶשְׂרֵה. רַבִּי שִׁמְעוֹן אוֹמֵר, לֹא הָיָה לָהּ קִצְבָּה, אֶלָּא סֹלֶת
מְנֻפֶּה כָל צָרְכָּהּ הָיָה מֵבִיא, שֶׁנֶּאֱמַר, וְלָקַחְתָּ סֹלֶת וְאָפִיתָ אֹתָהּ, עַד שֶׁתְּהֵא
מְנֻפֶּה כָל צָרְכָּהּ:

---

[1]오메르[의 소제]는 열세 번 체질했고, 빵 두 덩어리는 열두 번,
진설병은 열한 번 체질했다. 랍비 쉼온은 말한다. "규정된 횟수는 없
다. 고운 가루를 가져와 필요한 만큼 체질했다. 기록되기를, '고운 가
루를 취하여… 굽되'(레 24:5)라고 했기 때문이다. 필요한 만큼 체질
하기 전까지는[구울 수 없다]."

- 토라는 고운 가루로 소제를 드리라고 명령하고 있다. 체질을 많이
  할수록 찌꺼기를 걸러내어 더 고운 가루가 된다.
- 앞에서 언급한 바와 같이, 찌꺼기가 많은 보릿가루로 드리는 한 오
  메르의 소제를 가장 많이 체질한다.
- 칠칠절의 빵 두 덩이는 새로 수확한 밀가루로, 진설병은 묵은 밀가
  루로 드렸다. 묵은 밀보다 새로 수확한 밀에 찌꺼기가 더 많기 때문
  에 빵 두 덩이의 소제를 한 번 더 체질한다.
- 한 오메르의 소제에 대하여는「메나홋」10장에서 자세히 다룬다.

제7장

7,1

감사제의 소제에 들어가는 곡식가루의 양과 이를 측량하는 도량형
에 대해 다룬다.

הַתּוֹדָה הָיְתָה בָאָה חָמֵשׁ סְאִין יְרוּשַׁלְמִיּוֹת, שֶׁהֵן שֵׁשׁ מִדְבָּרִיּוֹת, שְׁתֵּי
אֵיפוֹת, הָאֵיפָה שָׁלשׁ סְאִין, עֶשְׂרִים עִשָּׂרוֹן, עֲשָׂרָה לֶחָמֵץ וַעֲשָׂרָה לַמַּצָּה.
עֲשָׂרָה לֶחָמֵץ, עִשָּׂרוֹן לְחַלָּה. וַעֲשָׂרָה לַמַּצָּה, וּבַמַּצָּה שְׁלֹשָׁה מִינִין, חַלּוֹת
וּרְקִיקִים וּרְבוּכָה. נִמְצְאוּ שְׁלֹשָׁה עֶשְׂרוֹנוֹת וּשְׁלִישׁ לְכָל מִין, שָׁלֹשׁ חַלּוֹת
לָעִשָּׂרוֹן. בְּמִדָּה יְרוּשַׁלְמִית הָיוּ שְׁלֹשִׁים קַב, חֲמִשָּׁה עָשָׂר לֶחָמֵץ, וַחֲמִשָּׁה
עָשָׂר לַמַּצָּה. חֲמִשָּׁה עָשָׂר לֶחָמֵץ, קַב וָחֵצִי לְחַלָּה. וַחֲמִשָּׁה עָשָׂר לַמַּצָּה,
וְהַמַּצָּה שְׁלֹשָׁה מִינִין, חַלּוֹת וּרְקִיקִים וּרְבוּכָה, נִמְצְאוּ חֲמֵשֶׁת קַבִּים לְכָל מִין,
שְׁתֵּי חַלּוֹת לְקָב:

감사제[로 드리는 소제는 곡식가루] 5예루살렘 쎄아로 한다. 이것
은 6광야[쎄아]이고, 이것은 2에파에 해당한다. 1에파는 3쎄아이고,
이것은 20/10[에파]에 해당하는데, 10은 누룩을 넣은 빵, 10은 누룩
없는 빵(무교병)을 위한 것이다.

10은 누룩 넣은 빵을 위한 것인데, 각각의 빵이 1/10이다. 다른 10은
누룩 없는 빵을 위한 것인데, 여기에 세 종류가 있었다. [기름 바른]
빵, 구운 과자, [기름과 물을 섞은] 것이다. 따라서 [곡식가루] 3/10과
3[에파]가 각 종류마다, 1/10마다 빵이 세 개다.

예루살렘 도량형으로 그것들은 30카브였다. 15는 누룩 있는 빵, 15
는 누룩 없는 빵을 위한 것이었다. 15[카브]는 누룩 있는 빵을 위한
것이고, 빵 하나에 1.5카브. 그리고 15[카브]는 무교병을 위한 것이
었다. 무교병에는 세 종류가 있었다. [기름 바른] 빵, 구운 과자, [기름
과 물을 섞은] 것이다. 따라서 각 종류에 5카브, 1카브에 빵 하나였다.

- 이 미쉬나는 화목제 중 감사제와 함께 드리는 소제(레 7:12)에 관해 다룬다. 이 소제는 기름 섞은 무교병, 기름 바른 무교병, 그리고 고운 가루에 기름 섞어 구운 과자의 세 가지 종류를 드려야 한다.
- 광야의 쎄아는 토라에 기록된 쎄아의 단위를 말한다. 이른 미쉬나 시대에 예루살렘 성전에서는 도량형을 개혁했는데 이에 따르면 광야의 6쎄아가 성전의 5쎄아가 된다. 전체적으로 단위를 올린 것이다.
- 각종 제사 관련 토라의 규정은 페르시아 시대(기원전 6세기 말~4세기 말경)에 쓰여진 것으로 이후 그리스-로마 시대에 들어 예루살렘이 경제적으로 다시 번영하고 물가가 상승한 것을 반영하는 것이라 할 수 있다. 어쨌든 이에 의하면 성전과 제사장들은 수입이 늘어나게 되고, 백성들의 부담은 커지게 된다.
- 감사제와 함께 드리는 세 종류의 무교병에 관하여는 레위기 7:12에서 규정한다.
- 누룩 없는 빵(무교병)을 위해 곡식가루 $10 \times 1/10$에파가 쓰여졌다. 무교병은 세 종류를 만들어야 했는데, $10 \times 1/10$에파를 셋으로 나누어 각 종류에 고르게 분배하면 각 종류에 $1/3 \times 10 \times 1/10$에파가 분배된다. 각 종류마다 열 개씩의 빵을 구워야 하므로 각각의 빵에는 이를 10으로 나눈 $1/3 \times 10 \times 1/10 \times 1/10$에파가 분배된다.
- 이 미쉬나에서는 이를 다시 예루살렘 측량인 '카브'로 환산한 값을 제시한다. 미쉬나에서 사용하는 각종 도량형에 관하여는 개요를 참고하라.

7, 2

위임의 소제, 나실인의 소제에 대한 논의다.

הַמִּלּוּאִים הָיוּ בָאִים כַּמַּצָּה שֶׁבַּתּוֹדָה, חַלּוֹת וּרְקִיקִים וּרְבוּכָה. הַנְּזִירוּת
הָיְתָה בָאָה שְׁתֵּי יָדוֹת בַּמַּצָּה שֶׁבַּתּוֹדָה, חַלּוֹת וּרְקִיקִים, וְאֵין בָּהּ רְבוּכָה,
נִמְצְאוּ עֲשָׂרָה קַבִּים יְרוּשַׁלְמִיּוֹת, שֶׁהֵן שִׁשָּׁה עֶשְׂרוֹנוֹת וְעֹדְיָן. וּמִכֻּלָּן הָיָה
נוֹטֵל אֶחָד מֵעֲשָׂרָה תְּרוּמָה, שֶׁנֶּאֱמַר, וְהִקְרִיב מִמֶּנּוּ אֶחָד מִכָּל קָרְבָּן תְּרוּמָה
לַה'. אֶחָד, שֶׁלֹּא יִטֹּל פָּרוּס. מִכָּל קָרְבָּן, שֶׁיִּהְיוּ כָל הַקָּרְבָּנוֹת שָׁוִין, וְשֶׁלֹּא
יִטֹּל מִקָּרְבָּן לַחֲבֵרוֹ. לַכֹּהֵן הַזֹּרֵק אֶת דַּם הַשְּׁלָמִים לוֹ יִהְיֶה, וְהַשְּׁאָר נֶאֱכָל
לַבְּעָלִים:

위임의 〔소제는〕 감사제와 같은 무교병이다. 〔즉, 기름 바른〕 빵, 구운 과자, 〔기름과 물을 섞은〕 것이다. 나실인의 〔소제는〕 감사제의 2/3이다. 〔즉, 기름 바른〕 빵과 구운 과자이며, 〔기름과 물을 섞은〕 것은 제외된다. 따라서 예루살렘 도량형으로 10카브가 있었는데, 이는 6/10〔에파〕보다 조금 많은 양이다.

각각의 종류마다 열 개 중 하나를 거제로 취한다. 기록되기를, "그 전체의 예물 중에서 하나씩 여호와께 거제로 드리고"(레 7:14)라고 했기 때문이다. 하나는 〔온전한 것이니〕 그것은 자른 것을 취할 수 없다. 각각의 제물로부터, 즉 각각의 제물로부터 동등하게 취해야 하고, 한 종류의 것으로부터 다른 종류를 위해 더 취할 수 없다. 화목제의 피를 뿌리는 제사장의 소유가 될 것이며, 나머지는 제주들이 먹는다.

- 위임의 소제란 제사장직을 위임할 때 드리는 소제로 감사제와 같이 세 종류의 무교병을 드린다(레 8:26).
- 나실인의 소제는 이 중 두 가지, 즉 기름 바른 무교병과 구운 과자를 드린다(민 6:15). 앞의 미쉬나에 따르면 감사제의 세 가지 무교병을 만드는 데 15카브가 필요하다. 따라서 두 종류라면 10카브가 필요하

게 된다. 이는 6×1/10에바보다 조금 많은 양이다.

- 감사제의 소제(레 7:14)와 나실인의 소제(민 6:14)는 그 소제물의 각 종류에서 하나씩, 즉 각 종류의 열 개의 빵 혹은 과자 중 하나씩을 거제나 요제로 드리고, 이는 제사장이 가진다.

7, 3

희생제사와 함께 드리는 빵이 거룩해지지 않는 경우를 열거한다.

הַשּׁוֹחֵט אֶת הַתּוֹדָה בִּפְנִים, וְלַחְמָהּ חוּץ לַחוֹמָה, לֹא קָדַשׁ הַלָּחֶם. שְׁחָטָהּ
עַד שֶׁלֹּא קָרְמוּ בַתַּנּוּר, וַאֲפִלּוּ קָרְמוּ כֻלָּן חוּץ מֵאַחַד מֵהֶן, לֹא קָדַשׁ הַלֶּחֶם.
שְׁחָטָהּ חוּץ לִזְמַנָּהּ וְחוּץ לִמְקוֹמָהּ, קָדַשׁ הַלָּחֶם. שְׁחָטָהּ וְנִמְצֵאת טְרֵפָה,
לֹא קָדַשׁ הַלֶּחֶם. שְׁחָטָהּ וְנִמְצֵאת בַּעֲלַת מוּם, רַבִּי אֱלִיעֶזֶר אוֹמֵר, קָדַשׁ,
וַחֲכָמִים אוֹמְרִים, לֹא קָדַשׁ. שְׁחָטָהּ שֶׁלֹּא לִשְׁמָהּ, וְכֵן אֵיל הַמִּלּוּאִים וְכֵן שְׁנֵי
כִבְשֵׂי עֲצֶרֶת שֶׁשְּׁחָטָן שֶׁלֹּא לִשְׁמָן, לֹא קָדַשׁ הַלָּחֶם:

사람이 〔성전 뜰〕 안에서 감사제물을 도살했지만 빵은 여전히 〔성전〕 벽 밖에 있을 때, 그 빵은 거룩해지지 않았다. 만약 그가 빵을 화덕에서 굽기 전에 도살했다면, 모든 빵을 굽고 하나만 남았다 할 지라도, 그 빵은 거룩해지지 않았다. 만약 그가 감사제를 정해진 시간과 장소 외에서 먹을 의도로 도살했더라도, 빵은 거룩해졌다. 만약 그가 도살한 〔제물이〕 찢겨 죽은 것임이 밝혀졌다면, 빵은 거룩해지지 않았다. 만약 그가 도살한 〔제물〕이 흠 있는 것이라고 밝혀진 경우, 랍비 엘리에제르는 말한다. "빵은 거룩해진다." 그러나 현자들은 말한다. "그것은 거룩해지지 않는다."

다른 이름으로 도살되면, 〔예를 들어〕 위임식의 숫양이나 〔칠칠절〕 성회의 어린 양 두 마리가 다른 이름으로 도살되면, 빵은 거룩해지지 않는다.

- 이 미쉬나는 감사제에 수반하는 소제의 빵이 거룩해지지 않는 다양한 경우를 예시하고 있다. 이들 경우에는 그 빵을 다른 용도로 사용하더라도 성물을 침해한 것이 되지 않는다.
- 희생제사의 효력이 이에 수반하는 소제의 빵에 미치려면 그 소제가 토라가 정한 절차에 따라 완전히 준비되어야 한다. 따라서 희생제물을 도살 할 때, 소제의 빵이 성전 밖에 있거나 그중 하나라도 완전히 구워지지 않았다면 그 소제의 빵 전체가 감사제에 수반하는 소제가 되지 못한다. 따라서 도살의 효력 또한 이에 미치지 못한다.
- 그러나 만약 감사제를 정해진 시간과 장소 외에서 먹을 의도로 도살했다면 도살의 효력이 이에 미쳐 소제의 빵도 일단 거룩해지나, 잘못된 의도로 인해 감사제물과 함께 혐오스러운 것(피굴)이 된다.
- '찢겨 죽은 것'(טרפה, 트레파)도 제물로 바칠 수 없다(출 22: 31). 미쉬나는 상처를 입거나 병이 들어서 곧 죽게 된 가축이나 짐승도 이 범주에 포함한다. 이런 동물은 적절한 방법으로 도살한다고 해도 유효한 제사가 되지 아니하므로 소제물 또한 거룩해지지 않는다. 희생제물을 다른 이름으로 도살하는 경우도 마찬가지다.
- 흠이 있는 가축을 감사제물로 도살한 경우 견해가 갈린다. 「제바힘」9, 3은 이러한 경우 제사의 유효성에 관해 논하고 있는데, 이와 논리적으로 연관된다. 랍비 엘리에제르는 제사가 유효하다는 랍비 아키바의 견해(「제바힘」9, 3)를 따르는 것으로 보인다. 다른 랍비들은 제사가 무효라는 견해에 기초하고 있다.

7, 4
희생제사가 무효가 된 경우 함께 드리는 소제의 처분에 관해 논의한다.

נְסָכִין שֶׁקְּדְשׁוּ בִכְלִי וְנִמְצָא הַזֶּבַח פָּסוּל, אִם יֵשׁ שָׁם זֶבַח אַחֵר, יִקְרְבוּ עִמּוֹ. וְאִם לָאו, יִפָּסְלוּ בְּלִינָה. וְלַד תּוֹדָה וּתְמוּרָתָהּ, וְהַמַּפְרִישׁ תּוֹדָתוֹ וְאָבְדָה וְהִפְרִישׁ אַחֶרֶת תַּחְתֶּיהָ, אֵינָן טְעוּנִים לֶחֶם, שֶׁנֶּאֱמַר, וְהִקְרִיב עַל זֶבַח הַתּוֹדָה, הַתּוֹדָה טְעוּנָה לֶחֶם, וְלֹא וְלָדָהּ וְלֹא חֲלִיפָתָהּ וְלֹא תְמוּרָתָהּ טְעוּנִין לֶחֶם:

만약 전제와 함께 드리는 [소제를] 성구에 담아 거룩하게 만들었는데 가축 희생제사가 무효라는 것이 밝혀졌을 때, 만약 다른 가축 희생제사가 있는 경우, [그 전제와 소제를] 함께 바칠 수 있다. 그렇지 않고 밤새 남아 있게 되면, [그 전제와 소제는] 무효가 된다.

감사제물의 새끼나, [감사제물을] 대체한 것이나, [제주에 의해] 감사제물로 성별되었으나 분실되어 대체한 것은 빵과 함께 드리지 않아도 된다. 기록되기를, "그 희생제물과 함께 드리고"(레 7:12)라고 했기 때문이다. 따라서 감사제물은 빵과 함께 [드리고] 새끼나, 바꾼 것이나, 대체물은 빵과 함께 드리지 않는다.

- 이 미쉬나는 소제가 이미 거룩해진 후에, 가축 희생제사가 무효라는 것이 밝혀진 경우, 이 소제물을 처리하는 방식에 관해 논한다.
- 이 소제물이 수반하는 다른 가축 희생제사가 남았으면 이와 함께 드리면 된다. 그렇지 않으면, 이 소제물은 이미 거룩하게 되어 함부로 내버릴 수 없으므로, 그 소제물과 전제를 밤새 성전 안에 남겨두어 드릴 수 없는 것으로 만든다. 드리지 않고 밤을 넘긴 모든 제물은 드릴 수 없는 것이 되어 다음 날 소각해야 한다.
- 토라는 감사제의 경우 희생제물과 함께 세 종류의 소제를 드릴 것을 명령한다(레 7:12). 미쉬나는 이를 엄격하게 해석하여 희생제물의 새끼나 대체물, 혹은 제물이 분실되어 대신 성별했으나 원래 제물을 다시 찾은 경우, 이들은 소제와 함께 드리지 않아도 된다고 한다.

7, 5

감사제의 소제를 속된 것이나 십일조로부터 가져오는 경우를 설명
한다.

הָאוֹמֵר הֲרֵי עָלַי תּוֹדָה, יָבִיא הִיא וְלַחְמָהּ מִן הַחֻלִּין. תּוֹדָה מִן הַחֻלִּין וְלַחְמָהּ
מִן הַמַּעֲשֵׂר, יָבִיא הִיא וְלַחְמָהּ מִן הַחֻלִּין. תּוֹדָה מִן הַמַּעֲשֵׂר וְלַחְמָהּ מִן
הַחֻלִּין, יָבִיא. הַתּוֹדָה הִיא וְלַחְמָהּ מִן הַמַּעֲשֵׂר, יָבִיא. וְלֹא יָבִיא מֵחִטֵּי מַעֲשֵׂר
שֵׁנִי, אֶלָּא מִמְּעוֹת מַעֲשֵׂר שֵׁנִי:

"감사제를 드리겠다"고 서원한 사람은 속된 것들로부터 감사제물
과 빵을 가져와야 한다. "속된 것들로부터 감사제물을, 그리고 십일조
로부터 빵을 〔드리겠다"고 서원한 사람은〕 반드시 속된 것으로부터
빵을 가져와야 한다.

"십일조로부터 감사제물을, 그리고 속된 것들로부터 빵을 〔드리겠
다"고 서원한 사람은 그렇게〕 가져올 수 있다. "십일조로부터 감사제
물과 빵을 〔드리겠다"고 서원한 사람은 그렇게〕 가져올 수 있다. 그러
나 두 번째 십일조 곡식에서 가져오면 안 되고, 두 번째 십일조를 〔바
꾼〕 돈에서 가져와야 한다.

- 여기서 속된 것(חוליין, 훌린)은 성전에 바치기 위해 성별되지 않은 일
  상적인 것을 말하며, 부정하다는 의미가 아니다. 이에 관해서는 마
  쎄켓 「훌린」의 개요를 참고하라.
- 십일조로부터 가축 희생제사로 감사제를 드리는 경우는 두 번째 십
  일조를 돈으로 바꾸어 예루살렘에서 희생제사를 위한 제물을 사는
  경우다. 이렇게 감사제물과 빵이 모두 같은 근원으로부터 나오게 된
  다. 감사제는 화목제의 일종으로 십일조와는 다르기 때문에 두 번째
  십일조의 곡식을 직접 이에 쓸 수 없고 이를 바꾼 돈으로 제물을 사
  야한다.

- 두 번째 십일조는 신명기 14:24-26에 근거한 것으로, 곡식, 포도주, 기름에 대해 드리는 것이다. 성서에서는 규정이 명확치 않으나 미쉬나에서는 첫 번째 십일조를 제하고 난 후, 다시 두 번째 십일조를 구별한다. 안식년인 일곱째 해를 주기로, 첫째, 둘째, 넷째, 다섯째 해에 드린다. 셋째와 여섯째 해에는 이 대신, 3년에 한 번씩 레위인 및 가난한 사람들과 함께 나누는 세 번째 십일조(신 14:28-29)를 구별한다.

- 감사제에는 소제가 포함된다. 따라서 속된 것들로부터 감사제를 드리겠다고 서원하면 이에 이미 소제도 포함되어 있다고 본다. 따라서 십일조로부터 빵을 드리겠다는 서원은 의미가 없다.

- 두 번째 십일조를 바꾼 돈으로 감사제물을 사서 그리고 속된 돈으로 빵을 사서 드리겠다고 서원했다면 그렇게 할 수 있다. 속된 돈으로 빵을 사겠다는 서원이 감사제물에 대한 서원에 영향을 끼치지 않기 때문이다.

7, 6
속된 것으로부터 감사제를 가져와야 하는 이유를 설명한다.

מִנַּיִן לְאוֹמֵר הֲרֵי עָלַי תּוֹדָה, לֹא יָבִיא אֶלָּא מִן הַחֻלִּין, שֶׁנֶּאֱמַר, וְזָבַחְתָּ פֶּסַח
לה' אֱלֹהֶיךָ צֹאן וּבָקָר, וַהֲלֹא אֵין פֶּסַח בָּא אֶלָּא מִן הַכְּבָשִׂים וּמִן הָעִזִּים. אִם
כֵּן, לָמָּה נֶאֱמַר צֹאן וּבָקָר. אֶלָּא לְהַקִּישׁ כָּל הַבָּא מִן הַבָּקָר וּמִן הַצֹּאן לַפֶּסַח,
מַה הַפֶּסַח, שֶׁהוּא בָּא בְחוֹבָה, אֵינוֹ בָּא אֶלָּא מִן הַחֻלִּין, אַף כָּל דָּבָר שֶׁהוּא
בָּא בְחוֹבָה, לֹא יָבֹא אֶלָּא מִן הַחֻלִּין. לְפִיכָךְ, הָאוֹמֵר הֲרֵי עָלַי תּוֹדָה, הֲרֵי
עָלַי שְׁלָמִים, הוֹאִיל וְהֵם בָּאִים חוֹבָה, לֹא יָבֹאוּ אֶלָּא מִן הַחֻלִּין. וְהַנְּסָכִים
בְּכָל מָקוֹם לֹא יָבֹאוּ אֶלָּא מִן הַחֻלִּין:

"감사제를 드리겠다"고 서원한 사람이 반드시 속된 것들로부터 감사제물을 가져와야 하는 〔근거는〕 어디에 있는가? 기록되기를 "소와

양으로 네 하나님 여호와께 유월절 제사를 드리되"(신 16:2)라고 했다. 그러나 유월절 제사는 어린 양과 숫염소로 드려야 하는 것이 아닌가? 왜 소나 양이라고 기록되었는가? 이것은 소나 양을 제물로 드리는 다른 제사들을 유월절 제사와 비교하기 위함이다. 유월절 제사가 의무적인 제사이고 반드시 속된 것들로부터 〔제물을〕 드려야 하듯, 다른 의무적 제사들도 오직 속된 것들로부터 〔제물을〕 드려야 한다. 그러므로, 사람이 "감사제를 드리겠다"고 〔서원〕하거나 "화목제를 드리겠다"고 〔서원〕하면 그것은 의무적인 제사가 되므로, 그는 반드시 속된 것들로부터 제물을 가져와야 한다. 전제는 모든 경우에 반드시 속된 것들로부터 가져와야 한다.

- 의무적인 제사의 경우 반드시 속된 것으로부터 가져와야 하는 이유는 실용적인 것이다. 예를 들어, 두 번째 십일조를 바꾼 돈으로 의무적 제사를 위한 제물을 살 경우, 이 둘이 겹치게 되어 사실상 한 번만 바친 것이 된다. 이를 방지하기 위함이다.

제8장

8, 1
제물이 이스라엘 땅에서 난 것이어야 하는지의 여부를 논의한다.

כָּל קָרְבְּנוֹת הַצִּבּוּר וְהַיָּחִיד בָּאִים מִן הָאָרֶץ וּמִחוּצָה לָאָרֶץ, מִן הֶחָדָשׁ וּמִן הַיָּשָׁן, חוּץ מִן הָעֹמֶר וּשְׁתֵּי הַלֶּחֶם, שֶׁאֵינָן בָּאִים אֶלָּא מִן הֶחָדָשׁ וּמִן הָאָרֶץ. וְכֻלָּן אֵינָן בָּאִים אֶלָּא מִן הַמֻּבְחָר. וְאֵיזֶהוּ מֻבְחָר. מִכְמָס וּמְזוֹנִיחָה, אַלְפָא לַסֹּלֶת. שְׁנִיָּה לָהֶם, חֲפָרַיִם בַּבִּקְעָה. כָּל הָאֲרָצוֹת הָיוּ כְשֵׁרוֹת, אֶלָּא מִכָּאן הָיוּ מְבִיאִים:

공동체나 개인의 제사는 모두 〔이스라엘〕 땅에서 〔자란 것이나〕 밖에서 〔자란 것이나〕, 새로운 〔작물이나〕 묵은 것으로 드릴 수 있다. 그러나 오메르나 빵 두 덩이는 예외로, 이들은 〔이스라엘〕 땅에서 자란 새로운 작물로 드려야 한다.

모든 제물들은 가장 좋은 것으로 드려야 한다. 가장 좋은 것은 무엇인가? 믹마스와 자노하〔에서 난 것이〕 고운 가루의 질에 있어 첫 번째(알파)다. 두 번째는 하파라임 골짜기〔에서 난 것이다〕.

〔이스라엘〕 땅에서 난 작물은 유효했다. 그러나 그들은 주로 〔위에 언급한〕 이 장소들에서 〔제물을〕 가져왔다.

- 모든 소제는 그 곡식의 출처에 대한 제한이 없지만 유월절에 바치는 한 오메르(레 23:10)와 칠칠절의 빵 두 덩이(레 23:16-17)는 토라의 규정에 따라 반드시 이스라엘 땅에서 나는 새로운 보리와 밀로 드려야 한다.
- 가장 좋은 제물에 관해서 이 미쉬나는 우선 믹마스와 자노하의 작물, 다음으로 골짜기에 있는 하파라임 작물이 주로 성전에 바치는 데 쓰였다고 기록한다.

8, 2
소제를 위한 작물에 대한 설명이다.

אֵין מְבִיאִין לֹא מִבֵּית הַזְּבָלִים, וְלֹא מִבֵּית הַשְּׁלָחִים, וְלֹא מִבֵּית הָאִילָן.
וְאִם הֵבִיא, כָּשֵׁר. כֵּיצַד הוּא עוֹשֶׂה, נָרָה שָׁנָה רִאשׁוֹנָה, וּבַשְּׁנִיָּה זוֹרְעָהּ
קֹדֶם לַפֶּסַח שִׁבְעִים יוֹם, וְהִיא עוֹשָׂה סֹלֶת מְרֻבָּה. כֵּיצַד הוּא בוֹדֵק. הַגִּזְבָּר
מַכְנִיס אֶת יָדוֹ לְתוֹכָהּ. עָלָה בָהּ אָבָק, פְּסוּלָה, עַד שֶׁיְּנִיפֶנָּה. וְאִם הִתְלִיעָה,
פְּסוּלָה:

〔소제의 곡식을〕 거름 친 밭이나, 물 댄 밭이나, 나무를 심어놓은 밭에서 가져오면 안 된다. 그러나 〔이런 밭에서〕 가져왔다면 제물은 유효하다.

〔소제를 위한 작물은〕 어떻게 준비되었는가? 첫해에는 김을 맸고, 둘째 해에는 유월절 70일 전에 씨를 뿌렸다. 그래서 고운 가루를 풍성하게 수확할 수 있었다.

그것은 어떻게 검증되었는가? 성전의 창고지기가 손을 그 안에 넣었다. 이때 먼지가 그의 〔손에〕 딸려 나오면 그 곡물은 무효가 되었고, 키질을 더 해야 했다. 벌레 먹은 것은 무효가 되었다.

- 소제를 위한 곡식은 인위적으로 물을 대거나 거름을 친 밭이 아닌 빗물에 의해 자연적으로 경작하는 밭에서 난 것이어야 한다. 나무를 같이 심으면 나무가 곡물을 약하게 하므로 이러한 밭에서 난 것도 소제로 쓸 수 없다. 그러나 일단 가져왔으면 제물은 유효했다.
- 소제를 위한 작물을 기르는 밭은 따로 관리되었다. 매년 경작하지 않고 한 해를 쉬는 것은 토지를 비옥하게 하여 좋은 품질의 작물을 얻기 위함이다. 첫해에 그 밭의 반에서 경작하고 다음 해에는 전 해에 놀려 두었던 나머지 절반에서 경작했다.
- 유월절 칠십일 전 즈음이 이스라엘에서 파종하는 시기다.
- 소제로 드릴 만한 고운 가루인지를 확인하는 방법에 대하여 규정하고 있다.

8, 3
제물이 이스라엘 땅에서 난 것이어야 하는지의 여부를 논의한다.

תְּקוֹעָה, אַלְפָא לַשֶּׁמֶן. אַבָּא שָׁאוּל אוֹמֵר, שְׁנִיָּה לָהּ רֶגֶב בְּעֵבֶר הַיַּרְדֵּן.
כָּל הָאֲרָצוֹת הָיוּ כְשֵׁרוֹת, אֶלָּא מִכָּאן הָיוּ מְבִיאִין. אֵין מְבִיאִין לֹא מִבֵּית

הַזְּבָלִים, וְלֹא מִבֵּית הַשְּׁלָחִים, וְלֹא מִמַּה שֶּׁנִּזְרַע בֵּינֵיהֶם. וְאִם הֵבִיא, כָּשֵׁר. אֵין מְבִיאִין אַנְפִּיקְנוֹן. וְאִם הֵבִיא, פָּסוּל. אֵין מְבִיאִין מִן הַגְּרָגְרִים שֶׁנִּשְׁרוּ בַמַּיִם, וְלֹא מִן הַכְּבוּשִׁים, וְלֹא מִן הַשְּׁלוּקִין. וְאִם הֵבִיא, פָּסוּל:

드고아에서는 첫 번째로 좋은 기름이 〔난다〕. 압바 샤울이 말한다. "두 번째는 요단강 건너편의 레게브다." 〔이스라엘〕 땅에서 난 기름은 모두 유효하다. 그러나 그들은 오직 이 장소에서 〔기름을〕 가져왔다. 〔기름을〕 거름 친 밭이나, 물 댄 밭이나, 파종한 밭에 〔심은 올리브나무에서 만들어〕 가져오면 안 된다. 그러나 만약 가져왔다면 그것은 유효하다.

〔기름을〕 익지 않은 올리브 열매로 〔만들어〕 가져오지 않으며, 만약 가져온다면 무효가 된다. 물에 담가놓은 올리브 낱알들이나 저장된 것이나, 삶아놓은 것에서 〔만들어〕 가져오면 안 된다. 만약 가져왔다면, 그것은 무효가 된다.

- 이 미쉬나는 소제와 함께 드리는 (올리브)기름에 대해 다룬다.
- 가장 좋은 기름의 산지는 첫째로 드고아, 둘째로 요단강 동편의 레게브다. 소제를 위한 기름은 주로 이곳들에서 가져왔다.
- 기름을 만드는 올리브 역시 인위적으로 만든 밭이나 파종한 밭에 심은 올리브나무에서 난 것은 사용할 수 없다.
- 아나키온은 그리스어로 충분히 익지 않은 올리브를 말한다. 이로 기름을 만들면 그 품질이 현저히 떨어졌다.
- 물에 담가놓은 올리브 낱알들이나, 저장된 것이나, 삶아놓은 것으로 기름을 만들어도 그 품질이 현저히 떨어졌다.

8, 4

세 종류의 올리브와 그 기름의 용도에 대한 논의다.

שְׁלֹשָׁה זֵיתִים, וּבָהֶן שְׁלֹשָׁה שְׁלֹשָׁה שְׁמָנִים. הַזַּיִת הָרִאשׁוֹן, מְגַרְגְּרוֹ בְרֹאשׁ
הַזַּיִת וְכוֹתֵשׁ וְנוֹתֵן לְתוֹךְ הַסַּל. רַבִּי יְהוּדָה אוֹמֵר, סְבִיבוֹת הַסַּל. זֶה רִאשׁוֹן.
טָעַן בְּקוֹרָה, רַבִּי יְהוּדָה אוֹמֵר, בָּאֲבָנִים. זֶה שֵׁנִי. חָזַר וְטָחַן וְטָעַן, זֶה שְׁלִישִׁי.
הָרִאשׁוֹן לַמְּנוֹרָה, וְהַשְּׁאָר לַמְּנָחוֹת. הַזַּיִת הַשֵּׁנִי מְגַרְגְּרוֹ בְרֹאשׁ הַגַּג, וְכוֹתֵשׁ
וְנוֹתֵן לְתוֹךְ הַסַּל. רַבִּי יְהוּדָה אוֹמֵר, סְבִיבוֹת הַסַּל, זֶה רִאשׁוֹן. טָעַן בְּקוֹרָה,
רַבִּי יְהוּדָה אוֹמֵר, בָּאֲבָנִים, זֶה שֵׁנִי. חָזַר וְטָחַן וְטָעַן, זֶה שְׁלִישִׁי. הָרִאשׁוֹן
לַמְּנוֹרָה, וְהַשְּׁאָר לַמְּנָחוֹת. הַזַּיִת הַשְּׁלִישִׁי, עוֹטְנוֹ בְתוֹךְ הַבַּיִת עַד שֶׁיִּלְקֶה,
וּמַעֲלֵהוּ וּמְנַגְּבוֹ בְרֹאשׁ הַגַּג, וְכוֹתֵשׁ וְנוֹתֵן לְתוֹךְ הַסַּל. רַבִּי יְהוּדָה אוֹמֵר,
סְבִיבוֹת הַסַּל, זֶה רִאשׁוֹן. טָעַן בְּקוֹרָה, רַבִּי יְהוּדָה אוֹמֵר, בָּאֲבָנִים, זֶה שֵׁנִי.
חָזַר וְטָחַן וְטָעַן, זֶה שְׁלִישִׁי. הָרִאשׁוֹן לַמְּנוֹרָה, וְהַשְּׁאָר לַמְּנָחוֹת:

다음은 세 [종류의] 올리브들이고, 각각은 다른 세 [종류의] 기름
을 낸다. 첫 번째 올리브 수확물은 올리브나무의 꼭대기에서 딴 것이
다. 그것은 으깨서 바구니에 담는다. 랍비 예후다는 말한다. "바구니
주변에 둘러 담는다." 이것은 첫 번째 [기름]이다. 그다음 나무 기둥으
로 눌러 짜낸다. 랍비 예후다는 말한다. "바위로 [누른다]." 이것이 두
번째 [기름]이다. 그다음 찧어서 다시 짜낸다. 이것이 세 번째 [기름]
이다. 첫 번째 [기름은 성전의] 촛대에 사용하고, 나머지는 소제로 드
린다.

두 번째 수확물은 지붕 높이에서 수확된 것들이다. 그것들은 으깨
서 바구니에 담는다. 랍비 예후다는 말한다. "바구니 주변에 둘러 담
는다." 이것은 첫 번째 [기름]이다. 그다음 나무 기둥으로 눌러 짜낸
다. 랍비 예후다는 말한다. "바위로 [누른다]." 이것이 두 번째 [기름]
이다. 그다음 찧어서 다시 짜낸다. 이것이 세 번째 기름이다. 첫 번째
[기름은 성전의] 촛대에 사용하고, 나머지는 소제로 드린다.

세 번째 수확물은 나무의 마지막 올리브들이며, 충분히 익을 때까

지 집 안에 쌓아둔다. 그 후, 이들을 꺼내어 지붕 위에 말리고 으깨서 바구니에 담는다. 랍비 예후다는 말한다. "바구니 주변에 둘러 담는다." 이것은 첫 번째 [기름]이다. 그다음 나무 기둥으로 눌러 짜낸다. 랍비 예후다는 말한다. "바위로 [누른다]." 이것이 두 번째 [기름]이다. 그다음 찧어서 다시 짜낸다. 이것이 세 번째 기름이다. 첫 번째 기름은 [성전의] 촛대에 사용하고, 나머지는 소제로 드린다.

- 이 미쉬나는 올리브를 수확하는 방법에 따라 세 가지로, 이로부터 기름을 추출하는 방법과 이의 품질을 다시 세 가지로 나눈다.
- 첫 번째 올리브는 올리브나무 꼭대기에서 딴 것이다. 이것들은 빻아진 후에 올리브기름을 추출하는 바구니에 담기고, 올리브에서 흘러나온 기름은 바구니에 뚫린 홈을 통해 그 아래의 그릇으로 흘러들어간다. 이것이 가장 좋은 품질의 기름이다. 현대에는 이른바 '엑스트라 버진'(extra vergin)이라고도 부른다.
- 그다음은 이 올리브 열매들을 나무 기둥이나 바위로 눌러서 기름을 짜내는 방식으로 이렇게 나오는 기름이 두 번째로 좋은 것이다. 현대에는 '버진'(virgin)이라고 부른다.
- 세 번째 기름은 앞의 올리브 열매들을 으깨어 다시 한 번 같은 방식으로 눌러 짜낸 것이다.
- 이 가운데 가장 좋은 품질의 첫 번째 기름은 성소의 촛대(메노라) 기름으로 사용할 수 있고, 두 번째와 세 번째 기름은 소제에 사용할 수 있다.
- 두 번째와 세 번째로 수확된 올리브 열매들도 동일한 방식으로 기름을 짜내며, 그 품질과 용도 또한 첫 번째 올리브의 경우와 같다.

8, 5

기름의 품질과 용도에 대해 논의한다.

הָרִאשׁוֹן שֶׁבָּרִאשׁוֹן, אֵין לְמַעְלָה מִמֶּנּוּ. הַשֵּׁנִי שֶׁבָּרִאשׁוֹן וְהָרִאשׁוֹן שֶׁבַּשֵּׁנִי, שָׁוִין. הַשְּׁלִישִׁי שֶׁבָּרִאשׁוֹן וְהַשֵּׁנִי שֶׁבַּשֵּׁנִי וְהָרִאשׁוֹן שֶׁבַּשְּׁלִישִׁי, שָׁוִין. הַשְּׁלִישִׁי שֶׁבַּשֵּׁנִי וְהַשֵּׁנִי שֶׁבַּשְּׁלִישִׁי, שָׁוִין. הַשְּׁלִישִׁי שֶׁבַּשְּׁלִישִׁי, אֵין לְמַטָּה מִמֶּנּוּ. אַף הַמְּנָחוֹת הָיוּ בַדִּין שֶׁיִּטְּעֲנוּ שֶׁמֶן זַיִת זַךְ. מָה אִם הַמְּנוֹרָה שֶׁאֵינָהּ לַאֲכִילָה, טְעוּנָה שֶׁמֶן זַיִת זַךְ, הַמְּנָחוֹת, שֶׁהֵן לַאֲכִילָה, אֵינוֹ דִין שֶׁיִּטְּעֲנוּ שֶׁמֶן זַיִת זַךְ. תַּלְמוּד לוֹמַר, זַךְ כָּתִית לַמָּאוֹר, וְלֹא זַךְ כָּתִית לַמְּנָחוֹת:

첫 번째 〔올리브〕 수확물의 첫 번째 〔기름이 가장 좋은 기름이며〕, 이보다 더 나은 것은 없다. 첫 번째 수확물의 두 번째 기름과 두 번째 수확물의 첫 번째 기름은 같다. 첫 번째 수확물의 세 번째 기름, 두 번째 수확물의 두 번째 기름, 세 번째 수확물의 첫 번째 기름은 같다. 두 번째 수확물의 세 번째 기름과 세 번째 수확물의 두 번째 기름은 같다. 세 번째 수확물의 세 번째 기름보다 더 나쁜 것은 없다.

소제의 기름 역시 최상품을 사용해야 한다는 논리가 다음 논증〔에 의해 뒷받침된다〕. 만약 〔성소의〕 촛대를 위한 기름이 먹는 것이 아님에도 불구하고 좋은 기름이어야 한다면, 먹는 것인 소제에 들어가는 기름은 얼마나 좋은 기름이어야 하겠는가? 그러나 성경은 "올리브로 찧어낸 순결한 기름을 등불을 위하여 네게 가져오게"라고 하며, 올리브로 찧어낸 순결한 기름을 소제를 위하여 가져오라고 하지 않는다.

- 앞의 미쉬나에 이어 올리브기름의 품질을 비교하고 있다.
- 태우는 용도로 쓰이는 기름이 좋은 것이어야 한다면, 먹는 것에 쓰이는 것이 더 합리적이겠으나, 토라는 등불을 위해 순결한 기름을 가져오라고(출 27:20) 명하는 데 반해 소제에 관하여는 그러한 제한이 없으므로 위의 원칙을 따라야 한다고 이 미쉬나는 설명한다.

8, 6

전제에 쓰이는 포도주의 출처와 요건을 다룬다.

וּמְנַיִן הָיוּ מְבִיאִין אֶת הַיָּיִן. קְרוּחִים וְהַטּוּלִים, אַלְפָּא לַיָּיִן. שְׁנִיָּה לָהֶן, בֵּית
רָמָה וּבֵית לָבָן בָּהָר, וּכְפַר סֶגְנָה בַּבִּקְעָה. כָּל הָאֲרָצוֹת הָיוּ כְשֵׁרוֹת, אֶלָּא
מִכָּאן הָיוּ מְבִיאִין. אֵין מְבִיאִין, לֹא מִבֵּית הַזְּבָלִים, וְלֹא מִבֵּית הַשָּׁלְחִין, וְלֹא
מִמַּה שֶּׁנִּזְרַע בֵּינֵיהֶן. וְאִם הֵבִיא, כָּשֵׁר. אֵין מְבִיאִין אֵלְיוּסְטָן. וְאִם הֵבִיא,
כָּשֵׁר. אֵין מְבִיאִין יָשָׁן, דִּבְרֵי רַבִּי. וַחֲכָמִים מַכְשִׁירִין. אֵין מְבִיאִין, לֹא מָתוֹק,
וְלֹא מְעֻשָּׁן, וְלֹא מְבֻשָּׁל. וְאִם הֵבִיא, פָּסוּל. אֵין מְבִיאִין מִן הַדָּלִיּוֹת, אֶלָּא מִן
הָרוֹגְלִיּוֹת וּמִן הַכְּרָמִים הָעֲבוּדִים:

[전제에 쓰는] 포도주를 어디서 가져왔는가? 케루힘과 아툴림의 포
도주가 최고다. 두 번째는 산 위의 벳 림마와 벳 라반, 그리고 골짜기
의 크파르 씩나의 포도주다. [이스라엘] 온 땅에서 난 포도주는 다 유
효했지만, 이 장소에서 포도주를 가져왔다. 거름 친 밭이나, 물 댄 밭
이나, 파종한 밭에 [심은 포도나무에서 만들어] 가져오면 안 된다. 그
러나 만약 가져왔다면, 그것은 유효하다.

말린 포도로 만든 포도주를 가져오면 안 되지만, 만약 가져왔다면
유효하다. 묵은 포도주를 가져오면 안 된다. 랍비의 말이다. 그러나 현
자들은 이를 허용한다. 감미 포도주나 그을린 포도주, 혹은 끓인 포도
주를 가져오면 안 된다. 가져오면 무효다.

장대에 달린 포도에서 난 포도주를 가져오면 안 된다. 땅 가까이에
서 자라고, 잘 경작된 포도밭에서 난 포도로 만든 것을 가져와야 한다.

- 이 미쉬나와 다음의 미쉬나는 전제로 쓰이는 포도주에 관해 논한다.
- 묵은 포도주에 관해 랍비(예후다 한나씨)는 이를 금지하나 다른 랍
  비들은 이를 허용한다. 이를 금하는 이유는 포도주가 12개월 이상
  묵으면 붉은색이 옅어지기 때문이다(게마라 77a). 붉은색이 진한 포

도주가 좋은 포도주로 여겨졌다.

- 자연산의 순수한 포도주가 아닌 인위적으로 변형된 포도주는 전제
로 드릴 수 없다.

8, 7

포도주를 보관하고 떠내며 검증하는 방법에 대해 논의한다.

לֹא הָיוּ כוֹנְסִים אוֹתוֹ בַחֲצָבִים גְּדוֹלִים, אֶלָּא בְחָבִיּוֹת קְטַנּוֹת. וְאֵינוֹ מְמַלֵּא
אֶת הֶחָבִיּוֹת עַד פִּיהֶם, כְּדֵי שֶׁיְּהֵא רֵיחוֹ נוֹדֵף. אֵינוֹ מֵבִיא, לֹא מִפִּיהָ, מִפְּנֵי
הַקְּמָחִין. וְלֹא מִשּׁוּלֶיהָ, מִפְּנֵי הַשְּׁמָרִים. אֶלָּא מֵבִיא מִשְּׁלִישָׁה וּמֵאֶמְצָעָהּ.
כֵּיצַד הוּא בוֹדֵק, הַגִּזְבָּר יוֹשֵׁב וְהַקָּנֶה בְיָדוֹ, זָרַק אֶת הַגִּיד וְהִקִּישׁ בַּקָּנֶה. רַבִּי
יוֹסֵי בְרַבִּי יְהוּדָה אוֹמֵר, יַיִן שֶׁעָלָה בוֹ קְמָחִין, פָּסוּל, שֶׁנֶּאֱמַר, תְּמִימִים יִהְיוּ
לָכֶם וּמִנְחָתָם, תְּמִימִים יִהְיוּ לָכֶם וְנִסְכֵּיהֶם:

〔제사에 쓰는 포도주는〕 큰 통에 담지 않고, 작은 단지에 담았다. 단
지의 〔주둥이〕 언저리까지 담지 않았다. 그 향이 퍼지게 하기 위함이
다. 포도주를 단지의 주둥이에서 취하면 안 된다. 찌꺼기 때문이다. 단
지의 바닥에서 취해도 안 된다. 침전물 때문이다. 단지의 1/3 높이와
중간 부분에서 취해야 한다.

〔포도주는〕 어떻게 검증하는가? 성전 창고지기가 손에 막대를 들고
근처에 앉아 있다가, 거품이 일면 막대로 두들겼다. 랍비 요쎄 바르
예후다는 말한다. 찌꺼기가 있는 포도주는 무효이다. 기록되기를 "소
제로 흠 없는 것들을 가져올 지니라, 전제로 흠 없는 것들을 가져올 지
니라"(민 28:31)라고 했기 때문이다.

- 큰 통은 포도주의 맛을 변하게 할 수 있기 때문에 작은 단지에 담았다.
- 단지의 주둥이까지 포도주를 담으면 그 향이 날아가버리기 때문에
여분의 공간을 남겨두었다. 이렇게 하면 포도주의 향이 단지로부터

직접 올라왔다.

- 포도주의 품질을 확인하기 위해 성전의 창고지기가 포도주를 성전의 단지로 옮겨 붓는 것을 감독했다. 원래의 단지에서 거품이 보이기 시작하면 막대로 두드려 이를 멈추었다. 그 단지에서는 더 이상 드릴 수 없었다.

제9장

9, 1

제물로 쓰일 곡식가루를 측량하는 단위에 대한 논의다.

שְׁתֵּי מִדּוֹת שֶׁל יָבֵשׁ הָיוּ בַמִּקְדָּשׁ, עִשָּׂרוֹן, וַחֲצִי עִשָּׂרוֹן. רַבִּי מֵאִיר אוֹמֵר,
עִשָּׂרוֹן, עִשָּׂרוֹן, וַחֲצִי עִשָּׂרוֹן. עִשָּׂרוֹן מֶה הָיָה מְשַׁמֵּשׁ, שֶׁבּוֹ הָיָה מוֹדֵד לְכָל
הַמְּנָחוֹת. לֹא הָיָה מוֹדֵד, לֹא בְשֶׁל שְׁלֹשָׁה לְפַר, וְלֹא בְשֶׁל שְׁנַיִם לְאַיִל, אֶלָּא
מוֹדְדָן עִשָּׂרוֹנוֹת. חֲצִי עִשָּׂרוֹן מֶה הָיָה מְשַׁמֵּשׁ, שֶׁבּוֹ הָיָה מוֹדֵד חֲבִתֵּי כֹהֵן
גָּדוֹל, מֶחֱצָה בַבֹּקֶר וּמֶחֱצָה בֵּין הָעַרְבָּיִם:

성전에는 마른 것들에 대한 두 가지 단위가 있었다. 1/10과 1/10의 절반이다. 랍비 메이르는 말한다. 1/10, 〔또 다른〕 1/10, 1/10의 절반.

이 1/10 단위는 어떤 목적으로 쓰는가? 이것으로 모든 소제를 측량했다.

3/10 단위로 수소를 위한 〔소제〕를 측량하지 않았고, 2/10 단위로 숫양을 위한 〔소제〕를 측량하지 않았다. 오히려 그 모두를 1/10 단위로 측량했다.

1/10의 절반 단위는 어떤 목적으로 쓰는가? 이것으로 대제사장이 아침저녁으로 절반씩 드리는 번철에 구운 빵을 측량했다.

- 「메나홋」9, 1-9, 5까지의 미쉬나는 성전에서 쓰이는 계량 그릇에 대하여 다룬다.
- 마른 것(보릿가루, 밀가루 등)의 용량을 재기 위하여, 성전에서는 1/10에파의 용기와 그 반을 담는 두 가지의 용기를 사용하였다. 랍비 메이르는 이에 1/10에파에서 넘치는 것까지 담는 용기를 추가하여 즉 합하여 세 개의 용기를 사용했다고 한다. 넘치는 것에 대하여는 뒤의 미쉬나 9.5에서 다시 다룬다.
- 이 용기들을 사용하는 경우 들에 대해 열거하고 있다.

9, 2
성전에서 액체를 측량하는 방법을 다룬다.

שֶׁבַע מִדּוֹת שֶׁל לַח הָיוּ בַמִּקְדָּשׁ. הִין, וַחֲצִי הַהִין, וּשְׁלִישִׁית הַהִין, וּרְבִיעִית הַהִין, לֹג, וַחֲצִי לֹג, וּרְבִיעִית לֹג. רַבִּי אֱלִיעֶזֶר בַּר צָדוֹק אוֹמֵר, שְׁנָתוֹת הָיוּ בַהִין, עַד כָּאן לְפָר, עַד כָּאן לְאַיִל, עַד כָּאן לְכֶבֶשׂ. רַבִּי שִׁמְעוֹן אוֹמֵר, לֹא הָיָה שָׁם הִין, וְכִי מֶה הָיָה הַהִין מְשַׁמֵּשׁ. אֶלָּא מִדָּה יְתֵרָה שֶׁל לֹג וּמֶחֱצָה הָיְתָה, שֶׁבָּהּ הָיָה מוֹדֵד לְמִנְחַת כֹּהֵן גָּדוֹל, לֹג וּמֶחֱצָה בַּבֹּקֶר וְלֹג וּמֶחֱצָה בֵּין הָעַרְבָּיִם:

성전에는 액체를 측량하는 일곱 종류의 그릇이 있었다. 1힌, 1/2힌, 1/3힌, 1/4힌, 1로그, 1/2로그, 1/4로그가 그것이다. 랍비 엘리에제르 바르 짜독은 말한다. "힌 측량 그릇에는 표시가 있었다. 여기까지는 수소를 〔위한 소제를〕 위해, 여기까지는 숫양을 〔위한 소제를〕 위해, 여기까지는 어린 양을 〔위한 소제를〕 위해."

랍비 쉼온은 말한다. "〔성전에는〕 힌 단위가 아예 없었다. 무슨 목적으로 이것이 사용되었겠는가?" 그러나 추가적으로 1과 1/2로그가 있었는데, 이는 대제사장의 소제를 위한 〔기름을〕 측량하는 데 썼다. 1과 1/2 로그는 아침에, 또 1과 1/2로그는 저녁에 드렸다.

- 이 미쉬나는 포도주, 기름 등 액체를 측량하는 용기에 대해 다룬다. 1힌은 대략 6리터이며 12로그에 해당한다. 1로그는 약 1/2리터다.
- 민수기 15:5-10에 의하면, 번제나 다른 제사로 드리는 제물이 숫송아지이면 기름 반 힌과 포도주 반 힌, 숫양에는 기름 1/3힌과 포도주 1/3힌, 그리고 어린 양에는 포도주 1/4힌을 (소제와) 전제로 함께 드린다.
- 랍비 쉼온은 1힌의 용기가 없었다고 주장한다. 1힌의 포도주나 기름을 함께 드리는 제사는 없기 때문이다.

9, 3

로그로 측량되는 경우 각기 다른 용도에 관해 설명한다.

רְבִיעִית מֶה הָיְתָה מְשַׁמֶּשֶׁת. רְבִיעִית מַיִם לַמְצֹרָע, וּרְבִיעִית שֶׁמֶן לַנָּזִיר. חֲצִי לֹג מֶה הָיָה מְשַׁמֵּשׁ. חֲצִי לֹג מַיִם לַסּוֹטָה. וַחֲצִי לֹג שֶׁמֶן לַתּוֹדָה. וּבַלֹּג הָיָה מוֹדֵד לְכָל הַמְּנָחוֹת. אֲפִלּוּ מִנְחָה שֶׁל שִׁשִּׁים עִשָּׂרוֹן, נוֹתֵן לָהּ שִׁשִּׁים לֹג. רַבִּי אֱלִיעֶזֶר בֶּן יַעֲקֹב אוֹמֵר, אֲפִלּוּ מִנְחָה שֶׁל שִׁשִּׁים עִשָּׂרוֹן, אֵין לָהּ אֶלָּא לֻגָּהּ, שֶׁנֶּאֱמַר, לְמִנְחָה וְלֹג שָׁמֶן. שִׁשָּׁה לַפָּר, אַרְבָּעָה לָאַיִל, שְׁלֹשָׁה לַכֶּבֶשׂ, שְׁלֹשָׁה וּמֶחֱצָה לַמְּנוֹרָה, מֶחֱצִי לֹג לְכָל נֵר:

1/4로그는 어떤 목적으로 썼는가? 악성피부병자의 1/4로그의 물과, 나실인의 1/4로그의 기름을 측량하기 위해 썼다.

1/2로그는 어떤 목적으로 썼는가? 의심의 소제를 위한 1/2로그의 물과 감사제를 위한 1/2로그의 기름을 〔측량하기 위해 썼다〕.

1로그로는 모든 소제를 측량했다. 60의 1/10 소제에도 60로그를 썼다. 랍비 엘리에제르 벤 야아콥은 말한다. "60의 1/10 소제에는 1로그의 기름이 필요하다. 소제를 위하여… 기름 1로그를 취하고(레 14:21)라고 기록하고 있기 때문이다."

6로그는 수소를 위해, 4로그는 숫양을 위해, 3로그는 어린 양을 위해 필요했다.

등잔대에는 3과 1/2로그를 썼다. 각 등잔에 1/2로그씩이었다.

- 모든 소제에는 1/10에파의 곡식가루에 1로그의 기름을 섞었으므로 1로그로 모든 소제를 위한 기름을 측량했다.
- 랍비 엘리에제르 벤 야아콥은 악성피부병에 관한 레위기 14:21의 기록을 미드라쉬적으로 해석하여 1/10에파의 60을 드리는 소제에도 기름은 1로그를 섞는다고 주장한다.
- 성소의 촛대(메노라)에는 일곱 등잔이 있었고, 각 등잔마다 1/2로그가 필요했다. 메노라 전체에는 이를 합하여 3과 1/2로그가 필요했다.

9, 4
다른 제물을 위한 전제끼리 섞을 수 있는가의 여부를 다룬다.

מְעָרְבִין נִסְכֵּי אֵילִים בְּנִסְכֵּי פָרִים, נִסְכֵּי כְבָשִׂים בְּנִסְכֵּי כְבָשִׂים, שֶׁל יָחִיד
בְּשֶׁל צִבּוּר, שֶׁל יוֹם בְּשֶׁל אָמֶשׁ. אֲבָל אֵין מְעָרְבִין נִסְכֵּי כְבָשִׂים בְּנִסְכֵּי פָרִים
וְאֵילִים. וְאִם בְּלָלָן אֵלּוּ בִּפְנֵי עַצְמָן וְאֵלּוּ בִּפְנֵי עַצְמָן, וְנִתְעָרְבוּ, כְּשֵׁרִין. אִם
עַד שֶׁלֹּא בָלַל, פָּסוּל. הַכֶּבֶשׂ הַבָּא עִם הָעֹמֶר, אַף עַל פִּי שֶׁמִּנְחָתוֹ כְפוּלָה,
לֹא הָיוּ נִסְכָּיו כְּפוּלִין:

수소의 전제와 숫양의 전제를 섞을 수 있다. 어린 양의 전제와 〔다른〕 어린 양의 전제, 혹은 개인적 제사와 공동체를 위한 제사의 〔전제〕, 혹은 오늘 〔드리는 제사와〕 어제 〔드린 제사를 위한 전제도 서로 섞을 수 있다〕.

그러나 어린 양을 위한 전제를 수소나 숫양을 위한 전제와 섞을 수 없다. 만약 그것이 자기들끼리 섞고, 또 다른 것들도 자기들끼리 섞었는데, 그것들이 〔나중에 서로〕 섞였다면 그것들은 유효하다. 만약 〔자기들끼리〕 섞지 않았는데 〔서로 섞였다면〕 그것들은 무효가 된다.

1오메르와 함께 드리는 어린 양의 소제는 그 양이 두 배가 되지만, 〔이 경우에도〕 전제는 두 배가 되지 않았다.

- 이 미쉬나에서 말하는 전제는 포도주의 전제가 아니라 소제를 위한 전제, 즉 소제의 고운 가루에 붓는 기름을 말한다.
- 서로 섞을 수 있는 전제는 곡식가루와 기름의 비율이 같은 경우다. 예를 들어 수소의 소제는 3×1/10에파(3이싸르)의 곡식가루에 6로그의 기름, 1/10에파에 2로그의 기름을 붓는다. 숫양의 소제에는 2×1/10에파에 4로그의 기름을 붓는다. 따라서 이 두 소제의 기름과 곡식가루의 비율은 동일하다. 이 경우 동질의 빵과 과자가 되므로 서로 섞을 수 있다고 보는 것이다. 그러나 어린 양을 위한 전제는 1/10에파에 3로그다. 따라서 비율이 달라 수소나 숫양을 위한 전제와 섞을 수 없다.
- 어린 양을 위한 기름과 곡식가루가 섞이고, 수소나 숫양을 위한 것들도 따로 섞인 후, 다시 이 두 종류가 섞인다면 유효하다. 그러나 각각의 기름과 곡식가루가 섞이기 이전에 다른 종류와 섞이면 무효가 된다.
- 1/10에파(1이싸르)당 2로그로 레위기 23:13은 "그 소제로는 기름 섞은 고운 가루 십분의 이 에파를 여호와께 드려"라고 명시하고 있다. 여기서 고운 가루는 2/10에파로 보통 소제의 두 배이지만 기름의 양에 대하여는 따로 언급하지 않는다. 따라서 미쉬나는 이 경우도 기름은 두 배가 되지 않는다고 한다.

9, 5

성전에서 측량하는 방법에 대해 논의한다.

כָּל הַמִּדּוֹת שֶׁהָיוּ בַמִּקְדָּשׁ, הָיוּ נִגְדָּשׁוֹת, חוּץ מִשֶּׁל כֹּהֵן גָּדוֹל, שֶׁהָיָה גוֹדְשָׁהּ
לְתוֹכָהּ. מִדּוֹת הַלַּח, בְּרוּצֵיהֶן קֹדֶשׁ. וּמִדּוֹת הַיָּבֵשׁ, בְּרוּצֵיהֶן חֹל. רַבִּי עֲקִיבָא
אוֹמֵר, מִדּוֹת הַלַּח קֹדֶשׁ, לְפִיכָךְ בְּרוּצֵיהֶן קֹדֶשׁ. וּמִדּוֹת הַיָּבֵשׁ חֹל, לְפִיכָךְ
בְּרוּצֵיהֶן חֹל. רַבִּי יוֹסֵי אוֹמֵר, לֹא מִשּׁוּם זֶה, אֶלָּא שֶׁהַלַּח נֶעְכָּר, וְהַיָּבֵשׁ אֵינוֹ
נֶעְכָּר:

성소의 모든 측량〔그릇〕은 넘치도록 채웠다. 대제사장의〔소제를
위한〕 것은 예외였는데, 그 안에 이미 꽉 채운 분량이 있기 때문이다.
액체를 위한 측량〔그릇〕에서 넘쳐 흐른 것은 거룩했다. 그러나 마
른〔것을 위한〕 측량〔그릇〕에서 넘쳐 흐른 것은 속된 것이다. 랍비 아
키바는 말한다. "액체 측량 그릇은 거룩했다. 그러므로 이에서 넘쳐
흐르는 것도 거룩하다. 마른 것의 측량 그릇은 거룩하지 않았다. 그러
므로 이에서 넘쳐 흐르는 것도 거룩하지 않다." 랍비 요쎄는 말한다.
"그 이유 때문이 아니다. 액체는〔안에 있는 것과 흘러 넘친 것이〕섞
이지만, 마른 것은 그렇지 않기 때문이다."

- 대제사장의 소제를 위한 측량 용기는 보통의 소제를 위한 1/10에파
  용기보다 컸다. 따라서 넘치게 담지 않아도 되었다. 이는 앞의 미쉬
  나 9, 1에서 언급된 랍비 메이르의 견해, 즉 성전에는 1/10보다 조금
  더 큰 측량 용기가 있었다는 것을 전제로 한다.

- 넘쳐 흐른 것의 처분에 관해 액체(기름, 포도주)는 거룩하고 마른 것
  (곡식가루)은 거룩하지 않다는 것이 할라카이다. 그 이유에 관하여
  랍비 아키바는 액체 측량 용기는 위임식의 기름이 담겼으므로 거룩
  해졌으나 마른 것의 용기는 그렇지 않다고 한다. 그러나 랍비 요쎄는
  다른 이유를 제시하는데, 액체의 경우 서로 섞여 있어 넘친 것도 용

기 안에 담겨 있었을 수 있으나 마른 것은 섞이지 않아 용기에 담기
지 않았던 것이 확실하기 때문이라고 한다.

9, 6

전제를 함께 드리는 대원칙과 그 예외를 제시한다.

כָּל קָרְבְּנוֹת הַצִּבּוּר וְהַיָּחִיד טְעוּנִין נְסָכִים, חוּץ מִן הַבְּכוֹר וְהַמַּעֲשֵׂר וְהַפֶּסַח
וְהַחַטָּאת וְהָאָשָׁם, אֶלָּא שֶׁחַטָּאתוֹ שֶׁל מְצֹרָע וַאֲשָׁמוֹ טְעוּנִים נְסָכִים:

공동체를 위한, 혹은 개인의 모든 제사는 전제를 함께 드려야 한다.
다만, 초태생의 가축, 〔소 떼의〕 십일조, 유월절 제사, 속죄제와 속건제
는 예외다. 그러나 악성피부병자의 속죄제와 속건제는 전제를 필요
로 한다.

- 대부분의 제사에 전제를 함께 드린다는 원칙은 민수기 15장을 근거
  로 한다. 여기서 유추하여 랍비들은 번제나 화목제, 감사제 등 자원
  하여 드리는 제사에도 이를 적용한다.
- 그러나 의무적 제사인 초태생의 가축, 〔소 떼의〕 십일조, 유월절 제
  사, 속죄제와 속건제는 예외가 된다. 다만, 악성피부병 환자의 속죄
  제와 속건제에는 소제에 기름을 부어 드리도록 토라에 명시되어 있
  다(레 14:10).

9, 7

כָּל קָרְבְּנוֹת הַצִּבּוּר אֵין בָּהֶם סְמִיכָה, חוּץ מִן הַפַּר הַבָּא עַל כָּל הַמִּצְוֹת,
וְשָׂעִיר הַמִּשְׁתַּלֵּחַ. רַבִּי שִׁמְעוֹן אוֹמֵר, אַף שְׂעִירֵי עֲבוֹדָה זָרָה. כָּל קָרְבְּנוֹת
הַיָּחִיד טְעוּנִים סְמִיכָה, חוּץ מִן הַבְּכוֹר וְהַמַּעֲשֵׂר וְהַפֶּסַח. וְהַיּוֹרֵשׁ סוֹמֵךְ
וּמֵבִיא נְסָכִים וּמֵמִיר:

공동체를 위한 제사에는 손을 얹을 필요가 없다. 그러나 공동체가 〔율법의〕 계명을 어긴 〔경우, 이를 위한〕 속죄의 수소와 〔속죄일의〕 희생 염소는 예외다. 랍비 쉼온은 말한다. 우상숭배의 〔죄를〕 위한 숫 염소 또한 〔예외다〕.

개인을 위한 모든 제사에는 〔도살 전 제물 위에〕 손을 얹어야 한다. 초태생이나, 〔소 떼의〕 십일조, 그리고 유월절 양은 예외다.

상속자는 〔그의 선친의 제물에〕 손을 얹을 수 있으며, 이를 위한 전 제를 가져올 수 있고, 이를 〔다른 가축과〕 교체할 수도 있다.

- 개인을 위한 제사들에는 대부분 제물을 가져온 사람이 그 위에 손을 얹어야 한다. 그러나 공동체를 위한 제사는 그럴 필요가 없는데, 이 미쉬나는 그 예외를 규정하고 있다.
- 속죄의 수소(레 4:15)와 속죄일의 희생 염소(레 16:21)는 도살 전에 각각 장로들과 대제사장이 제물 위에 손을 얹어 공동체의 죄를 그 제물에 전가해야 한다.
- 랍비 쉼온은 민수기 15:24에 수소와 함께 언급된 숫염소의 도살 전 에도 손을 얹어야 한다고 주장한다.
- 개인의 제사, 즉 속죄제, 속건제, 화목제, 감사제 등에는 모두 손을 얹 어야 하나, 초태생이나 소 떼의 십일조 그리고 유월절 양은 예외로 한다.

9, 8
제물에 손을 얹을 수 없는 사람들과 손을 얹는 방법에 대해 설명 한다.

הַכֹּל סוֹמְכִין, חוּץ מֵחֵרֵשׁ, שׁוֹטֶה, וְקָטָן, סוּמָא, וְנָכְרִי, וְהָעֶבֶד, וְהַשָּׁלִיחַ, וְהָאִשָּׁה. וּסְמִיכָה, שְׁיָרֵי מִצְוָה, עַל הָרֹאשׁ, בִּשְׁתֵּי יָדָיִם. וּבְמָקוֹם שֶׁסּוֹמְכִין

모든 사람은 제물에 손을 얹는다. 그러나 청각장애인, 지적장애인, 미성년자, 맹인, 외부인, 노예, 대리인, 여자는 예외다.

손을 얹는 것은 부차적인 계명이고, [손을 얹을 때는 가축의] 머리에, 양손을 얹어야 하고, 손을 얹은 그 자리에서 도살해야 한다. 또한 손을 얹은 즉시 도살해야 한다.

- 손을 얹는 행위는 제사장의 뜰에서 도살 직전에 이루어진다. 이를 포함한 몇 가지 제의 행위를 위해 이스라엘 백성들에게 예외적으로 제사장의 뜰에 들어오는 것이 허용된다(「켈림」 1, 8).
- 손을 얹는 의무에서 제외되는 사람들을 열거하고 있다. 제의 행위의 주체는 기본적으로 이스라엘의 성인 남성이며, 장애가 있는 사람들은 보통 성전에서의 제의적 의무에서 제외되거나 그 권리가 없는 경우가 많았다. 여자가 제외되는 이유는 이스라엘 백성이라는 표현이 원어로 '이스라엘의 아들들'(בני ישראל, 브네이 이스라엘)이라고 표현되는데, 이를 직역하여 적용했기 때문이다.

9, 9
제물에 손을 얹는 것과 제물을 흔드는 것을 비교한다.

חֹמֶר בַּסְּמִיכָה מִבַּתְּנוּפָה וּבַתְּנוּפָה מִבַּסְּמִיכָה, שֶׁאֶחָד מֵנִיף לְכָל הַחֲבֵרִים
וְאֵין אֶחָד סוֹמֵךְ לְכָל הַחֲבֵרִים. וְחֹמֶר בַּתְּנוּפָה, שֶׁהַתְּנוּפָה נוֹהֶגֶת בְּקָרְבְּנוֹת
הַיָּחִיד וּבְקָרְבְּנוֹת הַצִּבּוּר, בַּחַיִּים וּבַשְּׁחוּטִין, בְּדָבָר שֶׁיֵּשׁ בּוֹ רוּחַ חַיִּים וּבְדָבָר
שֶׁאֵין בּוֹ רוּחַ חַיִּים, מַה שֶּׁאֵין כֵּן בַּסְּמִיכָה:

손을 얹는 것이 [어떤 면에서는 제물을] 흔드는 것보다 [그 규율이] 엄격하고, [다른 면에서는] 흔드는 것이 손을 얹는 것보다 [더 엄격하

다]. 한 사람이 다른 사람들을 위해 〔제물을〕 흔들 수 있지만, 한 사람이 다른 사람들을 위해 손을 얹을 수 없다.

흔드는 것에 〔관한 규율이〕 보다 엄격한 〔경우로〕, 흔드는 행위는 개인이나 공동체를 위한 제물, 살아 있는 동물과 이미 도살한 동물들, 생명이 있는 것들과 없는 것들 모두에 대해 〔시행하지만〕, 손을 얹는 것은 그렇지 않다.

- 손을 얹는 것과 제물을 흔드는 것이 더 엄격하거나 느슨하게 적용되는, 엄격함과 관용의 원칙에 대해 다룬다.
- 손을 얹는 행위가 더 엄격한 측면은 이를 다른 사람들을 위해 할 수 없기 때문이다.
- 흔드는 것이 더 엄격한 측면은 이것이 보다 포괄적으로 적용되기 때문이다.

제10장

10, 1
첫 보리 수확을 기념하는 오메르 제사에 관한 논의다.

רַבִּי יִשְׁמָעֵאל אוֹמֵר, הָעֹמֶר הָיָה בָא בְּשַׁבָּת מִשָּׁלֹשׁ סְאִין, וּבְחֹל מֵחֲמֵשׁ. וַחֲכָמִים אוֹמְרִים, אֶחָד בְּשַׁבָּת וְאֶחָד בְּחֹל, מִשָּׁלֹשׁ הָיָה בָא. רַבִּי חֲנִינָא סְגַן הַכֹּהֲנִים אוֹמֵר, בְּשַׁבָּת הָיָה נִקְצָר בְּיָחִיד וּבְמַגָּל אֶחָד וּבְקֻפָּה אַחַת. וּבְחֹל, בִּשְׁלֹשָׁה וּבְשָׁלֹשׁ קֻפּוֹת וּבְשָׁלֹשׁ מַגָּלוֹת. וַחֲכָמִים אוֹמְרִים, אֶחָד בְּשַׁבָּת וְאֶחָד בְּחֹל, בִּשְׁלֹשָׁה וּבְשָׁלֹשׁ קֻפּוֹת וּבְשָׁלֹשׁ מַגָּלוֹת:

랍비 이쉬마엘이 말한다. 오메르를 〔뗄 때〕 안식일에는 〔보리〕 3쎄아에서 평일에는 5〔쎄아에서〕 떼어낸다. 그러나 현자들은 말한다.

"안식일이던 평일이던 〔오메르는〕 3쎄아에서 뗀다."

　부대제사장 랍비 하나냐는 말한다. "안식일에는 한 사람이 한 낫으로 〔수확해서〕 한 바구니에 〔담은 것〕이었고, 평일에는 세 사람이 세 낫으로 〔수확해서〕 세 바구니에 〔담은 것〕이었다." 그러나 현자들은 말한다. "안식일이건 평일이건 세 사람이 세 낫으로 〔수확해서〕 세 바구니에 〔담은 것〕이었다."

- 「메나홋」 제10장은 유월절 둘째 날에 드리는 오메르의 요제에 대해 자세히 다룬다(레 23:9-14). 이 제사는 한 해의 첫 보리 수확을 기념하기 위한 것이며, 이 제사를 통해 햇곡식들을 자유롭게 사용하는 것이 허용된다. 오메르의 제사 이전까지는 햇곡식들을 먹거나 매매하는 등 사용하는 것이 금지된다.

- 이와 관련하여 논쟁의 대상이 되었던 것은 오메르 제사의 날짜다. 토라는 "안식일(שבת, 샤밧) 다음 날에 흔들라"(레 23:11)고 규정하고 있다. 사두개파는 이를 그대로 적용하여 오메르 제사는 항상 일요일이 되고 이로 부터 7주 후에 맞게 되는 칠칠절도 평일(일요일)이 된다. 그러나 바리새파는 이 안식일을 유월절 명절의 첫날로 해석한다. 이에 따르면 오메르 제사일이 해마다 바뀌어 안식일이 될 수도 있다. 칠칠절 또한 마찬가지가 된다. 따라서 오메르 제사일이 안식일이 될 경우 밭에서 오메르를 베고, 이를 떨고, 키질하는 등의 일을 과연 안식일에 행할 수 있는가 하는 문제가 제기된다. 이 장의 미쉬나들에는 이러한 문제들이 반영되어 있다. 랍비들은 대체로 바리새파의 전통을 따르며, 따라서 미쉬나의 할라카 역시 바리새파의 견해를 따르고 있다.

- 랍비 이쉬마엘은 안식일에는 3쎄아의 보리를, 평일에는 5쎄아의 보리를 키질하여 1오메르를 추출했다고 한다. 안식일에는 일을 적게

하기 위함이다. 그러나 다른 랍비들은 안식일과 평일 사이에 구별을 두지 않고 모두 3쎄아로부터 추출했다고 주장한다.

- 1오메르를 추출하는 보리는 오메르 제사일의 (전날) 저녁-유대력의 하루는 저녁에 시작해 다음 날 저녁까지이므로, 즉 유월절의 둘째 날이 시작되는 저녁에 예루살렘에서 가까운 밭에서 수확한다. 이날이 평일일 경우 세 사람이 세 개의 낫으로 이를 수확했으나, 이날이 안식일에 걸리는 경우에 대해 견해가 나뉜다. 랍비 하니나는 안식일을 의식하여 한 사람이 수확했다고 하지만, 다른 랍비들은 평일과 같이 세사람이었다고 한다.

10, 2
오메르 제사를 위한 곡물의 출처에 대한 논의다.

מִצְוַת הָעֹמֶר לָבֹא מִן הַקָּרוֹב. לֹא בִכֵּר הַקָּרוֹב לִירוּשָׁלַיִם, מְבִיאִים אוֹתוֹ
מִכָּל מָקוֹם. מַעֲשֶׂה שֶׁבָּא מִגַּגּוֹת צְרִיפִין, וּשְׁתֵּי הַלֶּחֶם מִבִּקְעַת עֵין סוֹכֵר:

오메르에 [관한] 계명은 그것을 근처에서 [자란 작물에서] 가져와야 한다는 것이다. 만약 [그 곡물이] 예루살렘 근처에서는 아직 익지 않았다면, 어느 곳에서라도 가져올 수 있다. 한때는 오메르를 가곳 쯔리핀에서 가져왔고, 빵 두 덩이는 엔 소케르에서 가져왔다.

- 예루살렘 근처에서 자란 보리를 베어 와야 한다. 그러나 근처 밭의 보리가 아직 익지 않았다면 이스라엘 내의 다른 어느 곳에서도 가져올 수 있다.
- 가곳 쯔리핀의 위치는 오늘날의 텔아비브 근처로 생각되기도 하고, 이를 '가놋 쯔리핀', 즉 '쯔리핀의 밭'으로 이해하기도 한다. 후자의 경우, 그 위치는 알 수가 없다.

- 칠칠절의 빵 두 덩이를 위한 밀은 엔 소케르에서 가져왔는데, 이곳은 쉐켐 근처로 예루살렘으로부터 비교적 멀었다.

10, 3
오메르를 수확하는 행사를 묘사한다.

כֵּיצַד הָיוּ עוֹשִׂים. שְׁלוּחֵי בֵית דִּין יוֹצְאִים מֵעֶרֶב יוֹם טוֹב, וְעוֹשִׂים אוֹתוֹ כְרִיכוֹת בִּמְחֻבָּר לַקַּרְקַע, כְּדֵי שֶׁיְּהֵא נוֹחַ לִקְצֹר. וְכָל הָעֲיָרוֹת הַסְּמוּכוֹת לְשָׁם, מִתְכַּנְּסוֹת לְשָׁם, כְּדֵי שֶׁיְּהֵא נִקְצָר בְּעֵסֶק גָּדוֹל. כֵּיוָן שֶׁחֲשֵׁכָה, אוֹמֵר לָהֶם, בָּא הַשֶּׁמֶשׁ, אוֹמְרִים, הֵן. בָּא הַשֶּׁמֶשׁ, אוֹמְרִים, הֵן. מַגָּל זוֹ, אוֹמְרִים הֵן. מַגָּל זוֹ, אוֹמְרִים הֵן. קֻפָּה זוֹ, אוֹמְרִים הֵן. קֻפָּה זוֹ, אוֹמְרִים הֵן. בְּשַׁבָּת אוֹמֵר לָהֶם, שַׁבָּת זוֹ, אוֹמְרִים הֵן. שַׁבָּת זוֹ, אוֹמְרִים הֵן. אֶקְצֹר, וְהֵם אוֹמְרִים לוֹ קְצֹר. אֶקְצֹר, וְהֵם אוֹמְרִים לוֹ קְצֹר. שָׁלֹשׁ פְּעָמִים עַל כָּל דָּבָר וְדָבָר, וְהֵם אוֹמְרִים לוֹ הֵן, הֵן, הֵן. וְכָל כָּךְ לָמָּה. מִפְּנֵי הַבַּיְתוֹסִים, שֶׁהָיוּ אוֹמְרִים, אֵין קְצִירַת הָעֹמֶר בְּמוֹצָאֵי יוֹם טוֹב:

어떻게 〔오메르를 수확〕했는가? 재판소의 대리인들이 명절의 전날 〔밭으로〕 나가 수확하지 않은 곡식 한 다발을 묶어놓아 수확하기 쉽게 만들었다. 근처의 모든 마을에서 사람들이 모여 이를 수확하는 것이 성대한 행사가 되게 했다.

날이 어두워지는 즉시 그(대리인)가 사람들에게 말했다. "해가 졌는가?" 그들이 대답했다. "과연 그렇다." "해가 졌는가?" 그들이 대답했다. "과연 그렇다." "이 낫으로?" 그들이 대답했다. "과연 그렇다." "이 낫으로?" 그들이 대답했다. "과연 그렇다." "이 바구니에?" 그들이 대답했다. "과연 그렇다." "이 바구니에?" 그들이 대답했다. "과연 그렇다."

그 안식일에 그들에게 말했다. "이 안식일에?" 그들이 대답했다. "과연 그렇다." "이 안식일에?" 그들이 대답했다. "과연 그렇다." "내가 수확하는가?" 그들이 대답했다. "수확하라." "내가 수확하는가?"

그들이 대답했다. "수확하라." 그가 각각 세 번 반복하고 그들이 세 번 대답했다. "과연 그렇다." "과연 그렇다." "과연 그렇다."

왜 이 모든 일을 [하는가]? 바이투씨인들이 명절 [첫날]에 오메르를 수확해서는 안 된다고 주장하기 때문이다.

- 이 미쉬나는 오메르를 위한 보리를 베는 의식에 대해 설명한다.
- '바이투씨인'은 바이투스라는 이름의 지도자를 따르는 유대 분파를 말한다. 앞에서 설명한 사두개파와 바리새파의 대립처럼, 이들은 오메르 제사일에 관해 (바리새파) 랍비들과 견해가 달랐던 것으로 보인다. 다소 과장된 이 의식에 대한 묘사는 기본적으로 랍비들의 상상이며 대립관계에 있던 다른 분파에게 보여주기 위한 의도였다. 이의식이 제2성전 당시 실제로 행해졌는가는 분명치 않다.

10, 4
앞 미쉬나에 이어 오메르를 성전에서 바치는 절차를 설명한다.

קְצָרוּהוּ וּנְתָנוּהוּ בְקֻפּוֹת, הֱבִיאוּהוּ לָעֲזָרָה, הָיוּ מְהַבְהֲבִין אוֹתוֹ בָאוּר, כְּדֵי
לְקַיֵּם בּוֹ מִצְוַת קָלִי, דִּבְרֵי רַבִּי מֵאִיר. וַחֲכָמִים אוֹמְרִים, בְּקָנִים וּבְקֻלְיָחוֹת
חוֹבְטִים אוֹתוֹ, כְּדֵי שֶׁלֹּא יִתְמָעֵךְ. נְתָנוּהוּ לָאַבּוּב, וְאַבּוּב הָיָה מְנֻקָּב, כְּדֵי
שֶׁיְּהֵא הָאוּר שׁוֹלֵט בְּכֻלּוֹ. שְׁטָחוּהוּ בָעֲזָרָה, וְהָרוּחַ מְנַשֶּׁבֶת בּוֹ. נְתָנוּהוּ
בְרֵחַיִם שֶׁל גָּרוֹסוֹת, וְהוֹצִיאוּ מִמֶּנּוּ עִשָּׂרוֹן שֶׁהוּא מְנֻפֶּה מִשְּׁלֹשׁ עֶשְׂרֵה נָפָה,
וְהַשְּׁאָר נִפְדֶּה וְנֶאֱכָל לְכָל אָדָם. וְחַיָּב בַּחַלָּה, וּפָטוּר מִן הַמַּעַשְׂרוֹת. רַבִּי
עֲקִיבָא מְחַיֵּב בַּחַלָּה וּבַמַּעַשְׂרוֹת. בָּא לוֹ לָעִשָּׂרוֹן, וְנָתַן שַׁמְנוֹ וּלְבוֹנָתוֹ, יָצַק,
וּבָלַל, הֵנִיף, וְהִגִּישׁ, וְקָמַץ, וְהִקְטִיר, וְהַשְּׁאָר נֶאֱכָל לַכֹּהֲנִים:

그들은 이를 수확하고, 바구니에 담고, [성전의] 뜰로 가져왔다. 그리고 그들은 이를 불로 말렸다. [불로] 구워야 한다는 계명을 지키기 위해서다. 랍비 메이르의 말이다. 그러나 현자들은 말한다. 그들은

〔곡물을〕으깨지 않기 위해 이를 막대기나 식물의 줄기로 때렸다. 그리고 그들은 이를 구멍이 뚫린 대롱에 넣고 불〔기운〕이 그 전체에 미치도록 했다. 그 후 바람을 쏘이기 위해 그들은 이를 성전 뜰에 흩어놓았다. 〔그 후〕 그들은 이를 거친 맷돌에 넣고, 1/10〔에파〕를 취해 열세 번 체에 키질했다.

남은 것은 물러서 누구라도 먹을 수 있게 했다. 여기서 할라〔를 위한 분량을 뗄〕의무가 있지만, 십일조의 의무는 없다. 랍비 아키바는 할라와 십일조의 의무가 모두 있다고 했다. 다음 〔떼어놓은 오메르의〕십일조에 기름을 붓고 향신료를 뿌린다. 〔여기에 다시〕기름을 붓고 섞은 후 흔들고, 이를 〔번제단으로〕가져와서 한 움큼을 태우고, 남은 것은 제사장들이 먹었다.

- 오메르의 제사를 준비하고 드리는 과정에 대해 묘사하고 있다.
- 오메르 제사에 관하여 레위기 2:14은 "첫 이삭을 볶아"(원어로는 "불에 볶아") 드리도록 명령하고 있다. 그러나 볶는 방식에 관해 견해가 갈린다. 랍비 메이르는 이삭을 직접 불에 볶았다고 하나, 다른 랍비들은 구멍이 뚫린 금속 대롱에 이삭을 넣어 이 대롱을 달구는 방식으로 볶았다고 말한다. 1/10에파를 요제로 드리고 난 나머지 9/10는 거룩해지지 않았다. 따라서 제사장이 아니어도 누구라도 먹을 수 있었다.
- 성물로서 거룩해진 것은 제사장에게 주는 세 가지 예물, 즉 십일조, 거제(트루마), 할라의 의무에서 면제된다. 할라는 소제로 만드는 열덩이 빵 중 하나로 제사장에게 주는 것을 말한다. 그러나 9/10에파는 거룩해지지 않았으므로 이들에서 면제되지 않는다는 것이 랍비 아키바의 견해다.
- 남은 9/10에파에서 십일조를 떼어, 이를 기름과 유향과 섞어 흔들고

다시 번제단으로 가져와 이에서 다른 소제처럼 한 움큼을 떼어 번제
단에 불사른다. 이 절차를 마치고 나면 그 십일조를 제사장이 먹을
수 있다. 이렇게 십일조로 떼어진 부분은 거룩하며 오직 제사장만
먹을 수 있다.

10, 5

오메르 제사 이후, 일반인들이 새 곡식을 먹고 거래하는 것이 언제
부터 허용되는가의 문제를 다룬다.

מִשֶּׁקָּרַב הָעֹמֶר, יוֹצְאִין וּמוֹצְאִין שׁוּק יְרוּשָׁלַיִם שֶׁהוּא מָלֵא קֶמַח וְקָלִי, שֶׁלֹּא
בִרְצוֹן חֲכָמִים, דִּבְרֵי רַבִּי מֵאִיר. רַבִּי יְהוּדָה אוֹמֵר, בִּרְצוֹן חֲכָמִים הָיוּ עוֹשִׂים.
מִשֶּׁקָּרַב הָעֹמֶר, הֻתַּר הֶחָדָשׁ מִיָּד, וְהָרְחוֹקִים מֻתָּרִים מֵחֲצוֹת הַיּוֹם וּלְהַלָּן.
מִשֶּׁחָרַב בֵּית הַמִּקְדָּשׁ, הִתְקִין רַבָּן יוֹחָנָן בֶּן זַכַּאי, שֶׁיְּהֵא יוֹם הָנֵף כֻּלּוֹ אָסוּר.
אָמַר רַבִּי יְהוּדָה, וַהֲלֹא מִן הַתּוֹרָה הוּא אָסוּר, שֶׁנֶּאֱמַר, עַד עֶצֶם הַיּוֹם הַזֶּה.
מִפְּנֵי מָה הָרְחוֹקִים מֻתָּרִים מֵחֲצוֹת הַיּוֹם וּלְהַלָּן, מִפְּנֵי שֶׁהֵן יוֹדְעִין שֶׁאֵין בֵּית
דִּין מִתְעַצְּלִין בּוֹ:

오메르를 바친 후, 그들은 밖으로 나가면, 예루살렘의 시장에 곡식
가루와 구운 곡식들이 가득했다. "이것은 랍비들이 허용한 바가 아니
다." 랍비 메이르의 말이다. 랍비 예후다가 말한다. "이는 랍비들이 허
용한 것이다."

오메르를 바친 후, 새 곡식[을 먹는 것]이 즉시 허용되었다. 그러나
[예루살렘으로부터] 멀리 사는 이들에게는 낮이 지나서야 허용되었
다. 성전이 파괴된 이후에, 랍비 요하난 벤 자카이는 [첫 소산을 요제
로] 흔드는 날 온종일 [새 곡식을 먹는 것을] 금지한다고 확정했다.
랍비 예후다가 말했다. "이것은 "그날까지"(레 23:14)라고 규정된 토
라의 율법에 의해 금지된 것이 아닌가?"

[예루살렘으로부터] 멀리 사는 사람들에게는 왜 낮부터 허용이 되

는가? 그들은 재판소가 이를 게을리하지 않는다는 것을 알기 때문이다.

- 레위기 23:14은 오메르의 제사에 관하여, "너희는 너희 하나님께 예물을 가져오는 그날까지 떡이든지 볶은 곡식이든지 생 이삭이든지 먹지 말지니"라고 명령하고 있다. 이 미쉬나는 언제부터 새 곡식을 먹는 것이 허용되는지에 대해 다루고 있다.
- 오메르를 바친 후 예루살렘의 시장에 곡식가루와 마른 곡식들이 가득했다. 이는 상인들이 미리 곡식을 가져와 오메르의 제사가 끝나기를 기다리고 있었다는 것을 말해준다. 랍비 메이르는 이것이 랍비들이 허용한 것이 아니라고 말한다. 오메르 제사 이전에 이미 추수하고 탈곡했다면 혹시라도 이를 먹게 될 가능성도 있기 때문이다. 그러나 랍비 예후다는 먹지만 않는다면 상관없어, 랍비들이 이를 허용했다고 한다.
- 예루살렘으로부터 멀리 떨어진 지역에서는 언제 오메르의 제사가 완료되었는지를 정확히 알 수 없으므로 새 곡식을 먹기 위해서는 낮까지 기다렸다.
- 성전이 파괴된 다음에는 오메르의 제사를 드릴 수 없었으므로 이날(니싼월 16일)에는 하루 종일 새 곡식을 먹는 것이 금지되었다고 한다. 랍비 예후다는 이에 동의하면서도 그 근거를 랍비들의 결정이 아닌 토라에서 찾는다(레 23:14).

10, 6

오메르와 빵 두 덩이를 먹는 장소, 그리고 그 효력에 대해 설명한다.

הָעֹמֶר הָיָה מַתִּיר בַּמְּדִינָה, וּשְׁתֵּי הַלֶּחֶם בַּמִּקְדָּשׁ. אֵין מְבִיאִין מְנָחוֹת וּבְכּוּרִים וּמִנְחַת בְּהֵמָה קֹדֶם לָעֹמֶר. וְאִם הֵבִיא, פָּסוּל. קֹדֶם לִשְׁתֵּי הַלֶּחֶם,

오메르는 〔이스라엘〕 온 땅에서, 그리고 빵 두 덩이는 성전에서 먹는 것이 허용된다.

오메르를 드리기 전에는 소제, 초태생 제사, 동물 희생제사와 같이 드리는 소제를 드릴 수 없다. 만약 그렇게 했다면, 그것은 무효다. 두 덩이의 빵을 드리기 전에도 이것들을 드릴 수 없다. 그러나 그렇게 했다면, 그것은 유효하다.

- 오메르의 제사가 끝나면 이스라엘 전역에서 새 곡식을 먹을 수 있었다. 그러나 성전에서는 칠칠절의 두 덩이 빵을 드린 후에라야 새 곡식이 사용될 수 있었다.

- 오메르 제사를 드리기 전에는 어떤 종류이건 새 곡식으로 소제를 드릴 수 없고, 드렸다면 율법에 위배되므로 무효가 된다.

- 유월절과 칠칠절 사이, 즉 오메르 제사와 두 덩이 빵의 소제를 드리는 때 사이에 원칙상 새 곡식으로 제사를 드릴 수 없으나, 드렸다면 무효가 되지는 않는다. 이때 성전 밖에서는 이미 새 곡식을 먹고 있으며, 묵은 곡식을 구하는 것이 오히려 어려울 수 있기 때문이다.

10, 7

הַחִטִּים וְהַשְּׂעֹרִים וְהַכֻּסְּמִין וְשִׁבֹּלֶת שׁוּעָל וְהַשִּׁיפוֹן חַיָּבִין בַּחַלָּה, וּמִצְטָרְפִין זֶה עִם זֶה, וַאֲסוּרִים בֶּחָדָשׁ מִלִּפְנֵי הַפֶּסַח, וּמִלִּקְצֹר מִלִּפְנֵי הָעֹמֶר. וְאִם הִשְׁרִישׁוּ קֹדֶם לָעֹמֶר, הָעֹמֶר מַתִּירָן. וְאִם לָאו, אֲסוּרִים עַד שֶׁיָּבֹא עֹמֶר הַבָּא:

밀, 보리, 스펠트밀, 귀리와 호밀은 할라를 〔위해 일정량을 뗄〕 의무가 있다. 그리고 그들은 함께 연결해서 〔계수해도〕 된다. 이들의 햇곡식은 유월절 전에는 〔먹을〕 수 없으며, 오메르를 바치기 전에는 수확할 수 없다.

만약 오메르를 바치기 전에 뿌리가 박혔으면, 오메르가 먹는 것을 허용한다. 그렇지 않으면 다음 오메르[를 바칠 때]까지 금지된다.

- 율법이 적용되는 다섯 가지 곡식을 열거하고 있다. 이외의 것들, 예를 들어 쌀 등은 율법이 정하는 곡식이 아니므로 할라카의 각종 규정들이 적용되지 않는다.
- 이들은 합하여 계산될 수 있다. 따라서 밀과 보리를 섞어 반죽하는 경우, 이를 합하여 할라를 바치기에 충분한 양이 된다면 할라의 의무를 진다.
- 유월절 전에는 추수도 금지된다. 레위기 23:10은 "너희 곡물의 첫 이삭 한 단을 제사장에게로 가져갈 것이요"라고 명시하고 있어, 오메르가 첫 이삭이 되기 위하여는 이보다 먼저 추수하면 안 된다는 취지이다.
- 오메르 제사 이후에 먹는 것이 허용되는 새 곡식의 기준에 관하여 미쉬나는 곡식이 이미 뿌리를 내렸는가를 기준으로 한다. 뿌리를 이미 내린 것은 오메르 이전의 곡식으로 여겨 추수하고 먹을 수 있다. 그러나 아직 뿌리를 내리지 않은 작물은 다음 해의 오메르 제사 때까지 기다려야 한다.

10, 8
오메르 전에 미리 수확해도 되는 경우를 설명한다.

קוֹצְרִים בֵּית הַשְּׁלָחִים שֶׁבָּעֲמָקִים, אֲבָל לֹא גוֹדְשִׁין. אַנְשֵׁי יְרִיחוֹ קוֹצְרִין בִּרְצוֹן חֲכָמִים, וְגוֹדְשִׁין שֶׁלֹּא בִרְצוֹן חֲכָמִים, וְלֹא מִחוּ בְיָדָם חֲכָמִים. קוֹצֵר לַשַּׁחַת, וּמַאֲכִיל לַבְּהֵמָה. אָמַר רַבִּי יְהוּדָה, אֵימָתַי, בִּזְמַן שֶׁהִתְחִיל עַד שֶׁלֹּא הֵבִיאָה שְׁלִישׁ. רַבִּי שִׁמְעוֹן אוֹמֵר, אַף יִקְצֹר וְיַאֲכִיל אַף מִשֶּׁהֵבִיאָה שְׁלִישׁ:

〔오메르 전에〕 골짜기의 물 댄 밭에서 곡식을 벨 수 있다. 그러나 이를 쌓아둘 수는 없다.

여리고 사람들은 〔오메르 전에〕 현자들의 승인하에 곡식을 베었다. 그리고 이것들을 쌓아두었는데, 현자들은 이를 승인하지 않았으나 이에 반대하지도 않았다.

익지 않은 작물을 소 떼를 위해 베는 것은 가능하다. 랍비 예후다가 말했다. "어느 때 그러한가? 그 작물이 1/3만큼 자라기 전에 벨 때이다." 랍비 쉼온은 말한다. "1/3 이상 자라더라도 이를 베어 〔소 떼에 먹이로〕 줄 수 있다."

- 골짜기의 밭에서 자란 곡식은 하등품으로 여겨져 성전의 오메르 제사에 쓸 수 없었다. 더구나 우기철의 비로 인해 유실될 우려가 있어 이를 미리 수확하는 것은 허용되었다. 그러나 이를 쌓아놓는 것까지 허용되지는 않았다.
- 여리고는 오아시스 도시로 물이 비교적 풍부했으나, 유대광야의 '와디'로부터 흘러내리는 물로 경작하는 밭도 있었다. 후자의 경우에는 미리 수확하는 것이 허용되었다. 그러나 이곳 사람들은 이를 쌓아놓기까지 했으며, 랍비들은 이에 대해 반대하지 않았다.
- 소에게 여물로 주기 위해 작물을 베는 것은 허용되었다. 랍비 예후다는 1/3 이상 자라지 않은 작물에 대해 이를 허용하나, 랍비 쉼온은 보다 관대하게 이러한 제한을 두지 않는다.

10, 9
오메르 제사 전에 작물을 벨 수 있는 경우를 제시하고, 적법한 오메르의 요건에 대해 논의한다.

קוֹצְרִין מִפְּנֵי הַנְּטִיעוֹת, מִפְּנֵי בֵית הָאֵבֶל, מִפְּנֵי בְטוֹל בֵּית הַמִּדְרָשׁ. לֹא
יַעֲשֶׂה אוֹתָן כְּרִיכוֹת, אֲבָל מַנִּיחָן צְבָתִים. מִצְוַת הָעֹמֶר לָבֹא מִן הַקָּמָה. לֹא
מָצָא, יָבִיא מִן הָעֳמָרִים. מִצְוָתוֹ לָבֹא מִן הַלַּח. לֹא מָצָא, יָבִיא מִן הַיָּבֵשׁ.
מִצְוָתוֹ לִקְצֹר בַּלַּיְלָה. נִקְצַר בַּיּוֹם, כָּשֵׁר. וְדוֹחֶה אֶת הַשַּׁבָּת:

묘목을 심기 위해서, 곡하는 사람의 집을 만들기 위해서, 혹은 학교를 방해하지 않기 위해서라면 [오메르를 바치기 전이라도 작물을] 벨 수 있다. 이를 곡식 단으로 묶을 수는 없지만, 작은 더미로 쌓아둘 수는 있다.

오메르 계명에 따르면 [밭에] 서 있는 작물을 가져와야 한다. 만약 [서 있는 작물을] 찾을 수 없다면 [묶어둔] 단에서 가져와도 된다. 계명은 신선한 곡식을 [오메르로] 가져오는 것이다. 만약 이것을 찾을 수 없으면 마른 것을 가져와도 된다. 계명은 밤중에 수확하는 것이다. 만약 낮에 베었다면 유효하다. [오메르는] 안식일에도 벨 수 있다.

- 앞의 미쉬나에 이어 오메르에 관한 예외 규정들을 다룬다.
- 우선 수확하기 위해 작물을 베는 것이 아니라 이 공간을 쓰기 위해 작물을 제거하는 경우에는 예외가 된다.
- 이 경우 베어낸 작물을 곡식 단으로 묶으면 식용으로 쓰기 위해 수확한 것으로 오해받을 수 있으므로 작은 단으로 쌓아놓아야 한다.
- 오메르를 위한 보릿단은 밤에 베어야 하지만 다음 날 낮에 베어도 유효하고, 안식일에 베어도 유효하다.

제11장

11, 1
칠칠절의 빵 두 덩이와 진설병을 굽는 방식을 설명한다.

שְׁתֵּי הַלֶּחֶם נִלּוֹשׁוֹת אַחַת אַחַת, וְנֶאֱפוֹת אַחַת אַחַת. לֶחֶם הַפָּנִים נִלּוֹשׁ
אֶחָד אֶחָד, וְנֶאֱפֶה שְׁנַיִם שְׁנַיִם. וּבִטְפוּס הָיָה עוֹשֶׂה אוֹתָן. וּכְשֶׁהוּא רָדָן,
נוֹתְנָן בִּטְפוּס, כְּדֵי שֶׁלֹּא יִתְקַלְקְלוּ:

〔칠칠절의〕 빵 두 덩이는 따로 반죽하고, 따로 굽는다. 진설병은 각각 따로 반죽하고 한 번에 두 개씩 굽는다. 이것들은 틀에서 준비하고 〔화덕에서〕 꺼낸 후에 다시 틀에 넣었다. 〔형태가〕 망가지지 않도록 하기 위함이었다.

- 이 미쉬나는 칠칠절의 두 덩이 빵과 진설병을 만드는 방식에 대해 다룬다.
- 이 둘 모두에 특정한 모양이 있었고, 이에 맞추어 굽는 것이 중요하게 여겨졌음을 알 수 있다.

11, 2

אֶחָד שְׁתֵּי הַלֶּחֶם וְאֶחָד לֶחֶם הַפָּנִים, לִישָׁתָן וַעֲרִיכָתָן בַּחוּץ, וַאֲפִיָּתָן בִּפְנִים,
וְאֵינָן דּוֹחוֹת אֶת הַשַּׁבָּת. רַבִּי יְהוּדָה אוֹמֵר, כָּל מַעֲשֵׂיהֶם בִּפְנִים. רַבִּי שִׁמְעוֹן
אוֹמֵר, לְעוֹלָם הֱוֵי רָגִיל לוֹמַר, שְׁתֵּי הַלֶּחֶם וְלֶחֶם הַפָּנִים כְּשֵׁרוֹת בָּעֲזָרָה,
וּכְשֵׁרוֹת בְּבֵית פָּאגִי:

두 덩이의 빵과 진설병은 모두 성전 뜰 밖에서 형태를 만들고, 안에서 굽는다. 안식일〔이 되면〕 이들을 계속해서 만들 수 없다. 랍비 예후다는 말한다. "모든 것을 〔성전 뜰〕 안에서 시행해야 한다." 랍비 쉼온은 말한다. "언제나 이렇게 말하도록 해야 한다. 두 덩이의 빵과 진설

병을 성전 뜰 안에서 만들었든지 벳 파기에서 만들었든지 모두 유효하다."

- 칠칠절의 두 덩이 빵과 진설병을 반죽하여 만드는 장소에 관하여 랍비들 사이에 의견이 대립했다. 미쉬나는 이 둘 모두 성전 뜰 밖에서 만들었고, 안에서 구워졌다고 한다. 반면, 랍비 예후다는 모든 절차가 성전 뜰 안에서 이루어진다고 한다.
- 랍비 쉼온은 이 할라카를 특별히 강조하고 있다. 벳 파기는 성전산 외곽, 제사장들이 주로 살던 지역이며 여기서 소제를 굽기도 한 것으로 보인다.

11, 3

안식일에도 빵을 구울 수 있는가를 다루고, 대원칙을 제시한다.

חֲבִתֵּי כֹהֵן גָּדוֹל, לִישָׁתָן וַעֲרִיכָתָן וַאֲפִיָּתָן בִּפְנִים, וְדוֹחוֹת אֶת הַשַּׁבָּת.
טְחִינָן וְהַרְקֵדָן אֵינָן דּוֹחוֹת אֶת הַשַּׁבָּת. כְּלָל אָמַר רַבִּי עֲקִיבָא, כָּל מְלָאכָה
שֶׁאֶפְשָׁר לָהּ לַעֲשׂוֹת מֵעֶרֶב שַׁבָּת, אֵינָהּ דּוֹחָה אֶת הַשַּׁבָּת. וְשֶׁאִי אֶפְשָׁר לָהּ
לַעֲשׂוֹת מֵעֶרֶב שַׁבָּת, דּוֹחָה אֶת הַשַּׁבָּת:

대제사장이 번철에 굽는 빵은 반죽, 모양 만들기, 굽기를 모두 [성전 뜰] 안에서 시행하고, 안식일에도 계속 이어서 할 수 있다. 곡식을 가는 것이나 키질은 안식일에 할 수 없다.

랍비 아키바가 대원칙을 제시했다. "안식일이 시작되는 저녁에 시행할 수 있는 어떤 일도 안식일까지 계속할 수 없다. 그러나 안식일이 시작되는 저녁에 시행할 수 없는 일은 안식일에도 계속할 수 있다."

- 레위기 6:13-15에서 규정하는 대제사장의 소제에 대해 다룬다.
- 대제사장의 소제는 안식일을 포함해 매일 바치고, 당일의 소제는 당

일에 만들어야 한다. 이를 안식일 전날 미리 만들어둘 수 없다. 랍비 아키바의 대원칙은 안식일이 시작되는 저녁에 마칠 수 없는 일은 안식일에도 계속할 수 있도록 예외를 두고 있다. 따라서 대제사장의 소제는 안식일에도 만들 수 있다.

11, 4

칠칠절의 빵 두 덩이와 진설병의 규격과 굽는 방식을 다룬다.

כָּל הַמְּנָחוֹת יֵשׁ בָּהֶן מַעֲשֵׂה כְלִי בִפְנִים, וְאֵין בָּהֶן מַעֲשֵׂה כְלִי בַחוּץ. כֵּיצַד. שְׁתֵּי הַלֶּחֶם אָרְכָּן שִׁבְעָה וְרָחְבָּן אַרְבָּעָה, וְקַרְנוֹתֵיהֶן אַרְבַּע אֶצְבָּעוֹת. לֶחֶם הַפָּנִים, אָרְכּוֹ עֲשָׂרָה וְרָחְבּוֹ חֲמִשָּׁה, וְקַרְנוֹתָיו שֶׁבַע אֶצְבָּעוֹת. רַבִּי יְהוּדָה אוֹמֵר, שֶׁלֹּא תִטְעֶה, זד"ד יה"ז. בֶּן זוֹמָא אוֹמֵר, וְנָתַתָּ עַל הַשֻּׁלְחָן לֶחֶם פָּנִים לְפָנַי תָּמִיד, שֶׁיְּהֵא לוֹ פָּנִים:

소제를 〔성전 뜰〕 안에서 준비하는 경우 모두 〔거룩한〕 용기에 담아내고, 밖에서 준비할 때는 용기가 필요 없다. 어째서 그러한가? 빵 두 덩이는 길이가 7〔테팍〕 너비가 4〔테팍〕이었고, 그 뿔들은 네 손가락 너비였다. 진설병은 길이가 10〔테팍〕 너비가 5〔테팍〕이었으며, 그 뿔들은 일곱 손가락 너비였다.

랍비 예후다는 말한다. "실수하지 않기 위해 '자다드, 야하즈'라고 〔암기한다〕."

벤 조마는 말한다. "상 위에 진설병을 두어 항상 내 앞에 있게 할지니라"(출 25:30)고 했으니, 진설병(לכם פנים, 레헴 파님)에서 파님(פנים)은 이것에 얼굴이 있어야 한다는 의미다."

- 다시 칠칠절의 빵 두 덩이와 진설병을 만드는 방식에 대해 다룬다.
- 여기서는 소제의 빵들에 있는 뿔들에 대해 언급한다. 일부는 이를 반죽의 일부를 떼어 뿔처럼 보이도록 붙인 것이라고 하고, 다른 견해

는 그 소제물들의 높이를 가리키는 것이라고 한다. 테곽(טפח)은 손바닥의 너비, 즉 손가락 네 개의 너비에 해당하고 약 8센티미터다.

- 이 단위를 기억하기 쉽게 하기 위해 랍비 예후다는 자다드(זד״ד)와 야하즈(יה״ז)라는 줄임말을 제시한다. 히브리어로 각 문자는 숫자 값을 가지는데, 이를 이용한 것이다. 즉, 자다드의 자음 자인(ז, 7) 달렛(ד, 4), 달렛(ד, 4)은 두 덩이 빵의 규격이고, 야하즈의 자음 요드(י, 10), 헤이(ה, 5), 자인(ז, 7)은 진설병의 규격이다.

11, 5

진설병을 놓아두는 상의 규격과 방식에 대해 설명한다.

הַשֻּׁלְחָן, אָרְכּוֹ עֲשָׂרָה, וְרָחְבּוֹ חֲמִשָּׁה. לֶחֶם הַפָּנִים, אָרְכּוֹ עֲשָׂרָה וְרָחְבּוֹ חֲמִשָּׁה. נוֹתֵן אָרְכּוֹ כְּנֶגֶד רָחְבּוֹ שֶׁל שֻׁלְחָן, וְכוֹפֵל טְפָחִים וּמֶחֱצָה מִכָּאן וּטְפָחִים וּמֶחֱצָה מִכָּאן, נִמְצָא אָרְכּוֹ מְמַלֵּא כָּל רָחְבּוֹ שֶׁל שֻׁלְחָן, דִּבְרֵי רַבִּי יְהוּדָה. רַבִּי מֵאִיר אוֹמֵר, הַשֻּׁלְחָן אָרְכּוֹ שְׁנֵים עָשָׂר וְרָחְבּוֹ שִׁשָּׁה. לֶחֶם הַפָּנִים אָרְכּוֹ עֲשָׂרָה וְרָחְבּוֹ חֲמִשָּׁה. נוֹתֵן אָרְכּוֹ כְּנֶגֶד רָחְבּוֹ שֶׁל שֻׁלְחָן, וְכוֹפֵל טְפָחִים מִכָּאן וּטְפָחִים מִכָּאן וּטְפָחִים רֶוַח בָּאֶמְצַע, כְּדֵי שֶׁתְּהֵא הָרוּחַ מְנַשֶּׁבֶת בֵּינֵיהֶן. אַבָּא שָׁאוּל אוֹמֵר, שָׁם הָיוּ נוֹתְנִין שְׁנֵי בְזִיכֵי לְבוֹנָה שֶׁל לֶחֶם הַפָּנִים. אָמְרוּ לוֹ, וַהֲלֹא כְּבָר נֶאֱמַר, וְנָתַתָּ עַל הַמַּעֲרֶכֶת לְבֹנָה זַכָּה. אָמַר לָהֶן, וַהֲלֹא כְּבָר נֶאֱמַר, וְעָלָיו מַטֵּה מְנַשֶּׁה:

〔진설병〕 상은 길이가 10〔테곽에〕 너비가 5〔테곽〕이다. 진설병은 길이 10테곽에 너비 5〔테곽〕이다. 각각의 〔빵의〕 길이를 상의 너비 방향으로 놓는다. 따라서 양쪽으로 〔튀어나오는〕 2테곽 반을 접어서, 〔빵의〕 길이를 상의 너비에 맞추었다. 랍비 예후다의 말이다.

랍비 메이르의 말이다. "상은 길이가 12테곽에 너비가 6〔테곽〕이었다. 진설병은 길이가 10테곽에 너비가 5테곽이었다. 각각의 〔빵의〕 길이를 상의 너비 방향으로 놓는데, 양쪽으로 〔튀어나오는〕 2테곽씩을 접었다. 그리고 〔앞뒤의〕 두 진설병 간에는 2테곽의 공간이 있어 그 사이로 바람이 통과할 수 있게 했다."

압바 샤울은 말한다. "거기서 향신료 두 접시를 진설병 위에 뿌렸다." 그들이 그에게 말했다. "정결한 유향을 그 각 줄 위에 두어"(레 24:7)라고 이미 기록되지 않았는가?" 그가 대답했다. "그러나 또한 "그 곁에는 므낫세 지파가 있을 것이라"(민 2:20)라고 기록되지 않았는가?"

- 출애굽기 25:23에 의하면 진설병을 놓는 상의 길이는 2아마, 넓이는 1아마다. 이 미쉬나는 이를 당시의 도량형으로 환산하여 5테팍(손바닥 길이)을 1아마로 계산하고 있다.
- 압바 샤울은 두 진설병 사이의 공간에 두 접시의 향을 놓았다고 주장했다. 그러나 다른 랍비들은 "각각의 진설병 줄 위에" 향을 두라는 레위기 24:7의 규정을 들어 이에 반대했다. 그러자 압바 샤울은 그 "위에"(עַל, 알)라는 표현이 "옆에"라는 의미로 쓰일 수 있다고 하며 그 예로 민수기 2:20의 "그 곁에는 므낫세 지파가 있을 것이라"라는 표현을 들고 있다.

11, 6
앞 미쉬나에 이어 진설병 상에 대한 설명을 이어간다.

אַרְבָּעָה סְנִיפִין שֶׁל זָהָב הָיוּ שָׁם, מֻפְצָלִין מֵרָאשֵׁיהֶן, שֶׁהָיוּ סוֹמְכִים בָּהֶן,
שְׁנַיִם לְסֵדֶר זֶה וּשְׁנַיִם לְסֵדֶר זֶה. וְעֶשְׂרִים וּשְׁמֹנָה קָנִים, כַּחֲצִי קָנֶה חָלוּל,
אַרְבָּעָה עָשָׂר לְסֵדֶר זֶה וְאַרְבָּעָה עָשָׂר לְסֵדֶר זֶה. לֹא סִדּוּר קָנִים וְלֹא נְטִילָתָן
דּוֹחֶה אֶת הַשַּׁבָּת, אֶלָּא נִכְנָס מֵעֶרֶב שַׁבָּת וְשׁוֹמְטָן וְנוֹתְנָן לְאָרְכּוֹ שֶׁל שֻׁלְחָן.
כָּל הַכֵּלִים שֶׁהָיוּ בַמִּקְדָּשׁ, אָרְכָּן לְאָרְכּוֹ שֶׁל בַּיִת:

[진설병 상에는] 네 개의 금 다리가 있었다. 이들은 꼭대기에서 갈라져 빵을 받쳤다. 두 개가 한 열[의 빵]을, [다른] 두 개가 다른 한 열

〔의 빵〕을 받쳤다. 그리고 속이 빈 갈대같이 생긴 가지 스물여덟 개가 있었다. 열네 개는 한 열을 위한 것이고, 열네 개는 다른 열을 위한 것이다.

가지를 〔상 위에〕 놓는 것이나 치우는 일은 안식일에 계속할 수 없다. 그러나 〔제사장은〕 안식일 저녁에 〔성소에〕 들어가 가지들을 당겨 상의 길이와 나란히 놓았다. 성전 안에 세워져 있는 모든 기물들은 성전의 모양과 나란히 길이로 놓았다.

- 금 다리 사이로 스물여덟 개의 가지가 있어 상 위쪽으로 선반 모양을 이루었을 것이다. 한 열에 여섯 개의 진설병을 높이로 쌓아 두 열로 열두 개의 빵을 진설했던 것으로 보인다.
- 그러나 진설병 상의 실제 모양은 정확히 알 수 없으며, 미쉬나에 대한 해석을 바탕으로 다양한 모양을 상상할 수 있다.

11, 7

שְׁנֵי שֻׁלְחָנוֹת הָיוּ בָאוּלָם מִבִּפְנִים עַל פֶּתַח הַבַּיִת, אֶחָד שֶׁל שַׁיִשׁ וְאֶחָד שֶׁל זָהָב. עַל שֶׁל שַׁיִשׁ נוֹתְנִים לֶחֶם הַפָּנִים בִּכְנִיסָתוֹ, וְעַל שֶׁל זָהָב בִּיצִיאָתוֹ, שֶׁמַּעֲלִין בַּקֹּדֶשׁ וְלֹא מוֹרִידִין. וְאַחַד שֶׁל זָהָב מִבִּפְנִים, שֶׁעָלָיו לֶחֶם הַפָּנִים תָּמִיד. אַרְבָּעָה כֹהֲנִים נִכְנָסִין, שְׁנַיִם בְּיָדָם שְׁנֵי סְדָרִים, וּשְׁנַיִם בְּיָדָם שְׁנֵי בְזִיכִים. וְאַרְבָּעָה מַקְדִּימִין לִפְנֵיהֶם, שְׁנַיִם לִטֹּל שְׁנֵי סְדָרִים, וּשְׁנַיִם לִטֹּל שְׁנֵי בְזִיכִים. הַמַּכְנִיסִים עוֹמְדִים בַּצָּפוֹן, וּפְנֵיהֶם לַדָּרוֹם. הַמּוֹצִיאִין עוֹמְדִים בַּדָּרוֹם, וּפְנֵיהֶם לַצָּפוֹן. אֵלּוּ מוֹשְׁכִין וְאֵלּוּ מַנִּיחִין, וְטִפְחוֹ שֶׁל זֶה כְנֶגֶד טִפְחוֹ שֶׁל זֶה, שֶׁנֶּאֱמַר, לִפְנַי תָּמִיד. רַבִּי יוֹסֵי אוֹמֵר, אֲפִלּוּ אֵלּוּ נוֹטְלִין וְאֵלּוּ מַנִּיחִין, אַף זוֹ הָיְתָה תָמִיד. יָצְאוּ וְנָתְנוּ עַל הַשֻּׁלְחָן שֶׁל זָהָב שֶׁהָיָה בָאוּלָם. הִקְטִירוּ הַבְּזִיכִין, וְהַחַלּוֹת מִתְחַלְּקוֹת לַכֹּהֲנִים. חָל יוֹם הַכִּפּוּרִים לִהְיוֹת בְּשַׁבָּת, הַחַלּוֹת מִתְחַלְּקוֹת לָעֶרֶב. חָל לִהְיוֹת עֶרֶב שַׁבָּת, שָׂעִיר שֶׁל יוֹם הַכִּפּוּרִים נֶאֱכָל לָעֶרֶב, הַבַּבְלִיִּים אוֹכְלִין אוֹתוֹ כְּשֶׁהוּא חַי, מִפְּנֵי שֶׁדַּעְתָּן יָפָה:

성소 안, 입구 쪽에는 두 개의 상이 있었다. 하나는 대리석으로, 다른 하나는 금으로 만들었다. 대리석상에는 진설병을 들여갈 때 올려놓았고, 금상에는 진설병을 〔성소〕 밖으로 내어갈 때 올려놓았다. 우리는 거룩한 것의 〔상태를〕 더 올릴 뿐, 아래로 내리지는 않기 때문이다. 성소 안에는 금으로 만든 상이 있어 이 위에 진설병을 늘 놓아두었다.

네 명의 제사장이 들어간다. 둘은 손에 〔진설병〕 두 열을 들었고, 둘은 손에 〔향신료를 담은〕 두 접시를 들었다. 그 앞에 제사장 넷이 들어가, 둘은 〔진설병〕 두 열을 가지고 나오고, 둘은 두 접시를 가지고 나왔다. 이 〔새 진설병과 향신료를 성소〕 안으로 가져간 이들은 북쪽 편에 서서 남쪽 편을 바라본다. 이것들을 가지고 나가는 이들은 남쪽 편에 서서 북쪽 편을 바라본다. 그들이 〔이전 것을〕 들고 〔새것을〕 1테팍 간격으로 놓았다. "항상 내 앞에 있게 할지니라"(출 25:30)라고 기록되었기 때문이다. 랍비 요쎄는 말한다. 〔이전 것을〕 가지고 나가고 〔새것을〕 놓아두어도 항상 놓아두라는 계명은 지킨 것이다.

그들은 나가서 〔이전 진설병을 성소 입구에 있는〕 금으로 된 상 위에 올려놓았다. 그 후 그들은 〔향신료를 담았던〕 접시들을 불에 태우고 빵은 제사장들에게 나누어주었다.

속죄일이 안식일과 겹친 경우, 빵을 저녁에 나눈다. 속죄일이 금요일인 경우, 속죄일의 염소는 저녁에 먹는다. 바벨에서 〔건너온〕 비위가 좋은 제사장들은 이를 날것으로 먹었다.

- 성소 입구의 대리석상에는 들어가는 진설병을, 금상에서는 나오는 진설병을 놓았다. 진설병을 놓는 곳이 "대리석상-금 진설병 상-금상"이 되어 거룩의 단계가 높아질 뿐 낮아지지 않게 하기 위함이다. 이는 대리석상보다 금상이 더 거룩하다는 관념을 전제로 한다.

- 속죄일에는 종일 금식해야 한다. 따라서 이날이 안식일과 겹치면 속죄일이 끝나는 저녁에 제사장들에게 진설병을 나누어주었다.
- 속죄일이 끝난 후 그 저녁에 속죄제물인 염소를 제사장들이 먹었는데, 이날이 금요일일 경우, 저녁이 되면 안식일이 시작되어 불을 피울 수 없었다. 따라서 바빌로니아에서 돌아온 어떤 제사장들은 속죄일의 염소를 날것으로 먹었다고 기록하고 있다.

11, 8

성전에서 내어온 진설병과 유향을 태우는 절차에 대한 논의다.

סִדֵּר אֶת הַלֶּחֶם בְּשַׁבָּת וְאֶת הַבְּזִיכִים לְאַחַר שַׁבָּת וְהִקְטִיר אֶת הַבְּזִיכִים בְּשַׁבָּת, פְּסוּלָה, וְאֵין חַיָּבִין עֲלֵיהֶן מִשּׁוּם פִּגּוּל, נוֹתָר וְטָמֵא. סִדֵּר אֶת הַלֶּחֶם וְאֶת הַבְּזִיכִין בְּשַׁבָּת וְהִקְטִיר אֶת הַבְּזִיכִין לְאַחַר שַׁבָּת, פְּסוּל, וְאֵין חַיָּבִין עֲלֵיהֶן מִשּׁוּם פִּגּוּל וְנוֹתָר וְטָמֵא. סִדֵּר אֶת הַלֶּחֶם וְאֶת הַבְּזִיכִין לְאַחַר שַׁבָּת וְהִקְטִיר אֶת הַבְּזִיכִין בְּשַׁבָּת, פָּסוּל. כֵּיצַד יַעֲשֶׂה. יַנִּיחֶנָּה לְשַׁבָּת הַבָּאָה, שֶׁאֲפִלּוּ הִיא עַל הַשֻּׁלְחָן יָמִים רַבִּים, אֵין בְּכָךְ כְּלוּם:

만약 안식일에 진설병을 진설하고, 접시에 담긴 유향은 안식일 다음 날 놓았다가 그[다음] 안식일에 태웠다면 무효하다. [그러나] 이것으로 인해 혐오스러운 것, 남은 것, 부정한 것에 관해 [책임질] 의무가 없다.

만약 진설병과 유향의 접시들을 안식일에 진설하고 접시의 유향을 안식일 다음 날 태웠다면 그것은 무효다. [그러나] 이것으로 인해 혐오스러운 것, 남은 것, 부정한 것에 관해 [책임질] 의무가 없다.

만약 진설병과 유향을 접시들을 안식일 다음 날에 진설하고 접시의 유향을 [다음] 안식일에 태웠다면 그것은 무효다. 그러면 어떻게 해야 하는가? 이 [진설병을] 다음 안식일까지 남겨둔다. [원래 놓아두어야 하는 날보다] 많은 날을 상 위에 놓아두더라도 상관없기 때문이다.

- 진설병과 유향은 안식일에 진설하고 다음 안식에 새로운 것으로 바꾼다. 이 원칙을 어겼을 경우의 예들에 관해 다룬다.
- 첫 번째 경우, 진설병은 안식일에, 유향은 안식일 다음 날 놓았다면 진설병과 유향 모두 무효하게 된다. 따라서 이들에 대해 정해진 시간을 넘겨 이를 먹으려고 의도했거나, 이날을 넘겨 남겨두었거나, 부정해지더라도, 혐오스러운 것(피굴), 남은 것(노타르), 부정한 것에 관한 책임을 지지 않는다. 이미 제물로서 유효하지 않은 것들이기 때문이다.
- 두 번째 경우는 비록 적절한 시간에 진설병과 유향을 진설했으나 유향을 다음 안식일 다음 날에 태운 경우로, 이때도 진설병과 유향 모두 무효가 되어 혐오스러운 것, 남은 것, 부정한 것에 관한 책임을 지지 않는다.
- 세 번째 경우에는 진설병과 유향을 모두 안식일 다음 날 진설한 경우로, 당연히 이 둘 모두 무효가 되지만, 이를 지난 두 번째 안식일까지 계속 남겨두는 방법으로 한 주를 채워 유효하게 할 수 있었다. 원래 놓아두어야 하는 날보다 많은 날을 상 위에 놓아두는 것은 이들의 유효성과 상관없기 때문이다.

11, 9
칠칠절의 빵 두 덩이와 진설병을 먹는 시점에 대해 설명한다.

שְׁתֵּי הַלֶּחֶם נֶאֱכָלוֹת אֵין פָּחוֹת מִשְּׁנַיִם, וְלֹא יָתֵר עַל שְׁלֹשָׁה. כֵּיצַד. נֶאֱפוֹת מֵעֶרֶב יוֹם טוֹב וְנֶאֱכָלוֹת בְּיוֹם טוֹב, לִשְׁנַיִם. חָל יוֹם טוֹב לִהְיוֹת אַחַר הַשַּׁבָּת, נֶאֱכָלוֹת לִשְׁלֹשָׁה. לֶחֶם הַפָּנִים נֶאֱכָל אֵין פָּחוֹת מִתִּשְׁעָה, וְלֹא יָתֵר עַל אַחַד עָשָׂר. כֵּיצַד. נֶאֱפֶה בְּעֶרֶב שַׁבָּת וְנֶאֱכָל בְּשַׁבָּת, לְתִשְׁעָה. חָל יוֹם טוֹב לִהְיוֹת עֶרֶב שַׁבָּת, נֶאֱכָל לַעֲשָׂרָה. שְׁנֵי יָמִים טוֹבִים שֶׁל רֹאשׁ הַשָּׁנָה, נֶאֱכָל לְאַחַד עָשָׂר. וְאֵינוֹ דוֹחֶה לֹא אֶת הַשַּׁבָּת וְלֹא אֶת יוֹם טוֹב. רַבָּן שִׁמְעוֹן בֶּן גַּמְלִיאֵל אוֹמֵר מִשּׁוּם רַבִּי שִׁמְעוֹן בֶּן הַסְּגָן, דּוֹחֶה אֶת יוֹם טוֹב וְאֵינוֹ דוֹחֶה אֶת יוֹם צוֹם:

〔칠칠절의〕빵 두 덩이는 〔구운 날부터〕 둘째 날 이전에 먹지 않았고, 셋째 날 이후에도 결코 먹지 않았다. 어째서 그러한가? 그것들을 명절 전날 구웠고, 명절 당일, 즉 둘째 날 먹었〔기 때문이다〕. 만약 명절이 안식일과 겹치면, 셋째 날 먹었다.

진설병은 아홉째 날 전에 먹지 않았고, 열한째 날 이후에는 결코 먹지 않았다. 어째서 그러한가? 그것은 안식일 전날에 구웠고 〔그다음 돌아오는〕 안식일에 먹었다. 즉, 아홉째 날이 된다. 만약 명절이 안식일과 겹치면, 열째 날 먹었다. 만약 새해의 첫 두 날이 안식일과 겹치면, 열한째 날에 먹었다.

〔굽는 절차는〕 안식일이나 명절까지 계속될 수 없다. 부대제사장의 아들 랍비 쉼온의 이름으로 라반 쉼온 벤 감리엘이 말한다. "그것은 명절까지 계속될 수 있지만 금식하는 날(속죄일)까지는 계속될 수 없다."

- 이 미쉬나는 칠칠절의 빵 두 덩이를 언제 구워야 하고 또 언제 먹어야 하는지에 대해 다룬다.
- 빵 두 덩이는 칠칠절 전날 낮에 구웠다. 그리고 그다음 날, 즉 명절의 첫 낮에(명절은 이미 그 전날 저녁에 시작되므로) 먹었다. 그러나 이 명절의 전날이 안식일(토요일)이라면, 이때 빵을 구울 수 없으므로 그 전날, 즉 금요일 낮에 구웠다. 앞의 경우는 빵을 구운 둘째 날 먹은 것이고, 뒤의 경우는 셋째 날 먹은 것이다.
- 진설병은 안식일 전날, 금요일 낮에 구워야 하고, 다음 날 안식일(토요일)에 먹어야 한다. 따라서 구운 지 아홉째 날 먹게 된다. 그러나 금요일이 명절이면 이 전날, 즉 목요일에 빵을 구웠고, 따라서 열째 날 먹게 된다. 이틀 간 일할 수 없는 신년(로쉬 하샤나)이 목요일과 금요일에 걸리면, 그 전날인 수요일에 빵을 굽는다.

- 빵은 낮에 굽기 시작하고, 저녁이 되어 안식일이나 명절이 시작되면 더 이상 구울 수 없다. 그러나 랍비 쉼온 벤 감리엘은 이에 반대하여 속죄일을 제외한 명절에는 빵을 구울 수 있다고 한다.

제12장

12, 1
소제와 전제의 대속에 관한 원칙이다.

הַמְּנָחוֹת וְהַנְּסָכִים שֶׁנִּטְמְאוּ עַד שֶׁלֹּא קִדְּשָׁן בִּכְלִי, יֶשׁ לָהֶן פִּדְיוֹן. מִשֶּׁקִּדְּשׁוּ
בִּכְלִי, אֵין לָהֶם פִּדְיוֹן. הָעוֹפוֹת וְהָעֵצִים וְהַלְּבוֹנָה וּכְלֵי שָׁרֵת, אֵין לָהֶם פִּדְיוֹן,
שֶׁלֹּא נֶאֱמַר אֶלָּא בְהֵמָה:

만약 소제와 전제를 그릇에 담아 성별하기 전에 부정해진다면, 그것들을 대속할 수 있다. 성별한 이후에 〔부정해졌다면〕 대속할 수 없다.
새의 제사나 장작, 유향, 〔제사용〕 그릇은 대속할 수 없다. 〔대속의 법은〕 오직 가축 〔제물〕에 관해서만 기록되었기 때문이다.

- 소제와 전제의 대속에 관해 다룬다. 대속은 이미 성별되거나 거룩해진 것을 금전으로 대체하는 것이다. 이 금전은 다시 거룩해져 반드시 제물을 구입하는 데 써야 한다.
- 소제나 전제가 성전의 제의용 그릇에 담겨져 이미 거룩하게 되었다면, 이들은 대속될 수 없고 반드시 폐기해야 한다. 그러나 그 이전에 부정해 졌다면 금전으로 대속되고 이것들은 세속적 용도로 다시 사용할 수 있다.
- 토라는 사람이 부정한 가축을 성전에 바친 경우, 제사장이 이를 평

가하여 금전으로 대속할 수 있다고 규정한다(레 27:11-13). 그러나 이는 가축에만 적용되며 부정을 입은 새의 제사나 장작, 유향, 그릇 등은 폐기 되어야 하며, 대속되어 세속적 용도로 다시 사용할 수 없었다.

12, 2
서원과 다른 제물을 가져온 경우 그것의 효력에 관해 설명한다.

הָאוֹמֵר, הֲרֵי עָלַי בְּמַחֲבַת, וְהֵבִיא בְּמַרְחֶשֶׁת, בְּמַרְחֶשֶׁת וְהֵבִיא בְּמַחֲבַת, מַה שֶּׁהֵבִיא הֵבִיא, וִידֵי חוֹבָתוֹ לֹא יָצָא. זוֹ לְהָבִיא בְּמַחֲבַת, וְהֵבִיא בְּמַרְחֶשֶׁת, בְּמַרְחֶשֶׁת, וְהֵבִיא בְּמַחֲבַת, הֲרֵי זוֹ פְסוּלָה. הֲרֵי עָלַי שְׁנֵי עֶשְׂרוֹנִים לְהָבִיא בִּכְלִי אֶחָד, וְהֵבִיא בִּשְׁנֵי כֵלִים, בִּשְׁנֵי כֵלִים, וְהֵבִיא בִּכְלִי אֶחָד, מַה שֶּׁהֵבִיא הֵבִיא, וִידֵי חוֹבָתוֹ לֹא יָצָא. אֵלּוּ לְהָבִיא בִּכְלִי אֶחָד, וְהֵבִיא בִּשְׁנֵי כֵלִים, בִּשְׁנֵי כֵלִים וְהֵבִיא בִּכְלִי אֶחָד, הֲרֵי אֵלּוּ פְסוּלִין. הֲרֵי עָלַי שְׁנֵי עֶשְׂרוֹנִים לְהָבִיא בִּכְלִי אֶחָד וְהֵבִיא בִּשְׁנֵי כֵלִים, אָמְרוּ לוֹ בִּכְלִי אֶחָד נָדַרְתָּ, הִקְרִיבָן בִּכְלִי אֶחָד, כְּשֵׁרִים, וּבִשְׁנֵי כֵלִים, פְּסוּלִין. הֲרֵי עָלַי שְׁנֵי עֶשְׂרוֹנִים לְהָבִיא בִּשְׁנֵי כֵלִים, וְהֵבִיא בִּכְלִי אֶחָד, אָמְרוּ לוֹ, בִּשְׁנֵי כֵלִים נָדַרְתָּ, הִקְרִיבָן בִּשְׁנֵי כֵלִים, כְּשֵׁרִים. נְתָנוֹ בִּכְלִי אֶחָד, כִּשְׁתֵּי מְנָחוֹת שֶׁנִּתְעָרְבוּ:

어떤 사람이 번철에 〔구운 소제를 바치겠다고〕 서원하고 〔냄비에〕 부친 것을 가져오거나, 부친 것을 〔서원하고〕 번철에 〔구운 것을〕 가져오면, 가져온 것은 〔자원하는 제사로 유효하지만〕, 그의 서원을 이행한 것으로 〔간주하지〕 않는다. 〔그러나 그가 특정하여〕 이 〔곡식가루를〕 번철에 〔구워 소제로 바칠 것을 서원하고 냄비에〕 부쳐서 가져오거나, 냄비에 부치겠다고 〔서원했으나〕 번철에 구워서 가져오면〕 그것은 무효가 된다.

만약 사람이 2/10〔에파를〕 한 그릇에 담아 드리기로 서원하고 두 그릇에 가져왔거나, 두 그릇에 〔담아 드리기로 서원하고〕 한 그릇에 가져오면, 그가 가져온 것은 〔자원하는 제물로〕 유효하나 그의 서원을 이행한 것으로 〔간주하지〕 않는다. 그러나 〔곡식가루를 특정하여〕 이 〔제물을〕 한 그릇에 담아 드리기로 서원하고 두 그릇에 가져왔거나, 두 그릇에 〔담아 드리기로 서원하고〕 한 그릇을 가져오면, 그것은 무효가 된다.

어떤 사람이 2/10〔에파를〕 한 그릇에 담아 드리기로 서원하고 두 그릇에 가져왔고, 사람들이 그에게 "당신은 한 그릇에 가져올 것을 서원했다"고 말했다. 만약 그가 그것들을 한 그릇에 〔담아〕 태웠다면, 그것들은 유효하다. 그러나 그가 여전히 두 그릇에 〔담아 태웠다면〕 무효가 된다.

어떤 사람이 2/10〔에파를〕 두 그릇에 담아 드리기로 서원하고 한 그릇에 가져왔고, 사람들이 그에게 "당신은 두 그릇에 가져올 것을 서원했다"고 말했다. 만약 그가 그것들을 두 그릇에 〔담아〕 태웠다면 그것들은 유효하다. 그러나 그가 여전히 한 그릇에 〔담아 태웠다면〕 그것들은 두 개의 소제가 섞인 것과 같다.

- 소제는 번철이나 팬 모양의 냄비에 굽거나 부쳐 드릴 수 있으며, 이 두 가지 모두 유효하다. 따라서 "내가" 한 종류의 소제를 가져오겠다고 서원하고 다른 종류를 가져오더라도 가져온 것은 유효하다. 그러나 그의 서원은 이행되지 않았으므로 원래 서원한 종류의 소제도 가져와야 한다.

- 그러나 소제의 제물이 되는 곡식가루를 특정하여 "이것을" 번철이나 냄비에서 가져오겠다고 서원하고 다른 종류를 가져왔다면 무효이다.

- 일반적으로 분량만을 특정하여 2/10에파(2이싸르)를 바치기로 서원하고 이를 1/10에파씩 두 개의 소제로 나누어 바치거나, 이를 두 개의 소제로 바치기로 하고 하나의 소제로 바쳤다면 유효하다. 다만

서원을 이행하는 것은 될 수 없다. 그러나 곡식가루를 특정하여 이를 하나 또는 두 개의 소제로 바치겠다고 했을 때, 이와 달리 바치면 제사는 무효가 된다.

- 2/10에파를 한 그릇에 담아 드리기로 서원하고 두 그릇에 두 개의 소제로 가져온 경우, 사람들의 지적에 다시 두 그릇에 나누어 바치면 이는 유효하다. 그러나 이를 무시하고 한 그릇에 담아 드린 경우 이는 무효가 된다. 서원을 갚을 의도로 드렸지만 그 서원의 내용과 달라 무효이며, 다른 제사도 될 수 없기 때문이다.

- 2/10에파를 두 그릇에 담아 드리기로 서원하고 한 그릇에 가져온 경우, 다른 사람들의 말을 듣고도 이를 한 그릇으로 드렸다면 이 경우는 앞서 「메나홋」 3, 3에서 다룬 두 개의 소제가 섞인 경우에 준한다. 따라서 이로부터 두 소제의 한 움큼씩을 각각 떠낼 수 있으면 유효하게 된다.

12, 3

토라에 의해 서원과 다른 제물을 가져와야 하는 경우를 설명한다.

הֲרֵי עָלַי מִנְחָה מִן הַשְּׂעוֹרִין, יָבִיא מִן הַחִטִּים. קֶמַח, יָבִיא סֹלֶת. בְּלֹא שֶׁמֶן
וּלְבוֹנָה, יָבִיא שֶׁמֶן וּלְבוֹנָה. חֲצִי עִשָּׂרוֹן, יָבִיא עִשָּׂרוֹן שָׁלֵם. עִשָּׂרוֹן
וּמֶחֱצָה, יָבִיא שְׁנָיִם. רַבִּי שִׁמְעוֹן פּוֹטֵר, שֶׁלֹּא הִתְנַדֵּב כְּדֶרֶךְ הַמִּתְנַדְּבִים:

〔만약 어떤 사람이〕 보리로 소제를 바치겠다고 서원했어도, 그는 밀을 〔소제로〕 가져와야 한다. 굵은 〔곡식〕가루를 〔바치겠다고 서원했어도〕, 그는 반드시 고운 가루를 가져와야 한다. 기름과 유향 없이 〔바치겠다고 서원했어도〕, 그는 〔소제와〕 더불어 기름과 유향을 가져와야 한다.

1/10〔에파의〕 절반을 〔바치겠다고 서원했어도〕, 그는 1/10〔에파〕

전부를 가져와야 한다. 1/10〔에파와〕그 절반을〔바치겠다고 서원했
어도〕, 그는 2/10〔에파를〕가져와야 한다. 랍비 쉼온은 그가 면제된다
고 한다. 그가 사람들이 보통 자원하는 방식으로 제사를 드리지 않았
기 때문이다.

- 자원하는 예물(낙헌제)의 소제는 보릿가루가 아닌 밀가루로 가져와
  야 한다. 개인의 소제에 보릿가루를 가져오도록 규정하는 경우는 의
  심의 소제(민 5:15)에 한하며, 자원하는 예물에 대해 보릿가루를 가
  져오라고 규정하는 법이 없기 때문이다. 굵은 가루를 드리는 경우
  역시 의심의 소제(민 5:15)에 한한다.
- 소제를 가져오겠다는 그의 서원은 유효하므로 토라의 규정에 따라
  그 서원을 지켜야 한다.
- 1/10에파의 절반을 가져오겠다는 서원은 의미가 없다. 1/10에파는
  소제의 최소 단위로서 이를 온전히 바쳐야 유효한 소제가 되기 때문
  이다.
- 그러나 랍비 쉼온은 위의 경우들에 서원을 지킬 의무가 없다고 한다.
  애당초 서원의 내용이 법과 달라 유효하게 성립하지 않기 때문이다.

12, 4
유효한 소제의 분량에 대한 설명이다.

מִתְנַדֵּב אָדָם מִנְחָה שֶׁל שִׁשִּׁים עִשָּׂרוֹן, וּמֵבִיא בִּכְלִי אֶחָד. אִם אָמַר הֲרֵי
עָלַי שִׁשִּׁים וְאֶחָד, מֵבִיא שִׁשִּׁים בִּכְלִי אֶחָד וְאֶחָד בִּכְלִי אֶחָד, שֶׁכֵּן צִבּוּר
מֵבִיא בְּיוֹם טוֹב הָרִאשׁוֹן שֶׁל חַג שֶׁחָל לִהְיוֹת בְּשַׁבָּת שִׁשִּׁים וְאֶחָד. דַּיּוֹ
לַיָּחִיד שֶׁיְּהֵא פָחוֹת מִן הַצִּבּוּר אֶחָד. אָמַר רַבִּי שִׁמְעוֹן, וַהֲלֹא אֵלּוּ לַפָּרִים,
וְאֵלּוּ לַכְּבָשִׂים, וְאֵינָם נִבְלָלִים זֶה עִם זֶה. אֶלָּא, עַד שִׁשִּׁים יְכוֹלִים לְהִבָּלֵל.
אָמְרוּ לוֹ, שִׁשִּׁים נִבְלָלִים, שִׁשִּׁים וְאֶחָד אֵין נִבְלָלִים. אָמַר לָהֶן, כָּל מִדּוֹת

60/10〔에파를〕 소제로 자원하여 드리면서 한 그릇에 담아 가져올 수 있다. 만약 어떤 사람이 61/10〔에파를〕 서원했다면, 그는 60/10〔에파를〕 한 그릇에 1/10〔에파를〕 다른 그릇에 담아 와야 한다. 〔칠칠절의〕 첫날이 안식일과 겹칠 때, 회중이 61/10〔에파를 소제로〕 가져온다면, 개인은 회중 전체보다 한 〔단위〕 적게 바치는 것으로 충분하다.

랍비 쉼온은 말했다. "그러나 이들은 수송아지를 저들은 어린 양을 위해 가져오기 때문에 그것들은 서로 섞일 수 없지 않은가? 60/10〔에파까지 기름 1로그와 한 그릇에〕 섞을 수 있다." 〔사람들이〕 그에게 말했다. "60/10〔에파를 기름 1로그와 한 그릇에〕 섞을 수 있는데, 61/10〔에파는〕 섞을 수 없는가?" 그가 답했다. "그것은 현자들의 방법에 따른 것이다. 어떤 사람이 〔물〕 40쎄아가 〔든 웅덩이에 몸을〕 담글 수 있지만 40쎄아에서 1코르토브 적은 〔물에는〕 담글 수 없다."

〔포도주〕 1로그나, 2로그, 5로그를 자원하는 제물로 드릴 수 없다. 그러나 〔양을 위해〕 3로그, 〔숫양을 위해〕 4로그, 〔수소를 위해〕 6로그, 혹은 6로그 이상을 자원하여 드릴 수 있다.

- 1/10〔에파〕를 여러 번 바칠 수 있으나 최대 60회의 1/10〔에파〕를 한 그릇에 담아 바칠 수 있다.
- 가장 많은 양의 소제를 드리는 경우는 초막절이다. 이때는 수소를 위해 3/10에파를 13회, 숫양을 위해 2/10에파를 2회, 어린 양을 위해 1/10에파를 14회, 여기에 아침 저녁의 상번제로 1/10에파를 2회, 만약 안식일이면 여기에 1/10에파를 2회 더 바친다. 이를 합하면 61회로, 그 양은 최대 61배의 1/10에파가 된다. 이는 공동체를 위한 소제

이므로 개인의 소제는 이보다 한 번 적은 60배로 제한된다는 논리다.

- 랍비 쉼온은 60배로 제한하는 데 대해 다른 견해를 제시한다. 초막절의 소제들에 수송아지와 어린 양을 위한 것들이 있는데 이를 섞을 수 없으므로(「메나홋」 9, 3) 초막절의 소제는 그 이유가 될 수 없고, 60/10에파가 한 번에 1로그의 기름과 섞일 수 있기 때문이라고. 다른 랍비들의 반대에 랍비 쉼온은 정결례(미크베)에 대한 할라카를 들어 답한다. 정결례를 치르기 위한 물의 양은 40쎄아를 넘어야 하며, 아주 작은 단위인 1코르토브가 부족해도 정결례식에 쓸 수 없다는 할라카다.

- 마지막 단은 다른 주제로 넘어간다. 포도주의 전제를 자원하는 예물로 드릴 때, 3로그, 4로그, 6로그 또는 그 이상을 드려야 한다. 1로그, 2로그, 5로그를 드릴 수 없는 이유는 민수기 14:5-10의 전제 규정에 이 같은 양이 언급되지 않기 때문이다.

12, 5
기름이 자원하여 드리는 제물이 될 수 있는지의 여부를 다룬다.

מִתְנַדְּבִים יַיִן, וְאֵין מִתְנַדְּבִים שֶׁמֶן, דִּבְרֵי רַבִּי עֲקִיבָא. רַבִּי טַרְפוֹן אוֹמֵר,
מִתְנַדְּבִים שֶׁמֶן. אָמַר רַבִּי טַרְפוֹן, מַה מָּצִינוּ בַיַּיִן שֶׁבָּא חוֹבָה וּבָא נְדָבָה, אַף
הַשֶּׁמֶן בָּא חוֹבָה וּבָא נְדָבָה. אָמַר לוֹ רַבִּי עֲקִיבָא, לֹא, אִם אָמַרְתָּ בַיַּיִן שֶׁכֵּן
הוּא קָרֵב חוֹבָתוֹ בִּפְנֵי עַצְמוֹ, תֹּאמַר בַּשֶּׁמֶן שֶׁאֵינוֹ קָרֵב חוֹבָתוֹ בִּפְנֵי עַצְמוֹ.
אֵין שְׁנַיִם מִתְנַדְּבִים עִשָּׂרוֹן אֶחָד, אֲבָל מִתְנַדְּבִים עוֹלָה וּשְׁלָמִים. וּבָעוֹף,
אֲפִלּוּ פְרִידָה אֶחָת:

포도주를 자원하여 드릴 수 있지만 기름을 자원하여 드릴 수 없다. 랍비 아키바의 말이다. 랍비 타르폰이 말한다. "기름도 자원하여 드릴 수 있다." 랍비 타르폰이 말했다. "의무적으로 드리는 포도주를 자발적으로 드릴 수 있는 것처럼, 의무적으로 드리는 기름도 자발적으로

드릴 수 있다." 랍비 아키바가 말했다. "그렇지 않다. 포도주는 의무적으로 드릴 때도 그 자체로 드릴 수 있기 때문에 그리 말했지만, 그 자체로만 〔따로〕 드릴 수 없는 기름에 대해서도 그같이 말할 수 있겠는가?"

두 사람이 1/10〔에파를 소제로〕 함께 드릴 수 없다. 그러나 그들은 번제나 화목제, 새의 제사까지도 함께 드릴 수 있다.

- 랍비 아키바와 랍비 타르폰이 자원하는 예물로 기름을 따로 드릴 수 있는지의 여부에 관해 논쟁한다.
- 랍비 타르폰은 포도주의 예에 준하여 기름도 따로 드릴 수 있다고 하였다. 그러나 랍비 아키바는 기름은 따로 드릴 수 없는 제물이므로 불가하다고 하였다.
- 마지막 단은 독립된 주제를 다룬다. 두 사람이 1/10에파의 소제를 함께 드릴 수 없다고 본 이유는 레위기 2:1의 해석에 따른 것이다. 이 구절은 "누구든지 소제의 예물을 여호와께 드리려거든 고운 가루로 예물을 삼아"라고 규정하는데, 여기서 "누구든지"의 원어는 '혼' (נפש, 네페쉬)으로 한 사람을 가리키기 때문에 두 사람이 함께 드리는 것이 불가하다는 것이다.

제13장

13, 1

서원의 내용이 불분명하거나 이를 기억하지 못하는 경우에 대해 논의한다.

הֲרֵי עָלַי עִשָּׂרוֹן, יָבִיא אֶחָד. עֶשְׂרוֹנִים, יָבִיא שְׁנָיִם. פֵּרַשְׁתִּי וְאֵינִי יוֹדֵעַ מַה
פֵּרַשְׁתִּי, יָבִיא שִׁשִּׁים עִשָּׂרוֹן. הֲרֵי עָלַי מִנְחָה, יָבִיא אֵיזוֹ שֶׁיִּרְצֶה. רַבִּי יְהוּדָה
אוֹמֵר, יָבִיא מִנְחַת הַסֹּלֶת, שֶׁהִיא מְיֻחֶדֶת שֶׁבַּמְּנָחוֹת:

내가 1이싸르(1/10에파)를 내겠다고 [서원한 사람은] 1[이싸르를] (1/10에파를) 가져올 것이다. [내가] 이싸르들을 [내겠다고 서원했다면] 2[이싸르를 가져와야 한다].

[수를] 특정하여 [서원했으나] 내가 특정한 바를 기억하지 못한다고 [했다면] 그는 60이싸르(60/10에파)를 가져올 것이다. 내가 소제를 드리겠다고 [서원한 사람은] 그가 원하는 만큼 어떤 양을 가져와도 좋다. 랍비 예후다가 말한다. "그는 고운 가루의 소제를 가져와야 한다. 그것이 소제물 중에 가장 좋은 것이기 때문이다."

- '이싸르들'을 가져오겠다고 복수로 말했으면 최소한 2이싸르(2/10 에파)를 가져와야 한다.
- 몇 이싸르를 서원했는지 기억하지 못할 때는 최대치인 60이싸르 (60/10에파)를 가져와야 한다. 앞의 미쉬나(12, 4)에서 본 것처럼, 60/10에파가 개인이 가져올 수 있는 소제의 최대치이기 때문이다.
- 소제의 종류를 특정하지 않았다면 그 종류를 자신이 고를 수 있다.
- 레위기 2:1에 따라, 특별한 경우를 제외하면 소제는 고운 가루로 가져와야 한다. 랍비 예후다의 견해다.

13, 2

앞 미쉬나에 이어 소제의 종류를 특정하여 서원하는 경우와 이를 기억하지 못하는 경우에 대해 논의한다.

מִנְחָה, מִין הַמִּנְחָה, יָבִיא אֶחָת. מְנָחוֹת, מִין הַמְּנָחוֹת, יָבִיא שְׁתַּיִם. פֵּרַשְׁתִּי
וְאֵינִי יוֹדֵעַ מַה פֵּרַשְׁתִּי, יָבִיא חֲמִשְׁתָּן. פֵּרַשְׁתִּי מִנְחָה שֶׁל עֶשְׂרוֹנִים וְאֵינִי

יוֹדֵעַ מַה פֵּרַשְׁתִּי, יָבִיא מִנְחָה שֶׁל שִׁשִׁים עִשָּׂרוֹן. רַבִּי אוֹמֵר, יָבִיא מְנָחוֹת
שֶׁל עֶשְׂרוֹנִים מֵאֶחָד וְעַד שִׁשִׁים:

소제나 어떤 종류의 소제를 [서원했다면], 그는 [그 종류의] 하나의 소제를 [가져와야 한다]. [복수로] 소제들이나 어떤 종류의 소제들 [을 서원했다면], 그는 [그 종류의] 두 소제를 [가져와야 한다].

만약 그가 "내가 [소제의 종류를] 특정하여 [서원했으나] 특정한 종류를 기억하지 못한다"고 했다면, 그는 다섯 종류의 소제를 가져와야 한다.

만약 그가, "내가 이싸르들을 소제로 [서원했으나] 그 수를 기억하지 못한다"고 했다면, 그는 60이싸르를 가져와야 한다.

그러나 랍비는 말한다. "그는 하나에서 60까지 [모든 수의] 이싸르들로 [각각] 소제들을 바쳐야 한다."

- 앞의 미쉬나에서 본 것과 같이 소제를 복수로 언급했다면 그는 최소한두 번의 소제를 가져와야 한다.

- 다섯 가지 소제의 종류는 레위기 2장에서 열거하고 있다. 고운 가루의 소제, 화덕에 구운 빵과 과자, 번철에 구운 소제, 팬(냄비)에 구운 소제가 그것이다.

- 서원한 소제의 수를 기억하지 못한다면 최대치인 60/10에파(60이싸르)를 하나의 소제로 가져와야 함을 앞의 미쉬나에서 보았다. 이에 대해 랍비(예후다 한나씨)는 1에서 60까지 각각의 수에 대해 소제를 가져와야 한다(1/10, 2/10, 3/10 … 60/10). 즉 각각 다른 양의 소제를 60번 가져와야 한다는 것이다.

13, 3

장작과 유향 등을 서원하여 바치는 양에 대해 논의한다.

הֲרֵי עָלַי עֵצִים, לֹא יִפְחֹת מִשְּׁנֵי גְזִירִין. לְבוֹנָה, לֹא יִפְחֹת מִקֹּמֶץ. חֲמִשָּׁה
קֳמָצִים הֵן, הָאוֹמֵר הֲרֵי עָלַי לְבוֹנָה, לֹא יִפְחֹת מִקֹּמֶץ. הַמִּתְנַדֵּב מִנְחָה, יָבִיא
עִמָּהּ קֹמֶץ לְבוֹנָה. הַמַּעֲלֶה אֶת הַקֹּמֶץ בַּחוּץ, חַיָּב. וּשְׁנֵי בְזִיכִין טְעוּנִין שְׁנֵי
קֳמָצִים:

장작들을 바치기로 서원했다면, 장작 2개보다 적지 않게 가져와야
한다. 유향〔을 바치기로 서원했다면〕 그는 한 줌보다 적지 않게 가져
와야 한다.

〔법적으로 중요한 의미가 있는〕 다섯 줌이 있다. 유향을 바치기로
서원한 사람은 한 줌보다 적지 않게 가져와야 한다. 자발적으로 소제
를 드리는 사람은 한 줌의 유향을 가져와야 한다. 〔성전〕 밖에서 한
줌을 〔제사로〕 드린 사람은 책임이 있다. 두 접시의 〔유향은〕 두 줌을
요한다.

- 복수로 그가 '장작들'(עֵצִים, 에찜)을 바치기로 서원했다면 최소한 두
  단위인 2로그를 가져와야 한다(라브). 만약 그가 단수로 '장작'을 가
  져오겠다고 했다면 1로그를 가져오면 된다.

- 한 움큼보다 적지 않은 다섯 가지 경우를 열거하고 있다. 모든 자발
  적 소제에는 유향을 한 움큼 가져와야 한다.

- 한 움큼을 태우는 것은 성전에서 제물을 유효하게 하는 마티르의
  효과가 있는 것처럼 한 움큼은 성전 제의에서 의미 있는 것이므로
  성전 밖에서 한 움큼을 제사로 태워 드렸다면 그는 처벌의 대상이
  된다.

- 두 접시의 유향은 진설병 사이에 놓는 것을 말한다. 각 접시에 한 움
  큼씩의 유향을 놓아야 한다.

13, 4

이어서 금, 은, 구리를 서원한 경우 바쳐야 하는 최소량에 대해 논의
한다.

הֲרֵי עָלַי זָהָב, לֹא יִפְחֹת מִדִּינַר זָהָב. כֶּסֶף, לֹא יִפְחֹת מִדִּינַר כָּסֶף. נְחֹשֶׁת,
לֹא יִפְחֹת מִמָּעָה כָסֶף. פֵּרַשְׁתִּי וְאֵינִי יוֹדֵעַ מַה פֵּרַשְׁתִּי, הוּא מֵבִיא עַד
שֶׁיֹּאמַר לֹא לְכָךְ נִתְכַּוַּנְתִּי:

금을 바치기로 서원했다면, 그는 금 1디나르보다 적지 않게 가져와
야 한다.

은[이었다면], 그는 은 1디나르보다 적지 않게 가져와야 한다.

구리[였다면], 그는 은 1마아의 가치보다 적지 않게 가져와야 한다.

[만약 그가,] "내가 얼마만큼을 드릴지 특정하여 [서원했으나], 그
양을 기억하지 못한다"고 했다면, 그는 "이렇게 많이 바치려고 하지
않았다는 것이 틀림없다"고 말할 만큼 가져와야 한다.

- 금 1디나르는 가장 작은 금화의 단위이다. 은 1디나르도 마찬가지
  이다.
- 구리를 바치기로 서원했으면 최소한 은 1마아의 구리를 가져와야
  한다. 1마아는 은 1/6디나르다.
- 소제가 아닌 경우에는 할라카에서 주어진 최대값의 제한이 없으므
  로 주관적 기준으로 최대값을 가져온다. 물론 이 기준은 서원한 사
  람이 정직하게 자신의 서원을 이행하고자 할 경우에 실효성이 있다.

13, 5

포도주를 서원하여 바치는 경우의 예다.

הֲרֵי עָלַי יַיִן, לֹא יִפְחֹת מִשְּׁלשָׁה לֻגִּין. שֶׁמֶן, לֹא יִפְחֹת מִלֹּג. רַבִּי אוֹמֵר,
שְׁלשָׁה לֻגִּין. פֵּרַשְׁתִּי וְאֵינִי יוֹדֵעַ מַה פֵּרַשְׁתִּי, יָבִיא כְיוֹם הַמְרֻבֶּה:

포도주를 바치기로 서원했다면, 그는 3로그보다 적지 않게 가져와
야 한다.

기름〔이었다면〕, 그는 1로그보다 적지 않게 가져와야 한다.

랍비는 말한다. "3로그보다 적지 않게 〔가져와야 한다〕."

〔만약 그가〕 "내가 얼마만큼을 드릴지 특정하여 〔서원했으나〕, 그
양을 기억하지 못한다"고 했다면, 그는 하루에 가져올 수 있는 최대치
를 가져와야 한다.

- 3로그의 포도주는 가축 희생제사에 수반되는 최소량이다(「메나홋」
  12. 4).
- 기름을 바치기로 서원한 경우에 관하여 의견이 대립한다. 1로그를
  그 최소량으로 보는 견해는 소제 1/10에파에 수반하는 기름을 그 기
  준으로 하였고(「메나홋」9, 3; 12, 3), 3로그라는 견해는 가축 희생제
  사에 수반하는 기름의 양을 기준으로 한 것이다(「메나홋」12, 4).
- 하루에 가져올 수 있는 최대치는 초막절에 안식일이 겹치는 때를 기
  준으로 한다. 이날 드려지는 전제의 총량이 기름과 포도주 각각 140
  로그이며, 따라서 양을 기억하지 못하는 전제는 포도주 혹은 기름
  140로그를 가져와야 한다.

13, 6

번제로 서원한 제물을 다룬다.

הֲרֵי עָלַי עוֹלָה, יָבִיא כֶבֶשׂ. רַבִּי אֶלְעָזָר בֶּן עֲזַרְיָה אוֹמֵר, אוֹ תוֹר אוֹ בֶן יוֹנָה.
פֵּרַשְׁתִּי מִן הַבָּקָר וְאֵינִי יוֹדֵעַ מַה פֵּרַשְׁתִּי, יָבִיא פַר וָעֵגֶל. מִן הַבְּהֵמָה וְאֵינִי
יוֹדֵעַ מַה פֵּרַשְׁתִּי, יָבִיא פַר וָעֵגֶל אַיִל וְגָדִי וְטָלֶה. פֵּרַשְׁתִּי וְאֵינִי יוֹדֵעַ מַה
פֵּרַשְׁתִּי, מוֹסִיף עֲלֵיהֶם תוֹר וּבֶן יוֹנָה:

번제를 바치기로 서원했다면, 그는 어린 양을 가져와야 한다.

랍비 엘아자르 벤 아자리야가 말한다. "멧비둘기 한 마리나 어린 집
비둘기 한 마리를 가져올 수 있다."

〔만약 그가,〕 "내가 소 떼 가운데 어느 한 마리를 드릴지 특정하여
〔서원했으나〕, 그 특정한 짐승을 기억하지 못한다"고 했다면, 그는 수
소와 송아지를 가져와야 한다.

〔만약 그가, "내가〕 가축 떼 가운데 어느 한 마리를 드릴지 특정하
여 〔서원했으나〕, 그 특정한 짐승을 기억하지 못한다"고 했다면, 그는
수소와 수송아지, 숫양과 어린 숫염소, 어린 숫양을 가져와야 한다.

〔만약 그가, "내가〕 어느 한 종류를 드릴지 특정하여 〔서원했으나〕,
그 특정한 종류를 기억하지 못한다"고 했다면, 그는 여기에 산비둘기
한 마리와 어린 집비둘기 한 마리를 추가해야 한다.

- 번제의 제물 중 가장 작은 단위는 어린 양이므로 이를 가져와야 한다
  는 것이다. 그러나 랍비 엘르아자르 벤 아자리야는 이 사람이 비둘기
  를 염두에 두었을 수 있으므로 최소단위는 비둘기가 된다고 한다.
- 소 떼 가운데서 번제물로 특정한 짐승을 기억하지 못할 경우, 번제의
  제물이 될 수 있는 종류 모두, 즉 수소와 1년된 숫송아지를 가져와야
  한다.

- 그것이 가축 떼일 경우, 역시 그중 번제로 드릴 수 있는 모든 종류의 가축을 가져와야 한다. 암컷은 번제로 드릴 수 없으므로 수컷만 열거되어 있다.
- 가축 떼조차 특정되지 않았을 경우 범위는 더욱 넓어져 비둘기까지 가져와야 한다.

13, 7
감사제나 화목제의 서원을 다룬다.

הֲרֵי עָלַי תּוֹדָה, וּשְׁלָמִים, יָבִיא כֶּבֶשׂ. פֵּרַשְׁתִּי מִן הַבָּקָר וְאֵינִי יוֹדֵעַ מַה
פֵּרַשְׁתִּי, יָבִיא פַר וּפָרָה עֵגֶל וְעֶגְלָה. מִן הַבְּהֵמָה וְאֵינִי יוֹדֵעַ מַה פֵּרַשְׁתִּי, יָבִיא
פַר וּפָרָה, עֵגֶל וְעֶגְלָה, אַיִל וְרָחֵל, גְּדִי וּגְדִיָּה, שָׂעִיר וּשְׂעִירָה, טָלֶה וְטַלְיָה:

감사제나 화목제를 바치기로 서원했다면, 그는 어린 양을 가져와야 한다.

〔만약 그가, "내가〕 소 떼 가운데 어느 한 마리를 드릴지 특정하여 〔서원했으나〕, 그 특정한 짐승을 기억하지 못한다"고 했다면, 그는 수소와 암소, 수송아지와 암송아지를 가져와야 한다.

〔만약 그가, "내가〕 가축 떼 가운데 어느 한 마리를 드릴지 특정하여 〔서원했으나〕, 그 특정한 짐승을 기억하지 못한다"고 했다면, 그는 수소와 암소, 수송아지와 암송아지, 숫양과 암양, 숫염소와 암염소, 어린 숫염소와 어린 암염소, 어린 숫양과 어린 암양을 가져와야 한다.

- 화목제나 감사제 역시 그 최소단위는 어린 양이다. 이들 제사를 서원하였다면 최소한 어린 양을 가져와야 한다.
- 화목제나 감사제의 경우 암컷을 제물로 드릴 수 있다. 따라서 소 떼 가운데 한 마리를 바치기로 서원했다면 가능한 모든 종류, 즉 수소와

암소, 수송아지와 암송아지를 가져와야 한다.

● 가축 떼의 경우도 마찬가지다.

13, 8

희생제물에 수반하여 드리는 전제의 가치에 대해 논의한다.

הֲרֵי עָלַי שׁוֹר, יָבִיא הוּא וּנְסָכָיו בְּמָנֶה. עֵגֶל, יָבִיא הוּא וּנְסָכָיו בַּחֲמֵשׁ. אַיִל,
יָבִיא הוּא וּנְסָכָיו בִּשְׁתַּיִם. כֶּבֶשׂ, יָבִיא הוּא וּנְסָכָיו בְּסֶלַע. שׁוֹר בְּמָנֶה, יָבִיא
בְּמָנֶה חוּץ מִנְּסָכָיו. עֵגֶל בַּחֲמֵשׁ, יָבִיא בַּחֲמֵשׁ חוּץ מִנְּסָכָיו. אַיִל בִּשְׁתַּיִם,
יָבִיא בִּשְׁתַּיִם חוּץ מִנְּסָכָיו. כֶּבֶשׂ בְּסֶלַע, יָבִיא בְּסֶלַע חוּץ מִנְּסָכָיו. שׁוֹר בְּמָנֶה
וְהֵבִיא שְׁנַיִם בְּמָנֶה, לֹא יָצָא, אֲפִלּוּ זֶה בְּמָנֶה חָסֵר דִּינָר וְזֶה בְּמָנֶה חָסֵר
דִּינָר. שָׁחוֹר וְהֵבִיא לָבָן, לָבָן וְהֵבִיא שָׁחוֹר, גָּדוֹל וְהֵבִיא קָטָן, לֹא יָצָא. קָטָן
וְהֵבִיא גָּדוֹל, יָצָא. רַבִּי אוֹמֵר, לֹא יָצָא:

황소를 바치기로 서원했다면, 그는 이것과 전제를 합쳐 1마네(100디나르) 값어치가 되도록 가져와야 한다. 송아지라면, 그는 전제와 함께 5쎌라(20디나르) 값어치를 가져와야 한다. 숫양이라면, 그는 이것과 전제를 합쳐 2쎌라(8디나르) 가치를 가져와야 한다. 어린 양이라면, 그는 이것과 전제를 합쳐 1쎌라(4디나르) 가치를 가져와야 한다.

만약 그가 1마네(100디나르) 값어치의 황소[라고 서원했다면], 그는 전제에 더하여 1마네를 가져와야 한다. 5쎌라(20디나르) 값어치의 송아지라면, 그는 전제에 더하여 5쎌라(20디나르)를 가져와야 한다. 2쎌라(8디나르) 값어치의 숫양이라면, 그는 전제에 더하여 2쎌라(8디나르)를 가져와야 한다. 1쎌라(4디나르) 값어치의 암양이라면, 그는 전제에 더하여 1쎌라(4디나르)를 가져와야 한다.

[만약 그가] 1마네(100디나르) 가치의 황소[라고 서원했고], 그는 합하여 1마네 값어치의 [황소] 두 마리를 가져왔다면, 그의 의무를 이행한 것이 아니다. 그중 하나가 1마네(100디나르)에 1디나르 모자라

거나, 다른 것이 1마네에 1디나르 모자랄지라도 그러하다.

〔만약 그가〕 검은 것을 〔서원하고〕, 흰 것을 가져왔거나, 흰 것을 〔서원하고〕 검은 것을 가져왔거나, 큰 것을 〔서원하고〕 작은 것을 〔가져오면〕, 그의 의무를 이행한 것이 아니다.

작은 것을 〔서원하고〕 큰 것을 〔가져오면〕, 그의 의무를 이행한 것이다. 랍비가 말한다. "그는 그의 의무를 이행하지 않았다."

- 이 미쉬나는 가축 희생제물의 최소한의 금전적 기준에 대해 다룬다.
- 가축을 종류를 특정하여 서원한 경우에는 이에 수반하는 전제의 가치와 합산하여 그 가치를 계산한다.
- 그러나 가축의 종류와 그 가치를 특정하여 서원했다면 전제의 가치를 제외한 희생제물 자체의 가치를 그 기준으로 한다.
- 서원한 제물의 가치는 정확해야 한다. 따라서 1마네의 황소를 서약하고 각각 99디나르의 황소 두 마리를 가져왔어도 이는 서원을 이행한 것으로 간주되지 않는다.
- 특정한 것과 색깔이 달라도 안 되고 큰 것을 서원하고 작은 것을 가져와도 서원을 이행한 것이 되지 않는다. 다만 작은 것을 서원하고 큰 것을 가져온 경우에는 견해가 갈린다. 할라카는 의무를 이행한 것으로 보지만 랍비 예후다 한나씨는 이에 반대한다.

13, 9
서원한 제물에 흠이 생긴 경우의 해결 방법을 논의한다.

שׁוֹר זֶה עוֹלָה, וְנִסְתָּאֵב, אִם רָצָה, יָבִיא בְדָמָיו שְׁנָיִם. שְׁנֵי שְׁוָרִים אֵלּוּ עוֹלָה, וְנִסְתָּאֲבוּ, אִם רָצָה, יָבִיא בִדְמֵיהֶם אֶחָד. רַבִּי אוֹסֵר. אַיִל זֶה עוֹלָה, וְנִסְתָּאֵב, אִם רָצָה, יָבִיא בְדָמָיו כֶּבֶשׂ. כֶּבֶשׂ זֶה עוֹלָה וְנִסְתָּאֵב, אִם רָצָה, יָבִיא בְדָמָיו אַיִל. רַבִּי אוֹסֵר. הָאוֹמֵר אֶחָד מִכְּבָשַׂי הַקְדֵּשׁ, וְאֶחָד מִשְּׁוָרַי הַקְדֵּשׁ, הָיוּ לוֹ

사람이 말하기를, 이 황소는 번제로 바칠 것이라고 하고 이것이 흠 있게 되었다면, 그는, 만약 원한다면, 그 값으로 두 마리를 [사서] 가져올 수 있다.

사람이 말하기를, 이 황소 두 마리는 번제로 바칠 것이라고 하고 이것이 흠 있게 되었다면, 그는, 만약 원한다면, 그 값으로 한 마리를 [사서] 가져올 수 있다.

그러나 랍비는 이를 금지한다.

사람이 말하기를, 이 숫양은 번제로 바칠 것이라고 하고 이것이 흠 있게 되었다면, 그는, 만약 원한다면, 그 값으로 어린 양을 [사서] 가져올 수 있다.

사람이 말하기를, 이 어린 양은 번제로 바칠 것이라고 하고 이것이 흠 있게 되었다면, 그는 만약 원한다면 그 값으로 숫양 한 마리를 [사서] 가져올 수 있다.

그러나 랍비는 이를 금지했다.

사람이 말하기를, 이 어린 양들 중 한 마리는 성별될 것이라거나 혹은 이 소들 중 한 마리는 성별될 것이라고 했는데, 그가 오직 두 마리만 가지고 있었다면 그중 큰 것이 성별된다.

만약 그가 세 마리를 가지고 있었다면 중간 것이 성별된다.

[만약 그가, "내가] 어느 한 마리를 드릴지 특정하여 [서원했으나], 그 특정한 것을 기억하지 못한다"고 했거나, 혹은 [그가 말하기를] "우리 아버지가 [특정하고] 그것을 기억하지 못한다고 내게 말했다"고 했다면, 그중 가장 큰 것이 성별된다.

- 번제를 위해 성별된 황소가 부정하게 되면 이를 대속하여 그 돈으로 다른 제물을 사서 가져온다. 이때 두 마리를 가져오더라도 그 금전적 가치가 동일하다면 상관없다. 그 반대의 경우도 마찬가지다.
- 그러나 랍비(예후다 한나씨)는 이 두 경우 모두를 금한다. 앞선 미쉬나들에서도 보았듯이, 보다 엄격하게 서원 그대로 이행해야 한다고 보는 입장이다.
- 숫양과 어린 양도 부정해질 경우, 대속하여 서로 교체될 수 있다. 랍비는 마찬가지로 이를 금지한다.
- 같은 종류의 가축 두 마리 중 하나를 서원했다면 그중 보다 큰 것이, 세 마리 중에서 서원했다면 중간 것이 성별된다. 보통의 경우, 인색하지도 과하지도 않게 중간 것을 특정했으리라 추측했기 때문이다.
- 서원한 가축을 정확히 기억하지 못하거나 이러한 상황을 상속하게 된 경우, 가장 큰 것이 성별된다.

13, 10

서원을 이행하기 위한 적법한 장소는 예루살렘 성전에 국한됨을 밝힌다.

הֲרֵי עָלַי עוֹלָה, יַקְרִיבֶנָּה בַּמִּקְדָּשׁ. וְאִם הִקְרִיבָהּ בְּבֵית חוֹנְיוֹ, לֹא יָצָא.
שֶׁאַקְרִיבֶנָּה בְּבֵית חוֹנְיוֹ, יַקְרִיבֶנָּה בַּמִּקְדָּשׁ. וְאִם הִקְרִיבָהּ בְּבֵית חוֹנְיוֹ, יָצָא.
רַבִּי שִׁמְעוֹן אוֹמֵר, אֵין זוֹ עוֹלָה. הֲרֵינִי נָזִיר, יְגַלַּח בַּמִּקְדָּשׁ. וְאִם גִּלַּח בְּבֵית
חוֹנְיוֹ, לֹא יָצָא. שֶׁאֲגַלֵּחַ בְּבֵית חוֹנְיוֹ, יְגַלַּח בַּמִּקְדָּשׁ. וְאִם גִּלַּח בְּבֵית חוֹנְיוֹ,
יָצָא. רַבִּי שִׁמְעוֹן אוֹמֵר, אֵין זֶה נָזִיר. הַכֹּהֲנִים שֶׁשִּׁמְּשׁוּ בְּבֵית חוֹנְיוֹ, לֹא
יְשַׁמְּשׁוּ בַּמִּקְדָּשׁ בִּירוּשָׁלַיִם, וְאֵין צָרִיךְ לוֹמַר לְדָבָר אַחֵר, שֶׁנֶּאֱמַר, אַךְ לֹא
יַעֲלוּ כֹּהֲנֵי הַבָּמוֹת אֶל מִזְבַּח ה' בִּירוּשָׁלַיִם כִּי אִם אָכְלוּ מַצּוֹת בְּתוֹךְ אֲחֵיהֶם,
הֲרֵי הֵם כְּבַעֲלֵי מוּמִין, חוֹלְקִין וְאוֹכְלִין, אֲבָל לֹא מַקְרִיבִין:

〔만약 사람이〕번제를 드리기로 서원했으면, 그는 이를 성전에서 드려야 한다.

그리고 그가 오니아스의 성전에서 바쳤다면, 그의 서원을 이행한 것이 아니다.

[만약 사람이] 오니아스의 성전에서 번제를 드리기로 서원했어도, 그는 이를 [예루살렘] 성전에서 드려야 한다. 그러나 그가 오니아스의 성전에서 바쳤다면, 그의 서원을 이행한 것이다.

랍비 쉼온은 말한다. "그것은 번제가 아니다."

[만약 사람이] 나는 나실인이 될 것이다[라고 말했다면], 그는 성전으로 그의 제물을 가져오고 [성전에서] 그의 머리카락을 잘라야 한다.

그러나 그가 오니아스의 성전으로 그의 제물을 가져오고 [그곳에서] 그의 머리카락을 잘랐다면 그는 [서원을] 이행한 것이 아니다.

[만약 사람이] 나는 나실인이 될 것이고, 오니아스의 성전으로 그의 제물을 가져오고 [그곳에서] 그의 머리카락을 자를 것이다라고 했어도, 그는 [예루살렘] 성전으로 [그의 제물을] 가져와야 한다. 그러나 그가 오니아스의 성전으로 그의 제물을 가져오고 [그곳에서] 그의 머리카락을 잘랐다면 그는 [서원을] 이행한 것이다.

랍비 쉼온이 말한다. "그런 사람은 나실인이 될 수 없다."

오니아스 성전에서 봉사하던 제사장은 예루살렘 성전에서 봉사할 수 없다. 다른 곳에서 [섬기던 제사장은] 말할 것도 없다. 기록되기를, "산당들의 제사장들은 예루살렘 여호와의 제단에 올라가지 못하고 다만 그 형제 중에서 무교병을 먹을 뿐이었더라"(왕하 23:9)라고 했기 때문이다.

따라서 그들은 흠 있는 [제사장들]과 같다. 그들은 [거룩한 것을] 먹을 수는 있지만 제사를 드릴 수는 없기 때문이다.

● 이 미쉬나는 오니아스의 성전에서의 제의 행위와 그 유효성에 대해

다루고 있다. 오니아스 성전은 기원전 2세기에 이집트의 헬리오폴리스에 세워진 유대인들의 성전으로 요세푸스가 자세히 기록하고 있다. 랍비들은 이 성전을 완전히 인정하지 않으나 반면, 완전히 부정하지도 않는다. 하지만 이에 대한 견해는 일치되지 않았다. 토라의 단일 성소에 관한 규정들의 해석에 따라 의견이 다를 수 있었다.

- 오니아스의 성전에서 드린 번제와 나실인의 서원 모두 인정하는 견해와 이에 반대하는 랍비 쉼온의 견해가 제시되고 있다. 랍비 쉼온은 단일 성소의 규정을 엄격하게 해석하여 예루살렘 성전 외에는 적법한 성전으로 인정하지 않는다.

- 오니아스 성전의 제사장의 처우에 관하여는 의견이 대립하지 않는다. 이들은 부정한 제사장들과 같이 성물을 먹을 수는 있으나 제의 절차를 집전할 수는 없었다고 한다.

13, 11
교훈적 내용으로 「메나홋」을 마무리한다.

נֶאֱמַר בְּעוֹלַת הַבְּהֵמָה אִשֵּׁה רֵיחַ נִיחֹחַ, וּבְעוֹלַת הָעוֹף אִשֵּׁה רֵיחַ נִיחֹחַ,
וּבַמִּנְחָה אִשֵּׁה רֵיחַ נִיחֹחַ (שם ב), לְלַמֵּד, שֶׁאֶחָד הַמַּרְבֶּה וְאֶחָד הַמַּמְעִיט,
וּבִלְבַד שֶׁיְּכַוֵּן אָדָם אֶת דַּעְתּוֹ לַשָּׁמָיִם:

가축의 번제에 대해 기록되기를 "이는 화제라 여호와께 향기로운 냄새니라"(레 1:9), 새의 번제[에 대해 기록되기를] "이는 화제라 여호와께 향기로운 냄새니라"(레 1:17), 소제[에 대해 기록되기를] "이는 화제라 여호와께 향기로운 냄새니라"(레 2:2)라고 한 것은 사람이 많이 드리거나 적게 드리거나 그 마음이 하늘로 향해 있다면 다 같다는 것을 네게 가르치기 위함이다.

- 이 미쉬나는 교훈적인 내용으로 마쎄켓 「메나홋」을 마무리한다. 가축, 새, 소제 등은 그 경제적 가치가 다르지만 토라는 이것들을 "여호와께 향기로운 냄새"로 동일하게 지칭하며 차별하지 않는다. 이에 근거하여 제물을 드리는 사람의 마음이 중요하다는 것을 강조하고 있다.
- 이 미쉬나는 후대의 여러 문헌들에 자주 인용되는 경구다.

חולין

3

훌린
속된 것들

거룩한 것들을 바깥에서 도살하면, 첫째를 도살한 자는 카렛
의 처벌을 받고, 도살된 것 둘 다 무효가 되며, 도살한 사람
둘 다 마흔 대를 맞는다. 속된 것을 성전 안에서 도살하면,
둘 다 무효가 되며, 둘째를 도살한 자는 마흔 대를 맞는다.
거룩한 것을 안에서 도살하면, 첫째 가축은 유효하고 첫째를
도살한 자는 책임에서 면제되며, 둘째를 도살한 자는 마흔
대를 맞고 둘째 가축은 무효가 된다. _「훌린」5, 1

개요

마쎄켓 「훌린」(חולין)의 명칭은 '속된 또는 일상적인 것들'이라는 뜻
인데, 성전이나 제사장에게 바친 거룩한 제물이 아니라는 말이다. 그
렇다고 해서 속된 것들이 부정하다는 뜻은 아니며, 성전 바깥에서 이
스라엘 사람이 일상생활에서 사용하는 모든 것들을 가리킨다. 특히
「훌린」은 속된 고기에 관해 주로 논의하며, 가축이나 새를 속된 음식
으로 쓰려고 도살하는 방법, 속된 고기와 관련된 다른 규정들, 그리고
식사법에 관련된 기타 규정들을 설명한다.

가축을 도살하는 규칙이 필요한 이유

토라의 기술에 따르면 성전을 건축하기 전에는 모든 도살이 제의
적인 성격을 가지며, 가축을 도살하려면 회막 앞으로 끌고 와야 했다
(레 17:1-5). 그리고 도살한 고기의 일부는 제사장에게 주고, 나머지
는 가축의 주인이 가져갔다. 성전을 건축한 후에는 가축을 성전으로
끌고 와야 하는데, 이것이 현실적으로 어렵기 때문에 속된 고기를 먹
는 방법이 고안된다. 이 내용이 신명기 12:20-24에 담겨 있는데, 이스
라엘 사람이 고기를 먹고자 하는데 성전이 너무 멀다면, 자기가 소유

한 소나 양을 자기가 사는 곳에서 잡되, 피를 먹지 않도록 유의해야
한다.

가축 도살법

토라는 가축을 잡되 피를 먹지 말라고 명령하지만, 정확한 도살방
법을 지시하지 않는다. 마쎄켓 「훌린」은 구전으로 전승된 가축 도살
법을 자세히 설명하고 있다.

가축을 합법적으로 도살하는 과정을 설명하면서 자주 사용하는 전
문용어들이 있다. '죽은 채 발견된 것'(נבלה, 네벨라)은 토라에서 금지
하는 고기인데(신 14:21), 미쉬나에서는 적절한 방법으로 도살하지 않
은 가축이나 짐승의 고기라고 규정한다. 그리고 '찢긴 것'(טרפה, 트레
파)도 토라에서 금지하는 고기인데(출 22:31), 미쉬나는 치명적인 상
처를 입거나 병이 들어서 곧 죽게 된 가축이나 짐승을 가리킨다. 이런
동물은 적절한 방법으로 도살한다 하더라도 먹을 수 없다.

적절한 방식으로 도살한 경우라도, 이 짐승이 원래 찢긴 것(트레파)
이었는지 여부를 확인해야 한다. 이 절차를 검사(בודק, 보텍)라고 하는
데, 도살(שוחט, 쇼헤트)과 검사는 둘다 필수적 절차다(이 둘을 합하여
'쇼브'(שו"ב)라고 한다).

• **관련 성경구절 | 신명기 12:20-24**

제1장

1, 1

속된 가축을 도살하는 사람과 시기에 관해 논의한다.

הַכֹּל שׁוֹחֲטִין וּשְׁחִיטָתָן כְּשֵׁרָה, חוּץ מֵחֵרֵשׁ, שׁוֹטֶה, וְקָטָן, שֶׁמָּא יְקַלְקְלוּ
בִּשְׁחִיטָתָן. וְכֻלָּן שֶׁשָּׁחֲטוּ וַאֲחֵרִים רוֹאִין אוֹתָן, שְׁחִיטָתָן כְּשֵׁרָה. שְׁחִיטַת
נָכְרִי, נְבֵלָה, וּמְטַמְּאָה בְמַשָּׂא. הַשּׁוֹחֵט בַּלַּיְלָה, וְכֵן הַסּוּמָא שֶׁשָּׁחַט,
שְׁחִיטָתוֹ כְּשֵׁרָה. הַשּׁוֹחֵט בְּשַׁבָּת, וּבְיוֹם הַכִּפּוּרִים, אַף עַל פִּי שֶׁמִּתְחַיֵּב
בְּנַפְשׁוֹ, שְׁחִיטָתוֹ כְּשֵׁרָה:

누구든지 도살을 하면 도살은 모두 유효하지만, 청각장애인, 지적장애인, 그리고 미성년자는 예외다. 그들은 도살을 망칠 수 있기 때문이다. 그들이 도살했고 다른 사람들이 그것을 보고 있었다면, 도살은 모두 유효하다. 이방인이 도살한 것은 죽은 채 발견된 것[으로 취급하며], 옮기기 부정으로 부정을 전이한다. [어떤 사람이] 밤에 도살하거나, 장님이 도살하면 그 도살은 유효하다. [어떤 사람이] 안식일이나 속죄일에 도살하면, 그 사람은 자기 생명을 [내놓아야] 하지만 그의 도살은 유효하다.

- 일반인이 일상생활 중에 음식으로 먹기 위하여 가축을 도살할 때는 누구든지 도살할 수 있으나, 법적으로 책임을 질 수 없는 청각장애인·지적장애인·미성년자만 도살할 수 없다. 이들은 도살하는 관례를 모르고 부적절한 방법으로 도살할 수 있으며, 이들이 도살한 고기는 음식으로 쓰기에 부적절하다. 그러나 다른 사람이 보고 있었고 청각장애인·지적장애인·미성년자가 올바른 방법으로 도살했다고 확인했다면, 그 고기는 유효하고 먹을 수 있다.

- 이방인은 유대 전통에 따른 도살법을 알지 못하므로, 이방인이 도살한 고기는 음식으로 사용할 수 없다. 심지어 이 고기는 죽은 채 발견된 것(네벨라), 즉 부정의 근원으로 간주하는데, 옮기기(משא, 마싸)를 통해서도 부정을 전이할 수 있다(레 11:40). 다시 말해서 적절한 도살 방법을 사용하지 않고 잡은 가축의 고기는 사실 죽은 채 발견된 것이 아님에도 불구하고, 그와 동일한 심각한 부정의 요인으로 간주한다는 것이다.
- 이스라엘 사람이라면 밤에 도살을 해도 무방하며, 시각장애인이 도살을 해도 무방하다.
- 도살은 안식일이나 속죄일에 시행할 수 없는 노동이며, 이 규칙을 어기면 사형이나 카렛 처벌을 받게 된다. 그럼에도 불구하고 그가 적절한 방법으로 도살했다면 그 고기는 아직 유효하다.

1, 2
도살하는 도구에 관해 논의한다.

הַשּׁוֹחֵט בְּמַגַּל יָד, בְּצוֹר, וּבְקָנֶה, שְׁחִיטָתוֹ כְּשֵׁרָה. הַכֹּל שׁוֹחֲטִין וּלְעוֹלָם שׁוֹחֲטִין, וּבַכֹּל שׁוֹחֲטִין, חוּץ מִמַּגַּל קָצִיר, וְהַמְּגֵרָה, וְהַשִּׁנַּיִם, וְהַצִּפֹּרֶן, מִפְּנֵי שֶׁהֵן חוֹנְקִין. הַשּׁוֹחֵט בְּמַגַּל קָצִיר בְּדֶרֶךְ הֲלִיכָתָהּ, בֵּית שַׁמַּאי פּוֹסְלִין, וּבֵית הִלֵּל מַכְשִׁירִין. וְאִם הֶחֱלִיקוּ שְׁנֶּיהָ, הֲרֵי הִיא כְסַכִּין:

〔어떤 사람이〕 손 낫으로, 자갈로, 갈대로 〔가축을〕 도살하면, 그 도살은 유효하다. 누구나 도살할 수 있고, 언제든지 도살할 수 있으며, 아무것으로나 도살할 수 있으나, 추수하는 낫과 톱과 이빨과 손톱은 예외이니, 이것들은 목을 조이기 때문이다.

〔어떤 사람이〕 추수하는 낫을 움직이는 방향대로 도살했을 때, 샴마이 학파는 그것을 무효로 〔간주했고〕, 힐렐 학파는 유효하다고 했

다. 그러나 그 [낫의] 이들을 갈아 없앴다면, 그것은 칼과 같다.

- 적절한 방법으로 가축을 도살하려면 날이 서 있는 칼이나 그와 비슷한 도구를 사용해야 한다. 날에 톱니와 같은 요철이 있다면 도살에 사용할 수 없었다. 가축의 목을 순식간에 베지 못하고 살을 뜯어내면서 목을 조이기 때문이다. 후대의 전통은 가축의 기도와 식도를 한꺼번에 베어 고통을 느끼지 못하게 잡아야 한다고 말한다.
- 추수할 때 쓰는 낫에는 톱니와 같은 요철이 있는 것으로 보인다. 이와 반대 방향으로 낫을 앞으로 밀어서 도살하면 가축의 목을 조이지 않을 수도 있다. 그래서 힐렐 학파는 이 도구 사용을 허락한다. 그러나 샴마이 학파는 금지한다. 만약 낫을 갈아서 이를 다 없애면 칼과 같으므로 도살하는 데 사용해도 좋다고 한다.

1, 3

도살할 때 칼을 대는 부분에 관해 논의한다.

הַשּׁוֹחֵט מִתּוֹךְ הַטַּבַּעַת וְשִׁיֵּר בָּהּ מְלֹא הַחוּט עַל פְּנֵי כֻלָּהּ, שְׁחִיטָתוֹ כְשֵׁרָה.
רַבִּי יוֹסֵי בַּר יְהוּדָה אוֹמֵר, מְלֹא הַחוּט עַל פְּנֵי רֻבָּהּ:

[어떤 사람이] 도살하면서 [기도의] 연골환 윗쪽을 [베고 그 둘레] 전체를 따라 털 한 가닥의 [너비만큼을] 남겼다면, 그 도살이 유효하다. 랍비 요쎄 바르 예후다는 [그 둘레] 대부분을 따라 털 한 가닥의 [너비만큼을 남겼다면 그 도살이 유효하다고] 말한다.

- 도살할 때는 목의 후두 밑을 베는데, 기도의 첫째 연골환 밑으로 기관지가 갈라지기 전까지 부분을 벤다. 어떤 사람이 기도의 첫째 연골환 위쪽을 베었으면 그 도살은 무효가 되는데, 아직 기도가 머리 쪽

으로 그 둘레 전체를 따라 털 한 가닥의 너비만큼만 남아 있어도 유효로 인정한다. 랍비 요세는 기도 둘레 전체가 아니더라도 많은 부분을 따라 털 한 가닥 너비만큼 남았으면 유효하다고 더 관대한 의견을 제시한다.

1, 4
도살하는 방법과 목을 부러뜨리는 방법을 비교해서 설명한다.

הַשּׁוֹחֵט מִן הַצְּדָדִין שְׁחִיטָתוֹ כְשֵׁרָה. הַמּוֹלֵק מִן הַצְּדָדִין, מְלִיקָתוֹ פְּסוּלָה.
הַשּׁוֹחֵט מִן הָעֹרֶף, שְׁחִיטָתוֹ פְסוּלָה. הַמּוֹלֵק מִן הָעֹרֶף, מְלִיקָתוֹ כְשֵׁרָה.
הַשּׁוֹחֵט מִן הַצַּוָּאר, שְׁחִיטָתוֹ כְשֵׁרָה. הַמּוֹלֵק מִן הַצַּוָּאר, מְלִיקָתוֹ פְסוּלָה,
שֶׁכָּל הָעֹרֶף כָּשֵׁר לִמְלִיקָה, וְכָל הַצַּוָּאר כָּשֵׁר לִשְׁחִיטָה. נִמְצָא, כָּשֵׁר
בִּשְׁחִיטָה, פָּסוּל בִּמְלִיקָה. כָּשֵׁר בִּמְלִיקָה, פָּסוּל בִּשְׁחִיטָה:

〔어떤 사람이 목의〕 옆쪽을 〔베어〕 도살했다면 그 도살은 유효하다. 〔어떤 사람이 목의〕 옆쪽에서 목을 부러뜨렸다면, 목을 부러뜨린 행위가 무효가 된다. 〔어떤 사람이〕 뒷목을 〔베어〕 도살했다면 그 도살은 무효가 된다. 〔어떤 사람이〕 뒷목을 〔눌러서〕 목을 부러뜨렸다면, 목을 부러뜨린 행위가 유효하다.

〔어떤 사람이 목의〕 앞쪽을 〔베어〕 도살했다면, 그 도살은 유효하다. 〔어떤 사람이 목의〕 앞쪽을 〔눌러서〕 목을 부러뜨렸다면, 목을 부러뜨린 행위가 무효가 된다.

뒷목 전체가 목을 부러뜨리는 행위에 유효하고, 목 앞쪽 전체가 도살하는 행위에 유효하다. 그러므로 도살에 유효한 곳은 목 부러뜨리기에 무효가 되고, 목 부러뜨리기에 유효한 곳은 도살하기에 무효가 된다.

- 성전에서 동물을 도살할 때 목을 베어 도살(쉐히타)하거나 새일 경우 목 뒤쪽을 손톱으로 눌러서 목을 부러뜨리는(멜리카) 경우가 있다(두 도살 방법에 관해서는 「제바힘」 개요 참조). 이 미쉬나는 이에 준하여 성전 외에서 도살할 경우 동물의 목 어느 부분에 손을 대야 하는지 설명한다. 칼로 목을 베는 도살은 목의 앞부분과 옆부분에서 시행이 가능하며, 뒷목 쪽에서는 불가능하다. 반대로 목을 부러뜨릴 때는 뒷목 쪽에서 시행이 가능하며, 앞부분이나 옆부분에서는 불가능하다.

1, 5

제물을 바칠 때 상반된 판단을 하는 경우를 열거한다.

כָּשֵׁר בַּתּוֹרִין, פָּסוּל בִּבְנֵי יוֹנָה. כָּשֵׁר בִּבְנֵי יוֹנָה, פָּסוּל בַּתּוֹרִין. תְּחִלַּת הַצְּהוֹב, בָּזֶה וּבָזֶה פָּסוּל:

산비둘기가 유효한 〔나이는〕 집비둘기에게 무효가 된다. 집비둘기가 유효한 〔나이는〕 산비둘기에게 무효가 된다. 〔목 깃털이〕 노란색으로 변하기 시작할 때면 이것이나 저것이 〔모두〕 무효가 된다.

- 집비둘기는 약 3개월 미만의 새끼를, 산비둘기는 이보다 더 자란 것을 바쳐야 한다(「제바힘」 14, 2). 그러므로 이 두 종류의 유효한 나이는 겹치지 않는다.
- 그러나 어느 비둘기이든지 약 3개월이 되면 새끼일 때 났던 털이 빠지고 새 깃털이 나고, 목과 머리 부분이 노란색을 띤다고 한다. 이런 노란 깃털이 보이기 시작하면 그 새는 더 이상 어리지 않고 그렇다고 성체로 다 자란 것도 아니다. 그러므로 노란 깃털이 있는 산비둘기나 집비둘기를 제물로 바칠 수 없다. 즉 집비둘기는 노란 깃털이

전에, 산비둘기는 노란 깃털이 빠진 이후에 드려야 한다.

1, 6

같은 조건이라도 적용대상에 따라 그 유효성이 달라지는 경우를 나열한다.

כָּשֵׁר בַּפְּרָה, פָּסוּל בָּעֶגְלָה. כָּשֵׁר בָּעֶגְלָה, פָּסוּל בַּפְּרָה. כָּשֵׁר בַּכֹּהֲנִים,
פָּסוּל בַּלְוִיִּם. כָּשֵׁר בַּלְוִיִּם, פָּסוּל בַּכֹּהֲנִים. טָהוֹר בִּכְלֵי חֶרֶשׂ, טָמֵא בְכָל
הַכֵּלִים. טָהוֹר בְּכָל הַכֵּלִים, טָמֵא בִכְלֵי עֵץ, טָמֵא בִכְלֵי
מַתָּכוֹת. טָהוֹר בִּכְלֵי מַתָּכוֹת, טָמֵא בִכְלֵי עֵץ. הַחַיָּב בַּשְּׁקֵדִים הַמָּרִים, פָּטוּר
בַּמְתוּקִים. הַחַיָּב בַּמְּתוּקִים, פָּטוּר בַּמָּרִים:

암소를 〔도살하는〕 유효한 〔방법이〕 송아지를 〔도살할 때는〕 무효가 된다. 송아지를 〔도살하는〕 유효한 〔방법이〕 암소를 〔도살할 때는〕 무효가 된다.

제사장에게 있어도 유효한 〔조건이〕 레위인에게는 무효가 된다. 레위인에게 있어도 유효한 〔흠이〕 제사장에게는 무효가 된다.

점토 그릇에 있어도 정결한 것이 모든 〔다른〕 그릇에 있으면 부정하다. 모든 〔다른〕 그릇에 있어도 정결한 것이 점토 그릇에 있으면 부정하다.

나무 그릇에 있으면 정결한 〔조건이〕 금속 그릇에 있으면 부정하다. 금속 그릇에 있으면 정결한 〔조건이〕 나무 그릇에 있으면 부정하다.

쓴 견과류가 〔십일조를 낼〕 의무가 있을 때에 단 〔견과류는〕 면제된다. 단 견과류가 〔십일조를 낼〕 의무가 있을 때 쓴 〔견과류는〕 면제된다.

- 속죄의 물을 만들기 위해서 붉은 암소를 도살할 때는 다른 제물들과 마찬가지로 목 앞부분을 베어야 한다(민 19:3). 그러나 범인을 알 수

없는 시신이 발견되어 송아지를 잡을 때는 뒷목을 부러뜨려야 한다(신 21:1-4). 이 두 가지 도살법을 바꾸어 시행하면 무효가 된다.

- 제사장은 성전에서 일을 시작한 후 은퇴하는 나이가 없지만 레위인은 30~50세까지만 일할 수 있다(민 4:3). 그러므로 레위인의 자격을 무효로 만드는 나이 제한이 제사장에게는 적용되지 않는다. 반대로 제사장은 육체에 흠이 있을 때 성전에서 일할 수 없지만(「브코롯」 7장), 레위인은 그런 흠이 있어도 무방하다.

- 점토 그릇은 부정의 요인이 그릇 안쪽 공기 중에 노출되면 부정이 전이된다. 그리고 부정의 요인이 그릇 안쪽과 접촉하면 부정해지지만, 바깥쪽에 접촉하면 부정해지지 않는다. 그러나 다른 그릇들은 부정의 요인이 그릇의 어느 부분과 접촉하든지 부정해지지만, 안쪽 공기 중에 노출되어도 부정해지지 않는다.

- 물건을 담을 수 있는 오목한 부분이 없는 나무 그릇은 부정해지지 않지만, 금속 그릇은 부정해질 수 있다. 반대로 완성되지 않은 금속 그릇은 부정해질 수 없지만, 나무 그릇은 부정해질 수 있다. 어떤 용도로든 사용할 수 있으면 부정해지기 때문이다.

- 쓴 견과류는 아직 작을 때는 먹을 수 있어서 십일조를 내지만, 커지면 먹지 못하고 십일조도 내지 않는다. 단 견과류는 작을 때는 먹을 수 없고 커지면 먹을 수 있으니 그때 십일조를 낸다.

1, 7

십일조 관련 논의로 시작하여 다양한 구전전승을 열거한다.

הַתְּמֶד, עַד שֶׁלֹּא הֶחֱמִיץ, אֵינוֹ נִקָּח בְּכֶסֶף מַעֲשֵׂר, וּפוֹסֵל אֶת הַמִּקְוֶה. מִשֶּׁהֶחֱמִיץ, נִקָּח בְּכֶסֶף מַעֲשֵׂר וְאֵינוֹ פוֹסֵל אֶת הַמִּקְוֶה. הָאַחִין הַשֻּׁתָּפִין, כְּשֶׁחַיָּבִין בַּקָּלְבּוֹן, פְּטוּרִין מִמַּעֲשַׂר בְּהֵמָה. כְּשֶׁחַיָּבִין בְּמַעֲשַׂר בְּהֵמָה, פְּטוּרִין מִן הַקָּלְבּוֹן. כָּל מָקוֹם שֶׁיֵּשׁ מֶכֶר, אֵין קְנָס. וְכָל מָקוֹם שֶׁיֵּשׁ קְנָס, אֵין מֶכֶר.

כָּל מָקוֹם שֶׁיֵּשׁ מֵאוּן, אֵין חֲלִיצָה. וְכָל מָקוֹם שֶׁיֵּשׁ חֲלִיצָה, אֵין מֵאוּן. כָּל מָקוֹם שֶׁיֵּשׁ תְּקִיעָה, אֵין הַבְדָּלָה. וְכָל מָקוֹם שֶׁיֵּשׁ הַבְדָּלָה, אֵין תְּקִיעָה. יוֹם טוֹב שֶׁחָל לִהְיוֹת בְּעֶרֶב שַׁבָּת, תּוֹקְעִין וְלֹא מַבְדִּילִין. בְּמוֹצָאֵי שַׁבָּת, מַבְדִּילִין וְלֹא תוֹקְעִין. כֵּיצַד מַבְדִּילִין, הַמַּבְדִּיל בֵּין קֹדֶשׁ לְקֹדֶשׁ. רַבִּי דוֹסָא אוֹמֵר, בֵּין קֹדֶשׁ חָמוּר לְקֹדֶשׁ הַקַּל:

테메드-포도주[1]는 발효될 때까지는 [둘째] 십일조인 돈으로 사지 않고, 물웅덩이를 무효로 만든다. 발효가 되면 [둘째] 십일조인 돈으로 사며, 물웅덩이를 무효로 만들지 않는다.

형제가 동업을 하면, 추가금[2]을 낼 의무가 있을 때는 가축의 십일조를 면제받는다. 가축의 십일조를 낼 의무가 있을 때는 추가금을 면제받는다.

[딸을 종으로] 팔 수 있을 때는 벌금이 없다. 벌금을 받을 수 있을 때는 [종으로] 팔 수 없다.

[결혼을] 거절할 권리가 있을 때는 신 벗기를 시행할 수 없다. 신 벗기를 시행할 때는 거절할 권리가 없다.

뿔나팔을 길게 불 때는 하브달라-[기도문을 낭송하지] 않는다. 하브달라-[기도문을 낭송할 때는] 뿔나팔을 길게 불지 않는다. 명절이 안식일이 [시작하는] 저녁에 시작하면 뿔나팔을 불지만 하브달라-[기도문을 낭송하지] 않는다. 안식일 끝날 때 시작하면 하브달라-[기도문을 낭송하고] 뿔나팔은 불지 않는다. 어떻게 하브달라-[기도문을 낭송하는가]? 거룩함과 거룩함 사이를 구별하는 것이다. 랍비 도싸는 더 거룩한 것과 덜 거룩한 것 사이를 [구별한다고] 말한다.

---

1) 테메드(תמד) 포도주는 이미 즙을 짜낸 겉껍질과 줄기를 물에 담가 만든 질이 낮은 포도주를 가리킨다.
2) 추가금(קולבון, קלבון)이란 모든 이스라엘 사람이 성전에 내야 하는 반 쉐켈에 덧붙여 내는 금액을 가리킨다(「쉐칼림」 1, 7).

- 테메드-포도주는 발효되기 전까지는 물과 같다고 간주한다. 둘째 십일조인 돈으로는 음식과 음료수를 살 수 있지만 물을 살 수 없으며(「마아쎄르 쉐니」1, 3; 1, 5), 테메드-포도주도 살 수 없다. 길어온 물은 정결례를 행하는 물웅덩이를 무효로 만드는데, 테메드-포도주도 물이므로 무효로 만든다. 그러나 발효가 되면 테메드-포도주가 물이 아니므로 상황이 반전된다.

- 한 아버지의 아들들이 유산을 분배한 뒤에 동업을 하면, 그들은 서로 상관이 없는 사람들이 동업한 것과 다름없으므로 성전에 반 쉐켈을 낼 때 각자 추가금을 낸다. 그들의 사업이 아버지의 소유일 때와 마찬가지로 운영되고 있지만, 법적으로는 구별된 개인이기 때문이다. 그들이 가축 떼를 공동으로 소유하기 때문에 가축의 십일조는 면제된다. 그러나 그들이 유산을 분배하기 전에 동업관계에 들어가면, 이 재산은 아직 아버지 한 사람의 재산과 같은 경우로 간주한다. 그러므로 그들은 가축의 십일조를 낼 의무가 있으나 추가금은 내지 않는다. 아버지가 아들들의 반 쉐켈을 낼 때는 추가금을 면제받기 때문이다.

- 아버지는 딸을 종으로 팔 권리(מכר, 메케르)가 있고, 딸을 강간하거나 유혹〔하여 동침한〕한 자가 내는 벌금을 받을 권리(קנס, 크나쓰)가 있다. 그런데 딸이 성년이 되기 전에만 종으로 팔 권리를 행사할 수 있으며, 이때는 강간이나 유혹한 자가 벌금을 내지 않는다. 딸이 성년이 지나면 종으로 팔 수 없으며, 이때는 강간이나 유혹한 자가 있으면 벌금을 받는다.

- 소녀는 그녀의 아버지가 이미 죽었으면 그녀의 어머니나 형제들이 주선한 결혼을 거절할 권리(מאון, 메운)가 있으나(『나쉼』「예바못」13, 1-2), 그녀가 미성년자일 때만 이 권리를 행사할 수 있다. 그런데 미성년자인 소녀는 역연혼을 면제하는 신발 벗기기(חליצה, 할리짜) 의례를 시행할 수 없다(『나쉼』「예바못」12, 4). 그러므로 그녀의 아

버지가 미성년자인 소녀를 결혼시켰는데, 그녀가 성년이 되기 전에 남편이 죽었다면, 그녀는 신 벗기 제의를 시행할 수 없다.

- 금요일 저녁이 되면 날이 완전히 어두워지기 전에 안식일이 시작됨을 알리기 위해 뿔나팔을 여섯 번 불고(『모에드』「쑤카」5, 5), 토요일 저녁이 되면 안식일이 끝날 때 거룩한 날과 속된 날을 구별하기 위해서 하브달라(הבדלה)-기도문을 낭송한다. 그런데 명절이 금요일이었다면, 명절이 끝날 때 안식일 뿔나팔은 그대로 분다. 명절에 나팔 부는 일은 허용되기 때문이다. 그러나 하브달라-기도문은 낭송하지 않는다. 명절과 안식일이 모두 거룩한 날이며, 안식일이 더 거룩하기 때문이다. 또 명절이 토요일이 되면 하브달라-기도문은 낭송하지만 나팔은 불지 않는다.
- 그렇다면 토요일 저녁 안식일이 끝나고 명절이 시작할 때 하브달라-기도문은 어떻게 낭송해야 하는가? 첫째 의견에 따르면 그 기도문으로 거룩함과 거룩함을 구별한다고 했고, 랍비 도싸는 더 거룩한 것과 덜 거룩한 것을 구별한다고 말한다.

제2장

2, 1
절단된 부위와 관련하여 도살의 유효성을 논의한다.

הַשּׁוֹחֵט אֶחָד בָּעוֹף, וּשְׁנַיִם בַּבְּהֵמָה, שְׁחִיטָתוֹ כְּשֵׁרָה. וְרֻבּוֹ שֶׁל אֶחָד, כְּמוֹהוּ. רַבִּי יְהוּדָה אוֹמֵר, עַד שֶׁיִּשְׁחֹט אֶת הַוְּרִידִין. חֲצִי אֶחָד בָּעוֹף, וְאֶחָד וְחֵצִי בַּבְּהֵמָה, שְׁחִיטָתוֹ פְּסוּלָה. רֹב אֶחָד בָּעוֹף וְרֹב שְׁנַיִם בַּבְּהֵמָה, שְׁחִיטָתוֹ כְּשֵׁרָה:

〔어떤 사람이〕 새의 〔기관〕 하나를 그리고 가축의 〔기관〕 둘을 베어 도살했으면, 그 도살은 유효하다. 그리고 〔기관〕 하나의 대부분을 〔베었다면〕, 그것의 〔전체를 벤 것과〕 동일하다. 랍비 예후다는 그가 정맥을 베어 도살하기 전까지는 〔유효하지 않다고〕 말한다.

그가 새의 〔기관의〕 반을 그리고 가축의 〔기관〕 하나와 반을 〔베어 도살했으면〕 그 도살은 무효가 된다. 새의 〔기관〕 하나의 대부분 그리고 가축의 〔기관〕 둘의 대부분을 〔베어 도살했으면〕, 그 도살은 유효하다.

- 가축을 합법적으로 도살하려면 기도와 식도 두 기관을 모두 베어서 도살해야 하며, 새는 그중 하나만 베면 된다. 어떤 기관이든지 그것의 대부분이 잘렸다면 적법하게 잘린 것으로 인정한다. 랍비 예후다는 정맥을 베어야 인정한다고 주장하는데, 후대 전통은 이 규정이 새에게만 적용된다고 해석했다.
- 기도나 식도의 반만 베었다면 적절한 도살로 볼 수 없다.

2, 2
두 마리 가축에 대해, 또는 두 사람에 의해 행해진 도살에 대해 논의한다.

הַשּׁוֹחֵט שְׁנֵי רָאשִׁין כְּאֶחָד, שְׁחִיטָתוֹ כְשֵׁרָה. שְׁנַיִם אוֹחֲזִין בַּסַּכִּין וְשׁוֹחֲטִין,
אֲפִלּוּ אֶחָד לְמַעְלָה וְאֶחָד לְמַטָּה, שְׁחִיטָתָן כְּשֵׁרָה:

〔어떤 사람이 가축〕 두 마리를 한꺼번에 도살했어도, 그 도살은 유효하다. 두 사람이 칼을 들고 〔가축 한 마리를〕 도살했다면, 한 사람이 위를 한 사람이 아래를 〔베었다〕 하더라도, 그 도살이 유효하다.

- 적절한 도구로 적절한 부위를 베어 도살했다면, 한꺼번에 두 마리를 도살하건 두 사람이 한 마리를 도살하건 상관없이 유효하다고 인정한다.

2, 3

도살 과정의 문제들과 그 유효성에 대해 설명한다.

הִתִּיז אֶת הָרֹאשׁ בְּבַת אַחַת, פְּסוּלָה. הָיָה שׁוֹחֵט וְהִתִּיז אֶת הָרֹאשׁ בְּבַת
אַחַת, אִם יֵשׁ בַּסַּכִּין מְלֹא צַוָּאר, כְּשֵׁרָה. הָיָה שׁוֹחֵט וְהִתִּיז שְׁנֵי רָאשִׁים
בְּבַת אַחַת, אִם יֵשׁ בַּסַּכִּין מְלֹא צַוָּאר אֶחָד, כְּשֵׁרָה. בַּמֶּה דְּבָרִים אֲמוּרִים.
בִּזְמַן שֶׁהוֹלִיךְ וְלֹא הֵבִיא, אוֹ הֵבִיא וְלֹא הוֹלִיךְ. אֲבָל אִם הוֹלִיךְ וְהֵבִיא, אֲפִלּוּ
כָל שֶׁהוּא, אֲפִלּוּ בְאִזְמֵל, כְּשֵׁרָה. נָפְלָה סַכִּין וְשָׁחֲטָה, אַף עַל פִּי שֶׁשָּׁחֲטָה
כְּדַרְכָּהּ, פְּסוּלָה, שֶׁנֶּאֱמַר,... וְזָבַחְתָּ וְאָכַלְתָּ, מַה שֶּׁאַתָּה זוֹבֵחַ, אַתָּה אוֹכֵל.
נָפְלָה הַסַּכִּין וְהִגְבִּיהָהּ, נָפְלוּ כֵלָיו וְהִגְבִּיהָן, הִשְׁחִיז אֶת הַסַּכִּין וְעָף, וּבָא
חֲבֵרוֹ וְשָׁחַט, אִם שָׁהָה כְּדֵי שְׁחִיטָה, פְּסוּלָה. רַבִּי שִׁמְעוֹן אוֹמֵר, אִם שָׁהָה
כְּדֵי בִקּוּר:

그가 [가축의] 머리를 한 번에 잘라내면, [그 도살은] 무효가 된다. 그가 도살을 하고 머리를 한 번에 잘라냈을 때, 만약 그 칼이 [가축의] 목 전체와 같은 [길이였다면, 그 도살은] 유효하다. 그가 도살을 하고 머리 두 개를 한 번에 잘라냈을 때, 만약 그 칼이 목 하나의 전체 [길이와] 같았다면, [그 도살은] 유효하다.

어떤 경우를 두고 한 말인가? 그가 [칼을 앞으로] 밀고 [뒤로] 당기지 않거나, 당기고 밀지 않은 [경우에 그러하다]. 그러나 만약 그가 [칼을] 밀었다 당겼다 했다면, 그가 어떤 것을 [썰든지], 심지어 작은 이즈멜-칼을 [썰다] 하더라도, [그 도살이] 유효하다.

칼을 떨어뜨렸다가 [주워서] 도살을 했다면, 관례대로 도살했다 하더라도 [그 도살이] 무효가 된다. "네가 잡아라 그리고 먹어라"(신 27: 7)라고 기록했으니, 네가 도살한 것을 네가 먹는 것이다. 칼이 떨어졌고 그가 그것을 집어 들었거나, 그의 옷을 떨어뜨렸다가 집어 들었거나, 〔중간에〕 칼을 갈았거나, 그가 피곤해서 〔중간에〕 그의 동료가 도살했을 때, 그가 도살하는 동안 〔시간을〕 지체했으면, 〔그 도살이〕 무효가 된다. 랍비 쉼온은 그가 검사하기 위해서 〔시간을〕 지체했을 때도 〔그렇다고〕 말한다.

- 가축을 도살할 때는 칼을 앞뒤로 움직여 베어야 하며 이 과정에서 목이 짓눌리면 유효한 도살이 아니다. 내리치는 동작으로 잘라내면 목이 눌리게 되므로 무효가 된다. 이 미쉬나는 목이 잘리는 것이 아니라 기관(식도, 기도)이 잘리는 것을 말한다고 해석하기도 한다(라쉬). 이 기관들을 자르면서 짓누르면 이미 무효이기 때문이다. 도살을 하고 목이 잘렸다고 하더라도, 칼이 충분히 길면 적법한 관례대로 일단 목을 베고 그 후에 목이 잘린 것으로 간주한다. 목을 짓누르지 않고 기관들을 먼저 베어낼 수 있기 때문이다. 칼의 길이에 관해 미쉬나는 목 하나의 길이라고 하지만 후대에는 목 두개의 길이로 보기도 한다(라브; 게마라 32a). 가축 두 마리를 한꺼번에 도살할 때도, 칼이 충분히 길면 일단 목을 벤 것으로 보고 유효하다고 간주한다. 이때 칼의 길이는 목 세 개의 길이라고 해석하기도 한다(라브; 게마라 32a).
- 어떤 사람이 칼을 들고 앞뒤 방향으로 베어 도살을 해야 유효하다. 이때는 칼이 짧아도 앞뒤로 움직이며 짓누르지 않고 벨 수 있기 때문에 유효하다. 어떤 이유로 칼이 떨어지면서 가축의 목을 한 방향으로 내리쳐서 목을 잘라내면 무효가 된다. 신명기 27:7의 명령을 사람이 직접 도살해야 하는 것으로 해석하여, 칼이 떨어지며 사람의 손을 떠나 도살이 되면 무효가 된다는 것이다. 사람이 의도적으로 도살한 것이 아니라면, 그 가축은 죽은 채 발견된 것이 된다.

- 어떤 사람이 도살을 시작했는데 중간에 멈추었다가 일정 시간이 흐른 뒤에 다시 일을 마쳤다면, 그 도살은 무효가 된다. 왜냐하면 중간에 멈춘 시간 때문에 도살행위가 시작했으나 적절하게 끝마치지 못했고, 둘째 행위는 적절하게 시작하지 못했는데 끝냈기 때문이다. 랍비 쉼온은 도살이 적법한지 검사하기 위해서 중간에 지체하는 것도 금지된다고 덧붙인다.

2, 4

적절한 방법으로 도살하지 않은 고기가 죽은 채 발견된 것인지 찢긴 것인지에 관해 논의한다.

שָׁחַט אֶת הַוֵּשֶׁט וּפָסַק אֶת הַגַּרְגֶּרֶת, אוֹ שָׁחַט אֶת הַגַּרְגֶּרֶת וּפָסַק אֶת
הַוֵּשֶׁט, אוֹ שֶׁשָּׁחַט אֶחָד מֵהֶן וְהִמְתִּין לָהּ עַד שֶׁמֵּתָה, אוֹ שֶׁהֶחֱלִיד אֶת הַסַּכִּין
תַּחַת הַשֵּׁנִי וּפְסָקוֹ, רַבִּי יֵשֵׁבָב אוֹמֵר, נְבֵלָה. רַבִּי עֲקִיבָא אוֹמֵר, טְרֵפָה. כְּלָל
אָמַר רַבִּי יֵשֵׁבָב מִשּׁוּם רַבִּי יְהוֹשֻׁעַ, כֹּל שֶׁנִּפְסְלָה בִשְׁחִיטָתָהּ, נְבֵלָה. כֹּל
שֶׁשְּׁחִיטָתָהּ כְּרָאוּי וְדָבָר אַחֵר גָּרַם לָהּ לִפָּסֵל, טְרֵפָה. וְהוֹדָה לוֹ רַבִּי עֲקִיבָא:

그가 식도를 베었고 [그 후에] 기도를 끊었거나, 기도를 베었고 [그 후에] 식도를 끊었거나, 그것들 중 하나를 베었고 [가축이] 죽을 때까지 기다렸거나, 칼을 둘째 [기관] 밑에 찔러 넣고 끊었을 때, 랍비 예쉐밥은 죽은 채 발견된 것이라고 말한다. 랍비 아키바는 찢긴 것이라고 말한다. 랍비 예쉐밥이 랍비 예호슈아의 이름으로 원칙은 이러하다고 말했다. 도살할 때 무효가 되면 모두 죽은 채 발견된 것이다. 도살은 적절한 [방법으로] 했는데 다른 [요인 때문에] 그것이 무효가 되었다면, 그것은 찢긴 것이다. 그러자 랍비 아키바가 그에 동의했다.

- 미쉬나 앞부분에서 열거한 다양한 기술들 중에서 칼을 앞뒤로 움직여 베는(שחט, 샤하트) 행위는 적절하지만, 그 외 끊거나(פסק, 파싹)

기다리거나(הַמְתִּין, 힘틴) 찔러 넣으면(הֶחֱלִיד, 헤헬리드) 도살이 무효가 된다.

- 이때 부적절한 방법으로 도살한 고기가 정결법에 따라 어떤 지위에 있는지 논쟁이 벌어졌다. 랍비 예쉐밥은 죽은 채 발견된 것(נְבֵלָה, 네벨라)이라고 말하는데, 이것은 부정할 뿐만 아니라 부정을 전이시키는 요인이 된다. 랍비 아키바는 찢긴 것(טְרֵפָה, 트레파)이라고 말하는데, 이것은 부정하기만 하고 전이시키지는 않는다. 랍비 예쉐밥은 고기가 부정해진 이유가 도살 도중에 생겼는지 아니면 그 외 다른 이유가 있었는지를 기준으로 판단한다고 설명했고, 랍비 아키바도 그에게 동의했다.

2, 5

가축을 도살했는데 피가 나오지 않는 경우를 논의한다.

הַשּׁוֹחֵט בְּהֵמָה חַיָּה וְעוֹף וְלֹא יָצָא מֵהֶן דָּם, כְּשֵׁרִים, וְנֶאֱכָלִים בְּיָדַיִם
מְסֹאָבוֹת, לְפִי שֶׁלֹּא הֻכְשְׁרוּ בְּדָם. רַבִּי שִׁמְעוֹן אוֹמֵר, הֻכְשְׁרוּ בִשְׁחִיטָה:

[어떤 사람이] 가축이나 짐승이나 새를 도살했는데 피가 나오지 않았다면, 그 [고기는] 유효하다. 더러운 손으로 먹어도 좋으니, 피로 준비되지 않았기 때문이다. 랍비 쉼온은 도살할 때 준비가 되었다고 말한다.

- 음식은 토라가 인정하는 음료수 일곱 가지(물, 피, 이슬, 올리브기름, 포도주, 우유, 벌꿀)로 젖어 있을 때 음식으로 사용할 준비가 된 것이며, 그 순간부터 부정해질 수 있다(「마크쉬린」 6, 4-8). 그리고 가축이나 새를 도살하면, 피가 나오기 때문에 자연스럽게 그 고기가 음식으로 준비가 된다. 그런데 도살했을 때 피가 나오지 않으면, 그

고기는 부정해질 수 없는 상태다. 그러나 이를 먹는 것은 허용되는데, 이를 이미 죽은 것으로 간주하지도, 동물 체내에 있는 피를 금지하지도 않기 때문이다. 그러므로 씻지 않은 더러운 손으로 먹어도 부정이 전이되지 않는다.

- 랍비 쉼온은 이 말에 동의하지 않으며, 도살하는 행위가 완성되는 순간 고기는 음식으로 사용하도록 준비된 상태이며, 부정해질 수 있다고 주장한다.

2, 6
죽어가는 가축을 도살하는 문제를 논의한다.

הַשּׁוֹחֵט אֶת הַמְסֻכֶּנֶת, רַבָּן שִׁמְעוֹן בֶּן גַּמְלִיאֵל אוֹמֵר, עַד שֶׁתְּפַרְכֵּס בַּיָּד
וּבְרֶגֶל. רַבִּי אֱלִיעֶזֶר אוֹמֵר, דַּיָּהּ אִם זִנְּקָה. אָמַר רַבִּי שִׁמְעוֹן, אַף הַשּׁוֹחֵט
בַּלַּיְלָה וּלְמָחָר הִשְׁכִּים וּמָצָא כְתָלִים מְלֵאִים דָּם, כְּשֵׁרָה, שֶׁזִּנְּקָה, וּכְמִדַּת
רַבִּי אֱלִיעֶזֶר. וַחֲכָמִים אוֹמְרִים, עַד שֶׁתְּפַרְכֵּס אוֹ בַיָּד אוֹ בָרֶגֶל אוֹ עַד
שֶׁתְּכַשְׁכֵּשׁ בִּזְנָבָהּ, אֶחָד בְּהֵמָה דַקָּה וְאֶחָד בְּהֵמָה גַסָּה. בְּהֵמָה דַקָּה
שֶׁפָּשְׁטָה יָדָהּ וְלֹא הֶחֱזִירָה, פְּסוּלָה, שֶׁאֵינָהּ אֶלָּא הוֹצָאַת נֶפֶשׁ בִּלְבָד. בַּמֶּה
דְבָרִים אֲמוּרִים, שֶׁהָיְתָה בְחֶזְקַת מְסֻכֶּנֶת. אֲבָל אִם הָיְתָה בְחֶזְקַת בְּרִיאָה,
אֲפִלּוּ אֵין בָּהּ אֶחָד מִכָּל הַסִּימָנִים הַלָּלוּ, כְּשֵׁרָה:

〔어떤 사람이 목숨이〕 위태로운 가축을 도살할 때, 라반 쉼온 벤 감리엘은 앞다리와 뒷다리로 찰 때까지는 〔그 도살이 무효라고〕 말한다. 랍비 엘리에제르는 〔피가〕 솟구친다면 충분하다고 말한다. 랍비 쉼온은 〔어떤 사람이〕 밤에 도살했고 다음 날 일찍 일어나 〔목의〕 옆 부분에 피가 가득 차 있는 것을 보았다면, 〔그 도살이〕 유효하다고 말했다. 이것은 〔피가〕 솟구친 것이므로, 랍비 엘리에제르의 기준과 같다. 그러나 현인들은 앞다리 또는 뒷다리로 찰 때까지, 그 꼬리를 흔들 때까지는 〔그 도살이 무효라고〕 말한다.

이것은 작은 가축이나 큰 가축이나 마찬가지다.

작은 가축이 앞다리를 벌리고 다시 오므리지 않으면, 〔그 도살은〕무효가 된다. 이것은 그 숨이 **빠져나갔다**는 〔신호이기〕때문이다. 이말은 어떤 경우를 〔말하는 것인가〕? 〔가축의〕이전 상태가 〔목숨이〕위험했을 〔경우다〕. 그러나 만약 이전 상태가 건강했다면, 이러한 현상이 하나도 없었다 하더라도 〔그 도살이〕유효하다.

- 가축을 도살했는데 그 고기를 식용으로 사용할 수 없으면 경제적인 손실이므로, 가축이 다른 이유가 아닌 도살행위 때문에 죽었다는 사실을 분명히 해야 한다. 이 미쉬나는 도살하기 전에 가축이 건강했는지 아니면 목숨이 위태로워 죽어가는 상태였는지를 판단하는 기준을 설명한다. 쉼온 라반은 도살할 때 가축이 앞다리와 뒷다리로 차는 행위를 보여주면 건강한 상태로 판단한다고 주장하고, 랍비 엘리에제르는 도살할 때 피가 솟구쳐 나와야 건강한 상태라고 주장한다. 랍비 쉼온은 랍비 엘리에제르에게 동의하면서, 피가 나오는 장면을 직접 보지 않아도 다음 날 피가 고여 있는 것을 보면 안다고 했다. 다른 랍비들은 라반 쉼온의 의견에 동의하면서, 꼬리를 흔드는 행위도 판단기준이 될 수 있다고 덧붙였다.
- 이런 기준은 가축의 크기에 상관없이 적용할 수 있다.
- 다른 판단 기준으로 앞다리를 벌리고 오므리지 못하는 작은 가축은 이미 목숨이 위태로운 상태이며 이미 죽어가는 상태이므로 도살이 무효가 된다.
- 마지막 문장은 이런 모든 기준이 이미 목숨이 위험한 상태임이 알려진 상태에서 검사하는 방법일 뿐이며, 건강한 가축이 맞다면 이런 기준이 필요 없다고 관대한 적용법을 덧붙인다.

2, 7

이방인을 위해 도살한 가축에 관해 논의한다.

הַשׁוֹחֵט לְנָכְרִי, שְׁחִיטָתוֹ כְּשֵׁרָה. וְרַבִּי אֱלִיעֶזֶר פּוֹסֵל. אָמַר רַבִּי אֱלִיעֶזֶר,
אֲפִלּוּ שְׁחָטָהּ שֶׁיֹּאכַל הַנָּכְרִי מֵחֲצַר כָּבֵד שֶׁלָּהּ, פְּסוּלָה, שֶׁסְּתָם מַחֲשֶׁבֶת
נָכְרִי לַעֲבוֹדָה זָרָה. אָמַר רַבִּי יוֹסֵי, קַל וָחֹמֶר הַדְּבָרִים, וּמַה בִּמְקוֹם
שֶׁהַמַּחֲשָׁבָה פּוֹסֶלֶת, בְּמֻקְדָּשִׁין, אֵין הַכֹּל הוֹלֵךְ אֶלָּא אַחַר הָעוֹבֵד, מְקוֹם
שֶׁאֵין מַחֲשָׁבָה פּוֹסֶלֶת, בְּחֻלִּין, אֵינוֹ דִין שֶׁלֹּא יְהֵא הַכֹּל הוֹלֵךְ אֶלָּא אַחַר
הַשׁוֹחֵט:

〔어떤 사람이〕 이방인을 위해 도살했다면, 그 도살은 유효하다. 그
러나 랍비 엘리에제르는 무효라고 했다. 랍비 엘리에제르는 이방인
에게 마당에서 간만 주려고 도살했다 하더라도 〔그 도살이〕 무효이
며, 이는 이방인의 생각이 대개 우상숭배를 향하기 때문이라고 말했
다. 랍비 요쎄는 이것이 칼 바호메르에 〔해당한다고〕 말했다. 생각이
무효로 만드는 경우, 즉 성물의 경우에도 모든 것이 제의를 집전하는
자에 의해 결정된다. 하물며 생각이 무효로 만들지 않는 속된 것들은
모든 것이 도살하는 자에 따라 결정되지 않겠는가?

- 첫째 의견에 따르면 이방인을 위해 도살했어도 그 고기는 식용으로
  는 적합하다.
- 그러나 랍비 엘리에제르는 무효라고 주장하며, 도살한 가축의 대부
  분을 이스라엘 사람이 먹고 소량만 이방인에게 주려고 계획했더라
  도, 전체가 무효가 된다고 강조했다. 왜냐하면 이방인이 고기를 먹을
  때는 우상숭배를 할 수 있기 때문이다.
- 랍비 요쎄는 이 문제를 칼 바호메르(קל וחמר) 논리에 따라 설명할 수
  있다고 생각한다. 성전에 바친 제물을 잘못된 의도로 도살하면 그 제
  물이 무효가 된다. 제물을 바친 자가 아니라 그것을 도살한 제사장의

의도에 의해 무효가 되는 것이다. 그러므로 상대적으로 관대한 규정이 적용되는 속된 고기도 마찬가지다. 가축을 도살하는 이스라엘 사람의 의도가 중요하며, 이것을 받아먹을 이방인의 의도는 중요하지 않는 것이다.

- 여기서 "생각이 무효로 만들지 않는 속된 것들"을 제한적으로 해석하여, 피의 제의 네 단계 중 도살과 뿌리기 단계에 개입된 잘못된 생각(의도)은 무효로 만들 수 있지만 취혈과 운반의 단계의 생각은 무효로 만들지 않는다고 본다(게마라 39b; 라브; 라쉬). 성전 제의에서는 네 단계 중 어느 하나에만 잘못된 의도가 개입되어도 제사가 무효가 된다.

2, 8

우상숭배를 위해 도살하는 경우에 관해 논의한다.

הַשּׁוֹחֵט לְשֵׁם הָרִים, לְשֵׁם גְּבָעוֹת, לְשֵׁם יַמִּים, לְשֵׁם נְהָרוֹת, לְשֵׁם מִדְבָּרוֹת, שְׁחִיטָתוֹ פְּסוּלָה. שְׁנַיִם אוֹחֲזִין בְּסַכִּין וְשׁוֹחֲטִין, אֶחָד לְשֵׁם אַחַד מִכָּל אֵלּוּ, וְאֶחָד לְשֵׁם דָּבָר כָּשֵׁר, שְׁחִיטָתוֹ פְּסוּלָה:

[어떤 사람이] 산들을 위해, 언덕들을 위해, 바다를 위해, 강들을 위해, 광야를 위해 도살했다면, 그 도살은 무효가 된다. 두 사람이 칼을 들고 도살했는데, 한 사람은 이런 것들 중 하나를 위해 다른 한 사람은 적절한 의도로 도살했다면, 그 도살은 무효가 된다.

- 성전에서 제물로 바치기 위해 또는 이스라엘 사람들이 먹기 위해서 도살한 경우가 아니라면, 다른 모든 목적을 위한 도살한 고기는 이스라엘 사람이 식용으로 쓸 수 없는 무효가 된다(「아보다 자라」 3, 5; 신 12:2). 두 사람이 함께 도살하는 것은 상관없으나, 둘 중 하나가 잘

못된 목적으로 도살하면 그 고기는 무효가 된다.

2, 9

도살한 가축의 피를 빼는 방법에 관해 논의한다.

אֵין שׁוֹחֲטִין לֹא לְתוֹךְ יַמִּים, וְלֹא לְתוֹךְ נְהָרוֹת, וְלֹא לְתוֹךְ כֵּלִים. אֲבָל שׁוֹחֵט
הוּא לְתוֹךְ עוּגָא שֶׁל מַיִם, וּבַסְּפִינָה, עַל גַּבֵּי כֵלִים. אֵין שׁוֹחֲטִין לְגֻמָּא כָּל
עִקָּר, אֲבָל עוֹשֶׂה גֻמָּא בְתוֹךְ בֵּיתוֹ בִּשְׁבִיל שֶׁיִּכָּנֵס הַדָּם לְתוֹכָהּ. וּבַשּׁוּק לֹא
יַעֲשֶׂה כֵן, שֶׁלֹּא יְחַקֶּה אֶת הַמִּינִין:

〔피가〕 바다 속으로, 강 속으로, 그릇 속으로 〔흘러가도록〕 도살하지
않는다. 그러나 물 저수조 속으로 〔흘러가도록〕 도살하거나, 배 위에
서라면 그릇 위에서 〔도살할 수 있다〕.

〔피가〕 구멍 안으로 〔흘러가도록〕 도살하지 않지만, 피가 그 안으로
들어가도록 자기 집에 구멍을 팔 수는 있다. 그러나 시장에서는 그렇
게 하지 않으며, 〔다른〕 부류들을 흉내내지 않는다.

- 어떤 사람이 도살을 하고 피가 바다나 강 속으로 흘러들게 했다면,
  마치 이런 대상에게 제물을 바치는 것처럼 보이기 때문에 우상숭배
  로 오인받을 수 있다. 또 피를 그릇 안에 받으면 성전 안에서 제물을
  잡고 제사드리는 의식을 성전 바깥에서 시행하는 것처럼 보일 수 있
  다. 그러므로 이런 방식으로 도살하면 도살이 무효가 된다.
- 피가 물이 들어 있는 인공 구조물이나 그릇에 흘러들게 했다면 이것
  은 유효하다. 이 피를 우상숭배하는 제의에 사용할 것이라고 오해할
  여지가 없기 때문이다. 배를 타고 항해하는 중이라면 그릇 위에서 도
  살할 수 있으니, 일단 배 위에서 제사를 드릴 수는 없고 그렇게 하지
  않으면 피가 바다나 강으로 흘러들기 때문이다.

- 피가 구멍 안으로 흘러들지 못하게 하라는 규정은 그 행위가 우상숭배를 하는 다른 부류들처럼 보일 수 있기 때문이다. 다시 말해서 우상숭배자들과 구별하기 위해서 이런 규칙을 만들었으며, 보는 사람이 없는 자기 집에서는 구멍으로 피를 흘려 넣어도 무방하다.

2, 10

성전 바깥에서 도살하는 행위의 한계를 설명한다.

הַשּׁוֹחֵט לְשֵׁם עוֹלָה, לְשֵׁם זְבָחִים, לְשֵׁם אָשָׁם תָּלוּי, לְשֵׁם פֶּסַח, לְשֵׁם תּוֹדָה,
שְׁחִיטָתוֹ פְסוּלָה. וְרַבִּי שִׁמְעוֹן מַכְשִׁיר. שְׁנַיִם אוֹחֲזִין בְּסַכִּין וְשׁוֹחֲטִין, אֶחָד
לְשֵׁם אַחַד מִכָּל אֵלּוּ, וְאֶחָד לְשֵׁם דָּבָר כָּשֵׁר, שְׁחִיטָתוֹ פְסוּלָה. הַשּׁוֹחֵט לְשֵׁם
חַטָּאת, לְשֵׁם אָשָׁם וַדַּאי, לְשֵׁם בְּכוֹר, לְשֵׁם מַעֲשֵׂר, לְשֵׁם תְּמוּרָה, שְׁחִיטָתוֹ
כְּשֵׁרָה. זֶה הַכְּלָל, כָּל דָּבָר שֶׁנִּדָּר וְנִדָּב, הַשּׁוֹחֵט לִשְׁמוֹ, אָסוּר, וְשֶׁאֵינוֹ נִדָּר
וְנִדָּב, הַשּׁוֹחֵט לִשְׁמוֹ, כָּשֵׁר:

〔어떤 사람이 성전 바깥에서〕 번제를 위해, 〔화목제〕 제사를 위해, 의심에 의한 속건제를 위해, 유월절을 위해, 감사제를 위해 도살했다면, 그 도살은 무효가 된다. 그러나 랍비 쉼온은 유효하다고 했다.

두 사람이 칼을 잡고 도살했는데, 한 명은 이런 것들 중 하나를 위해 그리고 〔다른〕 한 명은 유효한 목적을 위해 〔도살했다면〕, 그 도살은 무효가 된다.

〔어떤 사람이 성전 바깥에서〕 속죄제를 위해, 확실한 속건제를 위해, 초태생 제물을 위해, 십일조를 위해, 대체물을 위해 도살했다면, 그 도살은 유효하다.

이것이 원칙이다. 맹세하거나 자원하는 모든 〔제물들을〕 위해 도살하는 것은 금지된다. 그러나 맹세하거나 자원하지 않은 〔제물들을〕 위해 도살하는 것은 유효하다.

- 번제와 화목제와 감사제는 의무가 아니라 자원하여 드릴 수 있다. 그렇지만 제물로 성별한 가축을 성전으로 가져가 성전 안에서 도살해야 한다. 만약 어떤 사람이 이러한 제사를 드리고 싶다는 생각에 성전 바깥에서 가축을 잡으면 무효가 된다. 의심 때문에 드리는 속건제도 자원하는 제사의 일종이며, 1년 동안 언제든지 구별할 수 있는 유월절 제물도 마찬가지라고 설명한다.

- 랍비 쉼온은 이러한 제물을 성전 안에서 잡는 것은 너무나 당연한 규칙이기 때문에 성전 바깥에서 잡은 가축이 제물이 되리라고 생각하는 사람이 없을 것으로 보았으며, 그 가축을 속된 음식으로 쓰는 것은 유효하다고 말했다.

- 두 사람이 도살을 하는데 한 사람이 잘못된 의도로 도살하면 그 도살은 무효가 된다.

- 자원하는 제사가 아니라 의무로 드리는 제사를 위해 성전 밖에서 가축을 잡으면 제의적으로 무의미하다는 것이 자명하다. 따라서 속된 것을 도살하는 것과 같이 도살이 유효하다.

- 확실한 속건제에는 토라가 명하는 다섯 가지 종류가 있다. 남의 물건에 대한 속건제(레 6:1-7〔히브리어 성서 5:20-26〕), 성물에 대한 속건제(레 5:14-16), 히브리인 여종에 관한 속건제(민 6:9-12), 악성 피부병에 대한 속건제(레 14:10-14).

- 원칙은 스스로 맹세하거나 자원하는 제물이라면 성전 바깥에서 도살하는 것이 금지되지만, 그렇지 않으면 상관없다.

제3장

3, 1

가축이 찢긴 것이 되는 요인을 열거하고 있다.

אֵלּוּ טְרֵפוֹת בַּבְּהֵמָה. נְקוּבַת הַוֵּשֶׁט, וּפְסוּקַת הַגַּרְגֶּרֶת, נֶקֶב קְרוֹם שֶׁל מֹחַ, נֶקֶב הַלֵּב לְבֵית חֲלָלוֹ, נִשְׁבְּרָה הַשִּׁדְרָה וְנִפְסַק הַחוּט שֶׁלָּהּ, נִטַּל הַכָּבֵד וְלֹא נִשְׁתַּיֵּר הֵימֶנּוּ כְלוּם, הָרֵאָה שֶׁנִּקְּבָה, אוֹ שֶׁחָסְרָה, רַבִּי שִׁמְעוֹן אוֹמֵר, עַד שֶׁתִּנָּקֵב לְבֵית הַסִּמְפּוֹנוֹת. נִקְּבָה הַקֵּבָה, נִקְּבָה הַמָּרָה, נִקְּבוּ הַדַּקִּין, הַכֶּרֶס הַפְּנִימִית שֶׁנִּקְּבָה, אוֹ שֶׁנִּקְרַע רֹב הַחִיצוֹנָה, רַבִּי יְהוּדָה אוֹמֵר, הַגְּדוֹלָה טֶפַח, וְהַקְּטַנָּה בְּרֻבָּהּ. הַמְסֵס וּבֵית הַכּוֹסוֹת שֶׁנִּקְּבוּ לַחוּץ, נָפְלָה מִן הַגַּג, נִשְׁתַּבְּרוּ רֹב צַלְעוֹתֶיהָ, וּדְרוּסַת הַזְּאֵב. רַבִּי יְהוּדָה אוֹמֵר, דְּרוּסַת הַזְּאֵב בַּדַּקָּה, וּדְרוּסַת אֲרִי בַּגַּסָּה, דְּרוּסַת הַנֵּץ בָּעוֹף הַדַּק, וּדְרוּסַת הַגַּס בָּעוֹף הַגָּס. זֶה הַכְּלָל, כֹּל שֶׁאֵין כָּמוֹהָ חַיָּה, טְרֵפָה:

이러한 [현상이] 가축에게 [나타나면] 찢긴 것이다.

식도에 구멍이 났을 때, 기도가 끊어졌을 때, 뇌의 외부 막에 구멍이 났을 때, 심장이 심실까지 구멍이 났을 때, 척추뼈가 부러지고 척수가 끊어졌을 때, 간이 없어지고 아무것도 남지 않았을 때, 폐에 구멍이 났거나 일부가 없어졌을 때, 또는 랍비 쉼온에 따르면 기관지까지 구멍이 났을 때, 위에 구멍이 났을 때, 쓸개에 구멍이 났을 때, 창자에 구멍이 났을 때, 안쪽 위에 구멍이 났을 때, 바깥쪽 위의 대부분이 찢어졌을 때, 랍비 예후다에 따르면 큰 [가축은] 1테팍 작은 [가축은] 대부분이 [찢어졌을 때], 셋째 위와 둘째 위가 바깥쪽으로 구멍이 났을 때, 지붕에서 떨어졌을 때, 갈비뼈가 대부분 부러졌을 때, 늑대가 물어뜯었을 때, 랍비 예후다에 따르면 작은 [가축은] 늑대가 물어뜯었을 때 그리고 큰 [가축은] 사자가 물어뜯었을 때, 작은 새는 매에게 물어뜯겼을 때, 큰 새는 독수리에게 물어뜯겼을 때 [그러하다]. 이것이 원칙이다. 그러한 [상태에서 더 이상] 살 수 없을 때 찢긴 것이다.

- 토라는 짐승에게 찢긴 것을 먹지 말라고 명령하는데(출 22:31), 죽은
  채 발견된 것을 먹지 말라는 계명도 있으므로(신 14:21) 이 용어가
  정확하게 무엇을 가리키는지 밝힐 필요가 있다. 미쉬나는 죽은 채 발
  견된 것을 적절한 방법으로 도살하지 않은 가축의 고기라고 재해석
  하고 있으므로, 찢긴 것도 새롭게 정의하며 18가지의 상태를 열거한
  다. 여기서 열거한 상태와 같은 상처나 질병 때문에 아직 죽지는 않
  았으나 더 이상 살 수 없는 가축을 모두 찢긴 것이라고 간주한다.

3, 2
가축이 찢긴 것이 되지 않는 요인들을 열거한다.

וְאֵלּוּ כְשֵׁרוֹת בַּבְּהֵמָה. נִקְּבָה הַגַּרְגֶּרֶת אוֹ שֶׁנִּסְדְּקָה. עַד כַּמָּה תֶחְסָר. רַבָּן
שִׁמְעוֹן בֶּן גַּמְלִיאֵל אוֹמֵר, עַד כְּאִסָּר הָאִיטַלְקִי. נִפְחֲתָה הַגֻּלְגֹּלֶת וְלֹא נִקַּב
קְרוּם שֶׁל מֹחַ, נִקַּב הַלֵּב וְלֹא לְבֵית חֲלָלוֹ, נִשְׁבְּרָה הַשִּׁדְרָה וְלֹא נִפְסַק הַחוּט
שֶׁלָּהּ, נִטְּלָה הַכָּבֵד וְנִשְׁתַּיֵּר הֵימֶנָּה כַזַּיִת, הַמֵּסֵס וּבֵית הַכּוֹסוֹת שֶׁנִּקְּבוּ זֶה
לְתוֹךְ זֶה, נִטַּל הַטְּחוֹל, נִטְּלוּ הַכְּלָיוֹת, נִטַּל לְחִי הַתַּחְתּוֹן, נִטַּל הָאֵם שֶׁלָּהּ,
וַחֲרוּתָה בִּידֵי שָׁמָיִם. הַגְּלוּדָה, רַבִּי מֵאִיר מַכְשִׁיר, וַחֲכָמִים פּוֹסְלִין:

이러한 [현상이] 가축에게 [나타나면 찢긴 것이 아니고] 유효하다.
기도에 구멍이 나거나 갈라졌을 때 [그러하다]. 어느 정도까지 상했
을 때인가? 라반 쉼온 벤 감리엘은 이탈리아의 이싸르 정도까지 [상
했을 때라고] 말한다. 두 개골이 깨졌으나 뇌의 외부 막에 구멍이 나
지 않았을 때, 심장에 구멍이 났지만 심실까지는 아닐 때, 척추뼈가 부
러졌으나 척수는 끊어지지 않았을 때, 간을 제거했으나 올리브 열매
[크기] 정도가 남아 있을 때, 셋째 위와 둘째 위가 연결된 부분에 구멍
이 났을 때, 지라를 제거했을 때, 콩팥을 제거했을 때, 아래턱이 없어

졌을 때, 어미의 자궁을 제거했을 때, 자연재해 때문에 〔폐가〕 오그라
들었을 때, 털이 없을 때는, 랍비 메이르는 유효하다고 했으나 현인들
은 무효라고 했다.

- 첫째 미쉬나(3, 1)에서 열거한 현상과 비슷하지만 다른 조건들을 제
  시하면서, 이런 현상이 나타나면 찢긴 것으로 간주하지 않기 때문에
  음식으로 사용하는 데 유효하다고 말한다.
- 이탈리아 이싸르는 당시 로마의 동전으로 지름이 약 25-30밀리미터
  정도다. 지라와 콩팥과 아래턱과 자궁은 제거해도 가축이 죽지 않으
  므로, 이런 기관이 없어도 찢긴 것으로 간주하지 않는다.
- 천둥번개와 같은 자연현상 때문에 겁을 먹고 가축의 폐가 오그라들
  면 찢긴 것이 아니다.
- 랍비 메이르는 털이 없는 가축도 찢긴 것이 아니라고 했는데, 다른
  랍비들은 그의 의견에 반대한다.

3, 3
새가 찢긴 것이 되는 조건들을 설명한다.

וְאֵלּוּ טְרֵפוֹת בָּעוֹף. נְקוּבַת הַוֵּשֶׁט, פְּסוּקַת הַגַּרְגֶּרֶת, הִכַּתָּה חֻלְדָּה עַל
רֹאשָׁהּ, מָקוֹם שֶׁעוֹשֶׂה אוֹתָהּ טְרֵפָה, נִקַּב הַקֻּרְקְבָן, נִקְּבוּ הַדַּקִּין, נָפְלָה
לָאוּר וְנֶחְמְרוּ בְּנֵי מֵעֶיהָ, אִם יְרֻקִּים, פְּסוּלִין. אִם אֲדֻמִּים, כְּשֵׁרִים. דְּרָסָהּ,
וּטְרֵפָהּ בַּכֹּתֶל, אוֹ שֶׁרְצָצַתָּה בְּהֵמָה וּמְפַרְכֶּסֶת, וְשֶׁהָתָה מֵעֵת לְעֵת וּשְׁחָטָהּ,
כְּשֵׁרָה:

이러한 〔현상이〕 새에게 〔나타나면〕 찢긴 것이다.

식도에 구멍이 났을 때, 기도가 끊어졌을 때, 들쥐가 그 머리 〔또는
새를〕 찢긴 것으로 만드는 곳을 공격했을 때, 모래주머니에 구멍이 났
을 때, 창자에 구멍이 났을 때 〔그러하다〕.

불에 떨어져서 내장이 그을렸을 때, 만약 그것이 녹색이면 무효다. 만약 그것이 붉은색이면 유효하다.

〔새를〕 밟았을 때, 벽에 메어쳤을 때, 또는 가축이 밟았는데 〔아직 날개를〕 칠 때, 하루를 기다렸다가 이것을 도살하면 유효하다.

- 첫째 미쉬나(3, 1)에서 언급한 것과 비슷한 현상이 나타나거나, 불에 떨어져서 탔거나, 발로 밟거나 벽에 부딪치면 곧 죽을 가능성이 있으므로 찢긴 것이 될 가능성이 있다. 그러므로 이 경우에는 하루를 기다려 여전히 살아 있으면, 유효하게 도살할 수 있다.

3, 4

새가 찢긴 것이 되지 않는 조건들을 열거한다.

וְאֵלּוּ כְשֵׁרוֹת בָּעוֹף. נִקְּבָה הַגַּרְגֶּרֶת אוֹ שֶׁנִּסְדְּקָה, הֻכְּתָה חֻלְדָּה עַל רֹאשָׁהּ, מָקוֹם שֶׁאֵינוֹ עוֹשֶׂה אוֹתָהּ טְרֵפָה, נֶקֶב הַזֶּפֶק. רַבִּי אוֹמֵר, אֲפִלּוּ נִטָּל. יָצְאוּ בְנֵי מֵעֶיהָ וְלֹא נִקְּבוּ, נִשְׁתַּבְּרוּ גַפֶּיהָ, נִשְׁתַּבְּרוּ רַגְלֶיהָ, נִמְרְטוּ כְנָפֶיהָ. רַבִּי יְהוּדָה אוֹמֵר, אִם נִטְּלָה הַנּוֹצָה, פְּסוּלָה:

이러한 〔현상이〕 새에게 〔나타나면 찢긴 것이 아니고〕 유효하다.

기도에 구멍이 나거나 갈라졌을 때, 들쥐가 그 머리 〔또는 새를〕 찢긴 것으로 만들지 않는 곳을 공격했을 때, 모이주머니에 구멍이 났을 때, 랍비에 따르면 그것을 제거했을 때, 내장이 나왔는데 구멍이 나지 않았을 때, 날개가 부러졌을 때, 다리가 부러졌을 때, 날개 〔털을〕 뽑았을 때, 랍비 예후다는 만약 깃털을 제거했다면 무효가 된다고 말한다.

- 첫째와 셋째 미쉬나(3, 1; 3, 3)가 열거한 현상들과 비슷하지만 조금 다른 조건들을 제시하면서 이런 경우에는 찢긴 것이 아니라고 간주

한다. 깃털이 뽑힌 경우에는 이견이 존재한다.

3, 5

찢긴 것에 대한 조건 몇 가지를 더 열거한다.

אֲחוּזַת הַדָּם, וְהַמְעֻשֶּׁנֶת, וְהַמְצֻנֶּנֶת, וְשֶׁאָכְלָה הַרְדֻּפְנֵי, וְשֶׁאָכְלָה צוֹאַת
תַּרְנְגוֹלִים, אוֹ שֶׁשָּׁתְתָה מַיִם הָרָעִים, כְּשֵׁרָה. אָכְלָה סַם הַמָּוֶת אוֹ שֶׁהִכִּישָׁה
נָחָשׁ, מֻתֶּרֶת מִשּׁוּם טְרֵפָה, וַאֲסוּרָה מִשּׁוּם סַכָּנַת נְפָשׁוֹת:

〔어떤 가축이〕충혈이 있거나, 연기나 추위 때문에 고생하거나, 협
죽도나 닭의 똥을 먹거나, 또는 유해한 물을 마셨더라도 〔아직〕 유효
하다. 죽음에 〔이르는〕 독약을 먹거나 또는 뱀이 물었다면, 찢긴 것
〔관련법에〕 대해서는 허용되지만, 목숨을 위험하게 하기 때문에 금지
된다.

- 이 미쉬나 앞부분에 열거하는 증상이나 조건들은 가축에게 좋지 않
  은 영향을 미칠 수 있지만 죽지는 않으므로 찢긴 것이 되지 않는다.
- 찢긴 것이 되려면 주요 부분에 치명적인 손상을 입어야 한다. 그러
  나 독을 먹거나 뱀에 물렸을 때에는 이러한 손상을 입지는 않으므로
  찢긴 것이 되지는 않는다. 그러나 생명을 위태롭게 할 수 있으므로
  금지한다.

3, 6

새가 음식으로 사용하기에 유효한지 여부를 설명한다.

סִימָנֵי בְהֵמָה וְחַיָּה נֶאֶמְרוּ מִן הַתּוֹרָה, וְסִימָנֵי הָעוֹף לֹא נֶאֶמְרוּ. אֲבָל אָמְרוּ
חֲכָמִים, כָּל עוֹף הַדּוֹרֵס, טָמֵא. כָּל שֶׁיֶּשׁ לוֹ אֶצְבַּע יְתֵרָה, וְזֶפֶק, וְקֻרְקְבָנוֹ
נִקְלָף, טָהוֹר. רַבִּי אֱלִיעֶזֶר בַּר צָדוֹק אוֹמֵר, כָּל עוֹף הַחוֹלֵק אֶת רַגְלָיו, טָמֵא:

가축과 짐승의 특징들은 토라에 기록되었지만 새의 특징은 기록되지 않았다. 그래서 현인들은 [사냥감을] 잡는 새는 모두 부정하다고 말했다. 발가락이 하나 더 있거나, 모이주머니와 모래주머니 껍질이 벗겨지는 것들은 모두 정결하다. 랍비 엘리에제르 바르 짜독은 발가락이 갈라진 새는 모두 부정하다고 말한다.

- 토라는 가축과 짐승이 정결하고 부정한 이유를 설명하지만(레 11) 새에 관해서는 그런 설명 없이 금지된 새들만 열거한다. 그래서 랍비들은 토라의 목록을 기초로 포식성 조류가 부정하다고 해석한다.
- 정결한 새를 알아볼 수 있는 또 다른 특징으로 발가락과 모이주머니와 모래주머니의 특징도 덧붙인다.
- 랍비 엘리에제르도 다른 조건을 하나 덧붙이는데, 발가락이 갈라진 경우다. 이는 새가 줄이나 나뭇가지에 앉을 때 발가락 중 두 개는 앞으로 두 개는 뒤로 돌려 잡는 경우로, 이러한 새는 포식성 조류로 보아 부정하다고 한다.

3, 7
음식으로 사용할 수 있는 곤충과 물고기에 관해 설명한다.

וּבַחֲגָבִים, כֹּל שֶׁיֶּשׁ לוֹ אַרְבַּע רַגְלַיִם, וְאַרְבַּע כְּנָפַיִם, וְקַרְסֻלַּיִם, וּכְנָפָיו חוֹפִין אֶת רֻבּוֹ. רַבִּי יוֹסֵי אוֹמֵר, וּשְׁמוֹ חָגָב. וּבַדָּגִים, כֹּל שֶׁיֶּשׁ לוֹ סְנַפִּיר וְקַשְׂקֶשֶׂת. רַבִּי יְהוּדָה אוֹמֵר, שְׁנֵי קַשְׂקַשִּׂין וּסְנַפִּיר אֶחָד. וְאֵלּוּ הֵן קַשְׂקַשִּׂין, הַקְּבוּעִין בּוֹ. וּסְנַפִּירִין, הַפּוֹרֵחַ בָּהֶן:

메뚜기들 중에는 다리가 네 개 날개가 네 개 뛰는 다리가 두 개 있으며, 그 날개가 [몸의] 대부분을 덮을 때 [음식으로 먹을 수 있다]. 랍비 요쎄는 그 이름이 메뚜기여야 한다고 말한다.

물고기들 중에는 지느러미와 비늘이 있을 때 〔음식으로 먹을 수 있다〕. 랍비 예후다는 비늘이 두 개 그리고 지느러미가 한 개 〔있어야 한다고〕 말한다. 그리고 비늘들은 움직이지 않게 고정된 것이고, 지느러미는 펼쳐서 〔헤엄치는〕 것이다.

- 토라는 기는 다리 네 개와 뛰는 다리 두 개 그리고 날개가 있는 메뚜기를 먹어도 좋다고 규정했는데(레 11:21), 미쉬나는 날개가 몸을 다 덮어야 하고 이름도 메뚜기(חגב, 하가브)여야 한다고 덧붙인다.
- 토라는 지느러미와 비늘이 있는 물고기를 먹어도 좋다고 규정했는데(레 11:9), 랍비 예후다는 최소한 비늘 두 개에 지느러미 한 개가 있어야 한다고 주장한다. 미쉬나 마지막 문장은 지느러미가 무엇인지 비늘이 무엇인지 설명해주는데, 유대인들이 그만큼 물고기에 익숙하지 않다는 사실을 알 수 있다.

제4장

4, 1
어미 뱃속에 든 새끼를 먹어도 좋은지 논의한다.

בְּהֵמָה הַמַּקְשָׁה לֵילֵד, וְהוֹצִיא הָעֻבָּר אֶת יָדוֹ וְהֶחֱזִירָהּ, מֻתָּר בַּאֲכִילָה. הוֹצִיא אֶת רֹאשׁוֹ, אַף עַל פִּי שֶׁהֶחֱזִירוֹ, הֲרֵי זֶה כִּילוֹד. חוֹתֵךְ מֵעֻבָּר שֶׁבְּמֵעֶיהָ, מֻתָּר בַּאֲכִילָה. מִן הַטְּחוֹל וּמִן הַכְּלָיוֹת, אָסוּר בַּאֲכִילָה. זֶה הַכְּלָל, דָּבָר שֶׁגּוּפָהּ, אָסוּר. שֶׁאֵינוֹ גוּפָהּ, מֻתָּר:

가축이 난산했고, 그 새끼가 앞다리를 〔먼저〕 내놓았다가 다시 들어갔다면, 그것을 먹는 것이 허용된다. 〔그 새끼가〕 머리를 내놓았다면,

다시 들어갔다 하더라도, 그것은 태어난 것이다.

뱃속에서 새끼로부터 잘려진 [부분은] 먹는 것이 허용된다. [그러나] 비장이나 콩팥의 [일부는] 먹는 것이 금지된다. 이것이 원칙이다. [가축의] 몸에 [속한] 것은 금지되고, 그 몸에 [속하지] 않은 것은 허용된다.

- 새끼가 태어나기 전에 어미인 가축을 적절한 방법으로 도살하면, 그 뱃속에 든 새끼는 먹는 것이 허용된다. 그러나 그 새끼가 일단 바깥으로 태어나면, 그 새끼도 적절한 방법으로 도살해야 먹을 수 있다. 이 미쉬나는 머리를 바깥으로 내놓았을 때는 태어난 것으로, 다른 사지를 내놓았을 때는 태어나지 않은 것으로 판단한다고 규정한다.
- 가축이 난산하는 경우 출산을 돕기 위해 새끼의 신체 일부를 절단하는 경우가 있었다. 이 부분이 태중에 남겨진 경우, 나중에 어미를 도살하면 이를 먹을 수 있다(라브; 라쉬). 살아 있는 것에서 절단한 것을 먹는 것은 금지되는데 이에 해당하지 않기 때문이다(라브; 람밤). 그러나 어미의 몸을 절개하여 비장이나 콩팥 같은 내장의 일부를 잘라낸 경우, 어미를 도살하더라도 먹을 수 없다(라브; 람밤). 살아 있는 것에서 절단한 것이기 때문이다.

4, 2
어미가 첫 새끼를 낳을 때 난산인 경우를 설명한다.

הַמְבַכֶּרֶת הַמַּקְשָׁה לֵילֵד, מְחַתֵּךְ אֵבֶר אֵבֶר וּמַשְׁלִיךְ לַכְּלָבִים. יָצָא רֻבּוֹ, הֲרֵי
זֶה יִקָּבֵר, וְנִפְטְרָה מִן הַבְּכוֹרָה:

첫 새끼를 낳는 [가축이] 난산하면, [새끼의] 사지를 잘라서 개들에게 던져준다. [새끼의 몸] 대부분이 나왔다면, 이것은 땅에 묻어야 하

며, 초태생 [관련법으로부터] 자유롭다.

- 가축이 낳는 첫 새끼는 거룩하며, 죽어서 태어나면 땅에 묻어야 한다. 그러나 첫 새끼가 아니고 죽어서 태어난다면, 이를 죽은 채 발견된 짐승(네벨라)으로 여겨 그 고기를 개들에게 먹여도 좋다. 이 미쉬나는 가축이 난산이지만 아직 새끼가 태어나지 않았다면, 그 새끼는 아직 어미 몸의 일부이며, 따라서 아직 첫 새끼가 아니다. 이 경우 어미 뱃속에서 사지를 잘라 꺼내어 개들에게 먹일 수 있다고 말한다.
- 그러나 이미 새끼의 몸 대부분이 나왔다면, 이미 태어난 것으로 간주하여 초태생의 지위를 가지게 된다. 따라서 이를 절단하여 죽였다면 개들에게 줄 수 없고 땅에 묻어야 한다. 그다음에 정상적으로 태어난 새끼는 첫 새끼가 아니며, 그 어미는 초태생 관련법으로부터 면제된다.

4, 3

어미 뱃속에서 죽은 새끼를 꺼낼 때 정결법을 적용하는 문제를 논의한다.

בְּהֵמָה שֶׁמֵּת עֻבָּרָה בְּתוֹךְ מֵעֶיהָ וְהוֹשִׁיט הָרוֹעֶה אֶת יָדוֹ וְנָגַע בּוֹ, בֵּין
בִּבְהֵמָה טְמֵאָה, בֵּין בִּבְהֵמָה טְהוֹרָה, טָהוֹר. רַבִּי יוֹסֵי הַגְּלִילִי אוֹמֵר,
בַּטְּמֵאָה, טָמֵא, וּבַטְּהוֹרָה, טָהוֹר. הָאִשָּׁה שֶׁמֵּת וְלָדָהּ בְּתוֹךְ מֵעֶיהָ וּפָשְׁטָה
חַיָּה אֶת יָדָהּ וְנָגְעָה בּוֹ, הַחַיָּה טְמֵאָה טֻמְאַת שִׁבְעָה, וְהָאִשָּׁה טְהוֹרָה עַד
שֶׁיֵּצֵא הַוָּלָד:

가축의 뱃속에서 그 새끼가 죽었고, 목자가 그의 손을 [안으로] 넣어서 그것과 접촉했을 때, 그 가축이 부정하거나 정결하거나 [상관없이], 그는 정결하다. 갈릴리 출신 랍비 요쎄는 부정한 [가축일 때는] 그가 부정하고, 정결한 [가축일 때는] 그가 정결하다고 말한다.

〔사람의 경우〕어머니의 뱃속에서 태아가 죽었고, 산파가 그녀의 손을 〔안으로〕넣어서 그것과 접촉했을 때, 그 산파는 이레 동안 부정하다. 그러나 그 산모는 태아가 나오기 전까지는 정결하다.

- 적절한 도살을 거치지 않고 죽은 가축은 죽은 채 발견된 것(네벨라)으로 부정하지만, 어미 뱃속에서 죽은 새끼는 아직 태어나지 않았으므로 어미 몸의 일부로 여겨 네벨라가 아니다. 그러므로 목자가 그것과 접촉해도 부정이 전이되지 않는다. 랍비 요쎄는 반대 의견을 내세우며, 부정한 가축의 뱃속에서 새끼가 죽으면 부정하여 음식으로 부적당하니 죽은 채 발견된 것으로 간주해야 한다고 말한다.
- 인간인 산모의 뱃속에서 태아가 죽으면, 아직 태어나지 않았다 하더라도 시체로 간주한다. 죽은 태아와 접촉한 산파는 이레 동안 부정하며, 산모도 사산하는 순간부터 부정하다. 이것은 랍비들이 시체의 부정과 관련해서 토라 전통을 더 엄격히 해석한 결과다.

4, 4

아직 태어나지 않은 새끼에 관한 다른 주제를 논의한다.

בְּהֵמָה הַמַּקְשָׁה לֵילֵד, וְהוֹצִיא עֻבָּר אֶת יָדוֹ וַחֲתָכָהּ וְאַחַר כָּךְ שָׁחַט אֶת אִמּוֹ, הַבָּשָׂר טָהוֹר. שָׁחַט אֶת אִמּוֹ וְאַחַר כָּךְ חֲתָכָהּ, הַבָּשָׂר מַגַּע נְבֵלָה, דִּבְרֵי רַבִּי מֵאִיר. וַחֲכָמִים אוֹמְרִים, מַגַּע טְרֵפָה שְׁחוּטָה. מַה מָּצִינוּ בַטְּרֵפָה שֶׁשְּׁחִיטָתָהּ מְטַהַרְתָּהּ, אַף שְׁחִיטַת בְּהֵמָה תְּטַהֵר אֶת הָאֵבֶר. אָמַר לָהֶם רַבִּי מֵאִיר, לֹא, אִם טִהֲרָה שְׁחִיטַת טְרֵפָה אוֹתָהּ, דָּבָר שֶׁגּוּפָהּ, תְּטַהֵר אֶת הָאֵבֶר, דָּבָר שֶׁאֵינוֹ גוּפָהּ. מִנַּיִן לַטְּרֵפָה שֶׁשְּׁחִיטָתָהּ מְטַהַרְתָּהּ. בְּהֵמָה טְמֵאָה אֲסוּרָה בַאֲכִילָה, אַף טְרֵפָה אֲסוּרָה בַאֲכִילָה. מַה בְּהֵמָה טְמֵאָה אֵין שְׁחִיטָתָהּ מְטַהַרְתָּהּ, אַף טְרֵפָה לֹא תְטַהֲרֶנּוּ שְׁחִיטָתָהּ. לֹא, אִם אָמַרְתָּ בִּבְהֵמָה טְמֵאָה שֶׁלֹּא הָיְתָה לָהּ שְׁעַת הַכֹּשֶׁר, תֹּאמַר בִּטְרֵפָה שֶׁהָיְתָה לָהּ שְׁעַת הַכֹּשֶׁר. טֹל לְךָ מַה שֶּׁהֵבֵאתָ, הֲרֵי שֶׁנּוֹלְדָה טְרֵפָה מִן הַבֶּטֶן מִנַּיִן. לֹא,

אִם אָמַרְתָּ בִּבְהֵמָה טְמֵאָה שֶׁכֵּן אֵין בְּמִינָהּ שְׁחִיטָה, תֹּאמַר בִּטְרֵפָה שֶׁיֵּשׁ
בְּמִינָהּ שְׁחִיטָה. בֶּן שְׁמֹנָה חַי, אֵין שְׁחִיטָתוֹ מְטַהַרְתּוֹ, לְפִי שֶׁאֵין בְּמִינוֹ
שְׁחִיטָה:

가축이 난산했고, 새끼가 앞다리를 내놓았는데 그것을 잘랐으며, 그 후에 그 어미를 도살했다면, 그 [새끼의] 고기는 정결하다. 그 어미를 도살하고 그 후에 그것을 잘랐다면, 그 고기는 죽은 채 발견된 것과 접촉한 [상태라는] 것이 랍비 메이르의 말이다. 그러나 현인들은 이것이 찢긴 것을 도살한 것과 접촉한 [상태라고] 말한다.

우리가 찢긴 것을 [적법하게] 도살하면 그것을 정결하게 만든다는 것을 안다. 가축을 [적법하게] 도살하면 그 사지를 정결하게 만들 것이다. 랍비 메이르가 그들에게 아니라고 말했다. 만약 찢긴 것을 도살하는 것이 그것을 정결하게 만드는 것은 그것의 몸일 경우다. [도살이] 그 몸이 아닌 [다른 몸의] 사지를 정결하게 만들겠는가?

찢긴 것을 [적법하게] 도살하면 그것을 정결하게 만든다는 것을 어디서 [알 수 있는가]? 부정한 가축은 먹는 것이 금지되며, 찢긴 것도 먹는 것이 금지되어 있다. 부정한 가축을 도살해도 그것을 정결하게 만들지 않는 것처럼, 찢긴 것을 도살해도 그것을 정결하게 만들지 않는다.

아니다. 만약 당신이 유효했던 시간이 없었던 부정한 가축에 관해 [그렇게] 말했다면, 유효했던 시간이 있었던 찢긴 것에 관해서도 [그렇게] 말할 수 있는가?

당신이 말한 바를 치워라. 뱃속에서 찢긴 것이 태어난다는 것을 어디서 [알 수 있는가]?

아니다. 만약 당신이 그 종류를 [적법하게] 도살할 수 없는 부정한 가축에 관해 [그렇게] 말했다면, 그 종류를 도살할 수 있는 찢긴 것에 관해서도 [그렇게] 말할 수 있는가?

여덟 〔달 만에 태어나〕 살아 있는 〔가축은 적법하게〕 도살해도 그것을 정결하게 만들지 않으니, 그 종류는 〔적법하게〕 도살할 수 없기 때문이다.

- 정결한 어미 뱃속에 있는 새끼는 죽었어도 정결하다. 아직 어미 몸의 일부이기 때문이다. 그러므로 새끼의 사지를 자르고, 그 어미를 도살하면, 그 고기는 정결하다. 여기서 잘려나간 사지는 살아 있는 것으로부터 잘려진 것이 되어 부정하고 먹을 수 없지만 뱃속의 새끼는 아직 살아 있어 이와 접촉했어도 그 부정이 전이되지 않는다고 본다. 랍비 메이르에 따르면, 어미를 도살한 후에 사지를 잘랐을 때는 그것이 죽은 새끼에서 떨어져 나왔으므로, 죽은 채 발견된 것과 접촉한 고기다. 그러나 다른 랍비들은 이 새끼가 찢긴 것이라고 보고, 잘라낸 사지는 찢긴 것을 도살한 것과 접촉한 상태라고 주장한다(아래 설명 참조).
- 랍비들은 찢긴 것, 즉 상처나 질병 때문에 더 이상 살기 어려운 가축을 적법하게 도살하면 죽은 채 발견된 것이 되지 않으며, 그 고기를 먹을 수는 없지만 정결하게 만드는 셈이라고 본다. 그렇다면 찢긴 것에서 잘라낸 사지도 먹을 수는 없지만 정결하다고 볼 수 있다고 주장한다. 그러나 랍비 메이르는 도살행위가 찢긴 것의 몸을 정결하게 만들지만, 어미를 도살하기 전에 떼어낸 죽은 새끼의 사지와는 아무 관련이 없다고 반박한다. 이 사지는 죽은 채 발견된 것이며, 새끼를 부정하게 만든다고 한다.
- 미쉬나 후반부는 찢긴 것을 도살하면 정결하다는 규정을 놓고 벌이는 논쟁을 기록한다. 첫 번째 의견은 부정한 가축과 찢긴 것을 비교하면서, 둘 다 적법한 절차를 따라 도살해도 그 고기는 부정하며 부정을 전이한다고 주장한다.

- 이에 반대하는 랍비들은 부정한 가축과 찢긴 것이 서로 다르다는 점을 강조한다. 부정한 가축은 처음부터 음식으로 사용할 수 없지만, 찢긴 것은 원래 음식으로 사용할 수 있는 가축이다. 그러므로 죽기 전에 적법하게 도살하면, 그 고기를 먹을 수는 없지만 부정을 전이하지는 않는다는 것이다.
- 첫째 의견을 주장했던 측의 감정이 격해지면서, 부정한 가축과 찢긴 것이 다르다고 반대하는 의견을 집어치우라고 말한다. 어미 뱃속에서 찢긴 것인 상태로 태어나는 경우도 있으며, 이런 경우 도살해도 정결해지지 않는다고 말한다.
- 반대하는 랍비들이 부정한 가축과 찢긴 것이 다르다는 주장을 철회하지 않고 다른 이유를 댄다. 찢긴 것은 가축의 종류 자체가 음식으로 사용하는 데 유효하고, 태어날 때부터 찢긴 것인 경우에도 그 종류가 먹을 수 있다는 사실에는 변함이 없다. 그러므로 도살하면 먹을 수는 없어도 부정을 전이하지 않는다. 그러나 부정한 가축은 그 종류 자체가 음식으로 사용할 수 없으며, 도살이 아무런 영향을 미치지 않는다고 주장한다.
- 여덟 달 만에 미숙아로 태어난 새끼는 곧 죽게 될 것이 분명하므로 찢긴 것으로 간주한다. 이런 가축은 도살이 허용되지 않으며, 그럼에도 불구하고 도살하면 죽은 채 발견된 것으로 간주한다.

4, 5

어미를 도살했을 때 뱃속에 있는 새끼에 관해 계속해서 논의한다.

הַשּׁוֹחֵט אֶת הַבְּהֵמָה וּמָצָא בָהּ בֶּן שְׁמֹנָה חַי אוֹ מֵת, אוֹ בֶן תִּשְׁעָה מֵת,
קוֹרְעוֹ וּמוֹצִיא אֶת דָּמוֹ. מָצָא בֶן תִּשְׁעָה חַי, טָעוּן שְׁחִיטָה, וְחַיָּב בְּאוֹתוֹ וְאֶת
בְּנוֹ, דִּבְרֵי רַבִּי מֵאִיר. וַחֲכָמִים אוֹמְרִים, שְׁחִיטַת אִמּוֹ מְטַהַרְתּוֹ. רַבִּי שִׁמְעוֹן
שְׁזוּרִי אוֹמֵר, אֲפִלּוּ בֶן שְׁמֹנֶה שָׁנִים וְחוֹרֵשׁ בַּשָּׂדֶה, שְׁחִיטַת אִמּוֹ מְטַהַרְתּוֹ.

[어떤 사람이] 가축을 도살했고 [뱃속에서] 여덟 [달] 된 [새끼가] 살았거나 죽은 것을 발견했을 때, 또는 아홉 [달] 된 [새끼가] 죽은 것을 [발견했을 때], 그것을 찢어서 그 피를 뽑는다. 그가 아홉 [달] 된 [새끼가] 살아 있는 것을 발견했다면, 도살을 해야 하며, '그것과 그 새끼' [관련법에]3) 책임이 있다는 것이 랍비 메이르의 말이다. 그러나 현인들은 그 어미를 도살하는 [행위가] 그것을 정결하게 한다고 말한다. 랍비 쉼온 쉐주리는 그 [가축이] 여덟 살이고 밭을 간다고 하더라도 그 어미를 도살하는 [행위가] 그것을 정결하게 만든다고 말한다.

그가 그 [어미를] 찢었고 그 [뱃속에서] 아홉 [달] 된 [새끼가] 살아 있는 것을 발견했다면, 그것은 도살해야 한다. 그 어미가 [적법하게] 도살되지 않았기 때문이다.

- 랍비 메이르는 어미를 도살했을 때 뱃속에 들어 있던 새끼가 몇 달이나 되었는지를 판단의 기준으로 삼는다. 여덟 달이면 아직 성체로 자라지 않았고 태어나더라도 곧 죽게 될 것이므로, 어미 몸의 일부로 간주하며, 어미를 도살했으면 새끼도 음식으로 유효하다. 다음으로 새끼가 뱃속에서 살아 있었는지 죽었는지를 구분한다. 아홉 달이 되었어도 이미 죽은 새끼는 어미 몸의 일부이며, 어미를 도살했으면 새끼도 음식으로 유효하다. 다만 피를 먹지 않기 위해서 피를 뽑아야 한다.

- 새끼가 이미 아홉 달이 되었고 아직 살아 있었다면, 그 새끼는 독립

---

3) '그것과 그 새끼'(אתו ואת-בנו, 오토 베엣 브노)라는 말은 어미와 새끼를 가리키며, 어미와 새끼를 같은 날 잡지 말라는 계명을 부르는 호칭이다 (레 22:28).

된 개체이고 살아 있으므로 따로 적법하게 도살해야 음식으로 유효하다. 그러나 이때 어미와 새끼를 같은 날 잡지 말라는 토라의 계명을 어길 위험이 있다(레 22:28).

- 다른 랍비들은 랍비 메이르의 주장에 반대하며, 어미가 이미 적절한 방법으로 도살되었다면 그 뱃속에 있는 새끼는 음식으로 유효하다고 주장한다. 이론적으로 말해서 어미가 이미 도살된 다음에 태어난 새끼는 8년 동안 자라며 밭까지 갈았다고 하더라도, 적절한 도살행위 없이 잡아먹을 수 있다고 랍비 쉼온 쉐주리는 말한다.

- 어미를 적절한 방법으로 도살하지 않고 잡았는데 뱃속의 새끼가 살아 있다면, 그 새끼는 적절한 방법으로 도살해야 음식으로 유효하다.

4, 6
가축의 사지가 부러진 상황에 관해 논의한다.

בְּהֵמָה שֶׁנֶּחְתְּכוּ רַגְלֶיהָ מִן הָאַרְכֻּבָה וּלְמַטָּה, כְּשֵׁרָה. מִן הָאַרְכֻּבָה וּלְמַעְלָה, פְּסוּלָה. וְכֵן שֶׁנִּטַּל צֹמֶת הַגִּידִין. נִשְׁבַּר הָעֶצֶם, אִם רֹב הַבָּשָׂר קַיָּם, שְׁחִיטָתוֹ מְטַהַרְתּוֹ. וְאִם לָאו, אֵין שְׁחִיטָתוֹ מְטַהַרְתּוֹ:

그 다리가 무릎[4]이나 그 아래로 잘린 가축은 [음식으로] 유효하다. 무릎부터 윗부분이 [잘렸다면] 무효가 된다. 그리고 힘줄 연결부위가 상해도 [그러하다]. 뼈가 부러졌지만 살이 대부분 남아 있다면, 도살하는 [행위가] 그것을 정결하게 만든다. 그러나 만약 그렇지 않다면, 도살하는 [행위가] 그것을 정결하게 만들지 않는다.

---

4) 이 낱말(ארכבה, 아르쿠바)은 다리의 뼈가 만나는 관절을 가리키는데, '엉덩이 뼈 밑에서 발목'까지 가리키는 경우가 있고, '무릎과 그 근처'를 가리키는 경우가 있다. 일단은 무릎이라고 옮기지만, 발목이라고 읽을 수도 있다.

- 이 미쉬나는 어느 부분까지 가축의 몸의 일부로 보아야 하는지를 논의하고 있으며, 그 지점이 어느 곳이냐에 따라 찢긴 것인지 여부를 판단한다. 무릎이 기준이 된다면, 그 아래로 다리가 잘린 가축은 신체의 주요 부위가 잘리지 않았기 때문에 찢긴 것이 아니며, 음식으로 유효하다. 그러나 무릎보다 위가 잘렸다면, 찢긴 것으로 간주하며 음식으로 사용할 수 없다. 후대의 전통인 탈무드는 기준이 무릎인지 발목인지를 놓고 토론을 벌인다.
- 힘줄의 연결부위란 허벅다리를 무릎에 연결시키는 힘줄을 가리키는 것으로 보이며, 이 부분이 없어지면 찢긴 것으로 간주한다.
- 가축이 살아 있을 때 사지 중 하나를 자르면, 이 부분은 정상적인 도살을 하더라도 음식으로 사용할 수 없다. 그러나 뼈는 부러졌지만 살이 붙어 있는 경우라면, 아직 그 부분이 가축 몸의 일부이며, 정상적으로 도살하면 음식으로 사용이 유효하다. 뼈가 부러지고 살도 붙어 있지 않다면, 이 부분은 가축 몸의 일부가 아니며, 가축을 정상적으로 도살해도 음식으로 사용할 수 없다.

4, 7

가축을 도살한 뒤 양막낭을 발견하는 경우를 설명한다.

הַשּׁוֹחֵט אֶת הַבְּהֵמָה וּמָצָא בָהּ שִׁלְיָא, נֶפֶשׁ הַיָּפָה תֹּאכְלֶנָּה, וְאֵינָהּ מְטַמְּאָה
לֹא טֻמְאַת אֳכָלִין וְלֹא טֻמְאַת נְבֵלוֹת. חִשֵּׁב עָלֶיהָ, מְטַמְּאָה טֻמְאַת אֳכָלִין
אֲבָל לֹא טֻמְאַת נְבֵלוֹת. שִׁלְיָא שֶׁיָּצְתָה מִקְצָתָהּ, אֲסוּרָה בַאֲכִילָה. סִימַן וָלָד
בְּאִשָּׁה, וְסִימַן וָלָד בַּבְּהֵמָה. הַמְבַכֶּרֶת שֶׁהִפִּילָה שִׁלְיָא, יַשְׁלִיכֶנָּה לַכְּלָבִים.
וּבַמֻּקְדָּשִׁין, תִּקָּבֵר. וְאֵין קוֹבְרִין אוֹתָהּ בְּפָרָשַׁת דְּרָכִים, וְאֵין תּוֹלִין אוֹתָהּ
בְּאִילָן, מִפְּנֵי דַרְכֵי הָאֱמֹרִי:

[어떤 사람이] 가축을 도살하고 양막낭을 발견했을 때, 마음이 강한 자가 먹어도 좋으며, 음식의 부정이나 죽은 채 발견된 것의 부정 때문

에 부정해지지 않는다. 그가 [먹을] 의도가 있었다면, 음식의 부정 때문에 부정해지지만, 죽은 채 발견된 것의 부정은 [적용되지] 않는다.

양막낭의 일부가 [바깥으로] 나왔다면, 먹는 것이 금지된다. 이것은 여인이 자식을 낳을 신호이며, 가축이 새끼를 낳을 신호다.

새끼를 낳은 적이 없는 [가축이] 양막낭을 배출했다면, 그것을 개들에게 던져준다. 성별한 가축이 [양막낭을 배출했다면], 그것을 [땅에] 묻는다. 이것을 교차로에 묻지 않으며, 나무에 걸어놓지 않는다. 그것은 아모리인들의 방식이기 때문이다.

- 어미를 적절한 방법으로 도살했는데 뱃속에서 양막낭을 발견했다면, 입맛이 너무 까다롭지 않은 사람은 음식으로 사용해도 좋다. 양막낭은 태아가 아직 성체로 발전하기 전이라서 가축의 고기나 내장처럼 판단할 수 없는 상태이며, 음식의 부정이든지 죽은 채 발견된 것의 부정이든지 제의적으로 부정해질 수 없다.

- 그러나 처음부터 도살하는 사람이 양막낭을 먹으려는 의도가 있었다면, 그의 생각이 양막낭을 음식으로 만들고 부정해질 가능성도 발생한다고 간주한다. 그러나 아직 태어나지 않은 것이 죽을 수는 없으므로, 죽은 채 발견된 것의 부정과는 관련이 없다.

- 양막낭의 일부가 바깥으로 나오기 시작하면, 출산이 시작한 것으로 본다. 바깥으로 나온 부분 안에 머리가 들어 있을 수도 있으며, 머리가 나왔다면 독립된 존재이기 때문이다. 그러므로 이 시점 이후로는 어미를 도살했다고 해도 양막낭을 먹을 수 없으며, 새끼가 태어난 이후에 적절한 방법으로 도살해야 음식으로 사용할 수 있다.

- 아직 새끼를 낳은 적이 없는 가축이 유산해서 양막낭을 배출했는데 그 안에 새끼가 없었다면, 이것은 첫 새끼가 아니며 성물이 아니다. 그러므로 개에게 주어서 먹인다. 그러나 그 가축을 이미 제물로 성별

한 후라면, 양막낭도 거룩한 몸의 일부이므로 땅에 묻어야 한다.

- 양막낭을 교차로에 묻거나 나무에 걸어놓는 행위는 우상숭배나 마술적인 제의의 일부라고 간주하며, 이것을 '아모리인들의 방식'이라고 부른다. 그러므로 이런 행위는 금지된다. 아모리인은 이스라엘이 가나안 땅에 정착하기 전에 살았던 족속으로 랍비시대와는 상관없다. 여기서는 우상숭배의 풍속을 가진 이방 족속을 대표하는 예로 쓰였다.

제5장

5, 1

어미와 새끼를 같은 날 잡지 말라는 계명을 논의한다.

אוֹתוֹ וְאֶת בְּנוֹ, נוֹהֵג בֵּין בָּאָרֶץ בֵּין בְּחוּצָה לָאָרֶץ, בִּפְנֵי הַבַּיִת וְשֶׁלֹּא בִּפְנֵי הַבַּיִת, בְּחֻלִּין וּבְמֻקְדָּשִׁין. כֵּיצַד. הַשּׁוֹחֵט אוֹתוֹ וְאֶת בְּנוֹ חֻלִּין בַּחוּץ, שְׁנֵיהֶם כְּשֵׁרִים, וְהַשֵּׁנִי סוֹפֵג אֶת הָאַרְבָּעִים. קָדָשִׁים בַּחוּץ, הָרִאשׁוֹן חַיָּב כָּרֵת, וּשְׁנֵיהֶם פְּסוּלִים, וּשְׁנֵיהֶם סוֹפְגִים אֶת הָאַרְבָּעִים. חֻלִּין בִּפְנִים, שְׁנֵיהֶם פְּסוּלִים, וְהַשֵּׁנִי סוֹפֵג אֶת הָאַרְבָּעִים. קָדָשִׁים בִּפְנִים, הָרִאשׁוֹן כָּשֵׁר וּפָטוּר, וְהַשֵּׁנִי סוֹפֵג אֶת הָאַרְבָּעִים וּפָסוּל:

그것과 그 새끼 [관련법은] 이 땅에서나 이 땅 바깥에서, 성전 안에서 그리고 성전 앞이 아닌 [경우에], 속된 [가축과] 성별한 [가축에게 모두] 적용한다.

어떤 [경우에 그러한가]? [어떤 사람이] 속된 [가축과] 그 새끼를 [성전] 바깥에서 도살하면, 둘 다 [음식으로] 유효하지만, 둘째를 [도살한 자는] 마흔 대를 맞는다.

거룩한 것들을 바깥에서 [도살하면], 첫째를 [도살한 자는] 카렛의 [처벌을] 받고, [도살된 것] 둘 다 무효가 되며, [도살한 사람] 둘 다 마흔 대를 맞는다.

속된 것을 [성전] 안에서 [도살하면], 둘 다 무효가 되며, 둘째를 [도살한 자는] 마흔 대를 맞는다.

거룩한 것을 안에서 [도살하면], 첫째 [가축은] 유효하고 [첫째를 도살한 자는] 책임에서 면제되며, 둘째를 [도살한 자는] 마흔 대를 맞고 [둘째 가축은] 무효가 된다.

- 어미와 새끼를 같은 날 잡지 말라는 계명을 '그것과 그 새끼'(אתו ואת-בנו, 오토 베에트 브노) 관련법이라고 부르는데(레 22:28), 이 규정은 시간과 장소 또 가축의 종류에 관계없이 언제나 적용된다. 특히 성전이 있던 시기나 파괴된 이후에도 동일하게 적용된다고 한다. 그런데 이 계명을 어기고 속된 가축인 어미와 새끼를 성전 바깥에서 도살하면, 도살장소는 적법하여 가축들을 먹을 수 있지만, 어미와 새끼를 같은 날 잡은 범죄는 책임져야 하므로 둘째 가축을 잡은 자가 마흔 대를 맞는다. '그것과 그 새끼'의 규정을 위반하는 것이 그 고기를 먹을 수 없도록 만들지는 않는다. 다만 이를 위반한 사람은 처벌을 받는다.
- 어미와 새끼 모두 거룩한 경우, 이들을 성전 바깥에서 도살하면 도살장소가 불법이므로 첫째 도살자는 카렛 처벌을 언도받는다. 둘째 도살자가 카렛 처벌을 받지 않는 이유는 이미 첫째 가축이 성물로 도살되었으므로 둘째는 같은 날 성물로 바칠 수 있는 자격이 없게 되고, 이를 도살해도 성물을 도살한 것으로 여겨지지 않기 때문이다.
- 성전 바깥에서 도살한 거룩한 가축은 모두 무효가 된다(「제바힘」14, 2). 두 사람이 모두 마흔 대를 맞는데, 첫째는 성물을 성전 바깥에서

도살한 책임으로 둘째는 어미와 새끼를 같은 날 도살한 책임 때문이다.

- 속된 가축들을 성전 안에서 도살한 경우 도살 장소가 부적절하여 모두 무효가 되며, 그 고기로 이득을 취할 수 없다(『나쉼』「키두쉰」2, 9). 이런 범죄를 저지른 자에게 마땅한 벌이 토라에 기록되지 않았기 때문에, 첫째는 벌을 받지 않지만, 둘째는 어미와 새끼를 같은 날 잡은 이유로 마흔 대를 맞는다.

- 거룩한 가축을 성전 안에서 도살하면, 첫 번째로 도살한 가축은 유효하여 제물로 사용할 수 있고, 첫째 가축을 잡은 자는 책임이 없다. 둘째 가축은 무효가 되고, 그것을 도살한 자는 마흔 대를 맞는다.

5, 2

어미와 새끼가 다른 지위를 가진 경우를 다룬다.

חֻלִּין וְקָדָשִׁים בַּחוּץ, הָרִאשׁוֹן כָּשֵׁר וּפָטוּר, וְהַשֵּׁנִי סוֹפֵג אֶת הָאַרְבָּעִים וּפָסוּל. קָדָשִׁים וְחֻלִּין בַּחוּץ, הָרִאשׁוֹן חַיָּב כָּרֵת וּפָסוּל, וְהַשֵּׁנִי כָּשֵׁר, וּשְׁנֵיהֶם סוֹפְגִין אֶת הָאַרְבָּעִים. חֻלִּין וְקָדָשִׁים בִּפְנִים, שְׁנֵיהֶם פְּסוּלִים, וְהַשֵּׁנִי סוֹפֵג אֶת הָאַרְבָּעִים. קָדָשִׁים וְחֻלִּין בִּפְנִים, הָרִאשׁוֹן כָּשֵׁר וּפָטוּר, וְהַשֵּׁנִי סוֹפֵג אֶת הָאַרְבָּעִים וּפָסוּל. חֻלִּין בַּחוּץ וּבִפְנִים, הָרִאשׁוֹן כָּשֵׁר וּפָטוּר, וְהַשֵּׁנִי סוֹפֵג אֶת הָאַרְבָּעִים וּפָסוּל. קָדָשִׁים בַּחוּץ וּבִפְנִים, הָרִאשׁוֹן חַיָּב כָּרֵת, וּשְׁנֵיהֶם פְּסוּלִים, וּשְׁנֵיהֶם סוֹפְגִים אֶת הָאַרְבָּעִים. חֻלִּין בִּפְנִים וּבַחוּץ, הָרִאשׁוֹן פָּסוּל וּפָטוּר, וְהַשֵּׁנִי סוֹפֵג אֶת הָאַרְבָּעִים וְכָשֵׁר. קָדָשִׁים בִּפְנִים וּבַחוּץ, הָרִאשׁוֹן כָּשֵׁר וּפָטוּר, וְהַשֵּׁנִי סוֹפֵג אֶת הָאַרְבָּעִים וּפָסוּל:

첫째 가축이 속되고 둘째 가축이 거룩한데 [성전] 바깥에서 [도살하면], 첫째 [가축은] 유효하고 [그 도살자는] 책임에서 면제되지만, 둘째 [가축을 도살한 자는] 마흔 대를 맞고 [둘째 가축은] 무효가 된다.

거룩한 것과 속된 것을 바깥에서 [도살하면], 첫째는 카렛 처벌을 받고 무효가 되며, 둘째는 유효하고, 두 사람이 모두 마흔 대를 맞는다.

속된 것과 거룩한 것을 안에서 〔도살하면〕, 둘 다 무효가 되고, 둘째 〔도살자는〕 마흔 대를 맞는다.

거룩한 것과 속된 것을 안에서 〔도살하면〕, 첫째는 유효하고 책임에서 면제되나, 둘째는 마흔 대를 맞고 무효가 된다.

속된 것들을 〔첫째는〕 바깥에서 그리고 〔둘째는〕 안에서 〔도살하면〕, 첫째는 유효하고 책임이 면제되지만, 둘째는 마흔 대를 맞고 무효가 된다.

거룩한 것들을 바깥에서 그리고 안에서 〔도살하면〕, 첫째는 카렛형을 〔받을〕 책임이 있고, 둘 다 무효가 되며, 둘 다 마흔 대를 맞는다.

속된 것들을 안에서 그리고 바깥에서 〔도살하면〕, 첫째는 무효가 되고 책임이 면제되나, 둘째는 마흔 대를 맞고 유효하다.

거룩한 것들을 안에서 그리고 바깥에서 〔도살하면〕, 첫째는 유효하고 책임이 면제되나, 둘째는 마흔대를 맞고 무효가 된다.

- 어미와 새끼 중 하나는 속되고 다른 하나는 거룩할 때, 속된 첫째 가축을 성전 바깥에서 도살하면, 정당한 행위이므로 도살한 가축의 고기가 음식으로 유효하고 도살자는 아무런 책임도 없다. 그러나 이미 성별하여 거룩한 둘째 가축을 성전 바깥에서 도살하면, 도살한 가축은 무효가 되고, 도살자는 어미와 새끼를 같은 날 잡지 말라는 계명을 어겨서 마흔 대를 맞는다. 이미 그 가축의 어미 또는 새끼를 도살했으므로, 둘째 가축은 그날 성전의 제물로 사용될 수 있는 자격을 잃게 되고, 둘째 도살자는 카렛 처벌을 받지 않는다.

- 거룩한 첫째 가축을 바깥에서 도살하면, 도살자는 카렛 처벌을 받고 그 고기는 무효가 되지만 속된 둘째 가축은 속된 것을 밖에서 잡은 것이므로 유효하다. 그러나 첫째 도살자는 성물을 성전 바깥에서 도

살한 책임으로, 둘째 도살자는 어미와 새끼를 같은 날 도살한 책임 때문에 마흔 대를 맞는다.

- 속된 첫째 가축을 성전 안에서 도살하면 무효가 되고, 거룩한 둘째 가축은 어미와 새끼를 같은 날 잡았으니 무효가 된다. 둘째는 최소한 하루를 기다려야 잡을 수 있게 되므로, 이를 잡을 수 있는 때 이전에 잡은 것이 되기 때문이다(라브; 라쉬). 첫째 도살자는 관련 규정이 없어서 벌을 받지 않고, 둘째 도살자는 마흔 대를 맞는다.

- 거룩한 첫째 가축을 안에서 도살하면, 아무런 문제가 없다. 그러나 속된 둘째 가축을 안에서 도살하면 무효가 되고 어미와 새끼를 같은 날 잡은 책임을 지고 마흔 대를 맞는다.

- 가축이 둘 다 속되면, 성전 밖에서 잡은 첫째는 유효하나 성전 안에서 잡은 둘째는 무효다. 둘째 가축을 도살한 자는 마흔 대를 맞는다.

- 가축이 둘 다 거룩할 때, 성전 바깥에서 잡으면, 가축은 무효가 되고 도살자는 카렛 처벌을 받는다. 성전 안에서 잡은 둘째도 무효가 되는데, 그날 이미 어미 또는 새끼를 도살하여 잡을 수 있는 시간 이전에 잡은 것이 되기 때문이다. 첫째 도살자는 잘못된 장소에서 도살한 책임으로, 둘째 도살자는 어미와 새끼를 같은 날 도살한 책임 때문에 마흔 대를 맞는다.

- 속된 첫째 가축을 성전 안에서 도살하면, 가축은 도살 장소가 잘못되어 무효가 되지만 도살자는 관련 규정이 없어서 처벌을 받지 않는다. 속된 둘째 가축을 성전 바깥에서 잡으면, 가축은 유효하지만 도살자는 계명을 어겨서 마흔 대를 맞는다.

- 거룩한 첫째 가축을 성전 안에서 도살하면, 아무 문제가 없다. 거룩한 둘째 가축을 바깥에서 잡으면, 그 고기는 도살 장소가 잘못되어 무효가 되고, 도살자는 계명을 어겨서 마흔 대를 맞는다.

도살이 금지된 경우들과 그 책임에 대해 논의한다.

הַשּׁוֹחֵט וְנִמְצָא טְרֵפָה, הַשּׁוֹחֵט לַעֲבוֹדָה זָרָה, וְהַשּׁוֹחֵט פָּרַת חַטָּאת,
וְשׁוֹר הַנִּסְקָל, וְעֶגְלָה עֲרוּפָה, רַבִּי שִׁמְעוֹן פּוֹטֵר, וַחֲכָמִים מְחַיְּבִין. הַשּׁוֹחֵט
וְנִתְנַבְּלָה בְיָדוֹ, וְהַנּוֹחֵר, וְהַמְעַקֵּר, פָּטוּר מִשּׁוּם אוֹתוֹ וְאֶת בְּנוֹ. שְׁנַיִם שֶׁלָּקְחוּ
פָּרָה וּבְנָהּ, אֵיזֶה שֶׁלָּקַח רִאשׁוֹן, יִשְׁחֹט רִאשׁוֹן. וְאִם קָדַם הַשֵּׁנִי, זָכָה. שָׁחַט
פָּרָה וְאַחַר כָּךְ שְׁנֵי בָנֶיהָ, סוֹפֵג שְׁמוֹנִים. שָׁחַט שְׁנֵי בָנֶיהָ וְאַחַר כָּךְ שְׁחָטָהּ,
סוֹפֵג אֶת הָאַרְבָּעִים. שְׁחָטָהּ וְאֶת בִּתָּהּ וְאֶת בַּת בִּתָּהּ, סוֹפֵג שְׁמוֹנִים.
שְׁחָטָהּ וְאֶת בַּת בִּתָּהּ וְאַחַר כָּךְ שָׁחַט אֶת בִּתָּהּ, סוֹפֵג אֶת הָאַרְבָּעִים.
סוֹמְכוֹס אוֹמֵר מִשּׁוּם רַבִּי מֵאִיר, סוֹפֵג שְׁמוֹנִים. בְּאַרְבָּעָה פְרָקִים בַּשָּׁנָה
הַמּוֹכֵר בְּהֵמָה לַחֲבֵרוֹ צָרִיךְ לְהוֹדִיעוֹ, אִמָּהּ מָכַרְתִּי לִשְׁחֹט, בִּתָּהּ מָכַרְתִּי
לִשְׁחֹט. וְאֵלּוּ הֵן, עֶרֶב יוֹם טוֹב הָאַחֲרוֹן שֶׁל חָג, וְעֶרֶב יוֹם טוֹב הָרִאשׁוֹן שֶׁל
פֶּסַח, וְעֶרֶב עֲצֶרֶת, וְעֶרֶב רֹאשׁ הַשָּׁנָה, וּכְדִבְרֵי רַבִּי יוֹסֵי הַגְּלִילִי, אַף עֶרֶב
יוֹם הַכִּפּוּרִים בַּגָּלִיל. אָמַר רַבִּי יְהוּדָה, אֵימָתַי, בִּזְמַן שֶׁאֵין לוֹ רֶוַח. אֲבָל יֵשׁ
לוֹ רֶוַח, אֵין צָרִיךְ לְהוֹדִיעוֹ. וּמוֹדֶה רַבִּי יְהוּדָה בְּמוֹכֵר אֶת הָאֵם לֶחָתָן וְאֶת
הַבַּת לַכַּלָּה, שֶׁצָּרִיךְ לְהוֹדִיעַ, בְּיָדוּעַ שֶׁשְּׁנֵיהֶם שׁוֹחֲטִין בְּיוֹם אֶחָד:

[어떤 사람이 가축을] 도살했는데, 찢긴 것임이 발견되었을 때, 우
상숭배를 위해 도살했을 때, 속죄의 암소나 돌에 맞아야 할 소나 목을
부러뜨릴 송아지를 도살했을 때, 랍비 쉼온은 [책임에서] 면제시켰으
나, 현인들은 책임이 있다고 했다.

[어떤 사람이 가축을] 도살했는데, 그의 손에서 죽은 채 발견된 것
이 되었을 때, 그가 [가축을] 찔렀을 때, 그가 [가축의 일부를] 떼어냈
을 때, '그것과 그 새끼' [규정을 지킬 책임에서] 면제된다.

[서로 다른] 두 사람이 [각각] 암소와 그 새끼를 구매했을 때는, 첫
번째로 구매한 자가 첫째 가축을 도살한다. 그러나 두 번째로 구매한
자가 앞서서 [도살했으면], 그가 [우선권을] 가져간 것이다.

그가 암소를 도살했고 그 후에 그 새끼 두 마리를 [도살했다면], 그
는 여든 대를 맞는다. 그가 새끼 두 마리를 도살했고 그 후에 그 [어미

를] 도살했다면, 마흔 대를 맞는다. 그가 그 [어미]와 그 새끼인 암컷과 그 새끼인 암컷을 도살했다면, 여든 대를 맞는다. 그가 그 [어미와] 그 새끼의 새끼인 암컷을 도살했고 그 후에 그 새끼인 암컷을 도살했다면, 마흔 대를 맞는다. 쑴코쓰는 그가 여든 대를 맞는다고 랍비 메이르의 이름으로 말한다.

일 년에 네 시기 동안에 [어떤 사람이] 자기 동료에게 가축을 팔면, 그 어미를 도살하라고 팔았다 [또는] 그 새끼인 암컷을 도살하라고 팔았다고 알려주어야 한다. 그 [시기는 장막절] 명절의 마지막 성일 저녁, 유월절의 첫째 성일 저녁, [칠칠절] 성회로 [모이는 날] 저녁, 새해 첫날 저녁이다. 갈릴리 출신 랍비 요쎄의 말에 따르면, 갈릴리에서는 속죄일 저녁에도 [알려주어야 한다].

랍비 예후다는 언제부터 [알려주어야 하냐고] 물었고, [두 시점 사이에] 시간차가 없을 때라고 했다. 그러나 시간차가 있을 때는 그에게 알려줄 필요가 없다고 했다. 그러나 랍비 예후다도 [어떤 사람이] 그 어미를 신랑에게 그리고 그 새끼인 암컷을 신부에게 팔 때는 알려주어야 한다고 동의한다. 그들 둘이 같은 날에 [그 가축들을] 도살할 것을 알기 때문이다.

- 이 미쉬나가 처음에 열거하는 상황들은 어떤 사람이 어미와 그 새끼를 같은 날 잡았는데, 그중 한 마리가 먹을 수 없는 경우다. 말하자면 둘 중 한 마리가 (1) 상처나 질병 때문에 곧 죽을 가축일 때, (2) 우상을 숭배하려고 도살했을 때, (3) 속죄의 물을 위한 붉은 암소(민 19), (4) 사람을 죽이거나 수간에 사용되어 돌로 때려죽여야 하는 가축, (5) 범죄자를 모르는 시체 때문에 목을 부러뜨려 죽일 송아지(신 21:1-9)일 경우다. 이런 가축들은 적법하게 도살해도 그 고기를 먹을 수 없으므로, 랍비 쉼온은 어미와 새끼를 같은 날 잡은 자를 책임에

서 면제해준다고 말한다. 다른 랍비들은 그 사람이 의도적으로 둘째 가축을 잡았다면 그 벌을 받아야 한다고 주장한다.

- 다음 경우는 원래 음식으로 사용하기에 유효한 가축이었으나 부적절한 도살행위 때문에 무효가 된 경우들이다. '그것과 그 새끼' 관련 법은 어떤 사람이 도살에 성공했을 때 적용하기 때문에 어떤 이유로 도살 자체가 무효가 되었다면, 그는 책임이 없다.

- 어미와 새끼를 서로 다른 두 사람이 구매했을 경우, 먼저 산 사람이 먼저 도살할 권리가 있다. 그러나 나중에 산 사람이 기다리지 않고 먼저 도살했다면, 죽은 가축을 살려낼 수는 없으므로 우선권이 있던 먼저 산 사람이 기다려야 한다.

- 다음 주제는 어떤 사람이 '어미와 그 새끼' 관련법을 몇 번 어겼는지 계산하는 방법이다. (1) 어미를 도살한 다음에는 그 새끼 한 마리를 더 잡을 때마다 마흔 대를 맞는다. 그러므로 두 마리를 잡으면 여든 대를 맞는다. (2) 새끼 두 마리를 잡은 다음에 어미를 잡으면, 그의 범죄는 어미를 잡은 것이다. 관련법을 한 번 어겼으므로 마흔 대를 맞는다. (3) 어미를 도살한 다음에 그 새끼(제2세대)와 새끼의 새끼(제3세대)를 잡으면, 관련법을 두 번 어겼으므로 여든 대를 맞는다. (4) 어미와 그 새끼의 새끼(제3세대)를 도살했고, 그다음에 어미의 새끼(제2세대)를 도살했다. 첫째 의견에 따르면 어미와 새끼의 새끼를 잡은 것은 범죄행위가 아니며, 제2세대인 새끼를 잡았을 때 범죄행위가 성립된다. 그러므로 그는 마흔 대를 맞는다. 그러나 쑴코스(메이르 랍비의 제자)가 전하는 바에 따르면 메이르 랍비는 여든 대를 맞아야 한다고 가르쳤는데, 그는 금지된 가축을 한 번만 도살했지만 그 가축은 두 번 금지되었으므로 그렇다는 것이다.

- 가축을 파는 상인이 어미와 새끼를 서로 다른 두 사람에게 팔았을 때, 그들이 각자 자기의 가축을 도살하면 자기도 모르는 사이에 '어

미와 그 새끼' 관련법을 어길 가능성이 있다. 특히 이스라엘 백성이 가축을 잡아서 명절을 지키는 기간이 되면 이런 사건이 벌어질 가능성이 높아지므로, 상인이 구매자에게 이런 사실을 알려야 할 의무가 있다. 이런 기간들 중 (1) 장막절의 마지막 성일 저녁(**שמיני עצרת**, 슈미니 아쩨렛)에 첫날보다 고기를 더 먹었다. 이날은 독립된 명절로 여겨졌으며 즐거운 축제의 날로 만찬을 벌였기 때문이다. (2) 유월절 첫째 성일 저녁이 되기 전에는 유월절 양을 잡아야 한다. (3) 칠칠절 성회로 모이는 날 저녁과 (4) 새해 첫날 저녁도 마찬가지다. 갈릴리 출신의 랍비 요쎄는 속죄일 전날도 포함시켜야 한다고 주장하는데, 갈릴리 사람들은 금식을 시작하기 전에 고기를 먹는 관습이 있었기 때문이다.

- 랍비 예후다는 고지의 의무를 관대하게 적용하기 위해서 어미를 판 시점과 새끼를 판 시점 사이에 시간차가 하루가 안 되는 경우에만 알려주면 된다고 주장한다. 서로 다른 구매자 두 명이 서로 다른 날 어미와 새끼를 샀는데 같은 날 도살할 가능성은 별로 없다는 생각이다. 그러나 구매자가 신랑과 신부였다면, 다른 날 사가더라도 고지해야 할 의무가 있다.

5, 4

어미와 새끼를 팔 때 고지 의무가 있는 날에 관해 추가로 설명한다.

בְּאַרְבָּעָה פְרָקִים אֵלּוּ מַשְׁחִיטִין אֶת הַטַּבָּח בְּעַל כָּרְחוֹ. אֲפִלּוּ שׁוֹר שָׁוֶה אֶלֶף דִּינָרִין וְאֵין לוֹ לַלּוֹקֵחַ אֶלָּא דִינָר, כּוֹפִין אוֹתוֹ לִשְׁחֹט, לְפִיכָךְ, אִם מֵת, מֵת לַלּוֹקֵחַ. אֲבָל בִּשְׁאָר יְמוֹת הַשָּׁנָה, אֵינוֹ כֵן. לְפִיכָךְ, אִם מֵת, מֵת לַמּוֹכֵר:

이 네 시기 동안 도살업자는 억지로 도살을 하기도 한다. 황소가 1,000디나르짜리이고 구매자가 1디나르밖에 내지 않아도, 그가 〔그

가축을〕 도살하도록 강제할 수 있다. 그러므로 〔그 가축이 갑자기〕 죽으면, 구매자의 〔책임으로〕 죽은 것이다.

1년 중 다른 때에는 그렇지 않다. 그러므로 〔가축이 갑자기〕 죽으면, 판매자의 〔책임으로〕 죽은 것이다.

- 셋째 미쉬나(5, 3)의 문맥에 이어 1년 중 고기를 많이 먹는 네 시기 동안에 일어나는 일을 설명하는데, 이 기간 중에는 토라의 계명을 지키기 위해서 어쩔 수 없이 가축을 도살하는 경우가 있다고 말한다. 매우 비싼 가격의 황소가 있는데, 구매자가 매우 소량의 고기를 달라고 요구하면, 그 요구를 거절할 수 없으며, 손해를 무릅쓰고 가축을 도살해야 한다는 것이다. 다시 말해서 도살업자가 고기를 팔겠다고 결정하는 순간에 거래가 성립된 것이고 무를 수 없다. 이런 상황에서 정식으로 도살하지 않은 가축이 갑자기 죽어서 음식으로 쓸수 없다면, 그것은 구매자가 책임져야 한다.
- 1년 중 다른 때에는 상황이 반대가 된다. 도살업자는 억지로 가축을 도살할 의무가 없고, 구매자가 충분히 나타나지 않으면 도살을 하지 않아도 좋다. 그러므로 구매자가 이미 돈을 지불했고, 가축이 갑자기 죽어서 음식으로 쓸 수 없다면, 그 돈을 구매자에게 환불해야 한다.

5, 5
어미와 새끼를 잡는 날을 어떻게 계산하는지 설명한다.

יוֹם אֶחָד הָאָמוּר בְּאוֹתוֹ וְאֶת בְּנוֹ, הַיּוֹם הוֹלֵךְ אַחַר הַלַּיְלָה. אֶת זוֹ דָּרַשׁ
שִׁמְעוֹן בֶּן זוֹמָא. נֶאֱמַר בְּמַעֲשֵׂה בְרֵאשִׁית, יוֹם אֶחָד, וְנֶאֱמַר בְּאוֹתוֹ וְאֶת בְּנוֹ,
יוֹם אֶחָד. מַה יּוֹם אֶחָד הָאָמוּר בְּמַעֲשֵׂה בְרֵאשִׁית הַיּוֹם הוֹלֵךְ אַחַר הַלַּיְלָה,
אַף יוֹם אֶחָד הָאָמוּר בְּאוֹתוֹ וְאֶת בְּנוֹ, הַיּוֹם הוֹלֵךְ אַחַר הַלַּיְלָה:

'그것과 그 새끼'〔관련법에서〕 말하는 하루는 밤과 그 후에 오는 날을 〔가리킨다〕. 이것을 쉼온 벤 조마가 〔이렇게〕 주석했다. 창세기 사건에 "하루"라고 기록했고, '그것과 그 새끼'〔관련법에도〕 하루라고 기록했다. 창세기 사건에서 말한 하루는 밤과 그 후에 오는 날이었으므로, '그것과 그 새끼'〔관련법에서〕 말하는 하루도 밤과 그 후에 오는 날이다.

- 어미와 새끼를 같은 날 잡지 말라는 계명(레 22:28)은 하루(יום אחד, 욤 에하드)를 어떻게 정의하느냐에 따라 다른 결과를 가져올 수 있다. 쉼온 벤 조마는 토라의 다른 구절을 인용하면서, 창조의 첫날을 토라에서 하루라고 표현했음을 지적한다(창 1:5). 이 본문에서 하루는 저녁부터 다음 날 낮까지로 계산하고 있으므로, '그것과 그 새끼' 관련법도 저녁부터 다음 날 낮까지를 하루로 계산한다.

제6장

6, 1
사냥한 동물의 피를 땅에 묻는 계명을 설명한다.

כִּסּוּי הַדָּם נוֹהֵג בָּאָרֶץ וּבְחוּצָה לָאָרֶץ, בִּפְנֵי הַבַּיִת וְשֶׁלֹּא בִּפְנֵי הַבַּיִת, בְּחֻלִּין אֲבָל לֹא בְמֻקְדָּשִׁים. וְנוֹהֵג בְּחַיָּה וּבְעוֹף, בִּמְזֻמָּן וּבְשֶׁאֵינוֹ מְזֻמָּן. וְנוֹהֵג בְּכוֹי, מִפְּנֵי שֶׁהוּא סָפֵק. וְאֵין שׁוֹחֲטִין אוֹתוֹ בְיוֹם טוֹב. וְאִם שְׁחָטוֹ, אֵין מְכַסִּין אֶת דָּמוֹ:

피를 덮는 〔계명은〕 이 땅에서 그리고 이 땅 바깥에서, 성전이 있을 때 그리고 없을 때, 속된 〔짐승에게 적용하지만〕 그러나 성별한 〔가축에게는 적용하지〕 않는다. 그리고 짐승과 새에게, 그리고 보유하고

있던 〔가축이나〕 그렇지 않은 것에 〔모두〕 적용한다. 그리고 코이-영양에게 적용한다. 왜냐하면 이것은 의심스러운 상황이기 때문이다. 그것을 성일에 도살하지 않는다. 그러나 만약 그것을 도살했다면, 그 피를 덮지 않는다.

- 토라는 짐승이나 새를 사냥하면 그 피를 땅에 쏟고 흙으로 덮으라고 명령한다(레 17:13). 이 계명은 장소나 성전의 유무와 상관없이 지켜야 한다.
- 그런데 이 계명은 사냥과 관련되므로 속된 짐승이나 새에게 적용하며, 제물로 성별한 가축에게는 적용하지 않는다. 제물로 바친 가축이나 새에 관련해서는 그 피를 흙으로 덮으라고 명령하지 않는다. 야생 짐승이나 새가 함정이나 덫에 걸려서 실제로 보유하고 있는 재산과 같거나 그렇지 않더라도 이 계명을 적용한다.
- 집에서 기르는 가축인지 야생 짐승인지 판단할 수 없는 코이-영양은(『제라임』 「빅쿠림」 2, 8-11) 좀 더 엄정하게 계명을 해석해서 법규정을 적용하기로 결정한다. 이와 관련해서 코이-영양은 절기의 성일에 도살하면 안 되는데, 왜냐하면 그 피를 덮기 위해서 흙을 나르는 것은 노동이기 때문이다. 그러나 만약 성일에 코이-영양을 도살했다면, 이 동물이 가축일 가능성도 있기 때문에 피를 덮지 않고 성일이 지나도록 저녁까지 기다린다.

6, 2

제5장 셋째 미쉬나(5, 3)와 매우 유사하다.

הַשּׁוֹחֵט וְנִמְצָא טְרֵפָה, וְהַשּׁוֹחֵט לַעֲבוֹדָה זָרָה, וְהַשּׁוֹחֵט חֻלִּין בִּפְנִים,
וְקָדָשִׁים בַּחוּץ, חַיָּה וָעוֹף הַנִּסְקָלִים, רַבִּי מֵאִיר מְחַיֵּב, וַחֲכָמִים פּוֹטְרִין.
הַשּׁוֹחֵט וְנִתְנַבְּלָה בְיָדוֹ, הַנּוֹחֵר, וְהַמְעַקֵּר, פָּטוּר מִלְּכַסּוֹת:

〔어떤 사람이 가축을〕 도살했는데, 찢긴 것임이 발견되었을 때, 우상승배를 위해 도살했을 때, 속된 〔가축을 성전〕 안에서 또는 성별한 〔가축을 성전〕 바깥에서 도살했을 때, 돌에 맞아야 할 짐승이나 새를 〔도살했을 때〕, 랍비 메이르는 〔피를 덮을〕 책임이 있다고 했으나 현인들은 〔책임을〕 면제했다.

〔어떤 사람이 가축을〕 도살했는데 그의 손에서 죽은 채 발견된 것이 되었을 때, 그가 〔가축을〕 찔렀을 때, 그가 〔가축의 일부를〕 떼어냈을 때, 〔피를〕 덮을 〔책임에서〕 면제된다.

- 미쉬나 앞부분에 열거한 상황은 가축을 적절하게 도살했으나 음식으로 사용할 수 없는 경우들이다(「훌린」 5, 3). 속된 가축을 성전 안에서 또는 성별한 가축을 성전 바깥에서 도살하면 도살 장소가 잘못되었기 때문에 무효가 된다. 랍비 메이르는 이런 경우에도 가축이 흘린 피를 덮을 책임이 있다고 주장했는데, 먹을 수 없는 가축은 야생 짐승과 같다고 추론한 것으로 보인다. 그러나 다른 랍비들은 짐승을 도살하여 음식으로 사용할 수 있는 경우에만 피를 덮는다고 보았다.
- 미쉬나 뒷부분에 열거한 상황은 가축을 적절하게 도살하지 않은 경우들이다. 피를 덮는 규정은 적절하게 도살한 짐승에게 적용되므로, 이런 경우에는 피를 덮을 책임이 없다.

6, 3
법적으로 독립적인 개인이 될 수 없는 사람들의 경우를 논의한다.

חֵרֵשׁ, שׁוֹטֶה וְקָטָן שֶׁשָּׁחֲטוּ וַאֲחֵרִים רוֹאִין אוֹתָן, חַיָּב לְכַסּוֹת. בֵּינָן לְבֵין עַצְמָם, פָּטוּר מִלְּכַסּוֹת. וְכֵן לְעִנְיַן אוֹתוֹ וְאֶת בְּנוֹ, שֶׁשָּׁחֲטוּ וַאֲחֵרִים רוֹאִין אוֹתָן, אָסוּר לִשְׁחֹט אַחֲרֵיהֶם. בֵּינָן לְבֵין עַצְמָם, רַבִּי מֵאִיר מַתִּיר לִשְׁחֹט אַחֲרֵיהֶן, וַחֲכָמִים אוֹסְרִים. וּמוֹדִים שֶׁאִם שָׁחַט, שֶׁאֵינוֹ סוֹפֵג אֶת הָאַרְבָּעִים:

청각장애인, 지적장애인, 그리고 미성년자가 〔짐승을〕 도살했고 다른 사람들이 그들을 보았다면, 〔피를〕 덮을 책임이 있다. 그들 본인들만 있었다면 〔피를〕 덮을 〔책임에서〕 면제된다.

'그것과 그 새끼'〔관련법〕 문제도 마찬가지다. 그들이 도살했고 다른 사람들이 보았다면, 그들 다음에 〔어미 혹은 새끼를〕 도살하는 것이 금지된다. 그들 본인들만 있었을 때, 랍비 메이르는 그들 다음에 도살하는 것을 허용했으나, 현인들은 금지했다. 그러나 만약 그가 〔그들 다음에〕 도살했다면, 마흔 대를 맞지 않는다고 그들도 동의했다.

- 법적으로 독립적인 개인이 될 수 없는 사람이 짐승을 도살했더라도 다른 사람들이 지켜보고 있으면, 그 도살이 유효하며(「훌린」 1, 1), 피를 덮을 책임도 발생한다. 그러나 지켜보는 사람이 없었다면, 그 도살은 무효가 되며, 피를 덮을 책임도 없다.

- 법적으로 독립적인 개인이 될 수 없는 사람이 가축을 도살했고, 다른 사람들이 감독하여 그 도살이 유효하다면, 그 가축의 어미나 새끼를 같은 날 잡을 수 없다. 그러나 지켜보는 사람이 없었다면 그 도살은 무효가 되며, 그 어미나 새끼를 도살하는 것도 허용된다는 것이 랍비 메이르의 의견이다. 다른 랍비들은 금지해야 한다고 주장했다. 후대 전통에 따르면 감독하는 사람이 없었더라도 적절한 방법으로 도살했을 가능성이 있으며, 이런 의심 때문에 피를 덮고 그 어미나 새끼를 같은 날 잡을 수 없다고 설명한다. 그러나 이런 규정은 의심 때문에 더욱 엄정하게 규정을 적용하는 것이기 때문에, 같은 날 도살했다고 해서 벌을 받지는 않는다고 말했다.

6, 4

도살된 짐승이나 새의 피를 흙으로 덮는 횟수에 대해 논의한다.

שָׁחַט מֵאָה חַיּוֹת בְּמָקוֹם אֶחָד, כִּסּוּי אֶחָד לְכֻלָּן. מֵאָה עוֹפוֹת בְּמָקוֹם אֶחָד,
כִּסּוּי אֶחָד לְכֻלָּן. חַיָּה וָעוֹף בְּמָקוֹם אֶחָד, כִּסּוּי אֶחָד לְכֻלָּן. רַבִּי יְהוּדָה אוֹמֵר,
שָׁחַט חַיָּה, יְכַסֶּנָּה, וְאַחַר כָּךְ יִשְׁחֹט אֶת הָעוֹף. שָׁחַט וְלֹא כִסָּה וְרָאָהוּ אַחֵר,
חַיָּב לְכַסּוֹת. כִּסָּהוּ וְנִתְגַּלָּה, פָּטוּר מִלְּכַסּוֹת. כִּסָּהוּ הָרוּחַ, חַיָּב לְכַסּוֹת:

그가 짐승 백 마리를 한 장소에서 도살했으면, 한 번에 전부를 덮는다. 새 백 마리를 한 장소에서 〔도살했으면〕, 한 번에 전부를 덮는다.

짐승과 새를 한 장소에서 〔도살했으면〕, 한 번에 전부를 덮는다. 랍비 예후다는 짐승을 도살하고 그 〔피를〕 덮은 다음에 새를 도살한다고 말한다.

그가 도살했으나 〔피를〕 덮지 않았고 다른 사람이 그것을 보았다면, 그 사람이 〔피를〕 덮을 책임이 있다. 〔피를〕 덮었으나 〔다시〕 드러났다면, 그것을 〔다시〕 덮을 〔책임에서〕 면제된다. 바람이 불어서 그것을 덮었다면, 〔피를〕 덮을 책임이 있다.

- 어떤 사람이 같은 종류의 짐승이나 새를 한 장소에서 도살했으면, 아무리 많은 짐승을 도살했더라도 한 번만 흙으로 덮으면 충분하다. 한 마리를 도살할 때마다 그 피를 덮을 필요는 없다.
- 짐승과 새를 섞어서 도살해도 마찬가지라는 의견도 있지만, 랍비 예후다는 종류에 따라 따로 흙을 덮어야 한다고 주장한다.
- 짐승의 피를 덮는 계명은 자기가 직접 도살하지 않은 경우에도 적용된다. 그러나 이미 한 번 흙을 덮었는데 다른 이유로 피가 드러났다고 해서 다시 덮을 필요는 없다. 바람이 불어서 저절로 피를 덮은 경우는 계명을 지켰다고 볼 수 없으며, 의도를 가진 사람이 흙을 덮어야 한다.

6, 5

도살한 짐승이나 새의 피가 다른 액체와 섞이는 경우를 논의한다.

דָּם שֶׁנִּתְעָרֵב בְּמַיִם, אִם יֶשׁ בּוֹ מַרְאִית דָּם, חַיָּב לְכַסּוֹת. נִתְעָרֵב בְּיַיִן, רוֹאִין
אוֹתוֹ כְּאִלּוּ הוּא מָיִם. נִתְעָרֵב בְּדַם הַבְּהֵמָה אוֹ בְדַם הַחַיָּה, רוֹאִין אוֹתוֹ
כְּאִלּוּ הוּא מָיִם. רַבִּי יְהוּדָה אוֹמֵר, אֵין דָּם מְבַטֵּל דָּם:

피가 물과 섞였을 때, 만약 그 겉모습이 피와 〔같았다면〕, 그것을 덮을 책임이 있다. 포도주와 섞였을 때, 이것이 물인 것처럼 간주한다. 가축의 피가 (야생) 짐승의 피와 섞였을 때, 이것이 물인 것처럼 간주한다. 랍비 예후다는 피가 피를 취소시키지는 않는다고 말한다.

- 짐승이나 새를 도살하고 쏟은 피가 물과 섞였다. 물이 더 많아서 붉은색이 보이지 않았다면 이것을 흙으로 덮을 책임이 없다. 그러나 겉모습이 아직도 피와 같은 색깔이었다면 흙으로 덮어야 한다.
- 피가 포도주와 섞였다면 색깔로 구분하기가 어렵다. 그러므로 포도주가 충분한 양이 섞였다고 판단되면, 이것이 물과 같다고 간주하고 흙으로 덮지 않는다.
- 야생 짐승의 피가 가축의 피와 섞였다면, 흙으로 덮어야 하는 피가 덮지 않아도 되는 피와 섞인 것이며, 포도주와 비슷한 원리가 적용된다. 짐승의 피가 더 많다고 생각되면 흙으로 덮고, 가축의 피가 더 많은 것 같으면 덮지 않는다.
- 야생 짐승의 피가 다른 짐승의 피와 섞였을 때도 물처럼 간주한다는 것은 이해하기 어렵다. 알벡과 같은 현대 주석가들은 이 말이 실수로 첨가되었다고 주장하고(알벡; 「자빔」 8, 6), 라쉬는 후자가 적절하게 도살하지 않은 짐승이라고 설명하며, 람밤은 후자가 음식으로 유효하지 않은 짐승이라고 설명한다(라쉬; 람밤).

- 랍비 예후다는 물이나 포도주는 소량의 피를 무효로 만들 수 있지만, 같은 종류인 피가 피를 무효로 만들 수는 없다고 주장한다. 그러므로 피와 피가 섞이면 흙으로 덮어야 한다.

6, 6

흙으로 덮는 피의 양에 관해 논의한다.

דָּם הַנִּתָּז וְשֶׁעַל הַסַּכִּין, חַיָּב לְכַסּוֹת. אָמַר רַבִּי יְהוּדָה, אֵימָתַי, בִּזְמַן שֶׁאֵין
שָׁם דָּם אֶלָּא הוּא. אֲבָל יֵשׁ שָׁם דָּם שֶׁלֹּא הוּא, פָּטוּר מִלְּכַסּוֹת:

튀었거나 칼 위에 묻은 피는 덮어야 할 책임이 있다. 랍비 예후다가 어느 경우에 〔그러냐고〕 물었다. 〔그리고〕 그것 말고는 〔다른〕 피가 거기 없을 때에 〔그러하다고〕 말했다. 그러나 그것 이외에 〔다른〕 피가 거기 있다면, 그것을 덮을 〔책임에서〕 면제된다.

- 첫째 의견에 따르면 짐승을 도살하면서 조금 먼 거리까지 튀어 나간 피와 칼에 묻어 있는 피를 모두 땅에 묻어야 한다. 그러나 랍비 예후다는 이 규정을 관대하게 해석해, 도살한 짐승이나 새가 흘린 다른 피가 없는 경우에만 이 규정을 지킨다고 적용범위를 축소한다.

6, 7

피를 덮는 흙에 관해 논의한다.

בַּמֶּה מְכַסִּין, וּבַמֶּה אֵין מְכַסִּין. מְכַסִּין בְּזֶבֶל הַדַּק, וּבְחֹל הַדַּק, בְּסִיד,
וּבְחַרְסִית, וּבִלְבֵנָה וּבִמְגוּפָה שֶׁכְּתָשָׁן. אֲבָל אֵין מְכַסִּין לֹא בְּזֶבֶל הַגַּס, וְלֹא
בְחוֹל הַגַּס, וְלֹא בִלְבֵנָה וּמְגוּפָה שֶׁלֹּא כְתָשָׁן, וְלֹא יִכְפֶּה עָלָיו אֶת הַכְּלִי. כְּלָל
אָמַר רַבָּן שִׁמְעוֹן בֶּן גַּמְלִיאֵל, דָּבָר שֶׁמְּגַדֵּל בּוֹ צְמָחִין, מְכַסִּין בּוֹ. וְשֶׁאֵינוֹ
מְגַדֵּל צְמָחִין, אֵין מְכַסִּין בּוֹ:

무엇으로 [피를] 덮고, 무엇으로 [피를] 덮지 않는가? [입자가] 가는 거름과, 가는 모래, 석회와, 하얀 점토와, 벽돌이나 흙그릇 뚜껑을 갈아놓은 것으로 덮는다. 그러나 [입자가] 굵은 거름과, 거친 모래와 갈지 않은 벽돌이나 흙그릇 뚜껑으로는 덮지 않으며, 그릇으로 그것을 가리지 않는다. 라반 쉼온 벤 감리엘이 원칙을 말했다. 식물이 자랄 수 있는 것으로 그것을 덮으며, 식물이 자랄 수 없는 것으로는 그것을 덮지 않는다.

- 짐승이나 새를 도살할 때 쏟은 피는 흙(עפר, 아파르)으로 덮어야 하는데, 이 미쉬나는 흙의 범주에 드는 다른 것들을 열거한다. 주로 입자가 가늘어서 흙과 비슷한 물질들이다. 그렇지 않고 입자가 굵으면 사용할 수 없으며, 그릇으로 덮어놓아도 계명을 지킨 것으로 볼 수 없다.
- 라반 쉼온 벤 감리엘은 식물을 심었을 때 자랄 수 있는 것이 흙이라고 원칙을 정의하며, 이것으로 피를 덮어야 한다고 설명한다.

제7장

7, 1

야곱과 관련해서 좌골 힘줄을 먹지 않는 전통에 관해 논의한다.

גִּיד הַנָּשֶׁה נוֹהֵג בָּאָרֶץ וּבְחוּצָה לָאָרֶץ, בִּפְנֵי הַבַּיִת וְשֶׁלֹּא בִּפְנֵי הַבַּיִת, בְּחֻלִּין וּבְמֻקְדָּשִׁים. וְנוֹהֵג בִּבְהֵמָה וּבְחַיָּה, בְּיָרֵךְ שֶׁל יָמִין וּבְיָרֵךְ שֶׁל שְׂמֹאל. וְאֵינוֹ נוֹהֵג בְּעוֹף, מִפְּנֵי שֶׁאֵין לוֹ כַף. רַבִּי יְהוּדָה אוֹמֵר, אֵינוֹ נוֹהֵג בְּשָׁלִיל. וְחֶלְבּוֹ מֻתָּר. וְאֵין הַטַּבָּחִין נֶאֱמָנִין עַל גִּיד הַנָּשֶׁה, דִּבְרֵי רַבִּי מֵאִיר. וַחֲכָמִים אוֹמְרִים, נֶאֱמָנִין עָלָיו וְעַל הַחֵלֶב:

움직이는 [좌골] 힘줄 [관련법은] 이 땅에서 그리고 이 땅 바깥에서, 성전이 있을 때 그리고 없을 때, 속된 [가축들과] 성별한 [가축들에게] 적용한다. 그리고 가축이나 짐승에게, 오른쪽 허벅지와 왼쪽 허벅지에 적용한다. 그러나 새에게는 적용하지 않는다. [새는 골반에] 구멍이 없기 때문이다.

그리고 이것은 태아에게 적용한다. 랍비 예후다는 태아에게는 적용하지 않는다고 말한다. 그리고 그 비계도 허용된다.

그리고 움직이는 [좌골] 힘줄에 관해서 도살업자를 믿을 수 없다는 것이 랍비 메이르의 말이다. 그러나 현인들은 그 [좌골 힘줄에] 관해서 그리고 비계에 관해서 그를 믿을 수 있다고 말한다.

- 족장 야곱은 얍복 강가에서 신의 사자와 씨름을 했는데, 그 사람이 야곱의 허벅지 관절에 있는 둔부의 힘줄을 쳤고, 그 후 이스라엘 사람들이 그 힘줄을 먹지 않았다(창 32:32). 이 미쉬나는 골반 좌골결절에 붙어 있는 허벅지 힘줄을 먹지 말라는 규정을 장소와 성전 유무, 또는 가축의 종류에 관계없이 지켜야 한다고 명령한다. 그러나 골반에 허벅다리 뼈가 들어가는 구멍이 없는 새는 적용 대상에서 제외된다.
- 어미를 적절하게 도살하고 뱃속에서 발견된 태아에게도 이 규정을 적용한다는 의견도 있지만, 랍비 예후다는 아직 태어나지 않은 태아는 어미 몸의 일부이며, 어미를 적절하게 도살해서 음식으로 유효하게 되었으므로, 다른 금지사항을 적용하지 않는다고 주장한다. 그리고 덧붙여 본래 가축의 비계를 먹을 수 없지만, 태아의 비계는 역시 어미 몸의 일부이므로 먹는 것이 허용된다고 주장한다.
- 좌골 힘줄이나 금지된 비계를 제거했다는 도살업자의 말을 믿을 수 있는지 여부에 관해서 랍비들 사이에 이견이 있다.

7, 2

שׁוֹלֵחַ אָדָם יָרֵךְ לְנָכְרִי שֶׁגִּיד הַנָּשֶׁה בְתוֹכָהּ, מִפְּנֵי שֶׁמְּקוֹמוֹ נִכָּר. הַנּוֹטֵל גִּיד
הַנָּשֶׁה, צָרִיךְ שֶׁיִּטֹּל אֶת כֻּלּוֹ. רַבִּי יְהוּדָה אוֹמֵר, כְּדֵי לְקַיֵּם בּוֹ מִצְוַת נְטִילָה:

어떤 사람이 움직이는 〔좌골〕 힘줄이 붙은 허벅지 〔고기를〕 이방인
에게 보내도 좋으니, 그 자리는 잘 알려져 있기 때문이다. 〔어떤 사람
이〕 움직이는 〔좌골〕 힘줄을 제거할 때는 그 전부를 제거해야 한다.
랍비 예후다는 제거하라는 계명을 지킬 수 있는 정도만 〔제거하면 된
다고〕 말한다.

- 가축의 고기를 이방인에게 보내면 그가 이방인은 물론 유대인에게
  도 고기를 팔 수 있다. 이런 상황에서 좌골 힘줄이 붙은 고기를 그대
  로 보내도 좋다고 말하는데, 누구나 이 부위를 보면 알 수 있기 때문
  에 상관이 없다고 설명한다.
- 좌골 힘줄을 제거하는 방법에 관해서는 랍비들 사이에 이견이 있다.

7, 3
좌골 힘줄을 올리브 한 알만큼 먹었을 경우의 처벌에 관한 논의다.

הָאוֹכֵל מִגִּיד הַנָּשֶׁה כַּזַּיִת, סוֹפֵג אַרְבָּעִים. אֲכָלוֹ וְאֵין בּוֹ כַזַּיִת, חַיָּב. אָכַל
מִזֶּה כַזַּיִת וּמִזֶּה כַזַּיִת, סוֹפֵג שְׁמוֹנִים. רַבִּי יְהוּדָה אוֹמֵר, אֵינוֹ סוֹפֵג אֶלָּא
אַרְבָּעִים:

〔어떤 사람이〕 움직이는 〔좌골〕 힘줄을 올리브 열매만큼 먹었다면,
그는 마흔 대를 맞는다. 그것을 먹었고 올리브 열매만큼이 아니었다
하더라도 그는 책임이 있다. 그가 이 〔허벅지에서〕 올리브 열매만큼
그리고 저 〔허벅지에서〕 올리브 열매만큼을 먹었다면, 여든 대를 맞
는다. 랍비 예후다는 마흔 대만 맞는다고 말한다.

- 음식과 관련된 유대 법전통은 올리브 열매를 최소기준으로 삼고 있기 때문에, 좌골 힘줄도 최소기준에 맞는 양을 먹으면 금지 율법을 어긴 벌로 마흔 대를 맞는다. 기준보다 덜 먹었으면 매를 맞지는 않지만, 여전히 율법을 어긴 책임이 있다고 본다.
- 좌골 힘줄을 먹지 말라는 규정은 독립적인 규정이므로, 오른쪽과 왼쪽 허벅지 고기에서 좌골 힘줄을 올리브 열매 크기로 먹었다면, 규정을 두 번 어긴 것이다. 그는 여든 대를 맞는다. 랍비 예후다는 족장 야곱이 한쪽 다리만 절었으므로 한쪽 그러니까 오른쪽 다리만 금지된다고 생각한다. 그러므로 양쪽을 다 먹어도 마흔 대만 맞는다고 한다.

7, 4
좌골 힘줄을 제거하기 전에 고기를 요리해도 좋은지 논의한다.

יָרֵךְ שֶׁנִּתְבַּשֵּׁל בָּהּ גִּיד הַנָּשֶׁה, אִם יֶשׁ בָּהּ בְּנוֹתֵן טַעַם, הֲרֵי זוֹ אֲסוּרָה. כֵּיצַד
מְשַׁעֲרִין אוֹתָהּ. כִּבְשַׂר בְּלֶפֶת:

움직이는 [좌골] 힘줄이 붙은 허벅지를 요리했을 때, 만약 그 [힘줄이 고기의] 맛에 영향을 주었다면, 그것은 금지된다. 그것을 어떻게 재는가? 그것은 고기를 순무와 함께 [요리한 맛이다].

- 금지된 좌골 힘줄을 제거하지 않고 허용된 고기를 요리했다. 이런 경우 금지된 부분이 전체 요리 맛에 영향을 준다면 그 음식을 먹는 것이 금지된다. 그러므로 힘줄이 들어간 맛이 나면 그 고기를 전부 폐기해야 한다. 그럼 힘줄과 고기를 함께 요리하면 어떤 맛이 나는가? 고기를 순무와 함께 요리한 맛이라고 한다.

7, 5

좌골 힘줄과 다른 음식이 섞인 경우를 설명한다.

גִּיד הַנָּשֶׁה שֶׁנִּתְבַּשֵּׁל עִם הַגִּידִים, בִּזְמַן שֶׁמַּכִּירוֹ, בְּנוֹתֵן טַעַם, וְאִם לָאו, כֻּלָּן
אֲסוּרִין. וְהָרֹטֶב, בְּנוֹתֵן טַעַם. וְכֵן חֲתִיכָה שֶׁל נְבֵלָה, וְכֵן חֲתִיכָה שֶׁל דָּג
טָמֵא, שֶׁנִּתְבַּשְּׁלוּ עִם הַחֲתִיכוֹת, בִּזְמַן שֶׁמַּכִּירָן, בְּנוֹתֵן טַעַם. וְאִם לָאו, כֻּלָּן
אֲסוּרוֹת. וְהָרֹטֶב, בְּנוֹתֵן טַעַם:

움직이는 [좌골] 힘줄을 [다른] 힘줄들과 함께 요리했다. [아직] 그
것을 알아볼 수 있을 때는, [좌골 힘줄이] 맛에 영향을 주었을 [때만
모든 힘줄이 금지된다]. 그러나 만약 [알아볼 수] 없다면 그 전부가
금지된다. 그리고 맛에 영향을 주었을 때 그 국물도 [금지된다].

그리고 마찬가지로 죽은 채 발견된 것 한 덩어리 그리고 부정한 물
고기 한 덩어리를 다른 덩어리들과 함께 요리했다. [아직] 그것을 알
아볼 수 있을 때는, 그것이 맛에 영향을 주었다면 [금지된다]. 그러나
만약 [알아볼 수] 없다면 그 전부가 금지된다. 그리고 맛에 영향을 주
었을 때 그 국물도 [금지된다].

- 좌골 힘줄을 다른 힘줄들과 함께 요리했을 때, 좌골 힘줄을 알아볼
  수 있고 아직 그 맛이 나지 않으면, 그것을 제거하고 나머지를 음식
  으로 사용할 수 있다. 그 이외의 경우에는 전부 먹을 수 없게 된다.
  다른 음식의 부정을 논의할 때는 유효한 식재료에 비하여 무효인 식
  재료가 매우 적으면 그 영향을 상쇄하는 경우도 있지만, 좌골 힘줄은
  좀 더 엄정하게 법을 적용하는 셈이다. 국물도 힘줄 맛이 나면 먹을
  수 없다.
- 죽은 채 발견된 것 한 덩어리나 부정한 물고기 한 덩어리에도 마찬가
  지 논리를 적용한다.

7, 6

좌골 힘줄과 무효인 음식 사이의 관계에 관해 논의한다.

נוֹהֵג בַּטְּהוֹרָה, וְאֵינוֹ נוֹהֵג בַּטְּמֵאָה. רַבִּי יְהוּדָה אוֹמֵר, אַף בַּטְּמֵאָה. אָמַר
רַבִּי יְהוּדָה, וַהֲלֹא מִבְּנֵי יַעֲקֹב נֶאֱסַר גִּיד הַנָּשֶׁה, וַעֲדַיִן בְּהֵמָה טְמֵאָה מֻתֶּרֶת
לָהֶן. אָמְרוּ לוֹ, בְּסִינַי נֶאֱמַר, אֶלָּא שֶׁנִּכְתַּב בִּמְקוֹמוֹ:

〔좌골 힘줄 관련법은〕 정결한 것에는 적용하지만 부정한 것에는 적
용하지 않는다. 랍비 예후다는 부정한 것에도 〔적용한다고〕 말한다.
랍비 예후다는 움직이는 〔좌골〕 힘줄이 야곱의 아들들에게 금지되었
는데, 〔그때는〕 아직 부정한 가축들을 〔먹는 것이〕 허용되지 않았느냐
고 말했다. 그들이 〔그 법은〕 시내산에서 말한 것이지만 그 본문에 기
록한 것이라고 그에게 말했다.

- 좌골 힘줄을 먹지 말라는 계명은 정결한 가축을 먹을 때만 적용한다
  는 것이 첫째 의견이다. 그러나 랍비 예후다는 부정한 것에도 적용
  한다고 했으니, 어떤 사람이 부정한 가축을 잡아먹었고 그 좌골 힘줄
  까지 먹었다면, 그는 계명 두 가지를 어긴 것이다.
- 랍비 예후다는 흥미로운 추론을 내세우는데, 이 계명이 창세기 32장
  에 기록되어 있으므로, 시내산에서 정결한 식재료와 부정한 식재료
  를 구별하는 율법을 받은 시기보다 앞선다고 지적한다. 그러므로 야
  곱의 아들들은 아직 음식법을 모를 때부터 좌골 힘줄 관련법을 지켰
  다는 것이고, 부정한 가축을 먹으면서도 그 계명은 지켰을 것이라고
  추론한다. 그러나 다른 랍비들은 좌골 힘줄 관련법도 시내산에서 모
  세가 받은 것이며, 그 이전에는 이런 금지법이 없었다고 주장한다.
  다만 토라를 기록하면서 이 법을 창세기의 야곱 이야기에 포함시킨
  것뿐이라고 한다.

제8장

8, 1

젖과 고기를 함께 먹지 말라는 계명과 관련된 추가 규정을 설명
한다.

כָּל הַבָּשָׂר אָסוּר לְבַשֵּׁל בְּחָלָב, חוּץ מִבְּשַׂר דָּגִים וַחֲגָבִים. וְאָסוּר לְהַעֲלוֹתוֹ
עִם הַגְּבִינָה עַל הַשֻּׁלְחָן, חוּץ מִבְּשַׂר דָּגִים וַחֲגָבִים. הַנּוֹדֵר מִן הַבָּשָׂר, מֻתָּר
בִּבְשַׂר דָּגִים וַחֲגָבִים. הָעוֹף עוֹלֶה עִם הַגְּבִינָה עַל הַשֻּׁלְחָן וְאֵינוֹ נֶאֱכָל, דִּבְרֵי
בֵית שַׁמַּאי. וּבֵית הִלֵּל אוֹמְרִים, לֹא עוֹלֶה וְלֹא נֶאֱכָל. אָמַר רַבִּי יוֹסֵי, זוֹ מִקֻּלֵּי
בֵית שַׁמַּאי וּמֵחֻמְרֵי בֵית הִלֵּל. בְּאֵיזֶה שֻׁלְחָן אָמְרוּ, בַּשֻּׁלְחָן שֶׁאוֹכֵל עָלָיו.
אֲבָל בְּשֻׁלְחָן שֶׁסּוֹדֵר עָלָיו אֶת הַתַּבְשִׁיל, נוֹתֵן זֶה בְּצַד זֶה וְאֵינוֹ חוֹשֵׁשׁ:

고기는 무엇이든지 젖으로 요리하는 것이 금지되어 있으나, 물고기
와 메뚜기 살은 예외다. 또한 그 [고기를] 치즈와 함께 상 위에 올리는
것도 금지되어 있으나, 물고기와 메뚜기 살은 예외다. [어떤 사람이]
고기를 [먹지 않겠다고] 맹세해도, 물고기와 메뚜기 살은 허용된다.

새의 [고기는] 치즈와 함께 상 위에 올릴 수 있지만 먹어서는 안 된
다는 것이 샴마이 학파의 말이다. 그러나 힐렐 학파는 [상 위에] 올리
지도 말고 먹지도 말라고 말한다. 랍비 요쎄는 이 [경우는] 샴마이 학
파가 관대하게 힐렐 학파가 엄정하게 [결정한 경우라고] 말했다.

어떤 상에 대해 그들이 말했는가? 그 위에 [음식을 놓고] 먹는 상이
다. 그러나 그 위에 음식을 차려놓기만 하는 상이라면, 그 [고기를] 그
[치즈] 옆에 놓아도 걱정할 필요가 없다.

- 토라는 새끼 염소를 그 어미의 젖에 삶지 말라고 세 번 명령한다(출
  23:19; 34:26; 신 14:21). 그런데 랍비들은 이 계명을 훨씬 넓게 적용
  해야 한다고 생각한다. 첫째, 이 계명은 양과 염소와 소 등 모든 가축

에게 적용된다. 둘째, 젖과 고기를 함께 요리하지 않는 것은 물론 이 요리를 먹거나 그것으로 이득을 취하지 말아야 한다고 주장한다.

- 이 미쉬나는 고기를 젖으로 요리하는 것을 금지하지만(새의 고기도 금지), 물고기와 메뚜기는 여기에 해당되지 않는다고 규정한다. 고기 요리와 젖으로 만든 치즈를 한 상에 올리는 것조차 금지되어 있다. 혹시 다른 사람이 와서 이 두 가지를 같이 먹을 가능성이 있기 때문이다. 역시 물고기와 메뚜기는 해당되지 않는데, 모든 가축과 짐승과 조류에 이 계명을 적용해도 물고기와 메뚜기는 예외인 이유를 설명하지 않지만, 고기를 먹지 않겠다고 맹세하는 사람도 물고기와 메뚜기를 먹을 수 있다는 것을 보면 식재료 사이에 가름이 있다는 것을 알 수 있다.

- 샴마이 학파는 고기와 젖을 같이 먹을 수 없다는 것은 토라의 규정이지만, 그 외 추가 규정은 랍비들의 전통이라고 본다. 그래서 새의 고기를 치즈와 함께 상 위에 올리지만 함께 먹지만 않으면 된다고 가르쳤다. 힐렐 학파는 이 추가 규정도 토라의 계명이라고 보았고, 상에 올려도 안 되고 먹어도 안 된다고 했다. 랍비 요쎄는 힐렐 학파의 가르침이 샴마이 학파보다 더 엄정한 드문 경우들 중 하나라고 지적한다.

- 마지막 규정은 계명을 조금 관대하게 해석하면서, 고기와 우유 혹은 치즈를 함께 올리면 안 되는 상은 직접 앉아서 먹는 상이며, 음식을 준비하거나 차려놓기만 하는 상에는 함께 올려도 좋다고 말한다.

8, 2
고기와 치즈에 관한 논의를 계속한다.

צוֹרֵר אָדָם בָּשָׂר וּגְבִינָה בְּמִטְפַּחַת אַחַת, וּבִלְבַד שֶׁלֹּא יְהוּ נוֹגְעִין זֶה בָּזֶה.
רַבָּן שִׁמְעוֹן בֶּן גַּמְלִיאֵל אוֹמֵר, שְׁנֵי אַכְסְנָאִין אוֹכְלִין עַל שֻׁלְחָן אֶחָד, זֶה בָּשָׂר

〔어떤 사람이〕 고기와 치즈를 수건 하나에 싸더라도, 그 〔고기와〕
그 〔치즈가〕 서로 접촉하지 않으면 〔무방하다〕. 라반 쉼온 벤 감리엘
은 여관 투숙객 두 사람이 상 하나 위에서 먹을 때, 한 사람은 고기를
한 사람은 치즈를 〔먹어도〕 걱정할 필요가 없다고 말한다.

- 고기와 치즈가 접촉하지 않는다면, 이 두 가지를 수건 하나로 싸도
  누가 이 두 가지를 한꺼번에 먹을까봐 걱정할 필요가 없다.
- 첫째 미쉬나(8, 1)에서 고기와 치즈를 같은 상 위에 올리지 말라고 했
  는데, 쉼온 라반은 여관이라면 괜찮다고 말한다. 여관 투숙객들은 같
  은 상에서 식사를 해도, 서로를 모르는 사이기 때문에 다른 사람의
  음식을 먹을 가능성이 없기 때문이다.

8, 3
젖과 고기가 섞이는 경우를 논한다.

טִפַּת חָלָב שֶׁנָּפְלָה עַל הַחֲתִיכָה, אִם יֶשׁ בָּהּ בְּנוֹתֵן טַעַם בְּאוֹתָהּ חֲתִיכָה,
אָסוּר. נִעֵר אֶת הַקְּדֵרָה, אִם יֶשׁ בָּהּ בְּנוֹתֵן טַעַם בְּאוֹתָהּ קְדֵרָה, אָסוּר.
הַכָּחָל, קוֹרְעוֹ וּמוֹצִיא אֶת חֲלָבוֹ. לֹא קְרָעוֹ, אֵינוֹ עוֹבֵר עָלָיו. הַלֵּב, קוֹרְעוֹ
וּמוֹצִיא אֶת דָּמוֹ. לֹא קְרָעוֹ, אֵינוֹ עוֹבֵר עָלָיו. הַמַּעֲלֶה אֶת הָעוֹף עִם הַגְּבִינָה
עַל הַשֻּׁלְחָן, אֵינוֹ עוֹבֵר בְּלֹא תַעֲשֶׂה:

젖 한 방울이 〔고기〕 덩어리 위에 떨어졌을 때, 만약 그 〔고기〕 덩어
리 맛에 영향을 준다면, 〔그 고기를 먹는〕 것이 금지된다. 그가 〔넓은〕
냄비를 흔들었을 때, 만약 그 냄비 안에 있는 〔요리의〕 맛에 영향을
준다면, 이것은 금지된다.

젖통은 찢어서 젖을 제거해야 한다. 그것을 찢지 않아도 그가 그
〔규정을〕 어긴 것은 아니다. 심장은 찢어서 피를 제거해야 한다. 그것

을 찢지 않아도 그가 그 [규정을] 어긴 것은 아니다.

[어떤 사람이] 새를 치즈와 함께 상 위에 올리면, '하지 말라'는 [규정을] 어긴 것이 아니다.

- 소량의 젖이 고기 위에 떨어졌다 하더라도, 요리 전체의 맛에 영향을 줄 때만 그 음식이 먹을 수 없는 상태가 된다. 요리를 하고 있는 냄비에 소량의 젖이 떨어졌고 요리하는 사람이 냄비를 흔들어서 전체에 퍼졌다. 그렇다면 그 젖이 고기 덩어리와 접촉했을 것으로 추정할 수 있지만, 요리의 맛이 변하지 않으면 상관없다.

- 소나 양이나 염소의 젖통을 요리하려면, 먼저 이것을 잘라서 그 안에 있는 젖을 모두 제거해야 한다. 그러나 그렇게 하지 않아도 규정을 어긴 것은 아니다. 젖통 바깥으로 나오지 않은 젖은 아직 가축의 몸의 일부이며, 젖으로 독립적인 존재가 되지 못했기 때문이다. 같은 원리가 심장과 그 안에 들어 있는 피에도 적용된다.

- 고기와 젖을 같은 상 위에 올리는 것도 금지되어 있는데(8, 1), 관례적으로 새의 고기도 적용 대상이라고 해석한다. 그러나 이 미쉬나는 새의 고기를 젖과 함께 상 위에 올리는 것이 금지되어 있지만, 함께 올린다고 하더라도 '하지 말라'는 부정적인 계명을 어긴 것은 아니라고 관대한 해석을 덧붙인다.

8, 4

염소 고기를 그 어미의 젖으로 삶지 말라는 계명을 넓게 해석하는 이유를 설명한다.

בְּשַׂר בְּהֵמָה טְהוֹרָה בַּחֲלֵב בְּהֵמָה טְהוֹרָה, אָסוּר לְבַשֵּׁל וְאָסוּר בַּהֲנָאָה.
בְּשַׂר בְּהֵמָה טְהוֹרָה בַּחֲלֵב בְּהֵמָה טְמֵאָה, בְּשַׂר בְּהֵמָה טְמֵאָה בַּחֲלֵב בְּהֵמָה

טְהוֹרָה, מֻתָּר לְבַשֵּׁל וּמֻתָּר בַּהֲנָאָה. רַבִּי עֲקִיבָא אוֹמֵר, חַיָּה וָעוֹף אֵינָם מִן
הַתּוֹרָה, שֶׁנֶּאֱמַר, לֹא תְבַשֵּׁל גְּדִי בַּחֲלֵב אִמּוֹ, שָׁלֹשׁ פְּעָמִים, פְּרָט לְחַיָּה
וּלְעוֹף וְלִבְהֵמָה טְמֵאָה. רַבִּי יוֹסֵי הַגְּלִילִי אוֹמֵר, נֶאֱמַר, לֹא תֹאכְלוּ כָל נְבֵלָה,
וְנֶאֱמַר, לֹא תְבַשֵּׁל גְּדִי בַּחֲלֵב אִמּוֹ. אֶת שֶׁאָסוּר מִשּׁוּם נְבֵלָה, אָסוּר לְבַשֵּׁל
בְּחָלָב. עוֹף, שֶׁאָסוּר מִשּׁוּם נְבֵלָה, יָכוֹל יְהֵא אָסוּר לְבַשֵּׁל בְּחָלָב, תַּלְמוּד
לוֹמַר בַּחֲלֵב אִמּוֹ, יָצָא עוֹף, שֶׁאֵין לוֹ חֲלֵב אֵם:

정결한 가축의 고기를 정결한 가축의 젖에 요리하는 것이 금지되어
있고 이득을 취하는 것도 금지되어 있다. 정결한 가축의 고기를 부정
한 가축의 젖에, 부정한 가축의 고기를 정결한 가축의 젖에 요리하는
것이 허용되며 이득을 취하는 것도 허용된다.

랍비 아키바는 짐승과 새에 [관한 규정은] 토라에서 나온 것이 아
니라고 한다. 새끼 염소를 그 어미의 젖에 삶지 말라고 세 번 기록했
기 때문이며, 따라서 짐승과 새와 부정한 가축은 제외된다고 말한다.

갈릴리 출신 랍비 요쎄는 죽은 채 발견된 것은 모두 먹지 말라고 기
록했고, 새끼 염소를 그 어미의 젖에 삶지 말라고 기록했다고 말한다.
죽은 채 발견된 것이므로 금지되는 것은 젖에 요리하는 것이 금지된
것이다. [따라서] 새는 죽은 채 발견되면 금지되므로, 젖으로 요리하
는 것이 금지될 수 있다.

기록된 바 그 어미의 젖이라고 했으니, 그 어미의 젖이 없는 새는 제
외된다.

- 이 미쉬나는 토라의 계명이 염소 고기와 그 어미의 젖을 언급하고 있
  으므로, 정결한 가축의 고기를 정결한 가축의 젖과 함께 요리하거나
  먹는 것을 금지하고 있다고 해석한다. 이것을 팔아서 이득을 얻는 것
  역시 금지된다. 그러나 부정한 가축이 관련되면 이 계명을 적용할 수
  없으며, 유대인은 그 요리를 먹을 수 없지만 요리해서 파는 행위는
  계명을 어긴 것이 아니라고 규정한다.

- 랍비 아키바는 토라가 새끼 염소를 지목하며 계명을 세 번 기록했기 때문에, 세 가지 대상이 그 계명에서 제외된다고 본다. 그래서 이 계명을 적용할 수 없는 대상은 짐승과 새와 부정한 가축이라고 말한다. 물론 랍비 아키바가 이런 것들을 젖과 함께 요리해서 먹으라고 추천하는 것은 아니며, 토라의 계명은 아니지만 랍비들의 전통에 따라 금지한다고 말하는 것이다.
- 랍비 요쎄는 반대의견을 제시하는데, 토라 본문에 죽은 채 발견된 것을 먹지 말라는 계명과 새끼 염소를 그 어미 젖에 삶지 말라는 계명이 한 구절에 모두 들어 있다는 사실에 주목한다(신 14:21). 다시 말해서 고기와 젖 관련법을 적용할 때 죽은 채 발견된 것 관련법이 해석의 기준이 된다는 말이다. 그러므로 새의 고기는 죽은 채 발견된 것이면 금지되기 때문에 젖으로 요리하는 것도 금지된다.
- 마지막 문장은 토라의 규정이 그 어미의 젖이라고 했으니, 젖이 나지 않는 새의 고기는 적용 대상에서 제외된다고 주장한다. 그러나 이 주장은 받아들여지지 않았으며, 후대의 전통은 랍비 아키바의 말을 따라 장로의 전통으로 새와 젖을 함께 요리하거나 이득을 취할 수 없다고 가르친다.

8, 5

가축의 뱃속에 들어 있는 젖에 관해 논의한다.

קֵבַת נָכְרִי וְשֶׁל נְבֵלָה, הֲרֵי זוֹ אֲסוּרָה. הַמַּעֲמִיד בְּעוֹר שֶׁל קֵבָה כְּשֵׁרָה, אִם יֵשׁ בְּנוֹתֵן טַעַם, הֲרֵי זוֹ אֲסוּרָה. כְּשֵׁרָה שֶׁיָּנְקָה מִן הַטְּרֵפָה, קֵבָתָהּ אֲסוּרָה. טְרֵפָה שֶׁיָּנְקָה מִן הַכְּשֵׁרָה, קֵבָתָהּ מֻתֶּרֶת, מִפְּנֵי שֶׁכָּנוּס בְּמֵעֶיהָ:

이방인에게 속한 것과 죽은 채 발견된 것의 배 〔속에 있는 젖은〕 금지된다. 〔어떤 사람이〕 유효한 〔방법으로 도살한 가축의〕 배의 가죽

으로 [젖을] 응고시켰을 때, 만약 그 맛에 영향을 미쳤다면, 그것은 금지된다.

찢긴 것의 젖을 빨았던 가축을 유효한 [방법으로 도살해도] 그 뱃속에 [있는 젖이] 금지된다. 유효[하게 도살된] 가축의 젖을 빨았던 가축이 찢긴 것이 되면, 그 뱃속에 [있는 젖이] 허용된다. 그 창자에 모여 있기 때문이다.

- 가축의 뱃속에 남아 있는 우유는 소화효소를 포함하고 있기 때문에 젖에서 액체를 분리해 치즈를 만드는 데 도움이 된다. 위장의 내벽도 같은 용도로 쓸 수 있다. 그러나 주인이 이방인인 가축과 적절한 방법으로 도살하지 않은 가축은 음식으로 사용할 수 없으므로, 그 뱃속에 있는 우유도 사용할 수 없다.
- 적절하게 도살하여 유효한 가축의 위벽을 사용해서 젖을 응유로 만들었을 때, 고기 맛이 나면 음식으로 부적절하며 금지된다.
- 어미가 질병이나 상처 때문에 곧 죽게 된 상태에서 그 새끼가 젖을 빨았다면, 그 젖은 금지된다. 그러나 어미는 유효하게 도살되었고 그 젖을 빤 새끼가 찢긴 것이 되면, 새끼의 고기는 먹을 수 없지만 그 뱃속에 든 젖은 허용된다.

8, 6
가축의 금지된 비계와 피에 관해 논의한다.

חֹמֶר בַּחֵלֶב מִבַּדָּם, וְחֹמֶר בַּדָּם מִבַּחֵלֶב. חֹמֶר בַּחֵלֶב, שֶׁהַחֵלֶב מוֹעֲלִין בּוֹ,
וְחַיָּבִין עָלָיו מִשּׁוּם פִּגּוּל וְנוֹתָר וְטָמֵא, מַה שֶּׁאֵין כֵּן בַּדָּם. וְחֹמֶר בַּדָּם, שֶׁהַדָּם
נוֹהֵג בִּבְהֵמָה וְחַיָּה וְעוֹף, בֵּין טְמֵאִים וּבֵין טְהוֹרִים, וְחֵלֶב אֵינוֹ נוֹהֵג אֶלָּא
בִּבְהֵמָה טְהוֹרָה בִּלְבָד:

〔금지된〕 비계 〔관련법이〕 피 〔관련법보다〕 더 엄정하기도 하고, 피 〔관련법이〕 비계 〔관련법보다〕 더 엄정하기도 하다. 비계 〔관련법이〕 엄정한 것은 비계는 전용 〔관련법에〕 해당하기 때문이며, 무효가 된 것, 남은 것, 부정한 것 때문에 책임을 져야 하지만, 피에 관해서는 그렇지 않기 때문이다. 피 〔관련법이〕 엄정한 것은 피 〔관련법은〕 가축과 짐승과 새에, 부정한 것과 정결한 것에 〔모두〕 적용하는데, 비계는 정결한 가축에게만 적용하기 때문이다.

- 이 미쉬나는 금지된 비계 관련법과 피 관련법을 비교해서 설명하고 있다. 제물로 바친 가축의 금지된 비계를 먹는 자는 성전 재화를 전용한 책임이 있고(מעילה, 메일라) 금지된 것을 먹은 책임도 져야 한다. 예를 들어, 제사장이 정해진 기한이 지난 뒤 제물을 먹으려고 생각하여 무효가 되거나(פגול, 피굴), 먹는 시간이 지나서 남은 것이 (נותר, 노타르) 되는 경우, 이런 제물의 비계를 먹는다면 무효가 된 것 또는 남은 것을 먹은 죄와 금지된 음식을 먹은 죄를 저지른 것이다. 먹는 자가 부정한 상태였거나 부정한 가축의 비계를 먹어도 마찬가지로 이중 범죄가 된다.
- 피 관련법은 가축과 짐승과 새 등 모든 살아 있는 생물에 적용되지만, 금지된 비계를 먹지 말라는 법은 소와 양과 염소 등 정결한 가축에게만 적용한다(레 7:23).

제9장

9, 1

가축의 일부지만 일반적으로 먹지 않는 부위가 음식의 부정을 전이하는 경우를 설명한다.

הָעוֹר, וְהָרֹטֶב, וְהַקְּפָה, וְהָאֵלָל, וְהָעֲצָמוֹת, וְהַגִּידִין, וְהַקַּרְנַיִם, וְהַטְּלָפַיִם, מִצְטָרְפִין לְטַמֵּא טֻמְאַת אֳכָלִים, אֲבָל לֹא טֻמְאַת נְבֵלוֹת. כַּיּוֹצֵא בוֹ, הַשּׁוֹחֵט בְּהֵמָה טְמֵאָה לְנָכְרִי וּמְפַרְכֶּסֶת, מְטַמְּאָה טֻמְאַת אֳכָלִים, אֲבָל לֹא טֻמְאַת נְבֵלוֹת, עַד שֶׁתָּמוּת אוֹ עַד שֶׁיַּתִּיז אֶת רֹאשָׁהּ. רַבָּה לְטַמֵּא טֻמְאַת אֳכָלִין מִמַּה שֶּׁרִבָּה לְטַמֵּא טֻמְאַת נְבֵלוֹת. רַבִּי יְהוּדָה אוֹמֵר, הָאֵלָל הַמְכֻנָּס, אִם יֶשׁ בּוֹ כַזַּיִת בְּמָקוֹם אֶחָד, חַיָּב עָלָיו:

가죽과, 육즙과, 침전물과, 말린 고기와, 뼈와 힘줄과 뿔과 굽은 함께 연결되어 음식의 부정을 전이하지만, 죽은 채 발견된 것의 부정은 〔전이하지〕 않는다.

이와 마찬가지로 〔어떤 사람이〕 이방인을 위해 부정한 가축을 도살했고 꿈틀거릴 때, 음식의 부정을 전이하지만, 죽은 채 발견된 것의 부정은 〔전이하지〕 않는데, 그것이 죽을 때까지 또는 그 머리를 자를 때까지이다. 〔토라는〕 죽은 채 발견된 것이 부정을 전이하는 경우보다 먹을 수 있는 것이 부정을 전이하는 경우를 더 많이 규정했다.

랍비 예후다는 말린 고기를 함께 모았고 한 장소에 올리브 한 알 〔크기〕 정도가 있었다면, 그것은 〔죽은 채 발견된 것의 부정에〕 책임질 필요가 있다고 말한다.

- 가축의 일부라 하더라도 일반적으로 먹지 않는 부분들이 있는데, 이 미쉬나는 이런 부분도 먹을 수 있는 부분과 연결되어 최소 크기 규정인 올리브 한 알 크기에 이르면 음식의 부정을 다른 음식에 전이

할 수 있다고 주장한다. 그 이유는 이런 부분도 먹는 사람들이 있을 수 있기 때문이고, 또 이런 부분이 먹을 수 있는 부분에 소량 붙어서 음식으로 소비되기도 하기 때문이다. 그러나 이런 부분이 다른 부분과 연결되어 최소 크기 규정인 올리브 한 알 크기에 이른다 하더라도 죽은 채 발견된 것의 부정을 전이하지는 않는다.

- 어떤 사람이 이방인을 위해 부정한 가축을 도살했고 꿈틀거리는 상황이라면, 부정한 가축이기 때문에 유대인이 먹을 수 없고, 아직 완전히 죽지 않아서 이방인도 먹을 수 없다(이방인도 지켜야 하는 노아의 일곱 계명).[5] 그러나 이스라엘 사람이 적법하게 시행한 도살은 고기가 부정해질 수 있도록 준비시키는 역할을 하며, 음식의 부정을 전이시킨다고 본다. 그러나 아직 죽지 않았으면 죽은 채 발견된 것의 부정과는 상관이 없다. 완전히 머리를 자르면 몸이 꿈틀거려도 죽은 것으로 간주한다. 결과적으로 토라의 계명에 따르면 먹을 수 있는 것의 부정과 관련된 경우가 죽은 채 발견된 것의 부정보다 더 많다.
- 랍비 예후다는 미쉬나 서두에서 언급한 말린 고기를 한 장소에 모아서 올리브 열매 크기가 되면, 그 고기가 정상적인 도살을 통해 얻은 것이 아니므로 죽은 채 발견된 것으로 간주하고, 죽은 채 발견된 것의 부정을 전이한다고 주장한다. 이것과 접촉하면 부정해지고, 거제와 성물을 먹을 수 없으며, 성전에 들어갈 수 없다.

---

5) 노아의 일곱 계명은 (1) 우상숭배 금지, (2) 신의 이름 저주 금지, (3) 재판소 존중, (4) 살인 금지, (5) 간음 금지, (6) 도둑질 금지, (7) 살아 있는 동물의 고기 취식 금지다(토쎕타 「아보다 자라」 9, 4; 게마라 「산헤드린」 56a, b).

9, 2

가축의 가죽과 관련된 부정을 설명한다.

אֵלּוּ שֶׁעוֹרוֹתֵיהֶן כִּבְשָׂרָן, עוֹר הָאָדָם, וְעוֹר חֲזִיר שֶׁל יִשּׁוּב. רַבִּי יוֹסֵי אוֹמֵר,
אַף עוֹר חֲזִיר הַבָּר. וְעוֹר חֲטוֹטֶרֶת שֶׁל גָּמָל הָרַכָּה, וְעוֹר הָרֹאשׁ שֶׁל עֵגֶל
הָרַךְ, וְעוֹר הַפְּרָסוֹת, וְעוֹר בֵּית הַבֹּשֶׁת, וְעוֹר הַשָּׁלִיל, וְעוֹר שֶׁתַּחַת הָאַלְיָה,
וְעוֹר הָאֲנָקָה וְהַכֹּחַ וְהַלְּטָאָה וְהַחֹמֶט. רַבִּי יְהוּדָה אוֹמֵר, הַלְּטָאָה כַּחֻלְדָּה.
וְכֻלָּן שֶׁעִבְּדָן אוֹ שֶׁהִלֵּךְ בָּהֶן כְּדֵי עֲבוֹדָה, טְהוֹרִין, חוּץ מֵעוֹר הָאָדָם. רַבִּי
יוֹחָנָן בֶּן נוּרִי אוֹמֵר, שְׁמֹנָה שְׁרָצִים יֵשׁ לָהֶן עוֹרוֹת:

이런 것들은 그 가죽이 고기와 같으니, 사람의 가죽과 마을에서 〔키운〕 돼지의 가죽이다. 랍비 요쎄는 야생 돼지 가죽도 〔그러하다고〕 말한다. 어린 낙타 혹의 가죽과, 어린 송아지 머리의 가죽과, 발굽 〔근처의〕 가죽과, 사타구니 가죽과, 태아의 가죽과, 지방 꼬리 밑부분의 가죽과, 도마뱀붙이와 큰 도마뱀과 보통 도마뱀과 다리가 짧은 도마뱀의 가죽도 〔그러하다〕. 랍비 예후다는 도마뱀이 들쥐와 같다고 말한다.

이런 것들을 무두질하려고 작업을 하거나 밟으면 전부 정결해지지만, 사람의 가죽은 예외다. 랍비 요하난 벤 누리는 기는 것 여덟 가지는 〔실제로〕 가죽이 있다고 말한다.

- 첫째 미쉬나(9, 1)와 달리 여기서 열거하는 경우에는 가죽이 고기와 같아, 올리브 한 알 크기 이상이 되면 죽은 채 발견된 것의 부정을 전이할 수 있다. 죽은 사람의 가죽은 살과 마찬가지로 부정을 전이한다. 그 외 다른 경우에 가죽이 부드러워서 먹을 수 있으며, 그것을 먹으면 부정을 전이한다. 도마뱀과 관련된 경우 네 가지는 기는 것과 관련된 토라의 계명에 근거하고 있다(레 11:29-30).
- 랍비 예후다는 반대의견을 개진하는데, 도마뱀 가죽은 들쥐 가죽처

럼 아무도 먹지 않으므로 고기처럼 취급할 수 없다고 말한다.

- 앞에서 말한 가죽을 먹기 위해서는 무두질을 하지 않는다. 그러므로 가죽의 주인이 무두질을 시작하면 먹지 않겠다는 뜻으로 받아들일 수 있다. 그러므로 죽은 채 발견된 것의 부정과 관련이 없어진다. 사람의 가죽은 예외인데, 시체의 일부는 어떤 경우든 부정을 전이하기 때문이다.
- 랍비 요하난 벤 누리도 기는 것과 관련해서 그 가죽을 먹을 수 없고 죽은 채 발견된 것의 부정과 관련이 없다는 의견이다.

9, 3

가죽을 벗겨내면 언제부터 가축의 몸과 독립된 존재가 되는지 논의한다.

הַמַּפְשִׁיט בַּבְּהֵמָה וּבַחַיָּה, בַּטְּהוֹרָה וּבַטְּמֵאָה, בַּדַּקָּה וּבַגַּסָּה, לְשָׁטִיחַ, כְּדֵי אֲחִיזָה. וּלְחֵמֶת, עַד שֶׁיַּפְשִׁיט אֶת הֶחָזֶה. הַמַּרְגִּיל, כֻּלּוֹ חִבּוּר לַטֻּמְאָה, לִטַּמֵּא וּלְטַמֵּא. עוֹר שֶׁעַל הַצַּוָּאר, רַבִּי יוֹחָנָן בֶּן נוּרִי אוֹמֵר, אֵינוֹ חִבּוּר. וַחֲכָמִים אוֹמְרִים, חִבּוּר, עַד שֶׁיַּפְשִׁיט אֶת כֻּלּוֹ:

〔어떤 사람이〕 가축이나 짐승의 가죽을 벗길 때, 그것이 정결하건 부정하건, 그것이 작건 크건, 깔개를 〔만들기〕 위해서라면 그것을 붙잡을 수 있을 〔때 고기와 연결되지 않은 것으로 간주한다〕. 가죽 부대를 〔만들기〕 위해서라면 가슴 부분을 벗길 때에 〔그러하다〕. 다리부터 〔위로 가죽을 벗기면〕 전체를 〔다 벗길 때까지다〕. 전체가 부정과 연결되어 부정해지거나 부정을 전이한다. 목 윗부분의 가죽에 대하여 랍비 요하난 벤 누리는 연결되지 않았다고 말한다. 그러나 현인들은 전체를 다 벗길 때까지 연결되었다고 말한다.

- 가축이나 짐승, 정결하거나 부정한 것, 작은 것과 큰 것을 가리지 않고 가죽을 벗기면 고기와 더 이상 연결되지 않는 독립된 존재가 되는데, 이 미쉬나는 분리되는 정확한 순간은 용도에 따라 다르다고 설명한다. 바닥이나 의자 또는 책상 위의 깔개로 쓰려고 했다면, 가죽을 벗겨서 손에 쥘 수 있는 정도가 되면 그 분리된 부분은 즉시 고기와 연결되지 않은 것으로 간주한다. 예를 들어 그 가축이 죽은 채 발견된 것이라고 해도 이미 벗긴 가죽은 관련이 없으며, 이 가죽과 접촉해도 부정해지지 않는다. 가축을 적법하게 도살했는데 벗겨낸 가죽이 부정해졌다면, 부정이 고기에 전이되지 않는다.
- 가죽으로 물이나 포도주를 담는 부대를 만들려고 했다면, 가죽의 가슴 부분을 벗겨내야 분리된 것으로 인정한다. 가축의 다리부터 위로 가죽을 벗기면 전체를 다 벗길 때까지 연결된 것이다.
- 부정과 연결된 가죽은 부정해지기도 하고 부정을 전이하기도 하여 양방향으로 영향을 미친다.
- 목 부분의 가죽은 쉽게 벗겨지기 때문에, 랍비 요하난 벤 누리는 연결되지 않았다고 말하지만, 현인들은 이 부분도 다른 가죽과 마찬가지로 취급해야 한다고 주장한다.

9, 4

부정한 고기가 가죽에 붙어 있을 경우에 관한 논의다.

עוֹר שֶׁיֵּשׁ עָלָיו כַּזַּיִת בָּשָׂר, הַנּוֹגֵעַ בְּצִיב הַיּוֹצֵא מִמֶּנּוּ, וּבְשַׂעֲרָה שֶׁכְּנֶגְדּוֹ, טָמֵא. הָיוּ עָלָיו כִּשְׁנֵי חֲצָאֵי זֵיתִים, מְטַמֵּא בְמַשָּׂא וְלֹא בְמַגָּע, דִּבְרֵי רַבִּי יִשְׁמָעֵאל. רַבִּי עֲקִיבָא אוֹמֵר, לֹא בְמַגָּע וְלֹא בְמַשָּׂא. וּמוֹדֶה רַבִּי עֲקִיבָא בִּשְׁנֵי חֲצָאֵי זֵיתִים שֶׁתְּחָבָן בְּקֵיסָם וַהֱסִיטָן, שֶׁהוּא טָמֵא. וּמִפְּנֵי מָה רַבִּי עֲקִיבָא מְטַהֵר בָּעוֹר, מִפְּנֵי שֶׁהָעוֹר מְבַטְּלָן:

〔부정한〕 고기가 올리브 한 알 〔크기〕 정도 붙어 있는 가죽에 관하여, 〔어떤 사람이〕 거기서 나온 작은 조각이나 그 맞은편에 있는 털과 접촉하면, 그는 부정해진다. 그 위에 올리브 열매 반쪽만 한 〔부정한 고기〕 두 점이 〔붙어 있었다면〕, 이것은 옮기기에 의해 부정을 전이하지만 접촉을 통해서는 〔전이하지〕 않는다는 것이 이쉬마엘 랍비의 말이다. 아키바 랍비는 접촉을 통해서도 옮기기를 통해서도 〔전이하지〕 않는다고 말한다. 그러나 랍비 아키바도 올리브 열매 반쪽만 한 〔고기〕 두 점을 막대기로 찔러서 흔들면 그가 부정해진다는 데 동의한다. 그럼 무엇 때문에 랍비 아키바는 가죽에 〔달린 고기 두 점을〕 정결하다고 했는가? 왜냐하면 가죽이 그것을 취소시키기 때문이다.

- 가죽에 부정을 전이하는 최소량의 고기가 붙어 있을 경우, 그 고기가 죽은 채 발견된 것이라면, 그 가죽의 작은 조각이나 털과 접촉해도 부정이 전이된다. 가죽에 붙어 있는 고기가 최소 크기 규정에 미치지 못한다면, 가죽과 접촉해도 부정이 전이되지 않는다. 올리브 열매 반쪽만 한 고기가 두 점 있었다고 해도 한 번에 한 점만 접촉할 수 있기 때문이다. 그러나 그 가죽을 고기와 함께 들고 옮기면 옮기기 부정에 의해서 부정해진다는 것이 이쉬마엘 랍비의 주장이다. 랍비 아키바는 반대한다.
- 그러나 두 랍비 모두 올리브 열매 반쪽만 한 고기 두 점을 막대기로 찔러서 흔들면, 이것은 옮기기와 같은 행위로 간주하며, 그 사람이 부정해진다는 것에 동의한다.
- 위에서 올리브 열매 반쪽만 한 고기 두 점이 가죽에 붙어 있을 때 랍비 아키바가 옮기기를 통해 부정을 전이하지 않는다고 말한 이유는 가죽 때문이라고 설명한다. 올리브 반쪽 크기의 고기는 보다 중요한 가죽에 의해 무효가 된다는 것이다. 나무 막대기는 이런 기능이 없다.

9, 5

허벅지 뼈를 통해 부정이 전이되거나 그렇지 않은 경우를 다룬다.

קוּלִית הַמֵּת וְקוּלִית הַמֻּקְדָּשִׁים, הַנּוֹגֵעַ בָּהֶן, בֵּין סְתוּמִים בֵּין נְקוּבִים, טָמֵא.
קוּלִית נְבֵלָה וְקוּלִית הַשֶּׁרֶץ, הַנּוֹגֵעַ בָּהֶן סְתוּמִים, טְהוֹרִים. נְקוּבִים כָּל
שֶׁהוּא, מְטַמֵּא בְמַגָּע. מִנַּיִן שֶׁאַף בְּמַשָּׂא, תַּלְמוּד לוֹמַר, הַנּוֹגֵעַ וְהַנֹּשֵׂא, אֶת
שֶׁבָּא לִכְלָל מַגָּע, בָּא לִכְלָל מַשָּׂא, לֹא בָא לִכְלָל מַגָּע, לֹא בָא לִכְלָל מַשָּׂא:

〔사람의〕 시체의 허벅지 뼈와 성물로 바친 〔가축의〕 허벅지 뼈를 〔어
떤 사람이〕 접촉하면, 그것이 막혀 있든지 구멍이 나 있든지, 그가 부정
해진다. 죽은 채 발견된 것의 허벅지 뼈와 기는 것의 허벅지 뼈를 〔어
떤 사람이〕 접촉하면, 그것이 막혀 있을 때는 그가 정결하다. 구멍이
나 있다면, 접촉을 통해 부정해진다.

무슨 이유로 옮기기를 통해서도 〔부정해지는가?〕 기록되기를 "그
주검을 만지는 자는… 그 주검을 옮기는 자도"(레 11:39-40)라고 했
으니, 접촉하는 자는 누구라도, 옮기는 자는 누구라도 〔그러하다〕. 접
촉하지 않는 자는 누구라도, 옮기지 않는 자는 누구라도 〔부정해지지〕
않는다.

- 사람의 시체의 뼈는 시체와 마찬가지로 부정을 전이하며, 뼈의 상태
  와 상관이 없다. 제물로 바쳤던 가축이 어떤 이유로 혐오스러운 것이
  되거나 남은 것이 되면 부정을 전이하는데(「페싸힘」 10, 9), 그 뼈도
  상태와 상관없이 그러하다.
- 죽은 채 발견된 것의 부정이나 기는 것의 부정과 관련해서는 허벅지
  뼈에 구멍이 있어야 접촉을 통해 부정이 전이된다. 이런 부정은 뼈
  자체가 아니라 그 안에 들어 있는 골수와 관련되는데, 골수는 고기의
  일부로 간주한다. 그러므로 구멍이 있어야 골수가 흐르면서 부정이
  전이된다는 것이다.

- 같은 이유로 옮기기 부정도 허벅지 뼈에 구멍이 있어야 전이되는데, 구멍이 없는 뼈를 옮긴다면 고기로 간주하는 골수를 옮겼는데도 부정해지지 않는 예외적인 상황이 된다. 이것을 설명하기 위해서 미쉬나는 토라를 인용하면서(레 11:39-40), 죽은 채 발견된 것의 뼈는 접촉과 옮기기가 동일하다고 주장한다.

9, 6
구멍난 알, 흙과 섞인 고기에 대해 논의한다.

בֵּיצַת הַשֶּׁרֶץ הַמְרֻקֶּמֶת, טְהוֹרָה. נִקְּבָה כָּל שֶׁהוּא, טְמֵאָה. עַכְבָּר שֶׁחֶצְיוֹ
בָשָׂר וְחֶצְיוֹ אֲדָמָה, הַנּוֹגֵעַ בַּבָּשָׂר, טָמֵא. בָּאֲדָמָה, טָהוֹר. רַבִּי יְהוּדָה אוֹמֵר,
אַף הַנּוֹגֵעַ בָּאֲדָמָה שֶׁכְּנֶגֶד הַבָּשָׂר, טָמֵא:

기는 것이 생기기 시작한 알은 정결하다. 어떤 구멍이라도 났다면, 그것이 부정하다. 반은 고기이고 반은 흙이 된 쥐에 관하여, [어떤 사람이] 그 고기와 접촉하면 부정해진다. 흙에 [접촉하면] 정결하다. 랍비 예후다는 [어떤 사람이] 고기 맞은편에 있는 흙과 접촉해도 부정해진다고 말한다.

- 미쉬나가 규정하는 기는 것 여덟 가지의 알은 온전한 상태에서는 부정을 전이하지 않는다. 그것과 접촉해도 알 속의 기는 것을 만질 수 없기 때문이다. 구멍이 있다면 아무리 작아도 접촉하면 부정해진다.
- 기는 것들 중 하나인 쥐의 어미가 죽어서 그 태아가 생성되다가 반은 고기이고 반은 흙인 상태일 때,[6] 그 고기 부분을 접촉하면 부정해지고 흙부분을 만지면 정결하다는 것이 첫째 의견이다. 랍비 예후다는

---

6) 고대인들은 쥐와 같은 동물은 일반적인 짝짓기가 아니라 흙 속에서 발생할 수도 있다고 믿었다고 설명하는 학자들도 있다. Lieberman, pp. 183-184 참조.

그 흙도 쥐의 일부분이라고 보고 부정해진다고 주장한다.

9, 7
가축에 붙어 있는 사지와 이의 부정 여부를 다룬다.

הָאֵבֶר וְהַבָּשָׂר הַמְדֻלְדָּלִין בִּבְהֵמָה, מְטַמְּאִין טֻמְאַת אֹכְלִין בִּמְקוֹמָן, וּצְרִיכִין
הֶכְשֵׁר. נִשְׁחֲטָה בְהֵמָה, הֻכְשְׁרוּ בְדָמֶיהָ, דִּבְרֵי רַבִּי מֵאִיר. רַבִּי שִׁמְעוֹן אוֹמֵר,
לֹא הֻכְשְׁרוּ. מֵתָה הַבְּהֵמָה, הַבָּשָׂר צָרִיךְ הֶכְשֵׁר. הָאֵבֶר מְטַמֵּא מִשּׁוּם אֵבֶר
מִן הַחַי וְאֵינוֹ מְטַמֵּא מִשּׁוּם אֵבֶר נְבֵלָה, דִּבְרֵי רַבִּי מֵאִיר. וְרַבִּי שִׁמְעוֹן מְטַהֵר:

가축 (몸에) 매달려 있는 사지나 고기는 준비과정을 거치면 그 자리에서 음식의 부정 때문에 부정을 전이할 수 있다. 그 가축을 도살하면 자기 피로 준비가 된다는 것이 랍비 메이르의 말이다. 랍비 쉼온은 준비되지 않았다고 말한다.

그 가축이 죽으면, 그 고기는 준비과정이 필요하다. 그 사지는 살아 있는 (가축의) 사지이기 때문에 부정을 전이하지만 죽은 채 발견된 것의 사지라고 부정을 전이하지는 않는다는 것이 랍비 메이르의 말이다. 그러나 랍비 쉼온은 정결하다고 주장한다.

- 가축의 살점이나 사지(뼈·살·힘줄)가 몸에서 떨어졌으나 완전히 분리되지 않고 매달려 있을 때, 이에 대한 판단이 문제가 된다. 이들은 살아 있는 동물의 일부로 보아 정결하다고 본다. 그러나 동물이 죽은 경우, 할라카의 원칙인 '죽음이 떨어져나간 것에 미치는 영향' (מיתה עושה נפול, 미타 오싸 니폴)에 따라 이들이 죽기 전에 몸에서 떨어져나간 것으로 간주된다. 이 경우 살아 있는 동물에서 분리된 것이 되므로 부정하게 되는데, 사지일 경우에는 자신이 부정할 뿐 아니라 전이시키기도 하는 '부정의 아버지'(아브 하 툼아)가 된다. 단순히 살점인 경우에는 부정하게 되지 않는다. 이 두 가지의 차이는

레위기 11:39에 "먹을 만한 짐승이 죽은…"으로 번역되는 מן כי ימות …הבהמה(키 야뭇 민 하브헤마)를 직역하면 짐승의 부분이 죽은 것으로 해석될 수 있다는 점에 기인한다. 분리된 사지는 완전히 죽은 것으로 볼 수 있지만 살점은 다시 붙어 치료될 가능성도 있으므로 이에 해당하지 않는다는 것이다(게마라 128b).

- 가축의 사지나 살점의 일부분이 잘렸지만 그 몸에서 완전히 분리되지 않고 매달려 있는 상태라면, 아직 가축의 몸에 붙어 있으므로 정결하다고 간주한다. 그러나 「훌린」 2, 5에서 본 것처럼 미쉬나가 인정하는 액체 일곱 가지에 젖어서 준비과정이 끝나면 음식을 부정하게 하는 요인에 의해 부정해질 수 있고 또 다른 음식에 부정을 전이할 수도 있다.

- 가축을 적법하게 도살했다면, 그 몸에 매달린 사지나 고기는 이 액체 중 하나인 피로 준비과정이 완료되었다고 랍비 메이르가 주장한다. 이 규정은 매달린 사지나 고기를 먹을 수 없는 동물이라고 해도 마찬가지로 음식의 부정이 적용된다(「훌린」 4, 6). 그러나 랍비 쉼온은 반대한다.

- 가축을 도살하지 않았는데 죽었다면 죽은 채 발견된 것이 된다. 그러나 그 가축이 살아 있을 때 매달린 상태가 된 사지나 고기는 죽은 채 발견된 것이 아니어서 먹을 수 있다고 간주하며, 준비과정을 거치면 음식의 부정 때문에 부정해질 수 있다.

- 랍비 메이르는 죽은 가축에 매달려 있어도 그 사지나 고기는 살아 있을 때 떨어진 것이므로 부정하다고 주장했다. 그러나 살아 있는 가축에서 분리된 사지에서 다시 분리된 고기는 부정을 전이하지 않는다. 그러므로 랍비 메이르는 이 사지가 죽은 채 발견된 것에서 분리된 것이 아니라 살아 있는 가축에서 분리된 사지로 보아야 한다고 보고, 고기가 이 사지에서 분리되면 부정하지 않다고 주장했다. 랍비

쉽온은 그 사지가 가축이 살아 있을 때 완전히 분리되지 않았다면 부정하지 않고, 또 이것이 가축으로부터 독립된 존재이므로 죽은 채 발견된 것이 아니라고 보았다. 두 경우에 모두 부정하지 않다는 뜻 이다.

9, 8

사람의 몸에 매달린 부분에 관해 논의한다.

הָאֵבֶר וְהַבָּשָׂר הַמְדֻלְדְּלִין בָּאָדָם, טְהוֹרִין. מֵת הָאָדָם, הַבָּשָׂר טָהוֹר. הָאֵבֶר מְטַמֵּא מִשּׁוּם אֵבֶר מִן הַחַי וְאֵינוֹ מְטַמֵּא מִשּׁוּם אֵבֶר מִן הַמֵּת, דִּבְרֵי רַבִּי מֵאִיר. וְרַבִּי שִׁמְעוֹן מְטַהֵר:

사람의 [몸에] 매달려 있는 사지나 살은 정결하다. 그 사람이 죽으 면, 그 살은 정결하다. 그 사지는 살아 있는 [몸에서 분리된] 사지이기 때문에 부정을 전이하지만 시체의 사지이기 때문에 부정을 전이하지 는 않는다는 것이 랍비 메이르의 말이다. 그러나 랍비 쉽온은 정결하 다고 했다.

- 살아 있는 사람의 몸에서 사지나 살의 일부분이 잘렸지만 완전히 분 리되지 않고 매달려 있다면, 이것은 정결하다.
- 그 사람이 죽으면, 그 살은 살아 있을 때 이미 잘린 것이 되므로, 시체 의 부정과 상관이 없다. 그러나 앞서 본 바와 같이 사지는 마치 살아 있는 가축의 몸에서 자른 고기와 마찬가지 이유로 부정해진다. 그러 나 사지도 이미 잘려나간 것이 되어 시체의 일부는 아니기 때문에 이를 통해 시체의 부정이 옮겨지지는 않는다는 것이 랍비 메이르의 견해다(「에두욧」 6, 2-3).
- 랍비 쉽온은 일곱째 미쉬나(9, 7)에서 설명한 바와 같이 사람의 몸에

매달린 사지가 살아 있을 때는 완전히 분리되지 않아서, 죽었을 때
는 분리되어서 부정하지 않다고 보았다.

제10장

10, 1

제사장에게 주는 선물에 관해 논의한다.

הַזְּרוֹעַ וְהַלְּחָיַיִם וְהַקֵּבָה נוֹהֲגִין בָּאָרֶץ וּבְחוּצָה לָאָרֶץ, בִּפְנֵי הַבַּיִת וְשֶׁלֹּא בִּפְנֵי
הַבַּיִת, בְּחֻלִּין אֲבָל לֹא בַּמֻּקְדָּשִׁין. שֶׁהָיָה בַדִּין, וּמָה אִם הַחֻלִּין, שֶׁאֵינָן חַיָּבִין
בְּחָזֶה וָשׁוֹק, חַיָּבִין בַּמַּתָּנוֹת, קָדָשִׁים שֶׁחַיָּבִין בְּחָזֶה וָשׁוֹק, אֵינוֹ דִין שֶׁחַיָּבִין
בַּמַּתָּנוֹת. תַּלְמוּד לוֹמַר, וָאֶתֵּן אֹתָם לְאַהֲרֹן הַכֹּהֵן וּלְבָנָיו לְחָק עוֹלָם, אֵין לוֹ
אֶלָּא מַה שֶּׁאָמוּר בְּעִנְיָן׃

[제사장에게 주는] 앞다리와 두 볼과 위 [관련법은 이스라엘] 땅과
그 땅 바깥에서, 성전이 있을 때 그리고 없을 때, 속된 가축에게 적용
하지만 [제물로] 성별한 가축에게는 [적용하지] 않는다.

만약 가슴과 뒷다리 [관련법을 지킬] 의무가 없는 속된 가축들도 이
런 선물을 [바칠] 의무가 있었다는 것이 규정이라면, 가슴과 뒷다리
[관련법을 지킬] 의무가 있는 성물들이 선물을 [바칠] 의무가 있다고
규정해야 하지 않겠는가? 기록되기를 "내가… 제사장 아론과 그의 자
손에게 주었나니, 이는… 영원한 소득이니라"(레 7:34) 했으니, 이와
관련해서 언급했던 것만 그의 소유다.

- 토라는 이스라엘 백성이 제사를 드릴 때 제사장에게 앞다리와 두 볼
  과 위를 주라고 명령한다(신 18:3). 이 미쉬나는 이 규정을 시간과 장
  소에 관련 없이 적용해야 하는데, 속된 가축에게 적용하고 제물로 성

별한 성물에는 적용하지 않는다고 설명한다.

- 이 규정에 동의하지 않는 사람들은 제물의 가슴과 뒷다리를 제사장에게 주라는 화목제 규정(레 7:34)을 들어 성물도 이 규정에 포함된다고 생각할 수 있다. 그러나 랍비들은 이 구절을 좁게 해석해서 화목제와 관련해서 제사장이 얻을 수 있는 것은 가슴과 뒷다리뿐이며, 앞다리와 두 볼과 위는 아니라고 주장한다.

10, 2

가축에게 흠이 생긴 시기에 관해 논의한다.

כָּל הַקֳּדָשִׁים שֶׁקֳּדַם מוּם קָבוּעַ לְהֶקְדֵּשָׁן וְנִפְדּוּ, חַיָּבִין בַּבְּכוֹרָה וּבַמַּתָּנוֹת, וְיוֹצְאִין לְחֻלִּין, לְהִגָּזֵז וּלְהֵעָבֵד, וּלְדָן וַחֲלָבָן מֻתָּר לְאַחַר פִּדְיוֹנָן, וְהַשּׁוֹחֲטָן בַּחוּץ פָּטוּר, וְאֵין עוֹשִׂין תְּמוּרָה, וְאִם מֵתוּ יִפָּדוּ, חוּץ מִן הַבְּכוֹר וּמִן הַמַּעֲשֵׂר. כֹּל שֶׁקָּדַם הֶקְדֵּשָׁן אֶת מוּמָן, אוֹ מוּם עוֹבֵר לְהֶקְדֵּשָׁן, וּלְאַחַר מִכָּאן נוֹלַד לָהֶם מוּם קָבוּעַ וְנִפְדּוּ, פְּטוּרִין מִן הַבְּכוֹרָה וּמִן הַמַּתָּנוֹת, וְאֵינָן יוֹצְאִין לְחֻלִּין לְהִגָּזֵז וּלְהֵעָבֵד, וּלְדָן וַחֲלָבָן אָסוּר לְאַחַר פִּדְיוֹנָן, וְהַשּׁוֹחֲטָן בַּחוּץ חַיָּב, וְעוֹשִׂין תְּמוּרָה, וְאִם מֵתוּ, יִקָּבֵרוּ:

성물을 성별하기 전에 흠이 먼저 생겼고 〔그 후에〕 그것을 물렀다면, 초태생 〔규정〕 그리고 〔제사장에게 주는〕 선물 〔규정을 지킬〕 의무가 있고, 속된 가축으로 나간 뒤 그 털을 깎거나 일을 시킬 수 있으며, 그 새끼나 그 젖은 무른 이후에 허용되고, 〔어떤 사람이〕 그것을 〔성전〕 바깥에서 도살해도 〔책임이〕 면제되며, 그것을 대체하지 않는다. 그리고 만약 그것이 죽으면, 그것을 무르지만, 초태생과 십일조는 제외된다.

성물에게 흠이 생기기 전에 먼저 성별했거나, 성별할 때 흠이 사라졌다가 그 후에 영구적인 흠이 생겨서 그것을 물렀다면, 초태생 〔규정〕 그리고 〔제사장에게 주는〕 선물 〔규정을 지킬 책임에서〕 면제되고,

속된 가축으로 나간 뒤 그 털을 깎거나 일을 시킬 수 없으며, 그 새끼나 그 젖이 무른 이후에도 금지되고, [어떤 사람이] 그것을 [성전] 바깥에서 도살하면 책임이 있으며, 그것을 대체할 수 있다. 그리고 만약 그것이 죽으면 땅에 묻는다.

- 흠이 있는 가축을 제물로 성별하거나 성전에 바칠 수는 없는데 어떤 사람이 그렇게 했다면, 그는 사실 그 가축의 가격에 해당하는 액수를 성전에 바친 것이다. 이 가축은 계속 속된 가축이며, 그것을 다른 용도로 사용하기 전에 무른 값을 성전에 바쳐야 한다. 이 가축이 첫 새끼를 낳으면 초태생 관련법을 적용하고, 이것을 도살하면 제사장에게 앞다리와 두 볼과 위를 선물로 주어야 한다. 가축 무르기가 끝난 뒤에는 일반 가축처럼 털을 깎거나 일을 시켜도 무방하다. 이 상태에서 낳은 새끼나 그 젖은 음식으로 사용하는 것이 허용된다. 속된 가축이므로 성전 바깥에서 도살해도 책임이 없다. 성물이 아니므로 다른 가축으로 대체해도 그 대체물이 거룩하지 않다. 만약 이 가축이 무르기 전에 죽으면, 동일한 방법으로 물러야 하지만 그 고기는 개에게 던져준다. 예외적으로 초태생이 흠이 있거나 십일조로 드릴 가축이 흠이 있는 경우인데, 이때는 흠이 있어도 무방하다(레 27:33). 그러므로 이런 가축들은 거룩하며 위의 규정을 적용하지 않는다.
- 어떤 가축을 제물로 성별했는데 나중에 흠이 생겼거나, 흠이 사라져서 성별했는데 영구적인 흠이 다시 생겼다면, 제물로 제단에 올릴 수 없으므로 물러야 한다. 무르기가 끝나도 이 가축들은 거룩하다. 이 가축은 성물이므로 초태생 규정과 제사장에게 주는 선물 규정을 적용하지 않는다. 성물이므로 무르기가 끝나도 털을 깎거나 일을 시킬 수 없고, 그 새끼나 젖은 금지된다. 성전 바깥에서 도살할 수 없다는 말은 해석하기 어려운데, 제물로 바칠 수 없어 성전 바깥에서 도

살할 수 없다면 처리할 방법이 없기 때문이다. 랍비 아키바는 흠이 있는 제물을 제단 위에 올릴 수는 없지만, 이미 제단에 올렸다면 내리지 말라고 가르쳤다(「제바힘」 9, 3). 그렇다면 성전 안에서 도살할 수 있다는 해석이 가능하다. 이 가축을 다른 가축으로 대체하면 그 둘째 가축은 거룩하다. 이 가축이 무르기 전에 죽으면, 이 가축으로부터 이익을 취할 수 없으므로 땅에 묻는다.

10, 3

섞인 제물을 도살했을 경우, 제사장이나 이방인을 위해 도살했을 경우의 효력 문제를 논의한다.

בְּכוֹר שֶׁנִּתְעָרֵב בִּמְאָה, בִּזְמַן שֶׁמֵּאָה שׁוֹחֲטִין אֶת כֻּלָּן, פּוֹטְרִין אֶת כֻּלָּן. אֶחָד שׁוֹחֵט אֶת כֻּלָּן, פּוֹטְרִין לוֹ אֶחָד. הַשּׁוֹחֵט לְכֹהֵן וּלְנָכְרִי, פָּטוּר מִן הַמַּתָּנוֹת. וְהַמִּשְׁתַּתֵּף עִמָּהֶן, צָרִיךְ שֶׁיִּרְשֹׁם. וְאִם אָמַר חוּץ מִן הַמַּתָּנוֹת, פָּטוּר מִן הַמַּתָּנוֹת. אָמַר, מְכֹר לִי בְּנֵי מֵעֶיהָ שֶׁל פָּרָה, וְהָיוּ בָהֶן מַתָּנוֹת, נוֹתְנָן לְכֹהֵן וְאֵינוֹ מְנַכֶּה לוֹ מִן הַדָּמִים. לָקַח הֵימֶנּוּ בְמִשְׁקָל, נוֹתְנָן לְכֹהֵן וּמְנַכֶּה לוֹ מִן הַדָּמִים:

첫 새끼가 [다른 가축] 백 마리와 섞였을 때, 백 명이 그 [가축을] 전부 도살하면, 그 전부가 책임을 면제받는다. 한 명이 그 [가축을] 전부 도살하면, 한 마리만 책임을 면제받는다.

[어떤 사람이] 제사장을 위해 그리고 이방인을 위해 도살하면, [제사장에게 주는] 선물 [관련법에서] 면제된다. [어떤 사람이 가축을] 그들과 공동으로 소유했다면, [그 사실을] 표시해야 한다.

만약 그가 "선물은 제외"라고 말했다면, 선물 [관련법에서] 면제된다. 그가 "암소의 창자를 내게 파시오"라고 말했고 그것들 중 일부가 선물이었다면, 그것을 제사장에게 주고 그 가격을 깎지 않는다. 그가 그것을 무게로 샀다면, 그것을 제사장에게 주고 그 가격을 깎는다.

- 첫째 미쉬나(10, 1)에서 언급한 바와 같이 성물을 바칠 때는 제사장에게 선물을 주지 않으며, 첫 새끼에게 흠이 생겼을 때도 마찬가지다. 그런데 이 가축이 다른 가축들 백 마리와 섞였다. 만약 그 백 마리가(또는 백 한 마리가) 서로 다른 백 사람의 소유이고 그 백 사람이 각자 그 가축들을 잡았다면, 백 마리 전부 선물을 줄 책임에서 면제된다. 그들이 각자 자기 가축이 초태생으로 바친 가축이라고 주장할 수 있기 때문이다. 그러나 한 사람이 가축 백 마리를 소유하고 있다면, 오직 한 마리만 선물을 줄 의무에서 면제된다.

- 제사장이 소유하거나 이방인이 소유한 가축은 선물을 줄 의무에서 면제된다. 어떤 사람이 가축을 제사장이나 이방인과 공동으로 소유하고 있다면, 그 가축은 선물을 줄 의무에서 면제된다. 그러나 남들이 오해하지 않도록 공동소유임을 표시해야 한다.

- 가축을 팔 때 판매자가 선물로 드릴 부위는 팔지 않는다고 말했다면, 구매자는 그만큼 인하된 가격을 지불하며 선물을 줄 의무에서 면제된다. 구매자가 암소의 내장을 사려고 했는데 그중에 일부, 즉 위가 선물로 드릴 부위라면 구매자가 그 부위를 제사장에게 주어야 하고 판매자는 가격을 인하하지 않는다. 왜냐하면 구매자도 내장 중에 선물로 드릴 부위가 있다는 사실을 알고 있기 때문이다. 그러나 구매자가 일정한 무게의 내장을 달라고 했다면, 그는 그 무게 전체에 해당하는 내장이 허용된 것이라고 기대했을 것이다. 판매자가 선물부위도 이 무게에 포함시켰다면, 그 부위는 제사장에게 선물로 주고, 판매자가 가격을 인하해야 한다.

10, 4

개종 전이나 후의 도살이 제사장의 몫에 미치는 영향을 다룬다.

גֵּר שֶׁנִּתְגַּיֵּר וְהָיְתָה לוֹ פָרָה, נִשְׁחֲטָה עַד שֶׁלֹּא נִתְגַּיֵּר, פָּטוּר. מִשֶּׁנִּתְגַּיֵּר, חַיָּב. סָפֵק, פָּטוּר, שֶׁהַמּוֹצִיא מֵחֲבֵרוֹ עָלָיו הָרְאָיָה. אֵיזֶהוּ הַזְּרוֹעַ, מִן הַפֶּרֶק שֶׁל אַרְכֻּבָּה עַד כַּף שֶׁל יָד. וְהוּא שֶׁל נָזִיר. וּכְנֶגְדּוֹ בָּרֶגֶל, שׁוֹק. רַבִּי יְהוּדָה אוֹמֵר, שׁוֹק, מִן הַפֶּרֶק שֶׁל אַרְכֻּבָּה עַד סֹבֶךְ שֶׁל רֶגֶל. אֵיזֶהוּ לְחִי, מִן הַפֶּרֶק שֶׁל לֶחִי עַד פִּקָּה שֶׁל גַּרְגֶּרֶת:

〔어떤〕 개종자가 개종을 했고 암소를 소유했을 때, 그가 개종하기 전에 그것을 도살했다면, 그는 〔선물을 줄〕 책임에서 면제된다. 그가 개종한 후에 〔그것을 도살했다면〕, 책임이 있다. 〔도살한 때가 언제인지〕 의심스럽다면, 그는 책임에서 면제된다. 동료를 고소하는 자가 증거를 〔제시해야〕 하기 때문이다.

앞다리는 어떤 〔부분인가〕? 앞다리의 발목부터 어깨 연결부분까지다. 그리고 이것은 나실인도 마찬가지다. 그에 해당하는 뒷다리는 허벅지다. 랍비 예후다는 허벅지는 다리의 발목부터 살이 많은 부분이라고 말한다.

볼은 어떤 〔부분인가〕? 턱 관절부터 기도가 튀어나온 부분까지다.

- 외국인이 소유하던 가축을 도살했다면, 그가 개종한 시점을 기준으로 제사장에게 주는 선물 관련법을 적용할지 결정한다. 만약 도살한 시점과 개종한 시점을 정확하게 구분할 수 없다면, 선물을 줄 책임에서 면제한다. 선물을 요구하는 자, 즉 제사장이 의심스러운 상황에 관한 증거를 제시해야 하는데, 이것은 고소자가 증거를 제시해야 한다는 일반 원리에 기초한다.

- 제사장에게 주어야 하는 앞다리는 오른쪽 앞다리의 발목부터 어깨 연결부분까지다. 나실인은 구별한 기간이 지난 뒤에 제사장에게 숫

양의 어깨를 주어야 하는데(민 6:19), 이때도 같은 부위를 준다. 뒷다리의 관절부터 몸통 연결부분까지는 화목제물 중에서 제사장에게 주어야 한다. 랍비 예후다는 다른 의견을 제시하는데, 허벅지는 발목부터 무릎까지로 다리 아랫부분이라고 주장한다.

● 선물로 주는 볼이란 턱 관절부터 기도의 첫째 연결부분까지다.

제11장

11, 1

처음으로 깎은 양털을 제사장에게 주라는 계명을 설명한다.

רֵאשִׁית הַגֵּז נוֹהֵג בָּאָרֶץ וּבְחוּצָה לָאָרֶץ, בִּפְנֵי הַבַּיִת וְשֶׁלֹּא בִּפְנֵי הַבַּיִת,
בְּחֻלִּין אֲבָל לֹא בְמֻקְדָּשִׁין. חֹמֶר בַּזְּרוֹעַ וּבַלְּחָיַיִם וּבַקֵּבָה מֵרֵאשִׁית הַגֵּז,
שֶׁהַזְּרוֹעַ וְהַלְּחָיַיִם וְהַקֵּבָה נוֹהֲגִים בְּבָקָר וּבְצֹאן, בִּמְרֻבֶּה וּבְמֻעָט, וְרֵאשִׁית
הַגֵּז אֵינוֹ נוֹהֵג אֶלָּא בִרְחֵלוֹת, וְאֵינוֹ נוֹהֵג אֶלָּא בִמְרֻבֶּה:

처음 깎은 〔양털은 이스라엘〕 땅과 그 땅 바깥에서, 성전이 있을 때 그리고 없을 때, 속된 가축에게 적용하지만, 〔제물로〕 성별한 가축에게는 〔적용하지〕 않는다.

앞다리와 두 볼과 위에 〔관련된 법은〕 처음 깎은 〔양털 관련법보다〕 더 엄정하다. 앞다리와 두 볼과 위 〔관련법은〕 소 떼나 양 떼에게, 그 것들이 많든지 적든지 적용하지만, 처음 깎은 〔양털 관련법은〕 암양 들에게 적용하고, 〔양 떼가〕 많은 경우에만 적용한다.

● 토라는 곡식과 포도주와 기름 중 처음으로 얻은 것과 양털을 처음으로 깎은 것을 제사장에게 선물로 주라고 명령한다(신 18:4). 이 명령

이 제사장에게 선물로 주는 앞다리와 두 볼과 위에 관한 규정 바로
다음에 오기 때문에 제11장이 양털에 관해 논의하고 있다.

- 처음 깎은 양털을 제사장에게 주라는 계명은 장소와 시간에 관계없
  이 적용하지만, 성물에게는 적용하지 않고 속된 가축에게 적용한다.
  또한 이 계명은 소나 염소에게는 해당하지 않고 양에게만 적용하며,
  양 떼가 많을 때만 적용한다(11, 2).

11, 2

양 떼가 많을 때만 처음 깎은 양털을 선물로 바친다는 규정을 설명
한다.

וְכַמָּה הוּא מְרֻבֶּה. בֵּית שַׁמַּאי אוֹמְרִים, שְׁתֵּי רְחֵלוֹת, שֶׁנֶּאֱמַר, יְחַיֶּה אִישׁ
עֶגְלַת בָּקָר וּשְׁתֵּי צֹאן. וּבֵית הִלֵּל אוֹמְרִים, חָמֵשׁ, שֶׁנֶּאֱמַר, חָמֵשׁ צֹאן
עֲשֻׂיוֹת. רַבִּי דוֹסָא בֶּן הַרְכִּינַס אוֹמֵר, חָמֵשׁ רְחֵלוֹת גּוֹזְזוֹת מָנֶה מָנֶה וּפְרָס,
חַיָּבוֹת בְּרֵאשִׁית הַגֵּז. וַחֲכָמִים אוֹמְרִים, חָמֵשׁ רְחֵלוֹת גּוֹזְזוֹת כָּל שֶׁהֵן. וְכַמָּה
נוֹתְנִין לוֹ. מִשְׁקַל חָמֵשׁ סְלָעִים בִּיהוּדָה, שֶׁהֵן עֶשֶׂר סְלָעִים בַּגָּלִיל, מְלֻבָּן וְלֹא
צוֹאִי, כְּדֵי לַעֲשׂוֹת מִמֶּנּוּ בֶּגֶד קָטָן, שֶׁנֶּאֱמַר, תִּתֶּן לוֹ, שֶׁיְּהֵא בוֹ כְּדֵי מַתָּנָה.
לֹא הִסְפִּיק לִתְּנוֹ לוֹ עַד שֶׁצְּבָעוֹ, פָּטוּר. לִבְּנוֹ וְלֹא צְבָעוֹ, חַיָּב. הַלּוֹקֵחַ גֵּז צֹאנוֹ
שֶׁל נָכְרִי, פָּטוּר מֵרֵאשִׁית הַגֵּז. הַלּוֹקֵחַ גֵּז צֹאנוֹ שֶׁל חֲבֵרוֹ, אִם שִׁיֵּר הַמּוֹכֵר,
הַמּוֹכֵר חַיָּב. לֹא שִׁיֵּר, הַלּוֹקֵחַ חַיָּב. הָיוּ לוֹ שְׁנֵי מִינִים, שְׁחוּפוֹת וּלְבָנוֹת, מָכַר
לוֹ שְׁחוּפוֹת אֲבָל לֹא לְבָנוֹת, זְכָרִים אֲבָל לֹא נְקֵבוֹת, זֶה נוֹתֵן לְעַצְמוֹ וְזֶה
נוֹתֵן לְעַצְמוֹ:

그렇다면 어느 정도가 많은 것인가? 샴마이 학파는 암양 두 마리라
고 말한다. 사람이 한 어린 암소와 두 양을 기르리라 기록했기 때문이
다. 그러나 힐렐 학파는 다섯 마리라고 말한다. 요리한 양 다섯 마리
라고 기록했기 때문이다.

랍비 도싸 벤 하르키나스는 각각 [양털을] 1마네와 1페라쓰 정도
깎을 수 있는 양 다섯 마리가 [있으면] 처음 깎은 [양털 관련법을 지

킬] 책임이 있다고 말한다. 그러나 현인들은 〔양털을 생산하는〕 양이 다섯 마리 〔있다면 그 양과 상관없이〕 모두 〔책임이 있다고〕 말한다.

그렇다면 그에게 얼마나 주어야 하는가? 그 무게가 예후다에서 5쎌라이고 갈릴리에서 10쎌라이며, 표백해서 더럽지 않은 것이고, 작은 옷을 만들기에 충분한 양이다. 네가 그에게 줄 것이라고 기록했으니, 그것이 선물이 될 정도의 양이다.

그가 〔양털을〕 염색할 때까지 그 〔제사장에게〕 주지 못했다면, 그는 〔선물을 줄〕 책임에서 면제된다. 〔양털을〕 표백했고 염색하지 않았다면, 그는 〔선물을 줄〕 책임이 있다.

〔어떤 사람이〕 이방인의 양 떼를 깎은 〔양털을〕 샀다면, 그는 처음 깎은 〔양털 관련법에서〕 책임이 면제된다. 자기 동료의 양 떼를 깎은 〔양털을〕 샀을 때, 판매자가 〔양털을〕 좀 남겼다면, 판매자에게 책임이 있다. 그러나 그가 남기지 않았다면, 구매자에게 책임이 있다.

그에게 〔양털〕 두 종류가 있었고 회색과 하얀색이었는데, 회색을 팔았지만 하얀색은 〔팔지〕 않았거나, 수컷의 〔털을 팔았지만〕 암컷의 〔털을 팔지〕 않았다면, 〔판매자와 구매자가〕 각각 그 자신을 위해 〔선물을〕 주어야 한다.

- 첫째 미쉬나(11, 1) 마지막 문장을 보면, 양 떼(צאן, 쫀)가 많을 때에 처음 깎은 양털을 제사장에게 바치라고 했다. 그래서 양이 몇 마리나 있어야 많은 것인지 물었다. 삼마이 학파는 같은 양 떼라는 말이 나오는 구절을 인용하면서(사 7:21), 암양이 두 마리면 족하다고 주장한다. 이것보다는 더 많아야 한다고 생각한 힐렐 학파는 다른 구절을 인용하며(삼상 25:18) 다섯 마리라고 주장한다.
- 후대 랍비들은 다섯 마리라는 힐렐 학파의 주장을 받아들였지만, 어떤 양을 말하는지 계속 논의한다. 그래서 랍비 도싸 벤 하르키나스는

1마네와 1페라쓰 즉 600그램 정도의 털이 나오는 양 다섯 마리라고 말한다. 그러나 다른 랍비들은 털 생산량과 상관이 없다고 말한다.

- 제사장에게 주어야 할 양털은 최소한 한 사람이 5쎌라 이상 받도록 주어야 한다(갈릴리 도량형으로는 10쎌라). 제사장에게 주는 양털은 깨끗하게 씻어서 표백한 것을 사용하며, 작은 옷을 만들 수 있는 정도의 양이다.
- 양 떼의 주인이 양털을 표백하고 염색했다면, 그것은 이미 독립된 다른 물체로 변했다고 간주한다. 그래서 처음 깎은 양털을 제사장에게 줄 책임에서 면제된다. 물론 그는 계명을 어긴 상태다. 그러나 표백만 하고 염색하지 않았다면, 아직 처음 깎은 양털로 인정하며, 정해진 선물을 준다.
- 제사장에게 주는 선물은 이스라엘 백성이 소유한 양 떼에만 적용한다. 이방인에게 구매한 양털은 선물을 줄 책임에서 면제된다. 이스라엘 백성 소유의 양털이고 판매자가 선물용으로 양털을 남겨두었으면, 그 남겨둔 것을 제사장에게 준다. 판매자가 선물용 양털을 남겨두지 않았으면, 구매자가 선물을 줄 책임이 있다.
- 구매자가 두 가지 양털을 가지고 있었고, 색깔이 회색과 하얀색으로 다르거나 수컷과 암컷의 털이었다. 판매자가 둘 중 하나를 팔고 하나만 가지고 있었다면, 판매자는 남은 것에서 선물을 주고, 구매자는 산 것에서 선물을 준다. 서로 다른 종류의 양털이므로 한 가지로 다른 것을 대신할 수 없다.

제12장

12, 1

새 둥지를 찾았을 때 어미를 날려보내라는 계명을 설명한다.

שִׁלּוּחַ הַקֵּן, נוֹהֵג בָּאָרֶץ וּבְחוּצָה לָאָרֶץ, בִּפְנֵי הַבַּיִת וְשֶׁלֹּא בִּפְנֵי הַבַּיִת,
בְּחֻלִּין אֲבָל לֹא בְמֻקְדָּשִׁין. חֹמֶר בְּכִסּוּי הַדָּם מִשִּׁלּוּחַ הַקֵּן, שֶׁכִּסּוּי הַדָּם נוֹהֵג
בְּחַיָּה וּבְעוֹף, בִּמְזֻמָּן וּבְשֶׁאֵינוֹ מְזֻמָּן. וְשִׁלּוּחַ הַקֵּן, אֵינוֹ נוֹהֵג אֶלָּא בָעוֹף, וְאֵינוֹ
נוֹהֵג אֶלָּא בְשֶׁאֵינוֹ מְזֻמָּן. אֵיזֶהוּ שֶׁאֵינוֹ מְזֻמָּן. כְּגוֹן אַוָּזִין וְתַרְנְגוֹלִין שֶׁקִּנְּנוּ
בְפַרְדֵּס. אֲבָל אִם קִנְּנוּ בַבַּיִת, וְכֵן יוֹנֵי הָרַדְסִיאוֹת, פָּטוּר מִשִּׁלּוּחַ:

둥지에서 〔어미 새를 날려〕보내는 〔법은 이스라엘〕 땅과 그 땅 바
깥에서, 성전이 있을 때 그리고 없을 때, 속된 새에게 적용하지만 〔제
물로〕 성별한 새에게는 〔적용하지〕 않는다.

피를 덮으라는 〔규정이〕 둥지에서 〔어미 새를 날려〕보내라는 〔규정
보다〕 더 엄정하다. 피를 덮으라는 〔규정은〕 짐승과 새에게, 〔어떤 사
람의〕 사용권이 있든지 없든지 적용한다. 그러나 둥지에서 〔어미 새
를 날려〕보내라는 〔규정은〕 새에게만 적용하고, 〔어떤 사람의〕 사용
권이 없을 때만 적용한다.

〔어떤 사람에게〕 사용권이 없다는 것은 어떤 〔경우인가〕? 거위나
닭이 들에 둥지를 트는 〔경우다〕. 그러나 만약 그것들이 집에 둥지를
틀었거나, 헤로도스-비둘기와 같다면, 〔어미 새를 날려〕보낼 책임에
서 면제된다.

- 토라는 길을 가다가 나무나 땅에서 새 둥지를 찾으면 어미를 날려
  보내고 그 새끼나 알만 취하라고 명령한다(신 22:6-7). 이 미쉬나는
  이 계명을 장소와 시간에 상관없이 지켜야 한다. 그리고 속된 새의
  경우에 지키지만, 당연히 제물로 바친 새와는 관련이 없다고 설명

한다.

- 이 계명을 사냥한 동물의 피를 흙으로 덮으라는 계명과 비교하면 (「훌린」 6장), 피를 덮으라는 계명이 훨씬 폭넓게 적용됨을 알 수 있다.

- 여기서 주인이 있어서 사용권이 있는지(מזומן, 메줌만) 여부도 중요한 판단 기준으로 등장하는데, 둥지에서 어미 새를 날려보내라는 계명은 아무도 사용권이 없는 경우에만 적용한다. 거위나 닭이 도망쳐 들에 둥지를 틀었다면 사용권이 없는 것이 된다. 그러나 이들이 집에 둥지를 튼 경우나 야생과 비슷한 환경이지만 사육하고 있는 헤로도스-비둘기에는 적용하지 않는다.

12, 2

어미 새를 날려보낼 책임이 없는 경우를 나열한다.

עוֹף טָמֵא, פָּטוּר מִלְשַׁלֵּחַ. עוֹף טָמֵא רוֹבֵץ עַל בֵּיצֵי עוֹף טָהוֹר, וְטָהוֹר רוֹבֵץ
עַל בֵּיצֵי עוֹף טָמֵא, פָּטוּר מִלְשַׁלֵּחַ. קוֹרֵא זָכָר, רַבִּי אֱלִיעֶזֶר מְחַיֵּב, וַחֲכָמִים
פוֹטְרִין:

부정한 새는 〔어미 새를 날려〕보낼 책임에서 면제된다. 부정한 새가 정결한 새의 알들 위에 앉았거나, 정결한 새가 부정한 새의 알들 위에 앉아 있다면, 〔어미 새를 날려〕보낼 책임에서 면제된다. 자고새 수컷에 관하여 랍비 엘리에제르는 책임이 있다고 했지만, 현인들은 면제된다고 했다.

- 새 둥지를 찾았을 때 어미 새를 날려보내라는 계명은 정결한 새에게만 적용한다. 부정한 새는 먹을 수 없으므로 아무것도 취할 필요가 없기 때문이다. 이 조건을 확대하면, 정결한 새가 정결한 알 위에 앉

아 있을 때만 적용한다고 말할 수 있다. 부정한 새가 정결한 알 위에 또는 정결한 새가 부정한 알 위에 앉아 있다면, 이 계명을 적용할 필요가 없다.

- 토라가 어미 새만 언급한 이유는 일반적으로 어미가 알을 품기 때문이다. 그러나 자고새는 수컷이 알을 품기도 한다. 엘리에제르는 어미역할을 하는 수컷도 날려보내야 한다고 주장하지만, 다른 랍비들은이 계명을 적용하지 않는다고 한다.

12, 3
어미 새를 날려보낼 책임에 관해 여러 사례를 들어 설명한다.

הָיְתָה מְעוֹפֶפֶת, בִּזְמַן שֶׁכְּנָפֶיהָ נוֹגְעוֹת בַּקֵּן, חַיָּב לְשַׁלֵּחַ. אֵין כְּנָפֶיהָ נוֹגְעוֹת בַּקֵּן, פָּטוּר מִלְשַׁלֵּחַ. אֵין שָׁם אֶלָּא אֶפְרוֹחַ אֶחָד אוֹ בֵיצָה אַחַת, חַיָּב לְשַׁלֵּחַ, שֶׁנֶּאֱמַר, קֵן, קֵן מִכָּל מָקוֹם. הָיוּ שָׁם אֶפְרוֹחִין מַפְרִיחִין אוֹ בֵיצִים מוּזָרוֹת, פָּטוּר מִלְשַׁלֵּחַ, שֶׁנֶּאֱמַר, וְהָאֵם רֹבֶצֶת עַל הָאֶפְרֹחִים אוֹ עַל הַבֵּיצִים, מַה אֶפְרוֹחִין בְּנֵי קְיָמָא, אַף בֵּיצִים בְּנֵי קְיָמָא, יָצְאוּ מוּזָרוֹת. וּמָה הַבֵּיצִים צְרִיכִין לְאִמָּן, אַף הָאֶפְרוֹחִין צְרִיכִין לְאִמָּן, יָצְאוּ מַפְרִיחִין. שִׁלְּחָהּ וְחָזְרָה, שִׁלְּחָהּ וְחָזְרָה, אֲפִלּוּ אַרְבָּעָה וַחֲמִשָּׁה פְעָמִים, חַיָּב, שֶׁנֶּאֱמַר, שַׁלֵּחַ תְּשַׁלַּח. אָמַר, הֲרֵינִי נוֹטֵל אֶת הָאֵם וּמְשַׁלֵּחַ אֶת הַבָּנִים, חַיָּב לְשַׁלֵּחַ, שֶׁנֶּאֱמַר, שַׁלֵּחַ תְּשַׁלַּח אֶת הָאֵם. נָטַל הַבָּנִים וְהֶחֱזִירָן לַקֵּן וְאַחַר כָּךְ חָזְרָה הָאֵם עֲלֵיהֶם, פָּטוּר מִלְשַׁלֵּחַ:

〔어미 새가〕 날고 있었고 동시에 그 날개가 둥지에 닿는 〔상태였다면, 어미 새를 날려〕 보낼 책임이 있다. 그 날개가 둥지에 닿지 않는 〔상태였다면〕, 보낼 책임에서 면제된다.

그 〔둥지에〕 새끼 한 마리 또는 알 하나만 있었다면, 〔어미 새를 날려〕보낼 책임이 있다. 둥지라고 기록했고 어떤 상태에 있는 둥지이든지 〔적용해야 한다는 뜻이다〕.

그곳에 새끼들이 날기 시작하거나 알들이 상했다면, 보낼 책임에서 면제된다. 그 어미가 새끼들 또는 알들 위에 앉아 있다고 기록했기 때문이다. 새끼들이 살아 있는 존재들인 것처럼 알들도 살아 있는 존재들이어야 하므로, 상한 [알들은] 제외된다. 알들은 그 어미가 필요한 존재들인 것처럼, 새끼들도 그 어미가 필요한 존재들이어야 하므로, 나는 [새끼들은] 제외된다.

[날려]보냈는데 돌아왔고, 보냈는데 돌아왔고, 심지어 네 번 다섯 번을 [반복했다 하더라도 날려보낼] 책임이 있으니, 반드시 보내라고 기록했기 때문이다.

[어떤 사람이] 자기는 어미 새를 취하고 새끼들을 날려보내겠다고 말해도, [어미 새를] 보낼 책임이 있다. 어미 새를 반드시 보내라고 기록했기 때문이다.

[어떤 사람이] 새끼들을 취했다가 그것들을 둥지에 되돌려놓았고 그 후에 어미 새가 그것들 위에 돌아왔다면, [어미 새를 날려] 보낼 책임에서 면제된다.

- 토라의 계명(신 22:6-7)은 어미 새가 새끼나 알 위에 앉아 있을 때라고 규정하고 있는데, 만약 어미 새가 날개를 치며 날고 있는 상황이라면, 그 날개가 둥지에 닿는지 여부로 판단한다.
- 토라의 계명은 새끼나 알을 복수형으로 표현하고 있는데, 만약 새끼 한 마리나 알 하나만 있는 상황이라 하더라도 어미 새를 날려보내야 한다. 토라가 둥지라는 말을 부연설명 없이 썼으므로, 모든 둥지에 이 계명을 동일하게 적용한다.
- 새끼나 알은 살아서 자랄 수 있지만 아직 어미의 보살핌이 필요한 상태일 때 이 계명을 적용한다. 알이 상해서 부화할 수 없거나 새끼가 이미 다 자라서 날 수 있다면 이 규정을 지킬 의무가 없다.
- 어미 새를 날려보내도 여러 번 다시 돌아온다 하더라도 꼭 어미 새

를 보낼 책임이 있다. 그 이유는 토라의 명령이 '보내다'는 동사를 두 번 반복해서 강조하는 표현(שלח תשלח, 샬레악 테샬락)을 사용했기 때문이다.

- 어미 새를 잡고 새끼들을 살려주겠다는 주장은 인정되지 않는다. 계명은 어미 새를 보내는 것이기 때문이다.
- 어떤 사람이 어미 새를 날려보내고 새끼와 알을 취했다면, 그 새끼와 알은 그의 소유다. 만약 그가 그 새끼와 알을 둥지에 돌려놓았고 그 위에 어미 새가 앉았다면, 그 어미 새를 날려보낼 의무가 없다. 왜냐하면 그 새끼와 알은 어미 새의 소유가 아니고 그 사람의 소유이기 때문이다.

12, 4

어미 새를 취하거나 날려보내지 않았을 경우의 처벌에 대해 논의한다.

הַנּוֹטֵל אֵם עַל הַבָּנִים, רַבִּי יְהוּדָה אוֹמֵר, לוֹקֶה וְאֵינוֹ מְשַׁלֵּחַ. וַחֲכָמִים
אוֹמְרִים, מְשַׁלֵּחַ וְאֵינוֹ לוֹקֶה. זֶה הַכְּלָל, כָּל מִצְוַת לֹא תַעֲשֶׂה שֶׁיֵּשׁ בָּהּ קוּם
עֲשֵׂה, אֵין לוֹקִין עָלֶיהָ:

[어떤 사람이] 새끼들 위에 [앉은] 어미 새를 취했다면, 랍비 예후다는 그가 [마흔 대를] 맞을 것이고 [어미 새를] 보낼 필요가 없다고 말한다. 그러나 현인들은 [어미 새를] 보내야 하고 [마흔 대를] 맞지 않는다고 말한다. 이것이 원칙이다. '하라'는 [계명] 실천이 포함된 '하지 말라'는 계명 때문에 [마흔 대를] 맞지는 않는다.

- 토라의 계명은 먼저 어미 새를 취하지 말라고 부정적으로 명령하고, 그 후에 어미 새를 꼭 날려보내라고 긍정적으로 명령한다. 계명의

종류에 따라 벌을 결정해야 하는데, 어미 새를 취한 사람이 받는 벌은 무엇인가? 랍비 예후다는 그가 하지 말라는 계명을 어겼으므로 마흔 대를 맞아야 하지만, 그 상태에서 더 지켜야 할 "하라"는 계명이 없으므로 어미 새를 날려보내지 않아도 된다고 주장한다. 현인들은 어미 새만 날려보내면 죄가 되지 않으므로 이런 방식으로 해결하고자 했다.

- 원칙을 구성하자면, 하지 말라는 계명을 어겼지만 하라는 계명을 실천해서 범죄를 취소할 수 있다면 매를 맞지는 않는다.

12, 5

토라의 다른 명령을 지키려 어미 새를 취하는 것도 금지된다.

לֹא יִטֹּל אָדָם אֵם עַל הַבָּנִים, אֲפִלּוּ לְטַהֵר אֶת הַמְּצֹרָע. וּמָה אִם מִצְוָה קַלָּה
שֶׁהִיא כְאִסָּר, אָמְרָה תוֹרָה, לְמַעַן יִיטַב לָךְ וְהַאֲרַכְתָּ יָמִים, קַל וָחֹמֶר עַל
מִצְוֹת חֲמוּרוֹת שֶׁבַּתּוֹרָה:

사람이 피부병자를 정결하게 하기 위해서라고 하더라도 새끼들 위에 〔앉은〕 어미 새를 취하지 말아야 한다. 그러나 그 계명이 너무 가벼워서 그 〔가치가〕 이싸르-동전과 같다면 〔어찌할 것인가〕? 토라는 네가 복을 누리고 장수한다고 말했으니, 칼 바호메르 〔논리에 따라〕 토라에 있는 더 엄정한 계명들은 〔어떠하겠는가〕?

- 피부병자가 정결례를 치르기 위해서는 새 두 마리가 필요하다(레 14:4). 유대 법전통에서 보다 중요한 위치를 차지하고 있는 피부병 관련법을 지키기 위해서, 야생 동물에 관련된 어미 새 날려보내기 규정을 어긴다면 정당화될 수 있을까? 이 미쉬나는 계명 하나를 지키기 위해서 다른 계명을 어기는 것을 금지하고 있다.

- 들에 사는 새는 그 값이 1이싸르에 불과하고, 어미 새를 놓아주어도 그 손해가 크지 않다. 그럼에도 불구하고 이 계명을 준수해야 하는 이유는 토라가 복과 장수를 약속하기 때문이다. 게다가 이렇게 가벼운 계명을 지켜도 큰 보상을 받으니 다른 엄정한 계명들은 얼마나 더 큰 보상을 받겠는가?

בכורות

4

브코롯
초태생들

당나귀 한 마리는 새끼를 낳은 적이 있고 다른 하나 새끼를 낳은 적이 없는데 이들이 수컷 두 마리를 낳았다면, 어린 양 한 마리를 제사장에게 준다. 수컷과 암컷을 낳았다면, 어린 양 한 마리를 구별하여 자기가 가진다. 나귀의 첫 새끼는 작은 가축으로 대속하라고 기록했으니, 이것은 양 떼나 염소 떼에서 드릴 수 있으며, 수컷이나 암컷, 크거나 작거나, 흠이 없거나 있거나 상관이 없다. 그는 같은 어린 양으로 여러 번 무를 수 있다. 그 어린 양은 십일조를 계산할 때 우리에 들어간다. 그리고 만약 죽으면, 그가 그것으로부터 이득을 취할 수 있다. _「브코롯」1, 4

개요

마쎄켓 「브코롯」(בכורות)은 그 명칭이 처음으로 태어난 가축의 새끼를 뜻하며, 모두 세 가지 서로 다른 종류의 초태생을 다루게 된다.

당나귀의 초태생

초태생인 당나귀는 염소나 양으로 물러야 하고(출 13:11-13) 이는 제사장에게 준다.[1] 식용으로 쓸 수 없는 부정한 가축의 새끼는 언제나 무르게 되어 있다(민 18:15-18). 이런 부류에 속하는 동물은 낙타, 말 등이다. 그러나 당나귀는 토라의 규정상 예외적으로 초태생으로 바치게 된다. 무르기 전에는 주인이 이를 사용하거나 이로부터 이익을 취할 수 없으나, 무르기 위해 양이나 염소를 따로 구별하는 때부터 이를 사용할 수 있다. 양이나 염소를 제사장에게 주기 전이라도 그러하다. 당나귀는 제물로 바칠 수 있는 가축이 아니므로 초태생 역시 거룩성을 띠지 않으며 이를 무른 양이나 염소도 거룩해지지 않는다. 따라서 이를 받은 제사장은 자유롭게 사용할 수 있다. 주인에게 양이나 염소가 없

---

1) 성서는 쎄(שׂה)라는 표현을 쓰는데 이는 양이나 염소를 모두 가리킨다.

으면 초태생 당나귀의 가치에 해당하는 것으로 무를 수 있다. 양이나 염소가 당나귀의 가치에 미치지 못하는 경우라도 이로 무를 수 있다.

주인이 초태생 당나귀를 무르기를 원치 않으면 그 목을 꺾어 죽이고 땅에 묻는다(출 13:13). 초태생 규정의 대상이 되려면 유대인의 소유여야 한다. 따라서 그 소유권의 일부라도 이방인에게 있으면 초태생 규정을 적용하지 않는다. 그것이 초태생 수컷인지 의심이 있을 때는 이를 죽이거나 무르지 않아도 된다. 그러나 초태생일 가능성이 있으므로 따로 양이나 염소를 구별해놓아야 한다. 그러나 이를 제사장에게 주지 않는다. 제사장이 이를 원한다면, "소유권을 이전하려는 측에 증명의 책임이 있다"는 원칙에 따라 제사장에게 초태생임을 증명할 책임이 있다.

정결한 가축의 초태생

성전에 제물로 바칠 수 있는 소, 양, 염소의 초태생으로 브코롯의 대상이 되려면 그 어미의 첫 번째 새끼여야 하고, 수컷이어야 하며, 자연적으로 출생한 것이어야 한다. 따라서 제왕절개 수술로 태어난 것은 이에 해당하지 않는다. 이 요건을 충족하는 초태생은 태어나는 순간부터 성별되며 주인은 이를 제사장에게 주어야 한다(민 18:18). 이후의 처분은 이 초태생 가축의 상태에 따라 두 가지로 나뉜다.

우선 이 초태생 가축에 흠이 없을 때, 제사장은 이를 초태생 제물로 바친다. 이는 일반 성물이다. 제사 후, 소각부인 내장 일부를 제외한 나머지 고기를 먹을 수 있는 것은 제사장과 그 식솔들로 제한된다. 초태생은 제사장의 몫이기 때문이다.

이 초태생에 흠이 생긴 경우, 그 흠이 치유될 수 없는 것(מום קבוע, 뭄 카부아)이면 성전 밖에서 세속 도살을 하고 자유롭게 먹을 수도 있다. 흠이 있는 채로 태어난 때도 이와 마찬가지로 다룬다. 그 흠이 일시적인 것(מום עובר, 뭄 오베르)이라면 흠이 없어진 후에 제물로 바쳐야 한다. 흠이 일시적인지 영구적인지의 여부는 임의로 판단할 수 없으며 공인된 전문가가 판단해야 한다.

수컷 두 마리가 쌍태로 태어난 경우처럼 어느 것이 초태생인지 의심이 들 때에는 이를 초태생으로 바치지 않는다. 제사장이 이를 원하면 그 자신이 어느 것이 초태생인지를 증명해야 한다. 그러나 주인 역시 이들을 자유롭게 사용하거나 처분할 수 없다. 초태생일 가능성이 있기 때문이다. 이런 경우에는 이에 치유될 수 없는 흠이 생길 때까지 내버려두어야 한다. 흠이 생기면 주인이 성전 밖에서 자유롭게 도살하고 먹을 수 있다.

사람의 초태생

사람의 초태생 아들 역시 성별되며 태어난 후 30일 후에 5쉐켈을 제사장에게 주어 대속해야 한다(민 18:16). 초태생은 모친을 기준으로 한다. 따라서 한 아버지에게 부인이 여럿 있다면, 부인들 각자의 초태생이 모두 여기 해당한다. 그러나 대속의 책임은 아버지에게 있으며, 그의 재산으로부터 5쉐켈을 바치고, 부인의 재산에서 대속하지 않는다. 일반 이스라엘 백성의 초태생이어야 하므로 부모 중 한쪽이 제사장이거나 레위인이라면 초태생 규정에서 면제된다. 사산되거나 태어난 지 30일 이내에 죽은 초태생, 제왕절개 수술을 통해 낳은 초태생도 규정에서 면제된다. 쌍생아의 경우 초태생이 누구인지 의심이 생길 때, 아버지는 대속의 값을 내지 않는다. 제사장이 이를 원한다면, 그 자신이 누가 초태생인지를 증명해야 한다.

- 관련 성경구절 | 출애굽기 13:2, 11–13, 22:29–30, 34:19–20; 레위기 27:26; 민수기 3:13, 18:15–18; 신명기 15:19–23

제1장

1, 1

이방인이 소유한 당나귀의 초태생에 관해 논의한다.

הַלּוֹקֵחַ עֻבַּר חֲמוֹרוֹ שֶׁל נָכְרִי, וְהַמּוֹכֵר לוֹ אַף עַל פִּי שֶׁאֵינוֹ רַשַּׁאי,
וְהַמִּשְׁתַּתֵּף לוֹ, וְהַמְּקַבֵּל מִמֶּנּוּ, וְהַנּוֹתֵן לוֹ בְקַבָּלָה, פָּטוּר מִן הַבְּכוֹרָה,
שֶׁנֶּאֱמַר, בְּיִשְׂרָאֵל, אֲבָל לֹא בַאֲחֵרִים. כֹּהֲנִים וּלְוִיִּם פְּטוּרִין מִקַּל וָחֹמֶר, אִם
פָּטְרוּ שֶׁל יִשְׂרָאֵל בַּמִּדְבָּר, דִּין הוּא שֶׁיִּפְטְרוּ שֶׁל עַצְמָן:

〔어떤 사람이〕 이방인에게 속한 〔태어나지 않은〕 당나귀 새끼를 사거나, 그렇게 할 수 없다 하더라도 그에게 팔거나, 그와 동업을 하거나, 그로부터 〔가축을〕 받거나, 다시 돌려받으려고 그에게 주었다면, 초태생을 〔바칠 의무로부터〕 면제된다. "이스라엘"이라고(민 3:13) 기록했기 때문이며, 이방인들은 이에 해당되지 않는다.

제사장들과 레위인들은 '칼 바호메르' 논리에 따라 면제된다. 만약 광야에서 이스라엘의 〔의무를〕 면제했다면, 그들의 〔의무를〕 면제해 주는 것이 법이어야 한다.

- 당나귀 새끼를 성전에 바쳤다가 무르는 의무를 지는 경우는 그 가축의 소유자가 이방인이 아니어야 하고, 소유권의 일부도 이방인에게 속하면 안 된다. 당나귀의 초태생을 성전에 바치거나 무르는 행위는 이스라엘 사람의 의무이기 때문이다(민 3:13).
- 이스라엘 사람은 이방인에게 큰 가축을 팔 수 없는데(「아보다 자라」 1, 6), 이방인이 그 가축을 잘못된 용도로 사용할 가능성이 있기 때문이다. 이스라엘 사람이 새끼 밴 당나귀를 받아서 돌보고, 그 대가로 앞으로 태어날 새끼를 받았다거나 그 반대 경우라면, 이방인의 소

유권이 일부 개입되어 있다고 보기 때문에 초태생을 바칠 의무에서 면제된다.

- 레위 족속은 이스라엘 민족의 초태생을 대신했고(민 3:45), 그들의 가축은 이스라엘 가축의 초태생을 대신한다. 이 사실로부터 '칼 바호메르'(קל וחמר, a fortiori) 논리에 따라 다음 규정을 유추해낸다. 광야에서 레위인들이 초태생의 가축을 대체했으니, 이제 그들 자신의 가축이 면제받는 것은 얼마나 더 당연한 일이겠느냐는 것이다.

1, 2
가축이 다른 종에 속하는 새끼를 낳는 경우를 논의한다.

פָּרָה שֶׁיָּלְדָה כְּמִין חֲמוֹר, וַחֲמוֹר שֶׁיָּלְדָה כְּמִין סוּס, פָּטוּר מִן הַבְּכוֹרָה,
שֶׁנֶּאֱמַר פֶּטֶר חֲמוֹר פֶּטֶר חֲמוֹר, שְׁנֵי פְעָמִים, עַד שֶׁיְּהֵא הַיּוֹלֵד חֲמוֹר וְהַנּוֹלָד
חֲמוֹר. וּמָה הֵם בַּאֲכִילָה. בְּהֵמָה טְהוֹרָה שֶׁיָּלְדָה כְּמִין בְּהֵמָה טְמֵאָה, מֻתָּר
בַּאֲכִילָה. וּטְמֵאָה שֶׁיָּלְדָה כְּמִין בְּהֵמָה טְהוֹרָה, אָסוּר בַּאֲכִילָה, שֶׁהַיּוֹצֵא
מֵהַטָּמֵא, טָמֵא. וְהַיּוֹצֵא מִן הַטָּהוֹר, טָהוֹר. דָּג טָמֵא שֶׁבָּלַע דָּג טָהוֹר, מֻתָּר
בַּאֲכִילָה. וְטָהוֹר שֶׁבָּלַע דָּג טָמֵא, אָסוּר בַּאֲכִילָה, לְפִי שֶׁאֵינוֹ גִדּוּלָיו:

암소가 당나귀의 종을 낳았거나 당나귀가 말의 종을 낳았다면, 초태생 [의무에서] 면제된다. "당나귀의 초태생" [또] "당나귀의 초태생"이라고 두 번 기록했기 때문이다. 낳은 것도 당나귀이고 태어난 것도 당나귀일 때까지 [초태생 규정을 적용하지 않는다].

먹기와 [관련된 법들은] 무엇인가? 정결한 가축이 부정한 가축의 종을 낳았다면, 먹는 것이 허용된다. 그러나 부정한 [가축이] 정결한 가축의 종을 낳았다면, 먹는 것이 금지된다. 부정한 것으로부터 나온 것은 부정하기 때문이다. 그러나 정결한 것으로부터 나온 것은 정결하다.

부정한 물고기가 정결한 물고기를 삼키면 [그 뱃속의 정결한 물고기는〕먹는 것이 허용된다. 정결한 물고기가 부정한 물고기를 삼키면 〔부정한 물고기는〕먹는 것이 금지된다. 〔그로부터〕자란 것이 아니기 때문이다.

- 초태생을 바치고 무르는 규정은 어미와 새끼가 같은 종에 속하는 가축이어야 적용할 수 있다. 황소가 당나귀 또는 당나귀와 유사한 새끼를 낳거나, 당나귀가 말 또는 노새를 낳았다면, 이런 가축은 초태생 규정과 관련이 없다. 이런 규칙은 토라가 "당나귀의 새끼"라는 말을 두 번에 걸쳐 언급하기 때문이며(출 13:12; 34:20), 랍비들은 반복된 말은 언제나 숨은 의미를 품고 있다고 간주했다.
- 식사법과 관련해서 정결함과 부정함은 어미를 따라 결정한다. 정결한 어미가 낳은 새끼는 정결하고, 부정한 어미가 낳은 새끼는 부정하다.
- 다른 동물에 삼켜져 그 뱃속에서 발견된 동물에 관해서는 다른 논리를 적용한다. 정결한 물고기를 잡아서 배를 갈랐는데 부정한 물고기가 나왔다면, 후자는 여전히 부정한 것으로 여겨 먹지 않는다. 그리고 그 반대의 경우, 정결한 것이 부정한 것의 위장에서 나왔다 해도 여전히 정결한 것으로 여겨 먹을 수 있다. 삼켜진 것들은 삼킨 물고기로부터 자란 것이 아니기 때문이다.

1, 3

가축이 새끼를 여러 마리 낳아서 초태생이 암컷인지 수컷인지 알 수 없는 경우를 설명한다.

חֲמוֹר שֶׁלֹּא בִכְּרָה, וְיָלְדָה שְׁנֵי זְכָרִים, נוֹתֵן טָלֶה אֶחָד לַכֹּהֵן. זָכָר וּנְקֵבָה,
מַפְרִישׁ טָלֶה אֶחָד לְעַצְמוֹ. שְׁתֵּי חֲמוֹרִים שֶׁלֹּא בִכְּרוּ, וְיָלְדוּ שְׁנֵי זְכָרִים, נוֹתֵן

שְׁנֵי טְלָיִים לַכֹּהֵן. זָכָר וּנְקֵבָה, אוֹ שְׁנֵי זְכָרִים וּנְקֵבָה, נוֹתֵן טָלֶה אֶחָד לַכֹּהֵן. שְׁתֵּי נְקֵבוֹת וְזָכָר אוֹ שְׁנֵי זְכָרִים וּשְׁתֵּי נְקֵבוֹת, אֵין כָּאן לַכֹּהֵן כְּלוּם:

새끼를 낳은 적이 없는 당나귀가 수컷 두 마리를 낳았다면, 어린 양한 마리를 제사장에게 준다. 수컷과 암컷을 [낳았다면], 어린 양한 마리를 구별하여 자기가 가진다.

새끼를 낳은 적이 없는 당나귀 두 마리가 수컷 두 마리를 낳았다면, 어린 양 두 마리를 제사장에게 준다. 수컷과 암컷 또는 수컷 두 마리와 암컷을 [낳았다면], 어린 양 한 마리를 제사장에게 준다. 암컷 두 마리와 수컷 또는 수컷 두 마리와 암컷 두 마리를 [낳았다면], 제사장의 것은 전혀 없다.

- 당나귀가 새끼를 두 마리 낳았는데 모두 수컷이었다면, 어떤 것이 첫째인지 보지 못했다 하더라도 초태생이 수컷이므로 어린 양 한 마리를 제사장에게 주고 무른다. 새끼들이 한 마리는 수컷이고 다른 한 마리는 암컷이었다면 문제가 된다. 첫째가 암컷이면, 이것을 성전에 바치고 무를 의무가 없기 때문이다. 이런 경우 어린 양 한 마리를 구별하지만 제사장에게 주지는 않는다. 제사장이 양을 원한다면 증거는 청구인이 제시해야 한다는 원칙에 따라 제사장 자신이 수컷이 첫째로 태어났다는 것을 증명해야 하는데, 이는 현실적으로 불가능하다.

- 당나귀 두 마리가 각각 새끼 한 마리씩을 낳았는데 모두 수컷이었다면, 어미가 어떤 것인지 모른다 하더라도 초태생이 수컷이므로, 어린 양 두 마리를 제사장에게 주고 무른다.

- 만약 [두 마리 당나귀가] 수컷과 암컷 또는 수컷 두 마리와 암컷 한 마리를 낳았다면, 분명히 수컷 한 마리는 초태생이고 나머지 한 마리는 의심스러운 경우다. 그렇다면 분명한 수컷 초태생 앞으로 어린

양 한 마리만 제사장에게 준다.

- 만약 〔두 마리 당나귀가〕 암컷 두 마리와 수컷 또는 수컷 두 마리와 암컷 두 마리를 낳았다면, 수컷이 첫째로 태어나지 않았을 가능성이 있으며, 이런 경우 초태생을 무를 의무를 면제받는다.[2]

1, 4

셋째 미쉬나(1, 3) 문맥을 이어가고, 당나귀 새끼를 무르는 어린 양에 관해서도 논의한다.

אַחַת בִּכְּרָה וְאַחַת שֶׁלֹּא בִכְּרָה וְיָלְדוּ שְׁנֵי זְכָרִים, נוֹתֵן טָלֶה אֶחָד לַכֹּהֵן. זָכָר וּנְקֵבָה, מַפְרִישׁ טָלֶה אֶחָד לְעַצְמוֹ, שֶׁנֶּאֱמַר, וּפֶטֶר חֲמוֹר תִּפְדֶּה בְשֶׂה, מִן הַכְּבָשִׂים וּמִן הָעִזִּים, זָכָר וּנְקֵבָה, גָּדוֹל וְקָטָן, תָּמִים וּבַעַל מוּם. וּפוֹדֶה בּוֹ פְּעָמִים הַרְבֵּה. נִכְנָס לַדִּיר לְהִתְעַשֵּׂר. וְאִם מֵת, נֶהֱנִים בּוֹ:

〔당나귀〕 한 마리는 새끼를 낳은 적이 있고 〔다른〕 하나는 새끼를 낳은 적이 없는데 〔이들이〕 수컷 두 마리를 낳았다면, 어린 양 한 마리를 제사장에게 준다. 수컷과 암컷을 〔낳았다면〕, 어린 양 한 마리를 구별하여 자기가 가진다.

나귀의 첫 새끼는 작은 가축으로 대속하라고 기록했으니, 이것은 양 떼나 염소 떼에서 〔드릴〕 수 있으며, 수컷이나 암컷, 크거나 작거나, 흠이 없거나 있거나 〔상관이 없다〕.

그는 〔같은〕 어린 양으로 여러 번 무를 수 있다. 〔그 어린 양은〕 십일조를 〔계산할 때〕 우리에 들어간다. 그리고 만약 죽으면, 그가 그것으로부터 이득을 취할 수 있다.

---

2) 토쎄프타는 의심스러운 경우이므로 어린 양 한 마리를 구별하여 자신이 가져야 한다고 말한다.

- 당나귀 어미 두 마리가 새끼를 낳은 경험이 있건 없건 새끼 두 마리가 모두 수컷이면, 한 마리는 분명히 초태생 규정을 적용해야 한다. 그러나 수컷이 한 마리이고 암컷이 한 마리이면, 의심스러운 경우이므로 어린 양을 구별하지만 제사장에게 주지 않고 주인이 가진다.

- 미쉬나 후반부는 당나귀의 첫 새끼를 무르는 데 쓰는 대속물에 관해 논의하면서, 출애굽기를 인용하고 있는데(출 13:13; 34:20), 대속물을 '작은 가축'(שׂה, 쎄)을 대신 바치고 무르라고 기록했다.[3] 그렇다면 정확하게 어떤 가축을 바치라는 것인지 불분명하기 때문에, 여기서 양이나 염소로, 성별이나 크기나 상태에 상관없이 바칠 수 있다고 설명한다.

- 어떤 사람이 당나귀의 첫 새끼를 무르기 위해서 어린 양을 구별했다면, 아직 그 어린 양을 제사장에게 주기 전에는 몇 번이고 다른 새끼를 무르는 데 사용할 수 있다고 말하고 있는데, 이 규정은 당나귀의 초태생을 무르기 위해 다른 가축을 제사장에게 주라는 계명의 본뜻과 어긋나는 것으로 보인다. 같은 상황에서 그해의 십일조를 계산할 때 그 양은 전체 양의 숫자 계산에 포함시킨다. 같은 상황에서 그 양이 죽으면 그 고기를 먹을 수 있다. 미쉬나는 마치 주인이 먹는 것처럼 묘사하고 있지만, 탈무드는 제사장이 먹는 것으로 설명한다(게마라 11b).

1, 5
당나귀의 첫 새끼를 무르는 가축에 관해 부연 설명한다.

---

3) 한글 개역개정은 이 구절도 '어린 양'이라고 번역했으나, 이것은 원문의 정확한 의미와 차이가 있다.

אֵין פּוֹדִים לֹא בְעֵגֶל, וְלֹא בְחַיָּה, וְלֹא בִשְׁחוּטָה, וְלֹא בִטְרֵפָה, וְלֹא בְכִלְאַיִם,
וְלֹא בְכוֹי. רַבִּי אֶלְעָזָר מַתִּיר בְּכִלְאַיִם מִפְּנֵי שֶׁהוּא שֶׂה, וְאוֹסֵר בְּכוֹי מִפְּנֵי
שֶׁהוּא סָפֵק. נְתָנוֹ לַכֹּהֵן, אֵין הַכֹּהֵן רַשַּׁאי לְקַיְּמוֹ עַד שֶׁיַּפְרִישׁ שֶׂה תַּחְתָּיו:

송아지로, 〔야생〕짐승으로, 도살한 것으로, 찢겨 죽은 것으로, 이종
교배한 것으로, 코이로 무르지 못한다. 랍비 엘아자르는 이종교배한
것은 작은 가축이기 때문에 허용하고, 코이는 〔작은 가축인지〕 의심
스럽기 때문에 금지한다.

그가 그 〔당나귀의 첫 새끼를〕 제사장에게 주면, 그 제사장은 그 〔주
인이〕 그 대신 작은 가축을 성별할 때까지 그 〔새끼를〕 가지고 있을
필요는 없다.

- 당나귀의 첫 새끼는 양이나 염소의 어린 것으로 무르기 때문에, 송아
  지는 작은 가축이 아니고, 이미 죽은 것을 바칠 수 없으며, 이종교배
  하여 종류가 불확실한 것도 사용할 수 없다. 코이(כוי)는 집에서 기
  르는 가축인지 야생동물인지 구분할 수 없는 동물을 가리켜 부르는
  이름인데(「훌린」 6, 1), 이 동물도 종류가 불확실하므로 사용할 수
  없다. 랍비 엘아자르는 다른 의견을 제시한다.
- 당나귀의 첫 새끼를 직접 제사장에게 줄 수는 없다. 그런데도 그렇게
  했다면, 주인이 다른 가축으로 무를 때까지 당나귀의 새끼를 주인에
  게 돌려주어야 한다. 이때, 주인이 제사장에게 이를 주기를 원한다면
  그리 할 수 있다.

1, 6
당나귀의 첫 새끼나 이를 무르기 위해 성별한 가축이 죽었을 경우
의 처분에 대해 논의한다.

הַמַּפְרִישׁ פִּדְיוֹן פֶּטֶר חֲמוֹר וּמֵת, רַבִּי אֱלִיעֶזֶר אוֹמֵר, חַיָּבִין בְּאַחֲרָיוּתוֹ,
כַּחֲמֵשׁ סְלָעִים שֶׁל בֵּן. וַחֲכָמִים אוֹמְרִים, אֵין חַיָּבִין בְּאַחֲרָיוּתוֹ, כְּפִדְיוֹן
מַעֲשֵׂר שֵׁנִי. הֵעִיד רַבִּי יְהוֹשֻׁעַ וְרַבִּי צָדוֹק עַל פִּדְיוֹן פֶּטֶר חֲמוֹר שֶׁמֵּת, שֶׁאֵין
כַּאן לַכֹּהֵן כְּלוּם. מֵת פֶּטֶר חֲמוֹר, רַבִּי אֱלִיעֶזֶר אוֹמֵר, יִקָּבֵר, וּמֻתָּר בַּהֲנָאָתוֹ
שֶׁל טָלֶה. וַחֲכָמִים אוֹמְרִים, אֵינוֹ צָרִיךְ לְהִקָּבֵר, וְהַטָּלֶה לַכֹּהֵן:

[어떤 사람이] 당나귀의 새끼를 무르기 위해 [가축을] 성별했는데 이것이 죽었을 때, 랍비 엘리에제르는 아들에 대하여 5쎌라를 [내는 경우와] 같이 그가 책임이 있다고 말한다. 그러나 현인들은 둘째 십일조를 무르는 것처럼 그는 책임이 없다고 말한다. 랍비 예호슈아와 랍비 짜독이 당나귀 새끼를 무를 가축이 죽은 [경우에] 관해 제사장의 것은 전혀 없다고 증언했다.

당나귀의 새끼가 죽었을 때, 랍비 엘리에제르는 이것을 묻어야 하며 어린 양으로부터 이득을 취하는 것은 허용된다고 말한다. 그러나 현인들은 그것을 묻을 필요가 없으며, 그 어린 양은 제사장의 것이라고 말한다.

- 당나귀의 초태생을 무르기 위해서 성별한 가축이 제사장의 손에 넘어가기 전에 죽은 경우, 랍비 엘리에제르는 가축이 주인의 손에 있었으므로 주인이 손해를 책임져야 한다는 입장이며, 이것은 사람의 첫 아들도 마찬가지다. 그러나 다른 랍비들은 주인이 가축을 성별하는 순간 당나귀 새끼는 무른 상태가 된다고 보았으며, 손해는 제사장의 책임이라고 말한다. 이것은 마치 둘째 십일조를 돈으로 바꾸는 순간 농산물은 속된 음식이 되고 돈이 거룩한 것과 마찬가지라고 주장한다. 랍비 예호슈아와 랍비 짜독은 현인들에게 동조하면서, 제사장은 아무것도 받지 못한다고 주장한다.
- 무르는 가축을 성별했는데 당나귀의 새끼가 죽었을 경우, 랍비 엘리

에제르는 당나귀의 새끼가 아직 거룩하다고 생각하기 때문에 땅에 묻으라고 명한다. 그러나 성별한 가축은 아직 거룩하지 않으므로 이 것을 팔거나 먹고 이득을 취할 수 있다고 한다. 다른 랍비들은 당나귀의 새끼는 이미 속된 가축이 되었다고 보기 때문에 땅에 묻을 필요가 없으며, 그 대신 무르는 가축은 성별하면서 거룩해지므로 제사장에게 주어야 한다고 말한다.

1, 7

당나귀 주인이 새끼를 무르고 싶지 않은 상황을 논의한다.

לֹא רָצָה לִפְדּוֹתוֹ, עוֹרְפוֹ בְּקוֹפִיץ מֵאֲחָרָיו וְקוֹבְרוֹ. מִצְוַת פְּדִיָּה קוֹדֶמֶת לְמִצְוַת עֲרִיפָה, שֶׁנֶּאֱמַר, וְאִם לֹא תִפְדֶּה וַעֲרַפְתּוֹ. מִצְוַת יְעִידָה קוֹדֶמֶת לְמִצְוַת פְּדִיָּה, שֶׁנֶּאֱמַר (שם כא), אֲשֶׁר לֹא יְעָדָהּ וְהֶפְדָּהּ. מִצְוַת יִבּוּם קוֹדֶמֶת לְמִצְוַת חֲלִיצָה, בָּרִאשׁוֹנָה, שֶׁהָיוּ מִתְכַּוְּנִין לְשֵׁם מִצְוָה. וְעַכְשָׁיו שֶׁאֵין מִתְכַּוְּנִין לְשֵׁם מִצְוָה, אָמְרוּ מִצְוַת חֲלִיצָה קוֹדֶמֶת לְמִצְוַת יִבּוּם. מִצְוַת גְּאֻלָּה בָּאָדוֹן הוּא קוֹדֶם לְכָל אָדָם, שֶׁנֶּאֱמַר, וְאִם לֹא יִגָּאֵל וְנִמְכַּר בְּעֶרְכֶּךָ:

그 [주인이] 그것을 무르기를 원치 않는다면, 큰 칼을 그 목 뒤에 대어 목을 꺾고 이것을 묻는다. 무르라는 계명이 목을 꺾으라는 계명을 우선한다. "대속하지 않으려거든 그 목을 꺾을 것이며"(출 13:13)라고 기록했기 때문이다.

[배우자로] 지목하라는 계명이 무르라는 계명을 우선한다. "그를 … 상관하지 아니하면 그를 속량할 것이나"(출 21:8)라고 기록했기 때문이다.

역연혼을 하라는 계명이 신발을 벗으라는 계명에 우선한다. 처음에는 그들에게 계명을 [지키려는] 의도가 있었으나 지금은 계명을 [지키려는] 의도가 없다. [따라서 랍비들은] 신발을 벗으라는 계명이 역연혼을 하라는 계명에 우선한다고 말했다.

〔부정한 짐승을〕 무르라는 계명은 그 주인과 〔관련되며 다른〕 사람들보다 우선한다. "무르지 않으려거든 네가 정한 값대로 팔지니라"(레 27:27)라고 기록했기 때문이다.

- 당나귀 주인이 그 새끼를 무르지 않으려면 목을 꺾으라고 기록했는데(출 13:13), 미쉬나는 큰 칼을 목 뒤에 대고 목을 꺾고, 죽은 가축을 다른 용도로 쓰지 못하게 묻으라고 명령한다.
- 그다음에 열거한 경우는 이와 비슷하게 어떤 계명을 다른 계명보다 우선적으로 지켜야 하는 것들이다.
- 성관계를 가진 여종을 배우자로 지목하고 약혼하지 않으려면 자유롭게 해방하라는 계명(출 21:8)과 부정한 동물을 성전에 바치면 그것을 팔아서 그 값을 성전에 바치라는 계명(레 27:27)은 토라 본문을 증거로 제시하고 있다.
- 역연혼에 관련된 계명은 토라 본문을 제시하기보다는 상황이 바뀌었기 때문에 다른 규정이 필요하다고 역설하고 있다. 고대 이스라엘 사회에서는 자손을 남기지 못하고 죽은 자가 기업을 잃지 않도록 하기 위해서 그의 형제가 역연혼을 하는 것이 거룩한 의무였고, 이스라엘 백성도 그렇게 받아들였다. 그러나 세월이 지나자 다른 여자와 성관계를 하기 위해서 역연혼을 하려는 자들이 많아져, 랍비들이 신발을 벗고 역연혼을 거부하는 쪽을 권장해야 했다고 주장한다.

제2장

2, 1

정결한 가축의 첫 새끼에 관해 설명한다.

הַלּוֹקֵחַ עֻבַּר פָּרָתוֹ שֶׁל נָכְרִי, וְהַמּוֹכֵר לוֹ אַף עַל פִּי שֶׁאֵינוֹ רַשַּׁאי, הַמִּשְׁתַּתֵּף
לוֹ, וְהַמְקַבֵּל מִמֶּנּוּ, וְהַנּוֹתֵן לוֹ בְקַבָּלָה, פָּטוּר מִן הַבְּכוֹרָה, שֶׁנֶּאֱמַר, בְּיִשְׂרָאֵל,
אֲבָל לֹא בַאֲחֵרִים. כֹּהֲנִים וּלְוִיִּם חַיָּבִין. לֹא נִפְטְרוּ מִבְּכוֹר בְּהֵמָה טְהוֹרָה,
(וְלֹא נִפְטְרוּ) אֶלָּא מִפִּדְיוֹן הַבֵּן וּמִפֶּטֶר חֲמוֹר:

〔어떤 사람이〕 이방인에게 속한 〔태어나지 않은〕 암소의 새끼를 사거나, 그렇게 할 수 없다 하더라도 그에게 팔거나, 그와 동업을 하거나, 그로부터 〔가축을〕 받거나, 다시 돌려받으려고 그에게 주었다면, 초태생을 〔바칠 의무로부터〕 면제된다. "이스라엘"이라고 기록했기 때문이며, 이방인들은 이에 해당하지 않는다.

제사장들과 레위인들은 〔초태생을 바칠〕 의무가 있다. 그들이 정결한 가축의 첫 새끼를 〔바치는 의무에서〕 면제되지 않으나, 아들과 당나귀의 새끼를 무를 〔의무에서 면제된다〕.

- 이 미쉬나의 앞부분은 「브코롯」 1, 1과 동일하다. 다시 말해서 송아지나 당나귀나 이방인의 소유권이 관련되어 있다면 첫 새끼를 바치는 의무와 관련이 없다는 것이다.
- 제사장들은 첫 아들과 당나귀의 첫 새끼를 바칠 의무에서 면제되지만, 정결한 가축의 첫 새끼를 바칠 의무는 있다.

2, 2

초태생으로 바친 가축에 흠이 생기는 경우를 논의한다.

כָּל הַקֳּדָשִׁים שֶׁקָּדַם מוּם קָבוּעַ לְהֶקְדֵּשָׁן, וְנִפְדּוּ, חַיָּבִים בַּבְּכוֹרָה וּבַמַּתָּנוֹת,
וְיוֹצְאִין לְחֻלִּין לִגָּזֵז וּלְהֵעָבֵד, וּוְלָדָן וַחֲלָבָן מֻתָּר לְאַחַר פִּדְיוֹנָן, וְהַשּׁוֹחֲטָן בַּחוּץ
פָּטוּר, וְאֵין עוֹשִׂים תְּמוּרָה, וְאִם מֵתוּ יִפָּדוּ, חוּץ מִן הַבְּכוֹר וּמִן הַמַּעֲשֵׂר:

성물인 〔가축이〕 바치기 전부터 영구적인 흠이 있었고 물렀다면, 초
태생 〔관련법을 지킬〕 의무가 있고 제사장에게 주는 선물이 될 수 있
으며, 속된 〔가축으로〕 풀려났을 때 털을 깎거나 일을 시킬 수 있고,
그 새끼나 우유는 무른 다음에는 허용되며, 〔어떤 사람이〕 그것을 〔성
전〕 바깥에서 도살해도 〔책임에서〕 면제되고, 대체할 수 없다. 만약 죽
으면, 첫 새끼나 십일조가 아닌 경우에 무를 수 있다.

- 이 미쉬나는 「훌린」 10, 2와 동일하며, 초태생 관련법이 언급되었기
  때문에 여기서 다시 언급하고 있다.
- 흠이 있는 가축은 성전에 제물로 바칠 수 없으며, 누군가가 이런 가
  축을 바쳤다면 그 가축의 값에 해당하는 돈을 바친 것과 같다. 다시
  말해서 이 가축은 거룩하지 않은 속된 가축이며, 다른 용도로 사용
  하지 말고 물러야 한다. 무른 이후에는 일반적인 속된 가축과 마찬
  가지로 처리하면 된다. 무르기 전에 죽었어도 물러야 하며, 그 고기
  는 개를 준다. 다만 가축의 첫 새끼가 흠이 있는 경우에는 제단 위에
  올릴 수는 없어도 성물이다. 십일조도 마찬가지다(레 27:33). 그러므
  로 첫 새끼가 죽었을 때 위와 같이 처리할 수 없다.

2, 3

둘째 미쉬나(2, 2)의 문맥에 이어서 흠 있는 가축에 관해 설명한다.

כֹּל שֶׁקָּדַם הֶקְדֵּשָׁן אֶת מוּמָן, אוֹ מוּם עוֹבֵר לְהֶקְדֵּשָׁן, וּלְאַחַר מִכָּאן נוֹלַד
לָהֶם מוּם קָבוּעַ (וְנִפְדּוּ), פְּטוּרִין מִן הַבְּכוֹרָה וּמִן הַמַּתָּנוֹת, וְאֵינָן יוֹצְאִין
לְחֻלִּין לִגָּזֵ וְלְהֵעָבֵד, וּוּלְדָן וַחֲלָבָן אָסוּר לְאַחַר פְּדִיּוֹנָן, וְהַשׁוֹחֲטָן בַּחוּץ חַיָּב,
וְעוֹשִׂין תְּמוּרָה, וְאִם מֵתוּ יִקָּבֵרוּ:

[성물인 가축을] 바친 후 [영구적인] 흠이 생기거나, 바치기 전에
일시적인 흠이 있었고 그 후에 영구적인 흠이 생겼다면, 초태생 [관련
법과] 제사장에게 주는 선물의 [의무에서] 면제되며, 속된 가축처럼
털을 깎거나 일을 시킬 수 없고, 그 새끼나 우유는 무른 다음에도 금
지되며, [어떤 사람이] 그것을 [성전] 바깥에서 도살하면 책임을 져야
하고, 대체할 수 있다. 만약 죽으면 땅에 묻는다.

- 가축을 성전에 바친 다음에 영구적인 흠이 생기면, 제단 위에서 제물
  로 바칠 수 없지만 이미 성물이 된 상태다. 바치기 전에 일시적인 흠
  만 있다가 바친 다음에 영구적인 흠이 생겨도 마찬가지다. 이런 가축
  은 물러야 하고 그 돈으로 다른 제물을 사야 하며, 무른 다음에도 이
  가축은 성물의 지위를 잃지 않는다.
- 이런 가축의 새끼는 초태생이나 십일조 관련법에서 면제되며, 무른
  다음에 이 가축을 도살해도 그 일부를 제사장에게 선물로 주지 않는
  다. 무른 다음에도 이 가축의 털을 깎거나 일을 시킬 수 없으며, 그 새
  끼나 우유를 통해 이득을 얻는 것도 금지되어 있다. 유일하게 허용된
  것은 이 가축을 잡아먹는 것이다.
- 그런데 이 가축을 성전 바깥에서 도살할 수 없다고 했고, 제단 위에
  제물로 올릴 수도 없는 상태이므로 적법한 도살법이 없다. 후대 랍

비들은 성전 바깥에서 이 가축을 잡으면 책임이 있지만 면제한다고 주장하기도 했다. 랍비 아키바는 흠이 있는 제물을 제단 위에서 바칠 수 없지만, 이미 바친 제물이면 끌어내리지 말라고 했으므로(「제바힘」 9, 3), 제물로 바쳐도 무방하다고 말하기도 한다.

- 만약 이 가축을 다른 가축으로 대체하면, 그 가축도 거룩해져서 두 마리가 모두 성물이 된다. 이 가축을 무르기 전에 죽으면, 아무도 이 가축을 통해 이득을 얻지 못하도록 땅에 묻는다.

2, 4

이스라엘 사람과 이방인이 가축 떼를 놓고 계약을 맺은 상황을 논의한다.

הַמְקַבֵּל צֹאן בַּרְזֶל מִן הַנָּכְרִי, וְלָדוֹת פְּטוּרִין, וּוַלְדֵי וְלָדוֹת חַיָּבִין. הֶעֱמִיד וְלָדוֹת תַּחַת אִמּוֹתֵיהֶם, וַלְדֵי וְלָדוֹת פְּטוּרִין, וּוַלְדֵי וַלְדֵי וְלָדוֹת חַיָּבִין. רַבָּן שִׁמְעוֹן בֶּן גַּמְלִיאֵל אוֹמֵר, אֲפִלּוּ עַד עֲשָׂרָה דוֹרוֹת, פְּטוּרִין, שֶׁאַחֲרָיוּתָן לַנָּכְרִי:

[어떤 사람이] 이방인으로부터 '쫀 바르젤'인 [가축을] 받았다면, 그 새끼들은 [초태생 관련법에서] 면제되고, 그 새끼의 새끼들은 [초태생을 바칠] 의무가 있다. 그가 새끼들을 그들의 어미들 대신 세웠다면, 새끼들의 새끼들도 면제되고, 새끼들의 새끼들의 새끼들은 의무가 있다. 라반 쉼온 벤 감리엘은 열 세대가 [지났다] 하더라도 면제되니, 그것들이 이방인에게 속했기 때문이라고 말한다.

- '쫀 바르젤'이란 철과 같이 변하지 않는 고정된 가치를 가지는 가축이라는 뜻으로, 가축을 받은 사람이 일정 기간 후에 그 값을 지불하기로 하고, 그 사이에 털이나 새끼 등 그 가축으로부터 발생하는 이익은 양 당사자 간에 나누기로 하는 계약이다.

- 첫째 미쉬나(2, 1)는 유대인이 이방인의 가축을 돌보기 위해서 받았을 때 초태생 관련법을 지킬 의무에서 면제된다고 규정했다. 그 어미에 대한 이방인의 소유권이 일부 유보되고 있기 때문이다.
- 이 미쉬나는 그 가축의 새끼까지는 같은 규칙이 적용되지만, 삼대째가 되면 첫 새끼를 바쳐야 한다고 한다. 왜냐하면 유대인이 이방인이 맡긴 가축에 대한 적절한 몫을 주기를 거절하면, 그 이방인이 새끼를 자기 몫으로 가져갈 수 있기 때문이며, 그렇다면 이 새끼는 일부 이방인의 소유로 볼 수 있고, 이방인의 가축은 초태생 관련법에서 면제되기 때문이다. 그러나 새끼의 새끼들은 이미 완전히 유대인의 소유이기 때문에 초태생 관련법을 적용해야 한다.
- 만약 그 유대인이 처음 맡긴 가축들이 아니라 그 새끼들부터 이방인에게 지불하기로 계약을 맺었다면, 초태생 관련법을 규정할 대상도 한 세대를 낮추어 잡아야 하며, 사대째가 될 때부터 첫 새끼를 바칠 의무가 생긴다.
- 라반 쉼온 벤 감리엘은 처음부터 이방인에게 일정한 몫을 주기로 하고 맡은 가축이라면 열 세대가 지나도 이방인의 가축이며, 초태생 관련법을 적용하지 않는다고 말한다.

2, 5
어미와 다른 종의 새끼에 관한 문제를 다룬다.

רָחֵל שֶׁיָּלְדָה כְּמִין עֵז, וְעֵז שֶׁיָּלְדָה כְּמִין רָחֵל, פְּטוּר מִן הַבְּכוֹרָה. וְאִם יֶשׁ בּוֹ
מִקְצָת סִימָנִין, חַיָּב:

암양이 염소의 종과 같은 [새끼를] 낳았거나, 염소가 암양의 종과 같은 [새끼를] 낳았다면, 초태생 [관련법을 지킬 의무에서] 면제된다. 그러나 만약 그 [새끼에게 그 어머니의] 특징이 조금이라도 있다면,

의무가 있다.

- 가축의 첫 새끼를 제사장에게 주어야 한다는 규정은 어미와 새끼가 같은 종이었을 때 성립한다. 그러므로 분명히 다른 종의 새끼가 태어났다면, 첫 새끼를 바칠 의무에서 면제된다.

2, 6
암양이 새끼를 두 마리 낳은 경우를 논의한다.

רָחֵל שֶׁלֹּא בִכְּרָה וְיָלְדָה שְׁנֵי זְכָרִים וְיָצְאוּ שְׁנֵי רָאשֵׁיהֶן כְּאֶחָד, רַבִּי יוֹסֵי
הַגְּלִילִי אוֹמֵר, שְׁנֵיהֶן לַכֹּהֵן. שֶׁנֶּאֱמַר, הַזְּכָרִים לַה'. וַחֲכָמִים אוֹמְרִים, אִי
אֶפְשָׁר, אֶלָּא אֶחָד לוֹ וְאֶחָד לַכֹּהֵן. רַבִּי טַרְפוֹן אוֹמֵר, הַכֹּהֵן בּוֹרֵר לוֹ אֶת
הַיָּפֶה. רַבִּי עֲקִיבָא אוֹמֵר, מְשַׁמְּנִים בֵּינֵיהֶן, וְהַשֵּׁנִי יִרְעֶה עַד שֶׁיִּסְתָּאֵב. וְחַיָּב
בַּמַּתָּנוֹת. רַבִּי יוֹסֵי פּוֹטֵר. מֵת אֶחָד מֵהֶן, רַבִּי טַרְפוֹן אוֹמֵר, יַחֲלוֹקוּ. רַבִּי
עֲקִיבָא אוֹמֵר, הַמּוֹצִיא מֵחֲבֵרוֹ עָלָיו הָרְאָיָה. זָכָר וּנְקֵבָה, אֵין כָּאן לַכֹּהֵן
כְּלוּם:

새끼를 낳은 적이 없는 암양이 수컷 두 마리를 낳았고 그들의 머리 두 개가 한꺼번에 나왔을 때, 갈릴리 출신인 랍비 요쎄는 그 둘이 [모두] 제사장의 것이라고 말한다. 수컷들은 주님의 것이라고 기록했기 때문이다.[4] 그러나 현인들은 그것은 불가능하며, 하나는 그의 것이고 하나는 제사장의 것이라고 말한다.

랍비 타르폰은 제사장이 더 좋은 것을 고른다고 말한다. 랍비 아키바는 그들이 서로 타협을 해야 하며, [선택하지 않은] 둘째 [새끼는] 흠이 생길 때까지 들에서 키우라고 말한다. 그 주인은 [이의 일부를

---

4) 우리 말로 "수컷은 여호와의 것이니라"라고 옮겼는데(출 13:12), 실제로 히브리어는 '수컷들'이라고 복수로 기록했다.

제사장에게] 선물로 줄 의무가 있다. 랍비 요쎄는 〔그 의무를〕 면제시킨다.

그들 중 하나가 죽었을 때, 랍비 타르폰은 그들이 〔산 것을〕 나누어야 한다고 말한다. 랍비 아키바는 요구하는 사람이 증거를 〔제출해야〕 한다고 말한다.

이것이 수컷과 암컷을 낳았다면 제사장의 것은 전혀 없다.

- 암양이 첫 새끼를 낳았는데 수컷 두 마리가 동시에 태어났을 때, 랍비 요쎄는 둘 다 제사장에게 바쳐야 한다고 주장한다. 그 이유는 토라가 수컷이라고 말하면서 복수형을 썼기 때문이라고(출 13:12) 설명한다. 그러나 다른 랍비들은 한 마리만 제사장에게 바치는 것으로 충분하다고 주장한다.
- 한 마리만 제사장에게 준다면 어떻게 그것을 골라야 할까? 랍비 타르폰은 제사장이 더 나은 새끼로 고른다고 말한다. 랍비 아키바는 주인과 제사장이 새끼들의 값을 평가하여 반씩 나누어야 한다고 말한다. 토쎕타와 탈무드는 주인이 더 좋은 새끼를 가진다고 주장하기도 한다.
- 선택이 이미 끝났다 하더라도 남은 둘째 새끼가 실제로 첫 새끼일 가능성도 있다. 그러므로 이 가축을 그냥 먹을 수는 없으며, 들에서 기르면서 흠이 생길 때까지 기다린다. 그리고 이 가축을 도살하면 어깨와 갈비 등을 제사장에게 선물로 준다. 랍비 요쎄는 그럴 필요는 없다고 말한다.
- 만약 둘 중 하나가 죽었을 때, 랍비 타르폰은 살아 있는 가축의 값을 주인과 제사장이 나눈다고 말한다. 랍비 아키바는 제사장이 살아 있는 가축이 첫 새끼임을 증명해야 하는데 그것은 불가능하므로, 제사장이 받을 몫은 없다고 주장하는 셈이다.

- 암양이 수컷과 암컷을 동시에 낳았다면, 암컷이 첫 새끼일 수도 있기 때문에 제사장은 아무것도 받지 못한다. 수컷도 첫 새끼일 가능성이 있으므로, 들에서 기르다가 흠이 생기면 잡아먹을 수 있다.

2, 7

암양 두 마리가 새끼를 낳은 경우를 논의한다.

שְׁתֵּי רְחֵלוֹת שֶׁלֹּא בִכְּרוּ, וְיָלְדוּ שְׁנֵי זְכָרִים, נוֹתֵן שְׁנֵיהֶם לַכֹּהֵן. זָכָר וּנְקֵבָה, הַזָּכָר לַכֹּהֵן. שְׁנֵי זְכָרִים וּנְקֵבָה, אֶחָד לוֹ וְאֶחָד לַכֹּהֵן. רַבִּי טַרְפוֹן אוֹמֵר, הַכֹּהֵן בּוֹרֵר לוֹ אֶת הַיָּפֶה. רַבִּי עֲקִיבָא אוֹמֵר, מְשַׁמְּנִים בֵּינֵיהֶן, וְהַשֵּׁנִי יִרְעֶה עַד שֶׁיִּסְתָּאֵב. וְחַיָּב בַּמַּתָּנוֹת. רַבִּי יוֹסֵי פּוֹטֵר. מֵת אֶחָד מֵהֶן, רַבִּי טַרְפוֹן אוֹמֵר, יַחֲלוֹקוּ. רַבִּי עֲקִיבָא אוֹמֵר, הַמּוֹצִיא מֵחֲבֵרוֹ עָלָיו הָרְאָיָה. שְׁתֵּי נְקֵבוֹת וְזָכָר, אוֹ שְׁנֵי זְכָרִים וּשְׁתֵּי נְקֵבוֹת, אֵין כָּאן לַכֹּהֵן כְּלוּם:

새끼를 낳은 적이 없는 암양 두 마리가 수컷 두 마리를 낳았다면, 그 두 마리를 제사장에게 준다. 수컷과 암컷을 〔낳았다면〕, 그 수컷을 제사장에게 〔준다〕. 수컷 두 마리와 암컷을 〔낳았다면〕, 〔수컷〕 한 마리는 그의 것이고 〔다른〕 하나는 제사장의 것이다.

랍비 타르폰은 제사장이 더 좋은 것을 고른다고 말한다. 랍비 아키바는 그들이 서로 타협을 해야 하며, 〔선택하지 않은〕 둘째 〔새끼는〕 부적절해질 때까지 들에서 키우라고 말한다. 그리고 그 〔주인은 제사장에게〕 선물을 줄 의무가 있다. 랍비 요쎄는 〔그 의무를〕 면제시킨다.

- 그들 중 하나가 죽었을 때, 랍비 타르폰은 그들이 〔산 것을〕 나누어야 한다고 말한다. 랍비 아키바는 요구하는 사람이 증거를 〔제출해야〕 한다고 말한다.
- 암컷 두 마리와 수컷을 〔낳았거나〕 또는 수컷 두 마리와 암컷 두 마

리를 [낳았다면], 제사장의 것은 전혀 없다.

- 암양 두 마리가 새끼를 낳은 경우로 상황은 달라졌지만, 첫 새끼가 수컷이 분명할 때만 성전에 바친다는 원리에 따라 여섯째 미쉬나(2, 6)와 비슷한 규정을 적용하게 된다.

2, 8

여섯째와 일곱째 미쉬나(2, 6-7)의 문맥을 이어간다.

אַחַת בִּכְּרָה וְאַחַת שֶׁלֹּא בִכְּרָה וְיָלְדוּ שְׁנֵי זְכָרִים, אֶחָד לוֹ וְאֶחָד לַכֹּהֵן. רַבִּי טַרְפוֹן אוֹמֵר, הַכֹּהֵן בּוֹרֵר לוֹ אֶת הַיָּפֶה. רַבִּי עֲקִיבָא אוֹמֵר, מְשַׁמְּנִין בֵּינֵיהֶן, וְהַשֵּׁנִי יִרְעֶה עַד שֶׁיִּסְתָּאֵב. וְחַיָּב בַּמַּתָּנוֹת. רַבִּי יוֹסֵי פּוֹטֵר, שֶׁהָיָה רַבִּי יוֹסֵי אוֹמֵר, כֹּל שֶׁחֲלִיפָיו בְּיַד כֹּהֵן, פָּטוּר מִן הַמַּתָּנוֹת. רַבִּי מֵאִיר מְחַיֵּב. מֵת אֶחָד מֵהֶן, רַבִּי טַרְפוֹן אוֹמֵר, יַחֲלֹקוּ. רַבִּי עֲקִיבָא אוֹמֵר, הַמּוֹצִיא מֵחֲבֵרוֹ עָלָיו הָרְאָיָה. זָכָר וּנְקֵבָה, אֵין כָּאן לַכֹּהֵן כְּלוּם:

새끼를 낳은 적이 있는 [암양] 한 마리와 새끼를 낳은 적이 없는 [암양] 한 마리가 수컷 두 마리를 낳았다면, 한 마리는 그의 것이고 [다른] 하나는 제사장의 것이다.

랍비 타르폰은 제사장이 더 좋은 것을 고른다고 말한다. 랍비 아키바는 그들이 서로 타협을 해야 하며, [선택하지 않은] 둘째 [새끼는] 부적절해질 때까지 들에서 키우라고 말한다. 그리고 그 [주인은 제사장에게] 선물을 줄 의무가 있다. 랍비 요쎄는 [그 의무를] 면제시킨다.

그들 중 하나가 죽었을 때, 랍비 타르폰은 그들이 [산 것을] 나누어야 한다고 말한다. 랍비 아키바는 요구하는 사람이 증거를 [제출해야] 한다고 말한다.

수컷과 암컷을 [낳았다면] 제사장의 것은 전혀 없다.

- 새끼를 낳은 적이 있는 암양과 그렇지 않은 암양으로 상황은 달라졌

지만, 첫 새끼가 수컷이 분명할 때만 성전에 바친다는 원리에 따라
여섯째 미쉬나(2, 6)와 비슷한 규정을 적용하게 된다.

2, 9

옆구리를 갈라서 태어난 가축에 관해 논의한다.

יוֹצֵא דֹפֶן וְהַבָּא אַחֲרָיו, רַבִּי טַרְפוֹן אוֹמֵר, שְׁנֵיהֶם יִרְעוּ עַד שֶׁיִּסְתָּאֲבוּ וְיֵאָכְלוּ
בְּמוּמָן לַבְּעָלִים. רַבִּי עֲקִיבָא אוֹמֵר, שְׁנֵיהֶן אֵינָן בְּכוֹר, הָרִאשׁוֹן מִשׁוּם שֶׁאֵינוֹ
פֶּטֶר רֶחֶם, וְהַשֵּׁנִי מִשׁוּם שֶׁקְּדָמוֹ אַחֵר:

옆구리를 〔가르고〕 나온 〔새끼와〕 그다음에 태어난 〔새끼에〕 관하
여, 랍비 타르폰은 그 두 마리를 〔모두〕 부적절해질 때까지 들에서 기
르다가 흠이 생기는 대로 주인들이 먹는다고 말한다. 랍비 아키바는
두 마리가 〔모두〕 첫 새끼가 아니라고 말한다. 첫째는 어미의 자궁을
열지 않았고, 둘째는 〔앞서〕 다른 새끼가 먼저 나왔기 때문이다.

- 첫째 새끼는 옆구리를 갈라 꺼냈고 그다음 새끼는 정상적으로 태어
  났을 때, 랍비 타르폰은 두 마리가 모두 첫 새끼라고 부르기에 의심
  스러운 면이 있다고 생각한다. 그러므로 들에서 기르다가 흠이 생기
  면, 주인들이 먹는 것이 좋겠다고 제안한다.
- 랍비 아키바는 두 마리가 모두 첫 새끼가 아니라고 주장하며, 제사
  장에게 바칠 가축이 없다고 말한다.

제3장

3, 1

이방인에게 구입하여 새끼를 낳은 적이 있는지 불확실한 가축에 관해 설명한다.

הַלּוֹקֵחַ בְּהֵמָה מִן הַנָּכְרִי וְאֵין יָדוּעַ אִם בִּכְּרָה וְאִם לֹא בִּכְּרָה, רַבִּי יִשְׁמָעֵאל אוֹמֵר, עֵז בַּת שְׁנָתָהּ וַדַּאי לַכֹּהֵן, מִכָּאן וְאֵילָךְ סָפֵק. רָחֵל בַּת שְׁתַּיִם וַדַּאי לַכֹּהֵן, מִכָּאן וְאֵילָךְ סָפֵק. פָּרָה וַחֲמוֹר בְּנוֹת שָׁלֹשׁ וַדַּאי לַכֹּהֵן, מִכָּאן וְאֵילָךְ סָפֵק. אָמַר לוֹ רַבִּי עֲקִיבָא, אִלּוּ בַוָּלָד בִּלְבַד בְּהֵמָה נִפְטֶרֶת, הָיָה כִדְבָרֶיהָ, אֶלָּא אָמְרוּ, סִימָן הַוָּלָד בִּבְהֵמָה דַקָּה, טִנּוּף. וּבְגַסָּה, שְׁלְיָא. וּבָאִשָּׁה, שָׁפִיר וְשִׁלְיָא. זֶה הַכְּלָל, כֹּל שֶׁיָּדוּעַ שֶׁבִּכְּרָה, אֵין כָּאן לַכֹּהֵן כְּלוּם. וְכֹל שֶׁלֹּא בִכְּרָה, הֲרֵי זֶה לַכֹּהֵן. אִם סָפֵק, יֵאָכֵל בְּמוּמוֹ לַבְּעָלִים. רַבִּי אֱלִיעֶזֶר בֶּן יַעֲקֹב אוֹמֵר, בְּהֵמָה גַסָּה שֶׁשָּׁפְעָה חֲרַרַת דָּם, הֲרֵי זוֹ תִקָּבֵר, וְנִפְטְרָה מִן הַבְּכוֹרָה:

〔어떤 사람이〕 가축을 이방인에서 사서 그 〔가축이〕 새끼를 낳은 적이 있는지 없는지 모를 때, 랍비 이쉬마엘은 한 살인 염소가 〔새끼를 낳으면〕 확실히 제사장의 것이지만 그 후에는 의심스러운 경우라고 말한다. 두 살인 암양이 〔새끼를 낳으면〕 확실히 제사장의 것이지만, 그 후에는 의심스러운 경우다. 세 살인 암소와 당나귀가 〔새끼를 낳으면〕 확실히 제사장의 것이지만, 그 후에는 의심스러운 경우다. 랍비 아키바는 만약 가축이 〔이미 실제〕 새끼를 낳은 것만으로 〔초태생 관련법에서〕 면제된다면 당신 말대로 되겠으나, 그들(고대의 랍비들)이 작은 가축에게는 〔자궁에서〕 배출이 있으면 새끼〔를 낳은〕 흔적이 된다고 말했다고 그에게 말했다. 〔그리고〕 큰 가축에게 〔있는 흔적은〕 태반이다. 그리고 (사람) 여성에게 〔있는 흔적은〕 양막과 태반이다.

이것이 원칙이다. 새끼를 낳은 적이 있다고 알려진 가축이 〔새끼를 낳았다면] 제사장의 것은 전혀 없다. 새끼를 낳은 적이 없는 가축이 〔새끼를 낳았다면〕 그것은 제사장의 것이다. 만약 의심스러운 경우라 면, 흠이 생긴대로 주인이 먹는다.

랍비 엘리에제르 벤 야아콥은 큰 가축이 핏덩어리를 배출했다면, 그것을 묻을 것이며, 그 〔가축은〕 초태생 〔관련법에서〕 면제된다고 말 한다.

- 이스라엘 사람이 이방인에게 가축을 구매하여 새끼를 낳은 적이 있 는지 여부를 확신할 수 없을 때, 랍비 이쉬마엘은 가축의 나이로 판 단할 수 있다고 주장한다. 가축에 따라 첫 새끼를 낳는 해가 정해져 있으며, 그 시점이 지나면 의심스러운 경우라는 것이다. 의심스러운 경우는 새끼를 들에서 기르다가 흠이 생기면 잡아먹을 수 있다.
- 랍비 아키바는 이 의견에 반대하는데, 고대 랍비들에 따르면 가축이 나 사람이 유산을 해서 배출되는 것이 있고 그다음에 정상적으로 출 산하면, 그 새끼나 태아는 초태생 관련법을 적용하지 않는다고 가르 쳤다는 것이다. 그러므로 가축들이 이쉬마엘 랍비가 말하는 시간 안 에 새끼를 낳아도 그 전에 유산한 적이 있는지 여부를 확신할 수 없 고, 그 동물이 거룩한지 결정할 수 없다고 말한다.
- 이 논쟁을 정리하기 위해서 원칙을 정하는데, 확실히 새끼를 낳은 적이 없는 경우와 확실히 새끼를 낳은 적이 있는 경우와 의심스러운 경우 세 가지로 나누어 정리한다.
- 이에 덧붙여 랍비 엘리에제르는 가축이 핏덩어리를 배출했으면 그 것이 유산한 것이며, 이것은 성전에 바칠 수 없지만 거룩하니 땅에 묻으라고 제안한다. 그다음에 정상적으로 태어난 새끼는 첫 새끼가 아니다.

3, 2

이방인에게 가축을 사서 새끼를 낳은 적이 있는지 의심스러운 상황에 대한 다른 설명이다.

רַבָּן שִׁמְעוֹן בֶּן גַּמְלִיאֵל אוֹמֵר, הַלּוֹקֵחַ בְּהֵמָה מְנִיקָה מִן הַנָּכְרִי, אֵינוֹ חוֹשֵׁשׁ שֶׁמָּא בְּנָהּ שֶׁל אַחֶרֶת הָיָה. נִכְנַס לְתוֹךְ עֶדְרוֹ וְרָאָה אֶת הַמַּבְכִּירוֹת מְנִיקוֹת וְאֶת שֶׁאֵינָן מַבְכִּירוֹת מְנִיקוֹת, אֵינוֹ חוֹשֵׁשׁ שֶׁמָּא בְּנָהּ שֶׁל זוֹ בָּא לוֹ אֵצֶל זוֹ, אוֹ שֶׁמָּא בְּנָהּ שֶׁל זוֹ בָּא לוֹ אֵצֶל זוֹ:

라반 쉼온 벤 감리엘은 〔어떤 사람이〕 이방인에게 젖 먹이는 가축을 사면, 그 〔가축이〕 다른 〔가축의〕 새끼일까 의심할 필요가 없다고 말한다. 만약 사람이 자기 가축 떼 중에 들어가서 〔이미〕 첫 새끼를 낳은 〔적이 있는 가축들이〕 젖을 먹이는 것과 첫 새끼를 낳지 않은 〔가축들이〕 젖을 먹이는 것을 보았다면, 이 〔가축의〕 새끼가 저 〔가축에게〕 가고 저 〔가축의〕 새끼가 이 〔가축에게〕 갔을까 의심할 필요가 없다.

- 이방인에게 가축을 샀는데 새끼에게 젖을 먹이고 있었다면, 그 어미는 자기 새끼에게 젖을 먹이고 있는 것이 당연하므로 이미 첫 새끼를 낳았다고 볼 수 있다는 것이 라반 쉼온의 의견이다. 가축 떼 안에 섞여 있는 암컷들도 다른 가축의 새끼가 아니라 자기 새끼에게 젖을 먹이고 있다고 보아야 한다. 따라서 이미 새끼를 낳은 적이 없는 암컷이 수컷 새끼에게 젖을 먹이고 있다면 이는 율법이 정한 초태생으로 본다.

3, 3

첫 새끼의 털을 깎는 상황을 논의한다.

רַבִּי יוֹסֵי בֶּן מְשֻׁלָּם אוֹמֵר, הַשּׁוֹחֵט אֶת הַבְּכוֹר, עוֹשֶׂה מָקוֹם בְּקוֹפִיץ מִכָּאן
וּמִכָּאן וְתוֹלֵשׁ הַשֵּׂעָר, וּבִלְבַד שֶׁלֹּא יְזִיזֶנּוּ מִמְּקוֹמוֹ. וְכֵן הַתּוֹלֵשׁ אֶת הַשֵּׂעָר
לִרְאוֹת מְקוֹם הַמּוּם:

랍비 요쎄 벤 메슐람은 [어떤 사람이] 첫 새끼를 도살하면 칼로 [목
의] 이쪽부터 저쪽까지 빈 공간을 만들고 털을 벗기는데, [털을] 그
자리에서 [완전히] 제거하지 않는다. 그리고 마찬가지로 [어떤 사람
이] 털을 벗기면 흠이 있는 부분을 보여주어야 한다.

- 랍비들은 토라의 본문(신 15:19-23)을 재해석하여 첫 새끼는 제물
  로 바치지 않더라도 털을 깎을 수 없다고 말한다. 그러니 이 미쉬나
  는 이 규정을 우회하여 털을 깎는 방법을 설명한다. 가축을 적법한
  방법으로 도살하기 위해서 칼로 가축의 목에 있는 털을 이쪽에서 저
  쪽까지 밀어낸다. 그러나 털을 깎는 것처럼 보이지 않으려면, 밀어낸
  털이 가축의 몸에서 완전히 분리되지 않도록 조심해야 한다. 마찬가
  지로 첫 새끼에 흠이 있는 것을 보여줄 때도 그 부분의 털을 밀어내
  지만 완전히 분리하지는 않는다.

3, 4

셋째 미쉬나(3, 3)의 주제를 계속 설명한다.

שְׂעַר בְּכוֹר בַּעַל מוּם שֶׁנָּשַׁר וְהִנִּיחוֹ בַחַלּוֹן וְאַחַר כָּךְ שְׁחָטוֹ, עֲקַבְיָא בֶּן
מַהֲלַלְאֵל מַתִּיר, וַחֲכָמִים אוֹסְרִין, דִּבְרֵי רַבִּי יְהוּדָה. אָמַר רַבִּי יוֹסֵי, לֹא בָזֶה
הִתִּיר עֲקַבְיָא, אֶלָּא בִשְׂעַר בְּכוֹר בַּעַל מוּם שֶׁנָּשַׁר וְהִנִּיחוֹ בַחַלּוֹן וְאַחַר
כָּךְ מֵת, בָּזֶה עֲקַבְיָא בֶּן מַהֲלַלְאֵל מַתִּיר, וַחֲכָמִים אוֹסְרִין. הַצֶּמֶר הַמְדֻבְלָל

בִּבְכוֹר, אֶת שֶׁהוּא נִרְאֶה מִן הַגִּזָּה, מֻתָּר. וְאֶת שֶׁאֵינוֹ נִרְאֶה מִן הַגִּזָּה, אָסוּר:

흠이 있는 첫 새끼의 털이 〔몸에서〕 떨어졌고, 그것을 창문에 넣었
으며, 그 뒤에 그것을 도살했다면, 〔그 털을 사용하는 것을〕 아캅야 벤
마할랄엘은 허용하지만 현인들은 금지했다는 것이 랍비 예후다의 말
이다.

랍비 요쎄는 아캅야가 그것을 허용한 것이 아니며, 흠이 있는 첫 새
끼의 털이 〔몸에서〕 떨어졌고, 그것을 창문에 넣었으며, 그 뒤에 그것
이 죽었을 때, 그것을 아캅야 벤 마할랄엘이 허용하고 현인들이 금지
했다고 말했다.

그 양모가 첫 새끼의 〔몸에〕 달려 있었고, 〔나머지〕 털처럼 보였다
면, 그것은 허용된다. 그 〔부분이 나머지〕 털처럼 보이지 않았다면 금
지된다.

- 첫 새끼가 아직 살아 있을 때 털의 일부가 떨어져서 그 몸에서 분리
되면 그것을 사용하는 것이 금지된다. 아캅야는 그 가축을 도살한
다음에는 그 털을 사용할 수 있다고 보지만, 다른 랍비들은 그것마
저 불가능하다고 주장한다.

- 랍비 요쎄는 이 논쟁을 다르게 기억하고 있다. 털의 일부가 떨어진
다음에 그 가축이 자연사했을 경우에 랍비 아캅야가 그 털을 사용할
수 있다고 말했다는 것이다. 그러나 거룩한 제물의 지위를 가진 가축
이 죽으면 그 고기나 털로 이득을 취할 수 없다. 그러므로 다른 랍비
들은 반대했다.

- 첫 새끼를 도살했을 때 떨어진 털이 아직 몸에 붙어 있는 나머지 털
과 연결된 것처럼 보인다면, 그것은 가축이 살아 있을 때 떨어진 것
이 아니라고 볼 수 있고, 사용이 가능하다. 그러나 분명 가축이 살아
있을 때 분리되어 나머지 털처럼 보이지 않는다면, 사용할 수 없다.

제4장

4, 1

초태생으로 바친 가축을 처리하는 방법에 관해 설명한다.

עַד כַּמָּה יִשְׂרָאֵל חַיָּבִים לְהִטַּפֵּל בַּבְּכוֹר. בִּבְהֵמָה דַקָּה, עַד שְׁלֹשִׁים יוֹם.
וּבַגַּסָּה, חֲמִשִּׁים יוֹם. רַבִּי יוֹסֵי אוֹמֵר, בַּדַּקָּה שְׁלֹשָׁה חֳדָשִׁים. אָמַר לוֹ הַכֹּהֵן
בְּתוֹךְ זְמַן זֶה תְּנֵהוּ לִי, הֲרֵי זֶה לֹא יִתְּנוֹ לוֹ. אִם הָיָה בַעַל מוּם, אָמַר לוֹ תֵּן לִי
שֶׁאֹכְלֶנּוּ, מֻתָּר. וּבִשְׁעַת הַמִּקְדָּשׁ, אִם הָיָה תָמִים, אָמַר לוֹ תֵּן לִי שֶׁאַקְרִיבֶנּוּ,
מֻתָּר. הַבְּכוֹר נֶאֱכָל שָׁנָה בְשָׁנָה בֵּין תָּמִים בֵּין בַּעַל מוּם, שֶׁנֶּאֱמַר, לִפְנֵי ה'
אֱלֹהֶיךָ תֹאכְלֶנּוּ שָׁנָה בְשָׁנָה:

이스라엘 사람은 첫 새끼를 언제까지 돌보아야 하는가? 작은 가축
은 사흘까지이고, 큰 [가축은] 50일까지다. 랍비 요쎄는 작은 [가축
은] 석 달까지라고 말한다.

그 기간 중에 제사장이 그것을 나에게 달라고 말했다 하더라도 그
에게 주지 않는다. 만약 그 [가축에게] 흠이 있었고, 그가 내가 그것을
먹게 달라고 말했다면, 그것은 허용된다.

성전이 있었을 때에, 만약 그가 그것을 제사로 드릴 테니 나에게 달
라고 말했다면, 그것은 허용된다.

첫 새끼는 그것이 흠이 없든지 있든지 해마다 먹어야 한다. "매년
… 여호와 앞에서 먹을지니라"(신 15:20)라고 기록했기 때문이다.

- 가축이 낳은 첫 새끼를 주인이 얼마나 키우다가 성전에 바치느냐
  에 따라 그 제물의 질이 결정된다. 이견이 있지만 석 달을 넘기지 않
  는다.
- 정해진 기간 이전에 제사장이 와서 첫 새끼를 받아갈 수는 없다. 이
  런 관례를 허용하면, 제사장들이 개인적인 이득을 위해 첫 새끼를

찾아다니는 상황이 벌어질 수도 있고, 주인이 제물을 성전에 가져와 바치라는 토라의 규정을 어기는 셈이 된다. 가축이 흠이 있으면 제사장에게 줄 수 있다. 성전이 있을 때는 제사장이 원하는 시기에 첫 새끼를 받아서 곧 제사를 드리곤 했다.

- 첫 새끼는 한 해가 지나기 전에 제사로 드리거나 잡아먹어야 한다. 이 규정은 토라의 계명을 해석한 결과인데(신 15:20), 해마다 가족과 함께 올라와 바치고 먹으라는 명령을 한 해가 지나기 전에 하라고 해석한 것이다. 물론 성전이 있을 때 이렇게 할 수 있었고, 성전이 파괴된 이후에는 제물을 받은 제사장들이 첫 새끼가 흠이 생길 때까지 기다려야 했다. 흠이 생기면 제물로 바칠 수 없고, 자유롭게 잡아서 먹을 수 있기 때문이다(신 15:21-23).

4, 2

제사장들이 첫 새끼를 한 해가 지나기 전에 먹어야 한다는 문맥을 더 설명한다.

נוֹלַד לוֹ מוּם בְּתוֹךְ שְׁנָתוֹ, מֻתָּר לְקַיְמוֹ כָּל שְׁנֵים עָשָׂר חֹדֶשׁ. לְאַחַר שְׁנָתוֹ,
אֵינוֹ רַשַּׁאי לְקַיְמוֹ אֶלָּא עַד שְׁלֹשִׁים יוֹם:

그 [가축에게] 1년 안에 흠이 생겼다면, 그는 열두 달 동안 그것을 가지고 있는 것이 허용된다. 1년 후에 [흠이 생겼다면], 그는 [그 후] 30일까지 가지고 있을 수 있다.

- 제사장이 받은 첫 새끼가 한 해가 지나기 전에 흠이 생겼으면, 열두 달을 더 기다렸다가 잡아먹어도 좋다. 그러나 한 해가 지난 다음에 흠이 생겼다면 30일 안에 잡아먹어야 한다.

4, 3

흠 있는 첫 새끼를 검사받기 전에 도살할 경우를 다룬다.

הַשּׁוֹחֵט הַבְּכוֹר וּמַרְאֶה אֶת מוּמוֹ, רַבִּי יְהוּדָה מַתִּיר. רַבִּי מֵאִיר אוֹמֵר, הוֹאִיל
וְהוּא נִשְׁחַט שֶׁלֹּא עַל פִּי מֻמְחֶה, אָסוּר:

[어떤 사람이] 첫 새끼를 도살하고 그 흠을 보여줄 때, 랍비 예후다
는 그것을 허용한다. 랍비 메이르는 그가 전문가의 [지시를 따라] 도
살하지 않았기 때문에 금지된다고 말한다.

- 성전이 파괴된 이후에는 첫 새끼가 흠이 있는지 없는지 구분하는 일
  을 랍비들이 맡았고, 가축을 검사하는 전문지식을 가진 랍비가 첫 새
  끼를 검사했다. 이 미쉬나는 일단 주인이 가축을 도살하고 흠이 있
  었음을 나중에 증명해도 좋은지를 놓고 논쟁하고 있다.

4, 4

첫 새끼를 검사하는 전문가나 정결법에 관련된 전문가의 일에 관해
논의한다.

מִי שֶׁאֵינוֹ מֻמְחֶה וְרָאָה אֶת הַבְּכוֹר וְנִשְׁחַט עַל פִּיו, הֲרֵי זֶה יִקָּבֵר, וִישַׁלֵּם
מִבֵּיתוֹ. דָּן אֶת הַדִּין, זִכָּה אֶת הַחַיָּב וְחִיֵּב אֶת הַזַּכַּאי, טִמֵּא אֶת הַטָּהוֹר
וְטִהֵר אֶת הַטָּמֵא, מַה שֶּׁעָשָׂה עָשׂוּי וִישַׁלֵּם מִבֵּיתוֹ. וְאִם הָיָה מֻמְחֶה לְבֵית
דִּין, פָּטוּר מִלְּשַׁלֵּם. מַעֲשֶׂה בְפָרָה שֶׁנִּטְּלָה הָאֵם שֶׁלָּהּ, וְהֶאֱכִילָהּ רַבִּי טַרְפוֹן
לַכְּלָבִים, וּבָא מַעֲשֶׂה לִפְנֵי חֲכָמִים וְהִתִּירוּהָ. אָמַר תוֹדוֹס הָרוֹפֵא, אֵין פָּרָה
וַחֲזִירָה יוֹצְאָה מֵאֲלֶכְּסַנְדְּרִיָּא עַד שֶׁהֵם חוֹתְכִין אֶת הָאֵם שֶׁלָּהּ, בִּשְׁבִיל
שֶׁלֹּא תֵלֵד. אָמַר רַבִּי טַרְפוֹן, הָלְכָה חֲמוֹרְךָ טַרְפוֹן. אָמַר לוֹ רַבִּי עֲקִיבָא, רַבִּי
טַרְפוֹן, פָּטוּר אַתָּה, שֶׁאַתָּה מֻמְחֶה לְבֵית דִּין, וְכָל הַמֻּמְחֶה לְבֵית דִּין פָּטוּר
מִלְּשַׁלֵּם:

전문가가 아닌 자가 첫 새끼를 보았고 그의 지시에 따라 도살했다면, 그 [가축은] 땅에 묻을 것이며 그는 자기 재산에서 [그 값을] 지불한다.

[어떤 사람이] 결정을 내렸고, 책임이 있는 자를 결백하다고 하거나 결백한 자를 책임이 있다고, 정결한 자를 부정하다고 하거나 부정한 자를 정결하다고 [선언했다면], 그가 [이미] 한 일은 [그대로] 유효하지만 그는 자기 재산에서 [그 값을] 지불한다. 그러나 그가 법정에 속한 전문가였다면, [그 값을] 지불하는 [의무에서] 면제된다.

암소가 있었고 어미의 자궁이 제거되었는데, 랍비 타르폰이 이 [암소]를 개들에게 [주어] 먹였고, 그 일이 현인들에게 알려지게 되었으며, 그들이 그 [결정을] 허용했다. 의사였던 토도스가 암소와 암퇘지의 [배를] 갈라서 어미의 자궁을 [제거할 때까지] 알렉산드리아에서 나갈 수 없는데, 이는 그것들이 새끼를 낳지 못하도록 하기 위함이라고 말했다. 랍비 타르폰은 네 당나귀가 [저기] 지나간다, 타르폰, 하고 말했다. 랍비 아키바는 랍비 타르폰, 당신은 [의무에서] 면제된다고 그에게 말했다. 왜냐하면 당신은 법정에 속한 전문가이고, 법정에 속한 모든 전문가는 [그 값을] 지불하는 [의무에서] 면제되기 때문이다.

- 전문가가 아닌 자가 첫 새끼의 흠을 보고 도살하라고 했다면, 그 검사는 무효이며 그 가축은 땅에 묻어야 한다. 그리고 그렇게 도살을 결정한 자가 손해를 배상한다. 전문가 랍비들의 권위를 세우려는 의도가 보인다.
- 초태생 제물과 상관없지만 비슷한 원리가 적용되는 상황을 설명한다. 사법적인 문제나 정결법에 관련된 경우에 전문가 랍비가 아닌 자가 결정을 했다면, 그 결정을 내린 자가 손해를 배상해야 한다.
- 이와 관련된 흥미로운 이야기가 남아 있다. 자궁을 제거한 암소가 있

었고, 그들이 이 가축을 먹어도 좋은지 랍비 타르폰에게 와서 물었다. 랍비는 그것이 찢겨 죽은 것이라고 결정했고 개에게 주어 먹게 했다. 다른 현인들도 그의 결정에 동의했다. 그런데 의사인 토도스라는 사람이 나서서 이집트 알렉산드리아에 거주하는 유대인 공동체의 특이한 관례를 설명했는데, 그들은 자기들의 암소나 암퇘지를 팔면서 다른 민족들이 이 동물로 새끼를 치치 못하도록 자궁을 제거한 다음에 팔았다고 했다. 그러니까 그 암소가 찢겨 죽은 것이 아니었음이 밝혀진 것이다. 랍비 타르폰은 자기가 실수한 것을 알고, 자기 당나귀를 팔아서 배상해야겠다고 한탄했다. 그러나 랍비 아키바가 랍비 타르폰은 재판소에 속한 전문가이므로 배상할 필요가 없다고 말해주었다는 이야기다.

4, 5

전문가가 검사하는 일로 보수를 받을 수 없다는 원칙과 그것의 예외를 설명한다.

הַנּוֹטֵל שְׂכָרוֹ לִהְיוֹת רוֹאֶה בְכוֹרוֹת, אֵין שׁוֹחֲטִין עַל פִּיו, אֶלָּא אִם כֵּן הָיָה מֻמְחֶה כְּאִילָא בְיַבְנֶה, שֶׁהִתִּירוּ לוֹ חֲכָמִים לִהְיוֹת נוֹטֵל אַרְבָּעָה אִסָּרוֹת בִּבְהֵמָה דַקָּה, וְשִׁשָּׁה בַגַּסָּה, בֵּין תְּמִימִים בֵּין בַּעַל מוּם:

〔어떤 사람이〕 첫 새끼들을 검사하고 보수를 받는다면, 야브네에 〔사는〕 일라처럼 전문가가 아닌 한 그의 지시에 따라 도살하지 않는다. 현인들이 〔가축이〕 흠이 없든지 흠이 있든지 작은 가축을 〔볼 때〕 4이싸르를 큰 〔가축을 볼 때〕 6이싸르를 받도록 그에게 허락했다.

- 원래 전문가인 랍비는 첫 새끼를 검사하고 보수를 받을 수 없다. 그 보수가 뇌물이 될 수 있기 때문이다. 보수를 받는다면, 그의 검사는

유효하지 않고, 그의 말에 따라 도살할 수 없다. 예외적인 경우로 야브네에 살던 '일라'(אילא)라는 사람이 있었는데, 그는 그의 전문성을 인정받았을 뿐만 아니라 가축이 흠이 있든지 없든지 동일한 보수를 받았기 때문에, 뇌물을 받고 가축이 흠이 있다고 말할 이유가 없었다. 그러므로 현인들이 그는 보수를 받아도 좋다고 허락했다.

4, 6

법적, 제의적인 일을 하는 자가 받는 보수에 관해 계속해서 논의한다.

הַנּוֹטֵל שְׂכָרוֹ לָדוּן, דִּינָיו בְּטֵלִים. לְהָעִיד, עֵדוּתָיו בְּטֵלִין. לְהַזּוֹת וּלְקַדֵּשׁ,
מֵימָיו מֵי מְעָרָה וְאֶפְרוֹ אֵפֶר מִקְלֶה. אִם הָיָה כֹהֵן וְטִמְּאָהוּ מִתְּרוּמָתוֹ,
מַאֲכִילוֹ וּמַשְׁקוֹ וְסָכוֹ. וְאִם הָיָה זָקֵן, מַרְכִּיבוֹ עַל הַחֲמוֹר. וְנוֹתֵן לוֹ שְׂכָרוֹ
כְּפוֹעֵל:

[어떤 사람이] 재판을 하고 보수를 받으면, 그의 결정은 취소된다. 증언을 하고 [보수를 받으면], 그의 증언은 취소된다. 물을 뿌리거나 [물을] 거룩하게 만들고 [보수를 받으면] 그가 [뿌린] 물은 동굴에 있는 물이고 그 재는 [다른 것을] 태운 재로 [간주한다].

만약 그가 제사장이었고 그가 거제를 [먹기에 부적합한] 부정한 상태였다면, 그를 먹이고, 마실 것을 주고, 기름을 발라주면 된다. 만약 그가 늙은이였다면, 그를 당나귀에 태운다. 그리고 그에게 노동자와 동일한 보수를 준다.

- 이스라엘 사람이 재판을 하거나 증언을 하는 등의 법적 행위를 할 때나, 부정한 자에게 속죄의 물을 뿌리거나 붉은 암소의 재를 생수에 섞어서 거룩하게 만드는 등 제의적인 행위를 할 때 보수를 받을 수 없다. 보수를 받아 행하면 그들의 결정이 취소되고, 거룩한 물은 속

된 물과 속된 재가 된 것으로 간주한다.

- 제사장이나 랍비였다면 보수를 받지 않지만 손해를 보지는 않아야 한다. 예를 들어 제사장들은 제의적인 행위를 하고 거제를 보수처럼 받는다. 그러나 어떤 이유로 부정해져서 거제를 먹지 못하는 제사장이 있다면, 대신 일반 음식과 음료수를 제공하고 기름을 발라주어야 한다. 이것은 보수로 여기지 않고 제사장이 제의적 기능을 사용한 것에 대한 보상으로 본다.

- 나이가 많은 사람에게 이런 일을 요청한다면 당나귀를 보내서 모셔 와야 하며, 이것은 보수가 아니라고 간주한다.

- 이런 일을 한 사람에게는 노동자가 일하고 받는 수준의 보수를 주어야 하며, 이것은 법적 혹은 제의적 행위에 대한 보수가 아니라 어떤 사람이 노동할 수 있는 시간을 투자한 데 대한 보상이라고 본다.

4, 7

초태생 관련법을 어기는 자로 의심받는 경우를 설명한다.

הֶחָשׁוּד עַל הַבְּכוֹרוֹת, אֵין לוֹקְחִין מִמֶּנּוּ בְּשַׂר צְבָאִים וְלֹא עוֹרוֹת שֶׁאֵינָן עֲבוּדִין. רַבִּי אֱלִיעֶזֶר אוֹמֵר, לוֹקְחִים מִמֶּנּוּ עוֹרוֹת שֶׁל נְקֵבָה, וְאֵין לוֹקְחִין מִמֶּנּוּ צֶמֶר מְלֻבָּן וְצוֹאִי, אֲבָל לוֹקְחִין מִמֶּנּוּ טָווּי וּבְגָדִים:

[어떤 사람이] 초태생인 [가축에] 관하여 의심을 받는다면, 그로부터 사슴고기나 손질하지 않은 가죽이라도 사지 않는다. 랍비 엘리에제르는 암컷의 가죽은 그에게 사도 [좋다고] 말한다. 표백하거나 똥이 묻은 양모는 사지 않지만, 자아놓은 양모나 옷은 산다.

- 어떤 사람이 초태생인 가축을 도살하여 판다고 의심이 든다면, 그가 파는 사슴고기를 사지 않는다. 초태생 관련법의 적용 대상은 가축이

기 때문에 사슴은 해당되지 않지만, 그가 소고기를 사슴고기라고 속여서 팔지도 모르기 때문이다. 손질하지 않은 가죽도 사지 않는데, 초태생 가축을 불법으로 도살한 자는 서둘러서 증거를 없애기 위해 손질도 하지 않은 가죽을 내다 팔 것이라는 생각이 전제되어 있다.

- 랍비 엘리에제르는 초태생 관련법은 수컷에게만 적용되므로 암컷의 가죽이 확실하다면 사도 좋다고 말한다.
- 고기와 가죽은 물론 양모도 사면 안 되는데, 위와 같은 이유로 손질하지 않은 양모는 사지 말고 충분히 손질이 끝나거나 옷으로 짠 것은 사도 좋다고 말한다.

4, 8
안식년법을 어기는 자로 의심받는 경우를 설명한다.

הֶחָשׁוּד עַל הַשְּׁבִיעִית אֵין לוֹקְחִין מִמֶּנּוּ פִשְׁתָּן וַאֲפִלּוּ סֶרֶק, אֲבָל לוֹקְחִין
מִמֶּנּוּ טָווּי וְאָרִיג:

[어떤 사람이] 제7년 [안식년법에] 관하여 의심을 받는다면, 그로부터 아마를 사지 않으며 빗어놓은 것도 [사지 않는다]. 그러나 자아놓거나 짜놓은 [아마는] 사도 [좋다].

- 일곱째 미쉬나(4, 7)와 마찬가지로 안식년법을 어기는 자로 의심을 받는 자에게 아마를 사지 않는다. 어느 정도 손질을 해서 빗어놓았다 해도 역시 사지 않는다. 그러나 완전히 손질이 끝나서 자아놓거나 아예 천으로 짜놓았다면 사도 좋다. 제7년에 수확한 아마를 팔기 위해 그렇게 여유롭게 작업하지는 않았을 것으로 짐작되기 때문이다.

4, 9

성별된 것을 속된 것이라 속이고 파는 경우에 대해 논의한다.

הֶחָשׁוּד לִהְיוֹת מוֹכֵר תְּרוּמָה לְשֵׁם חֻלִּין, אֵין לוֹקְחִין מִמֶּנּוּ אֲפִלוּ מַיִם
אוֹ מֶלַח, דִּבְרֵי רַבִּי יְהוּדָה. רַבִּי שִׁמְעוֹן אוֹמֵר, כֹּל שֶׁיֶּשׁ בּוֹ זִקַּת תְּרוּמוֹת
וּמַעַשְׂרוֹת, אֵין לוֹקְחִין מִמֶּנּוּ:

〔어떤 사람이〕 거제를 속된 〔음식이라고〕 하면서 판다고 의심을 받는다면, 그로부터 물이나 소금도 사지 않는다는 것이 랍비 예후다의 말이다. 랍비 쉼온은 거제나 십일조와 관련이 있는 어떤 것도 그로부터 사지 않는다고 말한다.

- 랍비 예후다는 거제를 속여서 판다고 의심을 받는 사람이 있다면, 거제와 아무 상관이 없는 물이나 소금도 사주면 안 된다고 주장한다. 랍비 쉼온은 조금 관대한 입장을 보이면서, 거제나 십일조에 관련된 것은 사면 안 되지만 다른 것들은 괜찮다고 말한다.

4, 10

한 가지 위법에 대한 의심이 다른 위법 여부로 확대되는지에 대한 논의다.

הֶחָשׁוּד עַל הַשְּׁבִיעִית, אֵינוֹ חָשׁוּד עַל הַמַּעַשְׂרוֹת. הֶחָשׁוּד עַל הַמַּעַשְׂרוֹת,
אֵינוֹ חָשׁוּד עַל הַשְּׁבִיעִית. הֶחָשׁוּד עַל זֶה וְעַל זֶה, חָשׁוּד עַל הַטָּהֳרוֹת. וְיֵשׁ
שֶׁהוּא חָשׁוּד עַל הַטָּהֳרוֹת, וְאֵינוֹ חָשׁוּד לֹא עַל זֶה וְלֹא עַל זֶה. זֶה הַכְּלָל, כָּל
הֶחָשׁוּד עַל הַדָּבָר, לֹא דָנוֹ וְלֹא מְעִידוֹ:

〔어떤 사람이〕 제7년 〔안식년법에〕 관하여 의심을 받는다고 해서 십일조에 관해서도 의심을 할 필요는 없다. 〔어떤 사람이〕 십일조에 관하여 의심을 받는다고 해서 제7년 〔안식년법에〕 관하여 의심을 할

필요는 없다.

〔어떤 사람이〕 이것과 저것에 관하여 의심을 받는다면, 그는 정결법에 관해서도 의심을 받는다. 〔어떤 사람이〕 정결법에 관하여 의심을 받는다고 해도 이것에 관하여 그리고 저것에 관하여 의심할 필요는 없다.

이것이 원칙이다. 어떤 것에 관하여 의심을 받는 사람은 누구든지 그것에 관하여 결정하거나 증언을 할 수 없다.

- 어떤 사람이 제7년 안식년법에 관하여 의심을 받는다고 해서 십일조에 관해서도 의심할 필요는 없으며, 안식년의 작물이 아니라면 그의 농산물을 사 먹어도 무방하다. 두 법규정은 서로 관련되지 않기 때문이다. 그러므로 그 반대 경우도 관련이 없다.

- 어떤 사람이 제7년 안식년법과 십일조법을 모두 어긴다고 의심을 받으면, 정결법도 지키지 않을 것이라고 의심할 여지가 있으며, 그가 정결한 음식이라고 파는 것을 사지 않는다. 사실 정결법은 다른 법규들과 직접적인 상관이 없는데도 이렇게 말하는 것은 이 규정이 정결법을 철저하게 지키는 바리새인들을 위한 조언이기 때문이다. 그러나 어떤 사람이 정결법을 지키지 않는다고 의심을 받아도, 제7년 법이나 십일조 법까지 지키지 않는다고 의심할 필요는 없다.

- 어떤 법규정을 어긴다고 의심을 받는 사람은 이에 관해 증언을 하거나 결정을 내릴 권리가 없다. 다음 장에서 더 자세히 논의한다(「브코롯」 5, 4).

제5장

5, 1
성전에 바친 후에 흠이 생긴 초태생 가축에 관해 설명한다.

כָּל פְּסוּלֵי הַמֻּקְדָּשִׁין (הַנָּאֱתָן לְהֶקְדֵּשׁ), נִמְכָּרִין בָּאִטְלִיז (וְנִשְׁחָטִין בָּאִטְלִיז)
וְנִשְׁקָלִין בְּלִטְרָא, חוּץ מִן הַבְּכוֹר וּמִן הַמַּעֲשֵׂר, שֶׁהֲנָיָתָן לַבְּעָלִים. פְּסוּלֵי
הַמֻּקְדָּשִׁין הֲנָיָתָן לְהֶקְדֵּשׁ. וְשׁוֹקְלִין מָנֶה כְּנֶגֶד מָנֶה בַּבְּכוֹר:

성별하여 바친 〔가축이 흠이 생겨〕 무효가 되면 전부 시장에 내다 팔고 리터로 무게를 재지만, 첫 새끼와 십일조는 예외이며, 그 이득이 주인들에게 〔돌아간다〕. 무효가 된 성물의 이득은 성전으로 〔돌아간다〕. 첫 새끼는 고기 한 조각당 〔다른〕 고기 한 조각으로 무게를 잰다.

- 일단 거룩한 제물로 바쳤으나 차후에 흠이 생겨서 제단에 올릴 수 없는 제물은 시장에 내다 팔고 그 고기의 무게를 재어 판다. 이런 방법으로 이득을 최대한으로 남겨 성전에 바친다.
- 그러나 초태생이나 십일조로 바친 가축이 흠이 생기면, 그 이득이 제사장이나 원래 주인에게 돌아간다. 그러므로 이득을 최대화하는데 초점을 맞추지 않고 그 흠을 최소화하도록 유의해야 한다. 이런 가축은 개인 간의 거래로 팔고, 일반적인 무게추가 아니라 무게가 알려진 다른 고기의 조각을 기준으로 무게를 달아서 판다.

5, 2
흠이 생긴 첫 새끼를 제사장과 나누는 일과 첫 새끼가 병이 걸린 상황을 논의한다.

בֵּית שַׁמַּאי אוֹמְרִים, לֹא יִמָּנֶה יִשְׂרָאֵל עִם הַכֹּהֵן עַל הַבְּכוֹר. בֵּית הִלֵּל
מַתִּירִין, וַאֲפִלּוּ נָכְרִי. בְּכוֹר שֶׁאֲחָזוֹ דָם, אֲפִלּוּ הוּא מֵת, אֵין מַקִּיזִין לוֹ דָם,
דִּבְרֵי רַבִּי יְהוּדָה. וַחֲכָמִים אוֹמְרִים, יַקִּיז, וּבִלְבַד שֶׁלֹּא יַעֲשֶׂה בוֹ מוּם. וְאִם
עָשָׂה בוֹ מוּם, הֲרֵי זֶה לֹא יִשָּׁחֵט עָלָיו. רַבִּי שִׁמְעוֹן אוֹמֵר יַקִּיז, אַף עַל פִּי
שֶׁהוּא עוֹשֶׂה בוֹ מוּם:

샴마이 학파는 이스라엘 사람이 〔흠이 생긴〕 첫 새끼를 〔나누려고〕
제사장을 초대하면 안 된다고 말한다. 힐렐 학파는 이것을 허용하고,
이방인이라도 무방하다고 〔말한다〕.

첫 새끼가 피와 〔관련된〕 병에 걸렸다면, 그것이 죽게 되었다 하더
라도, 〔이를 치료하기 위해〕 피를 내지 않는다는 것이 랍비 예후다의
말이다. 그러나 현인들은 그 가축에 흠이 생기지 않는다면 피를 내
도 〔좋다고〕 말한다. 그리고 만약 그가 흠을 만들었다면, 그것 때문에
〔가축을〕 도살하지 않는다. 랍비 쉼온은 그가 흠을 만들게 된다 하더
라도 피를 내라고 말한다.

- 샴마이 학파는 흠이 생긴 첫 새끼를 처리하면서 일반인과 제사장이
  함께 나누는 행위를 금지하는데, 일부러 첫 새끼에 흠을 만드는 행위
  를 경계한 것으로 보인다. 힐렐 학파는 이것을 허용하고 외국인과 나
  누어 먹어도 좋다고 했다. 힐렐 학파는 이 가축의 털을 깎아 팔거나
  그 고기를 시장에 파는 행위만 아니라면(5, 1) 자유롭게 처리해도 좋
  다고 허락하는 것이다.
- 랍비 예후다의 주장에 따르면 첫 새끼가 피와 관련된 병에 걸렸다 하
  더라도 이 가축을 살리기 위해서 상처를 내어 피를 낼 수 없는데, 흠
  이 생길 수 있기 때문이다. 다른 랍비들은 흠이 생기지 않는 방법이
  있다면 피를 빼서 가축을 살리라고 말한다. 혹시 치료과정 중에 흠이
  생기면, 그 흠 때문에 가축을 도살하지 않으며, 다른 흠이 생길 때까

지 기다렸다가 그 후에 도살한다. 일부러 흠을 만드는 행위를 경계한 것이다.

- 랍비 쉼온은 좀 더 관용적인데, 그는 가축의 생명을 살리는 일은 의도적으로 흠을 만드는 행동과 구별해야 한다고 주장한다(5, 3).

5, 3
첫 새끼에게 의도적으로 흠을 만드는 경우를 논의한다.

הַצּוֹרֵם בְּאֹזֶן הַבְּכוֹר, הֲרֵי זֶה לֹא יִשָּׁחֵט עוֹלָמִית, דִּבְרֵי רַבִּי אֱלִיעֶזֶר. וַחֲכָמִים אוֹמְרִים, כְּשֶׁיִּוָּלֵד לוֹ מוּם אַחֵר, יִשָּׁחֵט עָלָיו. מַעֲשֶׂה בְּזָכָר שֶׁל רְחֵלִים זָקֵן וּשְׂעָרוֹ מְדֻלְדָּל, רְאָהוּ קַסְדּוֹר אֶחָד, אָמַר, מַה טִּיבוֹ שֶׁל זֶה. אָמְרוּ לוֹ, בְּכוֹר הוּא וְאֵינוֹ נִשְׁחָט אֶלָּא אִם כֵּן הָיָה בּוֹ מוּם. נָטַל פִּגְיוֹן וְצָרַם בְּאָזְנוֹ, וּבָא מַעֲשֶׂה לִפְנֵי חֲכָמִים וְהִתִּירוּהוּ. רָאָה שֶׁהִתִּירוּ, וְהָלַךְ וְצָרַם בְּאָזְנֵי בְכוֹרוֹת אֲחֵרִים, וְאָסְרוּ. פַּעַם אַחַת הָיוּ תִּינוֹקוֹת מְשַׂחֲקִין בַּשָּׂדֶה וְקָשְׁרוּ זַנְבוֹת טְלָאִים זֶה לָזֶה, וְנִפְסְקָה זְנָבוֹ שֶׁל אֶחָד מֵהֶם וַהֲרֵי הוּא בְכוֹר, וּבָא מַעֲשֶׂה לִפְנֵי חֲכָמִים וְהִתִּירוּהוּ. רָאוּ שֶׁהִתִּירוּ, וְהָלְכוּ וְקָשְׁרוּ זַנְבוֹת בְּכוֹרוֹת אֲחֵרִים, וְאָסְרוּ. זֶה הַכְּלָל, כֹּל שֶׁהוּא לְדַעְתּוֹ, אָסוּר. וְשֶׁלֹּא לְדַעְתּוֹ, מֻתָּר:

〔어떤 사람이〕 첫 새끼의 귀를 잘랐다면, 그 〔가축은〕 영원히 도살할 수 없다는 것이 랍비 엘리에제르의 말이다. 그러나 현인들은 그 〔가축에게〕 다른 흠이 생기면 그것을 도살할 수 있다고 말한다.

암양의 나이 먹은 수컷 새끼가 있었고 그 털이 〔길어서〕 매달려 있었는데, 어떤 카쓰도르-관리가 보고 그 〔가축을 그렇게 놓아두는〕 이유가 무엇이냐고 물었다. 그들이 그 〔가축은〕 첫 새끼이며 흠이 생기기 전에는 도살할 수 없다고 그에게 말했다. 그가 단검을 빼서 그 귀를 잘랐고, 그 이야기가 현인들에게 알려졌고 그들이 그것을 허락했다. 그들이 그것을 허락하는 것을 보고, 그가 가서 다른 첫 새끼들의 귀를 〔모두〕 잘랐다. 그래서 그들이 〔그것을〕 금지했다.

한 번은 어린이들이 들에서 놀다가 어린 양들의 꼬리를 서로 묶어 놓았고, 한 〔가축의〕 꼬리가 잘렸는데 그것이 첫 새끼였다. 이 이야기가 현인들에게 알려졌고 그들이 그것을 허락했다. 그들이 그것을 허락하는 것을 보고 그가 가서 다른 첫 새끼들의 꼬리를 〔모두〕 묶었다. 그래서 그들이 〔그것을〕 금지했다.

이것이 원칙이다. 그가 알고 〔행한 것은〕 모두 금지되고, 알지 못하고 〔행한 것은〕 허용된다.

- 랍비 엘리에제르는 의도적으로 첫 새끼에게 상처를 입혀서 흠을 만드는 자는 벌을 받아야 마땅하며, 그 가축은 절대로 도살할 수 없다고 주장한다. 그러나 다른 랍비들은 조금 관대한 입장이며, 자연스럽게 다른 흠이 생긴 후에는 도살할 수 있다고 허락한다.

- 성전이 파괴된 이후에 흠이 없는 첫 새끼를 잡거나 그 털을 깎아서 이득을 취할 수 없는 유대인들은 그 새끼가 자연스럽게 살도록 그대로 내버려두었다. 그러자 털이 매우 길게 자라서 딜렁거리며 늘어질 정도가 되었다. 로마군 장교로 '카쓰도르'(quaestor, 회계감사관) 직책을 가진 자가 이 사실을 알게 된 후 의도적으로 첫 새끼의 귀에 상처를 입혀서 흠을 만들었다. 가축의 주인이 랍비들에게 가서 물으니, 그 가축을 잡아도 좋다고 허락했다. 그런데 그 결정을 알게 된 후 그 로마군 장교가 다른 첫 새끼들도 모두 귀를 잘랐고, 랍비들은 결정을 번복하여 이런 일을 금지하게 되었다는 이야기다.

- 비슷한 경우로 아이들이 장난을 치기 위해서 양들의 꼬리를 묶어 놓았는데, 첫 새끼의 꼬리가 떨어지면서 흠이 생긴 이야기도 남아 있다.

- 결정하는 원칙은 가축의 주인이 의도적으로 흠을 만들었는지 아니면 주인은 그럴 의도가 없었는데 사고로 흠이 생겼는지를 구별해서

판단해야 하는 것이다.

5, 4

흠이 생긴 첫 새끼에 관한 증언을 믿을 수 있는지 여부를 설명한다.

הָיָה בְכוֹר רוֹדְפוֹ, וּבִעֲטוֹ וְעָשָׂה בּוֹ מוּם, הֲרֵי זֶה יִשְׁחוֹט עָלָיו. כָּל הַמּוּמִין
הָרְאוּיִין לָבוֹא בִּידֵי אָדָם, רוֹעִים יִשְׂרָאֵל נֶאֱמָנִים, וְרוֹעִים כֹּהֲנִים אֵינָן
נֶאֱמָנִים. רַבָּן שִׁמְעוֹן בֶּן גַּמְלִיאֵל אוֹמֵר, נֶאֱמָן הוּא עַל שֶׁל חֲבֵרוֹ וְאֵינוֹ נֶאֱמָן
עַל שֶׁל עַצְמוֹ. רַבִּי מֵאִיר אוֹמֵר, הֶחָשׁוּד עַל דָּבָר, לֹא דָנוֹ וְלֹא מְעִידוֹ:

첫 새끼가 그를 추격했고, 그가 [발로] 차서 그 [가축에게] 흠이 생겼다면, 그 [흠] 때문에 도살할 수 있다. 사람 손으로 생긴 것처럼 보이는 흠과 관련해서 이스라엘 목자들은 믿을 만하지만 제사장 목자들은 믿을 만하지 않다. 라반 쉼온 벤 감리엘은 그의 동료의 [첫 새끼에] 관해서는 [제사장 목자인] 그가 믿을 만하지만, 자기 자신의 [첫 새끼에] 관해서는 믿을 만하지 않다고 말한다. 랍비 메이르는 [어떤 사람이] 어떤 것에 관해 의심스럽다면 그는 [그 문제와 관련해서] 결정을 내리거나 증언을 하지 않는다고 말한다.

- 어떤 사람이 첫 새끼인 가축이 쫓아와서 발로 찼다면, 그것은 의도적으로 흠을 만들기 위해서 한 행동이 아니므로, 그 가축은 흠이 있는 첫 새끼가 된다. 더 이상 성물이 아니므로 잡아도 좋다.
- 첫 새끼인 가축에게 흠이 생겼는데 사람이 의도적으로 만들었는지 의심스러운 경우, 일반 유대인 목자가 자연스럽게 생긴 흠이라고 증언하면 그것을 믿어도 좋다. 그 가축을 잡아도 그는 먹을 수 없고 내다 팔아야 하기 때문에, 자기가 직접 먹을 것도 아닌 고기 때문에 거짓말을 하지 않으리라 간주하는 것이다. 그러나 제사장 집안 사람이 목자였다면, 그는 믿을 수 없다. 그 자신이 흠이 생긴 가축으로 이득

을 볼 수 있기 때문이다.

- 라반 쉼온 벤 감리엘은 제사장 목자에 관해 좀 더 자세한 규정을 덧붙인다. 제사장 목자도 다른 사람의 양에 대해 말하는 경우라면 이해관계가 겹치지 않기 때문에 믿을 수 있다는 것이다. 그러나 랍비 메이르는 반대하며, 어떤 사람이 법적 제의적 규정과 관련하여 신뢰할 수 없는 이유가 한 가지라도 있다면, 그의 증언이나 그의 판단을 믿을 수 없다고 주장한다.

5, 5
흠이 있다는 판정에 대해 논의한다.

נֶאֱמָן הַכֹּהֵן לוֹמַר הֶרְאֵיתִי בְּכוֹר זֶה וּבַעַל מוּם הוּא. הַכֹּל נֶאֱמָנִים עַל מוּמֵי הַמַּעֲשֵׂר. בְּכוֹר שֶׁנִּסְמֵית עֵינוֹ, שֶׁנִּקְטְעָה יָדוֹ, שֶׁנִּשְׁבְּרָה רַגְלוֹ, הֲרֵי זֶה יִשָּׁחֵט עַל פִּי שְׁלֹשָׁה בְנֵי הַכְּנֶסֶת, רַבִּי יוֹסֵי אוֹמֵר, אֲפִלּוּ יֵשׁ שָׁם עֶשְׂרִים וּשְׁלֹשָׁה, לֹא יִשָּׁחֵט אֶלָּא עַל פִּי מֻמְחֶה:

제사장은 내가 이 첫 새끼를 [전문가에게] 보였고 흠이 있는 것이었다고 말하면 믿을 만하다. 십일조로 [바칠 가축의] 흠에 관해서는 모든 사람이 믿을 만하다.

눈이 멀었거나, 앞다리가 잘렸거나, 뒷다리가 부서진 첫 새끼는 회당 사람 세 명의 [증언에] 따라 도살할 수 있다. 랍비 요쎄는 그곳에 스물세 명이 있다 하더라도 전문가의 [증언이] 아니라면 도살할 수 없다고 한다.

- 넷째 미쉬나(5, 4)의 문맥에 이어 제사장 목자들을 믿을 수 있는 다른 경우를 설명하는데, 그가 첫 새끼를 전문가에게 가져가서 검사를 받고 흠이 있는 가축이라는 결정을 받았다고 증언하면 믿을 수 있다는 것이다. 제사장보다 유대 법전통에 정통한 전문가의 권위가 더 높

아지는 시점이기도 하고, 제사장이 실제로 전문가를 만나지 않았다면 이런 정도의 거짓말은 허용되는 경우라고 볼 수도 있다.

- 십일조로 바친 가축은 일부를 제단에 바치고 나머지는 주인이 먹는다. 십일조로 바쳤는데 흠이 생겼을 때는 그 주인이 먹는다. 그러므로 일반 유대인은 어느 경우이든지 그 고기를 먹을 권리가 있으며 거짓말을 할 이유가 없다.

- 첫 새끼가 흠이 있는지 여부는 전문가가 결정하는 것이 원칙이지만, 눈이 멀었거나 신체 일부분이 상하여 흠이 있는 것이 분명한 경우, 회당에서 법규정을 잘 지키는 사람 세 사람이 확인하면 도살해도 좋다는 주장이 있다. 그러나 랍비 요쎄는 이 의견에 반대하면서, 반드시 전문가의 허락을 받아야 한다고 주장한다. 이 마지막 문장은 탈무드에서 "그중에 대제사장이 있다 하더라도" 결정권이 없다고 기록하고 있어서, 랍비들에 비교할 때 제사장들의 권위가 점점 떨어져 가는 모습을 잘 보여준다.

5, 6
불법적으로 도살한 고기를 파는 경우에 관해 설명한다.

הַשּׁוֹחֵט אֶת הַבְּכוֹר (וּמְכָרוֹ) וְנוֹדַע שֶׁלֹּא הֶרְאָהוּ, מַה שֶּׁאָכְלוּ אָכְלוּ וְהוּא
יַחֲזִיר לָהֶם אֶת הַדָּמִים. וּמַה שֶּׁלֹּא אָכְלוּ, הַבָּשָׂר יִקָּבֵר וְהוּא יַחֲזִיר לָהֶם אֶת
הַדָּמִים. וְכֵן הַשּׁוֹחֵט אֶת הַפָּרָה וּמְכָרָהּ וְנוֹדַע שֶׁהִיא טְרֵפָה, מַה שֶּׁאָכְלוּ
אָכְלוּ וְיַחֲזִיר לָהֶם אֶת הַדָּמִים. וּמַה שֶּׁלֹּא אָכְלוּ, הֵן יַחֲזִירוּ לוֹ אֶת הַבָּשָׂר
וְהוּא יַחֲזִיר לָהֶם אֶת הַדָּמִים. מְכָרוּהוּ לַנָּכְרִים אוֹ הִטִּילוּהוּ לַכְּלָבִים, יְשַׁלְּמוּ
לוֹ דְמֵי הַטְּרֵפָה:

〔어떤 사람이〕 첫 새끼를 도살하고 〔팔았는데 전문가에게〕 보여주지 않았다는 것이 알려졌을 때, 그들이 먹은 것은 먹은 것이고 그는 그들에게 〔팔고 받은〕 가격을 돌려준다. 그리고 그들이 먹지 않은 경

우, 그 고기는 땅에 묻고 그는 그들에게 〔팔고 받은〕 가격을 돌려준다.

마찬가지로 〔어떤 사람이〕 암소를 도살하고 팔았는데 그것이 찢겨 죽은 것임이 알려졌을 때, 그들이 먹은 것은 먹은 것이고 그는 그들에게 〔팔고 받은〕 가격을 돌려준다. 그리고 그들이 먹지 않았을 경우, 그들이 그 고기를 그에게 돌려주고 그는 그들에게 〔팔고 받은〕 가격을 돌려준다.

그들이 그것을 이방인에게 팔았거나 개들에게 던져주었다면, 그들은 그에게 찢겨 죽은 것의 값을 준다.

- 첫 새끼인 가축을 잡아서 그 고기를 팔기 위해서는 먼저 전문가에게 보여주고 허락을 받아야 할 책임이 있다. 그 책임을 다하지 않았다면, 구매자들이 사간 고기를 먹었는지 여부와 상관없이 받은 돈을 환불해야 한다. 이미 먹은 고기는 어쩔 수 없지만, 아직 남은 고기는 제물을 성전 바깥에서 도살한 것과 같은 예로 보고 땅에 묻어야 한다.
- 찢겨 죽은 것, 즉 어떤 상처나 병 때문에 곧 죽게 될 가축은 먹을 수 없다. 불법적으로 이런 고기를 판 푸주한은 구매자들에게 받은 돈을 환불해야 하고, 구매자들은 남은 고기를 푸주한에게 반납한다. 찢겨 죽은 것은 성물이 아니기 때문에 푸주한이 개에게 먹이거나 비유대인에게 팔 수 있다.
- 구매자들이 이미 그 고기를 비유대인에게 팔았거나 개들에게 먹였다면, 찢겨 죽은 것의 가격만큼 푸주한에게 배상해야 하며, 푸주한에게 돌려받을 가격과 비교해서 정산하면 된다.

제6장

6, 1

첫 새끼의 귀에 생긴 흠에 관해 논의한다.

עַל אֵלּוּ מוּמִין שׁוֹחֲטִין אֶת הַבְּכוֹר, נִפְגְּמָה אָזְנוֹ מִן הַסְּחוּס, אֲבָל לֹא מִן
הָעוֹר, נִסְדְּקָה אַף עַל פִּי שֶׁלֹּא חָסְרָה, נִקְּבָה מְלֹא כַרְשִׁינָה, אוֹ שֶׁיָּבְשָׁה.
אֵיזוֹ הִיא יְבֵשָׁה, כָּל שֶׁתִּנָּקֵב וְאֵינָהּ מוֹצִיאָה טִפַּת דָּם. רַבִּי יוֹסֵי בֶּן מְשֻׁלָּם
אוֹמֵר, יְבֵשָׁה, שֶׁתְּהֵא נִפְרֶכֶת:

이와 같은 흠 때문에 첫 새끼를 도살할 수 있다. 그 귀가 연골부터 손상되었을 때나 가죽만 [손상되었을 때는] 아니며, [귀가] 떨어지지는 않았다 하더라도 잘렸을 때이고, 카르쉬나 정도의 구멍이 났을 때이며, [귀가] 말랐을 때다. 말랐다는 것은 어떤 [상태인가]? 구멍을 뚫어도 핏방울이 나오지 않는 것이다. 랍비 요쎄 벤 메슐람은 마른 것은 [귀가] 부서지는 [상태라고] 말한다.

- 토라는 첫 새끼의 흠에 관하여 절거나 눈이 먼 경우만 언급한다(신 15:21). 그러나 바로 다음에 어떤 흠이 있어도 안 된다고 했기 때문에 「브코롯」 6, 1-12에서는 토라에서 언급되지 않은 흠들을 규정한다. 먼저 첫 새끼가 태어났는데 귀에 흠이 있어서 제물로 바칠 수 없는 상태로 간주하려면, 귀 안쪽 연골까지 손상되어야 하며, 연골까지 잘렸거나, 카르쉬나-콩 정도 크기의 구멍이 나거나, 귀가 말랐을 때다. 마른 귀에 관해서는 판단 기준에 이견이 있다.

6, 2

첫 새끼의 눈에 생긴 흠에 관해 논의한다.

רִיס שֶׁל עַיִן שֶׁנִּקַּב, שֶׁנִּפְגַּם, שֶׁנִּסְדַּק, הֲרֵי בְעֵינָיו דַּק, תְּבַלּוּל, חִלָּזוֹן נָחָשׁ,
וְעֵנָב. וְאֵיזֶהוּ תְבַלּוּל, לָבָן הַפּוֹסֵק בַּסִּירָא וְנִכְנָס בַּשָּׁחוֹר. בַּשָּׁחוֹר וְנִכְנָס
בַּלָּבָן, אֵינוֹ מוּם, שֶׁאֵין מוּמִים בַּלָּבָן:

눈꺼풀에 구멍이 나거나 손상되었거나 갈라졌을 때, 그의 눈에 백
내장 〔또는〕 백막이 있거나, 달팽이, 뱀, 포도와 〔같은 종양이〕 있을 때
〔흠으로 간주한다〕. 백막이란 어떤 〔상태인가〕? 눈의 하얀색 〔공막
이〕 원을 넘어 검은색 〔각막으로〕 들어가는 것이다. 검은색이 하얀색
에 들어가는 것은 흠이 아니니, 하얀색 〔공막과 관련된〕 흠은 없다.

- 첫 새끼가 태어났는데 눈에 흠이 있어서 제물로 바칠 수 없는 상태
  로 간주하려면 눈꺼풀이 손상되어야 한다. 백내장이나 백막이 있어
  도 안 되고, 눈 부위에 종양이 자라도 부적합하다. 미쉬나 후반부는
  백막(תבלול, 테발룰)에 관해 설명하는데, 제사장에 관련된 토라 규
  정을 재해석하여(레 21:20) 첫 새끼의 흠을 설명하는데 적용한다.

6, 3

첫 새끼의 눈에 생긴 흠에 관해 논의한다.

חֲוַרְוֹד וְהַמַּיִם הַקְּבוּעִים. אֵיזֶהוּ חֲוַרְוֹד הַקָּבוּעַ, כֹּל שֶׁשָּׁהָה שְׁמוֹנִים יוֹם. רַבִּי
חֲנִינָא בֶן אַנְטִיגְנוֹס אוֹמֵר, בּוֹדְקִין אוֹתוֹ שְׁלֹשָׁה פְעָמִים בְּתוֹךְ שְׁמוֹנִים יוֹם.
וְאֵלּוּ הֵם מַיִם הַקְּבוּעִים, אָכַל לַח וְיָבֵשׁ שֶׁל גְּשָׁמִים, לַח וְיָבֵשׁ שֶׁל שְׁלָחִים.
אָכַל הַיָּבֵשׁ וְאַחַר כָּךְ אָכַל הַלַּח, אֵינוֹ מוּם, עַד שֶׁיֹּאכַל הַיָּבֵשׁ אַחַר הַלַּח:

〔각막에〕 하얀 점이 생기거나 계속해서 물이 〔흐를 때도 흠으로 간
주한다〕. 영구적인 하얀 점은 어떤 것인가? 그것이 80일 동안 계속 있

을 [경우다]. 랍비 하니나 벤 안티그노스는 그것을 80일 동안 세 번 검사한다고 말한다.

그리고 이것이 계속해서 물이 [흐르는 증상이다]. 그 [가축이] 비가 내린 [들에서] 젖은 [사료와] 마른 [사료를] 먹거나, 수로로 [물을 댄 들에서] 젖은 [사료와] 마른 [사료를 먹고 계속 물이 흐를 때다]. 마른 것을 먹고 나중에 젖은 것을 먹고 [물이 흐르면] 그것은 흠이 아니며, 젖은 것을 먹은 후 마른 것을 먹을 때만 [적용된다].

- 이 미쉬나가 설명하는 현상은 일종의 백내장 관련 질병과 눈에 염증이 생긴 경우다. 각막에 하얀 점이 생긴 것은 80일 동안 지속되어야 하며, 세 번 검사해서 확진한다. 다시 말해서 80일 기간의 처음과 끝은 물론 중간에도 그런 현상이 지속되어야 한다.
- 가축의 눈에서 물이 흐르면 비가 내린 들 또는 수로로 물을 댄 들에서 먼저 젖은 사료를 먹이고 나중에 마른 사료를 먹여서 계속 물이 흐르는지 관찰한다. 이것은 일종의 치료법으로 보이는데, 이것을 먹고도 물이 계속 흐르면 흠으로 간주한다. 그러나 순서를 바꾸어 먹이면 흠을 판별하는 데 도움이 되지 않는다고 한다.

6, 4
첫 새끼의 코와 입에 생긴 흠에 관해 논의한다.

חָטְמוֹ שֶׁנִּקַּב, שֶׁנִּפְגַּם, שֶׁנִּסְדַּק, שְׂפָתוֹ שֶׁנִּקְּבָה, שֶׁנִּפְגְּמָה, שֶׁנִּסְדְּקָה, חִטָּיו
הַחִיצוֹנוֹת שֶׁנִּפְגְּמוּ אוֹ שֶׁנִּגְמְמוּ, וְהַפְּנִימִיּוֹת שֶׁנֶּעֶקְרוּ. רַבִּי חֲנִינָא בֶּן אַנְטִיגְנוֹס
אוֹמֵר, אֵין בּוֹדְקִין מִן הַמַּתְאִימוֹת וְלִפְנִים, אַף לֹא אֶת הַמַּתְאִימוֹת:

그 코에 구멍이 나거나 손상되었거나 갈라졌을 때, 그 입술에 구멍이 나거나 손상되었거나 갈라졌을 때, 바깥쪽 앞니가 손상되었거나

[잇몸과] 같은 높이일 때, 안쪽 이빨이 뽑혔을 때 [흠으로 간주한다].
랍비 하나나 벤 안티그노스는 어금니 안쪽은 검사하지 않으며 어금
니도 [검사하지] 않는다고 말한다.

- 첫 새끼의 코나 입술 그리고 이빨을 검사하는 방법이다.

6, 5
첫 새끼의 성기와 꼬리에 생긴 흠에 관해 논의한다.

נִפְגַּם הַזּוֹבָן, אוֹ עֶרְיָה שֶׁל נְקֵבָה בַּמֻּקְדָּשִׁים, נִפְגַּם הַזָּנָב מִן הָעֶצֶם, אֲבָל
לֹא מִן הַפֶּרֶק, אוֹ שֶׁהָיָה רֹאשׁ הַזָּנָב מַפְצִיל עֶצֶם, אוֹ שֶׁיֵּשׁ (בְּשָׂר) בֵּין חֻלְיָא
לְחֻלְיָא מְלֹא אֶצְבַּע:

그 음경 주머니가 손상되었거나, 성물인데 암컷의 성기가 있을 때,
꼬리가 뼈부터 손상되었을 때 [흠으로 간주한다]. 그러나 관절부터
[손상된 것은 흠이] 아니다. 꼬리 위쪽이 뼈까지 드러나 있을 때, 또
는 관절 [하나와 다른] 관절 사이에 손가락 너비 정도 [살이] 있을 때
[흠으로 간주한다].

- 첫 새끼의 성기에 고칠 수 없는 상처가 있거나 기형일 때 흠으로 간
  주한다. 꼬리는 뼈까지 잘리거나, 뼈가 드러나 있거나, 꼬리뼈 관절
  사이가 너무 넓으면 흠으로 간주한다.

6, 6
첫 새끼의 불알이 없을 경우에 대한 논의다.

אֵין לוֹ בֵיצִים, (אוֹ) אֵין לוֹ אֶלָּא בֵיצָה אֶחָת. רַבִּי יִשְׁמָעֵאל אוֹמֵר, אִם יֵשׁ
לוֹ שְׁנֵי כִיסִין, יֵשׁ לוֹ שְׁתֵּי בֵיצִים. אֵין לוֹ אֶלָּא כִיס אֶחָד, אֵין לוֹ אֶלָּא בֵיצָה

אֶחָת. רַבִּי עֲקִיבָא אוֹמֵר, מוֹשִׁיבוֹ עַל עֲכוּזוֹ וּמְמַעֵךְ, אִם יֵשׁ שָׁם בֵּיצָה, סוֹפָהּ
לָצֵאת. מַעֲשֶׂה שֶׁמִּעֲכוֹ וְלֹא יָצָאת, וְנִשְׁחַט וְנִמְצֵאת דְּבוּקָה בַּכְּסָלִים, וְהִתִּיר
רַבִּי עֲקִיבָא וְאָסַר רַבִּי יוֹחָנָן בֶּן נוּרִי:

〔첫 새끼가〕 불알이 없을 때, 〔또는〕 불알이 하나만 있을 때 〔흠으
로 간주한다〕. 랍비 이쉬마엘은 음낭이 두 개 있으면 불알이 두 개 있
는 것이라고 말한다. 음낭이 하나밖에 없다면 불알이 하나만 있는 것
이다. 랍비 아키바는 그 〔가축을〕 엉덩이 위로 앉히면 그 〔음낭을〕 짜
게 되니, 그 〔가축이〕 불알이 있으면 결국 밖으로 나올 것이라고 말한
다. 〔한 번은 가축을 앉혀서〕 짜게 했는데 〔불알이〕 나오지 않았고, 그
래서 도살했는데 〔불알이〕 허리에 붙어 있었다. 랍비 아키바는 그것
을 허락했고, 랍비 요하난 벤 누리는 금지했다.

- 초태생 제물로 바치려면 불알이 두 개 모두 있어야 한다. 이 조건이
  충족되는지 검사하기 위해서 랍비 이쉬마엘은 음낭을 보면 안다고
  했고, 랍비 아키바는 가축을 앉혀 놓고 검사해야 한다고 했다.
- 미쉬나 뒷부분에 언급된 이야기는 흠이 있는 가축으로 판단하고 도
  살했는데 불알이 몸 안에 있는 경우를 보도하고 있다. 랍비 아키바는
  이것도 흠이라고 간주하고 그 고기를 먹을 수 있도록 허락했지만,
  랍비 요하난은 흠이 아니라고 보고 금지했다.

6, 7
이 미쉬나는 첫 새끼의 다리에 생긴 흠에 관해 논의한다.

בַּעַל חָמֵשׁ רַגְלַיִם, אוֹ שֶׁאֵין לוֹ אֶלָּא שָׁלֹשׁ, וְשֶׁרַגְלָיו קְלוּטוֹת כְּשֶׁל חֲמוֹר,
וְהַשָּׁחוּל, וְהַכָּסוּל. אֵיזֶהוּ שָׁחוּל, שֶׁנִּשְׁמְטָה יְרֵכוֹ. וְכָסוּל, שֶׁאַחַת מִיַּרְכוֹתָיו
גְּבוֹהָהּ:

〔첫 새끼가〕 다리 다섯 개가 있을 때, 또는 세 개만 있을 때, 그 다리가 당나귀처럼 발굽이 갈라지지 않았을 때, 샤홀일 때, 그리고 카술일 때 〔흠으로 간주한다〕. 샤홀이란 어떤 〔상태인가〕? 그 〔가축의〕 허벅지가 탈구되어 있는 〔상태다〕. 그리고 카술은 그 〔가축의〕 허벅지들 중 하나가 더 높은 〔상태다〕.

- 첫 새끼의 다리가 하나 더 많거나 적을 때 흠이 있는 것으로 간주한다. 발굽이 갈라지지 않은 기형도 마찬가지다. 그리고 허벅지가 탈구되거나 하나만 더 길 때도 흠으로 간주한다.

6, 8
첫 새끼의 다리에 생긴 흠과 그 외 다른 경우들을 설명한다.

נִשְׁבַּר עֶצֶם יָדוֹ, וְעֶצֶם רַגְלוֹ, אַף עַל פִּי שֶׁאֵינוֹ נִכָּר. מוּמִין אֵלּוּ מָנָה אִילָא בְּיַבְנֶה, וְהוֹדוּ לוֹ חֲכָמִים. וְעוֹד שְׁלֹשָׁה הוֹסִיף. אָמְרוּ לוֹ, לֹא שָׁמַעְנוּ אֶת אֵלּוּ. אֶת שֶׁגַּלְגַּל עֵינוֹ עָגֹל כְּשֶׁל אָדָם, וּפִיו דּוֹמֶה לְשֶׁל חֲזִיר, וְשֶׁנִּטַּל רֹב הַמְדַבֵּר שֶׁל לְשׁוֹנוֹ. וּבֵית דִּין שֶׁל אַחֲרֵיהֶן אָמְרוּ, הֲרֵי אֵלּוּ מוּמִין:

앞다리 뼈나 뒷다리 뼈가 부러지면, 그것이 눈에 띄지 않더라도 〔흠으로 간주한다〕. 이런 흠들을 일라가 야브네에서 열거했고, 현인들도 그와 동의했다.

그리고 그가 세 가지를 더 첨가했으나, 그들이 이런 것들은 우리가 듣지 못했다고 그에게 말했다. 그 〔가축의〕 눈알이 사람처럼 둥글 때, 그 입이 돼지와 비슷할 때, 소리를 내는 혀의 대부분이 없을 때다. 그러나 후대에 재판소에서 이런 것들도 흠이라고 말했다.

- 첫 새끼의 다리뼈가 골절되면 눈에 보이지 않아도 흠이라고 인정

한다.

- 야브네에 살던 일라(אִילָא)는 가축을 검사하는 전문가였는데(「브코롯」 4, 5), 제6장에서 열거한 조건들은 성전이 파괴된 후에 야브네에서 랍비들에게 일라가 설명한 것이라고 증언한다. 그런데 일라가 자기 스승에게 전해받은 것들 이외에 세 가지 상황을 더 첨가하려 했고, 랍비들은 그 조건들을 받아들일 수 없다고 했다. 그러나 후대 랍비들이 일라의 의견을 받아들였다고 한다. 여기서 초태생 제물에 관한 전승이 형성되던 시대, 그것을 가감없이 보존하던 시대, 그리고 필요에 따라 전승을 확대해석하던 시대로 변화하던 과정이 잘 드러난다.

6, 9

첫 새끼에게 생긴 흠 몇 가지를 더 첨언한다.

מַעֲשֶׂה שֶׁהַלְּחִי הַתַּחְתּוֹן עוֹדֵף עַל הָעֶלְיוֹן, וְשָׁלַח רַבָּן שִׁמְעוֹן בֶּן גַּמְלִיאֵל
לַחֲכָמִים וְאָמְרוּ, הֲרֵי זֶה מוּם. אֹזֶן הַגְּדִי שֶׁהָיְתָה כְפוּלָה, אָמְרוּ חֲכָמִים,
בִּזְמַן שֶׁהִיא עֶצֶם אֶחָד, מוּם. וְאִם אֵינָהּ עֶצֶם אֶחָד, אֵינָהּ מוּם. רַבִּי חֲנַנְיָא
בֶּן גַּמְלִיאֵל אוֹמֵר, זְנַב הַגְּדִי שֶׁהִיא דוֹמֶה לְשֶׁל חֲזִיר, וְשֶׁאֵין בָּהּ שָׁלֹשׁ חֻלְיוֹת,
הֲרֵי זֶה מוּם:

〔한 번은 첫 새끼의〕 아래턱이 위턱보다 커서 라반 쉼온 벤 감리엘이 〔사람을〕 현인들에게 보냈고, 그들이 그것은 흠이라고 말했다.

염소의 귀가 두 겹이었을 때, 현인들은 뼈가 하나라면 그것이 흠이라고 말했다. 그러나 뼈가 하나가 아니라면 흠이 아니다.

랍비 하나냐 벤 감리엘은 염소 꼬리가 돼지와 비슷하고 등뼈 세 개가 없다면 그것은 흠이라고 말한다.

- 첫 새끼의 턱뼈나 귀나 꼬리가 기형인 경우 흠으로 간주한다.

6, 10

첫 새끼에게 생기는 흠에 관하여 다른 랍비들이 첨가한 조건을 설명한다.

רַבִּי חֲנִינָא בֶּן אַנְטִיגְנוֹס אוֹמֵר, אֶת שֶׁיַּבֶּלֶת בְּעֵינוֹ, וְשֶׁנִּפְגַּם עֶצֶם יָדוֹ, וְעֶצֶם
רַגְלוֹ, וְשֶׁנִּפְסַק עַצְמוֹ שֶׁבְּפִיו. עֵינוֹ אַחַת גְּדוֹלָה וְאַחַת קְטַנָּה, אָזְנוֹ אַחַת
גְּדוֹלָה וְאַחַת קְטַנָּה, בְּמַרְאֶה אֲבָל לֹא בְמִדָּה. רַבִּי יְהוּדָה אוֹמֵר, אַחַת
מִבֵּיצָיו גְּדוֹלָה כִּשְׁתַּיִם בַּחֲבֶרְתָּהּ, וְלֹא הוֹדוּ לוֹ חֲכָמִים:

랍비 하니나 벤 안티그노스는 [첫 새끼의] 눈에 무사마귀가 있거나, 앞다리 뼈나 뒷다리 뼈가 손상되었거나, 주둥이 뼈가 갈라지면 [흠이라고] 말한다. 눈 하나는 크고 [다른] 하나는 작을 때, 귀 하나는 크고 [다른] 하나는 작을 때, [정확히] 재지 않아도 [겉으로] 보기에 그렇다면 [흠으로 간주한다].

- 랍비 예후다는 불알 하나가 다른 것보다 두 배 정도 크다면 [흠이라고] 말하지만, 현인들은 그에게 동의하지 않았다.
- 랍비 하니나와 랍비 예후다의 의견이 남아 있다.

6, 11

זְנַב הָעֵגֶל שֶׁאֵינָהּ מַגַּעַת לָעַרְקוֹב, אָמְרוּ חֲכָמִים, כָּל מַרְבִּית הָעֲגָלִים כֵּן,
כָּל זְמַן שֶׁהֵן מַגְדִּילִין הֵם נִמְתָּחוֹת. לְאֵיזֶה עַרְקוֹב אָמְרוּ, רַבִּי חֲנִינָא בֶּן
אַנְטִיגְנוֹס אוֹמֵר, לָעַרְקוֹב שֶׁבְּאֶמְצַע הַיָּרֵךְ. עַל אֵלּוּ מוּמִין שׁוֹחֲטִין אֶת
הַבְּכוֹר, וּפְסוּלֵי הַמֻּקְדָּשִׁין נִפְדִּין עֲלֵיהֶן:

송아지의 꼬리가 관절까지 미치지 않으면 [흠이라고 했고], 현인들은 대부분의 송아지들이 거의 그러하며, 그것들이 자라면서 그 [꼬리가] 길어진다고 말했다. 어떤 관절을 말하는 것인가? 랍비 하니나 벤 안티그노스는 허벅지 가운데 관절이라고 말한다.

이러한 흠들이 [생기면] 그 첫 새끼를 도살할 수 있으며, 성별한 가축이 무효가 되면 그것들을 무른다.

- 첫째 의견에 따르면 송아지의 꼬리가 짧아서 허벅지 뼈를 골반에 이어주는 관절에도 미치지 못하면 흠이다. 그러나 둘째 의견에 따르면 송아지가 자라면서 꼬리도 자라기 때문에, 어릴 때 꼬리가 짧다고 해서 흠으로 간주할 수 없다고 한다.
- 마지막 문장은 제6장에서 열거한 모든 조건들을 마무리하고 있다. 첫 새끼가 태어났는데 이와 같은 흠이 생기면 성전에 바치지 않고 도살해도 무방하다. 성전에 바쳤는데 이런 흠이 생겨서 무효가 되면, 제단 위에 올릴 수 없으니 대신 돈으로 물러야 한다.

6, 12
첫 새끼의 흠을 발견했을 때 적절한 행동양식을 설명한다.

אֵלוּ שֶׁאֵין שׁוֹחֲטִין עֲלֵיהֶן לֹא בַמִּקְדָּשׁ וְלֹא בַמְּדִינָה, חָרוּד וְהַמַּיִם שֶׁאֵינָם
קְבוּעִין, וְחִטָּיו הַפְּנִימִיּוֹת שֶׁנִּפְגְּמוּ, (אֲבָל לֹא) שֶׁנֶּעֶקְרוּ, וּבַעַל גָּרָב, וּבַעַל
יַבֶּלֶת, וּבַעַל חֲזָזִית, וְזָקֵן, וְחוֹלֶה, וּמְזֹהָם, וְשֶׁנֶּעֶבְדָה בוֹ עֲבֵרָה, וְשֶׁהֵמִית אֶת
הָאָדָם (עַל פִּי עֵד אֶחָד אוֹ עַל פִּי הַבְּעָלִים), וְטֻמְטוּם, וְאַנְדְּרוֹגִינוֹס, לֹא
בַמִּקְדָּשׁ וְלֹא בַמְּדִינָה. רַבִּי יִשְׁמָעֵאל אוֹמֵר, אֵין מוּם גָּדוֹל מִזֶּה. וַחֲכָמִים
אוֹמְרִים, אֵינוֹ בְכוֹר, אֶלָּא נִגְזָז וְנֶעֱבָד:

이러한 [경우에는 첫 새끼를] 성전에서 또는 나라 안에서 도살하지 않는다. [각막에] 하얀 점이 [생기거나 눈에서] 물이 계속 [흐르지는〕 않을 때, 안쪽 어금니가 손상되었으나 뽑히지는 〔않았을〕 때, 가라브, 무사마귀, 하자짓이 있을 때, 나이가 많을 때, 아플 때, 냄새가 날 때, 범죄를 저지르는 데 사용되었을 때, 〔증인 한 명 또는 주인이 증언하는바〕 사람을 죽였을 때 〔그러하다〕.

외성기이상이거나 남녀추니일 때, 성전에서 또는 나라 안에서 〔도살하지 않는다〕. 랍비 이쉬마엘은 이보다 더 큰 흠은 없다고 말한다. 그러나 현인들은 그 〔가축은〕 첫 새끼로 간주하지 않으며, 그것의 털을 깎고 일을 시켜도 〔무방하다고〕 말한다.

- 이 미쉬나에서 열거한 조건들은 사실 첫 새끼의 흠이 될 수 있으며 제물로 바칠 수 없게 만드는데, 동시에 이런 조건들은 시간이 지나면 사라질지도 모를 흠들이다. 그러므로 주인은 성전에 바칠 수 없지만 도살할 수도 없으며, 흠이 사라지거나 영구적인 흠이 될 때까지 기다려야 한다.
- 가라브(גרב)와 하자짓(חזזית)은 일종의 종기로 보인다. 가축이 범죄와 관련되었다고 증인 두 명이 증언하지 않았다면, 도살할 수 없다.
- 첫 새끼가 외성기이상이거나 남녀추니일 때 세 가지 처리방법이 나열되어 있다. 첫째는 성전에 바칠 수 없고 도살할 수 없다고 주장한다. 랍비 이쉬마엘은 이것이 가장 큰 흠이라고 강조하며, 당연히 제물로 바칠 수 없고 잡아먹을 수도 없다고 한다. 그러나 현인들은 이 가축이 온전한 존재라고 볼 수 없으므로 첫 새끼도 아니라고 말한다. 털을 깎거나 일을 시킬 수는 있으나, 잡아먹을 수는 없다고 한다.

제7장

7, 1

주제에서 좀 벗어나지만 제사장이 성전에서 일할 자격을 잃게 만드는 흠에 관해서 논의한다.

מוּמִין אֵלּוּ, בֵּין קְבוּעִין בֵּין עוֹבְרִין, פּוֹסְלִין בָּאָדָם. יוֹתֵר עֲלֵיהֶן בָּאָדָם,
הַכִּילוֹן, וְהַלִּפְתָּן, הַמַּקְבָן, וְשֶׁרֹאשׁוֹ שָׁקוּעַ, וּשְׁקִיפָס. וּבַעֲלֵי הַחֲטוֹטֶרֶת, רַבִּי
יְהוּדָה מַכְשִׁיר, וַחֲכָמִים פּוֹסְלִין:

이러한 흠들은 영구적이든지 일시적이든지 상관없이 사람이 〔성전에서 섬길 자격을〕 무효로 만든다. 사람과 관련해서 〔문제되는 흠이〕 더 있으니, 뾰족한 머리, 순무 모양의 머리, 망치 모양의 머리, 모가 난 머리, 구부러진 머리가 〔그러하다〕. 곱사등이에 관해서 랍비 예후다는 〔자격이 있다고〕 인정했으나 현인들은 무효라고 했다.

- 제6장에서 첫 새끼를 대상으로 열거했던 흠들은 사람에게도 적용되며, 이런 흠이 있는 사람은 성전에서 섬길 자격이 없다(레 21:18-21 참고).
- 그런데 제사장이 될 자격을 무효로 만드는 흠은 다른 것들도 있다. 먼저 이 미쉬나는 머리에 생기는 흠을 설명한다. 쐐기처럼 뾰족한 머리(כִּילוֹן, 킬론), 순무 모양의 머리(לִפְתָּן, 립탄), 망치 모양의 머리(מַקְבָן, 막카반), 모가 난 머리(שָׁקוּעַ, 샤쿠아), 구부러진 머리(שְׁקִיפָס, 쉐키파스)를 가진 사람은 성전에서 일할 수 없다.
- 곱사등이(בַּעֲלֵי הַחֲטוֹטֶרֶת, 바알레 하하토테렛)에 관해서는 랍비들 사이에 이견이 있다.

7, 2

머리털에 생긴 흠에 관하여 논의한다.

הַקֵּרֵחַ, פָּסוּל. אֵיזֶהוּ קֵרֵחַ, כֹּל שֶׁאֵין לוֹ שִׁטָּה שֶׁל שֵׂעָר מַקֶּפֶת מֵאֹזֶן לְאֹזֶן. וְאִם יֶשׁ לוֹ, הֲרֵי זֶה כָּשֵׁר. אֵין לוֹ גְבִינִים, אֵין לוֹ אֶלָּא גְבִין אֶחָד, הוּא גִבֵּן הָאָמוּר בַּתּוֹרָה. רַבִּי דוֹסָא אוֹמֵר, כֹּל שֶׁגְּבִינָיו שׁוֹכְבִין. רַבִּי חֲנִינָא בֶן אַנְטִיגְנוֹס אוֹמֵר, כֹּל שֶׁיֶּשׁ לוֹ שְׁנֵי גַבִּים וּשְׁתֵּי שִׁדְרָאוֹת:

대머리는 〔성전에서 섬길 자격이〕 무효가 된다. 대머리란 어떤 것인가? 〔한쪽〕 귀에서 〔다른〕 귀까지 사이에 머리털 한 올도 없는 〔사람이다〕. 그러나 〔한 올이라도〕 있으면, 〔그의 자격은〕 유효하다.

눈썹이 없거나 눈썹이 하나만 있는 사람의 〔자격은 무효이며〕, 이것이 토라에서 말하는 기벤이다. 랍비 도싸는 〔그 낱말이〕 그의 눈썹들이 누워 있는 사람이라고 말한다. 랍비 하나나 벤 안티그노스는 등이 두 개이거나 척추가 두 개인 사람이라고 말한다.

- 토라는 제사장이 대머리처럼 머리털을 밀지 말라고 명령했는데(레 21:5), 이 미쉬나는 머리털이 하나도 없는 완전한 대머리는 제사장으로 일할 수 없다고 주장한다.

- 미쉬나 뒷부분은 토라에 명시된 조건을 설명하기 시작하는데(레 21:20), 먼저 '기벤'(גבן)이라는 말이 눈썹이 없거나 하나만 있는 사람이라고 주장한다. 그러나 랍비 도싸는 눈썹이 너무 길게 밑으로 자라서 눈을 가리는 사람이라고 했고, 랍비 하나나는 곱추라고 했다.

7, 3

눈에 생긴 흠에 관해 논의한다.

הֶחָרוּם, פָּסוּל. אֵיזֶהוּ חָרוּם, הַכּוֹחֵל שְׁתֵּי עֵינָיו כְּאֶחָת. שְׁתֵּי עֵינָיו לְמַעְלָה,
וּשְׁתֵּי עֵינָיו לְמַטָּה, עֵינוֹ אַחַת לְמַעְלָה, וְעֵינוֹ אַחַת לְמַטָּה, רוֹאֶה אֶת הַחֶדֶר
וְאֶת הָעֲלִיָּה כְּאֶחָת, סָכֵי שֶׁמֶשׁ, זוּגְדוֹס, וְהַצִּירָן. וְשֶׁנָּשְׁרוּ רִיסֵי עֵינָיו, פָּסוּל,
מִפְּנֵי מַרְאִית הָעָיִן:

하룸은 [성전에서 섬길 자격이] 무효가 된다. 하룸이란 어떤 것인
가? 두 눈을 한 번에 파랗게 칠할 수 있는 [사람이다]. 그의 두 눈이
위에 있거나 그의 두 눈이 아래에 있을 때, 그의 눈 하나가 위에 있고
그의 눈 하나는 아래에 있을 때, 어떤 방과 다락방을 한 번에 볼 수 있
을 때, 해를 가리는 자, 죽도스, 그리고 찌란도 [그러하다]. 그의 속눈
썹이 빠진 사람도 무효가 되니, 겉모습 때문이다.

- 이 미쉬나가 처음으로 논의하는 현상은 눈이 튀어나오거나 코가 낮
  아서 화장품을 바른 붓을 한 번만 사용해도 두 눈을 모두 칠할 수 있
  는 사람이다. 이런 사람을 '하룸'(חרום)이라고 부르는데, 구멍 난 사
  람이라는 뜻이니 눈과 눈 사이에 빈 공간이 있다는 뜻으로 보인다.
- 다음으로 문제가 되는 현상은 눈의 위치가 정상보다 위 또는 아래에
  있는 경우다. 눈이 각각 다른 곳을 본다는 말은 사시를 가리키는 것
  으로 보인다. 눈이 햇빛에 너무 민감한 사람도 성전 마당에서 일하기
  에 적합하지 않다. 그 외에 눈이나 눈썹 색깔이 다른 색깔인 사람(죽
  도스)과 눈에서 계속해서 물이 흐르는 사람(찌란)도 흠이 있는 것으
  로 간주한다.
- 속눈썹이 빠진 사람도 흠이 있다고 보는데, 기능상 일을 하는데 문제
  가 없더라도 겉모습이 정상이 아니기 때문에 성전에서 일할 수 없다

고 주장한다. 미쉬나는 공적 영역에 관련하여 어떤 의심을 살 수 있
는 경우 겉모습 때문에 자격을 무효화하는 경향을 보인다.

7, 4
그 외 인체에 생긴 흠에 대하여 논의한다.

עֵינָיו גְּדוֹלוֹת כְּשֶׁל עֵגֶל, אוֹ קְטַנּוֹת כְּשֶׁל אַוָּז, גּוּפוֹ גָּדוֹל מֵאֵבָרָיו אוֹ קָטָן
מֵאֵבָרָיו, חָטְמוֹ גָּדוֹל מֵאֵבָרָיו אוֹ קָטָן מֵאֵבָרָיו, הַצָּמֵם, וְהַצְמֵעַ. אֵיזֶה הוּא
צָמֵעַ, שֶׁאָזְנָיו קְטַנּוֹת. וְהַצָּמֵם, שֶׁאָזְנָיו דּוֹמוֹת לִסְפוֹג:

그의 눈이 송아지처럼 크거나 거위처럼 작을 때, 그의 몸이 사지보
다 크거나 사지보다 작을 때, 그의 코가 사지에 비해 크거나 사지에
비해 작을 때, 찜멤과 찜메아는〔제사장 자격이 무효가 된다〕. 찜메아
는 어떤 것인가? 그의 귀가 작은〔사람이다〕. 그리고 찜멤은 그의 귀
가 해면과 비슷한〔사람이다〕.

- 이 미쉬나는 제사장이 되려면 눈이나 코나 다른 신체 부분이 너무 크
거나 작지 않고 정상이어야 한다고 주장한다. '찜멤'(צמם)이라는 말
은 설명이 따로 있는데도 이해하기 어려운데, 후대 랍비들 중 라쉬는
귀가 쪼그라들어서 닫힌 상태라고 했고, 람밤은 반대로 크고 부푼 상
태라고 했다. 어떤 경우이건 크기나 모양이 비정상적인 상태를 가리
킨다.

7, 5
인체에 생긴 여러 흠에 대한 논의를 계속한다.

שְׂפָתוֹ הָעֶלְיוֹנָה עוֹדֶפֶת עַל הַתַּחְתּוֹנָה, וְהַתַּחְתּוֹנָה עוֹדֶפֶת עַל הָעֶלְיוֹנָה, הֲרֵי
זֶה מוּם. וְשֶׁנִּטְּלוּ שִׁנָּיו, פָּסוּל, מִפְּנֵי מַרְאִית הָעָיִן. דַּדָּיו שׁוֹכְבִים כְּשֶׁל אִשָּׁה,

כְּרֵסוֹ צָבָה, טַבּוּרוֹ יוֹצֵא, נִכְפֶּה אֲפִלּוּ אַחַת לְיָמִים, רוּחַ קַצְרִית בָּאָה עָלָיו, הַמְּאֻשְׁכָּן, וּבַעַל גֶּבֶר. אֵין לוֹ בֵיצִים, אוֹ אֵין לוֹ אֶלָּא בֵיצָה אַחַת, זֶהוּ מְרוֹחַ אֶשֶׁךְ הָאָמוּר בַּתּוֹרָה. רַבִּי יִשְׁמָעֵאל אוֹמֵר, כֹּל שֶׁנִּמְרְחוּ אֲשָׁכָיו. רַבִּי עֲקִיבָא אוֹמֵר, כֹּל שֶׁרוּחַ בַּאֲשָׁכָיו. רַבִּי חֲנִינָא בֶן אַנְטִיגְנוֹס אוֹמֵר, כֹּל שֶׁמַּרְאָיו חֲשׁוּכִין:

그의 윗입술이 아랫입술보다 크거나 아래가 위보다 크면, 그것은 흠이다. 그의 이들이 빠졌다면, [그의 자격이] 겉모습 때문에 무효가 된다. 그의 가슴이 여자의 [가슴처럼] 늘어져 있거나, 그의 배가 부풀 었거나, 배꼽이 튀어나왔거나, 며칠에 한 번이라도 [간질병으로] 발작을 하거나, 그에게 우울증이 나타나거나, 불알이 너무 크거나, 음경이 너무 클 때도 [그의 자격이 무효가 된다].

그에게 불알이 없거나, 불알이 하나밖에 없어도 [무효니], 이것이 토라에서 불알이 으깨진 자라고 [기록한 경우다]. 랍비 이쉬마엘은 불알이 으깨진 자는 누구나 [이렇게 부른다고] 말한다. 랍비 아키바는 불알에 바람이 든 자를 [이렇게 부른다고] 말한다. 랍비 하니나 벤 안티그노스는 겉모습이 어두울 때 [이렇게 부른다고] 말한다.

- 이 미쉬나 앞부분은 제사장이 될 자격을 잃는 육체의 흠들을 열거하고 있다.
- 미쉬나 뒷부분은 육체의 흠들 중에서 레위기 21:20 마지막에 나온 '고환이 상한자'(מרוח אשך, 마로악 에쉑)라는 말을 더 정확하게 규정하기 위해서 랍비들이 논쟁하고 있다. 불알에 실제로 어떤 문제가 있는 경우라고 보는 견해 외에도, 랍비 아키바는 신낭에 바람이 든 것처럼 부풀었을 때라고 주장한다. 랍비 하니나는 히브리어로 불알 (에쉑)이라는 말과 어두움(호쉑)이라는 말이 비슷하게 들린다고 생각해, 신낭의 색깔을 정의한 조건으로 해석한다.

7, 6

손과 다리, 피부의 흠에 대해 논의한다.

הַמַּקִּישׁ בְּקַרְסֻלָּיו, וּבְאַרְכּוּבוֹתָיו, וּבְעַל פִּיקָה, וְהָעִקֵּל. אֵיזֶהוּ עִקֵּל, כֹּל
שֶׁמַּקִּיף פַּרְסוֹתָיו וְאֵין אַרְכּוּבוֹתָיו נוֹשְׁקוֹת זוֹ לָזוֹ. פִּיקָה יוֹצְאָה מִגּוּדָלוֹ,
עֲקֵבוֹ יוֹצֵא לַאֲחוֹרָיו, פַּרְסָתוֹ רְחָבָה כְּשֶׁל אַוָּז. אֶצְבְּעוֹתָיו מֻרְכָּבוֹת זוֹ עַל
זוֹ, אוֹ קְלוּטוֹת (לְמַעְלָה) עַד הַפֶּרֶק, כְּשֵׁר. לְמַטָּה מִן הַפֶּרֶק וַחֲתָכָהּ, כְּשֵׁר.
הָיְתָה בּוֹ יְתֶרֶת וַחֲתָכָהּ, אִם יֵשׁ בָּהּ עֶצֶם, פָּסוּל. וְאִם לָאו, כָּשֵׁר. יְתֵר בְּיָדָיו
וּבְרַגְלָיו שֵׁשׁ וָשֵׁשׁ עֶשְׂרִים וְאַרְבַּע, רַבִּי יְהוּדָה מַכְשִׁיר, וַחֲכָמִים פּוֹסְלִים.
הַשּׁוֹלֵט בִּשְׁתֵּי יָדָיו, רַבִּי פוֹסֵל, וַחֲכָמִים מַכְשִׁירִים. הַכּוּשִׁי, וְהַגִּיחוֹר, וְהַלַּבְקָן,
וְהַקִּפֵּחַ, וְהַנַּנָּס, וְהַחֵרֵשׁ, וְהַשּׁוֹטֶה, וְהַשִּׁכּוֹר, וּבַעֲלֵי נְגָעִים טְהוֹרִין, פְּסוּלִין
בָּאָדָם, וּכְשֵׁרִין בַּבְּהֵמָה. רַבָּן שִׁמְעוֹן בֶּן גַּמְלִיאֵל אוֹמֵר, שׁוֹטָה בַּבְּהֵמָה אֵינָהּ
מִן הַמֻּבְחָר, רַבִּי אֱלִיעֶזֶר אוֹמֵר, אַף בַּעֲלֵי דַלְדּוּלִין, פְּסוּלִין בָּאָדָם, וּכְשֵׁרִין
בַּבְּהֵמָה:

[어떤 사람이 걸을 때] 자기 발목을 차거나, 무릎이 서로 [부딪치거나, 발에] 혹이 있거나 익켈이면 [그의 자격이 무효가 된다]. 익켈이란 어떤 것인가? 발을 붙이고 섰는데 그의 무릎이 서로 닿지 않는 모든 [자다]. 그의 엄지발가락에 혹이 났거나, 그의 뒤꿈치가 뒤로 튀어나왔거나, 그의 발바닥이 거위와 같은 [경우에도 그러하다].

그의 손가락들이 하나 위에 [다른] 하나가 붙어 있거나, [가운데] 마디까지 연결되어 있으면 [그의 자격이] 유효하다. 마디 너머까지 [연결되어 있었지만] 그가 잘랐다면 [그의 자격이] 유효하다. 그에게 손가락이 하나 더 있었는데 잘랐을 때, 만약 그곳에 뼈가 있다면 [그의 자격이] 무효가 된다. 그러나 만약 [뼈가] 없었다면 [그의 자격이] 유효하다. 그의 손과 발에 [손가락] 여섯 개와 [발가락] 여섯 개씩 있어서 [모두] 스물네 개가 있을 때, 랍비 예후다는 [자격이] 유효하다고 말하나 현인들은 무효라고 한다. [어떤 사람이] 자기 두 손을 [모두] 사용할 때, 랍비는 [그의 자격이] 무효라고 하고 현인들은 유효하다고 한다.

〔피부가〕검을 때, 붉을 때, 하얄 때, 말라깽이, 난장이, 귀머거리, 정박아, 술 취한 자, 정결한 피부병이 있으면 사람일 때는 〔그의 자격을〕 무효로 만들지만 가축일 때는 유효하다.

라반 쉼온 벤 감리엘은 가축이 미쳤다면 선별된 〔제물로 볼 수〕 없다고 말한다. 랍비 엘리에제르는 무사마귀가 달려 있는 경우도 〔그러하니〕 사람일 때 〔그의 자격을〕 무효로 만들지만 가축일 때는 유효하다고 말한다.

- 이 미쉬나의 첫 부분은 걸을 때 두드러지는 다리의 흠을 열거하고 있다. 엄지발가락에 혹이 있는 자(בעל פיקה, 바알 피카)와 안짱다리(עקל, 익켈)도 포함된다.
- 손가락이 물갈퀴처럼 붙어 있거나 손가락이 하나 더 있는 경우는 조금 관대하게 판단한다. 손가락 발가락이 모두 스물네 개일 때와 양손잡이일 때는 랍비들 사이에 이견이 있다.
- 피부나 가죽이 검은색일 때, 붉은색일 때, 선천성 색소결핍증으로 하얀색일 때, 너무 크고 삐쩍 말랐을 때, 난장이, 청각장애인, 정신지체아일 때 그 사람은 정상인이라고 볼 수 없고 성전에서 일할 수 없다. 그러나 가축은 이런 현상이 있어도 문제가 없다. 술 취한 자와 피부병자가 이 목록에 포함된 것은 예외적인데, 사람에게는 문제가 되지만 가축에게는 문제가 되지 않는다는 말 때문인 것으로 보인다.
- 라반 쉼온은 예외적인 상황을 지적하고 있고, 랍비 엘리에제르는 다른 흠을 덧붙이고 있다.

7, 7

사람을 무효로 만들지 않지만 가축을 무효로 만드는 흠들을 논의
한다.

אֵלּוּ כְּשֵׁרִין בָּאָדָם, וּפְסוּלִין בַּבְּהֵמָה, אוֹתוֹ וְאֶת בְּנוֹ, וּטְרֵפָה, וְיוֹצֵא דֹפֶן,
(וְשֶׁנֶּעֶבְדָה בָהֶן עֲבֵרָה, וְשֶׁהֵמִית אֶת הָאָדָם). הַנּוֹשֵׂא נָשִׁים בַּעֲבֵרָה, פָּסוּל,
עַד שֶׁיַּדִּיר הֲנָיָה. הַמִּטַּמֵּא לַמֵּתִים, פָּסוּל, עַד שֶׁיְּקַבֵּל עָלָיו שֶׁלֹּא יְהֵא מִטַּמֵּא
לַמֵּתִים:

이런 것들은 사람일 때 [그의 자격이] 유효하지만 가축일 때 무효
로 만든다. 그와 그의 아들, 찢겨 죽은 것, 옆으로 태어난 것이 [그러하
다].[5]

[어떤 사람이] 불법적으로 아내를 얻었다면, 그가 그녀를 통해 아
무런 이득을 [취하지 않겠다고] 맹세할 때까지 [그의 자격이] 무효가
된다.

[어떤 사람이] 시체 때문에 부정해지면, 다시는 시체 때문에 부정해
지지 않겠다고 할 때까지 [그의 자격이] 무효가 된다.

- 제사장은 아버지와 아들이 같은 날 성전에서 함께 일할 수 있으나,
  가축은 어미와 새끼를 같은 날 도살할 수 없다(「훌린」5장). 상처가
  나거나 병이 들어서 곧 죽게 될 가축은 제물로 바칠 수 없지만(「훌
  린」3장), 제사장은 성전에서 일할 수 있다. 옆구리를 가르고 태어난
  사람은 성전에서 일할 수 있지만, 가축은 제물로 바칠 수 없다.
- 토라는 제사장이 결혼할 수 없는 여인들이 누구인지 규정하고 있는
  데(레 21:1-9), 이런 여자와 결혼하면 이혼해야 한다. 이 미쉬나는 완

---

5) 사본에 따라 이 지점에 "그 [가축으로] 범죄를 저지르거나 그 [가축이] 사람을
   죽였을 때"라는 두 가지 경우가 첨가되어 있기도 하다(「브코롯」6, 12).

전히 이혼하기 전에 자기 처와 성적으로 경제적으로 아무런 관계를 가지지 않겠다고 맹세하면 성전에서 일할 수 있다고 말한다.

- 제사장은 가장 가까운 가족들 이외에는 시체와 직접 접촉할 수 없다. 그가 이 규정을 어기고 시체 때문에 부정해지면 성전에서 일할 수 없다. 그러나 이 미쉬나는 그가 다시는 그런 행위를 하지 않겠다고 말하면 맹세하지 않아도 다시 복직할 수 있다고 말한다.

제8장

8, 1

사람의 첫 아들은 누구인지 논의한다.

יֵשׁ בְּכוֹר לַנַּחֲלָה וְאֵינוֹ בְכוֹר לַכֹּהֵן, בְּכוֹר לַכֹּהֵן וְאֵינוֹ בְכוֹר לַנַּחֲלָה, בְּכוֹר לַנַּחֲלָה וְלַכֹּהֵן, יֵשׁ שֶׁאֵינוֹ בְכוֹר לֹא לַנַּחֲלָה וְלֹא לַכֹּהֵן. אֵיזֶהוּ בְכוֹר לַנַּחֲלָה וְאֵינוֹ בְכוֹר לַכֹּהֵן, הַבָּא אַחַר הַנְּפָלִים שֶׁיָּצָא רֹאשׁוֹ חַי, וּבֶן תִּשְׁעָה שֶׁיָּצָא רֹאשׁוֹ מֵת, וְהַמַּפֶּלֶת כְּמִין בְּהֵמָה חַיָּה וָעוֹף, דִּבְרֵי רַבִּי מֵאִיר. וַחֲכָמִים אוֹמְרִים, עַד שֶׁיְּהֵא בוֹ מִצּוּרַת הָאָדָם. הַמַּפֶּלֶת סַנְדָּל, אוֹ שִׁלְיָא, וְשָׁפִיר מְרֻקָּם, וְהַיּוֹצֵא מְחֻתָּךְ, הַבָּא אַחֲרֵיהֶן, בְּכוֹר לַנַּחֲלָה וְאֵינוֹ בְכוֹר לַכֹּהֵן. מִי שֶׁלֹּא הָיוּ לוֹ בָנִים וְנָשָׂא אִשָּׁה שֶׁכְּבָר יָלְדָה, עוֹדָהּ שִׁפְחָה וְנִשְׁתַּחְרְרָה, עוֹדָהּ נָכְרִית וְנִתְגַּיְּרָה, מִשֶּׁבָּאת לְיִשְׂרָאֵל יָלְדָה, בְּכוֹר לַנַּחֲלָה וְאֵינוֹ בְכוֹר לַכֹּהֵן. רַבִּי יוֹסֵי הַגְּלִילִי אוֹמֵר, בְּכוֹר לַנַּחֲלָה וְלַכֹּהֵן, שֶׁנֶּאֱמַר, פֶּטֶר כָּל רֶחֶם בִּבְנֵי יִשְׂרָאֵל, עַד שֶׁיִּפְטְרוּ רֶחֶם מִיִּשְׂרָאֵל. מִי שֶׁהָיוּ לוֹ בָנִים וְנָשָׂא אִשָּׁה שֶׁלֹּא יָלְדָה, נִתְגַּיְּרָה מְעֻבֶּרֶת, נִשְׁתַּחְרְרָה מְעֻבֶּרֶת, יָלְדָה הִיא וְכֹהֶנֶת, הִיא וּלְוִיָּה, הִיא וְאִשָּׁה שֶׁכְּבָר יָלְדָה, וְכֵן מִי שֶׁלֹּא שָׁהֲתָה אַחַר בַּעְלָהּ שְׁלֹשָׁה חֳדָשִׁים וְנִשֵּׂאת וְיָלְדָה, וְאֵין יָדוּעַ אִם בֶּן תִּשְׁעָה לָרִאשׁוֹן, אוֹ בֶן שִׁבְעָה לָאַחֲרוֹן, בְּכוֹר לַכֹּהֵן וְאֵינוֹ בְכוֹר לַנַּחֲלָה. אֵיזֶהוּ בְכוֹר לַנַּחֲלָה וְלַכֹּהֵן, הַמַּפֶּלֶת שָׁפִיר מָלֵא דָם, מָלֵא מַיִם, מָלֵא גְנִינִים, הַמַּפֶּלֶת כְּמִין דָּגִים וַחֲגָבִים שְׁקָצִים וּרְמָשִׂים, הַמַּפֶּלֶת יוֹם אַרְבָּעִים, הַבָּא אַחֲרֵיהֶן, בְּכוֹר לַנַּחֲלָה וְלַכֹּהֵן:

기업에 관련된 첫 아들이지만 제사장에 관련된 첫 아들이 아닌 자가 있고, 제사장에 관련된 첫 아들이지만 기업에 관련된 첫 아들이 아닌 자가 [있으며], 기업과 제사장에 관련된 첫 아들인 자가 [있고], 기업과 제사장에 관련해서 [모두] 첫 아들이 아닌 자가 [있다].

기업에 관련된 첫 아들이지만 제사장에 관련된 첫 아들이 아닌 자는 어떤 [자인가]? 그의 머리가 살아서 나왔다가 유산된 뒤 태어난 다른 [아기], 아홉째 [달에] 머리가 죽어서 태어난 [아기], 유산했는데 가축이나 짐승이나 새처럼 [생긴 아기가 해당한다는 것이] 랍비 메이르의 말이다. 그러나 현인들은 그것이 사람의 모습을 가지고 있지 않다면 [첫 아들이 아니라고] 말한다. [어떤 여인이] 샌들 [모양의 물건], 태반, 모양을 갖춘 양막, 잘려서 나온 [태아를] 유산하면, 그다음에 나오는 자가 기업에 관련된 첫 아들이지만 제사장에 관련된 첫 아들은 아니다.

아들이 없는 자가 이미 [아이를] 낳았던 여인과 결혼하거나, 그녀가 아직 여종이었을 때 [아이를 낳고] 해방되었거나, 그녀가 아직 이방인이었을 때 [아이를 낳고] 개종했을 때, 이스라엘 사람과 관계를 가지고 나온 [자는] 기업에 관련된 첫 아들이지만 제사장에 관련된 첫 아들이 아니다. 갈릴리 출신 랍비 요쎄는 [그 아이가] 기업과 제사장에 관련된 첫 아들이니, "이스라엘 자손 중에서… 태에서 처음 난 모든 것"이라고 기록했고, 이스라엘에서 태를 열었을 때를 [가리키기] 때문이다.

아들이 있는 자가 [아이를] 낳지 않은 여인과 결혼하거나, 임신한 채 개종했거나, 임신한 채 해방된 후 [아이를] 낳았을 때, 그녀와 제사장의 딸이, 그녀와 레위인의 딸이, 그녀와 [아이를] 낳았던 여인이 [아이를] 낳았을 때, 그리고 마찬가지로 자기 남편이 죽은 뒤 석 달을 기다리지 않은 여인이 결혼해서 [아이를] 낳았고, [그 아이가] 첫째 [남편이 죽은 뒤] 아홉 달이 되어 태어났는지 둘째 [남편과 결혼한 뒤] 일곱 달이 되어 태어났는지 알 수 없을 때, [그 아이는] 제사장에 관련된 첫 아들이지만 기업에 관련된 첫 아들이 아니다.

기업과 제사장에 관련된 첫 아들은 어떤 [자인가]? [어떤 여인이] 피나 물이나 살조각이 가득 찬 양막을 유산했거나, 물고기나 메뚜기나 양서류나 기는 것처럼 [생긴 것을] 유산했거나, [임신한 뒤] 40일 만에 유산했고 그 뒤에 나온 자는 기업과 제사장에 관련된 첫 아들이다.

- 토라에는 사람의 첫 아들과 관련하여, 첫째, 제사장과 관련하여 첫 아들은 5쉐켈을 제사장에게 내고 물러야 하며(민 18:16), 둘째, 기업과 관련하여 첫 아들이 아버지의 유산 중 두 몫을 상속한다(신 21: 17)고 규정한다. 이 미쉬나는 이 두 경우에 첫 아들의 정의가 달라진다고 주장하며 실례를 들어 설명하고 있다.

- 첫 아들이 받을 재산을 상속하지만 제사장에게 돈을 내어 무를 필요가 없는 경우로, 쌍둥이를 예로 들고 있다. 먼저 머리를 내밀었던 아이가 다시 들어가서 유산되고 다음 아이가 먼저 태어났을 때, 태어난 아이는 어머니의 태를 처음 열지 않았기 때문에 무르지 않지만 처음으로 태어났기 때문에 유산을 상속할 권리가 있다. 다음 예로 아홉 달이 차서 먼저 머리를 내민 아이가 죽어 있었는데 다시 들어가서 유산되었고 다음 아이가 먼저 태어났을 때도 마찬가지다. 다음 예로, 유산한 여인에게서 나온 태아가 비정상적인 모양이었고 그다음에 태어난 아이는 어머니의 태를 처음 열지 않았기 때문에 무르지 않으나 유산은 상속한다.

- 자식을 가진 적이 없는 아버지와 자식을 낳은 적이 있는 어머니 사이에서 태어난 아이는 첫 아들로 아버지의 유산을 상속하지만 어머니

의 태를 처음 열지 않았으니 제사장에게 무르지 않는다. 종의 신분이나 이방인이었을 때 자식을 낳은 적이 있는 어머니가 이스라엘 사람과 결혼하여 낳은 첫 아들도 같은 이유로 유산은 상속하지만 무르지 않는다. 랍비 요쎄는 반대하는 의견을 내놓는데, 어머니가 유대인이며 자유인이 된 후에 자식을 낳았을 때 첫 아이가 태를 열었다고 간주한다는 것이다. 그러므로 그 아이가 유산을 상속하고 제사장에게 무르기도 해야 한다.

- 첫 아들로 제사장에게 무르지만 유산은 상속할 수 없는 경우로, 아버지가 첫째 아내가 있었고 둘째 아내로부터 얻은 첫 아들이 그렇다. 이 아이는 어머니의 태를 처음 열었으므로 무르지만, 아버지가 첫 아내로부터 얻은 아들이 있기 때문에 유산의 두 몫을 받을 수 없다. 다음 예로 어머니가 이방인이나 종의 신분으로 임신했고 개종하고 해방된 이후에 아이를 낳았을 때, 유대인 어머니의 태를 열었으니 무르지만 어머니가 자격이 없을 때 임신했기 때문에 두 몫을 받지 못한다. 다음 예로 어머니가 처음으로 낳은 자식과 무르기가 면제된 어머니(제사장이나 레위 집안의 딸과 이미 자식을 낳은 어머니)가 낳은 자식이 섞여서 누가 누구인지 모를 때는 두 아이를 모두 무른다. 다음 예는 홀어미가 낳은 자식인데, 원래 남편이 죽으면 재혼하기 전에 석 달을 기다려야 한다. 그러나 기다리지 않고 재혼하여 임신을 했다면, 태어난 아이는 자기 어머니의 태를 열었을 경우 물러야 하지만, 아버지가 누구인지 분명하지 않으므로 유산 두 몫을 받지 못한다. 사실 아버지가 누구인지 분명하지 않으므로 무르는 값도 아버지가 낼 수 없으며, 그 아이가 커서 성인이 되었을 때 스스로 그 값을 지불해야 한다.

- 유산도 두 몫을 받고 제사장에게 무르기도 해야 하는 경우는 정상적인 첫 아들이 되겠으나, 그 외에도 어머니가 임신 초기에 유산하여

태아가 인간의 모습을 가지지 않았을 때 그다음에 태어난 아들이 첫 아들이 된다는 설명이다.

8, 2

제왕절개술로 태어난 아이에 관해 논의한다.

יוֹצֵא דֹּפֶן וְהַבָּא אַחֲרָיו, שְׁנֵיהֶם אֵינָן בְּכוֹר לֹא לַנַּחֲלָה וְלֹא לַכֹּהֵן. רַבִּי שִׁמְעוֹן אוֹמֵר, הָרִאשׁוֹן לַנַּחֲלָה, וְהַשֵּׁנִי לְחָמֵשׁ סְלָעִים:

〔옆구리〕벽으로 나온 자와 그다음에 나온 자는 둘 다 기업과 제사장에 관하여 첫 아들이 아니다. 랍비 쉼온은 첫째 〔아이는〕기업에 관하여 〔첫 아들이며〕그 둘째는 5쎌라에 관하여 〔첫 아들이라고〕말한다.

- 아이가 제왕절개술로 태어났다면 어머니의 태를 열지 않았으므로 무르지 않고 정상적으로 태어난 것도 아니기 때문에 유산의 두 몫을 받을 수 없다. 그다음에 태어난 아이는 자기보다 먼저 태어나 살아 있는 어머니의 아들이 있기 때문에 무르지 않고, 그의 아버지의 첫 아들이 아니기 때문에 유산의 두 몫을 받을 수 없다.
- 랍비 쉼온은 이 미쉬나에 반대하는데, 제왕절개술로 태어났어도 아버지의 첫 아들이니 유산은 두 몫을 상속하고, 그다음에 태어난 아이가 정상적으로 태어났다면 어머니의 태를 열었으므로 무르는 것이 맞다는 의견이다.

8, 3

쌍둥이가 태어났고 누가 먼저 나왔는지 불확실한 상황을 설명한다.

מִי שֶׁלֹּא בִכְּרָה אִשְׁתּוֹ וְיָלְדָה שְׁנֵי זְכָרִים, נוֹתֵן חָמֵשׁ סְלָעִים לַכֹּהֵן. מֵת אֶחָד
מֵהֶן בְּתוֹךְ שְׁלֹשִׁים יוֹם, הָאָב פָּטוּר. מֵת הָאָב וְהַבָּנִים קַיָּמִים, רַבִּי מֵאִיר
אוֹמֵר, אִם נָתְנוּ עַד שֶׁלֹּא חָלְקוּ, נָתְנוּ. וְאִם לָאו, פְּטוּרִין. רַבִּי יְהוּדָה אוֹמֵר
נִתְחַיְּבוּ נְכָסִים. זָכָר וּנְקֵבָה, אֵין כָּאן לַכֹּהֵן כְּלוּם:

〔어떤 사람의〕 아내가 자식을 낳은 적이 없다가 두 아들을 〔쌍둥이
로〕 낳았다면, 5쩰라를 제사장에게 준다. 그중 하나가 30일 안에 죽으
면, 그 아버지는 〔의무에서〕 면제된다. 그 아버지가 죽고 아들들이 살
아 남았을 때, 랍비 메이르는 〔유산을〕 나누기 전에 〔돈을〕 주었으면
준 것이 〔유효하다고〕 말한다. 그러나 만약 주지 않았으면 그들이 〔의
무에서〕 면제된다. 랍비 예후다는 〔상속받은〕 재산〔으로부터〕 청구할
수 있다고 말한다. 아들과 딸이었다면 제사장의 것은 아무것도 없다.

- 어떤 여인이 처음으로 낳은 자식이 아들 쌍둥이라면, 둘 중 하나는
  분명히 첫 아들이므로 5쉐켈에 해당하는 5쩰라를 제사장에게 주고
  무른다.
- 그중 하나가 30일이 되기 전에 죽는다면, 죽은 아이가 첫째인지 불
  분명하므로, 그 아버지는 돈을 낼 의무에서 면제된다. 제사장이 살
  아남은 아이가 첫 아들임을 증명할 증거를 제시할 수 없기 때문
  이다.
- 아버지가 죽으면 그의 첫 아들이 스스로 물러야 하는데, 둘 다 첫 아
  들이 아니라고 주장할 수 있다. 랍비 메이르는 유산을 나누기 전에
  무르는 값을 냈다면, 이미 낸 것은 어쩔 수 없다고 했다. 그러나 아직
  내지 않았는데 유산을 나누었다면, 첫 아들이 누구인지 결정할 수 있

으므로 둘 다 면제된다. 반대로 랍비 예후다는 두 아들이 상속한 재
산에 갚아야 할 빚이 걸려 있는 경우라고 생각했고, 어떻게든 지불해
야 한다고 생각한다.

- 쌍둥이가 아들과 딸이라면 딸이 첫 자식일 가능성이 있으므로 무르
지 않는다.

8, 4

아이를 낳은 적이 없는 여인 두 명이 첫 아들을 낳았는데 자식이 섞
인 경우를 논의한다.

שְׁתֵּי נָשִׁים שֶׁלֹּא בִכְּרוּ וְיָלְדוּ שְׁנֵי זְכָרִים, נוֹתֵן עֶשֶׂר סְלָעִים לַכֹּהֵן. מֵת אֶחָד
מֵהֶן בְּתוֹךְ שְׁלֹשִׁים יוֹם, אִם לַכֹּהֵן אֶחָד נָתַן, יַחֲזִיר לוֹ חָמֵשׁ סְלָעִים. אִם
לִשְׁנֵי כֹהֲנִים נָתַן, אֵינוֹ יָכוֹל לְהוֹצִיא מִיָּדָם. זָכָר וּנְקֵבָה אוֹ שְׁנֵי זְכָרִים וּנְקֵבָה,
נוֹתֵן חָמֵשׁ סְלָעִים לַכֹּהֵן. שְׁתֵּי נְקֵבוֹת וְזָכָר אוֹ שְׁנֵי זְכָרִים וּשְׁתֵּי נְקֵבוֹת, אֵין
כָּאן לַכֹּהֵן כְּלוּם. אַחַת בִּכְּרָה וְאַחַת שֶׁלֹּא בִכְּרָה וְיָלְדוּ שְׁנֵי זְכָרִים. נוֹתֵן
חָמֵשׁ סְלָעִים לַכֹּהֵן. מֵת אֶחָד מֵהֶן בְּתוֹךְ שְׁלֹשִׁים יוֹם, הָאָב פָּטוּר. מֵת הָאָב
וְהַבָּנִים קַיָּמִין, רַבִּי מֵאִיר אוֹמֵר, אִם נָתְנוּ עַד שֶׁלֹּא חָלְקוּ, נָתְנוּ. וְאִם לָאו,
פְּטוּרִין. רַבִּי יְהוּדָה אוֹמֵר, נִתְחַיְּבוּ נְכָסִים. זָכָר וּנְקֵבָה, אֵין כָּאן לַכֹּהֵן כְּלוּם:

자식을 낳은 적이 없는 두 여인이 아들 두 명을 낳았다면, 10쉘라를
제사장에게 준다. 그들 중 하나가 30일 안에 죽었고 제사장 한 명에게
〔무르는 값을〕 주었으면, 그 〔제사장은〕 5쉘라를 돌려준다. 만약 제사
장 두 명에게 주었으면 그들로부터 되돌려 받을 수 없다.

〔그 여인들이〕 아들과 딸을 〔낳았거나〕, 아들 두 명과 딸을 〔낳았다
면〕, 5쉘라를 제사장에게 준다. 딸 두 명과 아들을 〔낳았거나〕, 또는
아들 두 명과 딸 두 명을 〔낳았다면〕, 제사장의 것은 아무것도 없다.

여인 한 명은 자식을 낳은 적이 있고 〔다른〕 하나는 자식을 낳은 적
이 없는데 아들 두 명이 태어났다면, 5쉘라를 제사장에게 준다. 그들

중 하나가 30일 안에 죽으면 그 아버지는 [의무를] 면제받는다.

그 아버지가 죽고 아들들이 살아 남았을 때, 랍비 메이르는 만약 [유산을] 나누기 전에 [돈을] 주었으면 준 것이 [유효하다고] 말한다. 그러나 만약 주지 않았으면 그들이 [의무에서] 면제된다. 랍비 예후다는 [상속받은] 재산[으로부터] 청구할 수 있다고 말한다. 아들과 딸이었다면 제사장의 것은 아무것도 없다.

- 이 미쉬나 전반부는 첫 새끼를 낳은 적이 없는 암양 두 마리가 낳은 새끼들이 섞인 경우를 논의한 부분과 내용이 유사하다(「브코롯」 2, 7). 어떤 사람이 자식을 낳은 적이 없는 아내가 두 명 있었고, 그들이 모두 첫 아들을 낳았는데 누가 누구의 자식인지 구별할 수 없었다. 이 경우에는 둘 다 첫 아들이므로 제사장에게 10쎌라를 낸다. 그러나 만약 그중 하나가 30일이 되기 전에 죽으면, 그 아버지는 5쎌라만 내야 할 경우다. 그런데 이미 10쎌라를 냈고 한 제사장에게 모두 주었다면, 그는 5쎌라를 환불받는다. 그러나 두 제사장에게 각각 5쎌라씩 주었다면, 제사장이 자기가 받은 것이 살아남은 아들의 값이라고 주장할 수 있기 때문에 환불이 불가능하다.
- 두 여인이 낳은 자식들이 아들과 딸을 낳았거나 아들 두 명과 딸을 낳았으면, 최소한 아들 한 명은 분명히 첫 아들이므로 5쎌라를 낸다. 딸 두 명과 아들 하나 또는 둘을 낳았으면, 첫 아들이 없을 수도 있기 때문에 제사장에게 무를 값을 내지 않는다.
- 미쉬나 후반부는 두 아내 중 하나는 자식을 낳은 적이 있고 하나는 없는 경우를 논의한다. 아들 두 명이 태어났다면, 하나는 첫 아들이므로 제사장에게 5쎌라를 낸다. 그들 중 하나가 30일 안에 죽으면 첫 아들이 죽었을 가능성이 있으므로 그 아버지는 무를 돈을 내지 않는다.

- 아버지가 죽고 아들들이 살아남은 경우에는 유산을 이미 나누었는지 여부에 따라 면제를 받을 수 있는지 결정한다(「브코롯」 8, 3).
- 두 여인이 아들 하나와 딸 하나를 낳았다면, 첫 아들이 없을 수도 있으므로 무를 의무에서 면제된다.

8, 5

아이들이 섞이는 다른 상황에 관해 논의한다.

שְׁתֵּי נָשִׁים שֶׁל שְׁנֵי אֲנָשִׁים שֶׁלֹּא בִכְּרוּ וְיִלְדוּ שְׁנֵי זְכָרִים, זֶה נוֹתֵן חָמֵשׁ
סְלָעִים לַכֹּהֵן, וְזֶה נוֹתֵן חָמֵשׁ סְלָעִים לַכֹּהֵן. מֵת אֶחָד מֵהֶן בְּתוֹךְ שְׁלֹשִׁים יוֹם,
אִם לְכֹהֵן אֶחָד נָתְנוּ, יַחֲזִיר לָהֶן חָמֵשׁ סְלָעִים. אִם לִשְׁנֵי כֹהֲנִים נָתְנוּ, אֵינָן
יְכוֹלִין לְהוֹצִיא מִיָּדָם. זָכָר וּנְקֵבָה, הָאָבוֹת פְּטוּרִין, וְהַבֵּן חַיָּב לִפְדּוֹת אֶת
עַצְמוֹ. שְׁתֵּי נְקֵבוֹת וְזָכָר אוֹ שְׁנֵי זְכָרִים וּשְׁתֵּי נְקֵבוֹת, אֵין כָּאן לַכֹּהֵן כְּלוּם:

남편 두 명의 아내 두 명이 자식을 낳은 적이 없는데 아들 두 명을 낳았다면, [한 남편이] 제사장에게 5쎌라를 주고 [다른 남편이] 제사장에게 5쎌라를 준다. 그중 하나가 30일 안에 죽었고, [모두] 제사장 한 명에게 [돈을] 주었다면, 그 [제사장은] 5쎌라를 그들에게 돌려준다. 만약 제사장 두 명에게 주었다면, 그들로부터 돌려받을 수 없다. 아들과 딸을 [낳았다면], 그 아버지들은 [의무에서] 면제되지만, 그 아들이 자기 자신을 무를 의무가 있다. 딸 둘과 아들을 [낳았거나], 아들 두 명과 딸 두 명을 [낳았다면], 제사장의 것은 아무것도 없다.

- 두 부부가 모두 아이를 가진 적이 없었고 아들 두 명이 태어났는데 서로 섞여버렸다면, 두 아이가 모두 첫 아들이므로 각각 5쎌라씩 제사장에게 준다. 둘 중 하나가 30일 안에 죽었고, 그 아버지들이 같은 제사장에게 돈을 냈다면, 그 제사장은 5쎌라를 그들에게 돌려주어야 한다. 그러나 누구의 자식이 죽었는지 알 수 없기 때문에 두 아버

지가 5쎌라를 나누어 가진다. 두 아버지가 서로 다른 제사장에게 돈을 냈다면, 제사장 두 명이 모두 살아남은 아이의 값을 받았다고 주장할 수 있으므로 환불이 불가능하다.

- 아들과 딸이 태어나서 섞였다면 어떤 아버지가 무를 의무가 있는지 결정할 수 없어서 면제가 되지만, 그 아들은 첫 아들임이 분명하므로 나이가 든 다음에 스스로 자신을 물러야 한다.

- 딸이 두 명 태어나서 아들 하나 또는 둘과 섞였다면 첫 아들이 없을 가능성이 있으므로 제사장에게 무를 값을 내지 않는다.

8, 6

그 외 무르는 경우, 아들이나 아버지가 죽는 경우의 처분에 대해 논의한다.

אַחַת בְּכָרָה וְאַחַת שֶׁלֹּא בִּכָּרָה שֶׁל שְׁנֵי אֲנָשִׁים, וְיָלְדוּ שְׁנֵי זְכָרִים, זֶה שֶׁלֹּא בִכָּרָה אִשְׁתּוֹ, נוֹתֵן חָמֵשׁ סְלָעִים לַכֹּהֵן. זָכָר וּנְקֵבָה, אֵין כָּאן לַכֹּהֵן כְּלוּם. מֵת הַבֵּן בְּתוֹךְ שְׁלֹשִׁים יוֹם, אַף עַל פִּי שֶׁנָּתַן לַכֹּהֵן, יַחֲזִיר (לוֹ חָמֵשׁ סְלָעִים). לְאַחַר שְׁלֹשִׁים יוֹם, אַף עַל פִּי שֶׁלֹּא נָתַן, יִתֵּן. מֵת בְּיוֹם שְׁלֹשִׁים, כְּיוֹם שֶׁלְּפָנָיו. רַבִּי עֲקִיבָא אוֹמֵר, אִם נָתַן, לֹא יִטֹּל. וְאִם לֹא נָתַן, לֹא יִתֵּן. מֵת הָאָב בְּתוֹךְ שְׁלֹשִׁים יוֹם, בְּחֶזְקַת שֶׁלֹּא נִפְדָּה, עַד שֶׁיָּבִיא רְאָיָה שֶׁנִּפְדָּה. לְאַחַר שְׁלֹשִׁים יוֹם, בְּחֶזְקַת שֶׁנִּפְדָּה, עַד (שֶׁיָּבִיא רְאָיָה) שֶׁלֹּא נִפְדָּה. הוּא לִפְדּוֹת וּבְנוֹ לִפְדּוֹת, הוּא קוֹדֵם אֶת בְּנוֹ. רַבִּי יְהוּדָה אוֹמֵר, בְּנוֹ קוֹדְמוֹ, שֶׁמִּצְוָתוֹ עַל אָבִיו, וּמִצְוַת בְּנוֹ עָלָיו:

남편 두 명의 아내들 중, 한 명은 자식을 낳은 적이 있고 한 명은 자식을 낳은 적이 없는데 아들 두 명을 낳았다면, 자기 아내가 자식을 낳은 적이 없는 자가 제사장에게 5쎌라를 준다. 아들과 딸을 〔낳았다면〕, 제사장의 것은 아무것도 없다.

그 아들이 30일 안에 죽으면, 그가 제사장에게 〔무르는 값을〕 주었다 하더라도 그 〔제사장이〕 돌려준다. 30일이 지난 다음에는 그가 〔무르는 값을〕 주지 않았다 하더라도 〔제사장에게〕 준다. 30일째 〔되는〕 날에 죽으면, 그 전날에 〔죽은〕 것처럼 〔간주한다〕. 랍비 아키바는 만약 〔이미〕 주었으면 〔다시〕 취할 수 없다고 말한다. 그러나 만약 주지 않았다면, 〔이제〕 주지 않는다.

그 아버지가 30일 안에 죽었다면, 물렀다는 증거를 가져오기 전에는 그 이전 상태가 무르지 않았다고 〔간주한다〕. 30일이 지난 다음에는 무르지 않았다는 〔증거를 가져오기〕 전에는 그 이전상태가 물렀다고 〔간주한다〕.

그도 물러야 하고 그의 아들도 물러야 하는 〔상황이라면〕, 그가 자기 자신을 그의 아들보다 먼저 〔물러야 한다〕. 랍비 예후다는 그의 아들이 먼저이며, 그와 관련된 계명은 그의 아버지의 의무이고 그의 아들에 관련된 계명은 그의 의무이기 때문이라고 말한다.

- 두 부부에게 새로 태어난 아들 둘이 섞였다 하더라도 한 부부의 아내가 초산이라면 그 남편이 무르는 값을 내야 한다는 사실은 변함이 없다. 두 부부에게 새로 태어난 아기들이 아들과 딸이었다면, 초산인 여인이 딸을 낳았을 가능성이 있기 때문에 무르는 값을 내지 않아도 좋다.
- 아들 둘이 태어난 경우에 초산인 아내의 남편이 무르는 값을 냈는데 아들이 30일 안에 죽었다면, 제사장이 받은 돈을 환불한다. 그러나 30일이 지난 다음에 죽으면 무르는 값을 낼 의무가 있다. 아직 내지 않았으면 내야 한다. 정확하게 30일이 되는 날 죽으면, 아직 30일이라는 기간이 차지 않았기 때문에 무르는 값을 내지 않는다. 정확하게 30일이 되는 날 죽은 경우, 랍비 아키바는 이미 낸 무르는 값을 환불받을 수 없으며, 아직 내지 않았다면 제사장이 값을 요구할 수 없다고 말한다.

- 아이의 아버지가 죽어도 첫 아들을 무르는 값을 낼 의무가 사라지지는 않지만, 아버지가 죽기 전에 무르는 값을 냈는지 여부를 알 수 없다. 아버지가 30일 이전에 죽으면, 관례에 따라 아직 무르는 값을 내지 않았다고 간주한다. 아버지가 예외적으로 일찍 돈을 냈다는 증거를 제시하든지 아니면 아들이 장성한 후 자기 스스로 무르는 값을 내야 한다. 아버지가 30일 이후에 죽으면, 관례에 따라 무르는 값을 냈다고 간주한다. 다른 사람들이 그가 돈을 내지 않았다는 증거를 제시하지 않으면, 그 아들은 무르는 값을 낼 의무에서 면제된다.
- 어떤 사람이 장성하여 첫 아들을 얻었는데 자기 자신의 무르는 값도 내야 하는 상황이라면, 자기 자신의 무르는 값을 먼저 내고 다음에 여유가 생기면 자기 자식을 위한 값을 낸다. 의무가 생긴 순서에 따라 지불하는 것이다. 그러나 랍비 예후다는 자식을 무르는 값을 먼저 내야 한다고 주장하는데, 그것이 자기 자신의 법적 의무이기 때문이다. 자기를 무르는 값은 자기 아버지의 의무였으며, 우선권에서 차위에 속한다.

8, 7

쪼르의 마네, 성전의 쉐켈로 지불해야 하는 경우를 열거한다.

חָמֵשׁ סְלָעִים שֶׁל בֵּן, בְּמָנֶה צוֹרִי. שְׁלֹשִׁים שֶׁל עֶבֶד, וַחֲמִשִּׁים שֶׁל אוֹנֵס וְשֶׁל מְפַתֶּה, וּמֵאָה שֶׁל מוֹצִיא שֵׁם רָע, כֻּלָּם בְּשֶׁקֶל הַקֹּדֶשׁ, בְּמָנֶה צוֹרִי. וְכֻלָּן נִפְדִּין בְּכֶסֶף, וּבְשָׁוֶה כֶסֶף, חוּץ מִן הַשְּׁקָלִים:

아들을 위해 5쉘라를 [줄 때는] 쪼르의 마네에 따라 [준다]. 종을 위한 30[쉘라], 강간범과 유혹한 자를 위한 50[쉘라], 그리고 누명을 씌운 자를 위한 100[쉘라], 이것들은 전부 거룩한 쉐켈, [즉] 쪼르의 마네에 따라 [준다]. 그리고 전부 돈으로 또는 돈의 [액수에] 해당하는

것으로 무르는데, 〔반〕쉐켈을 내는 〔경우는〕예외다.

- 첫 아들을 얻어서 제사장에게 무르는 값으로 5쉐켈을 내도록 되어 있고, 미쉬나 당시에는 이 액수가 5쎌라에 해당했는데, 이것을 쪼르 (Tyre: 두로)의 마네(מנה)-도량형에 따라 내야 한다.[6]
- 토라에서 돈으로 배상하도록 정해진 경우에는 거룩한 쉐켈 즉 성전에서 사용하는 쉐켈로 내야 하고, 이것은 쪼르의 마네-도량형에 해당한다. 예를 들어 소가 종을 죽였을 때(출 21:32), 어떤 남자가 처녀를 강간하거나 유혹했을 때(신 22:28-29; 출 22:15-16), 남편이 아내가 처녀가 아니었다고 누명을 씌웠을 때(신 22:19) 이 규정을 따른다.
- 사람이나 제물을 무르려면 돈이나 돈의 액수에 해당하는 물건을 사용한다. 그러나 이스라엘 사람이 매년 성전에 내야 하는 반 쉐켈은 꼭 돈으로 내야 한다.

8, 8
첫 아들을 무르는 데 쓸 수 없는 자산을 열거한다.

אֵין פּוֹדִין לֹא בַעֲבָדִים, וְלֹא בִשְׁטָרוֹת, וְלֹא בְקַרְקָעוֹת, וְלֹא בְהֶקְדֵּשׁוֹת. כָּתַב
לַכֹּהֵן שֶׁהוּא חַיָּב לוֹ חָמֵשׁ סְלָעִים, חַיָּב לִתֵּן לוֹ וּבְנוֹ אֵינוֹ פָדוּי, לְפִיכָךְ אִם
רָצָה הַכֹּהֵן לִתֵּן לוֹ מַתָּנָה, רַשַּׁאי. הַמַּפְרִישׁ פִּדְיוֹן בְּנוֹ וְאָבַד, חַיָּב בְּאַחֲרָיוּתוֹ,
שֶׁנֶּאֱמַר, יִהְיֶה לָּךְ וּפָדֹה תִפְדֶּה:

〔첫 아들을〕종으로 또는 차용증서로, 토지로, 〔성전에〕바친 것으로 무르지 못한다.

---

6) 쪼르의 마네-도량형에 따라 쎌라는 약 14.34그램이다. 쪼르는 한글성경에서 '두로'로 음역되며 고대의 주요 해상무역 국가로 이의 도량형이 널리 쓰였다.

그가 제사장에게 5쎌라를 〔줄〕 의무가 있다고 〔증서를〕 썼다면, 그는 〔그 액수를〕 줄 의무가 있고 그의 아들은 무르지 않은 〔상태다〕. 만약 제사장이 〔그 증서를〕 그에게 선물로 주고 싶다면, 〔그렇게 할〕 권리가 있다.

〔어떤 사람이〕 자기 아들을 무르려고 〔돈을〕 구별했다가 그것을 잃어버렸다면, 이것은 그의 책임이다. "다 네 것이로되… 대속할 것이요"라고 기록했기 때문이다.

- 일곱째 미쉬나(8, 7)에서 첫 아들은 돈의 액수에 해당하는 물건으로 무를 수 있다고 규정했는데, 이 물건은 돈과 비슷한 유동자산으로 물러야 한다. 예를 들어 5쎌라에 해당하는 곡식이나 고기를 제사장에게 줄 수 있다. 그러나 여기서 열거하는 물품은 해당되지 않는다. 이미 성전에 바친 물건으로 첫 아들을 무른다는 상황은 논리에 맞지 않으며, 비슷한 다른 미쉬나의 목록에서 잘못 옮긴 것으로 보인다 (「바바 메찌아」 4, 9; 「쉬부옷」 6, 5).
- 첫 아들을 무르기 위해서는 실제로 5쎌라를 돈으로 내야 하며, 차용 증서를 써준다고 무르기가 성립되는 것은 아니다. 그러나 제사장이 원하면 그 증서를 아버지에게 선물로 되돌려줄 수 있다.
- 어떤 사람이 첫 아들을 무르려고 돈을 따로 챙겨두었다가 분실했다면, 스스로 이 액수를 배상해야 한다. 그 이유를 설명하면서 민수기 18:15을 인용하는데, 이 구절에서 "네가 (제사장이) 가지게 될"(היה לך, 이히예 레카) 사람이나 가축이라는 표현을 "대속할 것이요"와 연결시켜 제사장에게 주어야 대속이 되는 것으로 미드라쉬적 해석을 제시한다(라브; 라쉬).

8, 9

첫 아들이 유산의 두 몫을 받는 경우를 설명한다.

הַבְּכוֹר נוֹטֵל פִּי שְׁנַיִם בְּנִכְסֵי הָאָב, וְאֵינוֹ נוֹטֵל פִּי שְׁנַיִם בְּנִכְסֵי הָאֵם. וְאֵינוֹ נוֹטֵל פִּי שְׁנַיִם בַּשֶּׁבַח, וְלֹא בָרָאוּי כְּבַמֻּחְזָק. וְלֹא הָאִשָּׁה בִּכְתֻבָּתָהּ, וְלֹא הַבָּנוֹת בִּמְזוֹנוֹתֵיהֶן, וְלֹא הַיָּבָם. וְכֻלָּן אֵין נוֹטְלִין בַּשֶּׁבַח, וְלֹא בָרָאוּי כְּבַמֻּחְזָק:

첫 아들은 아버지 재산 중에서 두 몫을 취하지만, 어머니의 재산 중에 두 몫을 취하지는 않는다. 그리고 [재산] 증가분 중에서 두 몫을 취하지 않으며, 그 [아버지가] 소유할 권리가 있는 것들 중에서 [실제] 소유물처럼 [두 몫을 취하지] 않는다.

여인은 [이 재산을] 자기의 결혼증서로 [요구할 수] 없으며, 딸들도 그들의 음식을 위해 [요구할 수] 없고, 역연혼을 행한 자도 [요구할 수] 없다. 이 모든 경우에 [재산] 증가분 중에서 [아무것도] 취할 수 없으며, 그 [아버지가] 소유할 권리가 있는 것들 중에서도 [취할 수] 없다.

- 첫 아들은 아버지의 유산을 아들들이 나눌 때 두 몫을 받지만, 어머니의 유산은 그렇지 않다. 아버지의 유산을 나눌 때 사망하던 때보다 재산이 더 늘었다면, 그 증가분 중에서는 두 몫을 취하지 않는다. 예를 들어 아버지에게 세 아들이 있고 유산이 1,000쎌라였으며 증가분이 300쎌라였다면, 첫 아들은 600쎌라를 받는다(500+100쎌라). 아버지에게 소유권이 있는 재물이 있는데 사망할 때까지 그의 소유가 아니었다면, 이 가운데서도 두 몫을 취하지 않는다. 예를 들어 할아버지보다 아버지가 먼저 사망했고, 아버지가 받을 권리가 있는 할아버지의 재산을 나눈다면, 아들들이 골고루 나누어 가진다.
- 미쉬나 후반부에도 첫 아들이 두 몫을 취하지 않는 경우들을 열거하

고 있다. 여인이 남편의 재산 중에서 결혼증서에 기록한 재산을 요
구할 때, 딸들이 아버지의 재산 중에서 생활비를 요구할 때, 어떤 사
람이 역연혼을 행하고 사망한 형제의 재산을 상속할 때, 아버지의
재산은 상속하지만 어머니의 재산과 그 증가분은 상속하지 않는다.

8, 10

희년에 돌아오지 않는 재산에 관해 논의한다.

אֵלּוּ שֶׁאֵינָן חוֹזְרִין בַּיּוֹבֵל, הַבְּכוֹרָה, וְהַיּוֹרֵשׁ אֶת אִשְׁתּוֹ, וְהַמְיַבֵּם אֶת אֵשֶׁת
אָחִיו, וְהַמַּתָּנָה, דִּבְרֵי רַבִּי מֵאִיר. וַחֲכָמִים אוֹמְרִים, מַתָּנָה כְּמֶכֶר. רַבִּי
אֱלִיעֶזֶר אוֹמֵר, כֻּלָּן חוֹזְרִין בַּיּוֹבֵל. רַבִּי יוֹחָנָן בֶּן בְּרוֹקָא אוֹמֵר, הַיּוֹרֵשׁ אֶת
אִשְׁתּוֹ, יַחֲזִיר לִבְנֵי מִשְׁפָּחָה וִינַכֶּה לָהֶם מִן הַדָּמִים:

이런 것들은 희년에 [주인에게] 돌아오지 않으니, 첫 아들의 몫과
[어떤 사람이] 자기 아내의 [재산을] 물려받았을 때와 [어떤 사람이]
자기 형제의 아내와 역연혼을 했을 때와 선물이라는 것이 랍비 메이
르의 말이다. 그러나 현인들은 선물은 매매한 것과 같다고 말한다. 랍
비 엘리에제르는 전부 다 희년에 돌아온다고 말한다. 랍비 요하난 벤
베로카는 [어떤 사람이] 자기 아내의 [재산을] 물려받았을 때 [이를
아내의] 가족들에게 돌려주고 그 값 중에서 [그 땅으로부터 얻은] 수
익을 감한다고 말한다.

- 토라는 기업으로 물려받은 토지를 판매하면 희년에 주인에게 돌아
  온다고 했으나(레 25), 이 미쉬나는 희년에도 돌아오지 않는 재산
  이 있다고 말한다. (1) 첫 아들이 받은 유산 두 몫은 희년이 와도 그
  대로 유지된다. (2) 어떤 사람이 자기 아내의 재산을 물려받으면, 이
  토지는 원래 자기 기업이 아니지만 희년이 와도 그대로 그의 소유이

며 아내의 친정으로 돌아가지 않는다. (3) 어떤 사람이 역연혼을 시행해서 형제의 재산을 물려받았으면, 그 재산을 희년에 빼앗기지 않는다(8, 9). (4) 토지를 선물로 주었을 때 희년에 돌아오는지 여부에 관해서는 이견이 있다. 랍비 메이르는 선물은 희년에 돌아오지 않는다고 했고, 다른 랍비들은 선물도 매매와 마찬가지며 희년에 돌아온다고 했다. 랍비 엘리에제르는 이 미쉬나에서 열거한 모든 경우에 토지는 주인에게 돌아간다고 주장한다. 랍비 요하난은 랍비 메이르의 말 중에서 아내의 재산을 상속한 남편에 관해 다른 의견을 제시하는데, 희년에 그 땅을 아내의 친정집에 돌려주지만 땅값을 받고, 이 경우 자신이 그 땅을 소유하고 있을 때 얻은 이익을 감한다고 주장한다. 게마라는 이를 아내가 소유한 친정집의 가족 매장지를 남편이 상속한 경우로 이해한다. 남편이 이를 소유할 경우 죽은 아내의 친정은 매장지를 잃게 되므로 값을 받고 돌려주어야 한다는 것이다. 그러나 남편에게는 아내를 매장할 의무가 있으므로(「케투봇」 4, 4), 그 값에서 아내의 매장 부분을 감한다고 한다(게마라 52b).

제9장

9, 1

가축 중에서 십일조를 바치는 방법을 광범위하게 설명한다.

מַעְשַׂר בְּהֵמָה נוֹהֵג בָּאָרֶץ וּבְחוּצָה לָאָרֶץ, בִּפְנֵי הַבַּיִת וְשֶׁלֹּא בִּפְנֵי הַבַּיִת,
בַּחֻלִּין אֲבָל לֹא בַּמֻּקְדָּשִׁין. וְנוֹהֵג בַּבָּקָר וּבַצֹּאן, וְאֵינָן מִתְעַשְּׂרִים מִזֶּה עַל זֶה.
בַּכְּבָשִׂים וּבָעִזִּים, וּמִתְעַשְּׂרִין מִזֶּה עַל זֶה. בֶּחָדָשׁ, וּבַיָּשָׁן, וְאֵינָן מִתְעַשְּׂרִין
מִזֶּה עַל זֶה. שֶׁהָיָה בַדִּין, מָה אִם הֶחָדָשׁ וְהַיָּשָׁן שֶׁאֵינָן כִּלְאַיִם זֶה בָזֶה, אֵין
מִתְעַשְּׂרִין מִזֶּה עַל זֶה. הַכְּבָשִׂים וְהָעִזִּים שֶׁהֵם כִּלְאַיִם זֶה בָזֶה, אֵינוֹ דִין שֶׁלֹּא

가축의 십일조 [관련법은] 이 땅 안에서 그리고 바깥에서, 성전이 있을 때나 없을 때나, 속된 [가축들에게 모두] 적용되지만 성물인 [가축에는 적용되지] 않는다.

소와 작은 가축들에게 [모두] 적용되지만, 이것과 저것을 [섞어서] 십일조를 취하지 않는다. 양들과 염소들에게 [모두 적용되며], 이것과 저것을 [섞어서] 십일조를 취한다. 나이가 어린 것과 늙은 것들에게 [모두 적용되지만] 이것과 저것을 [섞어서] 십일조를 취하지 않는다.

만약 나이가 어린 것과 늙은 것들은 함께 [섞어도] 킬아임법에 저촉되지 않는데 이것과 저것을 [섞어도] 십일조를 취하지 않는 것이 결정이라면, 양들과 염소들은 함께 [섞을 때] 킬아임법에 저촉되므로 이것과 저것을 [섞어서] 십일조를 취하도록 결정해야 하지 않겠는가? 말씀에는 "작은 가축은"이라고 기록했으니,[7] 모든 작은 가축이 [십일조와 관련해서] 하나라는 뜻이다.

- 제9장은 토라가 명령하는 가축의 십일조에 관해 논의하는데(레 27: 32), 토라는 목자의 지팡이 밑을 지나가는 가축 열 마리 중 하나는 성물로 바치라고 명령한다. 사실 가축의 십일조는 예루살렘으로 가져와서 직접 잡아먹기 때문에 첫 새끼를 제사장에게 주는 법규정과는 차이가 있지만, 마쎄켓 「브코롯」에서 가축에 관해 자세히 다루기 때문에 이 주제도 함께 논의하는 것으로 보인다.

- 가축의 십일조는 장소에 관계없이, 또 성전이 현존하는지 여부와 관

---

7) 우리 말 번역은 "모든… 양의 십일조"라고 옮겼으나(레 27:32), 이 부분에서 사용한 히브리어 낱말은 '쫀'(צֹאן)으로 양이나 염소를 한꺼번에 부르는 말이며 작은 가축의 떼라는 뜻이다.

계없이 지켜야 하며, 속된 가축들에게만 적용한다. 성전이 없고 예루살렘으로 갈 수 없다면, 십일조로 성별한 가축을 들에서 기르다가 흠이 생기면 잡아먹는다. 탈무드 시대에는 가축의 십일조 규정을 더 이상 준수하지 않았다.

- 토라의 표현대로 몸집이 큰 소 떼와 작은 양이나 염소 떼에 모두 십일조 관련법을 적용하지만, 이 두 가축을 섞어서 십일조를 계산하지 않는다. 가격 차이가 크기 때문이다. 불분명한 토라의 규정을 더 상세하게 설명하는 셈이다. 그러나 양이나 염소처럼 비슷한 가축들은 함께 섞어서 계산해도 좋다. 그러나 태어난 해가 다른 가축들을 섞어서 십일조를 계산하지 않는다(9, 5-6).
- 미쉬나 후반부에는 위에서 열거한 규정을 논리적으로 설명한다. 종류가 다른 가축을 이종교배하지 말라는 킬아임(כלאים) 규정과 비교하는 방식으로 논의를 전개하고 있다.

9, 2

십일조를 계산하는 기준이 되는 가축 떼가 무엇인지 설명한다.

מַעֲשַׂר בְּהֵמָה מִצְטָרֵף כִּמְלֹא רֶגֶל בְּהֵמָה רוֹעָה. וְכַמָּה הִיא רֶגֶל בְּהֵמָה רוֹעָה, שִׁשָּׁה עָשָׂר מִיל. הָיָה בֵּין אֵלּוּ לָאֵלּוּ שְׁלֹשִׁים וּשְׁנַיִם מִיל, אֵינָן מִצְטָרְפִין. הָיָה לוֹ בָּאֶמְצַע, מֵבִיא וּמְעַשְּׂרָן בָּאֶמְצַע. רַבִּי מֵאִיר אוֹמֵר, הַיַּרְדֵּן מַפְסִיק לְמַעֲשַׂר בְּהֵמָה:

가축의 십일조와 〔관련하여〕 가축이 〔자유롭게〕 돌아다닐 수 있는 〔거리일 때 한 떼로〕 합쳐진다. 그렇다면 가축이 〔자유롭게〕 돌아다닐 수 있는 〔거리는〕 얼마인가? 16밀이다.[8] 이 〔떼와〕 저 〔떼〕 사이 〔거

---

8) 거리를 재는 도량형 밀(מיל)은 2,000아마(אמה)이며, 안식일에 이동할 수 있는 거리다. 1아마를 45-50센티미터로 환산하면 1밀은 약 0.9-1킬로미터 정도다.

리가] 32밀이라면, 그것들은 합쳐지지 않는다.

〔가축 떼가〕 중간에 있었다면, 〔가축들을〕 데려와서 중간에서 십일
조를 뗀다. 랍비 메이르는 요단강은 가축의 십일조를 〔계산할 때 가축
떼 사이를〕 가른다고 말한다.

- 가축의 십일조는 목자가 치는 가축 떼 하나를 기준으로 열 마리 중
  하나를 드리기 때문에, 이 미쉬나는 가축 떼란 무엇인지 정의한다.
  이때 가축이 들에서 풀을 뜯으며 돌아다닐 수 있는 충분한 거리를
  인정하며, 이 거리는 16밀(מיל), 즉 약 16킬로미터 정도라고 규정한
  다. 가축 떼 하나와 다른 하나 사이에 32밀 거리가 있다면, 완전히 독
  립된 두 무리로 간주한다. 그런데 가축이 한 마리라도 두 무리 한가
  운데 있다면, 가축들을 가운데로 데려와서 가축 떼 하나로 계산한다.
- 랍비 메이르는 거리가 가깝더라도 요단강을 사이에 두고 있다면 두
  무리로 계산한다고 덧붙인다.

9, 3
가축의 십일조를 면제받는 경우를 설명한다.

הַלָּקוּחַ אוֹ שֶׁנִּתַּן לוֹ מַתָּנָה, פָּטוּר מִמַּעְשַׂר בְּהֵמָה. הָאַחִים הַשֻּׁתָּפִין
שֶׁחַיָּבִין בְּקָלְבּוֹן, פְּטוּרִין מִמַּעְשַׂר בְּהֵמָה. וְשֶׁחַיָּבִין בְּמַעְשַׂר בְּהֵמָה, פְּטוּרִין
מִן הַקָּלְבּוֹן. קָנוּ מִתְּפוּסַת הַבַּיִת, חַיָּבִין. וְאִם לָאו, פְּטוּרִין. חָלְקוּ וְחָזְרוּ
וְנִשְׁתַּתְּפוּ, חַיָּבִין בַּקָּלְבּוֹן וּפְטוּרִין מִמַּעְשַׂר בְּהֵמָה:

구매하거나 선물로 받은 〔가축은〕 가축의 십일조에서 면제된다.
형제들이 함께 일할 때 추가금을 낼 의무가 있지만 가축의 십일조
는 면제된다. 그리고 그들이 가축의 십일조를 낼 의무가 있다면, 추가
금을 낼 의무는 면제된다.

그들이 〔아버지의〕 재산으로 〔가축을〕 샀다면, 〔가축의 십일조를 낼〕 의무가 있다. 그러나 만약 아니라면, 면제된다.

그들이 〔재산을〕 분배하고 다시 함께 일을 하기로 했다면, 추가금을 낼 의무가 있지만 가축의 십일조는 면제받는다.

- 가축의 십일조는 자기 가축 떼 안에서 태어난 가축만 해당하며, 사거나 선물로 받은 가축은 해당하지 않는다.
- 원래 한 무리였던 아버지의 가축 떼를 물려받은 형제들이 동업자로 함께 일하는 경우 두 가지 법적 지위가 형성될 수 있다. 먼저 유산을 분배했고 동업을 결정한 경우로 추가금을 낼 의무가 있지만 동업하며 합친 가축의 십일조는 면제된다. 이때 추가금(קלבון, 콜본)이란 이스라엘 사람이 성전에 반 쉐켈을 바칠 때 따라오는 추가 요금이다 (「쉐칼림」 1장).
- 형제는 유산을 분배하지 않고 동업을 하고 있는 상태로, 가축 전체가 아직 아버지의 소유였던 상태와 같다. 그러므로 가축의 십일조를 낼 의무가 있지만, 추가금을 낼 의무에서 면제된다. 왜냐하면 아버지가 아들을 위해 반 쉐켈을 냈다면 추가금을 면제받으며, 두 사람이 함께 반 쉐켈씩 냈다면 추가금은 한 명분만 내기 때문이다.
- 만약 그 형제들이 자기 아버지의 사유재산 중 일부를 떼어 가축들을 샀다면, 그 가축들이 새끼를 낳았을 때 십일조를 내야 한다. 그러나 그들이 아버지의 재산에 속한 돈을 공유하면서 가축을 사는 데 썼다면, 그 가축은 동업 상태에서 산 것이니 십일조가 면제된다.
- 형제들이 아버지의 유산을 분배했으면 각자 자기 재산을 책임지게 되며, 추가금을 낼 의무가 있다. 그러나 그들이 다시 동업하기로 했으면 가축의 십일조를 면제받는다.

9, 4

가축의 십일조가 면제되는 경우를 설명한다.

הַכֹּל נִכְנָס לַדִּיר לְהִתְעַשֵּׂר, חוּץ מִן הַכִּלְאַיִם, וְהַטְּרֵפָה, וְיוֹצֵא דֹפֶן, וּמְחֻסַּר זְמָן, וְיָתוֹם. אֵיזֶהוּ יָתוֹם, כֹּל שֶׁמֵּתָה אִמּוֹ אוֹ שֶׁנִּשְׁחֲטָה. רַבִּי יְהוֹשֻׁעַ אוֹמֵר, אֲפִלּוּ נִשְׁחֲטָה אִמּוֹ וְהַשֶּׁלַח קַיָּם, אֵין זֶה יָתוֹם:

우리에 들어가는 〔가축은〕 모두 십일조를 내야 하지만, 이종교배한 것과 찢겨 죽은 것과 옆구리로 나온 것과 〔제물로 바치기에〕 너무 어린 것과 고아는 예외다. 고아란 어떤 〔가축인가〕? 어미가 〔출산 도중에〕 죽거나 도살된 〔경우다〕. 랍비 예호슈아는 그 어미가 도살되었더라도 그 가죽이 〔온전히〕 남아 있다면 그것은 고아가 아니라고 말한다.

- 셋째 미쉬나(9, 3)에 이어 가축의 십일조를 면제받는 다른 경우들을 열거한다. 제의적으로 부정하거나 정상이 아닌 경우에 십일조를 부과하지 않는다.
- 어미가 없이 태어난 가축을 고아라고 부르며, 십일조 부과대상에서 제외된다. 이 규정은 가축이 태어난 지 이레 동안 어미 곁에 두어야 한다는 본문을 재해석한 결과다(레 22:27). 랍비 예호슈아는 어미가 죽었어도 가죽이 온전히 남아 있다면 고아가 아니라고 말했는데, 그 의미는 분명하지 않다. 도살하거나 찢겨 죽어서 가죽이 온전치 못한 상태인데 새끼가 태어난 상황인지, 아니면 새끼를 어미의 가죽으로 싸서 제물로 바친다는 것인지 알 수 없다.

9, 5

가축의 십일조를 계산하는 시간적인 범위를 설명한다.

שָׁלֹשׁ גְּרָנוֹת לְמַעְשַׂר בְּהֵמָה, בִּפְרֹס הַפֶּסַח, בִּפְרֹס הָעֲצֶרֶת, בִּפְרֹס הֶחָג,
דִּבְרֵי רַבִּי עֲקִיבָא. בֶּן עַזַּאי אוֹמֵר, בְּעֶשְׂרִים וְתִשְׁעָה בַּאֲדָר, בְּאֶחָד בְּסִיוָן,
בְּעֶשְׂרִים וְתִשְׁעָה בְאָב. רַבִּי אֱלִיעֶזֶר וְרַבִּי שִׁמְעוֹן אוֹמְרִים, בְּאֶחָד בְּנִיסָן,
בְּאֶחָד בְּסִיוָן, בְּעֶשְׂרִים וְתִשְׁעָה בֶאֱלוּל. וְלָמָּה אָמְרוּ בְּעֶשְׂרִים וְתִשְׁעָה
בֶאֱלוּל וְלֹא אָמְרוּ בְּאֶחָד בְּתִשְׁרֵי, מִפְּנֵי שֶׁהוּא יוֹם טוֹב, וְאִי אֶפְשָׁר לְעַשֵּׂר
בְּיוֹם טוֹב, לְפִיכָךְ הִקְדִּימוּהוּ בְּעֶשְׂרִים וְתִשְׁעָה בֶאֱלוּל. רַבִּי מֵאִיר אוֹמֵר,
בְּאֶחָד בֶּאֱלוּל רֹאשׁ הַשָּׁנָה לְמַעְשַׂר בְּהֵמָה. בֶּן עַזַּאי אוֹמֵר, הָאֱלוּלִיִּין
מִתְעַשְּׂרִין בִּפְנֵי עַצְמָן:

가축의 십일조를 [내는] 타작마당 세 가지가 있다. 유월절 준비기
간에, 성회 준비기간(칠칠절)에, 큰 명절(초막절) 준비기간에 [낸다는
것이] 랍비 아키바의 말이다. 벤 앗자이는 아다르월 29일에, 씨반월
1일에, 아브월 29일에 [낸다고] 말한다. 랍비 엘리에제르와 랍비 쉼온
은 니싼월 1일에, 씨반월 1일에, 엘룰월 29일에 [낸다고] 말한다.

왜 그들이 티슈레월 1일이라고 말하지 않고 엘룰월 29일이라고 말
했는가? 왜냐하면 그날이 명절이기 때문이다. 명절에 십일조를 부과
할 수 없으므로, 앞당겨서 엘룰월 29일이라고 [말한 것이다]. 랍비 메
이르는 엘룰월 1일이 가축의 십일조를 내는 설날이라고 말한다. 벤
앗자이는 엘룰월에 [태어난] 것들은 그것들끼리 십일조를 낸다고 말
한다.

- 가축의 십일조는 어떤 사람이 소유한 가축 전체의 십일조가 아니라
  그해에 새로 태어난 가축들 중에 십일조를 드린다. 그러므로 이 미
  쉬나는 한 해를 언제부터 세고 언제 십일조를 드리는지 설명하고 있
  다. 랍비 아키바는 유월절과 칠칠절과 장막절 세 절기가 오기 전 준

비기간 동안 십일조를 드린다고 했는데, 탈무드는 명절이 오기 전 보름 정도가 준비기간이라고 규정한다. 유월절 준비기간에 십일조를 드리려면, 그전 유월절부터 태어난 가축들을 따로 모아서 십일조로 드릴 것들을 성별한다.

- 벤 앗자이는 정확한 날짜를 제시하는데, 아다르월 29일은 유월절 2주일 전이고, 씨반월 1일은 칠칠절 1주일 전이며, 아브월 29일은 새해(ראש השנה, 로쉬 하샤나) 1개월 전이다. 엘리에제르와 랍비 쉼온도 정확한 날짜를 제시하는데, 니싼월 1일은 유월절이 있는 달이고, 씨반월 1일은 칠칠절이 있는 달이며, 엘룰월 29일은 새해 하루 전이다. 날짜를 제시하는 랍비 세 명은 전통적인 명절이 아니라 새해를 기준으로 십일조를 낸다고 주장한다(9, 6).
- 랍비 메이르는 이 설명에 반대하는데, 가축의 십일조와 관련해서는 새해 한 달 전인 엘룰월 1일을 기준으로 한다고 주장한다(「로쉬 하샤나」 1, 1). 벤 앗자이는 또 다른 설명을 내어놓았는데, 엘룰월에 태어난 가축들은 해가 바뀌는 시점이기 때문에 어느 가축 무리에 합하여 계산할지 불분명하므로, 차라리 따로 계산해야 한다고 주장한다.

9, 6

언제 태어난 가축들을 한 무리로 묶어서 십일조를 계산하는지 설명한다.

כָּל הַנּוֹלָדִים מֵאֶחָד בְּתִשְׁרֵי עַד עֶשְׂרִים וְתִשְׁעָה בֶּאֱלוּל, הֲרֵי אֵלּוּ מִצְטָרְפִין.
חֲמִשָּׁה לִפְנֵי רֹאשׁ הַשָּׁנָה וַחֲמִשָּׁה לְאַחַר רֹאשׁ הַשָּׁנָה, אֵינָן מִצְטָרְפִין.
חֲמִשָּׁה לִפְנֵי הַגֹּרֶן וַחֲמִשָּׁה לְאַחַר הַגֹּרֶן, הֲרֵי אֵלּוּ מִצְטָרְפִין. אִם כֵּן לָמָּה
נֶאֱמַר שָׁלֹשׁ גְּרָנוֹת לְמַעְשַׂר בְּהֵמָה, שֶׁעַד שֶׁלֹּא הִגִּיעַ הַגֹּרֶן, מֻתָּר לִמְכּוֹר
וְלִשְׁחוֹט. הִגִּיעַ הַגֹּרֶן, לֹא יִשְׁחוֹט. וְאִם שָׁחַט, פָּטוּר:

티슈레월 1일부터 엘룰월 29일까지 태어난 〔가축은〕 모두 〔한 무리로〕 합쳐진다. 새해 전에 〔태어난 가축〕 다섯 마리와 새해가 지나 〔태어난 가축〕 다섯 마리는 합쳐지지 않는다. 타작마당 전에 〔태어난 가축〕 다섯 마리와 타작마당 다음에 〔태어난 가축〕 다섯 마리는 합쳐진다.

그렇다면 왜 가축의 십일조를 내는 타작마당이 세 가지라고 말하는가? 타작마당을 〔사용할 시기가〕 되기 전까지는 〔가축을〕 팔거나 도살하는 일이 허용된다. 타작마당 〔시기가〕 되면, 〔가축을〕 도살하지 않는다. 그러나 만약 도살했다 하더라도 〔책임이〕 면제된다.

- 가축의 십일조는 새해 첫날을 기준으로 계산하며, 첫 달인 티슈레월 1일부터 마지막 달인 엘룰월 29일까지 태어난 가축을 한 무리로 묶어서 십일조를 계산한다. 만약 새해 전에 다섯 마리가 태어나고 새해가 지난 후에 다섯 마리만 태어났다면, 각각 다른 해에 태어났으므로 그 주인은 합산하여 십일조를 내지 않는다. 다섯째 미쉬나(9, 5)에서 언급한 명절의 타작마당을 전후해서 열 마리가 태어났으면, 모두 같은 해에 태어났으므로 십일조를 낸다.
- 이렇게 티슈레월 1일인 설날을 기준으로 계산한다면, 다섯째 미쉬나 (9, 5)에서 전통적인 명절을 따로 언급할 이유가 없어진다. 랍비들은 이 갈등을 해결하기 위해서 명절 타작마당이 되기 이전에는 가축을 팔거나 도살할 수 있지만, 그때가 다가오면 십일조를 계산하기 위해서 모든 판매나 도살 행위를 금지하기 위해서 그렇게 말한 것이라고 설명한다.

9, 7

실제로 가축의 십일조를 고르는 과정을 설명한다.

כֵּיצַד מְעַשְּׂרָן, כּוֹנְסָן לַדִּיר וְעוֹשֶׂה לָהֶן פֶּתַח קָטָן כְּדֵי שֶׁלֹּא יְהְיוּ שְׁנַיִם
יְכוֹלִין לָצֵאת כְּאַחַת, וּמוֹנֶה בַשֵּׁבֶט, אֶחָד, שְׁנַיִם, שְׁלֹשָׁה, אַרְבָּעָה, חֲמִשָּׁה,
שִׁשָּׁה, שִׁבְעָה, שְׁמוֹנָה, תִּשְׁעָה, וְהַיּוֹצֵא עֲשִׂירִי סוֹקְרוֹ בְסִקְרָא וְאוֹמֵר הֲרֵי
זֶה מַעֲשֵׂר. לֹא סְקָרוֹ בְסִקְרָא וְלֹא מְנָאָם בַּשֵּׁבֶט, אוֹ שֶׁמְּנָאָם רְבוּצִים, אוֹ
עוֹמְדִים, הֲרֵי אֵלּוּ מְעֻשָּׂרִים, הָיָה לוֹ מֵאָה וְנָטַל עֲשָׂרָה, עֲשָׂרָה וְנָטַל אֶחָד,
אֵין זֶה מַעֲשֵׂר. רַבִּי יוֹסֵי בְרַבִּי יְהוּדָה אוֹמֵר, הֲרֵי זֶה מַעֲשֵׂר, קָפַץ (אֶחָד)
מִן הַמְּנוּיִין לְתוֹכָן, הֲרֵי אֵלּוּ פְטוּרִין. מִן הַמְעֻשָּׂרִים לְתוֹכָן, כֻּלָּן יִרְעוּ עַד
שֶׁיִּסְתָּאֲבוּ, וְיֵאָכְלוּ בְמוּמָן לַבְּעָלִים:

어떻게 〔가축의〕 십일조를 드리는가? 〔가축들을〕 우리로 모으고 두 마리가 함께 나갈 수 없는 정도로 작은 출구를 만든다. 그리고 지팡이로 하나, 둘, 셋, 넷, 다섯, 여섯, 일곱, 여덟, 아홉 〔마리를〕 센다. 그리고 열 번째로 나오는 것을 붉은 분필로 표시하고, 그것이 십일조라고 말한다.

그들이 붉은 분필로 표시하지 않거나, 지팡이로 세지 않거나, 〔가축이〕 엎드리거나 서 있는 것을 센다고 해도 그것들은 십일조를 낸 것으로 〔인정한다〕.

그에게 백 마리가 있어서 〔세지 않고〕 열 마리를 취했거나, 열 마리가 있어서 〔세지 않고〕 한 마리를 취했다면, 그것은 십일조가 아니다. 랍비 요쎄는 그것이 십일조라고 랍비 예후다의 〔이름으로〕 말한다.

이미 센 〔가축들 중〕 한 마리가 뛰어서 〔다른 가축들〕 가운데로 들어가면, 그것들은 면제된다. 십일조로 구별한 〔가축 중〕 하나가 〔뛰어서 다른 가축들〕 가운데로 〔들어가면〕, 흠이 생길 때까지 전부를 들에서 기르고, 주인들이 흠이 생긴 뒤에 잡아먹는다.

- 이 미쉬나는 목자가 소유한 가축들 중에서 십일조로 드릴 가축을 고르는 과정을 설명하는데, 토라의 표현을 기초로 재구성한 것으로 보인다(레 27:32). 그러나 이런 형식적인 조치가 필수적이지는 않으며, 다른 방법으로 가축을 세어도 합법적으로 십일조를 계산했다고 인정한다.
- 그러나 공식적으로 가축을 세지도 않고 어림잡아 십일조를 계산하는 행위는 인정하지 않는다. 물론 반대 의견도 있다.
- 이미 숫자를 세었는데 어떤 가축이 우리를 뛰어넘어 아직 세지 않은 가축들 사이로 들어가면, 가축 떼 전체에 십일조를 낼 의무를 면제해 준다. 그러나 열 번째로 나와서 십일조로 구별한 가축이 다른 가축들 사이로 들어가면, 그 가축 떼에 속한 가축들이 모두 제물일 가능성이 생긴다. 그러므로 전체를 들에서 치다가 흠이 생긴 이후에 잡아먹을 수 있다.

9, 8

십일조가 될 가축을 고를 때 생기는 다양한 상황에 관해 논의한다.

יָצְאוּ שְׁנַיִם כְּאֶחָד, מוֹנֶה אוֹתָן שְׁנַיִם שְׁנַיִם. מְנָאָן אֶחָד, תְּשִׁיעִי וַעֲשִׂירִי מְקֻלְקָלִין. יָצְאוּ תְּשִׁיעִי וַעֲשִׂירִי כְּאַחַת, תְּשִׁיעִי וַעֲשִׂירִי מְקֻלְקָלִין. קָרָא לַתְּשִׁיעִי עֲשִׂירִי וְלָעֲשִׂירִי תְּשִׁיעִי וּלְאַחַד עָשָׂר עֲשִׂירִי, שְׁלָשְׁתָּן מְקֻדָּשִׁין. הַתְּשִׁיעִי נֶאֱכָל בְּמוּמוֹ, וְהָעֲשִׂירִי מַעֲשֵׂר, וְאַחַד עָשָׂר קָרֵב שְׁלָמִים וְעוֹשֶׂה תְמוּרָה, דִּבְרֵי רַבִּי מֵאִיר. אָמַר רַבִּי יְהוּדָה, וְכִי יֵשׁ תְּמוּרָה עוֹשָׂה תְמוּרָה. אָמְרוּ מִשּׁוּם רַבִּי מֵאִיר, אִלּוּ הָיָה תְמוּרָה, לֹא הָיָה קָרֵב. קָרָא לַתְּשִׁיעִי עֲשִׂירִי וְלָעֲשִׂירִי עֲשִׂירִי וּלְאַחַד עָשָׂר עֲשִׂירִי, אֵין אַחַד עָשָׂר מְקֻדָּשׁ. זֶה הַכְּלָל, כֹּל שֶׁלֹּא נֶעְקַר שֵׁם עֲשִׂירִי מִמֶּנּוּ, אֵין אַחַד עָשָׂר מְקֻדָּשׁ:

〔가축〕 두 마리가 한꺼번에 나왔다면, 그것들을 둘씩 센다.

그가 그 〔가축 두 마리를〕 하나로 세었다면, 아홉째와 열째가 잘못된 것이다. 아홉째와 열째가 한꺼번에 나왔다면, 아홉째와 열째가 잘못된 것이다.

아홉째를 열째로, 열째를 아홉째로, 열한째를 열째라고 불렀다면, 그들 세 마리가 [모두] 성별된다. 아홉째는 흠이 생기면 잡아먹고, 열째는 십일조로 바치고, 열한째는 화목제물로 드리며, 이것은 대체할 수 있다는 것이 랍비 메이르의 말이다. 랍비 예후다는 대체물이 [다른 제물의] 대체물이 될 수 있는가 [여부에 관해] 그들이 이것이 대체물이 아니었다면 제물이 되지도 않았을 것이라고 랍비 메이르의 이름으로 말했다.

그가 아홉째를 열째로, 열째를 열째로 그리고 열한째를 열째로 불렀다면, 열한째는 성별되지 않는다. 이것이 원칙이다. 열째라는 이름을 빼앗기지 않았다면 열한째가 성별되지 않는다.

- 가축이 한 번에 두 마리씩 나왔을 때, 주인은 두 마리씩 세고, 열아홉째와 스무째 가축 두 마리를 십일조로 정한다.
- 주인이 가축 두 마리를 하나로 세는 실수를 범했다면, 그가 아홉째라고 부른 것이 열째이고, 그가 열째라고 부른 것이 사실은 열한째 가축이며, 속된 가축을 거룩하다고 또 거룩한 가축을 속되다고 부른 잘못을 저지른 것이다. 두 마리 모두 들에서 기르다가 흠이 생기면 주인이 잡아먹는다.
- 아홉째와 열째가 한꺼번에 나와서 어느 가축이 열째인지 모른다면, 두 마리 모두 들에서 기르다가 흠이 생기면 주인이 잡아먹는다.
- 주인이 가축을 세면서 실수한 다른 예가 나온다. 아홉째를 열째라고 불렀다면 들에서 기르다가 흠이 생겼을 때 주인이 잡아먹는다. 열째를 아홉째라고 불렀다면 잘못 불렀지만 원래 성물이므로 십일조로 드린다. 열한째를 열째라고 불렀다면 성별했으므로 화목제물로 바

친다. 이것이 랍비 메이르의 주장이었다.

- 열한째를 열째라고 잘못 부른 가축을 다른 제물의 대체물로 사용할 수 있을까? 실수로 성별한 가축을 이용해서 드려야 할 의무가 있는 다른 제사의 제물을 대체한다면, 주인의 손해를 막을 수 있다. 랍비 메이르는 대체물로 사용해도 좋다고 했다. 랍비 예후다는 열한째 가축이 실제로 성물인 열째 가축의 대체물과 같은 지위를 가지고 있다고 보고, 대체물이 다른 제물을 대체할 수 없다고 했다. 그러나 랍비 메이르의 의견을 지지하는 다른 랍비들은 열한째 가축이 대체물이었다면 화목제물로 쓸 수도 없을 것이라고 반박한다.

- 주인이 아홉째를 열째로, 열째를 열째로 그리고 열한째를 열째로 불렀다면, 최소한 열째 가축을 열째라고 제대로 불렀으므로 열한째는 성별되지 않는다. 원칙적으로 열째 가축이 열째라는 이름을 빼앗기지 않았으므로, 그다음에 오는 열한째가 그 이름을 차지할 수 없다는 것이다. 그러나 아홉째는 실수로 열째라고 불렀으므로 흠이 생길 때까지 들에서 키우다가 주인이 잡아먹는다.

עֲרָכִין

5

아라킨

가치·몸값

어떤 사람이 아무개의 정해진 값을 내가 바치겠다고 말하고, 서원한 자와 서원의 대상이 된 자가 죽었다면, 그들의 상속 자들이 낸다. 아무개의 실제 가격을 바치겠다고 말하고 그 서원한 자 죽으면, 그의 상속자들이 낸다. 그 서원의 대상 이 된 자가 죽으면, 그의 상속자들이 내지 않는다. 죽은 자에 게 가격을 매길 수 없기 때문이다. _「아라킨」5, 4

개요

마쎄켓 「아라킨」(ערכין)은 '가치'(ערד, 에렉)라는 낱말에서 가져왔다. 그래서 이 마쎄켓은 어떤 사람이 특정한 액수나 가치에 해당하는 값을 성전에 바치겠다고 서원하는 상황과 관련되어 있다. 어떤 사람에게 정해진 가치만큼 바치겠다는 서원(레 27:1-8), 성전 보수를 위한 성물이나 성전 창고에 들일 성물에 관한 서원을 다룬다. 또 성전에 바친 농경지를 무르는 방법(레 27:16-25), 재산을 '헤렘'으로 드려서 포기하는 상황(레 27:28-29), 그리고 성벽 안에 있는 부동산을 바치고 무르는 상황을 다룬다(레 25:25-34). 미쉬나 본문을 이해하기 위해 미리 알아두어야 할 기본적 개념들을 정리해본다.

대인 서원

사람을 바치기로 하는 서원이며, 사람을 제물로 드릴 수 없으므로 서원의 대상이 되는 사람의 값을 성전에 바쳐야 한다. 서원의 "הרי עלי…"(하레이 알라이… 나에게 [의무가] 있다)라는 선언 뒤에 서원할 대상을 언급함으로써 성립한다. 사람을 바치기로 하는 서원에는, 가치(ערד, 에렉) 서원과 (시장)가격(דמים, 드밈) 서원의 두 가지가 있다.

(1) 가치 서원: 토라에 이미 정해져 있는(레 27:1-8) 사람의 값을 바치겠다는 서원이다. 그 값은 성별과 나이에 따라 정해져 있다.

	1개월–5세	5–20세	20–60세	60세 이상
남자	5	20	50	15
여자	3	10	30	10

(단위: 쉐켈)

(2) 가격 서원: 정해져 있는 가치가 아니라 서원의 대상이 된 사람이 시장에서 노예로 팔릴 경우에 그에게 매겨질 값을 성전에 바치기로 하는 것이다. 이 가격의 자의적 평가를 막기 위해 10명으로 구성된 위원회에서 이를 결정해야 하고 그중 한 사람은 반드시 제사장이어야 한다.

토지 서원

조상 대대로 물려받은 기업이 된 토지를 바치기로 서원하는 것이다. 이러한 토지는 희년법(레 25)에 따라 50년이 되면 원주인에게로 돌아가게 되므로, 마쎄켓 「아라킨」은 이를 성전에 바칠 경우 어떻게 처리할지를 다룬다. 또한 이를 무를 경우의 복잡한 규정들에 대해서도 다룬다.

헤렘

헤렘(חרם)은 특정한 재물을 성전에 바치는 것으로 이 재물은 성전의 창고로 들어가게 된다. 두 종류의 헤렘이 있는데, 성전의 수리를 위한 헤렘과 제사장에게 돌리는 헤렘이다. 전자는 성전의 유지보수 등을 위해 쓰인다. 후자는 성전에 귀속되지 않고 그 주에 성전에서 봉사하는 제사장들에게 분배된다.

• 관련 성경구절 | 레위기 27:1-29

제1장

1, 1

사람이나 가축의 값을 정하거나 값을 받는 주체가 누구인지 설명
한다.

הַכֹּל מַעֲרִיכִין וְנֶעֱרָכִין, נוֹדְרִים וְנִדָּרִים, כֹּהֲנִים וּלְוִיִּם וְיִשְׂרְאֵלִים, נָשִׁים
וַעֲבָדִים. טֻמְטוּם וְאַנְדְּרוֹגִינוֹס, נוֹדְרִים וְנִדָּרִים וּמַעֲרִיכִין, אֲבָל לֹא נֶעֱרָכִין,
שֶׁאֵינוֹ נֶעֱרָךְ אֶלָּא זָכָר וַדַּאי וּנְקֵבָה וַדָּאִית. חֵרֵשׁ, שׁוֹטֶה וְקָטָן, נִדָּרִין
וְנֶעֱרָכִין, אֲבָל לֹא נוֹדְרִין וְלֹא מַעֲרִיכִין, מִפְּנֵי שֶׁאֵין בָּהֶם דָּעַת. פָּחוֹת מִבֶּן
חֹדֶשׁ, נִדָּר אֲבָל לֹא נֶעֱרָךְ:

모든 [사람이 자신의 정해진] 값을 [성전에] 바치기로 서원하거나
[다른 사람에 의해 그러한 서원의] 대상이 될 수 있으며, [자신의 실
제 가격을 성전에 바치기로] 서원을 하거나 서원의 대상이 될 수 있
으다. 제사장들과 레위인들과 이스라엘 사람들, 여자와 종들이 [그러
하다].

외성기이상자와 남녀추니인 자는 [자신의 실제 가격을 바치겠다
고] 서원을 하거나 서원의 대상이 될 수 있으며, [정해진] 값을 서원
할 수 있으나, 그 대상이 될 수는 없다. 확실히 남자이거나 확실히 여
자일 때가 아니면 값을 정할 수 없기 때문이다.

청각장애인, 지적장애인, 미성년자는 실제 가격이나 정해진 값에
대한 서원의 대상이 될 수 있으나, [스스로] 정해진 값이나 실제 가격
에 대한 서원을 할 수는 없다. 그들은 지식이 없기 때문이다.

한 달이 지나지 않은 자는 실제 가격에 대한 서원의 대상이 되나 정
해진 값에 대한 서원의 대상이 될 수 없다.

- 토라의 규정에 따르면 사람은 나이에 따라 정해진 값이 있어서 이 액수를 지불할 수 있다. 그러나 그 값을 낼 능력이 없으면 따로 값을 평가해서 내기도 한다(레 27). 이 미쉬나는 이 상황을 네 가지로 구별해서 언급하고 있는데, 토라가 정한 값을 바치기로 서원하거나(מעריך, 마아리크) 그러한 서원의 대상이 될 수 있으며, 즉 다른 사람이 그 값을 대신 바치기로 서원할 수 있으며(נערך, 네에라크) 시장에서 거래하는 실제 가격을 바치겠다고 서원하거나(נודר, 노데르) 다른 사람이 실제 가격을 내준다고 말하여 서원의 대상이 될 수 있다(נידר, 니다르). 여기서 실제 거래가격은 대상자가 노예로 거래될 때의 가격을 말한다. 이 가격은 열 명의 평가자들이 함께 결정하며 그중에는 반드시 제사장이 포함되어야 한다.
- 누구든지 정해진 자기 값을 바치겠다고 말하면, 스스로 토라에서 정한 값을 성전에 내겠다는 뜻이다. 또는 다른 사람이 그의 값을 낸다고 말하면, 그 사람이 토라가 정한 값을 성전에 내준다는 뜻이다. 한편 모든 사람이 자기의 실제 시장가격을 평가하여 바치겠다고 서원할 수 있고, 또 다른 사람이 그의 실제 시장가격을 평가하여 낸다고 말하여 서원을 받을 수도 있다.
- 외성기이상자와 남녀추니인 자는 실제 가격을 낸다는 서원을 하거나 서원을 받을 수 있다. 이 행동은 주체의 성별과 관련이 없기 때문이다. 이들이 다른 사람의 정해진 값을 내주는 것도 문제없이 시행할 수 있다. 그러나 이들은 자기에게 정해진 값을 낼 수 없다. 토라가 사람의 가격을 성별에 따라 정하고 있기 때문이다.
- 청각장애인, 지적장애인, 미성년자는 법적 행위의 주체가 될 수 없다. 그러므로 자신의 실제 가격을 평가해서 바치겠다고 서원할 수 없고 토라가 정한 값을 스스로 낼 수도 없다. 그러나 다른 사람이 이 사람들의 실제 가격을 내주겠다고 말하여 서원을 받거나 다른 사람이 토

라가 정한 값을 대신 내기로 서원할 수는 있다.

- 토라는 사람의 값을 1개월이 지난 다음부터 정하고 있다. 그러므로
한 달이 지나지 않은 아기는 토라가 정한 값을 받을 수 없다. 그러나
아기를 종으로 거래하는 실제 가격은 평가받을 수 있으므로 서원의
대상이 된다.

1, 2

이방인이 자기 값을 성전에 바치는 서원을 할 수 있는지를 논의
한다.

הַנָּכְרִי, רַבִּי מֵאִיר אוֹמֵר נֶעֱרָךְ אֲבָל לֹא מַעֲרִיךְ. רַבִּי יְהוּדָה אוֹמֵר, מַעֲרִיךְ
אֲבָל לֹא נֶעֱרָךְ. זֶה וָזֶה מוֹדִים, שֶׁנּוֹדְרִין וְנִדָּרִין:

이방인에 관하여, 랍비 메이르는 [정해진] 값의 서원의 대상이 될
수 있지만 서원을 할 수는 없다고 말한다. 랍비 예후다는 서원을 할 수
있지만 그 대상이 될 수는 없다고 말한다. [그러나] 그들이 [실제 가
격을 바치겠다고] 서원하거나 서원을 받을 수 있다는 [점에 대하여]
동의한다.

- 랍비 메이르에 따르면 만약 어떤 유대인이 이방인의 값을 바치겠다
고 서원한다면, 토라가 정한대로 그 이방인의 값을 성전에 바치는
서원이 허용된다고 한다. 그러나 이방인이 스스로 자기 값을 바치기
로 하거나 다른 사람의 값을 내기로 하는 것은 불가능하다. 그러나
랍비 예후다는 반대 의견을 개진한다. 이들은 "이스라엘 자손에게
말하여 이르라"라고 기록한(레 27:2) 토라 본문을 서로 다르게 해석
하고 있는데, 토라가 정한 것이 이스라엘 사람의 값을 말하고 있는
것인지, 아니면 이스라엘 사람만 그 값을 내는 행위를 할 수 있다고

하는 것인지 불분명하기 때문이다.

- 랍비 메이르와 랍비 예후다도 이방인이 자기나 또 다른 사람의 실제 가격을 바치겠다고 서원하는 것은 허용된다고 동의한다. 실제 가격은 토라에서 정하고 있지 않기 때문이다.

1, 3

살날이 얼마 남지 않은 사람도 사람의 값을 성전에 바칠 수 있는지 논의한다.

הַגּוֹסֵס, וְהַיּוֹצֵא לֵהָרֵג, לֹא נִדָּר וְלֹא נֶעֱרָךְ. רַבִּי חֲנִינָא בֶּן עֲקַבְיָא אוֹמֵר, נֶעֱרָךְ, מִפְּנֵי שֶׁדָּמָיו קְצוּבִין, אֲבָל אֵינוֹ נִדָּר, מִפְּנֵי שֶׁאֵין דָּמָיו קְצוּבִין. רַבִּי יוֹסֵי אוֹמֵר, נוֹדֵר וּמַעֲרִיךְ וּמַקְדִּישׁ. וְאִם הִזִּיק, חַיָּב בְּתַשְׁלוּמִין:

죽어가는 사람과 사형을 당할 사람을 위해 [다른 사람이 실제 가격을 바치겠다고 말하여] 서원을 받거나 [정해진] 값을 받을 수 없다. 랍비 하니나 벤 아캅야는 그의 값이 정해져 있으니 서원의 대상이 될 수는 있다고 말한다. 그러나 그의 [실제] 가격은 정해지지 않았기 때문에 서원의 대상이 될 수는 없다고 한다. 랍비 요쎄는 그가 실제 가격이나 정해진 값을 서원하고 [이것을] 바칠 수 있다고 말한다. 그리고 손상이 발생하면, 그것을 배상할 책임이 있다고 한다.

- 질병 때문에 또는 사형언도를 받아서 죽게 될 사람에게 값을 매길 수는 없다. 그러므로 다른 사람이 죽어가는 사람을 위해 실제 가격이나 토라가 정한 값을 바칠 수 없다.
- 랍비 하니나는 토라가 정해놓은 값은 그가 어떤 상태에 있든지 상관없이 적용되므로, 다른 사람이 그의 값을 성전에 바칠 것을 서원할 수 있다. 그러나 그 사람이 죽어가고 있다면 실제 가격을 책정할 수

없으므로, 다른 사람이 그의 실제 가격을 서원할 수 없다고 말한다.

- 랍비 요쎄는 죽어가는 사람도 다른 사람의 값이나 실제 가격을 성전에 바치겠다고 서원할 수 있으며, 만약 그가 돈을 내기 전에 죽으면 그의 유산 중에서 지불하면 된다고 주장한다. 마찬가지로 그가 다른 사람의 재산에 손상을 입혔다면, 그의 상속자가 대신 배상해야 한다고 덧붙인다.

1, 4

셋째 미쉬나(1, 3) 문맥을 이어가고 있다.

הָאִשָּׁה שֶׁהִיא יוֹצְאָה לֵהָרֵג, אֵין מַמְתִּינִין לָהּ עַד שֶׁתֵּלֵד. יָשְׁבָה עַל הַמַּשְׁבֵּר,
מַמְתִּינִין לָהּ עַד שֶׁתֵּלֵד. הָאִשָּׁה שֶׁנֶּהֶרְגָה, נֶהֱנִין בִּשְׂעָרָהּ. בְּהֵמָה שֶׁנֶּהֶרְגָה,
אֲסוּרָה בַהֲנָיָה:

어떤 여인이 사형언도를 받았으면, 그녀가 출산할 때까지 기다리지 않는다. 그녀가 〔출산용〕 의자에 앉았다면, 그녀가 출산할 때까지 기다린다. 사형을 당한 여인의 머리털로 이득을 취할 수 있다. 죽임을 당한 가축은 〔어느 부분이든〕 이득을 취할 수 없다.

- 어떤 사람이 사형을 언도받으면 곧 형을 집행해야 하며, 임신한 여인이더라도 마찬가지다. 사형을 기다리며 죽음 때문에 괴로워하는 것은 불필요한 고통이라고 보기 때문이다. 한편 여인의 뱃속 아이는 독립된 사람으로 취급하지 않음을 볼 수 있다.
- 그러나 그녀가 이미 진통을 시작했고 출산용 의자에 앉았다면, 아이를 낳을 때까지 사형을 미뤄야 한다. 이때는 아이가 독립된 사람이 되는 순간에 충분히 가까이 왔다고 보는 것이다.
- 시체의 어느 부분이든지 그것을 이용해서 이득을 취하는 것은 금지

되어 있다. 그러나 사형을 당한 여인의 머리털은 원래부터 살아 있는 생물이 아니라고 생각하며, 시체와 같은 경우로 간주하지 않는다.

- 살인을 하거나 수간에 이용되어 죽임을 당한 가축은 어느 부분이든 다른 목적을 위해 사용할 수 없다. 인간과 달리 가축의 털을 이용해서 이득을 취할 수 없다.

제2장

2, 1
사람의 값의 최소와 최대 한계에 관해 논의한다.

אֵין בָּעֲרָכִין פָּחוּת מִסֶּלַע, וְלֹא יָתֵר עַל חֲמִשִּׁים סֶלַע. כֵּיצַד, נָתַן סֶלַע
וְהֶעֱשִׁיר, אֵינוֹ נוֹתֵן כְּלוּם. פָּחוּת מִסֶּלַע וְהֶעֱשִׁיר, נוֹתֵן חֲמִשִּׁים סֶלַע. הָיָה
בְיָדָיו חָמֵשׁ סְלָעִים, רַבִּי מֵאִיר אוֹמֵר, אֵינוֹ נוֹתֵן אֶלָּא אֶחָת. וַחֲכָמִים
אוֹמְרִים, נוֹתֵן אֶת כֻּלָּם. אֵין בָּעֲרָכִין פָּחוּת מִסֶּלַע, וְלֹא יָתֵר עַל חֲמִשִּׁים
סֶלַע. אֵין פֶּתַח בְּטוֹעָה פָּחוּת מִשִּׁבְעָה, וְלֹא יָתֵר עַל שִׁבְעָה עָשָׂר. אֵין
בַּנְּגָעִים פָּחוּת מִשָּׁבוּעַ אֶחָד, וְלֹא יָתֵר עַל שְׁלֹשָׁה שָׁבוּעוֹת:

〔사람의 정해진 값은〕 1쎌라[1]보다 적을 수 없고, 50쎌라를 넘을 수 없다. 어떤 〔경우에 그러한가?〕 〔어떤 사람이〕 1쎌라를 내고 난 뒤에 부자가 되었어도 〔더 이상〕 내지 않는다. 그가 1쎌라보다 적게 내고 부자가 되었다면 50쎌라를 낸다.

그의 손에 5쎌라가 있었을 때, 랍비 메이르는 그가 1〔쎌라 이상〕 낼 필요가 없다고 말한다. 그러나 현인들은 그 전부를 내야 한다고 말

---

1) 1쎌라는 4디나르이며 24마웃 또는 48푼디온이다. 약 17그램 정도의 은전으로 추정한다. 성경의 1쉐켈은 미쉬나의 1쎌라에 해당한다.

한다.

1쎌라보다 적은 값은 없고, 50쎌라를 넘지도 못한다. [계산이] 틀린
여성을 위해 이레보다 적게 [월경주기 계산을 다시] 열어주지 않으며,
17일을 넘기지도 못한다. 피부병을 1주일보다 적게 [닫지] 않으며,
3주일을 넘기지도 못한다.

- 토라는 경제적으로 어려워서 정해진 값을 내지 못하는 사람의 경우,
  제사장은 그 사람이 부담할 수 있는 값을 정해주어야 한다고 명령한
  다(레 27:8). 이때 제사장이 정하는 그 사람의 값은 최소 1쎌라 이상
  이고 최대 50쎌라를 넘으면 안 된다고 가르친다. 레위기 27:25은 모
  든 단위를 성소의 쉐켈로 정하고 있으므로 1쉐켈(＝쎌라)보다 작을
  수 없고 정상적인 성인 남성의 값인 50쉐켈보다 클 수는 없다.
- 어떤 사람이 제사장이 정한 바에 따라 최소 값인 1쎌라를 바쳤다면,
  그는 의무를 다한 것이다. 나중에 그가 부자가 되었어도 추가로 돈
  을 낼 필요는 없다. 그러나 1쎌라보다 적게 냈다면, 그는 의무를 이
  행하지 않은 상태이니, 나중에 부자가 되었다면 정상적인 값 50쎌라
  를 지불해야 한다.
- 만약 어떤 사람이 정상적인 값을 내기로 서원했는데 수중에 5쎌라
  밖에 없다면, 그는 최소 금액인 1쎌라만 내면 된다는 것이 랍비 메이
  르의 의견이다. 그러나 다른 랍비들은 그가 가진 것을 전부 내야 한
  다고 주장한다.
- 이 미쉬나의 후반부에는 서원과 관계없으나 최소치와 최대치를 언
  급한 유사한 법규정들을 모아놓았다. 여성이 흘린 피가 월경하는 피
  인지 아닌지에 따라 그녀가 부정해지는 기간이 달라진다. 그녀가 피
  를 보면 월경하는 것으로 규정하고 이레 동안 부정하다. 월경 기간이
  끝나고도 계속 피를 보면 그것은 유출병과 관련되어 하루가 부정한

데, 11일 동안이 유출병과 관련되는 기간이다. 그 후에 나오는 피는 다시 월경하는 피로 계산한다. 그런데 어떤 여인이 날수 계산을 잘못하여 자기가 본 피가 어떤 피인지 판단할 수 없다면, 그녀의 월경 기간을 이레보다 적게 계산할 수는 없고 17일보다 더 길게 계산할 수도 없다. 이에 관하여는 마쎄켓 「닛다」에서 자세히 다룬다.

- 사람이나 집에 나타난 피부병이나 곰팡이와 관련된 날짜도 1주일보다 적게 계산할 수는 없고 3주일보다 길게 계산할 수도 없다(레 13: 21, 26).

2, 2

앞의 미쉬나에 이어 최대치와 최소치에 관한 여러 규정들이다.

אֵין פּוֹחֲתִין מֵאַרְבָּעָה חֳדָשִׁים הַמְעֻבָּרִים בְּשָׁנָה, וְלֹא נִרְאֶה יָתֵר עַל שְׁמֹנָה. שְׁתֵּי הַלֶּחֶם נֶאֱכָלוֹת אֵין פָּחוֹת מִשְּׁנַיִם וְלֹא יָתֵר עַל שְׁלֹשָׁה. לֶחֶם הַפָּנִים נֶאֱכָל אֵין פָּחוֹת מִתִּשְׁעָה וְלֹא יָתֵר עַל אַחַד עָשָׂר. קָטָן נִמּוֹל אֵין פָּחוֹת מִשְּׁמֹנָה וְלֹא יָתֵר עַל שְׁנֵים עָשָׂר:

꽉 찬 달은 1년에 4개월보다 적을 수 없고, 8〔개월을〕 넘기지 못한다. 빵 두 덩이를 먹을 때는 이틀보다 적으면 안 되고 사흘을 넘기지도 못한다. 진설병을 먹을 때는 아흐레보다 적으면 안 되고 열흘을 넘기지도 못한다. 작은 아이를 할례할 때는 여드레보다 적으면 안 되고 열이틀을 넘기지도 못한다.

- 유대력에 따라 한 달은 29-30일이며, 새 달을 목격한 사람의 증언을 따른다. 29일로 이루어진 달을 '모자란 달'(חסר, 하쎄르), 30일로 이루어진 달은 '꽉 찬 달'(מלא, 말레 혹은 מעבר, 메우바르)이라고 한다. 그런데 계절을 맞추기 위해서 1년에 최소한 4개월은 꽉 찬 달이 있

어야 하고, 이것이 8개월을 넘어서는 안 된다고 정하고 있다.

- 칠칠절에 먹는 빵 두 덩이는 칠칠절 전날 굽고 명절에 먹는다. 그러나 칠칠절 전날이 안식일이면 그 전날 즉 목요일에 굽고 일요일인 칠칠절에 먹게 된다. 그러므로 그 빵을 먹는 시점은 이틀보다 적을 수 없고 사흘을 넘기지 않는다.

- 진설병은 대개 일주일 동안 성소에 진상하고 다음 안식일(토요일) 즉 아홉째 날에 먹는다(진설병을 성소에 진설하는 금요일에서 다음 주 토요일까지 9일이 된다). 그러나 목요일과 금요일이 명절이라면, 열하루 되는 날에 먹을 수도 있다. 그러므로 진설병은 최소한 아흐레 최대한 열흘이 지나기 전에 먹어야 한다(「메나홋」 11, 9).

- 사내 아이가 태어나면 이레가 지나고 여드레째 되는 날에 할례를 받는다. 그러나 아이가 저녁에 태어나서 즉시 다음 날이 되었다면 아흐레째가 되는 날에 할례를 받게 된다. 아이가 금요일 저녁에 태어났다면 그는 돌아오는 일요일에 즉 열흘째 되는 날 할례를 받는다. 그가 새해 첫날에 태어났고 명절이 목요일과 금요일에 걸쳐 있었다면, 그는 돌아오는 일요일 즉 열이틀째 되는 날 할례를 받는다. 그러므로 할례는 최소한 여드레 되는 날, 최대한 열이틀 되는 날에 시행한다.

2, 3

계속해서 성전의 나팔과 피리 연주에 관한 최대치와 최소치를 규정하고 있다.

אֵין פּוֹחֲתִין מֵעֶשְׂרִים וְאַחַת תְּקִיעוֹת בַּמִּקְדָּשׁ וְלֹא מוֹסִיפִין עַל אַרְבָּעִים
וּשְׁמֹנֶה. אֵין פּוֹחֲתִין מִשְּׁנֵי נְבָלִין וְלֹא מוֹסִיפִין עַל
שִׁשָּׁה. אֵין פּוֹחֲתִין מִשְּׁנֵי חֲלִילִין וְלֹא מוֹסִיפִין עַל שְׁנֵים עָשָׂר. וּבִשְׁנֵים עָשָׂר

יוֹם בַּשָּׁנָה הֶחָלִיל מַכֶּה לִפְנֵי הַמִּזְבֵּחַ. בִּשְׁחִיטַת פֶּסַח רִאשׁוֹן, וּבִשְׁחִיטַת פֶּסַח שֵׁנִי, וּבְיוֹם טוֹב רִאשׁוֹן שֶׁל פֶּסַח, וּבְיוֹם טוֹב שֶׁל עֲצֶרֶת, וּבִשְׁמוֹנַת יְמֵי הֶחָג, וְלֹא הָיָה מַכֶּה בְּאַבּוּב שֶׁל נְחֹשֶׁת אֶלָּא בְּאַבּוּב שֶׁל קָנֶה, מִפְּנֵי שֶׁקּוֹלוֹ עָרֵב. וְלֹא הָיָה מַחֲלִיק אֶלָּא בְּאַבּוּב יְחִידִי, מִפְּנֵי שֶׁהוּא מַחֲלִיק יָפֶה:

성전에서 나팔 불기는 21회보다 적을 수 없고 48회를 넘기지도 못한다.

네벨-수금은 둘보다 적을 수 없고 여섯 개보다 더할 수도 없다.

피리는 둘보다 적을 수 없고 열두 개보다 더할 수도 없다.

한 해에 열이틀 동안 제단 앞에서 피리를 분다. 첫째 유월절 제물을 도살할 때, 둘째 유월절 제물을 도살할 때, 유월절 중 첫째 축일에, 〔칠칠절〕 대회의 축일에, 〔칠칠절〕 명절 여드레 동안이다.

그들이 청동으로 〔만든〕 아부브-피리가 아니라 갈대로 〔만든〕 아부브-피리를 불었다. 그 소리가 더 부드러웠기 때문이다. 그리고 하나의 아부브-피리로 마무리했다. 그것이 아름답게 마무리했기 때문이다.

- 성전에서는 매일 최소한 21회 나팔을 불었으며, 최대한 48회가 될 수도 있었다(「쑤카」 5, 5). 칠칠절 도중에 안식일이 끼면 나팔을 불어야 할 일이 늘어났다.
- 레위인들이 노래할 때 네벨-수금과 피리를 연주했는데, 각각 최소와 최대 연주 횟수가 정해져 있다. 특히 제단 앞에서 피리를 부는 날이 정해져 있었다. 한 해에 12일 동안 그렇게 시행했다.
- 노래는 한 사람이 갈대로 만든 아부브-피리를 불며 마무리했다.

2, 4

셋째 미쉬나(2, 3) 문맥에 이어 피리를 부는 사람에 관해 설명한다.

וְעַבְדֵי הַכֹּהֲנִים הָיוּ, דִּבְרֵי רַבִּי מֵאִיר. רַבִּי יוֹסֵי אוֹמֵר, מִשְׁפְּחוֹת בֵּית הַפְּגָרִים
וּבֵית צִפְּרְיָא וּמֵאֶמָּאוֹם הָיוּ מַשִּׂיאִין לַכְּהֻנָּה. רַבִּי חֲנַנְיָא בֶּן אַנְטִיגְנוֹס אוֹמֵר,
לְוִיִּם הָיוּ:

그들은 제사장의 종들이었다는 것이 랍비 메이르의 말이다. 랍비
요쎄는 벳프가림과 벳쯔파랴 가족들과 엠마옴 [사람들] 중에 제사장
과 결혼한 자들이었다고 말한다. 랍비 하나냐 벤 안티그노스는 그들
이 레위인들이었다고 말한다.

- 랍비 메이르에 따르면 명절에 성전에서 피리를 불던 사람들은 제사
  장의 종들이었다고 한다. 랍비 요쎄는 딸들을 제사장에게 결혼시킬
  만큼 중요한 가문들에서(「키두쉰」4, 5) 피리를 부는 사람들이 나
  왔다고 주장한다. 랍비 하나냐는 레위인들이 피리를 불었다고 주장
  한다.

2, 5

계속해서 다양한 최대치와 최소치에 대한 규정이다.

אֵין פּוֹחֲתִין מִשִּׁשָּׁה טְלָאִים הַמְבֻקָּרִין בְּלִשְׁכַּת הַטְּלָאִים, כְּדֵי לְשַׁבָּת וְלִשְׁנֵי
יָמִים טוֹבִים שֶׁל רֹאשׁ הַשָּׁנָה, וּמוֹסִיפִין עַד לְעוֹלָם. אֵין פּוֹחֲתִין מִשְׁתֵּי
חֲצוֹצְרוֹת, וּמוֹסִיפִין עַד לְעוֹלָם. אֵין פּוֹחֲתִין מִתִּשְׁעָה כִנּוֹרוֹת, וּמוֹסִיפִין עַד
לְעוֹלָם. וְהַצֶּלְצָל לְבָד:

어린 양의 방에는 안식일과 신년 첫날의 명절 이틀을 위해 검사를
받은 어린 양들이 여섯 마리보다 적게 있으면 안 되지만, 얼마든지 더

있어도 좋다.

나팔은 두 개보다 적으면 안 되고, 얼마든지 더 있어도 좋다.

키노르-수금은 아홉 개보다 적으면 안 되고 얼마든지 더 있어도 좋다.

그러나 심벌즈는 하나로 [충분하다].

- 성전에서 매일 드리는 상번제는 아침과 저녁에 어린 양 한 마리씩 바쳐야 한다. 그러나 신년 명절과 안식일이 겹치면 여섯 마리가 필요하다. 그러므로 흠이 없는 어린 양 최소한 여섯 마리를 검사하여 성전의 어린 양을 가두어 두는 방에 준비해야 한다(「타미드」 3, 3). 최대 숫자에 대한 규정은 없다.
- 성전에서 부는 나팔은 최소한 두 개가 필요하고 최대 숫자는 제한이 없다(민 10:2, 10; 역하 2:5, 12).
- 키노르-수금은 최소한 아홉 개가 필요하고 심벌즈는 하나로 충분하다.

2, 6
아이들이 레위인과 함께 노래하는 경우에 대해 설명한다.

אֵין פּוֹחֲתִין מִשְּׁנֵים עָשָׂר לְוִיִּם עוֹמְדִים עַל הַדּוּכָן, וּמוֹסִיפִין עַד לְעוֹלָם. אֵין קָטָן נִכְנָס לָעֲזָרָה לָעֲבוֹדָה אֶלָּא בְשָׁעָה שֶׁהַלְוִיִּם עוֹמְדִים בַּשִּׁיר. וְלֹא הָיוּ אוֹמְרִים בְּנֵבֶל וְכִנּוֹר אֶלָּא בַּפֶּה, כְּדֵי לָתֵן תֶּבֶל בַּנְּעִימָה. רַבִּי אֱלִיעֶזֶר בֶּן יַעֲקֹב אוֹמֵר, אֵין עוֹלִין לַמִּנְיָן, וְאֵין עוֹמְדִים עַל הַדּוּכָן, אֶלָּא הָיוּ בָאָרֶץ עוֹמְדִין, וְרָאשֵׁיהֶן מִבֵּין רַגְלֵי הַלְוִיִּם, וְצוֹעֲרֵי הַלְוִיִּם הָיוּ נִקְרָאִין:

단상 위에 선 레위인들이 12명보다 적을 수는 없으며, 얼마든지 더 있어도 좋다.

아이들은 제의를 위해 [성전] 안마당에 들어갈 수 없으나, 레위인들이 서서 노래할 때는 예외다. 그리고 아이들은 네벨-수금과 키노르-수금이 아니라 입으로 노래하여 화음을 더한다.

랍비 엘리에제르 벤 야아콥은 그들(아이들)이 〔숫자〕세기에 포함되지 않으며 단상 위에 서지 못하고, 땅 위에 서며 그들의 머리가 레위인들의 다리 사이에 있게 된다. 레위의 아이들이라고 부른다고 말한다.

- 성전에서 단상 위에 올라 노래하는 레위인들은 최소한 12명이 되어야 한다. 이 숫자는 네벨-수금을 타는 9명, 키노르-수금을 타는 2명, 그리고 심벌즈를 치는 1명을 가리킨다(대상 25:9; 「아라킨」 2, 3, 5).
- 아직 성년(13세)에 이르지 못한 레위인 아이들은 정식으로 성전 사역을 맡을 수 없지만, 노래하는 일을 도울 수는 있다. 여성의 참여를 금한 영국 국교회 성가대에서 여성 대신 고음역을 담당하던 남자아이들(Boy Trebles)과 같은 역할이라 추측할 수 있다. 이들은 네벨-수금이나 키노르-수금 같은 성전용 악기들은 연주할 수 없다. 아직 충분히 숙련되지 않았기 때문이다(Tif. Yis.)[2].

제3장

3, 1
사람의 값을 정하는 규정의 관대한 면과 엄정한 면을 언급한다.

---

2) 랍비 이스라엘 리프쉬쯔(Israel Lipschitz, 1782-1860)가 저술한 미쉬나 주해서 티페렛 이스라엘(Tiferet Yisrael).

יֵשׁ בָּעֲרָכִין לְהָקֵל וּלְהַחֲמִיר, בַּשָּׂדֶה אֲחֻזָּה לְהָקֵל וּלְהַחֲמִיר, בַּשּׁוֹר הַמּוּעָד
שֶׁהֵמִית אֶת הָעֶבֶד לְהָקֵל וּלְהַחֲמִיר, בָּאוֹנֵס וּבַמְפַתֶּה וּבַמּוֹצִיא שֵׁם רַע לְהָקֵל
וּלְהַחֲמִיר. יֵשׁ בָּעֲרָכִין לְהָקֵל וּלְהַחֲמִיר. כֵּיצַד. אֶחָד שֶׁהֶעֱרִיךְ אֶת הַנָּאֶה
שֶׁבְּיִשְׂרָאֵל וְאֶת הַכָּעוּר שֶׁבְּיִשְׂרָאֵל, נוֹתֵן חֲמִשִּׁים סֶלַע. וְאִם אָמַר הֲרֵי דָמָיו
עָלַי, נוֹתֵן אֶת שָׁוְיוֹ:

값을 정하는 [규정은] 관대하게 또는 엄정하게 적용된다. 기업된 밭
[관련 규정은] 관대하게 또는 엄정하게 적용된다. 경고를 받았는데
종을 [들이받아] 죽인 황소에 [관련된 규정은] 관대하게 또는 엄정하
게 적용된다. 강간한 자와 유혹한 자와 악담하는 자에 [관련된 규정
은] 관대하게 또는 엄정하게 적용된다.

값을 정하는 [규정은] 관대하게 또는 엄정하게 적용된다. 어떤 [경
우에 그러한가]? 이스라엘에서 가장 아름다운 자나 이스라엘에서 가
장 못생긴 자나 이들의 값을 서원하는 자는 50쉘라를 [성전에] 바쳐
야 한다. 그러나 그가 그의 실제 가격을 내가 바치겠다고 말했다면,
그는 그 가격만 바치면 된다.

- 이 미쉬나의 전반부는 다음에 나오는 둘째에서 다섯째 미쉬나(3, 2-
  5)에서 더 자세히 논의한다.
- 제사장이 사람의 값을 정할 때 개인의 건강상태가 매우 좋은 사람도
  있고 그리 좋지 않은 사람도 있는데, 토라는 성인 남자의 값을 50쉐
  켈로 정하고 있기 때문에 사람에 따라 관대하게 또는 너무 엄정하게
  정하는 상황이 생길 수 있다. 그러나 어떤 사람이 '실제 가격'(וימד)
  이라는 말을 사용하면, 토라의 규정과 관련없이 시장에서 거래되는
  가격을 내면 된다.

3, 2

어떤 사람이 성전에 토지를 바쳤고 그 가치를 평가하는 상황을 논의한다.

בִּשְׂדֵה אֲחֻזָּה לְהָקֵל וּלְהַחֲמִיר. כֵּיצַד. אֶחָד הַמַּקְדִּישׁ בְּחוֹלַת הַמָּחוֹז וְאֶחָד הַמַּקְדִּישׁ בְּפַרְדְּסוֹת סְבַסְטֵי, נוֹתֵן בְּזֶרַע חֹמֶר שְׂעֹרִים חֲמִשִּׁים שֶׁקֶל כָּסֶף. וּבִשְׂדֵה מִקְנָה, נוֹתֵן אֶת שָׁוְיוֹ. רַבִּי אֱלִיעֶזֶר אוֹמֵר, אֶחָד שְׂדֵה אֲחֻזָּה וְאֶחָד שְׂדֵה מִקְנָה. מַה בֵּין שְׂדֵה אֲחֻזָּה לִשְׂדֵה מִקְנָה. אֶלָּא שֶׁבִּשְׂדֵה אֲחֻזָּה נוֹתֵן חֹמֶשׁ, וּבִשְׂדֵה מִקְנָה אֵינוֹ נוֹתֵן חֹמֶשׁ:

기업된 밭 [관련 규정은] 관대하게 또는 엄정하게 적용된다. 어떤 [경우에 그러한가]? 어떤 사람이 마호즈의 모래 땅을 바치고 또 어떤 사람은 세바스티의 과수원을 바쳤어도, 보리 씨앗 1호메르를 뿌릴 수 있는 [땅이면 무를 때]은 50쉐켈을 내야 한다. 그러나 그가 구매한 밭이면, 그 [실제] 가격을 내야 한다.

랍비 엘리에제르는 기업된 밭이나 구매한 밭이나 마찬가지라고 말한다. 기업된 밭과 구매한 밭 사이에 차이는 무엇인가? 기업된 밭을 [무를 때는] 1/5을 더내고, 구매한 밭은 1/5을 내지 않는다.

- 만일 어떤 사람이 조상 대대로 기업으로 물려받은 밭을 성전에 바쳤다가 나중에 그 밭을 무르려고 하면, 보리 씨앗 1호메르를 뿌릴 수 있는 넓이를 기준으로 은 50쉐켈을 내야 한다(레 27:16). 그러나 이스라엘의 어느 지역인가에 따라 나쁜 땅도 있고 좋은 땅도 있으므로, 50쉐켈을 내라는 토라의 규정은 관대할 수도 있고 너무 엄정한 것일 수도 있다.
- 만일 어떤 사람이 자기 기업이 아니고 타인에게 구매한 밭을 성전에 바쳤다가 무르려고 하면, 그 밭의 실제 구매 가격을 대신 바친다 (레 27:22-23).

- 랍비 엘리에제르는 이 규정에 반대하며, 두 가지 밭을 모두 정해진 50 쉐켈로 무른다고 주장한다. 다만 기업된 밭을 무를 때는 1/5을 더해야 한다는 점만 다르다는 것이다(레 27:19).

3, 3

경고를 받은 황소에 대한 규정에 대해 다룬다.

בְּשׁוֹר הַמּוּעָד שֶׁהֵמִית אֶת הָעֶבֶד לְהָקֵל וּלְהַחֲמִיר. כֵּיצַד. אֶחָד שֶׁהֵמִית אֶת הַנָּאֶה שֶׁבַּעֲבָדִים וְאֶת הַכָּעוּר שֶׁבָּעֲבָדִים, נוֹתֵן שְׁלֹשִׁים סֶלַע. הֵמִית בֶּן חוֹרִין, נוֹתֵן אֶת שָׁוְיוֹ. חָבַל בָּזֶה וּבָזֶה, מְשַׁלֵּם נֶזֶק שָׁלֵם:

경고를 받았는데 종을 [받아서] 죽인 황소에 [관련된 규정은] 관대하게 또는 엄정하게 적용된다. 어떤 [경우에 그러한가]? [그 소가] 종들 중에서 가장 아름다운 자를 죽였거나 종들 중에서 가장 못생긴 자를 [죽였거나 상관없이] 그가 30쎌라를 낸다.

그 [소가] 자유인을 죽이면, 그 [사람의] 실제 가격을 낸다. 그 [소가] 그 [종이나] 그 [자유인에게] 상해를 입혔다면, 손해를 모두 배상한다.

- 사람을 받는 버릇이 있어서 그 주인이 특별히 조심해야 하는 소를 '경고를 받은 황소'(שׁוֹר מוּעָד, 쇼르 무아드)라고 부르며, 주인이 이를 단속할 책임이 있다. 이런 소가 다시 사람을 받아서 죽이면 그 주인은 그 사람의 값을 지불해야 한다(출 21:30). 그 소가 죽인 사람이 종이면 30쉐켈을 낸다(출 21:32). 배상액이 정해져 있으므로 그 종이 건강하고 유능한지 아니면 쇠약한지에 따라 이 규정은 관대한 결정일 수도 있고 너무 엄정한 결정일 수도 있다.
- 경고를 받은 소가 자유인을 죽이면 그 주인은 죽은 사람의 실제 가

격을 배상한다. 출애굽기 21:29-31에 의하면 이 경우 소와 그 주인을 죽이거나 속죄금을 부과할 수 있다. 죽은 사람의 실제 가격을 속죄금에 해당하는 것으로 본 것이다.

- 그 소가 사람에게 상해를 입혔으면, 피해자의 지위와 상관없이 상해액 전체를 배상해야 한다.

3, 4

강간한 자와 유혹한 자에 관해 논의한다.

בָּאוֹנֵס וּבַמְפַתֶּה לְהָקֵל וּלְהַחֲמִיר. כֵּיצַד. אֶחָד שֶׁאָנַס וּפִתָּה אֶת הַגְּדוֹלָה שֶׁבַּכְּהֻנָּה וְאֶת הַקְּטַנָּה שֶׁבְּיִשְׂרָאֵל, נוֹתֵן חֲמִשִּׁים סֶלַע. וְהַבֹּשֶׁת וְהַפְּגָם, הַכֹּל לְפִי הַמְּבַיֵּשׁ וְהַמִּתְבַּיֵּשׁ:

강간한 자와 유혹한 자에 [관련된 규정은] 관대하게 또는 엄정하게 적용된다. 어떤 [경우에 그러한가]? 강간하거나 유혹한 자는 제사장 [집안의] 가장 훌륭한 자이거나 이스라엘 중에서 가장 미천한 자이거나 [상관없이] 50쎌라를 낸다.

부끄러움이나 흠에 관한 [배상은] 모두 부끄럽게 만든 자와 부끄러움을 입은 자의 [사정에] 따라 결정한다.

- 토라는 약혼하지 않은 처녀를 강간하거나 꾀어서 동침하면, 그 아버지에게 50쉐켈을 주고 그 여인을 아내로 삼아야 한다고 명령한다(신 22:28-29; 출 22:16-17). 그러나 그 처녀가 제사장 집안에서 귀하게 자란 여인이든지 아니면 이스라엘 사람들 중 미천한 자이든지 상관없이 50쎌라를 내면 되기 때문에 경우에 따라 관대하다고 또는 너무 엄정하다고 생각할 수 있다. 여성의 가치는 본인의 건강상태나 능력이 아니라 어느 집안 출신이냐에 따라 정했음을 알 수 있다.

- 랍비들은 토라에 포함되어 있지 않은 개인적인 부끄러움과 흠에 관해 언급하는데, 범죄자와 피해자의 지위와 사정에 따라 다르게 평가한다는 정도만 기록하고 있다. 자세한 논의는 「케투봇」 3, 7을 참조하라.

3, 5

아내의 처녀성을 부정하여 여자의 집안을 불명예스럽게 하는 경우에 관해 설명한다.

בַּמּוֹצִיא שֵׁם רָע לְהָקֵל וּלְהַחֲמִיר. כֵּיצַד. אֶחָד שֶׁהוֹצִיא שֵׁם רָע עַל הַגְּדוֹלָה שֶׁבַּכְּהֻנָּה וְעַל הַקְּטַנָּה שֶׁבְּיִשְׂרָאֵל, נוֹתֵן מֵאָה סֶלַע. נִמְצָא הָאוֹמֵר בְּפִיו יָתֵר מִן הָעוֹשֶׂה מַעֲשֶׂה. שֶׁכֵּן מָצִינוּ, שֶׁלֹּא נֶחְתַּם גְּזַר דִּין עַל אֲבוֹתֵינוּ בַמִּדְבָּר אֶלָּא עַל לְשׁוֹן הָרָע, שֶׁנֶּאֱמַר, וַיְנַסּוּ אֹתִי זֶה עֶשֶׂר פְּעָמִים וְלֹא שָׁמְעוּ בְּקוֹלִי:

〔여자의 집안을〕 불명예스럽게 하는 자에 〔관련된 규정은〕 관대하게 또는 엄정하게 적용된다. 어떤 〔경우에 그러한가?〕 〔불명예를 당한 이가〕 제사장 〔집안의〕 가장 훌륭한 자이거나 이스라엘 중에서 가장 미천한 자이거나 〔상관없이〕 악담한 자는 100쎌라를 낸다. 〔그러므로〕 자기 입으로 말하여 〔죄를 짓는〕 자가 행동을 하는 자보다 더 〔내게〕 된다. 이와 마찬가지로 광야에서 우리 조상들에 대해서도 악담 때문에 선고가 내려졌으니, "이같이 열 번이나 나를 시험하고 내 목소리를 청종하지 아니"했다고 기록했다.

- 어떤 사람이 결혼한 후에 아내를 미워하여 그녀가 처녀가 아니라고 말하면, 장로들 앞에서 재판해야 하고, 그녀가 처녀인 증거가 있으면 그 남편이 장인에게 100쉐켈을 내야 하고 아내와 이혼할 수 없다. 그녀가 처녀가 아니면 투석형으로 죽임을 당한다(신 22:13-22). 역

시 배상액이 정해져 있기 때문에 여성의 지위에 따라 관대한 법규로 또는 너무 엄정한 법규로 볼 수 있다.

- 그런데 실제로 강간죄를 저지른 자는 50쎌라를 내고 악담을 한 자는 100쎌라를 내기 때문에 입으로 지은 죄가 실제 범행보다 더 엄정하게 처리하는 경우가 된다. 이런 현상에 관해서 미쉬나는 미드라쉬 해석법을 사용해서 대답하는데, 이스라엘 백성들이 정탐꾼들의 소식을 듣고 하나님께 불평했던 일과 연결시킨다(민 14:1-3). 이스라엘 백성의 불평은 하나님을 시험하고 불순종한 것이라고(민 14:22) 간주되었고, 결국 아무도 가나안 땅에 들어가지 못했다. 그러므로 입으로 죄를 지으면 무거운 벌을 받아 마땅하다는 것이다.

제4장

4, 1

제사장이 사람의 값을 정하는 기준에 관하여 논의한다.

הַשֵּׂג יָד, בַּנּוֹדֵר. וְהַשָּׁנִים, בַּנִּדָּר. וְהָעֲרָכִים, בַּנֶּעֱרָךְ, וְהָעֵרֶךְ, בִּזְמַן הָעֵרֶךְ. הַשֵּׂג יָד בַּנּוֹדֵר, כֵּיצַד. עָנִי שֶׁהֶעֱרִיךְ אֶת הֶעָשִׁיר, נוֹתֵן עֵרֶךְ עָנִי. וְעָשִׁיר שֶׁהֶעֱרִיךְ אֶת הֶעָנִי, נוֹתֵן עֵרֶךְ עָשִׁיר:

재력은 서원하는 자의 [능력에] 따라서, 나이는 서원의 대상에 따라서, 그 값은 값을 평가받는 자에 따라서, 그리고 그 값을 [지불하는 때는] 값을 정한 때에 따라서 [결정한다].

재력은 서원하는 자의 [능력에] 따라서 [결정한다]. 어떤 [경우에 그러한가]? 가난한 자가 부유한 자의 값을 서원하면, 그는 가난한 자의 값을 바친다. 그러나 부유한 자가 가난한 자의 값을 서원하면, 그는 부유한 자의 값을 낸다.

- 토라는 정해진 사람의 값을 지불할 능력이 없을 때 제사장에게 가고, 제사장이 그의 값을 평가하여 결정하라고 명령한다(레 27:8). 이 미쉬나는 이때 그 값을 평가하는 기준을 제하시고 있다. 이에 대한 세부적인 논의는 4, 1-4에서 다룬다.
- 미쉬나는 제사장이 서원하는 자의 능력을 평가하는 것이며 드리기로 서원한 사람이 자신의 값을 평가하는 것이 아니라고 말한다. 그러므로 가난한 사람이 부유한 자의 값을 바치겠다고 서원해도 그는 가난한 자가 낼 수 있는 정도만 내면 된다. 만약 부유한 자가 가난한 자의 값을 바치겠다고 서원하더라도 그는 부유한 자의 값 전체를 내야 한다. 자기가 가난한 자의 값을 바치겠다고 말한 것은 효력이 없다. 재력 평가는 서원하는 자의 능력에 따르기 때문이다.

4, 2

다른 사람의 값을 내기로 서원하는 경우와 다른 사람의 제물을 바치는 경우의 차이점을 설명한다.

אֲבָל בְּקָרְבָּנוֹת אֵינוֹ כֵן. הֲרֵי שֶׁאָמַר, קָרְבָּנוֹ שֶׁל מְצֹרָע זֶה עָלָי. אִם הָיָה מְצֹרָע עָנִי, מֵבִיא קָרְבַּן עָנִי. עָשִׁיר, מֵבִיא קָרְבַּן עָשִׁיר. רַבִּי אוֹמֵר, אוֹמֵר אֲנִי אַף בַּעֲרָכִין כֵּן. וְכִי מִפְּנֵי מָה הֶעָנִי שֶׁהִשִּׂיג אֶת הֶעָשִׁיר נוֹתֵן עֶרֶךְ עָנִי, שֶׁאֵין הֶעָשִׁיר חַיָּב כְּלוּם. אֲבָל הֶעָשִׁיר שֶׁאָמַר עֶרְכִּי עָלָי, וְשָׁמַע הֶעָנִי וְאָמַר, מַה שֶּׁאָמַר זֶה עָלָי, נוֹתֵן עֶרֶךְ עָשִׁיר. הָיָה עָנִי וְהֶעֱשִׁיר אוֹ עָשִׁיר וְהֶעֱנִי, נוֹתֵן עֶרֶךְ עָשִׁיר. רַבִּי יְהוּדָה אוֹמֵר, אֲפִלּוּ עָנִי וְהֶעֱשִׁיר וְחָזַר וְהֶעֱנִי, נוֹתֵן עֶרֶךְ עָשִׁיר:

그러나 희생제물은 그렇지 않다. 만약 그가 어떤 악성피부병자의 희생제물을 내가 바치겠다고 서원했고, 그 악성피부병자가 가난한 자였다면, 그는 가난한 자의 제물을 가져온다. [만약 그 악성피부병자

가] 부유한 자였다면, 그는 부유한 자의 제물을 가져온다.

랍비는 값을 정할 때도 마찬가지라고 말한다. 무슨 이유로 가난한 자가 부유한 자의 값을 서원하면 가난한 자의 값을 내는가? 그 부유한 자는 아무런 책임이 없기 때문이다. 그러나 부유한 자가 내 값은 내가 바치겠다고 말했고, 그것을 가난한 자가 듣고 그가 말한 것을 내가 바치겠다고 말했다면, 그는 부유한 자의 값을 낸다.

그가 가난한 자였는데 부자가 되었거나 부유했는데 가난해졌다면, 그는 부유한 자의 값을 낸다. 랍비 예후다는 가난한 자가 부유해졌다가 다시 가난해졌다 하더라도 그는 부유한 자의 값을 낸다고 말한다.

- 다른 사람의 값을 대신 내기로 서원하는 경우와 다른 사람의 제물을 대신 바치는 경우는 어떻게 다른가? 악성피부병자가 회복했을 때 희생제물을 바쳐야 하는데, 자신의 재력에 따라 양이나 염소를 바치거나 산비둘기나 집비둘기를 바친다(레 14). 그런데 다른 사람이 피부병자의 희생제물을 대신 내기로 서원했다. 서원한 자는 만약 그 피부병자가 가난하면 가난한 자의 제물을, 그가 부유했다면 부유한 자의 제물을 바친다. 서원한 자의 재력과는 아무런 관련이 없다.

- 랍비는 사람의 값을 평가해서 정할 때도 같은 원칙이 적용되는 경우가 있다고 주장한다. 먼저 값을 정하는 원리는 가난한 자가 부유한 자의 값을 바치겠다고 서원해도 그의 재력에 따라 평가하여 가난한 자의 값을 내는 것이다. 그러나 부유한 자가 자기 값을 바치겠다고 서원하고 가난한 자가 그 말을 듣고도 그 값을 내겠다고 다시 서원했다면, 이 경우에는 처음 서원한 부유한 자의 값을 내야 한다고 주장한다.

- 서원할 때와 값을 지불할 때 사이에 경제적 상황이 달라졌다면 어떻게 하는가? 부유한 자가 자기 값을 내기로 했는데 가난해졌다면, 그

의 법적 책임이 이미 결정되었기 때문에 부자의 값을 낸다. 만약 가난한 자가 자기 값을 내기로 했는데 부자가 되었다면, 지불할 시기에 재력이 있기 때문에 정상적인 값을 내지 않을 이유가 없고, 결국 부자의 값을 낸다. 랍비 예후다는 조금 더 복잡한 상황을 예로 드는데, 이 경우에도 법적 책임이 결정된 이후에는 바꿀 수 없으므로 부자의 값을 낸다고 주장한다.

4, 3
사람의 값과 제물을 바치는 경우가 다른 경우를 설명한다.

אֲבָל בַּקָּרְבָּנוֹת אֵינוֹ כֵן, אֲפִלּוּ אָבִיו מֵת וְהִנִּיחַ לוֹ רִבּוֹא, סְפִינָתוֹ בַיָּם וּבָאוּ בְרִבּוֹאוֹת, אֵין לַהֶקְדֵּשׁ בָּהֶן כְּלוּם:

그러나 희생제물은 그렇지가 않다. 그의 아버지가 죽고 그에게 1만〔쎌라를〕남겨주었고, 그의 배가 바다를 다니며 1만〔쎌라를〕가져왔다 하더라도, 그것들 때문에 아무것도 바치지 않아도 된다.

- 둘째 미쉬나(4, 2) 뒷부분에서 언급한 것처럼 가난한 자가 부자가 되거나 부자가 가난한 자가 되는 등 경제적 상황이 바뀌었다 하더라도, 희생제물을 바치기로 서원했을 때는 서원한 때를 기준으로 판단한다.
- 만약 어떤 사람이 아버지에게 상속을 받거나 장사를 해서 큰 이득을 보았더라도, 그가 서원하던 순간에 가난한 자였다면 가난한 자가 바치는 제물을 바친다.

4, 4

첫째 미쉬나(4, 1)에서 설명하지 않은 추가적인 규정들을 다룬다.

שָׁנִים בַּנֶּדֶר כֵּיצַד, יֶלֶד שֶׁהֶעֱרִיךְ אֶת הַזָּקֵן, נוֹתֵן עֵרֶךְ זָקֵן. וְזָקֵן שֶׁהֶעֱרִיךְ אֶת הַיֶּלֶד, נוֹתֵן עֵרֶךְ יֶלֶד. וַעֲרָכִים בַּנֶּעֱרָךְ כֵּיצַד, אִישׁ שֶׁהֶעֱרִיךְ אֶת הָאִשָּׁה, נוֹתֵן עֵרֶךְ אִשָּׁה. וְאִשָּׁה שֶׁהֶעֱרִיכָה אֶת הָאִישׁ, נוֹתֶנֶת עֵרֶךְ אִישׁ. וְהָעֵרֶךְ בִּזְמַן הָעֵרֶךְ כֵּיצַד, הֶעֱרִיכוֹ פָחוּת מִבֶּן חָמֵשׁ וְנַעֲשָׂה יוֹתֵר עַל בֶּן חָמֵשׁ, פָּחוּת מִבֶּן עֶשְׂרִים וְנַעֲשָׂה יוֹתֵר עַל בֶּן עֶשְׂרִים, נוֹתֵן כִּזְמַן הָעֵרֶךְ. יוֹם שְׁלֹשִׁים, כִּלְמַטָּה מִמֶּנּוּ. שְׁנַת חָמֵשׁ וּשְׁנַת עֶשְׂרִים, כִּלְמַטָּה מִמֶּנָּה, שֶׁנֶּאֱמַר, וְאִם מִבֶּן שִׁשִּׁים שָׁנָה וָמַעְלָה אִם זָכָר, הֲרֵי אָנוּ לְמֵדִים בְּכֻלָּם מִשְּׁנַת שִׁשִּׁים. מַה שְּׁנַת שִׁשִּׁים כִּלְמַטָּה מִמֶּנָּה, אַף שְׁנַת חָמֵשׁ וּשְׁנַת עֶשְׂרִים כִּלְמַטָּה מִמֶּנָּה. הֵן. אִם עָשָׂה שְׁנַת שִׁשִּׁים כִּלְמַטָּה מִמֶּנָּה לְהַחֲמִיר, נַעֲשֶׂה שְׁנַת חָמֵשׁ וּשְׁנַת עֶשְׂרִים כִּלְמַטָּה מִמֶּנָּה לְהָקֵל. תַּלְמוּד לוֹמַר, שָׁנָה שָׁנָה, לִגְזֵרָה שָׁוָה. מַה שָּׁנָה הָאֲמוּרָה בִשְׁנַת שִׁשִּׁים, כִּלְמַטָּה מִמֶּנָּה, אַף שָׁנָה הָאֲמוּרָה בִשְׁנַת חָמֵשׁ וּשְׁנַת עֶשְׂרִים, כִּלְמַטָּה מִמֶּנָּה, בֵּין לְהָקֵל בֵּין לְהַחֲמִיר. רַבִּי אֶלְעָזָר אוֹמֵר, עַד שֶׁיִּהְיוּ יְתֵרוֹת עַל הַשָּׁנִים חֹדֶשׁ וְיוֹם אֶחָד:

그 나이는 서원의 대상에 따라 [결정한다]. 어떤 [경우에 그러한가]? 어떤 아이가 늙은 이의 값을 바치기로 서원했다면, 그는 늙은 이의 값을 낸다. 그리고 늙은 이가 아이의 값을 정했다면, 그는 아이의 값을 낸다.

그 값은 값을 평가받는 자에 따라서 [결정한다]. 어떤 [경우에 그러한가]? 남자가 여자의 값을 바치기로 서원했다면, 그는 여자의 값을 낸다. 그리고 여자가 남자의 값을 서원했다면, 그녀는 남자의 값을 낸다.

그 값은 이를 정한 시기에 따른다. 어떤 [경우에 그러한가]? 어떤 사람이 다섯 살보다 적을 때 값을 정했는데 그가 다섯 살보다 더 나이를 먹었거나, 어떤 사람이 스무 살보다 적을 때 값을 정했는데 그가 스무 살보다 더 나이를 먹었더라도, 그는 값을 정한 때의 [값을]

낸다.

30일째 되는 날은 그보다 적은 [나이처럼], 다섯 살이나 스무 살이 [되는 날은] 그보다 적은 [나이로 간주한다]. 왜냐하면 "60세 이상은 남자이면"(레 27:7)이라고 기록했기 때문에 우리는 다른 모든 경우에도 예순 살의 예처럼 [판단해야 함을] 배운다. 예순 살[이 되는 날]은 그보다 적은 나이로 [간주하기 때문에] 다섯 살이나 스무 살[이 되는 날도] 그보다 적은 나이로 [간주한다].

그렇다면, 만약 예순 살을 그보다 적은 나이처럼 [간주하여 규정을] 엄정하게 적용한다면, 다섯 살과 스무 살을 그보다 적은 나이처럼 [간주하여 규정을] 관대하게 적용해도 [좋은가]? 해를 해라고 기록했으니, '같은 결정'의 [경우에 해당한다]. 예순 살에 대해 말한 해가 그보다 적은 [나이와] 같으니, 다섯 살이나 스무 살에 대해서 말한 해 역시 그보다 적은 [나이와] 같고, [법규정을] 관대하게 적용하든 엄정하게 적용하든 [상관이 없다]. 랍비 엘아자르는 [이 원리가] 한 해가 지나서 한 달과 하루가 될 때까지 [유효하다고] 말한다.

- 사람의 값을 정해서 낼 때 기준이 되는 나이는 서원의 대상이 되는 자의 나이를 기준으로 하고, 사람의 값을 정해서 낼 때 기준이 되는 성별도 서원의 대상이 되는 자의 성별을 따른다. 사람의 나이는 계속 변하지만, 그 값을 낼 때가 아니라 서원할 때를 기준으로 정한다.
- 미쉬나 뒷부분은 나이를 계산하는 방법을 설명하고 있는데, 토라에서 정한 기준이 되는 나이에 도달하는 순간은 그 나이를 초과할 때부터다. 즉, 오늘 한 달이 된 아이는 아직 한 달이 되지 않아 값을 정할 수 없는 상태이며, 오늘 다섯 살이 된 아이는 아직 한 달에서 다섯 살까지 아이들이 내는 값을 내면 된다. 이렇게 설명하기 위해서 레위기 27:7을 인용하는데, 한글 개역성경은 "예순 살 이상"이라 번역

하고 있으나 원문에는 "예순 살 부터"(מששים שנה, 미쉬쉼 샤나)라고 기록하고 있으며, 미쉬나는 이를 예순 살을 넘은 자들이 이에 해당한다고 해석한다. 따라서 오늘 예순 살이 되었다면 아직 스무 살에서 예순 살인 사람이 내는 높은 값을 내야 한다.

- 반대의견도 남아 있는데, 이런 방식을 적용하면 예순 살이 되었을 때는 더 많은 돈을 내어 엄정하게 법을 적용하는 셈이지만, 다섯 살이나 스무 살 때는 더 적은 돈을 내어 관대하게 법을 적용하게 되며, 법적용에 일관성이 없다고 지적한다. 이 의견을 반박하고 원래의 할라카를 변호하기 위해서 랍비들은 '같은 결정'(גזירה שוה, 그제라 샤바)이라는 해석법을 사용한다. 이 미드라쉬적 해석법은 토라 본문에 같은 낱말이 사용되었으면 그와 관련된 결정도 같다는 것이다. 우리 본문에 적용한다면, 예순 살과 관련해서 '해'(שנה, 샤나)라는 낱말을 썼고 다섯 살과 스무 살에 관해서도 '해'라는 낱말을 썼기 때문에, 양자가 모두 가리키는 숫자보다 적은 나이에 속한다는 뜻이라고 해석해야 한다는 것이다.
- 랍비 엘아자르는 한 걸음 더 나가서, 사람이 새 나이가 되려면 새 해가 와도 한 달하고 하루가 더 지나야 나이를 먹는다고 주장한다.

제5장

5, 1

자기 몸무게에 상당하는 재물을 바치는 경우를 설명한다.

הָאוֹמֵר, מִשְׁקָלִי עָלַי, נוֹתֵן מִשְׁקָלוֹ. אִם כֶּסֶף, כֶּסֶף. אִם זָהָב, זָהָב. מַעֲשֶׂה בְּאִמָּהּ שֶׁל יִרְמַטְיָה שֶׁאָמְרָה, מִשְׁקַל בִּתִּי עָלַי, וְעָלְתָה לִירוּשָׁלַיִם, וּשְׁקָלוּהָ

וְנָתְנָה מִשְׁקָלָהּ זָהָב. מִשְׁקַל יָדַי עָלַי, רַבִּי יְהוּדָה אוֹמֵר, מְמַלֵּא חָבִית מַיִם
וּמַכְנִיסָהּ עַד מַרְפֵּקוֹ, וְשׁוֹקֵל בְּשַׂר חֲמוֹר וְגִידִין וַעֲצָמוֹת וְנוֹתֵן לְתוֹכָהּ עַד
שֶׁתִּתְמַלֵּא. אָמַר רַבִּי יוֹסֵי, וְכִי הֵיאַךְ אֶפְשָׁר לְכַוֵּן בָּשָׂר כְּנֶגֶד בָּשָׂר וַעֲצָמוֹת
כְּנֶגֶד עֲצָמוֹת. אֶלָּא שָׁמִין אֶת הַיָּד כַּמָּה הִיא רְאוּיָה לִשְׁקֹל:

[어떤 사람이] 내 몸무게만큼을 내가 바치겠다고 말하면, 그는 그의 몸무게만큼을 내야 한다. 만약 은으로 [바치겠다고 했으면] 은으로, 만약 금으로 [바치겠다고 했으면] 금으로 [낸다]. 이르마트야의 어머니의 일인데, 그녀가 내 딸의 몸무게만큼 내가 바치겠다고 말했고 예루살렘으로 올라갔다. 그들이 그녀의 [몸무게를] 쟀고 그녀의 몸무게만큼의 금을 냈다.

[어떤 사람이] 내 손의 무게만큼을 내가 바치겠다고 [말했을 때], 랍비 예후다는 통에 물을 채우고 그 [손을] 팔꿈치까지 집어넣으라고 말한다. 그리고 당나귀의 살과 힘줄과 뼈를 재서 그 [통이] 가득 찰 때까지 그 안에 넣는다. 랍비 요쎄는 어떻게 [한 가지] 살로 [다른] 살을 그리고 [한 가지] 뼈로 [다른] 뼈를 판단할 수 있겠느냐, [차라리] 그 손이 얼마나 무거울지 추정하는 것이 [낫다고 말했다].

- 어떤 사람이 자기 몸무게를 성전에 바친다고 서원했다면, 그 말에 책임지기 위해서 몸무게에 해당하는 은이나 금을 바쳐야 한다. 이르마트야의 어머니 이야기는 좋은 예를 보여준다.
- 미쉬나 뒷부분은 어떤 사람이 자기 손의 무게만큼을 바친다고 서원했을 때, 어떻게 손의 무게를 재는지에 관해 논쟁한다. 랍비 예후다는 통에서 흘러넘치는 물과 당나귀 고기를 이용해서 추정하는 방법을 제안했지만, 랍비 요쎄는 살아 있는 사람과 당나귀를 동일시할 수 없다고 반대한다.

5, 2

첫째 미쉬나(5, 1)에 이어서 신체 일부분의 무게에 해당하는 재물을 바치는 상황을 논의한다.

דְּמֵי יָדִי עָלַי, שָׁמִין אוֹתוֹ, כַּמָּה הוּא שָׁוֶה בְּיָד, וְכַמָּה הוּא שָׁוֶה בְּלֹא יָד. זֶה חֹמֶר בַּנְּדָרִים מִבָּעֲרָכִין. וְחֹמֶר בָּעֲרָכִין מִבַּנְּדָרִים, כֵּיצַד. הָאוֹמֵר, עֶרְכִּי עָלַי, וָמֵת, יִתְּנוּ הַיּוֹרְשִׁין. דְּמַי עָלַי, וָמֵת, לֹא יִתְּנוּ הַיּוֹרְשִׁים, שֶׁאֵין דָּמִים לַמֵּתִים. עֶרֶךְ יָדִי וְעֶרֶךְ רַגְלִי עָלַי, לֹא אָמַר כְּלוּם. עֶרֶךְ רֹאשִׁי וְעֶרֶךְ כְּבֵדִי עָלַי, נוֹתֵן עֶרֶךְ כֻּלּוֹ. זֶה הַכְּלָל, דָּבָר שֶׁהַנְּשָׁמָה תְלוּיָה בוֹ, נוֹתֵן עֶרֶךְ כֻּלּוֹ:

〔어떤 사람이〕 내 손의 실제 가격만큼을 내가 바치겠다고 〔말하면〕, 그가 손이 있을 때 얼마이고 손이 없을 때 얼마인지 〔조사하여〕 그 〔손의 가격을〕 추정한다. 이것은 〔실제 가격을 낸다고〕 서원하는 것이 〔정해진〕 값을 서원하는 것보다 더 엄정한 경우다.

〔정해진〕 값을 내는 것이 〔실제 가격을 낸다고〕 서원하는 것보다 더 엄정한 〔경우도 있다〕. 어떤 〔경우에 그러한가〕? 〔어떤 사람이〕 내 〔정해진〕 값을 내가 바치겠다고 서원하고 죽었다면, 그의 상속자들이 이를 내야 한다. 그가 내 실제 가격을 내가 바치겠다고 〔말하고〕 죽었다면, 그의 상속자들이 내지 않으니, 죽은 자에게 가격을 매길 수 없기 때문이다.

〔어떤 사람이〕 내 손의 값 또는 내 발의 〔정해진〕 값을 내가 바치겠다고 〔말하면〕, 그것은 아무 말도 하지 않은 것〔과 마찬가지〕다. 〔어떤 사람이〕 내 머리의 〔정해진〕 값 또는 내 간의 〔정해진〕 값을 내가 바치겠다고 〔말하면〕, 그는 자기 〔몸〕 전체의 〔정해진〕 값을 내야 한다. 이것이 원칙이다. 목숨이 달린 부분의 〔값을 바치겠다고 말하면〕 그의 〔몸〕 전체의 값을 낸다.

- 첫째 미쉬나(5, 1) 문맥을 이어가며, 이번에는 어떤 사람이 자기 손의 실제 가격을 바치겠다고 서원했다. 이 경우는 사람을 노예로 파는 시장에서 손이 없는 자의 가격을 조사하여 손의 가격을 추정한다. 이렇게 추정하면 실제 가격을 내는 것이 경제적으로 훨씬 더 부담이 된다고 한다.
- 반대로 토라가 정한 값을 내는 것이 더 부담이 될 때도 있다. 정해진 값을 바치겠다고 하고 본인이 죽었다면, 상속자들이 대신 그 값을 내야 하는데, 실제 가격을 바치겠다고 하고 본인이 죽으면, 상속자들은 아무것도 내지 않기 때문이다.
- 토라가 정한 값을 내는데 신체의 일부에 해당하는 값을 바치겠다고 말한다면, 그 부분이 생명에 직접 관련이 있을 때는 전체 가격을 내야 한다. 그렇지 않은 부분이라면 돈을 내야 할 의무가 없다. 토라는 신체 일부분의 가격을 정하고 있지 않기 때문이다.

5, 3

토라에 정해진 자기 값의 반을 내겠다는 사람 이야기다.

חֲצִי עֶרְכִּי עָלַי, נוֹתֵן חֲצִי עֶרְכּוֹ. עֶרֶךְ חֶצְיִי עָלַי, נוֹתֵן עֶרֶךְ כֻּלּוֹ. חֲצִי דָמַי עָלַי, נוֹתֵן חֲצִי דָמָיו. דְּמֵי חֶצְיִי עָלַי, נוֹתֵן דְּמֵי כֻלּוֹ. זֶה הַכְּלָל, דָּבָר שֶׁהַנְּשָׁמָה תְלוּיָה בוֹ, נוֹתֵן עֶרֶךְ כֻּלּוֹ:

[어떤 사람이 정해진] 내 값의 반을 바치겠다고 [말하면], 그의 값의 반을 낸다. 그가 내 [몸] 반의 [정해진] 값을 내가 바치겠다고 [말하면], 그는 자기 [몸] 전체의 값을 낸다.

그가 내 실제 가격의 반을 내가 바치겠다고 [말하면], 그의 실제 가격의 반을 낸다. 그가 내 [몸] 반의 실제 가격을 내가 바치겠다고 [말하면], 그의 [몸] 전체의 실제 가격을 낸다. 이것이 원칙이다. 목숨이 달린 부분의 〔값을 바치겠다고 말하면〕 그의 〔몸〕 전체의 값을 낸다.

- 어떤 사람이 토라가 정한 값의 반을 바치겠다고 말하면 서원한 대로 반을 내면 된다. 그런데 그가 조금 다르게 표현하여, 자기 몸 절반에 해당하는 값을 바치겠다고 말한다면, 둘째 미쉬나(5, 2)에서 머리나 간의 값을 언급한 것과 같이 생명에 연관된 부분을 서원한 경우에 해당한다. 그는 자기 몸 전체에 해당하는 값을 낸다.
- 그가 자기 몸의 실제 가격의 반을 바치겠다고 말하면, 그대로 시행하면 된다. 그러나 그가 자기 몸 중 반의 실제 가격을 바치겠다고 말하면, 역시 몸 전체의 실제 가격을 낸다. 몸의 반이 없는 경우를 노예 시장에서 거래하는 경우는 없다. 몸의 반이 없이 생존할 수 없기 때문이다. 그러므로 둘째 미쉬나(5, 2)에서 언급한 원칙이 여기서도 적용된다.

5, 4

다른 사람의 〔정해진〕 값이나 실제 가격을 바치겠다고 서원하는 경우를 설명한다.

הָאוֹמֵר, עֶרְכּוֹ שֶׁל פְּלוֹנִי עָלַי, מֵת הַנּוֹדֵר וְהַנִּדָּר, יִתְּנוּ הַיּוֹרְשִׁין. דָּמָיו שֶׁל פְּלוֹנִי עָלַי, מֵת הַנּוֹדֵר, יִתְּנוּ הַיּוֹרְשִׁין. מֵת הַנִּדָּר, לֹא יִתְּנוּ הַיּוֹרְשִׁין, שֶׁאֵין דָּמִים לַמֵּתִים:

〔어떤 사람이〕 아무개의 〔정해진〕 값을 내가 바치겠다고 말하고, 서원한 자와 서원의 대상이 된 자가 죽었다면, 그들의 상속자들이 낸다.

아무개의 실제 가격을 바치겠다고 〔말하고〕 그 서원한 자가 죽으면, 그의 상속자들이 낸다. 그 서원의 대상이 된 자가 죽으면, 그의 상속자들이 내지 않는다. 죽은 자에게 가격을 매길 수 없기 때문이다.

- 다른 사람의 [정해진] 값을 바치겠다고 서원했다면, 서원한 자나 서원의 대상이 된 자가 죽어도, 상속자들이 대신 낼 수 있다. 토라가 값을 정해놓았기 때문이다.
- 그러나 다른 사람의 실제 가격을 바치겠다고 서원하고, 그 서원한 자가 죽었으면 상속자들이 낸다. 실제 서원의 대상은 살아 있기 때문에 문제가 없다. 그러나 서원의 대상이 죽었다면, 죽은 자에게 가격을 매길 수 없기 때문에 지불이 불가능해진다.

5, 5

가축을 바쳤는데 죽거나 집을 바쳤는데 무너진 상황을 논의한다.

שׁוֹר זֶה עוֹלָה, בַּיִת זֶה קָרְבָּן, מֵת הַשׁוֹר וְנָפַל הַבַּיִת, אֵינוֹ חַיָּב לְשַׁלֵּם. דְּמֵי שׁוֹר זֶה עָלַי עוֹלָה, אוֹ דְּמֵי בַיִת זֶה עָלַי קָרְבָּן, מֵת הַשׁוֹר וְנָפַל הַבַּיִת, חַיָּב לְשַׁלֵּם:

[어떤 사람이] 이 황소는 번제물이다, [또는] 이 집은 제물이다[라고 말했는데], 그 소가 죽거나 그 집이 무너졌다면, 그는 [아무것도] 바칠 의무가 없다.

이 소의 실제 가격을 내가 번제를 [위해] 내겠다, 또는 이 집의 실제 가격을 내가 제물로 바치겠다고 [말했는데], 그 소가 죽거나 그 집이 무너졌다면, 그는 지불할 의무가 있다.

- 어떤 사람이 특정한 소나 특정한 집을 성전에 바친다고 서원했는데, 그 소가 죽거나 그 집이 무너지면 제물을 바쳐야 할 의무를 벗게 된다.
- 그러나 그가 소나 집의 실제 가격을 바치겠다고 서원했다면, 실제 소나 집의 상황과 상관없이 그 가격을 지불할 의무가 있다.

5, 6

약속한 것을 지불하라고 강제하는 방법을 설명한다.

חַיְבֵי עֲרָכִים, מְמַשְׁכְּנִין אוֹתָן. חַיְבֵי חַטָּאוֹת וַאֲשָׁמוֹת, אֵין מְמַשְׁכְּנִין אוֹתָן.
חַיְבֵי עוֹלוֹת וּשְׁלָמִים, מְמַשְׁכְּנִין אוֹתָן אַף עַל פִּי שֶׁאֵין מִתְכַּפֵּר לוֹ עַד
שֶׁיִּתְרַצֶּה, שֶׁנֶּאֱמַר, לִרְצוֹנוֹ, כּוֹפִין אוֹתוֹ עַד שֶׁיֹּאמַר, רוֹצֶה אָנִי. וְכֵן אַתָּה
אוֹמֵר בְּגִטֵּי נָשִׁים, כּוֹפִין אוֹתוֹ עַד שֶׁיֹּאמַר, רוֹצֶה אָנִי:

〔정해진〕 값을 낼 의무가 있는 자들은 담보를 내게 한다. 속죄제물
과 속건제물을 낼 의무가 있는 자들은 담보를 내게 하지 않는다. 번제
물과 화목제물을 낼 의무가 있는 자들은 담보를 내게 한다.

〔의무를〕 완수할 때까지 그가 용서를 받지 못한다 하더라도, "자원
하여"라고 기록했으니(레 1:3), 그가 내가 동의한다고 말할 때까지 그
를 강요한다. 그리고 여인들의 이혼증서에 관해서도 마찬가지라고 말
할 수 있다. 〔남편이〕 내가 동의한다고 말할 때까지 강요한다.

- 어떤 사람이 정해진 값을 낼 의무가 있는데 내지 않는다면, 성전의
  재정 관리(官吏)는 그의 집에 들어가 담보를 잡고 그가 의무를 완
  수하도록 강제할 수 있다. 이는 그 집주인의 의지에 반하여도 가능
  하다.

- 그러나 어떤 사람이 죄를 지어서 속죄제물이나 속건제물을 바칠 의
  무가 있는데 바치지 않을 때는 담보를 잡을 수 없다. 이것은 스스로
  서원한 것이 아니라 속죄하는 제의의 일부이기 때문이다. 예외적으
  로 나실인의 속죄제에 관하여는 담보를 잡을 수 있다. 이는 속죄를
  위한 것이 아니라 나실인의 서원 기간이 끝나고 그로 하여금 다시
  포도주를 마실 수 있도록 하기 위함이기 때문이다(게마라 21a). 번
  제물과 화목제물의 경우에는 담보를 잡을 수 있다. 이런 경우에는 속

죄와 관련이 없기 때문이다.

- 토라는 번제를 바칠 때 본인이 "자원하여" 바쳐야 한다고, 즉 스스로 기꺼운 마음으로 제사를 드려야 한다고 기록했다(레 1:3).[3] 따라서 어떻게 성전의 재정 관리가 제물을 바치도록 강제할 수 있는지 문제가 된다. 랍비들은 재판부가 바치는 자를 강제하여 본인이 원하는 일이라고 말하게 만드는 것이라고 설명한다. 실제로는 제물을 바치지 않고 있지만 자신이 원한다고 말하는 것으로 충분하다는 것이다.
- 마지막 문장은 이혼증서도 같은 경우라고 주장한다. 원래 이혼증서는 남편이 동의할 때 써주는 것이지만, 특정한 경우에 재판부가 남편을 강제할 수 있다(「케투봇」7, 10; 「기틴」9, 8). 이 경우에도 재판부는 남편이 동의한다고 말하도록 강요하는 것이기 때문에 상관이 없다고 주장한다.

제6장

6, 1
재물을 성전에 바친 이후에 처리하는 관례를 설명한다.

שׁוּם הַיְתוֹמִים, שְׁלשִׁים יוֹם, וְשׁוּם הַהֶקְדֵּשׁ, שִׁשִּׁים יוֹם, וּמַכְרִיזִין בַּבֹּקֶר
וּבָעֶרֶב. הַמַּקְדִּישׁ נְכָסָיו וְהָיְתָה עָלָיו כְּתֻבַּת אִשָּׁה, רַבִּי אֱלִיעֶזֶר אוֹמֵר,
כְּשֶׁיְּגָרְשֶׁנָּה, יַדִּיר הֲנָאָה. רַבִּי יְהוֹשֻׁעַ אוֹמֵר, אֵינוֹ צָרִיךְ. כַּיּוֹצֵא בוֹ אָמַר רַבָּן

---

3) 랍비들은 레위기 1:3을 대부분의 외국어 번역본과 다르게 읽고 있다. 히브리어로 '리르쪼노'(לרצונו)라는 표현은 '그가 기뻐하도록'이라고 직역할 수 있는데, 주어가 누구인지 분명하지 않다. 성서 번역본들은 대개 하나님이 주어라고 보고 '그가 기쁘게 받으시도록'이라고 옮겼지만, 이 미쉬나에서 랍비들은 제물을 바치는 자가 주어라고 보고 '그가 자원하여'라고 읽고 있다.

שִׁמְעוֹן בֶּן גַּמְלִיאֵל, אַף הֶעָרֵב לָאִשָּׁה בִּכְתֻבָּתָהּ וְהָיָה בַעְלָהּ מְגָרְשָׁהּ, יַדִּיר הֲנָאָה, שֶׁמָּא יַעֲשֶׂה קְנוּנְיָא עַל נְכָסָיו שֶׁל זֶה וְיַחֲזִיר אֶת אִשְׁתּוֹ:

고아들의 〔재물을〕 평가했으면 30일 동안, 성전에 〔속한 재물을〕 평가했으면 60일 동안, 아침과 저녁 시간에 그것을 공포한다.

〔어떤 사람이〕 자기 재물을 〔성전에〕 바쳤어도 자기 아내의 결혼 증서를 〔이행하는 것은〕 그의 의무다. 랍비 엘리에제르는 만약 그가 그녀를 쫓아낼 때는 더 이상 그녀로부터 이익을 취하지 않겠다고 서원해야 한다고 말한다. 랍비 예호슈아는 그가 그럴 필요가 없다고 말한다.

이와 마찬가지로 라반 쉼온 벤 감리엘은 〔어떤 사람이〕 아내의 결혼증서를 위해 보증〔인을 세우고〕 그녀를 쫓아냈을 때, 그는 그녀로부터 〔다시는〕 이득을 취하지 않겠다고 서원해야 한다고 말했다. 그렇지 않으면 그는 그 사람의 재산을 놓고 계략을 꾸미는 것이며 그의 아내를 다시 취하려는 것이다.

- 죽은 아버지의 빚을 갚기 위해서 고아들의 재산을 팔아야 할 경우, 그 값을 평가한 뒤 30일 동안 공포하여 매입자를 구한다. 어떤 사람이 성전에 바친 재물을 팔 경우, 그 값을 평가한 뒤 60일 동안 공포하여 매입자를 구한다. 이 기간 동안 아침과 저녁에 매물이 있음을 알린다.

- 어떤 사람이 재물을 성전에 바친다 하더라도 그의 아내와 이혼할 때에는 애초에 혼인 계약서(כתובה, 케투바)에 이혼 시 지불하기로 정한 금액을 그대로 지불할 의무를 진다. 그런데 이러한 원리를 악용해, 성전에 바칠 재물을 줄이기 위해서 일부러 이혼했다가 서원한 의무를 벗은 후에 다시 재혼하는 경우가 생길 수 있다. 그러므로 랍비 엘리에제르는 이런 경우에 그 남편은 이혼하는 아내의 재산에서 앞

으로 아무런 이득도 취하지 않겠다고 서원해야 한다고 주장한다. 이
에는 사실상 재혼을 막는 효과가 있기 때문이다. 랍비 예호슈아는
그럴 필요까지는 없다고 관대하게 말한다.

- 라반 쉼온은 직접 관련은 없지만 매우 유사한 상황을 언급한다. 남
  편이 결혼증서를 작성하면서 아내가 가져온 재산을 물어줄 수 있도
  록 보증인을 세웠다. 그런데 그가 이 결혼증서를 악용해 일부러 이
  혼하고 보증인이 물어주는 돈을 아내가 받은 후 다시 재혼하려고 계
  략을 꾸밀 수도 있다. 그러므로 이런 경우에는 남편이 이혼할 때 아
  내가 받게 될 재산에서 아무런 이득을 취하지 않겠다고 서원해야 한
  다는 것이다.

6, 2

첫째 미쉬나(6, 1)에 이어 재물을 성전에 바친 남편이 아내의 결혼
증서를 이행하는 문제를 논의한다.

הַמַּקְדִּישׁ נְכָסָיו וְהָיְתָה עָלָיו כְּתֻבַּת אִשָּׁה וּבַעַל חוֹב, אֵין הָאִשָּׁה יְכוֹלָה
לִגְבּוֹת כְּתֻבָּתָהּ מִן הַהֶקְדֵּשׁ, וְלֹא בַעַל חוֹב אֶת חוֹבוֹ, אֶלָּא הַפּוֹדֶה פּוֹדֶה עַל
מְנָת לִתֵּן לָאִשָּׁה כְּתֻבָּתָהּ וּלְבַעַל חוֹב אֶת חוֹבוֹ. הִקְדִּישׁ תִּשְׁעִים מָנֶה וְהָיָה
חוֹבוֹ מֵאָה מָנֶה, מוֹסִיף עוֹד דִּינָר וּפוֹדֶה בּוֹ אֶת הַנְּכָסִים הַלָּלוּ, עַל מְנָת לִתֵּן
לָאִשָּׁה כְּתֻבָּתָהּ וּלְבַעַל חוֹב אֶת חוֹבוֹ:

〔어떤 사람이〕 자기 재산을 〔성전에〕 바쳤고 자기 아내의 결혼증서
때문에 또는 채권자에게 〔지불해야 할〕 책임이 있을 때, 그 아내는 〔성
전에〕 바친 것으로부터 자기 결혼증서에 〔관련된 액수를〕 취할 수 없
고, 채권자도 그의 빚을 〔취할 수〕 없으며, 그것을 무르는 자가 아내에
게 결혼증서에 〔관련된 액수를〕 그리고 채권자에게 그의 빚을 갚아야
한다.

그가 90마네를 [성전에] 바쳤는데, 그의 빚이 100마네였다면, 그는 1디나르를 더하여 [성전에 바친] 재산을 무를 것이며, 이것으로 아내에게 결혼증서에 [기록된 액수를 지불하거나] 채권자에게 진 빚을 갚아야 한다.

- 첫째 미쉬나에서 어떤 사람이 자기 재물을 성전에 바쳤더라도 자기 아내에게 결혼하면서 약속한 금액은 결혼증서 내용대로 돌려주어야 한다고 했다. 그러나 그의 아내가 이미 성전에 바쳐서 거룩해진 재산을 다시 취할 수는 없으며, 채권자도 마찬가지다. 성전에 바친 성물이 다시 속된 재물로 돌아가려면 그것을 물러야 하며, 아내나 채권자가 약속된 돈을 받고 나머지는 성전으로 돌아간다.
- 만약 남편이 자기 아내나 채권자에게 지불해야 할 액수가 성전에 바친 액수보다 크다면, 그 재산을 무른 자가 아내나 채권자에게 돈을 돌려주고 나서 성전으로 돌아갈 돈이 전혀 없는 경우가 발생한다. 남편이 재물을 성별해서 성전에 바친 행위 자체가 사라질 수는 없으므로 무르는 자가 무조건 1디나르를 더하여 최소 금액이라도 성전으로 돌아가도록 해야 한다.

6, 3

성전에 바친 것과 관련해서 담보를 잡는 행위를 부연설명한다.

אַף עַל פִּי שֶׁאָמְרוּ, חַיָּבֵי עֲרָכִין מְמַשְׁכְּנִין אוֹתָן, נוֹתְנִין לוֹ מְזוֹן שְׁלֹשִׁים יוֹם
וּכְסוּת שְׁנֵים עָשָׂר חֹדֶשׁ וּמִטָּה מֻצַּעַת וְסַנְדָּלִין וּתְפִלִּין. לוֹ, אֲבָל לֹא לְאִשְׁתּוֹ
וְלֹא לְבָנָיו. אִם הָיָה אֻמָּן, נוֹתְנִין לוֹ שְׁנֵי כְלֵי אֻמָּנוּת מִכָּל מִין וָמִין. חָרָשׁ,
נוֹתְנִין לוֹ שְׁנֵי מַעְצָדִין וּשְׁתֵּי מְגֵרוֹת. רַבִּי אֱלִיעֶזֶר אוֹמֵר, אִם הָיָה אִכָּר, נוֹתְנִין
לוֹ אֶת צִמְדּוֹ. חַמָּר, נוֹתְנִין לוֹ אֶת חֲמוֹרוֹ:

그들이 [정해진] 값을 낼 의무가 있는 자들은 담보를 내게 한다고 말했지만, 그에게 음식은 30일, 옷은 열두 달, 그리고 침구가 [깔린] 침대와 샌들과 성구함(테필린)을 준다. 그에게는 [주지만] 그의 아내와 그의 자식들에게는 [주지] 않는다.

그가 장인이라면, 그에게 종류에 따라 도구 두 개씩을 준다. 그가 목수라면, 그에게 도끼 두 개와 톱 두 개를 준다. 랍비 엘리에제르는 만약 그가 농부였다면, 그의 멍에를 준다고 말한다. 그가 당나귀 몰이꾼이라면, 그의 당나귀를 준다.

- 이 미쉬나는 [정해진] 값을 낼 의무가 있는 자들은 담보를 내게 한다는 미쉬나를 인용하면서(「아라킨」 5, 6), 담보로 취할 수 없는 것들이 무엇인지 나열하고 있다. 성전의 재정 관리는 위에 열거한 기본 생계 물품을 당사자가 소유하고 있다면 이를 담보로 가져갈 수 없고, 소유하고 있지 않다면 이것들을 살 돈을 남겨두어야 한다. 이를 제외한 다른 것들 중에서 담보를 가져가야 한다.
- 성구함(테필린)은 토라의 규정(출 13:9, 16; 신 6:8; 11:18)에 따라 토라의 구절들을 적은 종이를 넣은 작은 상자로, 기도할 때 이마와 팔에 줄로 감는다.
- 처음에는 일반인, 그다음에는 장인, 목수, 농부, 당나귀 몰이꾼이 최소한 생계를 유지할 수 있는 수단을 빼앗기지 않도록 배려한다.

6, 4

셋째 미쉬나(6, 3) 문맥을 이어간다.

הָיָה מִין אֶחָד מְרֻבֶּה וּמִין אֶחָד מֻעָט, אֵין אוֹמְרִים לוֹ לִמְכֹּר מִן הַמְרֻבֶּה
וְלִקַּח לוֹ מִן הַמֻּעָט, אֶלָּא נוֹתְנִין לוֹ שְׁנֵי מִינִין מִן הַמְרֻבֶּה וְכֹל שֶׁיֵּשׁ לוֹ מִן
הַמֻּעָט. הַמַּקְדִּישׁ אֶת נְכָסָיו, מַעֲלִין לוֹ אֶת תְּפִלָּיו:

만약 〔어떤 사람이 도구〕 한 가지는 많이 있고 〔다른 도구〕 한 가지는 조금 밖에 없을 때, 〔성전의 재정 관리들이〕 그에게 많은 것 중에서 〔일부를〕 팔아서 적은 것을 사라고 말할 수 없으며, 그에게 많은 것은 종류에 따라 두 개씩 〔남겨〕두고 적은 것은 그가 가진 모든 것을 〔남겨둔다〕.

〔어떤 사람이〕 자기 재산을 〔전부 성전에〕 바치면, 그의 성구함도 그의 〔헌물로〕 간주한다.

- 셋째 미쉬나처럼 종류에 따라 생활에 필요한 도구는 두 개씩 남겨두어야 하지만, 어떤 사람이 도구 한 종류는 많이 가지고 있어서 규정대로 두 개만 남기고 담보로 가져가는데, 다른 도구는 너무 적게, 즉 하나만 가지고 있을 경우를 규정한다. 이 경우, 많은 도구를 팔아서 적은 도구를 살 수 없으며, 있는 그대로 하나만 남겨두게 된다.
- 셋째 미쉬나에서 담보를 잡을 때 성구함을 취할 수는 없다고 규정했지만, 어떤 사람이 자기 재산 전부를 바친다고 말했다면, 성구함도 재산의 값을 평가하는 데 포함시킨다.

6, 5
전 재산을 성전에 바치는 상황을 부연설명한다.

אֶחָד הַמַּקְדִּישׁ אֶת נְכָסָיו, וְאֶחָד הַמַּעֲרִיךְ אֶת עַצְמוֹ, אֵין לוֹ, לֹא בְכְסוּת אִשְׁתּוֹ, וְלֹא בְכְסוּת בָּנָיו, וְלֹא בַצֶּבַע שֶׁצְּבָעָן לִשְׁמָן, וְלֹא בְסַנְדָּלִים חֲדָשִׁים שֶׁלְּקָחָן לִשְׁמָן. אַף עַל פִּי שֶׁאָמְרוּ, עֲבָדִים נִמְכָּרִים בְּכְסוּתָן לְשֶׁבַח, שֶׁאִם תִּלָּקַח לוֹ כְסוּת בִּשְׁלֹשִׁים דִּינָר, מַשְׁבִּיחַ הוּא מָנֶה, וְכֵן פָּרָה, אִם מַמְתִּינִים אוֹתָהּ לָאַטְלִיס, מַשְׁבַּחַת הִיא, וְכֵן מַרְגָּלִית, אִם מַעֲלִין אוֹתָהּ לַכְּרַךְ, מַשְׁבַּחַת הִיא, אֵין לַהֶקְדֵּשׁ אֶלָּא מְקוֹמוֹ וּשְׁעָתוֹ:

한 사람이 자기 재산 [전부를 성전에] 바치거나, 한 사람이 자기 자신의 [정해진] 값을 바치기로 서원해도, [성전 측은] 그의 아내의 옷가지와 그의 자식들의 옷가지와, 그가 그들을 위해 염색한 [옷가지와] 그가 그들을 위해 산 새 샌들을 [취할 수] 없다.

종들을 그들의 옷과 함께 팔면 [그 가격을] 더 올릴 수 있다고 하는 경우 만약 종에게 30디나르짜리 옷을 입힌다면 [종의 가격을] 1마네까지 올릴 수 있다.[4] 암소도 마찬가지로, 만약 장날까지 기다린다면 [그 가격을] 더 올릴 수 있다. 진주도 마찬가지로, 그것을 큰 도시로 가지고 올라가면 [그 가격을] 더 올릴 수 있다. [그러나 성전에] 바친 것은 [그것을 바친] 장소와 시간에 따라 [결정한다].

- 어떤 사람이 성전에 전 재산을 바쳐도 그 사람 개인이 사용하는 것들만 해당되며, 그의 아내나 자식들이 사용하는 물건들은 해당되지 않는다. 심지어는 그의 아내와 자식들이 아직 사용하지 않았어도, 그들을 위해 염색한 옷이나 새로 산 신발도 헌물에서 제외한다.
- 이 규정에 반대하면서 종을 사고파는 관례를 예로 드는 자들이 있었다. 벌거벗은 종보다 옷을 입은 종이 높은 가격을 받기 때문에 가족들의 옷도 헌물에 포함시켜야 한다는 것이다. 그러나 랍비들은 성전에 바친 헌물은 그것을 바친 장소와 바친 시간에 맞추어 값을 평가하며, 다른 방법을 써서 그 가격을 높이려고 노력할 필요가 없다고 잘라 말한다.

---

4) 1마네는 100디나르다.

제7장

7, 1

기업된 땅을 성전에 바치는 문제를 설명한다.

אֵין מַקְדִּישִׁין לִפְנֵי הַיּוֹבֵל פָּחוֹת מִשְּׁתֵּי שָׁנִים. וְלֹא גוֹאֲלִין לְאַחַר הַיּוֹבֵל פָּחוֹת מִשָּׁנָה. אֵין מְחַשְּׁבִין חֳדָשִׁים לְהֶקְדֵּשׁ. אֲבָל הַהֶקְדֵּשׁ מְחַשֵּׁב חֳדָשִׁים. הַמַּקְדִּישׁ אֶת שָׂדֵהוּ בִּשְׁעַת הַיּוֹבֵל, נוֹתֵן בְּזֶרַע חֹמֶר שְׂעָרִים חֲמִשִּׁים שֶׁקֶל כָּסֶף. הָיוּ שָׁם נְקָעִים עֲמֻקִים עֲשָׂרָה טְפָחִים אוֹ סְלָעִים גְּבוֹהִים עֲשָׂרָה טְפָחִים, אֵין נִמְדָּדִים עִמָּהּ. פָּחוֹת מִכָּאן, נִמְדָּדִים עִמָּהּ. הִקְדִּישָׁהּ שְׁתַּיִם אוֹ שָׁלֹשׁ שָׁנִים לִפְנֵי הַיּוֹבֵל, נוֹתֵן סֶלַע וּפֻנְדְּיוֹן לְשָׁנָה. אִם אָמַר הֲרֵינִי נוֹתֵן דְּבַר שָׁנָה בְשָׁנָה, אֵין שׁוֹמְעִין לוֹ, אֶלָּא נוֹתֵן אֶת כֻּלּוֹ כְּאֶחָד:

희년까지 두 해가 남지 않았을 때 [기업된 땅을] 바치지 않으며, 희년 다음 한 해가 넘지 않았을 때 무르지 않는다.

그는 [성전에] 바친 것의 달 수를 계산하지 않으나, [성전은] 바친 것의 달 수를 계산한다.

[어떤 사람이] 자기 밭을 희년이 [시행될] 때 바친다면, 그는 보리 씨앗 1호메르에 [해당하는 밭마다] 은 50쉐켈을 낸다. 그곳에 10테팍 깊이의 파인 곳이나 10테팍 높이의 바위가 있었다면, 그것은 측량에 포함시키지 않는다. 그보다 적으면, 측량에 포함시킨다.

그가 그것을 희년까지 2년이나 3년 남았을 때 바친다면, 1년에 1쎌라와 1푼디온을 낸다.

만약 그가 내가 해마다 그 [돈을] 바치겠다고 말했다 해도, 그의 [말을] 받아들이지 않으며, 전체 [금액을] 한 번에 내야 한다.

● 토라는 이스라엘 사람이 조상에게 기업으로 물려받은 땅을 성전에 바치는 경우를 언급하고 있으며(레 27:16-21), 희년에 바쳤으면 바

친 자가 그 값을 평가하여 정하고, 희년 후에 바쳤으면 희년까지 남은 해들을 계산하여 정한 값에서 감하라고 명했다.

- 미쉬나 첫 부분은 희년이 지나고 다음 희년까지 두 해가 남지 않았을 때를 말하고 있는데, 이 규정은 레위기 27:18에 기록한 남은 해들(שנים, 샤님) 즉 복수형 명사를 해석한 결과다. 복수가 되려면 최소한 2년이 남아야 하기 때문에 그때가 지나면 바칠 수 없다는 것이다.

- 희년이 지난 후 한 해가 지나면 남은 해를 계산할 수 있지만, 한 해가 넘지 않았을 경우에는 희년에 바친 것과 같은 경우로 간주한다. 그러므로 토라가 명령한 대로 보리 씨앗 1호메르를 뿌릴 수 있는 정도의 밭마다 은 50쉐켈을 내야 한다(레 27:16).

- 이미 설명한 바와 같이, 밭을 바치는 사람은 1년 단위로 계산하고 달수는 계산에 넣지 않는다. 그러나 성전 측은 달 수를 포함하여 계산할 수 있도록 허용하며, 이로 인해 더 많은 이득을 남길 수 있도록 보장한다.

- 밭 안에 깊이 파인 곳이나 큰 바위가 있으면 그 넓이를 계산할 때 포함시키지 않으며, 판단 기준은 10테팍(약 1미터)이다.

- 기업된 땅은 기준이 되는 넓이에 50쉐켈(즉 50쎌라)이며, 이 돈은 희년에서 다음 희년까지 49년에 해당하는 가격이다. 그런데 1쎌라는 48푼디온이다. 그러므로 49년에 50쎌라라는 가격은 1년에 1쎌라와 1푼디온에 해당한다. 그렇다고 이 금액을 할부로 매년 납부할 수 있는 것은 아니고, 한번에 납부해야 한다.

7, 2

첫째 미쉬나(7, 1)에 이어 밭의 가격을 정하는 방법에 관한 규정이다.

אֶחָד הַבְּעָלִים, וְאֶחָד כָּל הָאָדָם. מַה בֵּין הַבְּעָלִים לְבֵין כָּל הָאָדָם, אֶלָּא
שֶׁהַבְּעָלִים נוֹתְנִים חֹמֶשׁ, וְכָל אָדָם אֵינוֹ נוֹתֵן חֹמֶשׁ:

〔이 규정은 밭의〕 주인이나 〔다른〕 모든 사람에게 동일하게 〔적용
한다〕. 주인과 〔다른〕 사람들 사이의 〔차이점이라면〕, 주인은 1/5을
〔더하여〕 내고, 〔다른〕 모든 사람들은 1/5을 내지 않는다는 〔것이다〕.

● 땅의 값을 정하는 방법은 땅을 기업으로 물려받은 주인이나 그것을
무른 자이거나 다름이 없으나, 주인은 토라의 규정에 따라(레 27:19)
땅을 무르면서 1/5을 더하여 내야 한다. 주인 이외의 사람이 그 땅을
무를 때는 1/5을 더하지 않아도 된다는 해석은 미쉬나가 토라 본문
의 "밭을 구별하여 드린 자"를 밭의 소유자로 한정한 결과다.

7, 3

성전에 바친 땅을 무르고 희년에 소유권을 정하는 문제를 설명한다.

הִקְדִּישָׁהּ וּגְאָלָהּ, אֵינָהּ יוֹצְאָה מִיָּדוֹ בַּיּוֹבֵל. גְּאָלָהּ בְּנוֹ, יוֹצְאָה לְאָבִיו בַּיּוֹבֵל.
גְּאָלָהּ אַחֵר אוֹ אֶחָד מִן הַקְּרוֹבִים וּגְאָלָהּ מִיָּדוֹ, אֵינָהּ יוֹצְאָה מִיָּדוֹ בַּיּוֹבֵל.
גְּאָלָהּ אֶחָד מִן הַכֹּהֲנִים וַהֲרֵי הִיא תַּחַת יָדוֹ, לֹא יֹאמַר הוֹאִיל וְהִיא יוֹצְאָה
לַכֹּהֲנִים בַּיּוֹבֵל וַהֲרֵי הִיא תַּחַת יָדִי, הֲרֵי הִיא שֶׁלִּי, אֶלָּא יוֹצְאָה לְכָל אֶחָיו
הַכֹּהֲנִים:

그가 〔자기 땅을〕 바쳤고 또 물렀다면, 그 〔땅은〕 희년에 그의 손에
서 나가지 않는다. 그의 아들이 그것을 물렀다면, 그 〔땅은〕 희년에 그
의 아버지에게 돌아간다.

다른 사람 또는 친척 중 한 사람이 그것을 물렀고 그가 그의 손에서
그 〔땅을〕 물렀다면, 그 〔땅은〕 희년에 그의 손에서 나가지 않는다.[5]

제사장들 중 한 사람이 그것을 물렀고 그것이 아직 그의 손에 있을

때, 그는 "그 [땅이] 희년에 제사장들에게로 가야 하는데, 그것이 이미 내 손에 있으니, 그것이 내 소유다"라고 말할 수 없다. 그것이 [다른] 동료 제사장들에게 돌아갈 것이다.

- 성전에 바쳤던 땅을 주인이 무른 경우에는 희년이 되어도 소유권이 바뀌지 않고 그의 소유로 남는다. 그러나 그의 아들이 물렀다면, 희년에 주인인 아버지에게 돌아간다.
- 가족이 아닌 다른 사람이나 친척 중 한 사람이 그것을 물렀고, 원주인이 다시 그로부터 그 땅을 물렀을때, 희년이 되면 그 땅은 원주인에게 계속 남아 있게 된다.
- 제사장 중 한 사람이 물렀다면, 주인이 아닌 다른 사람과 마찬가지로 희년까지 소유하며, 희년에 성전 소유로 돌아간다. 그는 자기가 제사장이라는 이유로 희년에도 그 땅을 소유할 수 있다고 주장할 수 없다.

7, 4
성전에 바친 땅을 아무도 무르지 않는 경우를 논의한다.

הִגִּיעַ הַיּוֹבֵל וְלֹא נִגְאֲלָה, הַכֹּהֲנִים נִכְנָסִים לְתוֹכָהּ וְנוֹתְנִים אֶת דָּמֶיהָ, דִּבְרֵי רַבִּי יְהוּדָה. רַבִּי שִׁמְעוֹן אוֹמֵר, נִכְנָסִין, אֲבָל לֹא נוֹתְנִין. רַבִּי אֱלִיעֶזֶר אוֹמֵר, לֹא נִכְנָסִין וְלֹא נוֹתְנִין, אֶלָּא נִקְרֵאת שְׂדֵה רְטוּשִׁים, עַד הַיּוֹבֵל הַשֵּׁנִי. הִגִּיעַ הַיּוֹבֵל הַשֵּׁנִי וְלֹא נִגְאֲלָה, נִקְרֵאת רְטוּשֵׁי רְטוּשִׁין עַד הַיּוֹבֵל הַשְּׁלִישִׁי. לְעוֹלָם אֵין הַכֹּהֲנִים נִכְנָסִין לְתוֹכָהּ, עַד שֶׁיִּגְאָלֶנָּה אַחֵר:

---

5) 사본에 따라 히브리어(יוצא, 예나) 없이 "그의 손에서 나간다"고 규정하기도 한다. 그러나 이 경우처럼 땅의 원주인이 다른 사람으로부터 다시 이를 물렀다면, 희년에도 그의 소유로 남아 있는 것이 합리적이다. 대부분의 번역은 이를 따르고 있다.

희년이 왔는데 무르지 않은 땅은 제사장들이 그 가격을 내고 소유한다는 것이 랍비 예후다의 말이다. 랍비 쉼온은 그들이 소유권을 가지지만 [가격을] 내지는 않는다고 말한다. 랍비 엘리에제르는 그들이 소유하지도 않고 [가격을] 내지도 않으며, 둘째 희년까지 버려진 밭으로 간주한다. 둘째 희년이 왔는데 무르지 않은 [땅은] 셋째 희년까지 '버려진 것 중에 버려진 것'으로 간주한다. 제사장은 영원히 이를 소유할 수 없고, 다른 사람이 그 [땅을] 물러야 한다.

- 성전에 바친 땅을 주인이 무르지 않고 타인에게 팔았으면, 그 밭은 희년이 와도 주인에게 돌아가지 않으며, 영원히 성전에 바친 땅이 되어 제사장들의 기업이 된다(레 27:20-21). 랍비 예후다는 그 땅이 제사장들의 소유로 들어갈 수 있지만, 제사장들도 성전에 땅값을 내야 한다고 주장한다. 그는 성전 소유와 제사장 소유를 구분하여 생각하고 있는 것으로 보인다. 랍비 쉼온은 그 땅이 제사장들의 소유가 되지만 땅값을 낼 필요는 없다고 말한다.
- 랍비 엘리에제르는 토라가 다른 사람에게 판 땅이 성전 소유가 된다고 했기 때문에 아무도 무르지 않은 땅은 성전 소유가 아니라고 생각한다. 그러므로 그 땅을 둘째와 셋째 희년까지 '버려진 땅'(שדה רטושים, 사데 레투쉼)으로 남겨두어야 하며, 다른 사람이 살 때까지 기다려야 한다. 둘째 희년에도 무르지 않은 땅은 두 번 버려진 것으로 보고, '버려진 것 중에 버려진 것'이라 부른다.

7, 5

아들이 아버지의 땅을 사서 성전에 바친 경우에 관해 규정한다.

הַלּוֹקֵחַ שָׂדֶה מֵאָבִיו, מֵת אָבִיו וְאַחַר כָּךְ הִקְדִּישָׁהּ, הֲרֵי הִיא כִּשְׂדֵה אֲחֻזָּה.
הִקְדִּישָׁהּ וְאַחַר כָּךְ מֵת אָבִיו, הֲרֵי הִיא כִּשְׂדֵה מִקְנָה, דִּבְרֵי רַבִּי מֵאִיר. וְרַבִּי
יְהוּדָה וְרַבִּי שִׁמְעוֹן אוֹמְרִים, כִּשְׂדֵה אֲחֻזָּה, שֶׁנֶּאֱמַר וְאִם אֶת שְׂדֵה מִקְנָתוֹ
אֲשֶׁר לֹא מִשְּׂדֵה אֲחֻזָּתוֹ, שָׂדֶה שֶׁאֵינָהּ רְאוּיָה לִהְיוֹת שְׂדֵה אֲחֻזָּה, יָצְאָת זוֹ,
שֶׁהִיא רְאוּיָה לִהְיוֹת שְׂדֵה אֲחֻזָּה. שְׂדֵה מִקְנָה אֵינָהּ יוֹצְאָה לַכֹּהֲנִים בַּיּוֹבֵל,
שֶׁאֵין אָדָם מַקְדִּישׁ דָּבָר שֶׁאֵינוֹ שֶׁלּוֹ. כֹּהֲנִים וּלְוִיִּם מַקְדִּישִׁים לְעוֹלָם, וְגוֹאֲלִין
לְעוֹלָם, בֵּין לִפְנֵי הַיּוֹבֵל, בֵּין לְאַחַר הַיּוֹבֵל:

〔어떤 사람이〕 자기 아버지로부터 밭을 샀고, 그의 아버지가 죽었으며, 그 후에 그 〔땅을 성전에〕 바쳤다면, 그것은 기업된 땅과 같다. 그 〔땅을〕 바친 이후에 그의 아버지가 죽었다면, 그것은 구매한 땅과 같다는 것이 랍비 메이르의 말이다.

그러나 랍비 예후다와 랍비 쉼온은 기업된 땅과 같다고 말하는데, "만일 사람에게 샀고 자기 기업이 아닌 밭을"이라고 기록했으니, 기업된 땅이 될 수 없는 땅을 〔말하는 것이며〕, 기업된 땅이 될 수 있는 땅은 제외해야 한다.

구매한 땅은 희년에 제사장들에게 돌아가지 않는다. 사람이 자기 소유가 아닌 것을 바칠 수 없기 때문이다.

제사장들과 레위인들은 영원히 바치고 영원히 무른다. 희년이 오기 전이거나 희년이 온 뒤이거나 〔상관이 없다〕.

- 성전에 땅을 바칠 때 조상들로부터 물려받은 기업된 땅인지 다른 이로부터 구매한 땅인지에 따라 적용하는 규정이 달라진다. 아들이 아버지의 땅을 샀을 경우, 상속 관계에 따라 판단이 불분명한 상황이 발생할 수 있다. 그의 아버지가 죽은 다음에 그 땅을 바쳤으면 기업

된 땅으로 인정한다. 어차피 그의 기업이 될 것이기 때문이다.

- 그러나 그의 아버지가 죽기 전에 바친 경우에는 이견이 존재한다. 랍비 메이르는 그 땅을 구매한 것으로 간주해야 한다고 주장하는데, 그가 이 땅을 무를 때 1/5을 덧붙일 필요가 없고, 무르지 않으면 희년에 원래 주인에게 돌아간다. 랍비 예후다와 랍비 쉼온은 레위기 27:22을 기초로 어차피 물려받을 땅이 구매한 땅이 될 수는 없으며, 기업된 땅으로 인정해야 한다고 주장한다. 그가 무르면 1/5을 덧붙여야 하고, 희년까지 무르지 않으면 제사장들의 소유가 된다.
- 구매한 땅을 성전에 바쳤다고 해도, 그 땅은 그 바친 사람의 소유가 아니라 희년에 원주인에게 돌아갈 땅이기 때문에, 성전에 바친 후에라도 희년에 제사장의 소유가 되지 않는다.
- 제사장이나 레위인도 성전에 땅을 바칠 수 있는데, 이들은 토라에서 규정한 법에 저촉을 받지 않으며, 언제나 땅을 바칠 수 있다.

제8장

8, 1

희년 제도를 지키지 않는 상황에서 성전에 땅을 바치는 문제를 논의한다.

הַמַּקְדִּישׁ אֶת שָׂדֵהוּ בְּשָׁעָה שֶׁאֵינָהּ יוֹבֵל, אוֹמְרִים לוֹ פְּתַח אַתָּה רִאשׁוֹן, שֶׁהַבְּעָלִים נוֹתְנִים חֹמֶשׁ, וְכָל אָדָם אֵינוֹ נוֹתֵן חֹמֶשׁ. מַעֲשֶׂה בְּאֶחָד שֶׁהִקְדִּישׁ אֶת שָׂדֵהוּ מִפְּנֵי רָעָתָהּ, אָמְרוּ לוֹ, פְּתַח אַתָּה רִאשׁוֹן. אָמַר, הֲרֵי הִיא שֶׁלִּי בְּאִסָּר. אָמַר רַבִּי יוֹסֵי, לֹא אָמַר זֶה אֶלָּא בְּכַבֵּיצָה, שֶׁהַהֶקְדֵּשׁ נִפְדֶּה בְכֶסֶף וּבְשָׁוֶה כָסֶף. אָמַר לוֹ, הִגִּיעָתְךָ, נִמְצָא מַפְסִיד אִסָּר, וְשָׂדֵהוּ לְפָנָיו׃

〔어떤 사람이〕 희년 제도가 〔적용되지〕 않을 때 그의 밭을 〔성전에〕 바쳤고, 그들이 네가 먼저 〔값을〕 부르라고 그에게 말했다. 왜냐하면 주인은 1/5을 〔더해서〕 내고, 〔다른〕 사람들은 모두 1/5을 내지 않기 때문이다.

한 사람이 그의 땅이 너무 나빠서 바친 일이 있었다. 그들이 네가 먼저 〔값을〕 부르라고 그에게 말했다. 그는 내가 1이싸르[6]로 그것을 사겠다고 말했다. 랍비 요쎄는 그렇게 말하지 말고 달걀 하나라고 해야 했는데, 〔성전에〕 바친 것은 돈이나 돈에 상응하는 것으로 무르기 때문이다. 그 〔성전 행정관은〕 이것이 네 것이라고 그에게 말했다. 그는 1이싸르를 잃었고 그의 밭을 소유하게 되었다.

- 희년 관련법을 더 이상 실제로 시행하지 않는 상황에서 어떤 사람이 자기 땅을 성전에 바치면 이를 물러야 했다. 경매를 통해 땅값을 정했는데, 그 주인이 언제나 첫째 응찰자가 되어야 했다. 주인이 응찰하고 싶지 않아도 성전 행정관이 이 규정을 강제했다. 성전 측에서는 주인이 땅을 무르는 것을 선호했는데, 왜냐하면 주인은 1/5을 더한 값을 지불하기 때문이었다.
- 어떤 사람이 자기 땅이 너무 척박하여 성전에 바친 일이 있었다. 그렇지만 규정대로 자기가 먼저 응찰가를 불러야 했고, 그는 1이싸르를 제시했다. 터무니없이 낮은 가격이었기 때문에 랍비 요쎄는 차라리 달걀 하나로 땅을 무르겠다고 말하라고 했다. 그러나 그 밭을 받아도 이득이 없겠다고 생각한 성전의 재정 관리는 그 값으로 밭을 돌려주었다. 그래서 그 사람은 땅을 계속 소유하면서 돈만 1이싸르를 잃게 되었다.

---

6) 1이싸르는 1/24디나르다.

8, 2

성전에 바친 땅을 경매하는 상황에 대한 논의다.

אָמַר אֶחָד, הֲרֵי הִיא שֶׁלִּי בְּעֶשֶׂר סְלָעִים, וְאֶחָד אוֹמֵר בְּעֶשְׂרִים, וְאֶחָד
אוֹמֵר בִּשְׁלֹשִׁים, וְאֶחָד אוֹמֵר בְּאַרְבָּעִים, וְאֶחָד אוֹמֵר בַּחֲמִשִּׁים. חָזַר בּוֹ
שֶׁל חֲמִשִּׁים, מְמַשְׁכְּנִין מִנְּכָסָיו עַד עָשֶׂר. חָזַר בּוֹ שֶׁל אַרְבָּעִים, מְמַשְׁכְּנִין
מִנְּכָסָיו עַד עָשֶׂר. חָזַר בּוֹ שֶׁל שְׁלֹשִׁים, מְמַשְׁכְּנִין מִנְּכָסָיו עַד עָשֶׂר. חָזַר בּוֹ
שֶׁל עֶשְׂרִים, מְמַשְׁכְּנִין מִנְּכָסָיו עַד עָשֶׂר. חָזַר בּוֹ שֶׁל עֶשֶׂר, מוֹכְרִים אוֹתָהּ
בְּשָׁוְיָהּ וְנִפְרָעִים מִשֶּׁל עֶשֶׂר אֶת הַמּוֹתָר. הַבְּעָלִים אוֹמְרִים בְּעֶשְׂרִים, וְכָל
אָדָם אוֹמְרִים בְּעֶשְׂרִים, הַבְּעָלִים קוֹדְמִים, מִפְּנֵי שֶׁהֵן מוֹסִיפִין חֹמֶשׁ:

한 사람이 그 [땅을] 10쎌라에 사겠다고 말했고, 한 사람은 20[쎌라
라고] 말했고, 한 사람은 30[쎌라라고] 말했고, 한 사람은 40[쎌라라
고] 말했고, 한 사람은 50[쎌라라고] 말했다. 50[쎌라를 부른] 자가 마
음을 바꾸면, 그의 재산 중에서 10[쎌라에] 해당하는 담보를 잡는다.
40[쎌라를 부른] 자가 마음을 바꾸면, 그의 재산 중에서 10[쎌라에]
해당하는 담보를 잡는다. 30[쎌라를 부른] 자가 마음을 바꾸면, 그의
재산 중에서 10[쎌라에] 해당하는 담보를 잡는다. 20[쎌라를 부른] 자
가 마음을 바꾸면, 그의 재산 중에서 10[쎌라에] 해당하는 담보를 잡
는다. 10[쎌라를 부른] 자가 마음을 바꾸면, 그 [땅을] 그 가치에 맞추
어 팔고, 10쎌라를 부른 자에게 남은 것을 취한다.

[땅의] 주인들이 20[쎌라를] 부르고 [다른] 사람들도 모두 20[쎌라
를] 부르면, 주인에게 우선권이 있다. 그들은 1/5을 더해서 [내기] 때
문이다.

- 이 미쉬나는 특이한 상황을 가정하고, 성전 측이 손해보지 않고 50
  쎌라를 확보하는 처리법을 제시한다. 만약 성전에 바친 땅을 놓고 경
  매를 시작했고, 사람들이 10쎌라씩 올리면서 경매를 했다면, 성전은

최고 응찰자에게 낙찰한다. 그런데 모든 응찰자들이 갑자기 마음을 바꾸며 응찰을 취소하면 성전은 각각의 응찰자로부터 그들이 높인 응찰가 즉 10쎌라에 해당하는 담보를 잡는다. 10쎌라를 부른 마지막 응찰자는, 그 땅을 팔아서 10쎌라와 판매의 차액을 가져온다. 이런 식으로 성전은 50쎌라를 확보할 수 있으나, 그 이상을 취하지는 않는다.

- 성전 측은 응찰가가 같은 경우에 주인을 선호하는데, 주인은 땅을 무르면서 1/5을 더해서 내기 때문이다.

8, 3

주인이 땅을 무르면서 덧붙이는 1/5을 계산하는 방법을 설명한다.

אָמַר אֶחָד, הֲרֵי הִיא שֶׁלִּי בְעֶשְׂרִים וְאַחַת, הַבְּעָלִים נוֹתְנִים עֶשְׂרִים וָשֵׁשׁ. בְּעֶשְׂרִים וּשְׁתַּיִם, הַבְּעָלִים נוֹתְנִים עֶשְׂרִים וָשֶׁבַע. בְּעֶשְׂרִים וְשָׁלֹשׁ, הַבְּעָלִים נוֹתְנִים עֶשְׂרִים וּשְׁמֹנֶה. בְּעֶשְׂרִים וְאַרְבַּע, הַבְּעָלִים נוֹתְנִים תִּשְׁעָה וְעֶשְׂרִים. בַּחֲמִשָּׁה וְעֶשְׂרִים, הַבְּעָלִים נוֹתְנִים שְׁלֹשִׁים, שֶׁאֵין מוֹסִיפִין חֹמֶשׁ עַל עִלּוּיוֹ שֶׁל זֶה. אָמַר אֶחָד, הֲרֵי הִיא שֶׁלִּי בְעֶשְׂרִים וָשֵׁשׁ, אִם רָצוּ הַבְּעָלִים לִתֵּן שְׁלֹשִׁים וְאֶחָד וְדִינָר, הַבְּעָלִים קוֹדְמִים. וְאִם לָאו, אוֹמְרִים, הִגִּיעָתְךָ:

어떤 사람이 그 [땅을] 21[쎌라에] 사겠다고 말했다면, 주인은 26 [쎌라를] 낸다. 22[쎌라에 산다면] 주인은 27[쎌라를] 낸다. 23[쎌라에 산다면] 주인은 28[쎌라를] 낸다. 24[쎌라에 산다면] 주인은 29 [쎌라를] 낸다. 25[쎌라에 산다면] 주인은 30[쎌라를] 낸다. 그들은 다른 사람들이 더 내겠다는 값에 1/5을 더할 필요가 없다.

한 사람이 그 [땅을] 26[쎌라에] 사겠다고 말했을 때, 그 주인이 31 [쎌라와] 1디나르를 내기를 원한다면, 그 주인이 우선권이 있다. 그렇지 않다면 "이것이 너의 것이 되었다"라고 말한다.

- 이 미쉬나가 밝히는 액수를 보면 주인이 땅을 무를 때 자신의 응찰가에 1/5을 더하는 것이 아니라 최종 지불액에 1/5을 더하는 것임을 알 수 있다. 주인이 20쩰라를 불렀다면, 그가 덧붙일 1/5은 5쩰라인데, 25쩰라의 1/5이 5쩰라이기 때문이다. 1/5이 x이고 응찰가가 y일 때, x = (y+x) / 5라고 수식화할 수 있다.

- 그런데 미쉬나는 주인이 20쩰라를 불렀고 다른 사람이 21쩰라를 불렀을 때, 주인이 26쩰라를 낸다고 말한다. 일단 성전 입장에서 주인의 20쩰라가 다른 사람의 21쩰라보다 이익인 것은 주인이 1/5을 더 내기 때문인데, 실제로 응찰가가 적은 주인을 낙찰시킬 수가 없는 상황이다. 그러므로 주인이 1쩰라를 더하여 21쩰라를 응찰가로 내고 1/5에 해당하는 5쩰라는 20쩰라를 기준으로 낸다는 것이다. 다른 사람이 22-26쩰라를 부르는 경우에도 마찬가지로 주인이 응찰 차액을 부담하며, 이런 추가 부담금에는 1/5을 더할 필요가 없다.

- 같은 상황에서 다른 사람이 26쩰라를 불러서 주인의 최종 부담액인 26쩰라와 같거나 더 많아지면 다른 사람에게 낙찰될 수도 있다. 만약 주인이 자기 땅을 꼭 무르고 싶다면, 원래 응찰액에 1/5을 더한 25쩰라와, 응찰 차액 6쩰라, 그리고 응찰 차액에 1/5을 더해서 내야 한다. 이 경우에 응찰 차액의 1/5은 1디나르라고 간주한다. 주인이 이 금액을 내지 않으면 다른 응찰자에게 낙찰한다.

8, 4
재산을 '헤렘'으로 온전히 바치는 경우을 논의한다.

מַחֲרִים אָדָם מִצֹּאנוֹ וּמִבְּקָרוֹ, מֵעֲבָדָיו וּמִשִׁפְחוֹתָיו הַכְּנַעֲנִים, וּמִשָּׂדֵה אֲחֻזָּתוֹ.
וְאִם הֶחֱרִים אֶת כֻּלָּן, אֵינָן מֻחְרָמִין, דִּבְרֵי רַבִּי אֶלְעָזָר. אָמַר רַבִּי אֶלְעָזָר בֶּן
עֲזַרְיָה, מָה אִם לַגָּבֹהַּ, אֵין אָדָם רַשַּׁאי לְהַחֲרִים אֶת כָּל נְכָסָיו, עַל אַחַת
כַּמָּה וְכַמָּה שֶׁיְּהֵא אָדָם חַיָּב לִהְיוֹת חָס עַל נְכָסָיו:

사람이 자기 양 떼와 소들 중에서, 자기 가나안 남종과 여종 중에서, 그리고 자기의 기업된 땅 중에서 [어떤 것을] '헤렘'으로 온전히 바칠 수 있다. 그러나 만약 그가 그 전부를 온전히 바친다면, 그는 [아무것 도] 온전히 바치지 않았다는 것이 랍비 엘아자르의 말이다. 랍비 엘 아자르 벤 아자르야가 말하기를, 만약 높으신 분(하느님)에 관해서도 사람이 그의 재산 모두를 온전히 바칠 권리가 없다면, 사람이 그의 재 산을 [다룰 때] 얼마나 더 조심해야 하겠는가?

- 누구나 자기 재산 중 일부를 '헤렘'으로 온전히 바치고 포기할 수 있 다(레 27:28). 그러나 랍비 엘아자르에 따르면 아무것도 남기지 않 고 전 재산을 '헤렘'으로 온전히 바칠 수는 없다. 토라의 규정의 원문 에 의하면 그의 재산 "중에서" 일부를 바치게 되어 있으므로, 전부를 바칠 수는 없다고 해석한 것이다.
- 그리고 그는 이 성경구절에서 도덕적인 교훈을 배울 수 있다고 생각 하는데, 누구든지 재산을 관리할 때 신중하게 조심해서 다루어야 한 다는 것이다. 가장 높으신 분께 바치는 헌물로도 전 재산을 바칠 수 없다면, 이 세상일 중 어떤 용도로도 전 재산을 투자할 수 없다는 것 이다.

8, 5
제사장과 레인위인의 헤렘에 대해 논하고 있다.

הַמַּחֲרִים בְּנוֹ וּבִתּוֹ, עַבְדּוֹ וְשִׁפְחָתוֹ הָעִבְרִים, וּשְׂדֵה מִקְנָתוֹ, אֵינָן מָחֳרָמִים,
שֶׁאֵין אָדָם מַחֲרִים דָּבָר שֶׁאֵינוֹ שֶׁלּוֹ. כֹּהֲנִים וּלְוִיִּם אֵינָן מַחֲרִימִין, דִּבְרֵי
רַבִּי יְהוּדָה. רַבִּי שִׁמְעוֹן אוֹמֵר, הַכֹּהֲנִים אֵינָן מַחֲרִימִין, שֶׁהַחֲרָמִים שֶׁלָּהֶם.
הַלְוִיִּם מַחֲרִימִין, שֶׁאֵין הַחֲרָמִים שֶׁלָּהֶן. רַבִּי אוֹמֵר, נִרְאִים דִּבְרֵי רַבִּי
יְהוּדָה בַּקַּרְקָעוֹת, שֶׁנֶּאֱמַר כִּי אֲחֻזַּת עוֹלָם הוּא לָהֶם, וְדִבְרֵי רַבִּי שִׁמְעוֹן

[어떤 사람이] 자기 아들과 딸을, 자기의 히브리인 종과 여종을, 그가 구매한 땅을 '헤렘'으로 온전히 바친다면, 그는 [아무것도] 온전히 바치지 않은 것이다. 사람이 자기 소유가 아닌 것을 온전히 바칠 수 없기 때문이다.

제사장들과 레위인들은 '헤렘'으로 온전히 바치지 않는다는 것이 랍비 예후다의 말이다. 랍비 쉼온은 제사장들은 온전히 바칠 수 없는데, 온전히 바쳐진 것은 그들의 소유가 되기 때문이라고 말한다. [그러나] 레위인들은 온전히 바칠 수 있다. 온전히 바친 것이 그들의 소유가 아니기 때문이다.

랍비는 랍비 예후다의 말은 부동산에 관련된 것으로 보인다고 말한다. 왜냐하면 "그들의 영원한 기업이니"(레 25:34)라고 기록했기 때문이다. 랍비 쉼온은 동산에 관련되었다고 말한다. 온전히 바친 것들이 그들의 소유가 아니기 때문이다.

● 사람의 재산 중에는 영원히 자신의 소유인 것과 일시적으로 소유하고 있는 것이 있다. 자식들은 자신의 소유가 아니며, 히브리인 종은 7년째에 풀어주어야 한다(출 21:2; 신 15:12). 타인의 기업을 구매하여도 희년에는 원주인에게 되돌려주어야 한다. 이렇게 일시적으로 소유한 것들을 '헤렘'으로 온전히 바칠 수 없다.

● 성전에 '헤렘'으로 온전히 바친 것들은 제사장들의 소유가 된다. 그러므로 제사장들과 레위인들은 온전히 바칠 수 없다는 것이 랍비 예후다의 말이다. 그러나 랍비 쉼온은 레위인은 온전히 바친 것을 소유할 수 없으니 가능하다고 주장한다.

● 예후다 한나씨 랍비는 랍비 예후다의 말은 부동산에 한하여 적용이 가능하다고 설명한다. 레위인들도 자신이 받은 땅을 영원히 소유하

게 되어 있으므로(레 25:34) '헤렘'으로 바칠 수 없다는 것이다. 그러
나 랍비 쉼온가 지적한 바와 같이 동산에 해당하는 재산은 레위인도
온전히 바칠 수 있다. 이런 재산은 다시 자신의 소유가 되지 않기 때
문이다.

8, 6

'헤렘'으로 온전히 바친 것은 제사장 소유인지 아니면 성전 보수를
위한 제물인지 논의한다.

חֶרְמֵי כֹהֲנִים אֵין לָהֶם פִּדְיוֹן, אֶלָּא נִתָּנִים לַכֹּהֲנִים. רַבִּי יְהוּדָה בֶּן בְּתֵירָא
אוֹמֵר, סְתָם חֲרָמִים לְבֶדֶק הַבַּיִת, שֶׁנֶּאֱמַר, כָּל חֵרֶם קֹדֶשׁ קָדָשִׁים הוּא לַה'.
וַחֲכָמִים אוֹמְרִים, סְתָם חֲרָמִים לַכֹּהֲנִים, שֶׁנֶּאֱמַר, כִּשְׂדֵה הַחֵרֶם לַכֹּהֵן תִּהְיֶה
אֲחֻזָּתוֹ. אִם כֵּן, לָמָּה נֶאֱמַר כָּל חֵרֶם קֹדֶשׁ קָדָשִׁים הוּא לַה'. שֶׁהוּא חָל עַל
קָדְשֵׁי קָדָשִׁים וְעַל קָדָשִׁים קַלִּים:

제사장들에게 '헤렘'으로 온전히 바친 것은 무를 수 없으며, 제사장
들에게 준다.

랍비 예후다 벤 베테라는 〔목적을 밝히지 않고〕 그냥 '헤렘'으로 온
전히 바친 것은 성전 보수를 위한 것이라고 말한다. "오직 여호와께
온전히 바친 모든 것은 … 다 여호와께 지극히 거룩함이며"(레 27:28)
라고 기록했기 때문이다. 그러나 현인들은 그냥 '헤렘'으로 온전히
바친 것은 제사장을 위한 것이라고 말한다. "그 밭이… 영영히 드린
땅과 같이 제사장의 기업이 될 것이며"(레 27:21)라고 기록했기 때문
이다.

그렇다면 왜 "오직 여호와께 온전히 바친 모든 것은… 다 여호와께
지극히 거룩함이며"라고 기록했는가? 그것은 지극히 거룩한 제물과
덜 거룩한 제물에 관해 가르치기 위해서다.

- 어떤 사람이 자기 재산을 성전에 '헤렘'으로 온전히 바치면, 그것을 다시 무를 수 없고, 제사장들의 소유가 된다. 랍비들은 '제사장들의 소유'란 정확하게 어떤 용도로 사용하는 것인지를 놓고 토론을 벌인다. 랍비 예후다는 특별히 용도를 밝히지 않고 온전히 바친 것은 성전 보수를 위한 제물이라고 주장한다. 온전히 바친 것이 지극히 거룩하다는 토라의 구절이(레 27:28) 바로 이것을 의미한다고 말한다.
- 그러나 다른 랍비들은 다른 구절을 인용하면서(레 27:21) 온전히 바친 것은 제사장들의 소유라고 주장한다(민 18:14). 그렇다면 랍비 예후다가 인용한 구절은 어떻게 해석해야 하는지 묻는 사람이 있었는데, 그 구절은 지극히 거룩한 제물과 덜 거룩한 제물을 구분하기 위해서라고 해석한다. 이에 대해서는 일곱째 미쉬나(8, 7)에서 자세히 다룬다.

8, 7

이미 거룩한 성물로 구분된 제물을 다시 '헤렘'으로 온전히 바치는 상황을 설명한다.

מַחֲרִים אָדָם אֶת קָדָשָׁיו, בֵּין קָדְשֵׁי קָדָשִׁים וּבֵין קָדָשִׁים קַלִּים. אִם נֶדֶר, נוֹתֵן אֶת הַדָּמִים. אִם נְדָבָה, נוֹתֵן אֶת טוֹבָתוֹ. שׁוֹר זֶה עוֹלָה, אוֹמְדִים כַּמָּה אָדָם רוֹצֶה לִתֵּן בְּשׁוֹר זֶה לְהַעֲלוֹתוֹ עוֹלָה, שֶׁאֵינוֹ רַשַּׁאי. הַבְּכוֹר, בֵּין תָּמִים בֵּין בַּעַל מוּם, מַחֲרִימִין אוֹתוֹ. כֵּיצַד פּוֹדִין אוֹתוֹ. הַפּוֹדִין אוֹמְדִים כַּמָּה אָדָם רוֹצֶה לִתֵּן בִּבְכוֹר זֶה, לִתְּנוֹ לְבֶן בִּתּוֹ אוֹ לְבֶן אֲחוֹתוֹ. רַבִּי יִשְׁמָעֵאל אוֹמֵר, כָּתוּב אֶחָד אוֹמֵר תַּקְדִּישׁ, וְכָתוּב אֶחָד אוֹמֵר אַל תַּקְדִּישׁ. אִי אֶפְשָׁר לוֹמַר תַּקְדִּישׁ, שֶׁכְּבָר נֶאֱמַר אַל תַּקְדִּישׁ, וְאִי אֶפְשָׁר לוֹמַר אַל תַּקְדִּישׁ, שֶׁכְּבָר נֶאֱמַר תַּקְדִּישׁ. אֱמֹר מֵעַתָּה, מַקְדִּישׁוֹ אַתָּה הֶקְדֵּשׁ עִלּוּי, וְאֵין אַתָּה מַקְדִּישׁוֹ הֶקְדֵּשׁ מִזְבֵּחַ:

사람이 [이미] 성물로 [구별한 것이] 지극히 거룩한 것이거나 덜 거룩한 것이거나 [다시] '헤렘'으로 온전히 바칠 수 있다.

만약 그가 서원으로 [바쳤다면], 그 [전체] 가격을 낸다. 만약 그가 자원하는 제물로 [바쳤다면, 그가 생각하는] 값을 낸다. [이 경우] 그가 "이 황소는 번제물이다"라고 [말한다면], 그 황소를 자원하는 번제물로 드리기 위해서 [살 때] 얼마나 낼 것인지를 [기준으로] 평가한다.

초태생 제물은 흠이 없건 흠이 있건 '헤렘'으로 온전히 드릴 수 있다. 어떻게 이것을 무르는가? 그것을 무르는 자가 이를 자기 딸의 아들 또는 자기 여자 형제의 아들에게 주기 위해 얼마나 내겠는지에 따라 평가한다.

랍비 이쉬마엘은 한 곳에는 그것을 바치라고 기록했고(신 15:19) [다른] 한 곳에는 그것을 바치지 말라고 기록했다(레 27:26)고 말한다. 이미 바치지 말라고 기록한 것을 바치라고 말할 수 없고, 이미 바치라고 기록한 것을 바치지 말라고 말할 수 없다. 지금부터 너는 그것의 값을 바치고, 제단에 드리는 것으로 바치지 말라고 말하라.

- 여섯째 미쉬나(8, 6) 끝에서 제기한 질문에 답하면서, 이미 지극히 거룩한 제물이나 덜 거룩한 제물로 바친 성물을 다시 '헤렘'으로 온전히 바치는 것이 무슨 의미인지 설명한다. 성물로 구별된 것은 이미 거룩해졌기 때문에, 다시 이를 '헤렘'으로 구별하여 바치려면 이중으로 거룩하게 되는 모순이 발생한다. 이 미쉬나는 이 경우에 헤렘을 가능하게 하는 방법을 제시하는데, 이는 이미 구별된 성물의 값을 평가하여 이를 돈으로 무르고 그 제물을 바치는 것이다. 제물과 제물의 값 모두를 바치게 된다. 따라서 성물의 값을 어떻게 정할 것인지가 문제된다.

- 그 값은 성물로 구별하는 두 종류의 방식에 따라 각각 다르게 평가된다. 이 두 방식은 서원했기 때문에 의무적으로 바치는 것(נדר, 네데르), 그리고 자원해서 바치는 것(נדבה, 니드바)이다. 서원제(네데르)는 다시 두 단계를 거치는데, 예를 들어, "소 한 마리를 번제로 바치겠다"고 서원했다면 그 후, 다시 제물로 바칠 특정한 소를 성별한다. 만약 이 성별된 소가 죽거나 흠이 생기면 그 사람은 여전히 앞서 한 서원의 의무가 있으므로 다시 다른 소를 준비해야 한다. 그는 이 소를 '헤렘'으로 온전히 바칠 수 있는데, 그는 서원으로 생긴 의무가 있기 때문에 그 가축의 시장 가격 전부를 온전히 바쳐야 한다. 이 값은 제사장에게 주거나 또는 성전 보수를 위해 사용할 수 있다.

- 자원해서 바치는 니드바의 경우, 한 번의 행위로 이루어지는데, 예를 들어, "이 황소는 번제물이다"라고 하여 특정한 소를 성별하는 것이다. 이 경우에는 이 소에게 문제가 생겨도, 그는 다른 가축을 대신 바칠 의무가 없고, 가축의 가격 전체를 드릴 의무도 없다. 다만, 사람이 제물로 드리려고 그 가축을 산다면 얼마나 내겠는가를 기준으로 그 금액을 바치면 된다. 이것도 제사장에게 또는 성전 보수를 위해 사용할 수 있다.[7]

- 초태생으로 태어난 가축이 흠이 없으면 성전에 바쳐야 하고, 흠이 있으면 자기가 먹을 수 있다. 그는 이 초태생 가축을 흠이 있는지 여부와 상관없이 '헤렘'으로 온전히 바칠 수 있는데, 이때 법적으로 이 가축을 무를 수 없으므로, 그 값을 평가하여 성전에 바친다. 만약 그의 딸이 제사장과 결혼했고 그녀의 아들에게 선물로 주거나, 그의 여자 형제가 제사장과 결혼했고 그녀의 아들에게 선물로 준다면, 그런 선

---

7) 이 문장을 다르게 해석할 수도 있다. 현재 성전에서 일할 차례가 아닌 어떤 제사장이 이 사람의 제물을 자기가 바칠 수 있도록 기다려주는 데 얼마나 내겠는지 평가하여 그 값을 드린다고 읽을 수도 있다.

물을 줄 때 얼마가 드는지를 평가하여 그 값을 낸다.

- 랍비 이쉬마엘은 어떤 사람이 초태생 제물로 바친 것을 제사장들이나 성전 보수를 위해서 쓸 수 있지만, 그것을 제단에 올릴 수는 없다고 주장한다. 토라가 초태생 제물에 관해 성물로 바치라고 말하기도 하고(신 15:19) 바치지 말라고 말하기도 하여(레 27:26) 마치 서로 상충되는 것처럼 보인다고 말한다. 그렇지만 이 성경 구절들은 초태생을 온전히 바쳐서 제사장들을 위해 쓸 수는 있지만, 초태생을 제단 위에 올려서 다른 제사의 제물로 드릴 수는 없다는 뜻이라고 설명한다.

제9장

9, 1

기업된 땅을 팔고 무르는 상황을 설명한다.

הַמּוֹכֵר אֶת שָׂדֵהוּ בִּשְׁעַת הַיּוֹבֵל, אֵינוֹ מֻתָּר לִגְאוֹל פָּחוֹת מִשְּׁתֵּי שָׁנִים,
שֶׁנֶּאֱמַר
בְּמִסְפַּר שְׁנֵי תְבוּאֹת יִמְכָּר לָךְ. הָיְתָה שְׁנַת שִׁדָּפוֹן וְיֵרָקוֹן אוֹ שְׁבִיעִית, אֵינָהּ
עוֹלָה מִן הַמִּנְיָן. נָרָהּ אוֹ הוֹבִירָהּ, עוֹלָה לוֹ מִן הַמִּנְיָן. רַבִּי אֶלְעָזָר אוֹמֵר,
מְכָרָהּ לוֹ לִפְנֵי רֹאשׁ הַשָּׁנָה וְהִיא מְלֵאָה פֵרוֹת, הֲרֵי זֶה אוֹכֵל מִמֶּנָּה שָׁלֹשׁ
תְּבוּאוֹת לִשְׁתֵּי שָׁנִים:

[어떤 사람이] 희년 제도가 [적용되던] 때에 그의 밭을 팔면, 두 해가 지나기 전에 무르기가 허용되지 않는다. "그 희년 후의 연수를 따라서 너는… 살 것이오"(레 25:15)라고 기록했기 때문이다. 병충해이나 흰곰팡이가 핀 해 또는 일곱째 해가 있었다면, 계산할 때 포함시키지 않는다. 그가 땅을 갈기만 했거나 휴경지로 남겨놓았다면, 계산할

때 포함시킨다. 랍비 엘아자르는 그것을 새해 첫날 전에 그에게 팔았고 열매가 가득 열려 있었다면, 그는 두 해 동안 수확한 것 세 번을 먹는다고 말한다.

- 토라는 기업된 땅을 팔 때 희년이 지난 후 연수에 따라 값을 정해서 팔고(레 25:13-17), 희년이 돌아오기 전에 무를 수 있다고 말한다(레 25:10). 이 미쉬나는 희년이 지난 후 두 해가 지나기 전에 팔거나 무르는 일을 허용하지 않는다고 말하는데, 위 토라 본문에서 '연수'라는 낱말을 복수형(שנים, 샤님)으로 사용했기 때문에(레 25:15) 최소한 두 해는 지나야 한다고 해석한 것이다.
- 희년이 지난 후 연수를 계산할 때 자연재해가 있거나 일곱째 해, 즉 안식년이어서 밭주인이 농사를 지을 수 없는 조건이 발생한 해는 계산에 넣지 않는다. 그러나 주인이 땅을 갈아놓고 씨를 뿌리지 않거나 휴경지로 남겨놓았다면, 그것은 자신의 결정에 따른 것이므로 계산에 넣는다.
- 랍비 엘아자르는 예외적인 상황을 들어서 설명을 덧붙이는데, 판매 시점이 새해 첫날 직전이었고 그 밭에 심은 작물에 열매가 열려 있었다. 그렇다면 매입자는 이 열매를 수확했을 테고 그다음 두 해 동안 두 번 더 수확을 했을 것이다. 매입자가 세 번 수확했지만, 계산할 때는 그냥 두 해로 계산한다. 땅값을 결정할 때 실제적인 수확 횟수가 아니라 새해 첫날을 기준으로 날짜로만 계산하는 셈이다.

9, 2

첫째 미쉬나(9, 1)에 이어 기업된 땅을 무르는 경우를 설명한다.

מְכָרָהּ לָרִאשׁוֹן בְּמָנֶה, וּמָכַר הָרִאשׁוֹן לַשֵּׁנִי בְּמָאתַיִם, אֵינוֹ מְחַשֵּׁב אֶלָּא
עִם הָרִאשׁוֹן, שֶׁנֶּאֱמַר, לָאִישׁ אֲשֶׁר מָכַר לוֹ. מְכָרָהּ לָרִאשׁוֹן בְּמָאתַיִם, וּמָכַר
הָרִאשׁוֹן לַשֵּׁנִי בְּמָנֶה, אֵינוֹ מְחַשֵּׁב אֶלָּא עִם הָאַחֲרוֹן, שֶׁנֶּאֱמַר (שָׁם), לָאִישׁ,
לָאִישׁ אֲשֶׁר בְּתוֹכָהּ. לֹא יִמְכֹּר בְּרָחוֹק וְיִגְאַל בְּקָרוֹב, בְּרַע וְיִגְאַל בְּיָפֶה.
לֹא יִלְוֶה וְיִגְאַל, וְלֹא יִגְאַל לַחֲצָאִים. וּבַהֶקְדֵּשׁ מֻתָּר בְּכֻלָּן. זֶה חֹמֶר בַּהֶדְיוֹט
מִבַּהֶקְדֵּשׁ:

그것을 첫째 사람에게 1마나(100디나르)에 팔았고, 첫째 사람은 둘째 사람에게 200(디나르에) 팔았다면, 그는 첫째 사람과의 (거래만) 계산한다. "산 자에게"(레 25:27)라고 기록했기 때문이다.

그가 첫째 사람에게 200(디나르에) 팔았고, 첫째 사람은 둘째 사람에게 1마네(100디나르)에 팔았다면, 그는 마지막 사람과의 (거래만) 계산한다. "자에게"라고 기록했으니, 그 (밭) 안에 있는 자를 (가리킨다).

멀리 있는 (밭을) 팔고 가까이 있는 (밭을) 무르지 않으며, 나쁜 (밭을 팔고) 좋은 (밭을) 무르지 않는다. 돈을 빌려서 무르지 않으며, 반만 무르지 않는다. 그러나 (성전에) 바친 것은 이 모든 것이 허용된다. 그렇다면 일반인의 (재산에 관한 규정이 성전에) 바친 것보다 더 엄정하다.

- 어떤 사람이 기업된 땅을 팔았다가 무를 때는 희년 이후의 연수로 계산하기 때문에, 이 계산은 첫째 매입자와 거래한 시점을 기준으로 삼는다. 왜냐하면 토라가 "산 자"라고(레 25:27) 단수로 명령하기 때문이다. 예를 들어, 희년이 10년 남은 시점에서 첫째 매입자가 1마나 즉 100디나르를 주고 땅을 샀고 밭주인이 5년 뒤에 무른다면, 무르

는 가격은 50디나르가 될 것이다. 그러나 땅은 둘째 매입자의 손에 있다. 첫째 매입자는 둘째 매입자에게 자기 돈을 합하여 100디나르를 주어야 한다.

- 만약 첫째 매입자가 둘째 매입자에게 같거나 더 낮은 가격에 팔았다면, 밭주인은 둘째 매입자와 무르는 가격을 정해야 한다. 그 이유는 위와 같은 구절에서 '라 이쉬'(לאיש) 즉 '그 사람'이라고 특정한 사람을 지정하고 있기 때문인데, 이 특정한 사람은 현재 밭을 소유한 자라고 해석한 것이다. 이것은 매우 주관적인 해석인데, 결과적으로 밭주인에게 유리하게 규정을 적용하려는 의도를 읽을 수 있다.

- 그 외에 기업된 땅을 무를 때 따라야 할 부속 규정들이 있다. 그러나 이런 규정은 성전에 바친 땅과는 관련이 없다고 하여, 성전 측이 금전적인 수익을 얻을 수 있도록 배려하는 측면이 있다. 결국 개인의 재산과 관련해서 법규정을 더 엄격하게 적용하고 성전에 바친 땅에 관련해서는 관대하게 적용하는 결과를 가져온다.

9, 3

성벽 안에 있는 집을 파는 경우를 논의한다.

הַמּוֹכֵר בַּיִת בְּבָתֵּי עָרֵי חוֹמָה, הֲרֵי זֶה גּוֹאֵל מִיָּד, וְגוֹאֵל כָּל שְׁנֵים עָשָׂר חֹדֶשׁ, הֲרֵי זֶה כְּמִין רִבִּית וְאֵינָהּ רִבִּית. מֵת הַמּוֹכֵר, יִגְאַל בְּנוֹ. מֵת הַלּוֹקֵחַ, יִגְאַל מִיַּד בְּנוֹ. אֵינוֹ מוֹנֶה לוֹ שָׁנָה אֶלָּא מִשָּׁעָה שֶׁמָּכַר לוֹ, שֶׁנֶּאֱמַר (שם), עַד מְלֹאת לוֹ שָׁנָה תְמִימָה. וּכְשֶׁהוּא אוֹמֵר תְּמִימָה, לְהָבִיא חֹדֶשׁ הָעִבּוּר. רַבִּי אוֹמֵר, יִתֶּן לוֹ שָׁנָה וְעִבּוּרָהּ:

[어떤 사람이] 성벽이 있는 도시의 집들 중에서 집을 팔면, 그는 곧 무르거나 12개월 동안 무를 수 있다. 이것은 일종의 이자처럼 보이지만 이자가 아니다.

[집을] 판 자가 죽으면, 그의 아들이 무른다. 구매한 자가 죽으면,

그 아들로부터 무른다.

1년을 계산할 때 〔그 집을〕 그에게 팔았던 때부터 계산한다. "1년 안에"라고 기록했기 때문이다. 여기서 '트미마'(תמימה)라고 기록했으니, 윤달을 〔계산에〕 넣는다는 말이다. 랍비도 그에게 1년과 그 윤달을 주라고 말한다.

- 토라는 성벽 안에 있는 집을 팔았으면 그 주인이 1년 안에 무르도록 되어 있고, 그 기간 안에 무르지 않으면 매입자의 소유가 된다고 말한다(레 25:29-35). 미쉬나는 이 내용을 요약해서 설명하면서, 이 거래가 이자를 받고 대출을 하는 행위로 오해할 수 있다고 말한다. 집 주인이 1년 안에 집을 팔았다가 무르면, 마치 돈을 빌리고 그 이자로 대출자에게 그 집의 사용권을 주는 것처럼 보인다는 것이다. 그러나 그렇더라도 이것은 대부업이 아니라고 결정한다.
- 집주인이나 매입자가 죽어도 그들의 아들들이 대신해서 거래를 마무리할 수 있다.
- 무르는 기간 1년은 거래 시점으로부터 계산하며, 아들이 대신 거래하더라도 이 계산법은 달라지지 않는다.
- 랍비들은 토라에(레 25:30) "한 해가 충분히(תמימה, 트미마) 찰 때까지"라고 기록한 이유가 무엇인지 묻는다. 이것은 윤년이 와서 윤달이 있다고 해도 1년으로 계산하라는 뜻이라고 해석한다. 랍비 예후다 한나씨도 윤년에는 1년과 1개월 동안 무를 수 있는 셈이라고 말한다.

9, 4

계속해서 성안의 집을 팔고 무를 때의 규정에 대해 논한다.

הִגִּיעַ יוֹם שְׁנֵים עָשָׂר חֹדֶשׁ וְלֹא נִגְאַל, הָיָה חָלוּט לוֹ, אֶחָד הַלּוֹקֵחַ וְאֶחָד
שֶׁנִּתַּן לוֹ מַתָּנָה, שֶׁנֶּאֱמַר לַצְּמִיתֻת. בָּרִאשׁוֹנָה הָיָה נִטְמָן יוֹם שְׁנֵים עָשָׂר
חֹדֶשׁ, שֶׁיְּהֵא חָלוּט לוֹ. הִתְקִין הִלֵּל הַזָּקֵן, שֶׁיְּהֵא חוֹלֵשׁ אֶת מְעוֹתָיו בַּלִּשְׁכָּה,
וִיְהֵא שׁוֹבֵר אֶת הַדֶּלֶת וְנִכְנָס. אֵימָתַי שֶׁיִּרְצֶה הַלָּה, יָבֹא וְיִטֹּל אֶת מְעוֹתָיו:

열두 달이 되는 날이 되었는데 [그 집을] 무르지 않았다면, 그것은
그의 소유로 확정된다. 이것은 매입자나 선물로 받은 자나 마찬가지
로, "영구히"(레 25:30)라고 기록했기 때문이다.

그전에는 그 [매입자가] 열두 달이 되는 날에 숨기도 했는데, 그것
이 그의 소유로 확정되기 때문이다. 힐렐 핫자칸이 그 [집주인이] 그
의 돈을 [성전의] 방에 맡겨놓고, [그 집] 문을 부수고 들어가도 좋다
고 법을 정했다. 그 [매입자는] 언제든지 그가 원하는 때에 와서 그의
돈을 취할 것이다.

- 성벽이 있는 도시 안에 있는 집을 팔고 열두 달 동안 무르지 않으면,
  그 집은 영구적으로 매입자의 소유가 된다(레 25:30). 그런데 이 원
  칙을 설명할 때, "영구히"라는 말과 "대대로"라는 말이 모두 사용되
  었고, 랍비들은 같은 뜻의 말을 두 번 반복할 필요가 없다는 전제하
  에, "영구히"라는 말이 의미하는 바가 무엇인지 묻는다. 그리고 그
  집을 선물로 받은 자도 열두 달 뒤에 온전히 소유권을 얻는다는 말
  로 해석한다.
- 미쉬나 뒷부분은 집을 판 사람이 집을 무르려 할 때 매입자를 직접
  만나야 하는지 여부를 다루고 있다. 그전에는 매입자를 직접 만나야
  했기 때문에 집을 돌려주기 싫은 매입자가 숨기도 했으나, 힐렐 랍비

이후에는 집주인이 성전 사무실에 돈을 맡기고 자기 집을 되찾을 수 있었다고 말한다.

9, 5

성벽이 있는 도시의 집과 밭의 매매에 관해 부수적으로 설명한다.

כֹּל שֶׁהוּא לִפְנִים מִן הַחוֹמָה, הֲרֵי הוּא כְּבָתֵּי עָרֵי חוֹמָה, חוּץ מִן הַשָּׂדוֹת.
רַבִּי מֵאִיר אוֹמֵר, אַף הַשָּׂדוֹת. בַּיִת הַבָּנוּי בַּחוֹמָה, רַבִּי יְהוּדָה אוֹמֵר, אֵינוֹ
כְּבָתֵּי עָרֵי חוֹמָה. רַבִּי שִׁמְעוֹן אוֹמֵר, כֹּתֶל הַחִיצוֹן הִיא חוֹמָתוֹ:

성벽보다 안쪽에 있는 것은 모두 성벽이 있는 도시의 집들처럼 [간주하지만], 밭들은 예외다. 랍비 메이르는 밭들도 [포함된다고] 말한다.

성벽에 [연결하여] 지은 집들에 관하여, 랍비 예후다는 성벽이 있는 도시의 집들처럼 [간주하지] 않는다고 말한다. 랍비 쉼온은 바깥벽도 성벽으로 [인정한다고] 말한다.

- 이 미쉬나는 토라의 규정을 해석해서 '집'뿐만 아니라 성벽 안에 있는 부동산에 전부 1년 안에 물러야 한다는 규정을 적용할 수 있다고 말하고 있다. 집이 아닌 밭도 포함되는지 여부에 관해서는 이견이 있다.
- 이스라엘의 전통적인 성벽은 두 겹으로 이루어져 있으며(케이스메이트casemate 방식), 보통 바깥벽과 안쪽 벽 사이에 흙과 자갈을 채워놓는다. 그러나 안쪽 벽을 허물고 흙과 자갈을 제거한 후 집으로 쓰기도 하는데(예를 들어, 수 2:15), 이러한 경우 이 집을 성벽 안에 있다고 볼 것인가의 여부가 문제된다. 랍비 예후다는 성벽 '안쪽'이 아니라고 하나, 랍비 쉼온은 여전히 바깥벽의 안쪽에 있으므로 성벽

안에 있는 집으로 본다.

9, 6

성벽이 있는 도시의 집이 무엇인지 설명한다.

עִיר שֶׁגַּגּוֹתֶיהָ חוֹמָתָהּ, וְשֶׁאֵינָהּ מֻקֶּפֶת חוֹמָה מִימוֹת יְהוֹשֻׁעַ בֶּן נוּן, אֵינָהּ
כְּבָתֵּי עָרֵי חוֹמָה. וְאֵלּוּ הֵן בָּתֵּי עָרֵי חוֹמָה, שָׁלֹשׁ חֲצֵרוֹת שֶׁל שְׁנֵי שְׁנֵי בָתִּים,
מֻקָּפוֹת חוֹמָה מִימוֹת יְהוֹשֻׁעַ בֶּן נוּן, כְּגוֹן קַצְרָה הַיְשָׁנָה שֶׁל צִפּוֹרִים, וְחַקְרָה
שֶׁל גּוּשׁ חָלָב, וְיוֹדְפַת הַיְשָׁנָה, וְגַמְלָא, וּגְדוֹד, וְחָדִיד, וְאוֹנוֹ, וִירוּשָׁלַיִם, וְכֵן
כַּיּוֹצֵא בָהֶן:

도시의 지붕이 그 성벽처럼 〔보이는〕 경우, 눈의 아들 여호수아의
시대처럼 성벽을 두르지 않은 경우, 성벽이 있는 도시의 집처럼 〔간
주할 수〕 없다. 그러나 〔다음과 같은〕 것은 성벽이 있는 도시의 집들
이다. 각각 집 두 채가 있는 마당이 세 개가 있고, 눈의 아들 여호수아
의 시대처럼 성벽을 두르고 있을 때, 예를 들어 찌포리[8]의 오래된 성
채와, 구쉬 할라브의 요새와, 오래된 요드팟과, 가믈라와 그두드와 하
디드와 오노와 예루살렘, 그리고 이와 같은 〔도시들이다〕.

- 실제로 성벽을 건설한 도시가 아니고 집들을 가깝게 붙여 지어서 지
  붕이나 벽이 마치 성벽처럼 보이는 경우라면 성벽이 있는 도시로 인
  정할 수 없다. 또 다른 판단 기준으로 눈의 아들 여호수아의 시대의
  성벽을 언급하는데, 아마도 이스라엘 백성이 가나안 땅으로 들어오
  면서 처음으로 무너뜨린 여리고의 성벽을 가리키는 것으로 보인다.
- 성벽이 있는 도시의 집이 되려면 두 가지 조건을 만족시켜야 한다.

---

8) 이 지명은 아마도 찌포리(ציפורי)를 가리키는 것으로 보이는데, 사본들은 찌포
린(ציפורין) 또는 찌포림(צפורים)이라고 적고 있다.

(1) 도시의 크기가 어느 정도 커야 하고, 집이 두 채 이상 면하고 있
는 안뜰이 세 개 이상 있어야 한다. (2) 눈의 아들 여호수아의 시대
와 같은 성벽이 있어야 하는데, 당시에 이 기준에 맞는 도시 여덟 곳
을 예로 들고 있다. 갈릴리 남부에 있는 찌포리와 요드팟, 갈릴리 북
부에 있는 구쉬 할라브와 가믈라, 요단강 동쪽에 있는 그두드, 유대
에 있던 하디드와 오노, 그리고 예루살렘이다.

9, 7

마당에 있는 집들에 적용하는 법규를 설명한다.

בָּתֵּי הַחֲצֵרִים, נוֹתְנִים לָהֶם כֹּחַ הַיָּפֶה שֶׁבְּבָתֵּי עָרֵי חוֹמָה וְכֹחַ הַיָּפֶה
שֶׁבַּשָּׂדוֹת. נִגְאָלִין מִיָּד, וְנִגְאָלִין כָּל שְׁנֵים עָשָׂר חֹדֶשׁ כַּבָּתִּים, וְיוֹצְאִים בַּיּוֹבֵל
וּבְגִרְעוֹן כֶּסֶף כַּשָּׂדוֹת. וְאֵלּוּ הֵן בָּתֵּי חֲצֵרִים, שְׁתֵּי חֲצֵרוֹת שֶׁל שְׁנֵי שְׁנֵי בָתִּים,
אַף עַל פִּי שֶׁמֻּקָּפִין חוֹמָה מִימוֹת יְהוֹשֻׁעַ בֶּן נוּן, הֲרֵי אֵלּוּ כְּבָתֵּי חֲצֵרִים:

마당에 있는 집들은 성벽이 있는 도시의 집들과 같은 장점과 밭과
같은 장점이 있다. [이런 집들은] 곧 무를 수 있으며, 집들처럼 열두
달 동안 무를 수 있고, 희년이 되면 [주인에게] 돌아가며, 밭처럼 할
인된 가격으로 [무를 수 있다].

그리고 [다음과 같은] 것이 마당에 있는 집들이다. 각각 집 두 채가
있는 마당이 두 개가 있는 [도시는] 눈의 아들 여호수아의 시대처럼
성벽을 둘렀다 하더라도 마당에 있는 집들이다.

- 성벽이 없고 마당에 딸린 집을 팔면(레 25:31), 성벽이 있는 도시의
  집이 가진 장점과 밭의 장점을 모두 누릴 수 있다. 밭은 두 해가 지난
  뒤에 무를 수 있지만, 마당에 있는 집은 즉시 무를 수도 있고 열두 달
  동안 무를 수 있는 기간이 보장되어 있다. 성벽 안에 있는 집은 무를

때 판매했던 가격을 다 돌려주어야 하지만, 마당에 있는 집은 밭처럼 희년까지 몇 년이 남았는지 계산하여 할인된 가격에 무를 수 있고, 무르지 못하더라도 희년이 되면 판매자의 소유로 돌아온다.

- 마당에 있는 집의 정의는 여섯째 미쉬나(9, 6)에서 성벽이 있는 도시의 집을 규정했던 조건에 기초하고 있으며, 그 조건에 미치지 못하면 마당에 있는 집이다.

9, 8

성벽 안에 있지만 레위인들이 소유한 집들과 레위인의 도시 주변에 있는 밭에 관해 논의한다.

יִשְׂרָאֵל שֶׁיָּרַשׁ אֲבִי אִמּוֹ לֵוִי, אֵינוֹ גוֹאֵל כַּסֵּדֶר הַזֶּה. וְכֵן לֵוִי שֶׁיָּרַשׁ אֶת אֲבִי
אִמּוֹ יִשְׂרָאֵל, אֵינוֹ גוֹאֵל כַּסֵּדֶר הַזֶּה, שֶׁנֶּאֱמַר כִּי בָתֵּי עָרֵי הַלְוִיִּם, עַד שֶׁיְּהֵא
לֵוִי וּבְעָרֵי הַלְוִיִּם, דִּבְרֵי רַבִּי. וַחֲכָמִים אוֹמְרִים, אֵין הַדְּבָרִים אֲמוּרִים אֶלָּא
בְּעָרֵי הַלְוִיִּם. אֵין עוֹשִׂים שָׂדֶה מִגְרָשׁ וְלֹא מִגְרָשׁ שָׂדֶה, וְלֹא מִגְרָשׁ עִיר וְלֹא
עִיר מִגְרָשׁ. אָמַר רַבִּי אֱלִיעֶזֶר, בַּמֶּה דְּבָרִים אֲמוּרִים. בְּעָרֵי הַלְוִיִּם. אֲבָל
בְּעָרֵי יִשְׂרָאֵל, עוֹשִׂין שָׂדֶה מִגְרָשׁ וְלֹא מִגְרָשׁ שָׂדֶה, מִגְרָשׁ עִיר וְלֹא עִיר
מִגְרָשׁ, כְּדֵי שֶׁלֹּא יַחֲרִיבוּ אֶת עָרֵי יִשְׂרָאֵל. הַכֹּהֲנִים וְהַלְוִיִּם מוֹכְרִים לְעוֹלָם
וְגוֹאֲלִים לְעוֹלָם, שֶׁנֶּאֱמַר (שם), גְּאֻלַּת עוֹלָם תִּהְיֶה לַלְוִיִּם:

이스라엘 사람이 레위인인 자기 어머니의 아버지로부터 상속한 〔집을〕 이 규정대로 무를 수 없다. 마찬가지로 레위인이 이스라엘 사람인 자기 어머니의 아버지로부터 상속한 〔집을〕 이 규정대로 무를 수 없다. "레위 족속의 성읍… 가옥은"(레 25:32)이라고 기록했으니, 그가 레위인이고 〔그 집이〕 레위인들의 도시 안에 있는 한 〔이 규정대로 무를 수 없다는 것이〕 랍비의 말이다. 그러나 현인들은 그 기록은 레위인들의 도시 안에 있어야 한다는 말이라고 말한다.

밭을 목초지로 만들 수 없고 목초지를 밭으로 〔만들 수 없다〕. 그리고 목초지를 도시로 〔만들 수 없고〕 도시를 목초지로 〔만들 수 없다〕. 랍비 엘리에제르는 이것이 무슨 말인지 물었으니, 이것은 레위인들의 도시를 말한다. 그러나 이스라엘 도시에서는 밭을 목초지로 만들고, 목초지를 밭으로 〔만들 수 있으며〕, 목초지를 도시로 〔만들 수 있지만〕, 도시를 목초지로 〔만들 수는〕 없다. 이스라엘의 도시들을 파괴할 수는 없기 때문이다. 제사장들과 레위인들은 언제나 팔고 언제나 무를 수 있으니, "레위 사람이 언제든지 무를 수 있으나"(레 25:32)라고 기록했기 때문이다.

- 토라는 레위인들이 기업으로 상속한 집은 언제든지 무를 수 있고 희년에 레위인에게 돌아간다고 규정하고 있다(레 25:32-33). 이 미쉬나는 일반 이스라엘 사람과 레위인이 결혼한 경우에는 이 규정을 적용할 수 없다고 주장하면서, (1) 집주인이 레위인이어야 하고 (2) 그 집이 레위인의 도시 안에 있어야 한다는 두 가지 조건을 제시한다. 현인들은 좀 더 관대한 의견을 보이면서 레위인의 도시 안에만 있으면 된다고 말하여, 사람보다는 부동산의 성격이 더 우위에 있다고 주장한다.

- 토라는 레위인들의 도시 주변에 있는 들을 레위인들의 소유로 주라고 했는데, 그 넓이를 규정하면서 1,000아마라고 했다가 2,000아마라고 했다가 서로 상충되는 기록을 남기고 있다(민 35:1-5). 랍비 엘리에제르는 성 바깥으로 1,000아마는 목초지이고, 그 바깥으로 2,000아마는 농경지와 집을 짓는 땅이라고 설명한다(「쏘타」 5, 3). 이런 이유로 이 미쉬나 후반부는 레위인들의 도시와 그 바깥에 있는 목초지와 농경지는 그 용도를 변경할 수 없다고 주장한다.

- 랍비 엘리에제르는 일반 이스라엘 도시의 경우 용도 변경이 가능하고, 다만 도시를 목초지로 바꾸는 것만 금지되어 있다고 말한다. 이

스라엘의 도시를 파괴하는 것은 종교적·정치적 문제가 되기 때문이다.

- 레위기 25:32의 규정에 따라 레위인들은 희년 기간 중에라도 팔고 무를 수 있다. 미쉬나는 제사장들을 여기 포함시키는데, 아론계 제사장 역시 레위지파에 속하기 때문이다.

תמורה

6

트무라
제물의 교환

성물 관련 법규가 대체물 관련 법규보다 엄정하기도 하고 대체물 관련 법규가 성물 관련 법규보다 엄정하기도 하다. 성물은 대체할 수 있지만 대체물을 다시 대체할 수는 없다. 함께 제물을 바치는 사람들이나 회중은 성물을 바칠 수 있지만 대체할 수는 없다. 그들이 가축의 사지와 태아를 바칠 수 있지만, 대체할 수는 없다. 대체물 관련 법규가 성물 관련 법규보다 더 엄정한 경우다. 확실하게 흠이 있는 가축을 대체해도 이미 거룩하게 되어 속된 가축으로 털을 깎거나 일을 시키기 위해 데리고 나갈 수 없다. _「트무라」 2, 3

개요

히브리어 낱말 '트무라'는 '교환, 대체'를 가리키는 명사이며, 마쎄켓 「트무라」는 어떤 사람이 성전에 제물로 바친 것을 다른 가축이나 물건으로 대체하는 상황을 논의한다. 제물을 대체하는 행위는 레위기 27장에서 다룬다.

이 토라의 규정에 따라 트무라는 원칙적으로 금지되며, 이를 행한 사람은 태형에 처해진다. 그러나 트무라가 일단 행해지면 그 행위 자체는 유효하여 그 대체물 또한 거룩하게 된다. 대체물은 원 제물과 같은 거룩의 정도를 가지게 된다. 따라서 원 제물이 번제였다면, 대체물 또한 번제의 거룩의 정도를, 속죄제였다면 속죄제의 거룩의 정도를 가지며 이에 대한 규정들이 적용된다.

대체물이 거룩하게 되면 이것은 제단에서 드리거나, 흠이 생긴 뒤 돈으로 무를 수 있게 될 때까지 놓아두거나, 죽을 때까지 우리에 가두어놓는다. 트무라를 행하는 방식은 제물을 성별하는 것과 유사하게 "이 속된 가축으로 제물로 바칠 저 가축을 대체한다"는 취지의 선언을 함으로써 이루어진다.

「트무라」에서는 트무라에 관한 규정들 외에도 제물로 바친 가축의 새끼를 처리하는 방법, 개인의 희생제물과 회중의 희생제물의 차이, 죽도록 내버려두는 속건제물, 그 외 제단에 드려질 수 없는 속건제물의 다른 예들 등에 대해 논의한다.

• **관련 성경구절** | 레위기 27:9–13, 32–33

제1장

1, 1

제물을 대체시킬 수 있는 사람이 누구인지 설명한다.

הַכֹּל מְמִירִים, אֶחָד אֲנָשִׁים וְאֶחָד נָשִׁים. לֹא שֶׁאָדָם רַשַּׁאי לְהָמִיר, אֶלָּא,
שֶׁאִם הֵמִיר, מוּמָר, וְסוֹפֵג אֶת הָאַרְבָּעִים. הַכֹּהֲנִים מְמִירִים אֶת שֶׁלָּהֶם,
וְיִשְׂרָאֵל מְמִירִים אֶת שֶׁלָּהֶם. אֵין הַכֹּהֲנִים מְמִירִים לֹא בְחַטָּאת וְלֹא בְאָשָׁם
וְלֹא בִבְכוֹר. אָמַר רַבִּי יוֹחָנָן בֶּן נוּרִי, וְכִי מִפְּנֵי מָה אֵין מְמִירִים בִּבְכוֹר. אָמַר
לוֹ רַבִּי עֲקִיבָא, חַטָּאת וְאָשָׁם מַתְּנָה לַכֹּהֵן, וְהַבְּכוֹר מַתְּנָה לַכֹּהֵן. מַה חַטָּאת
וְאָשָׁם אֵין מְמִירִים בּוֹ, אַף הַבְּכוֹר לֹא יְמִירֶנּוּ בּוֹ. אָמַר לוֹ רַבִּי יוֹחָנָן בֶּן נוּרִי,
מַה לִּי אֵינוֹ מֵמִיר בְּחַטָּאת וּבְאָשָׁם, שֶׁאֵין זָכִין בָּהֶן בְּחַיֵּיהֶם. תֹּאמַר בִּבְכוֹר,
שֶׁזָּכִין בּוֹ בְחַיָּיו. אָמַר לוֹ רַבִּי עֲקִיבָא, וַהֲלֹא כְבָר נֶאֱמַר, וְהָיָה הוּא וּתְמוּרָתוֹ
יִהְיֶה קֹּדֶשׁ, הֵיכָן קְדֻשָּׁה חָלָה עָלָיו, בְּבֵית הַבְּעָלִים, אַף תְּמוּרָה בְּבֵית
הַבְּעָלִים:

모두가 [제물을] 대체할 수 있으며, 남자와 여자가 [대체할 수 있다]. 사람이 [제물을] 대체할 [권리가] 있다는 것은 아니지만, 만약 대체하면 대체되고, 40대를 맞게 된다.

제사장들은 자기 [가축을] 대체하고, 이스라엘은 자기 [가축을] 대체한다. 제사장들도 속죄제와 속건제와 초태생 제물은 대체할 수 없다. 랍비 요하난 벤 누리는 초태생 제물을 대체할 수 없는 이유가 무엇이냐고 물었다. 랍비 아키바가 속죄제와 속건제 제물은 제사장에게 주는 것이고, 초태생 제물도 제사장에게 주는 것이라고 그에게 말했다. 속죄제와 속건제 제물을 대체할 수 없는 것과 마찬가지로, 초태생 제물도 대체할 수 없다는 [것이다]. 랍비 요하난 벤 누리는 그들이 속죄제와 속건제 제물을 대체할 수 없는 것과 [가축이] 살아 있을 때 그것들을 가져가지 못한다는 것 사이에 무슨 관련이 있느냐고 그에게 물었다. 당신이 [가축이] 살아 있을 때 가져가는 초태생 제물도 [상관이 없다고] 말할 수 있느냐고 [물었다]. 랍비 아키바가 이미 "그것과 그 대체물이 거룩해질 것이다"(레 27:10)라고 기록하지 않았느냐고 그에게 말했다. 어디서 그 거룩함이 시작되는가? 그 주인의 집에서 [시작되며], 대체물도 그 주인의 집에서 [거룩함이 시작된다].

- 토라의 규정에 따라 이미 제물로 바친 가축은 거룩하며, 그것을 속된 가축으로 대체하면 둘 다 거룩해진다(레 27:10, 33). 다시 말해서 속된 가축이 거룩해지기는 하지만, 이미 거룩한 가축이 속되게 변하는 것은 아니다. 그러나 남자든 여자든 대체하는 행위를 저지를 수 있고, 태형으로 벌을 받게 된다고 말한다.
- 누구나 자신이 소유하고 있는 것으로 제물을 대체하게 된다. 이런 면에서 제사장과 일반 이스라엘 사람 사이에 차이가 없다.
- 그런데 어떤 사람이 속죄제물로 가져와 바친 것을 제사장이 다른 가축으로 대체할 수 없다. 결국 그 제물을 제사장이 받아먹게 되겠지만, 가축이 살아 있을 동안에는 제사장의 소유가 아니므로 대체가 불가능하다.
- 그런데 초태생 제물에 관해서는 이견이 있었다. 랍비 아키바는 속죄제와 속건제와 초태생 제물이 모두 제사장의 몫이 된다는 면에서 같으므로 초태생도 대체할 수 없다고 설명한다. 그러나 랍비 요하난 벤 누리는 속죄제와 속건제 제물은 잡은 이후에 제사장이 고기로 받고, 초태생은 살아 있는 상태에서 제사장에게 주기 때문에 차이가 있다고 주장한다. 초태생 제물은 살아 있을 때부터 제사장의 소유이므로 대체가 가능하다는 것이다. 랍비 아키바는 레위기 27:10을 인용하면서, 초태생의 거룩함은 바치는 사람의 집에서 시작되기 때문에 제물이 살아 있는지 여부는 판단기준이 될 수 없다고 주장한다.

1, 2

다른 종류나 수의 가축을 대체하는 경우에 대해 논의한다.

מְמִירִין מִן הַבָּקָר עַל הַצֹּאן וּמִן הַצֹּאן עַל הַבָּקָר, מִן הַכְּבָשִׂים עַל הָעִזִּים וּמִן
הָעִזִּים עַל הַכְּבָשִׂים, מִן הַזְּכָרִים עַל הַנְּקֵבוֹת וּמִן הַנְּקֵבוֹת עַל הַזְּכָרִים, מִן
הַתְּמִימִים עַל בַּעֲלֵי מוּמִין וּמִבַּעֲלֵי מוּמִין עַל הַתְּמִימִים, שֶׁנֶּאֱמַר (שם), לֹא
יַחֲלִיפֶנּוּ וְלֹא יָמִיר אֹתוֹ טוֹב בְּרָע אוֹ רַע בְּטוֹב. אֵיזֶהוּ טוֹב בְּרָע, בַּעֲלֵי מוּמִין
שֶׁקָּדַם הֶקְדֵּשָׁן אֶת מוּמָם. מְמִירִים אֶחָד בִּשְׁנַיִם וּשְׁנַיִם בְּאֶחָד, אֶחָד בְּמֵאָה
וּמֵאָה בְּאֶחָד. רַבִּי שִׁמְעוֹן אוֹמֵר, אֵין מְמִירִים אֶלָּא אֶחָד בְּאֶחָד, שֶׁנֶּאֱמַר,
וְהָיָה הוּא וּתְמוּרָתוֹ, מַה הוּא מְיֻחָד, אַף תְּמוּרָתוֹ מְיֻחֶדֶת:

〔어떤 사람이〕소를 양으로 그리고 양을 소로, 양을 염소로 그리고 염소를 양으로, 수컷을 암컷으로 그리고 암컷을 수컷으로, 흠이 없는 것을 흠이 있는 것으로 그리고 흠이 있는 것을 흠이 없는 것으로 대체할 수 있다. "그것을 바꾸지 못하고 좋은 것을 나쁜 것으로 또는 나쁜 것을 좋은 것으로 대체하지 못한다"(레 27:10)고 기록〔했기 때문이다.〕좋은 것을 나쁜 것으로 〔대체할 수 없는 경우는〕어떤 것인가? 흠이 생기기 전에 바쳤던 흠이 있는 것을 말한다.

〔속된 가축〕하나를 〔거룩한 가축〕둘로 그리고 〔속된 가축〕둘을 〔거룩한 가축〕하나로, 〔속된 가축〕하나를 〔거룩한 가축〕백으로 그리고 〔속된 가축〕백을 〔거룩한 가축〕하나로 대체할 수 있다. 랍비 쉼온은 하나를 하나로 〔바꾸는 것〕외에는 대체하지 못한다고 말한다. "그것과 그것의 대체물을"(레 27:10)이라고 기록했기 때문이다. 그것이 하나인 것처럼 그 대체물도 하나다.

- 레위기 27:10에 의하면 제물로 바쳐서 거룩해진 가축을 다른 속된 가축으로 대체할 수는 없기 때문에, 누군가 대체한다면 가축의 종류나 질에 상관없이 결국 대체의 효과는 없다. 그러므로 이를 상관하지 않

는 것이다.

- 좋은 것을 나쁜 것으로 대체한다는 것은 어떤 경우를 가리키는가? 원래 제물로 성별할 때는 흠이 없었는데, 나중에 흠이 생긴 경우다. 이런 경우 흠이 있는 가축으로 제사할 수는 없으므로, 그 가축을 팔아서 얻을 수 있는 가격을 바친 것으로 인정한다. 역시 대체는 불허하며, 가축이 몇 마리인지가 중요하지 않다.
- 랍비 쉼온은 레위기 27:10에서 대명사와 명사가 모두 단수로 기록된 점을 지적하며, 대체는 일대일로 이루어진다고 말한다. 다시 말해서 거룩한 제물 한 마리를 속된 가축 백 마리로 대체한다고 해도 백 마리가 모두 거룩해지지 않는다는 것이다.

1, 3

가축 전체와 그 일부분 또는 새끼를 서로 바꾸는 상황을 설명한다.

אֵין מְמִירִין אֵבָרִים בְּעֻבָּרִים וְלֹא עֻבָּרִים בְּאֵבָרִים, וְלֹא אֵבָרִים וְעֻבָּרִים
בִּשְׁלֵמִים וְלֹא שְׁלֵמִים בָּהֶן. רַבִּי יוֹסֵי אוֹמֵר, מְמִירִין אֵבָרִים בִּשְׁלֵמִים וְלֹא
שְׁלֵמִים בְּאֵבָרִין. אָמַר רַבִּי יוֹסֵי, וַהֲלֹא בְמֻקְדָּשִׁין, הָאוֹמֵר רַגְלָהּ שֶׁל זוֹ עוֹלָה,
כֻּלָּהּ עוֹלָה, אַף כְּשֶׁיֹּאמַר רַגְלָהּ שֶׁל זוֹ תַּחַת זוֹ, תְּהֵא כֻלָּהּ תְּמוּרָה תַחְתֶּיהָ:

[어떤 사람이 속된 가축의] 사지를 [거룩한 가축의] 태아로, 그리고 [속된 가축의] 태아를 [거룩한 가축의] 사지로, [속된 가축의] 사지와 태아를 [거룩한 가축] 전체로, 그리고 [속된 가축] 전체를 [거룩한 가축의] 일부로 대체할 수 없다. 랍비 요쎄는 [속된 가축의] 사지를 [거룩한 가축] 전체로 대체할 수 있지만, [속된 가축] 전체를 [거룩한 가축의] 사지로 [대체할 수는] 없다고 말한다. 랍비 요쎄는 [제물로] 바친 것에 관하여 [어떤 사람이] 이것의 다리는 번제물이라고 말하면 [그 가축] 전체가 번제인 것처럼, 이것은 다리는 저것 대신이라고 말

하면 〔그 가축〕 전체가 그것을 대신한 대체물이 된다고 말했다.

- 일반적으로 대체는 불가능하지만, 바꿀 필요가 있을 때는 가축 한 마리를 다른 가축 한 마리로 대체한다. 제물의 일부를 바꾸거나 일부와 전체를 바꾸는 것은 불가능하다.
- 랍비 요쎄는 가축의 일부를 성전에 바쳐서 거룩해지면 그 거룩함이 가축 전체에 퍼져서 전체가 거룩해진다고 주장하면서, 속된 가축의 사지만 바쳐도 거룩한 가축 전체를 대체할 수 있다고 주장한다. 이를 뒷받침하는 예로 가축의 사지를 번제로 드리는 경우를 든다. 이때는 그 가축 전체를 번제로 바쳐야 한다.

1, 4

「트무라」 내용과 별로 관련이 없는데 여기에 남아 있다.

אֵין הַמְדֻמָּע מְדַמֵּעַ אֶלָּא לְפִי חֶשְׁבּוֹן. אֵין הַמְחֻמָּץ מְחַמֵּץ אֶלָּא לְפִי חֶשְׁבּוֹן. אֵין הַמַּיִם הַשְּׁאוּבִים פּוֹסְלִין אֶת הַמִּקְוֶה אֶלָּא לְפִי חֶשְׁבּוֹן:

〔거제 관련 규정에 적용되는〕 섞인 것은 〔다른 것을〕 섞인 것으로 만들지 않으며, 일정량만 〔영향을 준다〕. 발효된 것은 〔다른 것을〕 발효된 것으로 만들지 않으며, 일정량만 〔영향을 준다〕. 길어온 물은 물웅덩이를 무효로 만들지 않으며, 일정량만 〔영향을 준다〕.

- 거제인 곡식이나 포도주나 기름이 속된 것과 섞였을 때, 속된 곡식이나 포도주나 기름과 거제인 것의 비율이 100대 1 정도라면, 여기서 거제에 해당하는 만큼을 떼고 속된 음식으로 사용할 수 있다. 그러나 거제의 양이 이보다 많다면 '섞인 것'(מדמע, 메둠마)이 되며, 거제와 마찬가지로 제사장만 먹고 마실 수 있다. 만약 섞인 것이 속된 음식

과 다시 섞였다면, 거제의 양을 계산해서 결정해야 하며, 역시 거제가 100대 1의 비율 이하일 때 다시 속된 음식으로 사용할 수 있다.

- 거제로 바친 발효된 반죽이 속된 반죽에 떨어졌다면, 이것은 거제와 마찬가지로 취급한다. 그런데 이런 섞인 것이 다시 속된 반죽에 떨어졌다면, 역시 거제가 얼마나 들어 있는지 비율을 계산해서 결정한다.

- 물웅덩이에 물이 40쎄아 이하로 들어가는데 길어온 물이 3로그 이상 섞이면 그 웅덩이는 정결례를 시행할 수 없이 무효가 된다. 그러나 이 물이 또 다른 유효한 물과 섞일 경우에는 길어온 물의 양을 계산해서 결정한다.

1, 5

대체물을 다시 대체한 경우와 그 외 직접적 관련이 없는 사항들을 다룬다.

אֵין מֵי חַטָּאת נַעֲשִׂין מֵי חַטָּאת אֶלָּא עִם מַתַּן אֵפֶר. אֵין בֵּית הַפְּרָס עוֹשֶׂה
בֵּית הַפְּרָס, וְלֹא תְרוּמָה אַחַר תְּרוּמָה, וְלֹא תְמוּרָה עוֹשָׂה תְמוּרָה, וְלֹא
הַוָּלָד עוֹשֶׂה תְמוּרָה. רַבִּי יְהוּדָה אוֹמֵר, הַוָּלָד עוֹשֶׂה תְמוּרָה. אָמְרוּ לוֹ,
הֶקְדֵּשׁ עוֹשֶׂה תְמוּרָה, לֹא הַוָּלָד וְלֹא תְמוּרָה עוֹשִׂין תְּמוּרָה:

속죄의 물은 재를 넣을 때까지는 속죄의 물이 아니다. 무덤을 깨뜨린 밭은 [다른] 무덤을 깨뜨린 밭을 만들지 않고, 거제는 [다른] 거제를 [만들지] 않으며, 대체물은 [다른] 대체물을 [만들지] 않고, 새끼가 대체물이 될 수 없다. 랍비 예후다는 새끼가 대체할 수 있다고 말한다. 그들은 [제물로] 바친 것이 대체물을 만들 수 있지만, 새끼나 대체물은 [다른] 대체물을 만들 수 없다고 그에게 말했다.

- 속죄의 물은 붉은 암소를 태운 재(민 19)를 물에 섞을 때까지는 속죄의 물이 아니며, 속죄의 물에 보통 물을 더 첨가했을 때에도 재를 더 섞어야 속죄의 물이 된다.
- 밭을 갈았는데 그 안에서 무덤이 발견되었을 경우, 무덤으로부터 100 아마까지 '무덤을 깨뜨린 밭'이 된다. 그러나 그 지역을 다시 갈았다고 하더라도 무덤을 깨뜨린 밭이 또 하나 생기는 것은 아니다.
- 어떤 사람이 농산물에서 거제를 떼었는데 남은 것 중에서 다시 한번 거제를 떼었다면, 두 번째로 뗀 것은 거제가 아니다.
- 어떤 사람이 이미 성전에 바친 가축을 다른 속된 가축으로 대체했고, 둘 다 거룩해졌다. 그가 그 대체물을 또 다른 가축으로 대체했다면, 셋째 가축은 거룩해지지 않는다.
- 어떤 사람이 이미 성전에 바친 가축을 그 새끼로 대체할 수 있는지 여부에 관해서는 이견이 있다. 랍비들은 반대하고 랍비 예후다는 가능하다는 입장이다. 랍비들은 조건에 맞게 바친 가축만 대체물을 거룩하게 만들 뿐, 이의 새끼나 대체물은 다른 대체물을 거룩하게 만들지 않는다는 원칙을 확인한다.

1, 6
제물의 사지를 대체하는 법규정을 설명한다.

הָעוֹפוֹת וְהַמְּנָחוֹת אֵינָן עוֹשִׂין תְּמוּרָה, שֶׁלֹּא נֶאֱמַר אֶלָּא, בִּבְהֵמָה. הַצִּבּוּר וְהַשֻּׁתָּפִים אֵינָן עוֹשִׂים תְּמוּרָה, שֶׁנֶּאֱמַר, לֹא יָמִיר אֹתוֹ, יָחִיד עוֹשֶׂה תְמוּרָה, לֹא הַצִּבּוּר וְלֹא הַשֻּׁתָּפִים עוֹשִׂים תְּמוּרָה. קָרְבְּנוֹת בֶּדֶק הַבַּיִת אֵינָן עוֹשִׂין תְּמוּרָה. אָמַר רַבִּי שִׁמְעוֹן, וַהֲלֹא הַמַּעֲשֵׂר בַּכְּלָל הָיָה, וְלָמָּה יָצָא, לְהַקִּישׁ אֵלָיו, מַה מַּעֲשֵׂר קָרְבַּן יָחִיד, יָצְאוּ קָרְבְּנוֹת צִבּוּר. מַה מַּעֲשֵׂר קָרְבַּן מִזְבֵּחַ, יָצְאוּ קָרְבְּנוֹת בֶּדֶק הַבַּיִת:

새들과 소제는 대체할 수 없다. [토라에] 가축에 관해서만 기록되

어 〔있기 때문이다.〕

회중이나 함께 제물을 바치는 사람들은 대체할 수 없으다. 그가 그
것을 대체하지 못한다고 기록했기 때문이다. 개인이 대체할 수 있으
며, 회중이나 함께 제물을 바치는 사람들은 대체할 수 없다.

성전 보수를 위한 희생제물은 대체할 수 없다. 랍비 쉼온은 십일조
는 〔대체 관련 규정에〕 포함되지 않느냐고 물었다. 그럼 왜 〔이것을〕
제외하는가? 그것과 비교하기 위해서다. 십일조는 개인이 바치는 희
생제물이며, 회중이 〔드리는〕 희생제물에서 제외된다. 그리고 십일조
는 제단에 〔드리는〕 희생제물이며, 성전 보수를 위한 희생제물에서
제외된다.

- 제물을 대체하는 일과 관련된 법규는 레위기 27:10에 명확히 밝힌
  것처럼 가축만 해당하며, 새나 곡식 제물과는 관련이 없다. 또한 같
  은 성서 본문이 동사를 단수로 사용하기 때문에 개인이 바치는 제물
  에만 해당하며, 회중 전체나 몇 사람이 함께 바친 제물과는 관련이
  없다.
- 어떤 사람이 성전을 보수하는 일을 위해서 가축을 바쳤다면, 이 가
  축은 희생제물이 아니므로 팔아서 그 값으로 공사를 진행한다. 그런
  데 이 제물은 대체 관련 규정과 관련이 없다. 랍비 쉼온은 레위기 본
  문을 해석하며 그 이유를 설명한다. 레위기에는 희생제물의 대체를
  설명하는 구절(27:9-13)과 십일조의 대체를 설명하는 구절이 있다
  (27:32-33). 쉼온이 십일조를 언급한 이유는 앞에서 말한 희생제물
  의 대체와 유사점을 비교해서 보여주기 위함이며, 십일조는 제단에
  바치는 제물이고 개인이 바치는 제물이라는 것이다. 그러므로 그런
  조건에 맞지 않는 성전 보수를 위한 제물에는 트무라법을 적용하지
  않는다는 것이다.

제2장

2, 1

개인이 바친 희생제물과 회중이 바친 희생제물의 차이를 설명한다.

יֵשׁ בְּקָרְבְּנוֹת הַיָּחִיד מַה שֶּׁאֵין בְּקָרְבְּנוֹת הַצִּבּוּר, וְיֵשׁ בְּקָרְבְּנוֹת הַצִּבּוּר מַה
שֶּׁאֵין בְּקָרְבְּנוֹת הַיָּחִיד. שֶׁקָּרְבְּנוֹת הַיָּחִיד עוֹשִׂים תְּמוּרָה, וְקָרְבְּנוֹת הַצִּבּוּר
אֵינָם עוֹשִׂים תְּמוּרָה. קָרְבְּנוֹת הַיָּחִיד נוֹהֲגִין בִּזְכָרִים וּבִנְקֵבוֹת, וְקָרְבְּנוֹת
צִבּוּר אֵינָן נוֹהֲגִין אֶלָּא בִזְכָרִים. קָרְבְּנוֹת הַיָּחִיד חַיָּבִין בְּאַחֲרָיוֹתָן וּבְאַחֲרָיוּת
נִסְכֵּיהֶם, וְקָרְבְּנוֹת הַצִּבּוּר אֵין חַיָּבִין לֹא בְאַחֲרָיוֹתָן וְלֹא בְאַחֲרָיוּת נִסְכֵּיהֶן,
אֲבָל חַיָּבִין בְּאַחֲרָיוּת נִסְכֵּיהֶן מִשֶּׁקָּרַב הַזֶּבַח. יֵשׁ בְּקָרְבְּנוֹת הַצִּבּוּר מַה
שֶּׁאֵין בְּקָרְבְּנוֹת הַיָּחִיד. שֶׁקָּרְבְּנוֹת הַצִּבּוּר דּוֹחִין אֶת הַשַּׁבָּת וְאֶת הַטֻּמְאָה,
וְקָרְבְּנוֹת הַיָּחִיד אֵינָן דּוֹחִים לֹא אֶת הַשַּׁבָּת וְלֹא אֶת הַטֻּמְאָה. אָמַר רַבִּי
מֵאִיר, וַהֲלֹא חֲבִתֵּי כֹהֵן גָּדוֹל וּפַר יוֹם הַכִּפּוּרִים, קָרְבַּן יָחִיד וְדוֹחִין אֶת
הַשַּׁבָּת וְאֶת הַטֻּמְאָה. אֶלָּא שֶׁזְּמַנָּן קָבוּעַ:

개인의 희생제물에는 [적용하고] 회중의 희생제물에는 [적용하지]
않는 것이 있고, 회중의 희생제물에는 [적용하고] 개인의 희생제물에
는 [적용하지] 않는 것이 있다.

개인의 희생제물을 대체할 수 있고, 회중의 희생제물을 대체할 수
없다.

개인의 희생제물은 수컷이나 암컷을 [바치곤] 했으나, 회중의 희생
제물은 수컷이 아니면 [바치지] 않았다.

개인의 희생제물은 [바치는 자가] 그것을 책임지고 그에 따른 전제
도 책임지지만, 회중의 희생제물은 그들이 그것을 책임지지 않고 그
에 따른 전제도 책임지지 않는다. 그러나 제물을 바친 이후에는 그에
따른 전제를 책임져야 한다.

회중의 희생제물에는 [적용하고] 개인의 희생제물에는 [적용하지]
않는 것이 있다.

회중의 희생제물은 안식일 [규정과] 부정에 [관한 규정을] 번복하게 만들지만, 개인의 희생제물은 안식일 [규정이나] 부정에 [관한 규정을] 번복하게 만들지 않는다. 랍비 메이르는 대제사장의 [번철에 구운] 빵과 속죄일의 황소는 개인의 희생제물이지만 안식일 [규정과] 부정에 [관한 규정을] 번복하게 만들고, 다만 그 시기가 정해져 있을 뿐이라고 말했다.

- 이 미쉬나 전반부는 개인이 바친 희생제물에는 적용하지만 회중이 바친 희생제물에는 적용하지 않는 법규정들을 열거하고 있다. 먼저 개인의 희생제물은 대체할 수 있고, 회중의 희생제물은 대체할 수 없다. 둘째, 개인의 희생제물은 수컷이나 암컷이 상관이 없으나, 회중의 희생제물은 수컷만 가능하다. 셋째, 개인의 희생제물은 바치는 자가 제물을 정해진 시간에 맞게 가져올 책임이 있고, 이와 함께 드릴 포도주나 기름을 바칠 책임도 있다. 그러나 회중이 바친 희생제물(상번제와 첨가하는 제사)은 제물을 드리는 시간이 정해져 있지 않고, 전제를 따로 준비할 필요도 없다. 그러나 일단 그 제물이 적법하게 드려졌다면 나중에라도 전제를 가져와야 한다.
- 회중이 바친 희생제물에는 적용하지만 개인이 바친 희생제물에 적용하지 않는 법규도 있다. 회중의 희생제물은 안식일에 가져와도 좋고 제의적으로 정결하지 못한 제사장이 가져와도 무방하다. 그러나 개인의 희생제물은 그렇지 않다.
- 랍비 메이르는 예외적인 경우를 언급하는데, 대제사장이 매일 바치는 번철에 구운 빵(「메나홋」4, 5)과 속죄일에 드리는 황소(레 16:7)는 모두 개인이 드리지만, 안식일 규정과 정결법을 번복하게 만든다고 지적한다. 그리고 이런 현상이 벌어지는 이유는 정해진 시간이 있기 때문이라고 설명한다. 개인이 드리는 희생제물에는 특별히 정해

진 시간 규정이 없다.

2, 2

첫째 미쉬나(2, 1) 문맥을 이어 개인이 바친 희생제물과 회중이 바친 희생제물의 차이를 설명한다.

חַטַּאת הַיָּחִיד שֶׁכִּפְּרוּ בְעָלָיו, מֵתוֹת. וְשֶׁל צִבּוּר, אֵינָן מֵתוֹת. רַבִּי יְהוּדָה
אוֹמֵר, יָמוּתוּ. אָמַר רַבִּי שִׁמְעוֹן, מַה מָּצִינוּ בְוָלַד חַטָּאת וּבִתְמוּרַת חַטָּאת
וּבְחַטָּאת שֶׁמֵּתוּ בְעָלֶיהָ, בְּיָחִיד דְּבָרִים אֲמוּרִים אֲבָל לֹא בְצִבּוּר, אַף שֶׁכִּפְּרוּ
הַבְּעָלִים וְשֶׁעָבְרָה שְׁנָתָן, בְּיָחִיד דְּבָרִים אֲמוּרִים אֲבָל לֹא בְצִבּוּר:

그 주인이 [이미 다른 속죄제물을 통해] 속죄된 개인의 속죄제물은 죽도록 [내버려둔다]. 그러나 회중의 [속죄제물은] 죽도록 [내버려두지] 않는다. 랍비 예후다는 죽도록 [내버려둔다고] 말한다.

랍비 쉼온은 우리가 속죄제물의 새끼와 속죄제물의 대체물과 그 주인이 죽은 속죄제물에 관해서 배운바, 개인의 [속죄제물에] 관해서 말한 것이고 회중의 [속죄제물에] 관해서 [말한 것이] 아니라고 말했다. [그러므로] 그 주인이 [이미] 용서를 받았거나 [제물의] 나이가 지났을 때도 개인의 [속죄제물에] 관해서 말한 것이고 회중의 [속죄제물에] 관해서 [말한 것이] 아니다.

- 어떤 사람이 속죄제물로 드리려고 가축을 구별했다가 잃어버렸다. 그래서 다른 가축을 속죄제물로 구별해서 바치고 속죄를 받았는데, 처음에 구별했던 가축을 찾았다. 그렇다면 첫째 속죄제물은 가두고 굶어 죽을 때까지 내버려두어야 한다. 이것은 개인의 속죄제물일 때 적용하는 규정이며, 회중의 속죄제물일 경우에는 첫째 속죄제물을 목초지에 놓아 기르다가 흠이 생기면 내다 팔고, 그 값으로 다른 제

물을 사게 된다. 랍비 예후다는 반대한다.

- 랍비 쉼온은 첫째 의견에 동의한다. 속죄제물로 바쳤으나 제물로 드리기에 합당하지 않아 죽도록 내버려두어야 하는 경우가 다섯 가지가 있는데, (1) 속죄제물의 새끼, (2) 속죄제물의 대체물, (3) 바치는 사람이 죽은 속죄제물, (4) 바치는 사람이 다른 속죄제물로 이미 속죄를 받은 경우, 그리고 (5) 제물로 드릴 나이가 지난 속죄제물이다. 이 중에서 첫째 세 가지는 개인의 속죄제물에만 해당되는 규칙이다. 그러므로 넷째와 다섯째 경우도 같은 경우로 보아야 한다고 주장한다.

2, 3

성물 관련 법규와 대체 관련 법규를 비교하여 설명한다.

חֹמֶר בְּקָדָשִׁים מִבַּתְּמוּרָה וּבַתְּמוּרָה מִבְּקָדָשִׁים. שֶׁהַקָּדָשִׁים עוֹשִׂים תְּמוּרָה
וְאֵין תְּמוּרָה עוֹשָׂה תְמוּרָה. הַצִּבּוּר וְהַשֻּׁתָּפִין מַקְדִּישִׁים, אֲבָל לֹא מְמִירִים.
וּמַקְדִּישִׁים אֵבָרִים וְעֻבָּרִים, אֲבָל לֹא מְמִירִים. חֹמֶר בַּתְּמוּרָה, שֶׁהַקְּדֻשָּׁה
חָלָה עַל בַּעֲלַת מוּם קָבוּעַ, וְאֵינָהּ יוֹצְאָה לְחֻלִּין לְהִגָּזֵז וּלְהֵעָבֵד. רַבִּי יוֹסֵי
בַּר רַבִּי יְהוּדָה אוֹמֵר, עָשָׂה שׁוֹגֵג כְּמֵזִיד בַּתְּמוּרָה, וְלֹא עָשָׂה שׁוֹגֵג כְּמֵזִיד
בַּמֻּקְדָּשִׁים. רַבִּי אֶלְעָזָר אוֹמֵר, הַכִּלְאַיִם, וְהַטְּרֵפָה, וְיוֹצֵא דֹפֶן, טֻמְטוּם,
וְאַנְדְּרוֹגִינוֹס, לֹא קְדֵשִׁים וְלֹא מַקְדִּישִׁים:

성물 [관련 법규가] 대체물 [관련 법규]보다 엄정하기도 하고 대체물 [관련 법규가] 성물 [관련 법규보다 엄정하기도 하다].

성물은 대체할 수 있지만 대체물을 [다시] 대체할 수는 없다. 함께 제물을 바치는 사람들이나 회중은 [성물을] 바칠 수 있지만 대체할 수는 없다. 그들이 [가축의] 사지와 태아를 바칠 수 있지만, 대체할 수는 없다.

대체물 [관련 법규가 성물 관련 법규보다 더] 엄정한 경우다. 확실하게 흠이 있는 [가축을 대체해도 이미] 거룩하게 되어 속된 가축으로 털을 깎거나 일을 시키기 위해 데리고 나갈 수 없다.

랍비 예후다의 아들 랍비 요쎄는 그들이 대체물에 관련해서는 일부러 그런 것처럼 실수로 행동했어도 [유효하지만], 성물에 관해서는 일부러 그런 것처럼 실수로 행동하면 [유효하지] 않다고 말한다. 랍비 엘아자르는 킬아임과 죽은 채 발견된 것과 옆으로 태어난 것과 외성기이상인 것과 남녀추니인 것은 거룩해질 수 없고 거룩하게 만들 수도 없다고 말한다.

- 이 미쉬나는 먼저 성물 관련 법규가 대체물 관련 법규보다 더 엄정한 경우를 열거한다. 성물은 대체할 수 있지만 대체물을 다시 대체할 수 없고(「트무라」 1, 5-6), 개인만 대체할 수 있으며(「트무라」 2, 1), 가축의 사지나 태아를 성물로 바칠 수 있지만, 이런 것으로 이미 바친 가축을 대체할 수 없다(「트무라」 1, 3).

- 대체물 관련 법규가 성물 관련 법규보다 더 엄정한 경우도 열거한다. 확실하게 흠이 있는 가축을 흠이 없는 가축으로 대체할 수 있는데(「트무라」 1, 2), 어떤 사람이 가축을 바쳤지만 나중에 흠이 생겨서 무르러 왔고 흠이 없는 가축으로 대체했어도, 흠이 있는 가축이 완전히 속된 가축이 되지는 않는다. 그 털을 깎거나 일을 시킬 수 없으며, 음식으로 잡는 것만 가능하다. 물론 처음부터 흠이 있었던 가축을 바쳤다면, 대체한 후 털을 깎거나 일을 시킬 수 있다(「훌린」 10, 2).

- 랍비 요쎄는 어떤 사람이 실수로 제물을 대체하면, 그가 의도하지 않았더라도 둘째 가축이 거룩해진다고 주장한다. 그러나 성물의 경우는 그렇지 않다.

- 랍비 엘아자르는 킬아임(서로 다른 동물이 교배하여 태어난 가축), 찢긴 것, 수술을 해서 옆구리로 태어난 것, 외성기이상이나 남녀추

니인 것을 성전에 제물로 바칠 수 없고, 바친다고 해도 거룩해지지 않는다고 말한다. 이런 가축을 대체물로 바쳐도 거룩해지지 않는다.

제3장

3, 1
화목제물로 바친 가축의 새끼가 거룩한지 여부를 설명한다.

אֵלּוּ קָדָשִׁים שֶׁוְּלָדוֹתֵיהֶן וּתְמוּרוֹתֵיהֶן כַּיּוֹצֵא בָהֶן. וְלַד שְׁלָמִים, וּתְמוּרָתָן, וּוְלָדָן, וּוְלַד וְלָדָן עַד סוֹף הָעוֹלָם, הֲרֵי אֵלּוּ כִשְׁלָמִים, וּטְעוּנִים סְמִיכָה וּנְסָכִים וּתְנוּפָה וְחָזֶה וָשׁוֹק. רַבִּי אֱלִיעֶזֶר אוֹמֵר, וְלַד שְׁלָמִים לֹא יִקְרַב שְׁלָמִים. וַחֲכָמִים אוֹמְרִים, יִקְרָב. אָמַר רַבִּי שִׁמְעוֹן, לֹא נֶחְלְקוּ עַל וְלַד וְלַד שְׁלָמִים וְעַל וְלַד וְלַד תְּמוּרָה, שֶׁלֹּא יִקְרָב. וְעַל מַה נֶּחְלְקוּ, עַל הַוְּלָד, שֶׁרַבִּי אֱלִיעֶזֶר אוֹמֵר, לֹא יִקְרָב, וַחֲכָמִים אוֹמְרִים, יִקְרָב. הֵעִיד רַבִּי יְהוֹשֻׁעַ וְרַבִּי פַּפְיָס עַל וְלַד שְׁלָמִים, שֶׁיִּקְרַב שְׁלָמִים. אָמַר רַבִּי פַּפְיָס, אֲנִי מֵעִיד, שֶׁהָיְתָה לָנוּ פָרָה זִבְחֵי שְׁלָמִים, וַאֲכַלְנוּהָ בְפֶסַח, וְאָכַלְנוּ וְלָדָהּ שְׁלָמִים בֶּחָג:

이러한 성물들은 그 새끼들과 대체물들도 그것들과 같이 취급한다. 화목제의 새끼와, 대체물과, 그것의 새끼와, 그 새끼의 새끼가 이 세상 끝까지 화목제와 같으며, [이에] 안수하고 전제와 [더불어] 가슴과 허벅다리를 요제로 드려야 한다. 랍비 엘리에제르는 화목제의 새끼를 화목제처럼 제사로 드리지 않는다고 말한다. 그러나 현인들은 제사로 드려야 한다고 말한다. 랍비 쉼온은 그들이 화목제의 새끼의 새끼와 대체물의 새끼의 새끼에 관해서는 의견이 갈리지 않았고, [그것들을] 제사로 드리지 않는다고 말했다. 그러나 현인들은 제사로 드려야 한다고 말한다. 랍비 예호슈아와 랍비 파피야스는 화목제의 새끼에 관해서 증언했는데, [그것을] 화목제로 드렸다고 [말했다].

랍비 파피야스는 우리가 화목제 제물인 암소가 있어서 그것을 유월절에 먹었고 그 새끼는 화목제로 〔초막절〕 명절에 먹었음을 증언한다고 말했다.

- 어떤 사람이 가축을 구별하여 화목제로 바쳤는데, 도살되기 전에 새끼를 낳았다. 그렇다면 그 새끼는 원래 성별된 가축과 동일한 지위를 가지며, 화목제를 드릴 때 시행하는 모든 제의를 시행하여 적법하게 화목제물로 잡아야 한다. 화목제의 대체물도 마찬가지고, 대체물의 새끼, 새끼의 새끼도 마찬가지다.
- 랍비 엘리에제르는 이 규정에 반대하며, 죽을 때까지 내버려두어야 한다고 주장한다(「트무라」 2, 2). 다른 랍비들은 첫째 의견이 옳다고 주장한다.
- 랍비 쉼온은 화목제물이나 그 대체물의 새끼의 새끼는 이 법을 적용하지 않는다고 말한다. 제물로 드린 가축이 새끼를 낳고 그 새끼가 또 새끼를 낳으려면 세월이 많이 흘러야 하는데, 그렇다면 제때에 제물을 드리지 못하기 때문이다. 제물의 주인이 이런 행위를 한다면, 제물의 고기를 자기가 취하려고 제사법을 어기는 것이다. 그러나 다른 랍비들은 이런 일이 현실적으로 발생한다고 생각한 듯 첫째 의견에 대한 지지를 철회하지 않는다.
- 랍비 예호슈아와 랍비 파피야스는 제사장으로 일했던 경험을 언급하며 랍비 엘리에제르에게 반대하는 증언을 한다(「에두욧」 7, 6).

3, 2

감사제와 번제물의 새끼에 관해 설명한다.

וְלַד תּוֹדָה וּתְמוּרָתָה, וּלְדָן וּלְדָן עַד סוֹף הָעוֹלָם, הֲרֵי אֵלּוּ כְּתוֹדָה,
וּבִלְבַד שֶׁאֵינָן טְעוּנִין לֶחֶם. תְּמוּרַת עוֹלָה, וּלַד תְּמוּרָה, וּלְדָן וּלְדָן עַד
סוֹף הָעוֹלָם, הֲרֵי אֵלּוּ כְּעוֹלָה, וּטְעוּנִין הֶפְשֵׁט וְנִתּוּחַ וְכָלִיל לָאִשִּׁים:

감사제물의 새끼와 그 대체물, 그리고 그 새끼와 새끼의 새끼도 이
세상 끝까지 감사제물이다. 그러나 빵을 〔함께〕 바칠 필요는 없다.

번제의 대체물, 그리고 대체물의 새끼와 그 새끼의 새끼는 이 세상
끝까지 번제물이다. 가죽 벗기기와 각 뜨기, 불에 완전히 태우기가 필
요하다.

- 감사제물의 새끼나 대체물이나 그것들의 새끼도 감사제물과 같은
  지위를 가지지만, 한 가지 다른 점은 원래 감사제물과 함께 드려야
  할 빵을 드릴 의무가 없다는 것이다(「메나홋」7, 4).
- 번제물은 새끼가 있을 수 없다. 수컷이기 때문이다. 그러나 어떤 사
  람이 암컷 가축을 대체물로 드려서 새끼가 생겼다면, 역시 번제와
  같은 방법으로 드려야 한다.

3, 3

수컷을 요하는 제사에 암컷을 바친 경우, 속건제의 대체물과 새끼
등에 대해 다룬다.

הַמַּפְרִישׁ נְקֵבָה לְעוֹלָה וְיָלְדָה זָכָר, יִרְעֶה עַד שֶׁיִּסְתָּאֵב וְיִמָּכֵר וְיָבִיא בְדָמָיו
עוֹלָה. רַבִּי אֱלִיעֶזֶר אוֹמֵר, הוּא עַצְמוֹ יִקְרַב עוֹלָה. הַמַּפְרִישׁ נְקֵבָה לְאָשָׁם,
תִּרְעֶה עַד שֶׁתִּסְתָּאֵב, וְתִמָּכֵר, וְיָבִיא בְדָמֶיהָ אָשָׁם. אִם קָרַב אֲשָׁמוֹ, יִפְּלוּ
דָמֶיהָ לִנְדָבָה. רַבִּי שִׁמְעוֹן אוֹמֵר, תִּמָּכֵר שֶׁלֹּא בְמוּם. תְּמוּרַת אָשָׁם, וְלַד

תְּמוּרָתָהּ וּוְלָדָן וּוְלַד וְלָדָן עַד סוֹף הָעוֹלָם, יִרְעוּ עַד שֶׁיִּסְתָּאֲבוּ, וְיִמָּכְרוּ, וְיִפְּלוּ דְמֵיהֶן לִנְדָבָה. רַבִּי אֱלִיעֶזֶר אוֹמֵר, יָמוּתוּ. וְרַבִּי אֶלְעָזָר אוֹמֵר, יָבִיא בִדְמֵיהֶן עוֹלוֹת. אָשָׁם שֶׁמֵּתוּ בְעָלָיו, וְשֶׁכִּפְּרוּ בְעָלָיו, יִרְעֶה עַד שֶׁיִּסְתָּאֵב, וְיִמָּכֵר, וְיִפְּלוּ דָמָיו לִנְדָבָה. רַבִּי אֱלִיעֶזֶר אוֹמֵר, יָמוּתוּ. וְרַבִּי אֶלְעָזָר אוֹמֵר, יָבִיא בִדְמֵיהֶן עוֹלוֹת:

　〔어떤 사람이〕 암컷을 번제로 구별했고 〔새끼로〕 수컷을 낳았다면, 이것이 제사에 부적합할 때까지 들에서 기르다가 팔고, 그 값으로 〔다른〕 번제물을 가져온다. 랍비 엘리에제르는 그 수컷을 직접 번제로 드려야 한다고 말한다.

　〔어떤 사람이〕 암컷을 속건제로 구별했다면, 이것이 제사에 부적합할 때까지 들에서 기르다가 팔고, 그 값으로 〔다른〕 속건제물을 가져온다. 만약 그가 〔다른〕 속건제물을 〔이미〕 바쳤다면, 그 값은 자원하는 제사로 드린다. 랍비 쉼온은 그것은 흠이 없어도 팔아야 한다고 말한다.

　속건제의 대체물, 그 대체물의 새끼, 그들의 새끼, 그리고 새끼의 새끼는 이 세상 끝까지 제사에 부적합할 때까지 들에서 기르다가 팔아서, 그 값을 자원하는 제사로 드린다. 랍비 엘리에제르는 그것들이 죽도록 〔내버려두라고〕 말한다. 그러나 랍비 엘아자르는 그것을 〔판〕 값으로 〔다른〕 번제물을 가져와야 한다고 말한다.

　그 주인이 죽은 속건제물과 그 주인이 〔다른 제물로〕 속죄된 〔경우〕 그것이 제사에 부적합할 때까지 들에서 기르다가 팔고, 그 값은 자원하는 제사로 드린다. 랍비 엘리에제르는 그것이 죽도록 〔내버려두어야 한다고〕 말한다. 그러나 랍비 엘아자르는 그 값으로 〔다른〕 번제물을 가져와야 한다고 말한다.

　● 번제물은 수컷이어야 하는데 어떤 사람이 암컷을 번제물로 성별했

다면, 이것을 제물로 바칠 수가 없다. 이 가축을 들에 놓아 기르다가 제사에 부적합한 조건이 발생하면 이것을 내다 팔고, 그 값으로 다른 수컷을 사서 번제물로 드린다. 만약 성별한 암컷이 새끼로 수컷을 낳으면, 그 새끼를 똑같은 방법으로 기르다가 팔아야 한다. 이 새끼는 제물로 드릴 만큼 거룩하지 않은데, 그의 지위는 부적합한 어미로부터 나오기 때문이다. 랍비 엘리에제르는 반대하며, 새끼인 수컷을 번제로 드리라고 말한다.

- 속건제물도 수컷이어야 하며 어떤 사람이 암컷을 속건제물로 성별했다면, 번제와 마찬가지 규정을 적용한다. 만약 그 사람이 기다리지 않고 다른 제물로 속건제를 드렸다면, 부적합한 암컷을 판 돈으로 속건제물을 다시 살 필요가 없으며, 자원하는 제사를 드리는데 사용한다. 랍비 쉼온은 처음으로 성별한 암컷은 이미 속건제물로 부적합하기 때문에 기다릴 필요 없이 즉시 팔아도 된다고 주장한다.

- 누구든지 한 가지 이유로 속건제를 두 번 드릴 수 없기 때문에, 속건제의 대체, 대체물의 새끼, 그들의 새끼 등은 속건제물로 쓸 수 없다. 그러므로 위와 동일한 규정을 적용하고, 가축을 판 돈은 자원하는 제사를 드리는 데 쓴다. 랍비 엘리에제르는 이런 가축들은 죽도록 내버려두라고 하는데, 이것은 속죄제물과 같은 규정을 적용해야 한다는 주장이다(「트무라」 2, 2). 랍비 엘아자르는 그 값으로 번제물을 가져오라는 새로운 주장을 편다(「트무라」 3, 4).

- 속건제물을 성별한 주인이 이미 죽었거나, 그 주인이 다른 가축으로 제사를 드려 속죄된 경우, 처음 구별했던 속건제물을 기르다가 흠이 생기면 팔아서 자원하는 제사를 드린다. 랍비 엘리에제르와 랍비 엘아자르는 여기서도 서로 반대되는 의견을 제시한다.

3, 4

셋째 미쉬나(3, 3) 문맥을 계속 이어간다.

וַהֲלֹא אַף הַנְּדָבָה עוֹלָה הִיא. מַה בֵּין דִּבְרֵי רַבִּי אֶלְעָזָר לְדִבְרֵי חֲכָמִים. אֶלָּא,
בִּזְמַן שֶׁהִיא בָאָה חוֹבָה, הוּא סוֹמֵךְ עָלֶיהָ וּמֵבִיא עָלֶיהָ נְסָכִין, וּנְסָכֶיהָ מִשֶּׁלּוֹ.
וְאִם הָיָה כֹהֵן, עֲבוֹדָתָהּ וְעוֹרָהּ שֶׁלּוֹ. וּבִזְמַן שֶׁהִיא בָאָה נְדָבָה, אֵינוֹ סוֹמֵךְ
עָלֶיהָ וְאֵינוֹ מֵבִיא עָלֶיהָ נְסָכִין, וּנְסָכֶיהָ מִשֶּׁל צִבּוּר. אַף עַל פִּי שֶׁהוּא כֹהֵן,
עֲבוֹדָתָהּ וְעוֹרָהּ שֶׁל אַנְשֵׁי מִשְׁמָר:

그러나 자원하는 제사도 번제가 아닌가? 그렇다면 랍비 엘아자르
의 말과 현인들의 말은 어떻게 다른가? 그 〔제사가〕 의무일 경우에,
그는 그 위에 안수하고 그 위에 전제를 가져오며 그 전제를 스스로
〔준비한다〕. 만약 그가 제사장이었다면, 그 일과 그 가죽이 그의 것
이다.

그러나 그것이 자원하는 제사일 경우에는, 그가 그 위에 안수하지
않고 그 위에 전제를 가져오지 않으며, 그 전제는 회중이 〔준비한다〕.
그가 제사장이라 할지라도, 그의 일과 그 가죽은 그 순번에 〔속한〕 사
람들 것이다.

- 위에서 속건제물로 부적합한 가축을 판 돈을 어떻게 처리하는지를
  놓고 랍비 엘아자르는 번제물을 사야 한다고 했고 다른 랍비들은 자
  원하는 제사를 드리는 데 써야 한다고 했다(「트무라」 3, 3). 그런데
  자원하는 제사라면 번제도 포함된다는 것이 문제이며, 두 입장 간에
  차이가 무엇인지 토론한다. 그 대답은 개인이 의무적으로 번제물을
  바칠 때와 자원하는 제사로 드릴 때 제의 절차가 다르다고 설명한다.

3, 5

초태생과 십일조를 대체하는 상황을 설명한다.

תְּמוּרַת הַבְּכוֹר וְהַמַּעֲשֵׂר, וּלְדָן, וּלְדָן וְלָדָן עַד סוֹף הָעוֹלָם, הֲרֵי אֵלּוּ
כִּבְכוֹר וּכְמַעֲשֵׂר, וְיֵאָכְלוּ בְמוּמָם לַבְּעָלִים. מַה בֵּין הַבְּכוֹר וְהַמַּעֲשֵׂר לְבֵין
כָּל הַקֳּדָשִׁים. שֶׁכָּל הַקֳּדָשִׁים נִמְכָּרִים בְּאִטְלִיס וְנִשְׁחָטִין בְּאִטְלִיס וְנִשְׁקָלִין
בְּלִיטְרָא, חוּץ מִן הַבְּכוֹר וּמִן הַמַּעֲשֵׂר. וְיֵשׁ לָהֶן פִּדְיוֹן, וְלִתְמוּרוֹתֵיהֶן פִּדְיוֹן,
חוּץ מִן הַבְּכוֹר וּמִן הַמַּעֲשֵׂר. וּבָאִים מֵחוּצָה לָאָרֶץ, חוּץ מִן הַבְּכוֹר וּמִן
הַמַּעֲשֵׂר. אִם בָּאוּ תְמִימִים, יִקְרָבוּ. וְאִם בַּעֲלֵי מוּמִין, יֵאָכְלוּ בְמוּמָן לַבְּעָלִים.
אָמַר רַבִּי שִׁמְעוֹן, מַה הַטַּעַם. שֶׁהַבְּכוֹר וְהַמַּעֲשֵׂר יֵשׁ לָהֶן פַּרְנָסָה בִמְקוֹמָן,
וּשְׁאָר כָּל הַקֳּדָשִׁים אַף עַל פִּי שֶׁנּוֹלַד לָהֶם מוּם, הֲרֵי אֵלּוּ בִקְדֻשָּׁתָן:

초태생과 십일조의 대체물과, 그것들의 새끼, 그리고 그 새끼의 새끼는 이 세상 끝까지 초태생 제물이나 십일조 제물과 같으므로 그 주인들이 흠이 있어도 먹는다.

초태생과 십일조가 다른 모든 성물들과 어떻게 다른가? 〔흠이 있는〕 성물들은 모두 시장에서 팔고, 시장에서 도살하고, 리트라[1])로 재지만, 초태생과 십일조는 예외다.

〔다른 성물들은〕 무를 수 있고 그것들의 대체물도 무를 수 있지만, 초태생과 십일조는 예외다.

〔다른 성물들은 이스라엘〕 땅 밖에서 가져올 수 있지만, 초태생과 십일조는 예외다.

만약 〔이스라엘 밖에서 왔는데〕 흠이 없다면, 제물로 드린다. 그것들이 흠이 있으면 그 주인들이 흠이 있는 대로 먹는다.

랍비 쉼온이 그 이유가 무엇이냐고 물었다. 초태생과 십일조는 그것들을 대신할 것이 있지만, 다른 성물들은 모두 흠이 나타났다 하더

---

1) 리트라(לִיטְרָא, litra)는 무게 재는 도량형으로 로마의 리브라(libra)에서 유래했으며 60쉐켈에 해당한다.

라도 거룩하기 때문이다.

- 초태생 제물과 십일조 제물을 대체하거나, 그것들이 새끼를 낳았거나, 새끼가 또 새끼를 낳았어도, 제물의 지위가 바뀌지 않으며, 흠이 생기면 그 주인들이 먹으면 된다.
- 초태생 제물과 십일조 제물의 대체물이 다른 성물들과 어떻게 다른가? 첫째, 다른 성물들의 흠이 있는 대체물은 주인이 먹지 않고, 시장에 팔아서 그곳에서 도살한다. 둘째, 다른 성물들은 무를 수 있지만, 초태생과 십일조는 무를 수 없다. 셋째, 다른 성물들은 이스라엘 바깥에서 생산한 것으로 바칠 수 있지만, 초태생과 십일조는 그렇지 않다.
- 예외적으로 이스라엘 바깥에서 생산했으나 흠이 없으면 초태생과 십일조로 바칠 수 있다. 그러나 흠이 있으면 그 주인들이 먹는다는 규정도 있다. 그 이유는 초태생과 십일조는 어떤 경우이든지 해결할 방법이 있지만, 다른 성물들은 흠이 생겨도 계속 성물이기 때문에 서로 다르다.

제4장

4, 1

성물로 바칠 수 없어서 죽게 내버려두는 속죄제물에 관해 종합적으로 설명한다.

וְלַד חַטָּאת, וּתְמוּרַת חַטָּאת, וְחַטָּאת שֶׁמֵּתוּ בְעָלֶיהָ, יָמוּתוּ. שֶׁעָבְרָה שְׁנָתָהּ
וְשֶׁאָבְדָה וְנִמְצֵאת בַּעֲלַת מוּם, אִם מִשֶּׁכִּפְּרוּ הַבְּעָלִים, תָּמוּת, וְאֵינָהּ עוֹשָׂה

תְּמוּרָה, לֹא נֶהֱנִין, וְלֹא מוֹעֲלִין. אִם עַד שֶׁלֹּא כִפְּרוּ הַבְּעָלִים, תִּרְעֶה עַד שֶׁתִּסְתָּאֵב, וְתִמָּכֵר, וְיָבִיא בְּדָמֶיהָ אַחֶרֶת, וְעוֹשָׂה תְמוּרָה, וּמוֹעֲלִין בָּהּ:

속죄제물의 새끼와 속죄제물의 대체물, 그 주인이 [이미] 죽은 속죄제물은 죽게 [내버려둔다]. 그것은 [제물로 드릴] 시간이 지난 것과 잃어버렸다가 찾았는데 흠이 있는 것은, 만약 그 주인이 [다른 제물로 이미] 속죄되었다면 죽일 것이며, 대체하지 않고 그것으로 이득을 취하지 않으며 전용하지 않는다.

만약 그 주인이 그때까지 속죄되지 않았다면, 제물로 부적합할 때까지 들에서 기르다가 팔고, 그 값으로 다른 [제물을] 가져오며 대체할 수 있고 전용할 수도 있다.

- 제물로 바치지 못하고 죽도록 내버려두어야 하는 속죄제물은 (1) 속죄제물이 낳은 새끼와 (2) 속죄제물을 대체한 가축이다. 이들은 원래 속죄를 위해 성별했던 가축으로 주인이 이미 용서를 받았으므로 이 가축들을 다시 속죄제로 드릴 수 없다. (3) 속죄제물로 성별해놓았는데 그 주인이 제사를 드리기 전에 죽었다면, 더 이상 속죄제가 필요 없으며 그 가축을 제사로 드릴 수 없다.
- 또한 (4) 주인이 속죄제물로 성별했다가 잃어버려서 가축의 나이 제한이 지났거나 (5) 다시 찾아보니 흠이 생긴 경우에는 주인이 이미 다른 가축으로 용서를 받았는지 여부가 조건이 된다. 이미 다른 제물로 속죄제를 드렸다면, 이런 가축은 죽도록 내버려둔다. 당연히 대체할 수 없고, 그 가축을 다른 용도로 사용해서 이득을 취할 수 없으며, 전용에 관련된 법규를 적용하지 않는다.
- 만약 주인이 아직 다른 가축으로 속죄제를 드리지 않았다면, 팔아서 다른 가축을 속죄제물로 가져온다. 대체할 수 있고, 전용에 관련된 법규를 적용한다.

4, 2

성별해놓은 속죄제물을 잃어버린 경우를 설명한다.

הַמַּפְרִישׁ חַטָּאתוֹ וְאָבְדָה, וְהִקְרִיב אַחֶרֶת תַּחְתֶּיהָ, וְאַחַר כָּךְ נִמְצֵאת
הָרִאשׁוֹנָה, תָּמוּת. הַמַּפְרִישׁ מָעוֹת לְחַטָּאת וְאָבְדוּ, וְהִקְרִיב חַטָּאת
תַּחְתֵּיהֶן, וְאַחַר כָּךְ נִמְצְאוּ הַמָּעוֹת, יֵלְכוּ לְיַם הַמֶּלַח:

[어떤 사람이] 그의 속죄제물을 구별해놓았다가 잃어버렸고, 그 대
신 다른 [가축을] 드렸다. 그 후에 그 첫째 [가축을] 찾았다면, 그것은
죽도록 [내버려둔다].

[어떤 사람이] 속죄제를 드리려고 돈을 구별해놓았다가 잃어버렸
고, 그 대신 속죄제물을 드렸다. 그 후에 그 돈을 찾았다면, 그것은 염
해로 가야 한다.

- 첫째 미쉬나(4, 1)에서 설명한 바와 같이 주인이 처음 성별한 속죄제
  물을 잃어버린 후 다른 제물로 속죄제를 드렸다면, 처음 성별한 가
  축을 다시 찾았더라도 죽게 내버려두어야 한다.
- 그가 속죄제를 드리려고 돈을 구별해놓았다가 잃어버렸고, 다른 제
  물을 사서 속죄제를 드렸다면, 다시 돈을 찾았어도 사용할 수 없다.
  동전을 염해(사해)에 던져서 폐기해야 한다.

4, 3

속죄제를 드리려고 가축이나 돈을 성별해놓았다가 잃어버렸고, 다
른 가축이나 돈을 다시 성별해 제사로 드리기 전에 처음으로 성별했
던 것을 찾은 경우를 여러 가지로 나누어 설명한다.

הַמַּפְרִישׁ מָעוֹת לְחַטָּאתוֹ וְאָבְדוּ, וְהִפְרִישׁ מָעוֹת אֲחֵרִים תַּחְתֵּיהֶן, לֹא
הִסְפִּיק לִקַּח בָּהֶן חַטָּאת עַד שֶׁנִּמְצְאוּ הַמָּעוֹת הָרִאשׁוֹנוֹת, יָבִיא מֵאֵלּוּ
וּמֵאֵלּוּ חַטָּאת, וְהַשְּׁאָר יִפְּלוּ לִנְדָבָה. הַמַּפְרִישׁ מָעוֹת לְחַטָּאתוֹ וְאָבְדוּ,
וְהִפְרִישׁ חַטָּאת תַּחְתֵּיהֶן, לֹא הִסְפִּיק לְהַקְרִיבָהּ עַד שֶׁנִּמְצְאוּ הַמָּעוֹת,
וַהֲרֵי חַטָּאת בַּעֲלַת מוּם, תִּמָּכֵר, וְיָבִיא מֵאֵלּוּ וּמֵאֵלּוּ חַטָּאת, וְהַשְּׁאָר יִפְּלוּ
לִנְדָבָה. הַמַּפְרִישׁ חַטָּאתוֹ וְאָבְדָה, וְהִפְרִישׁ מָעוֹת תַּחְתֶּיהָ, לֹא הִסְפִּיק
לִקַּח בָּהֶן חַטָּאת עַד שֶׁנִּמְצֵאת חַטָּאתוֹ, וַהֲרֵי הִיא בַּעֲלַת מוּם, תִּמָּכֵר
וְיָבִיא מֵאֵלּוּ וּמֵאֵלּוּ חַטָּאת, וְהַשְּׁאָר יִפְּלוּ לִנְדָבָה. הַמַּפְרִישׁ חַטָּאתוֹ וְאָבְדָה,
וְהִפְרִישׁ אַחֶרֶת תַּחְתֶּיהָ, לֹא הִסְפִּיק לְהַקְרִיבָהּ עַד שֶׁנִּמְצֵאת הָרִאשׁוֹנָה,
וַהֲרֵי שְׁתֵּיהֶן בַּעֲלוֹת מוּם, יִמָּכְרוּ, וְיָבִיא מֵאֵלּוּ וּמֵאֵלּוּ חַטָּאת, וְהַשְּׁאָר יִפְּלוּ
לִנְדָבָה. הַמַּפְרִישׁ חַטָּאתוֹ וְאָבְדָה, וְהִפְרִישׁ אַחֶרֶת תַּחְתֶּיהָ, לֹא הִסְפִּיק
לְהַקְרִיבָהּ עַד שֶׁנִּמְצֵאת הָרִאשׁוֹנָה, וַהֲרֵי שְׁתֵּיהֶן תְּמִימוֹת, אַחַת מֵהֶן תִּקְרַב
חַטָּאת וְהַשְּׁנִיָּה תָּמוּת, דִּבְרֵי רַבִּי. וַחֲכָמִים אוֹמְרִים, אֵין חַטָּאת מֵתָה אֶלָּא
שֶׁנִּמְצֵאת מֵאַחַר שֶׁכִּפְּרוּ הַבְּעָלִים, וְאֵין הַמָּעוֹת הוֹלְכוֹת לְיָם הַמֶּלַח אֶלָּא
שֶׁנִּמְצְאוּ מֵאַחַר שֶׁכִּפְּרוּ הַבְּעָלִים:

〔어떤 사람이〕 자기 속죄제를 위해 돈을 성별했다가 잃어버렸고, 그 대신 다른 돈을 성별했는데, 그것으로 속죄제물을 사기 전에 첫 번째 돈을 찾았다면, 이 〔돈과〕 저 〔돈을 합쳐서〕 속죄제물을 가져오고, 남은 것은 자원하는 제사로 드린다.

〔어떤 사람이〕 자기 속죄제를 위해 돈을 성별했다가 잃어버렸고, 그 대신 속죄제물을 성별했는데, 그것을 〔제사로〕 드리기 전에 그 〔첫 번째〕 돈을 찾았다면, 그 속죄제물은 흠이 생긴 것이다. 이것을 팔고 이 〔돈과〕 저 〔돈을 합쳐서〕 속죄제물을 가져오고, 남은 것은 자원하는 제사로 드린다.

〔어떤 사람이〕 자기 속죄제물을 성별했다가 잃어버렸고, 그 대신 돈을 성별했는데, 이것으로 속죄제물을 사기 전에 그의 속죄제물을 찾았다면, 그 〔제물은〕 흠이 있는 것이니, 이것을 팔고 이 〔돈과〕 저 〔돈을 합쳐서〕 속제제물을 가져오고, 남은 것은 자원하는 제사로 드린다.

〔어떤 사람이〕 자기 속죄제물을 성별했다가 잃어버렸고, 그 대신 다른 〔속죄제물을〕 성별했는데, 그것을 〔제사로〕 드리기 전에 첫 번째 〔속죄제물을〕 찾았고 그 둘 모두 흠이 있었다면, 이것들을 팔고 이 〔돈과〕 저 〔돈을 합쳐서〕 속죄제물을 가져오고, 남은 것은 자원하는 제사로 드린다.

〔어떤 사람이〕 자기 속죄제물을 성별했다가 잃어버렸고, 그 대신 다른 〔속죄제물을〕 성별했는데, 그것을 〔제사로〕 드리기 전에 첫 번째 〔속죄제물을〕 찾았고 그 둘 모두 흠이 없었다면, 그중 하나는 속죄제로 드리고 다른 하나는 죽도록 〔내버려두라는 것이〕 랍비의 말이다. 그러나 현인들은 속죄제물은 그 주인이 〔이미〕 속죄된 후에 찾은 〔경우가〕 아니면 죽지 않으며, 돈은 그 주인이 〔이미〕 속죄된 후에 찾은 〔경우가〕 아니면 염해로 보내지 않는다고 말한다.

- 이 미쉬나가 다루는 상황이 둘째 미쉬나(4, 2)와 비슷하지만, 두 번째로 성별한 가축이나 돈을 제사로 드리기 전에 첫 번째 가축이나 돈을 찾았다는 점이 다르다. 이 경우 가축을 판 돈이나 성별한 돈을 합쳐서 속죄제물 하나를 새로 사서 바치고, 나머지는 자원하는 제사를 드리는 용도로 써야 한다.

- 마지막 문단이 예외적인 경우를 언급한다. 첫째 속죄제물과 둘째 속죄제물이 모두 흠이 없는 가축일 경우, 랍비 예후다 한나씨는 그중 하나를 속죄제로 드리고 나머지는 죽도록 내버려둔다고 말한다. 그러나 다른 랍비들은 첫째 제물을 아직 속죄제로 바치지 않았는데 둘째 제물을 죽도록 내버려둘 수는 없다고 주장한다. 속죄제물로 성별했던 가축을 죽도록 내버려두는 경우는 그 제물을 바친 주인이 이미 다른 제물로 속죄된 후에 찾은 경우뿐이기 때문이다. 그러므로 두 마리를 모두 흠이 생길 때까지 들에서 기르다가 팔아야 한다. 랍비

들은 돈을 염해에 던져서 폐기하는 경우도 덧붙여 설명한다.

4, 4

속죄제물이 죽도록 내버려두어야 하는 또 다른 상황을 논의한다.

הַמַּפְרִישׁ חַטָּאתוֹ, וַהֲרֵי הִיא בַעֲלַת מוּם, מוֹכְרָהּ וְיָבִיא בְדָמֶיהָ אַחֶרֶת. רַבִּי
אֶלְעָזָר בְּרַבִּי שִׁמְעוֹן אוֹמֵר, אִם קָרְבָה הַשְּׁנִיָּה עַד שֶׁלֹּא נִשְׁחֲטָה הָרִאשׁוֹנָה,
תָּמוּת, שֶׁכְּבָר כִּפְּרוּ הַבְּעָלִים:

〔어떤 사람이〕 자기 속죄제물을 성별했고 이것이 흠이 있었다면,
그는 이것을 팔아서 그 값으로 다른 〔속죄제물을〕 가져온다. 랍비 쉼
온의 아들 랍비 엘아자르는 만약 첫 번째 〔속죄제물을〕 도살하기 전
에 두 번째 〔속죄제물을 제사로〕 드렸다면, 〔첫 번째〕 것은 죽도록 내
버려두어야 하는데, 그 주인이 이미 속죄되었기 때문이라고 말한다.

• 어떤 사람이 실수로 흠이 있는 가축을 속죄제물로 성별했다면, 그것
을 제물로 쓸 수 없고, 팔아서 그 값으로 다른 가축을 바쳐야 한다.
랍비 엘아자르는 이런 조건에서도 둘 중 하나를 죽도록 내버려둘 상
황이 발생할 수 있다고 주장한다. 즉 팔아버린 첫째 가축을 도살하
기 전에 새로 산 둘째 가축을 잡아서 제사를 드리고 속죄되었다면,
첫째 가축은 마치 잃어버렸던 가축과 같은 지위를 가진다고 본 것이
다. 그러므로 그 가축은 죽도록 내버려두어야 한다.

제5장

5, 1
초태생 제물을 바치며 법적 의무를 우회하는 일을 묘사한다.

כֵּיצַד מַעֲרִמִים עַל הַבְּכוֹר. מַבְכֶּרֶת שֶׁהָיְתָה מְעֻבֶּרֶת, אוֹמֵר, מַה שֶׁבְּמֵעֶיהָ
שֶׁל זוֹ, אִם זָכָר, עוֹלָה, יָלְדָה זָכָר, יִקְרַב עוֹלָה. וְאִם נְקֵבָה, זִבְחֵי שְׁלָמִים,
יָלְדָה נְקֵבָה, תִּקְרַב שְׁלָמִים. אִם זָכָר עוֹלָה, אִם נְקֵבָה זִבְחֵי שְׁלָמִים, יָלְדָה
זָכָר וּנְקֵבָה, הַזָּכָר יִקְרַב עוֹלָה, וְהַנְּקֵבָה תִּקְרַב שְׁלָמִים:

어떻게 초태생 제물과 관련하여 교묘하게 우회하는가?[2] 그가 처음으로 새끼를 가진 [가축에] 관하여 이 [가축의] 뱃속에 있는 것이 수컷이면 번제물이 될 것이라고 말한다. 그것이 수컷을 낳으면 번제로 바친다. 만약 암컷이면 화목제물이 될 것이라고 [말했고], 그것이 암컷을 낳으면 화목제로 바친다. 만약 수컷이면 번제로 암컷이면 화목제물이 될 것이라고 [말했고], 그것이 수컷과 암컷을 낳았다면, 그 수컷은 번제로 바치고 그 암컷은 화목제로 바친다.

- 가축이 아직 태어나지 않고 어미의 뱃속에 있을 때도 이것을 성물로 구별해 바칠 수 있다. 그런데 어떤 가축이 처음으로 새끼를 가진 경우에는 초태생 제물로 드려야 할 의무가 있고, 주인은 다른 제사를 위해서 그 새끼를 바치고 싶을 때 어떻게 해야 하는가? 아직 새끼가 어미 뱃속에 있는 상황에서 그 새끼는 아직 태어나지 않았고 아직 초태생이 아니기 때문에 주인이 원하는 대로 다른 제물로 바치겠다고

---

2) 이 낱말(מערים, 마아림)은 '깨우치다, 알리다'는 뜻도 있지만 계획을 세워서 '교묘하게 행동하다' 또는 '계략을 세워서 고의로 우회하다'는 의미로 사용한다(야스트로 사전).

서원할 수 있다. 이렇게 교묘하게 법규정을 우회하는 일을 '마아림'(מַעֲרִים)한다고 표현한다.

5, 2

주인이 수컷이라면 번제로 암컷이라면 화목제로 드린다고 성별했다는 첫째 미쉬나(5, 1)의 문맥을 그대로 이어간다.

יָלְדָה שְׁנֵי זְכָרִים, אֶחָד מֵהֶן יִקְרַב עוֹלָה, וְהַשֵּׁנִי יִמָּכֵר לְחַיָּבֵי עוֹלָה, וְדָמָיו חֻלִּין. יָלְדָה שְׁתֵּי נְקֵבוֹת, אַחַת מֵהֶן תִּקְרַב שְׁלָמִים, וְהַשְּׁנִיָּה תִּמָּכֵר לְחַיָּבֵי שְׁלָמִים, וְדָמֶיהָ חֻלִּין. יָלְדָה טֻמְטוּם וְאַנְדְּרוֹגִינוֹס, רַבָּן שִׁמְעוֹן בֶּן גַּמְלִיאֵל אוֹמֵר, אֵין קְדֻשָּׁה חָלָה עֲלֵיהֶן:

그것이 수컷 두 마리를 낳았다면, 그중 하나는 번제로 드리며, 둘째는 번제를 드릴 의무가 있는 사람에게 팔고 그 값은 속된 〔돈이〕 된다. 그것이 암컷 두 마리를 낳았다면, 그중 하나는 화목제로 드리며, 둘째는 화목제를 드릴 의무가 있는 사람에게 팔고 그 값은 속된 〔돈이〕 된다. 그것이 외성기이상이나 남녀추니인 〔새끼를〕 낳았을 때, 라반 쉼온 벤 감리엘은 그들은 거룩한 지위를 얻지 못한다고 말한다.

- 가축의 주인이 어미 뱃속에 든 새끼가 수컷이라면 번제로 드린다고 성별했는데 수컷 두 마리가 태어났다면, 그가 약속한 대로 한 마리만 번제물로 드린다. 그러나 둘째 새끼도 거룩하게 성별한 상태이므로 속된 용도로 사용할 수 없으며, 번제물이 필요한 다른 사람에게 팔아야 한다. 팔고 받은 돈은 속된 용도로 사용할 수 있다. 암컷만 두 마리를 낳았을 때도 마찬가지 원칙을 적용한다.
- 새끼를 낳았는데 외성기이상이거나 남녀추니였다면 수컷과 암컷을 구별할 수 없고, 그 주인이 서원한 조건에 부합하지 않는다. 그러므

로 성물이 아닌 것으로 취급한다.

5, 3
어미와 새끼를 각각 다른 제물로 쓰는 방법을 설명한다.

הָאוֹמֵר, וְלָדָהּ שֶׁל זוֹ עוֹלָה וְהִיא שְׁלָמִים, דְּבָרָיו קַיָּמִים. הִיא שְׁלָמִים וּוְלָדָהּ
עוֹלָה, הֲרֵי זוֹ וְלַד שְׁלָמִים, דִּבְרֵי רַבִּי מֵאִיר. אָמַר רַבִּי יוֹסֵי, אִם לְכֵן נִתְכַּוֵּן
מִתְּחִלָּה, הוֹאִיל וְאִי אֶפְשָׁר לִקְרוֹת שְׁנֵי שֵׁמוֹת כְּאַחַת, דְּבָרָיו קַיָּמִים. וְאִם
מִשֶּׁאָמַר הֲרֵי זוֹ שְׁלָמִים, נִמְלַךְ וְאָמַר וְלָדָהּ עוֹלָה, הֲרֵי זוֹ וְלַד שְׁלָמִים:

〔어떤 사람이〕 이 〔가축의 뱃속〕 새끼는 번제물이고 이것은 화목
제물이라고 말한다면, 그의 말은 효력이 있다. 〔그러나〕 이것은 화목
제물이고 그 새끼는 번제물이라고 〔말한다면〕, 그 〔새끼는〕 화목제물
의 새끼가 된다는 것이 랍비 메이르의 말이다. 랍비 요쎄는 만약 그가
처음부터 그렇게 의도했다면, 하나를 이름 두 개로 부를 수 없기 때문
에 그의 말이 효력이 있다고 말했다. 그러나 만약 이것이 화목제라고
말한 다음에 마음이 변해서 그 새끼는 번제라고 말했다면, 그 〔새끼
는〕 화목제물의 새끼다.

- 임신한 어미와 뱃속에 있는 새끼를 각각 다른 제물로 바칠 때 새끼를
  먼저 성별해 바치면 문제가 없다. 새끼를 번제물로 성별했어도 어미
  를 화목제물로 성별할 수 있으며, 그 주인은 어미를 잡은 후 대부분
  의 고기를 직접 취할 수 있다.

- 그러나 같은 상황에서 어미를 먼저 성별해서 바치면 그 뱃속에 있는
  새끼도 같은 지위를 얻게 된다는 것이 랍비 메이르의 의견이다. 주
  인은 새끼를 번제물로 바꿀 수 없다. 랍비 요쎄는 다른 의견을 개진
  하는데, 주인이 처음부터 어미와 새끼를 다른 제물로 바칠 의도로 말

을 시작했다면, 말하는 순서는 중요하지 않다고 주장한다. 그러나 중간에 마음이 바뀌어서 순차적으로 맹세했다면, 그것은 불가능하다는 것이다.

5, 4

셋째 미쉬나(5, 3)와 마찬가지로 랍비 메이르와 랍비 요쎄의 논쟁을 기록하고 있다.

הֲרֵי זוֹ תְּמוּרַת עוֹלָה וּתְמוּרַת שְׁלָמִים, הֲרֵי זוֹ תְּמוּרַת עוֹלָה, דִּבְרֵי רַבִּי
מֵאִיר. אָמַר רַבִּי יוֹסֵי, אִם לְכֵן נִתְכַּוֵּן מִתְּחִלָּה, הוֹאִיל וְאִי אֶפְשָׁר לִקְרוֹת
שְׁנֵי שֵׁמוֹת כְּאַחַת, דְּבָרָיו קַיָּמִין. וְאִם מִשֶּׁאָמַר תְּמוּרַת עוֹלָה, נִמְלַךְ וְאָמַר,
תְּמוּרַת שְׁלָמִים, הֲרֵי זוֹ תְּמוּרַת עוֹלָה:

〔어떤 사람이〕 이것은 번제의 대체물이고 화목제의 대체물이라고 〔말했다면〕, 그것은 번제의 대체물이 된다는 것이 랍비 메이르의 말이다. 랍비 요쎄는 만약 그가 처음부터 그렇게 의도했다면, 하나를 이름 두 개로 부를 수 없기 때문에 그의 말이 효력이 있다고 말했다. 그러나 만약 이것이 번제의 대체물이라고 말한 다음에 마음이 변해서 이것이 화목제의 대체물이라고 말했다면, 그것은 번제의 대체물이다.

- 가축 한 마리를 번제의 대체물과 화목제의 대체물로 성별할 수는 없다. 랍비 메이르는 그 사람이 처음으로 한 말만 효력이 있으며, 두 번째로 한 말은 무효가 된다고 주장한다.
- 랍비 요쎄는 좀 더 융통성이 있는 의견을 제시하는데, 그 주인이 처음부터 가축 한 마리를 번제의 대체물과 화목제의 대체물로 성별했다면 그것이 효력이 있다고 말한다. 다만 그 가축은 반만 번제의 대체물이고 나머지 반은 화목제의 대체물이므로 제사로 드릴 수 없다.

그 가축을 제사에 부적합할 때까지 기르다가 팔고, 값의 반은 번제를 나머지 반은 화목제를 드리는 용도로 쓰면 된다. 그 주인이 처음에는 그럴 의도가 없었는데 중간에 마음을 바꾼 경우라면, 처음으로 한 말만 효력이 있다.

5, 5

제물을 대체할 때 하는 말을 설명한다.

הֲרֵי זוֹ תַּחַת זוֹ, תְּמוּרַת זוֹ, חֲלוּפַת זוֹ, הֲרֵי זוֹ תְמוּרָה. זוֹ מְחֻלֶּלֶת עַל זוֹ, אֵינוֹ תְמוּרָה. וְאִם הָיָה הֶקְדֵּשׁ בַּעַל מוּם, יוֹצֵא לְחֻלִּין וְצָרִיךְ לַעֲשׂוֹת דָּמִים:

〔어떤 사람이〕 이 〔가축은〕 저 〔가축〕 대신이다, 저 〔가축의〕 대체물이다, 저 〔가축을〕 바꾸는 것이라고 〔말한다면〕, 그것은 대체물이 된다. 그가 이 〔가축으로〕 저 〔가축을〕 속되게 만든다고 〔말하면〕 그것은 대체물이 아니다. 그리고 성물로 바친 것이 흠이 있었다면, 이것은 속된 것이 되고, 그 〔성물의〕 값을 〔변상할〕 의무가 있다.

- 이미 성물로 바친 제물을 대체할 때 쓰는 표현 세 가지가 있다. 그것 대신에(תחת, 타핫트), 그것의 대체물(תמורה, 트무라), 또는 그것을 바꾸는 것(חלופה, 할루파)이라고 말하는 것이다. 이렇게 대체하면 처음 성별한 제물과 대체한 가축 모두 거룩한 지위를 유지한다.
- 그런데 제물을 속되게 만든다(מחלל, 메할렐)고 말하면 그것은 제물을 무를 때 하는 말이기 때문에 대체하는 행위가 성립하지 않는다. 처음 성별한 제물이 흠이 없었다면 그의 말은 아무런 의미 있는 변화를 일으키지 못한다. 그 제물이 흠이 있었다면 이 말로 인해 속된 제물이 되고, 그 가축과 가격이 같은 둘째 가축을 바칠 의무가 있다.

5, 6

이 미쉬나도 제물을 대체할 때 쓰는 말에 관해 논의한다.

הֲרֵי זוֹ תַּחַת חַטָּאת, וְתַחַת עוֹלָה, לֹא אָמַר כְּלוּם. תַּחַת חַטָּאת זוֹ, וְתַחַת
עוֹלָה זוֹ, תַּחַת חַטָּאת וְתַחַת עוֹלָה שֶׁיֶּשׁ לִי בְּתוֹךְ הַבַּיִת, הָיָה לוֹ, דְּבָרָיו
קַיָּמִין. אִם אָמַר עַל בְּהֵמָה טְמֵאָה, וְעַל בַּעֲלַת מוּם, הֲרֵי אֵלּוּ עוֹלָה, לֹא
אָמַר כְּלוּם. הֲרֵי אֵלּוּ לְעוֹלָה, יִמָּכְרוּ וְיָבִיא בִּדְמֵיהֶם עוֹלָה:

〔어떤 사람이〕 이 〔가축은〕 속죄제물 대신이다, 또는 번제물 대신
이라고 〔말했다면〕, 그는 아무것도 말하지 않은 것이다. 〔그러나〕 이
속죄제물 대신이다, 또는 이 번제물 대신이다, 또는 내 집에 있는 속
죄제물이나 번제물 대신이라고 〔말했고〕 그가 〔그 가축을〕 소유했다
면, 그의 말은 효력이 있다.

만약 그가 부정한 가축에 관해서 또는 흠이 있는 〔가축에〕 관해서
이것이 번제물이라고 말했다면, 그는 아무것도 말하지 않은 것이다.
〔그러나〕 이것이 번제를 위한 것이라고 〔말했다면〕, 그것을 팔고 그
값으로 번제물을 가져올 것이다.

- 어떤 사람이 제물을 대체하려면 특정한 가축을 가리키며 성별해야
  효력이 있다. 직접 가축을 가리키며 말하거나 집에 있는 가축을 가
  리켜 말할 수 있고, 소유를 확인해야 한다.
- 부정한 가축이나 흠이 있는 가축을 번제로 드릴 수는 없다. 그러므
  로 그런 말을 하면 효력이 없다. 그러나 표현을 바꾸어 부정한 가축
  이나 흠이 있는 가축을 번제를 위해 쓰겠다고 말하면, 그것을 팔아서
  정결한 제물을 드릴 수는 있다.

제6장

6, 1

제단에 올릴 수 없는 가축들에 관해 논의한다.

כָּל הָאֲסוּרִין עַל גַּבֵּי הַמִּזְבֵּחַ, אוֹסְרִים כָּל שֶׁהֵן. הָרוֹבֵעַ, וְהַנִּרְבָּע, וְהַמֻּקְצֶה,
וְהַנֶּעֱבָד, וְאֶתְנָן, וּמְחִיר, וְהַכִּלְאַיִם, וְהַטְּרֵפָה, וְיוֹצֵא דֹפֶן. אֵיזֶה הוּא מֻקְצֶה.
הַמֻּקְצֶה לַעֲבוֹדָה זָרָה. הוּא אָסוּר, וּמַה שֶׁעָלָיו מֻתָּר. אֵיזֶהוּ נֶעֱבָד. כֹּל
שֶׁעוֹבְדִין אוֹתוֹ. הוּא וּמַה שֶׁעָלָיו אָסוּר. זֶה וָזֶה מֻתָּרִין בַּאֲכִילָה:

제단 위에 [올리는 일이] 금지된 모든 [가축은] 그것이 몇 마리이건 [다른 가축을] 금지하게 만든다. [예를 들어] [여자와] 수간을 한 것, [남자에게] 수간을 당한 것, [우상숭배를 위해] 구별한 것, [우상으로] 숭배받은 것, [창기의] 수입, [개의] 값, 킬아임, 찢겨 죽은 것, 그리고 [배를 갈라] 옆으로 태어난 것이 [그러하다].

구별한 것은 어떤 [가축인가]? 우상숭배를 위해 구별한 것이다. 그 [가축은] 금지되어 있으나 그 위에 있는 것은 허용된다.

숭배받은 것은 어떤 [가축인가]? 그들이 그것을 숭배한 것이다. 그 [가축과] 그 위에 있는 것이 모두 금지되어 있다.

이것과 저것을 먹는 것은 허용된다.

- 제단에 올릴 수 없는 가축이 다른 가축들과 섞인다면, 그 금지된 가축이 아주 적거나 단 한 마리더라도 다른 모든 가축들을 제사에 부적합하게 만든다. 가축을 제단에 올릴 수 없는 조건은 어떤 경우이든 제거할 수 없다는 말이다.
- 제단에 올릴 수 없는 가축은 모두 아홉 가지로 「제바힘」 8, 1에서 자세히 설명하고 있다.

- 그중에서 구별한 것(מקצה, 미크쩨)은 우상을 숭배하는 제의를 위해 따로 구별했으나 아직 바치지 않은 가축을 가리킨다. 그 가축은 구별하는 순간 제단에 올릴 수 없는 상태가 되지만, 그 가축에게 달아준 장신구나 안장 등은 부정하지 않다.
- 숭배받은 것(נעבד, 네에바드)은 이미 우상으로 숭배하는 제의에 사용했던 가축이며, 이런 경우 가축은 물론 그에게 달아준 장신구나 안장도 부정하다.
- 그러나 구별한 것이나 숭배받은 것이라 하더라도 우상숭배를 위해 도살한 상태가 아니라면 속된 음식으로 먹는 것은 허용된다.

6, 2

첫째 미쉬나(6, 1)의 문맥을 이어서 제단에 올릴 수 없는 가축들을 설명한다.

אֵיזֶהוּ אֶתְנָן. הָאוֹמֵר לְזוֹנָה, הֵא לִיךְ טָלֶה זֶה בִּשְׂכָרֵךְ, אֲפִלּוּ מֵאָה, כֻּלָּן אֲסוּרִין. וְכֵן הָאוֹמֵר לַחֲבֵרוֹ, הֵא לְךָ טָלֶה זֶה וְתָלִין שִׁפְחָתְךָ אֵצֶל עַבְדִּי, רַבִּי אוֹמֵר, אֵינוֹ אֶתְנָן. וַחֲכָמִים אוֹמְרִים, אֶתְנָן:

〔창기의〕 수입이란 어떤 것인가? 〔어떤 사람이〕 창기에게 이 어린 양을 네 수고비로 가지라고 말한다면, 심지어 백 마리를 〔주더라도〕, 전부가 다 〔제물로서〕 금지된다. 마찬가지로 〔어떤 사람이〕 자기 동료에게 이 어린 양을 가져가고, 네 여종이 내 남종과 잠자리를 같이하게 하라고 말했을 때, 랍비는 이것은 〔창기의〕 수입이 아니라고 말한다. 그러나 현인들은 〔창기의〕 수입이라고 말한다.

- 토라는 "창기가 번 돈과 개 같은 자의 소득"을 성전에 가져오지 말라고 명령한다(신 23:18). 그렇다면 창기의 수입은 무엇인가? 어떤 사

람이 창기와 관계를 하고 어린 양 한 마리를 화대로 주었다면 그것
이 일반적인 창기의 수입이다. 그러나 그가 100마리를 주었더라도
창기에게 준 가축은 어떤 것이든 제물로 바칠 수 없다.

- 종의 주인은 남종과 여종을 맺어줄 권리가 있지만, 이스라엘인 남종
  을 이방인 여종과 결혼시킬 수는 없다. 그러므로 미쉬나에서 언급한
  경우는 결혼이 전제되지 않으며, 랍비는 이것이 창기의 수입이 아
  니라고 말한다. 그러나 다른 랍비들은 이런 결혼이 가능하다고 보았
  고, 그녀는 잠자리를 하는 대가로 가축을 받았으므로 창기의 수입과
  다르지 않다고 주장했다.

6, 3
개의 값에 대해 설명한다.

אֵיזֶה הוּא מְחִיר כֶּלֶב. הָאוֹמֵר לַחֲבֵרוֹ, הֵא לְךָ טָלֶה זֶה תַּחַת כֶּלֶב זֶה. וְכֵן
שְׁנֵי שֻׁתָּפִין שֶׁחָלְקוּ, אֶחָד נָטַל עֲשָׂרָה, וְאֶחָד נָטַל תִּשְׁעָה וְכֶלֶב, שֶׁכְּנֶגֶד
הַכֶּלֶב, אֲסוּרִים, שֶׁעִם הַכֶּלֶב, מֻתָּרִים. אֶתְנַן כֶּלֶב וּמְחִיר זוֹנָה, הֲרֵי אֵלּוּ
מֻתָּרִים, שֶׁנֶּאֱמַר, שְׁנַיִם, וְלֹא אַרְבָּעָה. וַלְדוֹתֵיהֶן מֻתָּרִים, שֶׁנֶּאֱמַר הֵן, וְלֹא
וַלְדוֹתֵיהֶן:

개의 값이란 어떤 것인가? [어떤 사람이] 그 개 대신에 이 어린 양
을 가지라고 말하는 [경우다]. 그리고 마찬가지로 함께 제물을 바치
는 두 사람이 [제물을] 나누었고, 한 사람은 [양] 열 마리를 취하고 다
른 사람은 [양] 아홉 마리와 개를 취했을 때, 그 개에 해당하는 것으로
[취한 것은] 금지되지만 그 개와 함께 [취한 것은] 허용된다.

개의 수입과 창기의 값은 [모두] 허용되어 있다. "둘"이라고 기록했
고 넷이라고 하지 않았기 때문이다. 그 새끼들도 허용되어 있다. "그
들"이라고 기록했고 그들의 새끼들이라고 하지 않았기 때문이다.

- 이 미쉬나에서 개의 값(מחיר כלב, 메히르 켈레브)이란 개를 사면서 그 값을 치르기 위해 주는 가축을 가리키며, 이런 가축은 제단에 제물로 바칠 수 없다. 개는 집에서 기르는 가축 중에서도 매우 열등한 동물이고, 개는 물론 개의 값으로 사용한 가축도 종교적 제의에 걸맞지 않다는 전제가 깔려 있다.

- 일반적으로 히브리 성서가 말하는 개의 값은(신 23:18) 남창이 성행위를 대가로 받은 돈이라고 해석하는데, 랍비들은 좀 더 문자적으로 해석한다. 함께 제물을 바치는 두 사람이 재물을 나누었는데, 한 사람이 개를 자기 몫으로 받고 다른 사람이 그에 해당하는 값의 양을 받았다면, 그 양을 '개의 값'이라고 부른다는 것이다.

- 그다음에 미쉬나는 히브리 성서의 표현을 뒤집어서 논의를 계속한다. 히브리 성서에는 창기의 수입(אתנן זונה, 에흐난 조나)과 개의 값(מחיר כלב, 메히르 켈레브)이라고 기록되어 있는데, 만약 개의 수입(אתנן כלב, 에흐난 켈레브)과 창기의 값(מחיר זונה, 메히르 조나)이 있다면, 이것은 제물로 허용된다고 말한다. 전체 네 가지 가능성 중에서 토라가 정확하게 금지한 것이 "둘"이므로(신 23:18), 나머지 둘은 아무리 도덕적으로 부당해도 제물로 허용한다는 것이다.

- 비슷한 논리로 금지된 가축의 새끼는 제물로 드릴 수 있다고 한다.

6, 4
창기의 수입을 바치는 경우를 다룬다.

נָתַן לָהּ כְּסָפִים, הֲרֵי אֵלּוּ מֻתָּרִין. יֵינוֹת, שְׁמָנִים, וּסְלָתוֹת, וְכָל דָּבָר שֶׁכַּיּוֹצֵא
בוֹ קָרֵב עַל גַּבֵּי מִזְבֵּחַ, אָסוּר. נָתַן לָהּ מֻקְדָּשִׁין, הֲרֵי אֵלּוּ מֻתָּרִין. עוֹפוֹת, הֲרֵי
אֵלּוּ אֲסוּרִין. שֶׁהָיָה בַדִּין, מָה אִם הַמֻּקְדָּשִׁין, שֶׁהַמּוּם פּוֹסֵל בָּהֶם, אֵין אֶתְנָן
וּמְחִיר חָל עֲלֵיהֶם, עוֹפוֹת, שֶׁאֵין הַמּוּם פּוֹסֵל בָּהֶן, אֵינוֹ בַדִּין שֶׁלֹּא יְהֵא
אֶתְנָן וּמְחִיר חָל עֲלֵיהֶן. תַּלְמוּד לוֹמַר (שם), לְכָל נֶדֶר, לְהָבִיא אֶת הָעוֹף:

그가 그녀에게 돈을 주었다면, 이것을 〔제단에 드리는 것이〕 허용된다. 포도주, 기름, 밀가루, 그리고 제단 위에 바치는 것과 유사한 모든 것들은 〔제단에 드리는 것이〕 금지되어 있다. 그가 그녀에게 성별한 〔가축을〕 주었다면, 그것은 허용된다. 〔속된〕 새들은 금지된다.

만약 성별한 〔가축이〕 흠이 있어서 무효가 되는데 〔창기의〕 수입과 〔개의〕 값에 〔관한 규정을〕 그들에게 적용하지 않는다면, 흠이 〔있어도〕 무효로 만들지 않는 새들은 더더욱 〔창기의〕 수입과 〔개의〕 값에 〔관한 규정을〕 적용하지 않아야 할 것이라고 생각할 수 있다. 기록된 바 "어떤 서원하는 일로든지"(신 23:18)라고 했으니, 새도 포함된다는 말이다.

- 둘째 미쉬나(6, 2)에서 창기의 수입을 가축으로 정의했으므로, 돈으로 화대를 지불한 경우 이 돈을 제물을 바치는 데 쓰는 것이 허용된다. 그러나 제단에 직접 올리는 다른 물건들을 화대로 지불했다면, 이것들을 제물로 바칠 수 없다.

- 이미 성전에 바치기로 성별한 가축을 창기에게 주었다면, 그 가축은 이미 성전 소유이며 거룩한 지위를 획득한 상태이기 때문에 제단에 올릴 수 있다. 새를 창기에게 주었다면 제단에 올릴 수 없다. 새도 제물로 바칠 수 있기 때문이다.

- 그런데 논리적으로 따지다 보면 새들은 창기의 수입과 개의 값에 관한 규정을 적용할 수 없다고 생각할 가능성이 있음을 언급하고 있다. 이미 성별한 가축에게는 창기의 수입과 개의 값에 관한 법을 적용하지 않는다고 했는데, 흠이 있으면 제단에 올릴 수 없다는 규정은 아직도 적용할 수 있다. 그렇다면 가축의 흠에 관한 법이 창기나 개에 관한 법보다 더 엄정한 상위법임을 알 수 있다. 그러므로 상위법인 가축의 흠에 관한 법을 적용하지 않는 새는 하위법도 적용하지 않는

다고 주장할 가능성이 생긴다. 그러나 토라는 "어떤 서원하는 일로
든지"라고 기록하여(신 23:18), 서원을 갚을 때 바치는 새도 하위법
적용에 해당함을 설명하고 있다고 주장한다.

6, 5
바치는 것이 금지된 것의 새끼에 대한 논의다.

כָּל הָאֲסוּרִים עַל גַּבֵּי הַמִּזְבֵּחַ, וּלְדוֹחֵיהֶן מֻתָּרִים. וְלַד טְרֵפָה, רַבִּי אֱלִיעֶזֶר
אוֹמֵר, לֹא יִקְרַב עַל גַּבֵּי הַמִּזְבֵּחַ. וַחֲכָמִים אוֹמְרִים, יִקְרָב. רַבִּי חֲנִינָא בֶן
אַנְטִיגְנוֹס אוֹמֵר, כְּשֵׁרָה שֶׁיָּנְקָה מִן הַטְּרֵפָה, פְּסוּלָה מֵעַל גַּבֵּי הַמִּזְבֵּחַ.
כָּל הַקֳּדָשִׁים שֶׁנַּעֲשׂוּ טְרֵפָה, אֵין פּוֹדִים אוֹתָם, שֶׁאֵין פּוֹדִים אֶת הַקֳּדָשִׁים
לְהַאֲכִילָן לַכְּלָבִים:

제단 위에 [바치는 것이] 금지된 모든 것이라 [하더라도] 그들의 새
끼들은 허용된다.

찢긴 것의 새끼에 [관하여] 랍비 엘리에제르는 제단 위에서 바치지
않는다고 말한다. 그러나 현인들은 바친다고 말한다.

랍비 하나나 벤 안티그노스는 찢긴 것의 젖을 빤 유효한 [가축은]
제단 위에 [드리기에] 무효가 된다고 말한다.

성물이 찢겨 죽은 경우, 그것들을 무를 수 없다. 성물을 개에게 주어
먹이기 위해 무를 수는 없기 때문이다.

- 첫째부터 넷째 미쉬나(6, 1-4)에서 언급한 이유 때문에 제단에 올릴
  수 없는 가축이라도 그 새끼들은 상관없이 제물로 드릴 수 있다.
- 랍비 엘리에제르는 찢겨 죽은 것 또는 곧 죽게 될 상황인 것이라면
  그 새끼도 제단에 바칠 수 없다고 주장한다. 유전되는 병이 있을 수
  도 있기 때문이다. 그러나 현인들은 반대한다.
- 랍비 하나나는 찢긴 것의 젖을 빤 새끼도 제단에 바칠 수 없다고 했

는데, 우유도 부정한 가축의 일부이기 때문이다.

- 성물로 구별한 가축이 찢겨 죽은 경우, 그것을 무르고 할 수 있는 일
  은 개에게 주어 먹이는 것뿐이다. 그러나 성물을 개에게 주는 것은
  신성모독이 될 수 있으므로 그 또한 합당한 행동이 아니다. 그래서
  무를 수 없다고 하는 것이다.

제7장

7, 1

제단에 드리는 제물과 성전 보수를 위해 드리는 제물을 비교해서
설명한다.

יֵשׁ בְּקָדְשֵׁי מִזְבֵּחַ מַה שֶּׁאֵין בְּקָדְשֵׁי בֶדֶק הַבַּיִת. וְיֵשׁ בְּקָדְשֵׁי בֶדֶק הַבַּיִת מַה
שֶּׁאֵין בְּקָדְשֵׁי מִזְבֵּחַ. שֶׁקָּדְשֵׁי מִזְבֵּחַ עוֹשִׂים תְּמוּרָה, וְחַיָּבִין עֲלֵיהֶם מִשּׁוּם
פִּגּוּל, נוֹתָר, וְטָמֵא, וְלַדָן וַחֲלָבָן אָסוּר לְאַחַר פִּדְיוֹנָם, וְהַשּׁוֹחֲטָם בַּחוּץ חַיָּב,
וְאֵין נוֹתְנִין מֵהֶם לָאֻמָּנִים בִּשְׂכָרָן, מַה שֶּׁאֵין כֵּן בְּקָדְשֵׁי בֶדֶק הַבַּיִת:

제단에 [드리는] 성물에는 [적용하고] 성전 보수를 위한 성물에는
[적용하지] 않는 것이 있다. 그리고 성전 보수를 위한 성물에는 [적용
하고] 제단에 [드리는] 성물에는 [적용하지] 않는 것이 있다.

제단에 [드리는] 성물은 대체할 수 있고, 혐오스러운 것, 남은 것, 그
리고 부정한 것 때문에 책임을 져야 하며, 그 새끼와 우유는 무른 다
음에도 금지되어 있고, 그것을 [성전] 바깥에서 도살하면 책임이 있
으며, 그것으로 장인들에게 보수를 줄 수 없으나, 성전 보수를 위한
성물에는 [적용하지] 않는 것들이다.

- 성전에 바친 제물 중에서도 제단에 드리는 성물과 성전 보수를 위한 성물 사이에 적용하는 규정이 달라진다. 제단에 드리는 제물을 대체하면, 처음 성별한 가축과 대체물이 모두 거룩하지만, 성전 보수를 위한 성물은 그렇지 않다(「트무라」1, 6).
- 제단에 드리는 성물은 잘못된 의도로 바쳐서 혐오스러운 것이 되거나, 정해진 시간이 지나도록 남기거나, 제의적으로 부정해졌을 때 그 책임을 져야 한다(「제바힘」2, 2-3). 역시 성전 보수를 위한 성물은 이런 규정과 관련이 없다.
- 제단에 드리는 성물은 거룩하여 그 새끼나 우유까지 거룩한 지위를 유지하며, 무른 다음에도 그러하다(「훌린」10, 2).
- 제단에 드리는 성물은 성전 안에 있는 정해진 장소에서 도살해야 한다(「제바힘」14, 1-2).
- 성전에서 일한 장인들에게 보수를 지불할 때 제단에 드린 성물을 주는 것은 불가능하며, 성전 보수를 위해 드린 성물로 주어야 한다.

7, 2

첫째 미쉬나(7, 1)의 문맥을 이어 성전 보수를 위한 성물에 관해 설명한다.

יֵשׁ בְּקָדְשֵׁי בֶדֶק הַבַּיִת מַה שֶׁאֵין בְּקָדְשֵׁי מִזְבֵּחַ, שֶׁסְּתָם הֶקְדֵּשׁוֹת לְבֶדֶק הַבַּיִת. הֶקְדֵּשׁ בֶּדֶק הַבַּיִת חָל עַל הַכֹּל, וּמוֹעֲלִין בְּגִדּוּלֵיהֶן, וְאֵין בָּהֶם הֲנָאָה לַכֹּהֲנִים:

성전 보수를 위한 성물에 〔적용하고〕 제단에 〔드리는〕 성물에 〔적용하지〕 않는 것이 있다. 〔용도를 지목하지 않고〕 그냥 드린 성물은 성전 보수를 위해 〔사용한다〕. 성전 보수를 위한 성물은 모든 것을 〔포함할〕 수 있고, 그것으로부터 자란 것을 전용할 수 있으나 제사장들

이 그것으로 이득을 취할 수 없다.

- 어떤 사람이 가축을 성전에 바치면서 제단에 올리는 성물이라고 분명히 밝히지 않으면 성전 보수를 위한 성물로 간주한다.
- 성전 보수를 위한 성물은 제물의 종류나 상태에 관한 조건이 없으며, 심지어는 부정한 짐승도 바칠 수 있다. 이것들을 팔아서 그 값으로 필요한 재료를 구입할 수 있기 때문이다.
- 성전 보수를 위한 성물 중 가축의 우유나 새의 알처럼 이차적으로 생긴 생산물을 개인 목적으로 쓰면 전용에 관련된 법규를 적용한다.
- 제사장들이라도 성전 보수를 위한 성물을 사사로이 사용할 수 없다.

7, 3

제단에 드리는 성물과 성전 보수를 위한 성물 사이의 유사한 점을 논의한다.

אֶחָד קָדְשֵׁי מִזְבֵּחַ וְאֶחָד קָדְשֵׁי בֶדֶק הַבַּיִת, אֵין מְשַׁנִּין אוֹתָן מִקְּדֻשָּׁה
לִקְדֻשָּׁה, וּמַקְדִּישִׁין אוֹתָן הֶקְדֵּשׁ עִלּוּי, וּמַחֲרִימִין אוֹתָן. וְאִם מֵתוּ, יִקָּבְרוּ.
רַבִּי שִׁמְעוֹן אוֹמֵר, קָדְשֵׁי בֶדֶק הַבַּיִת, אִם מֵתוּ, יִפָּדוּ:

제단에 [드리는] 성물이 하나이고 성전 보수를 위한 성물이 [다른] 하나다. [한 가지] 거룩함에서 [다른] 거룩함으로 바꿀 수 없다. 그것의 가치에 [해당하는] 성물로 바칠 수 있고, 그것을 헤렘[으로 드려서] 포기할 수 있다. 만약에 그것이 죽으면 [땅에] 묻는다. 랍비 쉼온은 성전 보수를 위한 성물이 죽으면 무른다고 말한다.

- 제단에 드리는 성물과 성전 보수를 위한 성물은 처음에 성별하여 바칠 때부터 그 거룩한 지위가 정해지기 때문에 마음이 변했다고 용도

를 바꿀 수 없다.

- '가치에 해당하는 성물'(הקדש עלוי, 헤크데쉬 일비)이란 이미 성물로 바친 가축의 가치에 해당하는 액수를 드리는 일이며(「아라킨」 8, 7), 제단에 드리는 성물과 성전 보수를 위한 성물에 이 규정을 적용할 수 있다.

- 또한 이 두 가지 성물로 바친 제물들을 '헤렘'으로 포기할(החרים, 헤 헤림) 수도 있으며, 그에 해당하는 값을 지불해야 한다.

- 만약 이 두 가지 성물로 바친 제물이 죽으면, 공식적으로 값을 측정할 수 없고 거룩한 지위도 박탈할 수 없으므로 땅에 묻어야 한다. 랍비 쉼온은 반대하면서, 성전 보수를 위한 성물은 무를 수 있다고 주장한다.

7, 4

제물이 죽었을 때 땅에 묻어야 하는 경우들을 추가로 논의한다.

וְאֵלוּ הֵן הַנִּקְבָּרִים. קָדְשִׁים שֶׁהִפִּילוּ, יִקָּבְרוּ. הִפִּילָה שִׁלְיָא, תִּקָּבֵר. שׁוֹר
הַנִּסְקָל, וְעֶגְלָה עֲרוּפָה, וְצִפֳּרֵי מְצֹרָע, וּשְׂעַר נָזִיר, וּפֶטֶר חֲמוֹר, וּבָשָׂר בְּחָלָב,
וְחֻלִּין שֶׁנִּשְׁחֲטוּ בָעֲזָרָה. רַבִּי שִׁמְעוֹן אוֹמֵר, חֻלִּין שֶׁנִּשְׁחֲטוּ בָעֲזָרָה, יִשָּׂרְפוּ,
וְכֵן חַיָּה שֶׁנִּשְׁחֲטָה בָעֲזָרָה:

다음과 같은 것들은 〔죽으면 땅에〕 묻는다. 성물인 〔가축이〕 유산하면 〔그 새끼를〕 묻는다. 그것이 태반을 떨어뜨리면 그것을 묻는다. 돌에 맞은 황소, 목을 꺾은 암송아지, 악성피부병자가 〔바친〕 새들, 나실인이 〔바친〕 머리털, 당나귀의 첫 새끼, 우유에 〔담긴〕 고기, 〔성전의〕 안마당에서 도살한 속된 〔가축들도 그러하다〕. 랍비 쉼온은 〔성전의〕 안마당에서 도살한 속된 〔가축들은〕 태워야 하며, 〔성전의〕 안마당에서 도살한 짐승도 마찬가지라고 말한다.

- 성물로 바친 가축이 유산을 하면 그 새끼는 어미의 거룩함을 유지한다. 이 새끼는 무를 수 없으며 땅에 묻을 수밖에 없다.
- 사람을 들이받아 돌에 맞아 죽은 황소(출 21:28)와 범죄자를 찾지 못한 시체를 위해 목을 꺾은 암송아지(신 21:1-9)도 다른 용도로 사용할 수 없으므로 땅에 묻는다(「키두쉰」2, 9;「아보다 자라」5, 9).
- 악성피부병자가 정결례의 일부로 바친 새(레 14), 맹세한 기간이 끝나고 나실인이 자른 머리(민 6:9, 18)도 땅에 묻는다.
- 당나귀의 초태생은 제물로 바칠 수 없으며 양으로 물러야 한다. 그리고 그 양을 다른 용도로 사용할 수 없기 때문에 그 양이 죽으면 땅에 묻는다.
- 고기를 우유와 함께 조리하는 것이 금지되어 있는데도 누군가 그렇게 요리를 했다면, 그것을 먹을 수 없으며 땅에 묻어야 한다.
- 속된 가축을 성전 안마당에서 도살하면, 그 고기를 다른 용도로 사용할 수 없고 묻어야 한다. 랍비 쉼온은 태워야 한다고 주장하는데, 이것은 성물로 바쳤다가 무효가 된 제물을 처리하는 방법이다(「트무라」7, 6). 랍비 쉼온은 잘못된 장소에서 도살한 가축을 같은 방법으로 처리하여 혼동을 없애려는 의도였던 것으로 보인다.

7, 5

성물 중에 불로 태워야 하는 것들을 설명한다.

וְאֵלּוּ הֵן הַנִּשְׂרָפִים. חָמֵץ בְּפֶסַח, יִשָּׂרֵף. וּתְרוּמָה טְמֵאָה, וְהָעָרְלָה, וְכִלְאֵי הַכֶּרֶם, אֶת שֶׁדַּרְכּוֹ לִשָּׂרֵף, יִשָּׂרֵף. וְאֶת שֶׁדַּרְכּוֹ לִקָּבֵר, יִקָּבֵר. וּמַדְלִיקִין בְּפַת וּבְשֶׁמֶן שֶׁל תְּרוּמָה:

다음과 같은 것들은 〔불로〕 태운다. 유월절에 〔제거한〕 누룩은 〔불로〕 태운다. 부정한 거제물과 오를라와 포도원의 킬아임은 관례가 태

우는 것이라면 태우고, 관례가 묻는 것이라면 묻는다. 〔부정한〕 거제물인 빵과 기름으로 불을 켤 수 있다.

- 유월절이 되기 전에 집 안에서 찾아낸 누룩은 불에 태워서 없앤다.
- 부정해진 거제물과 오를라(처음 심어서 3년이 지나지 않은 것) 생산물, 그리고 킬아임(두 가지 다른 씨앗을 섞어 뿌린 것)도 불로 태운다. 그러나 태울 수 없는 것이라면 땅에 묻는다.
- 거제물이었던 빵과 기름이 부정해져서 태웠으며, 그 불로 방을 밝힐 수 있다면 그 정도는 허용된다. 누룩과 오를라와 킬아임은 이것도 금지된다.

7, 6

성물 중에서 불로 태워야 하는 것들을 설명한다.

כָּל הַקֳּדָשִׁים שֶׁנִּשְׁחֲטוּ חוּץ לִזְמַנָּן וְחוּץ לִמְקוֹמָן, הֲרֵי אֵלּוּ יִשָּׂרְפוּ. אָשָׁם תָּלוּי, יִשָּׂרֵף. רַבִּי יְהוּדָה אוֹמֵר, יִקָּבֵר. חַטַּאת הָעוֹף הַבָּאָה עַל סָפֵק, תִּשָּׂרֵף. רַבִּי יְהוּדָה אוֹמֵר, יְטִילֶנָּה לָאַמָּה. כָּל הַנִּשְׂרָפִין לֹא יִקָּבְרוּ, וְכָל הַנִּקְבָּרִים לֹא יִשָּׂרְפוּ, רַבִּי יְהוּדָה אוֹמֵר, אִם רָצָה לְהַחֲמִיר עַל עַצְמוֹ לִשְׂרֹף אֶת הַנִּקְבָּרִים, רַשַּׁאי. אָמְרוּ לוֹ, אֵינוֹ מֻתָּר לְשַׁנּוֹת:

〔정해진〕 시간과 장소에서 벗어〔난 의도로〕 도살한 성물들은 모두 〔불로〕 태운다.

의심스러운 속건제는 〔불로〕 태운다. 랍비 예후다는 〔땅에〕 묻으라고 말한다.

의심 때문에 속죄제물로 바친 새는 〔불로〕 태운다. 랍비 예후다는 그것을 수로에 버리라고 말한다.

〔불로〕 태운 것은 어떤 것도 〔땅에〕 묻지 않으며, 〔땅에〕 묻은 것은 어떤 것도 〔불로〕 태우지 않는다. 랍비 예후다는 묻은 것을 태워서 스

스로 더 엄정하게 〔규정을 지키고자 하는 자는〕 그렇게 할 수 있다고 말한다. 〔그러나〕 그 〔규정을〕 바꾸는 것이 더 이상 허용되지 않는다고들 말했다.

- 제단에 드린 성물인데 잘못된 의도가 개입되어 무효가 되었다면, 그 제물을 불로 태워야 한다. 제물이 남긴 것이 되거나 부정해진 경우와 마찬가지다(레 7:17, 19; 6:23).
- 성물을 전용했는지 의심이 들어서 속건제를 바쳤는데, 아직 피를 뿌리기 전에 자신이 죄를 짓지 않았음을 알았다면, 그 제물은 무효가 된다. 이런 경우에 불로 태워야 한다는 의견이 있는 반면에, 랍비 예후다는 땅에 묻으라고 한다.
- 어떤 여인이 임신 초기에 유산하여 자신이 유산했는지 월경을 하는지 확신할 수 없는 경우, 의심 때문에 드리는 속죄제물로 새를 바친다. 이 또한 불로 태운다는 의견이 있는 반면, 랍비 예후다는 성전 마당을 지나는 수로(אמה, 아마)에 버리라고 말한다. 그의 의견은 땅에 묻으라는 것과 같은 원리이며, 모두 속된 가축을 성전 안마당에서 도살한 것과 같은 방법으로 처리하려는 의도를 보여준다.
- 이렇게 태울 것은 태우고 묻을 것은 묻어야 한다는 것이 랍비들의 의견인데, 랍비 예후다는 개인이 더 엄정하게 법을 지키고 싶다면 규칙을 수정할 수도 있다고 말한다. 하지만 다른 이들은 수정할 수 없다고 한다.

כריתות

7

크리톳
끊어짐

만약 어떤 사람이 금지된 제물의 지방을 먹었는지 의심스러울 때, 혹은 분명히 먹었으나 죄를 범한 것이 되는데 필요한 만큼을 먹었는지 의심스러울 때, 혹은 그의 앞에 먹는 것이 허용되는 지방과 금지된 지방이 놓여 있었는데 그중 어느 것을 먹었는지 알지 못할 때, 혹은 사람의 집에 아내와 아내의 자매가 있었는데, 그중 하나와 부지 중에 성교를 했으나 둘 중 누구인지 알지 못할 때, 혹은 그가 안식일 법에 의해 금지된 일을 했으나 그것이 안식일이었는지 보통 날이었는지 알지 못할 때, 그는 조건적 속건제를 드려야 할 책임이 있다. _
「크리톳」4, 1

개요

크리톳(כריתות)은 '끊어지다'라는 뜻인 카렛(כרת)의 복수형태로, 율법을 어겼을 때의 처벌에 관한 장이다. 토라에서 종종 카렛 처벌을 언급하는데(예를 들어, 창 17:14; 출 30:33, 38; 레 17:4, 9; 민 15: 31 등), 마쎄켓 「크리톳」은 이 카렛 규정을 전제로 하지만 처벌받는 모든 경우를 다루지는 않고, 주로 그것을 면제하는 속죄제와 속건제 등에 대해 다룬다.

1. 카렛의 처벌

카렛은 주로 제의적 율법을 의도적으로 위반한 때에 내려지는 처벌인데, 이것이 정확히 무엇을 의미하는지는 견해가 나뉜다. 랍비들은 인간(세상)의 법정이 아니라 하느님이 직접 내리는 처벌로 이해한다. 처벌 내용에 관하여는 실제적인 죽음으로 이해하는 견해와, 다가오는 세상에서 받는 처벌로 보는 견해가 대립한다. 제1장 미쉬나 1, 2는 카렛 처벌을 받는 서른세 가지 경우를 나열한다.

2. 속죄와 카렛 처벌의 면제

미쉬나 1, 1-2에 열거된 율법을 의도적으로 위반하면 카렛 처벌을 받지만, 부주의로 인해 의도치 않게 위반한 때에는 속죄하고 그 벌을 면제받는다. 그렇게 하기 위해서는 주로 속죄제를 드려야 한다. 율법을 위반했는지 의심스러우면 '조건적 속건제'(אשם תלוי, 아샴 탈루이)를 드려야 한다(레 5:17-19). 마쎄켓 「크리톳」은 주로 부주의로 율법을 위반했을 때, 이를 해결하여 카렛의 처벌을 면하는 각종 제사, 그와 관련된 제사들을 규정한다. 이 마쎄켓에서 다루는 제사들은 다음과 같다.

(1) 속죄제(חטאה 하타아, 또는 חטאת 하타아트): 일부러 범했다면 카레트 처벌을 받는 율법을 부주의로 범한 경우에 드리는 속죄제로 1년 된 암양이나 암염소를 드린다. 죄를 범한 사람의 경제적 상황에 관계없이 제물이 정해져 있어, 이를 '정해진 속죄제'(חטאת קבוע, 하타아트 카부아)라고 한다.

(2) **차등적 속죄제**(עלה ויורד, 올라 베요레드): 속죄제를 드리는 사람의 경제적 상황에 따라 각기 다른 제물을 드릴 수 있다. 부유한 사람은 1년 된 암양이나 암염소를, 그보다 형편이 못하면 새 제물 한 쌍을(하나는 번제로, 다른 하나는 속죄제로), 아주 가난하면 곡식으로 제사를 드릴 수 있다. 이를 '올라 베요레드'(히브리어로 '높아지고 낮아짐'이라는 뜻)라고 하며, 다음 세 가지 경우에 이 원칙이 적용된다.

- 이행되지 않은 서원이나 거짓 서원의 경우
- 맹세를 한 후에 다른 이를 위해 거짓 증언하는 경우
- 부정한 상태로 성전에 들어오거나 거룩한 제물을 먹는 경우

(3) 조건적 속건제(אשם תלוי, 아샴 탈루이): 카렛에 해당하는 죄를 부주의하게 범했는지 의심스러울 때, 다른 속건제와 마찬가지로 최소

2쎌라 가치의 2년 된 숫양을 제물로 드린다. 미쉬나에서 2쎌라는 토라의 은 2쉐켈과 같다.

(4) 속건제(אשם, 아샴): 속건제를 드려야 하는 세 가지 경우가 있다. 조건적 속건제와 달리 부지중에 범하거나 일부러 범한 죄 모두에 적용된다.

- 다른 사람의 돈에 대해 맹세하고 거짓 증언하여 그 소유권을 침해하는 경우
- 성전에 속하는 재산을 유용한 경우
- 다른 사람과 약혼한 여종과 동침한 경우

3. 속죄가 필요한 경우

마쎄켓 「크리톳」은 부정해진 사람이 정결함을 다시 회복하기 위해 치르는 정결의식의 일부가 속죄의 효력을 가지는 경우들에 대해 논의한다.

(1) (남자)유출병자: 부정하게 하는 방식으로 유출이 있는 경우, 새 제물 한 쌍을 가져 와서 하나는 번제로, 다른 하나는 속죄제로 드린다.

(2) (여자)유출병자: 월경 이외의 피의 유출로 부정하게 된 경우, 제물은 남자의 경우와 같다.

(3) 악성피부병자: 피부에 흰 반점이 생기는 피부병자는 이것이 다 나은 후에 여러 제물을 가져온다. 속건제, 속죄제, 번제, 소제가 여기에 해당한다. 이 가운데 속죄제와 번제는 경제적 형편에 따라 다른 제물을 가져올 수 있는 차등된 제물이다.

(4) 출산한 여인: 여인이 출산하면 일정 기간 부정하게 되는데, 남자아이면 40일, 여자아이면 80일 동안 부정하게 된다. 이 기간에는 성물을 먹지 못하고, 그 기간이 끝나면 여인은 속죄제와 번제를 드린다.

이 역시 차등된 제물이다.

4. 다른 의무적 제물들

위에 언급한 네 가지 이외에 다른 제의 절차의 일부로서 제물을 바쳐야 하는 경우들도 논한다.

(1) 나실인: 나실인 서원을 한 사람이 서원한 기간 내에 시체에 접촉되어 부정해지면 새 제물 한 쌍을 하나는 번제로, 다른 하나는 속죄제로 드린다. 다시 나실인 기간을 시작하려면 속건제를 드려야 한다. 나실인의 서원 기간에 포도주를 마시거나 머리카락을 자르거나 시체에 접촉하는 등 세 가지를 피했다면 서원을 실행한 것이다. 이 기간을 마칠 때 번제의 숫양, 속죄제의 암양, 화목제의 숫양을 드려야 한다.

(2) 이방인: 유대교로 개종하려는 이방인 역시 일정한 제물을 바쳐야 한다. 이에 관해서는 제2장에서 자세히 다룬다.

제1장

1, 1
토라에서 카렛의 처벌을 명하는 경우를 열거한다.

שְׁלֹשִׁים וָשֵׁשׁ כְּרֵתוֹת בַּתּוֹרָה. הַבָּא עַל הָאֵם, וְעַל אֵשֶׁת הָאָב, וְעַל הַכַּלָּה,
הַבָּא עַל הַזָּכוּר, וְעַל הַבְּהֵמָה, וְהָאִשָּׁה הַמְּבִיאָה אֶת הַבְּהֵמָה עָלֶיהָ, הַבָּא
עַל אִשָּׁה וּבִתָּהּ, וְעַל אֵשֶׁת אִישׁ, הַבָּא עַל אֲחוֹתוֹ, וְעַל אֲחוֹת אָבִיו, וְעַל
אֲחוֹת אִמּוֹ, וְעַל אֲחוֹת אִשְׁתּוֹ, וְעַל אֵשֶׁת אָחִיו, וְעַל אֵשֶׁת אֲחִי אָבִיו, וְעַל
הַנִּדָּה, הַמְגַדֵּף, וְהָעוֹבֵד עֲבוֹדָה זָרָה, וְהַנּוֹתֵן מִזַּרְעוֹ לַמֹּלֶךְ, וּבַעַל אוֹב,
הַמְחַלֵּל אֶת הַשַּׁבָּת, וְטָמֵא שֶׁאָכַל אֶת הַקֹּדֶשׁ, וְהַבָּא לַמִּקְדָּשׁ טָמֵא, הָאוֹכֵל
חֵלֶב, וְדָם, נוֹתָר, וּפִגּוּל, הַשּׁוֹחֵט וְהַמַּעֲלֶה בַחוּץ, הָאוֹכֵל חָמֵץ בְּפֶסַח,
וְהָאוֹכֵל וְהָעוֹשֶׂה מְלָאכָה בְּיוֹם הַכִּפּוּרִים, הַמְפַטֵּם אֶת הַשֶּׁמֶן, וְהַמְפַטֵּם אֶת
הַקְּטֹרֶת, וְהַסָּךְ בְּשֶׁמֶן הַמִּשְׁחָה. הַפֶּסַח וְהַמִּילָה בְּמִצְוֹת עֲשֵׂה:

토라에서는 서른여섯 가지의 〔경우에〕 카렛〔의 처벌을 받는다〕. 남
자가 자신의 어머니, 즉 아버지의 아내와 동침한 경우; 혹은 며느리와
동침한 경우; 남자가 남자와 동침하거나 짐승과 동침한 경우, 혹은 여
자가 짐승과 동침한 경우; 남자가 여자와 그의 딸과 동침한 경우; 혹
은 결혼한 여인과 동침하거나, 자신의 자매나 아버지의 자매, 혹은 어
머니의 자매나, 아내의 자매, 혹은 형제의 아내나 아버지의 형제의 아
내와 동침한 경우; 월경 중인 여자와 동침한 경우; 〔야훼를〕 모독하거
나 우상숭배를 하는 경우; 자녀들을 몰렉에게 주거나 접신하거나; 안
식일을 지키지 않는 경우; 부정한 사람이 거룩한 음식을 먹는 경우거
나 성전에 들어가는 경우; 금지된 〔동물의〕 지방, 피, 제사 후 제물의
남은 부위(נותר, 노타르), 부정해진 제물(פיגול, 피굴)을 먹는 경우; 성전
밖에서 〔제사에 쓰이는 동물을〕 도살하거나 제물로 바치는 경우; 유
월절에 누룩이 들어간 것을 먹거나 속죄일에 일을 하는 경우; 〔위임
식의〕 기름이나 〔성소의 분향을 위한〕 향을 만드는 경우, 혹은 그 기

름을 〔부적절하게〕 사용하는 경우; 유월절을 지키지 않는 경우; 그리고 명령 규정 중에서는 할례〔를 치르지 않는 경우가 이에 해당한다〕.

- 이 미쉬나는 토라의 여러 구절들에 흩어져 기록되어 있는 카렛 처벌을 받는 경우를 서른여섯 가지로 정리하여 제시하고 있다.
- 미쉬나는 토라의 율법은 명령규정과 금지규정으로 나누어 이해하고 있다. 위에 예시된 서른여섯 가지 경우는 금지규정을 위반한 경우이고, 마지막 할례의 규정은 명령규정의 위반이다.

1, 2

עַל אֵלּוּ חַיָּבִים עַל זְדוֹנָם כָּרֵת, וְעַל שִׁגְגָתָם חַטָּאת, וְעַל לֹא הוֹדַע שֶׁלָּהֶן אָשָׁם תָּלוּי, חוּץ מִן הַמְטַמֵּא מִקְדָּשׁ וְקָדָשָׁיו, מִפְּנֵי שֶׁהוּא בְעוֹלֶה וְיוֹרֵד, דִּבְרֵי רַבִּי מֵאִיר. וַחֲכָמִים אוֹמְרִים, אַף הַמְגַדֵּף, שֶׁנֶּאֱמַר תּוֹרָה אַחַת יִהְיֶה לָכֶם לָעֹשֶׂה בִּשְׁגָגָה, יָצָא מְגַדֵּף, שֶׁאֵינוֹ עוֹשֶׂה מַעֲשֶׂה:

위의 경우들이 의도적이었다면 카렛의 처벌을 받는다. 만약 부지중에 범했다면 속죄제〔를 드려야 한다〕.

만약 〔위의 율법을〕 위반했는지 의심이 있을 때는, 성전이나 성물에 관한 것이 아닌 한 조건적 속건제를 드려야 한다. 〔성전·성물에 관한 것일 경우,〕 차등된 제물을 바쳐야 하기 때문이다. 랍비 메이르의 말이다.

현자들은 말한다. "신성모독자〔도 예외다〕. '실수로 범죄한 사람에 대한 처벌은 동일하다'(민 15:29)고 기록되었기 때문이다. 아무런 행동도 하지 않은 신성모독자는 여기서 제외된다."

- 부지중에 실수로 위의 율법을 위반한 경우, 속죄제를 드리면 처벌이 면제된다.

- 위의 율법을 위반했는지 여부가 불확실할 때에는 레위기 5:17-19에 따라 조건적 속건제(אשם תלוי, 아샴 탈루이)를 드려야 한다. 율법의 위반이 성전이나 성물에 관한 것일 경우, 부유한 사람은 가축을, 가난한 사람은 비둘기나 곡식가루를 바치는 차등화된 제물의 규정이 적용되기 때문이다(레 5:2-13).
- 현자들은 신성모독의 경우도 예외가 된다고 한다. 민수기 15:29은 실수로 '행동'(עשה, 아싸)한 경우를 규정하는데, 신성모독은 실제로 행동하는 것이 아니라 말로 범하는 것이기 때문이다. 따라서 속죄제나 조건적 속건제 어느 것도 가져올 필요가 없다.

1, 3

1, 3-7까지 낙태한 경우의 제물에 대한 다양한 논의를 다룬다.

יֵשׁ מְבִיאוֹת קָרְבָּן וְנֶאֱכָל, וְיֵשׁ מְבִיאוֹת וְאֵינוֹ נֶאֱכָל, וְיֵשׁ שֶׁאֵינָן מְבִיאוֹת.
אֵלּוּ מְבִיאוֹת קָרְבָּן וְנֶאֱכָל. הַמַּפֶּלֶת כְּמִין בְּהֵמָה חַיָּה וְעוֹף, דִּבְרֵי רַבִּי מֵאִיר.
וַחֲכָמִים אוֹמְרִים, עַד שֶׁיְּהֵא בּוֹ מִצּוּרַת הָאָדָם. הַמַּפֶּלֶת סַנְדָּל, אוֹ שִׁלְיָא,
וְשָׁפִיר מְרֻקָּם, וְהַיּוֹצֵא מְחֻתָּךְ. וְכֵן שִׁפְחָה שֶׁהִפִּילָה, מְבִיאָה קָרְבָּן וְנֶאֱכָל:

[아이를 출산한 이후에] 어떤 여인들은 먹을 수 있는 제물을, 다른 이들은 먹을 수 없는 제물을, 다른 이들은 아예 제물을 가져오지 않았다.

이러한 경우는 먹을 수 있는 제물을 가져와야 한다. "여인이 짐승이나 야생 동물이나, 새의 형상을 한 태아를 낙태했을 때," 랍비 메이르의 말이다. 그러나 현자들은 말한다. "[태아가] 사람의 형상일 때만 [먹을 수 있는 제물을 가져와야 한다]."

혹은 여인이 샌들과 같이 생긴 태아나, 태반이나, 완전한 형태를 갖춘 태아나, 여러 조각으로 나뉜 것을 낙태했을 때다. 마찬가지로 여종이 낙태한 때에도 먹을 수 있는 제물을 가져온다.

- 출산을 하면 규정대로 제사를 드려야 하지만, 낙태한 경우에는 어찌할 것인가에 대한 논의를 다루고 있다.
- 먹을 수 있는 제물을 가져오는 경우란 완전한 제사를 드리는 것을 말한다. 넷째 미쉬나(1, 4)에서 다시 다룬다.
- 살아 있는 태아를 정상적으로 출산하지 못하고 낙태한 때라도 위에 예시된 경우에 해당하면 먹을 수 있는 제물을, 즉 출산할 때와 마찬가지로 완전한 제사를 드려야 한다.

1, 4
제물을 먹을 수 없는 경우에 대해 논의한다.

אֵלּוּ מְבִיאוֹת וְאֵינוֹ נֶאֱכָל. הַמַּפֶּלֶת וְאֵין יָדוּעַ מַה הִפִּילָה, וְכֵן שְׁתֵּי נָשִׁים שֶׁהִפִּילוּ, אַחַת מִמִּין פְּטוּר וְאַחַת מִמִּין חוֹבָה. אָמַר רַבִּי יוֹסֵי, אֵימָתַי, בִּזְמַן שֶׁהָלְכוּ זוֹ לַמִּזְרָח וְזוֹ לַמַּעֲרָב. אֲבָל אִם הָיוּ שְׁתֵּיהֶן עוֹמְדוֹת כְּאַחַת, מְבִיאוֹת קָרְבָּן וְנֶאֱכָל:

아래의 경우에는 제물을 가져왔으나 먹을 수 없다.

여인이 낙태했으나 그 낙태한 것이 무엇인지를 알 수 없을 때다. 또는 두 여인이 낙태했는데 한 여인은 제사를 드려야 하는 것(태아)을, 다른 여인은 제사를 드릴 의무가 없는 것을 낙태했을 때다.

랍비 요쎄는 말했다. "언제 그러한가? 이것은 오직 한 여인은 동쪽을 향해 가고 다른 여인은 서쪽을 향해 갈 때에만 적용된다. 그러나 둘이 같이 남아 있으면 그들은 함께 먹을 수 있는 하나의 제물을 가져온다."

- 제물을 먹을 수 없다는 것은 완전한 제사를 드리지 못했다는 의미로, 출산을 위한 제사를 드려야 할지의 여부가 불확실한 경우, 제물을 가져오지만 그 제물을 먹을 수는 없다.

- 두 여인이 동시에 낙태했는데, 그 낙태한 것들이 하나는 제사를 드려야 하고, 나머지는 제사를 드리지 않아도 되는 것일 때, 또 그것들이 어느 여인에게 속했는지 알 수 없을 때가 이 경우에 해당한다.

- 이와 달리 랍비 요쎄에 의하면, 두 여인이 모두 제물을 가져왔으나 제사장이 어느 제물이 실제로 제사의 의무를 진 여인의 것인지를 알 수 없을 때, 그녀들이 이미 성전을 떠나 확인할 수 없다면 두 제물 모두 먹을 수 없게 된다. 그러나 그녀들이 함께 남아 있다면 함께 하나의 제물을 가져오고, 이것은 실제로 의무를 진 여인의 제물로 간주되어 먹을 수 있게 된다고 한다.

1, 5

출산을 위한 제사를 드리지 않는 경우를 나열하고 있다.

אֵלּוּ שֶׁאֵינָן מְבִיאוֹת. הַמַּפֶּלֶת שָׁפִיר מָלֵא מַיִם, מָלֵא דָם, מָלֵא גְּנִינִים,
הַמַּפֶּלֶת כְּמִין דָּגִים וַחֲגָבִים שְׁקָצִים וּרְמָשִׂים, הַמַּפֶּלֶת יוֹם אַרְבָּעִים, וְיוֹצֵא
דֹפֶן. רַבִּי שִׁמְעוֹן מְחַיֵּב בְּיוֹצֵא דֹפֶן:

다음의 경우에는 제물을 가져오지 않는다.

여인이 물이나 피나 살덩이들이 들어 있는 주머니 같은 것을 배출한 경우, 또는 낙태한 것이 물고기나 메뚜기나 부정한 짐승이나 파충류의 형상인 경우, 또는 〔임신 후〕 40일째에 낙태한 경우, 또는 제왕절개 수술로 〔태아가〕 적출된 경우.

랍비 쉼온은 제왕절개 수술의 경우에도 제물을 가져와야 한다고 선언한다.

- 주머니 형태가 나온 것은 출산한 것으로 간주되지 않고, 따라서 제물을 가져올 필요도 없다.

- 여기서 언급한 예시들은 인간의 태아로 간주되지 않는 경우다.
- 랍비들에 의하면, 임신 후 40일이 될 때까지는 태아가 존재하는 것으로 여기지 않는다.

1, 6

여아를 출산한 후 81일째 되는 날 저녁에 낙태한 경우에 관해 다루고 있다.

הַמַּפֶּלֶת אוֹר לִשְׁמוֹנִים וְאֶחָד, בֵּית שַׁמַּאי פּוֹטְרִין מִן הַקָּרְבָּן, בֵּית הַלֵּל מְחַיְּבִים. אָמְרוּ בֵּית הַלֵּל לְבֵית שַׁמַּאי, מַאי שְׁנָא אוֹר לִשְׁמוֹנִים וְאֶחָד מִיּוֹם שְׁמוֹנִים וְאֶחָד. אִם שָׁוֶה לוֹ לַטֻּמְאָה, לֹא יִשְׁוֶה לוֹ לַקָּרְבָּן. אָמְרוּ לָהֶם בֵּית שַׁמַּאי, לֹא, אִם אֲמַרְתֶּם בְּמַפֶּלֶת יוֹם שְׁמוֹנִים וְאֶחָד, שֶׁכֵּן יָצְאָה בְּשָׁעָה שֶׁהִיא רְאוּיָה לְהָבִיא בָּהּ קָרְבָּן, תֹּאמְרוּ בְּמַפֶּלֶת אוֹר לִשְׁמוֹנִים וְאֶחָד, שֶׁלֹּא יָצְאָה בְּשָׁעָה שֶׁהִיא רְאוּיָה לְהָבִיא בָּהּ קָרְבָּן. אָמְרוּ לָהֶן בֵּית הַלֵּל, וַהֲרֵי הַמַּפֶּלֶת יוֹם שְׁמוֹנִים וְאֶחָד שֶׁחָל לִהְיוֹת בְּשַׁבַּת תּוֹכִיחַ, שֶׁלֹּא יָצְאָה בְּשָׁעָה שֶׁהִיא רְאוּיָה לְהָבִיא בָּהּ קָרְבָּן וְחַיֶּבֶת בַּקָּרְבָּן. אָמְרוּ לָהֶם בֵּית שַׁמַּאי, לֹא, אִם אֲמַרְתֶּם בְּמַפֶּלֶת יוֹם שְׁמוֹנִים וְאֶחָד שֶׁחָל לִהְיוֹת בְּשַׁבַּת, שֶׁאַף עַל פִּי שֶׁאֵינוֹ רָאוּי לְקָרְבַּן יָחִיד, רָאוּי לְקָרְבַּן צִבּוּר, תֹּאמְרוּ בְּמַפֶּלֶת אוֹר לִשְׁמוֹנִים וְאֶחָד, שֶׁאֵין הַלַּיְלָה רָאוּי לֹא לְקָרְבַּן יָחִיד וְלֹא לְקָרְבַּן צִבּוּר. הַדָּמִים אֵינָן מוֹכִיחִין, שֶׁהַמַּפֶּלֶת בְּתוֹךְ מְלֵאת, דָּמֶיהָ טְמֵאִין, וּפְטוּרָה מִן הַקָּרְבָּן:

81일째 되는 날의 저녁에 낙태한 경우, 샴마이 학파는 말한다. "제물을 가져올 의무에서 면제된다." 그러나 힐렐 학파는 말한다. "제물을 가져와야 한다."

힐렐 학파가 샴마이 학파에게 말했다. "81일 되는 날과 그 전날 저녁의 차이는 무엇인가? 그〔날들〕이 부정함에 대하여 동일하게 취급된다면 제물에 대하여 그렇지 않을 이유가 무엇인가?"

샴마이 학파가 대답했다. "그렇지 않다. 만약 당신들이 낙태한 때가 제물을 바치는 81일째라고 말한다면, 그 전날 저녁, 즉 제물을 가져와야 하는 날이 아닌 때 낙태한 경우에도 그렇게 말할 수 있겠는가?"

힐렐 학파가 그들에게 말했다. "81일째에 여인이 낙태했으나 이날이 안식일과 겹치는 경우가 그 증거다. 그녀가 제물을 가져와야 하는 날이 아니지만, 여전히 그녀는 [새로운] 제물을 가져와야 하기 때문이다."

샴마이 학파가 그들에게 말했다. "그렇지 않다. 만약 당신들이 81일째에 여인이 낙태했으나 이날이 안식일과 겹치는 경우, 이날은 개인적 제물을 가져올 수 없지만 공동체를 위한 제물은 바칠 수 있다고 한다면, 81일 전날 저녁에 낙태했으나 밤이어서 개인을 위한 제물이나 공동체를 위한 제물이나 바칠 수 없는 경우에도 동일하게 주장할 수 있겠는가?"

"피[의 유출로 인한 부정]에 관하여, 그것은 아무런 증거도 되지 못한다. 만약 그녀가 정결한 기간 중에 낙태했더라도 [흘린] 피는 부정하지만 그녀는 제물을 가져올 의무에서 면제된다."

- 레위기 12:5-6은 다음과 같이 규정하고 있다. "여자를 낳으면 그는 두 이레 동안 부정하리니 월경할 때와 같을 것이며 산혈이 깨끗하게 됨은 육십육 일을 지나야 하리라. 자녀간 정결케 되는 기한이 차거든 그 여인은 번제를 위하여 일년 된 어린 양을 취하고 속죄제를 위하여 집비둘기 새끼나 산비둘기를 취하여 회막 문 제사장에게로 가져갈 것이요." 이 본문에 임산부가 여아를 출산한 후 14일과 66일, 따라서 81일이 지나야 정결해진다. 81일이 되는 날, 여인은 제물을 가져와야 한다. 그러나 이 사이에 여인이 다시 임신하고 또 낙태한 경우가 문제인데, 81일 전에 낙태한 경우라면 81일째의 제물로 이를 정결케 할 수 있다. 만약 81일째에 낙태했다면 여인은 이를 위한 제물을 별도로 가져와야 한다. 문제는 81일째가 되는 날 저녁에 낙태

한 경우다. 고대 이스라엘에서는 하루의 시작을 해가 지는 시간으로 여기기 때문에 이 문제가 복잡한 논쟁의 대상이 된다.

- 샴마이 학파에 의하면 81일째 되는 저녁에 낙태하면 다음 날 아침에 드리는 제물로 인해 낙태도 정결케 된다고 하며, 따라서 낙태를 위한 제물을 따로 가져올 필요가 없다고 주장한다.
- 반면 힐렐 학파는 출산을 위한 제물은 81일째 되는 날 저녁의 낙태에는 효과를 미치지 못함으로, 낙태의 부정을 씻기 위한 새로운 제물을 가져와야 한다고 주장한다

1, 7

낙태가 의심스런 경우가 다섯 번 있더라도 한 번만 제물을 가져오면 된다는 원칙을 라반 감리엘의 일화를 들어 설명한다.

הָאִשָּׁה שֶׁיֵּשׁ עָלֶיהָ סְפֵק חֲמִשָּׁה זִיבוֹת וּסְפֵק חֲמִשָּׁה לֵדוֹת, מְבִיאָה קָרְבָּן אֶחָד, וְאוֹכֶלֶת בַּזְּבָחִים, וְאֵין הַשְּׁאָר עָלֶיהָ חוֹבָה. חָמֵשׁ לֵדוֹת וַדָּאוֹת, חָמֵשׁ זִיבוֹת וַדָּאוֹת, מְבִיאָה קָרְבָּן אֶחָד, וְאוֹכֶלֶת בַּזְּבָחִים, וְהַשְּׁאָר עָלֶיהָ חוֹבָה. מַעֲשֶׂה שֶׁעָמְדוּ קִנִּים בִּירוּשָׁלַיִם בְּדִינָרֵי זָהָב. אָמַר רַבָּן שִׁמְעוֹן בֶּן גַּמְלִיאֵל, הַמָּעוֹן הַזֶּה, לֹא אָלִין הַלַּיְלָה, עַד שֶׁיְּהוּ בְּדִינָרִין. נִכְנַס לְבֵית דִּין וְלִמֵּד, הָאִשָּׁה שֶׁיֵּשׁ עָלֶיהָ חָמֵשׁ לֵדוֹת וַדָּאוֹת, חָמֵשׁ זִיבוֹת וַדָּאוֹת, מְבִיאָה קָרְבָּן אֶחָד, וְאוֹכֶלֶת בַּזְּבָחִים, וְאֵין הַשְּׁאָר עָלֶיהָ חוֹבָה. וְעָמְדוּ קִנִּים בּוֹ בַּיּוֹם בְּרִבְעָתָיִם:

만약 여인이 다섯 번의 의심스러운 유출이 있거나, 다섯 번 출산이 의심스러우면, 그녀는 한 번만 제물을 가져와야 한다. 그리고 그녀는 제물을 [즉시] 먹을 수 있으며, 다른 제물을 가져올 필요가 없다.

만약 여인이 다섯 번 확실한 출산을 하거나, 다섯 번 확실한 유출을 하면, 그녀는 하나의 제물을 가져온 후 그 제물을 [즉시] 먹을 수 있고, 다른 제물도 가져와야 한다.

한 번은 예루살렘에서 비둘기 한 쌍의 가격이 금 1디나르까지 올라 갔다. 라반 쉼온 벤 감리엘은 말했다. "이 성전에서 〔비둘기 한 쌍의〕 가격이 은 1디나르가 될 때까지 오늘밤 잠을 자러 들어가지 않겠다." 그리고 성전에 들어가 가르쳤다. "만약 한 여인이 다섯 번의 확실한 출산을 하거나 다섯 번 확실한 유출을 하면 그녀는 오직 하나의 제물 만 가져오면 된다. 다른 제물들을 가져올 필요가 없다." 그러자 비둘 기 한 쌍의 가격이 은 1/4디나르로 떨어졌다.

- 3일간 연속된 유출이 5개월 동안 계속되거나, 다섯 번에 걸쳐 낙태 가 의심스러운 증상이 나타나는 경우, 이들을 위해 오직 한 번만 제 물을 가져오면 된다. 여기서 원문은 출산이 의심스러운 경우라고 기 록하고 있으나 실제로는 낙태가 의심스러운 경우를 가리킨다.
- 낙태가 확실하거나, 월경 이외의 유출이 다섯 번 확실이 나타나는 경 우에는 각각에 대해 제물을 가져와야 한다. 그러나 첫 번째 제물을 바친 후에는 정결하게 하는 효과가 나타나 제물을 먹을 수 있다.
- 세 번째 단락은 이 규정과 관련한 라반 감리엘의 일화를 기록하고 있 다. 유출이 있을 때마다 비둘기 한 쌍씩을 바쳐야 하는 규정 때문에 비둘기의 가격이 올라가 경제적 부담으로 율법의 준수를 어렵게 하 는 결과로 이어졌다. 감리엘은 이를 해결하기 위하여 율법의 해석을 바꾸고 제사용 비둘기의 가격을 낮추어 여인들이 경제적 부담 없이 법을 지킬 수 있게 했다. 현실적 상황에 맞추어 율법의 해석을 유연 하게 변경하는 사례라 할 수 있다.

제2장

2, 1

제물을 먹을 수 있는 정결한 상태가 되기 위해 제사를 드려야 하는
경우를 설명한다.

אַרְבָּעָה מְחֻסְּרֵי כְפּוּרִים וְאַרְבָּעָה מְבִיאִין עַל הַזָּדוֹן כְּשִׁגְגָה. אֵלּוּ הֵן מְחֻסְּרֵי
כְפּוּרִים. הַזָּב, וְהַזָּבָה, וְהַיּוֹלֶדֶת, וְהַמְצֹרָע. רַבִּי אֱלִיעֶזֶר בֶּן יַעֲקֹב אוֹמֵר, גֵּר,
מְחֻסַּר כַּפָּרָה עַד שֶׁיִּזָּרֵק עָלָיו הַדָּם. וְנָזִיר, לְיֵינוֹ וְתִגְלַחְתּוֹ וְטֻמְאָתוֹ:

속죄의식이 필요한 네(종류의) 사람이 있고, 일부러 혹은 실수로
〔율법을 어긴 것에 대해〕 제사를 드려야 하는 네(종류의) 사람이 있다.

다음은 속죄의식이 필요한 사람들이다: 유출이 있는 남자, 유출이
있는 여자, 출산한 여자, 피부병자.

랍비 엘리에제르 벤 야아콥은 말했다. "개종한 이방인(גר, 게르) 역
시 그를 위해 피를 뿌리기 전까지는 속죄의식이 필요한 사람으로 간
주해야 한다. 나실인이 포도주를 마시거나 머리카락을 자르거나 부
정한 것에 접촉한 경우에도 마찬가지다."

- 제1장에서 주로 죄를 지은 경우 이를 속죄하는 경우를 다루었다면,
  이 미쉬나는 죄에 대한 속죄가 아니라 제의적 부정 상태에 있는 사
  람이 미크베(정결례탕)에서 씻는 것으로 불충분하여, 속죄제를 통해
  이를 해소해야 하는 경우를 다룬다. 부정이 해소되면 (일반) 성물을
  먹을 수 있게 된다.
- 유출이 있는 남자와 여자에 대해서는 각각 레위기 15:15와 15:19-33
  에서 규정하고 있다. 출산하거나 유출이 있는 여자에 관하여는 「크
  리톳」 1, 3에서 다루었다. 각종 악성피부병자에 관하여는 레위기 14:

10 이하에서 다루고 있다.

- 랍비 엘리에제르 벤 야아콥은 몇 가지 경우를 추가한다. 예를 들어 이방인의 경우, 할례를 받고 정결례를 치른 후라도 정결의식을 위한 제물을 가져와야 한다. 그 의식이 완료되어야 정결한 상태가 되어 제물을 먹을 수 있다.

2, 2
율법을 어겨 제물을 가져와야 하는 경우다.

אֵלּוּ מְבִיאִין עַל הַזָּדוֹן כִּשְׁגָגָה. הַבָּא עַל הַשִּׁפְחָה, וְנָזִיר שֶׁנִּטְמָא, וְעַל שְׁבוּעַת הָעֵדוּת, וְעַל שְׁבוּעַת הַפִּקָּדוֹן:

다음의 경우에는 일부러 혹은 실수로 율법을 어긴 때에 [속죄]제물을 가져온다: 여종과 성관계를 가진 경우, 나실인이 부정하게 된 경우, 증언에 관하여 거짓 맹세를 한 경우, 맡아둔 물건에 관해 거짓 맹세를 한 경우.

- 여종에 관한 내용은 아래 미쉬나 4-5에서 자세히 다룬다.
- 나실인이 죽은 시체와 접촉하면 부정하게 된다(민 6:9-12).
- 증언에 대한 거짓 맹세에 대해서는 레위기 5:1에서 규정한다.
- 맡아둔 물건에 대해서는 레위기 6:2에서 규정한다.

2, 3
여러번 율법을 어겼지만 하나의 제물을 가져와야 하는 경우를 논한다.

חֲמִשָּׁה מְבִיאִין קָרְבָּן אֶחָד עַל עֲבֵרוֹת הַרְבֵּה, וַחֲמִשָּׁה מְבִיאִים קָרְבָּן עוֹלֶה וְיוֹרֵד. אֵלּוּ מְבִיאִין קָרְבָּן אֶחָד עַל עֲבֵרוֹת הַרְבֵּה. הַבָּא עַל הַשִּׁפְחָה בִּיאוֹת

הַרְבֵּה, וְנָזִיר שֶׁנִּטְמָא טֻמְאוֹת הַרְבֵּה, וְהַמְקַנֵּא לְאִשְׁתּוֹ עַל יְדֵי אֲנָשִׁים הַרְבֵּה, וּמְצֹרָע שֶׁנִּתְנַגַּע נְגָעִים הַרְבֵּה. הֵבִיא צִפֳּרָיו וְנִתְנַגַּע, לֹא עָלוּ לוֹ, עַד שֶׁיָּבִיא אֶת חַטָּאתוֹ. רַבִּי יְהוּדָה אוֹמֵר, עַד שֶׁיָּבִיא אֶת אֲשָׁמוֹ:

여러 번 율법을 어긴 것에 대해 하나의 제물을 바쳐야 하는 다섯 사람이 있다. 차등된 제물을 바쳐야 하는 사람도 다섯이 있다.

여러 번 율법을 어긴 것에 대해 하나의 제물을 가져와야 하는 경우는 다음과 같다: 여종과 여러 번 성관계를 가진 사람, 여러 번 부정하게 된 나실인, 여러 남자에 관해 아내를 의심한(경고한) 사람, 피부병에 여러 번 걸린 사람.

만약 그가 새의 제물을 바친 후에 〔피부〕병에 다시 걸렸으면, 〔바친〕 제물은 그가 속죄제를 드리기까지 계수되지 않는다. 랍비 예후다는 말한다. "그가 속건제를 드리기까지다."

- 첫 문장에서 언급된 두 종류의 다섯 가지 경우는 셋째와 넷째 미쉬나(2, 3-4)에서 다룬다. 이 미쉬나에서는 여러 번 율법을 어긴 것에 대해 하나의 제물을 바쳐야 하는 경우 중 우선 네 가지를 다룬다.
- 여러 남자에 관해 아내를 의심한(경고한) 사람의 경우는 민수기 5장에서 규정하는 의심법의 절차에 관한 것이다.
- 피부병에 걸린 사람의 속죄에 대하여는 레위기 14장에서 규정하고 있다. 이에 의하면 피부병이 나은 후, 8일간의 정결 절차를 거치게 되는데, 첫째 날 산비둘기 두 마리를 제사장에게 가져와야 하고, 8일째 되는 날 속건제와 속죄제를 위하여 어린 숫양 둘과 암양 한 마리를 가져와야 한다. 가난한 사람은 대신 어린 숫양 하나와 비둘기 새끼 두 마리를 가져올 수 있다. 이 미쉬나는 첫째 날 비둘기를 바치고 다시 피부병에 걸리면 다시 비둘기를 가져올 필요가 없고 치료된 후 속죄제와 속건제만 바치면 된다고 한다.

• 랍비 예후다는 이 규정이 속건제를 드리기 전까지만 유효하다고 한다.

2, 4

앞 미쉬나에 이어 여러 차례 출산한 여인에 대해 다룬다.

הָאִשָּׁה שֶׁיָּלְדָה וְלָדוֹת הַרְבֵּה, הִפִּילָה בְּתוֹךְ שְׁמוֹנִים נְקֵבָה וְחָזְרָה וְהִפִּילָה
בְּתוֹךְ שְׁמוֹנִים נְקֵבָה, וְהַמַּפֶּלֶת תְּאוֹמִים, רַבִּי יְהוּדָה אוֹמֵר, מְבִיאָה עַל
הָרִאשׁוֹן וְאֵינָה מְבִיאָה עַל הַשֵּׁנִי. מְבִיאָה עַל הַשְּׁלִישִׁי וְאֵינָה מְבִיאָה עַל
הָרְבִיעִי. אֵלּוּ מְבִיאִין קָרְבָּן עוֹלֶה וְיוֹרֵד. עַל שְׁמִיעַת הַקּוֹל, וְעַל בִּטּוּי שְׂפָתַיִם,
וְעַל טֻמְאַת מִקְדָּשׁ וְקָדָשָׁיו, וְהַיּוֹלֶדֶת, וְהַמְצֹרָע. וּמָה בֵּין הַשִּׁפְחָה לְבֵין כָּל
הָעֲרָיוֹת. שֶׁלֹּא שָׁוְתָה לָהֶן לֹא בָעֹנֶשׁ וְלֹא בַקָּרְבָּן, שֶׁכָּל הָעֲרָיוֹת בְּחַטָּאת
וְהַשִּׁפְחָה בְּאָשָׁם. כָּל הָעֲרָיוֹת בִּנְקֵבָה, וְשִׁפְחָה בְּזָכָר. כָּל הָעֲרָיוֹת, אֶחָד
הָאִישׁ וְאֶחָד הָאִשָּׁה שָׁוִין בַּמַּכּוֹת וּבַקָּרְבָּן, וּבַשִּׁפְחָה לֹא הִשְׁוָה אֶת הָאִישׁ
לָאִשָּׁה בַּמַּכּוֹת וְלֹא אֶת הָאִשָּׁה לָאִישׁ בַּקָּרְבָּן. כָּל הָעֲרָיוֹת, עָשָׂה בָהֶן
אֶת הַמְעָרֶה כְּגוֹמֵר, וְחַיָּב עַל כָּל בִּיאָה וּבִיאָה. זֶה חֹמֶר הֶחֱמִיר בַּשִּׁפְחָה,
שֶׁעָשָׂה בָהּ אֶת הַמֵּזִיד כַּשּׁוֹגֵג:

만약 그녀가 여아를 출산한 후 80일 이내에 여아를 낙태하고, 다시 이로부터 80일 이내에 여아를 낙태한 경우, 혹은 그녀가 쌍생아를 낙태한 경우에 관해 랍비 예후다는 말한다. "그녀는 첫 번째(출산)에 대해 제물을 바치고, 두 번째에 대해서는 바치지 않고, 세 번째에 대해서는 바치고, 네 번째에 대해서는 바치지 않는다."

차등된 제물을 바쳐야 하는 사람들은 다음과 같다: 맹세하는 것을 들은 사람(레 5:1), 함부로 맹세한 사람(레 5:4), 부정한 상태로 성전에 들어가거나 성물을 먹고 마신 사람, 출산 후의 여인, (악성) 피부병자.

여종과 성관계하는 것과 다른 금지된 (성)관계들은 무엇이 다른가? 이 둘은 처벌이나 (속죄)제사에 있어 같지 않기 때문이다. 다른 금지된 관계를 [속죄하기] 위하여 속죄제를 바쳐야 하고, 여종[과의 관계]를 위해서는 속건제를 가져와야 한다.

다른 금지된 관계에 관해서는 남자나 여자가 체벌이나 제사에 있어 동일하게 〔의무를 진다〕. 여종과의 관계에 대해서는 남자는 체벌에 있어 여자와 다르고, 여자는 제사에 있어 남자와 다르다.

다른 금지된 관계에 대해서는 성적(성기의) 접촉만 하거나 〔성교를〕 끝내거나 모두 처벌 가능하다. 〔여러 번 관계한 경우〕 각각의 행위에 대해 따로 책임이 있다.

여종의 경우에는 보다 엄격하다. 일부러 〔율법을〕 어긴 경우가 실수로 어긴 경우와 같기 때문이다.

- 재산의 정도에 따라 차등된 제물을 바치는 경우 다섯 가지를 위와 같이 나열하고 있다.
- 여종과 성관계하는 경우란 구체적으로 여종이 이미 다른 남자와 정혼했으나 아직 해방되지는 않은 경우를 가리킨다. 이 경우, 그 여종과의 성관계는 금지되지만, 아직 해방되지 않아 여종에게는 자유가 없기 때문이다.
- 여종과 성관계한 경우, 여자는 채찍으로 맞는 체벌을 받지만 남자는 제물을 가져와야 한다.
- 여종의 경우가 더 엄격한 이유는 형벌의 균형을 맞추기 위함이다. 여종과 관계하는 경우 일부러 한 경우에도 속죄제가 아닌 속건제를 드리게 함으로써 부지중에 한 것과 같이 취급하기 때문에, 여러 번 관계한 경우에는 각각의 행위에 대해 책임을 지도록 하는 것이다.

2, 5
앞 미쉬나에서 언급한 여종에 대해 자세히 다룬다.

אֵיזוֹ הִיא שִׁפְחָה. כֹּל שֶׁחֶצְיָהּ שִׁפְחָה וְחֶצְיָהּ בַּת חוֹרִין, שֶׁנֶּאֱמַר, וְהָפְדֵּה
לֹא נִפְדָּתָה, דִּבְרֵי רַבִּי עֲקִיבָא. רַבִּי יִשְׁמָעֵאל אוֹמֵר, זוֹ הִיא שִׁפְחָה וַדָּאִית.

רַבִּי אֶלְעָזָר בֶּן עֲזַרְיָה אוֹמֵר, כָּל הָעֲרָיוֹת מְפֹרָשׁוֹת, וּמַה שִׁיּוּר, אֵין לָנוּ אֶלָּא
שֶׁחֶצְיָהּ שִׁפְחָה וְחֶצְיָהּ בַּת חוֹרִין:

어떤 종류의 여종들이 〔이에 해당하는가〕?

반은 종이고 반은 자유인인 경우에 해당한다. "무릇 아직 속량도 되
지 못하고 해방도 되지 못하고"(레 19:20)라고 기록되어 있기 때문이
다. 랍비 아키바의 말이다.

랍비 이쉬마엘은 말한다. "완전히 여종인 경우에 〔해당한다〕."

랍비 엘리에제르 벤 야아콥은 말한다. "모든 금지된 성관계가 명백
히 제시되었다. 남은 것은 반은 종이고 반은 자유인인 경우다."

- 랍비 아키바는 위에서 본 바와 같이 여종이 이미 다른 남자와 정혼했
  으나 아직 해방되지는 않은 경우를 말한다고 한다.
- 랍비 이쉬마엘은 견해가 다르나, 랍비 엘리에제르 벤 야아콥은 랍비
  아키바와 견해가 같다.

2, 6
금지된 성관계에서 한쪽의 처벌이 면제되거나 가벼워지는 경우를
다룬다.

כָּל הָעֲרָיוֹת, אֶחָד גָּדוֹל וְאֶחָד קָטָן, הַקָּטָן פָּטוּר. אֶחָד עֵר וְאֶחָד יָשֵׁן, הַיָּשֵׁן
פָּטוּר. אֶחָד שׁוֹגֵג וְאֶחָד מֵזִיד, הַשּׁוֹגֵג בְּחַטָּאת וְהַמֵּזִיד בְּהִכָּרֵת:

금지된 관계의 경우에, 한 사람은 성인이고, 다른 사람은 미성년이
라면, 미성년자는 〔처벌이나 의무가〕 면제된다. 한 사람은 깨어 있고,
다른 사람은 잠들어 있는 경우, 잠들어 있는 사람은 면제된다. 만약
한 사람은 부지중에, 다른 사람은 의도적인 경우, 앞의 사람은 속죄제
를 드려야 하고 뒷사람은 카렛의 처벌을 받는다.

- 유대 전통에서는 13세에 성인식을 치르는데, 미성년이란 성인식을 치르기 이전의 아이를 말한다.
- 부지중에 저지른 죄에 대해 속죄제를, 의도적으로 저지른 죄에 대해 카렛의 처벌을 부과하는 것은 위에 언급한 예외들을 제외하고 모든 금지 규정에 적용된다.

제3장

3, 1

금지된 지방을 먹었는지 증언이 엇갈리는 경우에 대해 논의한다.

אָמְרוּ לוֹ אָכַלְתָּ חֵלֶב, מֵבִיא חַטָּאת. עֵד אוֹמֵר אָכַל וְעֵד אוֹמֵר לֹא אָכַל, אִשָּׁה אוֹמֶרֶת אָכַל וְאִשָּׁה אוֹמֶרֶת לֹא אָכַל, מֵבִיא אָשָׁם תָּלוּי. עֵד אוֹמֵר אָכַל וְהוּא אוֹמֵר לֹא אָכַלְתִּי, פָּטוּר. שְׁנַיִם אוֹמְרִים אָכַל וְהוּא אוֹמֵר לֹא אָכַלְתִּי, רַבִּי מֵאִיר מְחַיֵּב. אָמַר רַבִּי מֵאִיר, אִם הֱבִיאוּהוּ שְׁנַיִם לְמִיתָה חֲמוּרָה, לֹא יְבִיאוּהוּ לְקָרְבָּן הַקַּל. אָמְרוּ לוֹ, מָה אִם יִרְצֶה לוֹמַר מֵזִיד הָיִיתִי:

금지된 [제물의] 지방을 먹었다고 [여러 사람이] 지적을 한다면, 그 사람은 속죄제를 드려야 한다.

만약 한 증인이 말하기를 그가 먹었다고 하고, 다른 증인은 먹지 않았다고 하거나, 한 여자가 말하기를 그는 먹었다고 하고, 다른 여자가 말하기를 그는 먹지 않았다고 한다면, 그는 먹지 않은 것이다. 그는 조건적 속건제를 드려야 한다.

만약 한 증인이 그가 먹었다고 하고 그 자신이 말하기를 먹지 않았다고 하면, 그는 면제된다. 만약 두 증인이 먹었다고 하고, 그 자신은 먹지 않았다고 하면, 랍비 메이르에 따르면 그는 책임을 진다.

랍비 메이르는 말했다. 만약 두 증인으로 보다 엄한 형벌인 사형을 내릴 수도 있다면, 그들이 더 가벼운 처벌인 제사드리는〔책임을 지울 수〕 없겠는가?

그들이 대답했다. 만약 그가 나는 의도적으로 했다고 한다면, 그는 면제되지 않는가?

- 금지된 지방은 콩팥 등 내장을 덮은 것과 옆구리의 지방이다(1, 1; 람밤).

- 어떤 사람이 지방을 먹었는데, 이것이 허용된 것인지 금지된 것인지 알지 못할 때, 미쉬나는 복수의 증인이 금지된 것을 먹었다고 증언한다면 속죄제를 가져와야 한다고 한다. 그러나 한 사람의 증언과 이와 반대되는 다른 한 사람의 증언이 있을 경우에는 금지된 지방을 먹었는지 의심스러운 경우로 보아 조건적 속죄제를 가져온다고 한다. 여성은 증인의 자격이 없으나 이 문제에 관하여는 예외적으로 그 증언의 효력을 인정한다.

- 랍비 메이르는 두 증인 만으로도 사형에 처할 수 있음을 들어 두 증인의 증언이면 이보다 가벼운 금지된 지방을 먹은 죄를 인정하기에 충분하다고 한다.

- 다른 현자들은 랍비 메이르에게 질문을 통해 반론한다. 만약 그가 의도적으로 금지된 지방을 먹었다고 한다면 그는 속죄제의 의무에서 면제된다. 이는 부지중에 먹은 경우에만 적용되기 때문이다. 따라서 그가 두 증인의 증언이 있다 하더라도 속죄제를 면제받을 목적으로 의도적으로 먹었다고 한다면 이를 어찌 해결하겠는가? 미쉬나는 여기에 대한 랍비 메이르의 대답을 기록하고 있지 않아, 그가 답하지 못한 것으로 이해할 수 있다.

3, 2

금지된 것을 두 번 먹은 경우와 여러 금지된 것을 한 번에 먹은 경우를 비교한다.

אָכַל חֵלֶב וְחֵלֶב בְּהֶעְלֵם אֶחָד, אֵינוֹ חַיָּב אֶלָּא חַטָּאת אֶחָת. אָכַל חֵלֶב וְדָם
וְנוֹתָר וּפִגּוּל בְּהֶעְלֵם אֶחָד, חַיָּב עַל כָּל אֶחָד וְאֶחָד. זֶה חֹמֶר בְּמִנְיָן הַרְבֵּה
מִמִּין אֶחָד. וְחֹמֶר בְּמִין אֶחָד מִמִּנְיָן הַרְבֵּה, שֶׁאִם אָכַל כַּחֲצִי זַיִת וְחָזַר וְאָכַל
כַּחֲצִי זַיִת מִמִּין אֶחָד, חַיָּב. מִשְּׁנֵי מִינִין, פָּטוּר:

만약 사람이 한 번의 무지로 금지된 지방을 두 번 먹었으면, 그는 오직 한 번의 속죄제를 드릴 책임만 진다.

만약 사람이 금지된 지방, 피, 혐오스러운 것, 남은 것을 한 번의 무지로 먹으면 그는 각 위반에 대해 〔속죄제를 드릴〕 책임이 있다. 이것은 여러 종류의 〔음식이〕 한 종류보다 더 엄격하게 〔규율되는〕 경우다.

그러나 다음의 경우에는 한 종류〔의 음식에 대한 위반이〕 여러 종류보다 더 엄격하게 〔규율〕된다. 만약 사람이 올리브 반쪽 크기만큼을 먹고, 또 올리브 반쪽 크기만큼을 먹었을 때, 만약 그것들이 한 종류이면 그는 책임을 지고, 두 종류라면 면제된다.

- 만약 사람이 한 번의 무지로 금지된 지방을 두 번 먹었더라도 부지중에 저지른 한 번의 죄로 인정되지만, 역시 한 번의 무지로 여러 종류의 금지된 음식을 먹었다면 그는 각각의 음식에 대해 죄책을 진다. 각각의 금지된 음식에 대해 별도의 금지규정이 있기 때문이다.
- 모든 음식 관련 규정에 있어 율법적으로 의미 있는 양은 올리브 한 알만큼이다. 따라서 한 종류의 금지된 음식을 합하여 올리브 한 알만큼 먹었다면 책임을 지고, 그에 미치지 않는다면 책임을 지지 않는다.

3, 3

금지된 것을 먹는 시간에 대한 논의다.

וְכַמָּה יִשְׁהֶה הָאוֹכְלָן. כְּאִלּוּ אֲכָלָן קְלָיוֹת, דִּבְרֵי רַבִּי מֵאִיר. וַחֲכָמִים אוֹמְרִים,
עַד שֶׁיִּשְׁהֶה מִתְּחִלָּה וְעַד סוֹף כְּדֵי אֲכִילַת פְּרָס. אָכַל אֳכָלִין טְמֵאִין, וְשָׁתָה
מַשְׁקִין טְמֵאִין, שָׁתָה רְבִיעִית יַיִן וְנִכְנַס לַמִּקְדָּשׁ, וְשָׁהָה כְּדֵי אֲכִילַת פְּרָס.
רַבִּי אֱלִיעֶזֶר אוֹמֵר, אִם הִפְסִיק בָּהּ אוֹ שֶׁנָּתַן לְתוֹכוֹ מַיִם כָּל שֶׁהוּא, פָּטוּר:

〔책임 있게 되려며〕 얼마 동안의 시간에 먹어야 하는가? "그가 같은
양의 말린 옥수수 가루를 먹을 〔시간〕 동안 먹었을 경우다." 랍비 메
이르의 말이다.

그러나 다른 랍비들은 말한다. "먹기를 시작할 때부터 마칠 때까지
가 한 페라(빵 반 덩이)를 먹는 시간보다 적어야 〔책임을 지울 수 있
다〕." 만약 사람이 부정한 음식을 먹거나 부정한 것을 마시거나, 혹은
〔1로그의〕 1/4만큼의 포도주를 마시고 성전에 들어갈 때, 한 페라를
먹을 만큼〔보다 적은 시간에 먹고 마셨다면 책임이 있다〕.

랍비 엘라자르가 말한다. "만약 마시는 것이 〔중간에〕 끊겼거나, 그
가 이를 희석했다면 그는 면제된다.

- 앞의 미쉬나에서는 한 번 또는 두 번 먹는 것의 양적 기준을 규정하
  고 있다. 이 미쉬나는 그렇다면 한 번 먹는다는 것의 시간적 기준은
  무엇인지 말한다.
- 랍비 메이르는 올리브 반쪽만큼의 말린 옥수수 가루를 먹을 시간 안
  에 먹었다면 먹은 것으로 간주한다.
- 다른 랍비들은 빵 한 페라를 먹는 시간보다 짧은 시간 안에 먹어야
  한다고 주장한다. 한 페라는 표준 빵 크기의 절반으로 올리브 네 알
  분량에 해당한다.

3, 4

한 번의 행위에 대해 여러 번 제사를 드려야 하는 경우에 대해 논의한다.

יֵשׁ אוֹכֵל אֲכִילָה אַחַת וְחַיָּב עָלֶיהָ אַרְבַּע חַטָּאוֹת וְאָשָׁם אֶחָד. טָמֵא שֶׁאָכַל אֶת הַחֵלֶב, וְהָיָה נוֹתָר, מִן מֻקְדָּשִׁים, וּבְיוֹם הַכִּפּוּרִים. רַבִּי מֵאִיר אוֹמֵר, אִם הָיְתָה שַׁבָּת וְהוֹצִיאוֹ בְּפִיו, חַיָּב. אָמְרוּ לוֹ, אֵינוֹ מִן הַשֵּׁם:

한 번 먹는 행위로 인해 네 번의 속죄제사와 한 번의 속건제사를 드려야 하는 것도 가능하다. 만약 부정한 사람이 금지된 지방을 먹었는데, 이것이 남은 것(נותר, 노타르)이며, 게다가 속죄일의 제물일 때다.

랍비 메이르는 말한다. "만약 이때가 안식일이었고, 그가 그 먹은 것을 〔성전 밖으로〕 들고나갔다면, 그는 〔또 한 번의 속죄제사를 드릴〕 책임이 있다." 그러나 다른 이들이 대답했다. "그것은 다른 이름이다."

- 부정한 사람이 속죄일의 제물에서 남은 것이 된 부분 중, 금지된 지방을 먹었다면, 네 번의 속죄제사를 드린다. 각각 1) 부정한 상태에서 제물을 먹은 것, 2) 금지된 지방을 먹은 것, 3) 남은 것을 먹은 것, 4) 속죄일에 먹은 것에 대하여다. 제물을 먹은 행위가 성전의 재산을 침해한 '메일라'에 해당하므로 거기에 대해 속건제도 드려야 한다.

- 랍비 메이르는 다섯 번째 속죄제를 드려야 하는 경우에 대해 설명한다. 즉 앞서 언급된 조건에 더해 안식일에 그 지방을 성전 밖으로 가지고 나가서, 일하는 것이 금지된 안식일 규정을 위반하게 되는 경우다. 다른 사람들은 이에 반대했다. 이것은 다른 이름의 속죄제, 즉 금지된 것을 먹는 일에 대한 속죄제가 아니라 안식일 규정을 위반한 것에 대한 속죄제이기 때문이다.

3, 5

한 번의 성교로 여섯 번의 속죄제를 드려야 하는 경우를 가정한다.

יֵשׁ בָּא בִיאָה אַחַת וְחַיָּב עָלֶיהָ שֵׁשׁ חַטָּאוֹת. הַבָּא עַל בִּתּוֹ, חַיָּב עָלֶיהָ מִשּׁוּם
בִּתּוֹ וַאֲחוֹתוֹ וְאֵשֶׁת אָחִיו וְאֵשֶׁת אֲחִי אָבִיו וְאֵשֶׁת אִישׁ וְנִדָּה. וְהַבָּא עַל בַּת
בִּתּוֹ, חַיָּב עָלֶיהָ מִשּׁוּם בַּת בִּתּוֹ וְכַלָּתוֹ וַאֲחוֹת אִשְׁתּוֹ וְאֵשֶׁת אָחִיו וְאֵשֶׁת אֲחִי
אָבִיו וְאֵשֶׁת אִישׁ וְנִדָּה. רַבִּי יוֹסֵי אוֹמֵר, אִם עָבַר הַזָּקֵן וּנְשָׂאָהּ, חַיָּב עָלֶיהָ
מִשּׁוּם אֵשֶׁת אָב. וְכֵן הַבָּא עַל בַּת אִשְׁתּוֹ, וְעַל בַּת בַּת אִשְׁתּוֹ:

한 번의 성교로 여섯 번의 속죄제를 드릴 책임이 생길 수 있다. 남자
가 그의 딸과 성교했다면, 그는 자신의 딸, 자신의 자매, 자신의 형제
의 아내, 자신의 아버지의 형제의 아내와 근친상간한 죄가 있을 수 있
다. 그리고 결혼한 여인, 월경 중의 여인과 성교한 죄가 있을 수 있다.

만약 남자가 자신의 딸의 딸과 성교를 했다면 그는 그녀와 근친상
간의 죄를 범한 것이 될 수 있는데, 왜냐하면 그녀는 자신의 딸의 딸
이고, 자신의 며느리, 형제의 아내, 아버지의 형제의 아내, 아내의 자
매, 결혼한 여인, 그리고 월경 중의 여인일 수 있기 때문이다.

랍비 요쎄는 말했다. "만약 할아버지가 [이 죄를] 범했고, [그 후, 아
버지가] 그녀와 결혼했다면, 그(아버지)는 아버지의 아내를 범한 죄
를 지게 된다. 사람이 아내의 딸이나 그 [딸의] 딸과 성교한 때에도 마
찬가지다.

- 남자가 자기의 어머니와 성교하여 낳은 딸과 성교하면 그녀는 자신
  의 딸인 동시에 자매도 되며, 그녀가 그의 부계 형제와 결혼하면(이
  것은 합법적이다) 그의 형제의 아내가 된다. 그녀가 이혼하거나 남
  편을 여의고 그의 아버지의 형제와 다시 결혼한 후(이것은 합법적
  이다), 그 사람이 그녀와 성교하면 네 가지 근친상간의 죄를 범한 것
  이 된다. 성교 당시에 그녀가 결혼한 상태이고 월경 중이라면 두 가

지 범죄가 더 추가된다.

3, 6

이어서 한 번의 성교가 여러 가지 율법을 어기게 되는 가능성에 대해 논한다.

הַבָּא עַל חֲמוֹתוֹ, חַיָּב עָלֶיהָ מִשּׁוּם חֲמוֹתוֹ וְכַלָּתוֹ וַאֲחוֹת אִשְׁתּוֹ וְאֵשֶׁת אָחִיו
וְאֵשֶׁת אֲחִי אָבִיו וְאֵשֶׁת אִישׁ וְנִדָּה. וְכֵן הַבָּא עַל אֵם חֲמוֹתוֹ, וְעַל אֵם חָמִיו.
רַבִּי יוֹחָנָן בֶּן נוּרִי אוֹמֵר, הַבָּא עַל חֲמוֹתוֹ, חַיָּב עָלֶיהָ מִשּׁוּם חֲמוֹתוֹ וְאֵם
חֲמוֹתוֹ וְאֵם חָמִיו. אָמְרוּ לוֹ, שְׁלָשְׁתָּן שֵׁם אֶחָד הֵן:

만약 남자가 자신의 장모와 성교했다면, 그는 장모와 성교한 죄〔이외에도〕, 자신의 며느리와, 자신의 형제의 아내와, 자신의 아버지의 형제의 아내와, 그의 아내의 자매와, 결혼한 여인과, 그리고 월경 중인 여인과 성교한 죄를 질 수 있다. 남자가 자신의 장인의 어머니나 장모와 성교한 경우도 마찬가지다.

랍비 요하난 벤 누리가 말했다. "만약 남자가 자신의 장모와 성교한 경우, 그는 장모와, 장모의 어머니와, 그리고 장인의 어머니와 성교한 죄를 범할 수 있다." 그들이 대답했다. "이 세 가지 경우들이 모두 같은 이름이다."

- 앞의 미쉬나에 이어 한 번의 성교가 여러 가지 금지 규정을 동시에 위반할 수 있는 경우를 예시하고 있다.
- 랍비 요하난이 예시한 경우는 레위기 18:17의 "너는 여인과 그 여인의 딸의 하체를 아울러 범치 말며 또 그 여인의 손녀나 외손녀를 아울러 취하여 그 하체를 범치 말라 그들은 그의 골육지친이니 이는 악행이니라"는 규정에 따른 것이다. 예를 들어 한 사람이 한 여인의 딸, 친손녀, 외손녀와 결혼한 후, 그 여인과 성교하는 경우가 이에 해

당한다. 그러나 다른 랍비들은 이 규정들이 하나의 구절에 있으므로 하나의 죄라고 주장한다.

3, 7

여러 금지된 대상과 성교한 경우의 제사에 대해 논의한다.

אָמַר רַבִּי עֲקִיבָא, שָׁאַלְתִּי אֶת רַבָּן גַּמְלִיאֵל וְאֶת רַבִּי יְהוֹשֻׁעַ שֶׁל
אֲמָאוֹם, שֶׁהָלְכוּ לִקַּח בְּהֵמָה לְמִשְׁתֶּה בְנוֹ שֶׁל רַבָּן גַּמְלִיאֵל, הַבָּא עַל אֲחוֹתוֹ
וְעַל אֲחוֹת אָבִיו וְעַל אֲחוֹת אִמּוֹ בְּהֶעְלֵם אֶחָד מַהוּ, חַיָּב אַחַת עַל כֻּלָּן, אוֹ
אַחַת עַל כָּל אַחַת וְאֶחָת, וְאָמְרוּ לִי, לֹא שָׁמָעְנוּ. אֲבָל שָׁמַעְנוּ, הַבָּא עַל
חָמֵשׁ נָשָׁיו נִדּוֹת בְּהֶעְלֵם אֶחָד, שֶׁהוּא חַיָּב עַל כָּל אַחַת וְאֶחָת. וְרוֹאִין אָנוּ
שֶׁהַדְּבָרִים קַל וָחֹמֶר:

랍비 아키바가 말했다. "라반 감리엘과 랍비 예호슈아에게 엠마옴의 고기 시장에서 내가 물었다. 그들은 라반 감리엘의 아들의 결혼 잔치를 위한 고기를 사던 중이었다. 남자가 자기 여동생, 아버지의 자매, 그리고 어머니의 자매와 성교한 [경우의 법은] 무엇인가? 그는 그 모든 [성교]에 대해 한 번의 속죄제만을 드리는가? 아니면, 각각[의 성교에 대해 드리는가]?

그들이 대답했다. 우리는 이에 관해 들은 바가 없다. 그러나 우리는 다섯 명의 월경 중인 여인과 한 번의 무지로 성교한 경우, 그는 각각의 [행위에 대해] 제사를 드릴 책임이 있다고 들은 바 있다. 따라서 [당신이 물은] 경우도 관용과 엄격함의 원칙이 적용될 것 같다."

- 관용과 엄격함의 원칙(קל וחמר, 칼 바호메르)이란 미쉬나의 열세 가지 토라 해석 원칙의 하나로, 더 엄격한 조건에서도 허용되는 원칙이 보다 관대한 조건에서도 당연히 적용된다는 의미로 쓰이고 있다.
- 이 원칙을 해당 경우에 적용한다면, 월경 중의 여인과 성교하지 말

라는 계명은 하나이고 이를 어겨 다섯 명과 성교한 경우에도 다섯 번의 속죄제를 드려야 한다면 세 계명을 어기고 세 여인과 성교한 경우에는 당연히 각각의 행위에 대해 속죄제를 드려야 한다. 따라서 그 사람은 각각의 '자매'와의 성교에 대해 별도의 책임을 지게 된다.

3, 8

사람의 사지가 느슨하게 달려 있는 경우 정결한지의 여부에 대해 논의한다.

וְעוֹד שָׁאֲלָן רַבִּי עֲקִיבָא. אֵבָר הַמְדֻלְדָּל בִּבְהֵמָה, מַהוּ. אָמְרוּ לוֹ, לֹא שָׁמָעְנוּ. אֲבָל שָׁמַעְנוּ בְּאֵבָר הַמְדֻלְדָּל בָּאָדָם, שֶׁהוּא טָהוֹר. שֶׁכָּךְ הָיוּ מַכֵּי שְׁחִין שֶׁבִּירוּשָׁלַיִם עוֹשִׂין, הוֹלֵךְ לוֹ עֶרֶב פֶּסַח אֵצֶל הָרוֹפֵא וְחוֹתְכוֹ עַד שֶׁהוּא מַנִּיחַ בּוֹ כִּשְׂעָרָה, וְתוֹחֲבוֹ בְסִירָה, וְהוּא נִמְשָׁךְ מִמֶּנּוּ, וְהַלָּה עוֹשֶׂה פִסְחוֹ, וְהָרוֹפֵא עוֹשֶׂה פִסְחוֹ. וְרוֹאִין אָנוּ שֶׁהַדְּבָרִים קַל וָחֹמֶר:

랍비 아키바는 다시 물었다. "만약 살아 있는 동물의 다리(혹은 새의 날개)가 몸에 느슨하게 달려 있을 경우의 율법은 무엇인가?"

그들이 대답했다. "우리는 이에 관해 들은 바가 없다. 하지만 우리는 사람의 몸에 팔다리가 느슨히 달려 있어도 정결하다고 들었다.

그러므로, 팔이나 다리에 독종이 생긴 사람이 예루살렘에서 〔치료〕했는데, 유월절 전날 저녁에 의사에게 찾아갔다. 의사는 그 팔이나 다리를 절단하되, 머리카락 한 올만큼은 붙어 있도록 했다. 그(환자)는 그 부분을 가시(나무)에 고정시키고, 몸을 뒤틀어 이를 떼어냈다. 이렇게 그(환자)와 의사 모두 유월절 제사를 드릴 수 있었다.

당신이 얘기한 경우는 관용과 엄격함의 원칙에 의해 이로부터 유추할 수 있을 것 같다."

● 팔이나 다리에 독종이 나서 이를 절단해야 하는 경우, 유월절 전날

밤에 부정을 입으면 유월절 제사를 드릴 수 없으므로 환자나 의사 모두에게 부정을 방지하는 방법이 기술되어 있다. 이렇게 할 경우 의사는 환자의 절단된 신체(부정한 것)와 닿지 않아도 되고, 환자 또한 신체의 다른 부분이 절단된 부위와 접촉하지 않아 부정을 입지 않았다.

- 여기에 관용과 엄격함의 원칙을 적용한다면, 사람의 신체와 같이 더 중한 경우에도 신체에 느슨히 달려 있다면 정결하다고 보아야 하므로 동물의 경우에는 더욱 그렇다고 할 수 있다.

3, 9

여러 제물을 한 번의 무지로 도살하거나 먹는 경우에 관한 랍비들의 토론을 소개한다.

וְעוֹד שָׁאֲלָן רַבִּי עֲקִיבָא. הַשּׁוֹחֵט חֲמִשָּׁה זְבָחִים בַּחוּץ בְּהֶעְלֵם אֶחָד, מַהוּ. חַיָּב אַחַת עַל כֻּלָּם, אוֹ אַחַת עַל כָּל אַחַת וְאֶחָת. אָמְרוּ לוֹ, לֹא שָׁמָעְנוּ. אָמַר רַבִּי יְהוֹשֻׁעַ, שָׁמַעְתִּי בְּאוֹכֵל מִזֶּבַח אֶחָד בַּחֲמִשָּׁה תַמְחוּיִין בְּהֶעְלֵם אֶחָד, שֶׁהוּא חַיָּב עַל כָּל אֶחָד וְאֶחָד מִשּׁוּם מְעִילָה, וְרוֹאֶה אֲנִי שֶׁהַדְּבָרִים קַל וָחֹמֶר. אָמַר רַבִּי שִׁמְעוֹן, לֹא כָךְ שָׁאֲלָן רַבִּי עֲקִיבָא. אֶלָּא, בְּאוֹכֵל נוֹתָר מֵחֲמִשָּׁה זְבָחִים בְּהֶעְלֵם אֶחָד, מַהוּ. חַיָּב אַחַת עַל כֻּלָּן, אוֹ אַחַת עַל כָּל אַחַת וְאֶחָת. אָמְרוּ לוֹ, לֹא שָׁמָעְנוּ. אָמַר רַבִּי יְהוֹשֻׁעַ, שָׁמַעְתִּי בְּאוֹכֵל מִזֶּבַח אֶחָד בַּחֲמִשָּׁה תַמְחוּיִים בְּהֶעְלֵם אֶחָד, שֶׁהוּא חַיָּב עַל כָּל אַחַת וְאַחַת מִשּׁוּם מְעִילָה, וְרוֹאֶה אֲנִי שֶׁהַדְּבָרִים קַל וָחֹמֶר. אָמַר רַבִּי עֲקִיבָא, אִם הֲלָכָה, נְקַבֵּל. וְאִם לָדִין, יֵשׁ תְּשׁוּבָה. אָמַר לוֹ, הָשֵׁב. אָמַר לוֹ, לֹא, אִם אָמַרְתָּ בִּמְעִילָה שֶׁעָשָׂה בָהּ אֶת הַמַּאֲכִיל כְּאוֹכֵל וְאֶת הַמְהַנֶּה כַּנֶּהֱנֶה, צֵרֵף הַמְּעִילָה לִזְמַן מְרֻבֶּה, תֹּאמַר בְּנוֹתָר, שֶׁאֵין בּוֹ אֶחָד מִכָּל אֵלּוּ:

랍비 아키바가 다시 물었다. "만약 사람이 성전 밖에서 다섯 제물을 한 번의 무지로 도살했다면, 〔이에 대한〕 율법은 무엇인가? 이 사람은 각각의 〔도살〕에 대해 따로따로 제물을 바쳐야 하는가 아니면 모든

행위에 대해 한 번만 바쳐도 되는가?”

그들이 대답했다. “우리는 이에 관해 들은 바가 없다.”

랍비 예호슈아[가 말했다]. “사람이 한 번의 무지로 다섯 개의 다른 그릇에 담긴 하나의 제물을 먹은 경우 그는 각각의 그릇에 대해 성물을 더럽힌 죄가 있다고 들었다. (앞의) 문제도 이로부터 관용과 엄격함의 원칙을 통해 추론할 수 있을 것 같다.”

랍비 쉼온이 대답했다. “랍비 아키바가 질문한 것은 그것이 아니라, 사람이 다섯 제물의 남은 것을 한 번의 무지로 먹은 경우의 율법에 대해 물은 것이다. 그는 그 모두에 대해 한 번의 제사를 드리면 되는가? 아니면 각각에 대해 책임이 있는가?”

그들이 대답했다. “우리는 이에 관해 들은 바가 없다.”

랍비 예호슈아[가 답했다]. “사람이 한 번의 무지로 다섯 개의 다른 그릇에 담긴 하나의 제물을 먹은 경우 그는 각각의 그릇에 대해 성물을 더럽힌 죄가 있다고 들었다. (앞의) 문제도 이로부터 관용과 엄격함의 원칙을 통해 추론할 수 있을 것 같다.”

랍비 아키바가 대답했다. “그것이 전해 내려온 전통이라면 우리는 받아들인다. 그러나 그것이 논리적 추론일 뿐이라면 반박할 수 있다.”

그(랍비 예호슈아)가 말했다. “반박해보라.”

그(랍비 아키바)가 대답했다. “그렇지 않다. 당신이 성물을 더럽힌 죄[의 경우와 같은] 관점을 유지한다면, 그 음식[제물]을 다른 사람에게 준 사람도 먹은 사람과 같은 죄가 있고, 다른 사람으로 하여금 성물로부터 이익을 취하도록 한 사람도 그렇다. 더욱이 성물에 관한 죄에서는 오랜 시간이 지난 후에도 [적은 양일지라도] 같이 여겨지는데, 당신은 이를 이런 규정들이 적용되지 않는 (제물의) 남은 것과 관련지을 수 있는가?”

- 이 미쉬나는 한 번의 무지로 다섯 명의 월경 중인 여인들과 성교한 경우를 다루는 앞의 일곱 번째 미쉬나에 이어지는 랍비 아키바의 질문을 다룬다. 여기서는 제물과 관련된 책임에 대해 다룬다.
- 랍비 아키바의 질문에 랍비 예호슈아는 관용과 엄격함의 원칙을 적용할 수 있다고 말한다. 이를 적용하면 다섯 제물을 도살하는 경우에도 각각의 제물에 따로 속죄제를 드릴 책임이 있게 된다.
- 랍비 아키바의 제자인 랍비 쉼온이 질문을 바꾸어 제물의 남은 것에 대한 죄에 대해 질문한다. 랍비 예호슈아는 전과 동일한 논리로 답한다.
- 이에 대해 랍비 아키바는 유효한 제물을 잘못 먹어 성물을 더럽힌 죄와 더이상 유효하지 않은 '남은 것'에 대한 죄는 그 적용 범위와 대상이 다르므로 이를 관련지어 생각할 수 없다고 논박한다.

3, 10
한 번의 무지로 여러 죄를 범한 경우에 대한 랍비들의 토론이다.

אָמַר רַבִּי עֲקִיבָא, שָׁאַלְתִּי אֶת רַבִּי אֱלִיעֶזֶר, הָעוֹשֶׂה מְלָאכוֹת הַרְבֵּה
בְּשַׁבָּתוֹת הַרְבֵּה מֵעֵין מְלָאכָה אַחַת, בְּהֶעְלֵם אֶחָד, מַה הוּא. חַיָּב אַחַת עַל
כֻּלָּן, אוֹ אַחַת עַל כָּל אַחַת וְאֶחָת. אָמַר לִי, חַיָּב עַל כָּל אַחַת וְאֶחָת, מִקַּל
וְחֹמֶר, וּמַה אִם הַנִּדָּה, שֶׁאֵין בָּהּ תוֹצָאוֹת הַרְבֵּה וְחַטָּאוֹת הַרְבֵּה, חַיָּב עַל
כָּל אַחַת וְאֶחָת, שַׁבָּת, שֶׁיֵּשׁ בָּהּ תוֹצָאוֹת הַרְבֵּה וְחַטָּאוֹת הַרְבֵּה, אֵינוֹ דִין
שֶׁיְּהֵא חַיָּב עַל כָּל אַחַת וְאֶחָת. אָמַרְתִּי לוֹ, לֹא, אִם אָמַרְתָּ בַּנִּדָּה, שֶׁיֵּשׁ בָּהּ
שְׁתֵּי אַזְהָרוֹת, שֶׁהוּא מֻזְהָר עַל הַנִּדָּה וְהַנִּדָּה מֻזְהֶרֶת עָלָיו, תֹּאמַר בַּשַּׁבָּת,
שֶׁאֵין בָּהּ אֶלָּא אַזְהָרָה אֶחָת. אָמַר לִי, הַבָּא עַל הַקְּטַנּוֹת יוֹכִיחַ, שֶׁאֵין בָּהֶן
אֶלָּא אַזְהָרָה אַחַת וְחַיָּב עַל כָּל אַחַת וְאֶחָת. אָמַרְתִּי לוֹ, לֹא, אִם אָמַרְתָּ
בַּבָּא עַל הַקְּטַנּוֹת, שֶׁאַף עַל פִּי שֶׁאֵין בָּהֶן עַכְשָׁיו, יֵשׁ בָּהֶן לְאַחַר זְמָן, תֹּאמַר
בַּשַּׁבָּת, שֶׁאֵין בָּהּ לֹא עַכְשָׁיו וְלֹא לְאַחַר זְמָן. אָמַר לִי, הַבָּא עַל הַבְּהֵמָה
יוֹכִיחַ. אָמַרְתִּי לוֹ, בְּהֵמָה כַשַּׁבָּת:

랍비 아키바가 말했다. "내가 랍비 엘리에제르에게 물었다. 만약 한 사람이 여러 안식일에 한 종류의 금지된 일을 여러 번 했고, 이것이 한 번의 무지로 인한 것이었으면 이를 위한 율법은 무엇인가? 그는 모든 행위에 대해 한 번 제물을 드려야 하는가? 아니면 각각의 행위에 대해 별도의 책임이 있는가?

그가 내게 답했다. "그는 각각의 행위에 대해 별도의 책임이 있다. 이것은 관대함과 엄격함의 원칙을 통해 추론될 수 있다. 월경에 관한 〔율법 위반〕에는 다양한 범주가 있지도 않고 여러 위반의 방법이 있는 것도 아니지만 〔위반한〕 사람은 각각의 행위에 대해 책임이 있다. 〔그렇다면〕 위반에 관해 여러 범주와 방법이 있는 안식일 규정에는 얼마나 더 책임이 있겠는가?

내가 그에게 말했다. "그렇지 않다. 당신은 이러한 견해를 월경에 관하여는 적용할 수 있다. 그(월경) 경우에는 두 개의 경고만이 주어졌기 때문이다. 즉, 남자는 월경 중인 여인에 대해, 월경 중인 여인은 남자에 대한 경고가 주어졌다. 그러나 당신은 이러한 견해를 오직 하나의 경고만이 주어진 안식일에 적용할 수 있겠는가?"

그가 내게 말했다. "월경 중인 미성년의 여자들과 성교한 남자의 경우가 이를 입증할 수 있다. 하나의 경고만 있지만, 그는 각각의 행동에 대해 책임이 있기 때문이다."

내가 그에게 답했다. "그렇지 않다. 당신은 이러한 견해를 미성년자들의 경우에는 적용할 수 있다. 현재에는 금지 규정이 적용되지 않더라도 나중에 적용되기 때문이다. 그러나 당신은 이러한 견해를 현재나 미래에도 〔오직 한 경고만 있는〕 안식일에 적용할 수 있겠는가?"

그가 내게 답했다. "동물과 성교를 한 경우에 관한 법을 통해 내 주장을 입증해보겠다."

내가 그에게 답했다. "동물과 성교를 한 경우에 관한 법은 안식일과 비교할 수 있다."

- 랍비 아키바는 이제 안식일 규정의 위반에 대해 질문한다. 랍비 엘리에제르는 월경 중인 여인과 성교한 남자의 예를 들어 안식일 규정을 위반한 행위 또한 각각의 행위에 책임이 있다고 말한다.
- 랍비 아키바는 이에 반대한다. 월경 중 성교에 관한 규정은 남자와 여자 양측에 부과된 것이므로 각각의 여자가 책임이 있고, 남자 역시 이에 상응하여 각각의 여자에 대해 책임이 있지만, 안식일의 경우는 오직 사람에게만 금지 규정이 적용되므로 앞의 경우와 연관 지을 수 없다고 한다.
- 남자가 미성년인 여자 다섯과 월경 중에 성교를 했더라도, 만 13세가 되어 성인식을 치르기 이전, 즉 미성년인 경우는 율법의 의무를 지지 않으므로 이들은 속죄제사를 드릴 필요가 없고, 남자는 각각의 행위를 위해 따로따로 제사를 드려야 한다. 그러면 안식일법 위반의 경우와 같아진다.
- 랍비 엘리에제르는 다시 동물과의 성교의 예를 들고 있다. 여러 동물과 성교한 경우, 금지 규정은 사람에게만 주어지나 각각의 성교에 대해 별도의 책임을 지는 것처럼, 안식일 규정의 위반도 각각의 행위에 책임을 진다고 한다. 랍비 아키바는 이를 받아들인다.

제4장

4, 1
율법의 위반 여부가 불확실 할 경우, 조건적 속죄제를 드리는 원칙을 제시한다.

סְפֵק אָכַל חֵלֶב, סְפֵק לֹא אָכַל. וַאֲפִלּוּ אָכַל, סְפֵק יֶשׁ בּוֹ כַשְׁעוּר, סְפֵק שֶׁאֵין
בּוֹ. חֵלֶב וְשֻׁמָּן לְפָנָיו, אָכַל אֶת אֶחָד מֵהֶן וְאֵין יָדוּעַ אֵיזוֹ מֵהֶן אָכַל. אִשְׁתּוֹ
וַאֲחוֹתוֹ עִמּוֹ בַבַּיִת, שָׁגַג בְּאַחַת מֵהֶן וְאֵין יָדוּעַ בְּאֵיזוֹ מֵהֶן שָׁגַג. שַׁבָּת וְיוֹם
חֹל, וְעָשָׂה מְלָאכָה בְּאַחַת מֵהֶן וְאֵין יָדוּעַ בְּאֵיזוֹ מֵהֶן עָשָׂה. מֵבִיא אָשָׁם
תָּלוּי:

만약 어떤 사람이 금지된 [제물의] 지방을 먹었는지 의심스러울 때, 혹은 분명이 먹었으나 [죄를 범한 것이 되는데] 필요한 만큼을 먹었는지 의심스러울 때, 혹은 그의 앞에 [먹는 것이] 허용되는 지방과 금지된 지방이 [놓여 있었는데] 그중 어느 것을 먹었는지 알지 못할 때, 혹은 사람의 집에 아내와 아내의 자매가 있었는데, 그중 하나와 부지 중에 성교를 했으나 둘 중 누구인지 알지 못할 때, 혹은 그가 [안식일 법에 의해] 금지된 일을 했으나 그것이 안식일이었는지 보통 날이었는지 알지 못할 때, 그는 조건적 속건제를 드려야 할 책임이 있다.

- 이번 장은 조건적 속건제(אשם תלוי, 아샴 탈루이)를 바쳐야 하는 경우들을 다룬다.
- 이 미쉬나는 제물과 성교에 관해 죄를 저질렀는지 분명하지 않을 경우를 다룬다.

4, 2

한 번의 무지로 여러 죄를 범한 것이 의심되거나 어느 죄에 해당하는지 불분명한 경우를 다룬다.

כְּשֵׁם שֶׁאִם אָכַל חֵלֶב וְחֵלֶב בְּהֶעְלֵם אֶחָד אֵינוֹ חַיָּב אֶלָּא חַטָּאת אַחַת, כָּךְ
עַל לֹא הוֹדַע שֶׁלָּהֶן אֵינוֹ מֵבִיא אֶלָּא אָשָׁם אֶחָד. אִם הָיְתָה יְדִיעָה בֵּינְתַּיִם,
כְּשֵׁם שֶׁהוּא מֵבִיא חַטָּאת עַל כָּל אַחַת וְאַחַת, כָּךְ הוּא מֵבִיא אָשָׁם תָּלוּי עַל
כָּל אַחַת וְאַחַת. כְּשֵׁם שֶׁאִם אָכַל חֵלֶב וְדָם נוֹתָר וּפִגּוּל בְּהֶעְלֵם אֶחָד, חַיָּב
עַל כָּל אֶחָד וְאֶחָד, כָּךְ עַל לֹא הוֹדַע שֶׁלָּהֶן מֵבִיא אָשָׁם תָּלוּי עַל כָּל אֶחָד

וְאֶחָד. חֵלֶב וְנוֹתָר לְפָנָיו, אָכַל אֶחָד מֵהֶם וְאֵין יָדוּעַ אֵיזֶה מֵהֶם אָכַל. אִשְׁתּוֹ
נִדָּה וַאֲחוֹתוֹ עִמּוֹ בַּבַּיִת, שָׁגַג בְּאַחַת מֵהֶן וְאֵין יָדוּעַ בְּאֵיזוֹ מֵהֶן שָׁגָג. שַׁבָּת
וְיוֹם הַכִּפּוּרִים וְעָשָׂה מְלָאכָה בֵּין הַשְּׁמָשׁוֹת וְאֵין יָדוּעַ בְּאֵיזֶה מֵהֶם עָשָׂה.
רַבִּי אֱלִיעֶזֶר מְחַיֵּב חַטָּאת, וְרַבִּי יְהוֹשֻׁעַ פּוֹטֵר. אָמַר רַבִּי יוֹסֵי, לֹא נֶחְלְקוּ עַל
הָעוֹשֶׂה מְלָאכָה בֵּין הַשְּׁמָשׁוֹת, שֶׁהוּא פָטוּר, שֶׁאֲנִי אוֹמֵר, מִקְצָת מְלָאכָה
עָשָׂה מֵהַיּוֹם, וּמִקְצָתָהּ לְמָחָר. וְעַל מַה נֶּחְלְקוּ, עַל הָעוֹשֶׂה בְּתוֹךְ הַיּוֹם וְאֵין
יָדוּעַ אִם בְּשַׁבָּת עָשָׂה וְאִם בְּיוֹם הַכִּפּוּרִים עָשָׂה. אוֹ עַל הָעוֹשֶׂה וְאֵין יָדוּעַ
מֵאֵיזוֹ אֵיזוֹ מְלָאכָה עָשָׂה. רַבִּי אֱלִיעֶזֶר מְחַיֵּב חַטָּאת, וְרַבִּי יְהוֹשֻׁעַ פּוֹטֵר.
אָמַר רַבִּי יְהוּדָה, פּוֹטְרוֹ הָיָה רַבִּי יְהוֹשֻׁעַ אַף מֵאַשַׁם תָּלוּי:

사람이 금지된 [제물의] 지방을 두 번 먹었으나 한 번의 무지로 인
한 것일 때 오직 한 번 속죄제를 드려야 하는 것처럼, 부지중에 그 율
법을 위반한 경우에도 오직 한 번의 조건적 속죄제를 드리면 된다.

만약 그가 중간에 [율법을 위반한 것을] 알게 되었다면, 그는 각각
의 행위에 대해 따로따로 조건적 속건제를 드려야 할 의무가 있다.
[유사한 경우에] 그가 각각의 행위에 대해 따로따로 속건제를 드려야
할 의무가 있는 것과 마찬가지다.

사람이 한 번의 무지로 금지된 지방과, 피와, 혐오스러운 것과, 남은
것을 먹으면 각각에 대해 따로따로 속죄제를 드려야 하는 것처럼, 이
같은 행위를 한 것에 대해 의심이 있을 때에도, 각각에 대해 조건적 속
건제를 드려야 한다.

혹은 사람의 집에 월경 중인 아내와 아내의 자매가 있었는데, 그중
하나와 부지중에 성교를 했으나 둘 중 누구인지 알지 못할 때, 혹은
그가 안식일과 속죄일[이 연접했을 때] 해질녘에 금지된 일을 했으
나 그것이 어느 날이었는지 알지 못할 때, 랍비 엘리에제르는 그가 속
죄제를 드려야 할 책임이 있다고 한다. 그러나 랍비 예호슈아는 그의
[책임을] 면제한다.

랍비 요쎄가 말했다. 그들은 해질녘에 일을 한 사람에 대해서 논쟁

하고 있는 것이 아니다. 그는 확실히 면제되기 때문이다. 추측컨대, 그는 일의 일부는 한 날에, 일부는 다음 날에 했을 것이다.

〔그렇다면〕 그들은 무엇에 대해 논쟁했는가? 낮 동안 일했으나 그것이 안식일이었는지 속죄일이었는지 의심스러울 때, 혹은 일을 했으나 어떤 방식으로 했는지 모를 때에 관하여. 랍비 엘리에제르는 그가 속죄제를 드려야 할 책임이 있다고 한다. 랍비 예호슈아는 그의 〔책임을〕 면제한다.

랍비 예후다는 말했다. 랍비 예호슈아는 그에게서 조건적 속건제를 드릴 책임마저 면제했다.

- 이 미쉬나는 두 가지 경우를 다룬다. 첫째, 한 번의 무지로 여러 차례 죄를 범한 경우, 둘째, 죄를 범한 것이 확실하나 어느 죄에 해당하는지 불확실한 경우다. 첫째 예들에서는 각각에 대해 조건적 속죄제를 드려야 하는 것이 자명하다. 그러나 둘째 예들의 경우, 랍비 엘리에제르는 율법을 어긴 것이 확실하므로 속죄제를 가져와야 한다고 한다. 랍비 예호슈아는 면제한다고 하는데, 적용할 법규를 특정할 수 없기 때문으로 보인다.
- 마지막 문단에서 랍비 예호슈아는 조건적 속건제를 면제하는데, 이는 율법을 어긴 것이 분명한 경우이므로 그것이 불명확한 경우에 드리는 조건적 속건제를 적용할 수 없기 때문이다.

4, 3
앞 미쉬나의 내용을 보충 설명한다.

רַבִּי שִׁמְעוֹן שְׁזוּרִי וְרַבִּי שִׁמְעוֹן אוֹמְרִים, לֹא נֶחְלְקוּ עַל דָּבָר שֶׁהוּא מִשׁוּם שֵׁם אֶחָד, שֶׁהוּא חַיָּב. וְעַל מַה נֶּחְלְקוּ. עַל דָּבָר שֶׁהוּא מִשׁוּם שְׁנֵי שֵׁמוֹת, שֶׁרַבִּי אֱלִיעֶזֶר מְחַיֵּב חַטָּאת וְרַבִּי יְהוֹשֻׁעַ פּוֹטֵר. אָמַר רַבִּי יְהוּדָה, אֲפִלּוּ

נִתְכַּוֵּן לְלַקֵּט תְּאֵנִים וְלִקֵּט עֲנָבִים, עֲנָבִים וְלִקֵּט תְּאֵנִים, שְׁחוֹרוֹת וְלִקֵּט
לְבָנוֹת, לְבָנוֹת וְלִקֵּט שְׁחוֹרוֹת, רַבִּי אֱלִיעֶזֶר מְחַיֵּב חַטָּאת, וְרַבִּי יְהוֹשֻׁעַ
פּוֹטֵר. אָמַר רַבִּי יְהוּדָה, תְּמַהּ אֲנִי אִם יִפְטֹר בָּהּ רַבִּי יְהוֹשֻׁעַ. אִם כֵּן, לְמָה
נֶאֱמַר, אֲשֶׁר חָטָא בָהּ. פְּרָט לְמִתְעַסֵּק:

랍비 쉼온과 랍비 쉼온 쉐주리가 말한다. "그들은 책임이 있는 같은
이름의 〔법〕 위반에 대해 논쟁한 것이 아니다. 무엇에 대해 그들이 논
쟁했는가? 다른 이름의 위반에 대하여. 랍비 엘리에제르는 그가 속
죄제를 드릴 책임이 있다고 선언한다. 랍비 예호슈아는 그가 〔책임에
서〕 면제된다고 선언한다.

랍비 예후다가 말했다. 그가 무화과를 따려 했으나 포도를 땄거나,
포도를 따려 했으나 무화과를 땄거나, 하얀색 〔포도〕를 따려 했으나
검은색을 땄거나, 검은색을 따려 했으나 하얀색을 땄거나, 랍비 엘리
에제르는 그가 속죄제를 드릴 책임이 있다고 선언한다. 랍비 예호슈
아는 그가 〔책임에서〕 면제된다고 선언한다.

랍비 예후다가 말했다. 나는 랍비 예호슈아가 정말로 그런 경우 면
제를 선언했는지 의문이다. 그렇다면 왜 기록되기를 "그가 범한 죄"
(레 4:23)라고 했겠는가? 의도하지 않은 경우를 제외하기 위함이다.

- 위의 둘째 미쉬나에 소개된 랍비 엘리에제르와 랍비 예호슈아 사이
  의 논쟁에 대한 후대 랍비의 토론이 여기서도 계속된다.
- 서로 다른 이름의 율법을 위반하는 것은, 예를 들어, 제물의 일부를
  먹었으나 그것이 금지된 지방인지 또는 남은 것인지 불분명할 때,
  어느 것인가에 따라 그 죄목이 달라지는 것과 같은 경우다. 이때, 두
  랍비 사이의 견해가 갈리고 있다.
- 레위기 4:23은 "그 범한 죄에 깨우침을 받거든 그는 흠 없는 숫염소
  를 예물로 가져다가"라고 규정하고 있다. 랍비 유다는 여기서 '그가

범한 죄'라는 표현을 들어 랍비 예호슈아의 견해에 반대한다.

제5장

5, 1

동물의 피를 먹어 책임을 지게 되는 경우와 그렇지 않은 경우를 예시한다.

דַּם שְׁחִיטָה בַּבְּהֵמָה, בַּחַיָּה וּבָעוֹפוֹת, בֵּין טְמֵאִים וּבֵין טְהוֹרִים, דַּם נְחִירָה, וְדַם עִקּוּר, וְדַם הַקָּזָה שֶׁהַנֶּפֶשׁ יוֹצְאָה בוֹ, חַיָּבִים עָלָיו. דַּם הַטְּחוֹל, דַּם הַלֵּב, דַּם בֵּיצִים, דַּם דָּגִים, דַּם חֲגָבִים, דַּם הַתַּמְצִית, אֵין חַיָּבִין עֲלֵיהֶן. רַבִּי יְהוּדָה מְחַיֵּב בְּדַם הַתַּמְצִית:

만약 도살한 짐승의 피를 먹으면, 그것이 야생 짐승이거나 새이거나, 정결하거나 부정하거나, 목이나 목젖이 찔린 동물의 피거나, 목젖을 잘라 도살한 동물의 피거나, 생명이 빠져나가는 동맥으로부터 나온 피거나, 그는 의무를 진다.

그러나 비장이나 심장에서 나온 피나, 알 안에 있는 피나, 물고기나 메뚜기의 피, 동물이 죽은 후에 나온 피를 먹은 경우에는 의무를 지지 않는다.

랍비 예후다는 말한다. "동물이 죽은 후에 나온 피에 대하여도 의무를 진다."

- 짐승의 피를 의도적으로 먹으면 카렛 처벌을 받는다. 여기서는 부지중에 피를 먹은 경우를 다루며, 이 경우 속죄제를 가져와야 한다. 모든 짐승이 여기에 해당하며, 제의 절차에 따라 도살한 것인지, 제물로 드리는 종류의 짐승인지 등은 관계없다.

- 레위기 17:14은 짐승의 피를 그 생명과 동일시한다. 랍비들은 이로부터 유추하여 피의 유출로 인해 그 짐승의 죽게 된 경우, 그 피를 먹지 못하게 한다. 그 외에는 부지중에 피를 먹어도 속죄제의 의무가 없다.
- 랍비 유다는 이에 반하여 동물이 이미 죽은 후에 나온 피에 대하여도 의무를 진다고 본다.

5, 2
성물을 전용했는지 의심스러울 경우에 대해 논의한다.

רַבִּי עֲקִיבָא מְחַיֵּב עַל סְפֵק מְעִילוֹת אָשָׁם תָּלוּי, וַחֲכָמִים פּוֹטְרִים. וּמוֹדֶה
רַבִּי עֲקִיבָא, שֶׁאֵין מֵבִיא אֶת מְעִילָתוֹ עַד שֶׁתִּתְוַדַּע לוֹ, וְיָבִיא עִמָּהּ אָשָׁם
וַדַּאי. אָמַר רַבִּי טַרְפוֹן, מַה לָּזֶה מֵבִיא שְׁתֵּי אֲשָׁמוֹת. אֶלָּא יָבִיא מְעִילָה
וְחֻמְשָׁהּ, וְיָבִיא אָשָׁם בִּשְׁנֵי סְלָעִים, וְיֹאמַר, אִם וַדַּאי מָעַלְתִּי, זוֹ מְעִילָתִי וְזֶה
אֲשָׁמִי. וְאִם סְפֵק, הַמָּעוֹת נְדָבָה וְאָשָׁם תָּלוּי. שֶׁמִּמִּין שֶׁהוּא מֵבִיא עַל הוֹדַע,
מֵבִיא עַל לֹא הוֹדַע:

랍비 아키바는 성물을 전용했는지 의심스러울 경우 조건적 속건제의 책임이 있다고 〔결정한다〕. 그러나 현자들은 〔의무를〕 면제한다. 랍비 아키바는 그가 〔성물을〕 전용한 것을 알게 될 때까지 〔제물을〕 가져오지 않으며, 〔알게 되면〕 확실한 속건제를 가져온다는 데 동의한다. 랍비 타르폰은 그 사람이 속건제 두 가지를 가져오는 이유가 무엇이냐고 물었다. 그보다 그가 전용한 것과 1/5을 추가한 〔값을〕 가져오고 2〔쎌라에〕 해당하는 속건제를 가져오는 것이 〔낫다고 했다〕. 그리고 그는 말한다. "만약 내가 분명히 전용했다면, 이것이 내 전용한 〔값과〕 내 속건제다. 그리고 만약 의심스러운 경우라면, 그 돈은 자원하는 제물과 조건적 속건제다." 이것은 누구든지 〔전용한 것을〕 알게 되었을 때 가져오는 〔속건제나〕 알지 못할 때 가져오는 〔속건제와〕 같

은 경우다.

- 랍비 아키바는 성물을 전용한 경우 조건적 속건제의 책임이 있다고 보지만, 다른 랍비들은 이에 반대한다. 원칙상 조건적 속건제는 그 죄를 실제로 범했다는 것을 알면 속죄제를 바쳐야 하는 경우에 적용되기 때문이다(「크리톳」 1, 2).
- 일반적으로 조건적 속건제를 드리고, 죄를 실제로 범한 사실을 알게 될 때 속죄제를 드려야 한다. 그러나 성물을 범한 죄의 경우는 조건적 속건제 이후 속죄제 대신 속건제를 드리는데, 두 속건제의 제물은 모두 2년 된 숫양이다. 따라서 랍비 타르폰은 두 번 같은 제사를 드리는 것이 부당하다고 생각한다. 따라서 한 번의 속건제로 해결하는 방안을 제시한다.

5, 3

אָמַר לוֹ רַבִּי עֲקִיבָא, נִרְאִים דְּבָרֶיךָ בִּמְעִילָה מְעַטָּה. הֲרֵי שֶׁבָּא עַל יָדוֹ סְפֵק מְעִילָה בְּמֵאָה מָנֶה, לֹא יָפֶה לוֹ שֶׁיָּבִיא אָשָׁם בִּשְׁתֵּי סְלָעִים וְאַל יָבִיא סְפֵק מְעִילָה בְּמֵאָה מָנֶה. הָא מוֹדֶה רַבִּי עֲקִיבָא לְרַבִּי טַרְפוֹן בִּמְעִילָה מְעַטֶּת. הָאִשָּׁה שֶׁהֵבִיאָה חַטַּאת הָעוֹף סָפֵק, אִם עַד שֶׁלֹּא נִמְלְקָה נוֹדַע לָהּ שֶׁיָּלְדָה וַדַּאי, תַּעֲשֶׂנָּה וַדַּאי. שֶׁמִּמִּין שֶׁהִיא מְבִיאָה עַל לֹא הוֹדַע, מְבִיאָה עַל הוֹדַע:

랍비 아키바가 당신의 주장은 경미한 전용 죄에 해당한다고 말했다. 그러나 100마나에 해당하는 전용이 의심될 때는 그가 2쎌라에 해당하는 속건제를 가져오고 전용한 〔값〕 100마나를 가져오지 않는 것이 더 유리하지 않겠는가? 〔그러나〕 랍비 아키바는 경미한 전용 죄에 관해서는 랍비 타르폰에게 동의한다.

어떤 여인이 의심스러운 일에 대한 속죄제물로 새를 가져왔다. 만약 〔그 새의 목을〕 부러뜨리기 전에 자기가 분명히 아이를 낳았다는 것을 알게 된다면, 그녀는 확실히 [속건제를] 바친다. 이것은 그녀가 [출산한 것을] 알지 못할 때 가져오는 [속건제나] 알고 있을 때 가져오는 [속건제가] 같은 경우다.

- 앞의 세 번째 미쉬나에서 이어지는 논쟁을 다룬다.
- 랍비 아키바의 주장은, 침범되는 성물의 가치가 비교적 작을 때에는 랍비 타르폰의 제안이 당사자의 재정적 부담을 덜어주게 되지만 그 가치가 클 때에는 (예를 들어 100마네) 차라리 속건제를 두 번 바치게 하는 것이 더 낫다는 것이다.
- 낙태가 의심스러울 때 속죄제를 드려야 하는 것에 대해서는 「크리톳」1, 4에서 규정하고 있다. 이 경우 그 속죄제는 먹지 못한다.
- 이 역시 의심스러운 경우와 확실한 경우 모두 같은 종류의 제사를 드려야 하므로 아직 새의 목을 찔러 도살의 단계에 이르지 않았다면 이를 확실한 속죄제로 변경해도 문제가 없다는 것이다.

5, 4
거룩한 고기와 속된 고기를 먹었을 경우에 대한 논의다.

חֲתִיכָה שֶׁל חֻלִּין וַחֲתִיכָה שֶׁל קֹדֶשׁ, אָכַל אַחַת מֵהֶן וְאֵין יָדוּעַ אֵיזוֹ מֵהֶן אָכַל, פָּטוּר. רַבִּי עֲקִיבָא מְחַיֵּב בְּאָשָׁם תָּלוּי. אָכַל אֶת הַשְּׁנִיָּה, מֵבִיא אָשָׁם וַדַּאי. אָכַל אֶחָד אֶת הָרִאשׁוֹנָה, וּבָא אַחֵר וְאָכַל אֶת הַשְּׁנִיָּה, זֶה מֵבִיא אָשָׁם תָּלוּי וְזֶה מֵבִיא אָשָׁם תָּלוּי, דִּבְרֵי רַבִּי עֲקִיבָא. רַבִּי שִׁמְעוֹן אוֹמֵר, שְׁנֵיהֶם מְבִיאִים אָשָׁם אֶחָד. רַבִּי יוֹסֵי אוֹמֵר, אֵין שְׁנַיִם מְבִיאִים אָשָׁם אֶחָד:

만약 속된 고기와 거룩한 고기가 한 조각씩 있을 때 사람이 이 중 하나를 먹었으나 어느 것인지 알 수 없을 때, 그는 면제된다. 랍비 아키바는 그가 조건적 속건제의 의무가 있다고 선언했다.

만약 그가 두 번째 고기를 먹을 때, 그는 확실한 속건제의 의무가 있다.

만약 그가 한 조각을 먹고, 다른 사람이 와서 다른 조각을 먹었으면, 각자가 조건적 속건제의 의무가 있다. 랍비 아키바의 말이다.

랍비 쉼온이 말한다. "그들은 하나의 속건제를 함께 가져온다."

랍비 요쎄가 말했다. "두 사람이 하나의 속건제를 가져올 수는 없다."

- 자유롭게 먹을 수 있는 보통 고기(속된 것)와 제의 절차를 통해 거룩해져 먹을 수 없게 된 것 (예를 들어, 번제의 고기나 제단에 태워야 하는 부분)을 먹을 경우, 율법을 위반한 것이 불확실하지만 가능성이 있으면 조건적 속죄제를 드린다. 두 번째 고기를 먹어 율법의 위반이 확실하다면 당연한 속건제(אשם ודאי, 아샴 바다이)를 드린다.

- 그러나 두 사람이 이를 함께 먹어 모두 율법 위반의 여부가 불확실하면, 랍비 아키바와 랍비 요쎄는 각자 따로 조건적 속건제를 가져와야 한다고 한다. 이는 속건제의 기준을 사람에게 둔 것이다.

- 랍비 쉼온은 두 사람이 함께 하나의 속건제를 가져온다고 한다. 이는 속건제의 기준을 율법의 위반 행위에 둔 것이다. 두 사람 중 누구인지 확실치 않아도 어쨌든 율법을 위반해 거룩한 고기를 먹은 것은 한 사람의 행위이기 때문이다.

5, 5

금지된 지방과 허용된 지방을 먹은 경우에 대한 논의다.

חֲתִיכָה שֶׁל חֻלִּין וַחֲתִיכָה שֶׁל חֵלֶב, אָכַל אַחַת מֵהֶן וְאֵין יָדוּעַ אֵיזוֹ מֵהֶן אָכַל, מֵבִיא אָשָׁם תָּלוּי. אָכַל אֶת הַשְּׁנִיָּה, מֵבִיא חַטָּאת. אָכַל אֶחָד אֶת הָרִאשׁוֹנָה וּבָא אַחֵר וְאָכַל אֶת הַשְּׁנִיָּה, זֶה מֵבִיא אָשָׁם תָּלוּי וְזֶה מֵבִיא אָשָׁם תָּלוּי, דִּבְרֵי רַבִּי עֲקִיבָא. רַבִּי שִׁמְעוֹן אוֹמֵר, שְׁנֵיהֶם מְבִיאִים חַטָּאת אֶחָת. רַבִּי יוֹסֵי אוֹמֵר, אֵין שְׁנַיִם מְבִיאִים חַטָּאת אֶחָת:

만약 금지된 지방과 속된 것(허용된 지방)이 한 조각씩 있고, 사람이 그중 하나를 먹었으나 그것이 무엇인지 모를 때, 그는 조건적 속건제를 드릴 의무가 있다.

만약 그 후, 그가 두 번째 조각을 먹었다면, 그는 속죄제를 가져와야 한다.

만약 그가 한 조각을 먹고, 다른 사람이 와서 다른 조각을 먹었다면, 그들은 각각 조건적 속건제를 가져올 의무가 있다.

랍비 쉼온은 말한다. "그들은 하나의 속죄제를 가져온다."

랍비 요쎄는 말한다. "두 사람이 함께 하나의 속죄제를 드릴 수 없다."

- 앞의 미쉬나(5, 4)와 같은 논리가 적용된다. 다만 금지된 지방을 먹은 것이 확실해졌으면 속건제가 아니라 속죄제를 드려야 한다.
- 랍비 쉼온과 랍비 요쎄는 위의 미쉬나처럼 상반된 견해를 보인다.

5, 6
금지된 지방과 지성물인 고기를 먹었을 경우에 대한 논의다.

חֲתִיכָה שֶׁל חֵלֶב וַחֲתִיכָה שֶׁל קֹדֶשׁ, אָכַל אֶת אַחַת מֵהֶן וְאֵין יָדוּעַ אֵיזוֹ מֵהֶן
אָכַל, מֵבִיא אָשָׁם תָּלוּי. אָכַל אֶת הַשְּׁנִיָּה, מֵבִיא חַטָּאת וְאָשָׁם וַדַּאי. אָכַל
אֶחָד אֶת הָרִאשׁוֹנָה וּבָא אַחֵר וְאָכַל אֶת הַשְּׁנִיָּה, זֶה מֵבִיא אָשָׁם תָּלוּי, וְזֶה
מֵבִיא אָשָׁם תָּלוּי. רַבִּי שִׁמְעוֹן אוֹמֵר, שְׁנֵיהֶם מְבִיאִים חַטָּאת וְאָשָׁם. רַבִּי יוֹסֵי
אוֹמֵר, אֵין שְׁנַיִם מְבִיאִים חַטָּאת וְאָשָׁם:

금지된 지방과 성별된 (지성물인) 고기의 조각들이 있을 때, 사람이 그중 하나를 먹었으나 어느 것을 먹었는지 모른다면, 그는 조건부 속건제의 의무가 있다. 만약 그가 두 번째 조각도 먹었으면 그는 속죄제와 확실한 속건제를 드려야 한다. 만약 그가 한 조각을 먹고 다른 사람이 와서 다른 한 조각을 먹었으면, 각각 조건적 속건제를 드려야

한다.

랍비 쉼온은 말한다. "그들은 함께 속죄제 한 번, 속건제 한 번을 드려야 한다. 랍비 요쎄(가 말한다). "두 사람이 한 번의 속죄제와 한 번의 속건제를 함께 드릴 수는 없다."

- 금지된 지방을 먹으면 속죄제를, 제사장만 먹을 수 있는 성별된 고기를 일반인이 먹으면 성물을 전용한 것이 되어 속건죄를 바쳐야 한다. 그러나 이 가운데 어느 것을 먹었는지 불확실할 때에는 조건적 속건제 한 번을 드리는 것이 두 개의 가능성에 모두 적용된다.
- 그러나 한 사람이 두 조각 모두를 먹었으면 금지된 지방에 대한 속죄제와 성물의 전용에 대한 확실한 속건제를 가져온다.
- 두 사람이 각각 한 조각의 고기를 먹은 경우에 대해, 랍비 쉼온과 랍비 요쎄는 앞의 미쉬나들과 같은 논리로 대립한다.

5, 7
이이서 성별되거나 성별되지 않은 금지된 지방을 먹는 경우를 다룬다.

חֲתִיכָה שֶׁל חֵלֶב וַחֲתִיכָה שֶׁל חֵלֶב קֹדֶשׁ, אָכַל אֶת אַחַת מֵהֶן וְאֵין יָדוּעַ אֵיזוֹ
מֵהֶן אָכַל, מֵבִיא חַטָּאת. רַבִּי עֲקִיבָא אוֹמֵר, מֵבִיא אָשָׁם תָּלוּי. אָכַל אֶת
הַשְּׁנִיָּה, מֵבִיא שְׁתֵּי חַטָּאוֹת וְאָשָׁם וַדַּאי. אָכַל אֶחָד אֶת הָרִאשׁוֹנָה וּבָא אַחֵר
וְאָכַל אֶת הַשְּׁנִיָּה, זֶה מֵבִיא חַטָּאת וְזֶה מֵבִיא חַטָּאת. רַבִּי עֲקִיבָא אוֹמֵר, זֶה
מֵבִיא אָשָׁם תָּלוּי וְזֶה מֵבִיא אָשָׁם תָּלוּי. רַבִּי שִׁמְעוֹן אוֹמֵר, זֶה חַטָּאת וְזֶה
חַטָּאת, וּשְׁנֵיהֶם מְבִיאִים אָשָׁם אֶחָד. רַבִּי יוֹסֵי אוֹמֵר, אֵין שְׁנַיִם מְבִיאִין אָשָׁם
אֶחָד:

성별되지 않은 금지된 지방과 성별된 금지된 지방이 한 조각씩 있을 때, 사람이 그중 하나를 먹었으나 어느 것인지 알지 못한다면, 그는

속죄제를 드려야 한다. 랍비 아키바는 말한다. "조건적 속건제도〔드려야 한다〕."

만약 그 사람이 두 번째 조각도 먹으면, 그는 두 번의 속죄제와 한 번의 속건제를 드려야 한다. 만약 그가 한 조각을 먹고 다른 사람이 와서 다른 조각을 먹었으면, 각각 속죄제를 드려야 한다. 랍비 아키바가 말한다. "각각은 이에 더해 조건적 속건제도 드려야 한다."

랍비 쉼온은 말한다. "두 사람이 함께 속죄제 한 번과 속건제 한 번을 드려야 한다." 랍비 요쎄〔는 말한다〕. "두 사람이 하나의 속건제를 드릴 수 없다."

- 둘 중 어느 것을 먹었던지 어쨌든 금지된 지방을 먹은 것이므로 속죄제를 드려야 한다. 그러나 랍비 아키바는 여기에 더해 성별된 금지된 지방을 먹었을 가능성에 대해 조건적 속건제도 드려야 한다고 주장한다. 이 경우 성물을 전용한 책임을 지기 때문이다. 앞서 본 바와 같이(5, 2) 이는 랍비 아키바의 입장이며 다른 랍비들은 조건적 속건제의 의무를 면제한다.
- 그 사람이 두 조각 모두를 먹은 경우에는 각각의 금지된 지방을 먹은 것에 대해 두 번의 속죄제를, 성물을 전용한 것에 대해 확실한 속건제를 가져와야 한다.
- 두 사람이 한 조각씩 먹은 경우에는 두 사람 모두 금지된 지방을 먹었으므로 각각 속죄제를 가져온다. 랍비 아키바는 각각 조건적 속건제도 가져와야 한다고 일관되게 주장한다.
- 랍비 쉼온과 랍비 요쎄는 이때도 일관되게 대립한다.

5, 8

금지된 지방과 남은 것을 먹은 경우에 대한 논의다.

חֲתִיכָה שֶׁל חֵלֶב וַחֲתִיכָה שֶׁל חֵלֶב נוֹתָר, אָכַל אֶת אַחַת מֵהֶן וְאֵין יָדוּעַ
אֶת אֵיזֶה מֵהֶן אָכַל, מֵבִיא חַטָּאת וְאָשָׁם תָּלוּי. אָכַל אֶת הַשְּׁנִיָּה, מֵבִיא
שָׁלֹשׁ חַטָּאוֹת. אָכַל אֶחָד אֶת הָרִאשׁוֹנָה וּבָא אַחֵר וְאָכַל אֶת הַשְּׁנִיָּה, זֶה
מֵבִיא חַטָּאת וְאָשָׁם תָּלוּי וְזֶה מֵבִיא חַטָּאת וְאָשָׁם תָּלוּי. רַבִּי שִׁמְעוֹן אוֹמֵר,
זֶה חַטָּאת וְזֶה חַטָּאת, וּשְׁנֵיהֶם מְבִיאִים חַטָּאת אֶחָת. רַבִּי יוֹסֵי אוֹמֵר, כָּל
חַטָּאת שֶׁהִיא בָאָה עַל חֵטְא, אֵין שְׁנַיִם מְבִיאִים אוֹתָהּ:

금지된 지방 한 조각과 금지된 지방〔인 동시에〕 남은 것(נותר, 노타르)이 한 조각 있을 때, 사람이 그중 하나를 먹었으나 어느 것인지 알지 못한다면, 그는 속죄제와 조건적 속건제를 드려야 한다.

만약 그 사람이 두 번째 조각도 먹으면, 그는 세 번의 속죄제를 드려야 한다. 만약 그가 한 조각을 먹고 다른 사람이 와서 다른 조각을 먹었으면, 각각 속죄제와 조건적 속건제를 드려야 한다.

랍비 쉼온은 말한다. "두 사람이 각자 속죄제 한 번, 그리고 함께 또한 번의 속죄제를 드려야 한다. 랍비 요쎄〔는 말한다〕. "속죄를 위해 가져오는 그 어느 속죄제라도 두 사람이 함께 드릴 수 없다."

- 둘 중 하나를 부지중에 먹으면 금지된 지방을 먹은 것에 대한 속죄 제를 드려야 하고, 혹시 남은 것을 먹었을 가능성에 대해 조건적 속 건제를 드린다.

- 두 조각 모두 먹으면 율법을 세 번 위반하게 된다. 금지된 지방을 두 차례 먹는 것과 이에 더해 남은 것을 먹는 것이다. 따라서 세 가지 위 반에 대해 각각 속죄제를 드린다.

- 두 사람이 한 조각씩 먹었다면 각각 한 번의 속죄제와 한 번의 조건 적 속건제를 드려야 한다. 조건적 속건제는 남은 것(노타르)을 먹었

을 경우를 위한 것이다. 그러나 랍비 쉼온은 율법의 위반 행위를 기
준으로 제사의무를 부과한다는 견해이므로 두 사람이 합하여 총 세
번의 속죄제를 드리면 된다고 본다. 랍비 요쎄는 사람을 기준으로
하여 이에 반대한다.

제6장

6, 1

죄를 범하지 않은 것으로 밝혀진 경우 조건적 속건제물의 처분에
대해 논의한다.

הַמֵּבִיא אָשָׁם תָּלוּי וְנוֹדַע לוֹ שֶׁלֹּא חָטָא, אִם עַד שֶׁלֹּא נִשְׁחַט, יֵצֵא וְיִרְעֶה
בָעֵדֶר, דִּבְרֵי רַבִּי מֵאִיר. וַחֲכָמִים אוֹמְרִים, יִרְעֶה עַד שֶׁיִּסְתָּאֵב, וְיִמָּכֵר, וְיִפְּלוּ
דָמָיו לִנְדָבָה. רַבִּי אֱלִיעֶזֶר אוֹמֵר, יִקְרַב, שֶׁאִם אֵינוֹ בָא עַל חֵטְא זֶה, הֲרֵי
הוּא בָא עַל חֵטְא אַחֵר. אִם מִשֶּׁנִּשְׁחַט נוֹדַע לוֹ, הַדָּם יִשָּׁפֵךְ וְהַבָּשָׂר יֵצֵא
לְבֵית הַשְּׂרֵפָה. נִזְרַק הַדָּם, הַבָּשָׂר יֵאָכֵל. רַבִּי יוֹסֵי אוֹמֵר, אֲפִלּוּ הַדָּם בַּכּוֹס,
יִזָּרֵק, וְהַבָּשָׂר יֵאָכֵל:

사람이 조건적 속건제를 가져왔는데, 나중에 그가 죄를 범하지 않
은 것을 알았을 때, 만약 그 제물이 도살되기 전이었다면, 그 [제물은
성전] 밖 목초지의 다른 가축들에게로 나갈 수 있다. 랍비 메이르의
말이다. 현자들이 말한다. "그 [제물은] 흠 있게 되어 팔릴 때까지 목
초지로 나간다. [제물을 판] 돈은 자원하는 예물[로 성전에 바친다].
랍비 엘리에제르가 말한다. "그 [제물]은 [제사로] 드려야 한다. 그것
이 이 죄를 속죄하지는 않지만, 다른 죄를 속죄할 수 있기 때문이다."

만약 그 제물이 도살되고 난 후에 [범죄하지 않은 것을] 알았다면,
그 피는 쏟아버리고, 살은 태우는 곳에서 치워야 한다. 만약 피가 이미

〔제단에〕 뿌려졌으면, 그 고기는 먹을 수 있다. 랍비 요쎄는 말한다. "피가 아직 성구에 담겨 있는 경우에도, 〔제단에〕 뿌려져야 하고 고기는 먹어야 한다."

- 이 경우 랍비 메이르는 그 제물이 더 이상 거룩하지 않으며 따라서 성전에 속한 목초지로 내보내진다고 한다. 다른 랍비들은 제물이 여전히 거룩성을 띠며 따라서 목초지에 두었다가 흠이 생겨 더 이상 제물로 쓸 수 없을 때, 이를 팔아 자원하는 예물로 그 돈을 바치거나 다른 예물을 사서 바칠 수 있다고 한다.
- 랍비 엘르에제르는 이 제물을 여전히 제사로 바칠 수 있으며, 이 경우 그 사람이 부지중에 범했을지 모르는 다른 죄를 속하게 된다고 한다.
- 만약 그 제물이 도살되고 난 후에 범죄하지 않은 것을 알았다면, 이 제사는 무효가 된다. 따라서 무효인 제사의 예에 따라 피는 성전 바닥의 홈통에 쏟고, 고기는 태워야 한다.
- 그러나 피가 이미 제단에 뿌려졌다면 이미 유효한 제사가 되므로, 그 고기도 먹을 수 있다. 랍비 요쎄는 피가 제단에 뿌려지기 전이라도 취혈하여 성전의 그릇에 담은 이후에는 유효한 제사 절차가 진행된다고 한다.

6, 2
같은 경우 확실한 속건제를 처분하는 방법에 대한 논의다.

אָשָׁם וַדַּאי אֵינוֹ כֵן. אִם עַד שֶׁלֹּא נִשְׁחַט, יֵצֵא וְיִרְעֶה בָּעֵדֶר. מִשֶּׁנִּשְׁחַט, הֲרֵי זֶה יִקָּבֵר. נִזְרַק הַדָּם, הַבָּשָׂר יֵצֵא לְבֵית הַשְּׂרֵפָה. שׁוֹר הַנִּסְקָל אֵינוֹ כֵן. אִם עַד שֶׁלֹּא נִסְקַל, יֵצֵא וְיִרְעֶה בָּעֵדֶר. מִשֶּׁנִּסְקַל, מֻתָּר בַּהֲנָאָה. עֶגְלָה עֲרוּפָה אֵינָהּ כֵּן. אִם עַד שֶׁלֹּא נֶעֶרְפָה, תֵּצֵא וְתִרְעֶה בָּעֵדֶר. מִשֶּׁנֶּעֶרְפָה, תִּקָּבֵר

확실한 속건제의 경우는 다른 법[이 적용된다].

만약 그 제물이 이미 도살되기 전이었으면, 그 제물은 목초지의 다른 가축들에게로 갈 수 있다. 만약 이미 도살되었다면, 그것을 땅에 묻어야 한다. 만약 피가 뿌려졌다면, 그 고기는 태우는 곳에서 제거되어야 한다.

돌에 맞아 죽어야 할 수소에도 다른 법[이 적용된다]. 만약 이미 돌에 맞기 전이었다면, 그 [수소는] 목초지의 다른 가축들에게로 갈 수 있다. 만약 돌에 맞은 후라면, 이를 사용하도록 허용된다.

목을 부러뜨려야 하는 암소에게도 다른 법[이 적용된다]. 만약 목이 부러지기 전이라면, 그 [암소]는 목초지의 다른 가축들에게로 갈 수 있다. 만약 목이 이미 부러졌다면, 그 [암소]는 그 자리에 묻어야 한다. 애당초 의심에 관한 문제를 해결하기 위한 제물이고, 이 목적을 위해 사용되었기 때문이다.

- 사람이 확실한 속건제로 제물을 드리면 죄가 없음을 알았더라도 그 제물의 지위는 유지된다. 이는 죄가 없을 가능성을 전제로 하는 조건적 속건제와는 다르다.

- 사람을 들이받아 죽게한 소는 돌로 쳐 죽여야 한다(출 21:28-32). 그러나 이것이 사실이 아닌 것으로 밝혀지면, 일반적인 소와 같게 된다. 따라서 이미 돌로 쳐 죽였더라도 이 고기를 먹거나 팔 수 있다. 실제로 사람을 죽여 그 처벌로 죽은 소는 먹거나 팔 수 없다.

- 살해된 시신이 발견되었으나 그 살인자가 밝혀지지 않는 경우, 암소의 목을 꺾어 그 지역의 죄책을 면하게 된다(신 21:1-9). 그러나 살인자가 밝혀진 경우, 이미 죽인 암소는 먹거나 팔 수 없고 땅에 묻어야 하기 때문이다. 이 규정은 불확실한 경우를 이미 그 전제로 하고

있기 때문이다.

6, 3

조건적 속건제를 드리는 시간에 대한 논의다.

רַבִּי אֱלִיעֶזֶר אוֹמֵר, מִתְנַדֵּב אָדָם אָשָׁם תָּלוּי בְּכָל יוֹם וּבְכָל שָׁעָה שֶׁיִּרְצֶה,
וְהִיא נִקְרֵאת אֲשַׁם חֲסִידִים. אָמְרוּ עָלָיו עַל בָּבָא בֶן בּוּטִי, שֶׁהָיָה מִתְנַדֵּב
אָשָׁם תָּלוּי בְּכָל יוֹם, חוּץ מֵאַחַר יוֹם הַכִּפּוּרִים יוֹם אֶחָד. אָמַר, הַמָּעוֹן הַזֶּה,
אִלּוּ הָיוּ מַנִּיחִים לִי, הָיִיתִי מֵבִיא, אֶלָּא אוֹמְרִים לִי, הַמְתֵּן עַד שֶׁתִּכָּנֵס לְסָפֵק.
וַחֲכָמִים אוֹמְרִים, אֵין מְבִיאִים אָשָׁם תָּלוּי אֶלָּא עַל דָּבָר שֶׁזְּדוֹנוֹ כָּרֵת וְשִׁגְגָתוֹ
חַטָּאת:

랍비 엘리에제르는 말한다. "조건적 속건제는 매일 자신이 원하는
시간에 자유롭게 드릴 수 있으며, 그러한 제사를 경건한 이들의 속건
제(אשם חסידים, 아샴 하시딤)라고 한다. 그들이 바바 벤 부티에 대해
말했다. 그는 속죄일의 다음 날을 제외하고 매일 조건적 속건제를 자
유의지로 드렸다. 그가 말했다. "이 성전에서, 만약 그들이 허용했다
면, 〔이날도 제물을〕 가져왔을 것이다."

그러나 현자들이 말하기를, "조건적 속건제는 일부러 범한 경우 카
렛의 처벌을 받아야 하지만 부지중에 한 경우에는 속죄제를 드려야
하는 경우가 아니면 가져올 수 없다."

- 랍비 엘리에제르에 따르면 조건적 속죄제를 드리더라도, 나중에 죄
  가 발견되면 다시 속죄제를 드려야 하므로 진정한 속죄의 효력은 없
  으며 따라서 이를 자원하는 제물에 준하는 것으로 본다. 따라서 매
  일 자신이 원하는 시간에 자유롭게 드릴 수 있다고 하며, 경건한 이
  들의 속건제라고 칭했다.

- 바바 벤 부티라는 사람은 매일 조건적 속건제를 드렸으나, 속죄일 다

음 날에는 이것이 금지되었다. 속죄일은 지난 1년 간의 모든 죄를 속죄하는 날이므로 바로 그다음 날 율법을 위반했는지 의심스러운 경우가 생기기는 쉽지 않다. 한편, 바로 그다음 날 속건제를 허용하면, 속죄일의 효력에 대해 사람들이 의심할 수도 있다는 고려가 있었을 수 있다.

6, 4
속죄일과 속건제의 문제를 다룬다.

חַיָּבֵי חַטָּאוֹת וַאֲשָׁמוֹת וַדָּאִין שֶׁעָבַר עֲלֵיהֶן יוֹם הַכִּפּוּרִים, חַיָּבִין לְהָבִיא לְאַחַר יוֹם הַכִּפּוּרִים. חַיָּבֵי אֲשָׁמוֹת תְּלוּיִין, פְּטוּרִים. מִי שֶׁבָּא עַל יָדוֹ סְפֵק עֲבֵרָה בְּיוֹם הַכִּפּוּרִים, אֲפִלּוּ עִם חֲשֵׁכָה, פָּטוּר, שֶׁכָּל הַיּוֹם מְכַפֵּר:

속죄제나 확실한 속건제의 의무가 있으나 〔이를 드리기 전에〕 속죄일이 지날 때, 속죄일 후에도 제사를 드릴 의무가 있다. 조건적 속건제의 경우에는 면제된다.

그가 속죄일에 의심스러운 죄를 범하면, 해질녘이라도 그는 면제된다. 그날 전부가 속죄에 영향을 미치기 때문이다.

- 카렛 처벌에 해당하는 율법을 부지중에 위반한 것이 속죄일 이전에 발견되었다면, 이는 속죄일의 제사로 면제되지 않으며 그 후에 속죄제나 확실한 속건제를 바쳐야 한다.
- 그러나 조건적 속죄제를 드려야 하는 경우는 죄인지 의심스러운 것이므로 속죄일의 제사로 죄책이 면제된다.

6, 5

속죄일과 새의 속죄제를 다룬다.

הָאִשָּׁה שֶׁיֵּשׁ עָלֶיהָ חַטַּאת הָעוֹף סָפֵק, שֶׁעָבַר עָלֶיהָ יוֹם הַכִּפּוּרִים, חַיֶּבֶת
לְהָבִיא לְאַחַר יוֹם הַכִּפּוּרִים, מִפְּנֵי שֶׁמַּכְשַׁרְתָּהּ לֶאֱכֹל בַּזְּבָחִים. חַטַּאת הָעוֹף
הַבָּאָה עַל סָפֵק, אִם מִשֶּׁנִּמְלְקָה נוֹדַע לָהּ, הֲרֵי זוֹ תִּקָּבֵר:

만약 여자가 [죄를 범했는지] 의심스러워 새의 속죄제를 드려야 하
지만, 속죄일을 지나게 되는 경우, 속죄일을 지나 제사를 드려야 한다.
이를 통해 제물을 먹을 수 있게 되기 때문이다.

만약 새의 속죄제가 의심스러운 범죄에 대한 것이고, [새 제물의]
목을 찌른 후에 [제물을 바칠 필요가 없었다는 것을] 알게 된 경우,
제물은 땅에 묻어야 한다.

- 이는 낙태의 경우에 대한 규정으로, 새의 속죄제는 제물을 먹을 자
  격을 다시 갖추기 위해 속죄일 이후라도 드려야 한다.
- 그러나 제물을 바칠 필요가 없다는 것을 알게 된 경우, 이미 제물의
  목을 찌른 이후라면 성전 내에서 절차에 따르지 않고 도살한 때와
  같이 여겨 이를 땅에 묻어야 한다.

6, 6

속건제물로 산 가축의 가치가 변하는 경우를 다룬다.

הַמַּפְרִישׁ שְׁתֵּי סְלָעִים לְאָשָׁם וְלָקַח בָּהֶן שְׁנֵי אֵילִים לְאָשָׁם, אִם הָיָה אֶחָד
מֵהֶן יָפֶה שְׁתֵּי סְלָעִים, יִקְרַב לַאֲשָׁמוֹ, וְהַשֵּׁנִי יִרְעֶה עַד שֶׁיִּסְתָּאֵב, וְיִמָּכֵר,
וְיִפְּלוּ דָמָיו לִנְדָבָה. לָקַח בָּהֶן שְׁנֵי אֵילִים לְחֻלִּין, אֶחָד יָפֶה שְׁתֵּי סְלָעִים וְאֶחָד
יָפֶה עֲשָׂרָה זוּז, הַיָּפֶה שְׁתֵּי סְלָעִים יִקְרַב לַאֲשָׁמוֹ, וְהַשֵּׁנִי לְמְעִילָתוֹ. אֶחָד
לְאָשָׁם וְאֶחָד לְחֻלִּין, אִם הָיָה יָפֶה שֶׁל אָשָׁם יָפֶה שְׁתֵּי סְלָעִים, יִקְרַב לַאֲשָׁמוֹ,
וְהַשֵּׁנִי לְמְעִילָתוֹ, וְיָבִיא עִמָּהּ סֶלַע וְחֻמְשָׁהּ:

한 사람이 속건제를 위하여 2쎌라를 따로 구별해놓았다. 만약 그가 〔이 돈으로〕 속건제를 위해 어린 양 두 마리를 샀고, 〔제물을 드릴 때〕 그 한 마리의 가치가 2쎌라였다면, 그는 이것을 속건제로 드릴 수 있다. 다른 한 마리는 목초지로 나가게 했다가 흠이 있게 되면 이를 팔아 자유롭게 바치는 헌물로 삼을 수 있다.

만약 그가 그 돈으로 염소 두 마리를 속된 용도로 사용하고자 샀고, 그 한 마리는 2쎌라의 가치가 있고, 다른 한 마리는 10주즈의 〔가치가 있다면〕, 2쎌라짜리 〔염소는〕 속건제로 드리고, 다른 〔염소는〕 성물을 더럽힌 죄를 위해 드려야 한다.

만약 〔그가 그 돈으로〕 하나는 속건제를 위해, 다른 하나는 속된 용도로 〔염소 두 마리를 샀다면〕, 속건제물이 2쎌라의 가치가 있다면 그것은 속건제로 드리고, 다른 것은 성물을 더럽힌 죄를 위해 드리는데, 여기에 1쎌라와 그 1/5을 더하여 드려야 한다.

- 속건제를 드리기 위해 구별해놓은 2쎌라로 속된 용도의 염소 두 마리를 샀다면, 이 사람은 속건제의 의무 외에도 성물을 범한 책임을 진다. 이 경우, 2쎌라 가치의 염소는 그대로 속건제로 드린다. 1쎌라는 4주즈이며, 랍비들의 계산법에 따르면 10주즈는 2쎌라와 1/5에 해당한다. 따라서 10주즈 가치의 염소를 성물을 범한 배상으로 바쳐야 한다.
- 그 돈으로 하나는 속건제를 위해, 다른 하나는 속된 용도를 위해 샀다면 2쎌라의 절반, 즉 1쎌라에 대해서만 전용의 책임을 진다.

6, 7
속죄제물을 성별하고 죽은 경우, 성별된 속죄제를 다른 죄를 위해 드릴 수 있는가의 여부 등에 대해 다룬다.

הַמַּפְרִישׁ חַטָּאתוֹ, וּמֵת, לֹא יְבִיאֶנָּה בְנוֹ אַחֲרָיו. וְלֹא יְבִיאֶנָּה מֵחֵטְא עַל
חֵטְא, אֲפִלּוּ עַל חֵלֶב שֶׁאָכַל אֶמֶשׁ לֹא יְבִיאֶנָּה עַל חֵלֶב שֶׁאָכַל הַיּוֹם,
שֶׁנֶּאֱמַר, קָרְבָּנוֹ עַל חַטָּאתוֹ, שֶׁיְּהֵא קָרְבָּנוֹ לְשֵׁם חֶטְאוֹ:

사람이 속죄제물로 성별해놓고 죽었다면, 그의 아들은 그의 [아버지를] 이어 그것을 [속죄제로] 바칠 수 없다.

사람은 어느 죄를 위해 [성별한] 제물을 다른 죄를 속죄하기 위해 바칠 수 없다. 그가 어제 먹은 금지된 지방을 위해 [속죄제물을] 성별했다 하더라도, 이를 오늘 먹은 금지된 지방을 위해 바칠 수 없다. 기록되기를, "그 범한 죄로 말미암아 그것을 예물로 삼아"(레 4:28)라고 했기 때문에, 그 제물은 반드시 특정한 죄를 위한 것이어야 한다.

- 속죄제로 성별해놓고 죽은 경우, 그 성별된 가축은 다른 사람이 바칠 수 없으며, 이를 통해 경제적 이득을 취할 수도 없고, 죽을 때까지 놓아두어야 한다(「트무라」2, 2).
- 레위기 4:28을 들어 하나의 죄를 위해 성별된 제물을, 다른 죄를 위해(혹 그 죄가 같은 종류라 하더라도) 제물로 바칠 수 없다고 한다.

6, 8
성별한 돈으로 다른 종류의 가축을 사거나 성별한 후 가난해지거나 부유해진 경우에 대해 논의한다.

מְבִיאִין מֵהֶקְדֵּשׁ כִּשְׂבָּה, שְׂעִירָה. מֵהֶקְדֵּשׁ שְׂעִירָה, כִּשְׂבָּה. מֵהֶקְדֵּשׁ כִּשְׂבָּה
וּשְׂעִירָה, תּוֹרִין וּבְנֵי יוֹנָה. מֵהֶקְדֵּשׁ תּוֹרִין וּבְנֵי יוֹנָה, עֲשִׂירִית הָאֵיפָה. כֵּיצַד.
הִפְרִישׁ לְכִשְׂבָּה אוֹ לִשְׂעִירָה, הֶעֱנִי, יָבִיא עוֹף. הֶעֱנִי, יָבִיא עֲשִׂירִית הָאֵיפָה.
הִפְרִישׁ לַעֲשִׂירִית הָאֵיפָה, הֶעֱשִׁיר, יָבִיא עוֹף. הֶעֱשִׁיר, יָבִיא כִּשְׂבָּה וּשְׂעִירָה.
הִפְרִישׁ כִּשְׂבָּה אוֹ שְׂעִירָה וְנִסְתָּאֲבוּ, אִם רָצָה יָבִיא בִדְמֵיהֶן עוֹף. הִפְרִישׁ
עוֹף וְנִסְתָּאֵב, לֹא יָבִיא בְדָמָיו עֲשִׂירִית הָאֵיפָה, שֶׁאֵין לָעוֹף פִּדְיוֹן:

사람은 속죄제의 어린 양을 사기 위해 성별된 돈으로 염소를 가져오거나, 염소를 사기 위해 성별된 돈으로 양을 가져올 수 있다. 혹은 양이나 염소를 사기 위해 성별된 [돈으로] 산비둘기나 집비둘기를 [사서 가져올 수 있다]. 혹은 산비둘기나 집비둘기를 사기 위해 성별된 [돈으로] 1에파의 1/10을 가져올 수 있다.

어째서 그러한가? 만약 사람이 속죄제에 쓰일 어린 양이나 염소를 사기 위해 돈을 성별해두었는데, 그가 가난해졌다면, 그는 [대신] 새 제물을 가져올 수 있다. 만약 그가 더욱 가난해졌다면, 그는 1에파의 1/10을 가져올 수 있다.

만약 사람이 1에파의 1/10을 [사기 위한 돈을] 성별해두었는데, 그가 부유해졌다면, 그는 새 제물을 가져와야 한다. 그가 더욱 부유해졌다면 그는 양이나 염소를 가져와야 한다.

만약 사람이 어린 양이나 염소를 성별해두었는데, 이것이 흠 있게 된다면, 그는 그[것을 판] 가격으로 새 제물을 가져올 수 있다. 그러나 만약 그가 새 제물을 성별해두었는데, 이것이 흠 있게 되면, 그는 이 돈으로 1에파의 1/10을 가져올 수 없다. 새 제물은 대속될 수 없기 때문이다.

- 이 미쉬나는 제물의 경제적 가치가 높거나 낮은 경우의 규정으로, 제물을 성별한 사람이 경제적 상황이 어려워지면 보다 낮은 제물로 바꿀 수 있는 예들을 규정한다.
- 마찬가지로 그가 가난할 때 성별해둔 낮은 수준의 제물을 부자가 된 후에는 보다 높은 수준의 제물로 바꾸어야 한다.

6, 9

언급되는 순서에 관계 없이 동등한 가치를 지니는 것들을 나열하고, 토라를 공부하는 자세에 대해 언급한다.

רַבִּי שִׁמְעוֹן אוֹמֵר, כְּבָשִׂים קוֹדְמִין לָעִזִּים בְּכָל מָקוֹם. יָכוֹל מִפְּנֵי שֶׁהֵן מֻבְחָרִין מֵהֶן. תַּלְמוּד לוֹמַר, וְאִם כֶּבֶשׂ יָבִיא קָרְבָּנוֹ לְחַטָּאת, מְלַמֵּד שֶׁשְּׁנֵיהֶם שְׁקוּלִין. תּוֹרִין קוֹדְמִין לִבְנֵי יוֹנָה בְּכָל מָקוֹם. יָכוֹל מִפְּנֵי שֶׁהֵן מֻבְחָרִים מֵהֶן. תַּלְמוּד לוֹמַר, וּבֶן יוֹנָה אוֹ תֹר לְחַטָּאת, מְלַמֵּד שֶׁשְּׁנֵיהֶן שְׁקוּלִין. הָאָב קוֹדֵם לָאֵם בְּכָל מָקוֹם. יָכוֹל שֶׁכְּבוֹד הָאָב עוֹדֵף עַל כְּבוֹד הָאֵם, תַּלְמוּד לוֹמַר, אִישׁ אִמּוֹ וְאָבִיו תִּירָאוּ, מְלַמֵּד שֶׁשְּׁנֵיהֶם שְׁקוּלִים. אֲבָל אָמְרוּ חֲכָמִים, הָאָב קוֹדֵם לָאֵם בְּכָל מָקוֹם, מִפְּנֵי שֶׁהוּא וְאִמּוֹ חַיָּבִין בִּכְבוֹד אָבִיו. וְכֵן בְּתַלְמוּד תּוֹרָה, אִם זָכָה הַבֵּן לִפְנֵי הָרַב, קוֹדֵם אֶת הָאָב בְּכָל מָקוֹם, מִפְּנֵי שֶׁהוּא וְאָבִיו חַיָּבִין בִּכְבוֹד רַבּוֹ:

랍비 쉼온이 말한다. "양들이 염소들 보다 모든 곳에서 먼저 언급된다. 양들이 더 선호된다고 생각할 수 있지만, "어린 양을 속죄제물로 가져오려거든"(레 4:32)라고 기록된 것은 두 가지가 동등하다는 것을 가르치기 위함이다.

집비둘기가 산비둘기보다 모든 곳에서 먼저 언급된다. 〔집비둘기가〕 더 선호된다고 생각할 수 있지만, "속죄제를 위하여 집비둘기 새끼나 산비둘기를 취하여"(레 12:6)라고 기록된 것은 두 가지가 동등하다는 것을 가르치기 위함이다

아버지가 어머니보다 모든 곳에서 먼저 언급된다. 아버지에게 돌아갈 영광이 어머니에게 돌아갈 영광보다 더 크기 때문이라고 생각할 수 있지만, "너희 각 사람은 부모를 경외하고"(레 19:3)라고 기록된 것은 둘이 동등하다는 것을 가르치기 위함이다.

그러나 현자들이 말했다. "아버지가 어머니보다 모든 곳에서 먼저 언급된다. 아들과 그 어머니는 모두 아버지를 공경해야 할 의무가 있기 때문이다."

그리고 그것은 토라를 공부함에 있어서도 마찬가지다. 만약 아들이 선생 앞에서 배울 자격이 있다면, 선생이 아버지보다 모든 곳에서 우선한다. 그 사람과 그의 아버지 모두 선생을 공경해야 할 의무가 있기 때문이다.

- 대부분의 성서 규정에서 양이 염소보다 먼저 언급되지만 이는 선호의 차이가 아니다. 레위기 4:32에서는 양을, 4:28에서는 염소를 따로 언급하는 것이 그 증거다.
- 비둘기의 경우에도 마찬가지로 집비둘기를 먼저 언급하지만 레위기 12:6은 둘 모두 동등하다는 것을 가르친다고 한다.
- 랍비 쉼온은 아버지와 어머니의 경우도 마찬가지라고 하나 다른 랍비들은 아버지가 어머니에 우선한다고 가르친다.

מעילה

8

메일라
배임·배반

어떤 사람이 성물 중에서 1프루타 정도의 이득을 보았다면,
그가 그 가치를 훼손하지 않았다 하더라도 전용한 것이라고
랍비 아키바가 말했다. 그러나 현인들은 그 가치를 훼손할
수 있는 것이라면 그가 그 가치를 훼손하기까지는 전용한 것
이 아니라고 말한다. 그리고 그 가치를 훼손할 수 없는 것이
라면, 그가 그것으로 이득을 보았기 때문에 전용한 것이다.
_「메일라」5, 1

개요

마쎄켓 「메일라」(מעילה)는 그 명칭이 '신성모독' 또는 '침입'을 뜻하며, 어떤 사람이 실수로 신에게 속한 재화, 즉 성전 소유의 재화를 전용해 이익을 취한 경우들을 다룬다. '메일라'는 행위자의 의도가 포함되어 있지 않았지만 불법적으로 성전 재물을 전용한 경우에 성립하며, 이런 범죄를 저지른 사람은 속건제를 바치고 자신이 취한 이익을 배상해야 하고 벌금도 추가로 내야 한다. 이는 토라의 규정에 따른 것이다. 관련 본문은 레위기 5:15-16이다.

「메일라」는 이 구절을 구체적으로 적용하는 방식과 사례들에 대해 자세히 다룬다.

전용의 대상: 야훼의 성물

전용(메일라)의 대상이 되는 성물은 '야훼의 성물'에 한한다. 이는 성별된 물건이나 곡식, 가축 등으로 더 이상 사람이 쓸 수 없고 전적으로 야훼에게 바쳐진 것이다. 성물의 종류에 따라 전용의 대상이 될 수도 있고 안 될 수도 있다.

성물의 종류에는 크게 '성전 보수를 위한 성물'(קדשי בדק הבית, 코드

쉐이 베덱 하바이트)과 '제단을 위한 성물'(קדשי מזבח, 코드쉐이 미즈베
아흐)로 나뉜다. 전자는 다시 물리적으로 직접 성전의 유지 및 보수에
쓸 수 있는 것(קדשי גוף, 코드쉐이 구프)과 이를 시장에 팔아 그 판매가
를 성전을 위해 쓰게 되는 가치 성물(קדשי דמים, 코드쉐이 다밈)로 나
뉜다. 이 두 종류 모두 개인이 사적으로 유용하거나 이로부터 이익을
취할 수 없으며 야훼의 성물이므로 전용의 대상이 된다.

제단을 위한 성물은 제사를 위해 바친 성물로서, 다시 지성물(קדשי
קדשים, 코드쉐이 코다쉼)과 일반 성물(קדשים קלים, 코다쉼 칼림, 직역하
면 '가벼운 성물')로 나뉜다. 지성물에는 번제물, 속건제물, 속죄제물,
공동체를 위한 화목제물이 포함되며 이것들은 모두 태워지거나 제사
후 그 고기를 제사장들이 먹어야 한다. 후자의 경우, 제사 절차가 끝
나고 그 고기가 제사장들에게 분배되고 나면 이 고기는 사람이 먹는
것이므로 '야훼의 성물' 지위가 사라지고, 따라서 더 이상 전용(메
일라)의 대상이 되지 않는다. 그러나 이 경우에도 제단 위에서 태워지
는 소각부(에뮤린)는 여전히 그 지위를 유지하여 전용의 대상이 된다.

일반 성물에는 감사제물, 화목제물, 초태생 제물, 십일조 제물과 유
월절 제물이 포함된다. 이들은 제사 후 그 고기에 대해 제물을 가져온
사람이 여전히 권리가 있으므로, 온전한 '야훼의 성물'이 아니다. 따
라서 이 제물들은 전용의 대상이 되지 않는다. 다만, 제단에 피를 뿌리
는 절차가 끝나고 나면 제물의 소각부는 제단에서 태워져야 하므로
이 순간부터 소각부는 야훼의 성물이 되고 전용의 대상이 된다.

전용의 대상에서 제외

전용(메일라)에 관한 또 다른 원칙은 계명대로 행해진 것은 메일라
의 대상이 되지 않는다는 것이다(「요마」 59b 등). 예를 들어, 번제물의
경우, 제단에서 완전히 소각되고 그 재를 치우면 번제에 대한 계명을

완수한 것이며 그 재는 메일라의 대상에서 제외된다. 한편, 제물이 여러 사정으로 무효가 되는 때에도 이 제물은 더 이상 야훼의 성물이 아니므로 메일라의 대상이 되지 않는다. 메일라의 규정이 간혹 성물의 과실로 확대 적용되는 경우도 있다. 성물인 가축이 새끼를 낳거나 나무에 과일이 열리거나 하는 등이다. 이에 관해서는 제3장에서 자세히 다룬다.

전용의 죄

전용(메일라)의 죄는 두 가지 방식으로 범할 수 있다. 성물로부터 이익을 취하는 방식과 성물을 옮기는 방식이다. 전자는 성별된 옷을 입고 다니거나 성별된 가축을 타고 다니는 등 제물로부터 이익을 취하는 것인데, 이때의 이익은 이를 위해 보통 얼마를 지불하겠는가, 즉 시장가격을 기준으로 한다. 이렇게 취한 이익이 1프루타에 이르면 죄가 된다. 프루타는 탈무드 기준으로 가장 작은 가치 단위다. 실제적으로 아주 작은 이익이라도 취하면 메일라가 된다는 뜻이다. 후자는 자신이 사적으로 쓸 의도로 성물을 집어들거나 다른 사람에게 주는 등 물리적으로 옮기는 것이다. 이 경우에는 이를 통해 이익을 취하지 않더라도 메일라의 책임을 진다.

• 관련 성경구절 | 레위기 5:15-16

제1장

1, 1

성전의 제물들 중에서 신성모독죄가 성립하는 경우들을 설명한다.

קׇדְשֵׁי קׇדָשִׁים שֶׁשְּׁחָטָן בַּדָּרוֹם, מוֹעֲלִין בָּהֶן. שְׁחָטָן בַּדָּרוֹם וְקִבֵּל דָּמָן
בַּצָּפוֹן, בַּצָּפוֹן וְקִבֵּל דָּמָן בַּדָּרוֹם, שְׁחָטָן בַּיּוֹם וְזָרַק בַּלַּיְלָה, בַּלַּיְלָה וְזָרַק
בַּיּוֹם, אוֹ שֶׁשְּׁחָטָן חוּץ לִזְמַנָּן וְחוּץ לִמְקוֹמָן, מוֹעֲלִין בָּהֶן. כְּלָל אָמַר רַבִּי
יְהוֹשֻׁעַ, כֹּל שֶׁהָיָה לָהּ שְׁעַת הֶתֵּר לַכֹּהֲנִים, אֵין מוֹעֲלִין בָּהּ. וְשֶׁלֹּא הָיָה לָהּ
שְׁעַת הֶתֵּר לַכֹּהֲנִים, מוֹעֲלִין בָּהּ. אֵיזוֹ הִיא שֶׁהָיָה לָהּ שְׁעַת הֶתֵּר לַכֹּהֲנִים.
שֶׁלָּנָה, וְשֶׁנִּטְמְאָה, וְשֶׁיָּצְאָה. אֵיזוֹ הִיא שֶׁלֹּא הָיָה לָהּ שְׁעַת הֶתֵּר לַכֹּהֲנִים.
שֶׁנִּשְׁחֲטָה חוּץ לִזְמַנָּהּ, חוּץ לִמְקוֹמָהּ, וְשֶׁקִּבְּלוּ פְסוּלִין וְזָרְקוּ אֶת דָּמָהּ:

〔제단의〕 남쪽에서 도살한 지성물은 전용의 대상이 된다.[1] 그것을 남쪽에서 도살하고 그 피를 북쪽에서 받았을 때, 북쪽에서 〔도살하고〕 남쪽에서 그 피를 받았을 때, 그것을 낮에 도살하고 밤에 〔피를〕 뿌렸을 때, 밤에 〔도살하고〕 낮에 〔피를〕 뿌렸을 때, 또는 그것을 다른 시간에 다른 장소에서 도살했을 때 전용의 대상이 된다.

원칙에 관하여 랍비 예호슈아는 제사장들이 〔먹도록〕 허락된 시간이 있는 모든 것은 전용의 대상이 되지 않는다고 말했다. 그러나 제사장들에게 허락된 시간이 없는 경우에는 전용의 대상이 된다.

제사장에게 허락된 시간이 있는 것들은 어떤 것인가? 밤이 지나도록 〔남은 것과〕 부정해진 것과 〔성전 바깥으로〕 나간 것이다. 제사장에게 허락된 시간이 없는 것들은 어떤 것인가? 다른 시간에 〔또는〕 다른 장소에서 도살된 것과 〔자격이〕 무효가 된 자가 받고 뿌린 피다.

---

1) '전용'에 해당하는 낱말 '마알'(מעל)은 '(어떤 규정을) 피하다, 둘러가다 또는 사취하다'는 뜻인데, 문맥은 성전에서 제물로 바치거나 제사장의 몫이 되어야 할 재화를 '실수로' 사용한 경우이기 때문에 '전용하다'는 말로 번역한다.

- 전용의 대상이 된다는 표현은 성물을 전용하는 죄의 대상이 된다는 의미이며, 전용할 권리가 있다는 뜻은 아니다.
- 지성물에 해당하는 제물들은 제단 북쪽에서 도살해야 하며(「제바힘」 5, 1-5), 남쪽에서 도살하면 무효가 된다. 그렇지만 어떤 사람이 이 제물을 전용했다면 신성모독죄를 저질렀다고 간주하며, 그는 속건 제와 배상하는 제물 또는 금액 그리고 벌금을 바쳐야 한다.
- 지성물은 도살하는 장소 이외에도 피를 받는 장소(제단 북쪽)와 도살하는 시간(낮)이 조건에 맞아야 하고, 그렇지 않으면 무효가 된다. 그러나 이런 경우에도 전용한 경우에 관한 법규정을 동일하게 적용한다.
- 랍비 예호슈아는 전용 관련 법규를 적용하는 다른 기준을 제기한다. 제물을 적법하게 바쳐서 제사장들이 그것을 먹도록 허용된 시간이 있었던 제물, 즉 제물을 제때에 먹지 않아서 밤이 지나도록 남았거나 중간에 부정해졌거나 성전 바깥으로 가지고 나갔을 때에는 전용 규정을 적용하지 않는다. 개요에서 보았듯, 일단 제사장이 먹을 수 있게 되면 전용이 가능한 성물로서의 지위를 잃기 때문이다. 그러나 제사장들이 먹도록 허용된 적이 없었던 제물, 즉 도살이나 취혈 과정에서 무효가 된 것(앞에서 열거한 경우)과 무자격자가 제물의 피를 받거나 뿌렸을 경우에는 전용 법규를 적용한다.

1, 2

취혈하기 전에 성전 바깥으로 가지고 나간 지성물에 전용 규정을 적용하는지 여부를 놓고 벌이는 논쟁을 기록하고 있다.

בְּשַׂר קָדְשֵׁי קָדָשִׁים שֶׁיָּצָא לִפְנֵי זְרִיקַת דָּמִים, רַבִּי אֱלִיעֶזֶר אוֹמֵר, מוֹעֲלִין בּוֹ,
וְאֵין חַיָּבִין עָלָיו מִשּׁוּם פִּגּוּל, נוֹתָר וְטָמֵא. רַבִּי עֲקִיבָא אוֹמֵר, אֵין מוֹעֲלִין בּוֹ,
אֲבָל חַיָּבִין עָלָיו מִשּׁוּם פִּגּוּל, נוֹתָר וְטָמֵא. אָמַר רַבִּי עֲקִיבָא, וַהֲרֵי הַמַּפְרִישׁ

חַטָּאת וְאָבְדָה, וְהִפְרִישׁ אַחֶרֶת תַּחְתֶּיהָ, וְאַחַר כָּךְ נִמְצֵאת הָרִאשׁוֹנָה וַהֲרֵי
שְׁתֵּיהֶן עוֹמְדוֹת, לֹא כְשֵׁם שֶׁדָּמָהּ פּוֹטֵר אֶת בְּשָׂרָהּ, כָּךְ הוּא פּוֹטֵר אֶת בְּשַׂר
חֲבֶרְתָּהּ. וְאִם פָּטַר דָּמָהּ אֶת בְּשַׂר חֲבֶרְתָּהּ מִן הַמְּעִילָה, דִּין הוּא שֶׁיִּפְטֹר
אֶת בְּשָׂרָהּ:

지성물인 고기를 피를 뿌리기 전에 [성전 바깥으로] 가지고 나갔을
때, 랍비 엘리에제르는 전용할 수 있지만 혐오스러운 것과 남은 것과
부정에 관련해서는 책임이 없다고 말한다. 랍비 아키바는 전용할 수
없지만 혐오스러운 것과 남은 것과 부정에 관련해서 책임이 있다고
말한다.

랍비 아키바는 어떤 사람이 속죄제 [제물을] 구별했다가 잃어버린
[상황을 예로 들어] 말했다. 그래서 그가 그 [첫째 제물] 대신에 다른
것을 구별했는데, 나중에 첫째 [제물을] 찾았고, 그 제물 둘이 [함께]
놓여 있다. 그 [제물의] 피가 그 고기를 [전용하는 죄를] 면제하지 않
는 것처럼, 그것이 다른 [제물의] 고기를 면제하지도 않는다. 그러니
만약 그 피가 다른 [제물의] 고기를 전용한 [책임으로부터] 면제시켰
다면, 이것이 그 고기도 면제시킨다고 결정해야 한다.

- 지성물로 바친 제물은 성전 뜰 바깥으로 가지고 나갈 수 없으며, 제
  사장들은 제물의 피를 뿌린 다음에 성전 안에서 그 고기를 먹는다.
  그러므로 지성물의 피를 뿌리기 전에 성전 바깥으로 가지고 나간 고
  기는 제사장들이 먹도록 허용된 적이 없으며 전용 법규를 적용해야
  한다(1, 1). 그러나 이 제사는 완성되지 않았고, 먹을 수 있는 상태에
  도달하지 못했기 때문에 잘못된 의도로 드리는 혐오스러운 제물, 먹
  을 시간이 지난 남은 제물, 그리고 먹을 수 없도록 부정해진 제물과
  는 관련이 없다고 랍비 엘리에제르가 주장한다.
- 랍비 아키바는 다른 입장인데, 피를 뿌리기 전에 성전 바깥으로 가지

고 나가서 무효가 되었다 하더라도 먹을 수 없는 것은 아니며, 결국 전용 법규를 적용하지 않는다고 주장한다. 실제로는 제사장들이 이 제물을 먹을 수 없지만 먹을 수 있는 고기의 자격이 있다고 주장하며, 그러므로 혐오스러운 것과 남은 것과 부정에 관련된 책임을 져야 한다고 말한다.

- 랍비 아키바는 자신의 주장을 입증하기 위해서 비유를 든다. 어떤 사람이 속죄제로 드릴 제물을 구별해놓았다가 잃어버렸다. 그래서 다른 가축을 제물로 구별했는데, 첫 번째로 구별했던 가축을 다시 찾았다. 이때 첫째 가축을 찾았으므로 둘째 가축을 도살할 수 없다(「트무라」4, 3). 그가 첫째 가축을 속죄제로 드리고 그 피를 뿌리면, 그 피가 첫째와 둘째 가축을 전용 규정의 적용 대상에서 제외시킨다. 이때 둘째 가축을 먹을 수는 없지만 전용 규정을 적용하지 않는 경우가 발생한다.

- 만약 그렇다면, 첫째 제물의 피가 둘째 제물의 고기를 전용 규정 적용에서 제외시키는 힘이 있다는 것이며, 이 피가 자기 자신 즉 첫째 제물의 고기도 전용 규정 적용에서 제외시키지 않겠느냐고 묻는다. 그러므로 우리가 논의하는 상황에서 제물을 성전 바깥으로 가지고 나갔다고 해도 이미 피를 뿌렸기 때문에 더 이상 전용 규정을 적용할 수 없다는 결론에 이르게 된다.

1, 3

일반 성물의 내장을 성전 바깥으로 가지고 나갔을 때 전용 관련 규정을 적용하는지 논의하고 있다.

אֵמוּרֵי קָדְשִׁים קַלִּים שֶׁיָּצְאוּ לִפְנֵי זְרִיקַת דָּמִים, רַבִּי אֱלִיעֶזֶר אוֹמֵר, אֵין מוֹעֲלִין בָּהֶן, וְאֵין חַיָּבִין עֲלֵיהֶן מִשּׁוּם פִּגּוּל נוֹתָר וְטָמֵא. רַבִּי עֲקִיבָא אוֹמֵר, מוֹעֲלִין בָּהֶן, וְחַיָּבִין עֲלֵיהֶן מִשּׁוּם פִּגּוּל, נוֹתָר וְטָמֵא:

일반 성물의 소각부를 피를 뿌리기 전에 [성전 바깥으로] 가지고 나갔을 때, 랍비 엘리에제르는 전용할 수 없으며 혐오스러운 것과 남은 것과 부정한 것에 대한 책임도 없다고 말한다. 랍비 아키바는 전용할수 있으며 혐오스러운 것과 남은 것과 부정한 것에 대한 책임이 있다고 말한다.

- 랍비 엘리에제르는 둘째 미쉬나(1, 2)에서 주장한 것과 동일한 원칙을 일반 성물의 소각부에도 적용하며, 일단 성전 바깥으로 가지고 나가서 무효가 되고 제단 위에 올릴 수 없는 제물은 전용의 대상이 되지 않는다고 주장한다. 그러나 다시 제단에 올릴 수 없기 때문에 이것은 혐오스러운 제물이나 남은 제물이나 부정한 제물이 될 수도 없다고 본다.
- 랍비 아키바는 피를 뿌리기 전에 성전 바깥으로 가지고 나갔어도 일단 피를 뿌리면 전용 관련 규정을 적용할 수 있다고 주장한다.

1, 4
피 뿌리기 제의가 지성물과 일반 성물에 어떤 영향을 미치는지 논의한다.

מַעֲשֵׂה דָמִים בְּקָדְשֵׁי קָדָשִׁים, לְהָקֵל וּלְהַחֲמִיר. וּבְקָדָשִׁים קַלִּים, כֻּלָּן לְהַחֲמִיר. כֵּיצַד. קָדְשֵׁי קָדָשִׁים קָדָשִׁים לִפְנֵי זְרִיקַת דָּמִים, מוֹעֲלִין בָּאֵמוּרִין וּבַבָּשָׂר. לְאַחַר זְרִיקַת דָּמִים, מוֹעֲלִים בָּאֵמוּרִים וְאֵין מוֹעֲלִין בַּבָּשָׂר. עַל זֶה וְעַל זֶה, חַיָּבִין מִשּׁוּם פִּגּוּל, נוֹתָר וְטָמֵא. וּבְקָדָשִׁים קַלִּים כֻּלָּן לְהַחֲמִיר. כֵּיצַד. קָדָשִׁים קַלִּים לִפְנֵי זְרִיקַת דָּמִים, אֵין מוֹעֲלִין לֹא בָאֵמוּרִין וְלֹא בַבָּשָׂר. לְאַחַר זְרִיקַת דָּמִים, מוֹעֲלִין בָּאֵמוּרִין וְאֵין מוֹעֲלִין בַּבָּשָׂר. עַל זֶה וְעַל זֶה, חַיָּבִין מִשּׁוּם פִּגּוּל, נוֹתָר וְטָמֵא. נִמְצָא מַעֲשֵׂה דָמִים בְּקָדְשֵׁי קָדָשִׁים, לְהָקֵל וּלְהַחֲמִיר. וּבְקָדָשִׁים קַלִּים, כֻּלּוֹ לְהַחֲמִיר:

피 〔뿌리기가〕 지성물에게 〔미치는〕 영향은 관대하기도 하고 엄정하기도 하다. 그러나 일반 성물에게 〔미치는 영향은〕 전부 엄정하다. 어떻게 〔그렇게 되는가〕? 지성물은 피를 뿌리기 전에 그 소각부와 고기가 전용의 대상이 된다. 피를 뿌린 뒤에는 소각부를 전용할 수 없고, 고기는 전용의 대상이 되지 않는다. 이 부분이든지 저 부분이든지 혐오스러운 것과 남은 것과 부정한 것에 대한 책임이 있다.

그러나 일반 성물에 관해서는 전부 엄정하기만 하다. 어떻게 〔그렇게 되는가〕? 일반 성물의 경우, 피를 뿌리기 전에는 그 소각부와 고기가 전용의 대상이 되지 않는다. 피를 뿌린 뒤에는 소각부를 전용할 수 있지만 고기는 전용의 대상이 되지 않는다. 이 부분이든지 저 부분이든지 혐오스러운 것과 남은 것과 부정한 것에 대한 책임이 있다. 〔그래서〕 피 〔뿌리기가〕 지성물에게 〔미치는〕 영향은 관대하기도 하고 엄정하기도 하다. 그러나 일반 성물에게 〔미치는 영향은〕 전부 엄정하다.

- 지성물로 드린 제물은 그 전체가 성별되는 순간부터 야훼에게 바친 것이 되고, 피를 뿌리기 전에는 제사장들이 그 고기를 먹을 수 없고 그 소각부를 제단 위에서 태울 수 없다. 그러므로 전용 법규를 적용하며, 이것이 엄정한 법적용의 예다. 그러나 피를 뿌리고 나면 그 고기를 제사장이 먹을 수 있으며 전용 법규를 적용하지 않으므로 관대한 법적용의 예다. 소각부는 원래 먹을 수 없으므로 전용 법규를 적용한다. 피를 뿌린 이후에는 제사장이 먹을 수 있으므로 혐오스러운 것과 남은 것과 부정한 것에 관한 법을 적용하고, 이것은 엄정하게 법을 적용하는 예다.
- 일반 성물로 드린 제물은 그 피를 뿌리기 전에는 거룩하지 않으며, 전용 법규를 적용하지 않는다. 사실 일반 성물의 고기는 누구나 먹을

수 있으므로, 전용 관련 법규를 적용하는 일이 없다. 그러나 피를 뿌리고 나면 그 소각부는 야훼에게 바치는 것이 되므로 전용의 대상이된다. 여기에는 혐오스러운 것과 남은 것과 부정한 것에 관련된 법규도 적용한다. 그러므로 이것은 엄정하게 법을 적용하는 예다.

제2장

2, 1

속죄제로 새를 준비하는 과정을 설명한다.

חַטַּאת הָעוֹף, מוֹעֲלִין בָּהּ מִשֶּׁהֻקְדְּשָׁה. נִמְלְקָה, הֻכְשְׁרָה לְהִפָּסֵל בִּטְבוּל יוֹם
וּבִמְחֻסַּר כִּפּוּרִים וּבְלִינָה. הֻזָּה דָמָהּ, חַיָּבִין עָלֶיהָ מִשּׁוּם פִּגּוּל, נוֹתָר וְטָמֵא,
וְאֵין בָּהּ מְעִילָה:

새를 [바치는] 속죄제는 그것을 바치는 [순간부터] 전용의 대상이된다. [목을] 찔러 [부러뜨리면] 낮에 씻은 자나 속죄가 부족한 자나밤을 지낸 것 때문에 무효가 될 수 있다. 그 피를 뿌리면, 혐오스러운것과 남은 것과 부정한 것과 관련해서 책임을 져야 하지만, 전용할 수는 없다.

- 속죄제물로 새를 바치면 그 순간부터 전용 관련 법규를 적용할 수있다. 이때는 제사장들이 먹을 수 없기 때문이다(「메일라」1, 1).
- 목 뒤를 손가락으로 눌러서 부러뜨리면(멜리카) 그 순간부터 부정해질 수 있다. 정결례를 시행했으나 저녁이 되어야 정결해지는 '낮에 씻은 자'(레 22:7), 정결례를 마쳤으나 제사를 드리지 않은 자(「크리톳」2, 1 참조), 또는 피를 뿌리지 않고 밤을 지낸 제물과 접촉했을

때 부정해진다.

- 제물의 피를 뿌리고 나면 그 고기를 먹을 수 있는 상태가 되며, 무효인 제물을 먹기 위해서 도살한 혐오스러운 것과 제물을 먹는 시간이 지나서 남은 것과 부정한 것에 관련된 법규를 적용할 수 있다. 그러나 제사장들이 먹도록 허용되었으므로 전용 관련 법규는 적용할 수 없다.

2, 2

번제로 새를 드리는 과정을 설명한다.

עוֹלַת הָעוֹף, מוֹעֲלִין בָּה מִשֶּׁהֻקְדְּשָׁה. נִמְלְקָה, הֻכְשְׁרָה לְהִפָּסֵל בִּטְבוּל יוֹם
וּבִמְחֻסַּר כִּפּוּרִים וּבְלִינָה. מִצָּה דָמָהּ, חַיָּבִין עָלֶיהָ מִשּׁוּם פִּגּוּל, נוֹתָר וְטָמֵא.
וּמוֹעֲלִין בָּהּ עַד שֶׁתֵּצֵא לְבֵית הַדָּשֶׁן:

새를 [바치는] 번제는 그것을 바치는 [순간부터] 전용의 대상이 된다. [목을] 찔러 [부러뜨리면] 낮에 씻은 자와 속죄가 부족한 자와 밤을 지샌 것 때문에 무효가 될 수 있다. 그 피를 뿌리면, 혐오스러운 것과 남은 것과 부정한 것과 관련해서 책임을 져야 한다. 이것이 재를 [버리는] 곳으로 나갈 때까지 전용의 대상이 된다.

- 번제물로 새를 드리는 경우에도 속죄제와 매우 유사한 규칙이 적용된다(2, 1). 다른 점은 번제를 먹는 것이 아예 금지되어 있기 때문에 전용과 관련된 규정을 적용하는 기간이 훨씬 길다는 것이다. 새를 제사로 드리고 그 재를 성전 바깥에 재 버리는 곳으로 치울 때까지 계속 전용의 대상이 된다(레 6:4).

2, 3

소와 염소를 제물로 드리는 경우를 설명한다.

פָּרִים הַנִּשְׂרָפִין וּשְׂעִירִים הַנִּשְׂרָפִין, מוֹעֲלִין בָּהֶן מִשֶּׁהֻקְדָּשׁוּ. נִשְׁחֲטוּ, הֻכְשְׁרוּ
לְהִפָּסֵל בִּטְבוּל יוֹם וּבִמְחֻסַּר כִּפּוּרִים וּבְלִינָה. הֻזָּה דָמָן, חַיָּבִין עֲלֵיהֶן מִשּׁוּם
פִּגּוּל, נוֹתָר וְטָמֵא. וּמוֹעֲלִין בָּהֶן בְּבֵית הַדֶּשֶׁן עַד שֶׁיִּתַּךְ הַבָּשָׂר:

태우는 황소들과 태우는 숫염소들은 그것을 바치는 〔순간부터〕 전
용의 대상이 된다. 도살하면 낮에 씻은 자와 속죄가 부족한 자와 밤을
지샌 것 때문에 무효가 될 수 있다. 그 피를 뿌리면, 혐오스러운 것과
남은 것과 부정한 것에 관련된 책임을 져야 한다. 그 고기가 타버리기
전까지는 재를 〔버리는〕 곳에서 전용의 대상이 된다.

- 제물로 바친 소와 염소를 전용하는 상황은 제물로 새를 바친 경우와
  유사하다(2, 1-2). 다른 점은 소나 염소 고기를 제물로 바치고 나중
  에 재를 버리는 곳으로 치워낸 후에도 전용의 대상이 된다는 점이며,
  그만큼 고기가 귀했던 상황을 보여준다. 그러나 제물이 완전히 타서
  재가 되고 나면 태우기가 끝난 것이며(「제바힘」 12, 6), 그 후에는 전
  용 관련 규정을 적용하지 않는다.

2, 4

번제로 가축을 드리는 과정을 설명한다.

הָעוֹלָה, מוֹעֲלִין בָּהּ מִשֶּׁהֻקְדָּשָׁה. נִשְׁחֲטָה, הֻכְשְׁרָה לְהִפָּסֵל בִּטְבוּל יוֹם
וּבִמְחֻסַּר כִּפּוּרִים וּבְלִינָה. נִזְרַק דָּמָהּ, חַיָּבִין עָלֶיהָ מִשּׁוּם פִּגּוּל, נוֹתָר וְטָמֵא.
וְאֵין מוֹעֲלִין בְּעוֹרָהּ, אֲבָל מוֹעֲלִין בַּבָּשָׂר עַד שֶׁיֵּצֵא לְבֵית הַדֶּשֶׁן:

번제는 그것을 바치는 [순간부터] 전용의 대상이 된다. [일단] 도살하면 낮에 씻은 자와 속죄가 부족한 자와 밤을 지샌 것 때문에 무효가될 수 있다. 그 피를 뿌리면 혐오스러운 것과 남은 것과 부정한 것과관련해서 책임을 져야 한다. 그 가죽은 전용할 수 없지만, 그 고기는재를 [버리는] 곳으로 나갈 때까지 전용의 대상이 된다.

- 번제로 새를 바치는 경우는 이미 언급했기 때문에(2, 2) 여기서는 가축을 번제로 드리는 경우를 다루고 있으며, 대부분의 규칙은 새를바치는 경우와 동일하다(2, 1-2). 다른 점은 가죽에 관한 규정인데,제물로 바친 가축을 도살하면 가죽은 그때부터 제사장의 몫이 되고,그러므로 전용 관련 규정을 적용하지 않는다. 그러나 번제이기 때문에 고기를 먹을 수는 없고, 그러므로 다 태우고 재를 치울 때까지 전용 관련 규칙을 적용한다.

2, 5

속죄제와 속건제와 회중을 위한 화목제, 즉 지극히 거룩한 제사들과 관련된 규정을 설명한다.

חַטָּאת וְאָשָׁם וְזִבְחֵי שַׁלְמֵי צִבּוּר, מוֹעֲלִין בָּהֶן מִשֶּׁהֻקְדָּשׁוּ. נִשְׁחֲטוּ, הֻכְשְׁרוּ
לְהִפָּסֵל בְּטִבוּל יוֹם וּבִמְחֻסַּר כִּפּוּרִים וּבְלִינָה. נִזְרַק דָּמָן, חַיָּבִין עֲלֵיהֶם מִשּׁוּם
פִּגּוּל, נוֹתָר וְטָמֵא. אֵין מוֹעֲלִין בַּבָּשָׂר, אֲבָל מוֹעֲלִין בָּאֵמוּרִים עַד שֶׁיֵּצְאוּ
לְבֵית הַדֶּשֶׁן:

속죄제와 속건제와 회중을 위한 화목제는 그것을 바치는 [순간부터] 전용의 대상이 된다. 도살하면 낮에 씻은 자와 속죄가 부족한 자와 밤을 지샌 것 때문에 무효가 될 수 있다. 그 피를 뿌리면 혐오스러운 것과 남은 것과 부정한 것과 관련해서 책임을 져야 한다. 그 고기

는 전용할 수 없지만, 그 소각부는 재를 〔버리는〕 곳으로 나갈 때까지 전용의 대상이 된다.

- 속죄제와 속건제와 회중을 위해 드린 화목제에 적용하는 전용 관련 법규는 위와 거의 비슷하다(2, 1-3). 다른 점은 이런 제물들의 고기는 제의를 마친 후 제사장들이 먹을 수 있기 때문에 전용 관련 규칙을 적용할 수 없다는 것이다. 소각부는 먹지 않고 태워야 하기 때문에 재를 버리는 곳으로 나갈 때까지 전용규정을 적용할 수 있다.

2, 6

칠칠절에 바치는 빵 두 덩이에 관해 설명한다.

שְׁתֵּי הַלֶּחֶם, מוֹעֲלִין בָּהֶן מִשֶּׁהֻקְדָּשׁוּ. קָרְמוּ בַתַּנּוּר, הֻכְשְׁרוּ לְהִפָּסֵל בִּטְבוּל
יוֹם וּבִמְחֻסַּר כִּפּוּרִים וְלִשְׁחֹט עֲלֵיהֶם אֶת הַזָּבַח. נִזְרַק דָּמָן שֶׁל כְּבָשִׂים,
חַיָּבִין עֲלֵיהֶן מִשּׁוּם פִּגּוּל, נוֹתָר וְטָמֵא, וְאֵין בָּהֶן מְעִילָה:

빵 두 덩어리는 그것을 바치는 〔순간부터〕 전용의 대상이 된다. 화덕에서 겉껍질이 생기면 낮에 씻은 자와 속죄가 부족한 자 때문에 무효가 될 수 있고 그 위에서 제물을 도살할 준비가 된다. 양의 피를 뿌리면 혐오스러운 것과 남은 것과 부정한 것에 관해서 책임을 져야 하지만, 전용할 수는 없다.

- 새나 가축을 제물로 바쳤을 때와 마찬가지로 빵도 바치는 순간부터 전용 관련 법규를 적용할 수 있다(「메일라」 2, 1-5). 빵은 화덕에 구워서 딱딱한 겉껍질이 생기면 부정이 전이될 준비가 되며, 이런 상태에서 낮에 씻은 자나 속죄가 부족한 자가 접촉하면 부정해진다. 밤을 지샌 것은 부정을 전이할 수 없는데, 어차피 빵은 그 전날 굽기 때

문이다.

- 이런 상태에서 제사장은 어린 양을 잡아서 제물로 바치게 된다(레 23:20). 양의 피를 뿌린 이후에는 제사장이 먹을 수 있으므로 부정이 전이되지 않도록 조심해야 하지만, 전용 관련 규칙은 적용하지 않는다.

2, 7

안식일마다 드리는 진설병에 관해 설명한다.

לֶחֶם הַפָּנִים, מוֹעֲלִין בּוֹ מִשֶּׁהֻקְדַשׁ. קָרַם בַּתַּנּוּר, הֻכְשַׁר לְהִפָּסֵל בִּטְבוּל יוֹם וּבִמְחֻסַּר כִּפּוּרִים, וּלְהִסָּדֵר עַל גַּבֵּי הַשֻּׁלְחָן. קָרְבוּ הַבְּזִיכִין, חַיָּבִין עָלָיו מִשּׁוּם פִּגּוּל, נוֹתָר וְטָמֵא, וְאֵין בָּהֶן מְעִילָה:

진설병은 그것을 바치는 [순간부터] 전용의 대상이 된다. 화덕에서 겉껍질이 생기면 낮에 씻은 자와 속죄가 부족한 자 때문에 무효가 되고 식탁 위에 차려놓을 준비가 된다. [작은] 접시들로 [분향을] 드리면, 혐오스러운 것과 남은 것과 부정한 것 때문에 책임을 져야 하지만, 전용할 수는 없다.

- 진설병도 빵과 마찬가지로 화덕에서 겉껍질이 생길 때까지 구워서 나오면 음식으로 부정해질 수 있다(2, 6). 이 순간부터 제물로 성소 안에 있는 식탁에 바칠 수 있고, 부정한 자와 접촉하면 부정이 전이된다. 진설병을 바칠 때는 향을 두 접시에 담아 함께 드리는데, 그 후에 이 빵을 다음 날 먹으려는 의도를 가지면 혐오스러운 것이 되고, 먹는 시간이 지날 때까지 먹지 않으면 남은 것이 되며, 부정의 요인과 접촉하면 부정해진다. 유향을 담아 진설한 이후에는 제사장이 먹을 수 있게 되며, 전용 규정을 적용하지 않는다.

2, 8

소제에 관해 설명한다.

הַמְּנָחוֹת, מוֹעֲלִין בָּהֶן מִשֶּׁהֻקְדָּשׁוּ. קָדְשׁוּ בַכְּלִי, הֻכְשְׁרוּ לִפָּסֵל בִּטְבוּל יוֹם
וּבִמְחֻסַּר כִּפּוּרִים וּבְלִינָה. קָרַב הַקֹּמֶץ, חַיָּבִין עָלָיו מִשּׁוּם פִּגּוּל, נוֹתָר וְטָמֵא.
וְאֵין מוֹעֲלִין בַּשִּׁירַיִם, אֲבָל מוֹעֲלִים בַּקֹּמֶץ עַד שֶׁיֵּצֵא לְבֵית הַדָּשֶׁן:

소제는 성별되는 〔순간부터〕 전용의 대상이 된다. 그릇에 〔담아〕
성별하면 낮에 씻은 자와 속죄가 부족한 자와 밤을 지샌 것 때문에
무효가 될 준비가 된다. 〔소제 중〕 한 움큼을 바치면, 혐오스러운 것과
남은 것과 부정한 것 때문에 책임을 져야 하지만, 그 남은 것을 전용할
수는 없다. 그러나 한 움큼 〔뗀 것은〕 재를 〔버리는〕 곳으로 나갈 때까
지 전용의 대상이 된다.

- 소제는 성별하는 순간부터 전용 관련 규정을 적용할 수 있고, 소제
  물을 그릇에 담으면 그때부터 부정해질 수 있다. 소제를 성별하는
  것은 구두로 할 수 있다고 해석한다(라브). 소제물 중에서 한 움큼을
  떼어 제단 위에 바친 후 남은 것은 제사장이 먹을 수 있다. 그러므로
  그때부터 전용 관련 규정을 적용하지 않는다. 한편 제단에서 드리려
  고 한 움큼 떼어낸 것은 먹을 수 없는 부분으로, 전적으로 야훼에게
  바치는 것이므로 전용 관련 규정을 적용한다.

2, 9

소제의 전용에 대한 추가적인 설명이다.

הַקֹּמֶץ, וְהַלְּבוֹנָה, וְהַקְּטֹרֶת, וּמְנָחוֹת כֹּהֲנִים, וּמִנְחַת כֹּהֵן מָשִׁיחַ, וּמִנְחַת
נְסָכִין, מוֹעֲלִין בָּהֶן מִשֶּׁהֻקְדָּשׁוּ. קָדְשׁוּ בַכְּלִי, הֻכְשְׁרוּ לִפָּסֵל בִּטְבוּל יוֹם
וּבִמְחֻסַּר כִּפּוּרִים וּבְלִינָה, וְחַיָּבִין עֲלֵיהֶן מִשּׁוּם נוֹתָר וּמִשּׁוּם טָמֵא, וּפִגּוּל אֵין

בְּהֵן. זֶה הַכְּלָל, כֹּל שֶׁיֵּשׁ לוֹ מַתִּירִין, אֵין חַיָּבִין עָלָיו מִשּׁוּם פִּגּוּל, נוֹתָר וְטָמֵא,
עַד שֶׁיִּקְרְבוּ מַתִּירָיו. וְכֹל שֶׁאֵין לוֹ מַתִּירִין, כֵּיוָן שֶׁקִּדֵּשׁ בַּכְּלִי, חַיָּבִין עָלָיו
מִשּׁוּם נוֹתָר וּמִשּׁוּם טָמֵא, וּפִגּוּל אֵין בּוֹ:

〔소제물에서 뗀〕 한 움큼과 유향과 향과 제사장들의 소제와 기름을 부은 제사장의 소제와 전제와 〔함께 드리는〕 소제는 그것을 성별하는 〔순간부터〕 전용의 대상이 된다. 그릇에 〔담아〕 성별하면 낮에 씻은 자와 속죄가 부족한 자와 밤을 지샌 것 때문에 무효가 될 수 있다. 그리고 남은 것과 부정한 것 때문에 책임을 져야 하지만, 혐오스러운 것은 관련이 없다.

이것이 원칙이다. 〔제사를〕 유효하게 하는 부분이 있는 것들은 모두 그 유효하게 하는 것을 바칠 때까지 혐오스러운 것과 남은 것과 부정한 것 때문에 책임을 지지 않는다. 그러나 유효하게 하는 것이 없는 것들은 그릇에 〔담아서〕 바치기 때문에 모두 남은 것과 부정한 것 때문에 책임을 지지만, 혐오스러운 것은 관련이 없다.

- 이 미쉬나가 열거한 유향과 소제들은 모두 제단에 올려서 태워야 하며 제사장이 먹도록 주지 않는다. 그러므로 전용과 관련된 규정을 적용하게 되며, 그릇에 담아 구별되면 부정이 전이될 수 있다. 그리고 남은 것과 부정한 것이 되면 그 책임을 져야 하지만 혐오스러운 것이 될 가능성은 없다. 그 이유는 다음과 같다.

- 제물로 바치는 것들 중에서 제사를 완성시키는, 유효하게 하는 것이 따로 있어서(מתיר, 마티르) 그것이 제물을 태우도록 또는 제사장이 먹도록 허용하는 역할을 하는 경우, 그것을 바치기 전에는 혐오스러운 것과 남은 것과 부정한 것이 되어 책임을 지지 않는다. 예를 들어, 새나 가축을 드렸다면 그 피를 뿌린 후에, 소제물을 드렸다면 그중 한 움큼을 뗀 후에, 빵 두 덩이를 드렸다면 함께 드린 제물의 피를 뿌

린 뒤에, 진설병을 드렸다면 옆에 향 두 접시를 드린 다음에 그런 책임이 생긴다.

- 그러나 이렇게 유효하게 하는 부분이 없는 것을 드리면 아무런 다른 제의 없이 모두 제단에 바치고 먹을 수도 없다. 그러므로 남은 것과 부정한 것에 관한 책임이 생기지만, 혐오스러운 것이 될 가능성은 없다(「제바힘」4, 3).

제3장

3, 1

「트무라」(4, 1)에 나오며, 속죄제의 대체물에 관해 설명한다. 본문에 성물을 전용하는 죄도 언급하고 있기 때문에 이곳에도 실린 것으로 보인다.

וְלַד חַטָּאת וּתְמוּרַת חַטָּאת וְחַטָּאת שֶׁמֵּתוּ בְעָלֶיהָ, יָמוּתוּ. שֶׁעָבְרָה שְׁנָתָהּ,
וְשֶׁאָבְדָה וְשֶׁנִּמְצֵאת בַּעֲלַת מוּם, אִם מִשֶּׁכִּפְּרוּ הַבְּעָלִים, תָּמוּת, וְאֵינָהּ
עוֹשָׂה תְמוּרָה, וְלֹא נֶהֱנִים, וְלֹא מוֹעֲלִין. וְאִם עַד שֶׁלֹּא כִפְּרוּ הַבְּעָלִים,
תִּרְעֶה עַד שֶׁתִּסְתָּאֵב, וְתִמָּכֵר, וְיָבִיא בְדָמֶיהָ אַחֶרֶת, וְעוֹשָׂה תְמוּרָה,
וּמוֹעֲלִים בָּהּ:

속죄제 〔제물의〕 새끼와 속죄제물의 대체물과 그 주인이 죽은 속죄제물은 죽게 〔내버려두어야〕 한다.

그 나이가 지났거나 잃어버렸다가 흠이 있는 것으로 발견된 〔속죄제물에〕 관하여, 만약 그 주인이 〔다른 제물로〕 속죄를 받았다면, 그것은 죽게 〔내버려둘〕 것이며, 대체물로 쓸 수 없고, 그것을 통해 이득을 얻을 수 없으며, 전용의 대상이 되지 않는다. 그러나 만약 그 주인이 속죄를 받기 전이라면, 흠이 나타날 때까지 기를 것이며, 그것을 팔아서 그 돈으로 다른 것을 〔사서〕 가져올 것이고, 그것을 대체물로 쓸 수 있고, 전용할 수도 있다.

- 처음에 열거한 속죄제물 세 가지는 제물로 바칠 수 없게 되었고 죽게 내버려두어야 한다. 왜냐하면 그 제물을 바쳤던 주인이 이미 다른 제물로 용서를 받았기 때문이다. 예를 들어 그 주인이 속죄제물을 구별했다가 잃어버렸고 다른 가축을 구별했다가 다시 찾았을 때, 원래 제물로 속죄제를 드리면 그 속죄제물의 새끼나 그 대체물은 제물로 바칠 수도 없고 무를 수도 없어서 죽게 내버려두어야 한다. 그 주인이 사고로 죽었을 때도 마찬가지다.
- 속죄제물을 적법하게 드릴 수 있는 기한이 지났거나 잃어버렸다가 찾았는데 흠이 있는 것을 발견했다. 만약 제물의 주인이 이미 다른 제물을 바치고 속죄를 받은 상태라면, 이런 제물을 죽게 내버려두어야 한다. 이미 속죄제를 위해 드린 것이기 때문에 이런 가축을 다른 제사의 대체물로 쓸 수도 없다. 같은 이유로 이 가축을 팔거나 음식으로 사용하는 등 이득을 취할 수 없다. 주인이 이득을 취했다면 전용 관련 법규를 적용한다.
- 만약 그 주인이 아직 속죄를 받기 전일 때, 기간이 지난 가축은 계속 기르다가, 흠이 나타나면 팔아서 그 돈으로 다른 가축을 사와야 한다. 되찾았는데 흠이 있는 경우라면 그 즉시 팔아서 다른 가축을 사온다. 이렇게 새로 사온 가축은 제물의 대체물이 될 수 있고, 전용할 경우 배상해야 한다.

3, 2

나실인의 기간이 끝날 때 적용하는 전용 관련 규정을 설명한다.

הַמַּפְרִישׁ מָעוֹת לִנְזִירוּתוֹ, לֹא נֶהֱנִין וְלֹא מוֹעֲלִין, מִפְּנֵי שֶׁהֵן רְאוּיִין לָבֹא כֻלָּן שְׁלָמִים. מֵת, הָיוּ סְתוּמִים, יִפְּלוּ לִנְדָבָה. הָיוּ מְפֹרָשִׁים, דְּמֵי חַטָּאת יֵלְכוּ לְיַם הַמֶּלַח, לֹא נֶהֱנִין וְלֹא מוֹעֲלִין בָּהֶן. דְּמֵי עוֹלָה, יָבִיאוּ עוֹלָה וּמוֹעֲלִין בָּהֶן. וּדְמֵי שְׁלָמִים, יָבִיאוּ שְׁלָמִים, וְנֶאֱכָלִים לְיוֹם אֶחָד, וְאֵינָן טְעוּנִין לָחֶם:

〔어떤 사람이〕 자기의 나실인 〔제물을〕 위해서 돈을 떼어놓았다면, 이것으로 이득을 보면 안 되지만 그것을 전용할 수는 없다. 이것을 모두 화목제를 드리는 데 써도 무방하기 때문이다.

그가 죽었을 때, 〔그 돈의 용도가〕 불분명할 때는 이것이 자원하는 제물이 될 것이다. 〔그 용도가〕 분명할 때는, 속죄제를 〔드릴〕 돈은 염해로 갈 것이며,[2] 이것으로 이득을 보면 안 되고, 그것은 전용의 대상이 되지 않는다. 번제를 〔드릴〕 돈은 번제를 드려야 하며, 그것은 전용의 대상이 된다. 화목제를 〔드릴〕 돈은 화목제를 드리는 데 〔써야 하며〕, 하루에 먹어야 하고, 빵을 〔함께〕 드릴 필요는 없다.

- 나실인은 미리 구별한 기간이 끝났을 때 속죄제와 번제와 화목제를 드려야 한다(민 6:14-15). 만약 어떤 사람이 나실인 서약을 하고 이런 제사를 드리기 위한 돈을 따로 떼어놓았다면, 그것을 다른 용도로 사용할 수 없다. 그러나 세 가지 제사 중에서 화목제는 지성물이 아니라 일반 성물이기 때문에 이 돈 전체에 전용 관련 규정을 적용할

---

2) 동전을 염해로 가지고 간다는 표현은 사해에 돈을 던져버린다는 말이다. 원래 가축을 속죄제물로 떼어놓았을 때 주인이 죽으면 죽게 내버려두어야 하지만, 동전을 죽게 내버려둘 수는 없으므로 누구도 사용할 수 없는 상태로 만드는 것이다.

수는 없다(「메일라」 1, 4).

● 어떤 사람이 나실인 제사를 위해 돈을 떼어놓았다가 사망했을 때, 어떤 액수가 어떤 제사를 위한 것인지 분명하게 정해놓지 않았다면, 전체를 성전에 바친 후 자원하는 제물을 드리는 데 사용한다. 만약 그 사람이 액수와 용도를 분명하게 정해놓았을 때, 속죄제를 위해 준비한 돈은 제물을 사는 데 쓸 수 없다(「메일라」 3, 1). 그러므로 동전을 파괴해야 한다. 다른 용도로 사용할 수 없지만, 사용한다고 해도 전용하는 것은 아니다. 번제를 드릴 돈은 번제물을 사는 데 써야 하며, 지성물이므로 전용 관련 법규를 적용할 수 있다. 화목제를 드릴 돈은 화목제를 사는 데 써야 하며, 다음 날로 다 먹어야 한다(「제바힘」 5, 6). 원래 화목제는 각종 빵과 소제를 함께 드려야 하는데, 제사를 드리는 자가 사망했기 때문에 이 의무는 면제한다. 토라는 빵을 나실일의 "두 손에" 두라고 했기 때문이다(민 6:19).

3, 3
피와 포도주에 관련된 전용 법규를 설명한다.

רַבִּי יִשְׁמָעֵאל אוֹמֵר, הַדָּם, קַל בִּתְחִלָּתוֹ וְחָמוּר בְּסוֹפוֹ, וְהַנְּסָכִים, חֹמֶר
בִּתְחִלָּתָן וְקַל בְּסוֹפָן. הַדָּם, בַּתְּחִלָּה אֵין מוֹעֲלִים בּוֹ. יָצָא לְנַחַל קִדְרוֹן,
מוֹעֲלִים בּוֹ. הַנְּסָכִים, בַּתְּחִלָּה מוֹעֲלִים בָּהֶן. יָצְאוּ לַשִּׁיתִין, אֵין מוֹעֲלִים בָּהֶם:

랍비 이쉬마엘은 피에 [관하여] 처음에는 관대하지만 끝에는 엄정한 [법규를 적용하게 되며], 전제에 [관하여] 처음에는 엄정하지만 끝에는 관대한 [법규를 적용하게 된다고] 말한다. 피는 처음에는 전용의 대상이 아니지만, 기드론 계곡으로 나가면 전용의 대상이 된다. 전제는 처음에는 전용의 대상이 되지만, [제단] 기초석까지 나가면 그 자격을 잃기 때문이다.

- 랍비 이쉬마엘은 전용 관련 법규를 적용할 때 피와 포도주가 서로 대조된다는 점을 지적한다. 제물의 피는 제단 기초에 붓거나 뿌리기 전에는 성물이 아니므로 전용 관련 법규를 적용할 수 없다. 그러나 제사를 통해 바친 피가 땅 속을 흘러서 키드론 계곡으로 나온다면, 이것은 성물이기 때문에 누구도 그것을 사용하면 전용 관련 법규를 적용할 수 있다. 결국 마지막에 더 엄정하게 법을 집행하는 셈이 된다.
- 포도주는 제단에 드릴 때는 성물이므로 전용 관련 법규를 적용할 수 있다. 그러나 제단 위에서 흘러내려 제단 기초석을 지나면, 이미 제의적 역할을 다한 포도주는 더 이상 성물이 아니므로 전용 관련 법규를 적용할 수 없다. 그러므로 마지막에 더 관대하게 법을 집행하는 셈이다.

3, 4
성전의 분향단, 등잔대의 재와 비둘기의 전용에 대한 설명이다.

דִּשׁוּן מִזְבֵּחַ הַפְּנִימִי וְהַמְּנוֹרָה, לֹא נֶהֱנִין וְלֹא מוֹעֲלִין. הַמַּקְדִּישׁ דִּשׁוּן
בַּתְּחִלָּה, מוֹעֲלִים בּוֹ. תּוֹרִים שֶׁלֹּא הִגִּיעַ זְמַנָּן, וּבְנֵי יוֹנָה שֶׁעָבַר זְמַנָּן, לֹא
נֶהֱנִין וְלֹא מוֹעֲלִים. רַבִּי שִׁמְעוֹן אוֹמֵר, תּוֹרִין שֶׁלֹּא הִגִּיעַ זְמַנָּן, מוֹעֲלִין בָּהֶן.
וּבְנֵי יוֹנָה שֶׁעָבַר זְמַנָּן, לֹא נֶהֱנִין וְלֹא מוֹעֲלִין:

〔성소〕 내부 분향단과 등잔대의 재로 이득을 얻으면 안 되며 전용의 대상이 되지는 않는다. 〔어떤 사람이〕 처음부터 재를 바치면, 그것은 전용의 대상이 된다.

다 자라지 않은 산비둘기와 〔제물로 쓸〕 때가 지나버린 집비둘기로 이득을 얻으면 안 되지만 전용의 대상은 아니다. 랍비 쉼온은 다 자라지 않은 산비둘기는 전용의 대상이 된다고 말한다. 그러나 때가 지나버린 집비둘기로 이득을 얻으면 안 되고 전용의 대상이 되지 않는다고 〔주장한다〕.

- 성소 내부에 있는 분향단과 등잔대에서 생긴 재를 다른 용도에 사용할 수는 없다. 그러나 이미 제의적 역할이 끝난 물건은 성물이 아니기 때문에 전용 관련 법규를 적용할 수 없다. 가정이지만 누군가가 처음부터 재를 바쳤다면, 그 재는 성물이므로 전용 관련 법규를 적용할 수 있다.
- 산비둘기는 다 자라야 제물로 사용할 수 있고 집비둘기는 그 새끼를 제물로 사용한다. 그런데 어떤 사람이 다 자라지 않은 산비둘기나 때가 지나버린 집비둘기를 바쳤다면, 이런 새들은 제물로 쓸 수 없다. 다른 용도로 사용하면 안 되지만, 성물이 아니므로 전용 관련 법규를 적용할 수 없다. 랍비 쉼온은 산비둘기에 관해서 이견을 제시하는데, 이 새는 결국 자라서 제물로 드리기에 적절한 상태가 될 것이므로 전용 관련 법규를 적용할 수 있다고 주장한다.

3, 5
우유와 알에 적용하는 전용 관련 법규를 설명한다.

חֲלֵב הַמֻּקְדָּשִׁין וּבֵיצֵי תוֹרִין, לֹא נֶהֱנִין וְלֹא מוֹעֲלִים. בַּמֶּה דְבָרִים אֲמוּרִים, בְּקָדְשֵׁי מִזְבֵּחַ. אֲבָל בְּקָדְשֵׁי בֶדֶק הַבַּיִת, הִקְדִּישׁ תַּרְנְגֹלֶת, מוֹעֲלִין בָּהּ וּבְבֵיצָתָהּ. חֲמוֹר, מוֹעֲלִין בָּהּ וּבַחֲלָבָהּ:

[제물로] 바친 젖과 산비둘기 알들로 이득을 얻으면 안 되고 전용의 대상이 되지 않는다. 어떤 것에 관하여 말하고 있는가? 제단에 [드리는] 성물에 관하여 [말한 것이다]. 그러나 성전 보수를 [위해 드린] 성물로 [어떤 사람이] 닭을 바쳤다면, 그것과 그 알은 전용의 대상이 된다. 당나귀를 [바쳤다면], 그것과 그 젖은 전용의 대상이 된다.

- 제단에 드리는 제물로 가축이나 새를 바쳤으면 그것들은 성물이지

만, 거기서 나오는 젖이나 알은 성물이 아니다. 다른 용도로 사용하면 안 되지만, 사용했더라도 전용 관련 규정을 적용할 수는 없다.

- 성전 보수와 유지를 위해 드렸다면 가축과 그 젖은 물론 새와 그 알까지 성물로 간주한다. 이것을 팔아서 그 돈으로 성전을 보수해야 하기 때문이다. 그러므로 전용 관련 법규를 적용한다.

3, 6

예를 들어가며 다섯째 미쉬나(3, 5)를 더 자세히 설명한다.

כָּל הָרָאוּי לַמִּזְבֵּחַ וְלֹא לְבֶדֶק הַבַּיִת, לְבֶדֶק הַבַּיִת וְלֹא לַמִּזְבֵּחַ, לֹא לַמִּזְבֵּחַ
וְלֹא לְבֶדֶק הַבַּיִת, מוֹעֲלִין בּוֹ. כֵּיצַד, הַקְדִּישׁ בּוֹר מָלֵא מַיִם, אַשְׁפָּה מְלֵאָה
זֶבֶל, שׁוֹבָךְ מָלֵא יוֹנִים, אִילָן מָלֵא פֵרוֹת, שָׂדֶה מְלֵאָה עֲשָׂבִים, מוֹעֲלִין
בָּהֶם וּבְמַה שֶׁבְּתוֹכָן. אֲבָל אִם הִקְדִּישׁ בּוֹר וְאַחַר כָּךְ נִתְמַלֵּא מַיִם, אַשְׁפָּה
וְאַחַר כָּךְ נִתְמַלְּאָה זֶבֶל, שׁוֹבָךְ וְאַחַר כָּךְ נִתְמַלֵּא יוֹנִים, אִילָן וְאַחַר כָּךְ
נִתְמַלֵּא פֵרוֹת, שָׂדֶה וְאַחַר כָּךְ נִתְמַלְּאָה עֲשָׂבִים, מוֹעֲלִין בָּהֶן, וְאֵין מוֹעֲלִין
בְּמַה שֶׁבְּתוֹכָן, דִּבְרֵי רַבִּי יְהוּדָה. וְרַבִּי שִׁמְעוֹן אוֹמֵר, הַמַּקְדִּישׁ שָׂדֶה וְאִילָן,
מוֹעֲלִין בָּהֶם וּבְגִדּוּלֵיהֶם, מִפְּנֵי שֶׁהֵן גִּדּוּלֵי הֶקְדֵּשׁ. וְלַד מְעַשֶּׂרֶת לֹא יִינַק
מִן הַמְעַשֶּׂרֶת. וַאֲחֵרִים מִתְנַדְּבִים כֵּן. וְלַד מֻקְדָּשִׁין לֹא יִינַק מִן הַמֻּקְדָּשִׁין.
וַאֲחֵרִים מִתְנַדְּבִים כֵּן. הַפּוֹעֲלִים לֹא יֹאכְלוּ מִגְּרוֹגְרוֹת שֶׁל הֶקְדֵּשׁ. וְכֵן פָּרָה
לֹא תֹאכַל מִכַּרְשִׁינֵי הֶקְדֵּשׁ:

제단에 [올리기에] 적합하지만 성전 보수를 위해 [적합하지] 않은 모든 것, 성전 보수를 위해 [적합하지만] 제단에 [올리기에 적합하지] 않은 것, 제단에 [올리기에 적합하지] 않고 성전 보수를 위해 [적합하지] 않은 것은 모두 전용의 대상이 된다. 어떻게 [그러한가]?

[어떤 사람이] 물이 가득 찬 웅덩이를, 거름이 가득한 언덕을, 집비둘기가 가득 찬 비둘기장을, 열매가 가득한 나무를, 풀이 가득 찬 밭을 바쳤다면, 그것과 그 안에 가득 찬 것을 [모두] 전용의 대상이 된다. 그러나 그가 웅덩이를 바치고 나중에 물을 채웠거나, 언덕을 [바

치고〕나중에 거름을 채웠거나, 비둘기장을 〔바치고〕나중에 집비둘
기를 채웠거나, 나무를 〔바치고〕나중에 열매가 달렸거나, 밭을 〔바치
고〕나중에 풀이 자랐다면, 그것은 전용할 수 있지만 그 안에 채운 것
은 전용의 대상이 되지 않는다는 것이 랍비 예후다의 말이다. 그러나
랍비 쉼온은 〔어떤 사람이〕밭과 나무를 바치면 그것들과 거기서 자
라는 것을 〔모두〕전용할 수 있으며, 그것들은 거룩한 것에서 자란 것
이기 때문이라고 말한다.

〔제물로〕바친 〔가축의〕새끼는 그 바친 것의 젖을 빨 수 없다. 그
〔목적을〕위해 다른 사람이 〔젖을〕기증해야 한다. 일꾼들은 〔이미 바
쳐서〕거룩해진 마른 무화과를 먹을 수 없다. 마찬가지로 암소는 〔이
미 바쳐서〕거룩해진 살갈퀴를 먹을 수 없다.

- 제단에 올리기에 적합하고 성전 보수를 위해 드리기에도 적합한 것
은 전용의 대상이 되지 않는다. 그러나 그 외에 다른 세 가지 조합(둘
중 하나만 적합하거나 둘 다 적합하지 않은 경우)이라면 전용의 대
상이 되지 않는다. 어떤 상황에서 이런 일이 벌어지는가?
- 웅덩이에 채운 물은 벽돌을 빚는 등 성전 보수를 위해 쓸 수 있지만
초막절에 제단에 올리는 등의 용도로 쓸 수 없으며, 이때는 생수를
써야 한다. 거름은 어떤 용도로도 쓸 수 없으며, 팔아서 받은 돈으로
성전 보수를 할 수 있다. 집비둘기는 제물로 쓸 수 있다. 포도나 올
리브는 그 즙을 제물로 쓸 수 있지만, 다른 과일은 제물이나 성전 보
수에 적합하지 않다. 팔아서 받은 돈을 성전 보수하는 데 쓸 수 있
다. 밭에서 기른 향이 나는 풀도 제물이나 성전 보수에 적합하지 않
다. 이 모든 경우에 제물로 바친 것과 그 안에 또는 그 위에 자라거
나 생긴 것을 전용할 수 있고, 전용 관련 규정을 적용할 수 있다. 그
러나 어떤 것을 바친 이후에 그 내용물이 채워지거나 작물이 자랐다

면, 바친 것에만 전용 관련 규정을 적용하며, 바친 것에 채우거나 그 곳에서 자란 것들은 적용 대상이 아니라고 랍비 예후다가 주장한다.

- 랍비 쉼온은 이미 바쳐서 거룩해진 것에 채우거나 자라난 것도 역시 성물이며 전용 관련 규정을 적용해야 한다고 주장한다.

- 제물로 바친 가축은 거룩하며 그 가축이 생산한 젖도 거룩하니, 그 가축의 새끼도 그 젖을 마실 수 없다. 그 새끼가 마실 젖은 다른 방법 으로 구해야 한다. 성전에서 일하는 일꾼들과 가축들은 성전에 바쳐 서 거룩해진 열매나 풀을 임의로 먹을 수 없다.

3, 7

이 미쉬나는 일부가 거룩한 성격을 가지고 있지만 전용 관련 법규 를 적용할 수 없는 경우를 설명한다.

שָׁרְשֵׁי אִילָן שֶׁל הֶדְיוֹט בָּאִין בְּשֶׁל הֶקְדֵּשׁ וְשֶׁל הֶקְדֵּשׁ בָּאִין בְּשֶׁל הֶדְיוֹט,
לֹא נֶהֱנִין וְלֹא מוֹעֲלִין. הַמַּעְיָן שֶׁהוּא יוֹצֵא מִתּוֹךְ שָׂדֶה הֶקְדֵּשׁ, לֹא נֶהֱנִין וְלֹא
מוֹעֲלִין. יָצָא חוּץ לַשָּׂדֶה, נֶהֱנִין מִמֶּנּוּ. הַמַּיִם שֶׁבְּכַד שֶׁל זָהָב, לֹא נֶהֱנִין וְלֹא
מוֹעֲלִין. נִתְּנוּ בִצְלוֹחִית, מוֹעֲלִין בָּהֶם. עֲרָבָה, לֹא נֶהֱנִין וְלֹא מוֹעֲלִין. רַבִּי
אֶלְעָזָר בְּרַבִּי צָדוֹק אוֹמֵר, נוֹתְנִין הָיוּ מִמֶּנָּה זְקֵנִים בְּלוּלְבֵיהֶם:

일반인이 소유한 나무의 뿌리가 [성전에 바쳐서] 거룩한 곳으로 뻗 었거나 거룩한 [나무의 뿌리가] 일반인 소유인 [곳으로] 뻗었다면, 그것으로 이득을 얻으면 안 되고 전용의 대상이 되지 않는다.

[성전에 바쳐서] 거룩해진 밭 가운데서 나온 샘으로 이득을 얻으면 안 되고 전용의 대상이 되지 않는다. 그 [샘물이] 그 밭 바깥으로 나 오면 그것으로 이득을 얻어도 좋다.

금으로 만든 단지 안에 [든] 물로 이득을 얻으면 안 되고 전용의 대 상이 되지 않는다. [이 물을] 병에 담으면 전용의 대상이 된다.

버드나무 가지로 이득을 얻으면 안 되고 전용의 대상이 되지 않는다. 짜독의 아들 랍비 엘아자르는 장로들이 대추야자나무 가지들과 함께 그것을 사용하기도 했다고 말한다.

- 일반인이 소유한 나무의 뿌리가 성전에 바쳐서 거룩한 땅으로 뻗었거나 역시 성전에 바쳐서 거룩한 나무의 뿌리가 일반인 소유인 땅으로 뻗었다면, 나무의 일부만 거룩한 상황이 된다. 이 나무를 다른 용도로 사용할 수 없으나, 나무 전체가 성전 소유는 아니므로 사용한다 하더라도 전용 관련 규정을 적용하지는 않는다.
- 어떤 사람이 밭을 성전에 바쳤는데 그 안에 있는 샘은 바치지 않았다. 이 샘물은 다른 용도로 사용할 수 없지만, 사용한다 하더라도 전용 관련 규정을 적용할 수는 없다. 그러나 그 샘물이 바깥으로 흘러나온다면 사용할 수 있다.
- 초막절에 쓰려고 생수를 금으로 만든 단지에 담아놓았을 때 (「쑤카」 4, 9-10), 이 물을 다른 용도로 사용할 수 없지만, 아직 제단에 올리지 않았으므로 전용 관련 규정을 적용할 수 없다. 이 물을 금으로 만든 병에 옮겨 담으면 거룩해진 것으로 간주하며, 이때부터 전용 관련 규정을 적용할 수 있다.
- 초막절에는 제단 옆에 버드나무 가지를 장식하는 관습이 있었는데 (「쑤카」 4, 5), 이것을 다른 용도로 사용하면 안 되지만, 제물로 바친 것이 아니니 전용 관련 법규를 적용할 수는 없다. 랍비 엘아자르는 장로들이 초막절 관습에 따라 이 버드나무 가지를 대추야자나무 가지와 함께 들고 기도하는 모습을 본 적이 있다고 말했는데, 이런 행위는 토라에서 명령한 계명을 지키기 위한 것이므로 다른 용도로 사용했다고 볼 수 없다고 말하는 것이다.

3, 8

나무나 숲을 전용하는 경우에 대한 논의다.

קֵן שֶׁבְּרֹאשׁ הָאִילָן שֶׁל הֶקְדֵּשׁ, לֹא נֶהֱנִין וְלֹא מוֹעֲלִין. שֶׁבָּאֲשֵׁרָה, יַתִּיז
בְּקָנֶה. הַמַּקְדִּישׁ אֶת הַחֹרֶשׁ, מוֹעֲלִין בְּכֻלּוֹ. הַגִּזְבָּרִים שֶׁלָּקְחוּ אֶת הָעֵצִים,
מוֹעֲלִין בָּעֵצִים, וְאֵין מוֹעֲלִין לֹא בַשְּׁפוּי וְלֹא בַנְּוִיָּה:

〔성전에 바쳐서〕 거룩해진 나무 꼭대기에 〔있는〕 새집으로 이득을 얻으면 안 되며 전용의 대상이 되지 않는다. 아쉐라-나무에 〔있는 새집은〕 갈대로 쳐서 〔떨어뜨린다〕.

〔어떤 사람이〕 숲을 〔성전에〕 바치면, 그 전체가 전용의 대상이 된다. 〔성전의〕 회계담당자가 나무들을 취했다면, 그 나무들은 전용의 대상이 된다. 그러나 나무 조각이나 낙엽은 전용의 대상이 되지 않는다.

- 일곱째 미쉬나(3, 7)와 같은 문맥으로, 나무를 성전에 바치면 거룩해지지만 그 위에 있는 새집은 나무의 일부가 아니므로 거룩하지 않다. 그것을 다른 용도로 사용할 수는 없지만, 사용하더라도 전용 관련 규정을 적용할 수 없다. 우상숭배에 사용하는 아쉐라-나무를 사용할 수는 없지만(「아보다 자라」 3, 7), 그 위에 있는 새집은 아쉐라의 일부가 아니다. 갈대로 쳐서 떨어뜨리면 사용이 가능하다.
- 어떤 사람이 숲 전체를 성전에 바치면 나무와 열매와 잎이 모두 거룩하며, 전용 관련 규정을 적용할 수 있다. 그러나 성전 회계담당자가 목재로 쓰려고 나무만 구매한 경우라면, 나무 줄기에만 전용 관련 규정을 적용하며, 나무 조각이나 잎사귀들은 적용 대상이 아니다.

제4장

4, 1
작은 성물들을 합쳐서 전용 관련 규정을 적용할 수 있는지 논의한다.

קָדְשֵׁי הַמִּזְבֵּחַ מִצְטָרְפִין זֶה עִם זֶה לִמְעִילָה, וּלְחַיֵּב עֲלֵיהֶן מִשּׁוּם פִּגּוּל, נוֹתָר
וְטָמֵא. קָדְשֵׁי בֶדֶק הַבַּיִת מִצְטָרְפִין זֶה עִם זֶה. קָדְשֵׁי הַמִּזְבֵּחַ וְקָדְשֵׁי בֶדֶק
הַבַּיִת מִצְטָרְפִין זֶה עִם זֶה לִמְעִילָה:

제단에 [바친] 성물들은 서로 합쳐져서 전용의 대상이 되는 [경우
가] 생길 수 있고, 혐오스러운 것, 남은 것, 그리고 부정한 것 때문에
책임을 져야 한다. 성전 보수를 위해 [바친] 성물도 합쳐진다. 제단에
[바친] 성물들과 성전 보수를 위해 [바친] 성물들이 합쳐져서 전용의
대상이 되는 [경우가] 생길 수 있다.

- 성물을 전용한 죄를 물으려면 최소한 1프루타에 해당하는 성전 재
  물을 부적절한 목적을 위해 사용해야 한다(「메일라」 5, 1 참조).[3] 만
  약 어떤 사람이 제단에 바친 성물 몇 가지를 사사로운 이유로 취했
  는데, 각각 취한 물건이 1프루타에 해당하지 않아도 다 합하여 1프
  루타에 해당한다면, 그 사람에게 전용 관련 규정을 적용할 수 있다.
  또한 이것들을 합쳐서 혐오스러운 것과 남은 것과 부정한 것에 대한
  규정도 적용할 수 있다.
- 성전 보수를 위해 바친 성물들도 합쳐서 전용 관련 법규를 적용할 수
  있지만 제물에 관련된 다른 법규는 적용하지 않는다(「트무라」 7, 1).
- 심지어 제단에 바친 성물과 성전 보수를 위해 바친 성물도 서로 합쳐

---

3) 프루타(פרוטה)는 화폐 중에서 가장 작은 구리 동전이다. 빵 한 덩어리를 사기 위
해서 10프루타를 지불했다고 한다.

서 전용 관련 법규를 적용할 수 있다.

4, 2

첫째 미쉬나(4, 1)에 이어 전용 관련 규정과 성물이 합쳐지는 현상을 더 자세히 설명한다.

חֲמִשָּׁה דְבָרִים בָּעוֹלָה מִצְטָרְפִין זֶה עִם זֶה. הַבָּשָׂר, וְהַחֵלֶב, וְהַסֹּלֶת, וְהַיַּיִן,
וְהַשֶּׁמֶן. וְשִׁשָּׁה בַתּוֹדָה. הַבָּשָׂר, וְהַחֵלֶב, וְהַסֹּלֶת, וְהַיַּיִן, וְהַשֶּׁמֶן, וְהַלֶּחֶם.
הַתְּרוּמָה, וּתְרוּמַת מַעֲשֵׂר, וּתְרוּמַת מַעֲשֵׂר שֶׁל דְּמַאי, הַחַלָּה, וְהַבִּכּוּרִים,
מִצְטָרְפִין זֶה עִם זֶה לֶאֱסֹר וּלְחַיֵּב עֲלֵיהֶן אֶת הַחֹמֶשׁ:

번제 중에서 다섯 가지가 서로 합쳐진다. 고기와 지방과 고운 밀가루와 포도주와 기름이다.

감사제물 중에는 여섯 가지가 [서로 합쳐진다]. 고기와 지방과 고운 밀가루와 포도주와 기름과 빵이다.

거제4)와 십일조의 거제5)와 드마이의 십일조의 거제6)와 빵7)과 초태생 제물은 서로 합쳐져서 [어떤 일을] 금지하거나 1/5을 [첨가하여 내도록] 책임을 지게 한다.

- 번제를 드릴 때 희생제물과 함께 드리는 밀가루와 포도주와 기름도 합쳐져서 전용 관련 규정을 적용하는 최소 가치인 1프루타에 해당하면 전용의 범죄가 성립한다. 그리고 올리브 열매 크기가 되면 혐오스러운 것과 남은 것과 부정한 것에 대한 책임을 질 수 있다.

---

4) 농산물 중 일부를 떼어 제사장의 몫으로 바치는 제물이다.
5) 레위인이 자기 몫으로 받은 십일조 중 1/10을 떼어 제사장에게 거제로 바친다.
6) 농산물을 구입할 때 판매자가 이미 십일조를 뗐는지 불분명한 상황에서 다시 드린 십일조 중 거제를 뗀 것을 가리킨다.
7) 이 빵(חלה, 할라)은 소제로 드린 반죽 중에서 제사장에게 바치는 몫이다.

- 감사제물은 함께 드려야 할 것 중 빵 한 가지가 더 있는데, 감사제는 지극히 거룩한 제사가 아니기 때문에 전용 관련 법규와는 관련이 없으며, 혐오스러운 것과 남은 것과 부정한 것 규정은 적용할 수 있다.
- 뒷부분에 열거한 제물들은 적은 양이라도 합쳐져서 속된 음식에 떨어지면 일반인은 먹을 수 없다(「오를라」 2, 1). 어떤 사람이 실수로 이런 음식을 먹었다면 1/5을 첨가해서 배상해야 한다(「바바 메찌아」 4, 8).

4, 3

혐오스럽거나 부정한 것이 합쳐지는 경우를 다룬다.

כָּל הַפִּגּוּלִין מִצְטָרְפִין זֶה עִם זֶה. כָּל הַנּוֹתָרִין מִצְטָרְפִין זֶה עִם זֶה. כָּל הַנְּבֵלוֹת מִצְטָרְפוֹת זוֹ עִם זוֹ. כָּל הַשְּׁרָצִים מִצְטָרְפִין זֶה עִם זֶה. דַּם הַשֶּׁרֶץ וּבְשָׂרוֹ מִצְטָרְפִין. כְּלָל אָמַר רַבִּי יְהוֹשֻׁעַ, כֹּל שֶׁטֻּמְאָתוֹ וְשִׁעוּרוֹ שָׁוִין, מִצְטָרְפִין זֶה עִם זֶה. טֻמְאָתוֹ וְלֹא שִׁעוּרוֹ, שִׁעוּרוֹ וְלֹא טֻמְאָתוֹ, לֹא טֻמְאָתוֹ וְלֹא שִׁעוּרוֹ, אֵין מִצְטָרְפִין זֶה עִם זֶה:

모든 혐오스러운 것은 서로 합쳐진다. 모든 남은 것은 서로 합쳐진다. 모든 죽은 채 발견된 것은 서로 합쳐진다. 모든 기는 것은 서로 합쳐진다. 기는 것의 피와 살은 합쳐진다.

랍비 예호슈아는 그 부정의 [정도와] 그 [최소] 크기가 같은 모든 것은 서로 합쳐진다는 것이 원칙이라고 말했다. 부정의 [정도는 같지만] 그 크기가 [같지] 않거나, 그 크기는 [같지만] 그 부정의 [정도는 같지] 않거나, 그 부정의 [정도도] 그 크기도 [같지] 않으면 서로 합쳐지지 않는다.

- 잘못된 시간에 먹으려는 의도로 드린 혐오스러운 제물, 제한된 시간이 지나도록 먹지 않고 남은 제물은 서로 합쳐져서 이들을 먹으면

책임을 진다. 예를 들어 어떤 사람이 잘못된 의도로 드린 속죄제물 소량과 화목제물 소량을 먹었는데, 그것들이 합쳐서 올리브 열매 크기가 되었다면 혐오스러운 것을 먹은 것이다. 서로 다른 제물들 중 남은 것들을 소량 먹은 경우도 마찬가지다.

- 죽은 채 발견된 것들 중 서로 다른 것들이 조금씩 있다 하더라도 합쳐져서 올리브 열매 크기가 되면 부정을 전이한다. 기는 것 여덟 가지가(레 11:29-30) 조금씩 있다 하더라도 합쳐져서 편두(kidney bean) 크기가 되면 부정을 전이한다. 기는 것의 사체에서 나오는 피와 고기도 역시 합쳐진다.

- 랍비 예호슈아는 이런 것들이 합쳐질 때 두 가지 조건에 맞아야 한다고 주장한다. 먼저 부정의 정도와 그 관련 규정이 같아야 하고, 둘째로 최소 크기 규정이 같아야 한다. 예를 들어 사람의 시체의 일부와 죽은 채 발견된 것의 일부는 합쳐지지 않는다. 시체는 이레 동안 부정하지만 죽은 채 발견된 것은 하루만 부정하기 때문이다. 또한 기는 것의 일부와 죽은 채 발견된 것의 일부는 합쳐지지 않는다. 죽은 채 발견된 것의 최소 크기는 올리브 열매이지만 기는 것의 최소 크기는 이보다 작은 편두이기 때문이다.

4, 4

서로 합쳐질 수 없는 물건들을 설명한다.

הַפִּגּוּל וְהַנּוֹתָר אֵין מִצְטָרְפִין זֶה עִם זֶה, מִפְּנֵי שֶׁהֵם שְׁנֵי שֵׁמוֹת. הַשֶּׁרֶץ וְהַנְּבֵלָה, וְכֵן הַנְּבֵלָה וּבְשַׂר הַמֵּת, אֵין מִצְטָרְפִין זֶה עִם זֶה לְטַמֵּא אֲפִלּוּ כַקַּל שֶׁבִּשְׁנֵיהֶם. הָאֹכֶל שֶׁנִּטְמָא בְּאַב הַטֻּמְאָה וְשֶׁנִּטְמָא בִוְלַד הַטֻּמְאָה, מִצְטָרְפִין זֶה עִם זֶה לְטַמֵּא כַּקַּל שֶׁבִּשְׁנֵיהֶם:

혐오스러운 것과 남은 것은 서로 합쳐지지 않으니, 이것들이 [서로

다른] 이름 두 개이기 때문이다. 기는 것과 죽은 채 발견된 것, 그리고 죽은 채 발견된 것과 [사람의] 시체의 살도 서로 합쳐져서 부정하게 만들지 않으니, 심지어 둘 중 [부정의 정도가] 더 가벼운 것도 [그러하다]. 부정의 아버지 때문에 부정해진 음식과 부정의 자식 때문에 부정해진 [음식은] 서로 합쳐져서 부정하게 만들 수 있다. 둘 중 [부정의 정도가] 더 가벼운 것이 [그러하다].

- 셋째 미쉬나(4, 3)에서 모든 혐오스러운 것들은 서로 합쳐지고 모든 남은 것들도 서로 합쳐진다고 했지만, 혐오스러운 것과 남은 것은 서로 합쳐지지 않는다. 다른 이름이 붙었다는 것은 서로 다른 본질임을 가리키기 때문이다.
- 부정의 요인들 중 기는 것과 죽은 채 발견된 것과 사람의 시체 역시 각각 다른 이름이며 다른 부정의 정도를 가지기 때문에 서로 합쳐지지 않는다. 부정의 정도가 낮은 것의 규정을 따르지도 않는다.
- 부정의 아버지란 시체와 같이 부정을 전이시키는 부정의 요인을 말하며, 이와 접촉하여 부정이 전이된 음식은 가장 높은 제1차 감염체가 된다. 부정의 아버지로 인해 부정해진 부정의 자식과 접촉하여 부정해진 음식은 제2차 감염체가 된다. 이 두 가지 음식이 합쳐져서 달걀 크기가 되었다면, 제2차 감염체로서 부정을 전이할 수 있다.

4, 5

음식이나 음료수가 합쳐지는 경우를 설명한다.

כָּל הָאֳכָלִין מִצְטָרְפִין, לִפְסוֹל אֶת הַגְּוִיָּה בְּכַחֲצִי פְרָס, בִּמְזוֹן שְׁתֵּי סְעֻדּוֹת לָעֵרוּב, בְּכַבֵּיצָה לְטַמֵּא טֻמְאַת אֳכָלִין, בִּכְגְרוֹגֶרֶת לְהוֹצָאַת שַׁבָּת, בִּכְכוֹתֶבֶת בְּיוֹם הַכִּפּוּרִים. כָּל הַמַּשְׁקִין מִצְטָרְפִין, לִפְסוֹל אֶת הַגְּוִיָּה בִּרְבִיעִית, וּבִמְלֹא לָגְמָיו בְּיוֹם הַכִּפּוּרִים:

음식은 모두 합쳐져서 [빵 덩이의] 반의반만 하면 [이를 먹은 사람의] 몸을 무효로 만들고, 식사 두 끼 [정도의] 음식으로 에루브를 [설정하며], 달걀 정도면 음식의 부정을 통해 부정하게 만들고, 마른 무화과 정도면 안식일에 [바깥으로] 옮기는 [일의 한계가] 되고, 대추 정도면 속죄일에 [먹을 수 있는 한계가 된다].

음료수는 모두 합쳐져서 1/4[로그면] 몸 안을 무효로 만들고, 한 모금이면 속죄일에 [마실 수 있는 한계가 된다].

- 부정한 음식을 [빵 덩이의] 반의반 정도 먹으면(달걀 두 개 정도의 부피), 저녁까지 거제를 먹을 수 없다. 안식일에 이웃집과 함께 넓은 뜰을 공유하며 움직이거나 2,000아마 이상 여행하려면 두 끼에 해당하는 음식을 가져다 놓고 '에루브'를 설정해야 한다(「에루빈」 8, 2). 음식의 부정은 달걀 크기 이상이 되어야 부정을 전이할 수 있다. 안식일에 사적 영역을 넘어가며 음식을 옮기는 일은 마른 무화과 정도 이하여야 한다. 속죄일에는 금식해야 하므로 대추보다 많은 양을 먹을 수 없다. 이런 모든 규정을 적용할 때 다른 종류의 음식이라도 합쳐서 최소 크기 규정을 넘었는지 살핀다.
- 부정한 음료수를 1/4로그 이상 마시면, 저녁까지 거제를 먹을 수 없다. 속죄일에 음료수를 한 모금 이상 마실 수 없다. 이런 규정을 적용할 때 다른 종류의 음료수라도 합쳐서 최소 크기 규정을 넘었는지 살핀다.

4, 6
그 외 합쳐지는 것들에 대해 논의한다.

הָעָרְלָה וְכִלְאֵי הַכֶּרֶם מִצְטָרְפִין זֶה עִם זֶה. רַבִּי שִׁמְעוֹן אוֹמֵר, אֵינָן מִצְטָרְפִין. הַבֶּגֶד וְהַשַּׂק, הַשַּׂק וְהָעוֹר, הָעוֹר וְהַמַּפָּץ, מִצְטָרְפִין זֶה עִם זֶה. רַבִּי שִׁמְעוֹן

포도원의 오를라와 킬아임은 서로 합쳐진다. 랍비 쉼온은 합쳐지지 않는다고 말한다. 옷과 자루를 만드는 [거친 천], 자루와 가죽, 가죽과 [갈대] 돗자리는 서로 합쳐진다. 랍비 쉼온은 [그 이유가] 이것들이 앉기 부정에 [관해 동일하게] 적합하기 때문이라고 말한다.

- 나무를 심고 난 후 첫 3년간 나는 작물을 '오를라'라고 하며, 할례를 받지 않은 것으로 간주되어 먹는 것이 금지된다. 씨앗이나 식물을 섞어서 재배하는 것을 '킬아임'이라고 하며 이 또한 금지된다. 어느 포도원에 첫 3년에 맺힌 오를라 열매와 다른 작물과 함께 심어서 거둔 킬아임 열매가 합쳐서 1쎄아 이상 나온다면, 그 포도원의 전체 작물이 200쎄아 이하일 때 모든 작물이 먹을 수 없는 상태가 된다. 랍비 쉼온은 오를라와 킬아임은 이름이 다르므로 합치지 않는다고 주장한다.
- 미쉬나 후반부에 열거한 재료들은 정결법과 관련된 최소 크기의 규정이 서로 다르다. 천으로 만든 옷은 3테팍 이상일 때 유출병자의 앉기 부정을 전이할 수 있고, 다른 종류의 부정은 3에쯔바일 때 그러하다. 자루를 만드는 거친 천은 가로와 세로가 4테팍이어야 하며, 가죽은 5테팍, 갈대나 나무껍질을 엮어서 만든 돗자리는 6테팍이어야 한다. 그렇지만 이런 재료들은 서로 합쳐서 가장 관대한 경우의 최소 크기 규정을 적용할 수 있다.
- 이 규정은 부정의 정도나 관습이 다른 물건은 합쳐지지 않는다고 했던 셋째 미쉬나(4, 3)에 반대 입장을 표명하는 것처럼 보인다. 랍비 쉼온은 이 두 규정이 상반되지 않는다고 하면서, 유출병자의 앉기 부정이라는 면에서 보면, 여기서 언급한 네 가지 재료가 모두 같은 경우라고 설명한다.

5, 1

어떤 사람이 성물을 전용하는 죄를 범했다고 확정하는 기준을 설명
한다.

הַנֶּהֱנֶה שָׁוֶה פְרוּטָה מִן הַהֶקְדֵּשׁ, אַף עַל פִּי שֶׁלֹּא פָגַם, מָעַל, דִּבְרֵי רַבִּי
עֲקִיבָא. וַחֲכָמִים אוֹמְרִים, כָּל דָּבָר שֶׁיֵּשׁ בּוֹ פְגָם, לֹא מָעַל עַד שֶׁיִּפְגֹּם. וְכָל
דָּבָר שֶׁאֵין בּוֹ פְגָם, כֵּיוָן שֶׁנֶּהֱנָה, מָעַל. כֵּיצַד. נָתְנָה קַטְלָא בְצַוָּארָהּ, טַבַּעַת
בְּיָדָהּ, שָׁתְתָה בְכוֹס שֶׁל זָהָב, כֵּיוָן שֶׁנֶּהֱנֵית, מָעֲלָה. לָבַשׁ בְּחָלוּק, כִּסָּה
בְטַלִּית, בִּקַּע בְּקַרְדֹּם, לֹא מָעַל עַד שֶׁיִּפְגֹּם. תָּלַשׁ מִן הַחַטָּאת כְּשֶׁהִיא חַיָּה,
לֹא מָעַל עַד שֶׁיִּפְגֹּם. כְּשֶׁהִיא מֵתָה, כֵּיוָן שֶׁנֶּהֱנָה, מָעַל:

〔어떤 사람이〕 성물 중에서 1프루타 정도의 이득을 보았다면, 그가
그 〔가치를〕 훼손하지 않았다 하더라도 전용한 것이라고 랍비 아키바
가 말했다. 그러나 현인들은 그 〔가치를〕 훼손할 수 있는 것이라면 그
가 그 〔가치를〕 훼손하기까지는 전용한 것이 아니라고 말한다. 그리
고 그 〔가치를〕 훼손할 수 없는 것이라면, 그가 그것으로 이득을 보았
기 때문에 전용한 것이다.

어떻게 〔그렇게 되는가〕? 〔어떤 여인이〕 자기 목에 목걸이를 걸거
나, 자기 손에 반지를 〔끼거나〕, 금으로 〔만든〕 잔으로 마셨을 때, 그녀
가 〔이것들로〕 이득을 보았기 때문에 그녀가 전용한 것이다. 〔어떤 사
람이〕 긴 옷을 입었거나, 외투를 둘렀거나, 도끼로 〔장작을〕 팼다면,
그가 그 가치를 훼손하기 전에는 그가 전용한 것이 아니다. 그가 속죄
제물이 아직 살아 있을 때 털을 깎았다면 그가 그 〔가치를〕 훼손하기
전까지는 전용한 것이 아니다. 그 〔제물이〕 죽었다면, 그가 그것으로
이득을 보았기 때문에 그가 전용한 것이다.

- 랍비 아키바에 따르면 어떤 사람이 성물 중에서 가장 작은 구리 동전인 1프루타 정도만 사용했고, 그 성물의 실제 가치를 훼손하지 않았다 하더라도 전용하는 죄가 성립한다. 그 제물이 훼손되었는지 여부와 상관없이 그가 손대지 말아야 할 것을 사용했기 때문이다. 그러나 다른 랍비들은 경우에 따라 다르다고 주장한다. 만약 그 성물을 사용해서 닳거나 없어져서 그 가치가 줄어드는 물건이라면, 그 사람이 이 성물을 사용해서 실제로 그것이 줄어들어야 전용한 것이다. 그러나 사용해도 특별히 줄거나 없어지는 물건이 아니라면, 사용하기만 해도 전용의 죄가 성립한다고 말한다.
- 미쉬나 후반부에 열거한 예들은 먼저 사용해도 상하지 않는 경우, 그리고 사용하면 상하는 경우들이다.
- 속죄제물이 아직 살아 있을 때는 털이 있는지 여부에 따라 판매가격이 달라지기 때문에 그것을 프루타 동전의 가치 이상 사용했으면 전용하는 죄를 범한 것이다. 그러나 제물을 이미 도살했을 경우에는 전체를 태워야 하기 때문에 가격의 변동이 전혀 의미가 없고, 그래서 사용했다면 무조건 전용하는 죄가 성립한다.

5, 2
전용의 기준이 되는 이득이나 훼손의 정도를 설명한다.

נֶהֱנָה בְּכַחֲצִי פְרוּטָה וּפָגַם בְּכַחֲצִי פְרוּטָה, אוֹ שֶׁנֶּהֱנָה בְּשָׁוֶה פְרוּטָה בְּדָבָר אֶחָד וּפָגַם בְּשָׁוֶה פְרוּטָה בְּדָבָר אַחֵר, הֲרֵי זֶה לֹא מָעַל, עַד שֶׁנֶּהֱנָה בְּשָׁוֶה פְרוּטָה וְיִפְגֹּם בְּשָׁוֶה פְרוּטָה בְּדָבָר אֶחָד:

그가 [성물을] 프루타 반 정도의 이득을 보았고 또 프루타 반 정도 그 [가치를] 훼손했을 때, 또는 [성물] 한 가지로 프루타 정도의 이득을 보았고 또 다른 성물로 프루타 정도 그 [가치를] 훼손했을 때, 한

가지로 프루타 정도의 이득을 보고 또 프루타 정도 그 〔가치를〕 훼손
하기 전까지는 전용한 것이 아니다.

- 성물을 사용하면 닳거나 없어져서 그 가치가 훼손되는 경우, 첫째,
  그 성물을 프루타 동전의 가치만큼 사용하고, 둘째, 그 성물에서 프
  루타 동전의 가치만큼 그 가치가 줄어들어야 전용하는 죄가 성립한
  다. 이 두 가지가 하나의 성물에 해당해야 한다. 그러므로 사용한 양
  이 최소 규정에 미치지 못하거나 서로 다른 성물일 경우에는 전용한
  것이 아니다.

5, 3
중복하여 전용이 되는 경우를 설명한다.

אֵין מוֹעֵל אַחַר מוֹעֵל בְּמֻקְדָּשִׁין, אֶלָּא בְּהֵמָה וּכְלֵי שָׁרֵת. כֵּיצַד. רָכַב עַל גַּבֵּי
בְהֵמָה וּבָא חֲבֵרוֹ וְרָכַב וּבָא חֲבֵרוֹ וְרָכַב, שָׁתָה בְכוֹס שֶׁל זָהָב וּבָא חֲבֵרוֹ
וְשָׁתָה וּבָא חֲבֵרוֹ וְשָׁתָה, תָּלַשׁ מִן הַחַטָּאת וּבָא חֲבֵרוֹ וְתָלַשׁ וּבָא חֲבֵרוֹ
וְתָלַשׁ, כֻּלָּן מָעֲלוּ. רַבִּי אוֹמֵר, כֹּל שֶׁאֵין לוֹ פִדְיוֹן, יֶשׁ בּוֹ מוֹעֵל אַחַר מוֹעֵל:

〔어떤 사람이〕 다른 사람이 성물을 전용한 뒤에 〔또〕 전용할 수는
없으나, 가축과 제사용 그릇은 예외다. 어떻게 〔그렇게 되는가〕? 그
가 가축 등에 탔고 그의 동료가 와서 〔그것을〕 탔고 그의 동료가 와서
〔그것을〕 탔거나, 그가 금으로 〔만든〕 잔으로 마셨고 그의 동료가 와
서 〔그것으로〕 마셨고 그의 동료가 와서 〔그것으로〕 마셨거나, 그가
속죄제물의 〔털을〕 베었고 그의 동료가 와서 〔그것을〕 베었고 그의 동
료가 와서 〔그것을〕 베었다면, 그들은 모두 전용한 것이다. 랍비는 무
를 수 없는 모든 성물은 〔다른 사람이〕 전용한 뒤에도 그가 전용한 것
이라고 말한다.

- 어떤 사람이 성물을 전용하면 그 물건은 속된 물건으로 변하기 때문에 다음 사람이 사용해도 전용하는 죄가 성립하지 않는다. 그러나 이 경우는 그 성물이 전용한 다음 속된 물건으로 돌아갈 수 있을 때만 가능하다. 제물로 드린 가축이나 성전에서 사용하는 제구들은 다시 속된 물건으로 돌아갈 수 없으며, 이런 것은 여러 사람이 연달아서 사용해도 모두가 전용한 죄를 짓는 것이다.
- 랍비 예후다 한나씨는 또 다른 판단기준을 제시하는데, 무를 수 없는 성물은 역시 속된 물건으로 돌아갈 수 없으므로 연달아서 여러 번 사용해도 전용하는 죄가 성립한다고 주장한다(「메나홋」 12, 1).

5, 4

전용하는 죄가 성립하는 시점을 또 다르게 설명하고 있다.

נָטַל אֶבֶן אוֹ קוֹרָה שֶׁל הֶקְדֵּשׁ, הֲרֵי זֶה לֹא מָעַל. נְתָנָהּ לַחֲבֵרוֹ, הוּא מָעַל וַחֲבֵרוֹ לֹא מָעַל. בְּנָאָהּ בְּתוֹךְ בֵּיתוֹ, הֲרֵי זֶה לֹא מָעַל, עַד שֶׁיָּדוּר תַּחְתֶּיהָ בְּשָׁוֶה פְרוּטָה. נָטַל פְּרוּטָה שֶׁל הֶקְדֵּשׁ, הֲרֵי זֶה לֹא מָעַל. נְתָנָהּ לַחֲבֵרוֹ, הוּא מָעַל וַחֲבֵרוֹ לֹא מָעַל. נְתָנָהּ לַבַּלָּן, אַף עַל פִּי שֶׁלֹּא רָחַץ, מָעַל, שֶׁהוּא אוֹמֵר לוֹ, הֲרֵי מֶרְחָץ פְּתוּחָה, הִכָּנֵס וּרְחָץ:

그가 성물에 속하는 돌이나 들보를 취했다면, 이것은 전용한 것이 아니다. 그가 그것을 그의 동료에게 주었을 때 그가 전용한 것이고 그의 동료는 전용한 것이 아니다. 그가 그것으로 자기 집 안쪽을 지었다면, 그가 그 밑에 거주하면서 프루타 정도의 〔이익을 취하기〕 전까지는 전용한 것이 아니다.

그가 성물 중에서 프루타 〔정도를〕 취했다면, 이것은 전용한 것이 아니다. 그가 그것을 그의 동료에게 주었을 때 그가 전용한 것이고 그의 동료는 전용한 것이 아니다. 그가 그것을 목욕탕지기에게 주었다면, 그가 씻지 않았다 하더라도 전용한 것이다. 그가 그에게 목욕탕이 열렸으니 들어가서 씻으라고 말할 수 있기 때문이다.

- 성전에 바친 돌이나 들보를 가지고 나왔어도 아직 그것을 사용해서 이득을 취하지 않았다면 전용하는 죄가 성립하지 않는다. 그러나 자기가 그것을 사용하는 것은 물론 자기 동료에게 선물로 주기만 해도 전용하는 죄가 성립한다. 그 성물을 받은 동료는 전용할 수 없는데, 그 돌이나 들보가 이미 속된 물건이 되었기 때문이다(5, 3). 성물인 돌이나 들보로 집을 지었더라도 본인이 그 안에 살아서 이익을 취하기 전까지는 전용한 것이 아니다.
- 성전에 바친 돈 중에서 프루타와 같은 가치가 되는 동전을 취했다 해도 이것만으로는 전용이 되지 않으며, 이를 그가 사용하거나 자기 동료에게 주면 전용하는 죄가 성립한다. 그가 그 돈을 목욕탕지기에게 목욕 값으로 지불했다면, 그가 아직 씻지 않았더라도 이미 전용한 죄가 성립한다. 그는 값을 지불한 순간 목욕탕에 들어가서 씻을 권리를 취득했기 때문이다.

5, 5
여러 행위가 합쳐져 전용이 성립하는 경우를 설명한다.

אֲכִילָתוֹ וַאֲכִילַת חֲבֵרוֹ, הֲנָיָתוֹ וַהֲנָיַת חֲבֵרוֹ, אֲכִילָתוֹ וַהֲנָיַת חֲבֵרוֹ, הֲנָיָתוֹ
וַאֲכִילַת חֲבֵרוֹ, מִצְטָרְפִין זֶה עִם זֶה, וַאֲפִלּוּ לִזְמָן מְרֻבֶּה:

〔성물을〕 자기가 먹은 것과 자기 동료에게 먹으라고 〔준 것〕, 자기가 이득을 얻은 것과 자기 동료에게 이득을 얻으라고 〔준 것〕, 자기가 먹은 것과 자기 동료에게 사용하라고 〔준 것〕, 자기가 사용한 것과 자기 동료에게 먹으라고 〔준 것은 전용 관련 법규와 관련해서〕 서로 합쳐진다. 시간이 많이 지났다 하더라도 〔그러하다〕.

- 어떤 사람이 성물 중에서 프루타의 반 정도를 먹었고 또 프루타 반 정도 되는 성물을 동료에게 먹으라고 주었다면, 그 두 가지가 합쳐져서 최소 크기 규정에 맞으므로 전용 관련 규정을 적용한다. 다음에 열거한 경우 세 가지도 마찬가지며, 두 사건 사이에 시간 차이가 있어도 상관없다.

제6장

6, 1

다른 사람을 시켜서 전용하는 경우에 관해 논의한다.

הַשָּׁלִיחַ שֶׁעָשָׂה שְׁלִיחוּתוֹ, בַּעַל הַבַּיִת מָעַל. לֹא עָשָׂה שְׁלִיחוּתוֹ, הַשָּׁלִיחַ
מָעַל. כֵּיצַד. אָמַר לוֹ, תֵּן בָּשָׂר לָאוֹרְחִים וְנָתַן לָהֶם כָּבֵד, כָּבֵד וְנָתַן לָהֶם
בָּשָׂר, הַשָּׁלִיחַ מָעַל. אָמַר לוֹ, תֵּן לָהֶם חֲתִיכָה חֲתִיכָה, וְהוּא אָמַר טְלוּ שְׁתַּיִם
שְׁתַּיִם, וְהֵם נָטְלוּ שָׁלֹשׁ שָׁלֹשׁ, כֻּלָּן מָעֲלוּ. אָמַר לוֹ, הָבֵא לִי מִן הַחַלּוֹן אוֹ
מִגְּלֻסְקְמָא, וְהֵבִיא לוֹ, אַף עַל פִּי שֶׁאָמַר בַּעַל הַבַּיִת לֹא הָיָה בְלִבִּי אֶלָּא מִזֶּה
וְהֵבִיא מִזֶּה, בַּעַל הַבַּיִת מָעַל. אֲבָל אִם אָמַר לוֹ, הָבֵא לִי מִן הַחַלּוֹן וְהֵבִיא לוֹ
מִגְּלֻסְקְמָא, אוֹ מִן גְּלֻסְקְמָא וְהֵבִיא לוֹ מִן הַחַלּוֹן, הַשָּׁלִיחַ מָעַל:

〔성물을 전용함에 있어〕 대리인이 자기를 보낸 〔자의〕 일을 했다면, 〔그를 보낸〕 주인이 전용한 것이다. 그가 자기를 보낸 〔자의〕 일을 하지 않았다면, 그 대리인이 전용한 것이다.

어떻게 〔그렇게 되는가〕? 〔주인이〕 그 〔대리인에게〕 손님들께 고기를 드리라고 말했는데 그가 그들에게 간을 드렸을 때, 간을 〔드리라고 말했는데〕 그가 그들에게 고기를 드렸을 때, 그 대리인이 전용한 것이다.

〔주인이〕 그 〔대리인에게〕 그들에게 각각 한 조각씩 드리라고 말했

는데 그가 두 조각씩 취하라고 말했고 그들이 세 조각씩 가져갔다면, 그들 모두가 전용한 것이다.

〔주인이〕 그 〔대리인에게〕 창문 또는 궤짝에서 〔무엇인가를〕 가져오라고 말했고 그가 그에게 가져왔다면, 그 집주인은 마음속으로 〔그 중〕 이곳에서 가져오기를 바랐다고 하더라도, 그 집주인이 전용한 것이다. 그러나 〔주인이〕 그에게 창문에서 〔무엇인가를〕 가져오라고 말했는데 그 〔대리인이 그것을〕 궤짝에서 가져왔을 때, 또는 궤짝에서 〔가져오라고 말했는데〕 창문에서 그에게 가져왔을 때, 그 대리인이 전용한 것이다.

- 어떤 사람이 대리인에게 일을 맡겼고 대리인이 자기가 맡은 일이 전용하는 것임을 몰랐다면, 그 일을 실제로 시행한 사람은 대리인이라 하더라도 그를 보낸 사람이 전용한 것이다. 그러나 대리인이 자신이 맡은 일을 정확히 시행하지 않고 자의로 성물을 가져왔다면, 그 대리인이 전용한 것이다.

- 예를 들어, 손님들에게 고기를 드리라고 했는데 간을 드리거나 그 반대로 행했다면, 그 대리인이 전용한 것이다.

- 다른 예로, 주인이 손님들에게 각각 한 조각씩 드리라고 했고 대리인이 한 조각씩 드렸다면, 그 주인이 전용한 것이다. 그러나 대리인이 주인의 명과 다르게 한 조각씩 더 드렸다면, 그 대리인이 전용한 것이다. 손님들이 욕심을 부려서 임의로 한 조각씩 더 가져갔다면, 그 손님들이 전용한 것이다.

- 다른 예로, 주인이 장소를 정확하게 지시하지 않고 무엇인가를 가져오라고 했고 대리인이 그것을 가져와서 주인이 사용했다면, 그 주인이 전용한 것이다. 나중에 자기는 다른 장소를 염두에 두고 있었다고 말해봐야 소용이 없다. 그러나 주인이 정확하게 장소를 지정하여 무

엇인가를 가져오라고 했고 대리인이 다른 장소에서 그것을 가져와서 주인이 사용했다면, 그 대리인이 전용한 것이다.

6, 2

성전에 바친 돈을 대리인에게 주어 상점에 보내는 상황에 관해 논의한다.

שָׁלַח בְּיַד חֵרֵשׁ, שׁוֹטֶה, וְקָטָן, אִם עָשׂוּ שְׁלִיחוּתוֹ, בַּעַל הַבַּיִת מָעַל. לֹא עָשׂוּ שְׁלִיחוּתוֹ, הַחֶנְוָנִי מָעַל. שָׁלַח בְּיַד פִּקֵּחַ, וְנִזְכַּר עַד שֶׁלֹּא הִגִּיעַ אֵצֶל הַחֶנְוָנִי, הַחֶנְוָנִי מָעַל כְּשֶׁיּוֹצִיא. כֵּיצַד יַעֲשֶׂה. נוֹטֵל פְּרוּטָה אוֹ כְלִי וְיֹאמַר, פְּרוּטָה שֶׁל הֶקְדֵּשׁ בְּכָל מָקוֹם שֶׁהִיא, מְחֻלֶּלֶת עַל זֶה, שֶׁהַהֶקְדֵּשׁ נִפְדֶּה בְכֶסֶף וּבְשָׁוֶה כָסֶף:

그가 청각장애인, 지적장애인, 미성년자의 손에 [성물인 돈을 주어] 보냈을 때, 그들이 자기를 보낸 [자의] 일을 했다면 그 집주인이 전용한 것이다. 그들이 자기를 보낸 [자의] 일을 하지 않았다면 [이들에게서 그 돈을 받은] 상인이 전용한 것이다.

그가 정상인의 손에 [돈을 주어] 보냈고, 그가 상인에게 이르기 전에 [그 돈이 성물임을] 기억했으면, 그 상인이 [돈을] 쓸 때 전용한 것이다. 그가 어떻게 해야 할까? 그 [주인이] 프루타 또는 그릇을 취하고 성물인 프루타는 어느 장소에 있든지 이것으로 속되게 [무른다고] 말한다. 성물은 돈으로 그리고 돈과 같은 가치로 무를 수 있기 때문이다.

- 청각장애인, 지적장애인, 미성년자는 법적으로 독립된 행위 주체가 될 수 없다. 이런 사람에게 성물인 돈을 주어서 가게에 보냈고, 그 대리인이 맡은 일을 완수했다면, 그를 보낸 주인이 전용한 것이다. 그 대리인이 맡긴 일과 다르게 성물인 돈을 가게를 운영하는 상인에게

전했을 때, 그 대리인은 전용하는 죄의 책임을 질 수 없으므로, 상인이 그 돈을 받아 사용하는 순간 전용하는 죄의 책임을 지게 된다.

• 정상적인 감각과 지능이 있는 사람에게 성물인 돈을 주어 가게에 보냈다. 그런데 대리인이 가게에 도착하기 전에 그 주인이 그 돈이 성물임을 기억했다면, 그 주인은 전용한 죄를 책임지지 않는다. 전용한 책임은 어떤 사람이 실수로 저지른 죄를 대상으로 성립하기 때문이다. 결국 그 상인이 돈을 받아서 사용할 때 전용하게 된다.

• 이런 경우 상인이 책임을 벗는 방법은 처음 대리인을 보낸 주인이 그 돈을 무르는 것이다. 그 주인이 프루타 또는 프루타와 같은 가치를 가진 그릇을 들고, 이미 대리인에게 주어 보낸 돈을 무르겠다고 선포한다. 그 상인은 자신이 받은 돈을 적법하게 사용할 수 있다.

6, 3
대리인을 통한 전용의 예를 추가하고 있다.

נָתַן לוֹ פְרוּטָה, אָמַר לוֹ, הָבֵא לִי בְּחֶצְיָהּ נֵרוֹת וּבְחֶצְיָהּ פְּתִילוֹת, הָלַךְ
וְהֵבִיא לוֹ בְכֻלָּהּ נֵרוֹת אוֹ בְכֻלָּהּ פְּתִילוֹת, אוֹ שֶׁאָמַר לוֹ, הָבֵא לִי בְכֻלָּהּ נֵרוֹת
אוֹ בְכֻלָּהּ פְּתִילוֹת, הָלַךְ וְהֵבִיא לוֹ בְּחֶצְיָהּ נֵרוֹת וּבְחֶצְיָהּ פְּתִילוֹת, שְׁנֵיהֶם
לֹא מָעֲלוּ. אֲבָל אִם אָמַר לוֹ, הָבֵא לִי בְּחֶצְיָהּ נֵרוֹת מִמָּקוֹם פְּלוֹנִי וּבְחֶצְיָהּ
פְּתִילוֹת מִמָּקוֹם פְּלוֹנִי, וְהָלַךְ וְהֵבִיא לוֹ נֵרוֹת מִבֵּית פְּתִילוֹת וּפְתִילוֹת מִבֵּית
נֵרוֹת, הַשָּׁלִיחַ מָעַל:

그가 대리인에게 프루타를 주었고, 그에게 그 반으로 등잔을 그 반으로 심지를 사오라고 말했는데, 그가 가서 [프루타] 전체로 등잔을 또는 전체로 심지를 사왔다. 또는 그에게 [프루타] 전체로 등잔을 또는 전체로 심지를 사오라고 말했는데, 그가 가서 그 반으로 등잔을 그 반으로 심지를 사왔다. 그들 둘이 [모두] 전용한 것이 아니다.

그러나 그에게 그 반으로 등잔을 어느 장소에 그리고 그 반으로 심

지를 어느 장소에서 사오라고 말했는데, 그가 가서 심지를 파는 곳에
서 등잔을 그리고 등잔을 파는 곳에서 심지를 사왔다면, 그 대리인이
전용한 것이다.

- 이 미쉬나 전반부에 언급한 상황에서 주인이 시킨 일을 대리인이 그
  대로 행하지 않았으므로 그 주인은 전용한 것이 아니다. 그 대리인
  도 전용한 것이 되지 않는데, 그가 전용 죄의 최소 크기 규정인 1프
  루타 가치에 해당하는 일을 시행하지 않았기 때문이다.
- 그러나 후반부에 언급한 상황에서 대리인은 주인이 시킨 일을 완전
  히 다르게 시행했으므로 전용한 책임을 진다.

6, 4
대리인에 대한 설명을 이어간다.

נָתַן לוֹ שְׁתֵּי פְרוּטוֹת, אָמַר לוֹ, הָבֵא לִי אֶתְרוֹג, וְהָלַךְ וְהֵבִיא לוֹ בִּפְרוּטָה
אֶתְרוֹג וּבִפְרוּטָה רִמּוֹן, שְׁנֵיהֶם מָעֲלוּ. רַבִּי יְהוּדָה אוֹמֵר, בַּעַל הַבַּיִת לֹא
מָעַל, שֶׁהוּא אוֹמֵר לוֹ, אֶתְרוֹג גָּדוֹל הָיִיתִי מְבַקֵּשׁ וְהֵבֵאתָ לִי קָטָן וָרָע. נָתַן לוֹ
דִּינַר זָהָב, אָמַר לוֹ הָבֵא לִי חָלוּק, וְהָלַךְ וְהֵבִיא לוֹ בִּשְׁלֹשָׁה חָלוּק וּבִשְׁלֹשָׁה
טַלִּית, שְׁנֵיהֶם מָעֲלוּ. רַבִּי יְהוּדָה אוֹמֵר, בַּעַל הַבַּיִת לֹא מָעַל, שֶׁהוּא אוֹמֵר
לוֹ, חָלוּק גָּדוֹל הָיִיתִי מְבַקֵּשׁ וְהֵבֵאתָ לִי קָטָן וָרָע:

그가 그에게 [성물인 돈] 2프루타를 주었고 그에게 레몬을 사오라
고 말했는데, 그가 가서 1프루타로 레몬을 그리고 1프루타로 석류를
사왔다면 두 사람이 [모두] 전용한 것이다. 랍비 예후다는 그 집주인
은 전용한 것이 아니라고 말한다. 그는 그에게 나는 큰 레몬을 요구한
것인데 네가 내게 작고 [질이] 나쁜 것을 사왔다고 말할 수 있기 때문
이다.

그가 그에게 [성물인] 금화 1디나르[8]를 주었고, 그에게 긴 옷을 사

오라고 말했는데, 그가 가서 3〔쎌라로〕 긴 옷을 그리고 3〔쎌라로〕 외투를 사왔다면, 두 사람이 〔모두〕 전용한 것이다. 랍비 예후다는 그 집주인은 전용한 것이 아니라고 말한다. 그는 그에게 나는 크고 긴 옷을 요구한 것인데 네가 내게 작고 〔질이〕 나쁜 것을 사왔다고 말할 수 있기 때문이다.

- 집주인이 성물인 돈 2프루타를 주어 레몬을 사오라고 했는데, 그의 대리인이 그중 1프루타로 레몬을 사왔다면, 최소 크기 규정을 넘는 양이므로 그 주인이 전용한 것이다. 그런데 나머지 1프루타로 주인의 명령과 상관없이 임의로 석류를 사왔다면, 그 대리인이 전용한 것이다. 랍비 예후다는 그 주인이 명령한 것은 크고 좋은 레몬이었고 대리인은 작고 질이 나쁜 레몬을 가져왔으니, 이것은 대리인이 주인이 맡긴 일을 시행하지 않은 경우며, 주인은 전용한 것이 아니라고 주장한다.

- 주인이 금화 1디나르를 주고 긴 옷을 사오라고 했는데, 그 반으로 긴 옷을 그리고 나머지 반으로 외투를 사온 경우도 위와 같다.

6, 5
환전상이나 집주인을 통한 전용의 예를 다룬다.

הַמַּפְקִיד מָעוֹת אֵצֶל הַשֻּׁלְחָנִי, אִם צְרוּרִין, לֹא יִשְׁתַּמֵּשׁ בָּהֶם. לְפִיכָךְ, אִם הוֹצִיא, מָעַל. אִם מֻתָּרִים, יִשְׁתַּמֵּשׁ בָּהֶן. לְפִיכָךְ, אִם הוֹצִיא, לֹא מָעַל. אֵצֶל בַּעַל הַבַּיִת, בֵּין כָּךְ וּבֵין כָּךְ, לֹא יִשְׁתַּמֵּשׁ בָּהֶם. לְפִיכָךְ, אִם הוֹצִיא, מָעַל. הַחֶנְוָנִי כְּבַעַל הַבַּיִת, דִּבְרֵי רַבִּי מֵאִיר. רַבִּי יְהוּדָה אוֹמֵר, כְּשֻּׁלְחָנִי:

---

8) 금화 1디나르는 은화 25디나르와 같고 은화 6.5쎌라와 같다.

[어떤 사람이 성물인] 돈을 환전상에게 맡겼을 때, 만약 이것이 묶여 있었다면, 그는 그것을 사용할 수 없다. 그러므로 그(환전상)가 사용했다면 전용한 것이다. 만약 이것이 풀려 있었다면, 그(환전상)는 그것을 사용할 수 있다. 그러므로 그가 사용했다면 전용한 것이 아니다.

[어떤 사람이 돈을] 집주인에게 [맡겼을 때], 이런 경우나 저런 경우에 그것을 사용할 수 없다. 그러므로 그가 사용했다면 전용한 것이다. [가게를 가진] 상인은 집주인과 같다는 것이 랍비 메이르의 말이다. 랍비 예후다는 그가 환전상과 같다고 말한다.

- 어떤 사람이 환전상에게 성물인 동전들을 맡겼을 때, 묶어서 주면 그대로 보관하라는 뜻이다. 환전상이 사용했으면 그가 전용한 것이다. 풀어서 주면 임의로 다른 동전과 바꾸어도 좋다는 뜻이므로, 환전상이 사용해도 전용한 것이 아니다.
- 성물인 동전을 일반인 개인에게 맡겼다면 무조건 사용하면 안 된다. 사용했다면 맡은 사람이 전용한 것이다.
- 가게 주인에 관해서는 랍비 메이르와 랍비 예후다 사이에 이견이 존재한다.

6, 6
성물인 동전이 다른 동전들과 섞여 있는 상황을 설명한다.

פְּרוּטָה שֶׁל הֶקְדֵּשׁ שֶׁנָּפְלָה לְתוֹךְ הַכִּיס, אוֹ שֶׁאָמַר, פְּרוּטָה בְכִיס זֶה הֶקְדֵּשׁ, כֵּיוָן שֶׁהוֹצִיא אֶת הָרִאשׁוֹנָה, מָעַל, דִּבְרֵי רַבִּי עֲקִיבָא. וַחֲכָמִים אוֹמְרִים, עַד שֶׁיּוֹצִיא אֶת כָּל הַכִּיס. מוֹדֶה רַבִּי עֲקִיבָא בְּאוֹמֵר פְּרוּטָה מִן הַכִּיס זֶה הֶקְדֵּשׁ, שֶׁהוּא מוֹצִיא וְהוֹלֵךְ עַד שֶׁיּוֹצִיא אֶת כָּל הַכִּיס:

성물인 프루타가 주머니 속에 떨어졌을 때, 또는 그 주머니 속에 있는 [돈 중에] 프루타는 성물이라고 말했을 때, 그가 첫째 프루타를 꺼냈다면 그는 이미 전용한 것이라고 랍비 아키바가 말했다. 그러나 현인들은 주머니에 든 [돈을] 모두 꺼낼 때까지는 [전용한 것이 아니라고] 말한다. 랍비 아키바도 그가 이 주머니 속에 있는 [돈 중에] 프루타를 성물로 [바칠 것이라고] 말한다면 그가 계속해서 [돈을] 써도 그 주머니에 든 [돈을] 모두 꺼낼 때까지 [전용한 것이 아니라고] 동의한다.

- 성물인 프루타 동전 하나가 일반 동전이 가득한 주머니에 섞여 있을 때, 랍비 아키바는 돈을 사용하기 위해 첫 번째 프루타를 꺼내는 순간 전용한 것으로 의심할 수 있으며 속건제를 바쳐야 한다고 주장한다(「크리톳」 5, 2). 현인들은 좀 더 관대한 입장이며, 주머니 안에 돈을 모두 사용했을 때 전용하는 죄가 성립한다고 주장한다.
- 만약 주머니 안에 들어 있는 돈이 모두 속된 것이며 아직 성전에 바치기 전이라면, 그중 성전에 바칠 1프루타가 남아 있을 때까지는 전용하는 죄가 성립하지 않는다고 랍비 아키바가 말했다.

תמיד

9

타미드
상번제

그 제사장들이 나와서 성소 현관의 계단 위에 섰다. 첫째 무리는 그들의 제사장 형제들의 남쪽에 섰고, 그들의 손에 기구 다섯 개를 들었으니, 한 사람의 손에는 테니-상자를, 한 사람의 손에는 쿠즈-병을, 한 사람의 손에 부삽을, 한 사람의 손에 작은 접시를, 그리고 한 사람의 손에 숟가락과 그 덮개를 들었다. 그리고 그들이 기도문 하나로 백성을 축복했는데, 지방에서는 이것을 기도문 세 개로 암송하고, 성전에서는 기도문 하나로 암송한다. _「타미드」7, 2

개요

타미드(תמיד)는 '항상'이라는 뜻의 부사어이나 상번제를 가리키는 명사로도 쓰인다. 따라서 마쎄켓 「타미드」는 성전에서 매일 아침과 저녁에 상번제로 드리는 제의에 관하여 자세히 설명한다. 다른 마쎄켓과 달리 랍비들 사이의 논쟁이 별로 포함되어 있지 않으며(예외는 미쉬나 5, 2), 주로 상번제의 과정을 기술한다. 또한 타나임들은 이를 좀 더 확장시켜 새벽에서 오후 상번제에 이르기까지 제사장들의 일과를 상세히 기술한다. 특히 욤키푸르의 제의 절차와 관련하여 마쎄켓 「요마」와 깊은 관련을 가지고 있다.

원래 타미드의 내용은 성전의 일과를 담고 있어 모두에게 익숙한 것이었으나, 성전이 파괴된 이후, 이를 자세히 기록으로 남겨야 할 필요가 있어서 그 세대 랍비들의 기억에 의거해 기록되었다. 학자들은 「요마」의 일부분과 함께 미쉬나에서 가장 오래된 본문이라는 데 동의하고 있다. 게마라(「요마」 14b)는 「타미드」가 랍비 쉼온 이쉬 하미쯔페에 의해 기록되었다고 한다.

• 관련 성경구절 | 민수기 28:3-8

제1장

1, 1

「타미드」의 첫 미쉬나는 제사장들이 제사를 드리기 전날 밤 성전에서 잠을 자는 일부터 설명한다.

בִּשְׁלֹשָׁה מְקוֹמוֹת הַכֹּהֲנִים שׁוֹמְרִים בְּבֵית הַמִּקְדָּשׁ. בְּבֵית אַבְטִינָס, בְּבֵית הַנִּיצוֹץ וּבְבֵית הַמּוֹקֵד. בֵּית אַבְטִינָס וּבֵית הַנִּיצוֹץ הָיוּ עֲלִיּוֹת, וְהָרוֹבִים שׁוֹמְרִים שָׁם. בֵּית הַמּוֹקֵד, כִּפָּה, וּבַיִת גָּדוֹל הָיָה, מֻקָּף רוֹבְדִים שֶׁל אֶבֶן, וְזִקְנֵי בֵית אָב יְשֵׁנִים שָׁם, וּמַפְתְּחוֹת הָעֲזָרָה בְּיָדָם. וּפִרְחֵי כְהֻנָּה אִישׁ כִּסְתּוֹ בָאָרֶץ. לֹא הָיוּ יְשֵׁנִים בְּבִגְדֵי קֹדֶשׁ, אֶלָּא פוֹשְׁטִין וּמְקַפְּלִין וּמַנִּיחִים אוֹתָן תַּחַת רָאשֵׁיהֶן, וּמִתְכַּסִּין בִּכְסוּת עַצְמָן. אֵרַע קֶרִי לְאֶחָד מֵהֶן, יוֹצֵא וְהוֹלֵךְ לוֹ בַּמְּסִבָּה הַהוֹלֶכֶת תַּחַת הַבִּירָה, וְהַנֵּרוֹת דּוֹלְקִין מִכָּאן וּמִכָּאן, עַד שֶׁהוּא מַגִּיעַ לְבֵית הַטְּבִילָה. וּמְדוּרָה הָיְתָה שָׁם, וּבֵית כִּסֵּא שֶׁל כָּבוֹד. וְזֶה הָיָה כְבוֹדוֹ, מְצָאוֹ נָעוּל, יוֹדֵעַ שֶׁיֵּשׁ שָׁם אָדָם. פָּתוּחַ, יוֹדֵעַ שֶׁאֵין שָׁם אָדָם. יָרַד וְטָבַל, עָלָה וְנִסְתַּפֵּג וְנִתְחַמֵּם כְּנֶגֶד הַמְּדוּרָה. בָּא וְיָשַׁב לוֹ אֵצֶל אֶחָיו הַכֹּהֲנִים עַד שֶׁהַשְּׁעָרִים נִפְתָּחִים, יוֹצֵא וְהוֹלֵךְ לוֹ:

제사장들은 성전 안 세 장소에서 〔성전을〕 지키는데, 아브티나스[1]의 방, 불씨의 방, 그리고 화로의 방 안에서 〔지킨다〕. 아브티나스의 방과 불씨의 방은 위층에 있었으며, 대부분의 〔제사장이〕 그곳에서 지킨다. 화로의 방은 궁륭형 〔천장이〕 있고, 큰 방이었으며, 돌로 깔려 있었고, 성전 뜰을 〔여는〕 열쇠를 손에 쥔 각 (제사장) 가문의 장로들이 그곳에서 잠을 잤다. 그리고 젊은 제사장들은 〔흙〕바닥 위에서 각자 자기 옷을 〔덮었다〕. 거룩한 옷을 〔입고〕 잠을 자지 않았고, 그것을 벗고 개켜서 자기 머리 밑에 놓아두고, 자신의 옷을 덮었다.

---

1) 아브티나스(אבטינס)는 제사장 가문의 이름으로 성전에서 사용하는 유향(לבונה)을 전문으로 관리하는 일을 맡았다고 한다.

그들 중 하나가 사정을 하면, 그는 나가서 [나선형으로] 도는 [계단으로] 성전산 아래로 가는데, 양쪽으로 촛불이 켜져 있고, [정결례를 위해 몸을] 담그는 곳에 이르게 된다. 그곳에 모닥불이 지펴져 있고 영광의 자리(화장실)가 있는 곳이다. 이것이 그의 영광이다. 잠겨 있으면 그곳에 [다른] 사람이 있음을 알 수 있고 열려 있으면 그곳에 사람이 없음을 알 수 있다. 그가 내려가서 [몸을] 담그고, 올라와서 [몸을] 말리고, 모닥불 앞에서 [몸을] 데운다. 그는 돌아와서 문들이 열릴 때까지 형제 제사장들 사이에 앉아 있는다. [문이 열리면 성전을] 나와서 [자기 집으로] 간다.

- 성전에서 레위인들이 지키는 장소는 스물한 곳이 있는데(「미돗」 1, 1), 이 미쉬나에서 언급한 방 세 개도 그 목록에 들어 있다. 아브티나스의 방은 유향을 준비하는 곳이고, 불씨의 방은 제단에 올릴 불이 꺼지지 않도록 보관하는 곳이며, 화로의 방은 불을 크게 피워서 제사장들이 밤에 춥지 않도록 했던 곳이다. 불 곁에서 자는 제사장들은 주로 각 제사장 가문의 장로들이었고, 그 외 대부분의 젊은 제사장들은 바닥에서 잤는데, 그들이 자는 방은 위층에 있어서 한기가 덜했던 것으로 보인다.
- 거룩한 옷을 입고 자는 일은 없었는데, 제의적인 이유도 있었겠지만 밤에 사정할 가능성을 염두에 둔 관행이었다. 사정한 사람은 부정해지며(신 23:10), 그는 성전 뜰로 나가지 않고 나선형 계단으로 성전산 밑에 있는 정결례장으로 내려간다.
- 정결례를 마친 후 그는 부정하지 않지만 돌아오는 저녁까지 제의에 참여할 수 없으므로(낮에 씻은 자), 기다렸다가 성전 문이 열리면 성전 바깥으로 나온다.
- 화장실을 완곡어법으로 "영광의 자리"라고 표현한다.

1, 2

성전의 아침 일과에 대한 설명이다.

מִי שֶׁהוּא רוֹצֶה לִתְרֹם אֶת הַמִּזְבֵּחַ, מַשְׁכִּים וְטוֹבֵל עַד שֶׁלֹּא יָבֹא הַמְמֻנֶּה.
וְכִי בְּאֵיזוֹ שָׁעָה הַמְמֻנֶּה בָא. לֹא כָל הָעִתִּים שָׁווֹת, פְּעָמִים שֶׁהוּא בָא
מִקְּרִיאַת הַגֶּבֶר, אוֹ סָמוּךְ לוֹ מִלְּפָנָיו אוֹ מִלְּאַחֲרָיו. הַמְמֻנֶּה בָא וְדוֹפֵק
עֲלֵיהֶם, וְהֵם פָּתְחוּ לוֹ. אָמַר לָהֶן, מִי שֶׁטָּבַל יָבֹא וְיָפִיס. הֵפִיסוּ, זָכָה מִי
שֶׁזָּכָה:

제단에서 〔재를〕 제거하려는 사람은 일찍 일어나서 책임자가 오기 전에 〔몸을〕 담근다. 그런데 몇 시에 책임자가 오는가? 그 시간이 〔언제나〕 같지는 않으며, 때로는 그가 수탉이 울 때[2] 오는데 그보다 조금 전에 또는 조금 뒤에 〔오기도 한다〕. 책임자가 와서 〔문을〕 두드리면, 그들이 그에게 〔문을〕 열어주었다. 그가 〔몸을〕 담근 사람은 와서 제비를 뽑으라고 그들에게 말했고, 뽑힐 사람이 뽑혔다.

- 제사장들이 아침에 제일 먼저 해야 할 일은 제단 위에서 재를 치우는 일이었고, 누구나 원하는 사람이 제비를 뽑아 할 수 있었는데(레 1:2), 이 일을 하기 전에 정결례를 행했다(「요마」3, 3). 성전에 들어가기 전에는 항상 정결례를 해야 하기 때문이다.
- 그 후 책임자가 닭이 우는 시간에 도착해(「요마」1, 8), 그의 입회하에 제비를 뽑았다(「요마」2, 1-2). 이때는 아직 아침이 되기 전이다. 여기서 책임자는 어느 제사장이 제의를 집전할지 제비 뽑는 일을 관장하는 성전 관리를 가리킨다.

---

2) 이 표현(קריאת הגבר, 크리얏 하기보르)을 직역하면 '사내의 부름'인데, 아모라임 중에서 라브는 성전에서 시간을 알리는 일을 맡은 사람을 가리킨다고 주장했고, 랍비 쉴라는 여기서 말하는 사내가 수탉을 가리킨다고 주장했다. 여기서는 후자의 주장에 따라 번역한다(야스트로 사전).

1, 3

이어지는 일과를 설명한다.

נָטַל אֶת הַמַּפְתֵּחַ וּפָתַח אֶת הַפִּשְׁפָּשׁ, וְנִכְנַס מִבֵּית הַמּוֹקֵד לָעֲזָרָה, וְנִכְנְסוּ
אַחֲרָיו וּשְׁתֵּי אֲבוּקוֹת שֶׁל אוֹר בְּיָדָם. וְנֶחְלְקוּ לִשְׁתֵּי כִתּוֹת, אֵלּוּ הוֹלְכִים
בָּאַכְסַדְרָא דֶּרֶךְ הַמִּזְרָח, וְאֵלּוּ הוֹלְכִים בָּאַכְסַדְרָא דֶּרֶךְ הַמַּעֲרָב. הָיוּ בוֹדְקִין
וְהוֹלְכִין עַד שֶׁמַּגִּיעִין לִמְקוֹם בֵּית עוֹשֵׂי חֲבִתִּים. הִגִּיעוּ אֵלּוּ וָאֵלּוּ, אָמְרוּ
שָׁלוֹם, הַכֹּל שָׁלוֹם. הֶעֱמִידוּ עוֹשֵׂי חֲבִתִּים לַעֲשׂוֹת חֲבִתִּים:

그는 열쇠를 취하여 작은 문을 열고, 화로의 방에서 성전 뜰로 들어
간다. 그리고 그들이 그 뒤를 따라 들어가는데, 손에 횃불 두 개를〔들
고 간다〕. 그들은 두 집단으로 나뉘는데,〔한〕집단은 열주실에서 동
쪽으로 가고,〔또 한〕집단은 열주실에서 서쪽으로 간다. 그들은〔성
전을〕점검하면서 이동하여〔번철에 구운〕빵을 만드는 장소에 이른
다.〔한〕집단과〔또 한〕집단이〔모두 그곳에〕이르면, 정상이라고, 모
든 것이 정상이라고 말한다. 그들이〔번철에 구운〕빵을 만드는 사람
을 세워서 빵을 만들게 한다.

- 책임자를 따라 제사장들이 성전 뜰로 들어가서 횃불을 들고 성전을
  점검하고, 매일 대제사장이 바치는 번철에 구운 빵을 만들기 시작한
  다(레 6:13-14;「메나홋」4, 5).

1, 4

실제로 제단에서 재를 치우는 일을 설명한다.

מִי שֶׁזָּכָה לִתְרֹם אֶת הַמִּזְבֵּחַ, הוּא יִתְרֹם אֶת הַמִּזְבֵּחַ, וְהֵם אוֹמְרִים לוֹ,
הִזָּהֵר שֶׁמָּא תִגַּע בִּכְלִי, עַד שֶׁתְּקַדֵּשׁ יָדֶיךָ וְרַגְלֶיךָ מִן הַכִּיּוֹר, וַהֲרֵי הַמַּחְתָּה
נְתוּנָה בַּמִּקְצוֹעַ בֵּין הַכֶּבֶשׁ לַמִּזְבֵּחַ, בְּמַעֲרָבוֹ שֶׁל כֶּבֶשׁ. אֵין אָדָם נִכְנַס עִמּוֹ,

וְלֹא נֵר בְּיָדוֹ, אֶלָּא מְהַלֵּךְ לְאוֹר הַמַּעֲרָכָה. לֹא הָיוּ רוֹאִין אוֹתוֹ וְלֹא שׁוֹמְעִין
אֶת קוֹלוֹ, עַד שֶׁשּׁוֹמְעִין קוֹל הָעֵץ שֶׁעָשָׂה בֶן קָטִין מוּכְנִי לַכִּיּוֹר, וְהֵן אוֹמְרִים
הִגִּיעַ עֵת. קִדֵּשׁ יָדָיו וְרַגְלָיו מִן הַכִּיּוֹר, נָטַל מַחְתַּת הַכֶּסֶף וְעָלָה לְרֹאשׁ
הַמִּזְבֵּחַ, וּפִנָּה אֶת הַגֶּחָלִים הֵילָךְ וְהֵילָךְ, חָתָה מִן הַמְאֻכָּלוֹת הַפְּנִימִיּוֹת, וְיָרַד.
הִגִּיעַ לָרִצְפָּה, הָפַךְ פָּנָיו לַצָּפוֹן, הָלַךְ לְמִזְרָחוֹ שֶׁל כֶּבֶשׁ כְּעֶשֶׂר אַמּוֹת. צָבַר
אֶת הַגֶּחָלִים עַל גַּבֵּי הָרִצְפָּה רָחוֹק מִן הַכֶּבֶשׁ שְׁלֹשָׁה טְפָחִים, מְקוֹם שֶׁנּוֹתְנִין
מֻרְאוֹת הָעוֹף וְדִשּׁוּן מִזְבֵּחַ הַפְּנִימִי וְהַמְּנוֹרָה:

제단에서 [재를] 제거하기로 뽑힌 사람은 제단에서 [재를] 제거한
다. 그런데 그들이 그에게 물두멍에서 너의 손과 너의 발을 거룩하게
만들기 전에 [제의용] 기구를 만지지 않도록 조심하라고 말한다. 부
삽은 오르막과 제단 사이 구석에 놓여 있으며, 오르막 서쪽에 있다.
아무도 그와 함께 들어가지 않으며, 그는 손에 등잔을 [가져가지] 않
고, [제단의] 장작불 빛을 [의지해서] 움직인다. 아무도 그를 볼 수 없
고 아무도 그의 목소리를 듣지 못한다. 그들이 벤 카틴이 물두멍을 들
기 위해 만든 나무 기구 소리를 들으면, 시간이 되었다고 말한다.

그는 자기 손과 발을 물두멍에서 거룩하게 만들고, 은으로 [만든]
부삽을 취하여 제단 위로 올라가며, 이쪽과 저쪽에 있는 숯을 치우고,
[다 탄] 재를 안쪽으로 밀어 모은 뒤에 내려온다. 그가 바닥으로 내려
오면 얼굴을 북쪽으로 향하고 오르막 동쪽으로 10아마 정도 이동한
다. 그는 숯을 오르막에서 3테팍 떨어진 곳에 쌓는다. 그곳은 새[제
물]에서 제거한 것과 내부 제단이나 등잔대에서 나온 재를 두는 곳
이다.

- 둘째 미쉬나(1, 2)에 따르면 재를 제거하는 일을 하고자 하는 제사장
  은 아침 일찍 일어나서 정결례를 실시한다. 그러나 그것으로 충분하
  지 않으며, 물두멍에서 손과 발을 씻어야 한다(출 30:18-20).
- 그는 물두멍에서 벤 카틴이 만든 기구를 사용하여 손발을 씻는데,

이 기구는 물저장고를 물두멍에 이어주는 기능을 한다고 한다(「요마」3, 10). 벤 카틴은 성전에 필요한 여러 장치들을 발명하고 설치한 사람이다.

- 번제단과 성소의 분향단, 메노라에서 나온 재를 버리는 곳이 번제단 오르막의 동쪽에 위치해 있었다.

제2장

2, 1
재를 치우는 과정을 보다 구체적으로 묘사한다.

רָאוּהוּ אֶחָיו שֶׁיָּרַד, וְהֵם רָצוּ וּבָאוּ. מִהֲרוּ וְקִדְּשׁוּ יְדֵיהֶן וְרַגְלֵיהֶן מִן הַכִּיּוֹר,
נָטְלוּ אֶת הַמַּגְרֵפוֹת וְאֶת הַצִּנּוֹרוֹת וְעָלוּ לְרֹאשׁ הַמִּזְבֵּחַ. הָאֵבָרִין וְהַפְּדָרִין
שֶׁלֹּא נִתְאַכְּלוּ מִבָּעֶרֶב, סוֹנְקִין אוֹתָם לְצִדְדֵי הַמִּזְבֵּחַ. אִם אֵין הַצְּדָדִין
מַחֲזִיקִין, סוֹדְרִין אוֹתָם בַּסּוֹבֵב עַל הַכֶּבֶשׁ:

그의 형제 〔제사장들이〕 그가 내려오는 것을 보았고, 그들이 달려왔다. 그들이 서둘러서 물두멍에서 자기 손과 발을 거룩하게 만들었고, 그들이 삽과 갈퀴를 들고 제단 위로 올라갔다. 〔그전 날〕 저녁에 다 타지 않은 〔제물의〕 사지와 지방은 제단 옆쪽으로 밀어 모은다. 만약 옆 부분에 그것들을 다 두지 못한다면, 오르막 위쪽 소베브에 쌓는다.

- 재를 치우는 작업이 끝나면 다른 제사장들이 들어가서 전날 저녁에 바쳤지만 밤 동안에 다 타지 않고 남은 제물을 치워야 한다. 아침에 새로 장작을 쌓고 새 제물을 드려야 하기 때문이다. 제단 위 공간이 모자라면 소베브(제단 벽을 둘러 난 1아마 폭의 길)에도 쌓아놓는

다. 소베브에 관하여는 「제바힘」 6, 1의 주석을 참고하라.

- 제물의 남은 부분들은 나중에 다시 불 위에 올려서 완전히 태우게 된다(2, 5).

2, 2

재를 처리하는 과정을 설명한다.

הֶחֱלוּ מַעֲלִין בָּאֵפֶר עַל גַּבֵּי הַתַּפּוּחַ. וְתַפּוּחַ הָיָה בְּאֶמְצַע הַמִּזְבֵּחַ, פְּעָמִים עָלָיו כִּשְׁלֹשׁ מֵאוֹת כּוֹר. וּבָרְגָלִים לֹא הָיוּ מְדַשְּׁנִין אוֹתוֹ, מִפְּנֵי שֶׁהוּא נוֹי לַמִּזְבֵּחַ. מִיָּמָיו לֹא נִתְעַצֵּל הַכֹּהֵן מִלְּהוֹצִיא אֶת הַדָּשֶׁן:

그들이 재를 타푸아흐 위로 쌓기 시작했는데, 타푸아흐는 제단 가운데 있었고, 때때로 그것이 300코르까지 [쌓이기도 했다]. 그런데 명절에는 그것을 재 버리는 곳에 버리지 않았다. 그것이 [일종의] 제단 장식이기 때문이었다. 그때에는 제사장이 재를 끌어내는 일에 게으르지 않았다.

- 이후 아직 남아 있는 재를 제단 한가운데 타푸아흐라고 불리는 장소에 쌓았다가 치우곤 했는데, 많을 때는 300코르까지 쌓였다고 한다(1코르는 약 250-430리터). 특히 명절에는 제물을 많이 바쳤다는 사실을 과시하기 위해서 재를 치우지 않았는데, 평소에는 제때에 재를 치워냈다.
- 타푸아흐는 사과를 뜻하며, 재를 둥그렇게 쌓아놓아 그러한 이름이 붙여졌다고 한다(라브).

2, 3

재를 치운 뒤 다시 장작을 쌓아놓는다.

הֶחֵלּוּ מַעֲלִין בְּגִזְרִין לְסַדֵּר אֵשׁ הַמַּעֲרָכָה. וְכִי כָל הָעֵצִים כְּשֵׁרִים לַמַּעֲרָכָה.
הֵן, כָּל הָעֵצִים כְּשֵׁרִין לַמַּעֲרָכָה, חוּץ מִשֶּׁל זַיִת וְשֶׁל גֶּפֶן. אֲבָל בְּאֵלּוּ רְגִילִין,
בְּמֻרְבִּיּוֹת שֶׁל תְּאֵנָה וְשֶׁל אֱגוֹז וְשֶׁל עֵץ שָׁמֶן:

그들이 나무를 쌓기 시작하여 불을 [지필 수 있게] 늘어놓았다.
모든 나무들이 장작으로 [사용하기에] 유효한가? 그렇다. 모든 나
무들이 장작으로 [사용하기에] 유효하며, 올리브나무와 포도나무만
예외다. 그러나 주로 [사용한 것은] 무화과나무와 호두나무와 소나
무 가지들이다.

- 재를 치운 다음에는 장작을 쌓아 늘어놓는다. 장작은 무슨 나무를
  쓰건 상관이 없지만, 중요한 열매를 생산하는 올리브나무나 포도나
  무는 장작으로 사용하지 않는다. 무화과나무와 호두나무와 소나무
  도 열매를 생산하지만, 주요 생산물이 아니므로, 그 가지를 장작으
  로 쓴다.

2, 4

장작을 쌓는 과정을 이어서 설명한다.

סִדֵּר הַמַּעֲרָכָה גְדוֹלָה מִזְרָחָה, וַחֲזִיתָהּ מִזְרָחָה, וְרָאשֵׁי הַגִּזְרִין הַפְּנִימִים הָיוּ
נוֹגְעִים בַּתַּפּוּחַ. וְרֶוַח הָיָה בֵּין הַגִּזְרִין, שֶׁהָיוּ מַצִּיתִין אֶת הָאֲלִיתָא מִשָּׁם:

그는 장작을 동쪽에 크게 쌓았고, 전면은 동쪽을 향하게 [쌓는다].
나무 머리들은 안쪽을 [향하며] 타푸아흐(잿더미)에 닿게 한다. 나무
들 사이에 빈 공간을 두고, 그곳에서 [불쏘시개로 쓰는] 무화과나무
가지에 불을 붙인다.

2, 5

분향을 위한 불을 준비하는 과정을 설명한다.

בֵּרְרוּ מִשָּׁם עֲצֵי תְאֵנָה יָפִין, לְסַדֵּר הַמַּעֲרָכָה שְׁנִיָּה לִקְטֹרֶת, מִכְּנֶגֶד קֶרֶן
מַעֲרָבִית דְּרוֹמִית, מָשׁוּךְ מִן הַקֶּרֶן כְּלַפֵּי צָפוֹן אַרְבַּע אַמּוֹת, בְּעֹמֶד חָמֵשׁ
סְאִים גֶּחָלִים, וּבְשַׁבָּת בְּעֹמֶד שְׁמוֹנַת סְאִין גֶּחָלִים, שֶׁשָּׁם הָיוּ נוֹתְנִין שְׁנֵי
בְזִיכֵי לְבוֹנָה שֶׁל לֶחֶם הַפָּנִים. הָאֵבָרִים וְהַפְּדָרִים שֶׁלֹּא נִתְאַכְּלוּ מִבָּעֶרֶב,
מַחֲזִירִין אוֹתָן לַמַּעֲרָכָה. הִצִּיתוּ שְׁתֵּי הַמַּעֲרָכוֹת בָּאֵשׁ, וְיָרְדוּ וּבָאוּ לָהֶם
לְלִשְׁכַּת הַגָּזִית:

그들이 그곳으로부터 〔불이〕 좋은 무화과나무 장작들을 골라냈고,
분향하기 위한 둘째 장작을 쌓아놓는데, 서남쪽 뿔 맞은편으로부터
북쪽으로 4아마 떨어진 곳에 숯이 5쎄아가 되도록 쌓아놓는다. 안식
일에는 숯 8쎄아가 되도록 쌓아놓는데, 그곳에서 진설병과 〔함께 드
리는〕 유향 두 접시를 올려야 하기 때문이다.

그들이 전날 저녁에 다 타지 않고 남은 〔제물의〕 사지와 지방을 장
작 위에 되돌려놓는다. 그리고 장작 두 더미에 불을 붙이고, 내려와서
다듬은 돌의 방으로 들어간다.

- 먼저 쌓아놓은 장작에서 불이 잘 붙은 무화과나무 장작들을 골라 분
  향하는 데 필요한 불을 만든다. 평일에는 숯 5쎄아가 되도록 설치하
  지만, 안식일에는 8쎄아가 되어야 하는데, 성소에서 내어온 진설병
  의 유향을 태워야 하기 때문이다. 안식일에는 새로운 진설병을 두
  접시의 유향과 함께 진설하고 지난 한 주간 동안 진설되었던 진설병
  과 유향을 내어온다. 여기서 유향은 번제단에 태우고 묵은 진설병은
  제사장들이 먹는다. 안식일에 추가되는 3쎄아는 이 유향을 태우기
  위한 것이었다(라브).
- 첫째 미쉬나(2, 1)에서 언급한 남은 제물들을 다시 장작 위에 올리고,

불을 붙인다. 제단에서 내려온 제사장들은 다듬은 돌의 방으로 돌아
가서 제사를 드릴 자가 누가 될지 제비를 뽑는다.

제3장

3, 1
제사장들이 그날 맡을 일을 정하는 과정을 설명한다.

אָמַר לָהֶם הַמְמֻנֶּה, בֹּאוּ וְהָפִיסוּ, מִי שׁוֹחֵט, מִי זוֹרֵק, מִי מְדַשֵּׁן מִזְבֵּחַ
הַפְּנִימִי, מִי מְדַשֵּׁן אֶת הַמְּנוֹרָה, מִי מַעֲלֶה אֵבָרִים לַכֶּבֶשׁ, הָרֹאשׁ וְהָרֶגֶל,
וּשְׁתֵּי הַיָּדַיִם, הָעֹקֶץ וְהָרֶגֶל, הֶחָזֶה וְהַגֵּרָה, וּשְׁתֵּי דְפָנוֹת, הַקְּרָבַיִם, וְהַסֹּלֶת,
וְהַחֲבִתִּים, וְהַיָּיִן. הֵפִיסוּ, זָכָה מִי שֶׁזָּכָה:

책임자가 와서 제비를 뽑으라고 그들에게 말했다. 도살하는 사람,
[피를] 뿌리는 사람, 내부 제단에서 재를 치우는 사람, 등잔대에서 재
를 치우는 사람, [제물의] 사지, 머리와 [오른쪽] 뒷다리와 두 앞다리,
둔부와 [왼쪽] 뒷다리, 가슴과 목과 양쪽 갈비, 내장, 고운 밀가루와
[번철에 구운] 빵과 포도주를 오르막으로 올려갈 사람을 [뽑아라]. 그
들이 제비를 뽑았고, 뽑힐 사람이 뽑혔다.

- 각 제사장들이 맡아야 할 제의 절차들이 나열되어 있는데, 다음 미
  쉬나들을 통해 더 자세히 설명할 것이다.

3, 2

시간을 확인하는 과정을 설명한다.

אָמַר לָהֶם הַמְמֻנֶּה, צְאוּ וּרְאוּ אִם הִגִּיעַ זְמַן הַשְּׁחִיטָה. אִם הִגִּיעַ, הָרוֹאֶה
אוֹמֵר, בַּרְקַאי. מַתְיָא בֶן שְׁמוּאֵל אוֹמֵר, הֵאִיר פְּנֵי כָל הַמִּזְרָח. עַד שֶׁהוּא
בְחֶבְרוֹן, וְהוּא אוֹמֵר, הֵין:

다음에 할 일은 시간을 확인하는 것이다.

책임자가 나가서 도살할 시간이 되었는지 보라고 그들에게 말했
다. 만약 〔시간이〕 되었으면, 〔나가서〕 본 자가 〔날이〕 밝았다고[3] 말
한다. 마트야 벤 쉐무엘은 동쪽 지평선이 헤브론까지 밝았느냐고 〔물
었고〕 그 〔보는 자가〕 그렇다고 대답했다고 말한다.

- 아침에 드리는 제사는 완전히 날이 밝아야 드리기 때문에 다듬은 돌
  의 방에 있는 제사장들 중 하나가 나가서 시간을 확인한다는 이야기
  다. 마트야 벤 쉐무엘은 제사장이며 책임자였던 것으로 보이며, 자
  기가 일을 하던 때를 기억하고 있다.

3, 3

아침 상번제를 위해 양들을 데려오는 과정을 설명한다.

אָמַר לָהֶם, צְאוּ וְהָבִיאוּ טָלֶה מִלִּשְׁכַּת הַטְּלָאִים. וַהֲרֵי לִשְׁכַּת הַטְּלָאִים הָיְתָה
בְּמִקְצוֹעַ צְפוֹנִית מַעֲרָבִית, וְאַרְבַּע לְשָׁכוֹת הָיוּ שָׁם, אַחַת לִשְׁכַּת הַטְּלָאִים,
וְאַחַת לִשְׁכַּת הַחוֹתָמוֹת, וְאַחַת לִשְׁכַּת בֵּית הַמּוֹקֵד, וְאַחַת לִשְׁכָּה שֶׁהָיוּ
עוֹשִׂין בָּה לֶחֶם הַפָּנִים:

---

3) 이 낱말(ברקאי, 바르카이)은 '빛나다' 또는 '하얗다'는 말로 볼 수도 있고, '새벽
별'이라는 말로 읽을 수도 있다.

그 〔책임자가〕 어린 양들의 방에 가서 어린 양을 데려오라고 그들에게 말했다. 그리고 어린 양들의 방은 북서쪽 구석에 있었다. 그곳에는 방 네 개가 있었는데, 하나는 어린 양들의 방이고 하나는 도장들의 방이고 하나는 화로의 방이고 하나는 진설병을 만드는 방이었다.

- 제사를 드릴 시간이 되면 제일 먼저 제물로 쓸 어린 양을 데려와야 했다. 이 미쉬나를 통해 성전 북서쪽에 있는 방들을 어떤 용도로 사용했는지 알 수 있는데, 특히 도장들의 방은 제물로 드리는 포도주마다 그 용도를 표시하기 위해서 도장을 찍는 곳이었다(「쉐칼림」 5, 3).

3, 4
이어서 양에게 물을 먹이고 검사하는 과정을 설명한다.

נִכְנְסוּ לְלִשְׁכַּת הַכֵּלִים, וְהוֹצִיאוּ מִשָּׁם תִּשְׁעִים וּשְׁלֹשָׁה כְלֵי כֶסֶף וּכְלֵי זָהָב. הִשְׁקוּ אֶת הַתָּמִיד בְּכוֹס שֶׁל זָהָב. אַף עַל פִּי שֶׁהוּא מְבֻקָּר מִבָּעֶרֶב, מְבַקְּרִין אוֹתוֹ לְאוֹר הָאֲבוּקוֹת:

그들이 그릇들의 방으로 들어갔고, 은 그릇과 금 그릇 아흔세 개를 꺼냈다. 그들이 금잔으로 상번제 〔제물인 양에게〕 물을 먹였다. 그 〔양은 전날〕 저녁에 검사를 받았음에도 불구하고, 횃불 빛으로 〔다시〕 검사한다.

- 제사장들은 그날 하루 종일 쓸 그릇들을 내어왔고, 제물로 끌어온 어린 양에게 금잔으로 물을 먹인다. 제물로 쓰기 위한 준비 과정일 수도 있고 도살 이후에 가죽을 쉽게 벗기기 위해서라고 설명하기도 한다. 그 후 제물에 흠이 없는지 다시 한 번 검사한다.

3, 5

상번제의 제물을 도살하는 과정을 설명한다.

מִי שֶׁזָּכָה בַּתָּמִיד, מוֹשְׁכוֹ וְהוֹלֵךְ לְבֵית הַמִּטְבָּחַיִם, וּמִי שֶׁזָּכוּ בָּאֵבָרִים הוֹלְכִין אַחֲרָיו. בֵּית הַמִּטְבָּחַיִם הָיָה לִצְפוֹנוֹ שֶׁל מִזְבֵּחַ, וְעָלָיו שְׁמֹנָה עַמּוּדִים נַנָּסִין, וּרְבִיעִית שֶׁל אֶרֶז עַל גַּבֵּיהֶן, וְאֻנְקְלָיוֹת שֶׁל בַּרְזֶל הָיוּ קְבוּעִין בָּהֶן, וּשְׁלֹשָׁה סְדָרִים הָיָה לְכָל אֶחָד וְאֶחָד, שֶׁבָּהֶן תּוֹלִין. וּמַפְשִׁיטִין עַל שֻׁלְחָנוֹת שֶׁל שַׁיִשׁ שֶׁבֵּין הָעַמּוּדִים:

상번제를 〔드리는 자로〕 뽑힌 사람은 그것을 끌고 도살하는 곳으로 가는데, 〔제물의〕 사지를 〔올리는 자로〕 뽑힌 자들도 그의 뒤를 따라 간다.

도살하는 곳은 제단 북쪽에 있었고, 그곳에 낮은 기둥 여덟 개가 있고, 그 위에 삼나무 토막을 〔설치하여〕 쇠갈고리들을 고정시켰으며, 각각 세 줄로 〔설치하여〕 그곳에 〔제물을〕 매달았다. 그리고 그들이 그 기둥들 사이에 있는 대리석상들 위에서 그 〔제물의 가죽을〕 벗겼다.

- 제단 북쪽에서 제물을 도살하는 과정과 여기에 필요한 시설을 묘사하고 있다.

3, 6

재를 치우는 임무에 대해 설명한다.

מִי שֶׁזָּכָה בְדִשּׁוּן מִזְבֵּחַ הַפְּנִימִי וְהַמְּנוֹרָה הָיוּ מַקְדִּימִין, וְאַרְבָּעָה כֵלִים בְּיָדָם, הַטֶּנִי וְהַכּוּז וּשְׁנֵי מַפְתְּחוֹת. הַטֶּנִי דּוֹמֶה לְתַרְקָב גָּדוֹל שֶׁל זָהָב, מַחֲזִיק קַבַּיִן וָחֵצִי. וְהַכּוּז דּוֹמֶה לְקִיתוֹן גָּדוֹל שֶׁל זָהָב. וּשְׁנֵי מַפְתְּחוֹת, אֶחָד יוֹרֵד לְאַמַּת הַשֶּׁחִי וְאֶחָד פּוֹתֵחַ כֵּיוָן:

내부 제단과 등잔대의 재를 치우는 〔자로〕 뽑힌 사람들이 앞서 나가는데, 그들의 손에 도구 네 가지를 〔들었다.〕 테니-상자와[4] 쿠즈-병과[5] 열쇠 두 개다. 테니는 금으로 〔만든〕 커다란 타르카브[6]-상자와 비슷한데, 2카브 반이 들어간다. 그리고 쿠즈는 금으로 〔만든〕 커다란 키톤[7]-그릇과 비슷하다. 그리고 열쇠 두 개 〔중에서〕 하나는 아맛 핫쉐히-빗장으로[8] 내려가고 〔다른〕 하나는 직접 여는 〔열쇠이다〕.

- 앞서 제물을 도살하는 과정을 설명했지만, 그들보다 먼저 성소 내부 분향단의 재를 치우는 제사장들이 맡은 일을 위해 다듬은 돌의 방을 나선다. 그릇 두 가지와 열쇠 두 개를 준비해서 들고 간다.

3, 7
재를 치우러 가는 과정을 설명한다.

בָּא לוֹ לַפִּשְׁפָּשׁ הַצְּפוֹנִי. וּשְׁנֵי פִשְׁפָּשִׁין הָיוּ לוֹ לַשַּׁעַר הַגָּדוֹל, אֶחָד בַּצָּפוֹן וְאֶחָד בַּדָּרוֹם. שֶׁבַּדָּרוֹם לֹא נִכְנַס בּוֹ אָדָם מֵעוֹלָם, וְעָלָיו הוּא מְפֹרָשׁ עַל יְדֵי יְחֶזְקֵאל וַיֹּאמֶר אֵלַי ה', הַשַּׁעַר הַזֶּה סָגוּר יִהְיֶה לֹא יִפָּתֵחַ וְאִישׁ לֹא יָבֹא בוֹ כִּי ה' אֱלֹהֵי יִשְׂרָאֵל בָּא בוֹ וְהָיָה סָגוּר. נָטַל אֶת הַמַּפְתֵּחַ וּפָתַח אֶת הַפִּשְׁפָּשׁ, נִכְנַס לַתָּא, וּמִן הַתָּא אֶל הַהֵיכָל, עַד שֶׁהוּא מַגִּיעַ לַשַּׁעַר הַגָּדוֹל. הִגִּיעַ לַשַּׁעַר הַגָּדוֹל, הֶעֱבִיר אֶת הַנֶּגֶר וְאֶת הַפּוֹתְחוֹת וּפְתָחוֹ. לֹא הָיָה שׁוֹחֵט

---

4) 테니(טני)는 들고 다닐 수 있는 정도의 상자를 가리킨다.
5) 쿠즈(כוז)는 액체를 담는 데 쓰는 병의 일종으로 보인다.
6) 타르카브(תרקב)는 원래 일정한 부피를 가리키는 말로 2카브 또는 3카브 정도를 말한다.
7) 키톤(קיתון)은 작은 그릇에 손잡이가 달려서 액체를 떠내는 일에 사용한다.
8) 아맛 핫쉐히(אמת השחי)는 '겨드랑이의 팔꿈치'라는 뜻인데, 문을 열기 위해 밑으로 넣는 아마 길이의 열쇠라는 설명과 제사장이 자기 팔을 겨드랑이까지 넣어야 자물쇠에 닿는 열쇠라는 설명이 있다.

그는 북쪽 작은 문으로 간다. 그 큰 문에는 두 개의 작은 문이 있었는데, 하나는 북쪽에 그리고 [다른] 하나는 남쪽에 있었다. 남쪽으로는 절대로 사람이 들어갈 수 없었다. 이 사실에 관하여 에스겔이 분명하게 [기록하기를], "주께서 내게 이르시되 이 문은 닫고 다시 열지 못할지니 아무도 그리로 들어오지 못할 것은 이스라엘 하나님 나주가 그리로 들어왔음이라. 그러므로 닫아 둘지니라"(겔 44:2)라고 했다.

그는 열쇠를 취하여 그 작은 문을 열었고, 작은 방으로 들어갔으며, 그 작은 방에서 성전으로 [들어가서] 그 큰 문에 이른다. 그가 그 큰 문에 이르렀고, 빗장과 걸쇠를 밀어서 그것을 열었다. 도살하는 자는 그 큰 문이 열리는 소리를 듣기 전까지는 [제물을] 도살하지 않았다.

- 여섯째 미쉬나(3, 6)에서 언급한 방법으로 성전의 북쪽 작은 문을 열고 들어가 안에서 밖으로 큰 문을 여는 과정을 설명하고 있다. 큰 문을 여는 소리를 들으면 제물을 도살하는 일을 맡은 제사장이 자기 일을 시작한다(3, 5).

3, 8

성전에서 나는 소리와 냄새를 여리고에서 듣고 맡을 수 있었다는 말을 전하고 있다.

מִירִיחוֹ הָיוּ שׁוֹמְעִין קוֹל שַׁעַר הַגָּדוֹל שֶׁנִּפְתָּח. מִירִיחוֹ הָיוּ שׁוֹמְעִין קוֹל הַמַּגְרֵפָה. מִירִיחוֹ הָיוּ שׁוֹמְעִין קוֹל הָעֵץ שֶׁעָשָׂה בֶן קָטִין מוּכְנִי לַכִּיּוֹר. מִירִיחוֹ הָיוּ שׁוֹמְעִין קוֹל גְּבִינִי כָרוֹז. מִירִיחוֹ הָיוּ שׁוֹמְעִין קוֹל הֶחָלִיל. מִירִיחוֹ הָיוּ שׁוֹמְעִין קוֹל הַצֶּלְצָל. מִירִיחוֹ הָיוּ שׁוֹמְעִין קוֹל הַשִּׁיר. מִירִיחוֹ הָיוּ שׁוֹמְעִים קוֹל הַשּׁוֹפָר. וְיֵשׁ אוֹמְרִים, אַף קוֹל שֶׁל כֹּהֵן גָּדוֹל בְּשָׁעָה שֶׁהוּא מַזְכִּיר אֶת

여리고에서 그 큰 문이 열리는 소리를 들을 수 있었다. 여리고에서 삽 소리를 들을 수 있었다. 여리고에서 벤 카틴이 물두멍을 들기 위해 만든 나무 기구 소리를 들을 수 있었다. 여리고에서 전달자인 그비니의 소리를 들을 수 있었다. 여리고에서 피리 소리를 들을 수 있었다. 여리고에서 심벌즈 소리를 들을 수 있었다. 여리고에서 노래〔부르는〕소리를 들을 수 있었다. 여리고에서 뿔나팔 소리를 들을 수 있었다. 그리고 대제사장이 속죄일에 그 이름을 언급하는 소리도〔들을 수 있었다고〕말하기도 했다.

여리고에서 유향을 섞은 냄새를 맡을 수 있었다. 랍비 엘리에제르 벤 다글라이는〔내〕아버지 집에는 하르 믹바르에 염소들이 있었는데 그들이 유향을 섞은 냄새 때문에 재채기를 하고는 했다고 말했다.

- 여리고는 예루살렘에서 직선거리로 26킬로미터, 도로를 따라가면 40킬로미터 정도 떨어져 있는 도시다. 그럼에도 불구하고 예루살렘 성전의 큰 문이 열리는 소리(「타미드」 3, 7), 삽 소리(2, 1), 벤 카틴이 물두멍을 들기 위해 만든 나무 기구 소리(1, 4), 전달자가 제사장들과 레위인들을 부르는 소리(「쉐칼림」 5, 1), 피리(「아라킨」 2, 3), 심벌즈(「타미드」 7, 3), 노래와 뿔나팔 소리(「아라킨」 2, 3), 그리고 대제사장이 이스라엘 하나님의 이름을 발음하는 소리(「요마」 6, 2)까지 들을 수 있었다고 전한다.
- 성전에서 태우는 유향의 냄새도 여리고에서 맡을 수 있었고, 요단강 건너편 하르 믹바르에서 기르던 염소들이 그 냄새 때문에 재채기를 하기도 했다고 한다.

3, 9

내부 제단과 등잔대에서 재를 치우는 작업을 설명한다.

מִי שֶׁזָּכָה בְדִשּׁוּן מִזְבֵּחַ הַפְּנִימִי, נִכְנָס וְנָטַל הַטֶּנִי וְהִנִּיחוֹ לְפָנָיו, וְהָיָה חוֹפֵן
וְנוֹתֵן לְתוֹכוֹ, וּבָאַחֲרוֹנָה כִּבֵּד אֶת הַשְּׁאָר לְתוֹכוֹ וְהִנִּיחוֹ וְיָצָא. מִי שֶׁזָּכָה
בְדִשּׁוּן הַמְּנוֹרָה, נִכְנַס וּמָצָא שְׁנֵי נֵרוֹת מִזְרָחִיִּים דּוֹלְקִים, מְדַשֵּׁן אֶת הַשְּׁאָר
וּמַנִּיחַ אֶת אֵלּוּ דּוֹלְקִין בִּמְקוֹמָן. מְצָאָן שֶׁכָּבוּ, מְדַשְּׁנָן וּמַדְלִיקָן מִן הַדּוֹלְקִים,
וְאַחַר כָּךְ מְדַשֵּׁן אֶת הַשְּׁאָר. וְאֶבֶן הָיְתָה לִפְנֵי הַמְּנוֹרָה וּבָהּ שָׁלֹשׁ מַעֲלוֹת,
שֶׁעָלֶיהָ הַכֹּהֵן עוֹמֵד וּמֵטִיב אֶת הַנֵּרוֹת. וְהִנִּיחַ אֶת הַכּוּז עַל מַעֲלָה שְׁנִיָּה
וְיָצָא:

[성소] 내부 분향단에서 재를 치우는 자로 뽑힌 사람은 [성전에] 들어갔고 테니-상자를 취해 그 앞에 놓고, [재를] 손으로 퍼서 그 안에 넣으며, 마지막으로 남은 것을 그 안으로 정리하고 그것을 두고 나왔다.

등잔대의 재를 치우는 자로 뽑힌 사람은 [성전에] 들어갔고 동쪽에 [있는] 등잔 두 개가 켜져 있는 것을 발견했다면, 나머지 [등잔에서] 재를 치우고 이것들을 그것들 대신 켜서 놓아둔다. 그들이 그 [등잔 두 개가] 꺼져 있는 것을 발견했다면, 그것들의 재를 치우고 [아직] 켜져 있는 것들을 [이용해서] 그것들의 불을 켜고, 나머지 [등잔에서] 재를 치웠다.

그 등잔대 앞에 돌 [하나가] 놓여 있고, 그곳에 계단 세 개가 있는데, 제사장이 그 위에 서서 등잔을 준비했다. 그는 쿠즈-병을 둘째 계단 위에 놓아두고 나왔다.

- 성소 안에 있는 분향단과 등잔대에서 재를 치우는 제사장들이 맡은 일을 처리하는 과정을 자세히 묘사하고 있다. 이들은 테니-상자나 쿠즈-병을 사용하여 재를 치우고(3, 6), 그것을 성전 안에 두고 나온

다. 분향단의 재를 치우는 방법은 제6장에서 다룬다.

- 성소 내부에는 남쪽으로 '메노라'라고 하는 일곱 개의 등잔이 있었다. 등잔불을 동쪽의 것들로부터 점검하는데 첫 두 개의 등잔에 여전히 불이 남아 있다면 나머지 다섯 등잔의 재를 먼저 치웠다. 첫 두 등잔에 불이 꺼져 있다면 이들의 재를 먼저 치우고 기름을 채운 후, 다른 등잔의 불로 다시 불을 붙인다. 재를 치우는 동안에도 메노라의 불이 완전히 꺼지지 않게 하기 위함이다.

제4장

4, 1
아침에 상번제 제물을 잡는 장면을 묘사한다.

לֹא הָיוּ כוֹפְתִין אֶת הַטָּלֶה, אֶלָּא מְעַקְּדִין אוֹתוֹ. מִי שֶׁזָּכוּ בָאֵבָרִים, אוֹחֲזִים בּוֹ. וְכָךְ הָיְתָה עֲקֵדָתוֹ, רֹאשׁוֹ לַדָּרוֹם וּפָנָיו לַמַּעֲרָב. הַשּׁוֹחֵט, עוֹמֵד בַּמִּזְרָח וּפָנָיו לַמַּעֲרָב. שֶׁל שַׁחַר הָיָה נִשְׁחָט עַל קֶרֶן צְפוֹנִית מַעֲרָבִית, עַל טַבַּעַת שְׁנִיָּה. שֶׁל בֵּין הָעַרְבַּיִם הָיָה נִשְׁחָט עַל קֶרֶן מִזְרָחִית צְפוֹנִית, עַל טַבַּעַת שְׁנִיָּה. שָׁחַט הַשּׁוֹחֵט, וְקִבֵּל הַמְקַבֵּל. בָּא לוֹ לְקֶרֶן מִזְרָחִית צְפוֹנִית, וְנוֹתֵן מִזְרָחָה צָפוֹנָה. מַעֲרָבִית דְּרוֹמִית, וְנוֹתֵן מַעֲרָבָה דָרוֹמָה. שְׁיָרֵי הַדָּם הָיָה שׁוֹפֵךְ עַל יְסוֹד דְּרוֹמִית:

그들이 그 어린 양의 [목을] 묶지는 않았지만, [다리를] 묶는다. [제물의] 사지를 [옮기는 사람으로] 뽑힌 사람이 이것을 붙잡는다. 이렇게 그것의 [다리를] 묶을 때, 그의 머리는 남쪽으로 하고 얼굴은 서쪽으로 한다. 도살하는 자는 동쪽에 서서 그의 얼굴은 서쪽으로 한다. 아침에 드리는 [제물은 번제단의] 북서쪽 뿔, 둘째 고리 근처에서 도살한다. 저녁에 드리는 [제물은] 동북쪽 뿔, 둘째 고리 근처에서 도살

한다.

도살하는 자가 도살했고 취혈하는 자가 취혈했다. 그는 동북쪽 뿔(모서리) 쪽으로 가서 동북쪽으로 〔피를〕 붓는다. 서남쪽 〔뿔로 가서〕 서남쪽으로 〔피를〕 붓는다. 남은 피는 〔제단의〕 남쪽 기초에 붓는다.

- 제물을 도살하는 제사장들은 어린 양이 도망하지 못하도록 목을 다른 기둥에 묶지는 않았지만, 그 앞다리와 뒷다리를 서로 묶어서 움직이지 못하게 만든다. 제물의 사지를 옮기는 일을 맡은 제사장이 제물을 잡고 도살하는 일을 맡은 제사장이 도살하는데, 제단의 북쪽에서 도살하되 아침제사와 저녁제사 제물을 조금 다른 곳에서 도살한다. 여기서 말하는 고리는 성전 뜰 바닥에 달려 있었던 것으로 추정한다.
- 도살하면서 또 다른 제사장이 피를 받고, 제단의 두 모서리에서 피를 부어 네 면으로 흐르게 하며, 남은 피는 제단 기초에 쏟아서 바친다.

4, 2

도살한 제물의 가죽을 벗기고 제사를 준비하는 과정을 묘사한다.

לֹא הָיָה שׁוֹבֵר בּוֹ אֶת הָרֶגֶל, אֶלָּא נוֹקְבוֹ מִתּוֹךְ עַרְכּוּבּוֹ וְתוֹלֶה בּוֹ. הָיָה מַפְשִׁיט וְיוֹרֵד עַד שֶׁהוּא מַגִּיעַ לֶחָזֶה. הִגִּיעַ לֶחָזֶה, חָתַךְ אֶת הָרֹאשׁ וּנְתָנוֹ לְמִי שֶׁזָּכָה בּוֹ. חָתַךְ אֶת הַכְּרָעַיִם וּנְתָנָן לְמִי שֶׁזָּכָה בָּהֶן. מֵרַק אֶת הַהֶפְשֵׁט, קָרַע אֶת הַלֵּב וְהוֹצִיא אֶת דָּמוֹ. חָתַךְ אֶת הַיָּדַיִם וּנְתָנָן לְמִי שֶׁזָּכָה בָּהֶן. עָלָה לָרֶגֶל הַיְמָנִית, חֲתָכָהּ וּנְתָנָהּ לְמִי שֶׁזָּכָה בָהּ, וּשְׁתֵּי בֵיצִים עִמָּהּ. קְרָעוֹ, וְנִמְצָא כֻּלּוֹ גָּלוּי לְפָנָיו. נָטַל אֶת הַפֶּדֶר וּנְתָנוֹ עַל בֵּית שְׁחִיטַת הָרֹאשׁ מִלְמַעְלָן. נָטַל אֶת הַקְּרָבַיִם וּנְתָנָן לְמִי שֶׁזָּכָה בָּהֶם לַהֲדִיחָן. וְהַכֶּרֶס מְדִיחִין אוֹתָהּ בְּבֵית מְדִיחִין כָּל צָרְכָּהּ. וְהַקְּרָבַיִם מְדִיחִין אוֹתָן שְׁלֹשָׁה פְעָמִים בְּמִעוּטָהּ, עַל שֻׁלְחָנוֹת שֶׁל שַׁיִשׁ שֶׁבֵּין הָעַמּוּדִים:

그는 〔제물의〕 다리를 꺾지 않았고 〔무릎〕 관절에 구멍을 뚫어서 그것을 매달았다.

그는 가죽을 벗겼는데, 가슴 부분에 이를 때까지 〔벗겨〕 내렸다.

그가 가슴에 이르면, 그 머리를 잘랐고, 그 일로 뽑힌 자에게 주었다.

그가 다리들을 〔무릎까지〕 잘랐고, 그 일로 뽑힌 자에게 주었다.

그가 가죽 벗기기를 마치고, 심장을 꺼내어 피를 빼냈다.

그가 앞다리들을 잘랐고, 그 일로 뽑힌 자에게 주었다.

그가 오른쪽 다리로 올라와서 그것을 잘랐고, 불알 두 개와 함께 그 일로 뽑힌 자에게 주었다.

그가 그 〔제물을〕 갈랐고, 전체가 자기 앞에 잘 보이도록 놓았다.

그가 지방을 취했고 머리를 잘라낸 곳 위에 두었다.

그가 내장을 취했고, 그것을 씻는 일로 뽑힌 자에게 주었다.

그 위는 그들이 씻는 곳에서 철저하게 씻는다.

그 내장은 최소한 세 번 씻는데, 기둥들 사이에 있는 대리석 탁자 위에서 〔씻는다〕.

- 제물을 도살하는 제사장이 순서에 따라 어린 양을 해체하고, 각 부분을 제단에 올리는 일을 맡은 제사장에게 넘겨준다. 내장은 꺼내어 깨끗하게 씻는다.

4, 3

둘째 미쉬나(4, 2)에 이어서 어린 양의 사체를 해체하는 과정을 묘사한다.

נָטַל אֶת הַסַּכִּין וְהִפְרִישׁ אֶת הָרֵאָה מִן הַכָּבֵד, וְאֶצְבַּע הַכָּבֵד מִן הַכָּבֵד,
וְלֹא הָיָה מְזִיזָהּ מִמְּקוֹמָהּ. נָקַב אֶת הֶחָזֶה וּנְתָנוֹ לְמִי שֶׁזָּכָה בּוֹ. עָלָה לַדֹּפֶן
הַיְמָנִית, הָיָה חוֹתֵךְ וְיוֹרֵד עַד הַשִּׁדְרָה, וְלֹא הָיָה נוֹגֵעַ בַּשִּׁדְרָה, עַד שֶׁהוּא
מַגִּיעַ לִשְׁתֵּי צְלָעוֹת רַכּוֹת. חֲתָכָהּ וּנְתָנָהּ לְמִי שֶׁזָּכָה בָּהּ, וְהַכָּבֵד תְּלוּיָה
בָהּ. בָּא לוֹ לַגֵּרָה, וְהִנִּיחַ בָּהּ שְׁתֵּי צְלָעוֹת מִכָּאן וּשְׁתֵּי צְלָעוֹת מִכָּאן.
חֲתָכָהּ וּנְתָנָהּ לְמִי שֶׁזָּכָה בָּהּ, וְהַקָּנֶה וְהַלֵּב וְהָרֵאָה תְּלוּיִם בָּהּ. בָּא לוֹ לַדֹּפֶן
הַשְּׂמָאלִית, וְהִנִּיחַ בָּהּ שְׁתֵּי צְלָעוֹת רַכּוֹת מִלְמַעְלָן וּשְׁתֵּי צְלָעוֹת רַכּוֹת
מִלְמַטָּן. וְכָךְ הָיָה מַנִּיחַ בַּחֲבֶרְתָּהּ. נִמְצָא מַנִּיחַ בִּשְׁתֵּיהֶן, שְׁתַּיִם שְׁתַּיִם
מִלְמַעְלָן וּשְׁתַּיִם שְׁתַּיִם מִלְמַטָּן. חֲתָכָהּ וּנְתָנָהּ לְמִי שֶׁזָּכָה בָּהּ, וְהַשִּׁדְרָה
עִמָּהּ, וְהַטְּחוֹל תָּלוּי בָּהּ. וְהִיא הָיְתָה גְדוֹלָה, אֶלָּא שֶׁל יָמִין קוֹרִין גְּדוֹלָה,
שֶׁהַכָּבֵד תְּלוּיָה בָהּ. בָּא לוֹ לַעֹקֶץ, חוֹתְכוֹ וּנְתָנוֹ לְמִי שֶׁזָּכָה בּוֹ, וְהָאַלְיָה
וְאֶצְבַּע הַכָּבֵד וּשְׁתֵּי כְלָיוֹת עִמּוֹ. נָטַל רֶגֶל הַשְּׂמָאלִי וּנְתָנָהּ לְמִי שֶׁזָּכָה בָּהּ.
נִמְצְאוּ כֻלָּן עוֹמְדִין בְּשׁוּרָה וְהָאֵבָרִים בְּיָדָם. הָרִאשׁוֹן, בָּרֹאשׁ וּבָרֶגֶל. הָרֹאשׁ
בִּימִינוֹ, וְחוֹטְמוֹ כְּלַפֵּי זְרוֹעוֹ, וְקַרְנָיו בֵּין אֶצְבְּעוֹתָיו, וּבֵית שְׁחִיטָתוֹ מִלְמַעְלָן,
וְהַפֶּדֶר נָתוּן עָלֶיהָ. וְהָרֶגֶל שֶׁל יָמִין בִּשְׂמֹאלוֹ, וּבֵית עוֹרוֹ לַחוּץ. הַשֵּׁנִי, בִּשְׁתֵּי
יָדַיִם, שֶׁל יָמִין בִּימִינוֹ, שֶׁל שְׂמֹאל בִּשְׂמֹאלוֹ, וּבֵית עוֹרָן לַחוּץ. הַשְּׁלִישִׁי,
בָּעֹקֶץ וּבָרֶגֶל. הָעֹקֶץ בִּימִינוֹ, וְהָאַלְיָה מְדֻלְדֶּלֶת בֵּין אֶצְבְּעוֹתָיו, וְאֶצְבַּע הַכָּבֵד
וּשְׁתֵּי הַכְּלָיוֹת עִמּוֹ. הָרֶגֶל שֶׁל שְׂמֹאל בִּשְׂמֹאלוֹ, וּבֵית עוֹרוֹ לַחוּץ. הָרְבִיעִי,
בֶּחָזֶה וּבַגֵּרָה. הֶחָזֶה בִּימִינוֹ, וְהַגֵּרָה בִּשְׂמֹאלוֹ, וְצַלְעוֹתֶיהָ בֵּין אֶצְבְּעוֹתָיו.
הַחֲמִישִׁי, בִּשְׁתֵּי דְפָנוֹת. שֶׁל יָמִין בִּימִינוֹ, וְשֶׁל שְׂמֹאל בִּשְׂמֹאלוֹ, וּבֵית
עוֹרָן לַחוּץ. הַשִּׁשִּׁי, בַּקְּרָבַיִם הַנְּתוּנִים בְּבָזָךְ וּכְרָעַיִם עַל גַּבֵּיהֶם מִלְמַעְלָה.
הַשְּׁבִיעִי, בַּסֹּלֶת. הַשְּׁמִינִי, בַּחֲבִתִּין. הַתְּשִׁיעִי, בַּיָּיִן. הָלְכוּ וּנְתָנוּם מֵחֲצִי
הַכֶּבֶשׁ וּלְמַטָּה בְּמַעֲרָבוֹ, וּמְלָחוּם. וְיָרְדוּ וּבָאוּ לָהֶם לְלִשְׁכַּת הַגָּזִית, לִקְרוֹת
אֶת שְׁמַע:

그가 칼을 취했고 폐를 간에서 떼어냈으며, 간의 돌기도[9] 간에서
〔떼어냈으나〕 제자리에서 옮기지는 않았다.

그가 가슴 부위에 구멍을 뚫었고 그 일로 위해 뽑힌 자에게 주었다.

---

9) 이 표현(אצבע הכבד, 에쯔바 하카베드)을 직역하면 '간의 손가락'인데, 양의 간 위
   에 손가락 모양으로 도드라져 나온 부분을 가리킨다. 히브리 성경에는 조금 다
   른 표현(יתרת הכבד, 요테렛 하카베드)으로 등장한다(출 29:22; 레 3:15 등).

그가 오른쪽 옆구리로 올라와서 〔그것을〕잘랐고 등뼈까지 내려갔
으나, 등뼈에 닿지는 않았고, 부드러운 갈비뼈 두 개가 있는 곳까지
이르렀다. 그것을 잘라서 그 일로 뽑힌 자에게 주었으며, 간도 그것에
달려 있었다.

그가 목으로 와서 갈비뼈 두 개를 이쪽과 저쪽에 남겨두었다. 그가
그것을 잘라서 그 일로 뽑힌 자에게 주었으며, 기도와 심장과 폐가 그
것에 달려 있었다.

그가 왼쪽 옆구리로 와서, 부드러운 갈비뼈 두 개를 위쪽에 부드러
운 갈비뼈 두 개를 아래쪽에 남겨두었다. 그리고 다른 한쪽 〔옆구리
도〕 그렇게 〔만들어〕두었고, 그 둘을 〔함께〕 놓아두었으니, 둘과 둘이
위로 둘과 둘이 아래로 〔가도록 두었다〕. 그가 그것을 잘랐고 그 일로
뽑힌 자에게 주었으니, 등뼈가 그곳에 그리고 비장도 그곳에 달려 있
었다.

이것은 큰 〔조각〕이었지만 오른쪽을 크다고 불렀으니, 간이 그쪽
에 달려 있었기 때문이다.

그가 꼬리뼈로 와서 그것을 잘라서 그 일로 뽑힌 자에게 주었으니,
그 꼬리와 간의 돌기 부분과 콩팥 두 개도 함께 〔주었다〕.

그가 왼쪽 다리를 취했고 그 일로 뽑힌 자에게 그것을 주었다.

그들 모두가 자기들 손에 〔제물의〕 사지를 들고 줄지어 서 있었다.

첫째 〔제사장은〕 머리와 〔오른쪽〕 뒷다리를 〔들었다〕. 머리는 그 코
를 그의 팔 쪽을 〔향하게 하고〕 그 뿔을 손가락들 사이에 〔쥐고〕 그의
오른손에 있었고, 그것이 잘린 자리를 위로 하여 비계로 덮었다. 그
오른쪽 다리는 그 가죽을 〔벗긴〕 곳을 바깥으로 〔향하게 하고〕 그의
왼손에 있었다.

둘째는 앞다리 두 개를 〔들었는데〕, 그 가죽을 〔벗긴〕 곳을 바깥으
로 〔향하게 하고〕 오른쪽 〔다리를〕 그의 오른손에 왼쪽 〔다리를〕 그의

왼손에 〔들었다〕.

셋째는 꼬리뼈와 〔다른〕 뒷다리를 〔들었다〕. 꼬리뼈는 그 늘어진 꼬리를 손가락 사이로 〔늘어뜨리고〕 간의 돌기 부분과 콩팥 두 개도 〔함께〕 그의 오른손에 있었고, 왼쪽 뒷다리는 그 가죽을 〔벗긴〕 부분을 바깥으로 〔향하게 하고〕 왼손에 〔들었다〕.

넷째는 가슴과 목 부분을 〔들었는데〕, 가슴은 그의 오른손에 그리고 목은 그 갈비뼈들을 손가락 〔사이에 끼고〕 왼손에 〔들었다〕.

다섯째는 옆구리 두 쪽을 〔들었는데〕, 그 가죽을 〔벗긴〕 부분을 바깥으로 〔향하게 하고〕 오른쪽 〔옆구리는〕 그의 오른손에 왼쪽은 왼손에 〔들었다〕.

여섯째는 내장을 접시 위에 그리고 무릎을 그 위에 놓았다.

일곱째는 고운 밀가루를 〔들었다〕.

여덟째는 〔번철에 구운〕 빵을 〔들었다〕.

아홉째는 포도주를 〔들었다〕.

그들이 가서 그것들을 〔번제단〕 오르막의 아래 부분 서쪽에 놓았고, 소금을 뿌렸다. 그리고 그들이 내려와서 쉐마를 암송하기 위해서 다듬은 돌의 방으로 갔다.

- 소제물에 소금을 뿌리는 행위는 토라가 정한 규정이다(레 2:13).
- 쉐마(שמע) 기도는 "들으라 이스라엘"로 시작하는 신명기 6:4-9의 구절(또는 민수기 15:37-41도 함께)을 암송하는 것으로 현대에도 유대교의 여러 기도문 중 가장 중요한 것으로 여겨진다.
- 쉐마를 암송하는 절차에 관하여는 다음 미쉬나에서 다룬다.

제5장

5, 1

제사장들이 제사를 드리기 전에 다듬은 돌의 방에서 암송하는 기도와 토라 구절들에 관해 논의한다.

אָמַר לָהֶם הַמְמֻנֶּה, בָּרְכוּ בְרָכָה אֶחָת, וְהֵן בֵּרְכוּ. קָרְאוּ עֲשֶׂרֶת הַדְּבָרִים, שְׁמַע, וְהָיָה אִם שָׁמֹעַ, וַיֹּאמֶר. בֵּרְכוּ אֶת הָעָם שָׁלשׁ בְּרָכוֹת, אֱמֶת וְיַצִּיב, וַעֲבוֹדָה, וּבִרְכַּת כֹּהֲנִים. וּבְשַׁבָּת מוֹסִיפִין בְּרָכָה אֶחָת לַמִּשְׁמָר הַיּוֹצֵא:

그 책임자가 그들에게 기도문 하나를 암송하라고 말했고, 그들이 기도했다.

〔그 후에〕 그들이 십계명, 쉐마, 그리고 '만약 네가 들으면', 그리고 '그가 말했다'를 암송했다. 그들이 기도문 세 개로 백성을 축복했으니, '신실하고 한결같으시다', '예배', 그리고 제사장의 축복문으로 〔축복했다〕. 그리고 안식일에는 〔성전을〕 나가는 〔제사장〕 무리를 위해 기도문 하나를 첨가한다.

- 책임자가 다듬은 돌의 방에 모인 제사장들에게 기도문을 암송하라고 명령했는데, 어떤 기도문인지 밝히지 않았다. 게마라에 따르면 '크신 사랑'(אהבה רבה, 아하바 라바)이라는 기도문을 암송했다고 설명하고 있다.[10] 그 후에는 십계명[11]과 쉐마를 차례로 암송했다. 그다

---

10) 현대 유대교에서 쉐마를 암송하기 전에 드리는 두 가지 기도가 있는데, 하나는 '크신 사랑'이고 또 하나는 '빛을 만드신 분'(יוצר המאורות, 요쩨르 하메오롯) 이다.

11) 현대 유대교에서 쉐마 기도를 드릴 때 십계명을 암송하지 않는다. 게마라는 유대인들이 십계명만 하나님이 주신 법규정이라고 생각하고 나머지 율법을 무시할까 봐 기도문에서 십계명을 뺏다고 설명한다.

음에 나오는 기도문 두 가지, '만약 네가 들으면'(וְהָיָה אִם-שָׁמֹעַ, 베하야 임 샤모아, 신 11:13)과 '그가 말했다'(וַיֹּאמֶר, 바요메르, 민 15:37-41)는 쉐마 기도문의 둘째와 셋째 문단이다.

- 제사를 드리기 전에 백성들을 축복하는 기도 세 가지를 드렸는데, 먼저 '신실하고 한결같으시다'(אֱמֶת וְיַצִּיב, 에멧 베야찌브)라는 기도문은 쉐마 바로 다음에 암송하며, 기도문 마지막에 이스라엘을 구원할 자를 찬양한다. '예배'(עֲבוֹדָה, 아보다)라는 기도문은 이스라엘의 기도와 예배를 받아달라는 기도문이다. 제사장의 축복문은 토라에 기록되어 있는 축복문이다(민 6:23-27).

- 안식일에는 상번제 외에 제사를 한 번 더 추가하고(מוּסָף, 모시프) 그 뒤에 제사장들이 교대한다. 이때 일을 마치고 성전을 나가는 제사장들을 위한 기도문을 암송하게 된다.

- 이 미쉬나에서 인용한 기도문들은 후대의 유대교 기도문인 아미다(עֲמִידָה) 또는 샤하릿(שַׁחֲרִית) 기도문과 매우 유사하다. 그렇다면 이런 기도문들이 제2성전 시대부터 존재했다는 증거로 볼 수 있으나, 미쉬나가 기원후 200년경에 편집되었다는 사실을 감안하면, 이 미쉬나의 역사적 정확성에 대해서는 확신할 수 없다.

5, 2
제물을 옮길 사람들을 제비를 뽑는 과정을 설명한다.

אָמַר לָהֶם, חֲדָשִׁים לַקְּטֹרֶת בֹּאוּ וְהָפִיסוּ. הֵפִיסוּ, זָכָה מִי שֶׁזָּכָה. חֲדָשִׁים
עִם יְשָׁנִים בֹּאוּ וְהָפִיסוּ, מִי מַעֲלֶה אֵבָרִים מִן הַכֶּבֶשׁ לַמִּזְבֵּחַ. רַבִּי אֱלִיעֶזֶר בֶּן
יַעֲקֹב אוֹמֵר, הַמַּעֲלֶה אֵבָרִים לַכֶּבֶשׁ הוּא מַעֲלֶה אוֹתָן עַל גַּבֵּי הַמִּזְבֵּחַ:

그가 분향하는 [경험이 없는] 새로 온 자들은 와서 제비를 뽑으라고 그들에게 말했다. 그들이 제비를 뽑았고, 뽑힐 사람이 뽑혔다.

〔그 후〕 새로 온 자들과 오래 된 자들이 와서 〔제물의〕 사지를 오르막에서 제단으로 올려놓을 사람을 〔정하는〕 제비를 뽑았다. 랍비 엘리에제르 벤 야아콥은 〔제물의〕 사지를 오르막에 올려놓은 자가 그것을 제단 위에 올려놓는다고 말한다.

- 성전에서 분향하는 일은 제사장들 사이에서도 귀한 직책으로 간주되었다. 헬라시대에서 로마시대로 넘어오면서 분향은 보다 영적인 세계에 속한 것으로, 육적인 세계에 속한 것으로 생각되던 가축 희생제사보다 귀하게 여겨졌다. 따라서 모두에게 골고루 기회가 가도록 경험이 없는 제사장들 중에서 사람을 뽑아 분향하게 했다.
- 그 후에 오르막에 있는 제물을 제단 불 위에 가져다 놓아야 했고, 누가 그 일을 할지 정하는 방법에 관해 이견이 있다.

5, 3
제비를 뽑아서 아무런 일도 맡지 않은 제사장들에 관해 설명한다.

מְסָרוּם לַחַזָּנִים, הָיוּ מַפְשִׁיטִין אוֹתָם אֶת בִּגְדֵיהֶם, וְלֹא הָיוּ מַנִּיחִין עֲלֵיהֶם
אֶלָּא מִכְנָסַיִם בִּלְבָד. וְחַלּוֹנוֹת הָיוּ שָׁם, וְכָתוּב עֲלֵיהֶם תַּשְׁמִישֵׁי הַכֵּלִים:

〔책임자는〕 그들을 감독자들에게 넘겼고, 그들은 그들의 옷을 벗겼으며, 바지 외에는 그들에게 아무것도 남기지 않았다. 그곳에 벽장들이 있었고, 옷들을 분류할 수 있도록 〔이름이〕 쓰여 있었다.

- 제사장들 중 그날 아무 일도 맡지 않은 사람은 거룩한 제사장의 옷을 벗어놓고 성전을 떠난다.

מִי שֶׁזָּכָה בַקְּטֹרֶת, הָיָה נוֹטֵל אֶת הַכַּף. וְהַכַּף דּוֹמָה לְתַרְקַב גָּדוֹל שֶׁל זָהָב,
מַחֲזִיק שְׁלֹשֶׁת קַבִּים, וְהַבָּזָךְ הָיָה בְתוֹכוֹ, מָלֵא וְגָדוּשׁ קְטֹרֶת. וְכִסּוּי הָיָה לוֹ,
וּכְמִין מְטוּטֶלֶת הָיָה עָלָיו מִלְמַעְלָן:

분향하는 자로 뽑힌 사람은 숟가락을 취하곤 했다. 그런데 이 숟가
락은 금으로 [만든] 커다란 타르카브-상자처럼 생겼고, 3카브를 담
을 수 있었으며, 그 안에 향이 가득 쌓인 [작은] 접시가 있었다. 그 위
에는 덮개가 있었고, 그 위에 일종의 천 조각을 덮었다.

- 분향할 향을 담아 옮기는 기구에 대한 설명이다. 이는 손잡이 달린
  일종의 숟가락이었는데, 3카브가 들어가는 타르카브-상자와 같은
  용기가 달려 있었다(「타미드」 3, 6). 그 안에는 작은 접시가 있고, 그
  위에 향이 쌓여 있었다. 이 숟가락에는 덮개도 있고 천도 덮어서 향
  이 떨어지거나 바람에 날리지 않게 했다.

5, 5
제단에서 숯을 치우는 과정을 설명한다.

מִי שֶׁזָּכָה בַמַּחְתָּה, נָטַל מַחְתַּת הַכֶּסֶף, וְעָלָה לְרֹאשׁ הַמִּזְבֵּחַ, וּפִנָּה אֶת
הַגֶּחָלִים הֵילָךְ וְהֵילָךְ וְחָתָה. יָרַד וְעֵרָן לְתוֹךְ שֶׁל זָהָב. נִתְפַּזֵּר מִמֶּנּוּ כְּקַב
גֶּחָלִים, וְהָיָה מְכַבְּדָן לָאַמָּה. וּבְשַׁבָּת הָיָה כוֹפֶה עֲלֵיהֶן פְּסַכְתֵּר. וּפְסַכְתֵּר
הָיְתָה כְלִי גָדוֹל מַחֲזֶקֶת לֶתֶךְ, וּשְׁתֵּי שַׁרְשְׁרוֹת הָיוּ בָהּ, אַחַת שֶׁהוּא מוֹשֵׁךְ
בָּהּ וְיוֹרֵד, וְאַחַת שֶׁהוּא אוֹחֵז בָּהּ מִלְמַעְלָן בִּשְׁבִיל שֶׁלֹּא תִתְגַּלְגֵּל. וּשְׁלֹשָׁה
דְבָרִים הָיְתָה מְשַׁמֶּשֶׁת, כּוֹפִין אוֹתָהּ עַל גַּב גֶּחָלִים וְעַל הַשֶּׁרֶץ בְּשַׁבָּת,
וּמוֹרִידִין בָּהּ אֶת הַדֶּשֶׁן מֵעַל גַּבֵּי הַמִּזְבֵּחַ:

부삽을 [드는 자로] 뽑힌 사람은 은으로 [만든] 부삽을 취해 번제
단 위로 올라갔고, [불 붙은] 숯을 이쪽과 저쪽으로 치우며 담았다.

그는 내려와서 금으로 〔만든 부삽에〕 그것을 쏟았다. 그중에서 숯 1카 브 정도를 나누어서, 그것을 도랑에 넣었다.

그리고 안식일에는 그 위에 큰 단지를 덮었다. 그 큰 단지는 1레텍을 담을 수 있었고, 사슬이 두 개 달려 있었다. 하나는 당기면서 〔단지를〕 내리고, 〔다른〕 하나는 〔단지가〕 굴러가지 않도록 위에서 잡는 〔용도였다〕. 이 〔단지는〕 세 가지 〔용도로〕 사용했는데, 숯 위를 덮었고, 안식일에 기는 것 위에 〔덮었으며〕, 제단 위에서 재를 내리는 데 〔썼다〕.

- 분향할 때 숯이 필요한데, 부삽을 맡은 제사장이 은으로 만든 부삽을 들고 제단 위에 올라가 숯을 퍼와서 금으로 만든 부삽에 담았다 (「타미드」 1, 4). 은 부삽은 4카브를 금 부삽은 3카브를 담을 수 있기 때문에, 결국 숯 1카브는 바닥에 쏟아지게 되며, 이것은 도랑에 밀어 넣는다.

- 안식일에는 불을 끄거나 옮길 수 없기 때문에 화재가 나지 않도록 번제단 위에 큰 단지(פסכתר, 프사크테르)를 덮는다. 이 단지는 매우 커서 1레텍, 즉 90카브를 담을 수 있는 정도였다. 큰 단지기 때문에 사슬을 달아 두 사람이 잡아서 내린다. 이 단지는 숯을 덮거나 재를 치우는 데 쓰고, 성전 안에서 기어다니는 생물을 발견했을 때 덮어 두는 데 쓴다(「에루빈」 10, 15).

5, 6
삽을 던져 신호를 보내는 과정을 설명한다.

הִגִּיעוּ בֵּין הָאוּלָם וְלַמִּזְבֵּחַ, נָטַל אֶחָד אֶת הַמַּגְרֵפָה וְזוֹרְקָהּ בֵּין הָאוּלָם וְלַמִּזְבֵּחַ. אֵין אָדָם שׁוֹמֵעַ קוֹל חֲבֵרוֹ בִּירוּשָׁלַיִם מִקּוֹל הַמַּגְרֵפָה. וּשְׁלֹשָׁה דְבָרִים הָיְתָה מְשַׁמֶּשֶׁת, כֹּהֵן שֶׁשּׁוֹמֵעַ אֶת קוֹלָהּ, יוֹדֵעַ שֶׁאֶחָיו הַכֹּהֲנִים

נִכְנָסִים לְהִשְׁתַּחֲוֹות, וְהוּא רָץ וּבָא. וּבֶן לֵוִי שֶׁהוּא שׁוֹמֵעַ אֶת קוֹלָהּ, יוֹדֵעַ
שֶׁאֶחָיו הַלְוִיִּם נִכְנָסִים לְדַבֵּר בַּשִּׁיר, וְהוּא רָץ וּבָא. וְרֹאשׁ הַמַּעֲמָד הָיָה
מַעֲמִיד אֶת הַטְּמֵאִים בְּשַׁעַר הַמִּזְרָח:

그들이 〔성소〕 현관과 제단 사이에 이르렀을 때 한 사람이 삽을 취
하여 〔성소〕 현관과 제단 사이에 던진다. 사람들은 예루살렘에서 이
삽 소리 때문에 자기 동료이 목소리를 들을 수 없었다.

이 〔삽 소리는〕 세 가지 〔용도로〕 사용했는데, 제사장이 그 소리를
들으면 그의 제사장 형제가 절하러 들어가는 줄 알고 뛰어왔다. 레위
자손이 그 소리를 들으면 그의 레위인 형제가 노래를 부르러 들어가
는 줄 알고 뛰어왔다. 그리고 〔레위인〕 무리의 우두머리는 동문에 부
정한 자들을 세우고는 했다.

- 분향하러 성소에 들어가는 제사장들은 성소 현관과 제단에 이르면
  삽을 던져서 자기들이 하는 일을 알렸다(「타미드」 3, 8). 제사장들은
  이 소리를 듣고 이제 예배를 시작할 시간임을 알고 뛰어와서 함께
  참여했다(6, 1). 레위인들은 이제 찬양시를 노래로 부를 시간임을 알
  고 뛰어와서 함께 참여했다(7, 3). 레위인들은 24반열(מעמד, 마아마
  드)로 나누어 성전에서 복무했다(「타아닛」 4, 2).
- 이 반열의 우두머리는 부정해진 제사장과 레위인들을 동문에 모아
  놓고 정결례를 실시해 성전 일에 복귀할 수 있게 했다.

제6장

6, 1

재를 치우는 제사장들이 다시 성소에 들어가는 단계를 설명한다.

הֵחֵלּוּ עוֹלִים בְּמַעֲלוֹת הָאוּלָם. מִי שֶׁזָּכוּ בְּדִשּׁוּן מִזְבֵּחַ הַפְּנִימִי וְהַמְּנוֹרָה הָיוּ
מַקְדִּימִין לִפְנֵיהֶם. מִי שֶׁזָּכָה בְּדִשּׁוּן מִזְבֵּחַ הַפְּנִימִי נִכְנַס, וְנָטַל אֶת הַטֶּנִי
וְהִשְׁתַּחֲוָה וְיָצָא. מִי שֶׁזָּכָה בְּדִשּׁוּן הַמְּנוֹרָה, נִכְנַס וּמָצָא שְׁנֵי נֵרוֹת מִזְרָחִיִּים
דּוֹלְקִין, מְדַשֵּׁן אֶת הַמִּזְרָחִי, וּמַנִּיחַ אֶת הַמַּעֲרָבִי דּוֹלֵק, שֶׁמִּמֶּנּוּ הָיָה מַדְלִיק
אֶת הַמְּנוֹרָה בֵּין הָעַרְבַּיִם. מְצָאוֹ שֶׁכָּבָה, מְדַשְּׁנוֹ וּמַדְלִיקוֹ מִמִּזְבַּח הָעוֹלָה.
נָטַל אֶת הַכּוּז מִמַּעֲלָה שְׁנִיָּה, וְהִשְׁתַּחֲוָה וְיָצָא:

그들이 〔성소〕 현관의 계단들을 오르기 시작했다. 〔성소〕 내부 분향
단과 등잔대에서 재를 치우는 〔일에〕 뽑힌 사람이 그들보다 먼저 〔올
라간다〕. 분향단의 재를 치우는 〔일에〕 뽑힌 사람이 들어가서, 테니-
상자를 취했고 절을 하고 나왔다.

등잔대의 재를 치우는 〔일로〕 뽑힌 사람이 들어가서 동쪽에 있는
등잔 두 개가 켜져 있는 것을 발견했다면, 동쪽 〔등잔의〕 재를 치우고
서쪽 〔등잔을〕 켜놓아야 한다. 저녁에 그것으로부터 등잔대에 불을
붙였기 때문이다. 그가 〔동쪽 등잔 두 개가〕 꺼져 있는 것을 발견하
면, 그것의 재를 치우고 번제단에서 〔가져온 것으로〕 불을 붙인다. 그
는 쿠즈-병을 둘째 계단에서 취했고 절을 하고 나왔다.

- 이제 제사장들이 성소 현관에 있는 계단 12개를 올라 성소로 들어갈
  차례다. 아침에 이미 성소에 들어가서 분향단과 등잔대의 재를 치운
  사제들이 맨 앞에 서서 먼저 들어간다(「타미드」 3, 9). 이들은 각자
  아침에 성소에 두고 나왔던 기구들을 수습하여 들고 나온다.

6, 2

분향을 준비하는 제사장들이 하는 일을 설명한다.

מִי שֶׁזָּכָה בַּמַּחְתָּה, צָבַר אֶת הַגֶּחָלִים עַל גַּבֵּי הַמִּזְבֵּחַ וְרִדְּדָן בְּשׁוּלֵי הַמַּחְתָּה,
וְהִשְׁתַּחֲוָה וְיָצָא:

부삽을 [쓰는 일로] 뽑힌 사람은 제단 위에 숯을 쌓았고, 부삽의 가장자리로 그것을 펴놓았다. 그리고 그는 절을 하고 나왔다.

6, 3

분향하는 절차에 대해 설명한다.

מִי שֶׁזָּכָה בַּקְּטֹרֶת, הָיָה נוֹטֵל אֶת הַבָּזָךְ מִתּוֹךְ הַכַּף וְנוֹתְנוֹ לְאוֹהֲבוֹ אוֹ
לִקְרוֹבוֹ. נִתְפַּזֵּר מִמֶּנּוּ לְתוֹכוֹ, נוֹתְנוֹ לוֹ בְּחָפְנָיו. וּמְלַמְּדִים אוֹתוֹ, הֱוֵי זָהִיר
שֶׁמָּא תַתְחִיל לְפָנֶיךָ, שֶׁלֹּא תִכָּוֶה. הִתְחִיל מְרַדֵּד וְיוֹצֵא. לֹא הָיָה הַמַּקְטִיר
מַקְטִיר עַד שֶׁהַמְמֻנֶּה אוֹמֵר לוֹ, הַקְטֵר. אִם הָיָה כֹהֵן גָּדוֹל, הַמְמֻנֶּה אוֹמֵר,
אִישִׁי כֹהֵן גָּדוֹל, הַקְטֵר. פָּרְשׁוּ הָעָם, וְהִקְטִיר וְהִשְׁתַּחֲוָה וְיָצָא:

분향을 하는 [일로] 뽑힌 사람은 그 숟가락 안에 들어 있는 접시를 취했고, 그 [숟가락을] 그의 친구[12] 또는 그의 친척에게 주었다. 그 [향이] 그 안에 흩어졌다면, 그것을 [모아] 자기 손바닥에 놓는다. 그들이 [분향을] 너의 앞에서 시작하지 않도록 조심해야 한다. [그렇지 않으면] 델 수도 있다고 그를 가르친다. 그가 [향을] 펴놓기 시작했고, [그 후에] 나왔다.

분향하는 자는 그 책임자가 그에게 분향하라고 말하기까지 분향하지 않았다. 만약 그가 대제사장이었다면, 그 책임자는 이렇게 말한다.

---

12) 이 낱말(אוהבו)을 직역하면 '그가 사랑하는 자'인데 동료 제사장을 가리키는 것으로 보인다.

"내 주, 대제사장이여, 분향하시오." 다른 사람들이 〔그 곁을〕 떠났고, 그가 분향을 했고 절을 하고 나왔다.

- 분향할 때 다른 제사장들이 모두 성소에서 나가야 한다는 규정은 아마도 레위기 16:17을 확대해석한 결과로 보인다.

제7장

7, 1

대제사장이 절하러 들어가는 과정을 묘사한다.

בִּזְמַן שֶׁכֹּהֵן גָּדוֹל נִכְנָס לְהִשְׁתַּחֲוֹות, שְׁלֹשָׁה אוֹחֲזִין בּוֹ, אֶחָד בִּימִינוֹ, וְאֶחָד בִּשְׂמֹאלוֹ, וְאֶחָד בָּאֲבָנִים טוֹבוֹת. וְכֵיוָן שֶׁשָּׁמַע הַמְמֻנֶּה קוֹל רַגְלָיו שֶׁל כֹּהֵן גָּדוֹל שֶׁהוּא יוֹצֵא, הִגְבִּיהַּ לוֹ אֶת הַפָּרֹכֶת, נִכְנַס וְהִשְׁתַּחֲוָה וְיָצָא, וְנִכְנְסוּ אֶחָיו הַכֹּהֲנִים וְהִשְׁתַּחֲווּ וְיָצָאוּ:

대제사장이 절하러 들어갔을 때, 세 사람이 그를 부축하는데, 하나는 그의 오른쪽을 그리고 〔다른〕 하나는 그의 왼쪽을 그리고 〔또 다른〕 하나는 보석들을 〔잡는다〕. 그 책임자가 대제사장이 〔성소에서〕 나오는 발소리를 들었을 때, 그를 위해서 휘장[13]을 들어주었고, 그가 들어갔고 절을 하고 나왔다. 그리고 그의 제사장 형제들이 들어갔고 절을 하고 나왔다.

---

13) 이 낱말(פרכת, 파로켓)은 '휘장·장막'이라는 뜻인데, 성막에는 성소와 지성소 사이에 설치하여 공간을 구분했다(출 26:31-33). 제2성전에는 성전 뜰에서 성소로 들어가는 문 뒤에도 이런 휘장이 있었던 것으로 보인다(「요마」5, 1).

- 분향이 끝나면 대제사장, 책임자, 그리고 다른 제사장들이 차례로 들어가서 절을 하고 나오는 절차에 대해 설명한다. 여기서 대제사장이 절하는 공간은 지성소가 아니라 금분향단이 놓인 성소다.

7, 2

제사장들이 성소에서 나와 축복하는 모습을 묘사한다.

בָּאוּ וְעָמְדוּ עַל מַעֲלוֹת הָאוּלָם. עָמְדוּ הָרִאשׁוֹנִים לִדְרוֹם אֲחֵיהֶם הַכֹּהֲנִים,
וַחֲמִשָּׁה כֵלִים בְּיָדָם, הַטֶּנִי בְּיַד אֶחָד, וְהַכּוּז בְּיַד אֶחָד, וְהַמַּחְתָּה בְּיַד אֶחָד,
וְהַבָּזָךְ בְּיַד אֶחָד, וְכַף וְכִסּוּיָהּ בְּיַד אֶחָד. וּבֵרְכוּ אֶת הָעָם בְּרָכָה אַחַת, אֶלָּא
שֶׁבַּמְּדִינָה אוֹמְרִים אוֹתָהּ שָׁלֹשׁ בְּרָכוֹת, וּבַמִּקְדָּשׁ בְּרָכָה אֶחָת. בַּמִּקְדָּשׁ הָיוּ
אוֹמְרִים אֶת הַשֵּׁם כִּכְתָבוֹ, וּבַמְּדִינָה בְּכִנּוּיוֹ. בַּמְּדִינָה הַכֹּהֲנִים נוֹשְׂאִים אֶת
כַּפֵּיהֶם, יְדֵיהֶם כְּנֶגֶד כִּתְפוֹתֵיהֶם, וּבַמִּקְדָּשׁ עַל גַּבֵּי רָאשֵׁיהֶן, חוּץ מִכֹּהֵן גָּדוֹל
שֶׁאֵינוֹ מַגְבִּיהַּ אֶת יָדָיו לְמַעְלָה מִן הַצִּיץ. רַבִּי יְהוּדָה אוֹמֵר, אַף כֹּהֵן גָּדוֹל
מַגְבִּיהַּ אֶת יָדָיו לְמַעְלָה מִן הַצִּיץ, שֶׁנֶּאֱמַר וַיִּשָּׂא אַהֲרֹן אֶת יָדָו אֶל הָעָם
וַיְבָרְכֵם:

그 [제사장들이] 나와서 [성소] 현관의 계단 위에 섰다. 첫째 [무리는] 그들의 제사장 형제들의 남쪽에 섰고, 그들의 손에 기구 다섯 개를 [들었으니], 한 사람의 손에는 테니-상자를, 한 사람의 손에는 쿠즈-병을, 한 사람의 손에 부삽을, 한 사람의 손에 [작은] 접시를, 그리고 한 사람의 손에 숟가락과 그 덮개를 [들었다].

그리고 그들이 기도문 하나로 백성을 축복했는데, 지방에서는 이 것을 기도문 세 개로 암송하고, 성전에서는 기도문 하나로 [암송한다]. 성전에서는 그 이름을 기록한 대로 말하고, 지방에서는 그의 호칭으로 [말한다]. 지방에서는 제사장들이 자기 손을 드는데, 그들이 자기 손을 어깨 [높이]만큼 [들었고], 성전에서는 자기 머리 위로 [들었으나], 대제사장은 예외이며 그는 자기 손을 관보다 위로 들지 않는다. 랍비 예후다는 대제사장도 그의 손을 관보다 높이 든다고 말한다. "아론이 백성을 향하여 손을 들어 축복함으로"라고 기록했기 때문이다.

- 이제 성소에서 나온 제사장들이 성소 현관 앞 계단에 늘어선다. 먼저 분향단과 등잔대 재를 청소한 자들과 부삽으로 숯을 가져온 자와 분향한 자가 나와서 사용한 기구들을 들고 계단 남쪽에 서고, 다른 제사장들은 그들 북쪽에 선다.
- 제사장들은 제사장의 축복문(민 6:24-26)을 암송하며 백성들을 축복한다. 이 시점에서 미쉬나는 성전에서 축복하는 관습과 성전 밖에 있는 회당에서 축복하는 관습을 구분하여 묘사한다. 이 축복문은 세 단락으로 이루어져 있는데, 성전에서는 축복문을 기도문 하나로 읽고 마지막에 "아멘"이라고 말하지만, 외부에서는 각 단락이 끝날 때마다 "아멘"이라고 말하여 기도문 세 개를 읽는 것처럼 암송한다.
- 또한 이 축복문 안에 들어 있는 이스라엘 하나님의 이름을 부를 때 성전 안에서는 기록된 대로(יהוה) 읽지만 바깥에서는 아도나이(주님)라는 호칭으로 대체한다. 그러나 이른바 신성 4문자라 불리는 신의 이름 네 글자가 정확히 어떻게 발음되었는지는 알 수 없다. 흔히 "여호와"라고 발음하기도 하지만 이는 이 네 글자에 아도나이에 해당하는 모음을 맛소라 학자들이 첨가한 것을 그대로 발음한 것에 불과하다.
- 제사장들은 축복하면서 손을 드는데, 성전 안에서는 머리 위로 바깥에서는 어깨 높이로 든다. 대제사장은 예외며, 머리에 쓴 관보다 높이 손을 들지 않는다. 이 관에는 신성 4문자가 쓰여 있기 때문이다. 랍비 예후다는 반대 의견을 주장한다.

7, 3

이 미쉬나에서 상번제를 드리는 예식이 마무리된다.

בִּזְמַן שֶׁכֹּהֵן גָּדוֹל רוֹצֶה לְהַקְטִיר, הָיָה עוֹלֶה בַכֶּבֶשׁ וְהַסְּגָן בִּימִינוֹ. הִגִּיעַ
לְמַחֲצִית הַכֶּבֶשׁ, אָחַז הַסְּגָן בִּימִינוֹ וְהֶעֱלָהוּ. הוֹשִׁיט לוֹ הָרִאשׁוֹן הָרֹאשׁ
וְהָרֶגֶל, וְסָמַךְ עֲלֵיהֶן וּזְרָקָן. הוֹשִׁיט הַשֵּׁנִי לָרִאשׁוֹן שְׁתֵּי הַיָּדַיִם, נוֹתְנָן לְכֹהֵן
גָּדוֹל, וְסָמַךְ עֲלֵיהֶן וּזְרָקָן. נִשְׁמַט הַשֵּׁנִי וְהָלַךְ לוֹ. וְכָךְ הָיוּ מוֹשִׁיטִין לוֹ שְׁאָר
כָּל הָאֵבָרִין, וְהוּא סוֹמֵךְ עֲלֵיהֶן וְזוֹרְקָן. וּבִזְמַן שֶׁהוּא רוֹצֶה, הוּא סוֹמֵךְ
וַאֲחֵרִים זוֹרְקִין. בָּא לוֹ לְהַקִּיף אֶת הַמִּזְבֵּחַ. מֵהֵיכָן הוּא מַתְחִיל, מִקֶּרֶן
דְּרוֹמִית מִזְרָחִית, מִזְרָחִית צְפוֹנִית, צְפוֹנִית מַעֲרָבִית, מַעֲרָבִית דְּרוֹמִית. נָתְנוּ
לוֹ יַיִן לְנַסֵּךְ, הַסְּגָן עוֹמֵד עַל הַקֶּרֶן וְהַסּוּדָרִין בְּיָדוֹ, וּשְׁנֵי כֹהֲנִים עוֹמְדִים עַל
שֻׁלְחַן הַחֲלָבִים וּשְׁתֵּי חֲצוֹצְרוֹת שֶׁל כֶּסֶף בְּיָדָם, תָּקְעוּ וְהֵרִיעוּ וְתָקְעוּ. בָּאוּ
וְעָמְדוּ אֵצֶל בֶּן אַרְזָא, אֶחָד מִימִינוֹ וְאֶחָד מִשְּׂמֹאלוֹ. שָׁחָה לְנַסֵּךְ, וְהֵנִיף הַסְּגָן
בַּסּוּדָרִין, וְהִקִּישׁ בֶּן אַרְזָא בַּצֶּלְצָל, וְדִבְּרוּ הַלְוִיִּם בַּשִּׁיר. הִגִּיעוּ לְפֶרֶק, תָּקְעוּ,
וְהִשְׁתַּחֲווּ הָעָם. עַל כָּל פֶּרֶק, תְּקִיעָה. וְעַל כָּל תְּקִיעָה, הִשְׁתַּחֲוָיָה. זֶה הוּא
סֵדֶר הַתָּמִיד לַעֲבוֹדַת בֵּית אֱלֹהֵינוּ, יְהִי רָצוֹן שֶׁיִּבָּנֶה בִּמְהֵרָה בְיָמֵינוּ, אָמֵן:

대제사장이 제물을 바치고 싶을 때는 그가 오르막을 올라갔고 부대
제사장이 그의 오른쪽에서 〔그를 따랐다〕. 그가 그 오르막 중간에 이
르면, 부대제사장이 그의 오른〔팔을〕 잡고 그가 올라가도록 〔돕는다〕.
〔제사장들 중〕 첫째가 그에게 〔제물의〕 머리와 다리를 내밀었고,
그가 그 위에 안수하고 그것을 던졌다. 둘째가 첫째에게 앞다리 두 개
를 내밀었고, 그가 이것을 대제사장에게 주었으며, 그가 그 위에 안수
하고 그것을 던졌다. 둘째는 〔옆으로〕 빠져서 내려갔다. 그렇게 그들
이 그에게 나머지 사지들을 내밀었고, 그가 그 위에 안수하고 그것을
던졌다. 그리고 그가 원할 때는, 그가 그 위에 안수하고 다른 〔제사장
들이〕 그것을 던지기도 했다.

〔그 후〕 그 〔대제사장이〕 제단을 돌기 위해서 〔소베브에〕 들어섰다.
그는 어느 곳에서 시작하는가? 남동쪽 뿔에서 〔시작하고〕, 동북쪽 〔뿔

과] 북서쪽 [뿔과] 서남쪽 [뿔로 진행한다].

그들이 그에게 전제로 [드릴] 포도주를 주었고, 부대제사장은 깃발을 손에 들고 한 뿔 곁에 서고, 제사장 두 명은 은으로 만든 나팔 두 개를 손에 들고 기름을 [놓는] 식탁[14] 앞에 섰으며, 그들이 긴 소리와 끊어지는 소리, 그리고 다시 긴 소리로 [나팔을] 불었다. 그들이 와서 벤 아르자[15] 곁에 섰으니, 한 사람은 그의 오른쪽에 한 사람은 왼쪽에 [섰다]. 그 [대제사장이] 전제를 드리려고 [허리를] 숙였고, 부대제사장이 깃발을 흔들었으며, 벤 아르자가 심벌즈를 쳤고, 레위인들은 노래를 불렀다.

그들이 [동작을] 멈추면 그들이 긴 소리로 [나팔을] 불었고, 백성들이 절을 했다. 멈추는 순간마다 긴 소리로 [나팔을] 불었다. 그리고 긴 소리로 [나팔을] 불 때마다 그들이 절을 했다.

이것이 우리 하나님의 집에서 예배하며 상번제를 드리는 순서니, 그분이 이 [성전을] 우리가 사는 동안 속히 재건하시기를. 아멘.

- 도살한 제물은 제사장 아홉 명이 나누어 들고 오르막에 늘어서는데 (「타미드」4, 3), 이 제사장들이 제물을 제단 위로 올릴 수도 있고 대제사장이 받아서 직접 올릴 수도 있다. 대제사장은 각 부분을 받아서 안수하고 불 위에 던진다.
- 대제사장은 번제단 남동쪽 소베브(번제단 둘레에 나 있는 1아마 폭의 길)로 접어들어 시계 반대방향으로 제단을 한 바퀴 돌고, 포도주를 받아 전제로 드린다. 이때, 대제사장 홀로 제단을 돌며, 다른 제사장들은 오르막에서 곧바로 남서쪽 소베브로가 제단 뿔 곁에서 대제

---

14) 제물의 내장에 붙어 있던 기름 부분을 놓는 식탁이다(「쉐칼림」6, 4).
15) 벤 아르자(בן ארזה)는 심벌즈를 치는 제사장의 호칭이다(「쉐칼림」5, 1).

사장에게 전제를 전달한다. 부대제사장은 깃발을 들고, 다른 제사장들은 두 은나팔을 들고 곁에 선다. 전제를 드리는 동안 제사장들이 깃발을 흔들고 나팔을 불고 심벌즈를 치며, 레위인들은 찬양하는 노래를 부른다.

● 마지막에는 성전 재건을 바라는 기도가 포함되어 있다.

7, 4

레위인들이 노래했던 찬양시가 무엇인지 설명한다.

הַשִּׁיר שֶׁהָיוּ הַלְוִיִּם אוֹמְרִים בַּמִּקְדָּשׁ, בַּיּוֹם הָרִאשׁוֹן הָיוּ אוֹמְרִים
לַה' הָאָרֶץ וּמְלוֹאָהּ תֵּבֵל וְיֹשְׁבֵי בָהּ. בַּשֵּׁנִי הָיוּ אוֹמְרִים (שם מח), גָּדוֹל
ה' וּמְהֻלָּל מְאֹד בְּעִיר אֱלֹהֵינוּ הַר קָדְשׁוֹ. בַּשְּׁלִישִׁי הָיוּ אוֹמְרִים (שם פב),
אֱלֹהִים נִצָּב בַּעֲדַת אֵל בְּקֶרֶב אֱלֹהִים יִשְׁפֹּט. בָּרְבִיעִי הָיוּ אוֹמְרִים (שם צד),
אֵל נְקָמוֹת ה' אֵל נְקָמוֹת הוֹפִיעַ וְגוֹ'. בַּחֲמִישִׁי הָיוּ אוֹמְרִים (שם פא), הַרְנִינוּ
לֵאלֹהִים עוּזֵּנוּ, הָרִיעוּ לֵאלֹהֵי יַעֲקֹב. בַּשִּׁשִּׁי הָיוּ אוֹמְרִים (שם צג), ה' מָלָךְ
גֵּאוּת לָבֵשׁ וְגוֹ'. בְּשַׁבָּת הָיוּ אוֹמְרִים (שם צב), מִזְמוֹר שִׁיר לְיוֹם הַשַּׁבָּת,
מִזְמוֹר שִׁיר לֶעָתִיד לָבֹא, לְיוֹם שֶׁכֻּלּוֹ שַׁבָּת מְנוּחָה לְחַיֵּי הָעוֹלָמִים:

레위인들이 성전에서 불렀던 노래는 [이와 같다].

첫째 날에는 그들이 "땅과 거기에 충만한 것과 세계와 그 가운데에 사는 자들은 주님의 것이로다"라고 말했다.

둘째 날에는 그들이 "주님은 위대하시니 우리 하나님의 성 거룩한 산에서 극진히 찬양받으시리로다"라고 말했다.

셋째 날에는 그들이 "하나님은 신들의 모임 가운데에 서시며 하나님은 그들 가운데에서 재판하시느니라"라고 말했다.

넷째 날에는 그들이 "주님은 복수하시는 하나님이여 복수하시는 하나님이여 빛을 비추어주소서" 등이라고 말했다.

다섯째 날에는 그들이 "우리의 능력이 되시는 하나님을 향하여 기쁘게 노래하며 야곱의 하나님을 향하여 즐거이 소리칠지어다"라고 말했다.

여섯째 날에는 그들이 "주님께서 다스리시니 스스로 권위를 입으셨도다"라고 말했다.

안식일에는 그들이 안식일에 드리는 찬양시를 말했으니, 앞으로 올 미래를 위한 찬양시며, 온전히 휴식하는 안식일이 영원히 [계속되기를] 바라는 [찬양시다].

- 대제사장이 전제를 드릴 때, 레위인들이 성전에서 불렀던 찬양시는 날마다 달랐는데, 미쉬나가 인용하고 있는 시편은 첫째 날부터 차례로 24:1, 48:1, 82:1, 94:1, 81:1, 93:1, 92:1이다. 미쉬나는 이 시편들의 첫 구절들만 열거하고 있으나 각 찬송시의 전체를 다 불렀다. 이 시들은 창세기 1장에 기록된 7일간의 창조를 기념하도록 구성되었다. 상번제는 아침과 오후에 드렸으므로 이 시들도 하루에 두 번씩 노래로 불리웠다.

מידות

10

미돗
규격

번제단은 가로세로가 32아마와 32아마였다. 1아마가 들어가고 1아마는 나왔는데, 이것이 제단의 기초였다. 따라서 30아마와 30아마가 남았다. 기초 위로 5아마가 올라오고 다시 1아마가 들어갔다. 이것이 소베브(סובב)이며, 28아마와 28아마가 남는다. 제단의 뿔들은 각 방향으로 1아마씩 뻗어 있었으며, 따라서 26아마와 26아마가 남는다. 각 네 면은 제사장들이 걸어서 돌 수 있도록 1아마씩을 내어둔다. 따라서 번제단 중앙의 24아마와 24아마가 장작을 쌓아두는 공간으로 남는다. _「미돗」3, 1

개요

미돗(מדות)은 측량 또는 치수를 가리키는 낱말인 '미다'(מדה)의 복수형태로, 마쎄켓 「미돗」은 성전의 형태와 그 치수들에 대해 논한다. 기준이 되는 것은 헤롯 대왕이 증축한 기원후 1세기의 성전으로, 랍비들은 자신들의 기억이나 구전된 전승들에 의거해 성전을 묘사한다. 그러나 랍비들 사이의 묘사가 서로 모순되는 경우들이 나타나기도 한다. 기억이나 전승이 충분하지 않을 때에는 에스겔서 후반부에 나타나는 성전 묘사(겔 40-48)나 열왕기 등에 나타나는 솔로몬 성전 기록을 참고하기도 한다.

예루살렘 성전과 그 주변은 크게 세 층으로 나뉘었는데, 물리적 높이에 차이가 있을 뿐 아니라 거룩함의 정도도 구별되었다. 이를 광야시대의 성막 구조에 빗대어 세 가지 진영(מחנה, 마하네)에 비유했다(민 1-4). 가장 외곽의 이스라엘의 진영, 성막을 둘러싸고 있는 레위인의 진영, 그리고 가장 중앙의 성막인 쉐키나(שכינה, '임재'라는 뜻)의 진영이다. 이 세 층들은 다음과 같다.

(1) 예루살렘 성: 성벽으로 둘러싸인 예루살렘 성 내부를 말하며, 첫번째 층으로 이스라엘의 진영에 해당한다. 예루살렘 성은 제의적으

로 특별한 공간이었다. 이곳에서는 일반(가벼운) 성물을 먹을 수 있고, 두 번째 십일조를 먹을 수 있다(「켈림」1, 8).

(2) 성전산(הר הבית, 하르 하바이트): 두 번째 층은 성전이 위치한 500×500아마(큐빗)의 높이 솟은 공간으로 역시 벽으로 둘러싸여 있다. 성전은 동쪽을 향해 있어 아침 해가 성소까지 비출 수 있었다. 동쪽에서 서쪽으로 10테팍 높이의 목책인 소레그(סורג)가 있고 그다음 10아마 넓이의 공간인 헬(החיל)이 있다. 헬은 여인의 뜰과 맞닿아 있다. 이 내부공간 대부분은 세 번째 층에 속하지만 여인의 뜰(עזרת נשים, 에즈라트 나쉼)은 두 번째 층의 거룩함을 지닌다. 여인의 뜰은 135×135아마의 넓이로 여인들은 이곳을 넘어 성소 쪽으로 더 다가갈 수 없었다.

(3) 성전 뜰(עזרה, 아자라): 쉐키나에 해당하는 세 번째 층은 성전 뜰이다. 여인의 뜰 서쪽 끝에는 니카르노 문이 있었는데, 청동으로 만든 아름다운 문이어서 미문(美門)이라고 불리기도 했다. 이 문을 통해 흠 없는 유대인 남자만 들어갈 수 있는 이스라엘의 뜰(עזרת ישראל, 에즈라트 이스라엘)로 연결된다. 이는 11아마의 길이였으며, 이를 지나면 다시 11아마 길이의 제사장의 뜰(עזרת כהנים, 에즈라트 코하님)이 나오며, 이보다 더 서쪽으로 진행하면 32아마 길이의 번제단이 있는 뜰이 나온다. 여기서 제물을 도살했다.

(4) 성소 건물(היכל, 헤칼): 성서에서 헤칼은 지성소 앞의 '성소'에 해당하는 공간을 일컫는 말이지만 미쉬나와 랍비문헌에서는 성소 건물 전체를 가리키기도 한다. 성소 건물은 성전산의 서쪽 끝, 가장 높은 곳에 위치하고 있으며 높이와 폭이 100×100아마에 이르는 정면의 (동쪽) 벽에 40×20아마의 거대한 정문이 위치해 있었다.

성소 건물은 다시 세 단계의 공간으로 나뉜다. 동쪽에서부터 서쪽으로 입구방(אולם, 울람), 성소(היכל, 헤칼), 지성소(דביר, 드비르)로 점차 거룩함이 고조된다. 지성소에는 속죄일에 대제사장이 속죄의식을 위해 들어갈 수 있을 뿐이다. 솔로몬 성전의 지성소에는 언약궤가 놓여 있었으나 신바빌로니아에 의해 성전이 파괴된 이후 자취를 감추어 제2성전의 지성소는 비어 있었고, 이전 언약궤가 있었던 자리를 표시하는 바위(אבן שתיה, 에벤 쉬티야)만 놓여 있었다고 전해진다(「요마」 5, 2). 따라서 이후 사라진 언약궤의 행방과 관련하여 다양한 전설들이 생겨났다.

성전 내의 공간은 물리적 높이에도 차이가 있어 각각 계단을 통해 올라가게 되어 있다. 성전산 바닥에서 여인의 뜰까지 반 아마씩 열두 계단(총 6아마)이 놓여 있었다. 여인의 뜰에서 성전의 뜰로 열다섯 계단(총 7.5아마)을 통해 올라갔다. 여기서 이스라엘의 뜰로 세 계단(총 1.5아마), 여기서 제사장의 뜰로 다시 1아마의 계단 하나를 통해 올라간다. 여기서 다시 열두 계단(총 6아마)을 올라가면 성소의 입구에 이른다.

제1장

1, 1
제사장들과 레위인들이 지키는 장소를 설명한다.

בִּשְׁלֹשָׁה מְקוֹמוֹת הַכֹּהֲנִים שׁוֹמְרִים בְּבֵית הַמִּקְדָּשׁ, בְּבֵית אַבְטִינָס, וּבְבֵית
הַנִּיצוֹץ, וּבְבֵית הַמּוֹקֵד. וְהַלְוִיִּם בְּעֶשְׂרִים וְאֶחָד מָקוֹם. חֲמִשָּׁה, עַל חֲמִשָּׁה
שַׁעֲרֵי הַר הַבַּיִת. אַרְבָּעָה, עַל אַרְבַּע פִּנּוֹתָיו מִתּוֹכוֹ. חֲמִשָּׁה, עַל חֲמִשָּׁה
שַׁעֲרֵי הָעֲזָרָה. אַרְבָּעָה, עַל אַרְבַּע פִּנּוֹתֶיהָ מִבַּחוּץ. וְאֶחָד בְּלִשְׁכַּת הַקָּרְבָּן,
וְאֶחָד בְּלִשְׁכַּת הַפָּרֹכֶת, וְאֶחָד לַאֲחוֹרֵי בֵית הַכַּפֹּרֶת:

제사장들은 성전 안, 세 개 장소를 지켜야 한다. 아브티나스의 방,
불꽃의 방, 불의 방이다.

레위인들이 지켜야 할 장소는 스물한 곳이다. 성전산의 다섯 문 다
섯 곳, 그 안 네 모퉁이의 네 곳, 성전 뜰의 다섯 문 다섯 곳, 그 안 네
모퉁이의 네 곳, 제물 방 한 곳, 장막 방 한 곳, 카포렛 방 뒤의 한 곳
이다.

- 밤중에 성전을 지키기 위한 해당 장소들에 대해 규정하고 있다.
- 아브티나스의 방은 분향을 준비하던 곳이다.
- 불꽃의 방은 제단 위에 붙일 불을 보관하던 곳이며, 불의 방은 밤새
  제사장들이 몸을 녹일 수 있게 모닥불을 피워놓은 곳이다.

1, 2
레위인 문지기들 관리에 대해 설명한다.

אִישׁ הַר הַבַּיִת הָיָה מְחַזֵּר עַל כָּל מִשְׁמָר וּמִשְׁמָר, וַאֲבוּקוֹת דּוֹלְקִין לְפָנָיו,
וְכָל מִשְׁמָר שֶׁאֵינוֹ עוֹמֵד, אוֹמֵר לוֹ אִישׁ הַר הַבַּיִת, שָׁלוֹם עָלֶיךָ. נִכָּר שֶׁהוּא

יָשֵׁן, חוֹבְטוֹ בְּמַקְלוֹ. וּרְשׁוּת הָיָה לוֹ לִשְׂרֹף אֶת כְּסוּתוֹ. וְהֵם אוֹמְרִים, מַה קוֹל
בָּעֲזָרָה. קוֹל בֶּן לֵוִי לוֹקֶה וּבְגָדָיו נִשְׂרָפִין, שֶׁיָּשֵׁן לוֹ עַל מִשְׁמָרוֹ. רַבִּי אֱלִיעֶזֶר
בֶּן יַעֲקֹב אוֹמֵר, פַּעַם אַחַת מָצְאוּ אֶת אֲחִי אִמָּא יָשֵׁן, וְשָׂרְפוּ אֶת כְּסוּתוֹ:

성전산을 책임지는 관리는 밤마다 횃불을 들고 성전산을 돌았다.
문지기가 〔그 앞에서〕 일어나지 않으면, 성전산의 관리는 "안녕한
가?"라고 묻고, 그가 자고 있었던 것이 분명하다면 막대기로 그를 때
렸다. 그리고 그의 옷을 〔벗겨〕 불태울 수 있었다.

사람들이 뜰에서 나는 소리가 무엇이냐고 물으면, 이것은 불침번을
서던 레위인이 잠들어 매를 맞고 그 옷이 불태워지는 소리라고 대답
했다. 랍비 엘리에제르 벤 야아콥은 이렇게 말했다. 한 번은 내 모친
의 형제가 잠든 적이 있는데, 그들이 그의 옷을 불태웠다.

- 성전산을 책임지는 관료(**אִישׁ הַר הַבַּיִת**, 이쉬 하르 하바이트)가 있어
  문지기들을 감독하던 것을 보여준다. 제사장과 레위인 모두를 감독
  했다는 견해와 레위인만을 감독했다는 견해로 나뉜다.
- 불침번을 서던 문지기들이 잠들면 매를 맞고 입고 있던 옷을 불태
  웠다.

1, 3
성전산의 다섯 개의 문들에 대해 설명한다.

חֲמִשָּׁה שְׁעָרִים הָיוּ לְהַר הַבַּיִת. שְׁנֵי שַׁעֲרֵי חֻלְדָּה מִן הַדָּרוֹם, מְשַׁמְּשִׁין
כְּנִיסָה וִיצִיאָה. קִיפוֹנוֹס מִן הַמַּעֲרָב, מְשַׁמֵּשׁ כְּנִיסָה וִיצִיאָה. טָדִי מִן הַצָּפוֹן,
לֹא הָיָה מְשַׁמֵּשׁ כְּלוּם. שַׁעַר הַמִּזְרָחִי, עָלָיו שׁוּשַׁן הַבִּירָה צוּרָה, שֶׁבּוֹ כֹּהֵן
גָּדוֹל הַשּׂוֹרֵף אֶת הַפָּרָה וּפָרָה וְכָל מְסַעֲדֶיהָ יוֹצְאִים לְהַר הַמִּשְׁחָה:

성전산에는 다섯 개의 문이 있었다. 남쪽으로 두 개의 훌다 문이 있
었는데, 이들은 출입에 사용되었다. 서쪽의 키포누스 문도 출입에 사

용되었다. 북쪽의 타디 문은 출입에 사용되지 않았다. 동쪽의 문은 수산궁을 묘사하고 있으며 대제사장이 붉은 암소를 태울 때 그와 그를 돕는 사람들이 이 문을 통해 함께 올리브산으로 나갔다.

- 남쪽으로 난 두 개는 열왕기하 22:14에 언급되는 여선지자 훌다를 기리는 문이다.
- 키포누스가 누구인지는 알려져 있지 않다. 아마도 이 문을 기부한 사람이었을 것이다.
- 타디 문 역시 기부자의 이름을 따랐을 것이다.
- 동쪽 문은 페르시아의 수산궁의 형상을 따라 건축되었다. 포로로 잡혀갔다 귀환한 유대인들을 기리기 위해, 또한 유대인들을 해방한 페르시아의 키루스(고레스)왕을 기리기 위한 것이었다.

1, 4
성전 뜰의 일곱 개의 문에 대해 설명한다.

שִׁבְעָה שְׁעָרִים הָיוּ בָעֲזָרָה, שְׁלֹשָׁה בַצָּפוֹן וּשְׁלֹשָׁה בַדָּרוֹם וְאֶחָד בַּמִּזְרָח. שֶׁבַּדָּרוֹם, שַׁעַר הַדֶּלֶק. שֵׁנִי לוֹ, שַׁעַר הַבְּכוֹרוֹת. שְׁלִישִׁי לוֹ, שַׁעַר הַמַּיִם. שֶׁבַּמִּזְרָח, שַׁעַר נִקָּנוֹר, וּשְׁתֵּי לְשָׁכוֹת הָיוּ לוֹ, אַחַת מִימִינוֹ וְאַחַת מִשְּׂמֹאלוֹ, אַחַת לְשִׁכַּת פִּנְחָס הַמַּלְבִּישׁ, וְאַחַת לְשִׁכַּת עוֹשֵׂי חֲבִתִּין:

성전 뜰에는 일곱 개의 문이 있었다. 북쪽에 셋, 남쪽에 셋, 그리고 동쪽에 하나였다.

남쪽에는 장작의 문, 그 옆에 초태생의 문, 그리고 수문이 이었다. 동쪽에는 니카르노 문이 있었는데, 여기에는 좌우로 두 개의 방이 딸려 있었다. 하나는 [대제사장의] 옷을 담당한 핀하스의 방이고, 다른 하나는 진설병을 준비하는 방이다.

- 장작의 문을 통해 제단에 쓰이는 장작을 들여왔다.
- 초태생의 문을 통해 초태생 제물을 성전 뜰로 들여왔다.
- 수문을 통해 장막절 물의 전제에 쓰이는 물을 들여왔다.
- 미쉬나 「요마」 3, 10은 니카르노 문에 대해 언급한다. 이집트 알렉산드리아에서 만들어져 기적적으로 예루살렘에 도착했다는 일화가 전해진다.
- 핀하스는 제사장의 의복을 만들었으며(「쉐칼림」 5, 1), 진설병의 방에서는 대제사장이 성소에서 드리는 빵을 만들었다.

1, 5
불꽃의 문에 대한 설명이다.

וְשֶׁבַּצָּפוֹן, שַׁעַר הַנִּיצוֹץ. וּכְמִין אַכְסַדְרָה הָיָה, וַעֲלִיָּה בְנוּיָה עַל גַּבָּיו,
שֶׁהַכֹּהֲנִים שׁוֹמְרִים מִלְמַעְלָן וְהַלְוִיִּם מִלְמַטָּן, וּפֶתַח הָיָה לוֹ לַחֵיל. שְׁנַיִ לוֹ,
שַׁעַר הַקָּרְבָּן. שְׁלִישִׁי לוֹ, בֵּית הַמּוֹקֵד:

북쪽에는 불꽃의 문이 있었는데 이는 주랑(포르티코)과 같은 모양이었다. 이 위에는 윗방이 있었는데, 제사장은 위에 서서〔문을〕지키고, 레위인은 아래 서서 지켰다. 이 문은 헬을 향해 열렸다. 이 옆에는 제물의 문이 있었고, 셋째는 불의 방이었다.

- 불꽃의 문 양 옆에는 기둥이 있어 포르티코와 같은 형태를 띠었다.
- 위 첫째 미쉬나(1, 1)에서 본 것처럼 불꽃의 문에는 제사장과 레위인이 모두 경비를 섰다.
- 헬(החיל)은 여인의 뜰 외곽을 두른 공간으로, 「미돗」 2, 3에서 자세히 다룬다.

1, 6

불의 방 내부에 대해 설명한다.

וְאַרְבַּע לְשָׁכוֹת הָיוּ בְּבֵית הַמּוֹקֵד, כְּקִיטוֹנוֹת פְּתוּחוֹת לִטְרַקְלִין, שְׁתַּיִם
בַּקֹּדֶשׁ וּשְׁתַּיִם בַּחֹל, וְרָאשֵׁי פְסָפְסִין מַבְדִּילִין בֵּין קֹדֶשׁ לַחֹל. וּמֶה הָיוּ
מְשַׁמְּשׁוֹת. מַעֲרָבִית דְּרוֹמִית, הִיא הָיְתָה לִשְׁכַּת טְלָאֵי קָרְבָּן. דְּרוֹמִית
מִזְרָחִית, הִיא הָיְתָה לִשְׁכַּת עוֹשֵׂי לֶחֶם הַפָּנִים. מִזְרָחִית צְפוֹנִית, בָּהּ גָּנְזוּ בְּנֵי
חַשְׁמוֹנַאי אֶת אַבְנֵי הַמִּזְבֵּחַ שֶׁשִּׁקְּצוּם מַלְכֵי יָוָן. צְפוֹנִית מַעֲרָבִית, בָּהּ יוֹרְדִים
לְבֵית הַטְּבִילָה:

불의 방 안에는 네 개의 방이 있었다. 마치 침실 문이 거실을 향해
나 있는 것같이, 두 개의 방은 성별된 구역에, 두 개의 방은 성별되지
않은 구역에 있었다. 돌로 만들어진 모자이크의 선이 성별된 구역과
그렇지 않은 구역을 나누고 있었다. 그 방들은 무엇에 쓰였는가? 남
서쪽 방은 제물로 드릴 양들을 위한 방이었다. 남동쪽 방은 진설병을
위한 방이었다. 북동쪽 방에는 하스모니아가(家) 사람들이 그리스의
왕이 부정하게 만든 돌 번제단을 보관해두었다. 북서쪽 방을 통해 정
결례탕으로 내려가곤 했다.

- 불의 방에는 네 모퉁이에 네 개의 작은 방들이 있었으며, 각 입구는
  중앙 홀을 향해 나 있었다. 불의 방은 성전 뜰 내외의 경계에 걸쳐 있
  었으며, 이 경계는 모자이크로 장식된 선으로 구분되었다.
- 남서쪽 어린 양들의 방에는 온전한 제물로 검사를 통과한 양들을 적
  어도 여섯 마리 이상 두었다(「아라킨」 2, 5). 상번제로 바치는 양들
  도 이곳에 두었다(「타미드」 3, 3)
- 남동쪽 방은 진설병을 반죽하고 굽는 공간으로 사용되었다.
- 북동쪽 방은 기원전 167년 셀레우코스 왕조의 안티오코스 에피파네
  스에 의해 성전이 부정하게 된 후, 하스모니아 왕조는 오염된 번제

단을 파괴했고 이 잔해는 선지자가 나타날 때까지 보관하기로 했다
(마카베오상 1:54).「타미드」3, 3에서는 이 방을 '잠겨 있는 방'이라
고 부르고 있다.

1, 7

불의 방에 나 있는 두 개의 문에 대한 논의다.

שְׁנַיִם שְׁעָרִים הָיוּ לְבֵית הַמּוֹקֵד, אֶחָד פָּתוּחַ לַחֵיל וְאֶחָד פָּתוּחַ לָעֲזָרָה. אָמַר
רַבִּי יְהוּדָה, זֶה שֶׁהָיָה פָּתוּחַ לָעֲזָרָה, פִּשְׁפָּשׁ קָטָן הָיָה לוֹ, שֶׁבּוֹ נִכְנָסִין לִבְלֹשׁ
אֶת הָעֲזָרָה:

불의 방에는 두 개의 문이 있었다. 하나는 헬(החיל)로 나 있었고,
다른 하나는 성전 뜰로 나 있었다. 랍비 예후다는 말했다. 성전 뜰을
향해 나 있는 문은 작았으며 이를 통해 뜰을 살피러 들어갔다.

- 매일 아침 성전 뜰에 들어가 이상이 없는지 살피곤 했는데, 불의 방
  에서 남쪽으로 나 있는 문을 통해 뜰로 들어갔다. 이 절차는 「타미
  드」1, 3에 기록되어 있다.

1, 8

불의 방에 대한 보충 설명이다.

בֵּית הַמּוֹקֵד, כִּפָּה, וּבַיִת גָּדוֹל הָיָה, מֻקָּף רוֹבְדִין שֶׁל אֶבֶן, וְזִקְנֵי בֵית אָב
יְשֵׁנִים שָׁם, וּמַפְתְּחוֹת הָעֲזָרָה בְּיָדָם, וּפִרְחֵי כְהֻנָּה, אִישׁ כִּסְתּוֹ בָאָרֶץ:

불의 방은 아치 모양의 천장과 돌 구조물들이 있는 넓은 방이었다.
장로들이 여기서 성전 뜰의 열쇠를 가지고 취침했다. 젊은 제사장들
은 바닥에서 취침했다.

- 여기서 장로들(זקני בית אב, 지크네이 벤 아브)은 상위의 제사장들을 가리킨다. 이들은 여러 열의 돌 구조물들 위에서 성전 뜰의 열쇠를 지키며 취침했다.
- 젊은 제사장들은 바닥에서 취침했다.

1, 9

열쇠를 보관하는 장소와 불의 방에서 설정한 경우에 대해 설명한다.

וּמָקוֹם הָיָה שָׁם, אַמָּה עַל אַמָּה, וְטַבְלָא שֶׁל שַׁיִשׁ וְטַבַּעַת הָיְתָה קְבוּעָה
בָהּ, וְשַׁלְשֶׁלֶת שֶׁהַמַּפְתְּחוֹת הָיוּ תְלוּיוֹת בָּהּ. הִגִּיעַ זְמַן הַנְּעִילָה, הִגְבִּיהַּ אֶת
הַטַּבְלָא בַּטַּבַּעַת וְנָטַל אֶת הַמַּפְתְּחוֹת מִן הַשַּׁלְשֶׁלֶת, וְנָעַל הַכֹּהֵן מִבִּפְנִים,
וּבֶן לֵוִי יָשֵׁן לוֹ מִבַּחוּץ. גָּמַר מִלִּנְעֹל, הֶחֱזִיר אֶת הַמַּפְתְּחוֹת לַשַּׁלְשֶׁלֶת וְאֶת
הַטַּבְלָא לִמְקוֹמָהּ, נָתַן כְּסוּתוֹ עָלֶיהָ, יָשֵׁן לוֹ. אֵרַע קֶרִי בְּאַחַד מֵהֶם, יוֹצֵא
וְהוֹלֵךְ לוֹ בַּמְּסִבָּה הַהוֹלֶכֶת תַּחַת הַבִּירָה, וְהַנֵּרוֹת דּוֹלְקִים מִכָּאן וּמִכָּאן, עַד
שֶׁהוּא מַגִּיעַ לְבֵית הַטְּבִילָה. רַבִּי אֱלִיעֶזֶר בֶּן יַעֲקֹב אוֹמֵר, בַּמְּסִבָּה הַהוֹלֶכֶת
תַּחַת הַחֵיל יוֹצֵא וְהוֹלֵךְ לוֹ בְּטָדִי:

[불의 방에는] 대리석판으로 덮인 사방 1아마의 공간이 있었다. 이 것(대리석판)에는 고리와 (성전) 열쇠를 매다는 사슬이 달려 있었다. [성전 뜰을] 잠글 시간이 되면, 제사장은 고리를 잡고 이 대리석판을 들어올려 사슬로부터 열쇠를 빼내었다. 그 후 제사장은 레위인들이 밖에서 자는 동안 [성전 뜰의] 문을 잠갔다. 문을 잠근 후, 제사장은 열쇠를 다시 사슬에 걸고 대리석판을 제자리에 돌려놓았다. 그 위에 자신의 옷을 깔고 그곳에서 취침했다.

만약 [그 방에서 자던] 제사장들 중 하나가 설정을 한 경우, 그는 비라(בירה) 아래로 나 있는 나선 계단을 통해 밖으로 나갔다. [이 계단에는] 정결례탕에 다다를 때까지 양쪽 벽에 촛불이 밝혀져 있었다. 랍비 엘리에제르 벤 야아콥은 이렇게 말했다. 그가 헬(החיל) 아래로

나 있는 나선 계단으로 내려가 타디 문을 통해 〔성전〕 밖을 나갔다.

- 레위인들이 밖에서 자고 있다는 표현은 레위인들이 성전 뜰 밖에서 이를 지켰다, 또는 불의 방 밖에서 이를 지켰다는 두 가지 의미로 해석될 수 있다.
- 「타미드」 1, 1에서는 성전에서 자던 제사장이 밤중에 설정한 경우 정결례를 행해야 한다고 규정한다. 여기서는 그 동선을 기록하고 있다.

제2장

2, 1
성전산의 면적에 대한 설명이다.

הַר הַבַּיִת הָיָה חֲמֵשׁ מֵאוֹת אַמָּה עַל חֲמֵשׁ מֵאוֹת אַמָּה, רֻבּוֹ מִן הַדָּרוֹם, שֵׁנִי לוֹ מִן הַמִּזְרָח, שְׁלִישִׁי לוֹ מִן הַצָּפוֹן, מְעוּטוֹ מִן הַמַּעֲרָב. מָקוֹם שֶׁהָיָה רֹב מִדָּתוֹ, שָׁם הָיָה רֹב תַּשְׁמִישׁוֹ:

성전산은 500×500아마였다. 가장 넓은 부분은 남쪽이었고, 두 번째는 동쪽, 그다음은 북쪽, 가장 작은 부분은 서쪽이었다. 가장 넓은 쪽이 가장 많이 쓰였다.

- 가로세로 500아마는 실제 규격이 아니라 에스겔 42:20을 따른 것이다.
- 성전은 성전산 중앙으로부터 조금 북서쪽에 위치했다. 따라서 남쪽과 동쪽에 비교적 넓은 빈 공간이 생겼다.
- 가장 넓게 비어 있던 남쪽 공간이 제사장이 아닌 일반인들에게는 가

장 널리 이용되던 곳이었다.

2, 2

성전산에서 이동하는 방향과 예외적 경우에 대한 논의다.

כָּל הַנִּכְנָסִין לְהַר הַבַּיִת נִכְנָסִין דֶּרֶךְ יָמִין וּמַקִּיפִין וְיוֹצְאִין דֶּרֶךְ שְׂמֹאל, חוּץ
מִמִּי שֶׁאֵרְעוֹ דָבָר, שֶׁהוּא מַקִּיף לִשְׂמֹאל. מַה לְךָ מַקִּיף לִשְׂמֹאל, שֶׁאֲנִי
אָבֵל, הַשּׁוֹכֵן בַּבַּיִת הַזֶּה יְנַחֲמֶךָ. שֶׁאֲנִי מְנֻדֶּה, הַשּׁוֹכֵן בַּבַּיִת הַזֶּה יִתֵּן בְּלִבָּם
וִיקָרְבוּךָ, דִּבְרֵי רַבִּי מֵאִיר. אָמַר לוֹ רַבִּי יוֹסֵי, עֲשִׂיתָן כְּאִלּוּ עָבְרוּ עָלָיו אֶת
הַדִּין. אֶלָּא, הַשּׁוֹכֵן בַּבַּיִת הַזֶּה יִתֵּן בְּלִבְּךָ וְתִשְׁמַע לְדִבְרֵי חֲבֵרֶיךָ וִיקָרְבוּךָ:

성전산에 들어가는 모든 사람은 오른쪽으로 들어가 〔오른쪽으로〕
돌아 왼쪽으로 나왔다. 〔특별한〕 일이 생긴 경우에는 왼쪽으로 돌았
다. "왜 왼쪽으로 돌고 있느냐"〔라는 물음에〕 "나는 상을 당했다"〔라
고 대답하면〕, "이 집에 거하시는 분이 당신을 위로하시길"〔이라고 답
했다〕. "나는 축출당했다"라고 대답하면, "이 집에 거하시는 분이 그
들의 마음을 감동시켜 당신을 다시 받아들이길"〔이라고 말했다〕. 이
것은 랍비 메이르의 말이다. 그러나 랍비 요쎄가 그에게 말했다. 당신
은 그들이 그를(파문당한 이를) 부당하게 대하고 있는 것처럼 만든다.
오히려 이렇게 말해야 한다. "이 집에 거하시는 분이 당신의 마음을
감동시켜 당신 동료들의 말을 듣게 하시고, 그리하여 그들이 다시 당
신을 가까이하게 되기를!"

- 성전산에 올라가는 일반인들은 보통 남쪽 문을 통해 들어갔다. 오가
  는 이들의 혼란을 막기 위해, 이 문의 오른쪽으로 들어가 오른쪽 방
  향으로 성전산을 돌아 다시 이 문의 왼쪽을 통해 밖으로 나오게 되
  어 있었다.

- 상을 당한 사람의 경우 오른쪽으로 들어가지만 왼쪽 방향으로 돌아,

마주치는 사람들에게 위로받을 기회를 주었다.

2, 3

소레그와 계단, 문들에 대해 묘사한다.

לִפְנִים מִמֶּנּוּ, סוֹרֵג, גָּבוֹהַּ עֲשָׂרָה טְפָחִים. וּשְׁלֹשׁ עֶשְׂרֵה פְּרָצוֹת הָיוּ שָׁם,
שֶׁפְּרָצוּם מַלְכֵי יָוָן. חָזְרוּ וּגְדָרוּם, וְגָזְרוּ כְּנֶגְדָּם שְׁלֹשׁ עֶשְׂרֵה הִשְׁתַּחֲוָיוֹת.
לִפְנִים מִמֶּנּוּ, הַחֵיל, עֶשֶׂר אַמּוֹת. וּשְׁתֵּים עֶשְׂרֵה מַעֲלוֹת הָיוּ שָׁם. רוּם
הַמַּעֲלָה חֲצִי אַמָּה, וְשִׁלְחָהּ חֲצִי אַמָּה. כָּל הַמַּעֲלוֹת שֶׁהָיוּ שָׁם, רוּם מַעֲלָה
חֲצִי אַמָּה, וְשִׁלְחָהּ חֲצִי אַמָּה, חוּץ מִשֶּׁל אוּלָם. כָּל הַפְּתָחִים וְהַשְּׁעָרִים
שֶׁהָיוּ שָׁם, גָּבְהָן עֶשְׂרִים אַמָּה, וְרָחְבָּן עֶשֶׂר אַמּוֹת, חוּץ מִשֶּׁל אוּלָם. כָּל
הַפְּתָחִים שֶׁהָיוּ שָׁם, הָיוּ לָהֶן דְּלָתוֹת, חוּץ מִשֶּׁל אוּלָם. כָּל הַשְּׁעָרִים שֶׁהָיוּ
שָׁם, הָיוּ לָהֶן שְׁקוֹפוֹת, חוּץ מִשַּׁעַר טָדִי, שֶׁהָיוּ שָׁם שְׁתֵּי אֲבָנִים מֻטּוֹת זוֹ עַל
גַּב זוֹ. כָּל הַשְּׁעָרִים שֶׁהָיוּ שָׁם, נִשְׁתַּנּוּ לִהְיוֹת שֶׁל זָהָב, חוּץ מִשַּׁעַר נִקָּנוֹר,
מִפְּנֵי שֶׁנַּעֲשָׂה בָהֶן נֵס. וְיֵשׁ אוֹמְרִים, מִפְּנֵי שֶׁנְּחֻשְׁתָּן מַצְהִיב:

성전산 안에는 10테팍 높이의 소레그가 있었다. 여기(소레그)에는 원래 그리스 왕들이 침입할 때 생긴 열세 개의 침입로가 있었다. 이것이 수리될 때 이를 지나는 사람은 열세 번 절하도록 정해졌다. 이 (소레그) 안쪽(동쪽)으로 10아마 [넓이]의 헬이 있었다. 열두 계단이 있었는데, 각 계단의 높이가 1/2아마, 넓이가 1/2아마였다. 성소의 계단을 제외하고, 성전 안의 모든 계단은 각각 높이가 1/2아마, 넓이가 1/2아마였다. 성소의 문을 제외하고, 성전 안의 모든 문은 각각 높이가 20아마, 넓이가 10아마였다. 타디 문은 두 개의 기초석이 마주 보고 기울어져 있었다. 이를 제외한 모든 성전의 문 들에는 상인방이 있었다. 니카르노 문을 제외한 모든 원래의 문들은 금으로 바뀌었다. 니카르노 문에는 기적이 일어났기 때문이다. 사람들은 말했다. "그 문의 구리가 금처럼 빛났기 때문이다."

- 소레그는 10테팍 높이의 목책으로 여러 종류의 목재가 대각선으로 얽혀 있는 모양이었다(라브). 성전의 동쪽 외벽과 헬 사이에 위치해 있었으며, 헬과는 달리 이를 통해 거룩의 단계가 구분되지는 않는다. 그 형태에 관하여는 동쪽 벽과 평행하게 남북으로 놓여졌다는 견해와 성전 뜰 밖의 헬을 사방으로 둘러싸고 있었다는 견해가 있다. 기능에 관하여는 장식일 뿐이라는 견해와 안식일에 성전 안에서 물건을 운반할 수 있는 한계를 표시한 것이라는 견해로 나뉜다.

- 그리스인들이 성전에 침입할 때 소레그를 뚫고 들어와 열세 개의 침입로가 생겼는데, 이는 이방인들도 헬에 들어갈 수 있다는 것을 보여주기 위함이었다(마카베오 상 9:54).

- 하스모니아 왕조가 그리스를 몰아낸 후, 그들은 이 통로들을 수리하고 이 통로를 지나가는 모든 이들이 그리스를 물리친 일에 대해 신에게 감사하는 절을 올리게 했다.

- 이어서 헬에 대해 묘사한다. 헬은 여인의 뜰과 성소가 있는 안뜰을 포함하는 외벽을 사방으로 둘러싸고 있었던 것으로 보인다(Tif. Yis.). 폭이 10아마였으며 첫 4아마는 평평하고, 안쪽 6아마는 반 아마 높이/넓이의 계단 12개로 되어 있어 이를 통해 여인의 뜰로 들어갈 수 있었다. 이 계단이 동쪽의 헬에만 있었다는 견해(라브)와 사방을 둘러 있었다는 견해(Tif. Yis.)로 나뉜다.

- 이어서 성전 안의 계단과 문들에 대해 설명한다. 모든 계단은 높이와 폭이 반 아마였는데, 이는 당시 평균 발 크기로 올라가거나 내려가는 것을 편하게 하기 위함이었다.

2, 4
성전의 동쪽 벽에 대한 설명이다.

כָּל הַכְּתָלִים שֶׁהָיוּ שָׁם, הָיוּ גְבוֹהִים, חוּץ מִכֹּתֶל הַמִּזְרָחִי, שֶׁהַכֹּהֵן הַשּׂוֹרֵף
אֶת הַפָּרָה עוֹמֵד בְּרֹאשׁ הַר הַמִּשְׁחָה, וּמִתְכַּוֵּן וְרוֹאֶה בְּפִתְחוֹ שֶׁל הֵיכָל
בִּשְׁעַת הַזָּיַת הַדָּם:

그곳(성전산)의 모든 벽들은 높았다. 동쪽 벽은 예외였는데, 암소를 태우는 제사장이 감람산 꼭대기에 서서 성소의 문이 열리는 것을 유심히 보다가 [그 암소의] 피를 뿌렸기 때문이다.

- 민수기 19장의 규정을 따라 제사장은 붉은 암소를 태워 정결의 물을 만들었다. 민수기 19:4에 의하면 제사장은 성막을 향하여 암소의 피를 일곱 번 뿌려야 하는데, 이를 성전에 적용한 것이다.
- 붉은 암소는 성전산 동쪽 감람산 위에서 태웠다. 성소는 성전산의 바닥보다 22아마 높았고, 동쪽 문은 이보다 낮아 바닥보다 20아마가 높았다. 따라서 감람산 위에 선 제사장은 동쪽 문 너머로 성소를 들여다볼 수 있었다.

2, 5
여인의 뜰에 대해 설명한다.

עֶזְרַת הַנָּשִׁים הָיְתָה אֹרֶךְ מֵאָה וּשְׁלֹשִׁים וְחָמֵשׁ עַל רֹחַב מֵאָה וּשְׁלֹשִׁים
וְחָמֵשׁ. וְאַרְבַּע לְשָׁכוֹת הָיוּ בְּאַרְבַּע מִקְצוֹעוֹתֶיהָ, שֶׁל אַרְבָּעִים אַרְבָּעִים
אַמָּה. וְלֹא הָיוּ מְקוֹרוֹת. וְכָךְ הֵם עֲתִידִים לִהְיוֹת, שֶׁנֶּאֱמַר וַיּוֹצִיאֵנִי אֶל
הֶחָצֵר הַחִיצוֹנָה וַיַּעֲבִירֵנִי אֶל אַרְבַּעַת מִקְצוֹעֵי הֶחָצֵר וְהִנֵּה חָצֵר בְּמִקְצֹעַ
הֶחָצֵר, חָצֵר בְּמִקְצֹעַ הֶחָצֵר, בְּאַרְבַּעַת מִקְצֹעוֹת הֶחָצֵר חֲצֵרוֹת קְטֻרוֹת. וְאֵין
קְטֻרוֹת אֶלָּא שֶׁאֵינָן מְקוֹרוֹת. וּמֶה הָיוּ מְשַׁמְּשׁוֹת. דְּרוֹמִית מִזְרָחִית, הִיא
הָיְתָה לִשְׁכַּת הַנְּזִירִים, שֶׁשָּׁם הַנְּזִירִים מְבַשְּׁלִין אֶת שַׁלְמֵיהֶן, וּמְגַלְּחִין אֶת

שְׁעָרֶן, וּמְשַׁלְּחִים תַּחַת הַדּוּד. מִזְרָחִית צְפוֹנִית, הִיא הָיְתָה לִשְׁכַּת הָעֵצִים,
שֶׁשָּׁם הַכֹּהֲנִים בַּעֲלֵי מוּמִין מַתְלִיעִין הָעֵצִים. וְכָל עֵץ שֶׁנִּמְצָא בוֹ תוֹלַעַת,
פָּסוּל מֵעַל גַּבֵּי הַמִּזְבֵּחַ. צְפוֹנִית מַעֲרָבִית, הִיא הָיְתָה לִשְׁכַּת מְצֹרָעִים.
מַעֲרָבִית דְּרוֹמִית, אָמַר רַבִּי אֱלִיעֶזֶר בֶּן יַעֲקֹב, שָׁכַחְתִּי מֶה הָיְתָה מְשַׁמֶּשֶׁת.
אַבָּא שָׁאוּל אוֹמֵר, שָׁם הָיוּ נוֹתְנִין יַיִן וְשֶׁמֶן, הִיא הָיְתָה נִקְרֵאת לִשְׁכַּת
בֵּית שְׁמַנְיָה. וַחֲלָקָה הָיְתָה בָּרִאשׁוֹנָה, וְהִקִּיפוּהָ כְצוֹצְרָה, שֶׁהַנָּשִׁים רוֹאוֹת
מִלְמַעְלָן, וְהָאֲנָשִׁים מִלְּמַטָּן, כְּדֵי שֶׁלֹּא יְהוּ מְעֹרָבִין. וַחֲמֵשׁ עֶשְׂרֵה מַעֲלוֹת
עוֹלוֹת מִתּוֹכָהּ לְעֶזְרַת יִשְׂרָאֵל, כְּנֶגֶד חֲמֵשׁ עֶשְׂרֵה מַעֲלוֹת שֶׁבַּתְּהִלִּים,
שֶׁעֲלֵיהֶן הַלְוִיִּם אוֹמְרִים בַּשִּׁיר. לֹא הָיוּ טְרוּטוֹת, אֶלָּא מֻקָּפוֹת כַּחֲצִי גֹרֶן
עֲגֻלָּה:

여인의 뜰은 길이가 135아마, 폭이 135아마였다. 여기에는 네 모퉁이에 각각 크기가 40아마인 네 개의 방이 있었다. 그 방들에는 지붕이 없었으며, 다가올 시대에도 그럴 것이다. "나를 데리고 바깥 뜰로 나가서 나로 뜰 네 구석을 지나가게 하시는데 본즉 그 뜰 매 구석에 또 뜰이 있는데 뜰 네 구석에 있는 그 뜰에 담이 둘렸으니"(겔 46:21-22)라고 기록되었기 때문이다. 여기서 담이 둘렸다는 표현은 지붕이 없다는 의미다. 이들은 무엇에 쓰였는가? 남동쪽 방은 나실인의 방으로 여기서 나실인들이 화목제물을 삶고 머리카락을 잘라 솥 아래 던졌다. 북동쪽 방은 장작의 방으로 여기서 신체적 결함이 있는 제사장들이 벌레 먹어 제단에서 쓰기에 부적합한 장작들을 골라냈다. 북서쪽 방은 피부병자들을 위한 방이었다. 남서쪽 방에 관하여, 랍비 엘리에제르 벤 야아콥이 말했다. "나는 이 방이 무엇을 위해 쓰였는지 잊어버렸다." 압바 샤울이 말했다. "포도주와 기름을 보관했으며 이를 기름의 방이라고 불렀다."

이곳(여인의 뜰)은 원래 평평했으나, 후에 발코니를 만들었다. 여인들이 이 위에서 아래 남자들을 볼 수 있었고, 서로 뒤섞이지 않았다.

〔여인의 뜰에서〕 이스라엘의 뜰로 올라가는 열다섯 계단이 있었는

데, 이는 시편에 열다섯 편의 '성전에 올라가는 노래'에 상응하는 것이다. 이 계단에서 레위인들이 노래를 불렀다. 그들(계단들)은 정방형이 아니라 타작마당의 절반처럼 반원형이었다.

- 랍비들은 에스겔서 후반부에 묘사되는 성전을 장차 메시아의 시대에 지어질 성전으로 생각했다. 그러나 제2성전의 구조로부터 유래한다고 생각하기도 했다. 따라서 의미가 불분명한 에스겔서의 '담이 둘려 있다'는 표현을 제2성전을 따라 지붕이 없는 방으로 해석하고 있다.
- 민수기 6:18-19은 나실인의 서원을 해소할 때에는 화목제를 삶고 머리카락을 잘라 불에 던지도록 규정하고 있다(「나지르」6, 8).
- 제사장이 부적합한 신체적 결함이 있는 경우, 제의를 집전하지는 못하고 벌레 먹은 장작을 골라내는 등의 부수적인 일을 하기도 했다.
- 시편 120-134에는 15편의 시에 '성전에 올라가는 노래'라는 표제가 달려 있다. 레위인들이 성전 뜰로 올라가는 계단, 즉 니카르노 문 아래에서 이 노래들을 불렀다. 그러나 이 의식 외에 레위인들은 주로 번제단이 있는 제사장의 뜰에서 악기를 연주하고 찬송을 불렀다.

2, 6
레위인의 방과 이스라엘의 뜰, 열세 개의 문들에 대해 설명한다.

וּלְשָׁכוֹת הָיוּ תַחַת עֶזְרַת יִשְׂרָאֵל, וּפְתוּחוֹת לְעֶזְרַת הַנָּשִׁים, שֶׁשָּׁם הַלְוִיִּם
נוֹתְנִים כִּנּוֹרוֹת וּנְבָלִים וּמְצִלְתַּיִם וְכָל כְּלֵי שִׁיר. עֶזְרַת יִשְׂרָאֵל הָיְתָה אֹרֶךְ
מֵאָה אַמָּה וּשְׁלֹשִׁים וְחָמֵשׁ עַל רֹחַב אַחַת עֶשְׂרֵה. וְכֵן עֶזְרַת כֹּהֲנִים הָיְתָה
אֹרֶךְ מֵאָה וּשְׁלֹשִׁים וְחָמֵשׁ עַל רֹחַב אַחַת עֶשְׂרֵה. וְרָאשֵׁי פְסִפָּסִין מַבְדִּילִין
בֵּין עֶזְרַת יִשְׂרָאֵל לְעֶזְרַת הַכֹּהֲנִים. רַבִּי אֱלִיעֶזֶר בֶּן יַעֲקֹב אוֹמֵר, מַעֲלָה הָיְתָה
שָׁם, וּגְבוֹהָה אַמָּה, וְהַדּוּכָן נָתוּן עָלֶיהָ, וּבָהּ שָׁלֹשׁ מַעֲלוֹת שֶׁל חֲצִי חֲצִי
אַמָּה. נִמְצֵאת עֶזְרַת הַכֹּהֲנִים גְּבוֹהָה מֵעֶזְרַת יִשְׂרָאֵל שְׁתֵּי אַמּוֹת וּמֶחֱצָה.

כָּל הָעֲזָרָה הָיְתָה אֹרֶךְ מֵאָה וּשְׁמוֹנִים וְשֶׁבַע עַל רֹחַב מֵאָה וּשְׁלֹשִׁים וְחָמֵשׁ. וּשְׁלֹשׁ עֶשְׂרֵה הִשְׁתַּחֲוָיוֹת הָיוּ שָׁם. אַבָּא יוֹסֵי בֶן חָנָן אוֹמֵר, כְּנֶגֶד שְׁלֹשָׁה עָשָׂר שְׁעָרִים. שְׁעָרִים דְּרוֹמִיִּים סְמוּכִים לַמַּעֲרָב, שַׁעַר הָעֶלְיוֹן, שַׁעַר הַדֶּלֶק, שַׁעַר הַבְּכוֹרוֹת, שַׁעַר הַמַּיִם, וְלָמָּה נִקְרָא שְׁמוֹ שַׁעַר הַמַּיִם. שֶׁבּוֹ מַכְנִיסִין צְלוֹחִית שֶׁל מַיִם שֶׁל נִסּוּךְ בֶּחָג. רַבִּי אֱלִיעֶזֶר בֶּן יַעֲקֹב אוֹמֵר, וּבוֹ הַמַּיִם מְפַכִּים, וַעֲתִידִין לִהְיוֹת יוֹצְאִין מִתַּחַת מִפְתַּן הַבָּיִת. וּלְעֻמָּתָן בַּצָּפוֹן סְמוּכִים לַמַּעֲרָב, שַׁעַר יְכָנְיָה, שַׁעַר הַקָּרְבָּן, שַׁעַר הַנָּשִׁים, שַׁעַר הַשִּׁיר. וְלָמָּה נִקְרָא שְׁמוֹ שַׁעַר יְכָנְיָה, שֶׁבּוֹ יָצָא יְכָנְיָה בְּגָלוּתוֹ. שֶׁבַּמִּזְרָח, שַׁעַר נִקָנוֹר. וּשְׁנֵי פִשְׁפָּשִׁים הָיוּ לוֹ, אֶחָד מִימִינוֹ וְאֶחָד מִשְּׂמֹאלוֹ. וּשְׁנַיִם בַּמַּעֲרָב, לֹא הָיָה לָהֶם שֵׁם:

이스라엘 백성의 뜰 아래 쪽, 여인의 뜰로 향하는 입구에는 레위인들이 피리와 비파, 꽹과리(심벌즈) 등 모든 종류의 악기를 두는 방이 있었다. 이스라엘의 뜰은 길이가 135아마, 넓이가 11아마였다. 마찬가지로, 제사장들의 뜰도 길이가 135아마, 길이가 11아마였다. 모자이크 돌 한 줄이 이스라엘의 뜰과 제사장들의 뜰을 구분했다.

랍비 엘리에제르 벤 야아콥은 말한다: 거기에 (제사장들의 뜰 입구에) 1아마 높이의 계단이 있었고, 이 위로 다시 1/2아마 높이의 계단 세 개가 놓여 있었다. 이렇게 제사장들의 뜰은 이스라엘의 뜰보다 2아마 반 높았다. 뜰 전체는 길이가 187아마, 넓이가 35아마였다. 여기서 열세 번 절했다.

아바 요쎄 벤 하난은 말한다: 그(절하는)곳들은 열세 개의 문을 향해 있도록 만들어졌다. (성전) 남쪽에 서쪽으로부터 윗문, 불의 문, 초태생의 문, 수문이 있었다. 왜 수문이라 불렸는가? 명절에 이 문을 통해 전제로 부어드릴 물을 항아리에 담아 들여왔기 때문이다.

랍비 엘리에제르 벤 야아콥은 말한다: 여기(수문)서 물이 솟아났다. 다가올 날에 성전의 문턱 아래로부터 물이 솟을 것이다. 그(문들)에 대면하여 북쪽에는 서쪽으로부터 예코니야의 문, 제물의 문, 여인의 문, 노래의 문이 있었다. 왜 예코니야의 문이라 불렸는가? 예코니야가 이 문을 통해 포로로 잡혀갔기 때문이다. 동쪽에는 니카르노 문이 있었고, [이 문의] 오른쪽과 왼쪽에 두 개의 출입구가 있었다. 서쪽에도 두 개의 문이 있었지만 이름은 없었다.

- 여인의 뜰 서쪽으로는 성전의 안뜰이 있었고 이는 다시 동쪽의 이스라엘의 뜰과 번제단이 있는 서쪽의 제사장의 뜰로 나뉘었다. 이스라엘의 뜰과 제사장의 뜰 사이에 모자이크로 경계가 표시되어 일반 백성이 제사장의 뜰에 함부로 들어가는 것을 막았다. 백성들이 여기 들어갈 수 있는 경우는 제물을 도살하거나, 제물 위에 손을 얹거나, 요제로 흔들기 위한 경우 등으로 제한되었다.
- 매일 상번제가 드려질 때, 제사장의 뜰로 올라가는 계단에서 레위인들이 서서 찬송을 불렀다(「타미드」 7, 3).
- 이스라엘의 뜰과 제사장의 뜰은 같은 면적이었는데, 각각 남북으로 135아마, 동서로 11아마였다. 랍비 엘르에제르 벤 야아콥에 의하면 제사장의 뜰은 이스라엘의 뜰보다 2와 1/2아마 높았으며 계단으로 이어져 있다고 한다. 안뜰 전체는 남북으로 135아마, 성소와 그 뒤의 공간을 포함하여 동서로 187아마였다. 이 공간들에 대하여는 제5장에서 자세히 다룬다.
- 뜰에는 백성들이 절을 하는 열세 개의 장소가 있었다. 여기서 절하는 곳(השתחויות, 히쉬타하비욧)이라는 표현은 엎드려 경배하다는 의미의 동사에서 나왔다. 성전에서의 절(경배)은 오체투지하며 엎드리는 것이다.
- 수문으로 전제의 물동이를 가지고 오는 경우는 장막절의 전제를 말한다.
- 다가올 날에 물이 솟는다는 랍비의 말은 에스겔의 종말론적 환상(겔 47:1-2)을 염두에 둔 것이다.

제3장

3, 1
번제단에 대한 논의다.

הַמִּזְבֵּחַ הָיָה שְׁלֹשִׁים וּשְׁתַּיִם עַל שְׁלֹשִׁים וּשְׁתַּיִם. עָלָה אַמָּה וְכָנַס אַמָּה, זֶה
הַיְסוֹד. נִמְצָא שְׁלֹשִׁים עַל שְׁלֹשִׁים. עָלָה חָמֵשׁ וְכָנַס אַמָּה. זֶה הַסּוֹבֵב. נִמְצָא
עֶשְׂרִים וּשְׁמֹנֶה עַל עֶשְׂרִים וּשְׁמֹנֶה. מְקוֹם הַקְּרָנוֹת אַמָּה מִזֶּה וְאַמָּה מִזֶּה.
נִמְצָא עֶשְׂרִים וָשֵׁשׁ עַל עֶשְׂרִים וָשֵׁשׁ. מְקוֹם הִלּוּךְ רַגְלֵי הַכֹּהֲנִים, אַמָּה מִזֶּה
וְאַמָּה מִזֶּה. נִמְצָא עֶשְׂרִים וְאַרְבַּע עַל עֶשְׂרִים וְאַרְבַּע, מְקוֹם הַמַּעֲרָכָה.
אָמַר רַבִּי יוֹסֵי, מִתְּחִלָּה לֹא הָיָה אֶלָּא שְׁמֹנֶה וְעֶשְׂרִים עַל שְׁמֹנֶה וְעֶשְׂרִים,
כּוֹנֵס וְעוֹלֶה בְּמִדָּה זוֹ, עַד שֶׁנִּמְצָא מְקוֹם הַמַּעֲרָכָה עֶשְׂרִים עַל עֶשְׂרִים.
וּכְשֶׁעָלוּ בְנֵי הַגּוֹלָה, הוֹסִיפוּ עָלָיו אַרְבַּע אַמּוֹת מִן הַדָּרוֹם וְאַרְבַּע אַמּוֹת מִן
הַמַּעֲרָב, כְּמִין גַּמָּא, שֶׁנֶּאֱמַר וְהָאֲרִיאֵל שְׁתֵּים עֶשְׂרֵה אֹרֶךְ בִּשְׁתֵּים עֶשְׂרֵה
רֹחַב רָבוּעַ. יָכוֹל שֶׁאֵינוֹ אֶלָּא שְׁתֵּים עֶשְׂרֵה עַל שְׁתֵּים עֶשְׂרֵה, כְּשֶׁהוּא
אוֹמֵר (שם) אֶל אַרְבַּעַת רְבָעָיו, מְלַמֵּד שֶׁמִן הָאֶמְצַע הוּא מוֹדֵד שְׁתֵּים
עֶשְׂרֵה אַמָּה לְכָל רוּחַ. וְחוּט שֶׁל סִקְרָא חוֹגְרוֹ בָאֶמְצַע, לְהַבְדִּיל בֵּין הַדָּמִים
הָעֶלְיוֹנִים לַדָּמִים הַתַּחְתּוֹנִים. וְהַיְסוֹד הָיָה מְהַלֵּךְ עַל פְּנֵי כָל הַצָּפוֹן וְעַל פְּנֵי
כָל הַמַּעֲרָב, וְאוֹכֵל בַּדָּרוֹם אַמָּה אַחַת, וּבַמִּזְרָח אַמָּה אֶחָת:

번제단은 [가로세로가] 32아마와 32아마였다. 1아마가 들어가고 1아마는 나왔는데, 이것이 [제단의] 기초였다. [따라서] 30아마와 30아마가 남았다. [기초 위로] 5아마가 올라오고 다시 1아마가 들어갔다. 이것이 소베브이며, 28아마와 28아마가 남는다.

[제단의] 뿔들은 각 방향으로 1아마씩 뻗어 있었으며, 따라서 26아마와 26아마가 남는다.

각 [네] 면은 제사장들이 [걸어서] 돌 수 있도록 1아마씩을 내어둔다. 따라서 [번제단 중앙의] 24아마와 24아마가 장작을 쌓아두는 공간으로 남는다.

랍비 요쎄가 말했다. "원래 번제단 전체는 28아마와 28아마였고, 다른 규격들은 다 같으나 장작을 쌓아놓는 곳이 20아마와 20아마였다. 그러나 유배 중인 이들이 귀환했을 때, 그들이 마치 감마(Γ) 모양처럼 북쪽으로 4아마 그리고 서쪽으로 4아마를 더했다. 기록되기를, 그 번제하는 바닥의 장이 12척(아마)이요 광이 12척(아마)이니 네모반듯하고(겔 43:16)라고 했기 때문이다. 고작 12아마와 12아마였던 것이 가능한가? "네모반듯하고"라고 기록되었을 때, 이것은 〔번제단〕 가운데로부터 잰 치수이며, 각 방향으로 12아마씩이었다는 것을 나타낸다."

〔번제단 옆면의〕 가운데 붉은색으로 선을 그어놓았다. 이것은 〔제단〕 상단에 〔뿌리는〕 피와 하단에 〔뿌리는〕 피를 구분하기 위한 것이었다.

〔번제단의〕 기초는 북쪽 면과 서쪽 면 전체에 걸쳐 놓여 있었고, 남쪽과 동쪽 면에는 각각 1아마씩만 놓여 있었다.

- 이 미쉬나는 외부 번제단의 규격에 대해 그 기초로부터 시작해 바깥쪽에서 안쪽으로 좁혀 들어오며 묘사하고 있다. 마치 번제단을 위에서 내려다보면서 묘사하는 것과 같다. 이 미쉬나에 의하면, 순전히 제물이 올려지던 번제단 위의 공간은 결국 24×24아마, 즉 정방형 약 10평방미터의 면적이다. 제단의 기초는 1아마의 길이로 제단 북쪽 면과 서쪽 면의 전체를 둘러 있다. 그러나 동쪽과 남쪽은 기초석이 돌출되어 있지 않다.

- 기초석 위 5아마 높이에는 소베브(סובב)라고 부르는 둘레길이 제단을 두르고 있는데, 이는 1아마의 넓이였다. 번제단의 사면에 있었으므로 번제단의 남은 넓이는 28×28아마가 된다.

- 번제단 위에는 각 모서리에 네 개의 뿔이 있다. 1×1아마의 면적에 5테팍 높이였다. 이 뿔들의 면적을 제하면 26×26아마가 된다.

- 뿔들로부터 다시 1아마가 들어오는데 이는 제사장들이 걸어다니는

길이었다. 이 길은 제사장들이 번제단 위에 장작을 올려놓거나 제물이 잘 타도록 늘어놓는 데 쓰였다. 이 공간을 제하면 번제단 중앙의 면적은 24×24아마가 된다.

- 랍비 요쎄는 솔로몬 성전의 번제단 규격을 제시하며, 제2성전에서 번제단의 규격이 바뀌었다고 한다.
- 번제단의 벽에는 사방을 둘러 붉은 줄이 그어져 있었는데, 그 높이는 약 10아마인 번제단 높이의 중간으로 소베브보다 약 1아마 낮다. 이 붉은 줄이 제단 위나 아래에 피를 부어야 하는 제의의 기준이 된다.
- 번제단의 기초는 완전한 정방형이 아니며, 북쪽과 서쪽을 1아마의 폭으로 둘러 있었다. 이와 연결된 동쪽과 남쪽 모서리에는 1아마 길이로 각 방향으로 들어오고 전체를 두르지는 않는다.

3, 2

번제단 기초석에 대해 설명한다.

וּבְקֶרֶן מַעֲרָבִית דְּרוֹמִית הָיוּ שְׁנֵי נְקָבִים, כְּמִין שְׁנֵי חֲטָמִין דַּקִּין, שֶׁהַדָּמִים הַנִּתָּנִין עַל יְסוֹד מַעֲרָבִי וְעַל יְסוֹד דְּרוֹמִי, יוֹרְדִין בָּהֶן וּמִתְעָרְבִין בָּאַמָּה, וְיוֹצְאִין לְנַחַל קִדְרוֹן:

[기초석의] 남서쪽 모퉁이에는 작은 콧구멍처럼 생긴 두 개의 구멍이 나 있었다. 이를 통해 서쪽과 남쪽의 기초석에 부은 [제물의] 피가 흘러내려 양쪽의 피가 한 통로에서 만나게 되고, 이것은 기드론 골짜기를 향해 흘러나갔다.

- 모든 제물의 피는 서쪽이나 남쪽 기초석에 부어야 했다(「제바힘」 5: 1–3). 이 피는 콧구멍처럼 생긴 두 개의 구멍을 통해 성전 뜰 바닥에

파인 홈을 통해 동쪽의 기드론 골짜기로 흘러나갔다.

3, 3
번제단 주변의 공간들에 대해 묘사한다.

לְמַטָּה בָרִצְפָּה בְּאוֹתָהּ הַקֶּרֶן, מָקוֹם הָיָה שָׁם אַמָּה עַל אַמָּה, וְטַבְלָא שֶׁל
שַׁיִשׁ, וְטַבַּעַת הָיְתָה קְבוּעָה בָהּ, שֶׁבּוֹ יוֹרְדִין לַשִּׁית וּמְנַקִּין אוֹתוֹ. וְכֶבֶשׁ הָיָה
לִדְרוֹמוֹ שֶׁל מִזְבֵּחַ, שְׁלֹשִׁים וּשְׁתַּיִם עַל רֹחַב שֵׁשׁ עֶשְׂרֵה, וּרְבוּבָה הָיְתָה לוֹ
בְּמַעֲרָבוֹ, שֶׁשָּׁם הָיוּ נוֹתְנִים פְּסוּלֵי חַטַּאת הָעוֹף:

그 [남서쪽] 모퉁이 바닥에는 1아마의 정방형 공간이 있었고, 이에는 고리가 달린 대리석판이 덮여 있었다. 이를 통해 [핏]구덩이로 내려가 청소를 했다.

번제단의 남쪽에는 [제단으로 올라가는] 오르막이 있었다. 32아마의 길이에 폭은 16아마였다.

[번제단의] 서쪽에는 부정하게 된 속죄제물과 새 제물을 놓아두던 사각형의 공간이 있었다.

- 번제단 모퉁이 아래의 핏구덩이에는 제단에서 흘러나온 피가 모였다가 기드론 골짜기로 흘러나간다. 시간이 지나면 피가 엉겨 붙어 이를 청소해주어야 했는데, 고리가 달린 대리석판을 열고 이 구덩이로 들어갈 수 있었다.
- 번제단에는 계단이 아닌 경사로를 통해 올라가게 되어 있었다. 제단에 계단을 만들 수 없기 때문이다(출 20:26). 경사로의 길이에 관하여 람밤은 그 경사면의 길이, 라쉬는 오르막 바닥을 평면으로 쟀을 때의 길이로 이해한다.

3, 4

번제단을 만든 바위에 대한 설명이다.

אֶחָד אַבְנֵי הַכֶּבֶשׁ וְאֶחָד אַבְנֵי הַמִּזְבֵּחַ, מִבִּקְעַת בֵּית כֶּרֶם. וְחוֹפְרִין לְמַטָּה
מֵהַבְּתוּלָה, וּמְבִיאִים מִשָּׁם אֲבָנִים שְׁלֵמוֹת, שֶׁלֹּא הוּנַף עֲלֵיהֶן בַּרְזֶל, שֶׁהַבַּרְזֶל
פּוֹסֵל בַּנְגִיעָה. וּבִפְגִימָה לְכָל דָּבָר. נִפְגְּמָה אַחַת מֵהֶן, הִיא פְסוּלָה וְכֻלָּן
כְּשֵׁרוֹת. וּמְלַבְּנִים אוֹתָן פְּעָמִים בַּשָּׁנָה, אַחַת בַּפֶּסַח וְאַחַת בֶּחָג. וְהַהֵיכָל,
פַּעַם אַחַת, בַּפֶּסַח. רַבִּי אוֹמֵר, כָּל עֶרֶב שַׁבָּת מְלַבְּנִים אוֹתוֹ בְמַפָּה מִפְּנֵי
הַדָּמִים. לֹא הָיוּ סָדִין אוֹתָן בְּכָפִיס שֶׁל בַּרְזֶל, שֶׁמָּא יִגַּע וִיפְסֹל, שֶׁהַבַּרְזֶל
נִבְרָא לְקַצֵּר יָמָיו שֶׁל אָדָם, וְהַמִּזְבֵּחַ נִבְרָא לְהַאֲרִיךְ יָמָיו שֶׁל אָדָם, אֵינוֹ בַדִין
שֶׁיּוּנַף הַמְקַצֵּר עַל הַמַּאֲרִיךְ:

번제단과 오르막에 쓰인 바위는 벳 케렘에서 가져온 것이다. 황무지의 땅을 파고 바위 전체를 가져왔다. 철이 닿으면 부정해지므로 철 연장을 사용하지 않았다. 〔다른 것들로는 바위에〕흠이 나면 부정해졌다. 바위들 중 하나에 흠이 나면 부정해졌지만 나머지는 그렇지 않았다.

이들(번제단과 오르막)에는 1년에 두 번씩 회칠을 했다. 유월절에 한 번, 명절(חג, 하그)에 한 번이었다. 성소에는 유월절에 한 번 회칠을 했다. 랍비가 말했다. "〔번제단에 묻은〕피 얼룩 때문에 매주 금요일에 천으로 회칠을 했다."

회반죽은 철로 된 삽 위에 올려놓지 않았다. 이것이 〔철에〕닿아 〔번제단이〕부정해질까 두려웠기 때문이다. 철은 사람의 수명을 줄이기 위해 만들어졌고, 제단은 사람의 수명을 늘리기 위해 만들어졌다. 따라서 줄이는 것을 늘리는 것 위에 올리는 일은 옳지 않다.

- 벳 케렘은 당시 예루살렘 외곽 지역으로 현재는 예루살렘 신시가지의 일부에 포함되어 있다.

- 황무지에서 바위를 파내는 것은 이전에 사람의 손이 닿지 않은 재료를 구하기 위함이다(신 27:5-6). 제단을 철 연장으로 다듬으면 부정하게 된다(출 20:25; 신 27:5-6; 수 8:30). 이에 근거하여 철이 제단에 닿거나 그 위에 올려지는 것까지도 금지했다.
- 제단에 회칠을 하는 명절은 장막절이다. 성소 내부는 모두 금으로 덮여 있으므로 여기에는 회칠하지 않는다. 여기서 성소는 성소의 현관문이나 혹은 성소 내부를 제외한 성전 전체를 가리키는 것으로 흔히 이해한다.
- 여기서 랍비는 랍비 예후다 한나씨를 말한다.
- 철이 사람의 수명을 줄이기 위해서 만들어졌다는 것은 철제 무기를 가리키는 것이다.

3, 5
번제단 북쪽 도살하는 공간을 묘사한다.

וְטַבָּעוֹת הָיוּ לִצְפוֹנוֹ שֶׁל מִזְבֵּחַ, שִׁשָּׁה סְדָרִים שֶׁל אַרְבַּע אַרְבַּע, וְיֵשׁ
אוֹמְרִים, אַרְבָּעָה שֶׁל שֵׁשׁ שֵׁשׁ, שֶׁעֲלֵיהֶן שׁוֹחֲטִין אֶת הַקֳּדָשִׁים. בֵּית
הַמִּטְבְּחַיִם הָיָה לִצְפוֹנוֹ שֶׁל מִזְבֵּחַ, וְעָלָיו שְׁמֹנָה עַמּוּדִים נַנָּסִין, וּרְבִיעִין
שֶׁל אֶרֶז עַל גַּבֵּיהֶן, וְאַנְקְלָיוֹת שֶׁל בַּרְזֶל הָיוּ קְבוּעִין בָּהֶם, וּשְׁלֹשָׁה סְדָרִים
הָיוּ לְכָל אֶחָד וְאֶחָד, שֶׁבָּהֶם תּוֹלִין. וּמַפְשִׁיטִין עַל שֻׁלְחָנוֹת שֶׁל שַׁיִשׁ שֶׁבֵּין
הָעַמּוּדִים:

번제단의 북쪽에는 고리들이 있었다. 네 개씩 6열, 혹은 말하기를 여섯 개씩 4열이었다. 이 고리들에서 제물을 도살했다.

이 도살하는 공간은 번제단의 북쪽에 있었고, 여기에는 여덟 개의 작은 기둥들과 그 위에 백향목 판이 있었다. 여기에 쇠로 된 고리가 3열로 달려 있었는데, 여기에 제물을 달아놓았다. 기둥 사이에 놓인 대리석 탁자들 위에서 제물의 껍질을 벗겼다.

- 북쪽에 있는 고리들은 총 24개로 제물의 머리를 여기에 넣고 도살했다.
- 도살하는 공간에 도살한 제물이 땅에 닿아 더러워지지 않도록 걸어 놓을 수 있는 기둥과 고리들이 있었고, 이 사이의 대리석 탁자들에 제물을 올려놓고 껍질을 벗겼다.

3, 6
수조와 현관과 제단 사이의 계단을 묘사한다.

הַכִּיּוֹר הָיָה בֵּין הָאוּלָם וְלַמִּזְבֵּחַ, וּמָשׁוּךְ כְּלַפֵּי הַדָּרוֹם. בֵּין הָאוּלָם וְלַמִּזְבֵּחַ, עֶשְׂרִים וּשְׁתַּיִם אַמָּה. וּשְׁתֵּים עֶשְׂרֵה מַעֲלוֹת הָיוּ שָׁם, רוּם מַעֲלָה חֲצִי אַמָּה, וְשִׁלְחָהּ אַמָּה. אַמָּה אַמָּה וְרֹבֶד שָׁלֹשׁ, וְאַמָּה אַמָּה וְרֹבֶד שָׁלֹשׁ. וְהָעֶלְיוֹנָה, אַמָּה אַמָּה וְרֹבֶד אַרְבַּע. רַבִּי יְהוּדָה אוֹמֵר, הָעֶלְיוֹנָה, אַמָּה אַמָּה וְרֹבֶד חָמֵשׁ:

수조는 성소의 현관과 번제단 사이, 약간 남쪽에 놓여 있었다.
현관과 제단 사이는 22아마였다. 〔현관 앞에는〕 열두 계단이 있었고, 각 계단은 높이가 1/2아마, 폭이 1아마였다. 〔아래에서부터〕 1아마〔의 계단〕, 또 1아마, 그 후 층간 폭이 3아마 있었다. 다시 1아마, 1아마, 폭 공간 3아마, 제일 윗부분에는 1아마, 1아마, 층간 폭이 4아마였다. 랍비 예후다는 말했다. 계단 윗부분에는 1아마, 1아마, 그리고 층간 공간이 5아마였다.

- 수조는 제사장들이 손과 발을 씻는 곳이었다.
- 성소로 올라가는 계단의 넓이는 1아마였으나 세 계단마다 추가로 넓이가 3아마씩 더해졌다. 제일 위층의 넓이는 4아마로, 계단의 폭을 모두 합하면 21아마였다. 여기에 제단에서 첫 계단까지 1아마의 공간이 있어 모두 22아마가 된다.

- 랍비 예후다는 마지막 층간 공간을 5아마로 이해하는데, 이 경우 번 제단과 계단 사이에는 공간이 없게 된다.

3, 7
성소의 현관을 묘사한다.

פִּתְחוֹ שֶׁל אוּלָם, גָּבְהוֹ אַרְבָּעִים אַמָּה, וְרָחְבּוֹ עֶשְׂרִים אַמָּה. וְחָמֵשׁ
מַלְתְּרָאוֹת שֶׁל מֵילָת הָיוּ עַל גַּבָּיו. הַתַּחְתּוֹנָה עוֹדֶפֶת עַל הַפֶּתַח אַמָּה מִזֶּה
וְאַמָּה מִזֶּה. שֶׁלְּמַעְלָה מִמֶּנָּה עוֹדֶפֶת עָלֶיהָ אַמָּה מִזֶּה וְאַמָּה מִזֶּה. נִמְצֵאת
הָעֶלְיוֹנָה שְׁלֹשִׁים אַמָּה. וְנִדְבָּךְ שֶׁל אֲבָנִים הָיָה בֵּין כָּל אַחַת וְאֶחָת:

성소의 현관은 높이가 40아마, 폭이 20아마였다. 그 위에 다섯 개의 목재 들보가 있었다. 가장 아래의 것은 입구[의 폭]보다 양쪽으로 1아마씩 더 길었다. 그 위의 것은 이보다 양쪽으로 1아마씩 더 길었다. 가장 위의 들보는 길이가 30아마였다. 각각의 들보 사이에는 돌로 된 층이 있었다.

- 앞 2, 3에서 본 것과 같이 성소의 현관은 높이가 40아마로 성전산의 다른 모든 문들보다 높았다. 다른 문들은 높이가 20아마였다.
- 가장 아래의 들보는 길이가 22아마였고 그 위의 들보는 24아마, 그 위는 26아마, 네 번째는 28아마, 그리고 가장 위의 들보는 30아마였다.

3, 8
계속해서 현관을 묘사한다.

וְכַלּוֹנָסוֹת שֶׁל אֶרֶז הָיוּ קְבוּעִין מִכָּתְלוֹ שֶׁל הֵיכָל לְכָתְלוֹ שֶׁל אוּלָם, כְּדֵי שֶׁלֹּא
יִבְעָט. וְשַׁרְשְׁרוֹת שֶׁל זָהָב הָיוּ קְבוּעוֹת בְּתִקְרַת הָאוּלָם, שֶׁבָּהֶן פִּרְחֵי כְהֻנָּה

עוֹלִין וְרוֹאִין אֶת הָעֲטָרֹת, שֶׁנֶּאֱמַר וְהָעֲטָרֹת תִּהְיֶה לְחֵלֶם וּלְטוֹבִיָּה וְלִידַעְיָה
וּלְחֵן בֶּן צְפַנְיָה לְזִכָּרוֹן בְּהֵיכַל ה'. גֶּפֶן שֶׁל זָהָב הָיְתָה עוֹמֶדֶת עַל פִּתְחוֹ שֶׁל
הֵיכָל, וּמֻדְלָה עַל גַּבֵּי כְלוֹנְסוֹת. כָּל מִי שֶׁהוּא מִתְנַדֵּב עָלֶה, אוֹ גַרְגִּיר, אוֹ
אֶשְׁכּוֹל, מֵבִיא וְתוֹלֶה בָהּ. אָמַר רַבִּי אֱלִיעֶזֶר בְּרַבִּי צָדוֹק, מַעֲשֶׂה הָיָה, וְנִמְנוּ
עָלֶיהָ שָׁלֹשׁ מֵאוֹת כֹּהֲנִים:

성소의 벽으로부터 현관의 벽까지 뻗어 있는 백향목의 막대들이
있었다. 이것은 [벽들이] 돌출되는 것을 막기 위함이었다.

현관 문의 천장 들보에는 금사슬이 걸려 있었다. 신임 제사장들은
올라와 이를 통해 왕관을 볼 수 있었다. 기록되기를, "그 면류관은 헬
렘과 도비야와 여다야와 스바냐의 아들 헨을 기념하기 위하여 여호
와의 전 안에 주라 하시니라"(슥 6:14) 했다.

성소의 문에는 금으로 된 덩굴이 막대에 감겨 있었다. 잎이나 포도
나 가지를 바치는 사람은 여기에 걸어두었다. 랍비 엘리에제르 바르
짜독은 이렇게 말했다. "때로는 300명의 제사장들이 [이를 정리하는]
일을 맡았다."

- 성소의 현관문을 묘사하는 것으로 여기에 걸려 있는 장식들과 그 용
  도에 대해 설명하고 있다.
- 젊은 제사장들이 현관의 금사슬을 타고 올라가 성소 안에 달린 창문
  에 있던 왕관들을 볼 수 있었다. 혹시 수리가 필요한지 확인하기 위
  함이다. 왕관들에 관하여는 금, 은의 헌물로 만든 실제 왕관들이라는
  견해와 성소 안 창문의 모습이 왕관처럼 보인 데서 유래한다는 견해
  가 있다.
- 금으로 된 덩굴에 많은 헌물들이 걸리면 이것들을 정리하고 청소해
  야 했다. 랍비 엘리에제르 바르 짜독은 이 일에 300명의 제사장이 동
  원되기도 했다고 말한다.

제4장

4, 1

성소로 들어가는 문에 대한 설명이다.

פִּתְחוֹ שֶׁל הֵיכָל, גָּבְהוֹ עֶשְׂרִים אַמָּה וְרָחְבּוֹ עֶשֶׂר אַמּוֹת. וְאַרְבַּע דְּלָתוֹת
הָיוּ לוֹ, שְׁתַּיִם בִּפְנִים וּשְׁתַּיִם בַּחוּץ, שֶׁנֶּאֱמַר וּשְׁתַּיִם דְּלָתוֹת לַהֵיכָל וְלַקֹּדֶשׁ.
הַחִיצוֹנוֹת נִפְתָּחוֹת לְתוֹךְ הַפֶּתַח לְכַסּוֹת עָבְיוֹ שֶׁל כֹּתֶל, וְהַפְּנִימִיּוֹת נִפְתָּחוֹת
לְתוֹךְ הַבַּיִת לְכַסּוֹת אַחַר הַדְּלָתוֹת, שֶׁכָּל הַבַּיִת טוּחַ בְּזָהָב, חוּץ מֵאַחַר
הַדְּלָתוֹת. רַבִּי יְהוּדָה אוֹמֵר, בְּתוֹךְ הַפֶּתַח הָיוּ עוֹמְדוֹת, וּכְמִין אִצְטְרָמִיטָה
הָיוּ, וְנִקְפָּלוֹת לַאֲחוֹרֵיהֶן, אֵלּוּ שְׁתֵּי אַמּוֹת וּמֶחֱצָה, וְאֵלּוּ שְׁתֵּי אַמּוֹת וּמֶחֱצָה,
חֲצִי אַמָּה מְזוּזָה מִכָּאן, וַחֲצִי אַמָּה מְזוּזָה מִכָּאן, שֶׁנֶּאֱמַר (שם), וּשְׁתַּיִם
דְּלָתוֹת לַדְּלָתוֹת שְׁתַּיִם מוּסַבּוֹת דְּלָתוֹת, שְׁתַּיִם לְדֶלֶת אֶחָת וּשְׁתֵּי דְלָתוֹת
לָאַחֶרֶת:

성소의 입구는 높이가 20아마, 넓이가 10아마였다. 여기에는 네 개의 문이 있었는데, 둘은 안쪽으로 그리고 둘은 바깥쪽으로 나 있었다. 성소와 지성소에는 두 개의 문이 있다고 기록되었기 때문이다(겔 41:23).

바깥으로 나 있는 문들은 벽 안으로 열렸으며, 안쪽으로 나 있는 문들은 성전 안으로 열려 성전 안쪽 벽을 가리웠다. 성전 전체가 금으로 덮여 있었지만 문으로 가리워지는 공간은 그렇지 않았기 때문이다.

랍비 예후다가 말했다. 그 문들은 입구 안에 세워져 있었으며, 접이식 문처럼 생겼다. 이 문들은 이 편도 (바깥쪽) 2아마 반, 다른 편도 (안쪽) 2아마 반이었고, 한쪽 편에 1/2아마는 문기둥이, 다른 편 1/2아마에도 문기둥이 자리했다. "문마다 각기 두 문짝 곧 접는 두 문짝이 있어 이 문에 두 짝이요 저 문에 두 짝이며"(겔 41:24)라고 기록되어 있기 때문이다.

- 성소에 나 있는 문에 대해 설명하는 미쉬나다. 성소의 벽은 폭이 6아마였다. 바깥쪽 문이 벽 안으로 접히면 이 가운데 5아마를 덮었다. 1아마는 문 기둥을 위한 공간이었다.
- 문들도 금으로 입혀 있었다. 따라서 안쪽으로 난 문이 성소의 안쪽 벽을 덮으면, 성소 내부 전체가 금으로 덮이게 된다.
- 랍비 예후다는 에스겔서 본문에 근거해 문들의 형태를 다르게 이해했다.

4, 2
성소 대문 안, 남북으로 나 있는 작은 문들에 대한 설명이다.

וּשְׁנֵי פִשְׁפָּשִׁין הָיוּ לוֹ לַשַּׁעַר הַגָּדוֹל, אֶחָד בַּצָּפוֹן, וְאֶחָד בַּדָּרוֹם. שֶׁבַּדָּרוֹם,
לֹא נִכְנַס בּוֹ אָדָם מֵעוֹלָם, וְעָלָיו הוּא מְפֹרָשׁ עַל יְדֵי יְחֶזְקֵאל, שֶׁנֶּאֱמַר (שם
מד), וַיֹּאמֶר אֵלַי ה' הַשַּׁעַר הַזֶּה סָגוּר יִהְיֶה לֹא יִפָּתֵחַ וְאִישׁ לֹא יָבֹא בוֹ כִּי
ה' אֱלֹהֵי יִשְׂרָאֵל בָּא בוֹ וְהָיָה סָגוּר. נָטַל אֶת הַמַּפְתֵּחַ וּפָתַח אֶת הַפִּשְׁפָּשׁ,
וְנִכְנַס לְהַתָּא, וּמֵהַתָּא לַהֵיכָל. רַבִּי יְהוּדָה אוֹמֵר, בְּתוֹךְ עָבְיוֹ שֶׁל כֹּתֶל הָיָה
מְהַלֵּךְ, עַד שֶׁנִּמְצָא עוֹמֵד בֵּין שְׁנֵי הַשְּׁעָרִים, וּפָתַח אֶת הַחִיצוֹנוֹת מִבִּפְנִים
וְאֶת הַפְּנִימִיּוֹת מִבַּחוּץ:

[성소의] 대문에는 두 개의 작은 문이 있었는데, 하나는 북쪽으로, 다른 하나는 남쪽으로 나 있었다. 남쪽으로 난 문은 사용되지 않았는데, 에스겔서에 분명히 기록되기를, "여호와께서 내게 이르시되 이 문은 닫고 다시 열지 못할지니 아무도 그리로 들어오지 못할 것은 이스라엘 하나님 나 여호와가 그리로 들어왔음이라. 그러므로 닫아 둘지니라"(겔 44:2) 했기 때문이다.

제사장은 열쇠로 북쪽의 문을 열고 (대문 안의) 방으로 들어갔고, 이 방을 통해 성소로 들어갔다.

랍비 예후다는 말했다. 그(제사장)는 벽면을 따라 걸어 두 문 사이

에 이르렀다. 그는 바깥 문을 안쪽에서부터 열고, 안쪽 문은 밖에서
열었다.

- 성소의 대문은 고대 이스라엘의 성문과 유사한 구조로, 두 겹으로 된
  벽(casemate wall)에 달려 있었다. 이 두 겹의 벽들 사이에는 방처럼
  생긴 공간이 있었다. 동쪽으로 나 있는 대문의 양쪽 벽안에 있던 방
  들 밖으로 작은 문이 좌우로, 즉 남쪽과 북쪽으로 나 있었다.
- 랍비 예후다는 여기서도 다른 견해를 보인다. 그에 따르면 제사장은
  방 안으로 들어가지 않고 벽면을 따라갔다.

4, 3
성전 벽 사이의 방들에 대한 설명이다.

וּשְׁלֹשִׁים וּשְׁמֹנָה תָאִים הָיוּ שָׁם, חֲמִשָּׁה עָשָׂר בַּצָּפוֹן, חֲמִשָּׁה עָשָׂר בַּדָּרוֹם,
וּשְׁמֹנָה בַּמַּעֲרָב. שֶׁבַּצָּפוֹן וְשֶׁבַּדָּרוֹם, חֲמִשָּׁה עַל גַּבֵּי חֲמִשָּׁה, וַחֲמִשָּׁה עַל
גַּבֵּיהֶם. וְשֶׁבַּמַּעֲרָב, שְׁלֹשָׁה עַל גַּבֵּי שְׁלֹשָׁה, וּשְׁנַיִם עַל שְׁלֹשָׁה. וּשְׁלֹשָׁה
פְתָחִים הָיוּ לְכָל אֶחָד וְאֶחָד, אֶחָד לַתָּא מִן הַיָּמִין, וְאֶחָד לַתָּא מִן הַשְּׂמֹאל,
וְאֶחָד לַתָּא שֶׁעַל גַּבָּיו. וּבְקֶרֶן מִזְרָחִית צְפוֹנִית הָיוּ חֲמִשָּׁה פְתָחִים, אֶחָד
לַתָּא מִן הַיָּמִין, וְאֶחָד לַתָּא שֶׁעַל גַּבָּיו, וְאֶחָד לַמְּסִבָּה, וְאֶחָד לַפִּשְׁפָּשׁ, וְאֶחָד
לַהֵיכָל:

〔성소와 지성소 둘레에는 벽 사이에는〕 38개의 방이 있었다. 열다
섯은 북쪽에, 열다섯은 남쪽에 여덟은 남쪽 벽에 위치했다. 남쪽과 북
쪽의 방들은 다섯 개 위에 다섯 개, 또 그 위에 다섯 개가 있었다. 서쪽
에는 세 개의 방 위에 세 개, 그 위에 다시 세 개의 방이 있었다. 각각
의 방에는 세 개의 출입구가 있었는데, 하나는 왼쪽의 방으로, 하나는
오른쪽의 방으로, 다른 하나는 위층의 방으로 통했다. 북동쪽 모퉁이
〔의 방〕에는 다섯 개의 출입구가 있었는데, 오른쪽으로 통하는 것, 위

층 방으로 통하는 것, 메시바로 통하는 것, 문으로 통하는 것, 그리고 성소로 통하는 것이었다.

- 성전의 벽은 두 겹의 벽이 공간을 사이에 두고 마주보고 있는 구조 (casemate)로 되어 있었다. 이는 이스라엘의 전통적인 성벽 형태로 이 벽들 사이에 공간을 방으로 활용할 수 있었다.
- 이 방들은 3층으로 되어 있었으며, 남과 북에는 다섯 개씩 세 층, 서쪽에는 세 개씩 세 층의 구조였다. 이 방들은 서로 연결되어 있어 좌우, 상하로 통행이 가능했다. 북동쪽 모퉁이의 방에 성소 안과 밖으로 통하는 문이 있었다.
- 메시바(מסבה)에 대해서는 아래 다섯째 미쉬나(4, 5)에서 자세히 다룬다.

4, 4
이어서 방들의 넓이에 대한 설명이다.

הַתַּחְתּוֹנָה, חָמֵשׁ, וְרֹבֶד שֵׁשׁ. וְהָאֶמְצָעִית, שֵׁשׁ, וְרֹבֶד שֶׁבַע. וְהָעֶלְיוֹנָה,
שֶׁבַע, שֶׁנֶּאֱמַר הַיָּצִיעַ הַתַּחְתּוֹנָה חָמֵשׁ בָּאַמָּה רָחְבָּהּ וְהַתִּיכֹנָה שֵׁשׁ בָּאַמָּה
רָחְבָּהּ וְהַשְּׁלִישִׁית שֶׁבַע בָּאַמָּה רָחְבָּהּ:

아래층의 방은 넓이가 5아마 천장은 6아마였다. 중간층의 방은 넓이가 6아마, 천장은 7아마였다. 위층의 방은 7아마였다. "하층 다락의 너비는 다섯 아마요 중층 다락의 너비는 여섯 아마요 셋째층 다락의 너비는 일곱 아마라"(왕상 6:6)라고 기록되었기 때문이다.

- 성전 벽 내부의 방들의 규격에 대해 설명하고 있다.
- 이 규격은 솔로몬 성전을 묘사한 열왕기상 6:6의 본문을 따르고 있는데, 이 미쉬나가 전제하는 헤롯 성전이 실제로 성서에 기록된 솔

로몬 성전의 구조와 규격을 따르고 있었거나, 혹은 랍비들이 후자에 비추어 전자를 상상하고 있는 좋은 예가 된다.

4, 5

메시바에 대해 설명한다.

וּמְסִבָּה הָיְתָה עוֹלָה מִקֶּרֶן מִזְרָחִית צְפוֹנִית לְקֶרֶן צְפוֹנִית מַעֲרָבִית, שֶׁבָּה הָיוּ עוֹלִים לְגַגּוֹת הַתָּאִים. הָיָה עוֹלֶה בַּמְּסִבָּה וּפָנָיו לַמַּעֲרָב. הָלַךְ עַל כָּל פְּנֵי הַצָּפוֹן, עַד שֶׁהוּא מַגִּיעַ לַמַּעֲרָב. הִגִּיעַ לַמַּעֲרָב, וְהָפַךְ פָּנָיו לַדָּרוֹם. הָלַךְ כָּל פְּנֵי מַעֲרָב עַד שֶׁהוּא מַגִּיעַ לַדָּרוֹם. הִגִּיעַ לַדָּרוֹם, וְהָפַךְ פָּנָיו לַמִּזְרָח. הָיָה מְהַלֵּךְ בַּדָּרוֹם, עַד שֶׁהוּא מַגִּיעַ לְפִתְחָהּ שֶׁל עֲלִיָּה, שֶׁפִּתְחָהּ שֶׁל עֲלִיָּה פָּתוּחַ לַדָּרוֹם. וּבְפִתְחָהּ שֶׁל עֲלִיָּה הָיוּ שְׁנֵי כְלוֹנְסוֹת שֶׁל אֶרֶז, שֶׁבָּהֶן הָיוּ עוֹלִין לְגַגָּהּ שֶׁל עֲלִיָּה. וְרָאשֵׁי פְסְפָּסִין מַבְדִּילִים בָּעֲלִיָּה בֵּין הַקֹּדֶשׁ לְבֵין קֹדֶשׁ הַקֳּדָשִׁים. וְלוּלִין הָיוּ פְתוּחִין בָּעֲלִיָּה לְבֵית קֹדֶשׁ הַקֳּדָשִׁים, שֶׁבָּהֶן הָיוּ מְשַׁלְשְׁלִין אֶת הָאֻמָּנִים בַּתֵּבוֹת, כְּדֵי שֶׁלֹּא יָזוּנוּ עֵינֵיהֶן מִבֵּית קָדְשֵׁי הַקֳּדָשִׁים:

메시바는 북동쪽 모퉁이로부터 북서쪽 모퉁이로 올라간다. 이를 통해 지붕과 다른 방들로 이동했다. 메시바는 서쪽으로 올라가는데, 이를 통해 북쪽 벽을 지나 서쪽에 이를 수 있었다. 서쪽에 이르면 남쪽으로 방향을 바꾸어 서쪽 벽을 지나 남쪽에 이를 수 있었다. 남쪽에 이르면 동쪽으로 방향을 바꾸어 남쪽 벽을 통과해 위층 방들로 들어가는 문에 이른다. 위층 방들로 들어가는 문이 남쪽을 향해 나 있기 때문이다.

위층의 방으로 통하는 문에는 두 열의 백향목이 놓여 있었는데, 이를 통해 위층으로 기어올라갔다. 백향목들의 꼭대기에는 돌로 된 열이 있어 성소와 지성소 사이를 구분했다.

위층 방들에는 지성소로 난 쪽문이 있어 이를 통해 일꾼들이 바구니를 타고 내려갔다. 이들이 지성소를 눈으로 보지 않도록 하기 위함이다.

- 메시바는 성소의 꼭대기 층으로 통하는 길이었고, 제사장들이 그곳을 이용해 성전 안에서 이동했다.
- 위층에도 성소와 지성소의 공간이 석벽으로 구분되어 있었다.
- 지성소나 성소의 벽을 수리할 필요가 있을 때에는 위층으로부터 일꾼들이 바구니를 타고 내려가 공중에 매달려 작업했다. 이 바구니는 세 면이 가려져 있어 그 안의 일꾼이 성소나 지성소 내부를 보지 못하게 했다. 또한 일꾼들이 지성소를 밟는 것도 방지할 수 있었다.

4, 6
성소와 윗방의 공간에 대해 설명한다.

וְהַהֵיכָל מֵאָה עַל מֵאָה, עַל רוּם מֵאָה. הָאֹטֶם שֵׁשׁ אַמּוֹת, וְגָבְהוֹ אַרְבָּעִים
אַמָּה, אַמָּה כִּיּוּר, וְאַמָּתַיִם בֵּית דִּלְפָה, וְאַמָּה תִּקְרָה, וְאַמָּה מַעֲזִיבָה, וְגֹבַהּ
שֶׁל עֲלִיָּה אַרְבָּעִים אַמָּה, וְאַמָּה כִּיּוּר, וְאַמָּתַיִם בֵּית דִּלְפָה, וְאַמָּה תִּקְרָה,
וְאַמָּה מַעֲזִיבָה, וְשָׁלֹשׁ אַמּוֹת מַעֲקֶה, וְאַמָּה כְּלֵה עוֹרֵב, רַבִּי יְהוּדָה אוֹמֵר,
לֹא הָיָה כְּלֵה עוֹרֵב עוֹלֶה מִן הַמִּדָּה, אֶלָּא אַרְבַּע אַמּוֹת הָיָה מַעֲקֶה:

성소는 [가로] 100아마와 [세로] 100아마, 그리고 높이가 100아마였다. 기초는 6아마, 그 위로 40아마가 올라왔고, 1아마는 장식, 2아마는 홈통, 1아마는 천장, 그리고 1아마는 미장을 위해 쓰였다. 윗방의 높이는 40아마였다. 1아마는 장식, 2아마는 홈통, 1아마는 천장, 1아마는 미장, 3아마는 흉벽, 1아마는 철책을 위해 쓰였다. 랍비 예후다는 말했다. 철책은 이 치수에 포함되지 않았고, 흉벽이 4아마였다.

- 여기서 말하는 성소의 크기는 지성소와 현관을 모두 포함한다.
- 기초가 6아마이기 때문에 뜰에서 이만큼 높은 곳에 성소가 자리잡았고 뜰에서 성전으로 올라가는 열두 개의 계단이 놓여 있었다. 이 계단의 높이는 한 계단이 0.5아마씩, 합해서 6아마였다.

4, 7

성소의 여러 공간과 그 길이에 대해 설명한다.

מֵהַמִּזְרָח לַמַּעֲרָב מֵאָה אַמָּה, כֹּתֶל הָאוּלָם חָמֵשׁ, וְהָאוּלָם אַחַד עָשָׂר, כֹּתֶל
הַהֵיכָל שֵׁשׁ, וְתוֹכוֹ אַרְבָּעִים אַמָּה, אַמָּה טְרַקְסִין, וְעֶשְׂרִים אַמָּה בֵּית קֹדֶשׁ
הַקֳּדָשִׁים, כֹּתֶל הַהֵיכָל שֵׁשׁ, וְהַתָּא שֵׁשׁ, וְכֹתֶל הַתָּא חָמֵשׁ. מִן הַצָּפוֹן לַדָּרוֹם
שִׁבְעִים אַמָּה, כֹּתֶל הַמְּסִבָּה חָמֵשׁ, וְהַמְּסִבָּה שָׁלֹשׁ, כֹּתֶל הַתָּא חָמֵשׁ, וְהַתָּא
שֵׁשׁ, כֹּתֶל הַהֵיכָל שֵׁשׁ, וְתוֹכוֹ עֶשְׂרִים אַמָּה, כֹּתֶל הַהֵיכָל שֵׁשׁ, וְהַתָּא שֵׁשׁ,
וְכֹתֶל הַתָּא חָמֵשׁ, וּבֵית הוֹרָדַת הַמַּיִם שָׁלֹשׁ אַמּוֹת, וְהַכֹּתֶל חָמֵשׁ אַמּוֹת.
הָאוּלָם עוֹדֵף עָלָיו חָמֵשׁ עֶשְׂרֵה אַמָּה מִן הַצָּפוֹן, וַחֲמֵשׁ עֶשְׂרֵה אַמָּה מִן
הַדָּרוֹם, וְהוּא הָיָה נִקְרָא בֵּית הַחֲלִיפוֹת, שֶׁשָּׁם גּוֹנְזִים אֶת הַסַּכִּינִים. וְהַהֵיכָל
צַר מֵאַחֲרָיו, וְרָחָב מִלְּפָנָיו, וְדוֹמֶה לַאֲרִי, שֶׁנֶּאֱמַר הוֹי אֲרִיאֵל אֲרִיאֵל קִרְיַת
חָנָה דָוִד, מַה הָאֲרִי צַר מֵאַחֲרָיו וְרָחָב מִלְּפָנָיו, אַף הַהֵיכָל צַר מֵאַחֲרָיו וְרָחָב
מִלְּפָנָיו:

〔성전의〕 동쪽 〔끝〕에서 서쪽 〔끝〕까지 100아마였다. 현관의 벽은
5아마, 현관 자체는 11아마, 성소의 벽은 6아마, 그 안은 40아마, 〔성
소와 지성소〕 사이는 1아마, 지성소가 20아마, 다시 성소의 벽이 6아
마, 벽 사이의 방이 6아마, 그리고 방 뒤의 벽이 5아마였다.

북쪽 〔끝〕에서 남쪽 〔끝〕까지 70아마였다. 메시바의 벽이 5아마, 메
시바가 3아마, 방 뒤의 벽이 5아마, 방이 6아마, 성소의 벽이 6아마, 그
안이 20아마, 다시 성소의 벽이 6아마, 방이 6아마, 그 벽이 5아마, 물
이 흘러 내리는 공간이 3아마, 그 〔바깥〕 벽이 5아마였다.

현관은 이보다 북으로 15아마, 남으로 15아마 더 컸다. 이 공간은
제의에 쓰이는 칼을 보관하는 곳으로, 도살용 칼의 집이라고 불렸다.

성소는 뒤쪽이 좁고 앞쪽이 넓어 마치 사자와 닮았다. "아, 아리엘
이여, 아리엘이여, 다윗의 진 친 성읍이여"(사 29:1)라고 기록된 것과
같다. 사자가 뒤쪽이 좁고 앞쪽이 넓은 것처럼 성소도 뒤쪽이 좁고 앞
쪽이 넓었다.

- 성소는 지성소를 포함하여 동서 길이가 100아마였다. 성소의 폭을 이루는 북쪽에서 남쪽까지의 길이는 70아마였다. 이 미쉬나는 이 길이가 어떻게 구성되었는지 자세히 묘사하고 있다.
- 성소 앞(동쪽)에 붙어 있는 현관은 그 폭이 100아마로 성소의 폭보다 넓다. 따라서 앞쪽이 뒤쪽보다 넓은 형상이 된다.
- 아리엘은 히브리어로 사자라는 의미다.

제5장

5, 1
성전 뜰의 길이를 설명한다.

כָּל הָעֲזָרָה הָיְתָה אֹרֶךְ מֵאָה וּשְׁמוֹנִים וָשֶׁבַע עַל רֹחַב מֵאָה וּשְׁלֹשִׁים וְחָמֵשׁ. מִן הַמִּזְרָח לַמַּעֲרָב מֵאָה וּשְׁמוֹנִים וָשֶׁבַע, מְקוֹם דְּרִיסַת יִשְׂרָאֵל אַחַת עֶשְׂרֵה אַמָּה, מְקוֹם דְּרִיסַת הַכֹּהֲנִים אַחַת עֶשְׂרֵה אַמָּה, הַמִּזְבֵּחַ שְׁלֹשִׁים וּשְׁתַּיִם, בֵּין הָאוּלָם וְלַמִּזְבֵּחַ עֶשְׂרִים וּשְׁתַּיִם אַמָּה, הַהֵיכָל מֵאָה אַמָּה, וְאַחַת עֶשְׂרֵה אַמָּה לַאֲחוֹרֵי בֵית הַכַּפֹּרֶת:

성전 뜰의 전체는 길이가 87아마, 폭이 135아마였다. 동쪽[끝]에서 서쪽[끝]까지 187아마였다. 이스라엘 백성들이 갈 수 있는 공간이 11아마였다. 제사장들이 갈 수 있는 공간이 11아마였다. 번제단은 32아마였다. 성전의 현관과 번제단 사이는 32아마였다.

성소는 100아마였다. 시은좌 뒤로는 11아마였다.

- 성전 뜰(니카노르 문)에서 서쪽 끝의 성전 외벽까지 모두 187아마였다. 여기에 여인의 뜰은 포함되지 않는다.
- 백성들의 뜰은 11아마였고, 제사장들의 뜰도 역시 11아마였다. 제사

장들의 뜰 바로 다음에는 32아마의 번제단이 위치했다.

- 성소의 건물은 지성소를 포함해 100아마였다. 시은좌(כפרת, 카포렛)는 법궤 위에 있는 분향단으로 지성소 내부에 있었다. 이 뒤로 성전 외벽까지 11아마의 공간을 남겨두었다.

5, 2

성전 내 구역들 사이의 거리를 설명한다.

מִן הַצָּפוֹן לַדָּרוֹם מֵאָה וּשְׁלֹשִׁים וְחָמֵשׁ, הַכֶּבֶשׁ וְהַמִּזְבֵּחַ שִׁשִּׁים וּשְׁתָּיִם. מִן הַמִּזְבֵּחַ לַטַּבָּעוֹת שְׁמֹנֶה אַמּוֹת, מְקוֹם הַטַּבָּעוֹת עֶשְׂרִים וְאַרְבַּע, מִן הַטַּבָּעוֹת לַשֻּׁלְחָנוֹת אַרְבַּע, מִן הַשֻּׁלְחָנוֹת וְלַנַּנָּסִין אַרְבַּע. מִן הַנַּנָּסִין לְכֹתֶל הָעֲזָרָה שְׁמֹנֶה אַמּוֹת, וְהַמּוֹתָר בֵּין הַכֶּבֶשׁ לַכֹּתֶל וּמְקוֹם הַנַּנָּסִין:

〔뜰을 포함하여〕 북쪽 〔끝〕에서 남쪽 〔끝〕까지 135아마였다. 〔번제단으로 올라가는〕 오르막과 번제단은 62아마였다. 번제단으로부터 고리까지 8아마였다. 고리들은 24아마에 걸쳐 있었다. 고리들로부터 탁자들까지 4아마였다. 탁자들로부터 난장이 기둥들까지 4아마, 난장이 기둥들로부터 뜰의 벽면까지 8아마였다. 나머지는 〔번제단으로 올라가는〕 오르막과 벽 사이, 그리고 작은 기둥들이 세워져 있는 공간이었다.

- 오르막은 32아마, 번제단도 32아마였지만, 여기서는 둘을 합해 62아마로 계산한다. 여러 복잡한 계산법이 있으나 만족할 만한 설명은 제시되지 않는다.
- 도살을 위한 고리들과 난장이 기둥들, 그리고 백향목 탁자들에 대하여는 위 「미돗」 3, 5에서 다루었다.
- 난장이 기둥들의 끝에서 북쪽 벽면까지 8아마로, 이때까지 계산된 길이는 총 110아마다. 성전 남북의 총 길이 135아마로 25아마가 남

게 된다. 이 나머지 길이는 오르막 끝에서 남쪽 벽면까지와 난장이 기둥들이 차지하고 있는 길이다.

5, 3

성전 뜰의 여섯 개의 방 중 세 개에 대한 설명이다.

שֵׁשׁ לְשָׁכוֹת הָיוּ בָעֲזָרָה, שָׁלֹשׁ בַּצָּפוֹן וְשָׁלֹשׁ בַּדָּרוֹם. שֶׁבַּצָּפוֹן, לִשְׁכַּת הַמֶּלַח, לִשְׁכַּת הַפַּרְוָה, לִשְׁכַּת הַמְדִיחִים. לִשְׁכַּת הַמֶּלַח, שָׁם הָיוּ נוֹתְנִים מֶלַח לַקָּרְבָּן. לִשְׁכַּת הַפַּרְוָה, שָׁם הָיוּ מוֹלְחִין עוֹרוֹת קָדָשִׁים, וְעַל גַּגָּהּ הָיָה בֵית הַטְּבִילָה לְכֹהֵן גָּדוֹל בְּיוֹם הַכִּפּוּרִים. לִשְׁכַּת הַמְדִיחִין, שֶׁשָּׁם הָיוּ מְדִיחִין קִרְבֵי הַקָּדָשִׁים. וּמִשָּׁם מְסִבָּה עוֹלָה לְגַג בֵּית הַפַּרְוָה:

성전의 뜰에는 여섯 개의 방이 있었다. 세 개는 북쪽에, 세 개는 남쪽에 있었다. 북쪽에는 소금방, 파르바의 방, 세탁자의 방이 있었다.
소금방에는 제물을 위한 소금을 보관했다. 파르바의 방에서는 희생제물의 가죽을 소금에 절였다. 지붕에는 대제사장이 속죄일에 사용하는 정결례탕이 있었다. 세탁자의 방에서는 제물의 내장을 세척했다. 여기서 나선 계단을 통해 파르바의 방 지붕으로 올라갈 수 있었다.

- '이스라엘의 뜰'이라고도 불리던 성전의 뜰 북동쪽에 위치한 세 개의 방에 대해 설명하고 있다. 이 방들은 서로 가까이 위치해 있었으며, 희생제의에 필요한 기능을 담당했다.
- 파르바(הפרוה)의 방이라는 이름의 유래에 관하여는 몇 가지 견해가 있으나, 기부자의 이름을 따른 것이라는 설이 유력하다.
- 속죄일에 대제사장은 성전 안에서 다섯 번 정결례를 치러야 한다 (「요마」 3, 3). 이 정결례가 이루어지던 곳이 파르바의 방 지붕이었다.
- 「타미드」 4, 3에 의하면 세탁자의 방에서는 제물의 위장을 세척했다.

다른 장기들은 번제단 북쪽 뜰의 난장이 기둥 사이의 대리석 탁자에서 세척했다.

5, 4
이이서 나머지 세 개에 대한 설명이다.

שֶׁבַּדָּרוֹם, לִשְׁכַּת הָעֵץ, לִשְׁכַּת הַגּוֹלָה, לִשְׁכַּת הַגָּזִית. לִשְׁכַּת הָעֵץ, אָמַר רַבִּי
אֱלִיעֶזֶר בֶּן יַעֲקֹב, שָׁכַחְתִּי מֶה הָיְתָה מְשַׁמֶּשֶׁת. אַבָּא שָׁאוּל אוֹמֵר, לִשְׁכַּת
כֹּהֵן גָּדוֹל, וְהִיא הָיְתָה אֲחוֹרֵי שְׁתֵּיהֶן, וְגַג שְׁלָשְׁתָּן שָׁוֶה. לִשְׁכַּת הַגּוֹלָה, שָׁם
הָיָה בוֹר קָבוּעַ, וְהַגַּלְגַּל נָתוּן עָלָיו, וּמִשָּׁם מַסְפִּיקִים מַיִם לְכָל הָעֲזָרָה. לִשְׁכַּת
הַגָּזִית, שָׁם הָיְתָה סַנְהֶדְרֵי גְדוֹלָה שֶׁל יִשְׂרָאֵל יוֹשֶׁבֶת וְדָנָה אֶת הַכְּהֻנָּה,
וְכֹהֵן שֶׁנִּמְצָא בוֹ פְּסוּל, לוֹבֵשׁ שְׁחוֹרִים וּמִתְעַטֵּף שְׁחוֹרִים, וְיוֹצֵא וְהוֹלֵךְ לוֹ.
וְשֶׁלֹּא נִמְצָא בוֹ פְסוּל, לוֹבֵשׁ לְבָנִים וּמִתְעַטֵּף לְבָנִים, נִכְנָס וּמְשַׁמֵּשׁ עִם אֶחָיו
הַכֹּהֲנִים. וְיוֹם טוֹב הָיוּ עוֹשִׂים, שֶׁלֹּא נִמְצָא פְסוּל בְּזַרְעוֹ שֶׁל אַהֲרֹן הַכֹּהֵן,
וְכָךְ הָיוּ אוֹמְרִים, בָּרוּךְ הַמָּקוֹם בָּרוּךְ הוּא, שֶׁלֹּא נִמְצָא פְסוּל בְּזַרְעוֹ שֶׁל
אַהֲרֹן. וּבָרוּךְ הוּא, שֶׁבָּחַר בְּאַהֲרֹן וּבְבָנָיו לַעֲמֹד לְשָׁרֵת לִפְנֵי ה' בְּבֵית קָדְשֵׁי
הַקֳּדָשִׁים:

〔성전 뜰의〕 남쪽에는 장작의 방, 유배의 방, 뜨인 돌의 방이 있었다. 장작의 방에 관하여 랍비 엘리에제르 벤 야아콥은 말했다. "나는 이곳이 무엇을 위해 쓰였는지 잊어버렸다." 압바 샤울이 말했다. "이곳은 대제사장의 방이었다. 그리고 이곳은 〔대제사장을 위한〕 다른 두 방 뒷쪽에 있었으며, 하나의 지붕이 이 세 방을 덮고 있었다."

유배의 방에는 고정된 수조가 있었다. 둥근 손잡이(הגלגל, 하갈갈)가 달려 있었으며, 이곳의 물이 성전 뜰 전체로 공급되었다.

뜨인 돌의 방에서는 이스라엘의 대공회가 열려 제사장직의 문제를 재판했다. 제사장이 그 자격을 박탈당하면 그에게 검은 옷을 입히고, 검은 천으로 감은 뒤 쫓아냈다.

아무에게서도 자격이 박탈될 사유가 발견되지 않으면 그에게 흰 옷을 입히고 흰 천으로 감은 뒤 [성전] 안으로 들어가서 그 형제 제사장들과 함께 봉직했다. 그들은 아론의 자손 제사장에게서 흠이 발견되지 않은 것을 위해 잔치를 벌이고, 이렇게 말했다. "만유의 주께서는 복되시도다. 복되시도다. 아론의 자손에게서 흠이 발견되지 않았도다. 아론과 그의 자손들을 선택하시고 지성소 안 주 앞에서 섬기게 하신 이는 복되시도다!"

- 「미돗」 2, 5의 경우와 같이 여기서도 랍비 엘리에제르 벤 야아콥과 압바 샤울의 견해가 대립한다.
- 고정된 수조에 관하여는 「에루빈」 10, 14도 언급한다. 위에서 본 것처럼 '유배의 방'이라는 이름은 바벨에 포로로 잡혀갔다 귀환한 사람들이 지었다고 해서 붙여진 이름으로 알려져 있다.
- 뜨인 돌의 방에서는 제사장의 자격을 판단하는 공의회(산헤드린)가 열렸다. 어느 제사장이 육체적 흠결이나 계보상의 문제 등으로 부적격으로 판단되면 그의 제사장 자격을 박탈하고, 그는 검은 옷과 천으로 둘러싸여 성전 밖으로 축출되었다. 이 방은 산헤드린에 대한 예우로서 그 바닥을 정방형의 뜨인 돌들로 만들었다. 이스라엘의 뜰과 여인의 뜰 양쪽에 걸쳐 있어 전자에 속한 부분을 더 거룩하게 여겼다. 산헤드린의 공회원들은 여인의 뜰에 속한 부분에 앉았다. 이스라엘의 뜰에서는 앉을 수 없기 때문이다.
- 제사장들에 대한 적격성의 판단에서 아무도 부적격 판단을 받지 않으면 잔치를 벌였다. 아마도 대부분의 경우 부적격 판단을 받았을 것으로 생각되며, 이렇게 잔치를 벌이는 경우는 예외적이었을 것이다.

קינים

11

키님
새들

만약 결정되지 않은 한 쌍의 제물 중 한 마리의 비둘기가 공중으로 날아가거나, 죽여야 하는 새들 사이로 날아가거나, 혹은 죽으면, 그 남은 것을 위해 짝을 구해야 한다. 만약 그것이 제물로 바쳐질 새들 사이로 날아가면, 그 날아간 것도 무효한 제물이 되고, 그 짝이 되는 남은 제물도 무효하게 한다. 날아가버린 비둘기는 무효하고, 그의 짝도 무효하게 만들기 때문이다. _「키님」2, 1

개요

키님(קנים)은 켄(קן)의 복수형태로 켄은 원래 '새의 둥지'라는 뜻이다. 제물로 드리는 새는 집비둘기의 새끼나 산비둘기다. 마쎄켓 「키님」은 제물로 한 쌍의 새를 바쳐야 하는 경우 발생할 수 있는 문제들의 해법을 제시한다.

토라는 여섯 가지 경우에 집비둘기의 새끼나 산비둘기 한 쌍을 제물로 바치도록 규정하고 있다. 유출병 환자의 경우, 병이 나은 후 7일을 기다려 옷을 빨고 흐르는 물에 몸을 씻어야 한다. 그 후 제의 절차가 따르는데, 레위기 15:14-15는 이렇게 규정한다.

"제팔일에 산비둘기 둘이나 집비둘기 새끼 둘을 자기를 위하여 취하고 회막 문 여호와 앞으로 가서 제사장에게 줄 것이요, 제사장은 그 하나는 속죄제로, 하나는 번제로 드려 그의 유출병을 인하여 여호와 앞에 속죄할지니라."

이 밖에도, 여인에게 월경 기간 외에 유출이 있을 경우(레 15:29-30), 여인이 출산했으나 양을 제물로 바칠 여력이 없는 경우(레 12:6-8), 나실인 서원을 한 사람이 부정을 입은 경우(민 6:10-11), 레위기 5:1-4에 해당하는 죄를 지었으나 가축 희생제물을 속죄제로 가져올 여력이 없는 경우(레 5:7-10), 악성피부병자가 정결케 되기 위하여 가축 희생제물을 바쳐야 하나 이에 힘이 미치지 못하는 경우(레 14:22)에는 한 쌍의 비둘기를 바쳐야 한다.

이 여섯 가지의 의무적 새 제사는 제물로 가져온 두 마리의 비둘기 중, 한 마리는 먼저 속죄제로 드려 그 피를 제단의 붉은 줄 아래 뿌려야 하고, 다른 한 마리는 번제로 드려 피를 붉은 줄 위에 뿌려야 한다. 한 쌍의 제물이지만 두 마리를 각각 다른 이름으로 드려야 하기 때문에 착오가 발생하거나 다른 제물과 섞일 경우 복잡한 문제가 발생한다. 더욱이 집비둘기 새끼와 산비둘기, 두 종류를 드릴 수 있어 문제가 생길 경우 복잡성은 배가된다. 가축들과 달리 새들은 날아다니면서 다른 새 제물들과 섞이는 경우가 빈번했던 것으로 보인다.

앞서 열거한 여섯 가지 의무적 새 제사 이외에도 새를 제물로 바칠 수 있다. 서원제(נדר, 네데르)와 자원하여 바치는 낙헌제(נדבה, 네드바)의 경우인데, 이들 모두 번제로만 바친다(1, 1). 따라서 이들은 속죄제와 번제로 드리는 의무적 새 제사와 다르며, 이 두 종류의 제물이 섞이게 되면 역시 복잡한 변수가 생긴다.

한 쌍의 새의 번제를 가져올 때 제물을 바치는 사람은 번제에 쓰일 것과 속죄제에 쓰일 새를 미리 정할 수 있다. 이 경우, 그 제물을 '결정된 새 제물'이라고 한다. 제물을 바치는 사람이 이를 결정하지 않고 가져온 경우, 제사장이 결정할 수 있다. 그것을 '결정되지 않은 새 제물'이라고 한다.

만약 제물을 바치는 사람이 여러 쌍의 결정되지 않은 새 제물들을 가져온 경우, 제사장은 그것들을 섞어 절반은 번제로, 나머지 절반은 속죄제로 드릴 수 있다. 만약 제물을 바치는 사람이 한 쌍씩 구분하여 여러 쌍을 가져왔다면, 제사장이 그것들을 섞지 못하고 각 쌍에서 속죄제물과 번제물을 구별하여 드려야 한다. 「키님」은 제물을 바치는 사람을 주로 여성형으로 표현하는데, 이는 여성이 출산 후 비둘기를 제물로 가져오는 경우가 가장 많았기 때문이다.

「키님」에는 복잡한 수학적 계산이 자주 등장한다. 변수가 복잡하기 때문이다. 앞서 말했듯 속죄제와 번제로 용도가 달리 정해져 있는 한 쌍의 제물을 다루는데다가, 제물의 종류는 집비둘기와 산비둘기로 이들이 섞이면 안 된다. 또한 이들의 용도가 미리 정해져 있을 수도 있고 아닐 수도 있어 변수가 배가된다. 더욱이 살아 있는 새가 제물이 되기 때문에 새들이 날아다니며 서로 뒤섞이는 경우도 종종 발생한다. 이들이 모두 한 사람의 제물일 수도 있고, 여러 사람의 제물일 수도 있다. 게다가 제사장이 정확히 제물을 구별하여 드리지 않는 경우도 고려해야 한다. 이렇게 복잡한 상황들에서 어느 것이 유효하고 또는 무효가 되는지 규정해야 하고, 무효가 되는 제물이 있는 경우, 제물을 바치는 사람은 어떻게 이를 보충해야 하는지 규정해야 한다. 이 마쎄켓을 통해 이를 계산하는 다양한 방식을 접할 수 있다.

제1장

1, 1
여러 가지 새 제사에 대해 설명한다.

חַטַּאת הָעוֹף נַעֲשֵׂית לְמַטָּה, וְחַטַּאת בְּהֵמָה לְמַעְלָה. עוֹלַת הָעוֹף נַעֲשֵׂית
לְמַעְלָה, וְעוֹלַת הַבְּהֵמָה לְמַטָּה. אִם שִׁנָּה בָזֶה וּבָזֶה, פָּסוּל. סֵדֶר קִנִּים כָּךְ
הוּא. הַחוֹבָה, אֶחָד חַטָּאת וְאֶחָד עוֹלָה. בִּנְדָרִים וּנְדָבוֹת, כֻּלָּן עוֹלוֹת. אֵיזֶהוּ
נֶדֶר, הָאוֹמֵר הֲרֵי עָלַי עוֹלָה. וְאֵיזוֹ הִיא נְדָבָה, הָאוֹמֵר הֲרֵי זוֹ עוֹלָה. מַה בֵּין
נְדָרִים לִנְדָבוֹת. אֶלָּא שֶׁהַנְּדָרִים, מֵתוּ אוֹ נִגְנְבוּ, חַיָּבִים בְּאַחֲרָיוּתָם. וּנְדָבוֹת,
מֵתוּ אוֹ נִגְנְבוּ, אֵין חַיָּבִים בְּאַחֲרָיוּתָן:

새 속죄제는 [번제단 붉은 줄] 아래서 드리지만 다른 가축 희생제사는 위에서 드린다. 새 번제는 위에서 드리지만, 가축의 번제는 아래서 드린다. 이 위치를 서로 바꾸면 그 제사는 무효가 된다.

새 제사 절차는 다음과 같다. 의무적인 제사의 경우, 한 마리는 속죄제, 다른 한 마리는 번제로 드린다. 낙헌제와 서원제의 경우에는 모두 번제로 드린다.

무엇이 서원제가 되는가? 어떤 사람이 "번제를 바칠 의무를 지고 있다"고 말할 때다. 그러면 무엇이 낙헌제가 되는가? 어떤 사람이 "보라, 이것이 번제다"라고 말할 때다. 서원제와 낙헌제는 어떻게 다른가? 서원제는 그 제물이 죽거나 도난당하면 서원자가 이를 대체할 책임이 있다. 그러나 낙헌제는 제물이 죽거나 도난당해도 이를 대체할 책임이 없다.

- 번제단의 중간에 붉은 줄이 그어져 있다. 새 제물의 피는 이 줄 아래쪽에, 소·양·염소 등 다른 가축 제물의 피는 제단 위, 뿔에 뿌려야 한다. 번제의 경우는 그 위치가 반대다.

- 새의 제사로 한 쌍, 즉 두 마리를 율법에 규정된 의무적인 제사로 드리는 경우와 자유로운 의지로 드리는 경우인 서원제(נדר, 네데르)와 낙헌제(נדבה, 네드바, 자원하여 바치는 제사)의 절차적 차이를 설명하고 있다. 의무적 새 제사의 경우 반드시 한 쌍을 바치며, 그중 하나는 속죄제로 나머지 하나는 번제로 드린다. 낙헌제나 서원제는 자유롭게 드리는 것으로, 반드시 번제로 드린다.
- 서원제는 제물의 종류를 미리 결정한다. 따라서 그 제물이 죽거나 도난당하면 같은 종류의 제물로 대체해야 한다. 그러나 낙헌제는 제물을 특정하여 구별한다. 따라서 그 제물이 죽거나 도난당해도 다른 제물로 대체할 의무가 없다.

1, 2

번제물과 속죄물이 섞이는 경우에 대한 논의다.

חַטָּאת שֶׁנִּתְעָרְבָה בְעוֹלָה וְעוֹלָה בְחַטָּאת, אֲפִלּוּ אֶחָד בְּרִבּוֹא, יָמוּתוּ
כֻלָּם. חַטָּאת שֶׁנִּתְעָרְבָה בְחוֹבָה, אֵין כָּשֵׁר אֶלָּא כְמִנְיַן חַטָּאות שֶׁבַּחוֹבָה.
וְכֵן עוֹלָה שֶׁנִּתְעָרְבָה בְחוֹבָה, אֵין כָּשֵׁר אֶלָּא כְמִנְיַן עוֹלוֹת שֶׁבַּחוֹבָה, בֵּין
שֶׁהַחוֹבָה מְרֻבָּה וְהַנְּדָבָה מְמֻעֶטֶת, בֵּין שֶׁהַנְּדָבָה מְרֻבָּה וְהַחוֹבָה מְמֻעֶטֶת,
בֵּין שֶׁשְּׁתֵּיהֶן שָׁווֹת:

만약 [새의] 속죄제물이 [새의] 번제물과 섞이거나, 번제물이 속죄제물과 섞이면, 그것이 만 마리 중 하나일지라도 모두 다 죽여야 한다.

만약 속죄제물이 [결정되지 않은] 의무적으로 드리는 제물과 섞인 경우, 유효한 것은 오직 그중 속죄제물의 숫자만큼이다.

마찬가지로, 만약 번제물이 [결정되지 않은] 의무적으로 드리는 제물과 섞인 경우, 유효한 것은 오직 그중 번제물의 숫자만큼이다.

[결정되지 않은] 의무적으로 드리는 제물이 다수이고 자유롭게 드리는 제물이 소수이거나, 혹은 자유롭게 드리는 제물이 다수이고 의

무적으로 드리는 제물이 소수이거나, 아니면 두 종류가 같은 수이거나 모두 마찬가지로 [취급된다].

- 이미 결정된 속죄물과 번제물이 섞이면 둘 다 무효하게 된다. 위에서 본 것처럼, 속죄물의 피는 번제단 아래쪽에 뿌려야 하고, 번제의 경우 번제단 위에서 드려야 하기 때문에 섞이면 이를 정확히 지킬 수 없게 되어 제사가 무효가 된다. 다른 가축은 흠 있게 될 때까지 기다려 대속(교체)하면 되지만(「메나홋」 12, 1), 새의 제물은 이에 해당하지 않으며 모두 죽여야 한다.
- 새의 속죄제물이나 번제물이 결정되지 않은 새 제물들과 섞이면 그 제물의 절반만 속죄제물이나 번제물로 쓸 수 있다. 예를 들어, 새의 속죄제물과 결정되지 않은 새 제물이 섞이면 후자의 절반은 어차피 속죄제물로 드리게 되어 있으므로 이 분량만큼은 유효한 속죄제물로 쓸 수 있다. 그러나 나머지 반은 번제로 쓰지 못한다. 속죄제물과 섞였기 때문이다. 번제물과 섞인 때에도 같은 원칙이 적용된다.
- 결정되지 않은 제물의 수에 비해 번제물의 수가 더 많든지, 적든지, 또는 동일하든지 상관없이 이 같은 원칙이 적용된다.

1, 3
앞 미쉬나의 원칙이 적용되는 경우를 예시한다.

בַּמֶּה דְבָרִים אֲמוּרִים, בְּחוֹבָה וּבִנְדָבָה. אֲבָל בְּחוֹבָה שֶׁנִּתְעָרְבָה זוֹ בָזוֹ, אַחַת לָזוֹ וְאַחַת לָזוֹ, שְׁתַּיִם לָזוֹ וּשְׁתַּיִם לָזוֹ, שָׁלֹשׁ לָזוֹ וְשָׁלֹשׁ לָזוֹ, מֶחֱצָה כָּשֵׁר וּמֶחֱצָה פָּסוּל. אַחַת לָזוֹ וּשְׁתַּיִם לָזוֹ, וְשָׁלֹשׁ לָזוֹ, וְעֶשֶׂר לָזוֹ, וּמֵאָה לָזוֹ, הַמֻּעָט כָּשֵׁר, בֵּין מִשֵּׁם אֶחָד, בֵּין מִשְּׁנֵי שֵׁמוֹת, בֵּין מֵאִשָּׁה אַחַת, בֵּין מִשְּׁתֵּי נָשִׁים:

언제 [위의 원칙이] 적용되는가? 의무적으로 드리는 제물(키님)이 [용도가 결정된] 자유롭게 드리는 제물과 [섞일 때다].

그러나 의무적으로 드리는 제물들이 서로 섞이면, 즉 한 여인의 한 쌍의 제물이 다른 여인의 한 쌍의 제물과, 혹은 한 여인의 두 쌍의 제물이 다른 여인의 두 쌍의 제물과, 혹은 한 사람의 세 쌍의 제물이 다른 사람의 세 쌍의 제물과 섞이면, 이들 중 오직 절반만 유효한 제물이 되고 나머지 절반은 무효가 된다.

만약 제물 한 쌍이 한 여인에게 속하고, 두 쌍이나 세 쌍은 다른 여인에게 속한다면, 혹은 열 쌍이 한 여인에게, 백 쌍이 다른 여인에게 속한다면, 오직 적은 수의 제물만 유효하다.

그들이 같은 목적[의 제물]이든 다른 목적이든, 혹은 한 여인에게 속하든 두 여인에게 속하든 [마찬가지다].

- 앞 미쉬나(1, 2)의 원칙이 적용되는 경우로 의무적으로 드리는, 결정되지 않은 새 제물들과 자유롭게 드리는 제물이 섞일 경우를 예시하고 있다. 자유롭게 드리는 제물은 항상 번제이므로 앞서 제시한 원칙이 적용된다.
- 같은 수의 의무적 새 제물들이 서로 섞이면 제사장은 그중 절반을 취하여 다시 그중의 절반은 속죄제로 나머지 절반은 번제로 드린다.
- 서로 다른 수의 의무적 새 제물들이 서로 섞이면 제사장은 그중 작은 수의 제물만큼을 취하여 절반은 속죄제로, 나머지 절반은 번제로 드릴 수 있다.
- 여기서 제물의 목적(이름)이란 개요에서 예시한 대로, 새 제사를 의무적으로 드려야 하는 여러 경우 중 하나를 말한다. 아래 넷째 미쉬나(1, 4)에서 자세히 다룬다.

1, 4

앞 미쉬나의 내용을 보충 설명한다.

כֵּיצַד מִשֵּׁם אֶחָד, לֵידָה וְלֵידָה, זִיבָה וְזִיבָה, מִשֵּׁם אֶחָד. מִשְּׁנֵי שֵׁמוֹת, לֵידָה
וְזִיבָה. כֵּיצַד שְׁתֵּי נָשִׁים, עַל זוֹ לֵידָה וְעַל זוֹ לֵידָה, עַל זוֹ זִיבָה וְעַל זוֹ זִיבָה,
מִשֵּׁם אֶחָד. מִשְּׁנֵי שֵׁמוֹת, עַל זוֹ לֵידָה וְעַל זוֹ זִיבָה. רַבִּי יוֹסֵי אוֹמֵר, שְׁתֵּי
נָשִׁים שֶׁלָּקְחוּ קִנֵּיהֶן בְּעֵרוּב, אוֹ שֶׁנָּתְנוּ דְמֵי קִנֵּיהֶן לַכֹּהֵן, לְאֵיזוֹ שֶׁיִּרְצֶה כֹהֵן
יַקְרִיב חַטָּאת, וּלְאֵיזוֹ שֶׁיִּרְצֶה כֹהֵן יַקְרִיב עוֹלָה, בֵּין מִשֵּׁם אֶחָד, בֵּין מִשְּׁנֵי
שֵׁמוֹת:

〔위에서〕 같은 목적(이름)이란 무엇을 말하는가? 출산과 출산, 혹은 유출병과 유출병, 이 같은 경우가 같은 목적이다. 두 목적(이름)이란 무엇인가? 출산을 위한 것과 유출병을 위한 것이다.

두 여인이란 무엇을 말하는가? 한 여인이 출산을 위한 제물을 가져오고, 다른 여인도 출산을 위한 제물을, 혹은 한 여인이 유출병을 위한 제물을 가져오고 다른 여인도 유출병을 위한 제물일 때 이것은 같은 목적이다. 두 개의 목적이란 한 여인은 출산을 위해, 다른 이는 유출병을 위해 가져온 경우다.

랍비 요쎄는 말했다. "두 여인이 자신들의 새 제물을 함께 사거나, 〔함께〕 새 제물의 가격을 제사장에게 지불했을 때, 그것들이 하나의 목적이든 두 개의 목적이든, 제사장은 자유롭게 하나는 속죄제로 다른 하나는 번제로 드릴 수 있다."

- 여인이 켄 제사를 드리는 경우는 출산과 유출이 있을 때다.
- 두 명 이상의 여인들이 가져온 같은 목적이나 다른 목적의 제물들이 섞이면 이 가운데 적은 수의 제물만큼 속죄제와 번제를 드릴 수 있다.
- 보다 나은 해결책으로 랍비 요쎄는 두 여인이 함께 제물을 사거나,

제사장이 사도록 함께 돈을 지불하는 방법을 제시한다. 이 경우 제사장은 자유롭게 속죄제와 번제를 선택하여 그 제물들 모두를 유효한 제사로 드릴 수 있다.

제2장

2, 1

한 쌍의 제물 중 한 마리가 날아간 경우에 대해 논의한다.

קֵן סְתוּמָה שֶׁפָּרַח מִמֶּנָּה גוֹזָל לָאֲוִיר, אוֹ שֶׁפָּרַח בֵּין הַמֵּתוֹת, אוֹ שֶׁמֵּת אֶחָד
מֵהֶן, יִקַּח זוּג לַשֵּׁנִי. פָּרַח לְבֵין הַקְּרֵבוֹת, פָּסוּל וּפוֹסֵל אֶחָד כְּנֶגְדּוֹ, שֶׁהַגּוֹזָל
הַפּוֹרֵחַ, פָּסוּל וּפוֹסֵל אֶחָד כְּנֶגְדּוֹ:

만약 결정되지 않은 한 쌍의 제물 중 한 마리의 비둘기가 공중으로 날아가거나, 죽여야 하는 새들 사이로 날아가거나, 혹은 죽으면, 그 남은 것을 위해 짝을 구해야 한다.

만약 그것이 제물로 바쳐질 새들 사이로 날아가면, 그 〔날아간〕 것도 무효한 제물이 되고, 그 짝이 되는 남은 제물도 무효하게 한다. 날아가버린 비둘기는 무효하고, 그의 짝도 무효하게 만들기 때문이다.

- 결정되지 않은 켄 제물의 경우 한 마리가 공중으로 날아가거나, 이미 무효인 제물이 되어 죽여야 하는 새들 사이로 날아가거나, 혹은 죽으면, 한 마리를 보충하여 그중 한 마리는 속죄제로 다른 한 마리는 번제로 드릴 수 있다. 날아간 새가 남아 있는 새의 제의적 유효성에 영향을 미치지 못한다.
- 이미 결정된 켄 제물이라면 남아 있는 제물이 무엇으로 결정된 것이

없는지를 알기 전까지는 제물로 드릴 수 없다.

- 어느 경우건 날아가버린 제물은 제물로 드릴 수 없고 반드시 죽여야 한다.

- 그러나 결정되지 않은 제물 중 한 마리가 다른 결정되지 않는 새 제물들 사이로 들어가 섞이면 이 새는 무효가 되어 드릴 수 없고, 남아 있는 짝도 무효가 된다. 이유는 다음 미쉬나에서 설명한다.

2, 2

앞 미쉬나의 근거에 대해 보충 설명한다.

כֵּיצַד. שְׁתֵּי נָשִׁים, לָזוֹ שְׁתֵּי קִנִּים וְלָזוֹ שְׁתֵּי קִנִּים, פָּרַח מִזּוֹ לָזוֹ, פּוֹסֵל אֶחָד בַּהֲלִיכָתוֹ. חָזַר, פּוֹסֵל אֶחָד בַּחֲזִירָתוֹ. פָּרַח וְחָזַר, פָּרַח וְחָזַר, לֹא הִפְסִיד כְּלוּם, שֶׁאֲפִלּוּ הֵן מְעֹרָבוֹת, אֵין פָּחוֹת מִשְׁתַּיִם:

[위의 규정은] 어찌하여 그러한가?

두 여인이 있어 하나는 두 쌍의 제물을, 다른 하나도 두 쌍의 제물을 [가져온 경우], 그중 한 마리가 다른 여인의 제물들에게로 날아갔다면, 하나가 날아간 제물은 무효가 된다.

만약 그것이 돌아왔으면, 그 돌아온 것 때문에 나머지 제물을 무효로 만든다.

만약 그것이 다시 날아갔다 돌아오고, 또다시 날아갔다 돌아와도, 더 이상 손해가 발생하지 않는다. 그들이 모두 섞였다고 하더라도 결국 두 쌍[의 제물만이 유효하기 때문이다].

- 두 여인이 각각 두 쌍의 제물을 가져온 경우 그중 한 여인의 제물에서 제물 한 마리가 날아가 다른 여인의 제물들과 섞이면 세 마리가 남게 된 여인은 오직 한 쌍(두 마리)만을 바칠 수 있다. 만약 남은 한

마리를 번제나 속죄제로 특정하여 바치게 될 경우, 날아간 제물도 반대로 속죄제나 번제로 특정되므로, 제물이 다섯 마리가 되어버린 여인의 제물들에 영향을 주게 된다. 이 경우 위에서 본 바와 같이 두 번째 여인은 다섯 마리 제물 중 오직 두 마리만을 유효한 새 제사로 드릴 수 있게 된다. 그러나 세 마리 남은 여인이 남은 한 마리를 제물로 드리지 않으면 다섯 마리 가진 여인은 네 마리(두 쌍)를 제물로 바칠 수 있게 된다.

- 반면에 다섯 마리를 가지게 된 여인도 한 마리를 더 보태 세 쌍을 바칠 수는 없다. 이 경우, 새로 날아들어온 제물이 속죄제나 번제로 특정되어 첫 여인에게 남은 한 마리 역시 특정이 되기 때문이다.

- 결국 유효하게 바칠 수 있는 것은 총 네 쌍의 제물 중 세 쌍이며, 무효하게 되는 것은 한 쌍이다.

- 다섯 마리 중 한 마리가 다시 세 마리 사이로 날아가면, 다섯 마리 가졌던 여인은 현재 가진 네 마리 중 한 쌍(두 마리)만을 제물로 바칠 수 있다. 원래 날아왔던 제물이 다시 돌아간 경우에는 네 마리를 모두 바칠 수 있다.

- 제물들이 계속 왔다 갔다 하는 경우에도 무효화되는 절차는 더 이상 진행되지 않고, 제사장은 총 네 쌍(여덟 마리) 중 두 쌍을 바칠 수 있다. 위 「키님」 1, 3에서 본 바와 같다.

2, 3.
제물이 다른 제물로 날아가는 경우에 대한 논의다.

לְזוֹ אַחַת, לְזוֹ שְׁתַּיִם, לְזוֹ שָׁלֹשׁ, לְזוֹ אַרְבַּע, לְזוֹ חָמֵשׁ, לְזוֹ שֵׁשׁ, לְזוֹ שֶׁבַע. פָּרַח מִן הָרִאשׁוֹנָה לַשְּׁנִיָּה, לַשְּׁלִישִׁית, לָרְבִיעִית, לַחֲמִישִׁית, לַשִּׁשִּׁית, לַשְּׁבִיעִית, חָזַר, פּוֹסֵל אֶחָד בַּהֲלִיכָתוֹ וְאֶחָד בַּחֲזִירָתוֹ. הָרִאשׁוֹנָה וְהַשְּׁנִיָּה אֵין לָהֶם כְּלוּם, הַשְּׁלִישִׁית יֶשׁ לָהּ אַחַת, הָרְבִיעִית יֶשׁ לָהּ שְׁתַּיִם, הַחֲמִישִׁית

יֵשׁ לָהּ שָׁלֹשׁ, הַשִּׁשִּׁית יֵשׁ לָהּ אַרְבַּע, הַשְּׁבִיעִית יֵשׁ לָהּ שֵׁשׁ. פָּרַח וְחָזַר,
פּוֹסֵל אֶחָד בַּהֲלִיכָתוֹ וְאֶחָד בַּחֲזִירָתוֹ. הַשְּׁלִישִׁית וְהָרְבִיעִית אֵין לָהֶם כְּלוּם,
הַחֲמִישִׁית יֵשׁ לָהּ אַחַת, הַשִּׁשִּׁית יֵשׁ לָהּ שְׁתַּיִם, הַשְּׁבִיעִית יֵשׁ לָהּ חָמֵשׁ.
פָּרַח וְחָזַר, פּוֹסֵל אֶחָד בַּהֲלִיכָתוֹ וְאֶחָד בַּחֲזִירָתוֹ, הַחֲמִישִׁית וְהַשִּׁשִּׁית אֵין
לָהֶם כְּלוּם, הַשְּׁבִיעִית יֵשׁ לָהּ אַרְבַּע. וְיֵשׁ אוֹמְרִים, הַשְּׁבִיעִית לֹא הִפְסִידָה
כְּלוּם. וְאִם פָּרַח מִבֵּין הַמֵּתוֹת לְכֻלָּם, הֲרֵי כֻלָּם יָמוּתוּ:

만약 한 여인은 한 쌍, 다른 여인은 두 쌍, 다른 여인은 세 쌍, 다른 여인은 네 쌍, 다른 여인은 다섯 쌍, 다른 여인은 여섯 쌍, 또 다른 여인은 일곱 쌍의 제물을 가지고 있는 경우, 첫 여인의 제물 중 한 마리가 두 쌍의 제물로, 〔여기서 다시〕 세 쌍의 제물로, 〔여기서 다시〕 네 쌍의 제물로, 〔여기서 다시〕 다섯 쌍의 제물로, 〔여기서 다시〕 여섯 쌍의 제물로, 〔여기서 다시〕 일곱 쌍의 제물로 날아가고, 〔여기서부터 다시 반대의 순서로〕 한 마리씩 돌아가게 되면 한 번 날아가는 것과 한 번 돌아가는 것이 각각 제물을 무효하게 한다.

첫 번째와 두 번째 여인에게는 더 이상 〔유효한〕 제물이 남지 않고, 세 번째에게는 한 쌍, 네 번째에게는 두 쌍, 다섯 번째에게는 세 쌍, 여섯 번째에게는 네 쌍, 일곱 번째에게는 여섯 쌍〔의 유효한 제물이 남는다〕.

만약 〔위의 순서로〕 다시 〔각 제물들 중 한 마리가〕 날아가고 돌아오면, 날아가고 돌아오는 것이 제물을 무효로 만든다. 세 번째와 네 번째 여인에게도 유효한 제물이 남지 않으며, 다섯 번째에게는 한 쌍, 여섯 번째에게는 두 쌍, 그리고 일곱 번째에게는 다섯 쌍이 남는다.

만약 〔위의 순서로〕 다시 〔각 제물들 중 한 마리가〕 날아가고 돌아오면, 날아가고 돌아오는 것이 각각 제물을 무효로 만든다. 다섯 번째 여인과 여섯 번째 여인에게도 남은 〔유효한〕 제물이 없게 되며, 일곱 번째 여인에게는 네 쌍이 남는다. 하지만 일곱 번째 여인은 잃는 것이 없다고 말하기도 한다.

만약 [반드시] 죽여야 하는 새가 다른 무리의 제물들에게로 날아가면 그 무리의 제물들 역시 모두 죽여야 한다.

- 이 미쉬나는 이해의 편의를 위해, 한 쌍에서 일곱 쌍까지의 새 제물을 가져온 일곱 여인들의 예를 들어 새들이 날아가고 돌아오는 경우를 설명하고 있다.
- 한 쌍 가진 여인은 첫 한 마리가 다른 제물들에게로 날아갔을 때 이미 유효한 제물을 잃게 된다. 두 쌍 가진 여인은 한 마리가 날아갈 때 한 쌍을 잃고, 다시 날아올 때 또 한 쌍을 잃게 된다.
- 일곱 번째 여인은 결국 한 쌍을 잃게 되는데, 날아가는 것과 되돌아가는 것이 결국 같기 때문이다.
- 같은 일이 반복되어도 무효하게 하는 효력은 그대로 계속 유지되어 유효한 제물의 숫자가 줄어든다. 이 같은 일이 다시 한 번 반복되면 결국 일곱 번째 여인에게만 유효한 제물이 남게 된다.
- 다른 견해에 의하면 이 마지막 경우에 일곱 번째 여인의 제물의 효력에는 영향을 미치지 않는다고 한다. 다른 제물들이 이미 모두 무효이므로 그리로 날아가는 것이 남은 제물들에는 영향을 끼치지 않기 때문이다.
- 반드시 죽여야 하는 무효가 된 제물이 다른 제물들에게로 날아가면 그 제물들도 모두 죽여야 한다. 제물이 섞이면 서로를 구분할 수 없어 그중 어느 것이라도 죽여야 하는 제물일 수 있기 때문이다.

2, 4
결정된 제물이 개입되어 있는 경우에 대해 논의한다.

קֵן סְתוּמָה וְקֵן מְפֹרֶשֶׁת, פָּרַח מִן הַסְּתוּמָה לַמְפֹרֶשֶׁת, יִקַּח זוּג לַשֵּׁנִי. חָזַר,
אוֹ שֶׁפָּרַח מִן הַמְפֹרֶשֶׁת רִאשׁוֹן, הֲרֵי כֻלָּן יָמוּתוּ:

결정되지 않은 제물 한 쌍과 결정된 제물 한 쌍이 있을 때, 만약 결정되지 않은 제물로부터 한 마리가 결정된 제물로 날아간다면, 남은 한 마리를 위해 그 짝을 구해야 한다.

만약 [그 세 마리 중] 한 마리가 돌아온다면, 혹은 [다른] 결정된 제물로부터 한 마리가 날아온다면, 모두 죽여야 한다.

- 결정된 제물에 다른 제물 한 마리가 날아들어 오면 세 마리 모두 제물로 바칠 수 없다. 그중 어느 것이 번제와 속죄제로 결정되었는지 알 수 없기 때문이다. 이 새들은 대속할 수 없고 모두 죽여야 한다. 그러나 남은 한 마리는 그 짝이 죽여야 하는 새들에게로 날아간 경우가 되어(2, 1) 다른 짝을 구해 제물로 드릴 수 있다.
- 한 마리만 남은 결정되지 않은 제물에게로 여기서 한 마리가 다시 돌아와도 다 죽여야 한다.
- 한 마리만 남은 제물에 이와 상관없는 다른 결정된 제물로부터 한 마리가 날아와도 모두 죽여야 한다.

2, 5
속죄제물, 번제물, 결정되지 않는 제물 사이에 오가는 경우에 대해 논의한다.

חַטָּאת מִיכָּן וְעוֹלָה מִיכָּן וּסְתוּמָה בָּאֶמְצַע, פָּרַח מִן הָאֶמְצַע לַצְּדָדִין, אֶחָד הֵלַךְ וְאֶחָד הֵלַךְ, לֹא הִפְסִיד כְּלוּם, אֶלָּא יֹאמַר, זֶה שֶׁהֵלַךְ אֵצֶל חַטָּאות, חַטָּאת. וְזֶה שֶׁהֵלַךְ אֵצֶל עוֹלוֹת, עוֹלָה. חָזַר לָאֶמְצַע, הָאֶמְצָעִים יָמוּתוּ, אֵלּוּ יִקְרְבוּ חַטָּאות, וְאֵלּוּ יִקְרְבוּ עוֹלוֹת. חָזַר אוֹ שֶׁפָּרַח מִן הָאֶמְצַע לַצְּדָדִין, הֲרֵי כֻלָּן יָמוּתוּ. אֵין מְבִיאִין תּוֹרִין כְּנֶגֶד בְּנֵי יוֹנָה, וְלֹא בְנֵי יוֹנָה כְּנֶגֶד תּוֹרִין. כֵּיצַד. הָאִשָּׁה שֶׁהֵבִיאָה חַטָּאתָהּ תּוֹר, וְעוֹלָתָהּ בֶּן יוֹנָה, תִּכְפֹּל וְתָבִיא עוֹלָתָהּ תּוֹר. עוֹלָתָהּ תּוֹר, וְחַטָּאתָהּ בֶּן יוֹנָה, תִּכְפֹּל וְתָבִיא עוֹלָתָהּ בֶּן יוֹנָה. בֶּן עַזַּאי אוֹמֵר, הוֹלְכִין אַחַר הָרִאשׁוֹן. הָאִשָּׁה שֶׁהֵבִיאָה חַטָּאתָהּ וּמֵתָה, יָבִיאוּ

속죄제물은 한쪽에, 번제물은 다른 한쪽에, 그리고 결정되지 않은 제물은 가운데 놓는다. 만약 가운데 쌍에서 한 마리는 한쪽으로 다른 한 마리는 다른 한쪽으로 날아가도 제물을 바치는 사람은 [제물을] 잃지 않는다. 왜냐하면, [제사장이] 가운데서 속죄제물로 날아간 것은 속죄제로, 가운데서 번제물로 날아간 것은 번제로 드리면 되기 때문이다.

[이 경우에 양쪽에서] 한 마리가 다시 가운데로 돌아오면, 가운데 제물의 전부를 죽여야 한다. 그러나 양쪽의 제물들은 속죄제나 번제로 드릴 수 있다.

만약 [양쪽에서 가운데로] 돌아온 후 다시 양쪽으로 날아가면, 제물들 모두를 죽여야 한다.

집비둘기와 산비둘기를 한 쌍으로 드릴 수 없다. 왜 그러한가?

만약 한 여인이 산비둘기 한 마리를 속죄제로, 집비둘기 한 마리를 번제로 가져왔으면, 그녀는 번제로 산비둘기 한 마리를 더 가져와야 한다. 만약 번제가 산비둘기이고 속죄제는 집비둘기였다면 그녀는 다른 집비둘기를 번제로 가져와야 한다. 벤 아자이는 말했다. "우리는 첫 번째 [제물]을 따른다."

만약 여인이 자신의 속죄제를 가져온 후 죽었다면, 그녀의 상속인이 번제를 가져와야만 한다. 그러나 [만약 그 여인이 먼저] 번제를 가져온 후 죽었다면, 그녀의 상속인은 속죄제를 가져올 필요가 없다.

- 결정되지 않은 제물이 결정된 제물로 날아들어도 제물의 효력에는 상관이 없다. 아직 결정되지 않은 것은 제사장이 속죄제나 번제 중 어느 것으로도 드릴 수 있기 때문이다.
- 양쪽으로 날아갔던 제물들이 다시 가운데로 돌아온 경우, 이 제물들

은 모두 죽여야 한다. 무엇이 속죄제물이고 무엇이 번제물인지 구분할 수 없기 때문이다. 여기서 다시 한 번 양쪽으로 날아가도 마찬가지로 양쪽 제물을 모두 죽여야 한다.

- 제물에 집비둘기와 산비둘기가 섞여 있다면 속죄제물의 기준에 따라 이와 같은 종류로 그의 짝을 다시 준비해야 한다.
- 벤 아자이는 이와 달리 먼저 가져온 제물을 기준으로 해야 한다고 했다. 이에 따르면, 여인이 산비둘기를 먼저 번제로 가져왔으면, 속죄제물도 산비둘기로 다시 가져와야 한다.
- 여인이 한 쌍의 제물 중 한 마리를 가져온 후 죽으면 그것이 속죄제일 경우에만 상속자가 번제를 가져올 의무가 있다. 속죄제 규정(「트무라」2, 2)에 따른 것이다.

제3장

3, 1

번제단의 붉은 줄 위아래를 혼동하여 피를 바르는 경우에 대해 논의한다.

בַּמֶּה דְבָרִים אֲמוּרִים, בְּכֹהֵן נִמְלָךְ. אֲבָל בְּכֹהֵן שֶׁאֵינוֹ נִמְלָךְ, אַחַת לָזוֹ וְאַחַת לָזוֹ, שְׁתַּיִם לָזוֹ וּשְׁתַּיִם לָזוֹ, שָׁלֹשׁ לָזוֹ וְשָׁלֹשׁ לָזוֹ, עָשָׂה כֻלָּן לְמַעְלָה, מֶחֱצָה כָּשֵׁר וּמֶחֱצָה פָסוּל. כֻּלָּן לְמַטָּן, מֶחֱצָה כָּשֵׁר וּמֶחֱצָה פָסוּל. חֶצְיָם לְמַעְלָה וְחֶצְיָם לְמַטָּה, אֶת שֶׁלְּמַעְלָה, מֶחֱצָה כָּשֵׁר וּמֶחֱצָה פָסוּל, וְאֶת שֶׁלְּמַטָּה, מֶחֱצָה כָּשֵׁר וּמֶחֱצָה פָסוּל:

언제 이 [원칙]들을 말했는가? 제사장이 자문을 구할 때다. 하지만, 제사장이 자문을 구하지 않은 채, 한 여인의 제물 한 쌍과 다른 여인의 제물 한 쌍, 혹은 한 여인의 제물 두 쌍과 다른 여인의 제물 두 쌍,

또는 한 여인의 제물 세 쌍과 다른 여인의 제물 세 쌍을 모두 〔번제단의 붉은 줄〕 위에 드렸다면(피를 뿌렸다면), 그중 절반은 유효하고 나머지 절반은 무효가 된다.

〔마찬가지로,〕 그 모든 제물〔의 피를 번제단의 붉은 줄〕 아래에 〔뿌렸다면〕, 그중 절반은 유효하고 나머지 절반은 무효가 된다.

만약, 〔제사장이〕 그 절반은 위에 나머지 절반은 아래에 드렸다면, 위에 드린 것 중 절반은 유효하고 절반은 무효이며, 아래 드린 것 중에서도 절반은 유효하고 절반은 무효다.

- 새 제물이 서로 뒤섞이어 제사장이 와서 조언을 구하면 위 미쉬나1, 2-3의 규정을 알려주어야 한다.
- 제사장이 조언을 구하지 않고 제물들 모두를 바치면 제사의 유효성을 규정하고 있다.
- 번제단의 붉은 줄 위에 피를 뿌리면 그것은 번제가 된다. 제물들 중 절반은 어차피 번제이므로 그 절반은 번제로서 유효하다. 마찬가지로 번제단 아래쪽에 피를 뿌려 속죄제가 되면 역시 그 절반이 속죄제로서 유효하게 된다.
- 같은 이유로, 제사장이 제물들을 절반씩 나누어 번제단 위와 아래에 드렸으면, 번제와 속죄제 중 절반씩이 유효하다. 이 경우, 제물을 바치는 사람이 되는 여인들은 각각 자기 제물의 절반씩 유효한 제사를 드리게 된다.

3, 2
섞인 제물을 모두 붉은 줄 위나 아래에 드리는 경우에 대한 논의다.

אַחַת לָזוֹ, וּשְׁתַּיִם לָזוֹ, וְשָׁלֹשׁ לָזוֹ, וְעֶשֶׂר לָזוֹ, וּמֵאָה לָזוֹ, עָשָׂה כֻלָּן לְמַעְלָה, מֶחֱצָה כָשֵׁר וּמֶחֱצָה פָסוּל. כֻּלָּן לְמַטָּן, מֶחֱצָה כָשֵׁר וּמֶחֱצָה פָסוּל. חֶצְיָן

לְמַעְלָן וַחֲצִין לְמַטָּן, הַמְרֻבֶּה כָשֵׁר. זֶה הַכְּלָל, כָּל מָקוֹם שֶׁאַתָּה יָכוֹל לַחֲלֹק
אֶת הַקִּנִּין וְלֹא יְהוּ מִשֶּׁל אִשָּׁה אַחַת, בֵּין מִלְּמַעְלָן בֵּין מִלְּמַטָּן, מֶחֱצָה כָשֵׁר
וּמֶחֱצָה פָסוּל. כָּל מָקוֹם שֶׁאֵין אַתָּה יָכוֹל לַחֲלֹק אֶת הַקִּנִּין עַד שֶׁיְּהוּ מִשֶּׁל
אִשָּׁה אַחַת, בֵּין מִלְּמַעְלָן בֵּין מִלְּמַטָּן, הַמְרֻבֶּה כָשֵׁר:

만약 한 여인이 한 쌍의 제물을, 다른 여인이 두 쌍, 세 쌍, 열 쌍, 혹은 백 쌍의 제물을 가져[와 이들이 섞인 경우], [제사장이] 이들 모두를 [번제단의 붉은 줄] 위에 바쳤다면 그중 절반은 유효하고 절반은 무효다. [마찬가지로,] 그가 그 모두를(붉은 줄) 아래 바쳤다면 절반은 유효하고 절반은 무효다.

만약 절반은 위쪽에, 절반은 아래쪽에 바쳤으면, 수가 많은 제물들[의 수만큼] 유효하다.

이것이 대원칙이다. [두 여인의] 제물을 분리하여 한 여인의 제물을 아래위로 나누어 드리지 않는 경우에는 절반은 유효하고 절반은 무효다.

그러나 [각] 여인의 제물을 따로 분리하지 않고 [번제단] 아래와 위로 나누어 드리면, 수가 많은 제물들[의 수만큼] 유효하다.

- 두 여인이 서로 다른 수의 제물을 가져온 경우를 규율하고 있다. 이들이 섞인 경우, 제사장이 그 전부의 피를 제단 붉은 줄 위나 아래에 발라 번제나 속죄제로 드리면 이 가운데 절반이 유효하다.
- 만약 제사장이 섞인 제물을 반으로 나누어 번제와 속죄제로 나누어 드렸으면, 경우의 수를 따져 결국 수가 많은 제물들의 수만큼 유효하게 된다. 예를 들어, 두 여인이 각각 두 쌍의 새 제물과 세 쌍의 새 제물을 가져오고 이것이 섞였을 때, 제사장이 이 열 마리를 반으로 나누어 다섯 마리는 제단 붉은 줄 위에 번제로, 나머지 다섯 마리는 제단 아래쪽에 속죄제로 드렸을 경우, 번제로 위에 드린 다섯 마리

중 최대 네 마리가 두 쌍을 가져온 여인의 제물일 수 있다. 이때 그 네 마리 중 두 마리는 유효하고, 나머지 두 마리는 속죄제로 드려야 하므로 무효하다. 따라서 다섯 마리 중, 이 두 마리와 다른 여인의 제물 한 마리를 더해 유효한 제물은 세 마리가 된다. 이 원리는 속죄제로 드린 다섯 마리에도 마찬가지로 적용된다. 결국 유효한 것은 세 쌍의 키님이 되며 이는 두 여인이 가져온 제물들 중 많은 쪽의 제물의 수, 즉 세 쌍과 같다.

- 대원칙은 이러하다. 한 여인의 제물을 모두 제단 위쪽이나 아래쪽에 바친 경우에는 그중 반만 유효하다. 두 여인이 같은 수의 제물을 가져오고 이들이 섞인 경우에도 마찬가지다. 그러나 두 여인이 다른 수의 제물을 가져와 이것이 섞이고, 반반을 아래위로 바치면, 위에서 본 바와 같이 큰 수의 제물만큼이 유효하다.

3, 3
계속해서 여인들의 속죄제와 번제가 섞이는 경우를 다룬다.

חַטָּאת לָזוֹ, וְעוֹלָה לָזוֹ, עָשָׂה כֻלָּן לְמַעְלָן, מֶחֱצָה כָשֵׁר וּמֶחֱצָה פָּסוּל. כֻּלָּן לְמַטָּן, מֶחֱצָה כָשֵׁר וּמֶחֱצָה פָּסוּל. חֶצְיָן לְמַעְלָן וְחֶצְיָן לְמַטָּן, שְׁתֵּיהֶן פָּסוּל, שֶׁאֲנִי אוֹמֵר, חַטָּאת קְרֵבָה לְמַעְלָן וְעוֹלָה לְמַטָּן:

만약 속죄제물이 한 여인의 것이고, 번제물이 다른 여인의 것일 때, 제사장이 이들 모두를 〔번제단〕 위쪽에서 드리면, 그중 절반은 유효하고, 절반은 무효다.

만약 그들 모두를 아래쪽에서 드리면, 그중 절반은 유효하고, 절반은 무효다.

만약 그중 절반을 위쪽에, 나머지 절반을 아래서 드리면, 그들 모두가 무효다. 속죄제가 위에서 드려지고, 번제가 아래쪽에서 드려졌다고 주장할 수 있기 때문이다.

- 이 미쉬나 역시, 제사장이 자문을 구하지 않고 자의로 제사를 집례한 경우를 다루고 있다.
- 번제단 붉은 줄의 아래위로 절반씩 드리면 모두 무효가 되는 이유는, 아래 드린 제물들이 모두 번제물이고, 위에 드린 제물이 모두 속죄제물일 수 있기 때문이다.

3, 4
계속해서 다른 경우의 수를 다룬다.

חַטָּאת וְעוֹלָה וּסְתוּמָה וּמְפֹרֶשֶׁת, עָשָׂה כֻלָּן לְמַעְלָן, מֶחֱצָה כָשֵׁר וּמֶחֱצָה
פָסוּל. כֻּלָּן לְמַטָּה, מֶחֱצָה כָשֵׁר וּמֶחֱצָה פָסוּל. חֶצְיָן לְמַעְלָן וְחֶצְיָן לְמַטָּן, אֵין
כָּשֵׁר אֶלָּא סְתוּמָה, וְהִיא מִתְחַלֶּקֶת בֵּינֵיהֶן:

만약 속죄제물 하나와, 번제물 하나, 결정되지 않은 한 쌍, 결정된 한 쌍이 섞이고, [제사장이] 이들 모두를 [번제단] 위쪽에 드리면, 절반은 유효하고 절반은 무효다.

[마찬가지로,] 만약 [제사장이] 이들 모두를 아래쪽에 드리면 절반은 유효하고 절반은 무효다.

만약 그가 이 중 절반을 위쪽에 절반을 아래에 드리면 결정되지 않은 한 쌍을 제외하고 나머지는 모두 무효다. [유효한 제물은 두 여인] 사이에 나누어진다.

- 위에서 본 원칙들이 동일하게 적용된다.
- 마지막 경우, 결정되지 않은 제물은 제사장이 임의로 결정할 수 있으므로 유효하다. 유효한 한 쌍의 제물의 효력은 두 여인에게 절반씩

나누어진다. 따라서 각자는 그 짝을 한 마리씩 가져와야 한다. 예를 들어 속죄제가 유효하게 된 여인은 번제물을 다시 가져와야 한다.

3, 5

제물들이 섞이는 경우, 이를 다루는 원칙에 대해 다시 설명한다.

חַטָּאת שֶׁנִּתְעָרְבָה בְחוֹבָה, אֵין כָּשֵׁר אֶלָּא מִנְיַן חַטָּאת שֶׁבַּחוֹבָה. חוֹבָה שֶׁנַּיִם בְּחַטָּאת, מֶחֱצָה כָשֵׁר וּמֶחֱצָה פָסוּל. וְחַטָּאת שֶׁנַּיִם בְּחוֹבָה, הַמִּנְיָן שֶׁבַּחוֹבָה כָּשֵׁר. וְכֵן עוֹלָה שֶׁנִּתְעָרְבָה בְחוֹבָה, אֵין כָּשֵׁר אֶלָּא מִנְיַן עוֹלוֹת שֶׁבַּחוֹבָה. חוֹבָה שֶׁנַּיִם בְּעוֹלָה, מֶחֱצָה כָשֵׁר וּמֶחֱצָה פָסוּל. עוֹלָה שֶׁנַּיִם בְּחוֹבָה, הַמִּנְיָן שֶׁבַּחוֹבָה כָּשֵׁר:

만약 속죄제물들이 [결정되지 않은] 의무적인 [새 제사의] 제물과 섞였다면, 의무적인 제물들 중 [이와 섞인] 속죄제물의 수만큼 유효하다.

만약 [결정되지 않은] 의무적인 [새 제사의] 제물이 [이와 섞인] 속죄제물보다 두 배가 많다면, 이 중 절반은 유효하고, 절반은 무효다.

그러나 속죄제물이 의무적인 제물의 두 배라면, 의무적인 제물들은 속죄제물의 수만큼 유효하다.

번제물이 [결정되지 않은] 의무적인 [새 제사의] 제물과 섞여도, 마찬가지로 의무적인 제물들 중 [이와 섞인] 번제물의 수만큼 유효하다.

만약 [결정되지 않은] 의무적인 [새 제사의] 제물이 [이와 섞인] 번제물보다 두 배가 많으면, 이 중 절반은 유효하고, 절반은 무효다.

그러나 번제물이 의무적인 제물의 두 배라면, 의무적인 제물들은 번제물의 수만큼 유효하다.

- 이 미쉬나는 앞서 본 「키님」1, 2의 원칙을 재천명한 것이다.
- 만약 속죄제물 한 마리와 두 쌍의 결정되지 않은 새 제물이 섞였다

면 후자에서 두 마리가 속죄제물로 유효하게 된다. 나머지 두 마리
는 번제로 쓸 수 없으므로 무효하게 된다. 속죄제물로 결정된 것을
번제로 드리게 될 수 있기 때문이다.

- 만약 속죄제물 두 마리와 한 쌍의 결정되지 않은 제물이 섞였다면
  후자에서 오직 한 마리가 속죄제물로 유효하게 된다.
- 이 규정은 결정되지 않은 새 제물이 번제물과 섞였을 때도 동일하
  게 적용된다.

3, 6
여인이 출산하고, 이에 대해 서원한 경우를 논의한다.

הָאִשָּׁה שֶׁאָמְרָה, הֲרֵי עָלַי קֵן כְּשֶׁאֵלֵד זָכָר, יָלְדָה זָכָר, מְבִיאָה שְׁתֵּי קִנִּים,
אַחַת לְנִדְרָהּ וְאַחַת לְחוֹבָתָהּ. נְתָנָתַם לַכֹּהֵן, וְהַכֹּהֵן צָרִיךְ לַעֲשׂוֹת שָׁלֹשׁ
פְּרִידִים מִלְמַעְלָן וְאַחַת מִלְמַטָּן. לֹא עָשָׂה כֵן, אֶלָּא עָשָׂה שְׁתַּיִם לְמַעְלָן
וּשְׁתַּיִם לְמַטָּן וְלֹא נִמְלַךְ, צְרִיכָה לְהָבִיא עוֹד פְּרִידָה אַחַת, וְיַקְרִיבֶנָּה לְמַעְלָן,
מִמִּין אֶחָד. מִשְּׁנֵי מִינִין, תָּבִיא שְׁתַּיִם. פֵּרְשָׁה נִדְרָהּ, צְרִיכָה לְהָבִיא עוֹד
שָׁלֹשׁ פְּרִידִים, מִמִּין אֶחָד. מִשְּׁנֵי מִינִין, תָּבִיא אַרְבַּע. קָבְעָה נִדְרָהּ, צְרִיכָה
לְהָבִיא עוֹד חָמֵשׁ פְּרִידִים, מִמִּין אֶחָד. מִשְּׁנֵי מִינִין, תָּבִיא שֵׁשׁ. נְתָנָתַם לַכֹּהֵן
וְאֵין יָדוּעַ מַה נָּתְנָה, הָלַךְ הַכֹּהֵן וְעָשָׂה וְאֵין יָדוּעַ מֶה עָשָׂה, צְרִיכָה לְהָבִיא
עוֹד אַרְבַּע פְּרִידִים לְנִדְרָהּ, וּשְׁתַּיִם לְחוֹבָתָהּ, וְחַטָּאת אֶחָת. בֶּן עַזַּאי אוֹמֵר,
שְׁתֵּי חַטָּאוֹת. אָמַר רַבִּי יְהוֹשֻׁעַ, זֶה הוּא שֶׁאָמְרוּ, כְּשֶׁהוּא חַי קוֹלוֹ אֶחָד,
וּכְשֶׁהוּא מֵת קוֹלוֹ שִׁבְעָה. כֵּיצַד קוֹלוֹ שִׁבְעָה. שְׁתֵּי קַרְנָיו, שְׁתֵּי חֲצוֹצְרוֹת.
שְׁתֵּי שׁוֹקָיו, שְׁנֵי חֲלִילִין. עוֹרוֹ, לְתֹף. מֵעָיו, לִנְבָלִים. בְּנֵי מֵעָיו, לְכִנּוֹרוֹת. וְיֵשׁ
אוֹמְרִים, אַף צַמְרוֹ לִתְכֵלֶת. רַבִּי שִׁמְעוֹן בֶּן עֲקַשְׁיָא אוֹמֵר, זִקְנֵי עַם הָאָרֶץ,
כָּל זְמַן שֶׁמַּזְקִינִין, דַּעְתָּן מִטָּרֶפֶת עֲלֵיהֶן, שֶׁנֶּאֱמַר, מֵסִיר שָׂפָה לְנֶאֱמָנִים
וְטַעַם זְקֵנִים יִקָּח. אֲבָל זִקְנֵי תוֹרָה אֵינָן כֵּן, אֶלָּא כָל זְמַן שֶׁמַּזְקִינִין, דַּעְתָּן
מִתְיַשֶּׁבֶת עֲלֵיהֶן, שֶׁנֶּאֱמַר, בִּישִׁישִׁים חָכְמָה וְאֹרֶךְ יָמִים תְּבוּנָה:

만약 여인이 말하기를, "남자 아이를 낳으면 한 쌍의 새를 제물로
바칠 것을 서원합니다"라고 했고, 남자 아이를 낳았다. 이 경우 이 여

인은 두 쌍의 제물을 가져와야 한다. 하나는 서원을 위한 것, 또 하나는 의무적으로 드리는 것이다.

만약 그녀가 〔결정되지 않은〕 제물들을 제사장에게 주었고, 제사장은 세 마리는 〔번제단〕 위에서, 한 마리는 아래에서 드려야 했다. 하지만 〔제사장이〕 자문을 구하지 않고, 두 마리는 위에서, 두 마리는 아래서 드렸다. 이 경우 그 여인은 다른 새 한 마리를 가져와 〔번제단〕 위에서 드려야 한다. 이는 〔가져온〕 새들의 종류가 한 가지〔일 경우다.〕

만약 〔이 두 가지 새 제사의 제물이〕 두 종류라면, 그녀는 〔한 종류에 한 마리씩〕 두 마리를 가져와야 한다.

만약 그녀가 이미 서원 제물〔의 종류를〕 결정했다면 세 마리를 더 가져와야 한다. 〔서원제와 의무제의〕 새들이 같은 종류일 때 이와 같이 한다. 만약 새들이 두 종류라면 그녀는 〔한 종류에 두 마리씩〕 네 마리를 가져와야 한다.

만약 그녀가 서원할 당시 이미 제물을 결정했다면, 다섯 마리를 더 가져와야 한다. 새들이 같은 종류일 때 이와 같이 한다. 만약 새들이 두 종류라면 그녀는 〔한 종류에 세 마리씩〕 여섯 마리를 가져와야 한다.

만약 그녀가 제물들을 제사장에게 주었으나, 제사장이 〔여인에게 받은 것을〕 구분하지 못한 채로 제사를 드렸고, 이 과정이 〔여인에게〕 알려지지 않았다면, 그 여인은 서원을 위해 네 마리, 의무적 제사를 위해 두 마리, 속죄제를 위해 한 마리를 가져와야 한다.

벤 아자이가 말한다. "〔그녀는〕 두 마리만 더 〔가져오면 된다〕." 랍비 예호슈아가 말한다. "'짐승이 살아 있을 때는 한소리를 내지만, 그것이 죽었을 때는 일곱 가지 소리를 낸다'는 말이 바로 이러한 뜻이다." 일곱 가지 소리를 낸다는 것은 무슨 뜻인가? 그 〔짐승〕의 두 뿔은 두 나팔이 되고, 두 다리뼈는 두 피리가 되고, 가죽은 북이 되고, 꼬리는 수금이 되고, 대장은 하프의 줄이 되기 때문이다. 혹은 그 털이 청색 실이 될 수 있다는 것을 더하기도 한다.

랍비 쉼온 벤 아카시아는 말한다. "무지한 늙은 사람들! 사람은 나이가 들수록 그 지성이 혼란스러워진다. 말하기를 '(하느님이) 충성된 자의 말을 없이 하시며 늙은 자의 지식을 빼앗으시며'(욥 12:20)라고 했기 때문이다. 그러나 연로한 [율법]학자라면 그렇지 않다. 반대로, 그들은 나이가 들수록 정신이 고요해진다. 말하기를 '늙은 자에게는 지혜가 있고 장수하는 자에게는 명철이 있느니라'(욥 12:12)라고 했기 때문이다."

- 위에서 본 것처럼 여인이 출산하면 의무적으로 한 쌍의 비둘기를 제물로 바쳐야 한다. 이와 별도로 한 쌍을 바치기로 한 서원이 있었다면, 두 가지 모두를 이행해야 한다.

- 이 경우, 서원제는 모두 번제로 드려야 하므로 제사장은 네 마리의 비둘기 중 세 마리는 번제단 위에, 한 마리는 아래에 드려야 한다. 그러나 제사장이 아래위로 두 마리씩을 드렸다면, 여인은 번제로 드릴 비둘기를 한 마리 더 가져와야 한다. 이렇게 서원한 한 쌍을 채우면 된다. 이것은 여인이 가져온 새들의 종류가 모두 같을 경우의 해결 방법이다.

- 이 경우, 만약 여인이 서로 다른 종류의 비둘기를 가져왔다면, 예를 들어, 집비둘기를 서원제물로, 산비둘기를 의무적 제물로 가져왔다면, 여인은 집비둘기와 산비둘기를 한 마리씩 가져와야 한다. 속죄제로 번제단 아래 드려진 제물이 집비둘기인지 산비둘기인지 알 수 없으나 의무적 제사는 어느 종류든 드린 셈이 되고, 서원제를 완성하기 위해 번제로 드릴 제물을 추가로 가져와야 하지만, 어떤 종류

인지 알 수 없기 때문이다.

- 만약 여인이 서원 당시 비둘기의 종류를 정했으나 제물을 드릴 때에는 이를 잊어버리고 한 종류의 새들을 가져왔고, 제사장은 위의 경우처럼 둘씩 번제단 아래 위에 드렸다면, 여인은 번제에 쓸 비둘기를 세 마리 더 가져와야 한다. 의무적 제사는 비둘기의 종류와 상관없이 완성되었고, 종류를 특정하는 것은 서원제에만 상관이 있는데, 이미 유효하게 번제로 드린 한 마리가 원래 서원한 종류일 경우를 위해 그 종류로 한 마리, 다른 종류로 서원한 경우를 위해 다른 종류로 한 쌍을 가져와야 한다. 만약 애초에 다른 두 종류의 비둘기를 가져왔다면, 새로이 네 마리를 더 가져와야 한다. 이 경우에는 이미 번제로 드린 두 종류 중 어느 것이 서원의 번제인지 특정할 수 없으므로, 각 종류 한 쌍씩을 가져와 서원의 번제로 드려야 한다.

- 여인이 서원제와 의무제의 제물 종류를 이미 결정한 후 이를 잊어버리고 제물을 가져왔고, 이들은 모두 같은 종류의 비둘기였으며, 제사장이 이를 둘씩 번제단 아래위에 드린 경우에, 여인은 다섯 마리를 더 가져와야 한다. 서로 다른 종류의 두 쌍을 번제로, 원래 가져온 종류와 같은 한 마리를 속죄제로 드려야 하기 때문이다. 이 경우, 여인이 두 종류의 제물 두 쌍을 가져왔다면, 드린 제물 중 어느 것도 유효하지 않을 수 있다. 모든 제물이 서원한 종류와 다른 것일 가능성이 있고, 이는 의무적 제사도 무효로 만들기 때문이다. 따라서 서원을 위해 다른 종류로 두 쌍을 가져오고 의무적 제사를 위해 또 한 쌍(종류와 상관없이)을 가져온다.

- 위의 경우에 더해, 여인도 자신이 결정한 비둘기의 종류를 잊어버리고, 제사장도 어떤 종류의 비둘기를 어디에서 드렸는지를 기억하지 못할 때, 여인은 총 일곱 마리의 비둘기를 다시 가져와야 한다.

- 벤 아자이는 이 경우 집비둘기와 산비둘기로 두 마리의 속죄제물만

가져오면 된다고 한다. 의무적 제물 중 번제로 드린 것이 유효할 수 있기 때문에 이의 짝이 되는 속죄제로 각 종류 한 마리씩 가져오면 된다는 것이다. 그러나 랍비 예호슈아는 짐승이 죽은 후 일곱 개의 소리를 낸다는 속담을 빌려와 여인이 일곱 마리의 제물을 더 가져와 야 한다는 견해를 지지한다.

- 이 미쉬나의 마지막 단에는 새 제사와 관련이 없는, 지혜에 관한 교훈 이 추가되었다. 마쎄켓 「키님」의 마지막인 동시에 쎄데르 『코다쉼』 전체의 마지막이기 때문이다. 탈무드에서는 『코다쉼』을 '지혜'라고 부른다.

유대학 불모지에서 첫발을 떼다
• 옮긴이의 말

이 일의 시작은 2013년 봄, 지금은 고인이 되신 최창모 교수님과의 인연으로 거슬러 올라간다. 이스라엘에서 학위를 마치고 잠시 귀국한 나를 최 교수님은 참으로 따뜻하게 맞아주셨다. 이스라엘의 한인 교회에서 한 번 만났을 뿐인데, 진로가 막막한 나의 사정을 헤아려 연구실 한쪽에 자리를 마련해주고 소속 연구자로 직함도 내주며 격려해주셨다. 서로 얘기를 나누던 중, 나는 근래에 이스라엘에서 공부한 연구자가 많아졌으니 힘을 모아보자 했고, 최 교수님이 소장으로 있던 건국대학교 중동연구소를 중심으로 새로운 프로젝트팀이 꾸려졌다. 곧 로잔대학에 자리를 얻어 스위스로 떠나오면서 깊이 관여하지는 못했으나, 팀원 여러분의 수고로 한국학술진흥재단으로부터 유대학 데이터베이스를 만드는 프로젝트를 승인받았다. 이후 3년간 1인당 수백여 개의 엔트리를 채워 넣으며 프로젝트를 완성했다.

2016년경, 이 프로젝트는 곧 마무리될 예정이었으나 우리나라 학술사상 최초로 꾸려진 '유대학' 연구팀을 이대로 해체하는 것이 너무나 아쉬웠다. 함께 연구하다 보면 계량할 수 없는 무형의 자산이 쌓이는 법인데, 이를 공중분해시키는 것은 크나큰 손실이 아닐 수 없었다.

잠시 귀국하여 당시 제주에 내려가 계시던 최 교수님을 찾아가, 연구 인력을 보강해 새로운 프로젝트에 도전해보자는 제안을 드렸다. 나는 얼마간 한국에 머물면서 기본 작업을 진행했고, 이때 윤성덕·김신애 박사님을 비롯해 몇몇 분들을 모셔 팀을 재정비하고 프로젝트 논의를 시작했다. 나는 다시 스위스로 돌아왔고, 그 얼마 뒤 한국으로부터 『미쉬나』 번역주해'라는 역사적 프로젝트가 한국연구재단의 심사를 통과했다는 낭보가 들려왔다. 치밀하게 준비된 제안서와 훌륭한 발표로 좋은 결과를 이끌어냈던 것이다. 모두 두 분의 노력과 최 교수님의 리더십이 있었기 때문이다.

『미쉬나』 번역주해 프로젝트'가 추진되는 과정은 순탄하지 않았다. 엄살을 부려서 말하면 그야말로 고행의 가시밭길이었다. 『미쉬나』를 최초로 번역해 세상에 내놓으리라는 사명감으로 시작했으나 막상 『미쉬나』 원문을 마주하니 막막함이 몰려왔다. 고대나 현대의 히브리어와 사뭇 다른 '미쉬나 히브리어'가 발목을 잡았다. 랍비 그룹 내에서 암호처럼 쓰이던 표현들, 생략으로 가득한 불친절하기 짝이 없는 문장들이 한 걸음도 나아가기 어렵게 했다. 특히 체계적 법전이 아닌 랍비 그룹 내에서 구전으로 전승되던 내용들을 정리하여 텍스트에 담은 것이어서 2천 년 가까운 시간적 간극을 넘어 이를 해독해내는 것은 쉽지 않은 일이었다. 게마라와 중세 랍비들의 주석들, 깨알같이 쓰여진 현대 주석들 사이를 넘나들며 그 간극을 메워야 했다.

개인적으로는 여기에 몰입할 시간과 힘이 한정되었다는 점이 가장 큰 어려움이었다. 스위스에서 진행하는 다른 연구가 있어서 나는 이미 거기에 100퍼센트 넘는 노력을 쏟아붓고 있었다. 그러니 탈진한 상태에서 몸을 추스르며 틈틈이 『미쉬나』 번역과 주해 작업을 해나가야 했다. 결국 극한 번아웃에 빠지며 수년 간 힘겨운 시간을 보냈는데,『미쉬나』작업 역시 그 이유 중 하나였을 것이다.

여러 연구자가 함께하는 공동연구라는 것은 좋은 점도 나쁜 점도 있게 마련이다. 우리는 주기적으로 강독회를 가지며 각자 맡은 부분을 발표했는데,『코다쉼』외의『미쉬나』본문들을 두루 접할 수 있는 기회가 되었다. 하나의 텍스트를 같이 읽으며 토론하고 배우면서 이해의 폭을 넓혀갈 수 있었다. 이 점은 공동연구의 큰 장점일 것이다. 공개 강독회에는『미쉬나』에 관심 있는 다양한 분들이 참여하기도 했다. 개인적으로는 온라인으로밖에 함께할 수 없어 늘 아쉬웠다.

반면, 공동연구의 어려움 또한 경험했다. 두 분의 전임을 제외하고는 대부분 자기 본업 외에 따로 시간과 에너지를 쏟아야 했기 때문에, 작업의 스케줄이나 분량 등을 조율하는 것이 과제였다. 또한 도중에 연구자가 교체되기도 하고, 번역어나 용어 선택을 두고 팀원 간에 의견이 대립하기도 하는 등 여러 고충을 겪었다. 특히 각자 작업하면서도 통일성을 갖추는 일은 쉽지 않았다. 학문적 토대가 없는 상태에서 새로이 기준을 만들어가며 작업해야 했기에 낯섦과 혼란은 어쩌면 당연한 것이었다. 더구나 작업 막바지에 연구 책임자로서 프로젝트를 이끄시던 최창모 교수님께서 갑작스레 세상을 떠나며 난관에 부딪히기도 했다. 윤성덕 박사님을 비롯해 전임 선생님들, 선배와 동료 학자들의 노고가 아니었다면 여기까지 올 수 없었다.

우리에게 왜『미쉬나』가 필요하며, 거기서 무엇을 얻을 수 있는가 등 근본적인 질문에 관하여는 이미 여러 지면에서 이야기한 바 있으므로 반복할 필요는 없겠다. 다만 독자들과 나누고 싶은 것은『미쉬나』, 특히 그중 쎄데르『코다쉼』에서 얻을 수 있는 '읽기를 통한 경험'의 측면이다. 랍비들은 성전과 제의를 기억하고, 배우고, 이에 대해 토론했다. 성전이 이미 사라진 시대에, 이것은 성전의 제의를 관념적으로 '경험'할 수 있는 방법이었다. 토론이 세밀하고 깊어질수록, 그 경험의 질 또한 높아졌다. 성전의 구석구석을 들여다보고, 각종 제의 절차 중 발생할 수 있는 상황들에 대해 자세히 논의하고, 때로는 제사 장들의 내면의 의도까지 따져보는 가운데 랍비들은 생생히 살아 있는 현실처럼 성전과 제의를 경험했다. 이는 나의 개인적 체험이기도 하다. 난해한 본문과 씨름하며 힘겨워하다가도 어느새 거대한 시간 적·문화적 간극을 뛰어넘어 성전 제의의 현장으로 빨려 들어가곤 했다. 번역을 마무리하는 지금, 마치 머릿속에 성전이 재건되고 바쁘게 제의가 진행되고 있는 느낌마저 든다. 젊은 제사장들의 바쁜 발걸음, 가축들의 울음소리, 성전 뜰의 자욱한 연기, 피 냄새, 고기 타는 냄새 등등 이 모든 것이 생생하다. 이 책의 독자들도 그러한 경험을 하기 바란다. 랍비들의 논의를 따라가면서 성전 구석구석을 누비고, 제사 장들의 일과를 엿보고, 그들의 내면 의도를 살피고, 제물을 바치는 과정들을 면밀히 지켜보기를! 신비의 공간이던 예루살렘 성전이 눈앞에 생생히 다가오기를 기대한다.

『미쉬나』 속으로 들어가기만 하면 흥미로운 세계가 무궁무진하게 펼쳐지는데, 시간에 쫓기고 힘에 부쳐 그 세계를 온전히 이해하고 담아내지 못한 것이 아쉽다. 고백하지만 부끄럽게도 이제 겨우 한 걸음 뗀 정도의 '『미쉬나』 번역주해서'를 내놓고 말았다. 물론 한 술에 배부를 수는 없겠으나, 『탈무드』가 아이들 '우화집' 정도로 알려진 유대학 불모지인 한국에서 그 정수인 『미쉬나』가 번역되었다는 사실만으로도 큰 의미가 있다. 이번 『미쉬나』 출판이 유대학에 대한 관심과 이해를 높이는 계기가 되었으면 한다. 아울러 수준 높은 독자들의 날카로운 비판과 질정도 달게 받고자 하며, 한 단계 깊은 후속 연구도 이어지기를 바라마지 않는다.

사실 다섯 번째 쎄데르(제5권)『코다쉼』의 번역과 주해는 윤성덕 박사님과의 공동작업의 결과물이다. 공동 역자로 이름을 올려야 마땅하나 이를 한사코 사양하셨다. 이 자리를 빌려 노고에 깊이 감사드린다. 다만, 최종적으로 원고 전체를 검토하고 수정하는 것은 온전히 나의 몫이었으니, 혹시라도 부족한 부분이 있다면 그것은 전적으로 나의 책임이다. 무엇보다 어려운 시기에 중요한 전집의 출판을 흔쾌히 맡아주신 한길사 김언호 사장님께 감사드린다. 또한 이 복잡하고 방대한 텍스트의 편집을 끈기 있고 효율적으로 진행시켜준 박희진 부장님께도 감사드린다. 유럽과 북미의 주요 출판사들과 비교할 때, 이분이 보여준 편집자로서의 역량은 참으로 놀랍다.

　마지막으로 개성 강한 연구자들을 하나로 모으고 이 프로젝트를 이끌다 갑작스럽게 세상을 떠난 최창모 교수님을 추모하며 이 책을 바친다.

2024년 5월

스위스 로잔에서

전재영

HANGIL GREAT BOOKS 191

미쉬나
❺ 코다쉼(거룩한 것들)

번역·주해 전재영
펴낸이 김언호

펴낸곳 (주)도서출판 한길사
등록 1976년 12월 24일
주소 10881 경기도 파주시 광인사길 37
홈페이지 www.hangilsa.co.kr
전자우편 hangilsa@hangilsa.co.kr
전화 031-955-2000~3 **팩스** 031-955-2005

부사장 박관순 **총괄이사** 김서영 **관리이사** 곽명호
영업이사 이경호 **경영이사** 김관영 **편집주간** 백은숙
편집 박희진 노유연 이한민 박홍민 배소현 임진영
관리 이주환 문주상 이희문 원선아 이진아 **마케팅** 정아린 이영은
디자인 창포 031-955-2097
CTP출력·인쇄 예림 **제책** 경일제책사

제1판 제1쇄 2024년 7월 22일

값 60,000원

ISBN 978-89-356-7870-9 94080
ISBN 978-89-356-6427-6 (세트)

• 잘못 만들어진 책은 구입하신 서점에서 바꿔드립니다.

이 책은 2017년부터 2020년까지 대한민국 교육부와 한국연구재단의
토대기초연구지원을 받아 수행된 연구다(2017S1A5B4053274).